公元420—589年，
宋齐梁陈四代雄主，
北魏周齐三国兴亡。

说不尽的南北朝

上

邙山野人 著

新世界出版社
NEW WORLD PRESS

图书在版编目（CIP）数据

说不尽的南北朝：全三册 / 邙山野人著 . -- 北京：新世界出版社，2020.1（2022.11 重印）
（白话正史）
ISBN 978-7-5104-6878-0

Ⅰ . ①说… Ⅱ . ①邙… Ⅲ . ①中国历史—南北朝时代—通俗读物 Ⅳ . ① K239.09

中国版本图书馆 CIP 数据核字（2019）第 181138 号

说不尽的南北朝：全三册

作　　者：邙山野人
责任编辑：董晶晶
装帧设计：主语设计
责任校对：宣　慧
责任印制：王宝根　苏爱玲
出　　版：新世界出版社
网　　址：http://www.nwp.com.cn
社　　址：北京西城区百万庄大街 24 号（100037）
发 行 部：（010）6899 5968（电话）　（010）6899 0635（电话）
总 编 室：（010）6899 5424（电话）　（010）6832 6679（传真）
版 权 部：+8610 6899 6306（电话）　nwpcd@sina.com（电邮）
印　　刷：天津中印联印务有限公司
经　　销：新华书店
开　　本：710mm × 1000mm　1/16　尺寸：170mm × 240mm
字　　数：1100 千字　印张：88.5
版　　次：2020 年 1 月第 1 版　2022 年 11 月第 3 次印刷
书　　号：ISBN 978-7-5104-6878-0
定　　价：188.00 元（全三册）

目录

第一卷 刘宋的崛起

第二卷 南北战争

第三卷 嗜血的皇冠

第四卷 齐亡梁兴

第五卷 撕裂的帝国

第六卷

统一之路

第一卷

刘宋的崛起

01 刘寄奴降生

今日的南京，东晋时叫作建康。在建康东北二百里外的长江南岸，有一个叫作京口（今江苏镇江）的小城。

公元363年春天的一个夜晚，京口的某个官舍里传出一声婴啼，宣告一个小生命降临人间。

是个健康的男婴。初为人父的郡功曹刘翘很高兴。

左邻右舍都来道贺弄璋之喜。连续几天，刘家都沉浸在喜悦和忙乱中。

可谁曾想乐极生悲。古代医学相对落后，缺乏消毒灭菌手段，产妇分娩后极易感染疾病。刘翘的妻子赵安宗不幸罹患产疾，就此一病不起，十几天后撒手人寰。襁褓中的婴儿还来不及辨识母亲的容貌，母亲便舍他而去了！

料理完丧事，刘翘发起了愁。自己一个人，该如何抚养这嗷嗷待哺的小儿呢？

刘翘祖籍彭城（今江苏徐州）。五十多年前天下大乱，中原大好河山被少数民族占据，刘翘的爷爷刘混南下逃亡渡过长江，最终侨居在了京口。刘家虽不是高门大族，但祖上好歹也是做过官的。刘翘的爷爷刘混做过武原县令，父亲刘靖更进一步，做了东安郡的太守。可到了刘翘这一辈，就混得差远了，只弄了个郡功曹的低职。

郡功曹是郡守下面主管考绩选任的助手，职能虽然重要，在当时却被视为“吏”而非“官”。官是有正式编制的，吏则是政府的临时雇员。郡功曹只是刀笔小吏，俸禄微薄。按东汉的标准，郡功曹秩百石，月薪八百钱，米四斛八斗。这是什么概念呢？当时每月人均口粮需要米二斛，雇用一个仆役则需花费一千钱。也就是说，仅凭郡功曹的俸禄，是万万养活不起一个五口之家的。这还是东汉时的状况，到了晋朝，官吏的俸禄普遍比东汉时缩水将近一半，低级官吏的俸禄就更是少得可怜了。

而且，刘翘任职的郡只是东晋安置流民的侨置郡，平素很少能捞到工资之外的油水。对于眼下刚刚花了一大笔丧葬费的刘翘来说，要想养活这个男婴，就得管吃管住再每月花费一千钱雇个奶妈，这实在是个不小的负担。

可能是由于大喜之后复有大悲，心理状况不大正常，也可能是权衡利弊后痛下决心的结果，刘翘做出了一个残忍的决定：丢弃这个婴儿！

那一刻，他绝没有想到，眼前这个柔弱无助的男婴，未来将气吞万里、横扫千军，建立自己的王朝，被后世称作“宋武帝”，自己这个不太称职的父亲，也得以被追尊为“孝穆皇帝”。这一切，都差点儿被他自己亲手断送、弃之草泽了！

所幸的是，婴儿的姨母及时阻止了刘翘的行动。她既哀痛于妹妹的早亡，又怜惜这婴孩的无依，义不容辞地张开胸膛承担起乳养的责任。由于童年时一直寄养于姨母家，这个男婴的小名便被唤作“寄奴”。也许是希望男婴长大后能够不再受贫穷之苦吧，刘翘用富裕的“裕”字作为他的大名。

宋武帝刘裕，生于兴宁元年岁次癸亥三月壬寅夜，即公历363年4月16日的晚上。

对于尚未足月的小寄奴来说，人生中面临的第一个挑战不过是姨母的乳头。他贪婪地吮吸着，仿佛要将在母亲那里亏欠的奶水一并补足。眼看小寄奴像狼孩儿一样将乳房吸空，姨母只好让自己的孩子提前断奶，将奶水全部留给了小外甥。

有了姨母的抚养，刘寄奴安然度过了童年。

在这段岁月里，父亲刘翘娶了萧氏为续弦，随后生下两个弟弟道怜和道规。萧氏待刘裕如同亲生，刘裕和两个弟弟也关系甚好。然而好景不长，大约在刘裕十岁左右时，父亲刘翘去世，萧氏一个人拉扯三个幼子，日子过得更加清苦起来。

身为家里的长子，刘裕年纪轻轻便要分担养家之责，要时时上山砍柴，或编织些草鞋到集市上叫卖，这一来便荒废了学业，以致“仅识文字”，相当于小学文化水平。加以缺乏严父管教，又沾染了些市井风习，竟学会了喝酒、赌博。所以虽然刘裕成年后相貌堂堂、“风骨奇伟”，身高一米八五（“七尺六寸”），而且在萧氏的张罗下娶了妻成了家，乡里却仍视其为贫贱无德的流氓混混，时常在背后指指点点，说刘家有此不肖儿，恐怕要从此落魄了吧！

邻里的风言风语传进了刘裕的耳朵，他报以一声冷笑，未予置评。

喝酒、赌博算什么？当年汉高祖刘邦未发迹时，不同样是个酒鬼加赌徒？

砍柴、卖履又怎样？蜀汉昭烈帝刘备家贫时，不也割过蒲草卖过草鞋？

尔等燕雀，安知鸿鹄之志？

我刘裕，是要成就天下霸业的男人！

02 | 刘裕的野望

许多年后，当人们回顾宋武帝刘裕的传奇一生，在感叹他的英雄伟业之余，不免对他的平生经历附会许多那个年代常见的浮夸与想象。其中之一便是神化刘裕的出身。

梁朝人沈约编著的《宋书》这样记载：刘裕是西汉楚元王刘交的第二十一代后裔，出生之夜有神光照室，甚至祖坟上都降下了甘露。虽然年轻时家穷没文化，却是不折不扣的贵种，来到世间是注定要成就一番惊天动地的大事业的。为证明以上并非虚言，史书还罗列了几个故事来增强说服力。

故事一：

刘裕有一次从京城建康返回老家京口，途中在一家客栈休息，向卖饭的大娘讨酒喝。大娘说后面有酒，要喝你自己去取。刘裕转进后室，在酒坛旁边就喝了起来，越喝越来劲儿，直到醉倒在地。这时，名士王谧（音mì）有一个门生路过客栈，也要酒喝。大娘说后面有个人已经在喝了，你们可以一块儿喝。这位门生进屋一看，乖乖不得了！哪里有什么喝酒的人？酒坛旁分明卧了一条五彩斑斓的蛟龙！吓得赶紧一溜烟窜了回去。待卖酒的大娘再来查看时，刘裕已醒，蛟龙却不见了。

该起灵异事件随后经由那位门生传进了王谧的耳朵。这王谧可不是凡人，乃是东晋初年权倾天下的宰相王导的孙子，是一等一的高门士族，当时官拜骠骑长史。听说京口有人蛟龙附体，他当下兴趣大增。多年来当地一直流传着一个预言，说曲阿（今江苏丹阳）、丹徒（今江苏镇江东）两地之间有天子气，未来将有帝王产生。京口正当曲阿、丹徒间之地望，难道此人便是真龙天子？宁可信其有，不可信其无。王谧随后派人密切关注刘裕的动向，并与刘裕结识互粉，联络起了感情。

后来，刘裕赌博蚀了本，欠下三万钱长期不还。债主刁逵是著名土豪，家里奴客纵横，号称京口一霸，派人将刘裕绑在拴马桩上一顿毒打。王谧得知后，私下用自己的钱还了刘裕的欠账。三万钱可不是一笔小数目，相当于当时普通人家资产总额的三分之一。事后，刘裕把王谧对自己的恩德和刁逵对自己的折辱都深深地记在了心里，许多年后他将用实际行动来回报当初的恩仇。

故事二：

一次，刘裕为了编草鞋，到河边去砍芦苇。芦苇丛中突然窜出一条数丈长的蟒蛇，刘裕挥刀猛击，蟒蛇受伤而逃。第二天，刘裕又来砍芦苇，却听见河岸边传来“笃”“笃”的怪声。走近一看，原来是几个青衣童子在用杵臼捣药。刘裕上前探问，童子说：“我家大王被一个叫刘寄奴的人砍伤，我们正在制药用以疗伤。”刘裕吃了一惊，心说：难道昨天砍伤的蟒蛇是个妖精？又问：你家大王既是神灵，怎么不去找那个刘寄奴报仇？童子答道：“那刘寄奴不是凡人，是命中注定的王者，我家大王不敢害他。”刘裕听了心下暗喜，大喝一声道：“我便是刘寄奴！尔等妖孽，还不速速退下！”诸童子顿时作鸟兽散。刘裕便顺手牵羊，将那些治疗蛇精病的药一股脑儿全都归了自己。

故事三：

还有一次，刘裕在下邳（今江苏邳州）遇见了一个和尚。和尚对刘裕说了一句话：“江表不久将有祸乱，只有你才能拨乱反正，救民于水火！”接着从怀中摸出一包金创药送给了他。刘裕接过药，和尚瞬间消失了踪影。对此来历不明的药丸，刘裕当然要试上一试。他手上有处旧伤经年不愈，已经结了好大的脓疮，用这药抹上一次，嘿，太神奇了，立马化脓生肌，疤痕都不见了，皮肤还很光滑呢！上好金创药，你值得拥有！出来混打怪升级，最重要的莫过于补血灵药。以后刘裕但凡带兵打仗受了伤，只要用上蛇精病药或和尚送的灵丹妙药，立马伤口愈合满血复活！

更绝的是，除补血灵丹之外，刘裕身旁还有通灵神兽相伴。《宋书·符瑞志》上说，从小到大，刘裕经常看见有两只小龙跟在自己的屁股后面转悠，最初尚小，后来越长越大。这事过于荒诞，容易引发刘裕可能是维斯特洛的坦格利安家族后裔的推论。编写《南史》的史官也觉得这事写出来难以置信，干脆加上一句说，每当刘裕渔樵山泽之时，同行的小伙伴们也曾目睹两条龙的存在。这意思是你要说我胡诌，你自己找证人核实去！

《南史》还记载，当时有一个著名的风水先生叫孔恭。刘裕有一次和他一起上山，途中经过刘裕老爸刘翘的坟墓。刘裕表情淡定，假装此墓与己无关，故意问孔恭：你看这个墓葬的风水如何？当年刘翘死的时候家里穷，坟墓也修得比较寒碜。谁知孔大师只瞄了一眼，便颔首道：“此非常地，贵不可言。”什么身份地位才当得起“贵不可言”呢？那自然是黄袍加身的九五至尊了！所以听了这个评价，刘裕嘴上不说什么，心里却乐开了花，从此以后信心爆棚，对自己的宿命有了更加清楚的认知。

上述荒诞不经的故事，俱载于正史。

熟读史书的朋友们肯定知道，类似的灵异故事在古代帝王的传记里是常见的剧情，在科学昌明的今天，很少有人会相信确有其事。就刘裕而言，第一和第二个故事明显是《史记》中汉高祖刘邦故事的升级版，至于仙人送药、相面堪舆之类，也是史籍中用滥的桥段。史臣不羞抄袭、不惜笔墨杜撰此事，无非是为了神化君主的形象，强调受命于天的统治合法性。我们当段子看看即可，不必当真。至于说刘裕是楚元王刘交的第二十一代后裔一事，恐怕也是攀高枝抱粗腿的成分居多，不可尽信。

但有一点，我相信史书所说并非虚言。那就是，虽然年轻时的刘裕家道中落、生活贫苦，道德品行上也不足为人楷模（“不修廉隅”），但他既不怨天尤人，更非自甘堕落，而是心怀梦想、胸有大志，对未来充满了野心和渴望。

现代年青人的梦想，是成就事业，走上人生巅峰！

古代年青人的梦想，是出将入相、光宗耀祖！

其实从本质上来说，大家的梦想都差不多，无非是物质上更优裕，生活得更有尊严。我相信刘裕也是一样。

古语有云：“有志者，事竟成。”

周星驰说：“人如果没有梦想，那和一条咸鱼有什么分别？”

马云也告诉我们：“梦想这个东西还是要有的，万一实现了呢？”

现在的问题是，对于家境贫寒、不学无术的京口游民刘寄奴来说，该通过何种途径去追寻他的梦想，又用什么手段去实现他的志向呢？

03 | 不如去当兵

青年刘裕生活的那个年代，上距西晋末年的永嘉之乱已有七八十年。北方的中原地区先后被匈奴、羯人、鲜卑和氐族建立的政权瓜分占据，不愿被异族统治的中州百姓和世家大族纷纷南下，在长江以南拥立司马氏皇族建立了东晋政权。东晋立国数十年来，上层统治权力一直被以王、谢为代表的世家大族构成的门阀集团牢牢把持，形成了特有的门阀政治格局。在当时的社会上，也自然而然地形成了“高门”“次门”和“役门”三个阶层。

所谓“高门”，即上等士族，以太原王氏、琅琊王氏、颍川庾氏、谯国桓氏、陈郡谢氏为代表。这些家族在朝廷世代做五品以上的大官，有权有势，甚至掌握司马家皇帝的废立，以致民间流传有“王与马共天下”“桓与马共天下”的说法。他们有文化、有身份、有地位，自认为血统高贵，与人交往极重出身门第，认为普通的庶民百姓与自己就像麻雀与凤凰一样高下立判、贵贱分明。经济上，他们田连阡陌、财富惊人，拥有无数的奴婢和田客；生活上，他们鲜衣怒马、奢侈豪放，喜欢饮酒嗑药、弹琴赋诗，号称名士风范、魏晋风度，乃是社会时尚的领导者和流行文化的践行者。总之一句话，这些人就是当时豪门中的豪门、贵族中的贵族。

“次门”，则是比高门差一等的士族。这些家族虽然也有人做官，但通常只能做五品以下的小官，在身份、门第上都比高门大族差了一截。例如我们的男一号刘裕，其家族就是典型的次等士族。他爹刘翘只是个不入流的郡功曹，不提也罢；爷爷刘靖是东安太守，五品官；曾祖刘混，武原县令，七品官；亲姥爷赵裔，平原太守，五品；继姥爷萧卓，洮阳县令，七品；岳父臧儁（音jùn），也是郡功曹，不入流；大舅哥臧焘，国学助教兼临沂县令，也是七品。可见刘裕的出身不是平头百姓，也并非大富大贵之家，只是由于家道中落再加上不学无术，这才被乡里所贱。当时次等士族当官，多出任干活多、俸禄少、品级低的“浊官”，升迁又难，跟那些高门士族随随便便就“平流进取、坐至公卿”，活干得不多钱拿得不少的待遇简直是天壤之别。

“役门”又叫庶人，则是普通的平头百姓。因为不像前两个阶层，庶人没有身份上的特权，按规定必须要服徭役，所以称作“役门”。役门出身的人即便有机会当官，也大多出任不入流的吏职，除非被皇帝特别恩准，自己和家人仍旧要服徭役。

次门出身的刘裕比上不足、比下有余，本来应该遵循父祖的前例，弄个小官出仕，进入官僚阶层，然后熬年头熬资历，混得好的话也可以搞个太守、县令当当。这条路虽不能保证大富大贵，但至少可以衣食无忧，总比卖草鞋当小贩强多了。然而东晋当时的选官机制是所谓的九品中正制，所有有资格当干部的人都要接受本乡本郡中正官的考察和品评。考察和品评的标准，一看德行，二看出身：出身好、德行佳的评为上品，有资格出任行政级别高、工作清闲又重要的“清官”；出身寒门、德行欠佳的评为中品、下品，中品只能去出任“浊官”或者不入流的佐吏，下品则根本没有当官的资格。这便是所谓的“上品无寒门，下品无势族”。

其实单论出身，刘裕倒是够格当个六七品的小官，坏就坏在德行这一点上。前面已经介绍过，刘裕年轻时又是赌博喝酒，又是欠钱不还，虽说不是大流氓，也算是个小混混。这“无行”的名声免不了要传到本乡中正的耳朵里，对他的品第评定大为不利。再加上刘父早亡、家道中落，在官场无人照应，对刘裕来说，想通过常规途径起家出仕显然难度不小。即便他削尖脑袋挤进了吃皇粮的队伍，发展前景恐怕也极为有限。况且，以刘裕大大咧咧、意气粗豪和勇猛好斗、不惧挑战的性格，他也未必喜欢去做那蝇营狗苟、案牍劳形的刀笔小吏。

当今时世，究竟去干什么才能真正发挥自己的能量，实现自己的人生价值呢？

织席贩履之余，刘裕在想；夜不能寐之时，刘裕也在想。

几乎每个人在年轻的时候，都会有一段迷茫期。

我也一样，曾经在二十多岁的时候，不知道自己究竟想干什么，不知道未来的路在哪里。

慢慢地，有些人会想通想明白，然后不再犹豫，向着自己的目标步步前行；而有些人则想不清楚，或者不愿再想，不再找目标和方向，就那样浑浑噩噩随波逐流地了此一生。

刘裕二十一岁的时候，淮淝前线的战报传来：东晋的八万北府兵大破前秦苻坚大帝率领的八十七万大军，取得了开国以来对阵北方政权的最辉煌的胜利。京口是北府兵的大本营，北府军人骁勇善战、保家卫国的英雄事迹肯定传遍了京口的大街小巷，年轻气盛的刘裕听了，八成也会热血沸腾，生出立功疆场、踏破贺兰山缺之心。然而从史籍中透露出的线索来看，之后数年，刘裕并没有穿上戎装投奔军旅，而是一如既往地在京口的寻常巷陌里过着小市民生活。个中缘由，一是刘裕的女儿兴弟刚刚出生，老婆孩子都需要照料；二来恐怕就是这时的刘裕还处在犹豫彷徨的迷茫期，并不知道自己究竟该选择什么样的道路。

当史籍中再次出现刘裕的身影，一晃已是十几年之后了。这时的刘裕，已是一名北府兵军官。

北府，是东晋人对徐州镇治京口的称呼，因徐州位于京师建康之北而得名。早在东晋初年，以京口为核心的地区就一直是北方南来的流民聚集之地。自从七十多年前郗鉴任兖州刺史坐镇京口开始，当地的流民便多次被招募起来当兵。京口一带地少人多、民风彪悍，流民本来就是半武装集团，基本上都是从少数民族占领区一路打着仗过来的，所以稍加训练便能形成很强的战斗力。自此，北府兵成为东晋手里拱卫都城建康、抵御外敌入侵的一支重要武装力量。

与历朝历代的军队相比，北府兵还有一个鲜明的特点，那就是重在募将而不是募兵。“火车跑得快，全凭车头带”，军官是一个军队的灵魂和骨干。太元初年，当时执掌朝政的宰相谢安为了应对前秦的军事压力，命侄子谢玄统领北府。谢玄招募劲勇，募得刘牢之、何谦、诸葛侃、高衡、刘轨、田洛、孙无终等一干猛将。正是在这些将官的带领下，北府兵才取得了淝水之战的巨大胜利。初出茅庐的刘裕，便投靠在了孙无终的帐下。

史书记载，刘裕“初为冠军孙无终司马”。

孙无终是晋陵郡（今江苏镇江、常州一带）人，时任冠军将军，跟刘裕是一个郡的老乡。将军手下有两个副手：长史排行在前，掌文职；司马排行在后，掌武事。比长史、司马官位还低的，是数量不等的参军。这些官职既可以受中央任命，也可由将军自己选授。刘裕初来乍到，便当上了三把手司马，大概是靠自己次等士族的出身和跟孙无终的老乡关系。

此时的刘裕，已经三十五六岁了。

在平均寿命不过三十来岁的古代，他已经不再年轻。

他扔下用了多年的锄头和柴刀，抱了抱伶俐乖巧的女儿兴弟，向继母萧氏重重地磕了三个响头，嘱咐发妻臧氏照顾好家中的一切，转过身走出家门，走上了从军的道路。

在那个年代，当兵常被视为入了贱籍，武事被看作鄙陋的行当，稍微有点儿身份地位的人是不愿意穿上戎装的。而且从军就免不了上阵打仗，真刀真枪地上去，缺胳膊断腿是常事，搞不好连命都没了！无论从哪个角度来说，选择从军对刘裕来说都是一个极为重要的决定。

这一去，是血溅征袍，马革裹尸？还是南征北战，慆慆不归？抑或是破军杀将，万里封侯？

无论怎样，我刘裕绝不后悔！

04 | 一道诏令引发的动乱

刘裕从军没多久，一场战事便来临了。

其时东晋正当晋安帝司马德宗在位。这位老兄也是个奇葩，史籍上说他“不惠”，可能是个智障，“自少及长，口不能言”，话都不会说；“虽寒暑之变，无以辩也”，是冬天还是夏天压根分不清；“凡所动止，皆非己出”，跟植物人也差不了多少。这么一个大宝贝儿，自然不可能处理朝政，朝廷大权全都掌握在了他叔叔会稽（今浙江绍兴）王司马道子手里。

司马道子虽然智力正常，但也是个庸碌之辈。他是上一任皇帝孝武帝司马曜的亲弟弟，孝武帝当年任命他当宰相，本来指望这位弟弟帮自己伸张皇权，压制那些不把皇帝看在眼里的门阀士族，哪知道后来哥儿俩闹掰了，开始明争暗斗、互相争权，史称“主相之争”。争夺的焦点，主要集中在对地方藩镇的人事安排上。

当时东晋为防御北方政权入侵，把主要兵力集中在长江沿线。万里长江似锁链，自上游至下游主要掌握在荆州刺史、江州刺史、豫州刺史、扬州刺史和青兖徐三州刺史的手里，其中又属上游强藩荆州（镇江陵）和拱卫京师的青兖徐北府（镇广陵或京口）的军事实力最强。荆州刺史和青兖刺史这两个位子，孝武帝和会稽王司马道子争了几个回合，都想安排自己的党羽出镇以为强援。太元十五年（公元390年），孝武帝以自己的大舅子王恭为青兖刺史[1]镇京口；两年后，孝武帝又越过吏部授官的正常程序，直接下旨任命自己的亲信殷仲堪为荆州刺史。两大强藩尽入己手，眼看主相之争将以孝武帝司马曜的胜利而告终。结果孝武帝自己作死，没事跟宠妃张贵人开玩笑，说你也快三十了，差不多该被废了吧，明天朕再找个年轻漂亮的！愚蠢的张贵人当了真，银牙暗咬，柳眉含恨，半夜就叫宫女拿被子把孝武帝捂死了。

孝武帝这一死，白痴太子司马德宗继了皇位，任会稽王司马道子为太傅摄政。司马道子大权独揽，便开始谋划解决孝武帝遗留下来的荆州刺史殷仲堪和青兖刺史王恭。

但自东晋初年以来，地方藩镇坐大，手里有钱有兵，不太把中央政府当回事。从当年的王敦、苏峻，到后来的枭雄桓温，动不动就打出“清君侧”的幌子，说自己受了朝廷的委屈，带着军队顺流而下，去都城武装上访，甚至一度废立皇帝。前车之鉴在此，王恭和殷仲堪又不傻，尤其王恭手里还握有北府兵这张王牌，所以得知司马道子想削自己的实权，俩人就一拍即合，搞了两次武装叛乱。两次兵谏下来，司马道子被弄得要多狼狈有多狼狈，不但一个劲儿地向王恭赔不是，还把自己的亲信王国宝、王绪当替罪羊杀了。虽然后来司马道子靠儿子司马元显的主意策反了王恭手下的北府兵大将刘牢之，王恭兵败被杀，但殷仲堪一方的荆州势力毫发未损，依然保持着对都城建康的强大压力。

会稽王司马道子本来就是个酒鬼，经此一事后备感窝囊，以后干脆两手一撒，啥也不管了。你们爱咋闹咋闹，老子只管醉生梦死，不陪你们玩了！这一来，朝政大权就落到了世子司马元显的手里。

司马元显年纪轻轻，自以为是，觉得中央干不过藩镇是因为直辖的兵太少，于是操纵朝廷，发了一道诏令。

① 青、兖、徐三州通常连成一片，同授一位刺史，但有时也因权力斗争分授给不同的刺史。王恭以青兖刺史镇京口而不领徐州，乃是徐州刺史由宰相司马道子兼领之故。

诏令的内容是“发东土诸郡免奴为客者，号曰乐属，移置京师，以充兵役”。

由于地方州郡都是各都督、刺史的势力范围，当时东晋朝廷实际控制的地区，主要是现在的苏州、杭州、绍兴、宁波这些地区的郡县，即所谓的东土诸郡。“免奴为客者”，指的是那些曾经沦为奴婢，如今却或被放免，或被王公百官荫占为佃客的人。那时，士族地主放免奴隶为佃客是普遍现象，因为这样便于管理，收的田租也多，“免奴为客者”数量不少。现在司马元显准备征发这些人来京师建康当兵，好用来对付地方的藩镇。

哪知道这样一来，却捅了马蜂窝。

首先，这些被征发的佃客自己不乐意。晋朝的士兵主要分三种：一种是用钱或实际利益招募而来的募兵，如北府兵就是典型的募兵；一种是豪强大族的私人武装，叫作部曲或私兵；比这两种更为普遍的，则是在政府的兵籍上登记注册的世袭兵户。这第三类人祖上是兵，自己是兵，子孙后代还是兵，社会地位低下，被认为跟奴隶差不了多少，一旦入了兵籍，世代都是贱民。司马元显征发佃客，就是来充政府的兵户。佃客虽然也没有人身自由，但好歹有自己的一亩三分地，社会地位也比兵户稍强一点儿。现在你司马元显叫俺们背井离乡去当贱如草芥的兵户，给你卖命当炮灰？门儿都没有！还叫什么“乐属”！

其次，那些佃客的主人——东土诸郡的世家地主们，也不高兴。这些佃客原来都是花钱买来或者按照官爵品级荫占的，老老实实地种田交田租，如今你司马元显一拍脑袋征发他们去当兵，我们家里的万亩良田谁来种？明年的田租我们找谁去收？这不是明摆着从我们身上割肉嘛！

于是这道诏令一出，民怨沸腾，东土骚然，再加上有的地方官混水摸鱼，企图把不是奴隶出身的佃客和农民也一并征发，从中勒索好处，弄得江南八郡之地成了怒气冲天的火药桶，只要一丁点儿火星就能引爆。

就在这时，一个装神弄鬼的道士乘时而起，振臂一呼，应者云集，引发了一场终结东晋气运的大动乱，也把初出茅庐的刘裕送上了充满险恶与荣耀的权势之路！

05 天师降临

道教早在东汉时便已产生，主要有两大流派：一为太平道，创始人是汉末黄巾军的大首领——“天公将军”张角；一为五斗米道，传说创始人是鹤鸣山真人——“天师”张道陵（张陵）。所不同者，五斗米道给人看病时一般要收五斗米为报酬，其历代教主多称天师，所以又称天师道。东汉末年的黄巾起义，是以太平道组织为核心而发动的。同时期割据汉中的张鲁，其爷爷便是天师张道陵。

道教那套理论糅合了中国古代巫鬼神仙思想和阴阳五行学说，尊奉黄帝、老子为偶像，宣传以符箓祈禳驱鬼神、炼丹修道得长生的思想，在上流社会和庶民百姓间都有大量的信徒，很容易被别有用心之人加以利用，用作谋取私人权欲的工具。

到了魏晋时期，道教仍在上至王公贵族、下至贩夫走卒之间广泛流传，尤其是在我国山东、江浙一带的滨海地域，更是有诸多信众。西晋末年“八王之乱”中一度篡位自立的赵王司马伦，便有天师道背景，其谋主孙秀便是天师道信徒；不久之后山东“妖贼”刘伯根、王弥的起兵，也是一次天师道教徒的叛乱；十六国当中割据巴蜀的成汉政权，靠的也是天师道“天地太师”范长生的辅佐；而东晋的许多门阀士族，包括皇帝本身也都深受天师道的影响。史学大师陈寅恪先生就认为，孝武帝司马曜和会稽王司马道子都生长于天师道的环境中，甚至司马道子的名字“道子”也可能与天师道有关。当时一等一的高门琅琊王氏，更是天师道世家，大书法家王羲之本人便是天师道的粉丝。

在这样的背景下，东晋末年以天师道为组织手段和集体信仰的孙恩、卢循之乱爆发了。

孙恩，字灵秀，琅琊人，跟前面提到的赵王伦的谋主孙秀是同族。请注意琅琊这个地名。魏晋时的琅琊国位于今山东蒙阴、临沂一带，这里简直就是道教的渊薮（音sǒu）。三国时的著名道士于吉是琅琊人，孙恩一族是琅琊人，孙恩、卢循集团的主要谋士徐道覆是琅琊人，世代信奉天师道的王羲之家族也是琅琊人！

据史书记载，孙恩家族“世奉五斗米道”，而孙恩之叔孙泰的师父，则是当时大名鼎鼎的道士杜子恭。这杜子恭号称受张天师梦中授法，习得符咒秘术，擅长治病驱邪，能够预测吉凶祸福。据说此人曾准确预言了桓温北伐的枋头之败和淝水之战中晋军的胜利。又有故事说，杜子恭曾经向人借过一把刀，人家前来讨要，他却说该还就还，时候未到。结果刀的主人坐船去嘉兴，有一条大鱼忽然跃入船中，剖开鱼腹一看，那把刀赫然在其中。像这样一位神通广大的主儿，自然少不了有人信奉。史籍说他“操米户数万”，有好几万弟子教徒。杜子恭临死之时，曾留下遗言：“我死之后，当有人假借我之道法，行大逆不道之事，与黄巾贼相似，过一段时间自会消除。”

果不其然，杜子恭死后不久，弟子孙泰便凭借从他那里习得的道教秘术诓骗世人、扩充势力，准备行大逆不道之事了。其实所谓道教秘术，不外乎一是修仙长生之法，二是房中御女之术，这两样东西恰恰是那些吃穿不愁、精神空虚的王公贵族和世族地主最想得到之物。所以孙泰的道术在东晋上层一时颇有市场，就连孝武帝司马曜和会稽王世子司马元显也几次三番找孙泰求“秘术”，朝廷还任命孙泰为辅国将军、新安太守。

孙泰大概觉得自己羽翼已丰，便召集徒众，煽动百姓。眼看这邪教组织要出大事，会稽内史（相当于太守）谢輶（音yóu）赶紧将此事上报。会稽王司马道子怎能容得别人在自己的老窝搞反动阴谋？当下派军兵下去，将孙泰抓了，咔嚓一刀，送他白日升天。

孙泰被杀，他的侄子孙恩见势不妙，立刻逃亡入海。孙泰的信徒们都说孙泰真人没死，那叫蝉蜕登仙，以后由孙恩真人继续领导我们的修仙事业，都从海路给孙恩以资助。孙恩得以在海岛上纠合亡命，伺机反攻大陆，誓报杀叔之仇。

本来事情发展到这里，孙泰也就一个邪教分子，孙恩将来要么成为海盗头子，要么索性向东发展去钓鱼岛上钓鱼。哪知道偏在这时，司马元显搞了这么一道征发“免奴为客者”当兵的诏令，弄得东南沿海郡县骚动不安，民心思变。正在岛上敲椰子吃鱼生的孙恩得到这个消息，心说此时不反，更待何时？当下集合徒众，乘船进发，浮海而至，首先攻入上虞县，杀了县令，紧接着奔会稽而来。

会稽是孙泰发展徒众的基地，孙泰当初被杀也是由于会稽内史谢輶的告发，孙恩想占领会稽，一来是要站稳脚跟，二来是为了复仇。然而此时会稽内史已经换了人，变成了王羲之的儿子王凝之。

上文已述，琅琊王氏家族乃是天师道世家，这王凝之更是天师道的脑残粉。听人汇报说妖贼作乱，正杀奔会稽而来，王凝之相当淡定，一不发兵，二不设防，而是迈着方步踱进了专门用来祈祷修真的靖室。属下纳闷，等过了好久他终于出来后问该如何发兵迎敌。王凝之慢条斯理，说尔等莫慌，我已上告太上老君，请下鬼兵数万，各守要津，乱臣贼子不足惧也！结果孙恩的乱军轻轻松松地入了会稽城。王凝之眼看祈祷不灵，鬼兵一个未见，敌兵却到了家门口，赶忙收拾细软准备逃命，结果被孙恩截获，连带几个儿子都被杀死。倒是王凝之的妻子谢道韫（著名才女，谢安的侄女、谢奕的女儿）不失名门气概，听闻丈夫儿子被害，抽刃出门手杀数人，才被乱兵所俘。孙恩可能是摄于谢道韫的气魄，并没有加害于她。

占领会稽之后，孙恩自封征东将军，称手下的数万徒众为“长生人”，并且诛除异己，强迫士族当自己的官属，凡不服从的统统杀却，甚至将俘虏的县令剁成肉泥强迫其亲人吃下，不肯吃的就大卸八块。（“醢诸县令以食其妻子，不肯食者，辄支解之。”）乱军所到之处焚毁屋宇村落，掳走财物人畜，留下一片片焦土。妇女若因携带婴孩不便赶路，孙恩的徒党就把婴儿投入水中，还念念有词，说“祝贺你早登仙堂，我等随后就来”之类的鬼话。会稽、吴郡（今江苏苏州）、吴兴（今浙江湖州）、义兴（今江苏宜兴）、临海、永嘉（今浙江温州）、东阳（今浙江金华）、新安（今浙江淳安西北）江南八郡的天师道徒和不满司马元显征发诏令的世家大族、奴隶佃客，纷纷杀掉本地的长官响应孙恩，旬日之中发展为数十万众。

三吴之地承平日久，郡县兵户久不习战，见了乱军就望风而逃，一时之间，东土诸郡大半沦为敌手，京畿腹地烽火连天，动乱不已。建康城里的小朝廷大为惊恐，连忙颁下戒严令，并派卫将军谢琰、辅国将军刘牢之领兵平乱。

06 | 华丽的登场

东晋朝廷派去剿杀孙恩乱党的，是谢琰和刘牢之。这俩人，可以说是朝廷当时派得出来的最优秀的将领。

谢琰是谢安的儿子，当年淝水之战，谢琰受谢安命率领劲卒八千，跟堂兄谢玄一起担任晋军先锋，大破前秦军队，立下了赫赫战功。后来王恭举兵犯京，谢琰仍旧担任征讨先锋。虽说王恭败亡主要靠刘牢之临阵叛变，但谢琰功不可没，得封官居二品的卫将军，领徐州刺史。

刘牢之则是久经战阵的北府名将。此君面色紫红，须目惊人，有勇有谋。淝水前线的洛涧之战，刘牢之阵斩前秦大将梁成；淝水一战前秦败退之后，刘牢之又率军收复谯城（今安徽亳州）、鄄城等地，将东晋的领土拓展至黄河以南。后来王恭任青兖刺史掌控北府，为了笼络刘牢之，表请升他为三品辅国将军，不久又加其为太守。有了刘牢之的军队，王恭初次举兵才能逼得会稽王司马道子杀了亲信王国宝和王绪。可王恭自认名满天下的太原王氏之秀，内心对刘牢之这次等士族出身的武将颇为瞧不起，来往之间不免对他少了些礼遇，自负其能的刘牢之对此怀恨在心。待王恭第二次进逼京师之时，司马元显派人对刘牢之进行了策反，说只要你背叛王恭，事成之后就把王恭的官职让你来当。刘牢之阵前倒戈，这才导致王恭兵败被俘，掉了脑袋。后来朝廷果然擢升刘牢之都督兖青冀幽并徐扬七州外加晋陵郡军事，完全取代了王恭生前的位置。这时的刘牢之不但掌控北府，而且是都城的军事总指挥，一时间成了影响东晋政局的举足轻重之人。

要知道，在此之前北府兵的总指挥权可是一直牢牢地掌握在王、庾、桓、谢这些门阀士族的手里的。刘牢之一个没文化的武将世家出身，靠手握军权和背叛主子居然冷不丁地蹿升到了低级士族从来不曾染指的位子上，建康城里的朝廷百官和世家大族对其是一百个瞧不上眼。恰在此时，孙恩之乱爆发，朝廷下旨派刘牢之率军平叛。对刘牢之来说，若能顺利削平叛乱，不啻为一个提升威望的好机会。所以他二话不说，整顿军队准备出发。恰在此时，我们的男一号刘裕带着老上司孙无终的推荐信，迈进了刘牢之的中军帐。

虽说刘牢之和刘裕是老乡（两人祖籍均为彭城），一笔又写不出两个刘（两人均号称楚元王刘交之后），而且正在用人之际，但毕竟两人交情尚浅，刘牢之也不了解刘裕的能力如何，仅凭孙无终的一封介绍信他还不能完全信任刘裕。所以刘牢之只安排刘裕在帐下当了个参军，比孙无终的司马还低了一级。刘裕对此并未说什么，他相信只要耐心等待，不愁没有施展本领的机会。

机会很快就来临了。

隆安三年（公元399年）十一月，刘牢之奉诏讨贼，次月即进入了敌军占领区。刘牢之想试试这个新来的参军本事如何，就派他带领几十个人去侦察敌情。刘裕率队走到半路，没想到竟然迎面撞上了敌人的大部队，足有数千之众！眼见全身而退已不可能，反倒激起了刘裕那不惧挑战的脾气。他大吼一声，长刀在手，率领众人杀向敌军！

北府军皆是百战精兵，此番又抱了必死的决心，众人无不以一当十，发挥出超强的战斗力。但毕竟敌我众寡悬殊，刘裕只觉身边的战友越来越少，转眼间就只剩下自己一人！江南之地河汉纵横，刘裕利用地势苦苦支撑，冷不防脚下一空，摔到了河岸之下。敌人一窝蜂涌到岸边，想下去继续追杀。最前面的几个人正探头往下看，刘裕仰头振臂长刀一挥，几个圆滚滚的人头滚落在地，喷涌而出的颈血泼了他满身满脸。伴随一声怒吼，刘裕一跃上岸！对面的敌人仿佛见了血染的金刚、下凡的凶神，吓得转身就跑；后面的敌人不明就里，以为前面有危险，也转身就逃。刘裕手舞长刀，大呼急追。于是呈现出一幅中外战争史上难得一见的场景：前面有几千人在狂奔逃命，后面只有刘裕一个人在追！这一幕正好被率军赶来支援的刘牢之之子刘敬宣远远看到，他不由得惊叹不已，赶忙派大部队前去迎击。这一战北府兵大破敌军，斩获千余人，刘裕立功最著。

回到军营，刘敬宣将刘裕“独驱数千人”的事迹讲给老爸听。刘牢之感叹之余，不由对刘裕另眼相看，觉得此人胆略过人、勇冠三军，是个为将之才，今后可以重用，于是升刘裕为司马。

靠着这一场胜利的气势，刘牢之率军推锋而进，不几日便攻克了会稽郡首府山阴（今浙江绍兴），把孙恩又撵回了海里。

孙恩这个人装神弄鬼挺在行，领兵打仗则狗屁不是。最初听说江南八郡皆响应自己，洋洋得意地对手下人说：“今后天下不再有事喽，我将与诸君一起穿上朝服，昂首入建康！”这是因为起兵之时，孙恩曾给朝廷上表，说自己不是反叛司马家皇帝，只是想诛除奸臣，干掉会稽王司马道子父子。江南八郡乃东晋朝廷赋税所出、产粮基地，没了这八郡就等于掐了建康的脖子，孙恩觉得朝廷肯定会跟自己讲和，征自己入朝辅政。等到听说北府名将刘牢之出兵，快要抵达钱塘江，孙恩又说：“我能割据浙江以东，大不了当个越王勾践！”眼看刘牢之过了江，马上就要进攻山阴，孙恩晃了晃脑袋说：“我不羞遁走。说走咱就走哇，你有我有全都有哇！”于是带领徒众驱赶掳掠而来的男女二十多万口向东逃窜，边逃边往路上丢个金银珠宝啊黄花闺女什么的。追奔而来的北府士兵都是流民出身，当兵卖命就是为了发财，见了这些东西能拿就拿，能抢则抢，自然来不及追赶。孙恩这才得以逃回海上。

另一方面，谢琰也领军收复了义兴、吴兴等郡，表面上看来孙恩之乱已大部平定。朝廷论功行赏，进刘牢之为前将军、都督吴郡诸军事，还镇京口，而以谢琰为会稽内史、都督五郡军事，坐镇山阴，以防孙恩卷土重来。

07 | 牛刀小试战孙恩

孙恩之乱的参与者，成分比较复杂，既有被天师道洗了脑的盲目信徒，也有逃避朝廷征发免奴为客者当兵诏令的小农、佃客，还有反对司马道子父子的某些士族，甚至还有被劫持裹挟进叛乱集团的各色人等。镇压叛乱后对这些不同的人，显然应该采取不同的安抚政策，这样才能消灭动乱的社会基础。然而谢琰镇会稽后并不了解这些内情，自以为家世显赫、战功卓著，几个跳大神画鬼符的小贼有什么了不起，值得我谢瑗度（谢琰字瑗度）为此殚精竭虑？史载谢琰到会稽后“不能绥怀，又不为武备”，虽然手下人一再劝谏说孙恩近在海边，随时都有再来的可能，可谢琰却说：“苻坚有百万之众，尚且送死淮南；孙恩这小贼败死入海，怎能复还？就算他有胆子再来，那也是自己送上门来找死！”

古往今来，因轻敌致败的例子不胜枚举。关羽牛不牛？还不是一时大意失荆州，最后落得个身首分离的下场。对谢琰这凭借父兄之资才取得不错的履历，并没有经过硬仗恶仗考验的儒将来说，轻敌大意实在是自取其祸，他的结局我们不难想象。

次年五月，孙恩自海岛再入会稽。谢琰迎敌兵败，被叛变的自己人所杀。吴兴郡民心骚动，太守庾桓怕郡民响应孙恩，竟抢先下手杀掉男女数千人。孙恩大掠会稽后，又从海路攻入临海郡。朝廷震动，只好再派北府兵南下平叛。

其实这个时候的孙恩，俨然一个大海盗，作战策略跟明代沿海的倭寇差不了多少，上岸后专拣官军少、城防差的城市进攻，能抢就抢，打不过就跑，再也不想占领一个地方当基地，也从不在乎一城一地之得失。而且每到一处，就强迫当地百姓加入叛军，队伍像滚雪球一样越滚越大。这样的军队自然战斗力不高，但孙恩也根本不在乎折损兵力屡打败仗，反正只要我孙天师在，换个地方转一圈又能拉扯起十几万人。官军追剿起来甚是头疼，只好在沿海的城市分兵驻防。

十一月，刘牢之亲戍上虞，而派刘裕驻守句章城（今浙江余姚）。这是刘裕独自统军的开始。虽然手里只有数百人，城墙又破又小，但刘裕却屡次击破前来寇掠的孙恩军。打起仗来，刘裕总是披坚执锐，身先士卒。当时东征的各支官军，军纪都相当糟糕，无不暴掠百姓，而刘裕却能够约束将士，严明法令，因此没过多久就声名鹊起，成为新一代北府兵中出类拔萃的将领。

孙恩攻句章攻了两个月，半点儿便宜没占着，干脆脚底抹油，往北溜了。刘裕引军悄悄追蹑其后，一直追到海盐境内。刘裕在此凭借海盐故城，继续跟孙恩周旋。孙恩没想到自己绕了杭州湾一个大圈，还是没把这个名叫刘裕的小将甩掉，心下大怒，引军来攻。刘裕组织了几百个敢死队员，人人光着膀子，手拿短兵，作老子不想活了杀一个够本儿杀俩赚一个状从城里鼓噪而出。贼兵大惊失色，弃甲而逃，贼帅姚盛被斩。

刘裕深知自己虽然连战连捷，但毕竟众寡悬殊，容不得犯任何一个错误，于是心生一计。一天夜里，刘裕命士兵偃旗息鼓，伪装成弃城而去的景象。到了早上，叛军发现城门大开，城墙上只有两三个老弱残兵在打瞌睡。孙恩就派人到城墙下喊话，问刘裕何在。老兵说昨晚上就开溜了。孙恩稍加盘算，心说难道刘裕在学诸葛亮摆空城计？诸葛亮区区空城一个，就吓退了司马懿，我孙恩可不上这个当。来呀，城中一定无人，进城！众叛军在野地里睡了几个月，听说有城可占，有东西可抢，不觉都放松了警惕。哪知道刚到城门口，突然锣声大作，伏兵尽出。叛军毫无防备，被杀得大败，丢下千余尸首，狼狈而回。

孙恩经此挫折，知道刘裕真是不好惹。我惹不起你，那我躲还不行吗？于是孙恩又拿出了他的拿手道术——土遁，一溜烟向北奔了沪渎（今苏州东部）。刘裕得势不饶人，也拿出牛皮糖的功夫，你退我就追。这时，海盐县令鲍陋派儿子鲍嗣之领吴兵一千要求打前锋，意思是退敌的功劳不能都让你刘裕占了，我们本地的官兵也是出了力的。刘裕知道这些本地的吴人摆摆花架子还行，真上阵拼刺刀全是白给，就想把这些兵安排在北府兵的后面。可鲍陋坚决不同意。这时的刘裕只是刘牢之的一个司马，品级还没有县令高，又是在人家的地盘上作客，只好勉为其难让吴兵打了前锋。

当夜，刘裕派了几个小队出去，拿着军旗锣鼓在外设了十几处伏兵，其实每处不过三四人。事后证明，正是这一预防措施救了刘裕的命。

次日一早，敌军万余人前来进攻。双方前锋始交，按照事先的约定，十几处伏兵旌旗招展、锣鼓喧天地出现在阵前，远远望去不知有多少人。孙恩以为刘裕来了援兵，无心恋战，匆匆退走。鲍嗣之就率领吴兵在后面追。刘裕的担心没错，敌人很快就发现后面的追兵战斗力不行，舞刀弄枪跟挠痒痒差不了多少，就掉过头来反攻。这一下吴兵很快就被击溃，连鲍嗣之也被砍翻在地。不怕神一样的对手，就怕猪一样的队友！溃退的吴兵不但冲散了后军的阵形，而且连带影响到了北府兵的斗志，很快刘裕军便要被敌军团团包围，形势变得万分险恶。刘裕且战且退，身边的士兵越来越少，忽然发觉已退到了设置伏兵之处。刘裕急中生智，命左右立刻停止后退，坐在地上脱起了死人衣裳。这一行动，史书解释其目的是“示暇”，意思是老子没事干，这些死人衣服别浪费，捡回去还能卖两个钱。刘裕这么一弄，追来的敌军可纳闷了，心说这些人搞什么名堂，你们也太不专业了吧，还打不打了？难道……难道这山坡后面还有伏兵？这边正在疑惑，那边刘裕招手喊道，别怕别怕，过来玩啊！孙恩前面受刘裕假空城计的骗，吃了大亏，这次刘裕摆出了真空城计，他倒不敢试了，于是鸣金收兵。刘裕这才拣了一条命。

这是刘裕亲自指挥作战遭遇的第一次失败，也是最后一次。

通过与孙恩的战斗，刘裕意识到，自己当初离家从军是一个正确的选择。他不惧战斗，甚至热爱战斗。只有在战争中，他才能最大程度地发挥自己的潜力；也只有在战争中，他才能感觉到自己的生命独特的价值。

从海盐战场归来的刘裕，擦拭掉刀上的斑斑血迹，浣洗掉身上的倦扑征尘，总结经验，以利再战。

一场更大的战斗在等着他。

08 | 蒜山之战

隆安五年（公元401年）五月，孙恩破沪渎，杀吴国内史袁山松，死者四千人。六月，孙恩乘胜浮海，杀奔丹徒而来。

有一点我们不得不佩服孙恩，他知道自己的乌合之众战斗力差，在陆地上打不过北府兵，就在海军上下功夫，组建了中国历史上第一支规模庞大的海军登陆部队。史载这时的孙恩，“战士十余万，楼船千余艘”，可谓威风赫赫，不可一世。这支庞大的舰队自长江入海口启航，浩浩荡荡溯流而上，直扑长江下游的军事重镇——京口。

那时候，京口虽然只是晋陵郡丹徒县的一个里，行政级别上只相当于一个自然村，但由于数十年来的流民汇聚和北府重镇的经营，早已经发展为一个拥有十几万人口的城市。东晋之所以在此开府设镇，实因京口地理位置之重要。从战略形势上看，京口内控江、湖，北拒淮、泗，因山为垒，缘江为境，既能控制太湖流域的经济基地，又能抵御沿淮水、泗水而下的少数民族铁骑。更重要的是，由京口向西至都城建康不过二百里，京口有失，则建康危急！所以东晋朝廷听说孙恩舰队奔京口而来，紧张得要死，马上发布了戒严令，命文武百官不准回家，全都搬到宫城里值班，又派冠军将军高素镇守石头城（今南京城西），辅国将军刘袭栅断秦淮河入江的河口，丹阳尹司马恢之戍守长江南岸，冠军将军桓谦防备白石垒（今南京西北），左卫将军王嘏入屯中堂（今建康城南），还征调镇守历阳（今安徽和县）的豫州刺史司马尚之火速回援入卫京师。看这架势，东晋朝廷对京口的防守没什么信心，已经做好了打响建康保卫战的准备。

东晋朝廷这么想是有原因的。当时北府精锐都在刘牢之的统领下在会稽一带戍守，最近的刘裕也在海盐一带，而在陆路交通没有公路、铁路的古代，一般情况下走水路远比陆路快。孙恩舰队由海上溯长江而至，刘牢之他们除非肋生双翅、脚下生风，否则是无论如何也来不及赶回京口的。

朝廷这么想，孙恩也这么想。

当烟波浩淼的江面上显现出京口一带山岭的轮廓时，高坐于楼船之上的孙恩不由得心下窃喜，为自己这一手直插对手心脏的妙招暗自得意。观察了一番地形后，孙恩决定在京口城西北的西津渡登陆，抢先占领渡口旁的制高点——蒜山。

千百年来，随着长江下游河道的变迁，今日镇江北岸的地形地貌已经与魏晋时期颇不相同。由京口向西，是紧逼河岸的连绵山岭，由京口向东，则是高山、沼泽、沙洲的参差交错，皆不是理想的登陆之地。只有京口城北面东起北固山、西至蒜山这一带的河岸是适宜船舰停泊的港口，今日镇江港的十个码头便分布于此。

去过镇江的朋友们应该知道，沿长江南岸的京口名胜有北固山、焦山、金银二山等等，却很少有人知道蒜山。因为与大诗人辛弃疾昂首赋诗的“天下第一江山”北固山和传说上演过“白娘子水漫金山”戏码的金山相比，蒜山这个名字一股子刺鼻气味，实在太过寒碜，而论山势险峻、山形雄伟，蒜山更是不值一提，唯一的好处是山顶地势宽广，能够容纳驻军。据说当年曹操南下，东吴大都督周瑜和前来结盟的诸葛亮便是在此山会晤，共同谋划了赤壁火攻之计，所以此山名为“算山”，不知怎地后来竟讹成了“蒜山”，大概是山上生了许多野蒜的缘故。

无论如何，从战略意义而言，耸立在京口西北的蒜山如同一座俯瞰全城的要塞，得蒜山则得京口，得京口则都城建康便门户洞开！

鉴于此战的重要性，孙恩孙天师亲自督战，在夏日烈阳的炙烤下，率领数万人下舟登岸，鼓噪而前，向蒜山山顶发起了冲锋！

此时东晋方面的京口守军驻防何处、数量多少，史籍均未记载，唯独记下这些守军“莫有斗志”，士气低迷。很可能是因为刘牢之携北府主力南下会稽未归，留守京口的只是些老弱残兵。即便京口守军事先在蒜山山顶设了防，京口城里的百姓也不相信守军能够获胜。史载，这时候全城百姓“皆荷担而立”，把金银细软都打包装了扁担，站在街上抬头观望，准备一旦蒜山失守，就弃城而逃。

在京口百姓惶恐的注视下，头扎绛巾的孙恩叛军如同红头蚂蚁，密密麻麻地爬满了蒜山山腰。身穿氅衣法服、手持七星宝剑的孙恩立于高处，一边掐诀念咒，一边密切关注着战局的发展。眼看自己的徒众就要登上山顶，京口即将成为自己的囊中之物，孙恩得意地眯起了双眼。

就在这时，半山腰的松林里忽然杀出一支人马，当先一人手舞长刀，率领众人从旁侧猛击爬山的孙恩军。

孙恩手搭凉棚，定睛一看，不由得眼前一黑，一口老血差点喷出来。

刘、刘、刘……刘裕！又是刘裕！How old are you！怎么老是你？！

原来刘牢之自知救援京口不及，急令驻扎海盐的刘裕火速回援。

上次由于猪队友捣乱而战败之后，刘裕召集散兵，休整了两个月，这时手下总共还不到一千人。但接到刘牢之的将令，听说孙恩由海路入寇丹徒，刘裕当即整军，星夜兼程、风风火火奔京口而来。

京口是刘裕的老家，继母萧氏、发妻臧氏和女儿兴弟还住在那里，刘裕眉头紧锁，心急如焚；京口也是刘裕麾下大多数士兵的老家，他们同样惦记家里的亲人，因此虽然疲惫不堪，却无人说一声累。

这一路一千余里，刘裕军紧赶慢赶，终于几乎与孙恩军同时抵达京口。

眼看叛军于西津渡登陆，战略意图是占领蒜山。刘裕来不及休息，便率军从另一个方向上山，这才来得及半路杀出，给孙恩军以拦腰重击。

这场战事，刘裕军远来疲敝，数量上又占绝对劣势，以此迎敌本来大为不利，但北府将士为了保卫家乡、守护亲人，完全忘记了疲劳，爆发出了惊人的战斗力！

孙恩手下的这些乌合之众，早已经被北府兵打怕了。他们只见冲过来的这些青徐大汉个个面孔扭曲、双眼血红，如同地狱里的恶鬼，恨不得将自己生吞活剥，嚼得骨头渣都不剩，不由得心里发毛腿肚子发软，掉转屁股，玩命般向山下跑去。刘裕率军紧追不舍，许多叛军慌不择路被撵下了悬崖，摔死的、淹死的不计其数。

山下的孙恩见大势已去，慌忙收起作法道具，狼狈不堪地逃回船上。

这一战，刘裕军大获全胜，彻底粉碎了孙恩攻占京口的计划。

不过，孙恩虽然损失了数万人马，但仍有十万之众，而且他的舰队毫发无伤。于是孙恩决定跳过京口，直接由江上进攻建康。可偏巧连日来刮的都是西风，孙恩的楼船重量大、吃水深，本来速度就不快，这一逆风就更加慢了。从京口到建康西北的白石垒这二百里地，孙恩的船队走了十天！这一来，就给了东晋朝廷充分的时间准备，谯王司马尚之率领豫州兵已经入屯京师，就连刘牢之也从会稽赶回建康附近。孙恩自觉攻击建康也没有好果子吃，只好悻悻然返回了他的海上基地郁洲（今江苏连云港东部）。

09 新的威胁

海贼孙恩对京师建康的威胁既解，东晋朝廷总算松了一口气。事后论功行赏，觉得京口蒜山那一仗意义重大，领头的那个北府小将不错，以后还用得着，于是朝廷降旨，封刘裕为建武将军、下邳太守。

建武将军，四品，秩二千石；若按照西晋的制度，还应占田三十五顷。东晋时的四品官俸禄有多少史无明文，要按汉代的标准来看，比当年刘裕他爹刘翘领的薪水大约多上十倍。所以对刘家来说，刘裕从军还不到三年，做的官就比祖上的任何人都大，赚的钱也比祖上的任何人都多，可算是给家里挣足了脸。

当然，朝廷的俸禄可不是白拿的。对刘裕这样的武将来说，给你官当，就是让你卖命。

隆安五年（公元401年）八月，刘裕和家人团聚未久，朝廷又下达了新的诏令，命他统领水军，继续进剿盘踞郁洲的孙恩。

这时的刘裕，打妖贼早就打出了感觉，已经成了孙恩命中注定的头号克星，管你什么水军陆军、海岛陆地，见了孙恩摁着就打，每次都打得孙恩鼻青脸肿、稀里哗啦。先是把孙恩从海上基地郁洲给撵了出去，接着又在沪渎、海盐等地追着他的屁股揍，三战三捷，俘斩数万，直杀得孙恩惶惶如丧家之犬，急急如漏网之鱼，最后实在在三吴地区立不住脚，干脆浮海南下，不知去了哪里。

至此，为害江南八郡整整三年的孙恩之乱算是基本平定。按理说，东晋朝廷里主政的当权派，也是激起变乱的始作俑者——会稽王世子司马元显应该弹冠相庆才对，可司马元显却整日愁眉不展，一点儿也高兴不起来。

原因很简单：长江下游的动乱虽然平息了，上游的局势又发生了不利于朝廷的变化。就在朝廷忙于应付孙恩之乱的同时，占据长江上游的殷仲堪集团发生了内讧，桓玄强势崛起，吞并了荆州刺史殷仲堪和雍州刺史杨佺期的势力，据有当时东晋三分之二的地盘，形成了对建康朝廷的强大压力！

桓玄其人可大有来头。他的父亲，乃是当年虎踞荆襄、灭亡成汉，三次北伐、威震中原，入朝辅政、废立皇帝的一代枭雄桓温。那时候要不是谢安、王坦之等人从中作梗，桓温说不定早就篡了司马家的权自己当皇上了。桓温死后，谢安秉政，逐渐清除桓氏家族在朝廷的势力。桓玄是桓温的幼子，桓温死时他刚刚五岁。两年后，桓温丧期已过，桓温当年留下的老部下们纷纷向桓温的弟弟桓冲告别。那时，桓冲受谢安排挤，已解任权高位重、掌控京畿的扬州刺史而改镇徐州，前来告别的扬州官属们不觉生出了改换门庭、换个大腿抱抱的心思。桓冲对这一切早已看得透彻，他摸摸时年七岁的桓玄的头，悄声说道：“这些人可都是你们家的故吏呀！”年幼的桓玄似乎听懂了这句话背后的人情世故、世态炎凉，忽然间泪流满面，无声啜泣起来。

从那时起，桓玄的心里便种下了继承父志、兴复桓氏的种子。

成年后，桓玄成长为桓氏家族新一代的后起之秀，不但相貌出众，也颇有才华。在当时东晋的选官制度下，按理说像桓玄这样出身世家大族的青年俊杰是不难当上大官的，然而当年桓温废立皇帝、险些篡位的往事给司马氏皇族留下了心理阴影，朝廷对桓温后裔十分忌惮，所以虽然桓玄确有才华，朝廷也只是安排他出任毫无实权的“素官”，先让其担任太子洗马，后又外调到地方担任义兴太守。桓玄深感朝廷对自己的猜忌之心，郁郁不得志。一次他登高望远，但见山泽迷蒙，忽然生出了悠悠苍天、此何人哉之感，仰天长叹道：“父为九州霸，儿为五湖长！”想当年我的父亲乃是纵横天下的一代霸主，而如今我却只能做一个看守山泽的地方长官，真是可悲、可叹啊！

不久，桓玄弃官回了荆州老家，末了还给朝廷上了一封奏疏，向孝武帝司马曜大肆吐槽，大意是说你司马曜能当皇帝，还不是因为我老爸桓温当年扶植了你爹简文帝司马昱（音yù）？如今朝廷里那些占着茅坑不拉屎的奸党不感念我们桓家的功劳也就罢了，反而排挤我们，认为我们是有罪之人，这不是没了天理吗？你司马昱要是还有点良心，就应该把我请回去做官云云。

其实桓玄说得没错，简文帝、孝武帝这一脉能够入继晋室大统，确实是由于桓温的废立。正因此，即便东晋朝廷认为桓温当年有篡位不臣之心，却并不能把他定位为逆臣反贼，因为那样一来，便是否定了孝武帝这一支占据皇帝大位的合法性。也正因此，包括桓玄在内的桓氏后裔虽然受到了排挤，其人身财产安全却得到了朝廷的保证。虽然桓玄的奏疏道破了真相，但指望孝武帝司马曜良心发现将其召回做官则不啻痴人说梦。按朝廷的意思，让你桓玄袭了桓温南郡公的爵位已经够意思了，你吵吵嚷嚷地拿你爹当年干的破事邀功，简直是不识抬举！

辞官回家后的几年里，桓玄无所事事，整日价悠游山水，俨然提早过起了无欲无求的退休生活。

然而，就在桓玄潜龙勿用的表象背后，却隐藏着他飞龙在天的野心和抱负。

荆州是桓氏家族世代经营的老巢，荆州的官属士民大多是桓氏门生故吏，此时桓氏虽然不再担任荆州的最高长官，但其影响力依然渗透在整个荆州的上上下下。对此，空降而来的荆州刺史殷仲堪最为明了。

殷仲堪这个人也是高等士族出身，以孝闻名，写得一手好文章，是孝武帝司马曜的亲信。当年孝武帝和会稽王司马道子主相争权，孝武帝为了抢先掌握荆州的控制权，越过吏部选官程序，直接下旨任命殷仲堪出任荆州。这虽然是先下手为强，却也将殷仲堪在荆州置于名不正言不顺的尴尬境地。桓氏家族在荆州势力深厚，强龙难压地头蛇，殷仲堪要想在这个位子上坐久坐稳，通过拉拢桓玄从而得到本地吏民的支持自然是一个不难想到的选择。而此时的桓玄，也正好需要殷仲堪这个杠杆，来撬动东晋朝廷这块砖。

10 进击的桓玄

隆安元年（公元397年），桓玄先是撺掇殷仲堪和掌控北府的青兖刺史王恭联手发动了武装上访，逼得会稽王司马道子杀了心腹王国宝和王绪。事后，在殷、王联手中出了力的桓玄借由殷仲堪向朝廷表奏，请求担任广州刺史。

这一手棋桓玄下得颇为巧妙。

我桓氏虽在荆州根深叶茂，但我桓玄却要求外派到千里之外的广州去当刺史，这说明什么？说明我桓玄并没有凭借家族势力割据荆州的野心，人家只是想到远方当个封疆大吏而已嘛！这举动一石二鸟，一来是麻痹朝廷里的司马道子父子，二来是让近在肘腋的殷仲堪放心，我桓玄并没有将你取而代之的心思。东晋朝廷果然中计，不久便任命桓玄为建威将军、平越中郎将、广州刺史，假节并都督交广二州。

诏书一发往荆州，司马道子父子便掰着手指头数日子，盼着桓玄早日离开荆州去广州上任，由此便可减轻荆州方面给朝廷带来的实质性威胁。哪知道桓玄收了诏书接了任命，却迟迟没有要搬家的动静。转眼数月即过，桓玄压根就没打算走，反而利用朝廷授任的将军、刺史的名义招兵买马扩充实力。桓氏家族在荆州本来就颇有势力，这回有了朝廷的军职名号当幌子，不多日便聚集了大批的部曲私兵。

桓玄来了这么一出，不但司马道子父子吃了个哑巴亏，殷仲堪也拿他没办法。不过，这时桓、殷二人还身处同一战线，殷仲堪只是对桓玄愈发忌惮而已。

隆安二年（公元398年），王恭、殷仲堪再次联合发兵，从东西两线向建康进军。殷仲堪是个文人，自己不太会带兵，便派桓玄和南郡相杨佺期为先锋。前文已述，这一次，东线的王恭军由于北府将刘牢之的临阵倒戈而失败，王恭被杀；西线这边，桓玄则大破官军于白石（今安徽巢湖一带），不久便与杨佺期一同气势汹汹地杀到了建康西北的石头城下。听说王恭败亡，刘牢之率领北府兵驰援京师，桓玄、杨佺期才不敢贸然进军，回师蔡洲（建康西江心沙洲，今已不存）与官军对峙。

这时，为了瓦解西线荆州军对建康的攻势，有人向会稽王司马道子建议，可以采用离间分化的主意。他殷仲堪靠的不就是桓玄和杨佺期的兵锋吗？此三人本来就不同心同德，只是由于共同的利益才纠合一处。假若朝廷用高官厚禄引诱桓玄和杨佺期，这俩人肯定和殷仲堪产生嫌隙，倒戈相向也很有可能。司马道子心说言之有理，便采纳此人的建议，拉一拨、打一拨，提拔桓玄为江州刺史，杨佺期为雍州刺史，而贬殷仲堪为广州刺史。

假若朝廷的这一处置能够实现，桓玄和杨佺期自然是最大的受益者。就桓玄而言，不必去遥远的广州上任，而只需移步寻阳（江州镇治，今江西九江）即可。江州背靠荆襄，面朝淮扬，桓玄在此既可借助桓氏家族在荆州的势力，又能够进一步施加对朝廷的影响。考虑到这一建议正是桓玄的堂弟桓修（桓冲之子）提出来的，不由得令人怀疑桓玄早就和司马道子达成了某种政治交易。这道诏令一下来，桓玄和杨佺期都觉得可以接受。

他俩觉得能够接受，殷仲堪可不干了。听说朝廷要贬自己去广州当刺史，殷仲堪当即大怒，催促桓、杨二人速速进兵。后来听说二人想背叛自己接受朝命，殷仲堪反倒冷静了下来，一边撤军向江陵回师，一边派人给桓、杨统领的将士们传话，说你们如果不各自解散回家，等我到了江陵，就杀光你们全家！桓、杨手下荆州将士的妻儿老小都在江陵城中，自然不敢无视殷仲堪的命令，纷纷拉帮结伙撤离了前线。

这一来，桓玄和杨佺期傻眼了。手下的兵都跑光了，还打什么仗？拿什么跟朝廷谈判？于是也慌忙回师。西线方面对建康的威胁就此迎刃而解。

事后，殷仲堪、桓玄和杨佺期都觉得单凭自己的力量还吃不下另外两方，暂时还不适宜撕破脸皮。于是，三人又在寻阳会盟，推举桓玄为盟主。荆襄一带一时间形成了屯驻江陵的殷仲堪、屯驻寻阳的桓玄和屯驻襄阳的杨佺期三方互相结盟又互相牵制的微妙格局。

对东晋朝廷而言，虽然化解了此次方镇逼宫的危机，但荆州势力的威胁尚在，这个问题不解决，迟早会发生下一次武装上访。究竟怎样才能解决这个问题，会稽王司马道子是没了辙。加以此君晚年愈发好酒，整日醉生梦死，朝政大权便落到了世子司马元显的手里。司马元显痛感方镇跋扈是由于中央掌握的军队不多，于是才如前文所述，搞出了一个征发免奴为客者当兵的诏令，引发了席卷东土八郡的孙恩之乱。

司马元显这个人，当时只有十八岁。正是年少轻狂的年纪，忽然间掌握了一个国家实际上的最高统治权，就好像小屁孩拿了个核弹当玩具，自己玩得挺high，其实却是步步惊心。而且司马元显虽有几分小聪明，性格却冲动鲁莽，这样的人来治理国家，只会越搞越糟。司马元显自从上台执政，政策上的失误和对局势的误算是一个接一个，其后果便是将东晋王朝这辆已然走下坡路的破车头也不回地驶向万丈深渊。

如果说司马元显的第一个重大失误是那份引发了孙恩之乱的诏书，他的第二个重大失误便是误算了荆州方面局势的发展。

寻阳会盟后，殷仲堪、桓玄和杨佺期三方表面上仍是盟友，但嫌隙已深。尤其殷、杨二人对桓玄的坐大十分不满，为了防范桓玄，殷仲堪还和杨佺期结成了亲家。而桓玄也寻找着吞并殷、杨，独霸荆襄的机会。就在这时，孙恩之乱爆发，趁着东晋朝廷无暇西顾的时候，桓玄向朝廷上表，请求扩展自己统辖的郡县。

其实按当时荆州三强的实力，若殷仲堪和杨佺期联手合兵，桓玄万万不是对手。镇江州的桓玄要想扩充领土，只能割隔壁殷仲堪的肉来满足。司马元显仗着自己的小聪明，以为只要满足了桓玄的这个要求，就能够使三者反目、自相残杀，而朝廷就可无后顾之忧，全力剿杀孙恩之乱。于是，元显下诏命殷仲堪将荆州东部长沙、衡阳（今湖南湘潭西）、湘东（今湖南衡阳）、零陵四郡的军事管辖权交给桓玄，同时任命桓玄的哥哥桓伟取代杨佺期的兄长杨广担任南蛮校尉。

朝廷的这个决定让杨佺期愤恨不已，当即就要和殷仲堪一起发兵去攻打桓玄。可殷仲堪对杨佺期也不放心，担心他假途灭虢，表面上是要过境征讨桓玄，背地里却打自己的主意，于是死活不让杨佺期通过自己的防区。对殷仲堪这多疑少决丧失战机的行为，连他身边的心腹都感到失望，认为殷仲堪仁而无断，迟早将大祸临头。

这年秋天，荆州爆发了水灾，地里的庄稼还来不及收获就全部泡了汤，江陵城陷入饥荒之中。坐镇寻阳的桓玄认为机会来了，当即发兵西进，抢先占领存有储备粮的巴陵（今湖南岳阳），继而直取荆州首府江陵。殷仲堪自知难敌桓玄，派人向杨佺期求援，怕他不发救兵，就骗他说自己这里还有存粮。杨佺期带着人马火急火燎地赶到江陵，殷仲堪这边居然端来一锅胡麻野菜犒赏三军！深感被忽悠瘸了的杨佺期恼羞成怒，当即和殷仲堪翻了脸，一赌气自己拉着队伍和桓玄作战去了。

这场战事，一来桓玄兵精粮足，二来荆州是桓氏家族的大本营，三来殷仲堪、杨佺期各自为战，缺乏合作，结果杨佺期、殷仲堪被桓玄各个击破，先后败亡。桓玄一月之内就并吞荆、雍二州，成为长江上游唯一具有决定性的势力。

11 司马元显的决策

远在建康城里的司马元显万万没有想到，荆州的局势居然发展得如此迅速。原本想维持鼎足三分互相牵制之格局，却转眼间重新洗牌，变成了桓玄一家独大。更要命的是，孙恩之乱尚未平息，桓玄得寸进尺，要求朝廷承认既成事实，任命自己为荆、江两州刺史，由哥哥桓伟担任雍州刺史。看样子要是不答应，他就要效仿王恭、殷仲堪，带着军队来都城提意见了。

司马元显无奈，只好忍着一口恶气，答应了桓玄的要求。这样一来，整个长江中上游尽入桓玄之手，其势力范围已占据东晋领土的三分之二。司马元显心里明白，桓玄的野心决不满足于割据上流，如果朝廷没有有效的反制措施，总有一天，桓玄会像当年的王敦、桓温一样，顺流而下，窥伺晋鼎。

到了隆安五年（公元401年）年末，由于刘裕等北府将士的浴血征战，孙恩之乱已基本被削平，于是司马元显打起了派北府兵西征桓玄的主意。正在此时，桓玄给司马道子父子写了一封信，字里行间指责朝中没有能人，暗示自己才是入朝辅政的不二人选。司马元显觉得，这封信彻底暴露了桓玄想要取代自己的丑恶嘴脸和险恶用心，迫在眉睫的危机感顿时笼罩在他的心头。

当时，司马元显的身边有个狗头军师叫张法顺，此人见状建议道：我们应该趁桓玄刚刚占据荆州、根基尚未扎牢的时候抢先进攻，从战略上掌握主动权，可以派刘牢之领北府兵为先锋，再以大军继后，如此这般，则桓玄的项上人头指日可待！

司马元显一拍大腿，哎呀，你这想法跟我的一样嘛！这样吧，你先替我去一趟京口，把这事儿跟刘牢之说说，看他是什么意思。

当时东晋朝廷能够实际控制的军队，除了编制不整、战力低下的所谓京师禁军，就是刘牢之统属的北府兵和豫州刺史谯王司马尚之统领的豫州兵。这其中又属北府兵的战斗力最强，是与桓玄的荆州兵抗衡必须倚重的力量，所以刘牢之的态度如何司马元显自然要充分考虑。可张法顺从京口回来，带回来的消息是刘牢之面有难色，觉得这事不好办。张法顺还说，从刘牢之的言谈举止揣测，此人跟我们不是一条心，恐怕将来会背叛我们，不如召他入京觐见，趁机杀掉以免除后患。

司马元显考虑再三，觉得刘牢之不能杀，杀了就没人镇得住北府兵。他刘牢之可能对我不够忠心，但朝廷的诏旨他总得服从吧？于是仍然决定让刘牢之领兵担任先锋。恰在此时，原来曾经投靠桓玄的武昌太守庾楷，由于担心自己在桓玄与朝廷的冲突中遭遇池鱼之殃，决定向朝廷靠拢，派人秘密送信给司马元显，说一旦朝廷进兵，自己愿当内应。这就更加坚定了司马元显西征桓玄的决心。

隆安六年（公元402年）大年初一，当建康全城的百姓还沉浸在新年的喜悦中时，一道诏旨从禁省传出。诏书中罗列桓玄的罪状，声称其早有谋逆之心，现皇帝陛下任命尚书令司马元显为骠骑大将军、征讨大都督，统率大晋十八州诸军，即日西讨桓逆，正义的王师必将摧枯拉朽一般席卷荆州，将以桓玄为首的反动势力碾为齑粉云云。

决定此时此刻征讨桓玄，是司马元显人生中最大的一次错误决策，也是最后一次。

当时，孙恩之乱虽然已经平息，但三年之间东土诸郡饱受荼毒，漕运和粮产都大受影响，朝廷百官的工资都发不出来，这个时候出兵，粮饷从何而来？又该如何供应呢？何况虽然孙恩战败，但天师道在东南沿海的影响尚在，随时都有复起的可能。这个时候西征，假若孙恩死灰复燃，又该怎么办？而且朝廷目前掌握的兵力居于劣势、刘牢之的态度暧昧不明等，都是不利于即刻出兵的因素，司马元显居然视而不见一意孤行，这该作何解释呢？

我想，除了司马元显年少冲动、做事不计后果的个性以及受到张法顺“先下手为强”的蛊惑，其被过往的形势和身边的谀言误导、蒙蔽，从而对当前的局势产生了错判也是一个重要的原因。

司马元显少年得志，三年前刚一出道，就统领官军讨灭了王恭。虽说是得益于刘牢之阵前倒戈，但策反刘牢之也正是元显自己的主意。后来，司马元显又指挥官军保卫京师，使得殷仲堪无功而返；孙恩之乱的爆发虽说他要负很大的责任，但讨平叛乱也是在他的主持之下完成的。在当时整个朝廷尸位素餐、暮气沉沉的情形下，尤其是跟他爹司马道子比起来，司马元显也可算是年少有为了。因此，朝野中许多人都认为，元显“有明帝神武之风”，说他跟平定了王敦之乱的晋明帝司马绍一样，有胆识，有魄力。后来司马元显大权独揽，身边自然聚集了一些只会阿谀拍马的宵小之徒。史书上说这个时候的元显，耳旁根本听不到正直坦诚的真言，全是谄媚奉承的虚语。有的人夸他是一时英杰，有的人赞他是风流名士，什么英明神武、雄才大略之类的肉麻言语他可能都听得耳朵生了茧子。估计司马元显谎话听得实在太多了，就以为自己真的天下无敌了。

既然司马元显“自谓无敌天下”，那么在他的眼里，只要我骠骑大将军一出马，刚才说到的那些不利因素就不值一提！况且前有北府兵为先锋，内有庾楷为响应，何愁大事不成？

于是元显任命镇北将军刘牢之为前锋都督，前将军谯王司马尚之为后部，调遣水军，征兵装舰，准备与桓玄一决雌雄。

12 刘牢之的抉择

司马元显这边刚刚调集船舰，大军还未出发，荆州那边的桓玄便知道了。

原来，桓玄的堂兄桓石生当时正在太傅司马道子的府里担任长史，听说朝廷要发兵攻打自己的堂弟，马上就派人密报桓玄得知。桓玄刚开始吓了一大跳，他以为朝廷还没从孙恩之乱中恢复过来，根本没料到司马元显会选在这个时间跟自己死磕，而且从桓石生的密信透露出的信息来看，朝廷这次精锐尽出，还派了刘牢之为先锋，他不由得心生惧意。

于是桓玄最初决定坚守江陵，聚兵自保。是谋士卞范之的一番话让他改变了主意。

卞范之说："桓公您的英略威名早已震动天下，他司马元显只是一个黄口小儿罢了。而刘牢之这个人，空有勇略而不懂政治，可以利害顺逆劝服之。如果我们顺流直下，兵抵近畿，压力之下，朝廷的抵抗必将土崩瓦解。我们岂可延敌入境，作茧自缚呢？"

卞范之的话说得在理，何况自古沿江用兵，顺流直下远较逆流而上为易，也更能掌握战争的主动权。

桓玄大悦，即刻抗表传檄，罪状元显，下令哥哥桓伟驻守江陵，自己则亲举荆州精兵东下。

尽管如此，桓玄仍然信心不足，一路上总是考虑撤军回师的计划。直到进入二月中旬，荆州兵已经过了寻阳，不但没有遇到半个前来讨伐的官军，反而接到了朝廷派人送来的驺虞幡。驺虞幡就是画有神兽驺虞的旗子，传说驺虞这种动物从不杀生、爱好和平，因此驺虞幡历来被当作劝谕对方止戈息战的标志。这个时候朝廷派人拿这个东西巡行荆、江二州，不是明摆着心虚胆寒吗！

此时，桓玄总算意识到司马元显不过是个虚张声势的纸老虎，他手下将士的士气也日趋高涨起来。

此外，对桓玄有利的消息一个接一个。当时除桓石生外，桓氏家族还有桓谦、桓修在朝中做官。张法顺曾向元显献一借刀杀人之计，即命令刘牢之将桓谦等人诛除。这一来可免桓谦等将朝中机密和军事动向泄漏给桓玄，二来可以断绝刘牢之投靠桓玄的后路，而如果刘牢之不从，就显示他有背叛之心，应该趁早杀掉。然而，司马元显既不同意杀桓谦兄弟，因为担心失掉荆楚民心，也不同意杀刘牢之，理由是非刘牢之无以抵挡桓玄，临阵斩将更对士气不利。元显没有采纳这一计策，后果便是由于桓谦兄弟的通风报信，桓玄不但尽知朝中虚实，还揪出了武昌太守庾楷这个潜伏于自己阵营中的内鬼。

另一方面，虽然二月初七日晋安帝司马德宗已经在建康西池给元显举行了饯行仪式，但元显不知是因为心虚胆怯还是别的什么原因，仍然不肯发兵西进；而官军中最有战斗力的北府兵，已经在刘牢之的率领下屯驻建康西边百余里的洌洲（今长江中的一个小岛）有一个月了，看样子也没有向上流进军的意图。

二月二十八日，沿江而下的桓玄军抵达姑孰（今安徽当涂）。在桓玄军的前方，是在江岸布防的豫州刺史谯王司马尚之的军队和镇守历阳城的襄城太守司马休之。而在距此不远的洌洲，刘牢之的北府兵也窥伺在侧。正所谓“柿子要挑软的捏”，如果桓玄脑筋正常，就应该避开北府兵而去进攻司马尚之，但桓玄不得不考虑：万一自己贸然进攻、打到一半的时候，刘牢之派北府兵前来夹击，可怎么办？另一方面，桓玄又从朝廷传来的消息得知，刘牢之与司马元显不和，而且卞范之也早就说过，此人勇略有余但不擅政治，是一个可以交易收买的对象。

桓玄思索良久，随后手书一封，派刘牢之的族舅何穆带着这封信去往洌洲。

当刘牢之收到桓玄这封书信的时候，他已经犹豫很久了。

从朝廷指派自己为先锋讨伐桓玄的那天起，刘牢之的心里就一直在犯嘀咕。

首先，这三年来北府兵一直在四处征讨镇压孙恩之乱，没怎么得到休整，如今却要离家千里远征荆州，即使顺利获胜，也势必会折损不少兵力，因此将北府兵视为自己私家军队的刘牢之的确有些不大情愿。

其次，从个人情感来说，刘牢之对司马元显确实心有不满。他刚被任命为先锋的时候，曾经去登门拜访元显，可因为没有事先预约，等了一天的工夫，元显根本不见。直到在皇帝司马德宗给元显举行的饯行仪式上，两人才得以见面。可元显却自恃身份，摆了一副爱理不理的臭脸，这让自尊心甚强的刘牢之颇为恼怒。

除以上原因之外，更重要的是，刘牢之一直担心，自己这个粗鲁武人身居高位，早就引起了朝中那些世家贵族的不满，此番又剿平了孙恩之乱，已有功高震主之嫌，如今有能力威逼中央的强藩只有桓玄和我刘牢之而已，一旦桓玄覆灭，自己岂不就成了众矢之的？

正当刘牢之被这些想法深深困扰之时，桓玄的书信到了。

信上拿韩信、白起等历史上不得善终的名将功臣作比，说了一番鸟尽弓藏、兔死狗烹的道理，警告刘牢之现在已到了生死存亡的时刻，你此番战败必死，战胜也没有好果子吃，唯一的出路就是改换门庭投靠到我桓玄这边来；而我也会像齐桓公不计较管仲一箭之仇那样和你捐弃前嫌，大家拉拉手还是好朋友，你以后跟着我荣华富贵那是大大地有啊，等等。

刘牢之没想到桓玄窥破了自己的心病，正拿着信发愣，探马报进营来，说桓玄军已经对历阳城和谯王司马尚之的军队发动了进攻。

刘牢之皱了皱眉头，沉默不语。

刘将军一不说话，二不发兵，不免让旁边的其他北府将迷惑不解。包括刘裕在内的几个将领上前建议，此时应该即刻出兵与司马尚之前后夹击，刘牢之却摇头不许。

眼看日头偏西，战报再次传来：

谯王司马尚之战败，桓玄军已攻占历阳。

北府将士近在咫尺，却只能干瞪眼看着荆州兵耀武扬威，实在有些沮丧。更令人灰心丧气的是，没多久，军中就传出了刘牢之将军与敌人和谈，准备投靠桓玄的消息。

刘牢之的外甥何无忌有些坐不住了。他和刘裕是好哥们儿，俩人一起去向刘牢之提意见，请求他不要向桓玄投降。刘牢之的儿子刘敬宣也向父亲进谏，说此刻放纵桓玄，将使他的威势凌驾于朝廷之上，那时再要遏制他就来不及了，桓玄狼子野心，势必酿成另一个董卓之乱！哪知这些话不但没能让刘牢之改变想法，反而惹起了他的怒气。

刘牢之怒道："你们说的这些，难道我不知道吗？我今天拿下桓玄易如反掌，可消灭了桓玄之后，你让我拿司马元显怎么办？"

应该说，刘牢之的担心不无道理，桓玄信中所说功高震主、兔死狗烹的情况确实很有可能在他身上重演。可这并不意味着要避免这种情况的发生就一定要投靠桓玄。

多年以来，作为出身低微的武将，刘牢之已经习惯了做上层统治者手中的工具和棋子，上头叫我干啥我干啥，叫我打谁我打谁。他以为只要听统治者的话，把上头交待的事情办好，自己就一定可以官运亨通富贵荣华。然而当统治者内部陷入混乱和内争之时，缺乏政治思维的刘牢之就陷入了进退失据的犹豫和迷茫当中。这种犹豫和迷茫遮蔽了他的眼睛，使他没能认清自己的处境：桓玄和司马元显本质上其实是一丘之貉，既然司马元显将手握兵权的他视作威胁，那么桓玄凭什么就能容得下他呢？

无论如何，刘牢之做出了自己的抉择。

三月初一，刘牢之派刘敬宣代表自己到桓玄军营请降。刘敬宣受到了桓玄的盛宴款待，席间桓玄还将自己收藏的大批名人书画陈列出来，陪刘敬宣一起观赏。这一方面是为了安抚刘敬宣的心情，一方面也是向刘牢之父子秀一下自己世家大族的文化优越感。刘敬宣这土包子哪里见过王羲之、顾恺之这些著名艺术家的墨宝真迹？他被这些价值连城的艺术品搞得目眩神迷、心旌摇动，根本不曾注意到桓玄那故作高雅的表情背后隐藏的轻蔑和杀意，甚至桓玄手下的佐吏们在背后挤眉弄眼、相视而笑，他也没有发觉。

13 北府将的危机

刘牢之既降了桓玄，司马元显的败亡已毫无悬念。

谯王尚之奔溃、刘牢之倒戈而桓玄的军队已开至新亭的消息传到建康，司马元显顿时慌了手脚，一会儿命部队退屯国子学，一会儿又拉到宣阳门外布防，这进退失据的模样哪里还有半点“明帝神武之风”？元显手下的将士见主帅如此，都有了散伙跑路之心，军营之中流言四起，惶恐不安。

三月初三，抵达建康南门外的桓玄先头部队只是拔出刀来，大呼了几声“放下武器”“投降不杀”，守军就一哄而散，各回各家各找各妈去了。瞬间成了光杆司令的司马元显狼狈不堪地逃入会稽王司马道子的府邸，和同样束手无策的老爸抱在一起痛哭流涕。

与此同时，自知胜券在握的桓玄骑着高头大马，自新亭出发徐徐而行，带着荆州兵将耀武扬威地进入建康城。

新亭位于建康西南十几里的城郊。当年桓玄的父亲桓温在简文帝死后入赴山陵，便曾在新亭驻军，对朝廷施加了强大的压力。可惜由于谢安、王坦之从中作梗，终未能达成让晋帝禅位于己的夙愿便郁郁而终。从七岁时便继承父亲遗志的桓玄这次卷甲入京，明眼人都看得出来他想要做什么事情。

三月初四，控制了朝廷的桓玄迫使晋安帝司马德宗下诏，命自己统领文武百揆，为都督中外诸军事、丞相、录尚书事、扬州牧，以桓玄的哥哥桓伟为荆州刺史，堂兄桓谦为尚书左仆射，桓修为徐、兖二州刺史，桓石生为江州刺史，卞范之为丹阳尹。司马家的天下，尽被桓氏所掌握。

次日，以酗酒不孝的罪名，流放会稽王司马道子（后将其毒杀），斩司马元显、谯王尚之、庾楷、张法顺等人于建康。

对于投靠到自己阵营、使自己得以顺利消灭司马元显的“功臣”刘牢之，桓玄自然也没有忘记。不久，他任命刘牢之为征东将军、会稽太守①。此前刘牢之的官位为正三品的镇北将军，并随军事形势常带都督之职。征东将军同为三品，位次比镇北将军还要靠前，但表面上看是升职，可其实不然。对刘牢之这样的武将来说，最重要的莫过于军权，在当时的制度下，叫什么什么将军其实只是名号，是否掌兵关键看有没有都督的职衔。刘牢之掌北府兵，靠的就是都督兖、青、冀、幽、并、徐、扬、晋陵军事这顶帽子，后来征剿孙恩之乱，加了都督会稽五郡。如今桓玄只安排他以征东将军的名号，行会稽太守的职权，而不加都督某处军事的头衔，这就等同于剥夺了刘牢之的军权。

这个任命一下来，刘牢之才明白，自己当时的选择究竟是多么愚蠢！他长叹道：“一开始便剥夺我的兵权，看来我刘牢之就要大祸临头了呀！”

其实这时桓玄的兵力都屯驻于丞相府，而北府兵的指挥权刘牢之还没有交出，所以刘敬宣就向父亲建议，应该利用他尚存的影响力，召集将士进攻丞相府诛杀桓玄。可曾经在战场上勇猛无畏的刘牢之却不知怎地失去了火并的勇气，他犹豫再三，觉得搞政变不靠谱，还是先回老巢要紧。于是将部队稍稍向北屯驻，并派人联系旧部，以做将来的打算。

刘牢之私底下也找过刘裕，说如今我准备北上广陵（今江苏扬州）投奔高雅之（刘牢之的女婿，时任广陵相），大家一起联合起来讨伐桓玄、匡扶社稷，你愿不愿意跟我一道去？

---

①《资治通鉴》作会稽内史，不确，此处从《晋书·刘牢之本传》。

眼前的刘牢之苍老、憔悴，眼神中英气尽失，充满了不安与惶恐。那个百战百胜的北府名将刘牢之哪里去了呢？刘裕忽然觉得有些失落，有些哀伤，又有些莫名地愤怒。他缓缓摇了摇头，说道："前日将军您以劲卒数万却望风而降，如今他桓玄上控朝野，下掌雄兵，其威名正在鼎盛之时，形势人心皆对您不利，恐怕广陵也不是轻易到得了的，何况举兵讨伐呢？此情此景，我刘裕只有脱下军服，回京口老家罢了！"

说完刘裕拱手作别，留下脸色铁青的刘牢之木然站在原地。

行不多时，好友何无忌从后面赶上来。

何无忌说，你刘裕倒是拍拍屁股一走了之，我可怎么办？刘裕说，以我之见，刘镇北此去必不免于难，你干脆也随我回京口去吧。如今正是桓玄矫情任算、收买人心的时候，我们这些人他一定会留用。日后他恪守臣节也就罢了，如若不然，咱们再一起图大事。

不愿再跟随刘牢之的不独刘裕和何无忌。当刘牢之召集僚佐，向众人说明自己准备返回江北举兵讨伐桓玄的意图后，整个大帐里瞬间变得死一样寂静。

片刻后，参军刘袭才开口道："人生在世最不可行的事莫过于反叛。将军您往年反叛王恭，近日又反叛司马元显，如今又要反叛桓玄，一人三反，何以自立于世间！"说完转身走出了营帐。刘牢之属下的佐吏亦多散走。

刘牢之深知自己已是人心尽失，为今之计只想早点过江以图自保。但此前他派刘敬宣回京口迎接家眷，过了很久却不见刘敬宣回来。刘牢之以为密谋已泄，刘敬宣很可能是被桓玄杀了。陷入恐惧中的他帅部曲仓惶北逃，刚走至新洲（京口西江心沙洲，今已不存），身边的人就跑了个精光。

望着眼前的滔滔江水，刘牢之自觉一世英名已付之东流，悔恨之下万念俱灰，找了棵歪脖树，上吊自尽了。

听说刘牢之已死，桓玄简直乐开了花。没想到如此英雄的一个人物，居然被我桓玄轻轻松松逼得自尽。你以为自尽就完了吗？来人呐！传令下去，将刘牢之剖棺斩首，曝尸于市！

刘牢之既死，北府诸将群龙无首。早就将北府兵视作眼中钉、肉中刺的桓玄趁机对北府旧将大加诛除，包括高素、竺谦之、刘袭，乃至刘裕的老领导孙无终等纷纷遇害，而高雅之、刘敬宣等人则向北投奔了割据青州的南燕慕容德。自从太元初年谢玄重建北府兵以来，这一次可以说是北府诸将遭遇到的最大危机。不过，正如刘裕所言，对于志在篡晋的桓玄来说，单纯杀戮异己是不行的，还必须提拔一批人以收买人心。所以桓玄这次对北府将的清洗，主要限于高级将领，尤其是那些跟刘牢之走得比较近的人，而对以刘裕为代表的这批中下级军官，桓玄不但没有加害，反而加以留用。当然，为了便于控制，桓玄对北府的编制和人员构成进行了重组，使其为己所用。

之后的两年多里，桓玄的堂弟桓修一直担任徐、兖二州刺史，加抚军将军，坐镇北府。出任桓修高级参谋（中兵参军）的刘裕则韬光养晦，默默地注视着桓玄的所作所为。

14 ｜ 桓玄篡晋

到桓玄击败司马元显这一年为止，东晋王朝已经存续了八十多个春秋。这八十多年来，虽然司马家的皇统一直世袭罔替，但对那些曾经高坐龙椅之上的皇帝们来说，却是一部不折不扣的被侮辱与被损害的窝囊史。

早在东晋初年，就有权臣王敦犯上作乱，攻入建康任意妄为，晋元帝司马睿只能干瞪眼，最后活活被王敦气死；在平定王敦之乱中立了功的军阀苏峻随后野心膨胀，联合祖约发动叛乱，京师建康几成废墟，宗庙宫室化为灰烬，东晋差点儿就亡了国；再后来枭雄桓温于上流崛起，形成威逼晋室之势，甚至一手废立皇帝；还有王恭、殷仲堪等，但凡手里有俩兵就不把朝廷放在眼里，没事就搞个武装逼京玩玩。

可说来也怪，虽然八十多年来司马家的帝位是远看忽忽悠悠，近看飘飘摇摇，随时都有倒掉的可能，但就是能够多次逢凶化吉转危为安。按照学术界的解释，通常会归因于东晋门阀政治内部的权力平衡。

前面已经介绍过，东晋王朝是一个外来的移民政权，为了在江南立住脚跟，就必须将政治权力让渡出去一部分（有时甚至是大部分），和以王、庾、桓、谢为首的门阀士族分享统治权。这就形成了东晋特有的门阀政治格局。在这个政治格局里，很多情况下司马家的皇帝是傀儡，是橡皮图章，而王、庾、桓、谢等各大家族则根据政治形势的变化不断地变换着权力组合。但不论怎么变，大体上总要维持一个相安无事的稳定格局。一旦有哪个家族胃口变大，想要独吞这块蛋糕，势必会受到其他家族的打击和制约。甚至同一家族内部的不同分支为门户计，也往往有不同的打算。王敦想造反，同为琅琊王氏的王导却不同意；桓温要篡逆，陈郡谢氏的谢安和太原王氏的王坦之就在背后捣鬼。正是靠皇权与门阀之间、门阀与门阀之间的互相制衡，东晋王朝才延续了将近百年的寿命。

然而到了桓玄所在的时代，形势已经大不相同了。

首先是经过一百多年的发展，门阀士族虽然仍然垄断着上层权力和社会资源，但统治权力带来的腐化堕落却导致这个阶层除了产生一大批华而不实、装腔作势的所谓贵族之外，再也培养不出像王导、谢安那样能够经略军国重任的人才，整个朝堂内外净是尸位素餐的废物和只会吹牛拍马、弄权钻营的小人，以致像司马元显这样的绣花枕头反而被视为“有明帝神武之风”的政治明星。

其次是由于各大家族之间长久的权力斗争和互相倾轧，曾经居于斗争中心的几家士族已经在政敌的残酷打击下，变得门户凋零、人物丧尽。例如颍川庾氏，便因对抗桓温而被大肆屠戮；太原王氏的两支，因参与“主相之争”而自相残杀，最后也分别走向覆灭；而琅琊王氏和陈郡谢氏虽有不少留存，但也都是一不掌兵二无实权的花瓶，对桓玄的越界行为没有什么制约力。

更重要的是，随着刘牢之的自杀和桓玄对北府旧将的清洗，原来那支足以对抗上游强藩的北府军事实上已经解体。各大藩镇尽被桓氏一门掌握，地方上能够对桓玄形成挑战的势力不复存在。

换句话说，这个时候的桓玄放眼朝野内外，真个是天上地下唯我独尊，他司马家的皇帝又是个口不能言的白痴，这帝位我不自取还就真是过意不去了！

谋朝篡位，由于有王莽、曹丕、司马炎这些先辈的成例在前，早已经形成了固定的程序和方法。桓玄只需依葫芦画瓢，有样学样便是。但光是大权独揽说咋整就咋整还不行，要想获得起码说得过去的统治合法性，还得满足三大条件一道手续才行。

这三大条件，就是有功、有国、有嘉祥。

所谓有功，就是我桓玄的功劳实在太大，大到除了皇位已经没有什么能够奖赏我保卫地球和平的贡献了！你说这皇上我该当不该当？可桓玄掰着手指头数了半天，自己真正能说得上的功劳也就讨灭司马元显、殷仲堪和杨佺期而已，如果算上老爹桓温当年“废昏立明”的“功劳”，那也仅仅三件，似乎有点少。

少没关系，可以制造嘛！于是桓玄一方面上表请求北伐后秦、收复中原，一方面则暗示朝廷不批准自己的请求。然后就可以名正言顺地跟天下人解释说，你看不是我桓玄没有收复中原的志向和计谋哦，是朝廷不给我这个立功的机会嘛！

所谓有国，就是你得先有自己的领地、国号和文武百官，这样的话政权的交替就是从一个国家转移到另一个国家，不仅法理上对等，也可说明改朝换代是汤武革命那样的集团行为，而不是出于个人野心的抢班夺权。你看曹操不是先当了魏王嘛，司马昭也是先当了晋公、晋王，后来司马炎才建立了西晋嘛！于是桓玄矫诏封自己为楚王，以南郡（今湖北荆州）、南平（今湖北公安西）、零陵、桂阳等十郡为封地，基本上把整个荆州都封给了自己，其他什么九锡、百官、天子旌旗、金根车之类的极品装备该有的都得有，就等着把马甲一换直接挂牌上市了！

功也有了，国也有了，还得有嘉祥。

所谓嘉祥，就是能够显示“天命在我”的具有吉祥含义的灵异现象，例如嘉禾甘露、凤凰麒麟、五星连珠、紫气东来等。这些东西现代人当笑话看，古代人还偏偏就信。可桓玄那会儿平平常常，什么怪事也没有发生，这可不符合改朝换代的新气象。

没有没关系，可以制造嘛！故老相传，钱塘江旁的临平湖每逢乱世就壅塞成泥潭，一到天下太平之时就回复成碧波荡漾。于是桓玄叫下边的地方官向朝廷汇报，说临平湖最近变得又清又亮浪打浪，而江州一带有甘露下降，都是多年难遇的大吉之象。

桓玄还觉得，以前历朝历代都有隐逸的高士，本朝开邦立国，也得征求隐士来彰显盛德。没有怎么办？可以制造嘛！于是他找来中朝高士皇甫谧的六世孙，事先包吃包住安排他隐居山林，然后宣布朝廷要征召他当官，但是要求他不能接受，一定要坚决推辞，这样朝廷就可以下诏称赞他是高风亮节的隐士。这般自导自演的把戏，当时的人看得明明白白，都称呼此人为“充隐”。

经过桓玄这一番折腾，以上三样算是都有了。剩下唯一要做的，就是履行最后一道手续——禅让。

元兴二年（公元403年）十一月，按照桓玄的授意，卞范之将早就写好的禅位诏书交给临川王司马宝，叫他逼着晋安帝司马德宗原样照抄了一份。十二月初一，桓玄登坛受禅，即皇帝位，改元永始，建立桓楚政权。

说来蹊跷，就在桓玄趾高气扬地进入建康皇宫，一屁股坐向蟠龙御座的时候，只听咔嚓一响，御座中间登时塌了一块。新皇帝差点儿闪着腰，脸刷地变了颜色，眼看就要发怒，文武百官都十分惶恐。这时幸亏殷仲文（殷仲堪的堂弟，桓玄的姐夫）上前启奏道：“这是陛下圣德深厚，地不能载之故！”

这一马屁拍得如此酸爽，桓玄大悦，此后便将殷仲文视为佐命元勋加以重用。

当然，也有可能是桓玄太胖，把龙床坐塌了。

15 密谋造反

桓玄篡位以楚代晋之时，虽然想方设法营造太平盛世的景象，但其时整个国家虽没有大的乱事，却也并不太平。

往远处说，益州刺史毛璩（音qú）就不承认桓玄的大楚政权，不但广发檄文，大骂桓玄篡逆无道，而且屯军白帝城，使整个巴蜀一带不再听命于朝廷。所谓天下未乱蜀先乱，这就为后来谯纵割据四川建立西蜀政权创造了条件。

往近处说，妖道孙恩虽然早在桓玄篡位之前就走投无路投海自杀了，但残余的部众拥孙恩的妹夫卢循为首领，仍然活跃于东南沿海。桓玄一门心思谋朝篡位，就想招安这群妖贼，于是任命卢循为永嘉太守。然而卢循接受了官位，却并不想放弃海贼王这份很有前途的职业，反而落地生根，名正言顺地以永嘉为基地四处寇略扩张起来。

桓玄无奈，只好决定讨伐。一打听，和这些妖贼作战，属刘裕最有经验，就派他率部前往。以刘裕之英武，孙恩不是对手，卢循自然也不在话下，果然连战连捷，很快收复了永嘉。卢循说没关系，我们的征途是星辰大海，万里海疆何处不可为家！听说东莞那个地方不错，哥几个咱们去转转？后来卢循又以广州为基地发展起来，那是后话，暂且不提。

刘裕讨伐卢循得胜归来，途经山阴（今浙江绍兴），好友何无忌又偷偷找上门来。

当时，桓玄逆状已显却未及篡位，而他哥哥——荆州刺史桓伟刚刚去世，桓玄失去了一大助力。刘裕这时正好手里有兵，因此何无忌就劝刘裕即刻起事，声讨桓玄。

刘裕认为，山阴与京口相比距京师较远，从这里起兵阻碍多、难度大，况且此时的桓玄还没有正式篡位。一句话，时机还不成熟。刘牢之的死让刘裕明白，起兵造反不但是个军事问题，更是个政治问题，像这样的大事要经过缜密的考虑和细致的准备，更要争取到足够的支持和盟友才行，可不是手里有俩兵就干得起来的。

刘裕虽然否定了何无忌的建议，但两人的目标一致，此后何无忌便时常秘密游走于刘裕和其他志在讨桓复晋的人之间，充当起地下联络员。

另一方面，对于刘裕这样能征惯战的将帅之才，桓氏兄弟既想用，又不大放心。刘裕因讨卢循之功，加官彭城内史，进京述职后，桓玄的堂兄桓谦拉他走到没人的地方，想探探他的口风。当时桓玄已经给自己加了九锡、进号楚王，离正式篡位只有一步之遥，整个建康城里都飘荡着一股诡异的政治气氛。所以当桓谦问他对晋楚禅让一事有何看法的时候，刘裕答道："楚王乃桓宣武（桓温）之子，出身高贵，勋德盖世。而晋室微弱，民心思变，此时乘运禅代，有何不可？"这番话让桓谦喜上眉梢，拍着刘裕的胳膊说：你说可以那就可以喽……

其实刘裕心里真正的想法是：呵呵，作吧，我就静静地看着你们作。

果然没过多久，桓玄就自导自演了禅位仪式，将下台的晋安帝司马德宗贬为平固王，流放到寻阳居住。

为了对新皇帝即位表示祝贺，刘裕再次随自己的顶头上司——徐兖刺史桓修入朝。对于这位在讨伐孙恩、卢循之乱中声名鹊起的青年将领，桓玄似乎还是颇为器重的。在一次宴请后，桓玄对时任司徒的王谧说道，刘裕这个人风骨不寻常，堪称人中英杰。王谧这个人我们开篇就介绍过，他和刘裕是老相识，替刘裕还了三万欠债的就是他，当然顺着桓玄说了刘裕不少好话。此后桓玄每次游集宴请，都对刘裕客客气气，还赏了不少金银玩物。刘裕则继续低眉顺目，扮演着为人臣子的本色。

倒是桓玄的皇后刘氏，颇有几分相面的本事，觉得刘裕表面上忠谨可靠，骨子里却散发出一种难以久居人下的气质，向桓玄建议尽早将刘裕除掉。但桓玄对这个枕边风却不大感冒，说我如今正要扫平中原收复河洛，乃是用人之际，你没看我对他格外优待关怀备至么，我正是要他感恩戴德为我所用呢！

也许是刘皇后的话走漏了风声。在回京口的路上，刘裕自觉造反一事不宜再拖，就谎称自己旧伤复发，不宜再走陆路，辞了桓修舍岸登舟。

船舱里一灯如豆，刘裕与何无忌彻夜不眠，详细制订了联络盟友、约期举事的计划。经过将近一年的筹备和联系，这时加入反桓复晋这一阵营的人数大大增加了。

按照计划，起义将在青州镇治广陵、徐兖镇治京口、豫州镇治历阳和京师建康四地同时举行。

其中广陵方面起事的盟友包括：

刘毅。徐州彭城人，刘裕老乡，时任青州刺史桓弘中兵参军。

孟昶（音chǎng）。青州平昌人，时任青州主簿。

除刘毅、孟昶之外，刘裕的弟弟刘道规也在桓弘麾下担任中兵参军。此三人的目标是杀桓弘，占据广陵。

京口方面的行动由刘裕亲自指挥，同谋包括：

何无忌。徐州东海人，刘牢之的外甥，刘裕的好基友。

魏咏之。兖州任城人，刘裕旧交，时任兖州主簿。

檀凭之。兖州高平人，刘裕的半个老乡和战友，时任徐兖刺史桓修的长流参军。

檀韶。檀凭之的侄子，世居京口。以及檀韶的几个弟弟檀祗（音zhī）、檀隆、檀道济。

向弥。兖州河内人，世居京口，刘裕的老相识。

还有刘裕的二弟刘道怜，孟昶的族弟孟怀玉，刘毅的堂弟刘藩，徐州人臧喜、刘蔚，兖州人周安穆、管义之等，总共二十七人。

历阳（今安徽和县）方面，由徐州琅琊人诸葛长民负责。此人时任豫州刺史刁逵的参军，给他的任务是杀刁逵，控制豫州的军队。

京师建康方面，主要由一批对现政权不满的外来户做内应。为首的王元德、王仲德兄弟，本是前秦的臣子，苻坚败亡后投奔东晋，但不受重视。此外在建康的还有陇西人辛扈兴、徐州人童厚之以及刘毅的哥哥刘迈。

从这批人的乡里可以看出，他们大多数都是籍贯青州、徐州、兖州，即今属山东南部、江苏北部的地区，在晋末的流民南下大潮中渡过长江而聚居于京口一带。由于徐、兖地区在秦汉时属于楚地，当时长江以南的吴人管这个地方叫“伧楚”。“伧”就是粗野寒碜的意思，在吴人看来，这里的人言语粗俗、民风剽悍，是没文化的土包子。

从这些人的身份来看，他们要么是北府军中的中下级军官，要么是地方政府的中下层公务员，或者是在北方混不下去因而南投的失意人。若要划分阶级成分，他们大多都属前面交待过的“次等士族”。这些人出于各种原因，对当时高门大族垄断政治权力和社会资源的现实不满，急于寻求跻身社会上层、改变自身地位的方法和机缘。

现在，桓玄篡晋给了他们一个冠冕堂皇的大义名分。更何况，腐朽堕落的门阀士族阶层早就失去了对底层事务的实际控制力，真正干事、支撑政权运行的正是这些出身不高却有实际才能的“寒素之士”。

既然如此，我们为什么不自己做主人呢？

老话说得好，王侯将相，宁有种乎！

早就胸怀大志的刘寄奴这么想，相信刘毅、何无忌、孟昶这些人也是这么想。

16 盟友与大哥

对于造反这件事，后世人们常说：官逼民反，不得不反。言下之意就是，造反都是老百姓被逼得实在活不下去了，才揭竿而起、铤而走险。但从实际情况来看却并不完全如此，起码就这起造反事件来看，包括刘裕在内的许多参与者，并非走投无路、无以为生才举起反旗。

以魏咏之为例。此人虽年少好学，但有个生理缺陷——兔唇。十八岁时他听说殷仲堪帐下有个名医善于修补，就背了一袋子米千里迢迢赶到荆州。殷仲堪这个老好人感佩他的勇气，允许医生给他治疗。医生说能治是能治，但你得一百天不笑不说话，只能喝稀粥。魏咏之说半辈子不说话都成，何况一百天！于是果然坚持一百天只喝稀粥不说话，让医生把兔唇修补好了。本来整容后的魏咏之已经对自己的颜值恢复了自信，但他后来当兖州主簿时有一次拜见已经执掌朝政的桓玄，桓玄却对他的容貌嗤之以鼻，对旁边的人说魏咏之气质猥琐，不是栋梁之材，末了连差事都不给他派就把他打发走了。这件事既断送了魏咏之在桓玄治下的升迁之望，也刺伤了他敏感的玻璃心。听说老相识刘裕有反桓之意，魏咏之二话不说便入了局。

有类似遭遇的还有孟昶。

与刘裕、刘牢之这些土老帽不同，孟昶虽然也出身次等士族，却颇有文化修养。在他当青州主簿的时候，刺史桓弘曾经派他到建康出使面圣。前面说过，桓玄是一个特别喜欢书法绘画的文化人，所以他见到孟昶起初颇为欣赏，对刘迈说这个孟昶虽然是寒门素士，却有当尚书郎的才学，你跟他乡里乡亲的，对他了解不了解呀？言下之意是要加以重用。岂知这次桓玄问错了人，刘迈虽然和孟昶是同乡，但俩人自来关系不好。刘迈撇撇嘴，说臣在京口的时候没听说孟昶有什么才学，只听说孟昶跟他老爹俩人在微博上互粉、互相发段子而已（“唯闻父子纷纷更相赠诗耳”）。桓玄一听就乐了，心说原来孟昶的水平也就够在自己家里自娱自乐呀，就断了提拔孟昶的心思。

这事后来让孟昶知道了。他心知这样一来，自己在本朝政府里已经没了前程，回京口后就去面见刘裕。谈话间刘裕附耳说道：近日坊间传言，草莽之间当有英雄出世，您看能是谁呢？孟昶起身道：今日天下英雄，除了你刘裕还能有谁！俩人一拍即合，孟昶也加入了刘裕的造反阵营。

在参与密谋造反讨伐桓玄的这些人当中，何无忌大概是态度最为坚决的了。

首先，他的舅舅刘牢之虽是自杀，其实却是桓玄逼死的。而且死后桓玄还下令剖棺斩首、曝尸于市，这真是莫大的耻辱与仇恨！此外，早年司马元显的儿子彦章曾封东海王，何无忌是东海国有名的太学博士，便被征辟为东海国中尉，加广武将军一职。桓玄后来诛杀司马元显，连他的五个儿子都没有放过。当时司马元显才不过二十出头，他的儿子能有多大？何无忌尤其对彦章被害深感悲痛，在刑场上恸哭许久才离去。这件事自然成了何无忌痛恨桓玄的另一个原因。

后来桓玄篡位成了一国之君，何无忌深知人在屋檐下哪能不低头的道理，强压仇恨，通过关系向桓玄请求当个小县的县令以养家糊口。可桓玄并未答允，何无忌只好回京口老家当了平头百姓。

何无忌与桓玄不但有私仇，也有家恨，所以他反对桓玄最为积极，不但在刘裕与其他同谋者之间充当联络员，甚至连讨伐桓玄的檄文都是他咬牙泣血写成的。

起事前夕，何无忌正躲在屏风后斟酌檄文的用词，其母刘氏不期而至。何无忌仓促间想要藏起檄文，刘氏却说：我已经知道你密谋造反了，老身只恨不能亲自杀敌替你舅舅报仇，你能有此志向，我死也瞑目了！说罢泣不成声。当得知何无忌的同谋者是刘裕时，刘氏又转悲为喜，说桓玄岂是刘裕的对手，这事一定能成！

通过以上几人的经历可以看出，加入倒桓同盟，虽然有的人是因为与桓玄有私人恩怨，但大部分人还是因为在桓玄的政权里，出身低微的次等士族难以获得进身之阶。这些人可不是一年到头在土里刨食只要吃饱就万事大吉的穷苦农民，他们有野心，有抱负，也有实现野心的强烈欲望和能量。他们不是官逼民反的乌合之众，而是想要改变自身境遇的投机分子，恢复晋室只是一句美丽的口号。这些人需要的，只是一个合适的带头大哥，带领他们挑战既有的统治秩序，开创属于自己的功业和江山！

这位带头大哥，就是刘裕。

论官位，当时刘裕已是四品建武将军、彭城内史，而其他人中官品最高的檀凭之不过是五品宁远将军、东莞太守。

论资历，刘裕乃北府骁将，平孙恩，破卢循，救京口，立下赫赫战功，早已声威卓著。

论性格人品，刘裕平素不拘小节，遇大事深沉稳重，战场上勇猛无畏，正是难得的领袖品质。

在造反起事方面至关重要的军事才能，就更不必细说了。对于此点，后来成为刘裕最大的竞争对手的刘毅的话最有代表性。

当初何无忌到京口联络刘毅起事，问刘毅桓氏强盛、是否可图时，刘毅说道："天下之事自有强弱，强者可以变弱，弱者亦可以变强，真正值得担忧的就是事主难得呀！"造反的事没有领头的可不行！

何无忌接着问道："天下这么大，难道就真的没有英雄了吗？"

刘毅深思片刻，伸出了一根手指："以我所见，唯有刘下邳。"

刘裕当时挂职下邳太守。听了这个回答，何无忌笑而不语。回来后告知刘裕，便拉刘毅入伙了。

由此可见，在这时的反桓同盟里，刘裕是当之无愧的带头大哥和事实上的盟主。

这个群体里的大多数人，要么是刘裕居于京口时的同乡、故交，要么是和刘裕一样出身为京口北府的军官武将，正是以这些人为基础，出身寒微的刘裕才完成了后文将要提到的一个个波澜壮阔的大功业。这个群体，今之学者称之为“京口集团”。

还有一点必须说明，那就是此时虽然刘裕是这个同盟公认的盟主，但他与同盟里的其他人却并非严格意义上的上下级关系。这就好像若干个合伙人共同出资组建了一个股份制公司，你刘裕只不过因为股权份额高（威望高、能力强）而被推举为董事长而已，其他的董事服不服你还很难说。明白了这一点，才能够理解后来京口集团内部发生的许多故事。

此时此刻，众人利益相同，目的一致。

在小舟里，在密室中，经过一次次谋划与协商，带头大哥刘裕最后确定，以元兴三年二月丙辰日（公元404年2月28日）为期，京口、广陵、历阳、建康四地刻期同发，共举义旗，讨伐桓玄，兴复晋室！

由此开始，一场从未有过的巨大变革将席卷整个中国南方！

17 义旗初建

长江北岸，广陵城。

青州主簿孟昶的老婆周氏发现，自己的老公近来时常长吁短叹坐立不安，满脸一副痔疮经久不愈的表情。

周氏心知孟昶一定有事瞒着自己，几次追问，孟昶都不理不睬，最后问得烦了，孟昶干脆瞪起了眼睛："你这妇人也太不懂事。离婚！我要跟你离婚！"

闻听此言，周氏眼圈一红，眼泪就要夺眶而出。

孟昶见状又是一声长叹，稳定一下情绪，说道："不是我故意瞒着你，实在是这事你不知道反而较好……"见妻子低头不语，泪珠儿扑簌簌地打湿了衣襟，孟昶犹豫了一下，道，"我要离婚也是为你好。你不知道，刘迈在桓玄面前说我的坏话，使我一生前程尽毁，如今……如今我准备造反做贼，这可是株连九族的勾当。趁现在反事未起，你早点儿跟我离婚、撇清关系，万一事情不济，你还不至于受我的牵连。若有幸事成富贵，我再回来接你也不迟嘛……"

听了这番话，周氏缓缓抬起头来，盯了孟昶足有一分钟，然后说道："你要干大事我不拦你，但你父母在堂，出了事何人奉养？我不会跟你离婚的。大不了连坐为奴，我在劳改营里侍奉公婆也是一样！"

孟昶闻言怅然若失，竟不知如何回答，坐了一会儿就起身要走。

周氏又道："你的心思我明白。其实这件事你本不必告诉我，你真正的用意恐怕是惦记我那点儿体己吧。"

孟昶觉得脸上发烧，支吾道："办大事自然需要用钱，你周家是出了名的富户……"

"好，我的嫁妆全部拿来给你。以后离婚的事不许再提。"

其实周氏不止拿出自己的嫁妆，她还从自己的妹妹那里搞来了许多财物。得了这笔钱，财大气粗的孟昶不但置办了大量武器甲胄，还招募了几十个膀大腰圆的壮士当敢死队员。刘毅、刘道规也各带亲随与孟昶合兵一处，按照事先的计划定下了杀青州刺史桓弘的策略。

到了丙辰日一大早，天还没亮，孟昶等人即带着人手来到广陵城下。事先孟昶已经劝说桓弘定于此日出猎，所以城门开得甚早。孟昶、刘毅、刘道规各带壮士一拥而入冲进府衙，桓弘这时刚刚起床，正在喝粥，当即被斩于床下。孟昶等人随即以刺史的名义发下檄文，收拾部众，渡过长江与京口的刘裕汇合。

刘裕这边的进展也比较顺利。

头天晚上，刘裕也以出猎为名，会聚了徒众一百多人。次日天一亮，刘裕、何无忌身穿伪造的传诏服，装作是朝廷派来的使者，连唬带吓骗过门卫，率领众人直奔徐兖刺史桓修的府邸。待桓修手下司马刁弘闻讯带着军校佐吏前来救援，桓修的头早已被砍了下来。

面对刁弘的围攻，刘裕表现出了"必备品质"——说谎话不带脸红。他登城对刁弘喊道："如今大晋皇帝已在江州刺史郭昶之的拥护下在寻阳重新登位啦！我等受陛下密诏，诛除桓氏逆党。现在益州刺史毛璩已定荆楚，扬武将军诸葛长民已据历阳，建康城中也已高举义旗，他桓玄的首级应当已经挂在城门之上啦！你们这些人难道不是大晋的臣子吗？你们围城到底是要干什么！"

刁弘等也不知是信了刘裕的大话，还是真的对东晋有感念之心，当下解围而去。刘裕等便顺利占据了京口。

虽然广陵、京口两地的起事比较顺利，但建康和历阳两处局势的发展却与刘裕宣称的相反。

建康那边，事前几天刘裕已经派周安穆进京通知了王元德、王仲德和刘迈等人。但刘迈大概是与桓玄走得太近，立场并不坚定，虽然表面上答应做内应，内心却十分惶恐不安。当时桓玄已经任命刘迈为竟陵太守，刘迈不知如何是好，干脆想早点上任，一走了之。约期起事的头天夜里，刘迈已经打包准备上船，却忽然收到了桓玄的书信，内里写有“近来北府人情如何？你最近是否见过刘裕，他有没有说什么？”之类的词句。其实这只是桓玄对刘裕不大放心的打探之语，刘迈却大为恐惧，认为是造反密谋已泄，桓玄已经知道自己参与其中了！万分恐惧之下，刘迈竟一大早入宫向桓玄自首了！

桓玄听后震恐，急忙传令下去，派人捉拿王元德、王仲德、辛扈兴等内应，又封刘迈为重安侯以示嘉奖。王元德、辛扈兴、童厚之等人因此被诛，王仲德侥幸逃出，而出卖朋友的刘迈不几日后也被桓玄杀死。建康方面的内应行动至此全面失败。

历阳方面，负责人诸葛长民失期未发，反被豫州刺史刁逵捉了，装进囚车押送建康而来。

这样一来，原定四地起事的计划只成功了两处。但控制了京口就控制了北府，控制了北府就能直接威胁京师。此前由于桓玄对北府将的清洗和重组，刘牢之时代的北府兵事实上已经解体。刘裕不得不重新招募人众，组建新的军队。与孟昶、刘毅会合后，义军在京口广发檄文，声讨桓玄的罪恶，仅仅一天之内就募得一千余人。这时期加入刘裕起义队伍的人里，既有后来的名将朱龄石、檀道济，也有刘裕的从母兄弟[①]刘怀肃、刘怀慎，以及刘粹、刘钟等人，但真正给刘裕的事业带来了莫大帮助的，还是刘穆之的加入。

---

① 刘怀肃、怀慎、怀敬三人皆为刘裕从母（姨母）之子，但三人的兄弟关系《宋书》与《资治通鉴》的记载相龃龉。按《宋书》，则怀肃为兄，怀慎、怀敬为弟，但又与怀肃、怀慎本传所载年龄不合；按《通鉴》，则怀敬为兄，怀肃、怀慎为弟。本书只好径称之为从母兄弟，对其长幼次序不加辨别。

占领了京口城后，由于原来的刺史桓修已被处死，刘裕便暂时代理了徐州刺史的职务。再加上这时以刁弘为首的徐州文武佐吏或死或逃，整个京口城算是进入了军管状态。刘裕的建武将军府便要承担起临时政府的职责来，又要征兵，又要安民，又要处理粮草军需等杂七杂八的事务。刘裕不是处理繁琐事务的行政人才，这些事他不擅管，也不想管，于是他问何无忌：现在急需一府之主簿，有没有合适的人选？何无忌说：这事没有人比刘道民更擅长了！

道民是刘穆之的小字。刘裕早年亦与刘穆之相识，知道何无忌所说不错，而且刘穆之的家就在京口，于是马上派人拿着自己的书信前去相请。

刘穆之祖籍徐州东莞，也是刘裕的老乡。此人自幼博览群书，在中层政务人员的位置上历练多年，是处理各项行政事务的一把好手。大清早京口城里起事的时候，刘穆之被外面的鼓噪之声吵醒，披了件衣服正要出门看个究竟，刘裕派来请他的人就到了。

看过刘裕的书信，刘穆之许久不言。然后转身进屋，换了一身利索衣装，便跟着来人去了刘裕的军营。

一见刘穆之，刘裕大喜，说道："我始举大义，正是万事艰难之时，需一军吏甚急，您看谁能当得此任呢？"

刘穆之道："贵府始建，军吏实须其才，仓卒之际，恐怕无人能比在下更合适了。"

刘裕笑着拉起刘穆之的手，当即任命他为本府主簿。主簿这个职位，负责掌管府内文书、档案、账簿等所有图文材料，相当于全面负责行政事务的大管家。有了刘穆之的辅佐，好比刘邦有了萧何，此后刘裕便放心地将内部事务交给刘穆之处理，自己则专注于更为险恶的政治军事斗争。

18 激战罗落桥

面对刘裕等人的反叛和广陵、京口的失守，皇帝桓玄如临大敌。他紧急任命扬州刺史桓谦为征讨都督，以殷仲文代桓修为徐、兖二州刺史。但在如何征讨叛军这一点上，桓玄却与桓谦等人发生了意见分歧。

桓谦等主张利用叛军初起、立足未稳的时机迅速发大兵进剿，争取将其碾压于尚未壮大之时，而桓玄却希望以静制动，以逸待劳，重兵屯守覆舟山，待叛军攻来时再相机行事。两种意见一主攻、一主守，策略完全相反。桓玄作为掌握优势资源的一国之君，居然想对叛军主动示弱，采取守势，这令左右十分不解。有人就问道："刘裕等实力甚弱，势必无成，陛下何必如此忧虑呢？"

桓玄道："刘裕足为一世之雄，刘毅家无担石之储，摴蒲（音chū pú）一掷百万，何无忌酷似其舅。此三人共举大事，何谓无成！"刘裕这个人就不说了，那是当世英雄；何无忌跟他舅舅刘牢之学了不少本事；至于刘毅，此人家里连余粮都没有，要钱的时候却敢一掷百万，分明是个不怕死的搏命狂徒！这仨人凑一块儿，那还不够我们喝一壶啊！

最后桓谦等再三请求，桓玄算是搞了个折中，一方面派顿丘太守吴甫之、右卫将军皇甫敷率领部分军队向京口进剿，一方面安排剩下的军队在建康东北布防。

其实以当时刘裕手里的兵力，满打满算也就一千七百人。若桓玄以全部兵力倾巢出动，义军必将陷于危急。即使只有吴甫之、皇甫敷带领部分官军（具体兵力史无明文）前往，数量上官军也是占据了绝对优势。

三月初一，刘裕率军与吴甫之遭遇于江乘（今南京栖霞山南麓）。

吴甫之在桓玄麾下号称骁将，手下也都是精锐。面临如此劲敌，刘裕手执长刀，亲率众人大呼突阵。这支刚刚组建起来的义军见主将如此，士气大涨，人人奋勇争先，当者披靡，阵斩吴甫之。刘裕军乘势进至罗落桥。

罗落桥是自江乘西去的交通枢纽，越过罗落桥，就将直抵都城建康。听闻吴甫之败死，皇甫敷不敢怠慢，率数千人在罗落桥严阵以待。

此战，刘裕与檀凭之各率一军冲击楚军。然而刀枪无眼，战斗中檀凭之不幸身亡，其部众随即溃散。这一变故立刻使刘裕身陷险境。皇甫敷集中兵力，将刘裕团团包围。刘裕无所畏惧，背靠一棵大树与来敌奋力死战！皇甫敷自以为胜券在握，一边得意地喝问“我看你想怎么死”，一边挺戟来刺刘裕。刘裕怒目相向，一声暴喝，吓得皇甫敷一激灵，竟不敢向前进逼。就在这瞬息之间，看到刘裕情况危急的其他将士奋勇杀至。嗖的一声，一支羽箭正中皇甫敷前额。主将落马，引起了楚军一阵慌乱，刘裕军乘机反攻，楚军彻底崩溃！

当刘裕提刀至前，尚未断气的皇甫敷喘息着说道：“阁下有天命所佑，我之战败理所应当。只是希望你发达之后，能够照顾我的子孙。”刘裕与皇甫敷本无仇怨，如此性命相搏只因站在不同的立场上，如今胜败已分，不害人子嗣方是磊落的大丈夫。

刘裕点了点头，一刀送皇甫敷归西。后来他果然信守承诺，对皇甫敷的遗孤厚加抚恤。

战事结束后，望着眼前老友檀凭之的尸体，刘裕忽然想起了一件事。

大概三四天前，刘裕等人在檀凭之的家中聚会，商议起兵之事。何无忌不知从哪儿找来一个瞎子，非要给大家摸骨算命。那瞎子摸一个说大富大贵，摸一个说官运亨通，净是吉祥话。大家都以为他就是个骗钱的。最后摸到檀凭之，瞎子忽然翻了翻白眼，说此人有血光之灾，三四日内便会应验，应该深居简出，避免一切社会活动。当时大家只是哈哈一乐，给了几个钱就把瞎子打发走了。没想到居然应验在了今日。

接着刘裕转念一想，既然檀凭之的事瞎子预言甚准，那说其他人大富大贵应该也是言之有据。看来，这次起事肯定能成！

吴甫之、皇甫敷二将败亡的消息传来，桓玄的心里乱成了一锅片儿汤。你看看，我说不要派兵进剿吧你们非要劝我发兵，结果怎么样！这回你们怎么干瞪眼不说话了？眼下到底该怎么办呀真是的！

眼见群臣垂首不语，桓玄自己倒来了主意。他一面安排桓谦及游击将军何澹之统兵屯守东陵，侍中、后将军卞范之驻守覆舟山西，总兵力共有二万；一面派人召集了和尚、道士等集体作法，看用什么黑魔法能助自己扭转乾坤战胜叛军。

这一招在当时并不稀奇。当年八王之乱的时候，赵王司马伦就曾经任命道士为太平将军施法作战；数年前孙恩作乱，乱军作势要进攻建康之时，会稽王司马道子也成天搞这些祈禳厌胜之术。可后来这俩人还不是都落得个死于非命的下场？自称天师的孙恩、卢循还不是被刘裕揍了个屁滚尿流？要是装神弄鬼这一套管用，那以后只叫和尚道士上阵吟唱放大招就是了，还要兵将干吗？

其实桓玄心里大概也不完全相信，他只是想求个自我安慰罢了。但偏偏这自我安慰也求不来。

桓玄问群臣："朕难道要失败么？"

吏部郎曹靖之回答道："民怨神怒，臣实在有此担心。"

桓玄不解道："民可能确有怨恨，但神又为何发怒？"

曹靖之道："晋氏宗庙，飘泊江滨。大楚之祭，上不及祖。这便是神所以发怒的原因。"

原来，桓玄篡位之后，便将东晋历代皇帝的神主牌位迁到了琅琊国，不久又再迁至寻阳；而在建立大楚宗庙之时，桓玄又自觉祖父桓彝以上名位低微，立神主牌位未免颜面无光，就只给父亲桓温一人立了太庙。当时就有人私下质疑说祭不及祖，这大楚的国运长不了。曹靖之这番话的意思，是说你既得罪了他司马家的神灵，也得罪了自己家的先祖，两边的大神都不罩着你，你还不玩完呀！

桓玄自知理亏，说既然如此，当初爱卿你咋不吱声呢？

曹靖之在心里冷笑不迭，嘴中却说道：满朝君子都说如今是太平盛世，您是尧舜之君，我哪里还敢提个反对意见？

桓玄默然不语，心下痛恨不已。

19 覆舟山之战

三月初二，乘胜进击的刘裕军抵达覆舟山东侧。

覆舟山，今名九华山（并非安徽九华山），位于南京市玄武区玄武湖的南岸。因其山形狭长，临湖一侧陡峻如削，宛如一只倾覆的长舟，故而得名覆舟山。

南京这个地方，自古乃东南形胜之地。两百年前诸葛亮到东吴出使，见到当时还被称作秣陵的南京山水，禁不住感叹道："钟山龙蟠，石头虎踞，此乃帝王之宅也。"所谓龙蟠，指的是南京东、北两侧由青龙、武冈、钟山、覆舟、鸡笼诸山组成的一系列山脉，如同蟠卷的巨龙般将南京城拱卫于怀中；所谓虎踞，指的是南京西侧以石头山为首的诸山雄奇险峻，好似猛虎一般雄踞于大江之滨。赤壁之战后，孙权将都城迁移至此，将秣陵改名为建业，而且在石头山上修建了著名的石头城要塞。

到了东晋，又改建业而为建康。覆舟山便位于建康城之东北，正是龙蟠诸山中的一座。其东紧接钟山（又称蒋山），其南则俯视宫城，虽然周回不过三里，高不过百米，却实在是拱卫京师的一大战略要地。晋成帝时流民帅苏峻作乱，从历阳进攻建康，由于顾忌石头城有重兵设防，所以放弃走水路而选择走陆路北上，便抢先占据了覆舟山。后来苏峻因风放火，官军大败，建康宫室被焚毁为一片丘墟。覆舟山的重要地位，由此可见一斑。

前面说过，为了抵挡刘裕军进攻建康，桓玄派了桓谦、何澹之统兵屯守东陵，而使卞范之驻守覆舟山西，共有二万人马。东陵在钟山南麓，扼

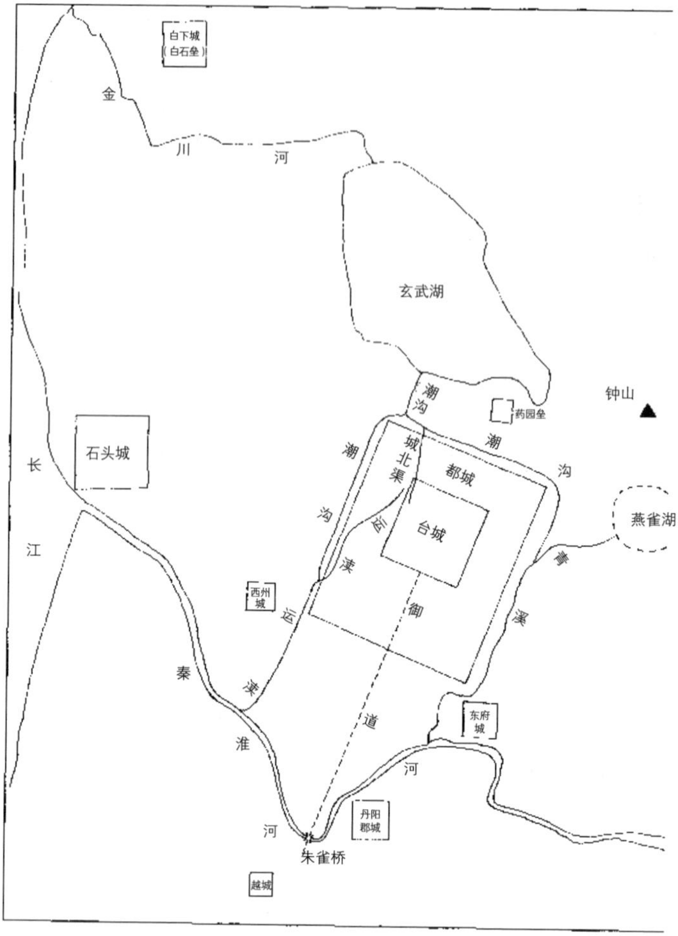

六朝建康城堡军垒示意图

守由覆舟山东侧进入建康的孔道。也就是说，桓玄在长舟一般的覆舟山的“船头”“船尾”两个部分各分兵一万，希望阻止刘裕的进犯。但这样一来，却忽视了“船底”这个制高点。而刘裕恰好是一个善于抢占制高点的战略高手，几年前京口的蒜山之战，刘裕正是靠抢登蒜山才击溃了孙恩的进犯。这一回，他又怎么会放过桓玄这个明显的漏洞呢？

三月二日早上，待三军将士饱餐战饭之后，刘裕下令将剩余的粮食全部倒掉，意思是要想还能吃到下一顿，就打胜仗到城里去吃，不然的话，就饿着肚皮见阎王好了！此乃效法西楚霸王破釜沉舟之伎俩，因为刘裕明白，己方在数量上处于绝对劣势，要想战胜就必须彻底激发全军的士气和斗志。然而光靠激发斗志还不行，刘裕又找来一些老弱残兵，安排他们拿着旗帜金鼓，分成数队先抢占覆舟山顶，在山上遍插旌旗，

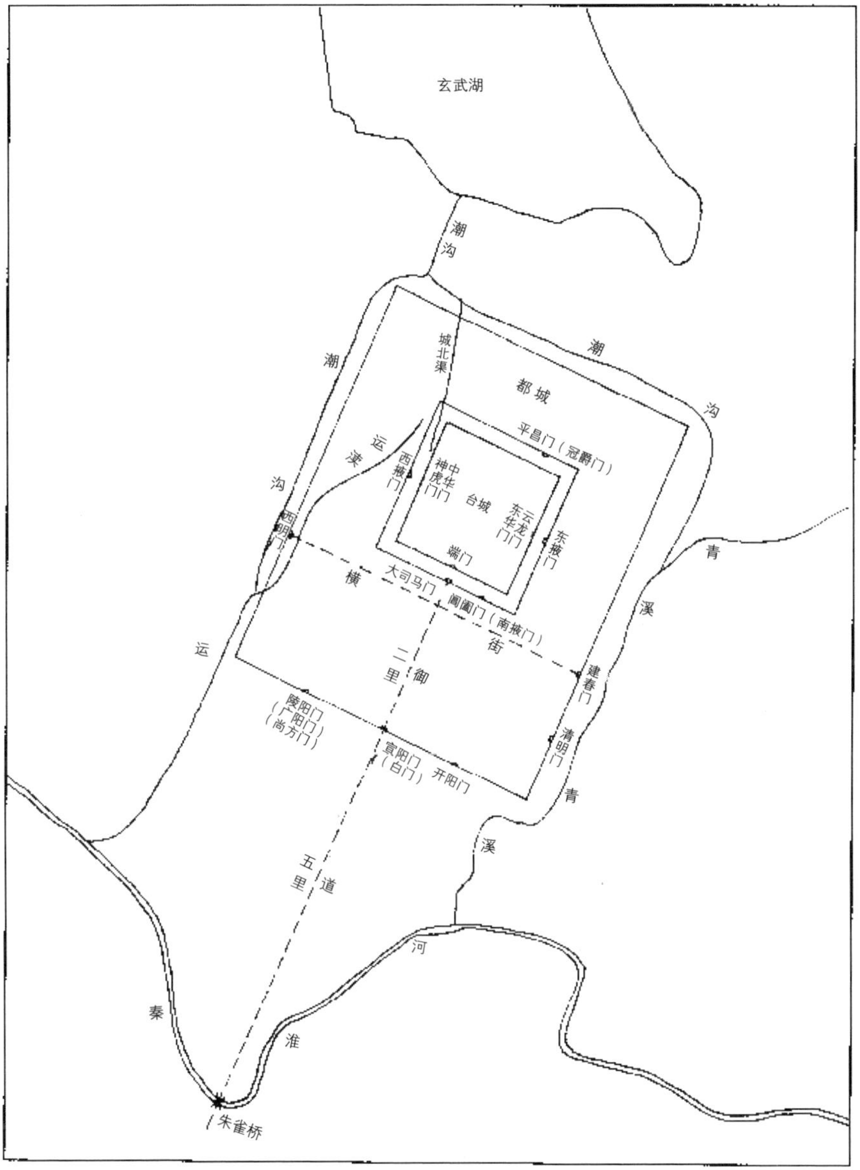

东晋建康示意图

布满山谷，以为疑兵。见此情形，桓玄的侦察兵回报说刘裕的军队满坑满谷到处都是，也不知道到底有多少！桓玄更加震恐，又派遣武卫将军庾赜之帅精卒前去增援，连预备队也全上了。

然而还有一点，不知道是桓玄没有想到，还是虽然明知如此但无计可施，那就是桓谦等人手下的将士许多都出身北府，有的跟刘裕一起打过仗，没打过仗的也听说过刘裕的威名，对刘裕向来十分敬服。而桓玄自己恰恰是逼死刘牢之、诛杀孙无终等北府宿将的元凶，所以这些人根本不愿意为了桓玄跟刘裕作对。再加上听闻吴甫之、皇甫敷败死，抬眼望去，覆舟山上漫山遍野都是义军的旗帜，一时间桓谦阵营军心浮动，莫有斗志。

两军交锋，战意是根本。

战斗开始后，两军斗志的差别很快在战场上体现了出来。

刘裕与刘毅等人分为数队，轮番冲击桓谦的军阵。刘裕还是一如既往地身先士卒，手舞长刀，一马当先，紧随在后的义军将士亦皆殊死拼杀，无不以一当百！是的，你没有看错，史书中记载这段情形时确实用了“以一当百”而不是常见的“以一当十”！当日喊杀之声震动天地，连建康宫殿的屋瓦似乎都被这喊声震得颤动起来。

刚才说过，当年苏峻之乱时，占据覆舟山的苏峻因风纵火，最终获得了胜利。那时正是初春二月，刮的是东北风。而此刻刘裕占据了覆舟山，其军阵在北，敌阵在南，三月初的战场上刮的依然是东北风。

眼见桓谦阵营在几番冲击之下阵脚已然松动，刘裕当即下令：放火！

熊熊大火迅速在覆舟山下燃烧起来，并借助着东北风势向桓谦和卞范之的阵营席卷而去，一时间烟炎蔽天，战场转眼变成了人间炼狱。

桓谦诸军本来就已丧失了斗志，眼见大火扑面而来，顿时全面崩溃！

建康宫里的桓玄先是耳闻震天杀声，紧接着又目睹北方火起，自知败局无可挽回。好在他已经提前预备好了后路，早就让殷仲文在石头城下准备了船只。此时得知桓谦已败，桓玄毫不含糊，带领亲信数千人冲出了禁宫。嘴上说是增援赴战，但开赴战场走北门、东门最近，桓玄却头也不回地奔了南门。走到半路，忽然桓玄的旧部胡藩从路旁闪出，抓住了桓玄的马缰。桓玄吓了一跳，心说你要干什么，难道还敢拦着我不成？

但胡藩只是进谏道："如今羽林射手犹有八百，皆是荆州义故，这些人受桓氏累世之恩，现在一战不打就弃城而走，陛下您还能去哪里呢！"

桓玄一句话不说，只是拿起马鞭，指了指天。

意思是天亡我也，非战之罪。你胡藩懂个屁呀！

原来篡位前后，颇为迷信的桓玄一直密切关注着天相的变化，然而得到的结果却令人沮丧，什么太白犯羽林啦，荧惑逆行犯太微啦，都不是什么好兆头。

老天爷都不罩着我，那我还有什么可说的？

桓玄随后撇下胡藩，拨马疾行，一气跑到石头城，坐船南下去也。

皇上都走了，桓谦、卞范之等人自然也紧随其后能溜就溜。

得胜的义军在刘裕的率领下昂首入城。

就这样，在京口起兵仅仅四天之后，刘裕就从桓玄的手里收复了都城建康。

20 没有硝烟的战场

在逐走桓玄，掌控京师建康之后，两个急需处理的重大事项摆在了刘裕的面前。

第一，当然是宜将剩勇追穷寇，打到桓玄老家荆州，将其彻底击垮。

第二，就是如何对待朝廷里剩下的文武百官，以及如何处理本集团与朝廷的关系。

前者主要是军事问题，需要真刀真枪地到战场上去解决；后者主要是政治问题，这个战场上虽然没有硝烟，却同样充斥了流血与死亡，甚至比真正的战场更加残酷和凶险。这两个问题又互相影响，任何一方搞得不好，都会给另一方带来巨大的麻烦和危机。

刘裕斟酌再三，决定派刘毅、何无忌、刘道规等统兵西进，解决第一个问题；自己则选择留守建康，在这个没有硝烟的战场上从事另一种战斗。

这对刘裕来说是全新的挑战。

此前，他只是一个出身寒微的中级军官，领兵打仗他擅长，搞政治玩权术这一套他虽然耳闻目睹了许多，却从来不曾在如此高的层面上获得实践机会。而现在，由于起义（或者说造反）的成功，他突然成了朝堂内外最有权力的政治人物。权力这东西是把双刃剑，玩得不好，伤人又伤己，司马元显、桓玄就是前车之鉴。现在刘裕所面临的挑战就是，如何小心翼翼地挥舞这把剑，才能够既获取利益，铲除对手，又不致自己反为所伤。

覆舟山之战的次日，刘裕焚桓温神主于宣阳门外，又造晋新主，纳于太庙，并派人诛杀留在建康的桓玄宗族。同时，派刘毅等人追击桓玄。而将文武百官分为两部分，一部分成立临时政府，留守建康，剩下的都跟随尚书王嘏（音gǔ）一起上路，准备迎接远在寻阳的晋安帝回宫。以上举措意在宣示：我刘裕领导的义军要将反桓复晋的事业进行到底，我们的事业是正义滴，而正义的事业是不可战胜滴！

既然是正义的事业，自然要有合法的名分。名不正则言不顺嘛！你刘裕和你手下这些兵将，说好听了是义军，说不好听的就是反贼，所以朝廷要马上给予承认。于是，以司徒王谧为首的留守百官合计了一下，想推举刘裕担任扬州刺史。

扬州是京师建康所在的州，扬州刺史历来是位高权重，非宰辅重臣不能担任的要职。以刘裕四品建武将军的品级领扬州刺史，那可算得上是破例的超擢了。但刘裕坚决不肯接受，因为他知道，官大官小并不重要，军权在握才重要。于是王谧等人只好推刘裕为使持节、都督扬徐兖豫青冀幽并八州诸军事、徐州刺史，执掌北府兵权；而王谧自己则担任侍中、扬州刺史、录尚书事，成为临时政府形式上的首脑。

其余跟随刘裕起事的盟友，自然也要排排个分果果：刘毅为青州刺史，何无忌为琅琊内史，魏咏之为豫州刺史，孟昶为丹阳尹，刘道规为义昌太守。至于桓玄留下的宫女以及逆党之家的子女姬妾，则全部赏赐给了义军将士。

这个时候，虽然表面上朝廷又恢复了运转，但真正管事的是屯驻在石头城的刘裕的建武将军府。实际上，刘裕只管总大纲、下命令，具体的行政事务都是由大管家刘穆之来处理。

也难怪刘穆之毛遂自荐说处理这类事情没人比自己更合适了。此前由于晋末的政治腐败和司马元显的反复折腾，中央政府政令所及之处威信尽失，法治混乱，豪强大族横行乡里，而平民百姓穷苦不堪。桓玄上台后虽然想搞点改革新政什么的，却走了王莽的老路，越改越乱。刘穆之却有拨乱反正、化繁为简的本事，再加上刘裕带头以身作则，没过多久，文武百官都换上了一副奉公守法的模样，建康周边地区的民风也有了大幅改观，一切都有了蒸蒸日上的新气象。

与此同时，历阳方面也传来了好消息。

前面交待过，刘裕等人计划的起事地点原本也包括历阳在内，但由于负责人诸葛长民失期未发，历阳的造反行动失败。诸葛长民被豫州刺史刁逵捉住，押往建康听候发落。但押送的队伍走到半路，桓玄战败逃出建康的消息传来，几个押送人见风使舵，不但立刻把诸葛长民释放，还簇拥着他杀回历阳。而这时历阳城里也发生了暴动，弃城出逃的刺史刁逵为叛变的手下所擒，五花大绑地给刘裕送上门来了。

这可真是君子报仇，十年不晚！

前面说过，刘裕年轻的时候喜好赌博，欠下了一屁股债，被债主绑到马桩上一顿毒打，最后是王谧出钱抵债这才算完。这位当年毒打刘裕的债主不是别人，正是刁逵！

此一时也，彼一时也。想不到你刁逵也有今天！

刘裕当即下令，以桓玄逆党的罪名，将刁逵斩于石头城下。

大丈夫恩怨分明。有仇于我者，睚眦必报；有恩于我者，亦当涌泉相回。斩了刁逵，刘裕算是公报私仇，而对于当年对自己伸出援助之手的王谧，他也用实际行动表达了感激之情。

出身琅琊王氏的王谧可说是三朝老臣，晋安帝时便已官居侍中，桓玄篡位后又官升司徒。禅位仪式上，正是王谧亲手解下安帝的玺绶交给了桓玄。因此，他可说是桓玄政权的佐命元勋，自然也就成了最大的帮凶。如今桓玄倒台，按理说应该对他加以严惩，然而刘裕却感戴王谧当年的恩德，不但不加责罚，反而让他做了临时政府的首脑（录尚书事）。

对于刘裕这种出于自身好恶而擅行威福的行为，有些人是心怀不满的。再加上刘裕出身不高，且没什么文化，朝廷内部颇有些高门士族对他打心眼儿里瞧不起，虽然朝会时表面上客客气气，私下里却牢骚满腹，不免说一些不好听的话，甚至有了一些不可告人的想法。

于是在刘裕进入建康仅仅数天之后，史料记载发生了一起谋反事件。

事件的当事人，是尚书左仆射王愉、其儿子王绥，及司州刺史温详。

王愉父子出身太原王氏，是一等一的高门贵族。王愉又是桓玄的女婿，与桓氏家族有千丝万缕的联系。而温详本是后燕的臣子，以流民帅的身份投靠东晋后挂职司州刺史，勉强可算是地方上的奥援。说这几人联合起来想对付刘裕，似乎也有这个可能。但谋反的原因和细节，史籍语焉不详，只是透露王愉、王绥自恃身份，对出身寒微的刘裕有不尊重的行为，害怕刘裕日后报复，就暗中联系温详谋反。后来密谋泄漏，王愉子孙十余人因而被杀，这导致太原王氏由此一蹶不振。

不管是王愉等人真心谋反也好，还是刘裕泄愤报复也罢，总之诛杀太原王氏一事在高门士族当中产生了恶劣的影响。别人不说，就连刘裕的老朋友王谧也杯弓蛇影，担心刘裕秋后算账，居然私下出逃到外地。后来刘裕写信担保，好说歹说，才把他劝了回来。

以上的事情说明，虽然刘裕仰仗武力控制了朝政，但他与高门士族之间的矛盾一时难以解决，他对政治权术的运用还不成熟。在这个没有硝烟的战场上，未来还有更多的挑战等待着他。

21 燃烧的峥嵘洲

当建康城里的刘裕初尝权力带来的快感之时，逃亡路上的桓玄却正在品尝失败带来的耻辱和痛苦。

出逃时过于匆忙，天子仪仗、器物等充门面的东西一概没带，路上又凄凄惶惶，整日来饭都顾不上吃一口。眼见离建康越来越远，一时也不像有追兵杀来的迹象，手下人弄了一碗糙米饭呈了上去，服侍愁眉不展的“大楚”天子用膳。

虽说桓玄郁闷得不想吃饭，但毕竟饿了一整天，来日方长，多少还是得吃一点儿。桓玄轻叹一声，尝了一口，只觉又硬又冷，实在难以下咽，抚今追昔，不由得悲从中来。幼子桓升见状，扑到父亲的怀里抚胸安慰。桓玄再也止不住心中的悲痛，抱着桓升泣不成声。

这种惶惶如丧家之犬的状况直到抵达寻阳才有所改观。

江州刺史郭昶之并未如刘裕宣称的那样拥护身在寻阳的晋安帝司马德宗重新登位，而是仍然忠于“大楚皇帝”桓玄。听闻桓玄奔至，郭昶之不但好吃好喝好招待，还给他提供了舆服器物和粮草兵马。得此助力，桓玄军势复振。自后而至的殷仲文远远望见桓玄的大船旌旗飘飘，恢复了皇帝的气派，觉得桓玄有望重新振作，自己跟着他还是有盼头的。

在寻阳稍作休整后，桓玄决定挟持晋安帝司马德宗西上，而留龙骧将军何澹之与郭昶之扼守寻阳以东的湓口（今江西九江），抵御追兵。

尼采有言：“痛苦使母鸡和诗人咯咯咯。”路上，失败的痛苦让自诩为风流名士的桓玄充满了创作的冲动，颇有历史自觉性的他开始写起了日记（自作起居注）。

根据后人的转述，桓玄在日记里洋洋洒洒写了很多，大意说自从刘裕等起兵之后，自己指挥若定，算无遗策，本来可以将叛军轻松剿灭，结果手下诸将不听指挥瞎胡闹，这才最终导致了自己败走建康。对于自己这篇精彩的甩锅宏文，桓玄显然不愿意仅供自己欣赏，当下叫人抄录多份，宣示远近。遗憾的是，这篇文章并没有留存下来，所以桓玄的甩锅技巧如何我们不得而知。但史书上说，为了专心创作，桓玄一路上甚至无暇与手下商议今后的对策，看来为了将失败的责任推卸干净，桓玄也是蛮拼的。反正吴甫之、皇甫敷等败军之将已经死了，这口黑锅他们不背，难道还让我桓玄来背不成?

四月初三，桓玄终于回到了老巢江陵。

老家毕竟是老家，荆州各地方官对于皇帝的这次出奔纷纷表示同情，都写信前来慰问。按照古代为尊者讳的传统，信中不免称桓玄由建康至江陵的流亡行动为“播越”。哪知桓玄看了这些信，当即大为光火。播什么越？你才播越，你们全家都播越！朕这明明是迁都懂不？来呀，把这些信都发回去，叫他们重写，要祝贺朕迁都江陵！

“迁都”江陵后的桓玄除了在来信上咬文嚼字之外，对待手下也越来越苛刻，力图用严刑峻法来维持他受损的威望。殷仲文进谏说眼下宜行仁政以收复民心，桓玄怒道：“正因为诸将不听节度，加以天相不利，朕才不得不迁都于此。而那些不明真相的人却议论纷纷，妄言得失，沮我斗志，乱我军心。对待这些人，正应该纠之以猛，岂可施之以宽！”并不采纳殷仲文的建议。

不久，传来何澹之在桑落洲战败于何无忌的消息。桓玄召集荆州兵将，一个月内聚集了兵马两万、战船两百余艘，再次顺流直下，准备与追兵一决雌雄。发兵前，桓玄还派人去何无忌军中劝降，说只要你们解甲撤军，不但以前的恩怨既往不咎，朕还封你们当大官，荣华富贵大大地有哇！

刘毅、何无忌、刘道规等人可不是刘牢之，桓玄的劝降行为除了暴露了他的色厉内荏之外，毫无效果。

五月十七日，两军相遇于武昌以东的峥嵘洲。

这时的刘毅军尚不足一万，面对数量占优的桓玄军采取何种战略，众人意见并不统一。大部分将领认为，应该首先退回寻阳，坚守待援，如此方可万全。刘裕的三弟刘道规却力主进攻，他认为，如今彼众我寡，强弱异势，如果畏懦不进，必被敌兵所乘，即便到了寻阳，恐怕也守不住。桓玄这人徒有雄豪的虚名，其实外强中干，是个绣花枕头，加上已是败军之众，数量虽多，斗志却不坚。两军对阵，比的就是勇气和意志。当年光武帝刘秀昆阳之战、曹操与袁绍决战官渡一役，都能够以少胜多。我们虽然才略不及古人，又岂可未战而先示弱于人！

说完，刘道规整军直进，首先向桓玄军发起了冲锋。刘毅等急忙跟随在后，一同展开了进攻。

峥嵘洲所在的这一段长江，江水呈西北—东南流向，桓玄军居上游而刘毅军居下游，表面上看来对桓玄军有利。但其时正值盛夏，江面上刮着东南风，刘毅乘机传令于船头放火，一艘艘火船乘着风势，如离弦之箭般直扑桓玄的舰队，江面上顿时成了一片火海。

战斗在很短的时间内就结束了。桓玄聚集的两万人马如风卷残云，溃散奔逃。桓玄军之所以如此不堪一击，除了因为遭受火攻之外，据说由于桓玄的旗舰旁一直备有供逃跑的快艇，而桓玄早就演练好了弃舰登艇的步骤，所以手下将士毫无斗志。

也幸亏桓玄事先举办了逃跑演习，军败之际，他带着晋安帝顺利逃出了战场。

峥嵘洲之战，明眼人都看得出来，桓玄已经输光了本钱，顺逆之势已分，桓玄不再有反败为胜的可能。正如同桓玄自己采取弃大船登小艇的逃跑策略，他身边的一些人如今也将其视为即将沉没的大船，纷纷动起了弃船而逃、另择新主的脑筋。

殷仲文便是如此。

作为桓玄的姐夫和篡晋建楚的佐命亲贵，殷仲文和桓玄的关系非同一般。对于桓楚政权的三大佐命元勋，桓玄对王谧尊敬却并不亲近，对卞范之亲近却并不尊敬，唯独对殷仲文是又敬又亲、宠遇非常，而殷仲文也没少仗着桓玄的宠幸贪赃枉法，以权谋私。如今眼瞅着桓玄是秋后的蚂蚱蹦跶不了几天了，为自保计，殷仲文决定赶紧跟自己的这位小舅子划清界限。

在逃往江陵的路上，殷仲文向桓玄汇报说，为了让陛下您能后顾无忧安心逃跑，微臣愿意收集散卒断后掩护，万一追兵来了，臣虽手无缚鸡之力，却也能提刀抵挡片刻！桓玄十分感动，心说果然是板荡识诚臣，关键时刻还是自家姐夫靠得住，去吧去吧！他可没想到殷仲文不是断后，而是开溜。

正好被桓玄裹挟的晋安帝的皇后王氏和晋穆帝的皇后何氏落在后面，正愁没有立功表现的殷仲文忙不迭地“奉迎”两位皇后，东下投奔了义军。

22 桓玄的末路

五月二十四日夜，江陵城。

夏凉如水，桓玄却久久不能入睡。他翻身坐起，吩咐掌灯，从箱中取出早已打包收好的书画珍品，再一次用心赏鉴起来。

峥嵘洲之战不但击溃了桓玄的军队，也击溃了他的信心。数次以众击寡却大败亏输的经历令他失去了与义军作战的勇气。

逃回江陵后，虽然有手下人劝他整军再战，他却只想逃亡。早些时候，他已经下达了弃城出奔的命令，准备明天一早便出发去投奔坐镇汉中的梁州刺史桓希。

眼前的这些书画作品，皆为历代名家真迹，其中不乏钟繇、卫协、王羲之、顾恺之等“书圣”“画圣”的代表作。桓玄视若珍宝，多年来带着这些书画从江陵而至建康，又从建康回到江陵，即使出征作战也常常带在营中。每当烦闷无聊之时，桓玄观之品之赏之鉴之，便可怡然自乐，遗世而忘忧。然而今日，桓玄无论如何品鉴，都无法排遣心中的郁闷与不安。

桓玄唤人取来纸笔，想写些什么。然而悬臂半晌，又无从下笔，只好呆坐案前，任凭烛影摇曳，烛泪低垂。

这时，外面传来喧噪之声，由远及近，似乎城中出了什么乱子。

房门砰的一声开了，撞进两个人来。桓玄一看，是自己的宠臣丁仙期和万盖。两人气喘吁吁，面色惨白，说城里军民哗变，请陛下速速出城！

桓玄轻叹一声，点了点头。其实自从殷仲文弃他而去，桓玄心里便明白，自己如今已是众叛亲离，仅存的将士也不再听从自己的号令。只是没想到，骚乱发生得如此迅速，使自己连体面地离开也不可能。

鼓噪声越来越近，隐约可以听见刀兵撞击之声，桓玄却还在指挥人收拾书画。见事态紧急，丁仙期、万盖不敢再耽搁，上前架起桓玄就走。

出得府来，桓玄才发现江陵城里早已乱成一团，人喊马嘶之中夹杂着妇孺的哭声，乱军四处放火抢掠，街巷遍地狼藉。桓玄带着心腹一百余人急忙拍马出城，刚到城门口，自己的队伍里也乱了起来，甚至左右有几个人拔刀直奔桓玄而来。桓玄拨马便逃，一口气逃到江边，惊魂未定地上了船，才发现身边只剩下卞范之、丁仙期、万盖等十来人。

桓玄的原计划是北投梁州刺史桓希。桓希这个人的家系史籍阙载，似乎与桓玄的血缘关系并不亲近。眼下桓玄刚刚经历了亲党和下属的背叛，对于桓希能否接纳自己忽然变得不自信起来，何况汉中地狭兵少，即便桓希将自己收留，恐怕也难以抵挡刘裕派来的追兵。考虑至此，桓玄对是否北上变得犹豫起来。

桓玄的犹豫不决被身旁的屯骑校尉毛修之看在眼里，他走上前，向桓玄建议：不如且去蜀中避避如何？

初听到这个建议，桓玄大摇其头。原因很简单，桓玄篡晋称帝后，坐镇巴蜀的益州刺史毛璩是第一个表示反对的，而且从那以后益州实际上就脱离了中央政府的辖制。这样的人即使不是桓玄的死对头，至少也是政见不和。如今我桓玄落难，怎么可能去投奔他？

但毛修之却说出另一番道理来：陛下您跟我家伯父（毛修之是毛璩的侄子）确有不快，但那都是过去的事了。当初我伯父之所以反对您，无非是为了割据巴蜀。现今刘裕崛起，其野心不小，您要是败了，我伯父便是他的下一个目标。只有您二人联合起来，才有遏制刘裕的希望。这就像当年刘备、孙权联合对付曹操一样，在这一点上，您二人的利益是一致的。只要您承认我伯父的独立地位，相信他一定会善待您。再说了，我们毛家和桓家一向交好。当年我伯祖（毛穆之）是先帝（桓温）手下爱将，要不是先帝爷提拔重用，我毛家岂能有今天！所以您大可放心。蜀中沃野千里，易守难攻，正是您暂且潜龙在渊，以图后举之地呀！

桓玄仔细一想，是这么个道理。

于是他临时决定不去汉中，转而向成都方向行去。

那一刻，他并不知道，这条路通向的不是善意的微笑和美酒佳肴，而是无情的利箭和滴血的钢刀。

一天后，桓玄一行来至枚回洲，迎面遇到了一支数百人的队伍。这些人身穿白布麻衣，抬着一口棺木，看上去似乎是要归葬还乡。

桓玄感到奇怪，看这支队伍的规模，死者大概是颇有势力的大户豪强，更让他感到奇怪的是，这些人都身负弓矢，腰悬利刃。

接下来发生的事情更出乎桓玄的意料。这些人突然搭弓张箭，向桓玄一行射了过来！

箭雨如蝗飞至，转眼便有多人中箭。

丁仙期、万盖护主心切，急忙冲到桓玄身前，用身体挡住射向桓玄的利箭！饶是如此，几番轮射下来，桓玄仍然身中数箭，所幸未中要害。而以身蔽主的丁仙期和万盖，早已被射得如同刺猬一般，双双死在桓玄面前。

箭雨停了。

放箭者们拔刀出鞘，走上前来。

幼子桓升连滚带爬到了父亲身边，哭泣着想要拔去桓玄身上所中的箭。望着目露凶光的敌人，桓玄苦笑着对儿子摆了摆手，吃力地将头上玉导拔下擎在手中，对领头者说道：“你是何人，竟敢谋害天子！”

导是束发戴冠冕的长簪，唯地位至尊者方能以玉为之。桓玄此举，是在表明身份，因为他到现在仍不知道这些人是什么来头，怀疑他们并不了解自己的身份，发动袭击可能是出于误会或者别的什么原因。

然而领头者冷笑道：“我就是要杀天子的贼人！”

说罢一刀斩讫。

眼见父亲人头落地，桓升吓得大叫："不要杀我！我是豫章王！"

敢杀天子的人又岂会在乎一个徒有空名的豫章王？桓升最后被押至江陵，斩于街市之上。

直到大好的头颅依依不舍地与身体分离的那一刻，桓玄仍然没有发觉，杀害自己的这些人，正是自己想要投奔的益州刺史毛璩派来的。

原来，名义上效忠晋室的毛璩久有图桓玄之心，峥嵘洲一战桓玄惨败的消息传来，毛璩便知其已是日暮途穷，势力濒临崩溃。恰在此时，毛璩的弟弟宁州刺史毛璠病逝于任上，而毛家的祖坟正在江陵。毛璩便安排了一支队伍，以归葬还乡为名东下，意在借机乘便，获取渔翁之利。事后推想，在桓玄身边任职的毛修之应该得知了这一消息，故此劝诱桓玄入蜀，这才有了双方相遇于枚回洲，桓玄身首异处的结局。

盖棺论定：桓玄其人，有文艺之才，无治国之能，政治谋略比乃父桓温差得不是一点儿半点儿。能够篡晋建楚实现当年桓温都没能实现的抱负，不是因为他有多牛，实在是同时代的王恭、殷仲堪、司马元显之流也太差劲了。但桓玄却也并非昏暴之君，登位仅仅半年即身死国灭，无法获得来自次等士族的支持是主要原因。

桓玄的死标志着一个时代的结束，是一百年来东晋门阀政治的末路，也是高门士族垄断最高权力的终结。从此，以刘裕为代表的次等士族甚至庶族人物翻身上位，一跃成为举足轻重的政治领导者和时代风云儿。以王、谢为首的世家大族，虽然仍旧享有尊崇的社会地位和精神文化领域的话语权，甚至仍然在朝廷官居显位，但在操控国家命运的政治军事领域，却彻底失去了他们曾经拥有的主导权，而复归为传统皇权政治格局中华而不实的点缀。

23 余波难平

桓玄虽死，荆州的乱局却仍未解。

由于桓玄弃城出奔时过于匆忙，连晋安帝司马德宗这个人质都没来得及带上。混乱中，荆州别驾王康产和南郡太守王腾之趁机将安帝接进了郡守府。不久，桓玄在半路上被毛璩派人截杀的消息传来，王康产等便拥护晋安帝复位，任命毛修之为骁骑将军，宣布凡是因胁迫而跟从桓玄的人都不追究罪责。

另一方面，溯流而上的刘毅等人也得知了桓玄丧命的消息，以为大事已定，不再急着进军，加上路上遇到了逆风，所以桓玄死了七八天，义军还没有赶到江陵。然而他们没有想到的是，就在这七八天的时间里，江陵城中的局势又是一变。

当时，与桓玄一起出逃的桓石康、桓浚等人和其一同被害，但他的堂兄桓谦以及堂侄桓振并未跟从，两人分别在混乱中逃出城去，隐匿于草泽之中。除了幸存的桓氏子弟之外，桓玄的旧部王稚徽也还驻守着由寻阳西进的门户巴陵。

王稚徽为了自保，派人联络桓振，骗他说桓歆（桓玄之侄，在桓玄出逃后举兵寇历阳，被魏咏之等击败）自历阳发兵，已经攻陷了建康，冯稚（也是桓玄旧部）则攻占了寻阳，刘毅诸军也被自己杀败，形势一片大好，现在就看江陵城的了。

桓振这个人，是桓玄的堂兄桓石虔之子。桓石虔是东晋中期抵御前秦的一代名将，桓振继承了乃父英武敢战的基因，但少年时代却不修德行，留下了凶横无赖的恶名。所以桓玄觉得，这小子有辱桓氏家族的门风，对他一直未加重用。眼下桓玄死于非命，整个桓氏家族处在极大的危机当中，桓振反而得到了一展所长的好机会。

得到王稚徽的消息，桓振大喜。他觉得眼下正是夺回江陵控制权的良机，便一方面纠集党羽，一方面联络桓谦。

闰五月初三，也就是桓玄丧命七天之后，桓振率二百人对江陵发动突袭，桓谦也率众呼应，居然一举攻陷江陵城，杀掉了王康产和王腾之，将晋安帝又掳回手中。

桓振当时还不知道桓升已死，他跃马扬戈，直冲至行宫阶下，大声喝问桓升的下落。当听说桓升已被斩首于闹市后，桓振大怒，质问晋安帝道："臣门户到底是哪里有负于国家，居然屠灭到如此地步！"桓升是桓玄的独生子，他这一死，桓玄便绝了户，所以桓振如此愤怒。

晋安帝是个口不能言的白痴，面对桓振的怒吼，他低头嗫嚅了半天，哪里能说出一句话来？眼看桓振情绪激动，说不定一戈下去就要杀了晋安帝，安帝的弟弟琅琊王司马德文慌忙上前，说这岂是我们兄弟的意思啊，发生这样的悲剧，我们也不想的啊！桓谦也冲进来，拉住桓振劝了半天。显然，冤有头债有主，桓振也明白晋安帝这个傀儡并非自己应该复仇的对象，何况眼下这个人质还有点儿用，杀了他，除了落一个弑君的名声外，并无益处。于是强压怒火，下马敛容，冲晋安帝假模假式地拜了一拜，算是道了个歉，转身而去。

事后，桓谦和桓振一商量，觉得桓升死后，桓玄一脉已绝，以现在的形势，桓氏不宜再称帝，不如重新推举安帝复位，然后挟天子以令诸侯更为有利。

于是桓谦等率领群臣奉玺绶于晋安帝，宣布天下百姓之心复归于晋。晋安帝任命桓振为都督八郡诸军事、荆州刺史，桓谦为侍中、卫将军，加江、豫二州刺史。安帝的左右侍从，皆以桓振之心腹为之。这样一来，东晋境内一时间形成了两个中央政府，即刘裕控制下的建康朝廷和桓振控制下的江陵政权。

桓振虽然收复了江陵，控制了安帝，但他此时面临的局势仍然十分险恶：东面有刘毅诸军伺机西进，西面有益州的毛璩虎视眈眈。桓振能够实际控制的疆域只有孤城江陵和其前后数百里的滔滔江面。面对此情此景，又联想起叔父桓玄以往对自己的轻视和压制，桓振颇有些心灰意冷，不禁叹道："可恨当初不早用我，遂致此败。若使公在，我为前锋，天下不足定。如今我独木难支，又能怎么样呢？"

显然桓振明白，形势比人强，如今天下大势已去桓归晋，自己就算有天大的本事，也是无可奈何。既然改变不了什么，不如暂且忘掉那些责任与烦恼，在片刻欢爱中享受易逝的青春吧！于是桓振从此纵情酒色，对桓谦劝其引军下战的建议不加理会。

这样一来，刘毅等人得以轻松击斩了王稚徽，越过巴陵向江陵挺进。刘毅留守巴陵，何无忌、刘道规继续率军西进，桓谦、桓蔚虽然在马头、龙泉（二地皆在今湖北荆州东南）组织了阻击，也被二人分别击溃。

自京口起兵以来，义军连战连捷，溯江追击桓玄，也是所战辄克，眼看前面不远就是桓氏老巢江陵城，何无忌自然想一鼓作气剿平桓振。然而刘道规认为，江陵是桓氏世代经营的地方，桓振一来占了地利，二来受到当地人支持，再加上这个人素来以勇武著称，我军远来疲敝，不宜与之争锋；不如暂且息兵养锐，再慢慢施以计策，不愁江陵拿不下来。

何无忌对刘道规的建议不以为然，认为正是因为前日进军迟缓才生出了桓振之变，现在再要迁延，不定还生出什么事端。而内心深处，何无忌还有与刘道规争功的小心思。因为前次峥嵘洲一战，正是刘道规不顾众人反对强行进军才一举击败了桓玄。如今刘道规说应该谨慎不要冒进，何无忌嘴上不说，心里却想凭什么都得听你的？于是不顾刘道规的反对，引军直趋江陵。

桓振虽然沉迷于醇酒妇人，面对强敌来犯却毫不含糊。

此战，双方交锋于江陵城东的灵溪，老将冯该与桓振合并一处，大败何无忌，死者千余人。桓振乘胜进击，导致刘毅不得不弃守巴陵，与何无忌、刘道规一起撤退到寻阳。

这是义军自起兵以来所遭遇的第一场大败。好在这时刘牢之的儿子刘敬宣已经自南燕归晋，刘裕任其为江州刺史、据守寻阳。刘敬宣到任后聚攒粮草，修缮战船，巩固了寻阳的城防，故而刘毅、何无忌等才止住了败势，得以重新振作。

事后，刘毅等上书请罪。刘裕深知，此次战败，何无忌的冒进只是表面上的原因，义军内部诸将领之间互不统属的指挥机制才是主因。桑落洲之战何无忌的战略取得了成功，峥嵘洲之战刘道规的坚持取得了战果，然而关键时刻意见不统一，就导致各部之间缺乏紧密的合作。方面作战，还是得任命一个总指挥才行。刘裕思索再三，觉得刘毅比何无忌、刘道规更适合这个位子。于是他只是象征性地免去了刘毅青州刺史的职位，同时又任命其节度诸军，赋予他荆江战场的最高指挥权。

24 盘龙镇荆襄

刘毅，字希乐，小名盘龙，彭城郡沛县人。他不但跟刘裕同出一郡，更跟汉高祖刘邦是同县的老乡。至于刘毅的祖上跟刘邦有没有什么关联已不可考，但就其出身来看，充其量也就是次等士族。

但有一点跟刘裕不同，刘毅受到了良好的教育，其文化修养能甩小学文化水平的刘裕好几条街。同时，刘毅也是个不治生产、喜好赌博的不安定分子，从小就对功名利禄怀有强烈的渴望。

桓玄篡位之时，刘毅时任青州刺史桓弘的中兵参军，何无忌秘密联络他起兵，刘毅觉得自己一展平生所长的机会已到，当即应允，加入了刘裕组织的反桓同盟。从江乘到覆舟山，刘毅同刘裕一样亲自上阵杀敌，统率本队屡破敌兵，为收复建康立下了赫赫战功。桓玄逃走之后，刘毅又领军追击，峥嵘洲一战用火攻之计，烧得桓玄大败亏输。虽然灵溪之战何无忌败于桓振，刘毅救援不及，不得不弃巴陵而退守寻阳，但这场败仗刘毅并非直接责任人。所以刘裕才决定，让刘毅以冠军将军之职行使荆襄战场的最高指挥权，命何无忌、刘道规、刘敬宣等人皆听从刘毅的命令。

这样一来，虽然军队的指挥权得到了统一，几个老战友之间却不免产生了嫌隙。尤其是何无忌与刘毅，当初同为建义元勋，功劳地位皆相差无几，如今却要让何无忌听从刘毅的指挥，对此，何无忌不但心中不服，而且行动上也加以抵制。刘毅每有命令下来，他不是阳奉阴违，就是压根不予理会。一来二去把刘毅惹毛了，当即上奏朝廷，说何无忌不听指挥，有专擅之罪。对于刘毅的控诉，刘裕是支持的，毕竟刘毅这个前敌总指挥是自己任命的，自然要维护他的权威。结果是何无忌琅琊内史的官职被免，暂以辅国将军的名号统摄军队。

之后，何无忌虽然表面上接受了刘毅的指挥，但从此便与刘毅结下了梁子。

无独有偶，何无忌的大表哥刘敬宣也与刘毅不和。

那是因为刘毅青年时也曾投身北府，在刘敬宣身边当过一段时间的副官（宁朔参军）。当时不少人认为，刘毅这小子有才略，将来必是英雄豪杰一般的人物。可刘敬宣却说，英雄豪杰可不是他这个样子，刘毅这个人的性格，是外宽而内忌，自伐而尚人——表面上待人宽厚，其实却是个容不下人的小心眼儿；自我优越感特强，觉得旁人不是傻逼就是怂逼。这样的人就算将来得了势，迟早也会因不甘人下而引火烧身。

刘敬宣对刘毅性格特质的论断听上去刻薄，后来却被证明十分准确。这些话不知道被哪个大嘴巴透露给了刘毅，以刘毅“外宽而内忌”的小心眼儿，他面儿上虽然不说什么，此后却一直对刘敬宣衔恨在心。

数年后，刘牢之被桓玄逼死，刘敬宣北奔南燕，在慕容德的手下混了段时间，因而便错过了参与京口起事的机会。当他在南燕谋反不成，又听说桓玄败亡，便南下逃归东晋。刘裕安排他出任晋陵太守，不久因其与诸葛长民击破桓歆，又升他当了江州刺史，镇守寻阳，负责给讨伐桓振的刘毅诸军提供后勤保障。

对于刘毅与何、刘二人的不和，带头大哥刘裕自然是知道的。但他也清楚，何、刘皆是懂事理识大体的人物，而且眼下众人目标一致、利益相关，在对桓氏作战上交由刘毅统一领导不会有什么大问题。更何况人君御下之术，让属下之间有些矛盾，反而对自己比较有利。

就这样，在寻阳稍事休整后，刘毅统领着何无忌、刘道规等人再次向上游进军。桓振则在汉水自北入江的夏口（今湖北武汉）一带列兵布防：以镇东将军冯该戍守长江东岸，扬武将军孟山图据守汉水南岸的鲁山城（今湖北武汉市汉阳区），辅国将军桓仙客则驻守汉水北岸的偃月垒（今湖北武汉市江汉区），水陆兵将共万人。三个阵地以汉水长江为险阻，形成了互为犄角的三角形防御格局。

面对桓振摆下的三角阵，若单独攻其一角，势必受到另外两角的合围。刘毅最终决定以三敌三，切断三角之间的联系！

是役，刘毅自领一军攻击鲁山城，而命刘道规率部进攻偃月垒，何无忌则统水军封锁江面，切断两城之间的联系和东岸冯该的援军。

实际上在战斗开始之前，情势对刘毅军并不有利，在到达夏口之前义军曾遇到暴风，船只覆没，淹死了一千余人。然而刘毅号令严明，亲贯甲胄指挥义军发动冲锋，极大地振作了全军士气。这场攻坚战从早上一直打到中午，最终鲁山、偃月二垒俱溃，桓仙客、孟山图被生擒，冯该沿江遁走。

这年冬天，刘毅乘胜再次收复巴陵。刚转过年来，兵锋已抵江陵城南。

面对气势汹汹的敌军，那一刻桓振的内心几乎是崩溃的。原因很简单：除了自东而来的刘毅的军队，北边南阳一带的流民武装在鲁宗之的带领下攻陷了襄阳，从汉水上游直接威胁江陵，西边益州方面，听说毛璩也派了三万军队要来打我，老子再牛，也架不住三面围攻啊！于是桓振只好放低姿态，派人跟刘毅谈判，说我手里可攥着晋安帝这个人质呢，你可别把我逼急了！要不咱做个交易，你退兵宣布荆江二州独立，我就把皇帝还给你。

刘毅心说我要这个白痴皇帝有屁用，老子现在手捏俩王四个二，鬼才跟你谈判咧！来呀，给我冲着城里喊话：

里面的人听着，你们已经被包围了，赶快放下武器，交枪投降！不要做无畏的抵抗，恐怖主义没有好下场……

两天后，鲁宗之击破桓振手下将领温楷，进屯江陵城北十余里的纪南城，真的形成了对江陵的包围之势。桓振不得不面临腹背受敌的窘境。

为破此围，桓振只好铤而走险，留下桓谦、冯该驻守江陵，而亲自引兵与鲁宗之大战。鲁宗之自然不是桓振的对手，被杀得大败，然而得胜归来的桓振却发现，江陵城头已经插上了义军的旗帜。

桓振出城后，刘毅岂能放过这个机会？当下发起突袭，一举攻占了江陵，桓谦弃城而逃。眼见老巢失陷，父母家眷皆在城中的桓振手下将士立刻斗志尽失，部队溃散。桓振心知大势已去，逃进了山谷。

后来，虽然桓振趁义军迎驾东还的机会再次攻占了江陵，但其已是穷途末路，无力回天。不久，留屯夏口的刘毅派军进击，阵斩桓振。桓氏家族对荆州的统治，至此终告结束。其余桓氏子弟，大多北投后秦，少数留在东晋的，不是后来被刘裕诛杀，就是从此远离权位，勉力以求自保。谯国桓氏这一高门，就此告别了历史舞台。

25 | 谦虚使人进步

公元405年在东晋历史上是个值得纪念的年头。这一年，移革晋鼎的桓玄、桓振之乱终于得到了平息。虽然在广东、四川一带还有割据的蟊贼时不时地给政府添堵，而北魏、后秦等异族政权也偶尔在边境地区制造些骚乱，但总体而言，大晋朝的天下总算失而复得，司马家的男人又名正言顺地坐回了皇位，自然可喜可贺。

这一切，当然要归功于京口起义驱除诸桓的刘裕等人。为表彰此义举以垂后范，朝廷宣布改元“义熙”，希望大义所至，为国家带来兴盛和繁荣。

其实说穿了，虽然此时的皇帝仍然是个傀儡皇帝，表面上看来与一百年来没什么不同，但国家经此一番荡涤，王、庾、桓、谢诸世家大族纷纷退场，凭借军功的次等士族迅速崛起，统治权力势必面临一番重新洗牌，既得利益也需要在法理上进行分割和确认。

所以迎回晋安帝之后，紧接下来的大事就是论功行赏。

朝议的结果是暂封刘毅为左将军，何无忌为右将军、督豫州扬州五郡军事、豫州刺史，刘道规为辅国将军、督淮北诸军事、并州刺史，魏咏之为征虏将军、吴国内史（不久改任荆州刺史）。而头号功臣刘裕则任侍中、车骑将军、都督中外诸军事，并兼徐、青二州刺史。

左、右、征虏、辅国将军之职，位列三品，历来非皇族亲贵、门阀大族有殊勋者不能担任，这对于刘毅、何无忌等出身次等士族、起事前只是不入流的小官的人来说，可谓是极为优渥的奖赏。至于准备封给刘裕的车骑将军名号，更是二品高官，侍中是侍奉皇帝的高级顾问，都督中外诸军事相当于京师卫戍总司令，以上官职虽不能说是位极人臣，但对于起事前官居四品建武将军的刘裕来说，已可算是莫大的尊宠和荣耀。

而在至关重要的地方军政大权方面，按照这一封赏方案，在当时东晋实际控制的几个大州之中，除京师建康所在的扬州由司徒王谧兼领之外，其余各州将全部由此次起事的“京口集团”各骨干执掌。

所以封官的诏令一发下来，刘毅、何无忌等人便高高兴兴接受，欢欢喜喜赴职，心安理得地享受起了造反成功的胜利果实。

然而出人意料的是，刘裕却不接受对自己的封赏方案。朝中以武陵王司马遵和司徒王谧为首的诸大臣起初猜测，可能刘裕嫌官不够高，或没有辅政之权，于是又拟诏加封他为录尚书事。这个职位一人之下万人之上，你刘裕总不会再嫌弃了吧？

然而刘裕还是不接受。不但不接受，刘裕还要求归藩。意思是人家才不稀罕呐，人家只想回京口老老实实干自己的本职工作——青、徐刺史呢！

这下满朝亲贵有点儿慌了，心说你刘寄奴到底几个意思？皇帝给你的封赏你都不领，录尚书事你都不乐意当，那你想当什么？你装什么清高卖什么关子呀，你还真拿自己当功成而不居的圣贤啦！于是文武百官踏破了刘裕家的门槛，以车轮战的方式敦劝刘裕接受朝廷的恩典。甚至白痴皇帝司马德宗也在左拥右护之下驾临刘裕的府邸，劝刘爱卿给朕个面子，赶紧接受任命吧！

这下刘裕也慌了，心说自己是不是有点儿演过了？其实为了彰显自己高风亮节，遇到这种事谦让一下，乃是我华夏文化亘古不衰的传统美德。但除了传统美德之外，刘裕其实还有更深的考虑。他不是嫌这官封得不够，而是恰恰相反，封得实在太高了！

虽然刘裕击走桓玄，迎回安帝，有再造晋室天下的不世之功，接受以上的封赏任命名正言顺，而且朝政兵权尽在其控制之下，也不会有人表示异议，但他自然也知道物忌盛满的道理，担心一下子站得太高，就会失去腾挪的余地。他刘裕不过砍柴卖履的次等士族出身，只有小学文化水平，年轻时还留下了德行有亏的不良记录，虽然后来在战场上赢得了威望和名声，但以此资历和才望担任一人之下万人之上的宰辅之职，恐怕难以令人信服。

再说了，一旦接受任命入朝辅政，对地方军权的掌控必然会放松，而如今这批北府将士皆是响应义举新募而来，忠诚度如何尚难知晓，刘毅、何无忌等人看样子也很难和自己同心同德，万一自己入朝后逐渐被人架空，那可十分危险！

此外，自己当初号召起兵讨伐桓玄是以天下大义为名，不以私利为计，现今刚获得胜利就官居宰辅，独揽大权，会让人以为我刘裕是个贪图权位的野心家，和司马元显、桓玄之流是一路货色，这怎么能成！

基于以上考虑，刘裕说什么也不答应接受任命。

但皇帝老子都亲自登门了，你总得给个台阶下吧？

于是刘裕大清早跪到宫门前，恳切陈辞，说自己何德何能，朝廷的封赏自己实在当不起，自己还是只想回京口把本职工作干好云云。

司马遵和王谧等人这才明白刘裕的心思。朝廷很快下诏，同意他回京口，而且收回原来的任命，改授刘裕为都督十六州诸军事，加领兖州刺史。

刘裕谦让在朝辅政的机会，反而归藩北府，狠抓军权，标志着他政治智慧的成熟。表面上刘裕离开了权力中心，但京口距建康甚近，他仍然能对朝局施加巨大的影响力。而这一步以退为进的妙棋，不但让刘裕获得了展转腾挪的充裕空间，也使得他的政敌丧失了攻击诋毁的口实。

一年后，朝廷论建义之功，除了加封刘裕、刘毅、何无忌三人开国郡公的爵位之外，还重申前议，要封刘裕为侍中、车骑将军、开府仪同三司。刘裕也重申前议，把推辞谦让的戏码又演了一回，说爵位可以要，但侍中等官职万万不敢当。这次为了表示自己态度坚定，刘裕甚至加演了一场“将诣廷尉”的戏，意思是赏过于功就是有罪，你们再逼我入职，我就到司法部门自首！

结果就是，朝廷再次收回成命，刘裕的官职仍然只是镇军将军、都督十六州诸军事、徐兖刺史。

26 无声的竞争

除了对刘裕之外，对其他功臣如何安排，东晋朝廷也颇费了一番脑筋。

前边交待，初步的封赏方案是暂封刘毅为左将军，何无忌为右将军、督豫州扬州五郡军事、豫州刺史，刘道规为辅国将军、督淮北诸军事、并州刺史，魏咏之为征虏将军、吴国内史。

值得注意的是，在这个封赏方案中，刘毅虽然荣升左将军，但他并不像何无忌、刘道规等人一样再加封都督、刺史之职。这一方面是因为此时刘毅仍以兖州刺史的身份统领义军，在前线与桓氏残余作战，其功绩尚难论定，一方面也是因为在江州刺史这个职位上，刘裕与刘毅产生了分歧。

前文已述，刘敬宣从南燕避祸归来后，刘裕先是任命他为晋陵太守，不久又让他当了江州刺史。显然，刘裕是想凭借刘敬宣在北府兵将中的影响力和两人不错的私交，拉拢培植刘敬宣作为自己的奥援。前文也交待过，刘毅这个人对刘敬宣是一直有看法的，虽然刘敬宣在寻阳聚兵攒粮，帮了刘毅很大忙，但他仍认为让刘敬宣当江州刺史并不合适。

虽然人在前线，但刘毅派人给刘裕捎去了口信，说刘敬宣原本就没参加咱们的起义，现在立功的大臣将领那么多，就是要封赏也轮不到他刘敬宣吧！您要是因为念及当年跟刘家父子的交情，给他一个员外常侍什么的职位也就罢了，让他当太守已经算过分，何况又让他当江州刺史？

实际上，刘毅没好意思说出口的是，既然我刘毅坐镇夏口，主持对桓氏残余势力的作战，出于方便统筹管理的考虑，这个江州刺史应该让我刘毅当才对嘛！（夏口位于荆、江二州交界处，属江州辖域。）

刘敬宣本来也因觉得无功受禄而寝食不安，又听说了刘毅的责难之言，更感压力山大，几次三番给朝廷上辞呈，说要退休回家养老。而且刘毅的质疑合情合理，刘裕也不能无视，只好顺水推舟，解了刘敬宣刺史的职位，让他回老家暂且避避风头。

所以这次论功行赏的时候，虽然刘毅暂时没有再加封都督、刺史的职位，但江州刺史的位子是空缺的。可以认为，这是朝廷给刘毅的保留职位。

几个月后，桓氏余党被刘毅等尽数削平。朝廷便正式下诏，封刘毅为抚军将军、都督五郡诸军事、豫州刺史；原来的豫州刺史何无忌，则改任会稽内史。对此调整，何无忌又有意见，所以后来就让他补了江州刺史的缺。再加上拟调任荆州刺史的魏咏之病死，刘裕安排三弟刘道规入替。一时间长江流域自上而下，形成了荆州刘道规、江州何无忌、豫州刘毅和徐兖刘裕的分布格局。

论疆域、人口，豫州不比江州，但豫州刺史镇姑孰，距建康不过一百三十五里，扼守京师西边的门户，地位比江州重要许多。当年桓玄尚未篡晋之时，便是坐镇姑孰遥控朝廷，最后完成了篡权称帝的野心。刘毅不任江州而任豫州，可说是又进一步。以此为基地，既方便随时获取朝廷的重要信息，又能不动声色地对文武百官施加影响力，刘毅对此自然心知肚明。

姑孰城背靠青山，前枕大江，风景秀美，易守难攻。多年前王敦、桓温曾筑城于此，北捍强虏，东指朝纲。桓玄亦在此大兴土木，在山上筑有别墅。别墅内雕梁画栋，皆以盘龙为装饰，因此得名盘龙斋。而刘毅的小名就叫盘龙，如今盘龙住进了盘龙斋，倒也颇为相宜。

但住进了盘龙斋的刘毅的心思，却不在眼前的青山绿水之间，而在两百里外的朝堂之内和老大哥刘裕的身上。

因为他知道，一场无声的竞争早已开始。

官场里没有兄弟，仕途上的同僚就是对手。

而他最大的对手，就是刘裕。

刘毅深知，不论威望声名，还是军事才略，此时刘裕都要高他一筹。但政治生涯如同长跑，领跑者固然风光，却也有难处；追赶者虽然落后，却也有优势。

到了义熙三年（公元407年），朝廷对参与讨伐桓玄、兴复晋室的功臣已封赏完毕，诸人的官职地位也已稳定下来。以爵位而言，刘裕、刘毅和何无忌三人虽然食邑的户数有差距，但都是一品开国郡公；以官位而论，大家都是地方的藩镇、持节的都督、带兵的刺史，除了刘裕这个全国总司令在名义上拥有对刘毅、何无忌等人的军事指挥权之外，说白了彼此就是给一个老板打工的同事关系，而当初起兵时刘裕拥有的盟主地位已经淡化。这种情况下，如果三人同样具有政治野心，便会如《三国演义》中的魏蜀吴一样形成极为微妙的格局。

义熙三年底，朝廷里出现了重大的人事变动——司徒、录尚书事兼扬州刺史王谧病死，中央一下子出现了权力真空。司徒这个名誉头衔好办，交给皇帝的弟弟琅琊王司马德文继承就是，可录尚书事和扬州刺史这两个职位关系国家根本，立刻在刘裕和刘毅之间引起了一番争夺。

以当时朝臣里实权人物的威望和资历，按理说应该轮到刘裕接班。但刘毅等人绝不愿意眼睁睁地看着刘裕入朝辅政，就此掌控国家机器。这里说“刘毅等人”，是因为由于史料的匮乏，我们无法确知除了刘毅一党之外，还有哪些刘裕的政治对手对他入朝辅政表示反对。从后来的种种迹象来看，何无忌似乎在此次事件中表现得相当超脱，对二刘之间的博弈采取了冷眼旁观的立场。而他们的另一位老战友孟昶，态度则相当暧昧，虽然没有党附刘毅的迹象，但似乎也想借机谋取自己的利益。至于刘毅的堂弟刘藩，以及时任中领军的谢安之孙谢混，则可明确划属为刘毅一党。

刘毅集团的如意算盘是，虽然刘裕在声名和威望上占据着优势，但他曾经两次态度坚决地公开拒绝了入朝辅政的机会，这就等于给自己挖了个坑，这次如果他主动要求担任录尚书事的职务，就是自食其言、自相矛盾，利用这一点就可以让刘裕哑口无言。这时我们再提出自己的替代方案：尚书省可交由孟昶署理，扬州刺史一职要么由中领军谢混担任，要么由你刘裕在京口遥领。不管是哪个方案，只要你刘裕把持不住点个头，此后你就将失去对朝政的主导权！

带着刘毅的授意，尚书右丞皮沈自建康赶往京口，就这两个方案征求刘裕的意见。

27 入朝辅政

皮沈抵达刘裕的镇军将军府时，刘裕正好有事，迎接他的是刘裕的大管家刘穆之。

自京口起事以来，刘穆之兢兢业业，将北府的诸般庶务治理得井井有条，早已经成为刘裕倚重的头号心腹。对王谧死后朝廷里的动向，刘穆之也早有耳闻，此时见皮沈脸上表情阴晴不定，便知其心中有鬼，寒暄多时才套出了他的来意。

刘穆之假装上厕所，写了个条子叫人送给刘裕，上书："皮沈之言，万不可从。"

事先得了刘穆之的消息，刘裕接见皮沈的时候踢皮球打太极，忽悠了半天就是不扯正事，末了又找了个理由中断了会谈。皮沈前脚刚走，后脚刘裕就把刘穆之叫了过来，问他纸条上的话是什么意思。

刘穆之心说难道你还不知道皮沈是干吗来的么，低声言道："晋朝失政日久，天命已移。而刘公您兴复皇室，功勋卓著，故而才有今日之地位。然而不论多大的权势、多高的地位，如果不能把握局势的主导权，权势和地位迟早都会丧失。今日之形势，摆明了是朝中有人想将您排挤出中央，此时此刻，刘公您岂可谦虚示弱！难道您甘心从此就当一个守藩之将吗？"

刘裕心下一凛。刘穆之的话如同醍醐灌顶，刹那间开启了他的帝王之心。

刘穆之继续说道："刘毅、孟昶诸人，与刘公您同起于布衣，当初共举义旗，只不过是为了博取功名利禄、荣华富贵。虽说那时大家奉您为盟主，可那是一时形势使然，他们可不是对您心服口服，从此就效忠于您了！如今大家同朝为官，势均力敌，将来必形成互相吞噬之局。而扬州乃国之根本所系，决不可落入他人之手！以前让王谧兼领，是过渡时期的权宜之计；如果今日再由旁人夺去，势必使刘公您受制于人。而权力这东西一旦失去，再要追回可就难上加难啦！到了那时，不但刘公您今日之地位难以保全，恐怕连身家性命都危险呐！”

这番话句句在理，听得刘裕眉头紧锁，沉默不语。

刘穆之站起身来，在屋中踱了半圈，转身道：“眼下朝议汹汹，我们必须有所回应。可扬州和尚书这两个位子，又不能直说我们想要。为今之计……”

“为今之计，怎样？”

“为今之计，只好说‘神州治本，宰辅崇要，兹事体大，不可悬论’，应该入朝跟大家一起商量才好。”

刘裕高兴得一拍大腿：“好个‘兹事体大，不可悬论’！我这一入朝，谅他们也不敢越过我将此二职授予他人！”

权力斗争就是这样，事情到了节骨眼上，人在场不在场往往成为决定成败的关键。刘裕采纳刘穆之的建议，以“这么重要的事还是当面谈”的理由堂而皇之地入了朝。文武百官碍于刘裕的声威，自然不敢再当面提什么尚书省由孟昶管理、扬州刺史由谢混担任的方案。

此一时也，彼一时也。三年前刘裕拒绝的职位，今日不再谦让于人。

不久，朝廷正式下诏，封刘裕为侍中、车骑将军、开府仪同三司、扬州刺史、录尚书事，徐、兖二州刺史如故。这一来，刘裕既是京畿和北府的最高行政长官，又主持朝廷日常工作，立刻在权势和地位上对刘毅形成了碾压。不过，为了安抚刘毅和何无忌的情绪，朝廷随后进号刘毅为卫将军、何无忌为镇南将军。而刘裕也故作姿态，将青、兖二州的控制权，分别让给了诸葛长民和刘毅的堂弟刘藩。孟昶事后则得到了尚书左仆射的职位。反对刘裕入辅诸人的政治利益算是多多少少得到了一些补偿。

虽说刘裕入朝辅政，将权力牢牢抓在了手中，但权力越大，责任也越大，从这个角度来说，辅政工作对刘裕来说也是一个重大的考验。录尚书事需要处理全国政务，可以说是千头万绪，日理万机，虽说有刘穆之这个内政专家辅佐，但刘裕也丝毫不敢马虎。干得稍不像样，众人就会认为他跟司马元显、桓玄没什么区别，而这是出身阶层和文化水平都不高的刘裕万万承受不起的。

朝野中那些世家贵族、风雅名士对刘裕辅政仍然颇有微词。别的不说，处理政务你总要批公文吧？可刘裕从小哪里学过什么书法，写的字让那些士大夫见了，未免私下耻笑。此事虽小，但事关个人形象，刘裕自己也颇为尴尬。书法这东西又不是一天两天就能练好的，刘裕也没那个耐性。最后还是刘穆之想了个办法，跟刘裕说您只管放开了写大字，哪怕一个字一尺长也无妨，字这个东西是一大遮百丑，而且显得有气势！刘裕依言而行，此后再批公文，一张纸上顶多写六七个字，整个篇幅都充满了豪放不羁的革命气韵。

囿于出身和经历，刘裕对当时士大夫阶层那套诗词歌赋、谈玄说理的东西不甚了解，而且压根也不大感冒。对此，碰了一鼻子灰的殷仲文最有发言权。

殷仲文从桓玄阵营反水过来后，一直想找机会争取刘裕的赏识。他见战乱过后，官方音乐大多残缺不全，就向刘裕建议说，音乐是核心价值观的载体，您应该主持一次整顿工程，以彰显您对礼乐文化的重视。

刘裕打了个哈哈，说现在太忙了，而且音乐这个东西我也不懂。

殷仲文没能体察上意，说其实没啥难的，您要是喜欢，多听听自然就懂啦！刘裕脸色一沉说，正因为懂了就会嗜好，所以我才不搞嘛！

经此一事，殷仲文心知在刘裕这里自己恐怕没啥前途。而刘裕也对殷仲文这种除了舞文弄墨、吹牛拍马之外没有实际才干的书生评价不高，不久就将其外调出任东阳太守。

刘裕不喜欢的人，刘毅却大为欢迎。

虽然同样出身不高，但刘毅一向仰慕名士风流，他自己能写诗，也写得一手好书法，比起不学无术的刘裕，在士人那里更受欢迎。殷仲文离京之日，刘毅大摆筵席为他送行。靠着爱才好士的名声和官场上仅次于刘裕的地位，刘毅的周围逐渐聚集了一些看不惯刘裕的高门子弟。除殷仲文之外，名臣郗鉴之后郗僧施，陈郡谢氏的谢混、谢纯、谢邵都是刘毅的粉丝，他们尊刘毅为“亚相”，形成了朝野上下一股不可小觑的势力。

盘龙斋里，亚相刘毅每每翻阅史籍，看到书中蔺相如屈服于廉颇的段落，总禁不住摇头叹息；他也曾掷书于地，恨自己生不逢时，不能与刘邦、项羽争霸中原。当初刘敬宣对刘毅的评价没错，刘毅绝不是一个甘于屈居第二位的人。他结交士族，积蓄力量，耐心地等待着对刘裕反击的机会。

他的机会很快就来了。

28 刘敬宣伐蜀

前文已述，桓玄篡晋建楚之后，镇守成都的益州刺史毛璩不承认桓玄的帝位，使巴蜀地区形成了事实上割据的格局。后来桓振之乱，毛璩想谋得渔翁之利，也派了三万人马攻打江陵。

这三万人马分三路出征，毛璩的弟弟毛瑾率军走岷江一线，参军谯纵、侯晖两人率军走涪江一线，而毛璩自领一军在后。

然而成都平原这地方沃野千里，气候宜人，四周又是崇山峻岭，易守难攻，所以自来蜀地百姓乐得关起门来自守，不愿意翻山越岭、抛妻弃子去远征。谯纵和侯晖率领的队伍没走多远，就起了哗变。

谯纵是个性格宽厚的老好人，家里又是当地有名的大族，哗变的兵士就想拥戴他当头儿。但谯纵这厮一听说造反就吓得不行，居然转身跳了河。一众当兵的把他捞出来，拿刀逼他上了高座，他又扑通一声翻下地来，磕头说：这头儿我实在当不了。最后侯晖只好把他绑在座位上，抬着他杀了回去。谯纵没想到，这支哗变的队伍居然战斗力可观，先是在涪城击败了毛瑾，接着又攻入成都。毛璩全家被杀，谯纵眼见生米煮成了熟饭，也就心安理得地当起了成都王。

毛璩虽说有割据之实，但毕竟名义上归属于晋，是晋朝正式任命的刺史，而且在讨伐桓玄、桓振的事上立有大功。谯纵取而代之是名副其实的叛乱。这时，虽然刘裕尚未入朝辅政，但他的三弟刘道规时任荆州刺史，如果能趁机将荆、益两州都纳入控制，就可以对下游的刘毅、何无忌形成极大的震慑。因此刘裕是倾向于出兵伐蜀的。

而除刘裕之外，力主伐蜀的还有龙骧将军毛修之。毛璩全家被杀之时，毛修之还在江陵，对此灭族之恨，他当然想早日报仇雪耻。所以他几次三番给朝廷上表，要求自为先锋伐蜀。

不过，刘裕却对主将人选有自己的考虑。

他准备启用刘敬宣。

自从因为和刘毅的矛盾而被排挤出江州刺史这个位子后，刘敬宣在家赋闲了一段日子。朝廷给他安排了住房，每个月还发给他三十万退休金，他每日来饮酒打猎，倒也过得逍遥自在。但刘裕却总是忘不了这位老朋友，先是提拔他当了宣城内史、襄城太守，不久又想让他领兵入蜀讨伐谯纵。

刘敬宣毕竟是名将之子，在北府兵将中也很有威望，重要的是，他跟刘毅向来不和，扶植刘敬宣可以从另一方面压制刘毅的势力。

于是，刘裕表奏以襄城太守刘敬宣率众五千，汇合江陵、巴东（今重庆奉节）一带的郡兵西征伐蜀，而以荆州刺史刘道规担任征蜀都督，坐镇后方，统筹全局。

伐蜀的奏章一上，就遇到了反对意见。有个叫周袛的国子博士给刘裕写信说，伐蜀一事有“三疑”（三点困难），地理条件和粮草供应尤其对我军不利，眼下应该偃旗息鼓，等待更好的时机。但以刘裕这时的权势和地位，一个小小的国子博士说的话还不如一阵风，刘裕并不理会。

以上是发生于义熙三年秋天的事，等刘敬宣调兵筹粮完毕向巴蜀展开进攻，已经到了义熙四年。穿过三峡后，刘敬宣分兵两路，命巴东太守温祚率二千人走岷江一线为疑兵，而自领主力部队从涪江一带转战而前。初时，刘敬宣的进展十分顺利，沿路关隘不是被攻克就是投降，直到抵达距离成都五百里的黄虎（大概在今绵阳南部一带），遇到了蜀将谯道福率举国之兵凭险据守。这一带山大沟深，蜀军凭借地利，多次击退刘敬宣的进攻，双方在此相持了两个多月，官军寸步也不能前进。这时，携带的粮草已经耗尽，加以水土不服，军中传染病流行，一半以上的士兵都丧失了战斗力。刘敬宣无奈，只好撤军返回。

这次伐蜀失利，朝廷自然要追究责任。刘敬宣事后被免官，削封三分之一；负有领导责任的刘道规则从辅国将军（三品）降号建威将军（四品）；刘裕作为决策人和刘敬宣的保举人，当然也脱不了干系。刘毅诸人见打击刘裕的机会来了，立刻造起了舆论，不但要求继续重罚刘敬宣，而且将矛头隐隐指向当朝宰相刘裕。

为了让政敌无话可说，刘裕上表自责，请求免去自己录尚书事的官位。这当然只是一种姿态，文武百官谁都明白，伐蜀失利的责任再大，也不到让宰相大人引咎辞职的地步。朝议的结果，是将刘裕由车骑将军（二品）降号为中军将军（三品），其余待遇不变。

刘毅集团认为，既然不能把刘裕怎么样，那痛打落水狗，把刘敬宣剪除也是极好的。所以刘毅不依不饶，要求朝廷将刘敬宣下狱，继续追究他的责任。这时的刘敬宣已经是个平头百姓，再被追究下去恐怕必死无疑。还好刘裕暗中多方保护，甚至何无忌也写信对刘毅说，刘敬宣该怎么罚已经罚过了，你怎么能借机公报私仇呢！你要非罗织罪名整他，我就入朝跟你辩一辩。考虑到刘裕和何无忌两方的压力，刘毅这才不得已罢了手。

无论如何，这次伐蜀失败对刘裕的威信和地位都造成了损害。虽然他仍旧是当朝宰辅，但在将军号上反而被刘毅压了一头（卫将军比中军将军高一品）。未能采纳国子博士周祗的建议而致败，也让那些不喜刘裕的士人们获得了攻击他的新口实。这一时期，朝野中刘裕集团与刘毅集团的实力对比发生了变化，史书上说刘毅的府邸门口车水马龙，“当世名流莫不辐凑”，唯有扬州主簿张卲不与刘毅交往。

有人问张卲为何如此。张卲说，我的主公乃是不世出的英杰，你又何必多问！刘裕当时身兼扬州刺史，自然是张卲的主公。显然张卲在二刘权力之争中，坚定地选择了站在刘裕这一边。

在这个节骨眼上，一般人处在刘裕这个位置，都会谨慎低调一段时间，尽量避免任何有可能犯错的举动。但我们早就说了，刘裕是不惧挑战的白羊座，越是面临压力，越能激发出血性和战斗力。而且恰恰在这个时候，有人吃了熊心豹子胆，居然来捋刘裕的虎须。

这个人并非来自东晋内部，而是来自遥远的北方。

29 北伐南燕

在刘裕讨伐桓玄、执掌晋柄的那个年代，北方中原地区已经沦陷于少数民族之手将近百年了。期间东晋虽有祖逖、桓温等盖世枭雄组织过不止一次北伐，但要么迫于周遭形势，要么受内部政争掣肘，都难以取得持久巩固的成果。淝水之战后，利用前秦统治崩溃的良机，东晋收复了巴蜀、汉中和淮河流域，已可算是最大的收获。黄河流域则继续被鲜卑慕容部建立的后燕和羌族建立的后秦占据。

不久，拓跋鲜卑自阴山南麓崛起，以迅猛之势摧毁了后燕对河北的统治。部分后燕皇族北逃辽西老家，后来形成了北燕；而以慕容德为首的一支鲜卑人渡过黄河，在今山东地区建立了南燕政权。北方地区遂形成了东晋与南燕、北魏、后秦三国接壤的局面。

至义熙五年（公元409年），南燕已在山东地区存续了十二年。十二年在十六国忽兴忽亡的政权更替中既不算长，也不算太短。而且这个时候，慕容德早已去世，南燕已经换上了第二代领导人慕容超。

这慕容超也是个奇人。他并非慕容德之子，而是他的侄子。

当年慕容德跟随前秦大帝苻坚南征东晋，将家眷留在了张掖。后来他跟随慕容垂起兵叛秦，镇守张掖的苻昌就杀了他全家，只有他哥哥的遗腹子慕容超幸免于难。十几年来，慕容超颠沛流离，最终流落到了长安（今陕西西安）。由于怕后秦羁留，慕容超装疯卖傻，在街头行乞，最终摆脱了后秦的监视，来到南燕境内，靠着慕容德早年留下的一柄金刀为信物与慕容德叔侄相认。慕容德子嗣已绝，便指定由他继承大位。

（详见拙著《东晋十六国风云》第八卷第12章。）

慕容超自小过惯了苦日子，突然间捡了这么个天大的便宜，竟成了一国之君，就滋生出了暴发户、富二代常见的许多毛病，没几年就把南燕折腾得够呛，成了一个不折不扣的败家子。但败家子归败家子，慕容超还挺孝顺，为了换回身在长安的老娘和媳妇，不惜向后秦主姚兴称藩，还白送给姚兴一百二十人的皇家乐队。

在号称以礼乐治天下的古代，最高等级的太乐是国家统治的象征，只有在举行祭祀和重大典礼的时候才能演奏。整套太乐班子是一个庞大的乐队，非心灵手巧又兼具乐思的人不能胜任。晋末丧乱以来衣冠南渡，北方各族政权都缺乏音乐人才，慕容超把自己的乐队送给了姚兴，然而他又受不了朝会时太乐不备的寒碜局面。他的解决方案是：向南方汉人地区进攻，抢别人家的羊补充自家的羊圈。

义熙五年二月，慕容超派骑兵入寇东晋宿豫（今江苏宿迁南），掠走百姓无数，从中挑选了两千五百男女交给太乐训练；当月，慕容超再次派兵寇掠淮北，掳走了一千多口百姓。

有了这些南方百姓，再好好调教一番，明年正旦大典时，应该不愁听不到悦耳的音乐了。然而慕容超没想到的是，那时他耳边回响的不是黄钟大吕，而是喧天战鼓之声。

因为，他错误估计了形势，招惹了绝不该招惹的人。

当南燕入寇的消息传入东晋朝廷时，刘裕与刘毅暗中的博弈正处于相持阶段。在派刘敬宣伐蜀的事情上刘裕吃了憋，降级为中军将军，而卫将军刘毅的门前则车马辐辏、宾客云集，双方实力发生了微妙的消长。政治斗争中，“攘外”与“安内”常常是相辅相成的有效手段。通过对外军事斗争的胜利，进一步抬升自己，打压政治对手，在东晋一朝早有桓温的先例。慕容超寇掠的徐淮一带正是兼领徐州刺史的刘裕的防区，他正发愁找不到扭转局势的突破口，慕容超却自己送上门来了！

既然你慕容超没事找抽，那我刘裕就只好不客气了！

同年三月，刘裕抗表请求北伐。

果不其然，除了孟昶等少数几个人之外，包括刘毅在内的满朝文武都对这一计划大摇其头。刘毅甚至说，当年前秦苻坚大举入寇，谢安谢太傅不也没亲临前线么？你刘裕身为宰相，应该老老实实待在朝廷才对！

刘毅集团之所以反对北伐，自然是不希望刘裕有机会获取更大的功绩和声望，而劳师袭远、补给不易等因素也让部分朝臣深感忧虑。

面对如此强大的政治压力，刘裕一时也颇为踟蹰。但司马谢裕的一番话打消了他的顾虑。谢裕说，虽然您匡救晋室，立了大功，但不论德行还是威望都还不能使天下人心服，平定南燕之后，您可以进军中原，收复大晋的旧都和陵寝，对于您的声望来说，这可比纵容鲜卑寇掠要有利得多！

四月十一，在一片反对的声浪中，刘裕整军自建康出发，溯淮入泗，开启了他人生中第一次北伐。

平心而论，这时选择北伐确实有较高的政治风险。成功还则罢了，一旦有所闪失，刘裕已经因伐蜀失败而减损的威望势必大幅下挫，到那时肯定会遭遇刘毅集团的群起围攻。而且刘毅其实说得不错，身为宰相率军出征，朝中必然空虚。为此，刘裕将朝政暂时交给了大司马琅琊王司马德文，而调谢裕担任大司马府主管，随时往北汇报朝廷动向。刘穆之则随军出征。

刘裕首次北伐选择南燕作为对手也有自己的考虑：首先，在邻近的魏、秦、燕三国之中，南燕的实力最弱；其次，毗邻南燕的彭城、东海诸郡以及南燕境内的琅琊、东莞诸郡是许多北府将士的老家，对南燕作战既能激发将士们的敌忾之心，又拥有半个主场作战的优势；此外，由淮水溯泗水北上这条进军路线，桓温第三次北伐之时曾经利用过，刘牢之也曾在此转战，北府兵比较熟悉。最重要的是，这次不比伐蜀，是刘裕亲自率军出征，他可以根据战场形势随机应变，尽情发挥军事才能。

除此之外，刘裕的内心深处还隐藏着另一个目的。

五年前他在京口建义兴兵之时，被刘毅、何无忌、魏咏之等人推为盟主，靠新募的义兵一举推翻了桓玄的统治。如今五年过去了，许多曾经共同作战的盟友或者脱离自己独立发展，或者转而成为自己的政治对手，情势早已大不相同。刘裕意识到，如果自己想在现在的地位上更进一步，实现更大的野心和抱负，就需要在朝廷里培养和提拔一批真正为我所用的文臣武将，同时扩大自己的幕府势力。而利用对外征伐的机会锻炼队伍、延揽和发现人才，让忠于自己的人通过军功获得官居显位的机会，正是实现这一目标的手段。

开启了帝王之心的刘裕需要通过战争来培育忠于自己的利益集团。

30 平原上的移动城堡

这次北伐，由于上游荆、江的军队要留守防备巴蜀的谯纵和广州的卢循，而豫州的军队在刘毅的掌控之下，所以刘裕实际调动的是下游徐州、兖州、并州的军队，而以自领的北府兵为主力。

这支军队的数量史籍无载，有人推算说是三万，有人说是十万，我们去掉一个最高分和一个最低分，姑且算是六万左右吧。带领着这支军队，刘裕先走水路，自淮入泗，五月份到达下邳后，舍船登陆，步行前进到了琅琊（今山东临沂北）。为防止后路被断、粮草不济，刘裕还沿路筑城，派小部军队驻守。此时，已经进入南燕国境，由此出发沿沂水北上，穿越沂蒙山区后经临朐，便可直抵南燕都城广固（今山东益都）。这在当时是路程最短、最为便捷的进军路线，但走这条路线势必要翻山越岭，尤其要经过堪称天险的大岘关，不能不说有相当的风险。

望着远处沂蒙山苍莽起伏的山形，身边的参谋提醒刘裕说："我们一旦走这条路线，回头燕军要是把大岘关堵上，再坚壁清野，固守不出，那我们可就进了死胡同，别说难以取胜，恐怕连老家都回不去了！"

刘裕微微一笑，道："我已经考虑很久了。慕容超那小儿目光短浅、贪婪好利，一个为了几个乐伎就敢掳掠邻国、开启战端的人，怎么能够舍得割掉自己尚未成熟的禾苗呢！他肯定希望我们孤军深入而不能持久，最多也就进据临朐，其次则退守广固，必定不会守险清野。我敢和你们打赌。"

所谓知己知彼，百战不殆，刘裕不愧是赌徒出身，他极为准确地判断了对手的心理。后来的事实证明，整个战争进程与他的判断完全吻合。

首先，就是南燕的防御策略问题。慕容超闻报晋师入侵后曾经召开军事会议。会上，他的宠臣公孙五楼提交了御敌的上中下三策：一，据大岘之险打持久战，待其锐气尽失之时，再遣两路奇兵，一路沿海岸线南下断其粮道，一路绕到背后前后夹击，这是上策；二，下令各郡县坚壁清野，各自据守，不给敌人留下一针一线，待其粮尽人疲，再发动反击，这是中策；三，把敌人让进大岘关来，在城下决战，这是下策。

能提出这三策，看来公孙五楼倒也并非全然是个草包。真正的草包是他的主子。

检索慕容超的生平，我们知道这位老兄一没受过军事教育，二没有实战经验。他年轻的脑袋自以为是地进行了一番沙盘推演，觉得自己有三大优势：第一，今年岁星守齐，天时在我；第二，我主彼客，他刘裕远来疲敝，地利在我；第三，我有数万铁骑，而刘裕大多是步兵，平地合战，步不胜骑，这又是一大优势。有这三大优势，我怕他何来？何必打什么持久战，坚什么壁，清什么野？如果粮食都割了，我明年还怎么收税！

于是果然如刘裕所言，慕容超走了下策，弃险不守，而是把戍守边境的军队都调回广固，大修城池，准备和刘裕摆开决战。

这个决策做出，许多南燕的大臣都没了信心。辅国将军贺赖卢苦谏不从，私下对公孙五楼说：“真这么打，就离亡国不远了。”太尉慕容镇也跟人发牢骚道：“延敌入腹、坐等围攻，这不跟当年的刘璋一样么！”

刘裕率军提心吊胆地穿过大岘山谷，果然没有遇到一个燕军。刘裕知道，自己又赌赢了。他举起手来指了指天，不禁喜形于色。身边的人问：“您怎么这么高兴啊？”刘裕道：“兵已过险，士有必死之志；余粮栖亩，人无匮乏之忧。北虏已尽在我掌握中矣！”

六月，刘裕军已经抵达临朐以南。此前，慕容超派了段晖、贺赖卢、公孙五楼三将领步骑五万，镇守临朐。听说晋兵军容强盛后，他又亲率四万人前来增援，以形成对刘裕的数量优势。至此，南燕可说是倾全国之兵，生死存亡就看这一把了！

双方的前锋在一条河边发生了短暂的冲突后，决战的时刻终于到来了。这时，慕容超惊讶地发现，呈现在他面前的不是普通的步兵方阵，竟然是一座会移动的城堡！

自来在中国的战场上，步兵面对骑兵，总难免处于劣势，不外乎是因为骑兵机动性好，且冲击力强。而由于众所周知的原因，北方政权所拥有骑兵的数量和质量也总是强于南方。特别是十六国时期，由于马镫的普及和马铠的使用，骑兵对步兵的优势甚至还有扩大的趋势，例如著名的乌桓突骑和鲜卑铁骑，都是威名赫赫、让敌人闻风丧胆的狠角色。所以，慕容超准备用优势骑兵与刘裕展开平地野战的想法，并非全无道理。

但连慕容超都能想到的事，刘裕又岂能想不到？

所以问题来了，如何才能以南朝步兵战胜北方民族的铁骑呢？

参考答案一：像《勇敢的心》里威廉·华莱士领导的苏格兰起义军一样，用如林的长枪把冲过来的骑兵扎成蜂窝煤。

参考答案二：像岳家军大破兀术拐子马那样，训练出特种兵协同作战，不砍人，专门在底下砍马腿。

参考答案三：像李陵以五千步兵大破三万匈奴骑兵那样，前排持戟盾，后排持弓弩，“千弩俱发，应弦而倒”。

以上成功战例各有特点，但都是特殊条件下的产物，并不完全适合此时的刘裕军。何况刘裕同学也不知道华莱士和岳武穆，真正对他有启发的，还是汉朝时与匈奴血拼的李陵和大将军卫青使用过的战术。

卫青北击匈奴之时，曾经以一种名叫“武刚车”的大车结成环形防御阵。《孙吴兵法》曰：“有巾有盖，谓之武刚车。”如此看来，武刚车应是以运载辎重的大车罩以牛皮、盾牌等改装而成的古代“装甲车”，其用途是防止敌人的骑兵突击我方军阵。而李陵命前排步兵持戟盾而行，也是出于同样的防御目的。至于进攻，由于西汉的匈奴战士装备极差，几乎没有装甲，所以汉军的强弩能够发挥极大的杀伤力。

不过，由于十六国时期骑兵铠甲的普及和改进，此时弓弩对骑手的杀伤力已经降低了不少。但另一方面，南燕的骑兵却也早非鲜卑人入主中原之前那样精良，在数量上也未必能在九万人的总兵力中占有很高的比例。

这是刘裕生平第一次与北方政权的军队交战，他不可能不考虑到步骑兵种各自的优缺点。所以，此刻出现在慕容超眼前的，是这样一个场面：

四千辆大车分成两翼，排成纵列，缓缓前行（“方轨徐进”），将晋军军阵的左右完全防护了起来；车厢上铺展开厚重的帷幔（“车悉张幰［音xiǎn］”），车内的士兵都手持长矛（“御者执矟［音shuò］”），前后又有小队骑兵不断游走，加以保护（“以轻骑为游军”）；号令严肃，行列森然，远远望去，如同一个正在移动的庞大城堡。

乖乖！刘裕搞的这是什么东西？

慕容超很纳闷。其实他应该感到荣幸才是，因为这套战术是刘裕专门为他量身定做的，货真价实，童叟无欺。

至于产品质量如何？放马过来，你就知道了。

31 广固围城战

决定性的战斗在临朐之南数里打响了。

慕容超自己留守城池，而派段晖等率主力出战。段晖果然按照既定部署，先出动了一万多铁骑突击晋军。燕军骑兵从四面八方向刘裕的移动城堡扑来。面对进攻，晋军军阵停止了前进，士兵们迅速结成紧密队形，以大车为屏障，与燕军展开战斗。刘裕命刘籓、刘道怜等七将合力抵御军阵正面，命沈林子率精勇防御军后。激烈的对战进行了很长时间，直到日头偏西，依然胜负未分。

胜负未分，说明刘裕的军阵抵抗住了燕军骑兵的冲击。

胜负未分，意味着任何一块新的砝码都会改变战争的天平。

战机已到，刘裕的砝码出手了。他采纳参军胡藩的建议，派三员将率领部分军队悄悄从阵后撤出，兜了个圈后，直抵临朐城下，作势攻城，攻城前还大肆喧嚷，说俺们是从海路来增援的晋军！留守临朐的燕军本来就又少又弱，听说晋人派来了大批援军，更是惶恐无斗志。晋军一通猛攻，临朐就被打下来了。慕容超大惊失色，单马来投正陷于苦战中的段晖。前边的燕军一看，我靠，城都丢了，还打个屁啊！刘裕乘机纵兵发动总攻，一举将燕军击溃，阵斩段晖等十员大将。还是慕容超跑得快，连皇帝的玉玺都扔了，总算跑回了广固城。

可刘裕不打算给他喘气的工夫。慕容超前脚刚跑进去，晋军后脚就杀到了，没怎么费劲就攻克了外城。慕容超继续搬家，收余众退守内城。此时已成瓮中捉鳖之势，于是刘裕不再进攻，而是在城外筑起了长墙。墙高三丈，下面还有三道壕沟，看你还怎么跑！慕容超舍不得割的庄稼，此时就成了晋军的军粮，江淮漕运一并罢省。同时，刘裕还抚慰百姓，招降纳叛，有合适的人才就给官做。还真没把自己当外人！

惨败而回的慕容超这才明白，自己在刘裕面前简直就是三岁小孩。现在，城里只剩下几万老弱残兵，士气低沉，无论如何不能再战，为今之计，只有向后秦求援。秦燕共据中原，唇齿相依，他姚兴若是个明白人，就不能见死不救！

一批批使者从广固缒城而下，火急火燎地赶往后秦。

不到半月，慕容超就得到了消息：使者回来了——不过，不是在城内，而是在城外。

慕容超登楼而观，只见他派去求援的尚书郎张纲此刻站在晋军的楼车上，正在大声疾呼："援兵来不了啦，里面的人快投降吧！"慕容超鼻子差点儿气歪了，叫人取过弩机来，抬手就是一弩。不过他的射击技术不怎么样，没射中。张纲见势不妙，赶忙叫人把楼车推了回去。

原来，这位老兄确实到了后秦，但回来的时候就被晋军拿住，投降了。这位张纲不是一般人，还是个高科技人才，最擅长的就是制造各种攻城器械。刘裕不但叫他到城下劝降，还命他发挥专长，现场督造攻城器具。此外，刘裕还玩了一招小把戏，每当东晋朝廷派来使者或是少量援兵，他都派大批部队夜里悄悄前去迎接，到了白天，再张旗鸣鼓、耀武扬威地回来。城里的人一看，不但我们没有援军，刘裕的援兵倒是源源不绝，而且张纲还给晋军打工去了，顿时人心惶惶，投降的人接踵而至，连慕容超的几个心腹大臣都逾城降了刘裕。

刘裕叫那几个大臣给慕容超写信，劝他也早日投降。慕容超回信说：自己愿意割大岘以南之地，向东晋称臣，并送好马千匹。刘裕当然不许，你小子现在还讲什么条件！要么无条件投降，要么你就等着玩完吧！

不久，后秦派来的一位使者来到了晋军军营。他带来了姚兴的口信："慕容氏与我大秦一向交好，今穷困来告，我已派铁骑十万屯于洛阳。若不退军，我将挥师东进！”刘裕把这位使者叫到面前，道：“回去告诉你主子姚兴，我灭燕之后，息兵三年，然后就去取你的关中洛阳。现在你要想自己找死，就快快前来！”

刘裕的心腹刘穆之听说有后秦使者，连忙赶来，但使者刚刚离去。刘裕把自己应对的情况告诉他，刘穆之顿时大惊失色，说：“你怎么能这么说呢，这不是激怒姚兴么！现在广固未下，万一秦兵再来了，那可怎么办？”

刘裕笑了，拍了拍刘穆之的肩膀，说：“你是个搞内政的人才，却不懂兵机。兵贵神速，他姚兴要真能来救，早就来了，而且一定怕我知道，怎么能事先派人通知，说下这些话呢！这是他故意装腔作势、夸大其辞，秦兵一定不会来的。”

刘裕猜得不错，几个月过去了，秦兵还是没有来。

围城还在继续，一晃到了第二年正月。

大年初一，慕容超登上城楼，接受群臣朝见。说是群臣，实际上由于大臣们不断外逃投降，现在已经稀稀落落，没多少人了。而且此时，广固城已经闹起了饥荒，慕容超只好下令杀马来慰劳将士。按照规矩，乐伎们再次奏起了丝竹之声，可此刻慕容超听到耳里，却只有满腹的苦涩、悔恨与哀伤。他握着宠妃魏夫人的手，不觉相对而泣，一曲已终，泪犹未尽。

这时，尚书令董锐劝慕容超出降，不幸的是董锐没挑准时机——你怎么能当着一个男人的心爱女人的面叫他去当孬种呢！慕容超很愤怒，立刻下令把董锐关进监狱。

二月，慕容超命贺赖卢和公孙五楼统领城中余兵，穿地道而出，发动了最后一次反击。但刘裕没给他一点机会，这次反击仍然以失败告终。

刘裕明白，广固城已经坚持不了多久了。然而就在这时，大后方却传来了不利的消息：孙恩的继承人卢循在广州起兵，正要向建康挺进。

这场战事不能再拖了，必须立刻拿下广固，回师江南！

于是，刘裕一改围困战略，发动了总攻。张纲打造的那些攻城器械，现在终于派上了用场，什么冲车、飞楼、悬梯、木幔，统统向城墙上招呼。慕容超大怒，把张纲的老娘吊在城楼上，寸寸肢解，以泄心头之恨。但泄愤归泄愤，这时城内的守军由于长期营养不良，大多得了软脚病（因微量元素缺乏而导致的四肢无力），站都站不稳，还怎么守城？

慕容超明白，他的命运已无可更改。这时，尚书悦寿走了过来。当初，慕容超刚刚踏上燕土，就是悦寿最先对他表示了善意，但现在，他却是来劝慕容超早日投降的。

慕容超苦笑一声，叹道："废兴，命也！我宁奋剑而死，不能衔璧而生。"无论怎样，我身上流的都是慕容家的血，忍辱出降，我做不到。

悦寿不再说话，悄然退了下去。几天后，他打开城门，把晋军迎了进来。慕容超与数十人上马突围，被追兵擒获，带到了刘裕面前。

望着眼前这个面色苍白的年轻人，刘裕大声训斥，数其不降之罪。慕容超则神情漠然，一语不发，只是把老母托付给了老相识刘敬宣（刘敬宣曾投奔南燕）。这位曾经的金刀太子后来被押往建康，斩于闹市之中，结束了他短暂而又传奇的一生，时年二十六岁。

事后，刘裕恼恨广固城经久不下，曾想将城中余口尽数坑杀，受人谏阻才未能实施。不过他仍然将鲜卑王公以下三千人斩首，其妻女资财全部赏给了晋军将士。此后，慕容氏虽仍有不少遗民散落于中原，却再也未能恢复过自己的政权，慕容鲜卑作为一个民族共同体，渐渐消失于历史长河之中。

仲春时节，灭掉南燕的刘裕拔营启程，返回了南方。

前方，还有更大的挑战在等待着他。

32 何无忌之死

前边曾经交待，桓玄当政之时，妖贼卢循受到刘裕打击后逃亡到了广州一带。后来，卢循攻下番禺城，俘虏了广州刺史吴隐之，自称平南将军，统领广州事务。

那时的广州不比现在，虽说东晋时已经有了一定程度的开发，但总体而言仍是偏远荒僻的瘴疠之地，加上那会儿桓玄、桓振之乱刚刚结束，朝廷还没完全安顿下来，根本没工夫搭理卢循这个流窜作案的蟊贼。卢循见有利可图，就派了使者到建康上贡，还送给刘裕一份“益智粽”做礼物。

“益智”据说是当地一种类似荷叶的植物，用这种植物的果实加蜜煮成粽，又甜又辣，有强身健体之效。有人说，卢循送刘裕“益智粽”，是嘲笑他智商不够，得多补补。我看不然，益者，溢也，当时正是卢循向朝廷示弱交好之时，他并不敢嘲讽实权人物刘裕，益智粽应是称赞刘裕富于政治智慧，是个懂得取舍的聪明人。言下之意是我卢循内心还是很佩服您滴，您就多少给个面子吧。

而刘裕也就顺水推舟，还了卢循一碗“续命汤”。意思是：暂且让你多活几天，你就健健康康地等着吧，咱俩迟早有再算账的机会。

不久，朝廷就封卢循为广州刺史，算是对他招了安。

卢循这个人系出河北高门范阳卢氏，虽然写得一手好书法，但其才干智略却并无过人之处，倒是他的姐夫徐道覆颇有见识。几年后听闻刘裕北上伐燕，徐道覆劝卢循趁机偷袭建康，然而卢循几年的“续命汤”

喝下来，却生出了不思进取之心，不太想冒险去捅马蜂窝。当时徐道覆任职始兴相，听说卢循不干，急得火烧火燎地从始兴（今广东韶关）赶到番禺，当面对卢循说：

“咱们本来就不是本地人，之所以来到这鸟不生蛋的地方，还不是因为打不过他刘裕！虽说这几年朝廷没有派兵来打咱们，但那是没腾出手来。眼下如果我们不趁着刘裕顿兵于坚城之下的机会袭取建康，一旦刘裕平定燕地，就轮到我们倒霉了！到那时刘裕如果屯兵豫章（今江西南昌），而派遣诸将杀过岭来，哪怕是将军你也抵挡不住吧！”

卢循自然知道徐道覆说得不错，“续命汤”是有保质期的，管不了自己一辈子。但他还是担心留守的刘毅、何无忌等人不好对付。徐道覆干脆拍起了桌子：“机不可失，时不再来！如果我们能攻下建康，就算刘裕回来也为时已晚了！刘毅、何无忌之流不足为惧！你如果再犹豫不决，我就带着始兴的兵众自己干了！”

卢循虽然老大不乐意，但还是决定跟姐夫一条心。

于是，当刘裕还在山东半岛指挥广固围城战的时候，卢循的军队越过了长江与珠江的分水岭。卢循自领一军由北江上游进入湘江流域，寇略长沙一带；而徐道覆沿赣江北进，攻击南康（今江西赣州）、庐陵（今江西吉水北）、豫章。

也难怪徐道覆在卢循面前如此自信，他事先在始兴早就为东侵做了周密的准备。

水军历来是孙恩、卢循集团所长，要组建水军就要有船，要造船就要有上好的木料。始兴郡北面是南康山（今广东、江西交界的大庾岭），为了筹措木料，徐道覆老早就派人上山采伐，然后从水道将船材运到南康（今江西赣州）。徐道覆宣称，这些木材原本是准备成批贩运到建康去赚大钱的，但由于缺少人力和运输费，不得已亏本挥泪大甩卖，各位乡亲父老走过路过，千万不要错过啊！两块钱你买不了吃亏，两块钱你买不了上当……沿途郡县居民一看这价格便宜得惊人，有钱的大买特买，没钱的变卖资财也来买，立刻在当地引发了船材投资热潮。

徐道覆一来二去这么搞了好几回，南康郡里就堆满了上好的船材。但由于赣江上游乱石堆积、河流湍急，这些木材一时半会儿运不出去，只能在各家房前屋后堆积。这种异常现象当然引起了南康相郭澄之的注意，但也不知道是郭澄之头脑迟钝还是他拿了徐道覆的好处，总之他并没有向顶头上司何无忌报告。

除了积累船材之外，徐道覆还在当地招募了大量水性好、善于格斗的蛮族当兵，日夜操练，号称“始兴溪子”，早就为开战做好了准备。

此时已是春季，绵绵春雨使赣江水位上升。徐道覆派人拿了当初卖木材的合同文书，挨家挨户把卖掉的木材全都搜集起来，仅仅十来天就造出了大批楼船战舰。发兵之前又恰巧赶上山洪暴发，徐道覆顺流直下，势如破竹，兵锋直指豫章。

徐道覆寇掠所经，皆是江州刺史何无忌的地盘。听闻妖贼来犯，何无忌当即决定出击迎敌，想趁寇乱尚未扩大之时一举荡平。纵观何无忌用兵之风格，勇武之余却不免失之轻脱，前次败于桓振，正是他轻敌冒进所致。这次何无忌大概以为，来犯的只不过是像往常那样的乌合之众，并未料到是徐道覆处心积虑练就的精兵。

对于何无忌的战略决策，他属下的两个副手深感忧虑。长史邓潜认为，有消息说敌人舰大船多，又顺洪峰而至，主动出击过于冒险，不如掘开豫章城外的南塘泄掉洪水，让敌人的舟舰无用武之地，而我们坚守寻阳、豫章二城，待其师老兵疲再图进攻。何无忌没听。

等何无忌从寻阳赶到豫章，参军殷阐也说：“卢循手下统属的都是三吴之地的老兵，这些人百战余勇，又思归心切；徐道覆招募的始兴溪子，拳捷善斗，也不可小视。将军您不如留屯豫章，待其兵临城下再与之合战也不晚。若以目前的兵力轻率出击，恐怕会有危险呐！”何无忌还是没听。

终于，在豫章以南的赣江江面上，双方的舰队遭遇了。

虽然在战船的数量和吨位上，何无忌都处于劣势，但他毫不畏惧，指挥船队列阵迎敌。徐道覆见状，命数百弩手舍舟登陆，占据西岸的一座小山，以强弩齐射靠近岸边的何无忌的战船，何无忌军则在盾牌、牛皮的掩护下向山侧发起攻击。双方正在鏖战之时，一阵猛烈的西风吹来，何无忌所乘的小舰被吹得漂到了东岸。徐道覆急令本方的大舰乘风进击，将何无忌的船逼在岸边动弹不得。

敌船蜂拥而至，转眼就将何无忌的船包围在中心。船上水手见状，纷纷奔散逃命。何无忌心知已是凶多吉少，大喝一声："取我苏武节来！"仍面不改色，执节督战。

何无忌官拜镇南将军，有持节的特权。持节者如同钦差，领军作战时凡二千石以下官员皆可以先斩后奏。何无忌亲自持节督战，显然做好了战斗到最后一刻的准备。

事实也是如此。

转瞬间，数十敌兵登上了何无忌的战船。何无忌指挥亲兵拼杀殆尽，被杀时，手中兀自紧握着那象征着忠贞和地位的节。

33 愤怒的刘毅

何无忌战死、江州失陷的消息传到建康，东晋朝廷炸了锅，朝议甚至一度传出要晋安帝弃建康北走去投奔刘裕的传闻，好在几天后卢循并未杀到，文武百官的情绪这才稍微安定了些。

饶是如此，回军路上的刘裕仍收到了朝廷发来的一封封告急文书，催他火速回防建康。

得知何无忌被害，刘裕也担心京师空虚，万一被卢循偷袭得手，后果不堪设想。这时，他已经留辎重在后，自领步卒到了山阳（今江苏淮安）附近。接着索性部队也不要了，几十个人卷甲兼行，一口气奔到了长江[①]边上。从江上行人口中得知，贼寇尚未接近建康，刘裕大喜，心上的石头这才落了地。

众人正要过江，却遇到了大风，许多人觉得浪高危险，应该等等再说。刘裕不以为然，说如果上天保佑咱们的国家，风就会自动平息，若其不然，船翻了也就翻了吧！说得旁边的手下们一脑袋黑线。

虽然不太情愿，但领导发话了，谁敢不听？于是众人纷纷登舟。可说也奇怪，船离岸后不久，风就平息了。可想而知，刘裕当时的心情一定是暗爽得不要不要的。

四月初二，也就是灭亡南燕后第五十七天，刘裕回到了建康。朝野

① 《晋书》《资治通鉴》此处皆云“与数十人至淮上”，然山阳已在淮水之南，且淮上行人距京师尚遥，怎知朝廷消息？且下文紧随刘裕渡江一事，故笔者以为，此处“淮上”应为“江上”。

上下的心情顿时如同送走了持续多日的阴霾，变得轻松舒适起来。

虽然如此，刘裕面临的形势却并不乐观。虽然他人先回来了，但军队还在路上，此时能够拱卫京师的武装只有镇守姑孰的豫州刺史刘毅的军队。而且有消息说，刘毅近日大造水师，正准备西进迎敌。对此，刘裕感到深深的担忧。他手书一封，派刘毅的堂弟刘藩亲自给他送去，而且再三叮嘱刘藩，务必劝阻刘毅出兵。

刘藩到来之前，刘毅很是病了一段日子，这几天刚刚痊愈，正准备整军发兵。他打开刘裕的来信，见上面写道："我当年多次与妖贼作战，知道他们的底细。这些人新近讨了便宜，士气正旺，其势已成，不可轻敌。宜等我修造战船完毕，与老弟你克期同举。荡平妖贼之后，上流的重任就全部委托给你。"

这番话用词平实、语气恳切，并无不尊重刘毅的意思，而且明言消灭卢循之后刘毅可以占据"上流之任"。当时何无忌已死，所以可以理解为刘裕想与刘毅重新划分势力范围，下游的豫州和北府自己来控制，而上游的荆、江二州可以让给刘毅。以当时两人的实力对比来看，这一方案刘毅并不吃亏。然而，望着刘裕霸气侧漏却又七歪八扭的满纸大字，刘毅只觉得每一个笔划每一个墨点都是对自己的人格和智商的羞辱。他气得将信一把扔在地上，冲刘藩怒道："以前只不过临时推举他当了几天盟主而已！你难道以为我真的比不上他刘寄奴？"

其实也难怪刘毅要发脾气。去年刘裕抗表北伐，他阻挠未果，结果刘裕一举攻灭南燕，收复了黄河以南的大片领土，声威如日中天，朝廷也准备加封他为太尉、中书监。本来刘毅就对曾经推举刘裕为盟主一事耿耿于怀，而且他向来自负在才略上不输刘裕，对这个小学文化的老乡处处压自己一头一直心有不服。经此一事，如果说在权势和声望上原来刘毅还能望见刘裕的项背，这一来刘毅可就被刘裕彻底甩出了三条街，你说他能不郁闷、不窝火么？正在这时，卢循犯境，何无忌被杀，而刘裕还在南归的路上。刘毅认为这不啻一次立功的良机，如果自己能够攻灭卢循，在功勋和威望上定可以与刘裕分庭抗礼。而就在他将要整军出讨之时，偏偏又生了一场大病，好不容易病好了，此时刘裕却已经回到了建康，而且还写信来劝自己不要出兵，这不是明摆着怕自己立功抢了他刘裕的风头么！刘寄奴呀刘寄奴，老子又不是你的走狗，你叫我不出兵我就不出兵，那我颜面何存？说什么上流之任尽委于我，那荆江二州本来就是老子从桓玄手里打下来的，用不着你来卖人情！

结果，刘毅完全无视刘裕的劝告，亲率舟师两万兵发姑孰。

《孙子兵法》有云："主不可以怒而兴师，将不可以愠而致战。"因为愤怒会冲昏一个人的头脑，冲动会让人丧失理智。失去理性的判断上战场，将是灾难性的行为。

刘毅这次出征，其实有一多半的原因是跟刘裕赌气，这让他在判断战场形势时失去了冷静。经过多年的转战，天师道妖贼的队伍早已不是当初的乌合之众。而且正如刘裕所言，新近的胜利更激发了他们的宗教狂热，士气极为高涨。更重要的是，此时刘毅要面对的，不单单是攻取了江州的徐道覆的军队——卢循在攻下长沙、巴陵后本来想进攻上游的江陵，但徐道覆送信给他，要求两人合兵一处，共同对付刘毅，于是卢循亲率大军自巴陵东下，与徐道覆的水军完成了会师。

此时的卢循军，史载有戎卒十万、战舰数千，猎猎旌旗沿江绵延，一眼望不到尽头。

五月初七，双方水师于寻阳东北的桑落洲相遇。

在漫天芦花中，卢循的十万舟师与刘毅的两万军队展开了合战。

战役的进程史籍上没有记载。

我们只知道，刘毅败了，而且败得很惨。

他只带着几百个人弃船而逃，其余部众全都成了俘虏。而且为了躲避敌人的追索，刘毅等翻山越岭，狼狈不堪地穿越了蛮族控制的地带，路上又冷又饿，活着回来的只有十三个人。

此战结束之后，万里长江之上再也没有能够拦阻卢循东下的武装力量。然而在这个时候，卢循却犹豫不决起来，不知道自己该不该直取建康。原因很简单，他听说刘裕回来了。从战俘的口中，卢循多次确认了这个消息，这让他心神不宁、坐立不安。多次与刘裕交手的直接经验告诉卢循，这个阎王爷实在惹不起。所以卢循觉得，为下半生幸福计，自己还是退回寻阳，向上游发展为妙。

他这一犹豫，徐道覆可不干了，多次跑到卢循的帐里，跟他红着脸辩论。卢循辩他不过，又不能说自己就是害怕刘裕，只好硬着头皮，答应了徐道覆兵发建康的要求。

34 | 兵临城下

刘毅的战败引发了东晋朝廷的又一次震荡。

这时，随同刘裕北伐的将士们已经陆陆续续回到了京城，可经过长期的战争和艰苦的行军，这些人不是伤兵，就是病患，没多少能派上实际用场。而除此以外，整个京师能够调动的戍防兵力还不到数千人。与此相比，卢循那边则是十余万的大军，战舰绵延百里不绝，高高的楼船甚至遮住了天上的太阳。从前线逃回来的败兵逢人就说，妖贼势盛，决计无法抗衡。这让部分军兵心情沮丧，士气低落。

更糟的是，面对如此恶劣的形势，朝廷内部也发生了分裂。

刘裕当然是主战派。参军王仲德说得好，刘裕能有今日的权势地位，靠的就是他攻必胜、战必取的声威，如果此次面对妖贼不战而逃，那跟一条咸鱼有什么分别？以后谁还能服你？但以孟昶、诸葛长民为首的一派却认为，在这种情况下无论如何不能和敌人硬拼，而应该奉皇帝过江，到北边避避风头，然后徐图挽救。

当初刘裕抗表北伐南燕，大多数人都不支持，唯独孟昶等数人认为刘裕能够凯旋，后来何无忌、刘毅先后讨伐卢循的叛军，孟昶又预言他俩必败，连续三次预言都准确无误，让许多人对孟昶的判断充满了信心，因此避而不战的想法在朝廷里很有市场。

显然，这种消极思想的蔓延对刘裕的备战十分不利。虽然刘裕的手下虞丘进当廷驳斥了孟昶的言论，但孟昶并未放弃他的主张，每次朝议时都要叨逼叨逼叨说个没完，时不时诸葛长民还在旁边给他帮个腔，一来二去，终于把刘裕惹恼了。

他对孟昶说道："如今强寇内逼，人情不安，朝野上下皆意志动摇。这种情况下一旦迁动，便会自动瓦解冰消，还哪里到得了长江以北？退一步说，就算到得了，那也不过是苟延残喘，迟早不免于覆亡！现在兵力虽少，却也足以一战。如能成功，则上下俱安；如其不然，我当誓死护卫社稷，横尸庙门，遂其由来以身许国之志，绝不能远窜于草间忍辱偷生！我心意已决，你不要再说了！"

孟昶被这番话说得满脸通红，在刘裕的口中，似乎他提议北逃就是怕死，就是想忍辱偷生。为了证明自己并非贪生怕死之辈，孟昶赌气对刘裕说：你要觉得我说得没道理，干脆杀了我算了！

刘裕怒道："敌人来了，你也可以出战。到那时再死不迟！"

孟昶是个脸皮甚薄的知识分子，他觉得朝廷没能采纳自己的建议是个莫大的耻辱，而且对刘裕必败、京师必陷的想法深信不疑。为了维护自己的声誉，他给晋安帝写了一封奏书，上言："当初刘裕北伐，满朝皆不赞同，唯臣全力支持，致使妖贼乘机而起，遂有今日威逼社稷之局。臣有罪，只能以死以谢天下！"奏书写完，孟昶便服毒自尽了。

他这一死，虽说有点长敌人士气灭自己的威风，却也统一了朝臣们的思想：北逃是不用想了，要想活命，还是乖乖地跟着刘大将军全力迎敌吧！

于是朝廷加封刘裕为太尉，统领建康保卫战。刘裕下令大开赏格，招募百姓当兵，凡应募者，获胜后的赏赐比照京口从义的规格。同时发动居民修缮石头城要塞，将秦淮河南岸的居民全部迁到北岸来，整个建康实行戒严，进入战备状态。

前面说过，建康城的地理形势是"虎踞龙蟠"，东、北两侧诸山形成龙蟠之势，西、北两方则有浩瀚大江为凭，南方还有秦淮河以东南—西北走向注入长江，形成一道屏障。

自从三国时孙吴建都于此，为了防备敌人的进犯，建康城四周就依托山水之势，陆续修筑了一些防御性的要塞营垒，与秦淮河、大江、钟山、覆舟山等共同构成了一套城防体系。

这套体系之中，最为重要的一环是修筑于孙权时期的石头城要塞。石头城位于建康西边江岸旁的石头山上，扼守着秦淮河注入长江的河口，既防备敌人沿江岸登陆，又可防止敌舰溯秦淮河而上侵入腹地。所以史籍常说，凡“江边有警，必先据石头以为捍御”。历史上若石头城失守，基本上建康城也就丢了一多半儿。当年西晋灭吴，王濬的水师便是先攻占了石头城，然后进入建业的。而东晋时期涉及建康的历次动乱，石头城也无一次不成为兵家必争之地。

但石头城防得了西边，防不了北边。晋成帝时，为了驱逐占据石头城的叛将苏峻，前来勤王的陶侃于建康北边抢滩登陆，一夜之间修筑了白石垒。此后，白石垒成了建康北部江岸边的一座要塞。

此外，秦淮入江口的南岸还有查浦垒，而直通建康宫南大门的浮桥——朱雀航的南边还有越城，东边还有丹阳郡城。这样，以石头城要塞为核心，北方有白石垒，秦淮以南有查浦、越城、丹阳郡城，构成了当时都城建康外围的防卫体系。

必须说明的是，除石头城加砖修葺、因山为城，具有塔防的功能之外，其他营垒大多以土木筑成，主要的功能是驻兵。而秦淮河上建有浮桥，紧急时刻可以拆除或烧毁，河两岸的堤坝上则以竹篱木栅为墙，意在阻止敌人轻松渡河。

以上就是刘裕当时能够利用的全部城防设施。

面对汹汹来犯之敌，如何利用这些城防设施就成了胜败的关键。

有人向刘裕建议道，应该分兵戍守外围的各个战略要地。但刘裕认为，现在还不是分兵的时候：敌众我寡，我方总共就几千个兵，如果此时分兵戍守，会示敌人以虚实；而且分兵的话，一旦一处失利，就会影响全军士气。现在应该将兵力集中于石头城，既可以相机行事，又令敌人难以估算我军的实际数量。等到各地应募的军队都聚集过来，那时可以再商量。

五月十四，卢循大军抵达距建康五十里的三山矶，已经可以远远地望见其先头部队的船帆。

此时距离刘毅战败已经过了七天，按理说由桑落洲至建康两三天即可到达，但卢循犹豫不决，给刘裕留出了七天的准备时间。也就是在这七天里，新募的军队集结而至，使刘裕手中的兵力充裕了许多。

刘裕登上石头城，亲自观望敌军的动向。

他对左右说道："妖贼若自新亭直进，其锋不可当，我军宜且回避，胜负之事未可量也；若其回泊西岸，势必束手就擒。"

新亭位于建康西南十几里的江岸边，是当时迎新送故、饮宴郊游的著名旅游景点。从这里登陆直扑秦淮河南岸，可以避开石头城，形成平野合战之势。当年苏峻便是早早渡过长江后，自新亭以东的小丹阳一带北进，避开了石头城的重兵戍防而占据了覆舟山，最后夺取了建康城的。所以刘裕担心，一旦卢循选择在新亭大举登陆，就意味着一场硬碰硬的火并，而这样的作战显然对数量上处于绝对劣势的官军十分不利。

当看到敌舰开始向新亭方向靠拢，刘裕的脸色冷峻得如同罩上了一层严霜。

35 保卫建康

刘裕担心的事情，恰恰是徐道覆此刻想做的。

按他的计划，大军不但要在新亭，而且要在白石同时登陆，然后焚烧所有战船，以激发败无所还的必胜信念，最后分道并出让守军顾此失彼，从而一鼓作气拿下建康城！

这个计划虽称不上完美，却是当时卢循军最能发挥数量优势、胜算最大的计划。但这个计划要实施，就必须有无比的勇气和超强的神经。显然，这两点卢循都不具备。所以当徐道覆提交了他的作战计划后，卢循想了又想，道："想我大军尚未抵达之时，孟昶就吓得仰药自尽，以此可推知威压之下朝廷破胆，不日便将奔溃。若决胜负于一朝之间，不但没有十足的把握，且陆战非我军所长，死伤士卒必多。我们不如且按兵不动，待其自行溃乱便是。"

不论徐道覆再怎么劝，卢循就是不听。

眼见一艘艘战船在卢循的命令下停止向新亭前进，转而驶向大江西岸的蔡洲停泊，徐道覆长叹一声，道："我终究为卢公所误，此战必将无成。假使我得为一真英雄驱驰，天下又何愁不定！"

石头城上的刘裕见敌船纷纷改变方向，靠向西岸停泊，这才松了一口气。这说明敌人既缺乏坚定的信念，战术思想也并不统一，我军获胜的希望大大提升了。转过身来，刘裕看见长江边上，许多百姓也伸长了脖子向江心张望，似乎眼前出现的不是贼寇的战舰而是罕见的美景。参军张邵见状言道："假若将军您没有及时返回，建康的百姓逃命都来不及，哪里还有兴致在这儿观望？可知民心安定，将军您大可放心了。”

下得石头城来，刘裕早已成竹在胸，即刻传令下去：

由琅琊王司马德文负责皇宫内部的警卫，驻守中皇堂；冠军将军刘敬宣屯守北郊，防止敌寇由白石登陆；辅国将军孟怀玉屯丹阳郡西；建武将军王仲德屯越城；广武将军刘怀默屯都城东北的建阳门外。刘裕自己坐镇石头城，统筹全局。

又派人在秦淮河口以粗壮的树桩栅断河道，防止敌船溯河而上；同时在河口南岸修筑查浦、药园、延尉三垒，分别派兵驻守。

各部部署停当后，刘裕又玩了一手心理战：

派宁朔将军索邈率领北伐南燕时整编的一千余鲜卑骑兵，人马都穿上闪亮的全套铠甲，披着五色彩练制成的披风，在秦淮北岸到新亭的大路上飞驰几个来回。卢循手下的士兵都是南方人，极少有人见过鲜卑骑兵，远远地望见上千匹高头大马风驰电掣般往来驰突，不禁都胆颤心惊，更不愿与官军在陆上决战了。

就在这时，徒步穿越荒山野岭逃亡的刘毅灰头土脸地回来了。大敌当前，稳定压倒一切。刘裕对他好言劝慰一番，让他暂且当了都督中外留后，意思是如果我刘裕不幸阵亡，你就来继续指挥吧。刘毅自己也深觉面上无光，向朝廷上书请罪，被下诏降号为后将军。

至此，双方的阵势已经摆好，就看卢循这边怎么进攻了。

但令人感到奇怪的是，倏忽数天过去，卢循仍然没有发动进攻。

看来，卢循真的相信大兵威压之下，城里会自动溃乱。他是在等人上门投降呢！

可左等右等，一晃到了第七天头上，怎么看建康城里也不像有要崩溃的迹象。卢循沉不住气了，决定搞一次试探性的进攻。

他派了十余艘快艇，载着士兵驶向秦淮河口，想要破坏栅断河口的木栅。如果木栅被毁，卢循军的高大楼船便能顺河道进入建康腹地。刘裕早就防备着他有这一手，立刻命令石头城和两岸营垒万弩齐发！特别是官军使用的一种万钧神弩，每支有婴儿手臂粗细，射出去跟炮弹差不多，几个排射下来，栅栏前只留下碎裂的船体和数十具死尸，余众纷纷逃窜而回。

到此为止，卢循也明白，本方擅长的水战是打不成了，只能听从徐道覆的建议，选择登陆作战。由于七天前已经失去了趁对方不备一举登陆的良机，徐道覆重新拟订了作战计划：仍是兵分两路，一路以老弱残兵伪装成主力部队，佯装要在白石登陆，目的是调虎离山，将官军主力吸引到北方来；另一路在夜色的掩护下悄然在南岸登陆，在隐秘之处设下伏兵的同时，攻击查浦诸垒，如果防守秦淮南岸的官军出击，则以伏兵横击之，为大部队的登陆创造空间和机会。

第二天一早，战斗开始了。

眼见一艘艘战船从蔡洲向北驶去，刘裕担心防守白石垒的刘敬宣独木难支，决定亲率大军前去支援。但秦淮南岸的防线也不得不防，就指定参军沈林子、徐赤特两人负责。

沈林子出身吴兴沈氏，是当地的大族。因为爷爷沈警信奉天师道、老爸沈穆夫做过孙恩手下的官，本不应受刘裕重视，但在刘裕讨伐孙恩之时，十几岁的沈林子到刘裕军中自首，刘裕赞他弃暗投明，安排他一家到京口居住。后来沈林子和他的哥哥沈田子都参加了讨伐桓玄的起义，跟着刘裕平建康、伐南燕，以一件件军功赢得了刘裕的信任。特别是在围攻广固的时候，卢循那时已经有偷袭建康的意图，派人到刘裕军中联络跟天师道有渊源的人物，沈林子和同宗的沈叔长都收到了卢循的消息。沈叔长什么都没说，沈林子却到刘裕那里汇报得清清楚楚。后来刘裕就杀了沈叔长，反而更加信任沈林子。卢循兵临建康城，许多住在秦淮南岸富人区的贵族人家都准备搬家到远方避祸，沈林子却头一个把家搬进了城里，意思是老子誓与建康共存亡！

当沈林子得知刘裕亲出北讨，而命自己与徐赤特戍守南岸时，他担心其中有诈，对刘裕说："妖贼此番行动未必是实情，太尉您宜多加防范。”刘裕点了点头，道：“石头城险峻难攻，河口的栅栏也十分坚固，再加上有你留守，我可以放心。”又转身对徐赤特道，“一旦有任何情况，坚守勿出即可。待我回来，自有处置。”说完上马而去。

刘裕没有想到的是，虽然沈林子让人放心，但另一位留守的武将徐赤特却不让人放心。而正是这一小小的失误，差点儿葬送了他精心布置的守御格局。

36 南岸攻防战

官军主力从石头城向北调动的情形被楼船上的徐道覆看得清清楚楚，他深知时机已到，立刻挥动了手中的令旗。

大批载有精锐战士的快船从卢循军的水寨中驶出，冒着守军射来的箭弩，向长江东岸实施登陆。虽然刘裕事先在岸边的查浦垒布置了兵力，但来敌数量实在太多，查浦垒很快失陷被焚。眼看上岸的敌人越来越多，集结后开始向秦淮以南的内陆进犯，在南岸河堤木栅后观战的徐赤特沉不住气了。他下令打开篱门，要带领手下士兵前去迎击。

沈林子见状，急忙劝阻道："妖贼明明声称要自北边登陆，如今却在南边大举攻击，其中必有蹊跷。我军兵力寡少，太尉命我们坚守勿出，难道你忘了吗？"

徐赤特立功心切，也知道沈家与天师道的关系，因此对沈林子的告诫之言充耳不闻，仍旧带领本部士兵杀了出去。起初进展顺利，但随后遭到了徐道覆前夜所设伏兵的夹击，徐赤特大败，仓惶间爬上一艘小舟逃回了北岸。这一来可害苦了沈林子，大批敌军追着徐赤特随后而至，一直攻到了河堤之前。沈林子面不改色，指挥留守的士兵以木栅为屏障，与近前的敌军展开了激战！

攻至栅前的敌军越来越多，片刻间几处木栅就出现了缺口。眼看敌人即将突破南岸防线，幸亏朱龄石率领鲜卑战士及时赶来增援。这些鲜卑人手执长枪，隔着木栅一枪一个，将靠近的敌人都扎了个晶晶亮透心凉。徐道覆见战况不利，遂鸣金收兵。

这一番苦战下来，虽然沈林子、朱龄石守住了秦淮河南岸的防线，但数万卢循军登陆成功，并且趁机挺进到丹阳郡一带扎营，与驻守越城的王仲德军相对峙，兵锋直指被称作建康南大门的朱雀浮航。

中了徐道覆声东击西之计的刘裕闻讯赶回后大为震怒，当即以违抗军令之罪将徐赤特斩首示众。

丹阳郡城位于建康城东南，与建康城隔秦淮河相望，号称南岸CBD、贵族后花园，是整个都城数一数二的富人区，士族名流聚居的乌衣巷便位于此。这时虽然绝大多数居民要么远徙他方，要么搬到北岸居住，这里不啻一座空城。但如此轻易就被敌人占据，如果敌人事后放火焚城，朝中那些世家大族免不得又要发牢骚了。更重要的是，建康城东面的防守比较薄弱，如果卢循、徐道覆放弃进攻南岸而选择由此渡河，北上绕到建康的东面进攻，或者效仿当年的苏峻抢占钟山、覆舟山，那麻烦可就大了！

为今之计，必须主动出击，将敌人牢牢缠住，使其无暇选择其他的战略意图。

刘裕主意已定，吩咐全军稍事休息，自己也抓紧时间洗了个澡、吃了顿饭，然后勒马执戈，下令兵发南岸，列阵迎敌。

卢循军这边刚刚站稳脚跟，就见对面城门大开，一队队衣甲鲜明的官军穿过朱雀浮桥，在南岸的河堤上列起了横阵。紧接着一支千余人的队伍以密集阵型前进，向卢循阵营发起了挑战。

卢循选择以数倍的兵力迎战。

这一战，双方直杀到天黑。虽然卢循军数量上占据绝对优势，但他们原本就不擅长陆战，而刘裕军步阵严密、不动如山，尤其是朱龄石率领的鲜卑战士，擅长以长矛长枪制敌，给短兵相接的卢循军造成了重大打击。最后卢循不得不主动退兵，战场上留下了数百具尸体。而此时天色已晚，刘裕没有选择追击。

此战过后，双方进入战略相持阶段。卢循知道攻城野战并非己军擅长，不再主动进攻建康，转而派小股部队到周边郡县寇掠骚扰，一来指望劫掠些物资解决十万人的吃饭问题，二来也希望鼓动周边的天师道信徒能够群起响应。刘裕的战略目的是防守，在兵力不占优势的情况下，只要能将来敌阻隔在秦淮河以南，就没有必要主动寻求决战。而由于刘裕的军队逼水列阵，近在眼前，徐道覆也不敢轻举妄动绕到建康东边去偷袭。

因此，双方的战略相持一直持续了四十天，转眼就已经到了七月上旬。

这四十多天过去，形势对卢循军越发不利。

一来周边郡县早就收到了刘裕的命令，城门紧闭，坚壁清野，卢循派出去四处寇掠的小股部队常常空手而归。这不但让卢循军的粮食问题日趋严峻，也让抢掠成性的天师道徒众士气低落。二来八成是多年前的孙恩之乱给江东百姓留下了极为悲惨的回忆，扬州郡县尤其是三吴地区这些天师道的渊薮，居然无一起来响应，这让卢循备感伤心。再加上天公不作美，江面上时有大风巨浪骤然而至，也让停泊在江心蔡洲的卢循水师受到了不少损失。

这四十多天里，刘裕也没闲着，他一是任命部下庾悦出任江州刺史，绕到卢循屁股后面开辟敌后根据地，断了卢循上游的粮道；二是加班加点督造战船，为将来的战略反攻做准备。更绝的是，他还想了个损招，派人到秦淮河上游山中伐木，制成超重量级的木筏，趁河水大涨之时，打开栅门放木筏下山。木筏以千钧之力奔腾而出，直奔河口，迎面撞上停泊在蔡洲的卢循船队，直把卢循水师撞得是七荤八素、船毁人亡，几天下来损失惨重。

这几样因素合起来，卢循实在受不了了，跟徐道覆说："我军已是疲敝不堪，这样下去只会越来越糟。不如回师寻阳，再并力攻取荆州，占据天下三分之二后我们再与建康相抗。"徐道覆也明白，面对刘裕的绵密防守，自己也是无计可施，只好同意了卢循的决断。

七月初十，卢循军自蔡洲起锚，回师向上游而去，建康之围遂解。四天后，刘裕派王仲德、蒯（音kuǎi）恩等先期追击，声言待水师建造完毕后将自领大军继后。

八月，刘裕又做出了一个大胆的战略决策：命建威将军孙处、振武将军沈田子率三千精兵，由海道南下，直捣卢循的老巢番禺。许多人都觉得海路险远，这一招不太靠谱。刘裕却对孙处说："我大军十二月之交必破妖贼，到时你先占了他的巢穴，就可以让他们走无所归。此为釜底抽薪之计也。"

事后证明，这是刘裕的又一记妙招。

37 荆州战局

刘裕与卢循在建康城下相持之时，上游荆州的战局却是另一番景象。

前文说道，卢循在攻下荆州的长沙、巴陵后本来想进攻上游的江陵，后来应徐道覆的要求合兵一处向下游杀去，才大破刘毅，直指建康。但江陵城并未因此而避免了一场战事。原因是，卢循在起兵之前就与割据巴蜀的谯纵暗通声气，而谯纵又向后秦姚兴遣使结盟。听说卢循连败何无忌、刘毅，攻下江、豫二州，姚兴和谯纵都心痒难耐，连忙联合发兵，也想要分一杯羹。

这其中，秦主姚兴的立场最耐人寻味。当时尽管后秦占有着关中、汉中，乃至洛阳以南颍水、汝水流域的大片领土，但其战略态势十分不利：东边受阻于强大的北魏，北边则不断被游击战大师赫连勃勃的骑兵蚕食骚扰，西边的南凉看上去弱小，但地形险阻，难以进攻。只有汉水下游的东晋领土在地势上相对容易攻伐，但后秦的部队却又不擅水战。所以姚兴选择支持巴蜀的谯纵和逃奔过来的桓谦，想利用他们削弱和牵制东晋。

桓玄灭亡后，桓谦、桓蔚、桓胤等桓氏残余就投奔了后秦。后来谯纵向姚兴称藩，请桓谦入蜀，想利用桓氏家族在荆州的影响力图谋攻取江陵。至此，谯纵封桓谦为荆州刺史，大将谯道福为梁州刺史，发兵两万攻打荆州。而后秦姚兴也指派大将苟林[1]率骑兵南下，寇掠荆襄诸郡。

此时的荆州刺史，是刘裕的三弟刘道规。

任职以来，刘道规兢兢业业、恩威并用，将荆州治理得井井有条，百姓对其既畏且爱。听说卢循南下进攻建康，刘道规遣檀道济、到彦之等千里赴援，没想到走到寻阳的时候，遇到了姚兴大将苟林的袭击。卢循见苟林可以利用，就授其为南蛮校尉，分给他部分水军，叫他进攻江陵。与此同时，桓谦与谯道福也攻进了荆州境内。桓谦军屯驻枝江（今湖北枝江东北），苟林军把守江津（今荆州市东南），相距不过百里，江陵城顿时陷入了腹背受敌的危险局面。

自从江州陷没，大江中流尽被卢循占据，江陵城就失去了与朝廷的所有联系，卢循一党又大肆宣传说徐道覆已经攻占了建康。眼下强寇交逼，桓氏家族在江陵又素有影响，一时之间城中人心惶惶，各种谣言甚嚣尘上。

刘道规的部下中有不少本地人，如果他们的立场不够坚定，临敌作战的后果将不堪设想。为此，刘道规召集全体将士开会，开诚布公地说道：“如今桓谦近在眼前，听说有些人想舍我而去投奔他，却又犹豫不决。我只留下随我东来的将士便足以迎敌，如果有谁想离开的话，我不会禁止。”当夜，江陵城的城门整晚都没有关闭。但可能是刘道规的磊落令人感动，也可能是他平素的威严使人惮服，总之并没有人出城投敌，由此反而稳定了军心。

除此以外，刘道规还收获了一个好消息：镇守襄阳的雍州刺史鲁宗之听说敌人入寇，亲率数千人马前来增援。

鲁宗之这个人史籍无传，我推测他应该是秦晋交界地带的流民领袖出身。桓振之乱时他虽然立有功勋，但朝廷对他一直不是特别放心，所

---

① 苟林，有的史料作荀林。苟、荀易混，然其时北方姓苟者多见，如《晋书》有苟晞、苟苌、苟兴等，今从苟林。

以得知他来增援，刘道规身边有些人怀疑他别有用心。但刘道规再一次显示了他待人磊落的君子性格，单人匹马亲自出城，将鲁宗之迎了进来。鲁宗之又感动又佩服。

其实若单论城防设施，江陵城可谓坚固，以往主权多次易手，大多是城中内应导致。刘道规以诚待人，暂时消弭了城中叛乱的隐患，反而使得桓谦、苟林畏首畏尾，不敢轻易攻城。

但这种情况下，婴城固守也并非长久之计。因为人心这东西，短时间内容易统一；时间久了，就难免各怀鬼胎、想东想西。对于应该主动出击这一点，守军诸将的意见比较统一，但在统军的人选和主攻的对象上却颇有异议。多数人的意见是支持檀道济、到彦之和鲁宗之率军出击，而刘道规留守江陵。檀、到二人后来虽然都成长为一代名将，但此时还是功名未显的青年军官，而且在和苟林交战时刚刚吃过败仗。为了谨慎起见，刘道规决定亲自出讨桓谦，而留鲁宗之守城。

当时的形势是桓谦距离江陵较远，而苟林近在城郊。刘道规舍近求远要去攻打桓谦，众将佐都不大理解，劝刘道规说："将军您现今远出讨伐桓谦，未必能一举获胜。而苟林近在咫尺，窥伺我方动静，如果他趁机前来攻城，鲁宗之恐怕未必守得住。这万一要出什么差错，我们可就全完啦！"

刘道规说："这你们可就不懂了。苟林是一介莽夫，没多少花花肠子。我其实也没走多远，他肯定不敢独自攻城。等他犹豫的工夫，我早就拿下桓谦回来了！桓谦一败，苟林就会不战自溃。况且鲁宗之别的不说，守个几天还是不成问题的。你们尽可放心。"

说白了，刘道规的战略意图还是以先击败对江陵有影响力的桓氏为重。

他的话听上去有理，但究竟靠谱不靠谱，还得实践来检验。

结果是，刘道规统兵水陆齐进，与桓谦战于枝江。桓谦虽然有蜀将谯道福帮忙，但他毕竟不是桓振，实在不怎么会打仗，被领头的檀道济一顿猛冲猛打，当即全军大败。桓谦逃亡不及，被追兵擒斩。

刘道规乘胜回师，苟林果然不战而逃。刘道规派参军刘遵率军追击，斩苟林于巴陵。

至此，江陵城转危为安。

当初桓谦刚到枝江时，江陵城里有不少桓氏故旧曾与他秘通消息。战事结束后检查桓谦的军营，搜出来不少这种密信。刘道规得知后，一概不看，而是效仿官渡之战后的曹操，一把火将这些密信烧了个干净。江陵城中群情大安，刘道规也更受荆州民众拥戴了。

然而好景不长，一个月后，从建康撤军的徐道覆又率众三万向江陵杀来。

这时，鲁宗之已带所部回了襄阳，想要召回肯定来不及了。又有流言说卢循早已攻下建康，派徐道覆来是为了当荆州刺史。江陵士民感激刘道规焚书之德，都铁了心要与刘将军共存亡。

这一次，刘道规选择分进合击，自领主力邀战徐道覆，而另派刘遵领游军于外等候时机。这一计划仍然受到了手下将佐的质疑，认为本就是以寡敌众，不应再拆分兵力。结果跟上次一样，刘道规的决策再次被证明无比正确：就在战局不利之时，刘遵的游军及时赶到，自侧翼横击，大破敌军，斩首万余。徐道覆单舸逃回了江州。

38 雷池水战

由于刘道规在上游的胜利，卢循想要攻取荆州的计划彻底失败，被夹在中游的江州进退不得。

这时，刘裕已经组建了一支全新的水军。他尤其吸取何无忌因船小被害的教训，建造了不少体量巨大的重楼大舰。最高的楼船高达十余丈，能容纳上千名战士，上建楼橹拍竿，堪称“移动的水上堡垒”。其余斗舰、走舸、蒙冲、快艇等式样功能各异的战船也应有尽有，足以与卢循军相抗衡。

十月十四，刘裕亲率兖州刺史刘藩、宁朔将军檀韶、冠军将军刘敬宣等兵发建康，西征卢循。之前，意在复仇的刘毅也多次要求参与这次征讨。但刘裕采纳长史王诞的建议，认为刘毅既然受挫，就不宜让他有立功复起的机会，所以只是让刘毅留守京师，担任监太尉留府的职责。表面上这是将后方诸事全权委托给了刘毅，实际上则是剥夺了他的军权。

水师从建康出发后，舟行缓慢，一个月后才进入江州地界。这一方面是因为楼船笨重迟缓，又是逆水行舟，一方面也是为了给南下由海路攻取番禺的孙处、沈田子留出充分的行动时间。

与此同时，先期追击卢循的王仲德军听闻大军将至，拔除了卢循设在南陵（今安徽安庆东南）的一处留守据点。至此，大军一路畅通无阻，可以直抵寻阳城下。

但刘裕并未急于开到城下与敌人决战，而是选择在寻阳东北百里的雷池扎下水寨，与驻扎在寻阳城东湓口（今鄱阳湖口）的卢循水师形成了对峙局面。

雷池是由上古的彭蠡泽发展而来，相当于现在安徽宿松的龙感湖、大官湖、黄湖、泊湖这四大湖系的统称，浩浩淼淼两百里，是一片水乡泽国。根据谭其骧先生的研究，这里本是更新世时期的长江故道，至全新世扩展成大湖，并与南移后的长江江面连为一体，便成了先秦时期著名的彭蠡泽。到了西汉中后期，由于赣江和此处东北流向的长江合流，泥沙在长江北岸顶托出了堤岸状的沙洲，最终将彭蠡泽与长江分离开来，形成了雷池与雷江。

由于雷池和附近的江面是东晋江、扬二州的分界线，所以雷池就成了寻阳东边的一个明显地标。当年历阳内史苏峻叛乱，江州刺史温峤想经寻阳入援建康，主持中央防务的庾亮送信给他说：我担心你西边的威胁（指荆州陶侃）比历阳还大，足下不要越过雷池一步！这便是“不越雷池一步”这句成语的由来。

如今，刘裕统领大军屯兵雷池，并不向西前进一步，似乎是想和卢循玩持久战。这一来是因为现在的战略态势明显对刘裕有利，如果孙处、沈田子顺利拿下番禺，就能形成对卢循的三面合围；二来是因为已进入冬季，江面水浅，不适合展开大规模的正面会战。所以不如先守住阵脚立于不败之地，等待敌人自己犯错误。

不出刘裕所料，寻阳城里的卢循果然先沉不住气了。原因很简单：粮道被断，士气低迷，形势一天不如一天，不趁着现在手里还有几万人马拼一拼，难道还等着坐吃山空，束手就擒？

但卢循也不是傻子，他不愿意主动进攻刘裕的雷池水寨。因为雷池的出入口雷江水道狭窄，由此进攻雷池就像钻进了一个大口袋，被包饺子打伏击的可能性是百分之百。所以卢循的计划是将刘裕的水军诱出雷池，然后在江面上与他展开决战。为此，卢循放出了一个消息，说俺们不跟刘裕打了，俺要顺江而下，龙归大海，别忘了俺卢循可是当过海贼王的男人！

听到这个消息，刘裕知道决战的时刻来了，索性将计就计，准备出雷池迎击卢循。为保险起见，刘裕事先安排王仲德领战船二百在下游设伏，防止卢循战败后逃逸入海。

十二月初一，得知卢循军即将出发的情报，刘裕将舰队开至雷江河口（今安徽望江县）。初二，卢循、徐道覆率数万战船从湓口起航，浩浩荡荡沿江而下，船帆相抵一眼望不到头。为保持严整的阵型，卢循命战船横向以铁链两两相连，远望如同一堵浮墙自江面上平推而来。

自古水战，风势、水势是影响战场局势最关键的两个因素。刘裕事先早已经对河口一带的地形地貌、风向水流做过仔细的勘察。说也奇怪，时值冬季，近几日江面上却常刮东南风。刘裕不由得想起，两百年前的那个冬天，也是靠着江面上的一场东南风，周瑜以火攻之计大破曹操水军，成就了一番流传千古的功业。如今东南风再起，难道是天助我也？

当时的战场形势，是长江自西南流向东北，东西流向的雷江汇于长江西岸。面对即将杀至的敌方舰队，刘裕做出了两个至关重要的部署：一、派一支步骑混合部队携带大量引火器具登上西岸埋伏；二、雪藏新造的高大楼船，以轻利斗舰迎敌，发挥斗舰轻便快速的特点，不与敌人纠缠混战，而是将敌舰引向西岸。

很快，双方水师的前锋便短兵相接战到了一处。

刘裕亲自挥动令旗，指挥舰队按既定部署作战。

冷兵器时代，水战与陆战的格局大为不同。陆地上是千军万马的大集团作战，个人隐藏在战阵之中，更强调服从战术、纪律；水战则是以单个的船为作战单位，每条船上有几十人到几百人不等，更强调个人作战技巧。水战向来是卢循军所长，徐道覆麾下又有不少拳捷善斗的“始兴溪子”，所以刘裕军的个别将士产生了畏惧心理。右军参军庾乐生犹豫不进，被刘裕当场斩首示众，其他人再不敢怠慢，纷纷踊跃争先。

官军比卢循军占优势的地方，是拥有大量的“万钧神弩”。这玩意儿简直就是古代的火箭筒，射在敌船上就像拿棍子戳纸灯笼，一戳一个洞，射得卢循军的小战船碎裂成了一片片舢板。而由于风大水浅，卢循军的高大楼船行动不便，空有强大火力却打不着快速移动的小舰，反而在东南风的吹袭下缓缓漂向了西岸。加上按照刘裕的吩咐，官军的战船也因风水之势，努力将敌舰逼向西岸。不多时，卢循的舰队便在西岸边挤成了一团。

时机已到!

埋伏在岸边的部队拿出早就准备好的火炬火把，纷纷以优美的抛物线将其投掷在卢循的战船上，宛如一场美丽的流星雨从天而降。卢循军的士兵们以四十五度角仰望天空，相拥而泣，许下了愿望：妈呀着火啦！能逃赶紧逃吧!

在熊熊大火之中，卢循军大败溃散。刘裕军乘胜掩杀，一直追击到天黑才收兵。

39 | 穷寇宜追

卢循、徐道覆二人逃回寻阳后，再也没有了和刘裕作战的勇气。陆上打不过，水里也不行。事到如今只有一个念头：跑！能跑多远跑多远，离刘寄奴越远越好！

但西边有刘道规，东边有刘裕这个瘟神，要想跑的话只能走水路往南，经豫章回老巢番禺。这是当初徐道覆寇掠江州时的来路，也是从寻阳至番禺最便捷的交通线。那时候的鄱阳湖不像现在，只相当于现今鄱阳北湖一般大小，而最南端的左里（今江西都昌县左里镇西）便是赣江的入湖口。为了阻挡刘裕的追击，在主力部队进入赣江后，卢循效仿刘裕栅断秦淮河口，下令在左里建造栅坝，试图将追兵阻止在赣江之外。

十二月十八日，刘裕率水师抵达左里，受到栅坝的拦阻无法前进。刘裕挥动手中令旗，正要指挥前军攻击栅坝，忽然听见喀的一声，令旗的旗杆竟从中折断。军中向来迷信，令旗是主将的象征，旗杆折断乃是大凶之兆。眼看身边的将士人人脸色凝重，刘裕哈哈一乐，说我真是好运气，当年覆舟山之战我攻打桓玄的时候，手里的旗杆就折了，后来就取得了大胜；现在又折，说明我还会像当年一样取得一场大胜！来呀弟兄们，给我冲！

当面扯谎不脸红是政治家的必备素质。覆舟山之战发生过这样的事情吗？反正我在史籍记载里没有查到。当时刘裕身边的人也不能说等会儿先别打，咱们先查查档案确认一下再说。总之经过刘裕这么一番解释，将士们打消了负面情绪，重又全神贯注地投入到了战斗当中。

卢循学刘裕栅断河口只学了个皮毛。刘裕立栅，辅以万钧神弩，所以守得住；卢循立栅，并无强硬的防御火力，哪里架得住大军的一通强攻？不多时，栅栏破碎，刘裕军自后掩击而至，虽然卢循的军队进行了拼死抵抗，仍然大败亏输，被杀的和淹死的有一万余人。凡投降的，刘裕妥善安置；被胁迫加入天师道的，刘裕也宽宏大量地表示不予追究。此外，他还派刘藩、孟怀玉轻军追击，务必要带回卢循、徐道覆的项上人头。

卢循、徐道覆一边逃命，一边收集散卒，到了赣江上游总算又聚拢了数千人。两人一商量，外面的世界太可怕了，还是各回各家，各找各妈吧！于是徐道覆回了始兴，卢循则带着这些散兵向番禺进发。

卢循辛辛苦苦翻山越岭回到了番禺城下，这才气急败坏地发现，城上根本就不是自家的旗帜，老窝竟让人端了！

原来，就在刘裕屯军雷池与卢循对峙之时，由建康出发走海路的孙处、沈田子军如期赶到了番禺。虽然留守的有数千之众，番禺城也修得颇为坚固，但这些人压根就没想到居然会有人从海上进攻。当时海边起了大雾，孙处等利用雾气的掩护，四面攻城。守军根本搞不清楚攻来了多少人，又是完全出乎意料，抵抗了不多时便溃退投降。卢循的老爸和部分残党逃往始兴，孙处又派沈田子将周边郡县一一讨平。

卢循回到番禺之时，徐道覆已被孟怀玉追斩，沈田子和刘藩、孟怀玉都驻扎在始兴，而孙处独守番禺城。

到了这步田地，卢循有家难回，老爸也落到了敌人手中，不由得怒从心头起，恶向胆边生，带着手下人就围住了番禺城。广州毕竟是卢循经营多年的老巢，他在当地还有一些影响力，除了跟他回来的这些残兵败将，他又召集了一些部众。守城的孙处手里也就一千来人，面对围城还真有些吃紧。好在卢循这边没有攻城器械，所以围了二十来天也没取得什么进展。

始兴的沈田子收到番禺被围的消息，急忙从刘藩那里借兵回师。孙处和沈田子里应外合，大破卢循于番禺城下。卢循再次发扬了打得过就打、打不过就跑的游击战风格，一路向广西方向撤退。孙处、沈田子一通狠追，一直追到了快到越南的地方，因为孙处得病才不得已收兵而回。

当然，当时的越南中北部还是大晋朝神圣不可分割的一部分，属于交州。

交州刺史是个说鸟语、嚼槟榔的本地人，叫杜瑗（音yuàn）。这个杜瑗曾经缴平过九真（今越南清化）太守李逊的叛乱，他死后，朝廷本来想任命他的儿子杜慧度接班，可任命的诏书还没到，卢循就带着余党杀过来了。杜慧度率本府文武六千人迎战，给予卢循当头痛击。卢循觉得自己对付不了杜慧度，听说李逊的儿子跟杜家有仇，就联络他们纠合了五千多名当地的蛮族参战。这杜慧度也是个有担当的汉子，知道自己合族性命在此一举，就散尽家财激励将士。双方经过殊死战斗，卢循军再次于水战中败于火攻。

至此，卢循知道自己已是穷途末路。像大舅子孙恩一样，茫茫大海才是自己的最终归宿。他先是逼老婆孩子服毒自尽，又召来平常随侍的姬妾，问她们愿不愿意跟自己一块儿死。有的人说，雀鼠尚且偷生，自己年纪还小，不想现在就死；也有的人说，官人您都要死了，奴婢岂能独活！卢循笑了，下令将愿意陪自己死的人放掉，将怕死的人全部杀死。

随后，卢循投水自杀。按照天师道的说法，是成了水仙。

杜慧度派人将其尸首打捞上来，砍下头颅，用盒子装了送往建康。

到此为止，为祸东晋达十二年之久的孙恩、卢循之乱终于彻底平息，以天师道为思想基础和组织方式的民间暴力革命运动也就此终结。此后，天师道逐渐分化，转而被寇谦之、陶弘景等人改造，披上了和政府合作的温和外衣。

按照史学大师田余庆先生的说法，其实孙恩、卢循和刘裕一样，都是东晋门阀政治的掘墓人。他们都是下等士族出身，代表了当时社会上已经成长起来却又被门阀世族压制的那个阶层的利益。所不同的是刘裕选择在体制内发展，依靠北府兵和京口集团的崛起，从内部篡夺已经没落无用的统治阶级的权力；而孙恩、卢循则在体制外另立山头，希望靠民间的力量自下而上来个全盘更新。讽刺的是，虽然刘裕一手造成了孙恩、卢循集团的覆灭，但正是孙恩、卢循对三吴地区世家大族的扫荡，为刘裕后来的篡晋自立清除了不少障碍，也正是由于与孙恩、卢循的斗争，刘裕才从一个初出茅庐的小军官成长为掌握国家统治权力的大英雄。

许多年后，当烈士暮年的宋武帝刘裕回首他的创业之路，内心也许会对孙恩、卢循这两个老对手道一声感谢吧！

40 | 刘裕的创业班底

义熙七年（公元411年）正月十二，在一片欢呼声中，刘裕统领舰队凯旋，回到了建康城。

从蒜山之战算起，这已经是刘裕第三次拯救建康于危难之中了。此时虽然卢循还在逃亡番禺的途中，但将其彻底歼灭只是时间问题。为了奖赏刘裕保卫建康和雷池、左里的辉煌胜利，以及之前北伐广固、灭亡南燕取得的不世之功，朝廷准备加封他为大将军、扬州牧，本官如故。

其实早在广固围城之时，朝廷就准备封刘裕为太尉、中书监之职了。但刘裕还是本着谦虚使人进步的原则，坚决推辞。后来卢循偷袭建康，刘裕虽然暂以太尉的身份指挥防御作战，但一直没有正式接受这项任命。现在朝廷要继续升他当大将军（大将军比太尉的班位靠前），他还是谦让。这时的朝廷和刘裕就像酒桌上互相劝酒的两个老友，一个夸对方本事大，一个夸对方酒量高，都想要灌对方喝半斤。如此这般几个回合，最后刘裕说行了，咱俩碰一下都少喝点儿，大将军我是不当滴，但你的面子我要给，这个太尉嘛我就不推辞了！

于是到了三月，刘裕终于正式接受了太尉、中书监的任命。

晋制，太尉位列八公，是执掌全国军事的宰辅之臣。当时朝廷里名义上地位比它高的只有皇上的弟弟、琅琊王司马德文所担任的大司马了。但那只是对宗室表示尊崇的虚职，并无实权。

拜太尉是国家大事，刘裕又是权势熏天，为此朝廷特地举办了隆重的拜授大典。

典礼上尊贵云集，群贤毕至，人人都穿着庄重的正式礼服，端着一副国之栋梁的模样。大家都入场之后，忽有一人姗姗来迟，不但衣衫随意、冠帽夸张，而且一副满不在乎的神情。刘裕定睛一看，原来是尚书仆射谢混。殿内虽然站了满屋子的人，却忽然间都安静下来。

谢混这副作派，就好像一身皮衣的杀马特闯进了人民大会堂，明显是不给刘裕面子。而且刘裕心里清楚，谢混是刘毅的人。他瞟了一眼人群中的刘毅，见他面无表情平视前方，一股怒火霎时间填彻胸臆。

“谢仆射今日可谓旁若无人。”刘裕强忍怒气，对谢混说道。

谢混微微一笑，道：“明公您今日将隆伊、周之礼，正当使四海开衿，九州归心，我谢混是何人，岂敢与众人不同呢？”说完便将其衣衫襟领全部解开。

谢混的意思是说刘裕你既然像伊尹、周公一样当上了国家的宰辅，就应该效法伊尹、周公虚怀若谷，使天下归心，这样四海之人也势必会向你敞开胸怀。他解开自己的衣襟，既象征天下士民对刘裕接纳，也在劝谏刘裕要大度容人。可以说，他是用抖机灵的方式向刘裕解释了自己不敬行为的深刻内涵。

刘裕自然知道，其实这些话只是谢混给自己找台阶下的借口，而且自己的拜授大典，也没必要因此弄成僵局，于是装作很开心的样子，说谢仆射说得好，真该如此云云。

无论如何，典礼总算顺利结束了。

封拜太尉这件事对刘裕来说，真正的意义在于此后他可以用自己的一套班子代替朝廷机构处理全国政务，使自己的幕府逐渐取代中央政府，向将来取代司马氏坐天下迈出了第一步。

此前，虽然身为一州刺史，拥有州府，身为开府将军（镇军、中军、车骑）时有自己的军府，但州府只能处理本州政务，军府只处理军中事务。即使后来刘裕担任了录尚书事的职位，也要通过朝廷的尚书省和各曹来处理全国政务。无论朝廷百官对其多么畏服，毕竟都不是他刘裕的属下。对朝局的控制力再高，终究还是隔了一层。而当了太尉则不然。首先，太尉是天子宰辅，有处理全国军政大事的权力，而且太尉府有一套庞大的班子，相当于尚书诸曹，完全可以取代尚书省处理全国政务的功用。再加上刘裕同时又是中书监和录尚书事，中书省负责撰写诏旨，尚书省负责照旨执行，现在两个部门的头头都是刘裕，他完全可以自己拟旨，自己执行，都不用跟晋安帝司马德宗打招呼。

刘裕心里清楚，太尉府的班底相当于自己的私人部属，这些人应该忠于自己而不是司马家的皇帝，将来应该成为新王朝的佐命元勋，对这套班子的人选，自然应该仔细斟酌。

这时，经过讨伐桓玄、北灭南燕和荡平卢循的三场战争以及和刘毅等人的明争暗斗，刘裕已经物色和提拔了一批有能力的文臣武将，便陆续将这些人吸纳入太尉府为己所用。从之后的历史发展进程来看，这些人确实起到了帮助刘裕缔造新王朝的作用。

这些人当中的佼佼者，成了刘宋王朝的开国元勋。其中，长于文学政事者，有刘穆之、徐羡之、傅亮和谢晦；长于武略征伐者，有檀道济、王镇恶、朱龄石兄弟和沈田子兄弟。

刘穆之不必说了，从京口起事以来一直是刘裕的头号心腹和大管家。不管是北伐南燕还是西讨卢循，刘穆之都随军出征，进则出谋划策、协理军政，退则举荐人才、管理情报，实际上相当于刘裕阵营的二把手。其虽然位望不高，但权力不小，甚至都引起了刘毅的嫉妒。刘毅曾多次对刘穆之权重表示非议，但刘裕丝毫不为所动，拜太尉后立刻便任命他为太尉司马。

徐羡之是东海郯县（今山东郯城）人，早年跟刘裕在桓修府中是同事，为人城府极深，平素寡言少语，喜怒不形于色。在太尉府中任职咨议参军，后来被提拔为刘穆之的副手。

傅亮出身北地傅氏，博涉经史，尤善文词，在刘裕身边一直扮演着给领导写稿的秘书角色。后来在太尉府中任从事中郎。

谢晦是高门陈郡谢氏之后，是当时出了名的美男子，跟谢混并称“绝代双骄”。他本是孟昶府中的僚属，后来孟昶服毒自尽，刘裕问刘穆之“孟昶参佐谁堪入我府”，刘穆之就推荐了谢晦，任职太尉参军。虽然刘裕很喜欢他，但刘穆之却多次压制他升迁，直到刘穆之死后，谢晦才升为从事中郎。

在以上几名武将当中，檀道济最早跟随刘裕，从京口起义到后来讨伐桓振、卢循，数战有功。刘裕任太尉后，他先后任太尉参军、主簿和咨议参军。除檀道济外，高平檀氏家族合门从义，檀韶、檀祗等人都立下了汗马功劳。

王镇恶是前秦丞相王猛之孙，前秦灭亡后流落至东晋。刘裕北伐南燕时有人将王镇恶推荐给他。刘裕发现，虽然王镇恶马也骑不好，弓也拉不开，但满肚子的兵书战策，而且勇敢果断，是个军事人才，不愧是“将门有将”，就任他为前部贼曹参军。

朱龄石和弟弟超石出身世代武将之家，两人本是桓氏部属；沈田子和沈林子兄弟的家族世奉天师道，也能为刘裕所用。

这几个人的经历出身说明，刘裕是个敢于用人也擅于用人的人。刘裕和这些人的关系，不再像当初和刘毅、何无忌、孟昶那样是盟友和兄弟，而是上级对下级、老板对员工的统属关系。正是由于有了这批各具才能的骨干，刘裕后来的“造宋”事业才得以顺利完成。

41 权力的赌局

义熙七年春夏之交的建康，朝野上下都沉浸在一片安乐祥和的气氛中。

妖贼卢循的头颅装在木盒子里刚刚送到，被悬挂在朱雀大桥上向世人展览。朝廷下诏旌赏出征的将士，并给战死者以优厚的抚恤。太尉刘裕向天子表奏，请各州各郡重新推举一批秀才、孝廉到京师参加策试。为祸一方的会稽豪强虞亮伏法被诛，闾里百姓皆拍手称快。在经历了多年的战火沧桑后，东晋境内难得出现了一段平静安定的局面。

为庆贺妖贼授首，晋安帝下令在西池举办一个大型宴会。按照当时的传统，如此风雅盛会，免不了要下诏令群臣吟赋一些歌功颂德、粉饰太平的诗词。诗词歌赋是那些贵族名士们的看家本事，他们随便整两句自然不在话下，可刘裕这个小学文化水平的人就难免有点儿露怯气短了。作为讨平卢循的首功之臣和当朝太尉，刘裕应该是参加了这次宴会的。但史籍没有记载他是否曾遵照诏令当场赋诗，从后来谢晦曾主动要求替刘裕写诗这件事推测，要么刘裕根本没写，要么写得太臭，史官不好意思刊于史乘。

可后将军刘毅则不然，只见他飘然出席，长声吟道：

六国多雄士，正始出风流。

别小瞧这普普通通的十个字，表面上的意思是说：战国时代，山东六国尽多英雄豪杰；正始（曹魏理宗曹芳的年号）年间，华夏神州自有名士风流。深层的含义却是：山东六国英雄豪杰多啊，可还是叫秦国给灭了！秦国打仗多牛啊，可还是因为暴政而速亡！我大晋立国，靠的不是暴力和战争，而是恭行仁义、推崇文化，从而得到了天下名士的归心。再仔细一琢磨，似乎又是在说：你刘裕能打仗很了不起吗？你光能打仗，不推崇文化，还不是跟暴秦一个样？我刘毅最推崇最向往的，还是像正始名士们那样的文采风流啊！

刘毅这句诗，隐隐然道出了自己推崇名士风流的志向，而回到正始年间的黄金时代也是当时大多数士人的最高理想，可想而知在在座的许多人心里引发了强烈的情感共鸣。

刘毅深知，桑落洲败于卢循之后，自己无论如何在功业上都无法再与刘裕相抗。但武功上不行，还可以靠文采呀！

事实证明，虽然枪杆子里出政权，但笔杆子的力量同样不可小视。

刘毅虽然因战败被降级为后将军，但仍是豫州刺史，而在何无忌败死后，当时江州刺史的职位是由刘裕派部下庾悦来担任。说来也巧，这个庾悦早年就和刘毅有矛盾。那时刘毅家穷，而庾悦出身颍川庾氏，家里有钱有势。有一次，刘毅借庾悦府里的射堂约了亲朋好友射箭。正射到一半，庾悦带着一帮僚属也来玩射箭。刘毅就对庾悦说：我们这帮穷哥们儿平常难得有个地方练射箭，您到别的场地也可以啊，今天不如这块场地就让给我们吧！庾悦不干，刘毅那帮朋友不好意思就散了，只有他自己赌气留下来继续射。练习结束后，庾悦招呼手下一起吃鹅。刘毅说你们吃剩下的，给我留一点呗。庾悦还是不准。从那以后，刘毅就把庾悦恨上了。

这回庾悦当上了江州刺史，刘毅也瞄上了江州。现在朝政尽被刘裕把持，平白无故，不可能让江州落入自己之手。这时就可以看出，刘毅的笔杆子确实是有功夫的。他向朝廷写了一份奏章，大意是江州这个地方这几年受战争侵扰，民生凋敝，并且本身又处在内地，没有必要再重复设置军府空耗民力，以后江州境内的军事由自己以豫州刺史的身份兼督就行了；至于庾悦这个江州刺史，既然不用再管军务，那不如移镇人口较多的豫章，以后只管治民收税劝课农桑就行了。

刘毅的这份奏章，《晋书》全文收录，可以看到该文论点鲜明、论据充分、大义凛然、逻辑严谨、密不透风，堪称考试满分作文。这份奏章递上去，刘裕还真是挑不出理。再加上刘裕明白将欲取之、必先与之的道理，也有意对刘毅的过分行为加以纵容，于是便同意了刘毅的要求，解除了庾悦都督、将军的职务，下令他以单车刺史（刺史不带兵，谓之单车）的身份移镇豫章，而以刘毅兼督江州。

兵不血刃，只靠动动笔头就取得了江州的军权，刘毅别提多得意了。他派部下赵恢去寻阳接收庾悦的军权，连带庾悦军府中的三千文武吏员全都纳入了自己府中。刘毅又严期逼迫庾悦尽早搬家，对他又是挤兑又是侮辱。庾悦兵权尽失，又是愤怒又是害怕，搬到豫章后不久就气得一命呜呼了。

对于刘毅的飞扬跋扈，刘裕都看在眼里，记在心中。

转过年来，时任荆州刺史的刘道规身染重病，请求调回来养老。刘裕觉得这是一个使刘毅远离中央、削弱他对朝廷影响力的好机会，于是任刘道规为豫州刺史，而调刘毅任荆州刺史。调任的同时，还恢复了刘毅原来卫将军的名号。这相当于明升暗降，刘毅当然不满意，于是提了条件：要我去荆州可以，但荆州那个地方地广人稀、器用不足，我原来可是兼督江州的，现在你把交、广二州的军权交给我吧。刘裕表示同意。刘毅又说：郗僧施、毛修之这两个人我有用，你得让我带走。刘裕也同意。

甚至刘敬宣刘毅也想带走，他对刘敬宣说：“我要到西边上任，想委屈你当我的南蛮长史，不知道你愿不愿意？”刘敬宣早就跟刘毅不对付，心说我当你的部下你还不找个机会杀了我呀，我才不干呐！就跑到刘裕那里诉苦。刘裕笑说：你放心吧，我一定会让老兄你安然无恙。于是调刘敬宣到北方出任北青州刺史。

刘毅到荆州上任前，请求回京口拜墓。为了给刘毅饯行，刘裕率文武百官给他举办了一个送别party。刘毅和刘裕都是好赌之人，桓玄就曾说刘毅“家无担石之储，摴蒲一掷百万”。这回酒足饭饱之后，两人又赌性大发，当即撸胳膊挽袖子来了一场豪赌。

当时盛行的赌博方式，叫作摴蒲。具体的玩法，有点儿像摇骰子和飞行棋的混合。类似骰子的，是五块椭圆形的扁平木头，叫作五木。五木皆一面涂黑，一面涂白，其中两块则在白面上画雉（幺鸡），在黑面上画犊（小牛）。类似飞行棋棋子的叫马。玩的时候先掷五木，然后根据黑、白、雉、犊的多少（相当于点数）决定马的走法。最高点是五木皆黑，称作“卢”；其次是三黑两雉，称作“雉”。后世指代赌博的成语“呼卢喝雉”便是指此。

但凡陪领导打过麻将的人都知道，一般打到最后，谁也不敢赢领导的钱。这次豪赌也是如此，打到最后赌注高到一掷数百万，刘裕、刘毅赢的钱堆得如同小山，众人纷纷退出，围成一圈看二刘斗法。

刘毅赌得兴起，对刘裕说不如咱俩全押上，一把定输赢！

刘裕说：好。

刘毅先掷，一把下去，两雉三黑，是次高采的“雉”！刘毅大喜，绕桌子跑了好几圈，对旁边的人说：“我不是掷不出来卢，老子是不想掷！”

刘裕面色凝重，手抓五木搓了半天才掷了出去，只见四子尽黑，最后一子兀自滴溜溜转个不停。刘裕大喝一声，那子应声而停，赫然也是黑色！这一把竟是最高采的“卢”！

众人一片感叹。刘毅脸色铁青，良久才道：“我就知道，你什么事都要压我一头。”

宴会不欢而散，刘裕送刘毅上船启程。望着小船东去，参军胡藩在身后说道：“太尉以为，刘卫军肯长久在您之下么？”

刘裕默然良久，反问胡藩你看如何。

胡藩道：“连百万之众，攻必取，战必克，在这一点上刘毅佩服太尉；至于读史论经、谈诗咏赋，他却自许为雄豪，正因此那些书生名士都归附于他。刘毅恐怕终究不愿屈身于公下，不如趁其尚未走远……”

刘裕摆手制止，道：“我与刘毅是共同起事的兄弟，现在他并无大过，不可自相残杀。”

42 王镇恶奇袭江陵

虽然刘裕声称他对刘毅并无图谋，但那是因为他还找不到杀他的正当理由。不过，刘毅可能是因为深知自己早晚与刘裕必有一战，所以在去荆州后出于自我防卫的需要，办了一些授人以柄的蠢事。正是这些蠢事，让刘裕找到了除掉刘毅的借口。

其中之一，是刘毅为了扩充自己的实力，擅自将原来督属的江州军队和豫州军府、州府的文武部众一万多人全都挟往了荆州；而且除了人力资源以外，还将豫、江二州的军需物资、器物粮储也搬了个干净。虽说当时东晋流行“送故”的风俗，地方官卸任之时允许带走部分公家的钱财和物资，可刘毅做得也实在有点儿过分。相比刘毅，刘道规从荆州离任的时候秋毫无犯，甚至身边的侍卫将府中的两块席子私自拿到船上，刘道规都将其斩首示众。刘毅的这种行为，往好了说是侵吞国有资产，往坏了说就是意图不轨。

第二件事，是刘毅到荆州后不久便得了病，他的死党郗僧施怕刘毅万一死了，自己就没了靠山，于是劝刘毅请求朝廷派他的堂弟刘藩到荆州来当副手。刘藩时任右将军、兖州刺史，手里掌握着部分北府兵，如果刘藩与刘毅汇合，其实力必然更加强大，刘裕绝不愿意看到此事发生。

所以当得知刘毅想调刘藩西上的消息，刘裕假意答允，决定趁刘藩进京述职的机会先下手为强。

义熙八年（公元412年）九月十二，刘藩入朝觐见。前面说过，此时刘裕身兼中书监和录尚书事，诏书可以自行其是。当下刘裕写了一封诏书，说刘藩与刘毅图谋造反，随即将他和刘毅的另一死党谢混收监赐死。

紧接着，刘裕免去刘毅一切职务，而任命司马休之为荆州刺史，命二弟刘道怜为青、兖二州刺史，坐镇北府。此时刘道规已经病重去世，刘裕只好任命诸葛长民为豫州刺史监太尉留府，负责留守建康。然而他对诸葛长民又不大信任，便加心腹刘穆之为建武将军，给他配备了将佐兵力，“协助”诸葛长民。

三天后，刘裕亲率大军兵发建康，准备西征刘毅。

这时，王镇恶自告奋勇，请求率百舸为前锋。刘裕对他的勇气颇为欣赏，也想看看这个名将之后是否不负祖辈的荣光，就派他和蒯恩一起先期进军。临行前，刘裕对王镇恶说：“若敌人已察觉我军将至，你们到了以后相机行事，尽量烧其战船，抚慰百姓，浮舸水侧等待大军。若敌人毫无察觉，没有防备，可以的话你们就发动偷袭。路上但凡有人问起，就说来的是刘藩。”

九月二十九，王镇恶、蒯恩率轻舟百舸自姑孰出发，昼夜兼行，十月二十二日一早便抵达了距江陵二十里的豫章口。

按照当时水军的配置，一艘轻舸一般载三十人。王镇恶舍舟登陆，每舸留一二人守船，同时在岸边立起旌旗战鼓，吩咐说：估摸着我们到了城门口，你们就擂响战鼓，伪装有大军在后。他又分出一小队人马专门在江边放火烧掉敌船，然后和蒯恩率领剩下的不到三千人向江陵城挺进。

由于王镇恶军逢人就说是兖州刺史刘藩的军队，路上把守的岗哨和百姓都深信不疑。就快要到城门口的时候，恰巧刘毅手下部将朱显之带着几十人出城公干，迎面遇到了王镇恶军。朱显之问干什么的，士兵回答说是刘兖州来了。又问刘兖州在哪，回答说在后面呢。朱显之就往队伍后面找，越找越不对劲，一抬头望见江边火起，赫然有战鼓之声，大叫一声不好，急忙拨转马头回城报信。

等朱显之报告给刘毅敌人来了，下令关上城门之时，王镇恶已经快马加鞭进了城。虽然此时部分军队还在城外，但先进城的士兵马上打开了东城门。当时江陵城除外围的大城之外，内部还有刺史居住的小城。王镇恶和蒯恩兵分两路，蒯恩攻击小城东门，王镇恶攻击小城西门。由于出乎意料，刘毅来不及召集城外的军队，大城内驻扎的刘毅军队有一千余人，小城内还有一千多从东边跟来的旧部和两千多本地的荆州将吏。单从军队数量来说，刘毅还占据优势。但仓促间毫无防备，一时间被杀了个措手不及。

这一战，从早上七八点钟一直打到下午四五点。首先是小城内的荆州兵吏顶不住了，不是逃跑就是投降。因为此时刘毅到荆州才不过几个月，而此前刘道规已经治理荆州六七年了。荆州人怀念之前的老板，并不愿为刘毅殊死卖命。城内有个叫王桓的军官，当年跟随刘道规手斩桓谦之头，被刘裕提拔在身边当了亲兵，这时刚好请假还家迎接家眷。听说刘裕派王镇恶来取刘毅，也带了十几个人前来助战。王桓是本地人，熟悉城墙的薄弱之处，在小城东门北边三十步远的地方挖了一个地洞。王镇恶就率军从地洞钻入城中，与守军展开了短兵相接的肉搏战。

这时城中剩下的守军大多是随刘毅西来的豫州旧部，他们战意坚决，并不轻易退让。对于这些人，王镇恶采取了心理攻势。他先是把朝廷的诏书、刘裕给刘毅的书信以及“唯诛首恶，其余一概不问”的赦令送给了守军。刘毅大怒，将这三份文件统统烧毁。此时，刘毅手下将士对刘裕亲征、率大军将至的消息还不大相信。这些人原本出身北府，不少人和王镇恶手下的士兵是七大姑八大姨的亲戚，近身格斗时打着打着双方就唠起了家常：

“哟，这不小三儿吗！你也来啦！”

“嗬，原来是二舅老爷！您身体好着呐！”

“还行吧。听说你们刘太尉自己来啦，真的假的啊？”

“可不真的嘛！就在后面呢，过几天就到！”

“是啊……哎呀三儿你小心点啊，你这刀往哪儿砍呢！”

“对不住啊二舅老爷，您还是赶紧撤吧，刀剑无眼啊！”

就这样，许多守军将士听说刘裕亲自前来，战意顿失。到了晚上七八点钟，守卫刺史府前院的防线溃散，刘毅手下勇将赵蔡被斩，此时只剩下刘毅的亲兵凭借后院小门负隅顽抗。王镇恶考虑到黑夜之中如果强攻容易误伤己军，就撤到小城外围，留南门作为守军出逃的通道。但刘毅害怕南门外有埋伏，反带着三百多人从北门突围而出。

此时已是三更，初冬的江陵城外一片肃杀，江面上笼罩着白色的雾气。刘毅一行慌不择路，在荒野间纵马疾行。左右亲随知道刘毅大势已去，大多趁机逃走。待刘毅终于找到一间佛寺前去投宿之时，身边人已经所剩无几。

寺僧半夜听见叫门声，并不开门，只是隔着门扉问来者何人。报说是荆州刺史刘毅。寺僧沉默良久，方才说道：七年前，江陵城里有一位桓大人逃亡至此，家师曾将其收留。后来当时的荆州刺史刘毅怪罪下来，将家师斩首。家师死前曾有遗言：我辈僧人不可报仇，但此后再遇投宿者不可收留。请刘大人自去他处投宿吧。

刘毅闻言，哑然失笑。想起七年前自己似乎确曾杀过一个和尚，只是想不起那和尚到底收留的是哪一位桓氏子弟。天理循环，报应不爽，没想到今日便要应在自己身上。

无论左右怎么叫门，寺中再无声息。

刘毅顿觉万念俱灰，离开众人走到了一株老树下。

大丈夫死则死耳，只是便宜了那刘寄奴！

他解下腰带，自缢于老树之上。

“我就知道，你什么事都要压我一头！”这是刘毅脑中徘徊的最后一个念头。

43 伐蜀博弈论

刘毅死后第二十天，刘裕的大军才抵达江陵。

除了刘毅的死党郗僧施外，他其余的部属刘裕都不予追究。在江陵停留的三月间，刘裕下令减免税收，整肃刑狱，安抚百姓，擢升才士。荆州在经历了多次动荡后开始恢复元气。

为防备有人再次割据荆州作乱，刘裕还将衡阳、长沙等十郡从荆州分割开来，另立湘州管辖。

这时，除巴蜀的谯纵仍然割据一方之外，其余州郡均已纳入刘裕的掌控之下。其实我相信，若不是担心后方的诸葛长民有什么异动，刘裕是很想亲征伐蜀的，毕竟当年刘敬宣的失败还未让他释怀。

那么，问题来了：如果刘裕不选择亲征的话，请问挖掘机技术到底哪家强？不是，请问他该选择何人担当伐蜀的主将呢？

此时刘道规已死，刘敬宣在广固，王镇恶虽新近立功，但功名资历尚轻，统领数千人还可以，统领上万人恐怕不妥，其他刘裕信任又有能力的将领如王仲德、檀道济也不在身边。刘裕思考再三，决定派西阳太守朱龄石挂帅出征。

前面说过，朱龄石出身武将世家，为人智勇双全，不但会打仗，在行政管理上也很在行。数万人的军队好比一家大公司，如果光会出谋划策不懂得管理也不行，这正是刘裕看中朱龄石的地方。上次刘敬宣伐蜀，只带了五千人出征，这次为能一举成功，刘裕将建康带来的大军分一半给了朱龄石，共计水陆两万余人，又指派宁朔将军臧熹、河间太守蒯恩、下邳太守刘钟、龙骧将军朱林四人做他的副手。臧熹是刘裕的小舅子，官职比朱龄石还高，刘裕仍安排他给朱龄石打下手，足见对他的信任。事前，跟谯纵有灭族之仇的毛修之再三要求随朱龄石入蜀，刘裕怕毛修之大开杀戒，不利于招降纳叛，并未答允。

大军启程之前，朱龄石多次与刘裕探讨出兵路线的问题。

从荆州向成都发兵，沿长江上游进军是最便捷的方法。巴郡（今重庆）以西的长江，有三条支流可通成都平原：最西边的是岷江，当时称作外水；中间是沱江，当时称中水；最东边的是涪（音fú）江，当时叫内水。六十多年前桓温攻灭割据巴蜀的成汉政权，是从外水一路进军。八年前刘敬宣伐蜀，是自领主力攻内水，而以外水为疑兵。更早的战例是东汉初年岑彭、吴汉攻灭公孙述，也是外水、内水同时进兵。总结以往的经验，重要的其实不是从哪路进兵，而是要让敌人搞不清楚你要从哪路进兵。至少也要让守军顾此失彼，无法将优势兵力集中于一处。

对于攻守双方来说，这种局面类似猜枚：三选一的选项，双方都在赌对方把主力押在哪个地方。猜对了大占便宜，猜错了就事倍功半。这种基于心理变量的策略选择态势，现代人称作博弈论。

接下来我们就看看，1600年前的刘寄奴是如何破解这道博弈论难题的。

他对朱龄石说道："刘敬宣往年出黄虎（在内水），结果无功而退。如果我是敌人，首先我会推测这一次是从外水进兵。但我转念又一想，刘裕是个诡计多端的家伙，一定会想出其不意，反而会走内水。所以我应该重兵设防内水才对。"

"既然敌人重兵设防内水，那我军若要出其不意，还是要走外水才对。"朱龄石跟着刘裕的思路说道。

"不错。所谓虚者实之，实者虚之。如今我们以主力自外水取成都，疑兵则出内水，此乃制敌之奇计也。"说到这儿，刘裕又担心计划泄漏让敌人有所准备，转身在案上写了一封书信，然后将其装入木函封好，交给朱龄石说，“具体部署已在其中，到白帝城后再打开遵行。”

由于采取了保密措施，出发后全军上下无人知道具体的目的地。直到抵达白帝城后，朱龄石打开函书，见上面写道：“使羸弱乘高舰十余，由内水向黄虎；臧熹、朱林于中水取广汉；大军余众悉从外水取成都。”按此布置，众军倍道兼行，分三路直指成都。

刘裕猜得不错。谯纵果然以为晋军的主力将从内水进兵，派了大将谯道福率国中精兵驻守涪城，而派侯晖、谯诜（音shēn）领一万余人屯兵彭模，防备外水。

彭模在今四川眉山市彭山区，相传这里是活了八百岁的寿星彭祖死后葬身之地，又名彭亡山。东汉初年，大将岑彭率军入外水讨伐公孙述，扎营时得知此地山名“彭亡”，十分厌恶，本想迁营却因日暮而止，结果半夜公孙述派来刺客，果然将岑彭刺杀于此。岷江流经此处，两岸高山夹江而峙，山势极为险峻，侯晖、谯诜夹岸筑城，层楼重栅，将前进的道路牢牢封锁。

面对如此险固的城防，兵临城下的朱龄石也犯了难，他对刘钟说道：“如今气候正当暑热，敌人凭险固守，强攻的话恐怕会死伤惨重。我想养兵蓄锐，等有更好的机会再进攻，你看怎么样？”刘钟摇了摇头，道：“不然。此前我们声称将大举进攻内水，所以谯道福才不敢离开涪城一步。现在我们大军自外水逼近，是出敌不意，侯晖等人早已吓破了胆。凭险自守，不敢出击，恰恰反映出他们的恐惧。我们正可因其恐惧心理出击，一定能够取胜。如果缓兵相持，等谯道福发现内水只不过是疑兵，敌人必合兵一处。到时我们进不能胜，退无所资，两万军队不免都要成为俘虏啊！”

朱龄石听从了刘钟的意见，决定立刻攻城。诸将以为，水北岸的城兵多地险，不如先攻南城。朱龄石说，即使我们屠灭了南城，北城仍旧会坚持抵抗；而如果我们先攻下北城，南城一定不战自溃。七月初，朱龄石率刘钟、蒯恩等全力攻北城。此战从早上一直杀到太阳偏西，晋军以火箭焚烧北城楼橹，以云梯四面登城，喊杀之声响彻山谷。蜀军果然坚守不住，指挥守城的侯晖、谯诜被斩，北城即告失陷。朱龄石立刻回军指向南城，南城即时奔溃。彭模失守后，沿江营守亦望风披靡，晋军舍船步进，直抵成都。

清人顾祖禹曾言：四川虽有山水之险，然而却并非坐守之地。历史上凡是坐拥巴蜀凭险自守的，没有不亡国的。这是为什么呢？顾祖禹打了个比方，说这就像一家人躲在墙里防御强盗，只要墙一坏，人人都肝胆俱裂，哪里还敢跟强盗拼命？四川确实有剑阁、三峡之险，然而正因为险，攻击者就怀有了置之死地而后生的决心，而防守者则有了以逸待劳的惰性，一念之间斗志便分高下，成败也就豁然两分了！

此时身在成都的谯纵，正像得知墙坏的那家人，一听晋军逼近，便吓得弃城而逃。逃走前，谯纵到先祖的陵墓前辞墓。谯纵的女儿道："即使逃走，恐怕最后也不免于死，与其背负不战而逃的耻辱，不如死在先祖的墓前。"谯纵不肯，仍旧东逃投奔了谯道福。谯道福一见谯纵，气得火冒三丈，骂道："大丈夫有如此功业却轻易丢弃，你还能往哪里逃啊！人谁无死，你怎么那么怂！"说完拔剑向谯纵掷去，正中马鞍。谯纵慌忙逃走，找个地方上吊自杀了。

谯道福倒是不怕死，他召集将士，道："蜀之存亡，不在谯王而在我。今我在，犹可一战！"然后把所有财产拿出来给全军将士分了。全军将士纷纷表示誓与将军共存亡。可第二天早上谯道福出帐一看，妈的一个不剩都跑光啦！人与人之间的诚信在哪里？后来，逃到獠人部落中的谯道福被巴民[①]捉住，送给了朱龄石，被斩于军门之下。

至此，割据巴蜀九年的谯纵政权宣告灭亡。淮河以南的全部领土，东晋尽数光复。

---

① 指今重庆地区的土著居民。

44 富贵履危机

当朱龄石还在率军向彭模进发的时候，刘裕已经悄然回到了建康。

之前，刘裕遣粮草辎重先行，自己故意淹留拖延，比预定的行程要晚上好多天。前来迎接的文武百官在新亭等候了多日，一直见不到他的影子。在距建康几十里外，刘裕带亲随数十人，乘坐一艘轻舟疾行而至建康，神不知鬼不觉地回了太尉府。刘裕之所以如此行事，是因为担心朝中有人要对自己不利。

刘裕担心的人，正是诸葛长民。

诸葛长民这个人，是最早与刘裕共同起义讨伐桓玄的骨干之一。虽然其功劳比不上刘毅、何无忌、刘道规等人，但也得居一方大员，曾先后任青州刺史、豫州刺史。随着当年共同起事的“京口集团”的各成员相继去世，朝廷中除刘裕之外，就数他资历最老、辈分最高了。刘裕这次西讨刘毅，便任诸葛长民为监太尉留府，将后方托付给了他。

虽然如此，刘裕对诸葛长民并不放心，所以安排刘穆之留守，意在监视其动向。不久，刘毅被翦灭的消息传来，这不能不对诸葛长民的心理产生一定的冲击。再加上诸葛长民这个人向来贪财好色，发达了以后没少干盘剥百姓、欺男霸女的勾当，一直担心刘裕以此为借口整治自己。这时眼看当年一起举事的老友刘毅因为跟刘裕争权夺利，最后落得个身首异处的下场，诸葛长民深深地感到恐惧和无助。

长民的弟弟黎民是个莽性子，就对哥哥说道：“昔年醢（音hǎi）彭越，今年杀韩信。当年刘邦干得出来的事，他刘寄奴也干得出来！刘毅死了，咱们诸葛家的祸事也不远了！咱们不能坐以待毙，大哥你应该趁刘裕没回来抢先下手！”

诸葛长民犹豫不决。这与其说是他不想，不如说是他自觉没有政变成功的把握。现今朝野上下都是刘裕的势力，刘穆之又近在眼前盯着自己，想一举将整个朝廷控制在自己的手中，谈何容易？

诸葛长民思前想后、焦虑不堪，不禁喟然长叹道：“贫贱常思富贵，富贵必履危机。今日欲为丹徒市井一布衣百姓，又岂可得也！”

焦虑中，诸葛长民去向刘穆之打探，说外面的人都说太尉一直对我不满，不知道是不是真的？刘裕留刘穆之在京，就是为了防备诸葛长民图谋不轨，他自然不可能实情相告，便说太尉率军远征，将老母妻儿都托付给了你，他要是对你不满，还能这样？

不知道刘穆之的话有没有让诸葛长民稍稍心安。他明知刘穆之是刘裕的心腹却还打草惊蛇，无非是想自我欺骗，寻求一点儿心理安慰。从中可以看出，他宁肯抱有侥幸之心，相信刘裕不会谋害自己，也不愿花费精力冒着极大的风险谋划和从事政变。世间对金钱和物欲有太多贪念的人大抵如此。

与此同时，诸葛长民到底也担心万一弟弟说的话变成现实，自己将陷入孤立无援的境地，于是他给身在广固的刘敬宣也写了一封信。信上说：“盘龙狼戾专恣，自取夷灭。异端将尽，世路方夷，富贵之事，相与共之。”盘龙指的是刘毅，诸葛长民说他阴狠专横，被灭纯属咎由自取，言下之意是说自己跟刘毅没什么关系。接下来这几句话则十分暧昧，字面意思是说今后天下就太平了，咱老哥俩儿可以一起共享富贵喽。但富贵这个东西要想永远保有可不容易，诸葛长民自己也说了嘛，“富贵必履危机”，现在孟昶、刘毅等“异端”都已经死得差不多了，你刘敬宣要想安安稳稳地度过富贵的下半生，是不是也得掂量掂量？

刘敬宣显然知道诸葛长民这些话的弦外之音。但他一辈子大起大落，早就看淡了权力之争，于是回信如下：

我自义熙元年至今，十年之间有幸在三个州当过刺史，在七个郡当过守宰。现在时常忧惧福分太过反生灾祸，一直力求避免过于圆满，您提到的所谓富贵之事，我可不敢当。

不但如此，刘敬宣还派人将诸葛长民的来信送给了刘裕。刘裕见了，说阿寿（刘敬宣字万寿）果然不负我。

显然，诸葛长民的种种动向，同在建康的刘穆之不可能不晓得。要知道，刘穆之不但是刘裕的大管家，也是他的情报主管。史书上说，凡是民间的街谈巷议、市井之间发生的芝麻小事，刘穆之无不知晓；朝廷上下，尽是刘穆之布下的耳目。这样的人物，诸葛长民那点儿花花肠子怎么瞒得过他。虽说刘穆之不担心诸葛长民勾结外臣发动政变，但如果他趁刘裕回京之时图谋行刺，那局势可就无法掌控了。而且有这种担忧的不只刘穆之一个，刘裕的另一个部下何承天在一次密谈时便对刘穆之说，当年讨伐卢循后刘裕从左里返回石头城，路上就未曾加以防备，倘若当时留守京师的刘毅有意谋反，那早就没有今日的刘太尉了！刘穆之闻言吓了一跳，事后免不了送信告诫刘裕，路上一定要多加小心云云。

收到刘穆之和刘敬宣的书信，刘裕知道诸葛长民已经有了杯弓蛇影之心。但此时他距建康还有两千里之遥，为今之计是先稳定诸葛长民的情绪。于是他派自己的近臣王诞只身先行，意在向诸葛长民宣示自己并无阴谋诡计。王诞出身琅琊王氏，是屈指可数的向刘裕靠拢的高门士族之一，当时在刘裕太尉府中担任长史，职位比刘穆之还高一头，足可见刘裕对他的尊崇。诸葛长民见王诞一个人毫无戒备地先回来了，心中警惕之意不免稍有放松。

与此同时，刘裕在回来的路上采取了前文提到的种种防范措施。

义熙九年二月三十日夜，刘裕秘而不宣地回到了建康。

建康城里一片平静。

不管是由于缺乏勇气还是因为被刘裕、刘穆之迷惑，诸葛长民并未采取任何对刘裕不利的实际行动。

然而在迈进太尉府的那一刹那，刘裕已经下了除掉诸葛长民的决心。

第二天一早，诸葛长民才得知刘裕已经回来的消息，仓促之间不及细想，就赶到刘裕府中晋见。

对付这种既无胆略又无头脑的人，刘裕知道一壮士足矣。

他派自己的贴身侍卫丁旿潜身于幕后，然后请诸葛长民入室长谈。谈话间，刘裕和颜悦色，将自己以前从没对诸葛长民说过的话掏心窝子一般说了个干干净净，又说有什么照顾不到考虑不周的地方大家自己兄弟千万别介意，又拍着胸脯说有什么要求跟大哥说组织一定帮你解决云云。直说得诸葛长民热泪盈眶小心脏儿扑通扑通跳个不停，将几天前对刘裕的怀疑全都抛到了九霄云外，冷不丁觉得身后忽然一紧，一双粗壮的大手擒住自己的胸口，紧接着腰间一阵剧痛，只听喀嚓一声……

丁旿孔武有力，是许褚一般的人物，当时民间有“勿跋扈，付丁旿”的传言。他得到刘裕眼色示意，自幕后转出，当场将诸葛长民腰骨折断而将其杀死。事后刘裕派人去捉拿长民的弟弟黎民。黎民骁勇善斗，与抓捕者力战而死。

45　豪门朋友圈

义熙九年，诸葛长民被刘裕设计诛杀后，其原本担任的豫州刺史一职便由刘裕自己兼领了。自九年前刘毅掌控豫州开始，这个建康西边的门户终于完全掌握在了刘裕的手中。

至此，东晋全国所有方镇之中，刘裕自己亲领扬州、徐州和豫州，二弟刘道怜镇兖州，从母兄弟刘怀慎刺北徐州，好友刘敬宣刺北青州及冀州，爱将朱龄石、孟怀玉分别刺益州、江州。可以看到，除晋室宗亲司马休之镇荆州和流民帅鲁宗之镇雍州之外，全国方镇尽为刘裕集团所掌握。就这点而言，刘裕“造宋”之路的当前形势不是小好，是一片大好。

不过，要想缔造一个新王朝，不能只靠掌握各地军政大权，在其他方面，刘裕还有很多工作要做。

义熙九年，在刘裕的主持下，东晋朝廷开始在全国范围内再次实行“土断”。

所谓“土断”，是指“以土为断”，即全国百姓在登记户口时统一以现居住地为准。当时，朝廷向百姓征收赋税徭役全以户口为凭。但自从西晋亡于胡寇，东晋转而在江左立国后，大批北方地区的士族和百姓陆续渡江。为了安置这些士族百姓，东晋在长江南北设置了许多侨州郡县。比方说，你们家原来是徐州彭城的，现在那个地方被匈奴人占了，你们家不愿受异族统治，就渡过长江来投奔东晋政府。政府说这么着吧，我找个地方——比方说京口吧——把你们这些彭城人都安置下来，在行政上仍然保留徐州彭城国（郡）的建置，但是因为没有土地了，只好叫侨置州和侨置郡。你们家的户籍仍然写的是徐州彭城，只不过因为是客居的临时户口，所以写在白纸上，叫“白籍”（本地人的户口写在黄纸上，叫“黄籍”）。鉴于你们没有土地，政府也就免除你们的赋税和徭役。

东晋立国一百多年，一方面北方的流民不断南来，一方面原先来的侨民子孙繁息，拿临时户口本的越来越多，同时还有大批的人口在豪强大族的荫庇下成为“黑户”，甚至出现了“千丁共籍、百室合户”的局面。如此巨量的人口收不上来税，不但给政府的财政造成压力，也使得地方豪强坐大，敢于对抗中央。所以东晋政府搞过好几次“土断”，推动户籍改革，希望化侨民为土著。

此时距离上一次土断已经将近五十年了。本来每次改革就不彻底，再加上政令松弛下隐瞒户口的情况很是严重，新来的北方流民又不断涌入，导致土客杂居、籍不符实的情况愈演愈烈。刘裕下令再搞土断，就是希望改善国家财政，打击地方豪强的势力，因为他的帝王大业需要一个国用充足的强有力的中央政府来支持。不过，南来的流民尤其是晋陵郡的流民也是北府兵的重要来源，要想维持北府的强藩地位，最好不改变该地的户籍现状，所以刘裕同时下令，“徐、兖、青三州居晋陵者”不在土断的范围内。

与此同时，针对当时三吴地区地方豪强坐大，凭借经济实力对抗中央的现象，刘裕严禁地方豪强垄断山川湖泽向百姓收税，更以强硬手段打击典型，狠狠整治了一批祸害一方的豪强势力。

此外，刘裕在宫城东南方的青溪桥畔修筑了东府城，作为他控制建康的大本营。东府本来是会稽王司马道子的府邸，刘裕入朝辅政后一直居住于此，大举营造水师是在此，杀诸葛长民也是在此。但东府并无城防设施，府墙也不够坚固，并不能让有篡晋之意的刘裕感到安心，何况建康城东部本就缺乏足够的防御措施。于是义熙十年（公元414年），刘裕对东府进行了改造和整修，将其修筑成具有楼橹雉堞的大城。此后，东府城便成为南朝时期建康东南的著名要塞。

但不论进行土断也好，修筑东府城也好，都比不上争取高门士族的支持更让刘裕操心。

我们早就说过，刘裕以自己寒微的出身和不学无术的文化素养，并不易得到建康高门士族的欣赏和拥护。虽然迫于刘裕的熏天权势，考虑到家族的政治利益，一些士族成员与刘裕同朝为官，甚至进入他的幕府，成为他的僚属，但他们心里多少总有点儿不情愿。士族门阀这时虽然已经失去了对国家政权的掌控，但作为一个阶层，在政治和文化上仍然拥有巨大的影响力。刘裕要想顺利篡晋成为一国之君，就不能不尽量争取他们的合作。

对于这些门阀士族，刘裕采取了软硬兼施的不同手段。对于投靠自己的政治对手、公然跟自己对着干的，例如太原王氏的王愉、陈郡谢氏的谢混、高平郗氏的郗僧施、陈郡殷氏的殷仲文①，一律诛除；对于功名富贵之心强烈、愿意与自己合作的士族，刘裕依其品行才具拔擢选用，例如琅琊王氏的王弘、王诞，陈郡谢氏的谢裕、谢晦，颍川庾氏的庾悦等；而对于那些虽然不党附自己，但也不公开阻挠自己大业的士族，刘裕也能优容。例如，谢澹是谢混的堂兄、谢晦的堂叔，但他既不像谢混那样反对刘裕，也不像谢晦那样对刘裕曲意迎合。有一次，刘裕大摆宴席，谢澹借酒撒泼，说了些顶撞刘裕的话。有人提议严办谢澹，但刘裕却说像谢澹这样的方外之人，不要用普通人的规矩来约束他，并未对其治罪。

无论如何，经过努力，到义熙十年（公元414年）前后，刘裕总算在江左的高门士族中开拓出了自己的朋友圈，拥有了一批稳定的合作者。其中，尤其值得注意的是刘裕与琅琊王氏的合作。

前面我们说过，早在刘裕还是个喝酒赌钱的市井混混之时，琅琊王

---

① 殷仲文离京出任东阳太守后，在义熙三年（公元407年）被以勾结桓胤谋反的罪名诛杀。

氏的王谧就和他有过交情。刘裕欠了一屁股债被刁逵吊打，是王谧替他还了钱。后来，刘裕兴义兵推翻了桓玄的统治，出于感念王谧的恩德，对于身为桓玄奉玺绶重臣的王谧不但不加罪，反而让他当了录尚书事、扬州刺史。虽然王谧在义熙三年去世，但由其开创的琅琊王氏与刘裕合作的格局延续了下来。取代王谧成为琅琊王氏代表的是他的堂侄王诞。

王诞这个人，本来是司马元显的人。所以桓玄掌权后，虽然因为他跟桓修有亲戚关系而没杀他，但还是把他流放到了广州。后来卢循占据广州，想用他在手下当官，王诞却想早日回到繁花似锦的江南，就对卢循说："我这个人不会带兵打仗，你留我在这儿也没多大用。我呢，以前就跟刘裕有交情，你放我回去，刘裕一定会重用我，到时风云际会，我肯定能找到机会报答你的厚恩。"卢循那会儿正喝着刘裕的"续命汤"，也想在朝廷里安插个自己的眼线，于是就放王诞回去了。可王诞回去后，虽然很快就加入了刘裕的幕府，但从此跟卢循再无联系。

刘裕任太尉后，以王诞为太尉府长史，负责撰写府中对外公布的一切政令公文，地位比刘穆之还高那么一点儿。这倒不是因为王诞比刘穆之更受刘裕的信任，而是因为王诞身为琅琊王氏的一员，其在高门士族文化圈中的人脉和威信远非出身低微的刘穆之可比。而王诞也出于个人权欲和家族利益的考虑，尽心尽力地为刘裕效命。

正是由于王谧、王诞的引介，琅琊王氏的王弘、王昙首、王华、王惠等人皆于刘裕幕下登堂入室，后来大多官至公卿，一直影响到刘宋王朝初期的政治格局。

46 剪除司马氏

义熙十年后，随着刘毅、诸葛长民这些异己势力的消灭及对全国绝大多数方镇的掌握，刘裕的“造宋”步伐明显加快了。

这时，身为晋室宗亲、镇守荆州的司马休之便成了刘裕的眼中钉。

司马休之这一支，源于司马懿的弟弟司马进，论起辈分来，他还是今上司马德宗的远房叔叔。司马皇叔本不是权力欲旺盛的人，也不擅领军打仗，逃跑倒是很在行。当年桓玄兴兵篡晋，他正镇守历阳，打不过，就跑到南燕投奔了慕容德。后来刘裕光复晋室，他回来担任荆州刺史，屁股还没坐热，桓振又起来攻打江陵，他打不过，又逃了。朝廷里的御史弹劾司马休之失职，贬他为会稽内史，后来不知道又因为什么事情把他免了职。直到刘裕西讨刘毅，才又任命他为平西将军、荆州刺史。

其实明眼人都看得出来，刘裕让司马休之当荆州刺史，只是为了避一时的嫌疑，以让自己跟刘毅之间的权力斗争显得不那么难看，荆襄要地迟早还是要归他刘裕所有。果然，刘裕从江陵回来刚刚一年，就借口司马休之的儿子文思的事，找起了司马休之的麻烦。

司马文思是司马休之的长子，司马休之的哥哥谯王尚之死后无嗣，司马文思就被过继过去承袭了谯郡王的头衔。这位小王爷年纪轻轻，无人管教，不免生出了王孙公子富二代的许多毛病，喜欢召集一些流氓侠客飞鹰走狗喝酒打猎，搞得建康街市鸡犬不宁。据说他有一次郊游，把人家坟墓给烧了；还曾经将自己封国内的低级官吏殴打致死。这时刘裕正在严惩地方豪强，司马文思顶风作案，为有司所纠，正好可以利用这个机会整治整治司马家，于是刘裕下令处死文思手下那帮狐朋狗友，而将文思抓了送给司马休之亲自训诫，意思是有子不肖，你自己看着办。

如果司马休之想明哲保身，那他就应该杀了儿子，然后向朝廷请罪。但他一来不忍，二来也晓得刘裕已经盯上了自己，躲得了一时，躲不了一世，于是他先是上疏请求辞职。刘裕逮着这次机会，哪肯轻易放手，自然不许。他又上表建议废除文思的郡王资格，还写信向刘裕解释道歉，总之就是不肯杀掉文思。这就给了刘裕发兵的口实。

当时与荆州接壤的两个藩镇是江州刺史孟怀玉和雍州刺史鲁宗之。孟怀玉是刘裕一手提拔的北府新生代将领，对刘裕忠心耿耿。发兵前，刘裕分出豫州沿江六郡交给孟怀玉都督，又派人联系坐镇襄阳的鲁宗之，意图对司马休之实行战略包围。

鲁宗之在朝中无凭无靠，只仗着手里的几万流民武装在襄阳打下了独立的山头。虽然此前他跟刘裕的弟弟刘道规处得还好，但眼瞅着祖国山河一片红，各大藩镇都被刘裕握在了手中，就剩下自己和司马休之两棵独苗儿，而且刘裕剪除刘毅、诸葛长民的手段他都看在眼里，不觉齿冷心寒，深为自己的身家性命感到担忧。这时刘裕派人招抚，意在使鲁宗之向自己靠拢，起码使他不至于倒向司马休之。但鲁宗之显然知道什么叫唇亡齿寒，他怒道："刘裕当我是三岁小孩吗？前年他杀了刘毅，去年又杀了诸葛长民，迟早他也会向我下手！"于是派人将刘裕的使者捆绑起来送往江陵，决心跟司马休之结盟。为坚定信心，鲁宗之还臆造了一个谶语："鱼登日辅帝室。"鱼在日的上面，可不就是"鲁"么！我鲁宗之摆明了就是将辅佐大晋帝室成就霸业的男人！

如果鲁宗之投靠了刘裕，刘裕可能只需要派孟怀玉或朱龄石出兵，就能解决司马休之；但鲁宗之和司马休之联合起来，刘太尉就不得不考虑再次亲自出征。

义熙十一年（公元415年）正月，刘裕下令抓捕身在建康的司马休之的次子文宝、侄子文祖，将其赐死。然后亲领荆州刺史，发兵西上讨伐司马休之。出征前，他安排二弟刘道怜监太尉留府，而以刘穆之为尚书右仆射，谢裕为尚书左仆射，朝中事无大小，一概交由刘穆之负责处理。

与此同时，得到消息的司马休之也与鲁宗之联合发兵，要与刘裕一决雌雄。

正式交锋前，双方先打起了口水战。刘裕指责司马休之袒护凶孽、目无法纪，司马休之控诉刘裕狼子野心，想要谋朝篡位。其实平心而论，打这场战争刘裕名不正、言不顺，只能揪着司马文思的个人行为做文章，就算诬陷他们父子谋反，也是捕风捉影、查无实据，根本就是理亏。司马皇叔这边则不然，他的上表洋洋洒洒将近千字，有理有据地指责刘裕犯下了不可饶恕的N项罪名：

第一，立下大功以后你刘裕自我膨胀，不把皇上看在眼里，有意减少宫里的物资供奉，导致咱们皇上饭都吃不饱，皇后有病的时候汤药都不周全。这事儿朝廷百官都知道，只是敢怒不敢言。

第二，前执政司马元显的儿子法兴[①] 在桓玄篡位时逃亡在外，桓玄倒台后才回到家来，使太傅司马道子的香火绝而复兴。你刘裕意在吞噬大晋天下，怕法兴聪明智慧受百姓拥护威胁你的地位，故意捏造证据将其诬陷致死。连皇上的亲弟弟德文和琅琊王太妃的求情你都置之不理。

第三，你刘裕厚着脸皮威逼皇弟德文把他金枝玉叶的女儿嫁给你微贱出身的儿子，这让我们司马家高贵的血统受到了玷污。

第四，刘毅、刘藩、诸葛长民、谢混、郗僧施这些人都是国之栋梁，你刘裕平白无故将他们一一剪除，明摆着是你自己做贼心虚、心中有鬼。

第五，我们家文思只是年轻不懂事，交了些坏朋友。就算我教育无方，但我要辞职吧你不让，我说废了他吧你还觉得不够。我看你刘裕是

① 《晋书·司马元显传》载："义熙中，有称元显子秀熙避难蛮中而至者，太妃请以为嗣，……刘裕意其诈而案验之，果散骑郎滕羡奴勺药也，竟坐弃市。"此处名为秀熙，与司马休之所言法兴有异，然应是一事。

包藏祸心，故意要构陷我父子罪名。你这么做无非是要剪除我们司马家的羽翼，以达成你的篡逆之举！

就以上五项罪名而言，前两项是否属实很难判断。因为宫里的事外人不大知道，到底晋安帝是不是吃不饱，皇后晏驾跟汤药不周有没有关系，反正我在史料里找不到其他证据。至于司马元显的儿子法兴，据说是别人家的一个家奴假冒，到底是真是假，恐怕只有天知道。后三项罪名所言之事却都是事实，尤其是指责刘裕剪除时望意图篡逆，恐怕凡是对当时的政治局势有所了解的人都是有目共睹的。

其实刘裕现在所做的事，正是一百五十年前他司马家的老祖宗所做的事，而且刘裕早在刚刚掌权不久时就着手了。义熙元年（公元405年），章武王司马秀、益州刺史司马轨之因“谋反”被杀；义熙三年（公元407年），汝南王司马遵之“有罪”伏诛；后来被杀的则有梁王司马珍之、司马珣之、司马宣明、司马贞之等等，还有不少晋室宗亲怕被刘裕杀掉而逃亡后秦、北魏。

逃亡后秦的司马国璠就曾对秦主姚兴说过，只要司马家的宗室里有优秀的人才，刘裕就想方设法除之而后快，对晋室来说，他是比桓玄更大的祸患！而就在刘裕西讨司马休之前不久，这位司马国璠潜入广陵，率几百人夜袭青州刺史檀祗，想要发动一次反对刘裕的叛乱。显然，司马国璠做的事正是十几年前刘裕干的事，而当年桓玄的角色恍然变为由刘裕来扮演。幸而这次叛乱没有成功，要不然刘裕也会像桓玄一样被后世史家编入《贰臣传》，而不是作为开国之君写入帝王本纪了。

47 利害重于是非

尽管刘裕分期分批剪除司马氏的行为在当时是“司马昭之心路人皆知”，而且与社会主流价值观相违背，但大多数人都明白所谓强权即公理，胳膊拧不过大腿，他司马休之再占理，在刘太尉掌控全国资源的强大实力的碾压下，恐怕还是不免被碾为齑粉。在一些明哲保身的人看来，表明立场、划清界限的时刻到了。一听说刘裕亲征荆州，仗还没开打，司马休之手下的某些部属僚佐，例如司马张裕、南平太守檀范之，就脚底抹油逃回了建康。

《孙子兵法》有云：“上兵伐谋，其次伐交，其次伐兵，其下攻城。”刘太尉见自己威压之下，尚未交锋，敌人阵营已经有人不战而逃，不由得也想搞搞上兵伐谋，如能兵不血刃，不战而屈人之兵，想必是极好。

于是刘裕给司马休之手下的录事参军韩延之写了一封信。韩延之大概以前在刘裕府中工作过一段时间，刘裕此举意在借这层关系劝诱韩延之和他身边的人早点儿投降。信上刘裕说：司马文思的事大家都知道，我本人是大公无私仁至义尽了，可司马休之父子还是执迷不悟。我这次发兵只针对他们父子，别的人一无所问。我知道你们其实都是被逼的对不对？我这个人为人处世一向宽大为怀，现在我军就在附近，正是你们弃暗投明的好时机。否则一旦双方打起来，刀剑无眼，伤到你们可就不好了嘛！把我的意思也给其他人说说，让他们了解我的苦心。

按刘裕的想法，这封信一送，只要韩延之懂点儿事、识时务，那还不屁颠屁颠跑来拜倒鞍前？有他做表率，司马休之手下就算不跑个八成，至少也得走一半。果然没几天就收到了韩延之的回信，刘裕打开一读，脸色越来越难看……

韩延之道：

听说您亲率大军来伐荆州，全境的官员百姓都十分恐慌。为什么呢？因为不知道您为什么要打我们。收到您的来信才知道是因为谯王文思的事，真是令人备感唏嘘。司马父子跟您之间的事谁也没我清楚，说句公道话，您这就是“欲加之罪，何患无辞”！如今海内之人，谁不知道您的用心，您还打算骗人骗到什么时候啊？还说什么“为人处世一向宽大为怀”，您对刘毅、刘藩、诸葛长民是怎么宽大为怀的？我这个人虽然不怎么样，却也曾闻道于君子，知道何是何非。以司马平西的大德，手底下怎么可以没有愿意为他牺牲的人呢？我是不会投靠你的。假若真的老天无眼，让世道昏暗，那我自当与臧洪相会于地下，勿复多言！

臧洪是东汉末年的著名义士，为救主君不惜以一小县城对抗袁绍整整一年，最后不屈而死。韩延之抬出这个人来，是表达愿以死明志，不惜与刘裕抗战到底的决心。

每个时代，总有一些这样的人，他们认为道德准则比生命更重要，为道义而死是神圣而崇高的荣耀。

内心深处，刘裕佩服这样的人，但却并不认同。

他相信古来成就大事业者，利害比是非更重要。

所以他只是转头对左右说：“做人还是要像韩延之这样。”便击鼓升帐，布置向江陵城发起进攻。

本来刘裕的计划是分兵两路，水路沿江而上直取江陵，陆路则派步骑混合部队进攻襄阳。攻襄阳这一路由檀道济、朱超石率领。事先江夏太守刘虔之已经在进军的路上架桥积粮，等待檀道济军到来。但时值春雨如晦，道路泥泞，檀道济军迟迟不能抵达约定的地点，鲁宗之的儿子鲁轨反而乘机袭杀了刘虔之。粮草桥梁被毁，取襄阳这路军只好无功而返。

取江陵这路军由刘裕亲自率领。进入荆州境内后，刘裕派振威将军徐逵之[1]统领蒯恩、王允之、沈渊子为前锋先期挺进，而自领大军继后。徐逵之是刘裕的女婿。这个时候刘裕的几个儿子还小，长子刘义符才不过十岁，所以刘裕对这个女婿十分看重，早就想让他带兵立功，好加以重用。这次任他为前锋，是希望他效法王镇恶一举攻克江陵，事后就可以加封他为荆州刺史。

这当然是刘裕出于“家天下”的私心。可以想见徐逵之一定也是踌躇满志，希望阵前立功以博取老丈人的欢心。但战争从来就不是那么简单，鲁宗之的流民武装确实彪悍，他徐逵之也不是王镇恶。不久，前锋部队在江津以东的破冢遭遇鲁轨的突袭，徐逵之、王允之、沈渊子全部战死，只有久经沙场的老将蒯恩严防死守，抵挡住了鲁轨军的攻击。

得知前锋首战失利、徐逵之兵败被杀的消息，刘裕大为震怒。此前韩延之的书信已经让他窝了一肚子气，紧接着连吃两场败仗不说，还搭上了自己的女婿。自从刘道规去世后，刘裕的子弟亲戚里本来就缺乏能办事的人才，徐逵之这一死，不但让刘裕无法对爱女交待，也打击了他的计划中以刘氏取代司马氏坐天下的有序步骤。刘裕不由得怒火中烧，暗暗发誓要让司马休之和鲁宗之成倍返还。

大军抵达长江南岸的马头后，隔江与江陵城相望。三月二十九，刘裕亲率全军将士渡江，发动进攻。鲁轨和司马文思事先已经带兵四万，紧逼江岸排下战阵，意在阻止官军渡河。这里的江岸高峻陡峭，岸下乱石嶙峋，几乎不可能攀援而上。面对如此天险，将士们心惊胆颤，无人敢上前一试。见这种情形，刘裕火冒三丈，立刻下令将甲胄取来，老子我要亲自攀登！这一年刘裕五十三岁，放在古代已是高龄。他这一作势

---

① 徐逵之，有的史料作徐达之。繁体达、逵易混，今从逵之。

欲登，旁边的文武僚佐傻了眼，赶忙上前劝阻。主簿谢晦顾不得礼法，一把将刘裕拦腰抱住。刘裕抽出剑来，指着谢晦怒道：“我斩了你！”谢晦仍不撒手，道：“天下可以没有我谢晦，但不可以没有太尉！”刘裕也知道自己不应该亲身犯险，但仍然咽不下这口恶气，一回头，看见建武将军胡藩正在近前，就下令胡藩先上。

在刘裕麾下众将之中，胡藩是颇有胆识的一个。他本是桓玄的部属，当年桓玄于覆舟山战败出逃，他曾拉住桓玄的马头劝他奋战到底；后桓玄又败于桑落洲，胡藩战船被烧，他全铠入水，潜行三十余步方才上岸。现在刘裕点名叫他攀登江岸，他也犹豫了一下，倒不是怕死，而是没想好用什么方法。刘裕见状怒不可遏，叫左右把胡藩擒了，就要砍他的脑袋。胡藩推开刀斧手，对刘裕道：“我胡藩宁可击贼而死，恕我不奉教！”说罢一跃上岸。

站在崖岸之下，胡藩抬头望去，但见黑褐色的岩石森严布列，宛如一道铜墙铁壁延展开来，竟然找不到可供攀援之处。好在由于多年的风吹日晒，岩石间有崩解开裂的缝隙。他叫人取来多把短刀，用力将刀插入岩缝，露在外面的部分堪堪可容纳脚趾蹬踏，于是他以刀为梯，奋力向顶上爬去。下面的将士见这个方法可行，在刘裕的督促下也纷纷效仿胡藩向上攀登。

江岸陡峭，正好遮住了岸上守军的视线，鲁轨等也绝没有想到官军居然能从这里攀岩而上。冒着摔死的危险爬上江岸的将士们士气大振，在胡藩的率领下向前猛攻。鲁轨军难以抵挡，稍一向后败退，刘裕的大部队就趁机渡过了长江。经过一番混战，司马休之军大溃。刘裕麾军直进，即日攻克了江陵。

48 私利合于大义

江陵一丢，司马休之大势已去，在石城（今湖北钟祥）稍作抵抗后与鲁宗之逃往襄阳。哪知道留守襄阳的参军李应之城门紧闭，显然是不打算让前老板回去了。司马休之、鲁宗之及写信给刘裕的韩延之等无家可归，干脆北上翻过秦岭，投奔了后秦。你得承认跑得快也是本事，刘裕派去追击的王镇恶军愣是没追上司马休之，不得已在国境线前悻悻而还。

与此同时，司马休之抵抗刘裕的行动在数千里外的广固产生了连锁反应。当时镇守青齐地区的刘敬宣身边有个参军叫司马道赐，听说刘裕亲征司马休之，就和几个亲党谋划杀死刘敬宣，以响应司马休之。四月初三，刘敬宣被刺杀于刺史府。事发后，刘敬宣手下的文武佐吏很快杀死了司马道赐一党，为府主报了仇。其实当时司马休之已经败逃，如果消息传得再快一点儿，可能刘敬宣就不会被害了。

无论如何，击溃司马休之取得荆州，对刘裕来说是一个标志性的事件。事后，刘裕以二弟刘道怜为荆州刺史，以长子刘义符为兖州刺史（后改刺豫州）。全国藩镇不但尽在掌握，而且刘裕开始毫不避讳地任命他的兄弟子侄甚至外戚到各地出镇。刘裕自己则凭借讨伐司马休之的“大功”，尽享“剑履上殿，入朝不趋，赞拜不名”的殊勋。

显然，刘裕的“造宋”大业已经全面启动。可以说，以刘裕现在的实力、地位，以及对中央和地方的掌控力，如果此时他就强行移革晋鼎，也依然能够成功。因为放眼望去，全国上下已经没有任何一个势力有实力阻止他的计划。可刘裕明白，如果在时机尚未完全成熟的时候揠苗助长，势必会带来不可估量的恶劣后果。这也是之所以王敦、桓温不曾称帝而桓玄篡晋后迅速败亡的原因。

现在刘裕的状况，好像一个偏科的学生，功有余而德不足。虽然他多年东征西讨，立下了推翻桓玄、灭亡南燕、削平卢循、战胜刘毅和司马休之的赫赫战功，但按当时儒家政治学的观点，一个足够优秀的君主不但需要吊民伐罪的“武功”，更需要仁德济世的“文治”。而这一点，恰恰是“军事特长生”刘裕所缺乏的。对刘裕来说，与其做自己不擅长的事情，假装成仁德之君收买民心，不如扬长避短，以震烁古今的非常之功向世人证明：我刘裕才是天命所归的那个人！而如果刘裕希望自己缔造的新王朝能够安全平稳、顺理成章地取代已经延续了将近一个半世纪的司马氏政权，那他需要一套成熟有效的程序来合法化。

所以，刘裕现在需要一件震烁古今、名垂千古的绝大功业，这功业不但足以证明天命在我，也能够为启动篡晋程序提供绝佳的契机！

刘裕的选择是——北伐！目标是后秦。

永嘉之乱衣冠南渡后七十余年，羌人首领姚苌在关中平原建立了后秦政权。立国三十年后，国势日薄西山，东受迫于北魏，北受逼于赫连，西边的小国仇池和西秦时叛时服，令其芒刺在背，南边又有接壤的东晋刘裕强势崛起。更重要的是，外患未除，后秦的内部又因继承问题发生了变乱。第二代领导人姚兴病重期间，三子姚弼试图武力发动政变抢班夺权，虽然姚兴临死前处死了姚弼，但祸乱的种子已经种下。这时是姚兴的长子姚泓在位，此人文弱多病，并非有力有为之君。

另一方面，大晋的故都洛阳和长安都在后秦手中，晋室先祖的陵墓也在后秦疆域之内。这种情况下，有什么功业能比从异族手中夺回两京、收复山陵更伟大，更辉煌，更能证明天命所归和民心所向呢？

对于东晋来说，此时也恰是北伐的好时机。以前祖逖、殷浩、桓温等人的北伐之所以最终都归于失败，朝野内外不同势力的掣肘是一大原因。如今整个朝廷尽在刘裕掌控之下，全国藩镇也能并力图进，三军用命，将士归心，全国的资源可以整合为一个拳头打出去。并且此前灭亡南燕，收复了青齐之地的国土，由淮河水系进入黄河水系的水路可资利用，从而使粮草辎重的运输更为便捷，而且东晋也可借此发挥水军优势，这是战略上的又一个重要利好。

其实，刘裕早在当年平定南燕之时，就生出了以青徐为基地经略中原的雄心，只是后来卢循起事、江左空虚，才不得不暂时放弃。多年以来，在与刘裕的斗争中失败的桓氏余党和司马休之等晋室宗亲大多北逃入了后秦，后秦给他们提供了官职和军队，让他们在秦晋交界地带不断寇扰东晋国境，这也为刘裕此次北伐提供了一个口实。

平定司马休之后仅仅半年，刘裕便加领平北将军，于秦晋边境设立秦州（镇治汉中），自领都督，显然有了北伐之意。一个月后，秦主姚兴病死。刘裕立刻自任中外大都督，下令全国军事动员，准备大举北伐。

义熙十二年（公元416年）八月，军队集结已毕。刘裕以世子刘义符为中军将军、监太尉留府，留守建康；以刘穆之为尚书左仆射，入居东府，总领朝廷内外诸事；又安排太尉左司马徐羡之作为刘穆之的副手；以左将军朱龄石负责宫城防卫；以从母兄弟刘怀慎任徐州刺史，守卫京师。

留守诸事安排已定，八月十二日，刘裕亲统大军兵发建康，五路伐秦！

第一路，由老将王仲德为前锋，其任务是凿通巨野泽与黄河间的运河（即当年桓温北伐前燕时开凿的“桓公渎”），而刘裕本人统领大军为后继，从彭城出发，沿泗水入清水、济水，经巨野泽进入黄河，逆流而上，直抵洛阳。这一路是伐秦的主力。当年桓温伐燕，走的正是这条路线，不同之处在于，徐兖之地现在尽为晋朝所有，一路行来，远较桓温当年顺利。

第二路，由建武将军沈林子和刘裕的族弟彭城内史刘遵考指挥，也从彭城出发，沿汴水西上，经石门塞（今河南荥阳北）入黄河，与第一路汇合后共同进军洛阳。

第三路，由龙骧将军王镇恶、冠军将军檀道济指挥，从寿春（今安徽寿县）出师，逆着当年苻坚南侵的路线，沿颍水、淝水北上，攻略谯郡（今安徽亳州）、陈郡（今河南淮阳）、颍川（今河南许昌东），目标仍然是洛阳。

第四路，由新野太守朱超石、宁朔将军胡藩指挥，从襄阳出发，经南阳后进入秦境，直抵阳城（今河南登封东南）。

第五路，由振武将军沈田子、建威将军傅弘之率领，出襄阳后，向西北进军，沿丹水而上，越秦岭，入武关（今陕西丹凤东），经上洛（今陕西商洛），直指长安。这一路意在牵制关中的后秦主力。

此外，还有别将姚珍、窦霸两人各领数千人马，从汉中出发，在子午谷、骆谷一带制造进攻长安的假象，以为疑兵。

大军临行前，中军咨议参军张邵忽然问了刘裕一个问题："人生危脆，宜当远虑。太尉您远征期间，刘穆之若邂逅不幸，谁可代之？尊业如此，若有不讳，又该如何处分？"

刘裕的世子刘义符时任中军将军，张邵是刘裕亲自选定辅佐世子的人选。这个人平素行事极有见识，常常是领导刚有个意思，他就把事给办好了，所以刘裕对他的评价是"同我忧虑"。可刘裕没想到他今日竟问了这么个问题。虽然确如张邵所言，人生是如此脆弱，而刘裕和刘穆之皆已步入暮年，但当面被问到后事如何料理，刘裕的心里还是不免生出些许不快。

所以他只是敷衍地回了句："这事就交给穆之和你看着办吧。"刘穆之自有副手徐羡之做备胎，世子的地位则相当于太子，只要你们能尽心辅佐就够了。

登上旗舰，刘裕统领大军横渡长江，向北岸而去。

江水壮阔浩淼，滚滚东去，将刘裕的些微不快一扫而空，更激发出了他烈士暮年、壮心不已的心境。想当年，志在兴复的祖逖率部曲百余家北渡长江，击楫中流，誓言若不能清复中原，绝不复渡大江！如今言犹在耳，斯人已逝，只有浩浩长江水无语东流。孔子云：“五十而知天命。”年逾五十的刘裕独立船头，北望神州，忽然间体味到，自己的个人命运冥冥中便是天命，自己的一己私利竟合于国家与民族的大义，不禁觉得一股苍凉之气盈然于胸，竟有泫然欲泣之感。

49 庸主姚泓

义熙十二年九月，刘裕抵达北伐的大本营彭城。与此同时，五路大军正按照既定的部署向后秦境内挺进。其中进展最快的，是檀道济和王镇恶统领的第三路军。

从寿春出发后不久，檀道济和王镇恶即分军前进，檀道济统军沿颍水北上，攻略后秦新蔡、陈郡、颍川诸郡，王镇恶则沿淝水、睢水北上，取谯郡、梁郡后直指荥阳。按照部署，两人将于洛阳会师，等待刘裕大军到来后再西进入关。

檀道济早在京口起义时便追随刘裕，后来讨桓振、破卢循，常身先士卒，立下赫赫战功，但一直以来都是担任偏将的角色，很少单独指挥一支部队。一方面是因为他年龄资历较轻，一方面也与刘裕的猜忌心理有关。高平檀氏家族合门从义，除檀道济外，檀韶、檀祗等人都在朝中官居高位，加之檀家子侄众多，在乡党中颇有势力，所以刘裕对檀家的人向来是用七分、防三分，一边考察，一边谨慎使用。

前不久，刘裕刚刚从建康出发，时任青州刺史的檀祗未经请示便擅自带兵出广陵，到位于建康以北的涂中（今安徽滁河下游）去搜捕盗匪。留守的刘穆之得到消息后颇感紧张，因为搞不清楚檀祗到底是真的抓捕盗匪，还是趁刘裕出征、京师空虚的机会阴谋不轨。还是张邵比较冷静，他对刘穆之说："现在檀祗的哥哥檀韶在中流任江州刺史，弟弟檀道济则任北伐先锋，如果我们展示出对檀祗的怀疑，很可能会激起变乱。不如派人前去迎接慰劳。檀祗目光短浅而无远志，必会安然无恙。”虽然这件事后来确如张邵所料是一场虚惊，却也看得出檀氏兄弟在刘裕集团中的地位比较尴尬。

檀道济这次独领一军为北伐前锋，很想借机证明自己有能力独当一面。他统军进入秦境后，进展颇为顺利。后秦徐州刺史姚掌以项城（今河南沈丘）投降后，周边屯守皆望风降附，只有新蔡太守董遵负隅顽抗。檀道济三下五除二攻下新蔡，俘虏董遵，绳捆索绑将他押入营门。这董遵忽然叫道：“古时候的王者伐人之国，都要待士以礼。你们凭什么兴不义之师进犯我国，还待国士以非礼？”檀道济的进军属于突袭，事先并未向后秦宣战，但秦晋为敌已久，后秦长期侵扰东晋边境，双方根本谈不上什么先礼后兵，至于优待战俘以国士之礼，更是痴人说梦。檀道济心说你当两国打仗是过家家呐？根本不和他废话，一刀砍了，拔营启程，直奔下一个目标。

很快，檀道济势如破竹，攻下了颍川郡治许昌，而王镇恶军也拿下了黄淮之间的重镇漆丘（今河南商丘东北）。与此同时，第二路沈林子部进展也很顺利。入秦境不久，襄邑（今河南睢县）的地方大土豪董神虎聚众一千余人响应晋军，沈林子便以董神虎部为向导，合兵攻克仓垣（今河南开封北），后秦兖州刺史韦华见势不妙，立刻投降。

随着晋军在关东迅速推进，破城失地的告急文书一份份传入了长安城。

此时，后秦第三代领导人姚泓上任刚刚半年。史书上对这位老兄的评价是“孝友宽和，而无经世之用”，基本上是一个心地善良的文艺青年。太平岁月，这样的人或许可以成为一个合格的守成之君，但可惜他生在了战乱年代，不免便要成为人人可欺的懦弱之主。姚泓即位不久，河东地区便爆发了数万落匈奴人的叛乱，仇池氐杨盛攻陷祁山（今甘肃礼县东北），威逼后秦的西部边疆，而崛起于鄂尔多斯大草原的匈奴人赫连勃勃攻陷阴密（今甘肃灵台西），进据安定（今甘肃泾川北），持续不断地寇掠后秦的北境，姚泓只好仰仗叔祖东平公姚绍左支右绌充当救火队长。不等刘裕来攻，后秦内部实际上已经是危机四伏了。

面对如此严峻的边疆形势，姚泓召开了一次御前会议，讨论御敌方略问题。会上，东平公姚绍提出：现在晋师已经攻占了许昌，正向洛阳挺进，而赫连勃勃也觊觎安定。然而不论是洛阳还是安定，距离长安都较远，仓促之间难以救援守卫。我们应该收缩防线，将镇守四方国境的十万军户统统调回拱卫京畿。这样即使同时遭受两方的进攻，也不至于亡国。如若不然，晋人自东攻来，赫连勃勃又由北杀至，我们如何才能抵挡啊！事不宜迟，应该赶快决定才好。

左仆射梁喜却认为：安定现由齐公姚恢镇守，将士们又与赫连勃勃有血海深仇，一定能够守得住。有安定在，赫连勃勃才不敢入寇京畿。倘若我们将安定的军队撤回，勃勃不就杀到我们家门口了么？关中现有的军队应付晋军已经足够，怎么能够敌人还没来就先撤军弃地自我削弱呢？

姚泓左想想右想想，觉得姚绍说得有理，但梁喜说得也对，这可咋整呢？跟满朝文武合计了半天，寻思安定边防军不宜轻动，但关东的危难也不能不救，只好扳着指头挤出了骑兵三千、步兵一万，分别交给越骑校尉阎生和武卫将军姚益男，叫他们前去支援洛阳；同时，又命弟弟姚懿自蒲坂（今山西永济西）南屯陕津（今山西运城南，与河南陕县隔黄河相望），为阎、姚二将声援。

会后，吏部郎懿横寻了一个左右无人的机会，向姚泓密报道：“陛下即位之时，齐公姚恢曾立有功勋（指姚恢杀死与姚泓争位的姚弼党羽吕超等）。可如今陛下并无酬赏，姚恢外居于孤危之地，对内又不豫朝权，难免心生不满。加之胡寇威逼之下，安定人人思欲南迁。假若姚恢拥镇兵四万，鼓行而向京师，必将为社稷之患！陛下宜将姚恢征还朝廷，以慰其心。”姚泓道：“若姚恢真有不轨之心，将他征还不是引狼入室么？”并未听从懿横的建议。

事后看来，姚泓没有听从东平公姚绍的建议内迁镇户充实长安在战略上是一个极大的失误，不但导致了关东镇将被东晋各个击破，也直接诱发了后来姚懿、姚恢的叛乱。如果姚绍的建议能够实行，则后秦虽然会失去关东的领土和安定一镇，但京师的根本力量得到了增强，姚懿、姚恢也绝不敢反叛，即使刘裕攻入关中也未必就能稳操胜券。近似的例子可以参考六十年前桓温进攻前秦之战，当时桓温已攻入关中，逼得秦主苻健只能固守长安，然而最后还是因军粮不继无功而返。假若姚泓能效仿苻健，集中兵力收缩防线的同时坚壁清野与刘裕打持久战，势必会给晋军造成很大的麻烦，而刘裕意在篡晋不在灭秦，断然不会选择在关中长久消耗下去，那样一来，后秦也绝不至于亡国。

在这个历史节点上，文艺青年姚泓暴露出了他的确“无经世之用”的庸主本色，而后秦的命运似乎也就此注定。

退朝后，心事重重的东平公姚绍找来一位通灵胡僧，卜问国家休咎如何。这胡僧啥也没说，只是要了一袋面粉，不慌不忙烙起饼来。这饼越擀越大，烙好后直径竟有一丈来宽。胡僧翻身坐在饼上，开始一口一口吃起来，先吃西边，再吃北边，最后吃南边，剩下的饼卷了卷，一口吞下，扬长而去。

姚绍似乎明白了什么，他长叹一声，老泪纵横。

50 | 假途灭秦

当第二路沈林子军和第三路檀道济、王镇恶军在后秦境内纵横驰奔之时，统领水师的第一路王仲德军则边走边停，疏浚巨野泽和黄河之间的河道。

这一路行来都是本国国土，基本上等于观光旅游，直到来抵滑台（今河南滑县南）附近，才算见到了敌人的踪迹。不过，这敌人却不是打着后秦的旗号，而是属于当时北方另一个强大的胡族政权——北魏。

滑台这个地方自古以来是黄河中游的一个重要渡口，白马津、灵昌津皆位于其附近。此地原是慕容德据以建立南燕的都城，隆安三年（公元399年）其守将降魏，从此便成为北魏在黄河以南的重要桥头堡。其时北魏已经立国三十年，正值第二代领导人拓跋嗣在位。晋魏两国之间的关系虽然并不友好，却也并未爆发大规模的战争。王仲德本来很紧张，生怕弄不好把北魏也拉入战局，谁知守滑台的北魏兖州刺史尉建竟然是个胆小鬼，见晋军阵容强盛，居然弃城渡河而逃。王仲德捡了个大便宜，还想卖个乖，他冲着魏军远去的背影嚷道："我晋国本来想用布帛七万匹向贵国借道，没想到贵国守将如此好客，钱还没收，就自己跑了！"魏主拓跋嗣得到报告，觉得大丢面子，立刻调刚刚在河内平定了叛乱的叔孙建、公孙表军向左转，去与晋军交涉。

叔孙建、公孙表引军来到滑台城下，当着晋兵的面，将畏敌而逃的尉建斩首，尸体扔进黄河。接着叫王仲德出来，宣布滑台自古以来是我大魏领土神圣不可分割的一部分，我们对东晋的侵略行为表示严正的抗议和强烈谴责，希望晋方认识到自己的错误行为，悬崖勒马，将滑台的主权交还给我方；否则我方不排除使用武力解决争端，到时一切后果由晋方负责，希望晋方正视现实，勿谓言之不预也blablablabla。王仲德耐着性子听了一个时辰，末了答复说，其实俺们此来是上洛阳上坟扫墓的，不敢侵略贵国，贵国守将自己走了，我们只是暂且借个空城歇歇脚，马上就走，大家拉拉手还是好朋友，为此伤了和气就不好了嘛！拓跋嗣对这个回答很不满意，叫叔孙建直接派人去找刘裕。刘裕的答复虽然冠冕堂皇、言辞谦逊，但跟王仲德说的基本一样，说我们只是借个道，顺便打个酱油，绝没有对北魏不利的意思。

不管怎么说，确实是北魏的人自己弃了城池，双方并没有发生直接的军事冲突，刘裕又给足了拓跋嗣面子，拓跋嗣也就顺台阶下，暂时不再理会，只是派“黑矟（音shuò）将军”于栗磾（音dī）在北岸筑垒，以防晋军进一步侵逼。

进入十月，晋军在关东的进展依然犀利。随着后秦阳城、荥阳、成皋、虎牢等镇戍纷纷投降，檀道济、王镇恶军很快便逼近了大晋旧都洛阳城。这时镇守洛阳的是姚泓的弟弟姚洸，他手下的兵将最多也就一万人，所以副将宁朔将军赵玄提议，应该主动避免与晋军接战，集中兵力固守金墉城，然后等待援兵。金墉城是洛阳西北角的一座要塞，城防设施十分坚固。赵玄认为只要金墉城不丢，晋兵就不敢越过洛阳向西进军，应该说他的建议十分合理。但俗话说“不怕没好事，就怕没好人”，姚洸手下的司马姚禹、主簿阎恢等早就私通檀道济准备投降了，他们都反对赵玄的意见，反而劝姚洸不要示弱要主动出击。姚洸也是年轻没经验，居然真的就派赵玄领精兵千余南守柏谷坞，广武将军石无讳东戍巩城。

柏谷坞在今偃师县东南，虽然坞高十余丈，但毕竟是个小土堡，论坚固哪里比得上金墉城？何况赵玄带走的也就一千来人，哪里守得住？所以临走前赵玄知道自己必将不免，垂泪对姚洸道：“我赵玄受姚氏三世厚恩，正当以死相报。只是明公您不用忠臣之言，反为奸臣所误，事后即使后悔也来不及了！”

果然，柏谷坞一战，赵玄以千余人不敌王镇恶前锋毛德祖部，身中十余创，倒地不起仍大呼杀敌。赵玄的司马蹇鉴抱着他大哭，赵玄说我伤重必死，你速速逃命去吧！蹇鉴却选择守护在赵玄身侧，最后两人一同遇害。而派出去的另一路石无讳军，听说敌人逼近半路就奔溃而回。劝姚洸出战的奸臣姚禹等人则翻墙出城投降了檀道济。十月二十日，檀道济军抵达洛阳城下。两天后，姚洸出城投降。而姚泓派来支援洛阳的那一万三千人部队还在半路上，听说洛阳已经失守，便不敢再向前进。

事后檀道济清点战俘，总共也就四千多人。由于其中不少都是羌族人，某些晋军将士便提议将这些人全部坑杀，然后把尸体堆成高耸的“京观”，以对夷狄占我河山、乱我邦国表示报复。但檀道济却说道：“吊民伐罪，正在今日。”于是便将全部战俘释放遣送回家了。

不要小看檀道济这一释放战俘的举动。在十六国南北朝这个战乱频仍的年代，人口是一个国家国力和战斗力的基本单位。这个时期的战争有个共同的特点，即战胜的一方往往强制迁徙战败国的人口或者坑杀战俘，因为这是削弱对方、充实自己的最有效的手段。就拿檀道济的老板刘裕来说，当年攻下广固灭亡南燕之后也曾想将城中余口尽数坑杀，受到谏阻之后才将杀俘的范围缩小到三千鲜卑人身上。这次檀道济释放战俘的行动，在当时是不太常见的现象。实际上，尽管每个国家都有赵玄这样愿以死为国尽忠的人，但这样的人只是极少数，大多数普通将士和平民百姓只想苟全性命于乱世，并不在乎国家的统治者是汉人还是少数民族，是姓司马还是姓拓跋。通过释放战俘，檀道济向后秦各地的戍防将士释放了一个信号：只要放下武器，保证你们没事。而这对于后秦军队的士气和战斗力都是不小的打击。此后直到后秦灭亡，我们在史籍上再也见不到像赵玄这样誓死御敌的猛士，反而时常可见后秦将士望风而降、临阵溃败的事例。由此可见，檀道济这一招才是真正的“上兵伐谋”“攻心为上”啊！

51 祸起萧墙

洛阳是大晋王朝的旧都。如果从永嘉之乱洛阳失陷于匈奴人刘曜之手算起，迄今已经过去了一百零五年。这期间虽然东晋曾于永和十一年（公元355年）和太元九年（公元384年）两次收复洛阳，但不久便又在胡族的铁蹄下再次沦陷。当年，刘曜用一把大火将洛阳宫室全部焚毁，再加上百余年来围绕洛阳开展过多次攻防战，原来的繁华帝京，如今只剩下荒烟蔓草、断瓦残垣，北邙山上的晋室五陵，也早已被盗掘一空。收复洛阳后，刘裕立刻上表，请求朝廷派宗室修谒五陵，又以毛修之为河南、河内两郡太守，负责戍卫洛阳。

夺回旧京、光复山陵的功劳很大，按理说朝廷要再次给刘裕以嘉奖。

但这时论爵位，刘裕已经是食邑万户的豫章郡公，论官职则已经是太尉、录尚书事、中外大都督，论特权则已经尽享剑履上殿、入朝不趋、赞拜不名，人臣能够得到的封赏刘裕已经到顶，再往上就只能赐予那些“非人臣之位”所能享受的封赏了。而且到了刘裕现在这个地位，想办什么事根本不用自己说出口，只需要一个眼神一个态度，下面自有体会上意的人替你奔走。于是在洛阳收复后还不到一个月，时任太尉长史的王弘就在刘裕的授意下回到了建康。王弘向朝廷暗示，应该赏赐刘太尉“九锡之礼”，官位上自然也要有相应的晋升。

锡是赐的通假字。所谓九锡，不是九件锡器，而是古时候天子赐给功劳极大、但官爵又已升无可升的臣属的九种极品荣誉装备，包括车马、衣服、乐器、虎贲、弓矢等等。这些器物装备在等级上通常只有天子才配使用，历史上加九锡者大多是王莽、曹操、司马昭、桓玄等篡权之辈。求九锡等于刘裕明目张胆地向世人宣告：谁也别拦着我啊，这皇帝的位子我是要定了！

朝廷早就掌控在了刘裕手中，晋帝不过是遥控的傀儡，况且世人早已明白，帝系的转移已是不可逆转的历史大势，天下由姓司马改为姓刘似乎也并不坏，所以九锡之议自然不会遇到什么反对。

十二月二十九，朝廷下诏，晋封刘裕为相国、总百揆、扬州牧，同时以彭城等十郡进爵为宋公，备九锡之礼，位在诸侯王上。

虽然这一任命刘裕还是“固辞”，但大家都明白这不过是必要的程序和演戏，接受相国和九锡只是时间问题，宋国的建立也是指日可待。

一个新的王朝行将诞生，与此同时，另一个王朝则面临着覆亡的危机。

本来洛阳失守后，后秦面临的局势虽然进一步恶化，但还不至于到无法挽救的地步，可紧接着后秦内部爆发了东西两大藩镇的相继叛乱，大大削弱了这个国家面对外敌入侵的抵抗力。

先是镇守蒲坂的征东将军姚懿（姚泓之弟）宣布称帝，紧接着镇守安定的征北将军姚恢率领镇户举兵内向，号称要“清君侧”。庸弱无能的秦主姚泓一筹莫展，只能在朝会上对着群臣黯然垂泪。幸亏东平公姚绍、抚军将军姚赞等老臣东征西讨，才总算扑灭了自家后院里这两把熊熊大火。

而雄踞岭北的赫连勃勃也趁着姚恢放弃安定、回长安造反的机会，到关中大抢了一把，等到救火队长姚绍带兵来打他，他又马上退了回去。赫连勃勃当然不是畏惧姚绍，而是得知了刘裕北伐的消息，他笑对群臣道：“刘裕水陆俱进，又有高世之略，他姚泓岂能自保！更何况内部还有兄弟叛乱，他拿什么来抵御晋兵！刘裕必破秦无疑。然而，刘裕攻下长安之后，不久定会南返，至多留其子弟和诸将把守关中。待刘裕走后，我取长安如拾草芥，现今不必多劳累士卒。”于是赫连勃勃厉兵秣马，养精蓄锐，兴致勃勃地坐山观起了虎斗。

与此同时，拿下洛阳的王镇恶、檀道济和沈林子得知后秦内部有变的消息后，决定放弃在洛阳等待与刘裕会师的原定战略，抓住战机，乘虚向后秦腹地挺进。王镇恶军仍在黄河南岸，攻下渑池后直抵潼关，而檀道济和沈林子则在陕县北渡黄河，进攻河东重镇蒲坂。可计划赶不上变化，没想到造反的姚恢那么不经打，马上就被姚绍摆平了，等晋军来到潼关之时，姚绍已带着五万人马赶了回来，同时又派别将姚驴增援驻守蒲坂的并州刺史尹昭。于是在潼关一带，晋军被迫与姚绍展开了旷日持久的攻坚战。

在姚绍与王镇恶等于潼关相持不下之时，从彭城出发的刘裕军已进入黄河，正在向洛阳挺进。这次可不是毛德祖那万八千人的前锋部队，而是刘太尉亲统的北伐主力军，虽然具体兵力不详，但已足够给对岸的北魏造成强大压力。虽然刘裕几次三番声言是借道，可魏主拓跋嗣感觉自己像是被人拿刀子顶着借钱，既担心又怀疑，十分别扭，再加上自己大舅子姚泓的求救信也到了（姚泓妹西平公主嫁给了拓跋嗣，虽然因铸金人不成，没被立为皇后，但却十分受宠），拓跋嗣就与群臣商议，到底该拿刘裕怎么办。

对此，北魏的大臣们意见比较一致，认为潼关乃是天险，刘裕用水军来攻打，十分困难，但上岸侵略我国则相对容易，他刘裕口口声声说是伐秦，谁知道肚子里到底安的什么心！万一他攻打河北怎么办？再说秦国又与我国有联姻之好，不能不救，最好发兵阻断黄河上游，让刘裕无法前进。

但大才子崔浩的意见与群臣不同，他说：“刘裕谋划攻秦已经很久了。现今姚兴已死，姚泓庸懦无能，国家内乱频生。刘裕乘其危难而伐之，那是志在必得。我们如果阻断上流，就是跟刘裕结仇，到时刘裕怀恨在心，一定会上岸北侵，那我们不是白白替秦国当了一回挡箭牌么。近来柔然寇掠北方，国内收成又不好，此时如果再与刘裕为敌，恐怕南北难以兼顾。不如暂且让出水道，待刘裕西进后，我们再屯兵断其后路。这样做的好处是：假使刘裕得胜，一定会感谢我们借道的恩德；他要是失败了，我们也没有失掉救秦之名。即便刘裕得到了关中，其势悬远隔绝，必不能久守，迟早总要落到我们手里。况且南北之间水土习俗大有不同，刘裕绝不能用吴、越之兵与我国争夺河北之地，沿水路西伐才是他的真正目的。为国家大计考虑的人，应以社稷为重，怎么能够顾及一个女子的感受呢？”

看来崔浩的预想与赫连勃勃相同，都希望本方在刘裕与后秦的争斗中置身事外，以图将来得到渔翁之利。而且他们都认为，刘裕就算得了关中，由于地势悬远、风土迥异，也不能久守，只需要多一点耐心，苹果就会自己从树上掉下来。

从个人感情而言，拓跋嗣倒真是想拉那个没出息的大舅子一把，可崔浩说得不错，自己没必要代人受过；不过其他大臣的话似乎也有道理，万一刘裕担心后路被断、腹背受敌，调转枪口来打我们，怎么办？

拓跋嗣思前想后，决定采取中庸之道：派司徒长孙嵩统领振威将军娥清、冀州刺史阿薄干等步骑十万，出屯黄河北岸，密切监视刘裕的动静。

52 金戈铁马却月阵

长孙嵩是北魏的功勋老将，从十四岁时即统军打仗，虽然崔浩给他的断语是“有治国之用，无进取之能”，但执行这巡河的任务对他来说，无异于小菜一碟。长孙大将军带着十万大军信心满满而来，将营盘扎在了畔城（今山东聊城一带），另指派几千骑兵为游军，每天如影随形一般，陪着水里的晋军：刘裕你坐船头，哥哥在岸上走，浪花滚滚，纤绳荡悠悠啊荡悠悠……

但刘裕的运粮船实在太重，又是逆水行舟，时值春末夏初，刮的都是南风，有时候风大水急，纤绳绷断，不免有几只船被吹到了北岸。面对这送到嘴边的肥肉，向来以劫掠为乐的鲜卑骑兵岂能不吃？当下蜂拥而上，将为数不多的晋兵杀掉，东西抢个精光。人家当着你的面抢你的东西杀你的人，要是坐视不理，你刘裕还怎么带兵？可这帮鲜卑骑兵简直跟苍蝇一般，等刘裕派大军登陆，他们就“风紧扯乎”，跑得远远的，一旦你退了兵，他们又去而复来。反正两条腿跑不过四条腿，你又能奈我何？一来二去，搞得刘裕不胜其烦。由于北魏骑兵的持续骚扰，晋军的行军进度大受影响，水路补给也不通畅，一个问题就摆到了刘裕面前：怎样才能狠狠地教训一下魏军，让他们再不敢轻易靠近呢？

此时，一个偶然发生的小插曲点醒了刘裕。

这天，一艘大船受暴风吹袭，不幸漂到了北岸。五六百鲜卑骑兵扑上来正抢得兴起，忽见一艘小舟载着十二三人奔岸边划来。鲜卑人都笑了，你这么点人过来，是要干吗，是要搞饭后娱乐活动么？哪知这十几人不是来娱乐的，而是来杀人的。登岸后，为首一将弯弓就射，箭不虚发，敌人应弦而倒，眨眼十数人被射杀。毫无心理准备的几百魏军一时大惊，顿时一哄而散，此人夺回大船，潇洒而回。

这位神射手，正是刘裕讨伐司马休之时勇攀绝壁的宁朔将军胡藩。他天生一副火暴脾气，眼见自己麾下的船被魏兵抢掠，气愤难忍，这才脱离船队，上岸一显身手。

胡藩的这一行为让刘裕意识到，要想痛打魏军，首先就不能派出过多的军队，因为那会把他们吓跑。

一个计划已在他心里形成。

四月的一天，刘裕派自己的亲兵队长丁旿率领七百壮士，拉着一百辆兵车上了岸。远处的魏兵看着蹊跷，不知道晋军又要玩什么花样，一时观望未动。丁旿指挥这七百人将兵车沿河岸摆开，呈一向北凸出的弧形，两端直抵河边，若从高空俯视，宛如一弯新月正展现于河岸之上。

列阵完毕，丁旿举起了一杆白羽战旗。早在船上准备多时的宁朔将军朱超石（与胡藩同为宁朔将军）率两千人迅速登岸，进入战斗序列。加上原来的七百人，每辆兵车上已增至二十七人。而且朱超石不是空着手来的，他还带来了一百张巨弩、一千多支槊、数十把大铁锤和许多面中间留有缝隙的木排。晋兵立刻紧张施工，将所有的木排都装设在车辕之上，这就形成了一个个挡箭牌，对面的箭矢难以射进车里，车上的人却可以透过缝隙发射弓弩。至此，在中国战争史上赫赫有名的一个军阵布列完毕，这便是刘裕精心打造的“却月阵”。

却者，缺也，抱残守缺，大巧不工。

而在晋军列阵期间，魏兵们的表现不像是来打仗，倒像是来参观。他们如同步入卢浮宫的游客，以极为克制的理性态度欣赏着眼前的行为艺术。他们早看明白了，敢情眼前是个军阵。可长孙大人原来的指示是人少了就砍，人多了就跑。如今晋兵正好两千七百人，跟本方差不多，到底是打是跑，还真拿不定主意。于是魏兵们只好一边继续参观，一边派人快马向长孙嵩请示。不多时，领导指示到了：给我打！长孙大人带着三万骑兵马上就来！

于是鲜卑人不再作矜持状，而是换上狰狞面目，四面纵马而来（准确地说是三面，因为南边靠河，晋军无后顾之忧）。朱超石等的就是这个，他传令下去，先用软弓小箭来射。一开始，鲜卑人还像第一次见了黔之驴的老虎一般心存忌惮，可眼瞧着晋军射出来的箭没飞多远就落在了地上，有一两支射到身上，也跟挠痒痒差不了多少，于是他们就更加放肆大胆，越靠越近。片刻后，长孙嵩的三万大军也到了。面对兵力上的压倒性优势，长孙嵩不再废话，下令立刻总攻，把这帮南蛮子赶下水去喂黄河鲤鱼！

肉搏战开始了。

三万鲜卑铁骑以撼天动地的气势奔腾而至，正面冲击却月阵，但一辆辆厚重兵车紧密相连，像铜墙铁壁一般岿然不动，更重要的是，这时车内的晋军早已换上了万钧巨弩，一时间千弩俱发，每一次齐射，冲到前排的魏兵就像割庄稼一般倒下一片，却月阵前立刻人仰马翻、尘沙滚滚。但鲜卑骑兵也不是吃干饭的，前排刚刚倒下去，后排又冲上前来，仿佛汹涌的潮水，一浪一浪地拍打着岸边的礁石。弩机不是机关枪，每发射一次都要上弦，晋军使用的万钧巨弩虽然杀伤力大，但上弦所用的时间也更长，再加上魏兵的人数实在太多，总有不怕死的人冲到近前，车阵渐渐难以支撑下去。

关键时刻，朱超石带来的一千支槊发挥了用场。所谓槊，就是特别长的矛。他下令将这些铁槊全部折断，每三四尺为一截，然后“以锤锤之，一槊辄洞贯三四虏”。

在此，如何理解史书中的这句话成了问题的关键。晋军到底是怎样使用铁锤和槊的，难道是像雕刻家一样一手持槊，一手用锤敲击？考虑到断槊飞出去造成的巨大破坏力：一槊洞穿三四人，上述方法显然不可能。有学者认为，朱超石是用断槊代替巨弩所使用的大箭，由于上弦的力量实在太大，所以需用铁锤击打巨弩的发射机关（弩牙），使断槊射出杀敌。我认为这种推测相对合理，因为宋代《武经总要》记载的“床弩”就是“以槌发其牙”，即用锤子敲击来发射的。断槊比之大箭，虽然射程短、准确性差，但此时鲜卑骑兵已经成批涌到了阵前，恰恰弥补了这一缺点。于是这些勇敢冲到近前的鲜卑兵们就不幸成了晋军实验穿甲弹的牺牲品，他们只觉一阵冷风扑面，就发现自己与战友前胸贴后背地串到了一起，好像正要下锅的麻辣串。这场面不论在视觉上还是在心理上造成的震撼都实在惊人，魏军再也不顾长孙嵩的督战，惊骇万分地向后退去，一时自相践踏，死者相积。北魏冀州刺史阿薄干也死于乱军之中。此后，朱超石又带领胡藩、刘荣祖这两位神射手乘胜追击，再次击败魏军，杀获千余人。

这期间，刘裕只是坐在楼船之上，静静地看着整个战斗过程。

他无需指挥，因为一切尽在掌握中。

53 潼关攻坚战

却月阵之战结束后，刘裕没有乘势上岸北侵，相反却给长孙嵩送去了江南的特产美酒美食。损兵折将的拓跋嗣这才放心，知道刘裕确实醉翁之意不在酒（北魏），而是在山水之间（后秦），于是便叫长孙嵩答以厚礼。两国之间在黄河边发生的军事冲突，就这样暂时消于无形。

不过，拓跋嗣还是对战局的发展十分关心。一次，时任国立大学校长（博士祭酒）的崔浩崔教授入宫来讲课，这位年轻的皇帝没举手就发言，问崔老师道："刘裕西伐，前锋已至潼关。爱卿你看他能成功么？"

这位同学的问题很好。

"刘裕能成。"说着，崔教授合上了手中课本，开始就时事政治和国际形势发表即兴演讲，"当年姚兴治国，崇尚虚名而少实用，如今姚泓又懦弱多病，兄弟乖争，众叛亲离。刘裕乘人之危，兵精将勇，又有何不克！"

"那刘裕的才能比慕容垂如何？"拓跋嗣继续问道。

"刘裕略胜一筹。"

"为何？"

"慕容氏三世经营河北，慕容垂凭借父兄之资，修复旧业，河北之人归之，如夜虫之就灯火，少加倚仗，便易成功。刘寄奴奋起寒微，不阶尺土，讨灭桓玄，兴复晋室，北擒慕容超，南枭卢循，所向无前，若非才能过人，又怎能如此！"

他刘裕真有此能？拓跋嗣心里并不服气，道："待刘裕入关之后，我若以精骑直捣彭城、寿春，断其后路，刘裕又能如何？”

“此计虽好。然现今西有赫连勃勃，北有柔然寇边，陛下绝不可亲御六师；我大魏兵马虽盛，可惜却无韩信、白起那样的良将；长孙嵩长于治国，短于用兵，不是刘裕的对手。兴兵远攻未必就有好处，不如暂且耐心等待。刘裕灭秦而归，必篡其主。然而关中华夷杂错，风俗劲悍，刘裕要用治理南朝的经验来经营北方，无异于解衣包火、缘木求鱼，即便派重兵留守，关中人情未洽，风俗不同，恐怕到头来终究是为他人作嫁衣裳。愿陛下按兵息民，以观其变，秦地迟早将为国家之有。”

“哦？这么说，你已经考虑得很成熟了嘛！”拓跋嗣笑道。

崔浩也笑了，此时二人既是君臣，又是师友，这种融洽的气氛让崔浩抑制不住想要倾吐的冲动，他继续说道：“臣曾经私底下评论近世人物，不敢不说给您听。若王猛之治国，苻坚好比得了管仲；慕容恪之辅少主，慕容暐如同有了霍光；而刘裕之平逆乱，正是他司马德宗（晋安帝）的曹操。”

“那先帝如何？”

“微臣管中窥象，何能见苍穹之广大。先帝能用漠北淳朴之人，南入中原，变风易俗，化洽四海，功业自与伏羲神农并列，臣又岂能妄论？”

“那赫连勃勃又怎样？”

“赫连勃勃国破家亡，孤子一身，穷途末路之下，寄食于姚氏。此人不思树党强邻，报仇雪耻，反而结忿于柔然，背德于姚兴。这种无耻小人，无大经略，虽能纵暴一时，终当为人所吞食耳。”

拓跋嗣越听兴致越高，两人不知不觉聊到了半夜。事后，拓跋嗣专门赐给崔浩陈年老酒十觚、水晶盐一两，还说：“朕体味你的话，就像品尝这盐、酒一般，越想越有味道。”

后来的历史发展证明，崔浩的分析丝毫不差。

前文说到，檀道济、王镇恶本想趁后秦内乱的机会攻入关中，但姚绍火速回防，与王镇恶军对峙于潼关之下，而在黄河以北，檀道济和沈林子则受阻于戍守蒲坂的后秦并州刺史尹昭，战局一时僵持不下。

关中平原自古号称四塞之国，要想从东边攻入，潼关和蒲坂二者必择其一。蒲坂即今山西省永济市蒲津关，由此西渡黄河，经陕西大荔后可以直抵关中腹地。潼关则位于山陕交界黄河拐弯处的南岸，河水在岸边冲击激荡出幽深绝险的谷地，两旁山岸壁立松柏蔽日，在此设关可以北阻大河，南凭高山，形成一夫当关、万夫莫开的防守优势。潼关北边不远便是黄河上著名的渡口风陵渡，由此渡河便可以北上蒲坂。

檀道济、沈林子部受阻于蒲坂城下后，沈林子认为原来的突袭优势已经丧失，此时不宜再分兵攻城，于是对檀道济道："蒲坂城坚兵多，短期内难以攻克，进攻势必多伤士卒，防守则徒耗时日。此时王镇恶在潼关，势孤力弱，我们不如与镇恶合军一处以争潼关。潼关若得，蒲坂将不攻自溃。"檀道济心知此一建议十分合理，当下便与沈林子拔营启程，由风陵渡南渡黄河，与王镇恶军会师。

得到檀道济和沈林子的增援后，王镇恶军势大振。但相比姚绍的五万大军，晋军在数量上仍然居于劣势。一时间反倒攻守易势，姚绍军方阵而前，向晋军阵地进逼，而檀道济、王镇恶等则深沟高垒，坚守不战。根据曾跟随刘裕入关的戴延之所著《西征记》的记载，当时檀道济、王镇恶或据山为营，或平地结垒，总共结有大小七座营寨，一直延展到河岸边；而姚绍军也在周围的高坡山地之上凭险结营，其中还有一座周长百余步的大城，很可能是姚绍中军主力屯聚之处。

三月初，姚绍首先发动进攻，试图攻下晋军最西边的营垒，可由于西营防守牢固，姚绍不得不大举增兵。檀道济见秦军主力皆被西营吸引过去，立刻率沈林子等杀出营去，猛攻姚绍的中军。秦军惊扰败退，死伤数千人。吃了亏的姚绍后撤三十里，退屯定城（今陕西华阴东北），仍与晋军滨河相持。

既然攻之不胜，姚绍转而谋求断绝晋军的粮道。由于檀道济等悬军深入，粮食供应一直很紧张。而当时从渑池、洛阳一带通潼关有南北两道，南道狭窄险峻，是汉代以前常走的路，北道是大路，是三国时曹操所开辟。姚绍先是派大将姚鸾绕到晋军后方，凭险屯守北边的大路，继而又派抚军将军姚赞在河岸边驻守，力图掐断由水路而来的晋军运粮船。若水陆俱断，就等于掐住了晋军的喉咙，这一手确实是老谋深算。

此时晋军已经在潼关前十余天止步不前，军粮也已消耗得差不多了。王镇恶为此专门派使者去向刘裕求粮，可当时刘裕的却月阵大招还没放，不断受到北魏骑兵的沿岸骚扰。刘裕叫使者上船，打开北面的窗户指了指岸上的魏军，说我当初叫你们驻守洛阳，等我大军来了再一起进兵，如今你们轻军深入过来求援，可岸上是这种情况，你叫我怎么给你们运粮？

那边刘裕发不出粮，这边粮道又有被秦军切断的危险，一些晋军将士开始意志动摇，觉得这样下去不是办法，不如放弃进攻，撤军回去与大部队汇合才好。沈林子听说这种论调后，按剑大怒，将想要撤退的人骂了个狗血淋头，说你们有何面目回去再见主公？要撤你们撤，老子反正不走！被他这么一骂，撤退的事便无人敢再提。

事后看来，这一时期檀道济、王镇恶、沈林子这三员名将各司职守通力合作，最终很好地解决了军粮危机：檀道济留守中军与姚绍相持，王镇恶负责四处筹集粮草，而沈林子则专门负责“拔钉子”——驱除秦军阻断粮道的各个据点。三月初四夜里，沈林子率精兵衔枚急进，突袭姚鸾营帐，当下阵斩姚鸾，拔其营垒，杀伤秦兵数千人；随后趁姚赞在河岸边修筑的营垒尚未完工之时，沈林子又连破其军，姚赞轻骑遁逃。与此同时，王镇恶亲自赶往弘农（今河南三门峡），劝说当地百姓捐助军粮。一来三四十年前弘农尚是前秦的领土，当地父老感念王猛的恩德，二来王镇恶也继承了爷爷王猛的如簧巧舌和雄辩之术，几番煽情演讲下来，弘农百姓竞相捐粮捐物，由此晋军的粮食问题大为缓解。

54 青泥奇捷

虽然姚绍断晋军粮道的计划受到了挫败，但这位倔强的老头儿并未放弃这一思路，听说王镇恶说动弘农诸县捐助粮资，姚绍又决定派长史姚洽率三千骑兵屯戍黄河北岸的九原[1]。九原在弘农与潼关的水道之间，驻兵于此意在切断弘农供给晋军的援粮。可姚洽并不愿执行这一行动，他说所谓小不能当大，三千兵马实在太少，派去屯驻的地点又距大本营很远，到时有什么情况肯定来不及接应，你这不是叫我出去送死么？但姚绍态度坚决，姚洽也只好违心而行。

有了前两次的经验，沈林子早就注意到了秦军的截粮意图。不久，他率八千人攻击姚洽军，双方大战于河边，结果姚洽战死，余众尽被俘虏。姚绍闻讯后救援不及，愤恨交加，就此一病不起。这一年多来，后秦内外交困，全靠姚绍四处救火才勉力支撑到今日。他本来年纪就已不小，又长期心力交瘁，如今忧愤积郁于胸，已经到了油尽灯枯之时。几天后，三朝老臣姚绍呕血而死，后秦失去了最后的支柱。

姚绍病死后，后秦军依然在姚赞的统领下坚守定城，檀道济等虽然不再受缺粮困扰，可数月间仍旧不能前进一步。好在这时，刘裕已经统领水军击退了北魏的纠缠，抵达陕城（今河南三门峡），而第五路沈田

① 此处史料原文为“屯于河北之九原”。九原之位置，史无明文，有学者推测在今山西平陆县境，具体地望不明。查《水经注》等汉晋史籍，可知汉晋河东郡有河北县，县治在黄河北岸而与弘农郡湖县隔河相望，则可知此处之河北必指此河北县，九原应为河北县境内一处靠近河岸的山原，秦军方可由此断弘农输谷。山西平陆县一说反在弘农之东，不确也。

子、傅弘之军也已经自丹水西上，杀入了武关。

由于沿路后秦守将的不战而逃，沈田子部得以轻松进屯青泥（今陕西蓝田东南），秦主姚泓急遣姚和都率步骑八千相拒。自来由武关经蓝田的商洛道是由汉水流域穿越秦岭攻击关中平原的主要路线，秦朝末年的刘邦便是趁项羽在中原与秦军纠缠之时抢先由此道入关灭亡了秦朝的。但沈田子、傅弘之率领的这第五路军在战前的部署中只是疑兵，意在对关中的敌军起牵制作用，所以刘裕并未给沈田子配备较多的兵力。《宋书》的作者沈约说沈田子只带了几百个人，明显是给他伯祖吹牛（沈约是沈林子之孙），而后秦方面的记载则说沈田子部足有一万余人，很可能也是夸大其辞。而《资治通鉴》取《十六国春秋》的记载，说是一千多人。至于沈田子究竟带了多少兵，请读者诸君自己判断吧。

八月初，刘裕率大部队已经赶到潼关前线，与檀道济、王镇恶等会合。由于担心青泥方面沈田子的兵力实在太少，刘裕便派沈林子率万余精兵穿山开道，前去支援。而秦主姚泓召集全国之兵，本来想开到潼关与刘裕决战，又担心沈田子乘虚从青泥偷袭长安，于是决定先解决后顾之忧，便率领步骑数万亲自来攻沈田子。

此时弟弟沈林子的援兵还没到，沈田子手里就那么点人。听说秦主姚泓亲自前来，沈田子要引军出击，傅弘之连忙劝阻说："彼众我寡，恐怕难以为敌。"沈田子道："用兵贵在用奇，未必一定要多。正因众寡悬殊，假若敌人将我军尽数包围，势必士气低落必败无疑。所以要趁现在敌阵未整、营帐未立的时候，一鼓作气杀出去，反而可以收到奇效。"说罢不顾傅弘之的犹疑之色，带领将士攻了出去。傅弘之也只好打消顾虑，率所部继进。秦兵数量众多，如合流的潮水般扑了上来。沈田子举剑大呼，对士卒道："诸君冒险远来，正求今日一战！如今退无可退，死生一决，封侯之业尽在于此！"晋军中这些江东子弟听了沈田子的喊话，人人鼓噪争先，拿出玩命的气魄来与秦兵肉搏。山谷间但闻杀声震天，就连两旁崖壁上的岩石似乎也被喊杀声震撼摇落。

有生以来，秦主姚泓从未上过战场，此番目睹双方性命相搏的血腥场面，不由得心惊胆颤，面色如纸一般惨白。见皇帝陛下这副怂样，许多秦军将士自己先泄了气。再加上山谷狭窄，秦兵再多也不能全部投入战斗，前面的士兵在晋军的打击下顶不住退下来，后面的部队也生出了逃跑之心。这一战直杀了三个时辰，秦军大败溃逃，死伤万余，姚泓连天子乘舆旗鼓都弃之不顾，狼狈逃回了灞上。

秦兵败走之后，沈林子才带着万余人翻山越岭而至。见哥哥居然以少胜多，大喜过望，兄弟二人合兵一处，一直追击败兵到关中腹地。关中郡县的许多大姓豪族听说晋军大胜，都私下向沈氏兄弟表示愿意归附。这时，根据《宋书》的记载，沈氏兄弟之间发生了一起意味深长的事件。沈田子想乘胜直取长安城，弟弟林子却加以阻止说："攻取长安易如反掌，然而长安乃秦之京都，破长安便是独平一国，此为不赏之功也。"所谓不赏之功，是指功劳太大让上面拿不出合适的奖赏。沈氏兄弟能否轻易攻下长安暂且不说，考虑到此时刘裕已经亲自赶到了潼关，沈林子显然是觉得，这种大功还是留给领导独享比较好。如果这个记载可靠的话，足可见沈林子不但军事才能过硬，在对人性的把握上也比乃兄见长。而恰恰是这一点，决定了后来沈氏兄弟各自不同的命运。

回头再看，青泥之战的大败亏输让后秦在士气和战略上都遭受到了沉重的打击：皇帝御驾亲征，统领绝对优势的兵力居然奔败而还，似乎明摆着告诉世人这个政权已经气数已尽；而此战过后，沈氏兄弟的部队深入到长安近郊，使得在潼关与刘裕相持的后秦军陷入了腹背受敌的窘迫境地。

为了减轻这种战略劣势，后秦不得不收缩阵线，将兵力集中于长安附近。一直在定城与晋军主力对峙的姚赞不得不退屯郑城（今陕西华县），而原本派出去支援蒲坂的姚难军也从香城（今陕西朝邑县东蒲津口）回援长安，秦主姚泓自己则率军由灞上改屯石桥（长安城东北）。

刘裕率领大军逼近，最后的战役即将打响。

55 攻克长安

八月二十二日夜里，在晦暗不明的月色映照下，一些居住在渭河两岸的民众惊讶地发现，河里有大批黑影在迅速移动，远望虽似行船，却看不见一个人形，只有船两侧的桨橹兀自有节奏地摇动。许多年后，长安城里的百姓仍口耳相传，说那夜有幽灵船溯水而上，恶鬼冤魂从船中涌出，一夜之间灭亡了姚秦王朝。

真实的情况则是，沿渭水而上的并非承载了恶鬼冤魂的幽灵船，而是满载晋军水师的蒙冲小艇，统领船队的正是龙骧将军王镇恶。所谓蒙冲（又名艨艟），是一种狭长的小型多桨船，船舱上蒙有生牛皮，以防止敌方箭矢对舱内士兵造成伤害，船舱两侧开有桨孔以及射击孔，行驶起来机动灵活，常用于侦察、冲撞、登陆等快速反应任务。由于关中地区平常只有羊皮筏子、摆渡舟，绝少有战船出现，而蒙冲行驶之时，乘坐和划桨的人又都在舱内，所以当王镇恶的水军在渭河水面上悄然行进，船上又瞧不见一个人影儿之时，岸边的老百姓们便少见多怪，还以为见了幽灵船。

沿渭河从水路进攻长安是王镇恶向刘裕提出来的计划。由于潼关天险的阻遏，王镇恶等在定城与秦军对峙达数月之久，从水路进军虽然可以突破后秦的防线，但身为前锋的檀道济、王镇恶部都没有足够的战船。虽然王镇恶伐木造舟凑了一些战船，但一直等到刘裕统领水师抵达潼关前线，这一问题才迎刃而解。当初王镇恶奇袭江陵击败刘毅，靠的就是一百条快艇和三千名水军，如今他还想如法炮制，当即向刘裕请命率舟师从渭水袭击长安。刘裕欣然同意，这才有了前文提到的幽灵船传说。

统领舟师从潼关出发后，王镇恶自河入渭，先是在泾水渭水的汇合处击败了秦将姚强、姚难的阻击，继而在八月二十三日凌晨抵达了长安城北三里处的渭桥。事前得到晋兵从水路来袭的消息，秦主姚泓已经派了姚丕防守渭桥，而自领军屯于城中逍遥园。所以这次与江陵不同，王镇恶军已经失去了突袭的优势。

在熹微的晨光中，王镇恶下令就在船上饱餐战饭，吃完后立即登陆，有后登陆者一律斩首。上岸后，由于水流湍急，那些蒙冲小舰一眨眼的工夫就被冲得见不着影了。当时姚泓所统仍有数万之众，而王镇恶手头兵力多少，史籍无载，按常理推测，应该也就几千人。敌众我寡，狭路相逢，士兵们的勇气和斗志就成了关键。此时此刻，王镇恶又拿出了看家本领——他的口才（史书言王镇恶“为人强辩，有口机”），对众人发表了一番慷慨激昂的演讲：“士兵们！多年的战争使你们踏遍了整个中原。现在这里就是长安北门，而我们的家乡却远在万里之外！如今船只衣粮俱已随波漂走，我们已经没有退路了！此战得胜，我们将功成名就，衣锦还乡；不胜，就将尸骨无存，死了都埋不进祖坟！是生是死，在此一战！”说着，王镇恶身先士卒，冲在了最前面。士兵们一看，这位平常连强弓都拉不开的王大人居然都不怕死，那我们还怕什么？拼了！

此战，晋军士卒人人奋勇争先，而后秦军由于连战连败，士气已到了最低点。结局毫无悬念，王镇恶军大破把守渭桥的姚丕部队；前来救援的姚泓军被本方败退的士卒冲散，不战自溃。晋军一鼓作气，自北门杀入长安城。姚泓带着数百人逃往了石桥。

当夜，穷途末路的姚泓想到了投降。但有南燕慕容超的例子在前，投降恐怕仍然难逃一死。他的儿子，十一岁的姚佛念因此劝父亲自杀殉国。姚泓不应。这位小小少年于是独自登上宫墙，自投而死。

次日，姚泓带着剩下的宗族群臣至王镇恶垒门前请降。立国三十二年后，后秦帝国正式灭亡。

九月，刘裕来到长安，王镇恶亲自到灞上（今陕西西安东）迎接。刘裕挽着王镇恶的手，慰劳道："成我霸业者，是将军你呀！"王镇恶连忙拜倒辞谢："这都是仰仗明公之威名、将士之死力，镇恶何功之有！"

其实刘裕成就的不只是霸业。自从西晋末年洛阳、长安陷于匈奴人之手后，一百年来，这是汉族政权第一次同时收复两京，其功业彪炳青史、万古流芳自不必说；更重要的是，少数民族建立的十六国政权，先后有两国亡于刘裕的北伐，虽然此时北方仍有六国并立（北魏、赫连夏、北燕、西凉、北凉、西秦），但新的时代已然初露端倪。后世将这个时代称之为南北朝，而刘裕便是南北朝时代的两位开创者之一。

志得意满的刘裕在未央殿大会文武群臣，下令将后秦宫中的彝器、浑仪、土圭这些象征皇权的器物献于京师建康，其余府库里的珍宝珠玉，全部赏赐北伐将帅。至于后秦的亡国之君姚泓，则和南燕慕容超一样，被押送回建康后斩首于街头。

事后，有人举报说王镇恶趁独自攻下长安的机会私藏姚泓的天子辇车，可能有不臣之心。刘裕派人一调查，原来王镇恶拿了姚泓的天子辇车是不假，可他并未私藏，而是将辇车上的黄金剔下来后丢到了一边。刘裕知道王镇恶这个人十分贪财，料想他这次攻下长安后一定趁机掠取了皇宫府库里的不少金银财宝。但爱财的人大多都没有雄厚的野心和远志，刘裕念及王镇恶刚刚立下大功，也就不闻不问了。

长安既下，关中各地仍在坚守的后秦将士只好各谋出路。镇守蒲坂的尹昭、姚璞向刘裕投降，而河东匈奴堡的姚成都、姚和都则降于北魏，司马休之、鲁宗之、司马道赐、司马国璠、桓谧、刁雍等曾被后秦收留的刘裕政敌也纷纷投奔了北魏大将长孙嵩。另有十余万口羌族遗民想逃回陇西老家，被沈林子截击俘虏，而岭北郡县则大多降于赫连勃勃。

当时的情况，虽然刘裕拿下了半个关中，但面临的周遭形势却并不乐观。在北方，赫连勃勃以统万城为大本营，以安定为前沿阵地，时刻对关中平原虎视眈眈。在东方，魏主拓跋嗣派长孙嵩、叔孙建率铁骑由成皋渡河，准备随时断晋军南归的退路。而在关中内部，正如崔浩所言，处处华夷杂错、坞堡林立，许多地方豪强虽假意归顺，其实却首鼠两端意在观望。面对此情此景，是以长安为基地谋求进一步攻略西北，还是出关到洛阳继续经略中原，抑或满足现状早日南归去下完那盘很大的棋？刘裕久久难以决定。

56 | 刘穆之之死

在长安居留的三个月之中，刘裕做了几件事。

首先，他私下向几个老部下咨询迁都洛阳一事是否可行。洛阳是晋室旧都，可现今却毗邻胡寇，迁都洛阳就意味着势必要与北魏争夺中原的控制权，而这么做首先就要取得手下将士们的支持才行。然而，老将王仲德却说道："迁都乃非常之事，非常之事则非常人所及，一定会引起举国骇动。如今在外征战日久，将士们都思归心切，恐怕现在并非考虑迁都之议的时候啊。"刘裕知道王仲德的意见颇具代表性，此后便再没提过迁都洛阳的想法。

接着，刘裕派遣使臣分别与大夏天王赫连勃勃和北魏国主拓跋嗣讲和，私下里还与赫连勃勃约为兄弟，其用意应该是避免陷入战略上与魏、夏同时为敌的不利局面。

赫连勃勃向来狂妄自大，听说刘裕攻下长安，心中颇为不服，得知刘裕遣使报书，便要了个小心眼：他事先叫中书侍郎皇甫徽写好给刘裕的回信，自己暗记于心。然后接见使者，当着使者的面假装口述回信，实际上则是背诵全文。刘裕读了这份赫连勃勃当场"口述"的书信，觉得文采斐然，比自己这小学文化的强太多了。使者又说赫连勃勃相貌魁伟英武绝人，更让刘裕对此人不敢小视。

刚入长安那会儿，刘裕曾参谒了郊外的汉高祖刘邦的陵墓。六百年前，这位刘家的老祖宗便是从丰沛地区发迹，最终一扫六合，建立了强盛的大汉王朝。刘裕和刘邦可以说是老乡，两人的祖籍相距不过一百五十里，都说一口被称之为楚语的徐淮方言，年轻时都是嗜酒好赌的不良少年，中年后都是大器晚成的霸道老板。两人成功的轨迹如此相似，使得刘裕不由得对刘邦心生亲近，内心深处也想复制他一统天下高唱《大风歌》的壮举，故此刘裕一度颇有经略西北的野心。据说，刘裕曾召集僚属，询问他们对此有何看法，然而众说纷纭，并无一致的意见。等问到参军郭澄之的时候，郭澄之一语不发，只是转身向西吟诵起了汉末诗人王粲的名句："南登霸陵岸，回首望长安。"仅从字面的意思理解，便知郭澄之是暗示长安并非久留之地，还是早日回首西望才好。而刘裕则对郭澄之道："当与卿共登霸陵岸耳。"言下似有东归之意。

但与周边的严峻局势和将士们的厌战思归心理相比，真正让刘裕下定决心东归的，则是一个人的去世。

这个人，便是刘裕的头号心腹——留守建康的刘穆之。

根据史籍记载，刘穆之卒于十一月初三。身在长安的刘裕得知后，又是震惊，又是悲痛。由于此次出征期间后方事务都是由刘穆之来处理，刘裕担心他去世后京师政局不稳，便做出了尽快东还的决定。

然而令人感到蹊跷的，是刘穆之的死因。史家但言，去年十月洛阳被攻下后，太尉长史王弘在刘裕的授意下从彭城返回建康，向朝廷暗示应授予刘裕九锡的赏赐。作为留守事务的负责人，刘穆之人在建康，却得知刘裕不经过自己而派王弘回来专门处理此事，由此"愧惧发病"，后来便死掉了。若是如此，则刘穆之属于心理压力过大引发生理病变而死。在医学尚不发达、卫生条件欠佳的古代，今人看来随随便便的小病也时常导致死亡，而史书上记载因愧惧、愤怒、抑郁等心理问题而发病死亡的事例也为数不少，所以说刘穆之愧惧发病倒不奇怪，奇怪的是，何以他便会愧惧发病，愧在何处，惧又在何处呢？

前文早就说过，从当年京口起事开始，刘穆之就是刘裕最信任也最器重的僚属，是他的头号心腹兼大管家。史书上说，刘裕对刘穆之"委以腹心之任，动止咨焉"，什么事都跟他商量，甚至他平常一些不大上得了台面的言谈举止，都得靠刘穆之提醒约束，前述有关刘裕书法的问题就是个典型的例子。后来不管是北伐广固，还是南讨卢循，刘穆之都随军出征为刘裕出谋划策，刘毅一度嫌刘穆之权力太大，多次劝刘裕不要过于宠信，然而刘裕却对他更加信任。讨司马休之也好，北伐后秦也好，刘裕但凡亲自出征，都放心地把留守的任务交给刘穆之。而刘穆之为了回报刘裕的知遇之恩，也竭尽所能为他效犬马之劳。就拿这次留守建康来说吧，刘穆之内总朝政，外供军旅，一个人顶了十几人的工作量，高效率地保证了朝局稳定和后勤供应。找他办事的人常常在府门前排起长队，屋子里挤满了请示汇报的人，而刘穆之则眼睛看着一份文件，手里又批着另一份文件，耳朵里听着这个人的汇报，嘴里又向另一个人交待注意事项，办着以上事情的同时他还能和来客吹牛聊天讲段子说笑话，而且这样的场景常常一弄就是一天，天天如此，简直就是个超灵敏高内存多功能自动化办公机器人！即便这样，刘穆之依然有精力在非工作时间写书法校典籍著论文，你说他不是个工作狂又能是什么？

当然，做功高的机器一般能耗也高，越能干的人越能吃，刘穆之先生也是位大肚汉。加上他生性豪奢，每次吃饭的时候都叫手下准备十人份的饭菜，摆在一个超大号的桌案上，叫家里的客人陪他一块儿吃。对此刘穆之还曾跟刘裕解释说，我从小家里穷，没享受过什么好东西，任职以来就是日常开销稍微大了点，除此以外，没有一丝一毫对不起您的地方！那么，这样一个深被刘裕信任的精力过人的工作狂，为何便会突然间愧惧发病呢？

根据史籍的说法，是由于前面提到的九锡事件。其实早在刘裕率军出征之前，刘穆之便与担任前锋的王镇恶有过一段对话。刘穆之勉励王镇恶说："当年司马昭将灭蜀的重任托付给了邓艾，如今主公将灭秦的重任托付给了你，你可要好好干哟！"王镇恶道："我等有幸并受主公提携，这次我若是拿不下关中，誓不过江！不过……若是三秦已定而九锡不至，那可是你的责任哦？"王镇恶最后一句揶揄刘穆之九锡不至的话，见于《魏书》及《南史》，《宋书》《通鉴》都没有收录。如果这则记载可靠的话，那么实际上在北伐后秦之前，刘穆之是明确知道未来的政治走势以及这一过程中自己的职责所在的。不过，这里出现了一个诡异的时间差。因为王镇恶和刘穆之认可的赐九锡之礼的时间是在“三秦已定”之后，而王弘在拿下洛阳后便匆匆赶回了建康，比刘穆之预计的时间早了将近一年。这里有两种可能：一是刘裕确实急于图篡，故将此一步骤提前；二是王弘等人为将来地位考虑，在九锡一事上故意迎合刘裕。不论是哪种可能，王弘回建康一事肯定是得到了刘裕的允许。至于为何叫王弘专门回去处理而不经过刘穆之，我想并非是刘裕对刘穆之的信任出了问题，而是觉得赐九锡这种高大上的事情应该派出身和文化修养都匹配的名士来处理比较合适；而且在这件事情上，取得建康高门士族的支持至关重要，就这一点来说，显然王弘比出身低微的刘穆之更有能量。

打个不恰当的比方，刘穆之好比一个事业型男人的糟糠之妻。当男人在外打拼之时，她操持家事教育子女孝敬老人管理财务，使男人可以后顾无忧地投入创业，两人的感情也一直很好。多年后，男人终于成功了，现在他是福布斯富豪榜上的社会精英，每天要出入各种高端场所，与那些上流社会的名媛贵妇应酬交往。于是她自惭形秽，并感到深深的恐惧。因为在这个层面上，男人需要的不再是贤妻良母型的治家能手，而是秀外慧中型的交际女王。

在赐九锡这件事情上，刘穆之敏感地意识到，自己由于疏忽大意失去了一次巩固宠信的机会，也给了竞争对手借机上位的空间，更预感到未来自己的权力将受到削弱，官场的残酷斗争不容乐观。而对于他这样的工作狂来说，权力就是维持生命之火燃烧的薪柴，薪若不足，则火必微弱。联想到出征之前，张邵曾问刘裕人生危脆，倘穆之邂逅不幸该当如何，或许那时刘穆之便有隐疾也说不定。何况，此时的刘穆之已是五十八岁的高龄。

总之，在强大的心理压力和高度透支的工作强度的双重摧压下，刘穆之终于病倒了。按《通鉴》的说法，发病是在义熙十二年十一月，而刘穆之病逝是在次年十一月，整整一年之中见不到任何后方有事影响北伐的记载，可见刘穆之强支病体为刘裕的霸业耗尽了最后一滴心血。

57 无奈的东归

刘穆之的去世对刘裕也是一个重大损失。这一点，可以从后来刘裕对他的深切怀念中看得出来。数年后，刘裕已经成为刘宋王朝的开国之君，他多次对人说起："穆之若还在，当助我理天下。"他甚至还说过"穆之死，人轻易我"这样伤感的话。而在刘裕登基后封赏（包括追封）的佐命功臣里，刘穆之排名最前，食邑最多，可见他做出的贡献对于刘宋立国具有不言而喻的重要性。

为了弥补刘穆之去世带来的损失，尤其是后方政局不稳的威胁，刘裕决定即刻东归，同时任命刘穆之的副手徐羡之代替他的位置。当时留守建康的官员里，有能力和资历顶替刘穆之的其实只有王弘、徐羡之和张邵三个人。王弘门第最高，起初刘裕也考虑过让他接任，但此人两年前才正式投靠刘裕，忠诚度如何尚不清楚；张邵最富聪明智识，可刘裕感觉张邵这个人有点聪明过了头，颇有点类似曹操身边的杨修，自己心里想什么他都知道，不如寡言少语喜怒不形于色的徐羡之可靠。其实就连这一点，张邵也早就料到了。刘穆之刚刚去世之时，留守百官十分惶恐，想马上发诏书任命徐羡之接班，但张邵却阻拦道："这个位子迟早是徐羡之的，但在这件事上世子不宜专断，还是要咨询一下北边的意见才好。"当时在建康主政的，名义上是刘裕的世子刘义符，但在这一重大的人事任命上，张邵建议刘义符不要着急擅自做决定，还是得等你老爸点头后才行。于是直到刘裕从长安发来书信，点名叫徐羡之接班，刘义符才颁布命令说，以后朝廷和太尉府里的事情都交给徐司马来处理。

而徐羡之刚刚上任，也不敢过于擅权，大事小情都派人向刘裕汇报。所以刘穆之去世后的这段时间，实际上完全是刘裕在外遥控建康的政局。

从刘穆之的去世中得到好处的，除了徐羡之，还有谢晦。虽然他是刘穆之推荐给刘裕的人才，但刘穆之在世时始终压制他，不让他升官，因为这个人聪明是聪明，但喜欢卖弄聪明。刘穆之派人前来向刘裕汇报工作，谢晦老在旁边挑毛拣刺，惹得刘穆之大怒，骂谢晦说有胆子你就不要回来！所以听说刘穆之死了，谢晦暗喜于心，不久就被刘裕任命为从事中郎。

收到刘穆之丧问后，刘裕决定次月便启程东归。但回去之前，还要先解决关中派何人留守的大问题。最后，刘裕任命第二子、年方十二岁的刘义真为安西将军、都督关中，手下配备王修为长史，王镇恶为司马，沈田子、毛德祖为中兵参军，傅弘之为雍州治中从事史。

显然，刘义真只是名义上的统帅，实际事务全得靠王修、王镇恶、沈田子诸人辅佐。王修这个人此前籍籍无名，正史中亦无传记，唯一知道的就是他籍贯京兆，大概是个本地人，任命他为长史这个文官，可能是想利用他在当地的影响力和对关中的熟悉情况，因为刘裕带来的这些兵将都是南方人，对关中的政情民情是两眼一抹黑。任命王镇恶为司马也是出于同样的想法，因为关中人向来敬重王猛。而如果要想长久保有关中，就得想办法取得当地大族百姓的支持才行。

临行前，刘裕最后一次参观了长安的名胜古迹。在郑鲜之的陪同下，他游览了汉代未央宫、秦代阿房宫的遗址。几百年前的壮丽宫榭，如今只剩下倾颓的墙壁、光秃的台基和大火焚烧后的斑驳残迹。刘裕观之动容，不胜感慨，一路上问了郑鲜之许多有关秦汉兴亡的问题。郑鲜之一一做答，尤其以贾谊的名篇《过秦论》中的观点为是。刘裕听后，说道："到秦王子婴之时，秦国的灭亡已是不可避免了。可我看秦始皇这个人的智慧足以明辨是非，为何他晚年所任非人呢？"郑鲜之道："那些奸佞之人所说的话，听上去却都是忠信之语。凡是能跟皇帝说上话的人，那都是人精。秦始皇只不过是个一般人，自然难以判断谁是忠臣谁是奸臣。”说着说着，二人又信马由缰来到了渭水之滨。相传这里正是姜子牙直钩垂钓之处，所以刘裕感慨道：“如今天下还会有姜太公这样的贤人吗？”郑鲜之又应道：“当年叶公好龙，而真龙现身；燕昭王千金求马骨，而千里马自至。明公您既虚心待士，又何患海内无人呢？”

以上这些对话显示，如今刘裕已经俨然以帝王自居，考虑的都是如何吸取前代教训从而使王朝长治久安的道理。而帝王之术，首重御下之道。刘裕知道现在帝位已是唾手可得，然而自己年事已高，诸子年幼，未来如何择取贤良忠臣以为辅佐就显得尤为重要了。实际上，这个问题也是刘裕晚年不断思考的课题。

十二月初三，刘裕统大军启程东还。出发前，营门前聚集了许多父老百姓，他们听说刘裕即将东归都流涕劝阻，说我们这些晋室遗民不沾王化已有百年，如今刚刚才看到王师的衣冠，还没来得及庆贺，就听说你们要走了！长安十陵是你刘家的坟墓，咸阳宫殿是你刘家的房舍，你离开这儿，还要去哪里啊？刘裕听了，心中十分不忍。他拉住二子义真的手，对父老百姓道：“我刘裕受朝廷命令，不能私自擅留。各位乡亲父老怀念故国，不忘王化之心，我十分感佩。现留次子在此和文武能臣共镇此境，还请诸位多多支持！”

而事实是，一听说刘裕走了，雍州氐豪徐骇奴等率领三万部众立刻投降了北魏。次月，又有秦雍百姓千余家投奔北魏而去。随后，降魏的百姓越来越多，不久就达到了数万户。

与此同时，夏王赫连勃勃得到刘裕东归的消息，十分兴奋。他立刻把自己的狗头军师王买德找来，说自己想要进取长安，有什么好的征伐策略，快快道来。

王买德道：“刘裕灭秦，是所谓的以乱平乱，对三秦百姓没有什么德政可言。关中形胜之地，刘裕却以弱才小儿守之，绝非经远之长策。他之所以匆匆而返，是为了要早日篡晋的缘故，今后数年，必无暇于中原。我们掠取关中，正当其时。依微臣看来，青泥、上洛两地，乃南北交通之冲要，可以派游兵前去断其归路；然后再堵塞潼关、崤陕（今崤山陕县一带）谷道，扼其水陆咽喉。陛下再传檄三辅，施以威德，则刘义真这个黄口小儿将困守空城、逃窜无所，一旬之内，必面缚请降！”

潼关、崤陕一线自不必说，青泥、上洛两地则是由荆州越秦岭、武关直抵关中的必由之路。刘裕伐秦之时，沈田子的第五路军走的正是这条路线，而其他四路主力走的则是潼关一线。这两条路线一旦堵死，就成了关门打狗、瓮中捉鳖之势，任你多大本事，也是插翅难逃。所以赫连勃勃毫不犹豫，立刻采用了王买德的建议，派三子赫连昌率兵趋潼关；王买德统游军屯青泥；长子赫连璝（音guī）率骑兵两万，进攻长安；自己则亲统大军，以为后继。

刘裕离开长安还不到两月，关中的局势已是凶险万分！

58 宋国初建

义熙十四年（公元418年）正月，在凛冽的寒风中，匈奴人的铁骑抵达了渭水之北，关中民众投降者络绎不绝。

镇守长安的刘义真闻报，急忙把手下两个最能打的将领王镇恶和沈田子派出去御敌。沈、王二人各领一军，理论上应该互为掎角。沈田子首先遇到了赫连璝的部队，发现匈奴人军势强盛，于是一边退守刘回堡，一边向王镇恶请援。王镇恶大概以少胜多惯了，觉得沈田子大惊小怪，说主公把十岁小儿托付给我等，咱们应该竭力辅佐，你沈田子畏敌如虎拥兵不进，那还怎么剿平贼寇！使者把这话传给了沈田子，沈田子火冒三丈，当即决定用计除掉王镇恶。

原来，沈、王二人久已不和。在平定关中的战役中，两人各立奇勋，沈田子自以为青泥大捷的功劳一点儿不比王镇恶攻克长安的功劳小，况且要不是受到弟弟林子的劝阻，沈田子觉得自己就把长安城拿下来了，所以对王镇恶一直不大服气。事后刘裕论功行赏，王镇恶由三品龙骧将军升为征虏将军，而沈田子则以四品振武将军升为龙骧将军，比王镇恶低了两位。继而两人辅佐刘义真镇守关中，王镇恶为司马，沈田子则为中兵参军，仍比王镇恶低一级，他的心中就更加愤愤不平了。于是在刘裕临行前，沈田子拉着傅弘之去找刘裕告状，说王镇恶祖上是关中人，太尉您对他还是不要过于信任。刘裕知道王镇恶胸无远志，但这个人自负才能、贪财好利，有时会自行其是。例如上次讨伐司马休之，王镇恶游军在外不与刘裕汇合，而去私自抄掠蛮族，事后虽然靠着口才狡辩躲过了刘裕的责罚，但也给刘裕留下了恶劣印象。于是刘裕对沈田子说道："如今我留给你文武将士精兵一万，他王镇恶若有不轨，那就是自取灭亡。所谓'猛兽不如群狐'，你们十几个人加起来，难道还怕他一个王镇恶？"当时有了刘裕这句话，沈田子已经对王镇恶动了杀心。这次他出言不逊，沈田子更欲除之而后快。

不过，王镇恶虽然指责沈田子畏敌不进，但他还是带着人马前来增援了。殊不知这正好给了沈田子下手的机会。不久，军中传出了一则谣言，说王镇恶想要杀光所有南方将士，然后送刘义真出境，自己占据关中谋反。我高度怀疑，沈田子便是这则谣言的始作俑者。这一天正是正月十五，沈田子借口说商议军务，将王镇恶邀请到了傅弘之帐中。事先他早已在幕后埋伏了壮士，然后效仿刘裕诈杀诸葛长民的伎俩，趁两人密谈之时喝令手下闪出，当场便将王镇恶斩于幕下！

王镇恶人头落地，倒吓坏了傅弘之。他虽然也对王镇恶有意见，但事先很可能并不知道沈田子便要痛下杀手。惊慌失措的傅弘之逃回长安，将沈田子杀王镇恶一事告诉了刘义真和长史王修。这两人根本不知道到底发生了什么情况，马上全军戒严，顶盔贯甲地登上了城楼。这时，沈田子带着几十人也回到了城下。他冲王修喊话说王镇恶谋反，所以自己才杀了他。但这时王修已经谁都不敢相信了，他索性放沈田子进来，不容分说将其擒住，然后以擅自杀害大臣的罪名将沈田子也砍了脑袋。沈田子和王镇恶这一对冤家，就这样稀里糊涂地在同一天携手赴了黄泉。

随后，王修任命毛修之顶替王镇恶的位置，又派傅弘之统军进讨赫连璝。幸亏傅弘之颇为争气，以五千人马两次打败赫连璝的二万骑兵，暂时缓解了关中的危局。

这时，刘裕已经由水路回到了大本营彭城。沈田子杀王镇恶的消息传来，刘裕错愕之余，只好想办法掩饰这一不光彩的内部斗争，于是上表说沈田子"忽发狂易"，得了精神病，王镇恶不幸被害，应予追封褒奖；至于沈田子么，精神病杀人也是白杀，反正他已经死了，也就不予追究了吧。

刘裕很快便将远在关中发生的这起不幸事件抛在了脑后，因为眼下他还有更重要的事情要干。

六月，刘裕在彭城终于接受了相国、宋公和九锡之礼的诏命。按照授命典策的说法，这是大晋天子效法古代圣王封土建国、册立诸侯的传统，既是奖赏刘裕的盖世功业，也是叫他永为藩屏协辅皇家。这意味着，宋国作为一个诸侯国级别的政治实体，从此出现在了东晋的国土之上，它拥有自己独立的政府、军队和官僚体系，像一个初生的婴儿般吸吮着母体东晋的乳汁野蛮生长。只要再耐心地等上几年，宋国便可以经由禅让的程序名正言顺、顺理成章地从晋国的手里接过象征天命的玺绶，成为这片土地上新的最高统治者，而刘裕便是这个新王朝的开国帝王。

随后，宋公刘裕颁布了他的第一道命令，大赦国中殊死以下，凡鳏寡孤独不能自存者，每人赐粟五斛。又任命太尉军谘祭酒孔靖为宋国尚书令，左长史王弘为宋国尚书仆射，负责文武百官的选用；以从事中郎傅亮、蔡廓为侍中，谢晦为右卫将军，右长史郑鲜之为奉常，行参军殷景仁为秘书郎；其余百官皆依照晋朝的制度设职选任。

这年的九月初九，时值重阳佳节，刘裕在城外的戏马台大宴群臣，并为辞官东归的孔靖送行。彭城是西楚霸王项羽的旧都，城南三里有一高十仞、广袤百步的高台，相传是当年项羽戏马练兵之处。今日台上高朋满座、名士云集，大家陪着宋公刘裕喝酒赏菊、拍马溜须，自有一番君臣融洽、歌舞升平的治世气象。

孔靖是刘裕的老相识，早在刘裕当年讨伐孙恩之时两人就私交甚厚，但这个人名望虽高，却生性不爱做官，朝廷屡次授官他都辞让不受。这次刘裕本来想让他担任宋国尚书令，但他仍以年老为由坚决推辞，执意南归。这种视官位如草芥的行为在当时被奉为清高，是时人推崇赞美的贤士品质。所以这次刘裕置酒高会，一来庆祝佳节，二来也是给他送行。

按照传统，这种聚会免不了要吟诗作赋附庸风雅。刘裕这几年没事经常跟知识分子混在一起，自觉品位也上升了不少，席间忽然来了兴致，宣布要亲自赋诗一首。台上在座的都是江左一流的文化精英，刘裕此举无异于班门弄斧，搞得不好很有贻笑大方的风险。一旁的谢晦见状，道声鄙人不才，愿替宋公执笔。刘裕欣然应允，于是谢晦写道：

先荡临淄秽，却清河洛尘。
华阳有逸骥，桃林无伏轮。

前面两句好理解，是说在刘裕的英明领导下，先是灭掉了南燕，又扫清了后秦。后面两句则用了个典故：当年周武王灭掉商纣王后，便纵马于华山之阳，放牛于桃林之野，宣布以后天下太平，再也用不着战马和拉车的牛了。谢晦是用这个典故拍刘裕的马屁，说当今正如武王之世，河晏海清，四海升平。

既然领导带了头，接下来就好办了。一众名士如王弘、王昙首、谢瞻、谢灵运纷纷舞文弄墨，秀起了才华。最后，谢瞻的诗作被众人评为最佳。在一片欢乐祥和的气氛中，戏马台之会落下了帷幕。

59 关中得而复失

十月，戏马台上的歌功颂德之声刚落，长安城里就出了新的变乱。

虽然失去了王镇恶、沈田子两员大将，但关中的局势在王修、傅弘之、毛修之等人的维持下一时还撑得下去，只是由于匈奴骑兵的不断骚扰，长安城的物资供应时断时续，比较紧张。然而，名义上的统帅刘义真只是个十二岁的少年，他出生时刘裕已经发迹，从小没吃过什么苦，免不了有一些少爷脾气，尤其花起钱来大手大脚，赏赐手下不知道节制。长史王修看在眼里，不免要唠叨几句，对他的赏赐加以限制。这一来，刘义真身边那些受宠的手下不干了，心说王修你这不是断老子的财路么，是可忍孰不可忍？于是这些人没事就跟刘义真说："王镇恶想要造反，所以沈田子才杀了他。王修又杀了沈田子，说明他也想造反。"刘义真十二岁的小脑袋转不过弯来，觉得好像就是这样，问那怎么办呢？左右说咱们先下手为强，也得杀了王修。王修根本没想到自己尽职尽责，这个少主子居然想杀自己，糊里糊涂地便被刘义真的手下人一拥而上砍了脑袋。

王修这一死，关中人情大哗，各地防守的局势就乱了套。刘义真不懂军事，干脆就把在外驻防的军队都调回了长安，关起门来家里蹲。这一来，匈奴人的军队毫无阻碍地进至长安城外，夏王赫连勃勃亲自领军屯驻在长安西北，城内外的物资供应全被切断，刘义真只好火速遣使向老爸告急。

听说儿子让人堵在了长安城里，刘裕自然十分重视，急忙下令召义真东归，而派辅国将军蒯恩前往接应，又派朱龄石为雍州刺史，替代刘义真镇守长安，他的弟弟朱超石巡行河洛。朱龄石临行前，刘裕嘱咐道："你到长安之后，传我命令叫义真轻装速行，不出潼关决不可放慢脚步！如果关中实在守不下去，你就和他一块回来便是。"

十一月，朱龄石和蒯恩赶到了长安，催促刘义真速速出关。可这时长安的守军因为约束不利已经乱成了一团，临走前大肆掳掠，抢来的财货女子装满了大车，不但严重影响了行军速度，而且搞得长安百姓民怨沸腾，眼看就要激起民变。朱龄石叫蒯恩护送刘义真先行，自己尽量能撑多久就撑多久。

蒯恩、傅弘之等护着刘义真，决定不走潼关，而走距离较近的武关道。赫连璝得到消息，率大军三万急速追击刘义真。眼看队伍行进速度慢似蜗牛，傅弘之急躁万分，对刘义真道："宋公交待我们要轻装疾行，可如今带了这么多辎重，一天下来还走不到十里，追兵马上就要杀到，这可怎么得了？您应该下令丢弃这些大车才是！"

刘义真不听。其实就算他肯听，好不容易抢来那么多财货的将士们也未必会服从这个乳臭未干的少年的命令。结果，傅弘之话音刚落，匈奴人的骑兵就杀到了。傅弘之、蒯恩只好率部断后，掩护刘义真边打边撤。两人力战连日，一直退到了青泥附近。前文说过，赫连勃勃早就在这里埋伏下了王买德一支军队。受到赫连璝和王买德的前后夹击，晋兵大败，傅弘之、蒯恩、毛修之先后都被匈奴人生擒活捉。幸亏刘义真走在最前面，而且即将天黑，他滚在道旁草丛之中才躲过了追兵。

夜深后，刘义真孤身一人躲在草丛里冷得发抖，忽然听见远处有人呼叫自己。他爬到道边，听声音像是中兵参军段宏，于是应答呼叫，与段宏相会。段宏见少主幸免于难，大喜过望，将刘义真缚在背后，两人共骑一马匆匆南归。经此一难，刘义真觉得自己好像又活了一回，对段宏道："今日之事，我确实应对不当。可大丈夫不经此劫，又何以知世道艰难！"

事后，被俘的傅弘之、蒯恩宁死不降，被赫连勃勃所杀。其余一起被害的晋军将士，被赫连勃勃修成了人头金字塔，号称“髑髅台”。毛修之则选择了忍辱偷生，后来北魏灭夏，他又在鲜卑人的朝廷里当了大官，养了一堆妻妾，生了一堆娃娃，最后一直活到七十二岁才死于北魏。

而长安城里的朱龄石，没坚持多久就被愤怒的百姓逐了出来。一不做，二不休，朱龄石干脆焚烧长安宫室，往潼关投奔了驻守曹公垒[①]的王敬先。这时，执行巡行河洛任务的朱超石正在蒲坂，听说哥哥在潼关，也来相会。夺得了长安的赫连勃勃又派三子赫连昌领军来攻。由于曹公垒位于高坡之上，取水不易。赫连昌先切断了晋军水源，然后率军围攻。晋军将士断水多日，战斗力低下，很快营垒就要失陷。朱龄石见状，对超石道：“你我兄弟若都客死异域，那我们的父母该有多么伤心！趁现在营垒未陷，你赶快寻一条小路逃回去吧！如此我便死而无恨。”朱超石抱着哥哥大哭，说：“人谁无死？我何忍弃兄长不顾而去啊！”最后兄弟二人与王敬先一起被俘往长安，赫连勃勃将他们全部处死。

身在彭城的刘裕惊闻长安失陷，而且连自己的儿子都生死不明，勃然大怒，当即就下令召集将士，准备刻日再次北伐。侍中谢晦进谏说如今士卒疲敝，最好改年再行征伐，刘裕不听。郑鲜之又上表说：“如果殿下亲统大军征伐，敌人得知后一定会并力守潼关，这样的话直接进攻恐怕难以攻克。如果您停驻洛阳指挥，那跟现在区别也不大，犯不上为此劳动您的圣驾。况且匈奴人虽然猖狂，却不敢乘胜出关，显然是畏惧殿下您的虎威。如果到了洛阳又回来，岂不是会让敌人看轻？反而会滋生边患。再说如果大军远出，难免生出后患，这一点当年卢循的事就是明证。现今江南正闹水灾，百姓缺衣少食，三吴群盗泛滥，这都是因为这几年兵役太多的缘故。江南的百姓早就盼着您过江呢，如果听说您又北伐去了，说不定会在腹心之地生出祸患。殿下如果实在担忧夏兵东

① 东汉末年，曹操曾在潼关与韩遂、马腾对峙，修筑营垒，后人称之为曹公垒。

进，可以与魏国结好便是。魏、夏两国乃世仇，结好魏国则河南安，河南安则青兖静。还请殿下深思。”

郑鲜之说了这么多，其实还有最关键的一点他没好意思说出口：主公您取代晋室天下的计划已经到了最关键的时期，这种时候，怎么能分心去干别的事呢？

恰好这时段宏送来消息，说刘义真被自己所救，正在返回途中，刘裕才打消了北伐的念头。虽说如此，眼看自己辛苦攻略而来的大好河山，不但这样白白落入敌寇之手，还折损了手下多名能征惯战的大将，这口气叫刘裕怎能咽得下？之后数日，刘裕屡次登城北望，慨然涕下，久久不能释怀。

60 | 晋宋禅代

义熙十四年冬，各国负责观测星相的太史注意到了一个奇异的现象：一颗拖着长长尾巴的彗星出天津，入太微，经北斗，络紫微，八十多天后才消失不见。向来对星相甚感兴趣的魏主拓跋嗣为此召开了学术会议，集合了国中有名的术士儒生展开了一次大讨论。

拓跋嗣问道："当今四海分裂，此一天相究竟主何休咎，又应在何国？朕十分担心。列位爱卿请畅所欲言，万勿隐瞒。"

读过拙著《东晋十六国风云》的朋友应该知道，在天文星相这一领域，大才子崔浩绝对是当之无愧的专家和学术大腕。那些术士儒生见崔浩在场，谁也不愿意露怯出丑，都推举崔浩出列发表意见。

崔浩当仁不让，禀奏道："天相乃因人事而起，人间若无乱事，彗星又岂能为妖？当年王莽篡汉之前，天上亦有彗星，出入轨迹与今日相同。我国主尊臣卑，上下有序，民无异望。唯有南方的晋朝主弱臣强，以下克上，因此才有桓玄逼夺、刘裕秉权之事。此彗星乃人间恶气所生，正是晋朝将灭、刘裕篡国之应。"

此言一出，诸术士儒生无人能够质疑，拓跋嗣也深以为然。

与此同时，在数千里外的彭城，宋公刘裕正有条不紊地实行着他的篡晋计划。

改朝换代这种大事，在意识形态领域找到些理论支持才好进行。魏晋之人最重谶纬，当时流行的一则谶言就是"昌明之后有二帝"。今上晋安帝的老爸简文帝的名讳就叫昌明，如果谶言可信，那么在晋安帝之后还得有一个司马家的皇帝才能轮到刘裕来接班。既然如此，刘裕决定废掉晋安帝，立他的弟弟司马德文登基来应这则谶言。可晋安帝这冷热不辨的白痴模样也不是一天两天了，拿他的智商做废帝的理由说不过去，说他失德无道更是扯淡，与其费力气找废帝的口实，不如干脆杀了他省事。于是刘裕授意时常随侍安帝的中书侍郎王韶之，叫他找机会弄死晋安帝。

王韶之出身琅琊王氏，自小喜爱史籍，成年后曾经著有私家当代史著作，后来名之为《晋安帝阳秋》，时人评论此书叙事谨严、辞论可观，堪称当代佳史。身为历史学家，王韶之肯定知道《左传》所载的“齐太史”故事：齐国权臣崔杼弑君，太史秉笔直书；崔杼杀太史，然而太史的弟弟仍旧如实记录；崔杼又杀太史弟，可太史幼弟仍据实书写，崔杼最终无奈放弃。可以想象，当王韶之接到刘裕命其弑君的授意时，他内心深处必有一番挣扎。尽管深知弑君之行“将被钉上历史的耻辱柱”，然而自保求存之心终究胜过了道德名誉的约束，王韶之决定执行这一任务，用晋安帝的性命换取自己的性命和禄位。

由于刘裕谋求篡晋的野心众所周知，近几年琅琊王司马德文一直紧密陪伴在安帝左右，生怕这个傻哥哥不经意间就着了道。王韶之窥伺了多日，愣是找不着下手的机会。偏巧这时司马德文得了病，搬到外面居住了几天。十二月十七，王韶之和左右数人将晋安帝勒死于东堂之中。

事后，刘裕假称遗诏，奉琅琊王司马德文即皇帝位，是为晋恭帝。

之后将要发生的事，上至恭帝，下至群臣，谁都心知肚明。

次年正月，朝廷征刘裕入朝辅政，同时晋封刘裕为宋王。七月，刘裕接受宋王称号，迁都寿阳（即寿春，今安徽寿县）。十二月，恭帝又命宋王享受佩戴皇帝冕旒（音liú）、建天子旌旗、出警入跸、乘金根车、驾六马等与天子平级的殊礼；又进王太妃为太后，王妃为王后，世子为太子。

转过年来，时机已经成熟，一切条件已经具备，现在所差的就只剩下最后的一道程序——禅让。

这一年，刘裕已经五十八岁。年与日逝，意与时移，他近年越发觉得自己齿摇发落、精力不济起来，尤其年轻时领军作战所受的刀箭创伤，每逢阴雨天气便疼痛非常。所有这一切似乎都在催促着刘裕，让他感到时间紧迫，得赶快迈出这最后一步才行。

然而谋朝篡位这种事，毕竟不好意思自己说出口来。刘裕斟酌再三，决定召集手下群臣一同宴饮。席间，他从容言道："当年桓玄篡位，鼎命已移，我首倡大义，复兴皇室。十余年来东征西讨，平定四海，终于成就今日功业，遂享九锡之礼。常言道'物戒盛满'，现今我年将衰暮，却享受如此尊崇殊礼，恐怕不是久安之道。我打算近日奉还爵位，归老京师，颐养天年。"

话说到这个份上，已经不能再往深里说了。刘裕以为手下这些人里，肯定有聪明人能够体察到自己的用意。可放眼望去，满堂的文武群臣个个只是垂首低头、歌功颂德，并无一人站出来接自己的话头。刘裕深感沮丧，心不在焉地结束了宴请，闷闷不乐回宫而去。

天色向晚，文武群臣各自归家。中书令傅亮出得门来，方才刘裕的言谈举止仍是萦绕于心。傅亮这个人前面说过，他博涉经史，尤善文词，在刘裕身边一直扮演着给领导写稿的秘书角色，所以向来擅于揣摩领导的心思。他低头细思片刻，忽然间体悟到了刚才刘裕话中的深意，暗骂自己糊涂。可这时宫门已闭，再想见刘裕只能等到明天早上。傅亮深知这一天赐良机将决定自己下半生的富贵，于是冒禁敲门，请求立刻觐见宋王。

刘裕正在郁闷，忽然听说傅亮请见，心下暗喜，知道终于还是有那懂事的人，于是下令开门。傅亮一见刘裕，便道："臣请求即刻返京。"刘裕当即明白了他的用意，别的什么都没问，只说："需几人陪同？"傅亮道："几十个人便已足够。"刘裕点了点头，不再说话。傅亮随即告辞。

此时已是深夜。傅亮仰头望天，但见一个拖着长长尾巴的彗星正在天空中曳行。他拍了一下大腿，叹道："我以前向来不信天文，没想到今日竟如此灵验。"当下回府打点行装，天明后乘船奔建康而去。

有了傅亮的运作，剩下的事情就简单了。

元熙二年（公元420年）四月，朝廷再次征刘裕入京辅政。六月初九，傅亮拿着事先写好的禅位诏书向晋恭帝暗示，已经到了改朝换代的时候，识相的话就赶紧自动下台。司马德文可不傻，知道自己若敢说半个不字，便会跟哥哥一样死于非命，于是欣然执笔，对左右道："当年桓玄篡位，晋室已失天下。幸因刘公的辅佐，又延长国祚近二十年。今日之事，我心甘情愿。"于是将禅位诏书原样照抄了一份。

六月十一日，晋恭帝在琅琊王府宣布逊位。晋朝的文武百官就地拜辞，秘书监徐广恸哭不止。至此，立国江左的东晋正式宣告灭亡，共传十一帝，享国一百零三年。

三天后，刘裕于建康南郊登坛称帝，刘宋王朝正式开国。

即位仪式结束后，刘裕自石头城入居建康宫。陪同的队列中，徐广再次伤感落泪。谢晦见状责备道："徐公此举，未免有点过分了吧！"徐广答道："阁下是宋朝佐命功臣，而我却是晋朝遗老。悲欢之事，自然各不相同。"

随后，刘裕登临太极殿，宣布大赦改元，与民更始。

在隆安三年以下级军官出道二十二年后，京口布衣刘寄奴终于攀上了人生巅峰。

61 恭帝必须死

正式即位之后，皇帝刘裕颁布了以下诏令：

奉晋恭帝司马德文为零陵王，待遇礼仪方面比照晋初优待曹魏皇室的先例，将其安置在秣陵县居住，另派冠军将军刘遵考率兵“保护”。

追尊自己的老爸、前京口小吏刘翘为孝穆皇帝，生母赵氏为孝穆皇后，继母萧氏为皇太后。封二弟刘道怜为太尉、长沙王，追封三弟刘道规为临川王，爵位由其子刘义庆（《世说新语》的作者）继承。又以长子刘义符为皇太子，二子义真为庐陵王，三子义隆为宜都王，四子义康为彭城王。其余佐命功臣各有封赏。

常言道，打江山难，守江山更难。年近六十的刘裕拼搏半生，终于实现了当初在京口砍柴卖履时的野望，自然希望子孙后代能够尽量长久地保有这份来之不易的家业。为此，他处心积虑，想在自己的晚年尽力解决几个颇为棘手的问题。

首当其冲的就是司马氏残余势力的问题。虽然经过刘裕此前十几年的努力，原东晋境内的司马氏宗族已被剪除殆尽，但仍有不少残党逃亡境外，在后秦、北魏的收留下活动于边境地带。后秦灭亡后，司马休之父子、司马道赐、司马国璠等都投奔了北魏。虽然司马休之入魏不久便死去，但其子司马文思一直到后来的宋文帝年间仍被北魏利用来对付刘宋。此外史料记载，刘裕北伐回师后，有一些司马氏宗室流窜逃亡于魏晋接壤的黄河南岸，招集流民结营自保，司马文荣屯于洛阳金墉城南，司马道恭屯于城西，司马顺明则屯陵云台。这些人每人手里都有几千人马，在刘裕眼里始终是蠢蠢欲动、妄图颠覆新生的刘宋政权的反动分裂势力。

在这些“亡命”在外的司马氏宗族里，最让刘裕忌惮的是司马楚之。

司马楚之本身也是宗室疏属，跟晋安帝、恭帝那一脉的血缘关系其实相当淡薄，但既然生不逢时赶上了刘裕剪除司马氏的池鱼之殃，其叔父、兄长皆被刘裕所杀，司马楚之也就只好北逃，亡匿于汝、颍之间。

据说司马楚之为人豪爽讲义气，又能虚心待人，所以在边境地带很有威信，不久便以长社（今河南长葛）为据点，拉起了一支万余人的游击队。当时，这一带地处南北交界，地荒人少，运输不便，发大军征伐的话成本太高，但司马楚之这样的分裂势力对刘裕来说也是如芒在背、不除不快，于是刘裕干脆用了个不大光彩的手段：派刺客潜伏进司马楚之的队伍，准备伺机将其刺杀。

这个刺客果然很有本事，很快便打入敌人内部并博取了司马楚之的信任。刺客知道司马楚之这个人向来礼贤下士，这个弱点正可利用，于是在某一天夜里声称得了重病，准备趁他来探病的机会下手。不出所料，司马楚之果然前来探病，而且亲自服侍汤药殷勤备至。刺客大为感动，再也下不去手，遂从席下掏出匕首，向司马楚之坦白。司马楚之惊叹之余，说如果刘裕真的对我如此忌惮，那即使你不杀我，以后他还会派别的刺客来。后来，这个刺客便留在了司马楚之身边，成了他的贴身保镖。

刘裕之所以对司马楚之这些人如此忌惮，倒不是怕他们手里那万八千的流民武装，而是担心他们被敌国北魏利用，与国内的反对势力勾结起来，以恢复晋室为号召威胁刘宋的统治。虽然自己成功篡夺了东晋的皇权，但司马家的皇统毕竟延续了一百四十年，若说国内没有人怀念晋朝的统治，恐怕刘裕自己都不大相信。何况刘裕出身低微、不学无术，那些自诩文化精英的高门士族虽然表面上迫于形势对他效忠，但鬼才知道他们的真实想法。如今自己年事已高，诸子年纪尚轻，一旦将来风云突变，北魏若以司马楚之这些人为前锋，以拥立晋恭帝复位为借口挥军南下，万一朝廷里的士族官僚中再出几个叛徒，那我老刘家的皇位可就有不保之虞！

既然司马楚之之徒短时间内清除不掉，那至少也要扼杀他们恢复晋室的希望。当年桓玄篡晋之后，就是因为没有对晋安帝痛下杀手，所以后来刘裕才以拥立安帝复位为号召，于京口起兵推翻了桓玄的统治。自己亲身经历的前车之鉴，刘裕当然不愿意冒重蹈覆辙的危险。所以事到如今，只有一个解决办法——晋恭帝必须死！

前代曹魏篡汉、司马氏篡魏，禅让下台的末代国君（汉献帝刘协、陈留王曹奂）都得以颐养天年寿终正寝，如果刘裕杀掉晋恭帝司马德文，势必会在历史上留下无法洗白的污点和骂名，这一点刘裕自己也应该十分清楚。但卑鄙是卑鄙者的通行证，高尚是高尚者的墓志铭，刘寄奴年轻时就不是个太在意自己道德声誉的谦谦君子，如今为子孙后代计，这口黑锅该背也就只好背了。

像上次除掉晋安帝时一样，刘裕起初把这个任务交给了恭帝的近臣之一——郎中令张伟，叫他用毒酒鸩杀恭帝。但张伟良知尚在，叹道“杀君以求生，不如死”，自己喝下毒酒自杀身亡。后来刘裕又把这个烫手的山芋给了晋恭帝的外戚褚秀之和褚淡之。有张伟的例子在前，虽然恭帝的老婆是自己的妹妹，但这两人却不敢违逆刘裕的旨意。以前司马德文和褚妃生过男孩，但都被褚秀之和褚淡之在刘裕的授意下想办法弄死了，司马德文夫妇对此是无计可施。逊位归第之后，司马德文深恐刘裕终究放不过自己，便与褚妃共住一室，一日三餐全部自己动手烹煮，日常开销都靠褚妃变卖首饰供应，所以在相当长的时间内想谋害他的人都找不到下手的机会。

永初二年（公元421年）九月的一天，褚淡之和哥哥褚叔度前来探望褚妃，褚妃一时大意，到别室与两位兄弟相见。不多时，事先早有安排的几个士兵翻墙进了内室，拿出毒酒叫司马德文自尽。司马德文知道自己终究躲不过这一劫，但拒绝饮鸩自杀，因为他相信佛经所说，自杀者也造杀生重业。于是几个士兵一拥而上，用被子将司马德文活活闷死于房中。

司马德文年轻之时，是一个自私任性的冷酷少年，曾经在封国内叫人射杀骏马为游戏。当时有人曾评论说，马是国姓，司马家的少年以射马为乐，那是大大的不祥。后来世道变迁，司马德文兄弟先后沦为桓玄、刘裕的手中傀儡，见惯了人情冷暖的司马德文性格大变，成了一个虔诚的佛教徒。佛家最讲业报，当年司马昭父子篡人帝位，一百四十年后，司马氏的帝位亦被别人所篡；刘裕杀司马德文开创了后世篡位者杀禅位之君的先河，在不远的将来，不祥的业报似乎又会降临于他的后世子孙。

不幸生在帝王家。

希望被人戕害的司马德文转世投胎后，可以像我辈一样做个普通人。

62 强干弱枝

刘裕想解决的第二个问题是中央和藩镇的关系。

回顾前代东晋王朝一百多年的历史，之所以不断发生像王敦之乱、桓玄之乱这样的内部变乱，除了门阀士族掌握兵权这个原因之外，归根结底是中央和地方的实力对比出了问题：中央政府直接掌握的军事力量太弱，而某些地方藩镇的军事力量又太强。

西晋的时候，位于京师洛阳的中央军基本上常年维持在十万左右，而地方藩镇的军队很少有超过五万的情况。永嘉之乱后东晋匆匆立国于江左，此后中央禁军不但数量上大为缩水（基本在一两万上下），而且在兵员的管理和训练上也混乱不成体系，战斗力极为低下，别说不能远出征伐，就是保卫京师建康的安全也很成问题。而北府、荆州等藩镇的军队由于吸收流民当兵，并且在抵御北方少数民族的战斗中得到了锻炼，反而具有较强的战斗力。掌握了地方军权的强藩权臣对中央稍有不满，便可以利用手中的军事实力对朝廷施压，矛盾激化时就兴兵内向，搞个“清君侧”什么的玩玩。

刘裕自己就是从掌握北府兵的徐兖刺史发迹，才最终篡夺了晋室江山，对于东晋政府枝干强盛而根本孱弱的弊病是一清二楚。现在他当了皇上，自然要采取措施，防止地方挑战中央的现象在刘宋政权内部重现。具体说来，这些措施可以总结为两点：

第一，重新打造一支实力强劲的中央军。早在刘裕入朝辅政之时，他就开始将手下掌握的北府军队转化为保卫京师的中央军。后来，这些军队随着他的迁转先是入了太尉府，然后又成了宋国政府直属的禁军，最后则顺理成章地取代原来东晋的禁军，承担了都城建康的防卫职责。刘宋的禁军分别由领军将军（中领军）和护军将军（中护军）统领，具体数量虽然史书上没有明确的记载，但从后来的史实推断，应该也在十万左右。为了加强对禁军的控制，刘裕还恢复设立了禁军五校三将官（指屯骑校尉、步兵校尉、骁骑校尉、长水校尉、射声校尉、虎贲中郎将、冗从仆射、羽林监），又增加殿中将军到二十人，员外殿中将军则不限数量，组建了一支庞大的捍卫皇宫的武装力量。

而除皇宫禁卫之外，为了保护帝国的继承人，刘裕还增强了捍卫东宫的军队数量。即位的第一年，刘裕就增置东宫殿中将军十人、员外二十人。次年又为东宫设置了屯骑、步兵、翊军三个校尉武官。

刘裕建立的这支强大的禁卫军队，不但负责皇宫和京师的安全防卫，非常时期也可以奉命出征，对地方上敢于对抗中央的武装势力进行直接打击。借助这一措施，他希望能够扭转东晋以来内轻外重的军事格局。

第二，在对地方藩镇加强控制的同时，对荆州、北府等强藩进行限制。刘宋立国之初，如果不算没有实土的侨置州的话，全国共有十六个州。其中，除了京师所在的扬州通常由宰相兼领之外，其余十五个州按照都督管辖的区域，可以划分为五大军区：

南徐州[①]都督镇京口，南兖州都督镇广陵。这两个州是传统的北府所在，是保卫京师建康东北方向的重镇。

南豫州[②]都督镇历阳，是传统的西府，通常主领黄河以南与北魏接壤的豫州、司州以及侨置的秦州、并州，是拱卫都城西北方，抵抗北魏南侵的要地。

---

① 永初元年，刘裕废除诸州郡以北为名者，寓立于南的则在名前冠以南字。

② 南豫州是割豫州淮河以南的领土而设立。此事《宋书·武帝纪》系于永初三年，而同书《州郡志》则云永初二年。

由于刘裕北伐南燕取得了大片土地，他将（北）徐州都督移镇彭城，青州[①]和后来增设的冀州亦归徐州都督节制。徐州是刘宋与北魏对抗的根据地，主领淮河下游防线，地位也十分重要。

荆州是长江上游的传统强藩，荆州都督通常主领益州、梁州、宁州等西南边州的军事管辖权，地广兵强，是全国数一数二的强大藩镇。

位于荆州北部、坐镇襄阳的雍州都督负责北抗关中、西窥秦凉，同时对荆州起到一定的制衡作用，也是刘宋时期颇为重要的一个藩镇。

对于这五大藩镇，刘裕早在任太尉时便逐渐安排自己的亲信宗族出任，立国后更是选派自己的弟弟、儿子以宗王的身份主领。特别是对于荆州这个刘裕曾经亲自统领北府多次对抗的强藩，他尤为重视，早在北伐后秦归来后，就曾想让世子刘义符坐镇荆州。当时由于张邵进谏说，世子乃关系国本的储君，不宜远镇在外，所以刘裕才改派第三子刘义隆前去镇守。从那以后，荆州在六七年的时间里一直由刘义隆以皇子宗王的身份坐镇。起初由于刘义隆尚未成年，刘裕给他配备了强大的辅佐班底：文臣方面以琅琊王氏的王昙首为长史、王华为主簿，武将方面以到彦之为南蛮校尉、沈林子为参军，而以张邵为司马，统领义隆府中之事。这一人事安排后来对刘宋初年的政治格局产生了重大影响，这一点我们到时再说。

即便这样，刘裕对荆州还是不大放心。即位后的第二年，他下诏限制地方藩镇的僚属规模，规定荆州府置将不得过二千人，吏不得过一万人；其他州置将不得过五百人，吏不得过五千人。次年，再次分割荆州十郡，复立湘州[②]，以削弱荆州的实力。

总之，经过刘裕的一番调整，至永初二年年底，五大藩镇之中荆州由其三子宜都王刘义隆统领，南豫州则由四子彭城王义康镇守，徐州的负责人是从母兄弟刘怀慎，雍州的负责人是舅舅赵伦之，南徐和南兖名

① 永初元年八月，刘裕废青州并入兖州。
② 义熙八年刘裕曾设立湘州，至十二年并省，至永初三年又重新设立。

义上归属弟弟刘道怜，其实却是刘裕自己主持日常工作。通过以上强干弱枝的各项措施以及将重要藩镇纳入刘氏宗族的控制，再加上新近建立了强大的中央军，可以说刘裕基本上扭转了东晋以来中央受制于地方藩镇的局面，为南朝时期的皇权政治奠定了格局。

63 | 太子和辅臣

据梁代文献《金楼子》的记载，刘裕晚年一直患有“热疾”，这是一种浑身燥热的疾病，而他以前四处征战所受的创伤也经常溃烂发炎，十分痛苦。到了永初三年（公元422年），随着健康状况日益恶化，年已六十的刘裕不得不开始考虑身后之事。

早年刘裕家境贫寒，一直不曾纳妾。发妻臧氏在生下了女儿刘兴弟后便一直不曾诞育男孩。直到义熙年间刘裕发迹之后，他才开始亲近别的女人，而且颇为有趣的是，之后他跟每个女人只生一个男孩，一根藤上七朵花，一口气生了七个葫芦娃：张夫人生了长子刘义符，孙修华生了二子义真，胡婕妤生三子义隆，王修容生四子义康，垣美人生五子义恭，孙美人生六子义宣，吕美人生七子义季。

永初三年之时，长子义符刚刚十七岁，次子义真和三子义隆十六，其余诸子年纪更小。而且看样子这些皇子的生母没有哪个让刘裕十分宠爱，她们的出身都不高，背后也没有强有力的外戚，所以在太子的选择上，除了按长幼次序之外刘裕也没有别的偏好。从刘义符十岁的时候开始，刘裕便让他先后当了豫章公世子、宋国世子，即位后又很快立他为皇太子，似乎从来就没动过立他人为太子的念头。

不过，刘裕也深知“皇二代”守成的不易，十六国时期北方的许多割据政权都是传到第二代就玩儿了完，他可不想蹈“二世而亡”的覆辙。所以当他风闻太子近来常常和一些奸佞小人混在一处之时，刘裕不由得暗皱眉头。随侍在侧的谢晦趁机进言道：“陛下春秋既高，还宜思存万世。神器至重，不可使负荷非才呀。”言下之意就是太子不是当皇帝的材料。

谢晦时任领军将军、散骑常侍，执掌禁卫兵权，地位十分敏感。虽说散骑常侍有规谏政事的职责，但改立储君这事既是国事，也是家事，懂事的大臣向来不敢轻易触碰这一敏感话题。谢晦说出这等话来，不由得让刘裕刮目相看。他顺着谢晦的话头，问道：“那你看庐陵王如何呢？”

“臣不敢妄议，还请陛下许臣到庐陵王府中一观。”

刘裕点了点头。于是谢晦出宫后便去造访了庐陵王义真的府邸。

从关中逃亡回来后，刘义真先是担任扬州刺史，镇守石头城，随后又移镇刘裕的旧邸东府城。刘裕登基坐殿之时，刘义真看上去却不怎么高兴。别人觉得奇怪，他回答说：“居安尚要思危，现在即使天下无事，也没什么可高兴的。”看来经历了一番劫难后，刘义真确实成熟了许多。听说谢晦来访，刘义真十分高兴，因为他从小便喜欢文学，最欣赏谢晦这样的风流名士。他可不知道谢晦是带着目的来刺探情报的，当下便将谢晦迎进府来，与他海阔天空地大谈特谈了一番。可刘义真谈兴虽高，谢晦却只是不冷不热地随声附和，并不和义真深谈。末了，谢晦向刘裕回禀说，二皇子义真“德轻于才”，亦非人君的合适人选。

其实在我看来，刘裕的几个年龄较大的儿子在品行智力上的差距并不大，只是个性稍稍有别。原因是刘裕自己的文化水平和教养就不高，既而老来得子（长子义符出生时刘裕已经四十四岁，在古人中可谓老矣），又忙于出征和政事，基本上没什么精力和时间对儿子们加以管教。再加上几个皇子的生母也并非知书达礼的大家闺秀，这种环境下小孩长成什么样全看其天性，而且十六七岁的少年还处于青春期，个性尚未定型，这时便下断语未免不太公平。不管怎样，谢晦与刘义真谈话结束后不久，义真便被刘裕改任为南豫州刺史出镇历阳。这说明，在太子这个位置上，刘义真并不具备挑战哥哥义符的竞争力，而既然刘裕决意不更换太子，就索性将义真外调以避免他们兄弟之间产生矛盾。至于刘义隆和其他年纪更小的皇子，刘裕更是从来就没有考虑过。

刘裕既然不打算更换太子之位，那接下来的重点就是要选择几个忠诚得力的辅臣。

在刘裕篡晋登基的过程中，有几个人居功至伟：徐羡之资历最老，又代替刘穆之留守建康总领朝政，保证了政权的平稳交接；王弘讽劝朝廷赐刘裕九锡、宋公，正式启动了篡晋程序；檀道济扫平河洛，拿下洛阳，进一步抬升了刘裕的威望，为其篡晋制造了合适的政治环境；傅亮迎合了刘裕的心思，一手运作了晋恭帝禅让事宜；谢晦则入为参谋，出为仪卫，一直担任刘裕的贴身侍从保护其人身安全。所以在刘裕即位后封赏佐命功臣的诏书中，以上五人是排名最前的几位；在开国头两年的刘宋朝廷里，这几人也分别担任了极为重要的官职。如无意外，太子的辅臣也将从这几人当中产生。

然而，这并不代表刘裕对以上诸人完全信任。

永初二年徐羡之担任尚书令、扬州刺史后，便搬入西州城居住。西州城位于建康宫城西南，是扬州刺史的治所，毗邻宫城的西门西明门。一天，刘裕忽然一时兴起，带着十几个人步行出宫，在预先没有任何通知的情况下直接就来到了西州城。有的史料说这是因为刘裕思念徐羡之的缘故，这可就小瞧了刘裕的帝王之心。担任尚书令、扬州刺史的徐羡之位高权重，时常有面圣的机会，就算刘裕真的想他，一个口谕就可以让他屁颠屁颠地前来朝见，绝不至于不管不顾地带着少量护卫便冒昧上门。依我看，刘裕是对徐羡之不很放心，所以故意搞了这次突然袭击，想看看趁其不备是否能够抓得着他的把柄。那么，刘裕到了西州城后发生了哪些事，说了哪些话呢？很遗憾，史籍没有记载。在我看来，这恰恰反映了徐羡之的沉稳老辣、滴水不漏，让刘裕不但没有揪得着他的小辫子，反而打消了对他的顾虑。转过年来，徐羡之荣升司空、录尚书事便是明证。

与徐羡之相对的，则是琅琊王氏的王弘。按理说，王弘为刘裕得九锡、当宋公出了大力，在佐命功臣排行榜上位居第二位，也应得到进一步的重用才是。宋国初建之时，王弘为尚书仆射，主持文武官员的选用，看上去已经进入了权力中枢，可不久即被外调为江州刺史。在刘裕正式即位后，徐羡之、傅亮、谢晦等纷纷进入中枢参与朝政之时，王弘却在寻阳担任地方长官。况且，此时由于南豫州的设立，江州的地位不比从前，王弘不带都督头衔，只是一个单车刺史，在他没有任何不忠于刘裕的行为的情况下，此举显然是刘裕有意对他加以排抑。虽然后来刘裕又加封他为卫将军、开府仪同三司，但这只是虚号，其偏居外藩的地位仍未改变。

看来，作为出身低微、带领一批次等士族取代了门阀士族统治地位的创业之君，刘裕还是对高门士族的文化精英们充满了戒备之心。虽然王弘等对他刻意逢迎，却仍旧无法获得他的真正信任。刘裕知道，与徐羡之、傅亮这些布衣出身的人相比，王、谢等高门士族树大根深，其自身利益对一家一姓之统治的依赖性并不很强，他们自矜门第高贵、文化上又居于优势地位，知道不论是司马氏坐天下，还是姓刘、姓桓的当天子，都要对他们优容笼络加以借重，所以对当今的统治者没有太高的忠诚度。当初刘穆之死后，刘裕考虑继任的人选，谢晦说王弘这个人“轻易”，大概就是这个意思。可能正是由于这个原因，刘裕才将王弘调离了中央，将其阻隔在了权力中枢之外。

至于出身陈郡谢氏的谢晦，一方面是由于这个人确实有才，而刘裕也需要这么个人代表高门士族，在自己身边当花瓶充门面，一方面也是谢晦“表现”出了对刘裕的足够忠诚（讨伐司马休之时，谢晦曾抱刘裕大呼“天下可无晦，不可无公”），所以刘裕允许他在中枢担任重要职位。而实际上，刘裕对他也一直存有防范之心，这一点，刘裕直到去世前才在遗言中袒露了出来。

64 宋武功过

永初三年三月，刘裕病重的消息传来。

太尉刘道怜、司空徐羡之、尚书仆射傅亮、领军将军谢晦、护军将军檀道济五人得以准许入宫侍奉医药。在宫外守候的文武群臣集体上表，请求向神祇祈祷以保佑皇帝早日康复。向来不信鬼神的刘裕拒绝了这一请求，只是派侍中谢方明代表自己将病重的消息通报给了太庙中供奉的列祖列宗。

不久，病榻上的刘裕做出了两个决定：一是派檀道济出外担任镇北将军、南兖州刺史，镇守广陵，同时负责监领淮南诸军。这是针对自己一旦去世，北魏有可能乘机入侵所做的预防措施。二是前面我们说过的，任二子庐陵王刘义真为车骑将军、南豫州刺史，这是为了避免在太子即位的问题上，兄弟二人产生矛盾。

十几天后，可能是列祖列宗的在天之灵起了作用，刘裕的健康状况忽然好转，他下令大赦天下，以示庆贺。然而这不过是一次回光返照，到了五月，刘裕再次病入膏肓。

这一次，刘裕知道自己恐怕熬不过这一关了。他趁还清醒时，将太子刘义符召到了床前。父子二人平素很少有交心之语，而现在刘裕则要尽量把今后最需要注意的事情和自己最宝贵的经验一股脑儿地告诉这个十七岁的少年。

刘裕首先告诉义符，你还年轻，缺乏治国的经验，所以我安排了徐羡之、傅亮、谢晦、檀道济这几个人做你的顾命大臣。他们能力很强，你要多加倚仗。

义符含泪点头。

刘裕目光深邃，接着说道："檀道济这个人虽有干略，然而并无远志，不像他哥哥檀韶难以驾驭。徐羡之、傅亮两人日后也当无异图。唯有谢晦这个人多次随我在外征伐，颇识机运权变之理，将来若有什么变数，一定出在他的身上。过上一段时间，你可以将他外放，到会稽或江州当个地方官即可。"

刘义符若有所思，不知道是否真正懂得了这些话的用意。刘裕微叹一声，歇息片刻，叫侍者取来了自己早就写好的一份手诏。义符取过来看，见上面写道："日后朝廷不必另设别府①，由宰相兼管扬州，可配备兵士千人为防卫。其余大臣若有职责重要需保卫人身安全的，可从现有禁军兵士中抽调。若需外出征讨，则临时配给禁军，战事结束后一切如旧。后世若有幼主，朝事一概由宰相负责，母后不烦临朝。武器仪仗既不许擅入禁省，重要人物可另行赐予班剑。"显然，诏书中的话不但是说给刘义符听的，也是说给后世历代刘宋皇帝听的。

以上便是刘裕的全部遗言。

五月二十一日，宋武帝刘裕崩于建康宫西殿，时年六十岁。

至此，本书的第一位主人公告别了历史舞台。在前半生，他是京口街巷里说着伧楚方言的寻常百姓，一个好酒任性轻薄无行的赌徒，一个老大不小却一事无成的不肖子；在后半生，他却是一个驰骋沙场纵横无敌的常胜将军，一个翻手为云覆手为雨的乱世权臣，一个光复山河气吞万里的开国雄主。

与他同时代的大才子崔浩评价刘裕，将他比作魏武帝曹操，这是就他篡取了晋室帝位而言。若论才情，刘裕自然不比曹操，但若论军事才能恐怕犹有过之。史家每每提到，刘裕以一介匹夫之力，最初既没有地

① 当时刘宋除宫城之外，尚有宰相常居的东府城和扬州刺史的治所西州城，宰相带扬州则合二为一居西州即可，不需另设别府。

盘，也没有军队（“地非桓文，众无一旅”），只是靠着临时招募拼凑的一百来人，便敢兴兵起事，旬月之间便击垮了桓玄，崛起于东南。在他的指挥下，区区北府数万兵力，便可斩谯纵于巴蜀，灭鲜卑于青齐，枭卢循于岭外，擒姚泓于关中。戎旗所指，战无不胜。怪不得唐代名臣虞世南称赞他说，其为人豁达宏远，很像汉高祖；其制胜胸襟韬略，不下光武帝。尤其值得称道的是，刘裕亲自开创的北伐事业一扫永嘉之乱以来南方华夏政权受逼于北方少数民族的弱势局面，攻灭南燕后秦，一举收复两京，将国土拓展至黄河南岸，使拓跋鲜卑不敢南下而牧马，这番气吞万里壮怀激烈的功业，是祖逖、桓温、谢安等英雄豪杰经营百年而不曾达到的成就！

也有人质疑说，正是因为刘裕急于篡晋匆匆南归，才导致了关中大好河山得而复失。例如苏东坡的弟弟苏辙就说过，刘裕的志向不在于像齐桓、晋文那样成就霸业，而在于求取九锡走篡权之路，这在境界上就落了下风。假若当时刘裕能因其兵势，“据秦陇之形胜，引吴越之饶富，以经略中夏”，不但能够成就一统天下的霸业，缔造新王朝也是水到渠成，用不着为了眼前的利益捐弃百世之功，去效法司马懿父子行篡窃之事。平心而论，苏辙的这个看法充满了儒家知识分子的理想主义色彩，未免有点儿置现实条件于不顾了。且不说当时刘裕年事已高，而刘穆之的去世又使其后有隐忧，即使刘裕和刘穆之的寿命都足够长久，以当时东晋的国力和周边的政治局势来看，一统天下依然是个美丽而又遥不可及的梦想。最关键的一点是，当时赫连勃勃治下的夏国和拓跋嗣治下的北魏，其国势正处在上升期，北府将士虽勇，其战力最多也就能维持在黄河沿线，越过黄河北上，其擅长的水陆配合作战和后勤供应都会成为大问题，更遑论深入太行山区和黄土高原与少数民族骑兵一较高下了！

总之一句话，脱离当时的具体环境评价历史人物，就是耍流氓。

至于刘裕该不该篡晋这个问题，相信生长于现代社会、摆脱了忠君观念的读者诸君们自有判断。下面我想说的是，作为一代开国之君，刘裕本人在私生活上也堪为后世垂范。

据史料记载，发迹后的刘裕依然保持了他贫贱时的节俭作风，既不喜欢珠玉财宝车马玩物，也不嗜好美食美色纨绮丝竹。位于现在云南地区的宁州曾献给他一个流光溢彩的琥珀枕，听说琥珀能治刀剑外伤，刘裕便下令将枕头捣碎了分赐给北伐将士；广州献来一些精美华丽的细布，刘裕嫌这些织物耗费人力，便禁止当地日后以此物上贡；他平常使用的床具施以朴素的直脚，用寻常铁钉打造，灯笼用葛、拂尘以麻制作；后宫里嫔妃不多，也没有淫乐争宠之事；财帛皆归国库，自己没有私藏；诸公主出嫁，嫁妆不超过二十万钱，且无锦绣金玉之物；贫贱时所用的农具他也有所保留，以提醒子孙后代创业之艰难。凡此种种，在之前的魏晋诸帝和之后的南朝各主当中都很少能够见到。至于其余废除弊政、减免赋税、打击豪强、推行教化等惠民措施，刘裕也多有施行，假使其享国日久，当在文治上有更多建树。

整体看来，出身次等士族的刘裕及其身边的从龙集团，抓住了历史给予他的难得机遇，顺应了当时门阀政治没落、皇权政治复归的大趋势，在他能力所及和条件允许的范围内尽力做到最好，在完成历史使命的同时也成就了个人的千秋功业。对此，刘裕自己是否满意呢？

在永初三年举行的、很可能是刘裕生前最后一次召开的宴会上，他望着满朝文武俊彦，说出了这样一句话：

“我本布衣，以前从没想到能有今天。”

群臣皆以为这是皇帝陛下的自谦之辞，纷纷歌功颂德请求撰辞作赋来彰显今上的伟大。只有那个被刘裕排除出中央政治局之外的王弘坦率地说道：

“此所谓天命，求之不可得，推之不可去。”

刘裕笑了笑，没有回答。

65 北魏的进攻

永初三年五月，刘裕去世后，太子刘义符即位，成为刘宋王朝的第二任统治者。

新皇登基，除了按照惯例大赦天下之外，为了表示对大行皇帝龙驭宾天的深切哀悼，同时宣布全国上下要集体守丧三年。由于服丧期间皇帝不能亲政，刘义符随后下诏封尚书仆射傅亮为中书监、尚书令，以领军将军谢晦兼领中书令，再加上原本录尚书事的司空徐羡之，三人共同辅政。这样一来，在刘裕任命的四位顾命大臣里，檀道济领军在外，徐羡之、傅亮、谢晦则在朝中形成了犬牙交错的权力格局，三人互相牵制，谁都无法一手遮天，起码在刚开始的一段时间里，朝局看起来相当稳定。

不稳定的因素来自境外。

刘裕去世的消息不久传到了北魏，很快引起了一系列波澜。首先是流亡在魏的被刘裕杀掉的刁逵的侄子刁雍，听说刘裕死了，立刻带着手下的流民武装进入青州地界寇掠。紧接着魏主拓跋嗣追截刘宋聘使，开始谋议攻取黄河南岸的战略要地。

对于这个提议，白马公崔浩是表示反对的。理由是一来人家正在办丧事，咱们既然不能一举吞并整个江南，就会徒然背负上伐丧的恶名；二来刘裕虽死，他的党羽还很团结，不如等上一段时间，待刘宋各大臣之间争权生乱，咱们再趁机进讨比较好。

拓跋嗣不以为然，说：“他刘裕乘姚兴之死灭了秦国，我为什么不能趁他死的机会攻宋？”崔浩答道：“姚兴死后，诸子争位，所以刘裕才乘乱进击。现在宋国内部并无变乱，两者之间不是一回事。”

拓跋嗣没有被崔浩说服，仍然觉得这个便宜不占自己亏得慌，于是决定派司空奚斤督两员大将公孙表和周几出兵。那么问题来了，是应该先攻城呢，还是先掠地？

崔浩是掠地派，他说：“南人长于守城，当年苻坚进攻襄阳，耗时一年才攻了下来。现在我们以大兵坐攻小城，若不能短时间内攻克，势必挫伤军势，让敌人得以不慌不忙地前来救援。到时我军已疲而敌军方锐，此乃危道也。依下臣看来，不如分军掠地，以淮河为限，列置守宰，收敛租谷，则洛阳、滑台、虎牢这些城池反而隔绝于我军之北，其守军将无望于救援，势必沿河向东逃窜，那时我们不啻瓮中捉鳖，又何必担忧不能将其擒获呢？”这番话头头是道，说得魏主拓跋嗣不断点头。

但奚斤和公孙表都是攻城派，理由也很简单：掠地虽然是鲜卑骑兵所长，但当时黄淮之间的领土饱经战火、民户萧条，单纯掠地的话搞不到多少战利品。再说如果绕过洛阳、滑台、虎牢这些城池不攻，万一他们攻击深入腹地的魏军后背，搞个前后夹击怎么办？

争论的结果，还是手握兵权的人嗓门大，拓跋嗣决定听奚斤和公孙表的，先攻河南诸城。于是十月，奚斤领步骑两万自邺城（今河北磁县南）南下渡过黄河，在滑台以东结营，准备先攻滑台，再席卷河南。

当时刘宋在黄河沿线的布防可以划分为南部战区（司、豫）和东部战区（青、兖、徐）：

南部方面：东郡太守王景度守滑台，司州刺史毛德祖守虎牢，河南太守王涓之镇守洛阳金墉城。滑台、虎牢和金墉构成了黄河南岸的第一道防线。在这道防线的腹地，则是仓垣、许昌、项城诸镇。

东部方面：兖州刺史徐琰守尹卯（今山东东阿西），济南太守垣苗守历城（今山东济南），是为第一道防线。此道防线以南，是东阳、湖陆（今山东鱼台东南）和彭城。

整体看来，这一防守格局战线拉得过宽，城与城之间缺乏呼应，再加上每个城池的守军数量多者数千，少者只有一两千，想要完全堵住魏军的进攻基本不可能。这也是之所以北魏可以从容地选择攻城还是掠地这两种完全不同的战略的原因。而且除了鲜卑骑兵之外，投降了北魏的司马楚之和刁雍也各领所部策应魏军的进攻，局面对刘宋十分不利。

简短截说，十月北魏便攻下了仓垣，十一月滑台失守，魏军乘势进逼虎牢。十二月，拓跋嗣增兵五万，进攻东部的青兖之地，兖州刺史徐琰弃尹卯逃走，泰山、高平、金乡等郡皆没于魏，镇守东阳的青州刺史竺夔（音kuí）遣使告急。宋廷一面下诏命镇守广陵的檀道济与守湖陆的徐州刺史王仲德共救青州之急，一面派龙骧将军沈叔狸带三千人马开赴寿阳，和屯守项城的豫州刺史刘粹相机救援虎牢。

至此，惨烈的城池攻防战即将在虎牢关前上演。

虎牢又名成皋，故址在今河南荥阳市西北的汜水镇境内，其城建于高四十余丈的山岭上，背倚嵩山余脉，北临黄河，东滨汜水，地势极为险要。自古以来常在此凭险设关，便是著名的虎牢关。楚汉相争之时，刘邦和项羽在这一带反复拉锯相持了一年之久，故老传说这里也是“三英战吕布”的古战场。镇守虎牢城的毛德祖就是荥阳本地人，他曾经作为王镇恶的部将参与了进攻洛阳、潼关和长安的战斗，向来以英勇善战知名。身为司州刺史，除了戍守虎牢之外，毛德祖还要负责东至滑台、西至洛阳的整体防务，因此早在魏军进攻滑台之时，他便派了三千人马前去救援。但魏军实在兵多势大，不但滑台没能守住，连带这三千援兵也片甲不存。

不久，攻下滑台的奚斤和公孙表率一万五千骑进逼虎牢，在城东南五里安营下寨，建造攻城器械，同时分兵攻略洛阳。守金墉的王涓之弃城出奔，黄河南岸的第一道防线至此只剩下虎牢一座孤城。

与此同时，青州的东阳亦在刺史竺夔的率领下婴城固守，而魏主拓跋嗣已经赶到黄河以北二百里的邺城，亲自指挥东、南两个方面军的进攻。

我倒要看看，你们南人是不是真的像崔浩说的那样擅长守城！

66 毛德祖守城

我国古代的城塞攻防技术，在两晋南北朝时又有新的发展。不但守方发展出了筑马面、重城、斜城、瓮城、羊马城等御敌之法，攻方亦发明出飞楼、火箭、冲车、钩车、蛤蟆车等高科技装备。拓跋鲜卑人本来不大懂得攻城作战，但他们在灭亡后燕的过程中得到了锻炼，军队里也开始吸收会制造攻城器械的汉人，所以到了这时已经可以像模像样地玩起攻城战术。

毛德祖在望楼上远眺敌方阵地，见鲜卑人砍伐林木，正在制造攻城器械，便下令在城中昼夜施工，开始抢挖地道。两个月后，魏军的攻器即将制造完毕，毛德祖这边的地道也完了工。地道深七丈，共有两道，出城外后又分为六道，一直延伸到魏军阵地后面。这天，毛德祖招募了四百名敢死队员，分为两队从地道中杀出，从后面来了个突然袭击。魏军根本没料到敌人竟然能从阵地后面杀来，一时阵脚大乱，数百人被斩。敢死队趁机放火，焚烧魏军打造的攻城器械。待奚斤、公孙表等发现敌人只不过区区数百，指挥大军压上合围之时，敢死队的大部分队员已经钻地道返回了城内。

中了毛德祖这一招，奚斤气急败坏，下令对虎牢发动猛攻。但由于器械大部分都被焚毁，徒然死伤了不少士卒，效果却不甚佳。于是奚斤干脆留公孙表继续围城，自己带了部分人马南下攻略颍川地区。戍守许昌的颍川太守李元德不敌败走，奚斤在当地人里挑了个亲魏的傀儡，留五百骑助其守城，自己又折了回来。

本来毛德祖趁奚斤分兵南下的机会，引军出城与公孙表大战。这一战激烈非常，从早晨一直杀到晚上，已经杀伤了数百名魏兵。哪知道实在不巧，此时正赶上奚斤统军自许昌回师。当下奚斤与公孙表里外夹击，毛德祖大败而归，损失了精兵一千余人。这一来，虎牢失去了出城与魏军决战的能力，唯一能做的就是固守待援。

这时，宋廷派去增援豫州的沈叔狸军三千人刚刚抵达寿阳附近，而镇守项城的豫州刺史刘粹顾忌兵少，并不敢北上驰援虎牢。另一路檀道济军抵达彭城后，得知虎牢、东阳两地同时告急，而自己的军队不足以分救两处，考虑到东阳距离较近，竺夔兵力又比毛德祖还少，于是决定先救青州。

由于虎牢经久不下，魏主拓跋嗣准备亲临督战，此时已经抵达黄河渡口。魏军中的大将公孙表是汉人，早年曾与毛德祖相识，毛德祖知道拓跋嗣对汉人将领并不信任，于是暗生一计，要离间公孙表和拓跋嗣。他先是正式派使者入魏营，假意与公孙表谈判，后来又派人秘密发私信给他，信上有的话说得语义暧昧，有的地方则事先涂抹修改了一遍。结果这事让奚斤知道了，公孙表为表示问心无愧，把信拿给奚斤看，可奚斤越看越狐疑，觉得是公孙表故意窜改信件以掩人耳目。事后，奚斤将此事向拓跋嗣汇报。拓跋嗣本来就对公孙表不大满意，多年前他曾派公孙表讨伐叛军，结果因其不遵诏令导致折损了大量士卒，这次他又坚持攻城战略，却顿兵虎牢之下久久不克。再加上太史令王亮（此人与公孙表有宿怨）在旁边煽风点火，说："公孙表扎营于汜水东岸，地势不便利，所以虎牢才攻不下来。"拓跋嗣一怒之下，派人夜入公孙表营帐，将他勒死了。

虽然毛德祖用反间计除掉了魏军的一员大将，但紧接着拓跋嗣率大军渡河，亲自抵达虎牢城下。得到增兵的魏军多次大举攻城，毛德祖使尽浑身解数苦苦支撑，城墙下尸积如山，城里的守军也日渐凋零。

硬的不行，就来阴的。拓跋嗣发现，由于虎牢城位于山地之上，取水不大方便，城里人每到夜里偷偷用长绳子拴了水桶，从靠近河岸的城墙上将桶悬垂入河汲水取用。于是他下令征调战船沿岸驻守，坚决不让宋军再从河里打到任何一桶水。断水措施实行之后，拓跋嗣觉得只要再耐心等待一段时间，虎牢就会不攻自破。等待的日子百无聊赖，不如先去旅游散散心。于是拓跋嗣命奚斤继续围城，自己则带着扈从到洛阳赏石经观风景去了。

当毛德祖在虎牢与魏军相持之时，东阳城里的青州刺史竺夔也率领全城军民对鲜卑人的进攻进行了卓有成效的抵抗：魏军列阵十余里，绕城四围，试图将东阳守军困死城中；竺夔则在城外凿挖四重堑壕，意思是老子才不怕你围，有本事你就攻进来。魏军一看不行还得进攻，于是凿开长围，在四座飞楼的掩护下以蛤蟆车二十辆填塞堑壕；竺夔也事先挖了地道直通堑壕，派人杀出，想要焚烧攻具，结果因当天风势微弱作战失败，四重堑壕被填平了三重。魏军派出冲车想要撞毁城门；竺夔先是命人从城墙上坠下大石将城门堵住，又派人钻地道从最后一道堑壕钻出，用粗绳将冲车挽折。竺夔以一千五百人坚守东阳一个多月，终于等来了檀道济的援军。围困东阳的叔孙建部得知檀道济逼近，焚烧器械自青州撤军。檀道济部因军粮不继，也没有追击。结果叔孙建统军回到滑台后，又西进与围困虎牢的奚斤军汇合，这下子毛德祖面临的压力就更大了。

自从去年十一月虎牢被围，毛德祖已经坚守了整整二百天。这二百天来几乎无日不战，守城的精兵劲卒死伤殆尽，而魏军增兵却越来越多。本来虎牢城修筑有四重城墙，如今三重已被魏军摧毁攻陷，毛德祖率余众只能退保最后的小城。由于昼夜坚守不曾合眼，宋军将士皆双眼生疮、站立不稳。加之水源匮乏，许多士兵都生了病。说是匮乏而不是断绝，是因为汲取河水的通道虽被魏军遮断，但小城中尚存有一口深井，井水勉强够守城将士维生。闰四月初九，这一秘密也被魏军发现。魏军当即于城北临河处挖掘地道，直通城下深井，井水流泄一空，城中最后的一点希望至此也告断绝。

这时已近盛夏，城内外疾疫流行，浓重的尸臭味飘荡在虎牢上空。城中守军又坚持了十来天后，饥渴交加，基本上已经丧失了战斗力。二十三日，魏军再次发动猛烈攻击，虎牢终告失陷。城破前，残存的将士想要扶毛德祖逃走。毛德祖道：“我誓与此城共存亡，岂可城破而身存！”魏主拓跋嗣也想看看守了虎牢二百多天的人是何方神圣，事先下令说务必活捉毛德祖。结果除参军范道基率二百多人突围逃回外，包括毛德祖在内的其余将士全部被俘。

至此，虽然北魏终于拿下了虎牢，但也付出了惨重的代价，除战斗攻城伤亡之外，兵士因疫病而死的也有十之二三。毛德祖在被俘后始终不降，六年后死于北魏。

虎牢之战结束后，虽然魏宋之间仍有交锋，但大体上双方疆界维持了稳定。刘宋丧失了东阳、湖陆、项城以北的司、兖、豫三州领土，事后宋廷追究丧城失地的责任，将弃城而逃的兖州刺史徐琰、东阳太守王景度分别判了五年和四年的徒刑。作为辅政大臣，徐羡之、傅亮和谢晦也象征性地上表请罪，刘义符则下诏勿问。

当时没有人能够想到，在表面上君臣和谐的背后，一个惊天阴谋正在酝酿之中。

67 少帝被废之谜

披阅刘宋初年的这段历史，有一件事情我至今仍然百思不得其解。

那就是，少帝刘义符在即位两年之后，突然间在一场政变后被废了！

诡异的地方是，发动政变阴谋废帝的人，正是刘裕生前留给少帝的四位辅政大臣，而且其中的主谋正是刘裕断定“当无异图”的徐羡之和傅亮！

更诡异的地方是，除了废帝之外，徐羡之等人还废杀了皇位的第二顺位继承人——庐陵王刘义真！

之后，虽然徐羡之等拥立了刘裕的第三子刘义隆（即宋文帝），但不久刘义隆即反攻倒算，将这伙拥立他的“功臣”杀了个干干净净。这几年的刘宋政治真可谓波谲云诡，任谁看了都难免大跌眼镜。而且关键的地方在于，史书中对这段历史又有刻意掩饰隐瞒的嫌疑，能够说明问题的线索极度匮乏，从而直接导致了后人对这段史事的认识晦暗不明，一方面众说纷纭，一方面各种说法却都难以给出令人信服的解释。

就拿刘义符为何被废来说吧，史书上拿出来的唯一证据来自以刘义符他妈张太后的口吻发表的一则命令。令文里说，刘义符的罪恶是：他爹死了，他不但不悲伤流涕，反而幸灾乐祸嬉皮笑脸，在守孝期间居然开party吃大餐、和嫔妃宫女啪啪啪；他奶奶死了，他不但不悲伤流涕，反而唱歌跳舞拍着棺材讲笑话。此外，他还没日没夜地和一帮小人在一起胡闹嬉戏，搞这搞那、拆东造西，弄得国库空虚、民生凋敝。更过分的是，他身为帝王却不守本分，居然在皇宫里摆摊做买卖，还拿着鞭子抽人来取乐！这样的恶棍人神共愤，哪里还有资格当皇上呢！

虽然听上去言之凿凿，但考虑到这份命令是政变发生后在徐羡之、傅亮等的操纵下发布的，而且令文中提到的那些罪行大部分都是孤证，我们很难判断到底是确有其事还是栽赃陷害。其实说白了，即便是确有其事，这些事情也不是什么多么了不得的恶行。两晋南北朝时代的暴君荒主多了，跟他们相比刘义符这点事也就是个渣渣。鉴于刘义符当时只有十八九岁，又是一个精力旺盛的健康男青年，这些事归结起来都是因为他天性好玩而已，这要是放在同时代的所谓名士身上，顶多算是不拘礼法、风流不羁，跟他爹相比，说不定十八九岁的刘裕干的事比他还要烂！

但话说回来了，既然你是皇帝，就得用皇帝的标准来要求自己，跟以前的朝代一样，刘宋王朝也号称“以孝治天下”，身为皇帝自然要为臣子表率，不严肃也得装得严肃，不悲伤也得装得悲伤，谁让你是皇帝不是？可要真是这样，吕思勉先生说得好，刘义符年纪轻轻，“即有失德，未至不可谏悔也”，怎么没见到徐羡之你们这些人有谁曾劝一劝呢？刘裕当初任你们为顾命大臣辅政，难道就是为了让你们跟自己的儿子过不去？退一万步讲，即使你们真是为了国家利益觉得刘义符当皇帝不合格、应该废掉，那何至于又去谋杀庐陵王刘义真？连当时的大臣范泰都觉得此事实在过分，对人说古今之事我看得多了，还从来没见过受遗诏托孤，转脸就废杀嗣君、屠戮宗王的事呢！

拉拉杂杂说了这么多，我无非是想指出，少帝刘义符被废这件事，绝不像某些学者所说，是徐羡之等人为了挽救刘宋王朝的覆亡危机，以极大的魄力和胆略“废昏立明”，从而使刘宋王朝转危为安的大义壮举，而是有着太多的破绽和疑点。遗憾的是，由于当时的史官在无形的压力下对史料进行了人为的阉割和篡改，我们已经很难获知真实的历史情况了。在下不才，只能按个人的理解尽己所能地对这段历史进行推导和阐释，您要是觉得可信，就不妨听一听。

接下来，让我们回到虎牢之战结束的景平元年（公元423年），看一看随后到底发生了哪些事情吧！

在不到一年的时间里，刘宋政权内部频遭大丧：先是伟大的君王、伟大的统帅刘裕龙驭宾天；不到一个月后，他的弟弟长沙王兼太尉刘道怜也撒手归西；到了次年二月，刘裕的继母、太皇太后萧氏也早登极乐去了。这边厢朝廷里办丧事忙得不亦乐乎，那边厢北魏乘丧入寇搞得北方边境是一片狼藉。到虎牢之战结束后为止，原来刘裕辛辛苦苦北伐收复的大片土地又再次沦入敌手。在北魏骑兵的强势进攻面前，刘宋的军队不是不战而逃，就是躲在城墙后面严防死守，除此之外似乎没有什么御敌的良策，而这时距离刘裕以却月阵大败北魏骑兵一战才过去了仅仅六年。由于新皇帝刘义符服丧期间并未亲政，频战不利、丧城失地的责任除了归咎于前线的某些将领之外，自然也应该由执政的徐羡之、傅亮、谢晦这三位辅政大臣来担负。虽然刘义符下诏表示对三人的请罪一概不问，但徐、傅诸人面临的压力却并不会因此而减轻。因为，刘裕生前建立的功业实在太大，死后留给徐、傅等人的阴影又实在太深了。

前文我再三强调，虽然刘裕凭借其卓越的政治军事才能和盖世功业顺利篡夺了东晋皇权，也取得了部分高门士族知识分子的支持和效忠，但仍有许多自矜身份和血统的高门士族成员在心底里是瞧不起出身次等士族的刘裕和他手下那些同样出身寒微的文臣武将的。在这些人眼里，刘裕只不过是凭借手中掌握的兵权任意杀伐的权奸和军头，他手下的刘穆之、徐羡之之流只不过是粗通文墨的刀笔吏，而檀道济等武将则更是只会喊打喊杀的莽夫和无赖。就拿辅政三大臣之首的徐羡之来说吧，这个人也是次等士族出身，论才能比不上刘穆之，但胜在城府极深，平时少说话、多办事，不留把柄于人，再加上资格又老，跟刘裕又有姻亲关系（徐羡之的侄子徐逵之是刘裕的女婿，其子乔之也娶了刘裕的第六女富阳公主），所以终于混上了位极人臣的司空、录尚书事的位子。而另一位辅臣傅亮，虽然出身于北方高门北地傅氏，但傅亮这一支家道中落，已经不被时人视为甲族之一。琅琊王氏的王华就曾说过，徐羡之是个“中才寒士”，傅亮只不过是个“布衣诸生”。在徐、傅二人掌权后，同为琅琊王氏的王敬弘压根就不与二人来往，其立场如何一望可知。

更能说明问题的，是出身济阳蔡氏的士族蔡廓对徐羡之等人的态度。早在刘穆之当权的时候，蔡廓就对刘穆之不理不睬。后来刘裕借诛刘毅的机会杀了谢混、郗僧施等士族名士，蔡廓为存身保家之计，才开始在刘裕阵营中做官效命。但即使这样，他对傅亮、徐羡之等人也依然毫不客气。傅亮改定朝廷仪典，蔡廓老是有不同意见，但他跟傅亮辩论不落下风，傅亮也没脾气。后来朝廷想调蔡廓担任吏部尚书一职，蔡廓就对傅亮说，要我干也可以，条件是百官的人事任免得我一人说了算。当时徐羡之担任录尚书事，而朝廷人事任免历来是由录尚书事和吏部尚书共同署名，录尚书事在前，吏部尚书在后。所以傅亮就去跟徐羡之商量，徐羡之说，黄门郎（五品）以下的官职蔡廓可以一人说了算，以上的高品要职还是得大家共同商议决定才好。蔡廓不干，说“我不能为徐干木署纸尾也”。“干木”是徐羡之的小名，“署纸尾”意思是署名在徐羡之后。蔡廓既直呼其小名，又不肯署名在其下，对徐羡之的轻视可谓溢于言表。

既然蔡廓不干，朝廷就将吏部尚书的职位给了琅琊王氏的王惠。王惠倒是没有要求撇开徐羡之一人说了算，只是每当有人上书求官之时，王惠就把人事文件往阁楼上一扔不管了，等他去职的时候，楼上压了一堆人事档案一个都没开封。蔡廓、王惠两人，一个故意刁难，一个消极怠工，总之就是跟当政的徐羡之等人不合作。他们的这种态度，在当时高门士族当中很有代表性。

68 范泰的警告

既然在刘裕去世后，许多高门士族成员对执政的徐羡之、傅亮等人心里瞧不起，态度上不合作，那么在北魏入寇北境丧城失地之后，徐、傅等人作为实际执政者势必会受到来自高门士族的质疑和非议。可以想象，当时徐羡之等一定感受到了朝野上下沉重的舆论压力。对这一点，虽然在现存史料中找不到直接的证据，但不久后发生的一件事恰恰反映了当时朝廷内外紧张的政治气氛。

我们说过，徐羡之资历既老，权位又高，又与皇家有裙带关系，这样的人时间长了，其身边自然会聚拢一批抱粗腿顺杆爬的狐朋狗党。以徐羡之的侄子吴郡太守徐佩之（刘裕女婿徐逵之的亲兄弟）为首，被认为属于徐羡之一党的人还包括侍中王韶之和程道惠、中书舍人邢安泰和潘盛。王韶之就是前面奉刘裕之命勒死晋安帝司马德宗的那个人，他虽然出身琅琊王氏，但却并非身世显赫的支系，而且他又与王导子孙的王弘、王华这一支素有矛盾，所以才投靠了徐羡之、傅亮以求自保。程道惠其人来历不明，应该也并非高门。邢安泰、潘盛两人从他们的姓氏和所任官职来看，更是寒门出身。史书记载，徐佩之与王、程、邢、潘诸人结为党友，而且他身为吴郡太守却能干预朝廷政事，显然是靠了叔父徐羡之的关系。

就在徐羡之、傅亮、谢晦三人因丧城失地上表自劾后不久，徐佩之等人忽然来找傅亮，说谢晦有可能要谋反，叫傅亮拟一道诏旨诛杀谢晦，而且声称这是徐羡之本人的意思。原来，这段时间谢晦健康状况欠佳，一直告假在家进行针灸拔火罐之类的治疗，所以好久没出来见客。这一来徐佩之等人着了慌，怀疑他是装病在家，背地里策划什么阴谋。要知道当时谢晦担任领军将军，统领宫中禁军，他要想操纵军队发动政变，那可是易如反掌。所以徐佩之等才想要先下手为强，怂恿时任中书监的傅亮假传圣旨，抢先干掉谢晦。好在傅亮头脑冷静，并未被徐佩之鼓动，说我与徐、谢三人同受顾命，岂可自相诛戮？徐佩之等人再三要求，傅亮干脆一甩手说，你们别逼我，再逼老子就辞职不干了！徐佩之等这才作罢。

这件事的耐人寻味之处是，谢晦好端端地只是生个病几天没露面，何以徐佩之等便会怀疑他要阴谋发动政变？依我看来，这恰恰反映了当时朝野上下以徐羡之、傅亮为首的次等士族集团与王、谢高门士族集团之间充满了不信任甚至对立的紧张关系。这时舆论对徐、傅诸人应对北魏入侵的无能表现加以非议和谴责，无疑会加剧两者之间的紧张关系。而谢晦又是顾命大臣里唯一一个出身顶级高门的成员，加之他又执掌禁兵，也难怪徐佩之等人神经兮兮。而且这件事即使不是徐羡之亲自策划，恐怕他也脱不开干系。

无论如何，由于傅亮的克制，辅政大臣之间算是暂时避免了自相残杀。但建康高门与执政的徐、傅集团之间的对立情绪仍在，而且更糟糕的是，由于皇帝刘义符和庐陵王刘义真的涉入，两者之间的对立关系变得愈发复杂，刘宋国内的政治局势此后更加不稳定了。

前面说过，新任的皇帝刘义符是一个天性爱玩的少年，又正处在十八九岁精力旺盛的年纪，偏偏这时要他服三年之丧。按照当时的礼教传统，服丧期间一切娱乐活动都不能搞，一切男女之事都不能干，一切愉快的言语表情都不宜显露，国家大事都交给辅政大臣处理，什么都不用管，而且这样的日子不是三天、三个月，而是要一直持续三年！据史料记载，刘义符是一个“有膂力，善骑射，解音律”的人，这样的人你叫他违背天性不玩不乐守孝三年，那还不得把他逼疯了呀？不过既然已经贵为天子，刘义符认为自己理应享有某些特权，他大概觉得自己不到外面去玩、不让人看见自己玩乐的事就行了呗。于是干脆躲进皇宫内苑玩起了过家家，带着小伙伴们今天盖盖房子搞搞房地产，明天摆个地摊当当小商贩，后天开个party堪比海天盛宴，大后天又玩起了打仗游戏，模拟士兵突击。这么一来二去，时间一长，还是有不少大臣得知了这位爷的荒唐行径。

大概在景平元年十月前后，已经退休在家的老臣范泰向刘义符上了一封密折，极力劝谏他注意自己的言行。这里尤其值得注意的是，范泰说自己听闻陛下在后园里时不时地演练武备、金鼓之声传到了宫外，十分担心，因为平白无故从宫里传出杀伐之声，可又看不到命将出师统军出征之事，只会让不明真相的群众误以为宫里出了不寻常的事情。加以现在外敌入寇国内，形势并不是特别安定，陛下更应该镇之以静，而不是整天和一些小人混在一起无事生非云云。

作为一个已经赋闲在家的老干部，范泰在这个时候上密折，除了可以理解为关心社稷安危之外，不由得让人怀疑他是不是得到了某些情报，嗅到了某些风声。因为史书说范泰跟徐羡之、傅亮向来不和（范泰也是高门出身，是颁赐刘裕九锡的两个人之一），他之所以选择密折也是为了绕开徐羡之和傅亮，而且从后来发生的事情来看，范泰的话里明显含有对刘义符加以警示的意味。似乎他已经预感到，如果刘义符继续这样下去，不久便会有“不寻常的事情”发生。可惜的是，这份密折递上去后刘义符无动于衷，既不接纳范泰的意见，也不下诏谴责他多管闲事。也不知道到底是刘义符没有体会到范泰的深意呢，还是他压根就没见到这封密折。

不管怎样，范泰这封密折里透露出的信息不容忽视。因为很明显，不论刘义符在后宫里是假模假式地玩打仗游戏，还是真刀真枪地演练武备，在徐羡之一党的人眼里，这种行为都宣示出：这位爷可不是什么好伺候的主儿。还没亲政呢就动刀动枪了，真亲政了那你要干什么呀？自古以来，辅政大臣和少主之间很少有关系和谐的，原因也明摆着：“小马乍行嫌路窄”，少主当家正欲大展拳脚之时，没有人愿意眼前多出几个老不死的碍手碍脚。你刘义符在御花园里搞军事演习，谁又知道你的假想敌到底是北方的敌军还是身旁的辅臣呢？保不齐他也想像后来的康熙帝除鳌拜一样，以玩游戏为掩护，实则是训练手下搞点“不寻常的事情”呢！

可能就是在这个时候，徐羡之、傅亮诸人预感到了未来的前景并不那么美好，出于自保的防卫心理，他们生出了废帝之心。

69 庐陵王义真

这一段时间，除了深宫里的少主刘义符之外，身在历阳的庐陵王刘义真也不让当政的徐羡之等人省心。

前面说过，刘义真是刘裕病入膏肓的时候被任命为车骑将军、南豫州刺史的，目的很可能是怕他与义符争位、兄弟二人之间产生矛盾。理论上说，义真就职之后便应该出镇历阳，但后来刘裕驾崩，刘义真借口守灵便推迟了行程。

刘义真这个人和乃兄义符不同，他相貌俊美，神情秀彻，是一个雅好文学的文艺青年。少年时经历过逃出关中的那一场磨难后，他以为自己阅历渐丰，已经可以对国家安危有足够的担当。回建康后，刘义真结交了不少当时享有盛誉的名士，其中和他关系最好的三人便是谢灵运、颜延之和慧琳和尚。

谢灵运这个人可能很多人都知道，他出身陈郡谢氏，是淝水之战时领导晋军大败前秦的名将谢玄的孙子，南北朝著名的文学家、书法家、旅行家、流行时尚领导者。这个人最大的优点是有才，他有句名言："天下才共一石，曹子建独得八斗，我得一斗，自古及今共用一斗。"石是容量单位，一石总共十斗，谢灵运说他的偶像曹植才高八斗，自己也占一斗，古往今来的其他人全部加起来也就跟他打个平手。也难怪他如此吹牛，因为他的才华在当时举世公认。《宋书》说他"文章之美，江左莫逮"，没有人文章能比他写得好。他的山水诗，每一首传到建康都会引起轰动；他日常穿用的服饰器物，都会引发江东士庶的狂热效仿。这个人最大的缺点也是有才，因为他犯了古往今来许多大才子的通病：恃才傲物，瞧不起别人，又过于自负。他觉得自己的才华并非局限于文学领域，更能够经世济国，拯救天下苍生。而当时朝廷里的实权人物徐羡之等则认为谢灵运狂妄偏激、行事乖缪，不是当大官的材料，所以只是把他当花瓶摆着，偶尔叫他写个文章。谢灵运当然心怀不满，觉得徐羡之等不尊重人才，是笨蛋兼傻帽；知道庐陵王义真喜好文学，便与他倾心结交。

颜延之的情况与谢灵运类似，他也是当时以文名动天下的名人，只不过他的出身不像谢灵运那么高，家庭条件也不像谢灵运那么好，长得也比较寒碜。但颜延之与谢灵运一样自负才能，不肯屈居人下。当时权臣傅亮自以为在文学上颇有造诣，但颜延之却在笔墨上对他毫不相让，让傅亮很是下不来台。

与谢、颜二位相比，慧琳虽然是个出家人，但同样崇尚文义，热心俗务。他曾经著有一篇《均善论》，鼓吹儒教与佛教殊途同归，后来受到宋文帝的赏识，一度权势熏天，有“黑衣宰相”（当时僧服多黑色）之称。

总之，不论谢灵运、颜延之还是慧琳和尚，都不是什么省油的灯。刘义真整天和这些人泡在一起，如果只是单纯舞文弄墨、吟诗作赋也就罢了，但古人一向推崇文以载道，文学从来就不单纯是文学。某种程度上来说，激扬文字总是和指点江山分不开。文艺青年刘义真和谢灵运、颜延之这样的理想主义老愤青在一起喝酒聊天，免不了会谈一些带有敏感词的话。谢灵运等郁郁不得志，对朝廷里的当权派不满可以理解。刘义真年少轻狂，对时局其实也有自己的牢骚。从种种迹象来看，似乎刘义真与哥哥义符的感情算不上亲密，他对自己的境况大概也难称满意，因为史书记载刘义真曾说过这样一句话：“我得志之日，要以谢灵运、颜延之为宰相，慧琳为西豫州都督。”

从这句话的语气、用词来看，应该是刘义真私下对亲近之人所说。

“得志之日”可以理解为登上皇位，也可以理解为像会稽王司马道子那样以皇弟的身份执掌朝政。这句话的关键是后面，即他要任用谢、颜为宰相，慧琳为西豫州都督。要知道，当时的宰相正是徐羡之、傅亮，而谢灵运、颜延之又与徐、傅素有私怨，倘若你刘义真得志便以谢、颜为宰相，那到时将置徐、傅于何地？以慧琳为西豫州都督的安排也颇让人玩味，我们且不说出家人能否出任封疆大吏指挥军队，单说为何义真不说别州而偏偏强调是西豫州。刘宋国内有两个豫州，以淮河为界，南边是南豫州，北边是北豫州，北豫州的镇治寿阳在南豫州镇治历阳以西，所以也可称之为西豫州。在不久前抵御北魏入寇的战事中，北豫州都督的范围内失地最多，将帅的表现最差。可以说，刘义真想让慧琳出任北豫州都督，实际上也是对朝廷的御边政策不满，矛头所向仍然是徐羡之等人。

俗话说，没有不透风的墙。刘义真在自家府邸里和谢、颜等人的言语往来很快便被徐羡之一党侦知。史书上说，徐羡之等怀疑谢灵运、颜延之“构扇异同，非毁执政”，用现在的话说就是妄议中央政策，有损政府形象，造成了恶劣的社会影响。尤其是刘义真说自己“得志之日”那些话，更令徐、傅诸人感到不安。于是徐羡之通过刘义真的老部下范晏传话给他，劝他不要与谢、颜交往过密。刘义真的答复是，我也知道谢灵运、颜延之有缺点，但我性情使然，就喜欢这些搞文学的，所以才跟他们交往。言下之意是我爱跟谁往来跟谁往来，你们管得着吗！

行，好言相劝你不听，就休怪我们耍手段。不久，徐羡之等便找了个借口，将谢灵运外调出任永嘉太守、颜延之出任始安太守。永嘉是现在的温州，始安是现在的桂林，两地都距京师甚远，看你们还怎么聚在一起串通一气！对这个安排，另一位辅政大臣谢晦实际上是有意见的。他对颜延之道：“当年荀勖忌妒阮咸，就把他贬斥到始平郡；如今你又被贬到始安。你跟阮咸可以并称‘二始’。”另一位高门士族殷景仁也说，这就是所谓的“人恶俊异，世疵文雅”。显然，谢晦、殷景仁对徐羡之贬斥文雅名士的行为并不认同。

贬逐谢、颜二人后，徐羡之便催促庐陵王刘义真尽早上路去历阳赴任。刘义真虽然无奈去了历阳，但已经窝了一肚子窝囊气。到历阳后，怎么过怎么别扭，今天说缺兵少粮叫朝廷调拨，明天说修建战船要朝廷拨款，后天又说人手不足工作难以开展，总之就是怎么给徐羡之找事怎么来。徐羡之等当然不会要啥给啥，对刘义真的要求是满足得少裁抑得多。刘义真还上表要求朝廷准许自己回京任职，徐羡之也没有答应。这一来刘义真更加恼恨徐、傅一党，口无遮拦便说了不少愤愤不平的话。他的属下何尚之为此劝过他好几回，但刘义真年少轻狂，又自以为是天潢贵胄，岂能默不作声地咽下这口气？

刘义真哪里知道，这个时候徐羡之等已经在谋划废帝之举，而他的张狂桀骜，也将给自己招来无妄之灾。

70 宰相废王杀帝

人在年老以后，总是经常想起小时候的事情，六十岁的徐羡之便是如此。这段时间，他少年时经历过的一件奇事隔三差五便会记忆鲜活地浮现于脑海。

那是一个慵懒的午后，小徐羡之独自坐在室内读书，不久便打起了瞌睡。迷迷糊糊间，他仿佛看见一个人从远处走来，对他说道：“我是你祖宗。”祖宗驾到，自然不敢怠慢，小徐羡之便拜倒磕头。那人微笑颔首，道：“你面相虽贵，然而命中却有一劫。可用大钱二十八文分埋此宅四角，当能免遭灾祸。此劫过后，你将位极人臣。”说完倏忽不见。事后小徐羡之虽照祖宗之言如法炮制，但一二年后便将此事淡忘了。后来有一天，他跟一个亲戚到外地出游，住在一个县城之内。徐羡之有事出城，等他回来的时候才发现，整个县城已被流寇攻破，全城人畜俱尽，鸡犬不留，只有他一人在外侥幸躲过此灾。

如今，距离那次劫难已经过去了三四十年，徐羡之果然如祖宗所言，坐到了位极人臣的位子。可是最近他却越来越感到不安。辅政一年多来，满朝文武虽然表面上对自己毕恭毕敬，可他却分明能感受到恭敬背后的疏离和轻视，尤其是那些出身高门的士族知识分子，一个个自诩家学渊源身份高贵，对朝廷大计多有非议，前线战事稍有不利，他们便指责辅政大臣昏庸无能。深宫里的皇帝整天嬉闹游玩也就罢了，最近却又听闻他身穿甲胄在禁苑内搞起了军事演习，金鼓喧哗之声在宫墙外也能听见。庐陵王义真待在历阳也不老实，三天两头给朝廷找麻烦，这几天又上表要求回京，他手里现在可是掌握着南豫州的军队，平白无故要回京城到底是要干吗……徐羡之越想越不寒而栗，只觉得一张无形的罗网正在向自己靠近，未来似乎有更大的劫难在等待着自己。

无独有偶，有这种不安感觉的除了徐羡之，还有傅亮。虽然在自己的著作《演慎论》里，傅亮口口声声强调了一番物满则溢、慎终如始、在权位富贵面前要保持警惕的大道理，但正如今日许多官员一边鼓吹反腐倡廉一边拼命捞钱一样，傅亮也是能言而不能行，到手的权位绝不愿轻易放弃。归根结底，徐、傅诸人还是贪恋权位以图自保之心居多，他们一怕刘义符亲政后诛戮辅臣，二怕庐陵王坐大于己不利，倘若他们兄弟两个串通起来里应外合，那就更加糟糕。为了避免以上情形出现，徐羡之、傅亮自然想到了废帝这一方法。

对于臣子废帝这种行为，后世尤其是明清两朝皆视为大逆不道，是想都不应该去想的绝对禁忌。但在徐羡之那个时代的政治环境下，“废昏立明”在特定的条件下似乎也是一个可以接受的选择。往远了说，汉代有辅政大臣霍光废昌邑王刘贺的先例；往近了说，东晋的桓温也曾经废海西公司马奕而拥立简文帝司马昱。再加上东晋百余年来权臣秉政、皇纲不振，皇帝的个人权威也实在谈不上什么“神圣不可侵犯”。虽然刘裕凭借个人能力重建了强力的皇权，但他享国日短，宗室诸王又大多年幼，专制皇权在他手里尚未形成惯性，所以对于本就掌握朝廷大权的徐羡之等人来说，擅行废立面临的阻力并非十分强大。这时，摆在徐、傅诸人面前的一个现实问题反倒是，如果废了刘义符，又该立谁当皇帝呢？

按理说，在刘裕的诸子当中，依长幼次序当立庐陵王刘义真。可我前面说过，刘义真已经和徐羡之、傅亮结下了私怨，他们决计不会允许这样一个怀恨在心的人登上帝位。不但如此，徐、傅还认为，如果刘义真不除，势必会给他们拥立新主造成极大的障碍。于是索性一不做二不休，徐羡之等决定，在废掉刘义符之前，先废掉庐陵王刘义真。

景平二年（公元424年）正月初一，据史料记载，这天的天气十分糟糕，不但发生了日蚀，而且有暴风吹袭建康宫，翻卷直上数十丈才止息。由于仍在大丧期，朝廷没有举办正旦朝会大典，但宫里传出来的消息却令人震惊：皇帝下诏，宣布废自己的弟弟庐陵王义真为庶人！罪名一是不孝，说刘义真在刘裕生病期间和去世以后赌博喝酒、言论放肆、多行无礼；二是有谋反之心，说他潜怀异图，想从历阳回京行不轨之事，阴谋难以得逞就讪主谤朝、辱骂皇帝派去的使臣。显然，这件事是徐羡之、傅亮等在背后策划的。据说他们事先将这一计划告知了领军在外的檀道济，虽然檀道济表示反对，却并未动摇徐羡之的决心。谢晦的态度如何史籍无载，但真正让人感到疑惑的则是皇帝刘义符本人的态度。

从整个进程来看，废刘义真这件事是先由徐羡之等上奏皇帝，然后再以诏旨的形式宣布的。所以虽然后来宋文帝清算徐羡之的时候说他们在刘义真的事情上“罔主蒙上，矫诬朝旨”，欺骗了刘义符，但几乎可以肯定，刘义符其实是知道这件事的。这就不免令人不解，到底是刘义符榆木脑袋没有想到徐羡之等是借刀杀人、黄雀在后呢，还是他确实跟弟弟义真关系不好，并不反对除去这样一位潜在的竞争者，又或者彼时刘义符已经完全受控于徐羡之等人，只能言听计从、毫无置喙的余地了呢？遗憾的是，由于现存史料的匮乏，真相恐怕已经无人能够知晓了。

无论如何，废庐陵王为庶人这件事就这样发生了。事后，刘义真被迁至新安郡（今安徽歙县）软禁起来。满朝文武虽然对此感到震惊和不解，但除了一个叫张约之的小官上疏表示异议外，并无人敢站出来加以反对。不久，这个张约之便被徐羡之派人弄死。此后，徐、傅诸人更加肆无忌惮，废帝之事已是如箭在弦，不得不发。

这时，徐羡之等人也已选好了帝位的继承人，那便是刘裕的第三子、现在坐镇荆州的宜都王刘义隆。虽然从巩固个人权位的角度来考虑，似乎挑一个年龄较小的皇帝上台比较有利，但徐羡之等觉得刘义隆宅心仁厚，应该更能够体会自己“废昏立明”的良苦用心。

五月，徐羡之等征召南兖州刺史檀道济和江州刺史王弘入朝。檀道济是先朝名将，手里握有兵权，又与徐、傅等同受顾命，在废帝一事上取得他的支持至关重要；而王弘作为第一高门琅琊王氏的代表，对朝局也有相当的影响力，何况王弘的弟弟王昙首、从弟王华都在刘义隆府中担任要职，通过他可以很方便地与刘义隆方面搭上关系。

徐羡之、傅亮、谢晦、王弘、檀道济这五人究竟密谈了哪些内容，进行了哪些交易，如今我们已经不得而知了。唯一能够确定的是，他们很快便达成了一致，决定了少帝刘义隆的命运。

五月二十四，时任领军将军的谢晦借口府中要搞装修，将家眷全部搬走，而将参与废帝的禁军将士藏在了府内。当夜，领军府便成了这次秘密政变的司令部。谢晦紧张得一夜无眠，檀道济却倒头便睡，鼾声如雷。次日凌晨，檀道济领兵开路，徐羡之等随后继进，众人从禁宫东门云龙门闯进宫来，直扑刘义符休憩之处。事先在宫内担当内应的中书舍人邢安泰、潘盛早就将宫门大开，同时搞定了守卫，所以檀道济等一路行来没有遇到任何抵抗。头天晚上，少帝刘义符刚刚和手下在天渊池的龙舟上开了个通宵party，这时还宿醉未醒。众兵士一拥而上，连拉带扯地拖着刘义符就往外走，混乱中，两个服侍皇帝就寝的侍者不幸成了刀下鬼，刘义符的手指也受了伤。随后，徐羡之等收了皇帝玺绶，将刘义符架往东宫关押；又取出事先以张太后的口吻写好的命令，宣布废义符为营阳王，即日迁往吴郡居住，同时派文武百官奉迎宜都王刘义隆入继皇统。

六月，前去奉迎刘义隆的文武百官已在路上，徐羡之为杜绝后患，又安排邢安泰去吴郡做掉刘义符。当时由于营阳王府还没建好，刘义符被监禁在官方馆驿金昌亭之中。一见邢安泰前来索命，身强力壮的刘义符夺路而逃，结果被追来的守卫用门栓放翻，杀死于道旁。与此同时，已被废为庶人的刘义真在新安也被徐羡之派去的使者害死。

刘裕大概没有想到，在他去世仅仅两年之后，自己的两个儿子就这样死于被他断言“当无异图”的徐羡之、傅亮之手。

71 宋文帝上台

对于义符、义真兄弟的死，我们不应过分指责刘裕识人不明、养虎遗患。因为他当初所说“当无异图”的断语，更大的可能是判断徐、傅之徒没有胆量和野心觊觎帝位，他可没有想到两人仅仅出于自保的考虑竟然也要铤而走险。就这个角度而言，刘裕倒是没有说错，徐羡之、傅亮等人虽然有胆子废王杀帝，却并无打算另立他姓或者开倒车迎回晋室复辟。甚至当程道惠建议拥立年纪更幼的刘裕第六子义恭之时（刘义恭时年十一岁），徐羡之等为了避专权篡权的嫌疑，只能拒绝了这一提议。

这样一来，倒是把南北朝时期另一位杰出的帝王推上了前台。他便是刘裕的第三子，后来被称为宋文帝的刘义隆。

这一年，刘义隆刚刚十八岁，却已经在荆州任上待了六个年头。在刘裕的诸子当中，义隆既非嫡长，也不大受父亲宠爱，三岁时母亲胡氏便被谴赐死，十一岁时便受命到外藩出镇。虽然在大部分的时间里，州府之事都是由刘裕指定的佐臣张邵、王华等负责处理，但在相对独立的环境里成长的刘义隆与两位哥哥相比，书读得更多，性格也更为内敛和成熟。在外人眼中，刘义隆只不过是一位温文尔雅、性格宽厚的书生，既与人无害，也与世无争。所以徐羡之等才会认为，拥立他为新君是一个合适的选择。

用不了多久，徐羡之等就会发现，他们实在是小瞧了刘义隆。

景平二年六月，徐羡之等决定，派傅亮为代表率领百官前去江陵奉迎刘义隆回京。同时，徐羡之以录尚书事的名义，任命谢晦接替刘义隆为代理荆州刺史、都督荆湘七州，再配以精兵强将。这样在新君登基后，徐羡之、傅亮将居中秉权，谢晦、檀道济又拥强兵于外，只要他们抱成一团，任谁也动摇不了他们的权势地位。

计议已定，傅亮便率领奉迎的队伍开赴荆州。走到寻阳之时，祠部尚书蔡廓因病难以前行，便向傅亮请辞。二人话别之时，蔡廓忧心忡忡地说道："营阳王在吴郡，应该厚加供奉。否则一旦有何不幸，你们便将背负弑主之名。到了那时，真不知道你们该如何才能立于当世！"当时傅亮与徐羡之本已经定下了害死营阳王刘义符的计划，听蔡廓这么一说，傅亮暗道后悔，急忙派人前去中止行动，结果为时已晚，刘义符已经横尸于金昌亭外。徐羡之知道后大怒，道："本来是大家共同商定的计划，怎么能你自己说变就变，而把恶名留给别人呢！"

从这件事便可以看出，徐、傅诸人之间并非铁板一块，人人都有自己的小算盘。而也正是这一点，注定了他们将面临悲惨的结局。

七月，傅亮带着行台（临时政府）百官抵达江陵。迎立新君，自然要郑重其事，傅亮派人在江陵城南立起了临时性的城门，上书四个大字——"大司马门"（大司马门是建康宫的南大门），然后率领文武百官在门前呼啦啦拜倒，奉上皇帝玺绶，同时上表劝进。江陵城里的宜都王刘义隆事先已经得知了这一消息，但面对这一从天而降的超大号馅饼，他却狐疑万分，对自己前途命运的担忧远远超过了即将登临大宝的喜悦。原因很简单，自己的两个哥哥不明不白地就那么死了，鬼知道徐羡之、傅亮他们到底打的是什么主意？如果他们需要的只是一个傀儡、一个便于他们专权篡权的工具，那自己这一去岂不是羊入虎口、将身家性命交给他人掌握了吗？

有这种顾虑的不止刘义隆本人，他手下的许多将佐也怀疑徐、傅等人是黄鼠狼给鸡拜年——没安好心，劝刘义隆不可轻易东下。但司马王华、长史王昙首、南蛮校尉到彦之三人则力排众议，认为这一去理当无恙。王华道："先帝有大功于天下，四海所服，嗣主虽然失德，但天下士民仍心向刘氏。徐羡之中才寒士，傅亮布衣诸生，很明显他们不敢有司马懿、王敦那样的篡逆之心。同时他们又怕庐陵王刻薄严峻，将来必不自容；而殿下您宽睿慈仁，远近所知，所以他们才越次奉迎，希望以此换得您对他们的感激。再说，徐羡之、傅亮等人，同功并位，互相牵制，即便心怀不轨，也势必难以成功。废主若仍健在，他们担忧将来生出后患，所以才敢擅行杀害；这大概是由于他们实在过于贪生怕死、沉溺禄位的缘故。徐、傅诸人只想握权自固，绝不敢谋逆篡权！殿下您只管放心东下，此去必将无虞。”

王华这一番道理说完，刘义隆对他说道：“你这是想当宋昌啊！”宋昌是六百年前汉文帝刘恒任代王时的手下，当时的情形与今日颇为相似：陈平、周勃等老臣在吕后去世后联手剿灭吕氏势力，然后派人到北方的代国奉迎刘恒即帝位，刘恒身边的诸将都怀疑周勃等有阴谋，只有宋昌劝刘恒放心赴京，刘恒采纳了宋昌的建议，这才有了西汉初年的文景之治。

王昙首、到彦之也附和王华的建议。王昙首还拿符瑞说事，说去年有黑龙盘旋于西方，最近又有紫色云气笼罩在江陵城上，所有这一切都说明您是真龙天子，此去必然大吉。我猜其实京城里的王弘早就跟弟弟昙首通了声气，他们了解朝廷里的情况，所以才如此地有底气。

经过三人的劝说，刘义隆也拿定了主意，道：“徐、傅诸公既受先帝遗命，不容背信弃义。且如今劳臣旧将遍于朝野，手中兵力又足可自保，我还有何疑虑！”于是一面命人回复城外的傅亮等人，一面命王华总后任留镇荆州，即刻整舰治众，准备东下返京。

本来刘义隆想让到彦之领军在前开路，这样的话即使前面有不测发生，也不至于措手不及。但到彦之说，既然我们料定对方没有反意，便应该放心大胆地顺流直下，否则假使朝廷那边真心要找咱们麻烦，我手头这点军队也不足以平叛，反倒会让徐、傅等人产生误会，把好事弄成坏事。刘义隆一想是这个理，再加上恰好此时雍州刺史褚叔度死了，听说徐羡之已经安排谢晦占了荆州刺史的位子，刘义隆便任命到彦之担任雍州刺史镇守襄阳，以形成对谢晦的牵制之势。

七月十五，刘义隆一行启程出发。在城外，他见到了前来迎接的傅亮。两人话还没开始说，刘义隆便放声大哭，悲切之情使身边众人都受到了感染。刘义隆一边哭，一边询问两位兄长去世的细节，傅亮说一句，他便呜咽流涕半天，陪侍诸人皆低头屏息，傅亮则愧惧交加，浑身冷汗直冒，根本不知道该如何回答。一路上，刘义隆皆以自己手下文武严兵自卫，朝廷派来的官员兵士根本靠近不了他的坐船。中兵参军朱容子则怀抱长刀在船户外披甲站岗，十余天不曾放松警惕。

八月初八，刘义隆终于抵达建康近郊，徐羡之亲率百官至新亭迎拜。事后，徐羡之一把抓住风尘仆仆的傅亮，问道："宜都王为人如何？"傅亮想了想，道："应是晋文、景以上之人。"晋文、景二帝指的是司马师和司马昭，傅亮说刘义隆比这二位还强，显然评价很高。徐羡之若有所思，道："既如此，必能明了我辈赤心。"傅亮却叹了口气，暗暗摇了摇头。通过近日短暂的几次交往，傅亮已隐隐感觉到，刘义隆外宽内忌，绝不是个好相与的主子。

然而现在木已成舟，说什么都已经晚了。

次日，刘义隆参拜先帝陵寝已毕，备法驾入宫，御太极前殿，即皇帝位，改年号为元嘉。

宋文帝的时代开始了。

72 | 薄伐河朔犹未已

宋文帝刘义隆即位后的第一道诏书，是下令恢复庐陵王义真的爵位，并且将他的灵柩以及母亲、妃子迎还建康。

从这件事里，已经可以看到他“拨乱反正”的决心。徐羡之等如果足够敏感，应该也能感受到一丝危险的气息正在靠近。然而紧接着，皇帝又宣布，任代理荆州刺史谢晦为正牌刺史，同时将徐羡之进位司徒，王弘进位司空，傅亮加开府仪同三司，谢晦进号卫将军，檀道济进号征北将军。分别晋封谋划废立的五人，似乎又说明文帝对五人“废昏立明”的行为实际上表示肯定。

总之，文帝这一手让徐羡之等人感到迷惑，不知道到底是凶还是吉。聪明如谢晦，也为此感到茫然。在出发去荆州赴任前夕，谢晦来与老臣蔡廓话别。寒暄过后，他避开耳目，悄声问蔡廓道：“您看我能够免祸吗？”

蔡廓道：“你等受先帝顾命，以社稷兴衰为任，如果单是废昏立明，倒也说得过去。然而你们杀了他的哥哥，却又将他推上皇位。挟震主之威，据上流之重。以古来事例推想今日情形，要想自免，恐怕实在是难上加难。”蔡廓一生经历桓玄、晋安帝、晋恭帝、武帝、少帝、文帝六朝，对朝廷里的权力倾轧、勾心斗角早已看得通通透透。他这个分析，实在一点不差。

谢晦听完，心里凉了半截，天天担忧自己还没走祸事便会临头。直到船队出发那天，他登舟回望石头城，不由得暗喜道，总算离开了这个是非之地。

按照当时的惯例，皇帝隔一段时间便应驾临禁苑中的华林园，听取和审理民间的法律纠纷，史称“华林园听讼”。文帝即位不久，就有大臣提出来，建议他搞一次听讼，向民间展示一下新领导的亲民形象。刘义隆却说，我对政务刑法还很不熟悉，这种事叫司徒、司空二公替我干就行了嘛！看样子，似乎这位皇上并不是个喜欢抛头露面抢风头抓权力的主儿。身为司徒的徐羡之刚刚松了一口气，第二天便又心头一紧。因为刘义隆又下诏，任命王昙首、王华为侍中，同时以王昙首领右卫将军，王华领骁骑将军，朱容子为右军将军。他以心腹担任侍中也就罢了，了不起侍中只是皇帝的资深参谋和高级顾问，但右卫、骁骑、右军诸将军可都是宫中禁兵的统军官，文帝这么做，显然是对外界有防范之心。更过分的是，他还要征到彦之进京担任中领军，统领皇宫内外的全部禁军。徐羡之当然不愿意看到这一情况发生，争辩说到彦之已经代理了雍州刺史，叫他正式履职便是。文帝愣是不同意，而另调豫州刺史刘粹为雍州刺史。这一交锋结束后，徐羡之发现，自己再也不能像刘义符时代那样掌控皇帝的人身安全了。

时移事异，既然形势不利，或许急流勇退才是保身全家之道。

元嘉二年（公元425年）正月，借三年大丧之期结束、皇帝理应亲政的机会，徐羡之、傅亮向文帝上表，请求归政，并逊位还第。意思是我们已经完成了先帝交代的辅政任务，可以光荣引退告老还乡了。但人一旦到了权力体系的最高层，可不是你想退就退得了的。再说徐羡之那些靠他获利的党羽也不愿意失去这样一棵经营了多年的大树，徐佩之、王韶之、程道惠等都苦口婆心地劝徐羡之再考虑考虑。结果徐羡之等虽然让出了辅政大臣的名义，实际的职权却一点儿没交。亲政的文帝要想办点什么事，还是绕不开这两个老古董。自古以来，君权与相权就有着解不开的矛盾，徐羡之等不是不知道，之所以表现得如此不识时务，恐怕真正是骑虎难下、身不由己了。

与徐、傅相比，王弘就聪明得多了。靠着背后的牵线搭桥和秘密协议，王弘亲身参与了徐羡之等废少帝刘义符的阴谋，也一手导演了他们拥立文帝刘义隆的剧本。对于他在这一过程中的作用，刘义隆心知肚明，所以他即位后，才擢升王弘为司空，爵封建安郡公。要知道，王弘本来只是卫将军、华容县公，这个封赏不但使他官升一品，步入“八公”的行列，爵位也由县公跃升为郡公，这当然不是平白无故的酬劳。但王弘深知，废立皇帝始终是人臣大忌，这趟浑水能不沾就不沾，已经沾了也得尽量洗白。所以他几次三番上表推辞，口口声声说自己真是啥也没干，无功受禄寝食不安，坚决不接受文帝这个封赏。来来回回扯皮了一年多，文帝实在没辙，只好取消了原来的封赏，改封王弘为侍中、车骑大将军了事。

这时，刘义隆的帝位早已坐稳，而他从荆州任上带来的心腹王华、孔宁子等一方面痛恨徐、傅专权，一方面也想借机谋求个人富贵，整天在文帝身旁攻击徐羡之和傅亮。文帝虽然也想早日清算徐、傅诸人，但顾忌谢晦、檀道济领兵在外，一时也不愿轻举妄动。为了麻痹远在荆州的谢晦，文帝利用皇室与谢晦有婚约在先的由头，命谢晦即日送他的两个女儿返京，分别与彭城王义康、新野侯义宾完婚。谢晦未加怀疑，便派妻子曹氏和长子世休护送二女东下。他可不知道，文帝已经以北伐北魏和拜谒京陵（刘裕父亲刘翘的陵墓）为名，召集军队，整治水师，准备御驾亲征荆州了！

建康城里搞出这么大的动静，徐羡之和傅亮自然不会不知道。傅亮派人送信给谢晦，说什么“薄伐河朔，事犹未已，朝野之虑，忧惧者多”。意思是文帝动用军队，恐怕不是北伐那么简单，大家都担忧有别的事情。还说由于朝廷里许多大臣都反对北伐，皇上最近准备派太监万幼宗去征求你的意见，你要事先有所准备云云。谢晦的弟弟谢皭（音jiào）时任黄门侍郎，也得到内部消息说皇上不是北伐而是西讨，派人快马加鞭告知了谢晦。谢晦一时拿不定主意，拿出傅亮的书信给手下咨议参军何承天看，说：“万幼宗大概过一两天就会到，傅公怕我多生是非，所以先送来此信。”何承天倒是旁观者清，道：“我在外间所闻，都说西讨已是定计，若真是如此，万幼宗哪里还有要来的道理！”但谢晦仍然担心，万一万幼宗真的来了，自己却严兵自卫，反倒会落下谋反的口实。于是叫何承天预先写好一份回答诏书的草稿，就说北伐应该慎重，最好放到明年。

这时，已经外放为江夏内史的徐羡之党羽之一程道惠也得悉了朝廷即将西征的消息，也派人来告知谢晦。谢晦这才暗道不妙，认清了眼前现实，问何承天自己该如何应对。何承天虽然无意反对朝廷，但既受人之托，自当忠人之事，便替谢晦谋划道：“估量如今形势，朝廷以天下之众攻我荆州一州，不但力量悬殊，顺逆之势也对我不利。既然如此，将军您若能远赴境外以求自全，乃是上计。不然，也可以派心腹之人率兵屯守义阳（今河南信阳），将军您则亲率大军赴夏口决战，如果失败，仍然来得及从义阳出北境。”

何承天这两条建议，其实都是委婉地告诉谢晦，打恐怕是打不过的，要想活命，最好的办法就是趁早北逃，去投奔北魏。

谢晦黯然不语，良久才道：“荆州乃用武之地，兵精粮足，不如暂且一战。若果真抵挡不住，到时再走不迟！”

73 权相自经究可哀

就在上游的谢晦得到确切消息决心对抗朝廷之时，宋文帝刘义隆也已经决心对徐羡之、傅亮一党动手了。

文帝的策略是，打击面不宜扩大，虽然当初参与废立的除徐、傅、谢之外，还有王弘和檀道济。但这两个人不是首谋，得区别对待，何况王弘的弟弟王昙首、王华都是自己的心腹。于是文帝通过王昙首告知王弘，叫他不必担心，又征召檀道济入朝，准备叫他领兵西讨谢晦。对此，王华等并不放心，因为檀道济跟他们毕竟不是一路人。但文帝却颇有信心，道："檀道济只是胁从，既非首谋，杀害营阳王和庐陵王的事又与他无关。朕先安抚于他，再加以使用，必可无忧。"

正月十五，檀道济抵达建康。文帝的安抚策略果然奏效，檀道济立刻抛弃了徐、傅、谢，加入了文帝阵营。吃下了檀道济这颗定心丸，文帝次日立刻下诏，召徐羡之、傅亮进宫，准备对两人实施抓捕。

徐、傅二人虽然觉得最近朝中气氛有异，但并不知道文帝已经采取了行动，皇帝召见，自然不好推辞，所以都奉诏前来。谢晦的弟弟谢皭当时正在内省值班，急忙派人送信给傅亮，说："殿内有异处分！"傅亮心知大事不好，半路说自己嫂娘有病，赶紧开溜，末了还不忘给难兄难弟徐羡之送了个信。徐羡之当时已经走到了皇宫西门外，得了傅亮的通报，立刻调转方向，回了治所西州城。徐羡之身为扬州刺史兼录尚书事，按照刘裕的遗旨，可以拥有"甲士千人"，再加上他自己的部属佐吏，如果他真想负隅顽抗的话应该能凑个两千多人。但徐羡之一辈子干行政工作，哪里打过仗？况且此时禁卫兵权都在文帝的心腹到彦之、王华手里，跟几万禁军相比，两千多人简直就是白给。所以徐羡之压根就没想暴力抗法，他在慌乱之中乘着妇女坐的小车逃出了城，一直逃到了城外二十里的新林浦。走投无路之下，他找了个陶窑，在里面上吊自尽了，时年六十三岁。

傅亮虽然也逃出了城，但被屯骑校尉郭泓追及，又给抓了回来。文帝派人将诏书拿给傅亮看，上面写满了徐、傅二人不忠不义、擅权专制、谋害少帝和庐陵王义真的累累罪行。傅亮颤抖着双手读罢诏书，道："我傅亮受先帝布衣之眷，遂蒙顾命之托。废昏立明，乃是为国家社稷着想。这真是欲加之罪，何患无辞啊！"事后，新林浦的乡下人发现了徐羡之的尸体，告知了前去搜捕的官兵。文帝又将傅亮、徐羡之的两个儿子、谢晦的长子世休一起诛杀。至于傅亮的子嗣，文帝说考虑到当初他到江陵迎接自己时态度恭谨，所以特赦不杀。而徐羡之的侄子徐佩之，由于是文帝的姐姐会稽长公主的小叔子，也仅仅是免官而已。其余王韶之、程道惠等徐羡之党羽，因为之前已经被外放到地方做官，所以也逃过了此劫。

现在，少帝时代权倾一时的辅政三大臣，只剩下了任荆州刺史的谢晦。而要想解决他，就不是光凭发道诏书、实施抓捕就能办得到的了。发兵出征，首在择将，而当时朝廷内外最有能力的将领非檀道济莫属。为此，文帝专门征询了檀道济的意见。

檀道济道："臣当年与谢晦一同随先帝北伐，入关十策当中，有九策出于谢晦。其人之才略精明练达，大概很少有人能比得上。但他从来都只是当参谋，没有独自带领部队打过仗，战阵征伐之事恐怕并非他所长。臣知道谢晦的智谋，谢晦也了解臣的勇敢。如今臣奉陛下之王命前去征讨，一定可以将其擒获！"

正月十七，宋文帝征王弘为侍中、司徒、录尚书事兼扬州刺史，以彭城王义康（刘裕第四子）为都督荆湘等八州诸军事、荆州刺史，同时命到彦之领军为先锋，檀道济率部继后，向荆州进讨。文帝还宣称，自己将亲率六军前往督战，且命雍州刺史刘粹率军截断由荆州北逃的道路，一定要将罪臣谢晦绳之以法。谴责谢晦罪行的诏书符传也一并发往了荆州军府，敦劝谢晦属下将吏弃暗投明，千万不要为虎作伥，罪止元凶、余无所问云云。

此时，徐羡之、傅亮以及谢晦子弟被诛被抓的消息，也通过程道惠那边的渠道传递到了谢晦的耳朵里。谢晦先是替徐、傅二人和儿子世休发丧，随后召集将佐，勒兵戒严，准备以强硬的抵抗来应对即将到来的危机。

这一年，谢晦三十七岁。在刘裕留下的旧臣里，数他年纪最轻，加之其人出身高贵、才华出众，本来应有更为煊赫的仕途、更加锦绣的前程。虽然刘裕给他的断语是“颇识机变”，不太可靠，认为辅政大臣里最有可能出问题的便是谢晦。然而事实是，废杀少帝义符和庐陵王义真从始至终都是徐羡之、傅亮的主意，谢晦只是从犯（不过话说回来，谢晦当时统领宫廷禁军，没有他的参与，徐、傅也不敢擅行废立）。所以事情发展到今日这般田地，谢晦感到颇为委屈，他向文帝上表，辩白说自己在任辅政大臣时尽忠职守，并无过失，是营阳王自己昏庸失德，搞得朝野不宁，国家有覆亡的危机，自己和徐、傅废昏立明，正是贯彻先帝遗志、以国家利益为重的大义之举。如果只是出于一己私利，那当时他们就应该拥立年纪幼小的其他宗室，而不会守候三月、千里迢迢跑到荆州拥立文帝了！至于庐陵王义真，那是由于他们哥俩的关系没搞好，他自己积怨犯上，少帝才把他废了。对于义符和义真之死，谢晦拿“耿弇（音yǎn）不以贼遗君父”的典故作比，说我们还不是为你刘义隆考虑，白白替你背了黑锅！

既然谢晦声称自己和徐、傅二人的所作所为并无过错，那皇帝怎么会亲统大军来打你？谢晦的解释是，朝中有奸臣！就是因为这些奸臣在皇帝面前搬弄是非、颠倒黑白，他和徐、傅二公才蒙受了不白之冤。那这些奸臣是谁？当时由于荆州和建康之间的通信已被阻断，谢晦并不知道檀道济已经被文帝拉拢了过去，还以为他也被杀了。所以他根据以往的经验和手头的有限情报，断定王弘、王昙首、王华这三人就是“奸臣”：王华、王昙首也就罢了，因为他们从一开始就是文帝的心腹，想借铲除辅政大臣邀宠上位可以理解；最可恨的是王弘，此人阴险狡诈、卖友求荣，当初废立之议明明是他们五人共同的决定，可事后文帝封赏五人之时，王弘却借口无功受禄千方百计加以推辞，摆明了是想跟其他四人划清界限。这次徐羡之、傅亮之所以被诛，说不定就是王弘在背后策划的。要不然怎么头天杀了徐、傅，第二天王弘就从江州刺史任上被征入朝，取代徐羡之担任了司徒、录尚书事兼扬州刺史呢？

谢晦这么想，显然有一定道理。但他却并未觑破这一事件的本质。

刘宋政权是一个在东晋外强内弱、君权不兴的基础上由出身次等士族的刘裕凭借个人威权建立的新生政权。宋文帝刘义隆诛杀辅政大臣，发生在刘宋立国仅仅六年之后，其时不但他自己是一个二十岁不到的年轻君主，其余宗室诸王也大多年幼，刘宋政权的统治根基并不牢固。外有拓跋鲜卑虎视眈眈窥伺江淮，内有高门士族朝秦暮楚不可信任，此时若要稳固统治，必先伸张皇权，伸张皇权则势必与相权发生冲突。徐、傅诸人看不到这一趋势，贪恋权位不撒手，就势必成为文帝的眼中钉。即使没有废王杀帝一事，外宽内忌的刘义隆也未必就能容得下他们，义符和义真的死只不过给他提供了冠冕堂皇的理由。至于被谢晦视为奸臣的王弘兄弟三人，也只是在这个节骨眼上迎合了文帝的行事而已。

就这个意义而言，谢晦和死去的徐羡之、傅亮一样，一点儿也不冤。

74 谢晦的结局

荆州虽然是用武之国，当年王敦、陶侃、桓温诸枭雄皆以占据荆州而兴，但从刘裕讨刘毅、司马休之那时候开始，荆州的实力就一直受到限制，后来刘裕又割其十郡另立湘州，荆州的疆域进一步缩水，军事实力就更加今非昔比了。所以尽管谢晦上任的时候徐羡之给他调配了不少精兵强将，但这时荆州方面和朝廷的力量对比，依然是朝廷占据优势。

为了应对官军的进攻，谢晦一开始准备焚烧管内兵籍[①]，率现有兵力作战。但其他人多劝说他再多征发一些人马，于是他立幡招兵。不过两三天的时间，四方招集而来的新兵再加上原有的兵力，总共有三万之众。有此强兵，谢晦底气顿生，准备亲统大军出击，便对司马庾登之道："如今我欲率军东下，想委屈你领三千人守城，防备襄阳的刘粹。"庾登之和谢晦不但是青年时的好朋友，而且两人还是连襟，所以谢晦担任荆州刺史后便请他担任自己的副手。但这个人没什么本事，更是胆小怕事之徒。当年刘裕北伐，庾登之不愿意随军出征，就跑到刘穆之那里以奉养老母为名求为郡守。刘裕知道后大怒，将庾登之开除了吏名。这样的人怎么能指望他来守城呢？当时庾登之便推辞说，自己老娘还在建康，又从来没带过兵，这么艰巨的任务自己可承担不来。谢晦不大高兴，问其他人三千兵马到底够不够守城。南蛮司马周超说，不但足够守城，如果外寇入侵，甚至可以杀敌立功。庾登之见状，说周超既然

① 当时的兵制是世兵与募兵并行。世兵是军户，有兵籍，世代为兵，地位低下。焚烧兵籍意味着解除他们的世兵身份，能够起到振奋士气的作用。

这么说，他一定有办法，下官请求解除己职，授予周超好了。于是谢晦便当场将庾登之和周超对调，以周超为卫军司马、建威将军，命他统军留守，还承诺说如果他能击败刘粹，便任命其为龙骧将军、雍州刺史。

随后，谢晦统军两万自江陵出发。多年随刘裕出征的经验这时派上了用场，谢晦有样学样，指挥起三军将士来倒也中规中矩，一时间舟舰盈江，旌旗连绵，蔽夺日光。谢晦不由得长叹道："如此军容，只恨不能以之为勤王之师！"

当时的战略形势（如果朝廷的檄文内容可靠的话），到彦之的前锋部队共有两万人马，后继的檀道济部主力则有三万。此外，襄阳的雍州刺史刘粹也遣军从北方来攻。南边的湘州刺史张邵由于未立军府，手里没多少军队，所以并未参战。谢晦虽然写信拉拢于他，但他看都没看就把来信上交给了文帝，其立场可想而知。而谢晦这边，除了周超统军一万留守之外，他居然还任命庾登之为前锋，据说统属的部众也有一万。为壮声势，谢晦甚至还联系上了活跃于魏宋交界地带的叛将王慧龙，请其派兵入援。

二月中旬，到彦之统领的前锋军进至彭城洲（今湖南岳阳东北），而谢晦的舟师则开至西江口（今湖北监利县南），前锋庾登之部虽已占据巴陵，但畏敌如虎，并不敢再向前进。此时春雨连绵，心里不情不愿的庾登之为了尽量拖延战事的来临，叫人拿了许多大口袋装满茅草，悬挂在帆樯之上，说打起来的时候可以用来焚烧敌舰。既然要用火攻，自然得等天晴才行。听了庾登之这个奇葩理由，谢晦居然表示同意，于是西军在巴陵一停就是十五天，白白贻误了战机，让檀道济迅速缩短了和到彦之军的距离。

到彦之虽然是文帝刘义隆的心腹，久掌兵权，但打仗的能力实在一般。十五天后，谢晦派参军孔延秀领三千人出战，居然将到彦之军杀得大败，只好退往隐圻（今湖南临湘东北）。这下子谢晦得意洋洋，趁得胜之势又向文帝上了一封表奏，说陛下您只要将王弘兄弟三人的人头挂在城门之上，我就收兵回藩，否则将“长驱电扫，直入石头”！

在这份表奏里，谢晦仍然认为，檀道济作为参与废立的一员，八成和徐、傅二人一样已经遭了文帝的毒手。他可没有想到，檀道济不但活得好好的，而且居然率领三万主力来打自己来了！所以当探马来报说，有大批援军与到彦之军汇合，而且旗舰上飘扬着斗大的“檀”字帅旗之时，那一瞬间谢晦的内心其实是崩溃的：原以为只有王弘那样的能叛变，没想到哇没想到，你檀道济这浓眉大眼的家伙也叛变革命了！而有这样心思的可不只谢晦一人，要知道谢晦军队里不少将士都是从东边过来的，他们一向晓得檀道济的威名。起初檀道济军刚来的时候，江上无风，船舰都沿江靠岸而行，远望过去似乎数量并没有多少，但到晚上起风之时，所有船只都张开了帆，前后相连，几乎遮蔽了江面。这下子谢晦这边的士气就更为低落了。

十九日，合军一处的政府军千帆共竞、万舰齐发，向荆州军发起了进攻。毫无斗志的西军一触即溃，短时间内便如狂风扫叶一般四散奔逃。谢晦在夜色的掩护下乘坐小船逃回了江陵，他的抵抗就这样虎头蛇尾地结束了。在江陵那边，周超居然打得不错，沙桥一战将雍州刺史刘粹杀得大败。然而由于正面战场的惨败，周超这边的胜利已然于事无补。狼狈逃回的谢晦颜面无存，除了向周超愧谢道歉之外无计可施。周超只恨自己两眼无珠，再也不愿跟庾登之、谢晦这样的猪队友一个战壕，当天晚上就出城向到彦之投降了。

谢晦这时众叛亲离，想起了何承天之前给自己提过的建议，便带着弟弟谢遁等七人乘马向义阳方向北逃。然而谢遁身躯肥壮，平时也不加锻炼，居然连马都不会骑。谢晦等人骑一段等一段，速度根本快不了。最后到了安陆郡地界，一行七人全被当地戍主光顺之擒获。光顺之以前还在谢晦府里打过工，但这时候哪里还顾得上什么故主情义，当下便将谢晦装入囚车，押送京城去了。

名士到底是名士，谢晦虽然如此落魄，却还忘不了赋诗一首。在解往京城的路上，他留下了一首长达一千多字的古诗《悲人道》，中心思想除了替自己辩解之外，主要是感叹人生不易、世途多舛，是非成败转头空，青山依旧在，几度夕阳红。

不久，谢晦及其党羽被诛于建康街头。临刑前，他那已经嫁作彭城王妃的女儿披发徒跣，与父亲洒泪诀别。谢晦和侄子世基连诗高歌，引颈就戮。何承天、庾登之由于只是胁从，被文帝宽恕。

就这样，在即位两年半之后，宋文帝刘义隆凭借出色的政治手腕一举解决了权倾朝野的辅政三巨头，将最高统治权牢牢地抓回了自己手中。在这一过程中由于琅琊王氏出力甚多，事后文帝也对其一一加以褒奖重用，王弘取代了徐羡之的位子，担任司徒、扬州刺史、录尚书事，王昙首和王华皆为侍中，分典禁军。王弘性格谦冲，又深以徐、傅为戒，所以并不敢专权任事。除琅琊王氏之外，陈郡殷氏的殷景仁、南阳刘氏的刘湛、陈郡谢氏的谢弘微这些高门士族成员也被文帝吸纳进了核心决策层。殷景仁、刘湛与王华、王昙首四人同时出任侍中，风采卓然，冠冕一时，文帝称之为“四贤”。再加上担任黄门侍郎的谢弘微，五人并称“五臣”，入则宿直殿省，出则典理诏命，成了文帝身边最为得力的骨干。原来曾被徐羡之黜陟的谢灵运、颜延之和慧琳和尚，文帝也各自召还。朝野上下看上去一团和气，很快恢复了安定团结的政治局面。

有了这些高门士族成员的支持，文帝的统治愈发巩固。他自己也励精图治，在整顿吏治、促进生产、劝学招贤等各个方面下了不少功夫。刘宋政权内部在这一时期出现了难得的太平景象，“元嘉之治”初现端倪。

然而，就在宋文帝刘义隆忙于诛除权臣、整顿内政之时，在遥远的北方，拓跋鲜卑政权在一个比他更年轻，甚至也更成熟的少年天子的统治下迅猛扩张，在十余年的时间里先后倾覆赫连夏、北燕和北凉，基本统一了北方。不久的将来，两人将各自以举国之力兵戎相见，以南北两朝之间全面战争的方式决定未来百年间中国历史的走向。

第二卷

南北战争

01 | 太子监国

历史上的南北朝时代，南朝以刘宋立国开端，北朝则以北魏建国为始。

实际上，当宋武帝刘裕肇基立国之时，拓跋鲜卑建立的北魏政权已经存在了三十多年。如果将其前身代国也计算在内的话，它的历史则更为久远。利用淝水之战结束后北方重又陷入动乱之机，拓跋部在塞北复国，并改国号为魏。历经道武帝拓跋珪、明元帝拓跋嗣父子两代的经营开拓，鲜卑人的铁蹄深入中原，占据了黄河以北的大片土地，同时与东方的北燕、西方的赫连夏、南方的刘宋形成了并立之局。

在上一卷里我们提到，刘裕死后，拓跋嗣乘机南侵，夺得了黄河以南的不少领土。然而就在虎牢之战结束后仅仅七个月，拓跋嗣就一命呜呼了，他当时只有三十二岁，死因很可能是长期服用寒食散所致。

不过，皇帝的暴亡并没有给北魏政权造成混乱，因为拓跋嗣之前不但已经确立了自己的继承人，而且已经让太子提前上岗，试行了一年多的太子监国制度。

由于拓跋鲜卑的先祖一度盛行兄终弟及的继承制度，所以在皇位传递的过程中，北魏内部曾经爆发过严重的流血冲突和事变。有鉴于此，拓跋嗣虽然正值壮年，却早就开始考虑自己的继承人问题。再加上他迷信阴阳灾异之说，服用寒食散后时不时地见到许多幻象，常恐自己福年不永，也深为身后之事感到焦虑和困扰。

据说，就在刘裕去世前后，魏主拓跋嗣也派人秘密咨询阴阳术数专家白马公崔浩，问道："近来发生的日食正对应我赵、代之分野，而朕的病又多年不愈，我担心我一旦去世，皇子们都还年幼，那可如何是好？盼爱卿你多为我考虑考虑身后之事。"

崔浩父子两代在魏廷任职，对拓跋氏的统治症结和皇帝的心病一清二楚，于是他一边宽慰拓跋嗣，说陛下您春秋鼎盛，又广施德政，老天爷一定不会降灾于我国的，一边提出了十分重要的建议："自从我国创建以来，不甚重视储君的培养，所以永兴初年，才发生了危及社稷的动乱事件（指清河王拓跋绍弑君事件，这一点我们以后再讲）。如今，我们应该吸取教训，早立东宫太子，并选择忠诚贤良的公卿为师傅、谨厚可靠的大臣为宾友，入朝则总理万机，出京则统领军政，监国抚军，大权在手。这样的话，陛下您就可以优游无为，颐神养寿。即便您万岁之后，国家已经有了确定的君主，百姓也有了可以归附的主人，那些奸佞之徒自不敢再心生歹念，灾祸自然也就消于无形了。"

崔浩的建议，实质上就是太子监国。太子监国之事，在中原王朝早有先例，但从来都是临时设置的权宜之计，而不曾成为常设的长期制度。原因很简单，所谓太子监国，就是把皇帝的专制权力分一部分（甚至是很大一部分）给太子，而这在一个"天无二日，民无二主"的封建社会里是不被长期允许的，尽管这个分权的人是自己的儿子，搞不好，反而会酿成父子争权的祸患。但崔浩基于对时下政治局势的准确判断和对拓跋嗣父子的了解，认为现在正是实行太子监国制度的好时机。

而且，崔浩不但设计了该项制度，还更进一步，推荐了自己心目中合适的太子人选。

"臣以为，皇长子焘已经年满十二岁，为人聪慧通达，温良谦和，有人君之度。自古立子以长，乃礼法之常例，如果等到诸皇子长大成人之后再行选择，那就很可能导致废长立幼之事发生，这是很容易招致祸患的啊！"

鲜卑人向来早婚早育，拓跋嗣三十出头，已经生了六个儿子[1]，其中又以他与汉女杜氏所生的拓跋焘年龄最大。崔浩推荐的太子人选，便是这位拓跋焘。

关于拓跋焘的鲜卑名字，史籍记载为佛（音bì）狸。历史学家罗新先生认为，佛狸有狼的含义。拓跋焘出生的时候，爷爷拓跋珪还在位。据说拓跋珪见到这位小孙孙体格健壮，与寻常婴孩不同，十分高兴地说："将来成就我大业的，一定是这个小子！"

不过，根据北魏的敌国刘宋方面的说法，其实拓跋嗣并不喜欢这个和汉人女子生下来的儿子。拓跋焘长到十好几岁，还被父亲当作奴隶下人来对待。只是因为皇后慕容氏和宠妃姚氏都没能产子，拓跋焘才被立为太子。

实际上，北魏内部的皇权继承法则远比刘宋那边想象的复杂，当时兄终弟及的观念还很有市场。至拓跋嗣问计于崔浩的泰常四年[2]（公元419年）前后，他的弟弟中尚有四位宗王在世，而且除了这四王之外，还有一位名义上算作拓跋嗣的儿子、实际上则很可能是道武帝所生的乐平

---

① 据《魏书》，拓跋嗣共有七男。除太武帝拓跋焘外，尚有乐平王丕、安定王弥、乐安王范、永昌王健、宁王崇、新兴王俊。然据我考证，乐平王丕实际上很可能是道武帝拓跋珪的儿子，其母慕容夫人本为拓跋珪后，珪死后依据拓跋鲜卑"烝母报嫂"的收继婚风俗，拓跋嗣复娶慕容氏，拓跋丕随即被史家视作拓跋嗣之子。

② 拓跋嗣问计于崔浩事，《通鉴》虽系于泰常七年，然属追述。从崔浩言拓跋焘"年渐一周"推测，当时拓跋焘不到十二岁，应在泰常四年。参见周一良《魏晋南北朝史札记》"年渐一周"条。

王拓跋丕也健在[1]。这五个人都有资格继承皇位，年龄也比拓跋焘大。所以拓跋嗣要想将皇位顺利地传给自己的儿子，也并不是那么容易。

有一则故事也许能够有助于我们对这个问题的理解。在泰常二年（公元417年），拓跋嗣在京师平城（今山西大同）的郊外修筑了一座二十丈高的高台。之后不久，拓跋丕做梦梦见自己站在了高台之上，展目四望，却见不到任何人。后来，拓跋丕专门问术士董道秀，此梦作何解释。董道秀算了一卦，答复是“大吉”。拓跋丕为此暗喜于心。显然，高台是皇位的象征。拓跋丕身上有道武帝的血脉，同时也可算是明元帝的儿子，本身在鲜卑贵族中很有威信，再加上这时拓跋嗣疾病缠身，拓跋丕一定以为，高台之梦预示着自己不久后便将入继大统了吧！

然而，拓跋丕想错了。明元帝拓跋嗣并不愿遵循兄终弟及的传统，使帝位落入旁支的手上。也就是在这种形势下，拓跋嗣才向崔浩征求了有关“身后之事”的意见。崔浩作为根正苗红的儒家知识分子，自然全力支持父死子继、立长立嫡的传位法则，所以他才推荐了拓跋焘。但北魏毕竟是鲜卑人建立的政权，他一个汉人士大夫，顶多也就建言献策，供领导做个参考。在立太子的问题上真正有发言权的，还是那些有权有势的鲜卑贵族。为此，拓跋嗣专门咨询了老臣长孙嵩。长孙嵩道：

---

① 拓跋丕实为道武帝之子的证据有三：一，据《通鉴》隆安四年及《魏书·皇后传》，拓跋珪曾立慕容宝之女为后。然此慕容后得立后之生平阙载，唯言“后崩”，既无年月，亦无事件，着实诡异。道武十王中也无人为慕容氏所生。与此相反，明元七王中，大慕容夫人生乐平王丕，慕容夫人生乐安王范。然《魏书》中并无明元帝娶慕容氏的记载，我怀疑大慕容夫人很可能是明元帝依据鲜卑收继婚俗，将道武慕容后收入了自己的后宫。这也是为什么《宋书·索虏传》称“嗣初立慕容氏女为后”的原因。二，《魏书》本传言：“太宗以丕长，爱其器度，特优异之。泰常七年封，拜车骑大将军。”泰常七年时拓跋焘仅十五岁，若拓跋丕为嗣次子，则年龄更小，“以丕长”之语似有不妥。三，拓跋丕梦登高台事，应发生于泰常二年，若丕比焘年幼，当时应不到十岁，则又与命日者董道秀卜筮、丕“默而喜之”的叙述相矛盾。综上，我推测拓跋丕比焘年长，为道武帝与慕容宝女所生。此种收继婚俗造成的行辈混乱，在道武一代也有。参见李凭《北魏平城时代》考证“拓跋烈是道武帝的同母弟”条。

“立长则顺，置贤则人服。如今皇子焘既长且贤，乃上天所命，臣请立焘。”长孙氏本与拓跋氏源出一脉，是帝室十姓之一，是北魏统治集团中最有实力也最为重要的组成部分，长孙嵩又是功勋卓著的老臣，既然他也推荐皇子焘，拓跋嗣就放了心。

泰常七年（公元422年）四月，拓跋嗣封皇子焘为泰平王，拜相国；五月，即以泰平王焘为皇太子，并命太子临朝听政、统摄国事。拓跋焘不但成为北魏历史上的首位太子，也成为太子监国制度的第一人。

也就在明元帝指定拓跋焘为太子监国前后，他的弟弟阳平王熙和河南王曜分别在二十三和二十二岁的盛年离奇死去，而那个梦到登上高台的拓跋丕，则被明元帝封为乐平王、车骑大将军，其余明元诸子，也尽皆封王。

当时拓跋焘只有十五岁，太子监国又是个崭新的制度，为了保障这一制度的顺利实施，拓跋嗣专门安排了六位重臣对他加以辅佐：以长孙嵩及山阳公奚斤、北新公安同为左辅，坐在大殿的东侧；以崔浩与太尉穆观、散骑常侍丘堆为右弼，坐在大殿的西侧。其余文武百官，则居于左右辅官之下，听候差遣。拓跋嗣自己这时虽然避居于西宫之中，但常常溜到正殿，藏身于暗处偷偷观瞧，监督太子和六大臣的工作干得如何。结果他没有失望，太子监国制度运行良好，拓跋嗣十分高兴，对左右侍臣道：“长孙嵩是四世老臣，功存社稷；奚斤辩捷智谋，名闻遐迩；安同晓解俗情，明练于事；穆观深通政务，明了朕心；崔浩博闻强识，精察天人；丘堆虽然没有大本领，但办起事来忠诚严谨。以这六个人辅佐太子，我就可以放心地和你们巡行四境，伐叛柔服，足以得志于天下啦！”

02 少年英主

立拓跋焘为太子监国后不久，拓跋嗣果然如自己所言，放心地“伐叛柔服”，挑起了对南方刘宋的战争。在这段时期，为了防备漠北草原的游牧民族柔然趁北魏与刘宋交战的机会南下寇边，明元帝又命拓跋焘率兵出屯塞上，而且主持修筑了自赤城西至五原（今内蒙古包头西）的两千里长城。正是由于父子二人的配合无间，北魏才战胜刘宋取得了河南地，而柔然对北魏的入寇也没讨到什么便宜。

然而好景不长，拓跋焘监国后刚刚一年，明元帝拓跋嗣就龙驭宾天了。随后，太子拓跋焘顺理成章地登上了帝位，是为北魏王朝的第三位帝王，后世称作太武帝。

十六岁的拓跋焘由于已经有了一年多的工作经验，很快便进入了角色。对于父亲留下的辅政老臣，他一一加以尊崇，进司徒长孙嵩为北平王，司空奚斤为宜城王，蓝田公长孙翰为平阳王，其余鲜卑勋贵也普增爵位。对于自己在东宫的心腹，他也善加利用，任襄城公卢鲁元为中书监，会稽公刘洁为尚书令。唯一例外的是崔浩，由于他在明元帝时代恃才傲物、锋芒太盛，许多鲜卑贵族都对他看不顺眼，这时便趁机贬损于他。拓跋焘毕竟刚刚上任，威信未立，对这些鲜卑贵族不大敢得罪，只好撤了崔浩的职，叫他以白马公的爵位在家休息一段时日，待避过了风头再说。

这时的北魏，虽然统治了北起阴山南麓、南至黄河以南的广阔土地，貌似强大，其实在战略上却面临着四面受敌的不利态势：南方的刘宋刚刚立国，国势处在上升期；西边的夏国由黩武好战的赫连勃勃统治，游击战术使用得出神入化；东边的北燕虽然实力较弱，但路遥途险，易守难攻；最棘手的则是北方的柔然，隔三岔五便来寇掠，你集兵去打他就撤，趁你不备他又来，一个不注意就被他搞得狼狈不堪。更烦心的是，这几个国家还常常联手结盟，使北魏陷于腹背受敌的境地。

就在拓跋焘即位后不久，柔然可汗大檀听说明元帝拓跋嗣去世，便亲率六万骑兵前来入寇。

柔然这个民族，说起来还与拓跋鲜卑同源。据说在拓跋部的先祖力微的时代，柔然的始祖木骨闾本是力微部落里的一个奴隶。后来木骨闾获罪逃亡，纠合了大草原上的其他亡命之徒，世代繁衍，逐渐强大起来，鼎盛时期尽据匈奴故地，统治了整个漠北草原。柔然立国之时，拓跋鲜卑已经进入塞内，建立了对河北的统治。对柔然来说，北魏意味着丝绸、粮食和女人，抢掠是他们获取这些物资的传统生活方式；对北魏来说，柔然拥有大量牲畜、马匹和奴隶，战而胜之也能得到财富，补充国力。所以在此之前，柔然和北魏之间几乎每年都要发生战争。

大檀是柔然立国后的第四任可汗，他与北燕联盟，共同对付北魏，其统治下的柔然势力达到极盛。北魏的北方边境连年受到大檀的进攻，搞得当时的皇帝拓跋嗣头疼不已，甚至一度有了迁都邺城的想法，受到崔浩谏阻后才最终作罢。这回拓跋嗣死了，大檀听说新任皇帝是个毛还没长全的臭小子，觉得大掠一场的机会来了，当下率军入寇，兵锋直指云中，一举攻陷了北魏旧都盛乐（今内蒙古和林格尔西北）。

北境的烽火传入了平城，皇帝拓跋焘决定御驾亲征。

从平城到云中约五百里，拓跋焘亲率轻骑昼夜兼行，三日二夜而至云中。魏军虽然来得快，但兵力却少。大檀全军出动，如汹涌而至的潮水，霎时将魏军裹挟起来，史书上甚至说包围圈有五十多层！敌人的马头冲撞着拓跋焘的马头，包围圈密不透风，身陷其中的拓跋焘如同滔天巨浪下的一叶孤舟，随时都有倾覆的可能。北魏将士们大为恐惧，既为自己，也为这个未经世面的少年皇帝。要知道，此前拓跋焘从未有过疆场决胜的经历，第一次进入战场就遭遇如此险境，哪怕是吓得尿了裤子也并不奇怪。可将士们只需回头看上一眼，心里就立刻踏实不少。只见拓跋焘的神情平静如常，不见一丝惊惶，眼神中七分坚毅、三分兴奋，似乎对面前的场景十分欣赏。既然初登战场的皇帝都不怕，那我们还怕什么？魏军将士都安下心来，虽然陷入包围，却并不慌乱。

战斗很快迎来了转机，柔然大将、大檀的侄子于陟斤被魏军射手一箭穿脑，大檀十分震恐，遂收兵撤退。再加上由长孙翰率领的东路军从参合陂出发，击败了柔然别部帅阿伏干，大檀担心被长孙翰抄了后路，只好引军北还。拓跋焘的人生第一战，就这样有惊无险地结束了。

在这场战事中，年纪轻轻的拓跋焘显示出了早熟的大将风度。对他而言，战争只是个勇敢者的游戏罢了，有什么可怕的呢？在此后的一生里，拓跋焘无数次地显露出，他不但欣赏战争，而且乐在其中。所以与那些坐在皇宫里“垂衣拱手治天下”的传统帝王形象相反，他总是跨上战马东征西讨，甚至披坚执锐，亲冒矢石。北魏出了这样一位少年英主，让南朝敌国的史官又恨又怕又是叹服，他们用蔑视的语气极不情愿地写道，拓跋焘“壮健有筋力，勇于战斗，忍虐好杀，夷宋畏之。攻城临敌，皆亲贯甲胄”。

在“勇于战斗，忍虐好杀”的拓跋焘看来，虽然大檀已经撤军北还，但这场战斗自己并没有讨到便宜，甚至还遭遇了重重围困的耻辱，这口气绝不能轻易就这么咽了。尚书令刘洁也说：“大檀自恃其众，必将去而复来，我们应该等秋收以后大举发兵，东西两道同时并进去征讨。”于是拓跋焘回去后一边派使者聘宋通好，一边简徒治兵，征调粮草，准备次年北伐柔然。

始光二年（公元425年）十月，经过了将近一年的准备之后，拓跋焘部署了五路大军同时北征：平阳王长孙翰从东道出黑漠；廷尉卿长孙道生出白、黑二漠之间；拓跋焘亲统一军从中道出发；东平公娥清出栗园；司空奚斤从西道出尔寒山。诸路大军开至漠南后，均舍弃辎重，每名骑兵自带十五日粮，轻军度漠，直捣龙庭。这种以骑兵长距离奔袭的“闪电战”本是游牧民族出身的拓跋鲜卑所长，也是当年霍去病用来讨伐匈奴的成功战术。其优势在于，游牧民族都是兵牧合一，但用兵需集中，放牧需散养，两者不能同时进行。所以不管是匈奴还是柔然，平时牧民都是各自在自己的分地上射猎放牧，战争时期才召集起来成为骑兵。如果趁其不备发动突袭，就能在他们还来不及集中起来的时候各个击破、一举荡平。所以自来大草原上的战争法则，是鼓励主动袭击，基本上是谁先进攻谁获胜，谁后防守谁失败。拓跋焘这次选择轻军突袭，也正是因为勘破了这一草原法则。

果不其然，柔然部民毫无防备，惊惶之余，只能绝迹北逃。听说北魏大军齐出，大檀也无意与之正面交锋，选择了收众北遁。拓跋焘一路追击，掳获了大量牛羊牲畜。十余日后存粮将尽，魏军暂且回师。此时隆冬将至，拓跋焘正考虑是不是待来年秋高马肥后再图大举，一则消息从后方传来，使得他开始重新审视起国家的对外方略。

03 定策西伐

原来，就在拓跋焘北伐柔然这一年，不可一世的夏王赫连勃勃死了，其三子赫连昌虽然得以继位，但他是在袭杀了太子赫连璝后夺得了继承权的。所以赫连昌上位后，夏国内部局势不稳，周边的邻国都认为这是可乘之机。割据陇西的西秦王乞伏炽磐便向北魏进贡了两百斤黄金，请求与北魏共同伐夏。

赫连氏与拓跋鲜卑本是世仇，当年前秦的军队就是在赫连勃勃的父亲刘卫辰（勃勃本姓刘，后改姓赫连）的导引下灭亡了北魏的前身代国。后来拓跋部复国，道武帝拓跋珪为报此仇，将刘卫辰子弟宗族五千余人统统杀死，只有其少子刘勃勃侥幸逃出，这才有了后来的大夏国。而夏立国后，也没少给北魏找麻烦，只是北魏困于四面受敌，赫连勃勃又勇猛善战，一时间对他也奈何不得。这回赫连勃勃死了，拓跋焘自然不愿轻易放弃这个乘势西进的好机会，于是他召集公卿，问道："如今朕欲用兵，赫连和柔然，二者哪一个在先？"

对于这个事关今后国家战略的重要问题，朝廷重臣之间的意见并不一致，总共有三种观点：

长孙嵩、长孙翰、奚斤三人都认为，夏国毕竟是个有固定疆域的国家，又新丧国主，短期内不大可能制造边患；但柔然可是飘忽不定，说不准啥时就来。不如先伐柔然，如果追上了，可以掳获其人民畜产；即便追不上，也可以顺道到阴山打猎，收取禽兽皮角充当军实。

这时已经重新提拔为太常的崔浩则说，柔然来的时候像飞鸟汇集，走的时候则如野兽奔逃，军队多了追不上，轻兵简从的话，即使追上也不足以克敌制胜；而赫连氏土地不过千里，又政刑残虐、人神所弃，一旦破灭便可一劳永逸。所以还是应该先伐赫连。

尚书令刘洁、武京侯安原则独辟蹊径，认为应该先伐北燕。因为柿子应该挑软的捏，柔然又跟北燕是联盟的关系，先灭了北燕，就可以放手攻伐柔然和夏国。

不过，不管是对哪国用兵，同为游牧民族的拓跋鲜卑都倾向于等到秋高马肥之后。拓跋焘倒不急于一时便做决定，于是他在这年的六月出巡北境，自云中一直向西抵达五原，并在阴山会猎。这一行动一来方便获取一些事关柔然动向的情报，二来也是向大檀示威，使其震慑不敢入寇。

到了秋天，拓跋焘返回了平城。可能是获知柔然主力并不在附近，拓跋焘这时定下了暂时中止北伐，转而全力西征赫连的战略方向。对这一决定，一直主张先伐柔然的老臣长孙嵩仍然是反对的。他说："如若征伐赫连，他们必定坚城固守、以逸待劳，此时若大檀乘虚入寇，我国必陷于危险之中！"这话也不能说全无道理，所以拓跋焘又咨询了崔浩、寇谦之和杜超的意见。

星象大师崔浩道："臣夜观天象，发现近几年来，荧惑两次据守于羽林众星一带，其运行轨迹皆成钩已之状，这是秦地将有亡国之兆。"

所谓羽林众星，是位于北方天空中的四十五颗小星星（一说三十五颗），因其处于象征帝王的紫微星（北极星）附近，好像禁卫军保护皇宫一般，故称之为羽林。象征战争和灾祸的荧惑（火星）入侵羽林，而且徘徊往复，轨迹成"已"字形，显示将有刀兵逼宫，对皇帝来说，实在是大凶之象。

可如今天下的皇帝不只他赫连昌一个，怎么知道这灾祸主的是夏国，而不是我北魏呢？崔浩继续说道："今年五星同时出现于东方，大利我国，西伐必胜。"

五星，指的是金木水火土这五大行星。现在这哥五个搞聚会，同时在东方天空中出现了。对于勤奋的天文观测工作者崔浩而言，这种奇特的天象自然不会逃过他的法眼。《史记·天官书》和之后历代正史的天文志中都说：五星积于东方，中国大利；积于西方，外国用兵者利。当年，前汉将军赵充国讨伐西羌的叛乱，就遇到了“五星出东方”的奇观，结果汉军大胜。后来，“五星出东方利中国”甚至成了汉魏时期的一句吉祥话，在1995年新疆尼雅遗址的汉晋墓葬中，就出土了一块绣有这句话的织锦。

不管是荧惑守羽林也好，五星出东方也罢，其实崔浩都是借天象阐说人道。因为那年头不管是汉人还是鲜卑人都相当迷信，有时候摆事实讲道理反倒不如说点阴阳灾异的鬼话管用。

跟他爹拓跋嗣一样，拓跋焘也很迷信阴阳术数之说，甚至有过之而无不及。即位初年，他便奉嵩山道士寇谦之为天师，为其在平城东南设重坛道场，时常咨以幽微之事。这次出兵之前，拓跋焘也问了寇谦之。这位老道跟崔浩是死党，自然赞成崔浩的意见，还说拓跋焘就是太平真君，有老天爷罩着你，一定可以攻之必克。

除了崔浩和寇谦之，拓跋焘的舅舅杜超也赞同伐夏。拓跋焘幼年丧母，全靠保母窦氏抚养成人。即位后他封窦氏为保太后，并接这位舅舅来京，封官进爵，十分宠幸。

在进攻柔然和进攻赫连夏何者优先的问题上，崔浩等三位汉人与长孙嵩为首的鲜卑勋贵意见分歧并非偶然：鲜卑贵族一直习惯从战争中掠取财富，在游牧民族出身的鲜卑人眼里，财富就是成群的牛羊和成群的奴隶，就这一点而言，抢掠柔然的牲畜和人民显然比攻拔夏国的城池来得更为轻易和划算；而在汉人眼里，土地才是立国之本，是一切财富和资源的来源。在这个问题上，拓跋焘最后选择听从了三位汉人的意见。这意味着，这位胡汉混血的年轻皇帝并不仅仅满足于成为草原上的征服者，在内心深处，他更想君临万邦，成为统治整个华夏大地的主人。

然而长孙嵩并不理解他的心思，在拓跋焘做出决定之后，他依然固谏不已。最后拓跋焘火了，心说你虽然是三朝元老，但也不能把朕的话当耳旁风不是？你以为朕不知道每次出征你都贪污了多少战利品吗？于是大骂长孙嵩在职贪污，命左右武士按住他的头，逼他低头认错。从此以后，拓跋焘每次出征，都安排长孙嵩在京留守，再也不让他统率军队了。

事后，鲜卑勋贵再无他人反对西征夏国。而根据当时夏国内南有长安、北有统万的统治格局，拓跋焘制定了两路进兵、双管齐下，使夏主赫连昌首尾不能相顾的进攻策略。

04 初攻统万城

始光三年（公元426年）九月，拓跋焘命司空奚斤统领并州之兵四万五千南袭蒲坂，宋兵将军周几、黑矟将军于栗磾统洛州之众一万人西攻陕城。这是进攻长安的军队，姑且称之为南路军。

十月，拓跋焘亲统大军自京师平城出发，经云中后抵达黄河上的重要渡口君子津。这是进攻统万城的北路军。

君子津位于云中城西南二百余里，在今内蒙古托克托县东南，这里地势平坦、水流和缓，黄河由此转而向南，形成一个天然的渡口。当年，拓跋焘的曾祖什翼犍讨伐赫连勃勃的老爸刘卫辰以及后来秦王苻坚发兵灭代，都是从此渡河。

也许老天爷真的在罩着拓跋焘吧。魏兵刚到不久，便连着几天降温，河面冻得结结实实，连渡船和浮桥都省了，于是拓跋焘率领两万轻骑在十一月初三乘冰渡河，直扑大夏国都统万城。

统万城位于今陕西靖边县红柳河的北岸，乃是赫连勃勃命叱干阿利耗时七年修建的国都。其名统万，乃“统一天下，君临万邦”之意。其城墙通体雪白，是采用神秘的“蒸土筑城”法修筑而成，通高十仞，基厚三十步。四个城门分别以“朝宋”“招魏”“服凉”“平朔”命名，彰显着赫连勃勃狂妄自负、不可一世的野心。

从君子津到统万城，大约九百里。魏军快马加鞭，在十一月初七便抵达城郊。

这一天正好是冬至日，当两万魏军突然出现在统万城前时，夏主赫连昌正在和群臣开宴会、吃饺子，欢度这个在当时重要程度仅次于过年的节日。听说敌人杀到，赫连昌惊得心里也好像煮开了一锅饺子，慌慌张张整军迎敌。拓跋焘在城外三十里的黑水（今陕北纳林河）旁扎营。赫连昌得到确切的情报，大概觉得魏军只有两万人，没必要固守不出，于是就统军出城，向魏军营地进攻。

赫连昌虽然身高八尺、伟岸魁梧，相貌生得颇像是赫连勃勃的克隆版，但真打起仗来，离他老子实在差得太远，当即被拓跋焘一顿迎头痛击，带着数千残兵败将仓惶而回。结果城门还没来得及关上，就被北魏的一个军官内三郎豆代田（内三郎是北魏禁军官职，此人姓豆名代田）带人杀了进去。豆代田像钻进了铁扇公主肚子的孙大圣，胡砍乱杀一通后，还想放火烧毁赫连昌的宫门。最后，等赫连昌调集了军队来打他，这小子又像猴子一般翻墙逃了回来。因为以上长本方志气、灭敌人威风的表现，拓跋焘封他为勇武将军。

当夜，魏军在城北宿营。第二天则分兵四出，杀掠城外的夏国民众和牛羊牲畜，共掳得百姓一万余家、马牛羊十余万头。而任由魏兵在城外杀人放火、肆意妄为，赫连昌却无动于衷，看来他摆明是要凭城坚守了。考虑到统万城确实是坚如磐石，两万人马既不足以长期围困，也未带攻城器械，强行攻城显然并不可取。其实拓跋焘本来就没打算毕其功于一役，这是他首次跟赫连夏交手，探明敌人虚实、削弱敌人士气便已经达到了战略目的。于是拓跋焘对诸将道："统万暂不可拔，明年咱们再来。"便带着得来的民畜班师而回。

与此同时，南路军取得了更大的进展。守陕城的夏国弘农太守曹达听说魏军来攻，弃城而逃，周几和于栗磾乘胜长驱，攻入三辅地区。而守蒲坂的赫连乙斗闻奚斤将至，自忖兵微将寡，就派人向统万城告急。等这位使者抵达统万城时，正赶上魏军围城，此人显然不够敬业，也没把情况摸清楚，就匆匆而回，对赫连乙斗说："统万城完了！"一听老窝都没了，那还守个屁？于是赫连乙斗弃了蒲坂，向西跑到长安。长安本来驻有七万雄兵，可几年前赫连璝和赫连昌内斗时把这七万兵都带走了。现在守长安的是赫连昌的弟弟赫连助兴，这位仁兄也是个怂货，和乙斗一商量，觉得长安也不保险，干脆再往西跑吧！两人又不战而逃，溜到了安定。负责攻略关中的北魏司空奚斤捡了超级大便宜，一仗没打，就连下蒲坂、长安，占据了大半个关中。关中氐羌等少数民族纷纷请降，割据北凉的河西王沮渠蒙逊和盘踞仇池的氐王杨玄也见风使舵，都派来使者向北魏表示臣服。

这么随便就把关中丢了，赫连昌自然心有不甘。第二年刚刚开春，他便派五弟赫连定领兵两万，前去收复长安。这样一来，势必削弱了统万城的驻防力量。拓跋焘闻讯，知道拿下统万城的机会来了，便一边叫人在阴山大举伐木，制造攻城器具，一边命执金吾桓贷在君子津上建筑浮桥，准备再度西征。

到了四月，守长安的奚斤已经和赫连定交上了手，而浮桥和攻具皆已造好，于是拓跋焘调兵遣将，命司徒长孙翰统三万骑为前驱，常山王拓跋素统步兵三万为后继，南阳王拓跋伏真等率步兵三万，专门护送攻城器具，而将军贺多罗则领三千精骑，负责在前侦候。五月初，拓跋焘兵发平城。

初九，魏军大部队渡过君子津，既而经过拔邻山（在今内蒙古准格尔旗境内）。这时，拓跋焘突然做出了一个令人颇为意外的决定：留全部步兵、攻具和辎重在后，自己率三万轻骑倍道兼行，突袭统万城。群臣都表示反对，您当初费劲打造了这么多攻城设备，是为嘛呀，还不是因为统万城不好打么，现在您率领轻骑进攻，万一攻又攻不下来，退又没有粮草辎重，那不就麻烦了嘛！还是全军一块儿走最保险。

拓跋焘道："用兵之道，攻城最下，不到万不得已时，尽量不要使用。我虽然打造了这些攻具，只是以防万一。如今若带着步兵、攻具同时前进，赫连昌必惧而坚守，那样就会变成持久的消耗战。反不如以轻骑直抵城下，敌人见步兵攻具未至，一定会如释重负，到时若能诱敌出击，则可一战成擒。之所以如此，是因为我们的军队离家二千余里，又有大河相隔，利于速战，短于相持，以之攻城则不足，决战则有余，此所谓‘置之死地而后生’者也。”

这番话有理有据，深得兵法精髓，仿佛是出自一位久经沙场的老将之口。而实际上，此时的拓跋焘还不满二十岁。

05 再攻克统万

六月初一，三万魏兵已经接近了统万城。盛夏时节的河套草原一片郁郁葱葱，急行军的骑士们个个汗流浃背，忽然间，天色阴了下来，不久即暗如黑夜一般，原来是发生了日食。在古人的心目中，太阳是君主的象征，而日食则是不祥之兆。《晋书·天文志》曰："日蚀，阴侵阳，臣掩君之象，有亡国。"随军的太史立刻卜了一卦，占曰："诸侯非其人。"这诸侯一定指的是他赫连昌了，拓跋焘这才放了心。

很快，魏军抵达黑水河边，拓跋焘在此誓师，向士兵们宣布了上天以日食传达的旨意："赫连氏必亡，我军必胜！"全军将士欢呼雀跃，士气高涨。

为了减轻赫连昌的心理压力、引蛇出洞，拓跋焘只带了小部分军队开至统万城下。可赫连昌似乎吸取了上次失败的教训，对魏兵的挑衅置之不理。倒是他手下一名叫狄子玉的将领屁颠屁颠地前来归降。从狄子玉口中，拓跋焘得知，赫连昌已经派人去将进攻长安的赫连定召回，准备到时哥俩前后夹击魏军，所以他才选择了坚守不出。这对拓跋焘来说可不是个好消息，要是赫连昌铁了心当缩头乌龟，他一时半会儿还真拿眼前这个城高墙厚的混凝土龟壳没辙。为此，拓跋焘想了几个办法，一是退军以示弱，二是派五千骑兵在城外掳掠居民，看你赫连昌出不出来！

历史上一些籍籍无名的小人物有时也能改变局势的走向，不管他是有意还是无意，这次也是如此。史书上说，这时有一个获罪的魏军士兵逃到了赫连昌那里，并向他泄漏了军事机密：魏军其实已经没有粮食了，士卒们都挖野菜而食，而粮草辎重却远在千里之外，攻城器具和大批步兵也还没有来。赫连昌一听，觉得自己先前实在是过于谨慎了，他拓跋焘也不过如此嘛，自己现在要是不出击，等他的后继部队来了，就更没机会了。于是第二天，赫连昌集合城中步骑三万，出城迎敌。拓跋焘引蛇出洞的战略目的，就这样被一个名字都没留下的小兵达成了。（我甚至怀疑，这个逃兵是拓跋焘自己安排的无间道，可惜真相到底如何，已经永远成为历史之谜了。）

现在赫连昌出城了，三万对三万，你拓跋焘不打，他不会自己垮掉。可这仗该怎么打呢？司徒长孙翰等都说："夏国的步兵军阵森严牢固，难以攻陷，我们应该暂且避其锋锐。"拓跋焘当即反驳道："我们大老远跑来，就怕敌人不出来。现在既然赫连昌出来了，怎能避而不打，减损我军的士气呢？"不过长孙翰的话并非没有道理，面对夏军的密集阵形，正面硬拼显然不是合理选择。

《孙子兵法》曰："善动敌者，形之，敌必从之。"我不知道拓跋焘有没有读过《孙子兵法》，但他这时采用的方法正与书中的原理相合：既然眼前的形势对我军不利，那就调动敌人，创造对我们有利的形势！

于是魏军集合起来，装腔作势地向夏军鼓噪了一阵，居然集体向后转——跑了！

赫连昌大喜，心说那逃兵所言不错，魏军确实已经到了山穷水尽之时，"宜将剩勇追穷寇，不可沽名学霸王"，弟兄们，给我追！夏军阵形一变，分为左右两翼，像张开翅膀的大雁一般，自后追击上来。如此一退一追，片刻间就行出五六里，这样一来，夏军原有的密集阵型在快速追击中再难保持，其优势已荡然无存。

拓跋焘觉得已经到了反戈之时，正待发令，忽然一阵大风从东南方而来，霎时间飞沙走石、天昏地暗。军中有一太监名叫赵倪，平时颇懂一些方术之学，这时急忙跑来对拓跋焘道："这风雨从敌人后面袭来，我们逆风，敌人顺风，这表示天不助我！愿陛下暂时收军回避，更待来日。”崔浩当时正在左近，闻言怒斥道：“这是什么话！我们千里而来，战略已经实施了大半，怎能一日之中说变就变！夏军轻敌冒进，后军已绝，正应分军掩击，怎可避之！风道如何，全在人怎样利用，岂能拘泥于书中教条！”

崔浩之言，正与拓跋焘所想相同：战机就在眼前，岂能失之交臂，然后抬首怨天？

于是拓跋焘策马扬鞭，指挥全军分为左右两队，调转马头，迎风逆击！同以往的战斗一样，这次他仍是一马当先，冲在最前。在皇帝的率领下，北魏将士们呼号怒吼，如下山虎豹一般冲入敌阵。战斗中，拓跋焘马失前蹄，坠落在地，险些被夏兵擒获，幸亏近侍拓跋齐以身捍御，拼死力战，夏兵才稍稍退远。拓跋焘乘机腾马而上，一槊刺死了冲至近前的夏国尚书斛黎文，胸中余怒未消，又手杀骑兵十余人，甚至乱战中被一支流矢贯掌而过，他仍奋击不止。夏军步阵已散，与北魏骑兵打起来本就十分吃亏，又遇见了如此猛悍的皇帝和士兵，不多时，终于全线溃败，万余人被斩。赫连昌入城不及，与数百人逃往了上邽（今甘肃天水）。

到这时，其实战局已定，但年轻气盛的拓跋焘杀得性起，居然换上普通士兵的服装，带着拓跋齐、卢鲁元等区区数人，追奔败兵入了城！赫连昌虽然跑了，但城里还有不少军兵，眼见闯进来几个不怕死的魏军小兵，当即关上城门，一阵围追堵截。最后，拓跋焘等人跑进皇宫，得了几件宫女穿的长裙，拓跋齐把这些裙子系在槊上，制成个简易的飞钩，几人借此爬上城墙，才总算逃了出来。

当天傍晚，城内的夏国尚书仆射问至保着赫连昌的老母出逃，城中再无人主持局面。次日，魏军入城，俘获王公卿将及嫔妃宫女以万数，马三十余万匹，牛羊数千万头，府库珍宝、车旗、器物不可胜数。曾经烜赫一时、坚不可摧的统万城，就这样落入了北魏的手中。

拓跋焘入城后，见夏王居住的宫殿台榭壮丽、装修豪奢，不由得打心眼里瞧不起。他对左右说道：“赫连氏蕞尔小国，却滥用民力到如此地步，岂有不亡之理？”是役，除了掳获大量人口财物牲畜之外，北魏还擒得夏国太史令张渊、徐辩，以及早年被赫连勃勃俘虏的晋将毛修之。拓跋焘一向对天文星象兴趣浓厚，所以仍旧让张渊、徐辩担任太史令。至于毛修之，听说他擅长烹调，尤其擅做羊肉羹，那就去当太官令（宫廷厨师长）好了。此外，拓跋焘还纳了赫连勃勃的三个女儿为贵人。

统万城既破，仍在长安与奚斤相持的赫连定无心恋战，也逃往上邽与哥哥汇合。拓跋焘留常山王素、执金吾桓贷两人镇守统万，自领大军凯旋。而柔然本来想趁魏夏相攻的时候入寇云中，没想到拓跋焘这么快就攻下了统万，纷纷惊惧北逃。

06 赫连氏死灰复燃

拓跋焘这次西征之所以能够取得胜利，战略上得益于对时机的把握：赫连勃勃死后夏国政局不稳，新主赫连昌又被西秦乞伏炽磐吸引了注意力，并未料到北魏的攻击；宋文帝刘义隆即位不久，刚刚诛除了辅政三大臣，尚无余力北顾；柔然新近刚受过北魏的打击，也无力发动大规模的进攻。战术上则更是可圈可点：南路明攻长安，北路奇袭统万。尤其第二次进攻统万城，在事先部署了周密的攻城计划的情况下，仍采用轻军诱敌、野外合战的成功战术，只付出了极少的代价便拿下了夏国国都，前后用时还不到一个月，充分展示了拓跋焘的军事天才。

这时的赫连夏，虽然尚未灭国，但赫连昌只能保据陇东山地，基本上已成死灰余烬之局，只需再以大军进逼，其很可能便会土崩瓦解。

但战争不是游戏，不是仅仅排兵布阵那么简单。克劳塞维茨在其名著《战争论》中提出了“极限点”的概念，认为不论多么强大的军队，从其战前准备和战争进程来看，都有它的极限点；越过这一极限点而强行延续战事，将会不可避免地造成损失。拓跋焘没看过《战争论》，更不认识克劳塞维茨，但他凭借经验和本能，也认为此时应见好就收、适可而止，待来年重新制订作战计划后再图进取。于是他下诏给奚斤，命他穷寇莫追，即刻班师。

奚斤和长孙嵩一样，那是从拓跋焘的爷爷道武帝时期便领军打仗的重臣，几十年来立下了无数功勋，根本不把赫连昌兄弟看在眼里，上言道：“赫连昌现今亡保上邽，只不过是鸠合余烬，立足未稳。我军乘其危殆，可轻易加以殄灭。”不但不打算撤兵，还请求拓跋焘增援人马。拓跋焘认为，此时进攻的话，赫连昌必将作困兽之斗，一定会付出较高的伤亡代价，并不同意奚斤的方案。但奚斤固执己见，抗表辩争。拓跋焘担心将在外、君命有所不受，只好答应了他的请求，不但给他增兵万人、马三千匹，还留娥清、丘堆两将与奚斤共同击夏。

得了这些增援，奚斤气焰更胜，先是遣尉眷进攻上邽，逼得赫连昌退守平凉（今甘肃华亭县西），既而进据安定，准备一鼓作气荡平赫连氏。

平凉城位于陇山山脉的崇山峻岭之中，地势险要，易守难攻。奚斤行军至此，遭遇到了重重阻力。此时已是早春二月，从去年夏秋以来，魏军一直争战在外，战马由于得不到充分休息，冬季又缺乏草料，导致大批量因疫病饥寒而死。再加上悬军深入，补给供应不上，军粮也成了问题，奚斤只好派人到民间去征粮，结果因北魏士卒横征暴敛，反而激起了民变。赫连昌利用民众的反魏情绪，打起了祖传的骚扰战术，专门劫掠魏军的督粮队，一时间搞得奚斤颇为狼狈，只好深沟高垒，坚守不出。

面对这种情况，受命监军的侍御史安颉感到十分忧虑，对奚斤道：“我们本来是奉诏讨贼，如今却反被贼所困，只能退守穷城。如此下去，即使不被贼杀，也会被降罪诛戮，早晚都不免一死。而诸位王公卿将却只是晏然安坐，不发一谋，将来这可怎么向陛下交待？”

奚斤皱了皱眉头，道：“近日马匹多死。若无马出战，以步兵击骑兵，必定难以胜利。应该等京师派来骑兵之后，再以步阵击于内，骑兵袭其外，如此才是万全之计。”

安颉一听就恼了，心说上次你说马少，皇上给了你三千匹，现在你还好意思开口要啊！道：“如今猛寇游逸于外，而我等兵疲食尽，若还不决战，非死在旦夕不可，哪里还等得到救援的骑兵？同样是死，与其困死，还不如战死！”

奚斤仍以马少为借口，不同意出战。安颉又道：“现在士兵虽然无马，但将帅所乘的足有二百匹。我愿意招募壮勇敢死之士一同出击，即便不能破敌，也可以挫伤其锐气。况且赫连昌这个人，狷勇无谋，近日常来挑战，将士们都认得他。如果我们伏兵掩击，说不定可以将他擒获。”奚斤摇了摇头，认为这个计划并不可行。

安颉见奚斤这个老顽固无论如何不听劝，干脆决定自己干。下来后他联络副将尉眷，两人私下拣选战马，募集勇士，准备等赫连昌再来时如计而行。

不久，赫连昌果然又来营前挑战。安颉率部迎敌。赫连昌匹马当先，亲自在阵前冲杀。魏兵由于事先得了安颉“擒贼先擒王”的指示，人人都不管不顾，直接奔赫连昌杀来。这时战场上偏巧来了一阵沙尘暴，霎时间黄沙漫天，敌友难分。混乱中赫连昌拨马撤军，结果却马失前蹄摔了下来，安颉率兵一拥而上，生擒了赫连昌。夏军见主帅被擒，溃退而去。

本来事情到了这里，应该就结束了。但赫连昌的弟弟赫连定收拾余众，仍有数万人马，依旧固守平凉。而奚斤自以为一军之帅，却被安颉、尉眷抢了生擒敌国皇帝的头功，感到老脸无光，于是舍弃辎重，仅带三天之粮，亲自轻军追击赫连定。结果不慎在山谷里中了赫连定的埋伏，魏军大溃，不但折损了六七千将士，连奚斤、娥清也被夏兵所擒。留在安定看守辎重的丘堆一听说奚斤兵败被擒，吓得丢弃辎重先奔长安，继而又和镇守长安的高凉王礼一起撤退到了蒲坂。赫连定遂趁机反扑，将长安重新占据。

此时被擒的赫连昌已经被安颉送回了平城。拓跋焘对这位敌国皇帝给予了高规格接待，又是造馆驿，又是赐爵位，甚至还把妹妹始平公主嫁给了他，不管饮宴打猎，都叫他陪侍在旁。拓跋焘的意思，是想借善待赫连昌当示范，争取招降赫连定。哪知道这时前线却传来了奚斤被俘、长安失陷的消息，拓跋焘大怒，命安颉至蒲坂阵斩丘堆，代替他统领部众。

赫连定虽然收复了关中，但深知北魏强盛，此时不宜以硬碰硬，便在当年四月遣使求和。拓跋焘也回书劝谕，魏夏之间便暂时进入了休战状态。数月后，赫连定至苛蓝山（今甘肃平凉崆峒山南）会猎，望着统万城的方向黯然落泪，叹道："先帝当年若能以我继承大业，岂能有今日之事！"神色间愤愤不平，隐然有收复旧都之志。

然而赫连定深知，单凭夏国一己之力，别说收复旧都，就是自保恐怕也很难做到。为今之计只有寻找盟友，共同对敌，自己才有一线生机。

07 | 崔浩舌战群臣

虽然关中得而复失，但攻伐夏国的胜利依然给拓跋焘带来了巨大的收益。除了那些俘获的人口牲畜珍宝之外，年轻的皇帝通过这场胜利，在文武百官面前树立了极大的威信，而将大量战利品分赏从征的官吏将士，也为他在军队中赢得了足够的爱戴。携战胜之威，拓跋焘东巡中山（今河北定州），罢免了数十位贪污腐败的地方守宰。第二年春天又颁布诏旨，因天下守令多行非法，命朝廷精选忠良来替代。

神䴥二年（公元429年），深谙以战养战之道的拓跋焘又治兵于平城南郊，准备再次大举攻伐柔然。

奇怪的是，上次拓跋焘想要西征赫连夏之时，鲜卑勋贵都力主北伐柔然。这次拓跋焘想要北方柔然了，满朝公卿大臣却又纷纷表示反对，甚至连拓跋焘最为亲近的保太后窦氏也多方劝阻。尚书令刘洁还把从夏国俘虏来的两位太史令张渊、徐辩推出来，试图从拓跋焘最为迷信的天文星象角度对他加以劝谏。

张渊、徐辩说："今年是己巳年，是所谓的三阴之岁，岁星侵袭月亮，太白星又在西方，这些都是不宜举兵的预兆，北伐则必败。即便能够获胜，也将对主帅大为不利。"

群臣借机劝拓跋焘说，张渊、徐辩这两人的预测向来准得很，他们年轻的时候曾劝谏秦王苻坚不要南伐，苻坚不听，结果淝水战败，身死国灭，皇上您可千万要听从他们的建议啊！

张渊、徐辩这一忽悠，搞得拓跋焘心里也犯了难。不过没关系，不是还有崔浩崔大才子么，论天文星象，哪个敢说比崔浩更有发言权？而崔浩恰恰跟大家的意见相反，他是主张北伐的。于是拓跋焘叫崔浩跟张渊、徐辩御前辩论，看看到底谁说得更有道理。

崔浩道："阳为德，阴为刑，故天有日食则修德，有月食则修刑。王者用刑，小则肆斧钺于市朝，大则陈甲兵于原野；所谓三阴之岁，正是应当修刑之时。如今皇上出兵以讨有罪，便是修甲兵之刑。至于岁星侵袭月亮，是预示将有饥荒流民，但其应在他国，与我国无涉。太白虽在西方，但其经行的苍龙宿于天文为东方，与北伐亦无妨。张渊等乃一介俗生，目光短浅、见识鄙薄，囿于小数而不识大体，不足与论天道。"

崔浩扫视了一眼张渊、徐辩，继续说道："臣窃观天文，近几年月亮的运行轨迹掩盖了昴星，至今仍然如此。用此星象占卜，得辞曰'三年之内，天子大破旄（音máo）头之国'。柔然、高车，皆是旄头之众。北伐必胜，愿陛下勿疑！"

这番话说得张渊、徐辩两人大眼瞪小眼，没想到在专业领域，自己比崔浩远远不及，只好强辩说："柔然乃是荒外无用之物，得其土地又不能够耕作，得其人民又无法驱使，其行动轻疾无常，难以制服，我们何必要辛辛苦苦兴师动众去讨伐他们呢？"

崔浩微微一笑，道："张渊等谈论天时，还算是他们的分内之事，若论政治形势，这可就不是他们所通晓的了。他们刚才的说法乃汉代以来的老生常谈，放在今日却不合时宜。为什么这么说呢？因为柔然早年本来就是我国叛逃入大漠的奴隶，如今我们诛其首恶，收其善民，对他们重新加以役使，这怎能说是无用？漠北高凉，不生蚊蚋，水草丰美，夏则北迁，其地既可耕种，又能放牧。柔然子弟来降，贵者尚公主，贱者亦封将军、大夫，谁说他们不能臣服驱使？如果是南朝人进攻柔然，一定会被其轻疾无常的行动所苦，但对于我国则不成问题。因为我国的军队和柔然一样也是骑兵。再者，以前柔然多次入寇，边境不宁。自先帝之世迄于今日，几乎无岁不被柔然骚扰，这难道不是同样劳苦、同样兴师动众吗？”

说到这里，崔浩对张渊、徐辩妄谈政事感到颇为不满，诘难道：“世人皆谓张渊、徐辩通解数术，能够准确地预测成败。臣想请问二人，不知道夏国在被我国攻灭之前，在天文数术上有什么亡国之兆？如果二人知而不言，是其不忠；如果确实不知，则此二人纯属无能！”准确地说，这时候赫连定还占据着平凉和长安，夏国并未灭亡，但基本上已被北魏打残，亡国是迟早的事。而且当时夏国前国主赫连昌也在辩论现场，张渊、徐辩两人当着前主子的面，被崔浩质问得脸色通红，再也说不出一句话来。

拓跋焘见崔浩大获全胜，十分高兴，对群臣说朕意已决，你们就别白费口舌了，还有什么想不通的，你们只管去问崔浩。

果然，还有大臣提出来，说如今南朝人也在盯着我们，如果大举北伐，刘宋兴兵来攻，到时腹背受敌可咋整？崔浩说不然，正是因为我国在战略上腹背受敌，所以要尽快收拾柔然，不把柔然打残了，咱们就别想专心对付刘宋。自从咱们攻破统万城以后，南朝人心怀恐惧，所以才扬声动众，意图在捍卫淮北。等咱们攻破柔然，只不过数月之间，刘宋必定不敢发兵北侵。而且他们是步兵，我国是骑兵，咱们的反应速度岂是南人比得了的？更何况南北地势不同，就算我国把河南之地送给南朝，他们也守不住。当年刘裕牛不牛？还不是全军覆没把关中送给了赫连勃勃？现在刘义隆那边，君臣都不比刘裕之时，而我国士马精强、主上英武，又比赫连勃勃强得多，我们有什么好怕的！

就在崔浩与群臣论辩之时，北魏出使刘宋的使臣回来了。该使臣带来了宋文帝刘义隆的警告，叫北魏趁早把河南地归还给宋国，要不然他就要发兵来打。听了这话，拓跋焘大笑，对群臣道：“南蛮龟鳖小竖，自救尚且不暇，能有什么作为？就算他们真来了，如果我们不先讨灭柔然，便会落于腹背受敌的境地，这样反而不利。北伐一事，势在必行！”

08 北伐柔然安北境

北伐之策既定，拓跋焘遂于神䴥二年四月再次大举进攻柔然。

这次出兵，仍然分为东西两翼：拓跋焘亲自统军走东道向黑山方向进军，平阳王长孙翰自西道向大娥山方向进军，两军形成钳形攻势，定于柔然可汗庭会师。

出发前，天师寇谦之特意问崔浩，这次战事胜算几何？崔浩道：“不论天时形势，都对我军有利，攻之必克。我唯一担心的是，诸将前后顾虑，到时不能乘胜深入，无法毕其功于一役。”

五月十六，拓跋焘率军抵达漠南。前面说过，对付柔然这样的游牧民族，最有效的办法就是趁其不备发动闪电突袭战。上次取胜就是因为采用了这样的战法，这次拓跋焘依然如法炮制，下令舍弃辎重，兼马疾行，直扑漠北。盛夏的戈壁滩上赤日炎炎，鲜卑人的铁骑如风般疾驰而过，卷起漫天尘埃。每个骑兵都自备一到两匹副马，一匹跑累便换另一匹骑乘，广袤数百里的戈壁滩一天便穿越而过，不久便抵达栗水（今蒙古国翁金河）之畔。夏日的漠北草原，正是万物生长、牲畜繁息的季节，柔然部民都在河川旁的夏牧场悠然放牧，压根不曾料到北魏会在这时发动进攻。柔然可汗大檀也毫无防备，听说北魏大军杀到，根本来不及组织抵抗，只好焚烧庐帐，率部更向西逃。大檀的弟弟匹黎在外放牧，本来想和大檀汇合，结果半路遇到长孙翰的军队，数百部酋被斩。大檀闻讯后更加惶惧，转眼就跑得没影了。拓跋焘再想找大檀决战，哪里还找得着？只剩下漫山遍野的牛羊牲畜无人收视，自然成了北魏大军的战利品。

既然找不到作战的对手，拓跋焘干脆把这次漠北之行当成了避暑消夏的旅游，先是率领军队沿栗水西行，经过汉将窦宪讨伐匈奴的故垒，一直抵达菟园水（今图音河）流域，既而又命将四出，分军搜讨柔然可汗的下落。北魏的几路骑兵在柔然腹地一通猛搜，向北直到瀚海（今俄罗斯贝加尔湖），向南直到张掖以北，向西也越过了燕然山（今蒙古国杭爱山），在这东西五千余里、南北三千里的范围内愣是没找着大檀的藏身处。

游牧政权的一个明显弱点，便是一旦最高统治者丧失威权，整个国家便会如一片散沙般迅速崩解。由于这时大檀不知去向，原来臣服于柔然的高车部落乘机反叛，大肆攻杀抄掠柔然部民。柔然部民无人领导，都来向北魏投降，史书记载先后降附共有三十余万落。若以一落五口计，则总共不下一百五十万人。要知道，今天的蒙古国人口仅仅三百多万，如果这个记载可靠，那就几乎相当于柔然全国的人口总数。而除了这些人口之外，北魏俘获的马匹还有一百多万，牛羊等杂畜更有数百万之多。

虽然俘获甚众，但拓跋焘深知擒贼还需擒王，如果抓不着柔然可汗，那么退兵之后，大檀招集部民，过段时间仍然足以成为北魏的边患，所以他也亲率骑兵，向西搜寻大檀的下落。这一日，拓跋焘抵达涿邪山（今阿尔泰山东脉）下，再向前进将是绵延起伏的群山，随行诸将担心山中可能会有伏兵，都劝拓跋焘到此为止。寇谦之记起崔浩的话，建议继续搜寻。但拓跋焘觉得这样做过于冒险，便班师而回。

七月，魏军挥师东返，回到了黑山附近。拓跋焘在这里统计战利品，并班赐从征将士。这时从一些柔然降户那里得知，大檀前日身染重病，带数百人藏身山中，距追兵只有百八十里，后来魏军班师，大檀才得以徐徐向西遁走。从凉州赶来的西域胡商也说，如果大军再向西追上两天，就能把大檀一举擒获了。拓跋焘这才后悔自己没听寇谦之之言。

八月，在回师途中，拓跋焘听闻东部高车屯聚在巳尼陂（今呼伦贝尔湖），又命左仆射安原统一万骑兵向往征讨。这一役，高车诸部又有数十万落投降。事后，拓跋焘将降附而来的这些柔然、高车部众全部迁徙到漠南，安置在东至濡源（今滦河上游），西至五原阴山这三千里地域中，这些“新民”的数量保守估计应不下百万。北魏一方面派兵镇抚，监督这些新民从事耕牧，收取赋税，一方面也抽调高车部众充实军队。虽然这些降附的新民起初时有叛乱，但数年后便安定下来，成了戍防北魏北境的有生力量。北魏后来沿边建立的六镇，便是在这时建立的基础。而除了这些人口之外，此役俘获的数百万牲畜也极大地增强了北魏的经济实力。

更重要的是，经此打击，柔然实力大损。大檀可汗不久即郁郁而亡，其子吴提继位，开始谋求与北魏和亲通使，北魏的北方边境迎来了一段难得的安定时期。而利用这一机会，拓跋焘开始腾出手来，集中力量解决南边的问题。

由于此次北伐成功，全在崔浩的谋划之内，而南方的刘宋也如崔浩所言，并没有趁北魏攻打柔然的机会发兵来攻，拓跋焘此后对崔浩更加信任，不久便加封他为侍中、特进、抚军大将军兼左光禄大夫。拓跋焘不但经常召崔浩入宫，还时常光顾崔浩的府第，或者就国家大事加以咨询，或者问以阴阳数术天文灾异之事，崔大才子俨然已经成为这位年轻皇帝眼中最为器重的汉族重臣。拓跋焘曾经从容对崔浩言道：“卿才智渊博，先后服事朕之祖考，忠心卓著，历经三世，所以朕对你十分亲近。希望你多所规谏，知无不言，勿有隐怀。朕的脾气你知道，虽然可能当时会迁怒于你，又或者没有采纳你的建议，但卿之言论事后朕久久都会深思。”

又有一次，拓跋焘召新近降附的高车酋帅数百人饮宴，赏赐酒食，当时崔浩也在场。拓跋焘指着崔浩说道：“你们别看此人是个文弱书生，手不能弯弓、力不能持矛，然其胸中所怀，远胜雄兵十万。朕起初虽有征讨柔然之意，然而顾虑重重，久久难以决定，之所以前后克捷，都是拜此人辅佐之力。”后来拓跋焘干脆诏敕诸曹尚书，说以后但凡有军国大计你们无法决定的，都先去咨询崔浩的意见，然后再施行。拓跋焘还叫乐工编了首主旋律歌曲，歌词曰：“智如崔浩，廉如道生。”道生指的是以廉洁闻名的汝阴公长孙道生，此人身居高位，却能克己奉公，乘马用一熊皮障泥，数十年不换。拓跋焘将崔浩与长孙道生并列，奉为群臣楷模。

不过，尽管如崔浩所言，在征伐柔然期间南方的刘宋并没有发兵来攻，但不代表宋文帝刘义隆就毫无进取之志。恰恰相反，刘义隆对北魏趁国家大丧的机会掠取了河南地一直耿耿于怀，即位不久就想着收复中州，只是当时碍于权臣徐羡之等当政，帝位尚不稳固，所以迟迟不曾出手。等到文帝除掉徐、傅、谢，将国家内部理顺之后，北方的形势早已大变：拓跋焘端掉了夏国国都统万城，逼得赫连定只能龟缩在长安到平凉一线；柔然可汗也被撵得在草原上到处跑，一时无力寇边。北魏的国势如日中天，大有数年内一统北方之势。这种情形，不能不让南方的敌国刘宋备感压力。恰在此时，赫连定为保国图存，派遣使者南下联络刘宋，试图与宋国联手对付北魏。正所谓敌人的敌人便是我们的朋友，在共同的敌人北魏面前，宋文帝刘义隆暂时将宋夏两国的仇怨放在一边，决定答允赫连定的请求。两国甚至还达成了秘密协议，约定灭魏之后以“恒山—太行山”一线为界，以西归夏国所有，以东则由宋国占据。

山雨欲来风满楼。宋夏联手、刘宋谋划北伐的消息不久就传入了北魏国内，明眼人都看得出，南北之间一场大规模的战争不可避免地即将到来。

09 宋文帝宣战

元嘉七年（公元430年）三月，此时距北魏征伐柔然的战争结束还不到半年，宋文帝刘义隆正式发布了北伐诏书。诏书上说：河南因中国多故，不幸沦入异族之手，朕念及那些被异族统治的人民生活在水深火热之中，每每想起都难以遣怀。如今民和年丰，四方无事，正是收复河山、巩固边疆之时。所以朕命右将军到彦之等统军征讨，本月内大军便会出发。

与此同时，宋文帝还派殿中将军田奇出使平城，向北魏正式宣战。然而建康与平城相距遥远，田奇还没到，南朝调兵戒严、准备大举北伐的消息便已传入了魏境。

北魏南境的守将得到消息，立刻上奏朝廷，请求增兵三万，趁宋人还没来的时候抢先进入宋境逆击，这样可以挫伤宋军锐气，使其不敢深入。拓跋焘就此征询群臣的意见，各公卿都说应该这么做，只有崔浩持反对意见。

崔浩说："南方地势卑下，气候潮湿，尤其入夏之后，草木蒙密，雨水又多，人马易染疾疫，并非适合行师之时。况且宋人既已戒严，其城守则必坚固。我军若留屯久攻，则粮运不继；若分军四掠，则兵分力寡，难以应敌。如果此时发兵进击，臣未见其利。倘若宋军确能北来，我们宜待其劳倦之时，秋凉马肥之后，再因敌取食，徐往击之，此乃万全之计。往日朝廷群臣及西北守将从陛下征伐，西平赫连，北破柔然，多获美女、珍宝，牛马成群。南边诸将闻而生羡慕之心，也想抄掠宋国以取资财，所以他们才故意夸大敌人声势，以借机牟取私人利益。这些人意在为国生事，他们的建议不可听从。”

崔浩虽然父子皆出仕魏廷，已历道武、明元、太武三世，但他毕竟是汉人，对代表华夏正统的刘宋很难说没有感情。北魏南边守将的提议，虽然有为国生事、牟取私利的嫌疑，但如果付诸实施，肯定会对南朝的北伐计划产生极大的干扰。而崔浩的反对意见，虽然听上去有理有据，似乎都是为北魏利益考虑，但刘宋一方却也可以从中获益。所以无怪乎吕思勉先生认为，崔浩虽然是北魏名臣，但细细思量其设谋画策，“无一非为中国计者”。

不过，我前面说过，这时崔浩正是被拓跋焘宠信之时，所以拓跋焘不疑有他，就采纳了崔浩的意见，没有抢先发兵。

过了不久，南边诸将又表奏说，敌人就快来了，我们戍守的部队数量太少，请朝廷发幽州以南的兵马前来相助，为防备宋人登陆作战，最好在漳水里造船以驻守黄河防线。这次拓跋焘又召开了御前会议，诸公卿不但表示同意，还建议利用投降过来的汉人司马楚之、鲁轨、韩延之等，任命他们为将帅南下，骚扰宋国的边境，招诱宋国百姓。对此，崔浩又表示反对。理由是这么大张旗鼓地一弄，宋人会以为我们是要拥立司马、诛除刘氏，那还不发举国之兵来跟我们玩命啊？到时战争扩大到无法控制的规模，对我们也没好处。现在我们的使臣还在宋国，估计四月份就回来了，到时咱们问个清楚再发兵不迟，不要现在听风就是雨，弄得大家紧张兮兮。再说司马楚之这些人，都是些扶不上台面的货色，除了招集些流氓无赖还能干什么？当年鲁轨投靠姚泓，姚泓派他去打荆州，结果鲁轨自己被蛮族掠卖为奴，最后还连累姚泓亡了国。这样的人怎么能用？

说到这儿，满朝文武不禁心生疑问：合着按你崔浩的意思，咱们就啥也不干，干等着宋国来攻啊？崔浩说对了，我夜观天象，发现今年合该刘义隆倒霉，他要敢发兵的话，一准失利而归，不信的话我给你们掰扯掰扯。说着崔浩数起了指头：第一，今年害气在扬州；第二，庚午自刑，先发者伤；第三，日食昼晦，宿值斗牛，忧在危亡；第四，荧惑伏于翼轸，主乱及丧；第五，太白未出，进兵者败。崔浩晃了晃五指，继续说道：他刘义隆登基不久，人事未周；灾变屡现，天时不协；舟行水涸，地利不尽。天时地利人和这三样他一样都不占，自守尚且不足，还想发兵来攻，这要还能取胜，那就见了鬼了！

然而，尽管崔浩这次说得天花乱坠，拓跋焘却不愿毫无准备坐等宋国来攻。于是他还是采纳了诸公卿的意见，下令在冀、定、相三州造船三千艘，并且拣选幽州以南的戍兵开赴黄河沿线，准备应对刘宋的攻势。

到了四月，出使宋国的使臣果然回来了，跟他一块来的则是宋文帝派来的殿中将军田奇以及向北魏宣战的国书。宋文帝宣称：河南本来就是我国的疆土，中间被你国侵占，现在我军将收复旧土，这场战事跟河北无关。拓跋焘闻言大怒，说老子生下来头发都没干，就知道河南是我们的土地！你刘义隆要想抢走，门都没有！有本事你们就来！我河南兵少，暂且让你们一让，等到天寒地冻、河冰坚合之时，我再给你们好看！

这时，按照宋文帝事先制定的出兵计划，右将军到彦之率安北将军王仲德、兖州刺史竺灵秀等统领甲卒五万，已经由水路自淮入泗，向黄河沿线进发，这是此次北伐的主力。此外，由出身鲜卑的骁骑将军段宏率领八千精骑，自寿阳直趋虎牢，豫州刺史刘德武统步兵一万为后继，这是北伐军的侧翼。同时，文帝任命自己的堂兄、长沙王刘义欣将兵三万进驻淮北重镇彭城，为诸军声援。

从这次北伐的将帅配备来看，虽然当时名将檀道济仍然健在，但宋文帝显然对他不够信任，所以并没有让他参与初期的军事行动，而是任命自己的心腹到彦之担任了前敌统帅。而到彦之这个人虽然对文帝忠心不二，但能力实在一般，这一点在西征谢晦的时候已经得到了证明。从这一点来看，宋文帝未能做到人尽其才，崔浩说他“人事未周”并非毫无根据。

而在“地利不尽”这一点上，崔浩也估算得相当正确。当时正是夏季，按理说正是雨水充沛的季节，可到彦之统领大军进入泗水后，却遭遇了罕见的枯水期。由于泗水干涸，舟师行进缓慢，每天只能前进十里。从四月一直走到七月，到彦之军才开到了距黄河不远的须昌（今山东东平西北）。时近八月，宋军总算进入了黄河。

由于路上耽搁了这么久，到彦之担心北魏早就做好了迎敌的准备，哪知道溯河一路西上，却见不到半个魏兵，黄河南岸的重要据点碻磝（今山东东阿西北）、滑台等，都成了一座座空城。

原来，拓跋焘所言不假，由于北魏在黄河以南的驻军数量偏少，面对宋军的攻势，他主动采取了战略退却。事先魏军早已从碻磝、滑台、虎牢、金墉这四镇有序撤出，将黄河南岸的土地拱手送给了宋军。

这样一来，到彦之捡了个大便宜，兵不血刃便将南岸诸据点一一收复。他命朱修之镇守滑台，尹冲镇守虎牢，杜骥镇守金墉，自己则率领其余诸军进屯灵昌津，各部皆列守南岸，一直向西抵达潼关附近。

诸将见如此轻松就完成了皇上交待的收复河南的任务，不觉人人喜形于色，唯独老将王仲德忧心忡忡。王仲德毕竟是当年跟随刘裕身经百战的人物，他一眼就看穿了魏军主动弃城的险恶用心，对左右道：“胡虏虽仁义不足，而凶狡有余，如今敛戍北归，兵力既无损伤，又能聚兵一处，待到冬季河冰冻结之日，那才是我军深感忧惧之时啊！”

10 隆冬将至

就在到彦之沿河列守两千里，与魏军形成对峙局面之时，梦想着瓜分北魏领土的夏主赫连定也自关中参战了。

九月，赫连定派弟弟谓以代统军，进攻北魏控制下的鄜（音fū）城（今陕西洛川东南）。虽然被北魏守将击败，但紧接着赫连定亲率大军进击，一时间迫使北魏陷入了东西两边双线作战的不利局面。

面对这种情况，由于此时黄河尚未封冻，战略反攻河南的时机还未到，拓跋焘决定在东线暂时采取守势，自己亲征西线，先解决赫连定这个亡国余孽再说。当然，这个行动不是没有风险，许多大臣都担心，此时宋兵尚在河中，如果置之不理调兵西向，万一刘义隆命诸军乘虚渡河，搞不好整个河北都有丧失的危险！于是拓跋焘又来征询崔浩的意见。

崔浩说：刘义隆和赫连定这两股亡我之心不死的反动势力，虽然表面上结成了联盟，但只是遥相呼应罢了。刘义隆指望夏兵先进，赫连定又指望宋兵在前，结果却是互相观望，都不敢抢先深入。这就好像翅膀连在一起的两只野鸡，谁都飞不起来。我原来以为，宋军拿下碻磝、滑台后会分兵北上，东路奔冀州，西路攻邺城。要是这样的话，陛下您就要亲自征讨，西边恐怕就得暂且放一放了。可眼下宋军东西列兵两千里，一处屯兵不过数千，这明显是打算凭河固守，根本没有北上的意思。赫连定兵少势单、残根易摧，消灭他之后再东出潼关，席卷而前，江淮以北唾手可得！陛下您只管放心西征，不需为河北担忧。

有了崔浩这番话，拓跋焘的心里踏实多了。当下便于九月二十一日，一面派兵增援河东蒲坂之守备，一面亲率大军西渡黄河，开赴统万城，准备由此直接进攻赫连定的老巢平凉。

虽然如此，随着冬季的日益临近，拓跋焘也并不愿放过在东线转入战略反攻的机会。他将这个任务交给了时任冠军将军的安颉。

安颉这个人，史称“辩慧多策略”，是北魏军中的一个将才。当初奚斤统军进攻赫连昌之时，正是他定计生擒了夏主赫连昌。这次拓跋焘亲征赫连定，统率河北诸军的任务就落到了他的肩上。虽然宋文帝事先声称这次战事“无关河北”，但其实到彦之对屯聚河北的魏军也不是完全视而不见。早在八月之时，他曾经派偏将姚耸夫对北岸的冶坂（今河南孟津东北）发动过一次试探性的进攻。冶坂是洛阳附近的重要渡口，安颉当然不会坐视宋军占据此地。经过一个夏天的休养生息，此时魏军的战马个个膘肥体壮，安颉统军一通猛攻，姚耸夫大败而归，宋军死伤五千余人。

这场战斗告诉到彦之，魏军主动撤出河南可不是示弱，而是隐藏实力等待更为有利的时机。眼看日子一天天转冷，北魏的反扑势必会随着冬日的寒风汹涌而至。到了十月上旬，估摸着北魏不久便会发动进攻，到彦之沿河布防之后，率主力部队还保东平（今山东东平东）。东平郡位于泗水注入黄河的河口附近，是宋军由水路进退的必经之路。到彦之将部队撤到这里驻防，明显是底气不足，俨然事情不妙就准备随时开溜的节奏。

果然，到了十月二十二日，安颉统军渡河，首先对金墉发动了进攻。金墉城虽然是汉晋洛阳的著名要塞，但年久失修，早已破败不堪，贮存的粮草也不多。驻守金墉的建武将军杜骥想弃城而逃，又怕事后被朝廷治罪。此时恰好上面提到的偏将姚耸夫带着一千五百人正在洛水附近执行一项特殊任务：打捞一口落入水中的巨钟。原来，当初刘裕灭掉后秦之后，曾经将长安宫里的几口巨钟运往建康，其中一口在渡过洛水时不幸沉到了河底。这东西虽然笨重无比看上去没啥卵用，但却和九龙、浑仪、铜驼、飞廉一样是至尊皇权的象征，所以这次占领洛阳之后，宋文帝一直惦记着要把这口钟捞上来，跟建康宫里的凑成一套。打捞这么沉重的家伙，自然在枯水期比较适宜。所以当北魏发动进攻的时候，姚耸夫还带着人正在洛水边瞎忙活。杜骥觉得这是千载难逢的甩锅时机，当下赶紧派人诓骗姚耸夫说："大事不好，鲜卑人就要攻来了！眼下金墉城已经整修完毕，粮食也很充足，就是人手还不够。你先别捞钟了，先跟我一块儿守城吧，等杀退了敌人再捞不迟！"姚耸夫相信了杜骥的话，带着这一千五百人前来汇合。等他进了城后才发现，自己完全就是被忽悠了！姚耸夫刚跟魏兵交过手，知道凭金墉城现在的城防设施和军粮储备，根本架不住鲜卑人的进攻，一怒之下就带领部众出走了。杜骥心说正好，你走我也走，也忙不迭弃城而逃。事后面对文帝的质问，杜骥说其实我当时已经决心死守到底了，可是姚耸夫刚入城就落荒而逃，导致我守军士气大受影响，军心浮动难以迎敌，我这才不得已撤军回师。宋文帝闻言大怒，下诏将姚耸夫军法从事。倒霉的姚耸夫就这样窝窝囊囊地掉了脑袋。

金墉既失，临近的虎牢也于六天后失守。城陷时，司州刺史尹冲坠城自杀，荥阳太守崔模则向魏军投降。屯驻东平的到彦之闻讯，当下就想撤军退回彭城。这时滑台还在宋军手中，听说到彦之要不战而还，随军北征的殿中将军垣护之劝谏说："从前我国与北虏交战，缺兵少粮的情形屡见不鲜，可当时诸将却能够奋勇杀敌，绝不轻易退却。如今青州年丰粮足，漕运畅通，士马饱逸，军力无损，我们怎能一仗不打就这么退兵了呢？不如先派兵助朱修之镇守滑台，您再亲统大军进击河北。只要河北受到威胁，虎牢、金墉的敌人自然就会撤退。朝廷当初任命您为三军主帅，总不会就是为了把到手的城池白白送给魏军吧！"

平心而论，垣护之的这个建议未必可行。因为在东平西北的黄河北岸，北魏方面早就由国舅杜超统领大军严阵以待，宋军要想渡河进攻河北，实在是难上加难。但无论如何，身为前敌统帅的到彦之都不应该不作任何抵抗便弃城而逃。然而这时的到彦之，也不知道到底是被鲜卑人吓破了胆，还是自觉必败无疑丧失了信心，总之是一门心思只想要撤出战场，垣护之的话说了也是白说。由于此时已是冬季，水路浅涸难行，到彦之决定焚烧全部战船，改由陆路撤军。老将王仲德见状劝阻道：“洛阳既然失陷，虎牢失守已是必然。可如今敌兵距我们还有千里之遥，滑台城内尚有强兵驻守。如果我们就这样仓促弃舟南返，必然军心不稳、士卒溃散。不如暂且引舟师入济水，先至马耳谷口再规划下一步行动。”马耳谷口在东平以东，王仲德的意思是即便你要退，也不要一溃千里，可以先稍后撤一点，看看情况再说嘛！但这时到彦之适值眼疾发作，不少将士也得了疫病，他可不想再这么耗下去了。

十一月十二日，北魏方面由寿光侯叔孙建、汝阴公长孙道生统军渡河，对青州地界发动了反攻。到彦之慌忙后撤到历城，然后焚舟弃甲，走陆路向彭城方向退却。随后，守须昌的兖州刺史竺灵秀也弃城南奔湖陆，刘宋的河南防线遂告全面崩溃，整个青、兖之地都暴露在了北魏的兵锋下。这一来，连坐镇彭城的长沙王刘义欣也颇受震动。众将佐担心魏兵不久便会攻击彭城，都劝刘义欣您干脆也回京城避一避吧。好在刘义欣并非胆小如鼠之辈，拒绝了这一不光彩的提议，否则整个刘宋北境的战局恐怕会变得更加不可收拾。

“国难思良将”，到了这个地步，宋文帝刘义隆终于想起了檀道济。

11 檀道济量沙唱筹

在南朝诸君主当中，宋文帝刘义隆可以说是个有为之君。元嘉初年的政治相对比较清平，百姓的赋税也不算沉重，再加上风调雨顺、农业丰收，整个刘宋国势都在上升之中。这个时候，刘义隆想效仿父辈收复被北朝占据的国土，应该说并不算过分。但他面临的不利情况是，由于早年随从刘裕创业的老一辈将领相继凋零，有能力和资质堪当统帅之任的军事将领严重缺乏，而曾经百战百胜的北府兵，由于京口流民来源的匮乏和多年战争的损耗，也已不复当年之勇。再加上刘义隆本人是在君臣之间的一场权力斗争中上台，又通过另一场权力斗争坐稳了位子，所以他一直对臣下多所顾忌，从不轻易让不信任的人执掌军权。

到彦之是刘义隆当年在荆州刺史任上的旧部，也是他一直信任的心腹。本来这次北伐，宋文帝对他期望甚高，几乎倾空国库给他配备了大量精良的武器甲胄和充足的军资。结果到彦之却用一系列拙劣的表现证明，此人当个护主保驾的鹰犬虽然称职，但当个决胜千里的统帅却万万不够格。事后，宋文帝追究前线溃败的责任，鉴于到彦之毕竟是自己的人，王仲德又是副将，只是将两人下狱免官。同样弃城而逃的兖州刺史竺灵秀则没那么幸运，不久便被砍了脑袋。

事已至此，宋文帝只好起用还在江州任上的檀道济担任前线总指挥，试图对战局加以挽救。王仲德也以戴罪之身降号宁朔将军再次出征，担任檀道济的助手。

檀道济统军出征后，首要目标是救援仍被魏军围困的滑台。自从到彦之望风溃逃后，滑台便成了一座孤城。面对魏军安颉、司马楚之、王慧龙诸部的合力围攻，守将朱修之勉力支撑，已经坚守了三个多月。最后军粮罄尽，守军只能掏地洞、熏老鼠充饥。

此时已经到了次年二月，檀道济军在寿张（今山东东平西南）附近大破魏军乙旃眷部后，一路转战而前，二十多天里打了大大小小三十多场战斗，阵斩北魏济州刺史悉烦库结，杀伤了不少魏兵。但走到历城后，魏将叔孙建知道檀道济厉害，并不和他正面交锋，而是利用鲜卑骑兵轻捷的优势实施焦土策略，将宋军前后所经地区的庄稼粮草焚烧一空。檀道济军粮不继，无奈只能顿足不前。

二月初十，滑台终告失陷，朱修之及城中军民万余人皆被北魏掳去。檀道济再去救援已经毫无意义，而且此时在他周围都是北魏的军队，更要命的是军粮已经见底，能否全军而还都成了大问题。

“屋漏偏逢连夜雨”，就在檀道济从历城撤军的路上，一个宋军士兵溜出军营，投降了北魏，将军中底细一五一十都泄露给了魏军将领。魏军得知檀道济缺粮后，连续几日几夜在后面紧追不舍。士兵们饥疲交加、恐惧万分，眼看如此下去部队有全面溃散的趋势。但檀道济不愧为身经百战的名将，深谙兵法虚则实之、实则虚之的道理，知道越是虚弱穷急之时就越应该示敌以强，示敌以缓。当夜，檀道济交待一批亲信士兵用麻袋偷偷装满了沙土，然后将仅存的一点余粮覆盖其上，在月色掩映之下，“一升、两升……八斗、九斗”地一边吆喝，一边称量起来。魏军派来的探子远远地见了，回去汇报说宋军的粮食还多着呢，那个投降的士兵八成是在说谎。魏军将领大怒，当即就把“说谎”的降卒给砍了。不但如此，檀道济还命令全军将士不要着急，尽可能好整以暇地缓步前进，他自己则脱掉甲胄，换上居家休闲的便服，坐在车上优哉游哉作观光旅游状。这下子魏军更糊涂了，觉得如果前面没有伏兵，他檀道济绝不敢这么吊儿郎当，于是稍稍引退。檀道济终于得以全军而还。

所谓“三十六计，走为上计”。然而在真实的战争中，打不过对手的一方常常不是想跑就能跑得掉的，往往是一跑军心就散、士气全无，结果不是一溃千里，就是全军覆没。十九世纪西方军事思想的奠基人之一安托万·若米尼曾说：“退却是一切战争行动中最为困难的一种行动。”在形势不利的情况下如何最大程度地减少损失、全身而退，也是衡量一名将领军事能力的重要标准。古希腊名将色诺芬之所以名垂青史，正是由于他率领一群雇佣兵从一千五百公里外的波斯腹地安全返回了希腊。同样，就这一点而言，凭借“量沙唱筹”之计智退魏兵的檀道济也证明，自己才是宋文帝麾下唯一堪当大任的优秀将领。如果当初由他来担任北伐统帅，其结局很可能将会大为不同。

但檀道济既不能挽狂澜于既倒，北魏也未能乘机扩大战局。至元嘉八年（公元431年）二月，宋魏之间的河南战役遂基本宣告结束。虽然这时的两国疆界仍旧大体维持了战前的版图，然而就整个战役的过程而言，刘宋毋庸置疑成了失败的一方。且不说宋文帝并没有达成事先制订的收复河南四镇的目标，单就人力、物力的损失来说，宋国也受到了相当沉重的打击。据说此战结束之后，由于宋廷的国库、武器库里都变得空空荡荡，主管官员不得不谎报数据来瞒骗文帝。文帝也不得不在当年发布诏书，号召全国厉行节俭来度过困难时期。

北魏方面则不然。在东线战场，安颉、叔孙建等人由于贯彻了拓跋焘以退为进、伺机反扑的战略，基本上以最小的代价收复了河南土地。而且更重要的是，在双线作战的不利局面下，亲征赫连定的魏主拓跋焘率军在西线战场取得了更辉煌的胜利。

就在头年十月安颉等人在东线发动战略反扑之时，从统万城出发的拓跋焘也统领大军开到了赫连定的老巢平凉。当时赫连定还在鄜城与北魏守将对峙，留守平凉的是他的弟弟赫连社干。拓跋焘没有选择开赴鄜城与赫连定决战，而是绕到赫连定身后搞了一次“围魏救赵”。平凉是赫连定的根据地，留守的兵将也不多，赫连定当然不能置之不理。于是他闻讯后急忙从鄜城回军，率众两万来解平凉之围。结果半路上又被拓跋焘搞了一次“围城打援”，赫连定大败，奔溃至鹑觚原（今甘肃灵台东北）结方阵自保。被魏军围困数天后，由于缺水少粮，赫连定不得不选择突围，又被魏军一通猛杀，死伤一万余人。赫连定身负重伤，单马逃走，收余众驱民五万逃往上邽。

至此，战争的胜负已经失去了悬念。十二月初三，守平凉的赫连社干出城投降，长安、临晋（今陕西大荔）、武功（今陕西周至西）等地的守将也相继弃城出逃，北魏遂占据了整个关中平原。而搞笑的是，本来已经注定要当亡国之君的夏主赫连定，在被灭亡之前居然过了一把灭亡他国的瘾。因为他虽然衰到了只剩下一个城池、一两万人，但旁边还有比他更衰的，那就是自从前秦末年就盘踞陇西四十多年的乞伏鲜卑政权——西秦。此时由于内有饥荒叛乱，外有北凉侵逼，西秦的国运也走到了尽头。就在这年春天，西秦国都南安（今甘肃陇西东南）爆发了大饥荒，城里面人皆相食。赫连定趁机派了一万人来打，西秦国主乞伏暮末舆榇出降。

半年之后，迫于北魏的压力，赫连定想继续向西方寻求安身之处，就挟持西秦百姓十余万口西渡黄河，准备抢夺北凉的地盘。哪知道“螳螂捕蝉，黄雀在后”，以青海为根据地的另一个游牧民族吐谷浑半路杀出，趁其半渡之时从旁截击，生擒赫连定。最后的匈奴政权——赫连夏就这样窝窝囊囊地亡了国。

12 东征北燕

神䴥四年（公元431年）二月，凯旋的魏主拓跋焘回到了京师平城。鉴于本次出征战果辉煌，拓跋焘举行了隆重的告祭宗庙、饮宴庆祝的盛典，不但将大量战利品慷慨分赐给将帅百官，还一并免除了所有参与征伐的士兵十年赋税。

这一年，志得意满的太武帝拓跋焘刚刚二十四岁。在他即位后的这些年里，据他自己声称，“九年之间，戎车十举”，总共发动了十次对外战争。经过这十次战争，北魏不但沉重打击了老对手柔然，摧毁了刘宋试图收复河南的野心，更消灭了世仇赫连夏，崛起为雄踞北方的唯一霸主。现在整个黄河流域已尽属拓跋，北方现存的十六国时期遗留下来的割据政权，如今只剩下了盘踞辽西的北燕和远在河西走廊的北凉。

虽然拓跋焘下诏宣称，近几年国家将偃武修文，在政治经济、社会民生方面搞点基本建设，而且他也确实命崔浩等改订律令、征用士族、蠲（音juān）除苛捐杂税，像模像样地搞了点文治，但也就刚刚过了一年多，拓跋焘那颗奔腾的心又开始怀念起了跨马纵横、刀剑如梦的军旅生活。

这时在可供选择的几个对手当中，刘宋与北魏刚刚讲和，柔然可汗也频频遣使请求和亲，北凉国主沮渠蒙逊早就向北魏纳贡称臣，只有汉人冯氏建立的北燕政权对北魏不理不睬，甚至双方关系交恶。

早在拓跋焘的老爸明元帝拓跋嗣在位之时，北魏便曾经主动派使者于什门出使龙城（今辽宁朝阳），试图与北燕建立邦交关系。北燕这个国家虽然是汉人冯跋所建立，但它主要继承的是原来后燕慕容氏北逃后的遗产，而后燕正是在被北魏攻破国都中山后才不得已逃回了辽西老家，所以北燕人素来对拓跋鲜卑并无好感。况且于什门出使之时，北魏自恃强盛，又视北燕为败战残余，一开始就没打算和北燕以平等的地位来交往，而是想迫使北燕俯首称臣。到龙城后，于什门并不去觐见北燕国主冯跋，而是派人通知冯跋说："大魏皇帝有诏，你得先出宫受诏，然后我才能进来见你。"诏是皇帝对臣子的训示，受诏就表示臣服，于什门提出这个要求显然是没安好心。冯跋虽然比不上刘裕、慕容垂，但好歹也是一方霸主，哪能甘心受这份屈辱，马上派人把于什门绑了牵进宫来。于什门倒很硬气，见了冯跋站立不拜。冯跋叫人按住他的脖子逼他下拜，他却声色俱厉，仍然坚持要冯跋先受诏书。既然双方在礼仪上谈不拢，冯跋就想干脆放他回去，大家一拍两散算了。结果于什门刚刚脱身，就转身背对冯跋，把自己后裆露出来给他看。这显然是对冯跋人格的极大侮辱。冯跋强压怒火，没杀于什门，但从此便把他软禁在龙城不放他回国了。

由于有这么一段外交纠纷，魏燕之间从此开始互相敌对。明元帝拓跋嗣曾两次发兵攻打北燕，取得了幽州地区，也掳掠了北燕的部分人口。但当时北魏的战略重心在经略中原和防备柔然，对北燕主要以威慑为主，并无攻灭其国的计划。如今形势却大为不同，赫连已死，柔然敛迹，连南方的刘宋也成了手下败将，战争狂人拓跋焘觉得是时候收拾这个桀骜不驯的东鄙小国了。

自来从中原进攻辽河流域乃至更东的朝鲜一带，由于有燕山山脉的阻隔，通常都会选择今日秦皇岛至锦州一线作为主力部队的进军路线。但这条路线除了距离遥远之外，每遇雨雪便崎岖难行，往往给部队的调动和粮草的运输造成很大的困难。所以历史上但凡征辽、征朝鲜的战争，总是负多胜少，即便最后取得胜利，通常也要付出惨重的代价。西汉时汉武帝征朝鲜、十六国时石虎征慕容前燕、隋唐统治者多次讨伐高丽，乃至明朝后期的征辽战争等莫不如是，其中隋炀帝干脆因为讨伐高丽的战争亡了国，而大明朝的覆灭也与持续不断的征辽战争脱不开干系。所以别看割据辽河、鸭绿江一带的政权都不大，你要没有金刚钻还真就干不了这个瓷器活。

不过，与上述事例相比，此时北魏讨伐北燕则占据着几个相对有利的因素：一来拓跋鲜卑是游牧民族，善使骑兵野战、因粮于敌，对粮草辎重的依赖不像中原王朝那么强；二来此时辽东被高丽占据，北燕的国土主要在辽西，而从北魏都城平城出兵，也比由中原出兵距离更近；第三点则是，与前燕、朝鲜、高丽相比，北燕的实力更为弱小，而拓跋焘治下的北魏却还在上升期。

饶是如此，为了用相对较小的代价更顺利地拿下北燕，拓跋焘还是选择了更为稳妥的征伐策略。他没有像石虎、隋炀帝那样大发倾国之兵，企图在一次大规模战役中一口将对手整个吞下，而是在数年中分期分批地发兵，每次战事并不强求一定要攻克城池或占据土地，持续不断地掠夺人口、摧毁北燕的农业根基、使北燕在围困和骚扰中日益虚弱下去才是他最终的目的。

延和元年（公元432年）六月，拓跋焘统军自平城出发，启动了第一次伐燕战争。这次出兵分南北两路，拓跋焘亲统骑兵走北路翻越燕山，另派奚斤（灭赫连定后，此公重又归国）征发幽州百姓及密云丁零万余人，运送攻城战具，走“秦皇岛—锦州”一线的南道；双方约于龙城汇合。

七月二十七日，拓跋焘抵达龙城城下，当下就将其围了个严严实实。这时冯跋已死，燕国国主是他的弟弟冯弘。冯弘先派兵出战，结果大败而归，无奈只能婴城固守。拓跋焘不急于攻城，而是命将四出，招降周边郡县并掳掠燕国人口。于是石城等十郡降魏，冀州、建德（今辽宁建昌西北）等地也被魏军攻克。眼看大半个国家尽入敌手，燕国尚书郭渊劝冯弘送财宝、女人给拓跋焘，干脆投降称臣算了。冯弘说我们交恶在前、结怨已深，现在投降的话只能自取灭亡，还是守守再看吧！

这时还发生了一段颇有趣味的插曲。镇守滑台的宋国守将朱修之被北魏俘虏后，拓跋焘赞其守节，不但没有杀他，还封他为侍中，配以宗室女成婚。但朱修之身在曹营心在汉，一直想设法逃归刘宋。这次拓跋焘东征北燕，朱修之也在军中。而除了朱修之之外，还有不少汉人也随同拓跋焘东来，其中就包括那个曾经被赫连勃勃俘虏、后来又因为厨艺高超被拓跋焘任命为宫廷厨师长的毛修之。围困龙城期间，由于拓跋焘身边的禁卫军官大多在前线监督对燕作战，朱修之就计划趁宿卫空虚之时劫杀拓跋焘，然后投奔北燕，从海路归宋。于是朱修之就来找毛修之，劝他加入自己的行动。但毛修之在北魏混得不错，老婆孩子养了一大堆，自觉就算回到宋国也不见得能有更高的待遇，就拒绝了朱修之。结果不久消息走漏（很可能就是毛修之告密），同谋的几个汉人被抓，朱修之见机得快，穿过战阵就投降了北燕。燕主冯弘一开始对他爱搭不理，后来被魏军围得急了，有人劝他派朱修之去向刘宋求援。于是朱修之从海路泛舟南下，穿过渤海湾抵达青州东莱（今山东掖县），终于辗转回到了建康。

不过，虽然朱修之带来了北燕称藩乞援的请求，宋文帝刘义隆却并不愿为这位遥远的朋友得罪身边凶猛的敌人，况且此时魏宋两国通使讲和，拓跋焘甚至还一度为太子拓跋晃向刘义隆的女儿求婚，刘宋更没有必要为此轻开战端。于是宋文帝只是派使者漂洋过海，封了冯弘一个“燕王”的虚名。至于剩下的事情，那就爱莫能助，只好让冯弘自求多福了。

13 冯氏覆灭

延和元年九月，眼看天气一天天转凉，龙城又坚守不下，拓跋焘决定见好就收，下次再跟冯弘继续玩。于是他迁徙营丘等六郡百姓三万家于幽州后，引军西还。

魏军刚走，北燕国内就起了内讧。

原来，冯弘在当上国君之前的嫡妃是王氏，王氏给他生了三个儿子：冯崇、冯朗和冯邈。但冯弘即位后变了心，改立宠妃慕容氏为后，还立慕容氏的儿子冯王仁为世子；王氏的长子冯崇，则被他贬黜到辽西肥如（今河北卢龙北）任刺史。这次魏军来攻，身在龙城的冯朗、冯邈既为国家危亡担忧，更为个人命运困扰，互相商量说，如今国家就要亡了，傻子都看得出来，而主上又听信慕容氏谗言排挤咱们，咱们哥几个恐怕活不了几天了！商量的结果，冯朗、冯邈偷偷溜出龙城，跑到肥如劝大哥冯崇一起投降北魏算了。

十二月，冯崇派使者向北魏举郡请降。拓跋焘当然乐意，但燕主冯弘可火了。没想到这三个小兔崽子居然胳膊肘朝外拐，背叛自己投靠了他人！来人啊，给我打！就派大将封羽领兵，将肥如围了个水泄不通。拓跋焘深知这正是削弱瓦解北燕的好机会，自然不能坐视不理，于是也派永昌王拓跋健统军前来救援，而封冯崇为幽平二州牧、辽西王。

次年六月，魏军逼降封羽，冯崇、冯朗、冯邈三兄弟入朝，北魏获得了辽西之地。这是拓跋焘对北燕发动的第二次战争。

拓跋焘当时绝没有想到，许多年后，冯朗的一个小女儿竟会成为北魏的当朝太后，执掌大权十五六年之久，在极大程度上影响了这个国家、这个民族的历史进程。这一点，我们到时再讲。现在还是让我们回到北魏攻灭北燕的战争中来。

延和三年（公元434年）六月，拓跋焘发动了对北燕的第三次战争。这次的任务不在攻城略地，而是要进一步削弱燕国，所以拓跋焘没有亲自出征，仍派永昌王拓跋健督军。魏军深入燕境蹂躏一番后，割除了田里的所有庄稼禾苗，徙走了大量人口，便回师了。

次年六月，拓跋焘如法炮制，派乐平王拓跋丕统四万铁骑攻入北燕，强制迁徙男女六千余口而还。

由此可见，这几年拓跋焘年年选在夏末秋初之时发动进攻，就是要趁燕国稼禾未熟时抢先掳掠，目的就是让你北燕要人没人，要吃的没吃的，等你到了穷途末路之际，再攻灭你便易如反掌。这一招虽然阴狠，却十分有效。到了太延二年（公元436年），北燕国内已经困弊不堪，再也无力抵挡北魏的进攻。

其实燕主冯弘何尝不知，凭自己的实力与北魏抗衡简直就是以卵击石，他也曾经放下尊严讨好拓跋焘，又是称臣，又是请罪，不但把软禁了多年的魏国使臣于什门送了回去，还把自己的小女儿也献给了拓跋焘。拓跋焘笑纳之后，说光献女儿可不够，你要真心称臣，就把你的世子送到我这儿当人质。这一来冯弘可犯了难，世子冯王仁是他和慕容氏唯一的爱子，是他的心头肉，两口子怎么舍得把他送入虎口？散骑常侍刘滋劝冯弘认清大局，儿子和国家比起来还是国家为重，还是赶紧把世子打包快递发到平城比较好。冯弘大怒，心说你叫老子发送儿子，老子先把你发送了！就把这个倒霉的刘滋给斩了。那以后，冯弘索性破罐破摔，推说世子有病，再也不考虑送子入侍的事了。

拓跋焘见冯弘左推右推，其心不诚，也不再跟他废话。这年三月，他再次派平东将军娥清、安西将军古弼率精骑一万，与平州刺史拓跋婴所统的辽西诸军会合后兵发龙城。此前，拓跋焘还特意派使者告谕高丽、契丹等周边诸国，说你们谁敢帮助燕国，那就是与我大魏为敌，燕国人若有逃亡来奔的，你们也不准接收。摆明了这次是想将北燕这个国家一举彻底从地图上抹掉。

这时的北燕，经过之前数年魏军的持续掳掠骚扰，已经要兵没兵，要粮没粮。走投无路之下，冯弘只好向高丽请援，说愿意举国迁入高丽。高丽王虽然事先收到过北魏的警告，但更加贪图冯弘手里的子女财宝，就派了两万人马前来迎接冯弘，屯于龙城以东。当此之际，许多燕国人实际上是不愿意东迁高丽的。尚书令郭生招集这些人，打开城门想要放魏兵进来。但一时之间魏军搞不清楚敌情，不知道到底是有人真心献城投降，还是设了诱敌之计，于是迟疑不敢入城。冯弘趁机引高丽兵进来，杀死了郭生。五月初五，在高丽兵大掠城中之后，冯弘放火焚毁了龙城宫室，率现有民户向东迁徙。大火久久不灭，迁徙的队伍络绎不绝，绵延超过八十里地。这时其实正是魏军追击破敌的大好时机，然而主将古弼刚好喝醉了酒，拔刀在手发起了酒疯，说谁敢去追他就砍谁。冯弘就这样平安逃入了高丽境内。拓跋焘得知后勃然大怒，下令将古弼、娥清槛车押回，把两人都罚作了京师平城的看门卒。

冯弘进入高丽后，也没过几天安生日子。在当时的中国人眼里，高丽棒子乃是不开化的蛮夷。冯弘这次穷困来投，本来心里就颇为惭愧。到了辽东后，高丽王派使者来接待，说的话也阴阳怪气，说什么“龙城王冯君大老远地光临我们乡下地方，不知道辛苦不辛苦啊？”冯弘心里窝火，又死要面子，还想照在国内的老规矩，以国君的身份责备高丽款待不周。高丽王没搭理他，先是夺走了他的侍臣婢女，接着又扣押冯王仁当作人质。冯弘这才觉出自己才离虎穴，却又进了狼窝。正在他寻思要不要找机会浮海南下投奔刘宋的时候，拓跋焘又派人来向高丽索要冯弘，高丽王担心日后生出祸患，干脆就把冯弘一家给杀了。北燕冯氏至此寿终正寝，国祚共二十八年。

这样，到了太延二年夏天，辽河西部地区也尽入北魏版图。整个中国北方，就只剩下偏居河西的北凉尚未归属北魏统治。而在魏主拓跋焘的计划中，北凉正是他的下一个目标，统一北方的那一天不久便要到来。

14 李顺出使

卢水胡沮渠氏建立的北凉政权成立于公元401年。立国后，沮渠蒙逊以张掖为基地，先是攻占了南凉国都姑臧（今甘肃武威），又灭掉了以酒泉为核心的西凉李氏政权，统一了整个河西走廊。然而，随着北魏的强势崛起，尤其是428年攻破大夏国都统万城后，偏霸一方的沮渠蒙逊深知，胳膊再粗也拧不过大腿，早早便派使者向北魏纳贡称臣。赫连定灭亡后，沮渠蒙逊更是遣子沮渠安周入侍平城，比死活不肯送儿子前来的燕主冯弘乖巧多了。拓跋焘见沮渠蒙逊如此懂事，自然不会拒绝他的投怀送抱，何况当时他正谋划对北燕用兵，对西边意在招抚，于是便准备派使者入凉，封沮渠蒙逊为凉州牧、凉王。

在使者的人选上，拓跋焘起初颇费了一番踟蹰。因为凉州虽然僻处荒域，但自从晋末永嘉之乱以来，许多中原士人，尤其是关陇大族都西迁到了凉州，一时间凉州文化大盛，几乎成了北方的文化中心，而这一次是北魏正式向河西地区派遣使臣，事关国家形象，非挑选一名德高望重、出身清贵的人物不可。除此之外，拓跋焘还希望这名使臣能够承担探知北凉国情、充当军事间谍的任务，所以一时拿不定主意。

这时，崔浩推荐了他的姻亲——出身赵郡李氏的李顺。

李顺这个人，祖上曾经在慕容垂的后燕政权里当官，他博涉经史，以才策知名于世，而且与崔浩不同，李顺除了擅长谋略之外，自己也能领兵打仗。早在拓跋焘即位初年对柔然的战争中，李顺就立有战功，因此当初拓跋焘西征赫连昌时，曾经一度想让李顺领兵担任前锋。但别看李顺跟崔浩有姻亲关系（崔浩的弟弟娶了李顺的妹妹，侄子又娶了李顺的女儿），其实两人性格不合，加之文人相轻，互相看对方都不顺眼。崔浩当时就跟拓跋焘说，李顺这个人确实有能力，但我跟他是姻亲，所以了解他的品行，这个人立场不坚定，最好别叫他单独领兵。所以拓跋焘就没任李顺为前锋。但第二次进攻统万城时，拓跋焘还是让李顺以前将军的身份统领了部分军队，而李顺也没有让他失望，率军攻破了赫连昌的左军。后来拓跋焘亲征平凉讨伐赫连定，李顺也有参与。正因为这些功劳，所以拓跋焘封他为散骑常侍、征虏将军，并兼四部尚书，对他十分宠信。当时北魏朝廷里的汉族大臣，除了拓跋焘的娘舅杜超之外，最受重用的就属崔浩、刘洁和李顺这三人了。

这次崔浩推荐李顺出使，大概是想借机将李顺排挤出中央。拓跋焘一开始还觉得李顺是自己的纳言重臣，派他出使在身份上可能有过重的嫌疑。崔浩就拿三国时太常邢贞出使吴国、封孙权为吴王的例子作比，说只要事情合适，身份重点儿也不打紧。于是拓跋焘也任李顺为太常，命他入凉策拜沮渠蒙逊。而从这次出使开始，李顺就基本上包办了此后北魏对北凉的所有事务，他的个人命运无形中也与凉州紧密联系在了一起。

延和元年，赫连定已死，河西路通，原投降了沮渠蒙逊的南凉国主秃发傉檀之子保周乘机逃出北凉，投奔了北魏。秃发氏的先祖本出拓跋，“秃发”就是“拓跋”的音转，所以拓跋焘对秃发保周颇为看重，封他为张掖公。而张掖当时还是北凉的国土，拓跋焘这一手明显是不给沮渠蒙逊面子。不过，拓跋焘也知道软硬兼施的道理，打一巴掌总得再给俩枣吃不是？于是为了安抚沮渠蒙逊的情绪，拓跋焘便派李顺第二次出使北凉。

李顺这次抵达凉州之后，发现气氛明显不对。沮渠蒙逊对他避而不见，派人说自己年老多疾、腿脚不便，不堪伏拜受诏，等过段时间身体好点儿再和大魏使者相见。李顺知道沮渠蒙逊心有不满，道：“凉王年老，朝廷早就知道。正因为凉王一直以来都恪守为臣之礼，所以朝廷才派我携诏前来优劳。凉王岂能因为贪图安逸而不见上使呢？”第二天，沮渠蒙逊倒是愿见李顺了，可李顺一入朝堂，发现蒙逊以箕坐的姿态傲慢无礼地高坐在上，丝毫没有下拜受诏的意思，当即大怒道：“想不到这老儿竟如此无礼！既然你不怕覆亡、凌辱天地，死期已然不远，我还见你做甚！”说完转身就走。

那个时代，中原汉人在正式的场合，都是采用双足在后的跪坐坐姿。凡采用张开双腿、垂脚高坐的“箕坐”（因形似簸箕得名）姿势，不是不知礼义廉耻的蛮夷，便是不拘礼法的狂狷之士。沮渠蒙逊虽然是卢水胡人，但凉州久为礼仪之邦，况且又是接见宗主国的使者，自然应该采用正式坐姿。可沮渠蒙逊不知是倚老卖老，还是故意想使李顺难堪，竟采用了极其无礼的箕坐坐姿，无怪乎李顺发火、当场便要中止会谈。

沮渠蒙逊毕竟不想和北魏闹僵，眼看李顺要走，急忙派人出门去追，说李太常您别生气，昨天您不是宽恕我年老有病了么，我听说朝廷将赐我不拜之诏，所以才随便了一点儿。李顺正色道，当年齐桓公九合诸侯、一匡天下，周天子赐给他不拜之礼，他却仍然恪守臣节，下拜接受。如今凉王你虽有功劳，比桓公可差远了，这就指望朝廷赐你不拜之诏，未免妄自尊大了吧！如果朝廷震怒，怪罪下来，恐怕你国家不保，到时后悔也来不及了！

自古弱国无外交，沮渠蒙逊也知道李顺并非虚言，拓跋焘那个魔头咱实在惹不起，于是只好不情不愿地再次低下高贵的头颅，跪拜尽礼，接受了诏书。尽管如此，沮渠蒙逊事后仍然难以释怀，对李顺说，和平与发展才是当今世界的主题，北魏作为超级大国，如果一贯推行霸权主义，恐怕不得民心，迟早要走下坡路。李顺不以为然，说我大魏的军队四处征讨，那是吊民伐罪，拯救天下人民于水深火热之中，怎么能说是霸权主义呢？战争的最高境界就是和平，我们大魏皇帝的苦心你怎么就不懂呢？沮渠蒙逊撇了撇嘴，说真要照你这么说，那我凉州百姓还不都屁颠屁颠地盼着魏军大驾光临啊，还用得着每天站岗放哨守卫边防吗？

李顺哂笑道，你以为他们愿意啊，他们还不是害怕你的淫威被你逼得么！天下乌鸦一般黑，谁又能比谁白多少啊！

这次出使回来后，拓跋焘询问李顺凉土形势如何。李顺说：“沮渠蒙逊这个人威震河西已经三十多年，既粗识机变，又能绥服远人，不过如今他已有病在身，恐怕活不过明年。”拓跋焘说：“既然如此，不知道他的子孙如何，到时我取凉州，时机是否合适？”李顺回答说：“臣见过蒙逊诸子，大多非才俊之士，只有第三子敦煌太守牧犍有几分本事，将来八成是他继承蒙逊的位子。不过此人比之乃父还是大为不如，这正是上天将凉州送给我大魏的好机会。”

当时北魏还在对北燕用兵，拓跋焘于是对李顺道：“朕如今正有事于东，尚无暇西顾。如卿所言，三五年间亦不足为晚。凉州之事暂且如旧，待他年再图后举。”

结果李顺预计得没错，他回国还不到半年，沮渠蒙逊就寿终正寝了，而继位者，正是他的第三子沮渠牧犍。拓跋焘闻讯后，对李顺道：“卿言蒙逊将死，如今已然应验；又言牧犍将立，也被卿言中了！看来朕取得凉州之日，也应该不远了！”于是赏赐李顺绢绸千匹、御马一乘，进号安西将军，此后对他更加宠信。

15 西讨凉州

到了太延五年（公元439年），冯氏北燕已经灭亡，拓跋焘遂开始谋划正式对北凉用兵，以期一统北方。这时，魏凉已经联姻多年，沮渠牧犍把妹妹兴平公主献给了拓跋焘，拓跋焘也把自己的妹妹武威公主送给牧犍为妻。不过，正如燕主冯弘献女也不能阻止燕国的覆灭一样，魏凉的联姻关系也并不妨碍拓跋焘惦记凉州的土地。正相反，两国在联姻基础上搞出来的一件宫闱丑闻反而成了拓跋焘进军凉州的借口。

原来，据史料记载，沮渠牧犍虽然娶了拓跋家的公主为妻，但他对这位公主并不怎么喜欢，而是对自己的嫂子李氏情有独钟。更夸张的是，沮渠牧犍不但自己玩弄嫂子，跟自己的几个兄弟共同“分享”嫂子雪白的肉体。按理说，身为卢水胡人，在婚姻习俗上应该是允许“烝母报嫂”的收继婚形式的，但那是在哥哥死了以后弟弟才有权利占有哥哥的女人，像沮渠牧犍这样生前就和兄弟们玩换妻游戏的，说他们伤风败俗并不算过分。而且更过分的是，也不知是因为拓跋公主妨碍了他们的通奸淫乐呢，还是因为她无意中得知了沮渠牧犍的隐秘，总之在牧犍的授意下，李氏和牧犍的姐姐合谋，居然偷偷在拓跋公主的饮食中下毒，想要毒死她灭口。幸亏李氏的下毒手段不过关，拓跋公主短期内没有咽气，而拓跋焘闻讯后派太医从平城快马加鞭火速赶来，居然将公主救活了。事后拓跋焘命沮渠牧犍把李氏送到平城，他却违令不遵，把她接到酒泉金屋藏娇养了起来。

有了这么一档子剧情狗血的龌龊事，再加上沮渠牧犍有和柔然勾结的嫌疑，拓跋焘自觉理由充足，可以对北凉宣战了。他召集公卿集议，就伐凉一事征求他们的意见。结果以奚斤为首的三十多位大臣都说："沮渠牧犍自即位以来年年进贡，虽然心意不诚，但毕竟没有公开背叛我国。我国去年讨伐柔然，士马疲敝，现在不是大举出兵的时机。更何况据说凉州那个地方净是盐碱地，水草十分匮乏，听说我国大军将至，牧犍必然婴城固守，到时攻城难克，野掠无粮，对我军可是大大不利啊！"

其实"士马疲敝"云云，拓跋焘并不太在意，因为近些年鲜卑骑兵早已习惯了年年出征，只要选在秋高马肥之时，战后又有大量战利品可分，军队的士气无需担心。倒是凉州水草匮乏的问题事关战事成败，值得慎重考虑，于是拓跋焘重点咨询了出使过凉州的李顺和古弼的意见。

李顺、古弼道："自温围水（今黄河流经甘肃靖远县至宁夏中卫县段）以西至于姑臧，五百里地皆为枯石，绝无水草。当地人言说，姑臧城南天梯山上，冬季积雪深达丈余，至春夏消融下流成川，居民方得以溉灌稼穑。凉州人若闻我大军将至，必断绝此渠口，到时水流乏绝，环城百里之内，地不生草，人马饥渴，势必难以久留。奚斤等所言甚是。"

由于位于腾格里沙漠和巴丹吉林沙漠的南缘，所以整个河西走廊的自然条件算不上优越，但因为祁连山融雪的存在，山脚下形成了一个个大小不等的绿洲，武威、张掖、酒泉、敦煌等城市便建立在这些绿洲之上。李顺前后出使凉州十余次，对这一情况应该非常了解，按理说他是应该大力支持拓跋焘伐凉的，但不知何故他却故意夸大了姑臧一带水草缺乏的现状，似乎并不想让北魏在此时发兵北凉。

这时，拓跋焘想起，崔浩曾经向他密报，说李顺在多次出使凉州的过程中曾经收取沮渠蒙逊的贿赂。拓跋焘当时并不相信，现在回想则觉得十分可疑，于是他叫崔浩跟李顺等就西征凉州一事当堂辩论，自己则在一旁冷眼旁观。

崔浩虽然没去过凉州，但他书读得多啊，于是引经据典，驳斥李顺道："《汉书·地理志》上明明记载，凉州之畜为天下饶，当地若无水草，牲畜如何繁息？况且汉人从来不在无水草的地方筑城郭、建郡县，姑臧既是凉国国都，人口必多。若无水草，人民如何存活？”

李顺道：“耳闻不如目见，我亲眼所见，岂能有假？”

崔浩道：“你受人钱财，所以才为其游说。以为我没有亲眼所见，难道就好欺瞒不成？”

眼见朝政辩论即将发展为人身攻击，拓跋焘出言制止了两人。退朝后，振威将军伊馛（音bó）又向拓跋焘进言说：“凉州若果无水草，沮渠氏又何以为国？众议皆不可用，宜从崔浩之言。”拓跋焘点头称是。

五月十四，拓跋焘治兵于平城西郊。六月十一，他亲统大军出征。出发前，为保后方万无一失，他特意安排十二岁的太子拓跋晃留守监国，而使宜都王穆寿辅佐太子；同时又命长乐王嵇敬、建宁王拓跋崇领兵两万，屯守漠南以防备柔然。

在从云中渡过黄河后，拓跋焘于七月初七抵达上郡属国城（今陕西榆林北）。在这里，拓跋焘举行了盛大的军事演习，然后调兵遣将，命永昌王拓跋健和尚书令刘洁督诸军，与常山王拓跋素两道并进为前锋；命乐平王拓跋丕、阳平王杜超督平凉、鄜城诸军为后继。此外，拓跋焘还以原南凉秃发氏王族源贺为向导，专门负责为大军指引水草丰茂的行军路线。

源贺原名秃发贺，是在南凉灭亡时投奔北魏的。由于秃发与拓跋同源，所以拓跋焘给他赐姓源氏。姑臧原来是南凉的国都，源贺自然对其周边地理形势十分了解。拓跋焘还向源贺询问攻取凉州的方略，源贺建议道：“姑臧城旁有四部鲜卑，皆臣祖父旧民。臣愿至军前，对其宣示我大魏国威，再示以顺逆祸福，这些鲜卑部民必定前来归顺。到时外援既然顺服，姑臧便是一座孤城，取之易如反掌。”拓跋焘点头称善，命源贺依议而行。

八月秋高，北魏的大军开入了凉州境内。

沮渠牧犍当时并不知道北魏已经发动了进攻，所以当闻报说有魏军之时，沮渠牧犍大为吃惊。由于事先并无作战计划，牧犍只好一面派人向柔然求救，一面派弟弟董来领万余人出城仓促迎敌。这时抵达城下的魏军是尚书令刘洁所率领的前锋部队，董来所统的凉兵毫无斗志，望风披靡，如果刘洁乘胜追击，定可一举攻入城内。然而刘洁事先算了一卦，卜者说今天日子、时辰都不利，所以他收兵未追，让沮渠董来逃入了城中。两天后，抵达姑臧城下的拓跋焘得知，对刘洁这一行为十分不满，但格于形势，一时隐忍未发。

这场战争由于双方的实力对比悬殊，战事的过程不免也变得乏善可陈。沮渠牧犍一开始寄希望于柔然发来救兵，所以一直坚守不出，然而，转眼一个半月过去了，半个柔然骑兵的影子也没有见着。再加上源贺事先招降了姑臧城外的四部鲜卑，可以说整个战局已经成了瓮中捉鳖之势，沮渠牧犍毫无任何胜利的可能。围城期间，拓跋焘亲眼见到城外水草丰茂，李顺所言显属夸大其辞，不由得对他产生了深深的恨意。

九月二十五日，姑臧城溃，沮渠牧犍率文武五千人面缚请降。魏军共接收城内户口二十余万，周边郡县望风降附的胡汉民户也有数十万之多。拓跋焘又派诸将四出攻略，张掖、酒泉、乐都等河西郡县也随即落入魏军手中。部分沮渠氏遗族在牧犍的弟弟沮渠无讳的带领下后来西渡流沙，在高昌（今新疆吐鲁番地区）一带又存续了二十多年，但这已无碍于北魏统一北方的大业。

至此，在淝水战后陷于分裂状态的北方中国重新统一在一个政权之下，南朝华夏政权与北朝少数民族政权南北对峙的格局由此也正式形成。延续一百五十年之久的南北朝时代就此拉开了帷幕。

16 朕即太平真君

在中国历史上，自打有了年号这个玩意儿，大多都是取两个字，三个字以上都是异类，极少出现。而且改元是国家头等大事，通常都是在新皇登基或者国家有重大喜事的情况下才会发生，因此给自己在位期间取个好听、吉祥而又意义非凡的年号，往往是一国之君最为在意的事。如果不算西汉末年那个只实行了三个月的短命年号“太初元将”的话，那么北魏太武帝拓跋焘后期使用的年号“太平真君”便是历史上第一个正式使用的四字年号了。而且这个年号一用就是十二年，在所有的多字年号里寿命最长，在太武帝本人使用过的年号里也用得最久。

“太平真君”这四个字，取自道士寇谦之所献的“神书”《录图真经》。据说，寇谦之早年学道多年，一事无成，但终于幽诚感动上天，上边就派谪仙成公兴下凡来点化于他。成公兴带寇谦之先入华山，又入嵩山，在石洞中修炼历年，每天采药充饥。一天，成公兴对寇谦之说，我要出门一趟，稍后会有人拿药来，你只管吃，不要大惊小怪。果然，成公兴走后不久，便有人登门拜访，而且拿了一筐东西，请寇谦之吃草药仙丹。寇谦之一看，乖乖，哪里是什么草药仙丹，明明尽是蝎子蜈蚣、蛤蟆长虫，要多恶心有多恶心，吓得他落荒而逃。成公兴回来后，寇谦之把这件事告诉他。结果成公兴叹息不已，说那些东西你要吃了，就能成仙，如今只能当个帝王师啦！六年后，成公兴死后复活，重返仙界，留下寇谦之一人在嵩山修炼。至神瑞二年（公元415年）十月初五，忽然云气大至，一大神乘龙从天而降，仙人玉女侍从左右，来至嵩山绝顶，自称太上老君。太上老君对寇谦之交待说，自从天师张道陵去世，地上修道之人找不到组织已经很多年啦，我看你身正行直、德才兼备，所以决定赐你新科经诫二十卷，传你服气导引之术，授予你天师之位，命你今后清整道教，率领人间修道向善之事。从此以后，寇谦之就成了寇天师。

但自从道教创生以来，自称天师之人所在多有，远的不说，近年的孙恩、卢循，哪个不是号称得了太上老君的真传？所以光凭一个老君授法的神话，寇天师还成不了号令天下的道教领袖，要想千秋万载一统江湖，还得靠走上层路线，跟当今天子拉上关系才行。因此，据说到了泰常八年（公元423年）十月初五，也就是老君降临正好八年之后，老君的玄孙——仙人李谱文又来找寇谦之了。这次李谱文的见面礼，除了销炼金丹玉浆等仙药的法门，还有《录图真经》六十余卷，说叫寇谦之拿了，日后专门辅佐“北方太平真君”。

泰常八年是个什么时候呢？就在前一年的五月，拓跋焘刚刚被指定为皇太子，正式监国执政。而拓跋焘在当太子之前的身份，正是“泰平王”。辅佐“北方太平真君”云云，显然意有所指。也就在这一年的十一月，三十二岁的明元帝拓跋嗣去世，“泰平王”拓跋焘一变而成为北魏国主。寇谦之抓住机遇，立刻诣阙献经，引起了拓跋焘的注意。

入主中原前，拓跋鲜卑人持有的是朴素的萨满信仰。创基立国、进入中原后，面对汉地流行的佛教和道教，鲜卑人并无成见。佛教讲解脱，道教讲长生，各有各的吸引人之处，不少鲜卑人都成了虔诚的佛、道信徒。就最高统治者而言，道武帝拓跋珪、明元帝拓跋嗣对佛道两教也并无偏向，基本上对和尚道士一视同仁，哪个对我有用，我就礼敬哪个。虽然表面上看来，在北魏初期佛教似乎更风光一些，京师平城兴建了不少浮屠和寺庙，但两位皇帝同样没少吃道士炼制的“长命仙丹”。所以这次寇谦之献经，拓跋焘虽然也给他住处加以供养，但对他鼓吹的那一套一时也并未深信，平城里的鲜卑贵族们对他也是半信半疑。

倒是崔浩敏感地意识到，寇谦之那套道教体系与以往流毒民间的“天师道”大为不同，它更强调俗世君王的权威，可以用来增强当今政府的合法性。再加上崔浩本人是个坚定的排佛主义者，觉得寇谦之的道教正是抵制佛教扩张的有效武器，于是大力吹捧，给拓跋焘上书说：自古圣王受命，人间皆有神异相应，《河图》《洛书》便是如此。但《河图》《洛书》都是靠龙马、神龟这些异兽当媒介才降临人间的，毕竟隔了一层，哪里比得上寇天师直接跟神仙对话，请来的真经手笔粲然，经文的含义深奥玄妙，古往今来，谁也比不了啊！再说，您看当年汉高祖刘邦虽然牛，可商山四皓却归隐不出，对他爱搭不理，如今像寇天师这样的隐逸仙人却不召而至，这不正说明陛下您跟轩辕黄帝一样，是上天选中的圣君吗？怎么可以因为尘世俗人的那些庸常议论，就忽视上天神灵的意愿呢？

经崔浩这么一吹，拓跋焘从中咂出点儿味道来，意识到寇谦之的理论确实可以为己所用，于是开始正式尊奉他为天师，在国内推行起了经过寇谦之改革的新派道教。从那以后，道教在北魏才获得了显著的发展。而自从尊奉天师、推行道教以来，拓跋焘战无不胜，先后消灭了夏国、北燕和北凉不说，漠北的柔然和南方的刘宋也不是对手，整个北魏国势大进、一统北方，这些事实似乎都说明，冥冥中他拓跋焘自有神灵庇佑，他正是名列仙人真经的“北方太平真君”！

到了西讨北凉战事结束后的第二年六月，也就是拓跋焘三十三岁时，又一则重大喜事从天而降：太子妃郁久闾氏在二十一日诞下一个男婴，拓跋焘正式当爷爷啦！是的，你没有看错！拓跋焘的确是三十三岁（还是虚岁）就当了爷爷。联想到如今许多一线城市的年轻人三十三岁还是单身狗，这一事实让人感慨万千。虽然拓跋鲜卑人一直有早婚早育的优良传统，但十三岁的太子拓跋晃的生育能力如此之强，还是让拓跋焘感到格外欣喜，尤其第一胎便是男孩，昭示着拓跋家的血脉和皇祚今后都将走向兴盛，这不是有上天庇佑又是什么？于是为了庆贺皇孙诞降，拓跋焘当即宣布大赦天下，并改年号为“太平真君”，期望借由老君的庇护和天师的辅佐，他的家族和帝国能够获得长久的福报和繁荣。

寇谦之当然不会错过这个进一步抬升道教地位的机会，他向拓跋焘建议说：“如今陛下以真君之身御世，又兴建静轮天宫之法，开古以来，未之有也。陛下应早日登坛受符书，以彰圣德。”拓跋焘深以为然。

于是在太平真君三年（公元442年）初春的一天，拓跋焘大备法驾，开赴平城东郊的道坛，登坛从天师的手里接受了法箓。我们不知道在那一瞬间，在飞扬的香灰和漫天青旗的掩映下，这位胡汉混血的北魏皇帝心里，是否确实地认为自己就是太平真君降世。只有一点毋庸置疑，那就是不论佛教还是道教，不管老君还是如来，在拓跋焘唯我独尊的权力欲面前，其实都是僵死的道具、泥胎的偶像。归根到底，神权终究要匍匐在君权脚下。过不了多久，拓跋焘便会用实际行动证明这一点。

17 触不得的逆鳞

虽然正当盛年，但皇孙拓跋浚的出生还是提醒三十三岁的拓跋焘，日后要想将最高权力顺利地传子传孙，还是未雨绸缪早做准备为好。毕竟他的父亲拓跋嗣三十二岁便告离世，而他自己十五岁时便以太子身份监国理政了。

拓跋晃是拓跋焘与贺兰夫人所生，早在延和元年他刚刚五岁之时便被指定为皇太子了。多年来，拓跋焘一直对他着力培养，东征北燕之时便曾任命他为录尚书事，西讨北凉之时又正式命他监国留守。当时拓跋晃刚刚年方十二，比拓跋焘自己当年监国时还要年轻三岁。而拓跋晃也十分争气，从小便明慧强识，有过目不忘的本事。长大以后好读经史，书中所言一览即通，确实是个可造之才。当初征讨凉州之前，李顺等都说凉州水草匮乏、不利行师，读过《汉书》的拓跋晃也像崔浩一样对此大为怀疑。后来拓跋焘亲至姑臧，发现根本就不是李顺说的那回事儿，还特意给留守的拓跋晃写信对他的判断加以肯定。当时，拓跋晃就对手下人说，李顺这个人对主上不说实话，算不上忠臣，如果因为他的误导耽误了国家大事，真不知道他有什么脸面再见皇帝陛下！

从后来发生的事情判断，在对待李顺的态度上，如果拓跋焘不是受到了儿子的影响，那至少他们父子两人的想法是一致的。

讨伐北凉的战事结束后，因为要对接收的凉国百官加以安置，鉴于李顺多次出使，对凉国的人力资源比较了解，拓跋焘就任命李顺专门负责此事。结果李顺私下收受贿赂，在对凉土人才的品第上动了不少手脚。到了太平真君三年，凉州当地人徐杰将此事揭发了出来，拓跋焘大怒。联想到之前李顺在凉州水草一事上对自己刻意隐瞒，崔浩又趁机诋毁说李顺收了沮渠蒙逊的好处，拓跋焘怒不可遏，当即下令将李顺治罪，不久便将其一刀斩于平城西郊。

在这起事件中，李顺本人固然是咎由自取，但他的政敌崔浩趁机落井下石，以及拓跋焘暴躁易怒、对触犯自己的人毫不宽恕的性格也起了关键作用。拓跋焘的这种性格，敌国刘宋径称之为“忍虐好杀”，即便是北魏自己的史官，也不得不承认他“果于诛戮”。他这种忍虐好杀、果于诛戮的性格，骨子里来源于鲜卑部酋专制严断的家长制作风，实质上却是君主威权不容忤逆和背叛的应激反应。在拓跋焘看来，凡是不能尽心侍奉自己的人就是不忠，而不忠的人不但无用，反而于己有害，不如及早杀却。至于其他胆敢反对自己或者有可能危及政统、帝统的人，不论远近亲疏、地位高下，更是留不得。在拓跋焘统治的岁月里，因此而触碰逆鳞、惨遭屠戮的朝廷重臣，李顺既不是第一个，也绝不是最后一个。

太平真君四年（公元443年）九月，北魏再次兴兵远征柔然。

近些年来，虽然柔然多次败于北魏，但由于游牧政权云聚星散的特性，过不了多久它又可以像打不死的小强一般卷土重来，仍然有能力对北魏边境构成威胁。最近的一次便发生在拓跋焘亲征北凉之时。当时北凉国主沮渠牧犍向柔然求救，柔然可汗吴提虽然来不及救援姑臧，但却率领大军侵入了北境。由于留守的宜都王穆寿疏忽大意，导致柔然兵锋直抵七介山（今山西右玉西），距京师平城只有不到二百里的距离。好在窦太后安排得当，魏军在阴山以北也击败了柔然的主力，最后总算没有酿成大祸。

这次拓跋焘北伐，一是为了报复，二是意在震慑。按照以往伐柔然分进合击的套路，这次魏军再次兵分四路：由乐安王拓跋范、建宁王拓跋崇各统十五将出东道，乐平王拓跋丕督十五将出西道，拓跋焘亲统大军出中道，而令中山王拓跋辰督十五将为后继。这种战术的好处是能够出其不意地对敌军实施合围、加以歼灭，缺点则是千里行师对各个部队的协同性有着严格的要求。

由于拓跋范、拓跋丕军布置在东西两翼，拓跋辰军又是后继部队，所以在中路实际上是拓跋焘自己独当其锋的。说来也巧，以往多次北伐，拓跋焘总是寻柔然可汗决战而不可得，没想到这次他统军穿过大漠，刚刚抵达鹿浑谷，就遇到了可汗吴提的庭帐。漠北游牧民族大都有秋季大会的习俗，不知道这次是不是赶上柔然正举行秋季大会，总之远远望去一片尘土飞扬，也不知道有多少人马、多少营帐。

这下子拓跋焘犯了难。因为按照原定计划，北魏的四路军应该在鹿浑谷会合，可不知什么原因，现在只有拓跋焘一军如期抵达，其他三路军都不知去向。虽然柔然可汗近在眼前，但如果现在贸然出击，就势必要承担孤军奋战的风险。究竟做何选择，魏军内部意见并不统一。这次出征，十六岁的太子拓跋晃也随军在前，他就认为应该出其不意、掩其不备、速战速决。而尚书令刘洁则认为，敌人营上尘土大盛，说明敌众数量甚多，如果孤军出击，很可能反被敌人所围，不如等其余诸军会合后再行出击。拓跋晃反驳说，尘土大盛很可能是敌军惊惶扰乱所致，平常营帐上不应该有这么多灰尘，敌人的数量其实并不多。

虽然太子说得有几分道理，可拓跋焘还是不敢轻信这个初出茅庐的少年的判断。犹豫之间，柔然主力已然远去。拓跋焘驻军鹿浑谷六天，其余诸军才陆续抵达，此时再派兵去追已经来不及。回军的路上，魏军从俘获的柔然斥候口中得知，柔然人起初根本没料到魏军会来，上下惶惧，引众北逃，六七天过后见无人追来才徐徐而行。拓跋焘闻言，十分后悔没听太子晃的建议，而对刘洁则大为不满。

如果本次出征就这样草草结束，那实在不值得为其大费笔墨。诡异的事情在回师途中发生了。根据北魏史官的说法，尚书令刘洁在出征前就极力不主张对柔然用兵，群臣皆附和刘洁的意见，拓跋焘是采纳了崔浩的建议才决定北征的。而出征以后，刘洁对自己的主张未被采纳怀恨在心，就私下搞起了破坏，矫诏更改了诸将会师的时间，所以拓跋丕、拓跋辰等军才没有如期与皇帝的中军会合。更过分的是，在回师途中因为缺水少粮，死了不少士卒，刘洁趁机使人惊扰军队，搞得军中人心惶惶，他自己则劝拓跋焘弃军轻还，拓跋焘并未听从。而刘宋那边的记载则说，这年拓跋焘北征柔然，实际上是大败而还，死者十之六七。为了掩饰这次失败，拓跋焘还下令不许死者家属发丧，违者一律诛杀。

我们暂且不管到底是因为缺水少粮[①]，还是因为回师途中遇到了柔然军队的追击，总之这次出征不但无功而还，还损失了大量的人马士卒。拓跋焘事后自然要追究责任。而刘洁认为自己本来就不赞成出兵，全是崔浩一力撺掇而成，所以这口锅得崔浩来背。崔浩则告发刘洁矫诏，导致诸军误期，把锅又甩还给了刘洁。结果拓跋焘把刘洁手下人抓了一审，不但坐实了他矫诏的罪名，更是揭出了一个惊天阴谋！

原来本次出征之前，刘洁曾经对他的亲信透露说：“如果这次军出无功、车驾不返的话，我当立乐平王为主。”车驾不返，指的是皇帝无法活着回来。刘洁能说出这种话，说明他早有谋逆之意，那么前述的矫诏、惊军之举就都有了合理的解释，而本次出征也就成了刘洁操控下的一次未遂政变。

刘洁想要拥立的乐平王拓跋丕，是这次北伐的西路军统帅。而且本书早就说过，拓跋丕虽然名义上是拓跋焘的弟弟，实际上却很可能是道武帝拓跋珪与慕容后所生，是他的叔叔（参见本卷第一节“太子监国”）。早在明元帝末年拓跋焘尚未当上太子之时，拓跋丕就因为有可能入继大统而做过登上平城高台的“吉梦”。以他在宗室中的地位和

① 实际上，魏军回师途中之所以遇到粮食匮乏，很可能也是柔然断绝其粮道导致。据《魏书》记载，本次出征中，有一位名叫封沓的北魏将领投降了柔然，并劝柔然攻击督粮官司马楚之，虽然司马楚之事先有备，柔然散走，但并不意味着柔然断绝魏军粮道的计划没有取得成效。

声望，再加上拓跋鲜卑古老的“兄终弟及”传统，如果拓跋焘“车驾不返”的话，在尚书令刘洁的扶持下，拓跋丕登上帝位绝不是危言耸听。而且由于太子拓跋晃也在军中，甚至不排除刘洁曾策划将其父子二人同时除掉。此外，据其党羽张嵩招认，刘洁还曾经向他索求图谶，希望从中找到支持政变成功、刘氏篡魏的理论依据。

刘洁作为拓跋焘做太子时的东宫旧部，担任尚书令这一要职长达二十年之久，就汉族官僚在北魏朝廷里的实际地位而言，他甚至比崔浩还要重要（崔浩的作用主要在建言献策，并不处理实际政务）。据史籍记载，由于党附刘洁的大臣时常能够迁升，而得罪他的人被放黜罢免的居多，所以朝廷内外都对他十分忌惮，许多人在刘洁的面前根本不敢抬头。领军出征的将领为了讨好刘洁，往往要把聚敛而来的财货分给他一部分。这样一位权势熏天的重臣居然与宗王勾结起来意图谋反，拓跋焘怎能不感到震惊与愤怒呢？

龙之逆鳞不可触，触则必杀人。

太平真君五年（公元444年）二月，尚书令刘洁及其党羽皆夷三族，死者百余人。中山王拓跋辰、尚书奚眷等八将因北伐后期，斩于城南。不久，乐平王拓跋丕也不明不白地死于家中，他的“弟弟”乐安王拓跋范也因“闻而不告”刘洁之谋，“因疾暴薨”。

18 灭魏者吴

太平真君四年发生的刘洁事件至少在以下问题上提醒拓跋焘，虽然他已经安安稳稳地在皇位上坐了二十年，但并不代表他今后仍然能够安安稳稳地坐下去。“非我族类，其心必异”的汉人官僚不可过于信任，对于法理上具有皇位继承权的近亲宗王同样不可掉以轻心。一方面，太子拓跋晃已经在讨伐柔然的战事中证明了自己的才干，一方面也是为了杜绝心怀叵测之人对于皇位的觊觎之心，拓跋焘决定效仿自己的父亲，正式全面推行太子监国制度。而且更重要的是，他要借机对朝廷人事进行大刀阔斧的改革，将一些跟刘洁类似的功臣宿将从政府中枢清除出去，将权力更加牢固地掌握在自己父子手中。

这年的十一月二十七，还在回师平城的路上，拓跋焘就颁布了诏令，宣布今后国家将由皇太子“副理万机，总统百揆”，而新陈代谢是自然规律，为了配合皇太子朝气蓬勃的作风，现今在政府里任职的老干部们即日起集体退休、以爵归第，以后只许在政协里建言献策，不再担任具体的行政职务。至于新的行政官员，则另行从明于政事的后生中选拔充任。

按照这道诏书，拓跋焘对政府进行了全面改组，将整个国家职能一分为二：具体的行政事务由太子拓跋晃这个内阁总理负责，由宜都王穆寿、东郡公崔浩（始光年间崔浩由白马公进爵东郡公）、广平公张黎、建兴公古弼这四大侍中辅佐；自己这个国家领导人兼军队总指挥只抓军国大事，并且统领全国军队专门负责“伐叛柔服”等战争事宜。

耐人寻味的是，次年正月十二，拓跋焘又发布了另一则诏书，严厉谴责了上至王公百官，下至寻常百姓私养师巫、沙门，挟藏“谶记、阴阳、图纬、方伎之书”的行为。师巫就是巫师，沙门，这里指佛教的，也就是和尚，当时许多和尚和巫师一样，时常从事算命占卜、驱邪作法、祈禳厌胜等活动，在民间颇有市场。而所谓的阴阳、图纬等书，也与厌胜、占卜等封建迷信活动紧密相关。由于这套装神弄鬼的东西具有蛊惑人心的奇妙力量，一些不法之徒常常用来当作营私牟利，甚至造反作乱的思想工具。例如政变未遂的刘洁，就曾经到图谶当中寻找造反成功的理论依据。有鉴于此，拓跋焘宣布以上行为为非法，下令凡是私养巫师、沙门的，限期诣官，不得容匿，逾期不出的一旦发现，不但巫师、沙门要被处死，窝藏他们的主人也要满门抄斩。

结合同时期拓跋焘要求王公百官之子皆诣太学受教、民间不得私立学校的规定来看，上述诏令反映出，拓跋焘本人对官方无法掌控的民间宗教行为深恶痛绝，他不但希望靠专制的手段控制全国人民的行为，甚至还希望靠专制的手段控制人民的意识形态。在拓跋焘看来，凡是会导致民众思想不纯、想入非非的活动，都应该予以取缔。这一点，后来有了更进一步的发展。

然而有压迫的地方必有反抗，拓跋焘的专制权力越是伸张，来自底层的反作用力就越强。特别是随着拓跋焘将主要精力转移到扩张战争中来，北魏开始同时对西南地区的游牧政权吐谷浑、流沙之外的西域小国鄯善以及宿敌柔然用兵，民间承担的赋税徭役越来越重，至太平真君六年（公元445年），北魏国内终于爆发了立国以来最大规模的一次民众叛乱。

讽刺的是，拓跋焘尽管千方百计禁止民间私藏阴阳、图谶之书，却无法杜绝谣谶在民间的口头流传，而这次叛乱正是因一则广泛流传的谣谶而起。这则谣谶只有四个字——“灭魏者吴”。谣谶的厉害之处就在于其含义的暧昧和开放性，只要言之成理，任谁都可以根据自己的需要加以解释。“灭魏者吴”的“吴”，既可以解释成占据吴地的刘宋，也可以解释成跟“吴”有关的任何事物。当时关中一带有个出身卢水胡的酋豪名叫盖吴，他就认为，自己的名字正应“灭魏者吴”，便于太平真君六年九月聚众反于杏城（今陕西黄陵西南）。

关中地区一直以来华夷杂错，民风剽悍，又是北魏统治相对薄弱的地区，在十六国时代的北方战乱中，许多当地的酋豪大族聚众自保，依违于忽兴忽亡的各割据政权，杏城一带正是卢水胡人合族聚居之地。盖吴在杏城举起反魏大旗后，周边胡汉纷纷响应，转眼间就聚集了十余万部众。驻守长安的北魏镇将拓跋纥率兵进讨，反而兵败身死，关中局势迅速恶化，并引起了一连串连锁反应。河东汾曲一带反了蜀人薛永宗，西连盖吴，受其位号；盖吴的部将白广平深入新平、安定诸郡，陇东夷酋聚众响应。盖吴还派使者南下，向刘宋称臣，请宋文帝派兵援助。旬月之间，关中平原处处烽火，北魏的半个国境大有糜烂之势。

面临如此形势，拓跋焘急调大军平叛，并于这年年底亲自统军进剿。次年正月，拓跋焘进抵河东，大破薛永宗，既而从汾阴渡河，准备进攻当时已经移至长安北部的盖吴大营。北魏的骑兵虽然勇猛，但对水草的依赖程度较高，这也是为什么当初进攻北凉之时拓跋焘最为担心水草问题。这次渡过洛水桥后，由于担心渭北地区水草匮乏，拓跋焘倾向于先南渡渭河，然后再循渭水南岸向长安进军。时至今日，渭南的植被覆盖程度也远超渭北地区，所以拓跋焘如此考虑自然有他的道理。但崔浩认为，从洛水桥至盖吴大营不过一天的马程，至则攻之必破，攻破盖吴后返回长安也只需一日，前后合计，战马只需承担一天的乏食，不会造成太大的损失；如果走渭南，盖吴得到消息势必北走入山，到时便无法全歼了。拓跋焘权衡一番，最后还是坚持了自己的意见。结果不出崔浩所料，当魏军开至戏水之滨（今陕西临潼东）时，盖吴敛众逃入北山，预想中的歼灭战根本就没打起来。

既然如此，拓跋焘索性继续向西进军，而命殿中尚书乙拔等统军三万，攻围盖吴的老巢杏城。二月，拓跋焘先抵周至（今陕西周至东），再至陈仓（今陕西宝鸡东），一路尽诛与盖吴通谋的夷夏叛民。当拓跋焘再次回到长安附近时，乙拔统领的北道诸军已经大破盖吴于杏城，盖吴弃马遁走，不知去向，关中的局势大为好转。而面对盖吴的求援，宋文帝刘义隆只是命雍、梁二州发兵屯驻在宋魏边界，遥作呼应，并且封了盖吴一个雍州刺史、北地公的头衔，自始至终不曾派兵深入魏境进行实质上的援助。

谁也没有想到，就在这时，因为一个偶然的事件，拓跋焘竟然在意识形态领域也发动了一场消灭异端的战争。

19 | 太武灭佛

太平真君七年（公元446年）二月的一天，在关中腹地讨伐盖吴之乱的魏主拓跋焘回到了长安，宿止于一座佛寺附近。百余年来，这个古老的城市饱经战火，再也不复当年汉都帝京的辉煌景象。虽然前秦、后秦都曾对之加以营造修葺，但三十年前朱龄石撤出长安之时，殿宇楼台再次化为灰烬瓦砾，如今放眼望去，到处都是残垣断壁，荒草离离。不过，在一片萧条之中，长安的佛寺却依旧维持了大致完好的面貌，有的甚至香火鼎盛，丝毫不减当年。究其原因，除了关中佛教根基深厚、僧众护持有方之外，更与乱世里民间普遍被激发的宗教情绪息息相关。

拓跋焘到访的这座佛寺便是其中的一座，不但屋宇保存完好，更是拥有大量的田地寺产。去年秋后，僧众在田里种了麦子，如今刚刚返青，田间一片葱绿。皇帝骑乘的御马见状胃口大盛，竟踅入麦田啃起了青苗。拓跋焘哈哈大笑，也步入田中，悠然自得地观赏起了“骏马食麦图”。僧众不但不敢拦阻，还取出酒来，招待皇帝的随行侍从。这一点颇为奇怪，因为按照戒律，佛教徒是严禁饮酒的。但紧接着一些进入寺内的侍从发现了更为可疑的事：寺庙的几个房间里堆砌了大量弓矢、矛、盾等武器，还有一些房间门窗紧锁，不知道藏了什么物事。侍从将这件事告知了皇帝。拓跋焘当即大怒，怀疑这寺院与反贼盖吴通谋，那些武器都是用来造反谋乱的。

随后按照皇帝的命令，当地官府对寺院进行了查抄，除了发现武器和大量酿酒器具之外，又发现了许多官员富人寄藏在寺内的财货，甚至还找到了一间密室，据说是庙里的和尚跟女人通奸胡搞的场所。拓跋焘闻知后更加震怒，此时一贯的排佛主义者崔浩正好也陪侍在旁，他平常就没少在皇帝的耳边说些诋毁佛教之语，这次更是力陈佛教祸国殃民，应该予以取缔。所有这一切最终促使拓跋焘下令，将长安境内的寺庙佛塔统统焚烧摧毁，和尚全部诛除，并诏敕京师留台下发各地，一律按照长安这样处理。这便是历史上著名的“太武灭佛”事件。

自从东汉末年佛教进入中国内地以来，到那时已经将近三百年了。三百年间，佛教已经在中华大地深深扎下根基，在不同民族当中拥有了无数信众，极大地改变了中国人的精神世界和社会文化。在拓跋焘生长的那个年代，许多统治者都是虔诚的佛教徒，著名者例如东晋孝武帝司马曜、前秦天王苻坚、后秦国主姚兴、北凉国主沮渠蒙逊以及后来的梁武帝萧衍。其实就拓跋焘本人来说，也一度对佛教颇为信奉。史籍记载他即位初始，便“引高德沙门，与共谈论”，还经常参加每年四月初八的浴佛典礼。灭赫连昌之后得到的高僧惠始（又名昙始）、灭北凉之后得到的高僧玄高，拓跋焘都深加礼敬，还让玄高当了太子拓跋晃的老师。为了一个通晓咒语术数、能够预言安危祸福的和尚昙无谶，拓跋焘还一度与北凉国主沮渠蒙逊闹得不开心。直到在崔浩的影响下遵奉了寇谦之的改良版天师道，尤其是接受符箓自诩为“太平真君”化身后，拓跋焘才改变了对于佛教的礼敬态度。

虽然如此，佛教到此时依然在北魏境内保持着公开、自由的传播，没有人会想到皇帝停驻长安佛寺的这一偶然事件，竟会给整个北方中国的佛教徒带来灭顶之灾，导致佛教在进入汉地三百年后首度面临被国家机器全面禁绝的危局。

后世史家分析这次“灭佛”事件的起因，大多承认诬陷沙门与盖吴通谋只是拓跋焘的借口，内里的深层原因有的说是佛道之争，有的说是经济因素。其实这两种解释都似是而非。虽然拓跋焘自诩为“太平真君”，崔浩又是崇道排佛之人，但尊崇道教并不代表一定要禁绝佛教，实际上后来道教的发展也并未从“灭佛”事件中获得明显的实际利益。在《录图真经》里他也给佛教留了位子，说佛陀是四十二天的延真宫主，也是一个得道的神仙。史籍也明确记载，当崔浩力促拓跋焘取缔佛教之时，寇谦之是苦苦劝谏而未果的。因此，“太武灭佛”的背后有道教推动的说法，根本站不住脚。

至于说“太武灭佛”是由于寺院经济发展，占用了太多人口和资源，导致与国家利益发生冲突，这种“经济原因”之说也并不成立。因为这时北魏境内的佛教还没有发展到让国家不堪重负的地步，政府开始有意识地限制寺院的规模和僧众的数量，那是晚到孝文帝年间才出现的事。用经济原因来解释太武灭佛，是把后来北周武帝宇文邕、唐武宗李炎时期灭佛的主要原因不合时宜地套用在了太武帝的身上。

其实灭佛的真正原因，太武帝本人在后来的诏书里已经说得很清楚了。这份以朝廷的名义正式下发全国各地的诏书，先是解释说佛教其实古来中国并没有，是东汉的昏君受到西方妖鬼邪说的蛊惑、假托睡梦之事搞出来的骗人玩意儿，鼓吹的尽是些虚妄不实的讹言，搞得世上“政教不行，礼义大坏，鬼道炽盛”。最最不可容忍的是，佛教的流行导致世人“视王者之法，蔑如也”，从根本上动摇了人们对君主权威的尊敬和服从。诏书的末尾再次强调，佛教的盛行“至使王法废而不行，盖大奸之魁也”，所以皇帝陛下才要去此历代之伪物，各地的佛经、佛像，一律摧毁焚烧，出家人不论老幼，统统坑杀处死！诏书中两次提及的佛教与“王法”的冲突，实质上即神权与君权对人们精神世界的争夺，而这才是自诩为“非常之人”的拓跋焘执意要“行非常之事”、决定全面禁绝佛教的真实原因。从这一点来说，太武帝的灭佛之举与当年秦始皇焚书坑儒（准确地说是坑方士）的行为在本质上完全相同。

从拓跋焘严酷狠虐、刚愎自用的性格特征及其统治后期对专制权力越抓越紧的整体趋势来看，得出以上的结论并不难。因为在那个时代，佛教徒往往以“沙门不敬王者”的理论漠视统治者的权威，并进而拒绝国家强加于其身的义务，甚至采取对政府不合作的态度。而这一点，恰恰是希望重建礼教秩序的儒生崔浩最为反对，也是狂妄自大的专制君主拓跋焘最为痛恨的地方。寇谦之的改良版道教之所以获得了拓跋焘的青睐，也恰恰是因为他“除去三张伪法”“专以礼度为首”，迎合了君主权威，还给拓跋焘披上了一层“太平真君”的神话外衣。拓跋焘早年礼敬佛教徒，其实主要是想像石勒礼敬佛图澄那样寻求神通法术的帮助。然而后来的实践证明，在统一北方、巩固君权的过程中，铁蹄和杀戮远比虚无缥缈的神通法术来得有用。既然寇谦之的道教已经从信仰的角度为神权服从于君权提供了解释，那么不敬王者、蔑视王法的佛教在拓跋焘看来，就没有存在的必要了。

不过，专制皇权哪怕再强大，也依然有其局限。虽然拓跋焘一心想要将国境内的佛经佛像全部焚毁、沙门尽皆杀绝，然而这一命令并没有被普遍、严格地执行。他的太子拓跋晃本身就对佛教颇有好感，当皇帝的诏敕抵达京师平城之时，监国留守的拓跋晃建议采取更温和的措施，只需查封寺庙即可，没必要因此滥杀僧众、摧毁经像。但拓跋焘坚决不许，拓跋晃只好在自己的权限内尽量拖延，并放出消息叫僧众尽早躲避。当诏令于三月份下发到各地时，和尚们早已还俗的还俗，逃匿的逃匿，佛经佛像也大多秘藏于洞窟地穴之中，只剩下寺庙佛塔这些不动产留在原地，最后惨遭摧毁焚化之殃。几年后风头已过，一些佛教徒又开始私下活动。到太武帝去世、文成帝即位后，政府明令恢复佛教的合法地位，很快佛教在北魏就又兴盛起来。

20 宋文帝的病

太武帝禁绝佛教的诏令下发四方后，并未在全国引起佛教徒的暴力反抗。这也从另一个角度证明，和尚们勾结盖吴造反的说法纯属无稽之谈。此后，虽然盖吴之乱有所反复，但到太平真君七年八月左右，北魏总算把这场持续了一年的叛乱镇压了下去。而在这一年之中，虽然盖吴两次向南方的刘宋求救，但宋文帝刘义隆最多在旁边喊喊加油、捧个人场，却一兵一卒也没有发往魏境，任凭其自生自灭。

有鉴于此，后来一些历史学家指责宋文帝不思进取，白白丧失了趁机收复关中的大好机会。其实这个问题不能单单从军事角度来看，更要从宏观的政治角度来解释。宋文帝当然不是不思进取之主，否则他就不会在元嘉七年发动收复河南之战，在后来的二十七年也就更没必要发动著名的“元嘉北伐”了。他之所以没有选择以实质性的行动支援盖吴甚至兵发关中，一来因为盖吴声势虽大，却是乌合之众，论实力未必就比赫连定大，当初联合赫连定没搞定的事，这次更加不靠谱；二来如果要兵发关中，就势必要扩充上游荆州、雍州的武装，而对于建康政权来说，最怕的就是上游坐大弄成尾大不掉之局。从整个刘宋的历史来看，自从当年刘裕撤出关中后，这个政权对关中就丧失了领土野心，相反则一直对中州河南之地念念不忘。如果说趁盖吴在关中吸引了北魏的注意力时北伐河南，倒是一个不错的战略选择，可拓跋焘事先早有防备，已经命高凉王拓跋那南略淮泗以北，将青徐之民迁走充实河北。权衡利弊，应该说宋文帝选择不发兵出战并不是一个错误的选择。

其实放眼整个元嘉朝，与宋武帝刘裕时代相比，对外征战从来就不是其首要任务和历史使命。在皇权振兴的基础上，解决前代遗留下来的中央和地方、高门与寒门、土民与侨人的协作问题，将整个国家整合成具有力量和效率的共同体，才是以刘义隆为首的政府亟需重视的课题。遗憾的是，由于总是受到一些具体而特殊的原因干扰，在其统治的三十年时间里，宋文帝能够专心处理以上问题的机会并不太多。

其中一个具体而特殊的重要原因，就是宋文帝有病。

宋文帝的病，史籍记载叫“羸疾”。于赓哲先生认为就是肺结核，依我看大概还要包括慢性心脏病，总之由于古人的医学理论混沌不清，当时所称的羸疾更可能是对一些使人虚弱的慢性病的概称。宋文帝何时得的病史言不详，唯一可以确定的是，到元嘉十三年正月他因病取消朝会大典时，他已经病了很久了。根据一些模糊的线索推断，起码他在诛除徐羡之、傅亮、谢晦三权臣之后的一段时间里，身体状况还是比较健康的。当时整个朝廷的内政状况，也跟他的身体类似，机能良好、朝气蓬勃，在王华、王昙首、刘湛、殷景仁这“四贤”的辅佐下，元嘉之治初见成效。

不过，在看似健康的外表下，一个解不开的心结已经在宋文帝的胸中郁积，并在随后的二十余年里缠绵纠结，和“羸疾”一样成为困扰他的一桩心病，并直接影响到了元嘉一朝的政治走向。这个心结就是，由于自己即位是拜以臣废君的政变所赐，终其一生，宋文帝刘义隆都对位高权重的臣子怀有猜忌之心。所以元嘉朝三十年的政局，大部分的时间都耗费在了内部的权力平衡与争斗上。

起初，朝廷里最有权势的大臣，是帮助文帝除掉徐羡之等三人的王弘、王昙首兄弟。王弘取代徐羡之录尚书事辅政，王昙首则居中用事，为文帝心腹，再加上同样担任侍中的王华，琅琊王氏一时风头大盛，甚至连文帝也手拊御座，对王昙首说出了“此坐非卿兄弟，无复今日”的话语，似乎表面上又重现了东晋初年“王与马共天下”的统治格局。但实际上，宋文帝刘义隆对琅琊王氏既加以倚重，又稍加抑制。为防止王氏一家独大，他同时提拔了陈郡殷氏的殷景仁和南阳刘氏的刘湛为侍中，制约王氏兄弟的权力，以至于王华私下感叹道："如今宰相竟有数人，天下何由得治！"

文帝高明的地方不止于此。当时虽然宰相有数人之多，但除了王弘之外，其余"四贤"只是掌顾问应对的侍中，而专门主管草拟诏令的中书省长官一职（中书监、令），居然数年内无人担任。这说明，宋文帝当时很可能是直接利用官职较低的中书通事舍人来撰写圣旨，以免大权旁落，王昙首诸人只有建议权，而决策权始终被他自己牢牢握在手中。

对于皇帝这种敏感的警惕性，一些头脑清楚的大臣心知肚明。如立场超脱的老臣范泰，就曾劝王弘说："天下事务繁多，而权要之任难居。你们兄弟如今皆身居高位，当深存自抑之心。彭城王义康乃陛下之次弟，宜征还入朝，共参朝政。"

当时刘裕的第四子刘义康年方二十，已经在荆州刺史任上干了两年。范泰的意思是想借宗室的力量，抑制琅琊王氏的权势，而这一点应该也与宋文帝的心思不谋而合。老于世故的王弘自然知道谦冲明哲的道理，到了一定程度该让就让，这才能保障家族的长期利益。正好这年年初，国内发生了旱灾，京师又疾疫流行，王弘于是借坡下驴，上表说自己负有主要领导责任，要引咎逊位。宋文帝照例客气了一番，便于五月将王弘由司徒降为卫将军、开府仪同三司。到了第二年正月，王弘再次以年老为辞，请求辞去录尚书事和扬州刺史的职务，让给彭城王义康。宋文帝虽然没有批准他辞职，却征刘义康入朝，担任了侍中、司徒、录尚书事、领南徐州刺史，叫刘义康和王弘共辅朝政。

这一段时间，虽然名义上是王弘和刘义康二人并录，共辅朝政，但两个人一个年老体衰，一个年轻气盛，一个意在谦退，一个志欲有为，再加上王弘常常以疾病为辞不理政务，所以实际上是彭城王义康一人独揽了尚书省大权。虽然如此，刘义康还是不太满意，一来觉得应该由自己来担任扬州刺史，二来觉得王昙首在内秉权碍了自己的事，所以对王氏兄弟颇有微词。他曾经对宾客言道：“王公近年来久疾不起，扬州乃京师重地，岂能于病榻上卧治？”

面对彭城王的凌人盛气，王弘多次请辞，但宋文帝却也不想完全将王弘请出中枢，从而使权力失去平衡，所以一再婉拒。王昙首甚至也一度请求外放，去担任吴郡太守。当时王华已卒，刘湛则被派到荆州主领江夏王义恭府事，殷景仁亦调任领军将军，所以对于王昙首这一请求，宋文帝答道：“天下岂有欲建大厦而遗其栋梁的道理！贤兄近来多次称疾，一定要辞去扬州重任。如果我将来答允于他，那我身边除了你还能有谁啊！你就别再跟我提什么吴郡太守啦！”

王昙首既辞职不成，便想了另一个方法消解彭城王义康的怨气。按照宋文帝的旨意，此时王弘和刘义康各自开府，同样可以置佐领兵，王昙首就劝王弘裁减本府州佐兵吏数额的一半，让给彭城王义康。王弘依言行事，这才缓解了跟刘义康的矛盾。

因此大体说来，从元嘉三年（公元426年）到九年（公元432年）这段时期，由于琅琊王氏的谦冲态度和宋文帝奉行的权力均衡政策，刘宋朝廷内部维持了难得的平静和稳定。但之后不久，随着一系列变故的发生，这一平衡被迅速打破，朝局再次变得扑朔迷离起来。

21 彭城王专权

元嘉九年五月，太保王弘病卒。在此之前，王华、王昙首亦先后亡故。琅琊王氏对朝廷的影响力迅速减弱。与此同时，可能由于元嘉七年的北伐大败亏输导致情绪不佳，宋文帝的“羸疾”之症亦严重起来，渐渐难以亲自处理繁重的朝政。常言道“打虎亲兄弟，上阵父子兵”，在这种情况下，宋文帝决定暂将大权交给自己的亲弟弟彭城王义康。

在刘裕的七个儿子当中，义符和义真已被徐羡之等废杀，宋文帝刘义隆是老三，老四义康比他小两岁，其余义恭、义宣、义季如今也已长大成人，足可为藩屏之用。毕竟相比异姓大臣，还是自己家兄弟相对值得信任。于是在这年六月，宋文帝正式任命彭城王义康接替去世的王弘担任扬州刺史，而以江夏王义恭为征北将军、开府仪同三司、南兖州刺史，临川王义庆（刘道规之子）为平西将军、荆州刺史，竟陵王义宣为中书监、中军将军，衡阳王义季为南徐州刺史。

此时中枢的权力格局，是由彭城王义康独揽行政大权，而掌诏命的中书长官，则由竟陵王义宣和琅琊王氏的王球出任。至关重要的禁卫军权，分别由从荆州调回的刘湛和文帝的老部下到彦之（因北伐失利被免官一年后，到彦之又被重新起用为护军将军）掌管。

刘义康这个人，在行政工作上的确是一把好手。他不但精力旺盛、聪明过人，而且记忆力超强，什么事儿听说以后不管多久都记得清清楚楚，只要见过哪个人一面，名字籍贯就再也忘不了。自从他担任录尚书事后，每天早上府门前等候请示汇报的车辆有数百辆之多，而所有的来客他都亲自接见。面对琐细繁重的文案工作，他不但不厌烦，而且乐在其中，不管大事小情都处理得井井有条。不仅如此，他与哥哥义隆的感情也很好。刘义隆病情严重时，成年累月下不了床，只要有所思虑，心口就痛如刀割，好几次差点儿就生命垂危。每当这种情况，义康就入宫亲自侍疾，凡汤药饮食，都要亲口尝过才伺候文帝服用，常常不眠不休，整日整夜地守候在文帝床前。宋文帝也就放心大胆地将全部朝政交给弟弟来处理。据史籍记载，这一时期的刘宋朝廷，凡义康陈奏的事情没有不允许的；生杀大事，皆以录命断决；方伯以下，并委义康授用。可以说，在宋文帝因病卧床不起的数年里，刘义康一肩担下了重担，非常称职地完成了替哥哥统治国家的工作。在元嘉十二年（公元435年）以前，上至宋文帝、刘义康，下至朝廷百官，没有人觉得这种情形有什么不妥。

然而到了元嘉十二年左右，一些或大或小的迹象让病榻上的宋文帝开始隐隐感到不安起来。据说冬季的某天，文帝吃了一个柑橘，末了觉得味道欠佳，样子也比往年进贡的要小。当时刘义康在旁，见状就道："今年的柑橘其实也有不错的。"说完派人回东府，取来许多柑橘，味道且不必说，光个头就比文帝吃的要大三寸。原来，地方上的官员惮于彭城王的权势，进贡时都挑最好的东西献给义康，而以次好的东西供给皇帝御用。宋文帝虽没说什么，但恐怕心里比吃了一个烂柑橘还要不是滋味。现今在职场里混过的人都明白，不管你再有钱，你用的东西再好，最好也不要在你的领导面前炫耀。刘义康之所以忽略了这一点，按照史籍的解释，是因为他自谓与皇帝乃兄弟至亲，所以在君臣界限上遵守得不那么严格，往往率心而行，对文帝的猜忌心理丧失了警惕性。而由于辅政后权倾天下，刘义康的宰相府规模急剧扩张，他私下里增置僮仆兵吏六千余人，却没有向政府有关部门备案。平心而论，这些事情可大可小，全看往哪个方向去解释。兄弟二人感情良好之时，这些都不是什么大问题，可一旦猜忌暗生、嫌隙渐成，这些"不复存君臣形迹"的举动都会成为指控刘义康意图不轨的罪证。

如果说以上迹象只是让宋文帝感到略微有些不安的话，那么朝堂外发生的另一些事情就让他真正感到担心和忧虑了。

前面提到，在正常情况下，宋文帝总是倾向于在朝廷内部维持一种权力均衡状态。这一时期，彭城王义康虽然独揽朝政，但中书和禁军之权尚掌握在文帝手中。即使义康“私置僮部六千余人”，但相比于数量庞大的中央禁军，他能够实际调动的军力还是殊为有限，构不成太大的威胁。可是在元嘉十二年前后，随着执掌内军军权的领军将军刘湛倒向彭城王义康一方，一切都变得不一样起来。

刘湛此人虽出身高门，但却是士族中少见的实干家。他少年时便喜欢经世之学，而不喜欢当时士族圈中流行的文学、清谈之类浮华学问。他曾经自比管仲、诸葛亮，小小年纪便生出了当宰相、治天下的抱负。刘裕在世之时，曾将刘湛纳入幕府。后来晋宋禅代，彭城王刘义康受任豫州刺史留镇寿阳，刘湛被指定为义康的长史。当时刘义康只有十一二岁，府中大小事务都交由刘湛处理，就是在这时，义康与刘湛结下了故主之谊。

不过，南阳刘氏虽号称是汉长沙定王之后，这时在江左却门支单弱，根本无法与王、谢等大世族相比。刘湛虽有才干，但苦于朝中无人照应，只能靠个人奋斗，所以其仕途并不太一帆风顺。他在豫州府长史的位子上干了三四年，终于等到少帝刘义符即位，被调回朝廷担任了尚书吏部郎，又迁右卫将军。本以为这次可以接近权力核心，以后积功积劳，就此向宰相之位靠拢了。哪知道随后朝廷里政局大变，刘湛又被外放到荒远的广州任刺史。后来因嫡母（刘湛幼年过继给伯父刘淡，嫡母本是伯母）去世，刘湛丁忧去职，丧期结束后已是宋文帝刘义隆登基坐殿。文帝对士族人才比较拉拢，征刘湛为侍中，与王昙首等人并称“四贤”。按照当时的习惯，侍中虽无大权，但由于亲近天颜、可随时进到匡谏辅弼之责，因此也可算作宰相。如果刘湛能一直这样待下去，他少年时的梦想应该说也算得到了实现。然而好景不长，相似的情景再次出现了，刘湛不久后又被调到荆州出任江夏王义恭的长史。当时王弘还在辅政，王华、王昙首也深得文帝信任，刘湛深知“四贤”亲疏不同，认为自己这次外放一定是王氏兄弟搞的鬼，心中不免愤愤不平，常常发牢骚说：“二王若非代邸之旧，无以至此，可谓遭遇风云。”所谓“代邸之旧”，是拿汉文帝以代王的身份入继皇位的典故作比，讽刺王华、王昙首是因为靠了刘义隆旧部的关系才得以取得今日高位，有这样的风云相助，猪都能飞得起来，有什么了不起？

其实宋文帝也知道刘湛有经国之才，但作为这个国家的最高领导，他得从全局的层面考虑问题。荆州事务繁多，江夏王义恭年龄尚幼，派你刘湛去辅佐他也是对你的一个试练。如果荆州你都治理不好，怎么能指望你将来当宰相治理好这个国家？

然而刘湛空有宰相之才，却没有宰相肚里能撑船的度量。他这次负气外任，与江夏王义恭相处得并不融洽。义恭几次三番给文帝写信抱怨，刘湛也一度主动要求卸任还都，文帝好生劝解，总算使二人没有闹翻。到了元嘉八年，由于王华、王昙首相继亡故，文帝采纳殷景仁的意见，这才征刘湛还都为太子詹事、加给事中，共参政事。

重返朝廷的刘湛如久旱逢甘霖，意气风发，浑身洋溢着饱满的热情和干劲。每次觐见文帝之时，他都侃侃而谈，头头是道，纵论天下治乱兴替之事。他既通晓前世掌故，讲起来又条分缕析，真个比说评书还要精彩。别说宋文帝乐意听，就是皇帝身边的侍从也个个听得如痴如醉、欣然忘疲。那些日子，每当刘湛入宫之后，他的车夫僮仆就四散而去，不到太阳偏西不回来。因为他们知道，刘大人陪皇上聊天，保准一说就是一天。宋文帝那时身体也还好，所以每次聊着聊着，就抬头望望天色，生怕刘湛还没讲完便已夕阳西下，那就只好期待改日且听、下回分解了。

君臣二人那时大概都没有想到，他们之间的友谊居然像夕阳洒在窗上的余晖一样，如此美好而又短暂。

22 主相之争

对于这次入朝任职，刘湛本来怀有相当大的期待。因为当时王华、王昙首已经去世，朝中有能力有资质担当宰相之位的人屈指可数，从多次会面来看，皇帝陛下对自己的才华也颇为欣赏，如果他能够对自己多加信任，相信过不了多久，自己便可以取得更高的权位。

事情的发展最初也与刘湛的预计吻合。一年后，文帝便将刘湛由太子詹事升为领军将军，执掌宫内禁军，不但品级上大为提升，权位也更为崇重。按理说刘湛不应该因此感到不满，但人类就是这样一种奇怪的动物，他们的烦恼大多不是来自物质的匮乏，而是产生于与同类的比较。刘湛虽然得到了晋升，但和别人一比，他就立刻变得心理不平衡起来。

这个“别人”，正是“四贤”之一的殷景仁。

殷景仁和刘湛一样，是文帝铲除徐羡之、傅亮后同一批提拔的年轻干部，比刘湛还要大上两岁。两人学识相近，仕途类似，私交也不错。当朝廷里出现人事空缺之时，正是他向文帝提的建议，刘湛才被从荆州调回任职，所以刘湛起初对他是心怀感激的。但人类就是这样，对于明明是帮助过自己的人，有的人却偏偏报以嫌恶和敌意，相信扶过摔倒老人及多次借给朋友钱的人对此最有发言权。刘湛就是这样。虽然他已经被提拔为领军将军，但眼看当初同为侍中的殷景仁升任尚书仆射，并主领官吏选拔大权，而自己却是靠人家的推荐才混到今天这个职位，刘湛脆弱的自尊心受到了伤害，逐渐由惭而妒，由妒生恨，心里已经不再把殷景仁看作朋友，而是当成了妨碍自己前进的政治对手。

忌妒心旺盛的人，往往受迫害的心理还特别强，没事总觉得身边都是小人，总有刁民要害朕。像当初怀疑王氏兄弟捣鬼一样，这一段时间，刘湛的心理像极了玛丽苏小说的女主角，总觉得自己貌美如花、才华横溢、能力超群，之所以得不到进一步晋升，一定是殷景仁这个碧池在皇帝身边说了自己的坏话。不然的话，为什么皇帝明明对我那么欣赏，却迟迟不扶我作正宫？啊不！是升我当宰相？

当时，彭城王义康已经取代王弘执掌朝政，朝中具备宰相名实的其他重要职官，除了殷景仁这个领选的尚书仆射，就是由竟陵王义宣担任的中书监和由王球担任的中书令。但这两个人一个人才凡劣、口齿不清（刘义宣），另一个自命清高、不喜俗务（王球），都不是经国治世之才，纯粹是文帝权力均衡政策的棋子和道具。相比这两人，刘湛当然有理由觉得自己才是执掌中书的合适人选。既然殷景仁能在皇帝的耳边说坏话，那我当然也可以找人替我说好话。因此刘湛做出了一个颇受争议的举动：向彭城王义康靠拢。按照史籍的解释，他的目的是“欲因宰相之力，以回主心，倾黜景仁，独当时务”，也就是希望借助刘义康的力量赢得宋文帝的宠信。后世有人认为这个解释并不可靠，因为文帝和义康兄弟失和、主相争权，此时寻求义康的帮助，不是本末倒置么？我倒认为并非如此。其实在刘湛刚开始向义康靠拢之时，文帝和义康的关系还没有恶化，刘湛这时的动机，正如今人讨好领导夫人以拍领导的马屁一样，确实是想赢得文帝的心。不过遗憾的是，事情后来并没有向他预计的方向发展，而是走上了相反的轨道：不是文帝、义康兄弟失和将刘湛推向了义康一方，而恰恰是刘湛接近义康的举动导致了兄弟失和、主相争权。

原因很简单：刘湛身为领军将军，执掌内军兵权（京师禁军分为内外两部分，内军驻防于禁省之内，外军布防于宫城之外），他主动接近彭城王义康的举动打破了朝廷内部的权力平衡。如果义康和刘湛联合起来有所图谋的话，文帝将处于极为不利的境地。以文帝敏感而多疑的神经，他当然知道这意味着什么。所以当义康多次在自己面前赞扬刘湛同时又诋毁殷景仁之时，文帝不但没有提拔刘湛，反而进一步抬升了殷景仁。元嘉十二年四月，殷景仁加任中书令、中护军，仆射领选如故。这样一来，殷景仁一人掌握了人事、诏命、禁军外军三大核心权力，成了文帝阻挡义康、刘湛扩张权势的重要王牌。与此同时，刘湛也得到了加官，只不过加的不是实权要职，而是他早年即已担任过的太子詹事（相当于太子的大管家）。对于文帝以上的人事安排，刘湛气得简直要发疯。为此，他除了借义康之口更加恶毒地诋毁殷景仁之外，甚至和义康的其他党羽联合起来，阴谋策划一起伪装成盗匪的刺杀事件，妄图除掉殷景仁。消息走漏后，殷景仁感叹道，自己当初真是引狼入室，如今这饿狼要吃人啦！于是遂向文帝称病，请求解职。文帝当然不愿意轻易失去对抗义康、刘湛的武器，为缓和紧张局面，便下令将护军府迁到靠近皇宫的西掖门外保护起来，命景仁即家为府、停家养病。从此殷景仁便称疾不出，在家一待就是五年。而此时刘湛知道，自己已经无可避免地丧失了文帝的信任，为私利计，此后只能铁了心跟义康抱成一团。

事情发展到这一地步，朝局虽然表面上没有大的变故，但暗地里已是波涛汹涌。以宋文帝、殷景仁为一方，以刘义康、刘湛及其党羽为一方的主相之争局势业已形成。据说，当时在义康和刘湛的党羽中有一个不成文的规定，谁都不能到殷景仁府上拜访。刘湛的一个下属刘敬文的老爸不谙官场规矩，居然跑到殷景仁那里去求郡守之职。事后刘敬文诚惶诚恐，向刘湛道歉，说父亲老糊涂了才干出这等事来，我们全家都惭愧得无地自容。而殷景仁曾向文帝秘密进言，说如今相王权重，非社稷之福，应该想办法稍加裁抑才是。文帝也曾经对左右说："刘湛刚从荆州回来时，我跟他聊天，常留心天色早晚，因为怕太阳下山，他就出宫回去了；如今我再跟他聊天，仍然留心天色早晚，却是盼他早点回去才好。"

从当时的形势来看，主相双方在实力对比上颇为相近。宋文帝虽然牢牢掌握着中书、外军之权，但除殷景仁外，朝中可信任的大臣并不多。更为致命的是，他自己久疾不愈，甚至最近还有恶化的迹象，一旦不治，诸子年幼，义康若要夺权实在易如反掌。而义康这边虽然经由刘湛控制着禁军内军，但文帝毕竟是当今圣上，不到万不得已，他绝不敢背负叛主弑兄的恶名，况且地方藩镇意向不明，公行篡逆便是冒天下之大不韪。所以对义康阵营来说，最好的情况就是宋文帝自己死掉。

23 自毁万里长城

元嘉十三年初，随着宋文帝刘义隆的病情恶化，主相之间的权力斗争呈现出表面化和公开化的趋势。这年正月，由于皇帝病重，正旦朝会大典没能举行。朝野上下对今上的健康状况忧心忡忡之余，也不免对可能发生的皇位禅替议论纷纷。

当时文帝的太子刘劭只有十一岁，还在永福省居住。在彭城王义康的党羽们看来，这位年幼的太子显然并非合适的皇位继承人。包括司徒左长史刘斌、大将军从事中郎王履、主簿刘敬文、祭酒孔胤秀在内的诸人，皆云“宫车一旦晏驾，宜立长君”。而文帝本人绝不愿意看到这种情况发生。病情垂危之时，他曾一度召义康入宫，准备托以顾命之诏。这一举动表面上是对义康的信任，其实却是想以顾命的方式确定义康和太子的君臣名分。所以当义康回到尚书省，流着泪向刘湛、殷景仁诉说了此事后，刘湛断然说道：“天下艰难，岂是幼主所御？”这话的言下之意，在场之人都心知肚明。然而，义康没有回答，殷景仁也装聋作哑。在凝固的气氛中，双方各自望向别处，心里头则分别算计着自己的小九九。

政治斗争的可怕之处在于，一旦迈入这个旋涡，别说身在其中的人骑虎难下、极难全身而退，就是置身事外的人也可能因为莫名其妙的原因受到牵连。谁也没有想到，就在元嘉十三年年初这个关键节点上，平素与主相之争全然无涉的名将檀道济，居然会成为文帝与义康权力斗争的牺牲品。

元嘉八年檀道济“量沙唱筹”全军而还后，虽然没能挽救北伐失败的战局，但作为刘宋诸将中唯一没让宋文帝颜面扫地的，文帝事后还是给予了嘉奖，不但让他回寻阳继续做江州刺史，还同时进位为司空。后来王弘病卒，檀道济就成了朝廷里资格最老、地位最高的前朝元勋。然而正如刘裕所言，武人出身的檀道济“虽有干略，而无远志”，他对朝廷里的政治斗争既缺乏投入的兴趣，也缺乏足够的敏感。在主相之争的过程中，没有迹象显示文帝曾改变看法，把他当成“自己人”，他与彭城王义康之间更是没有任何瓜葛。在局势波谲云诡的元嘉十三年年初，他之所以被牵涉进来，纯粹是由于他的威名、能力和所处的位置。

前面提到，这时由于文帝已经进入重症监护，身上插满了管子，随时可能报销，以刘湛为首的彭城王义康一党私下里都在为义康上位背书造势，而文帝这边则安排下顾命诏书，试图确立太子和义康的君臣名分。鉴于义康没有对顾命之任公开反对，一旦文帝驾崩，义康以皇叔的身份顾命辅政的局面很有可能成为现实。在这种情况下，如果檀道济像刘裕末年一样同列为顾命大臣（考虑到檀道济贵为司空，这种情况是可能的），那就会成为义康的政治对手；如果义康想像霍光一样以顾命权臣的身份擅行废立，甚至自己篡位登基，那檀道济更是他篡权路上可以想见的巨大障碍。为什么这么说呢？一来是因为檀道济功勋卓著、威名远扬，在军中具有不可忽视的影响力，他手下将吏皆身经百战，几个儿子也颇有干略；二来因为江州地处上流，朝廷一旦生变，便可顺流直指建康（后来孝武帝刘骏便是从江州出兵夺取了政权）。所以刘湛劝义康道：“宫车一日晏驾，则道济不复可制。”义康也深以为然。于是便以朝廷的名义征檀道济入京。

得到朝廷的征召，檀道济并无怀疑，倒是他妻子向氏以女人特有的敏感察觉到了一丝不安，说高世之勋，乃自古所忌，如今无事相召，别是有什么祸事吧？

檀道济到建康之时，正是文帝的病情反复不定的时候。街巷间流言四起，充斥着不知道哪里传来的小道消息，一会儿说皇帝已经龙驭宾天，一会儿又说彭城王已经登基坐殿。檀道济在馆驿里苦苦等了一月，也不见皇帝召见。这一日忽然朝廷降旨，说圣体稍安，已无大事，檀司空可以回江州了。满腹狐疑的檀道济束装上了船，船还没开出秦淮渚，宫里传旨的太监又飞奔而至，说皇帝相召。原来，此时文帝再次病发，人事不省，彭城王义康怕檀道济就此一去不可复返，急忙矫诏把他又叫了回来。中使以传旨为名，将檀道济诱入了道旁专为送行祈福的棚屋。他刚一入内，埋伏好的军兵便围了上来。道济见状即明白了是怎么回事，气得眼中冒火，一把扯下头上巾帻，投地怒道："竟自坏汝万里长城！"不久，檀道济便被收付廷尉，以莫须有的谋逆罪名和几个儿子一起被处死。晋末宋初的一代名将，就这样因统治者之间的权力之争被无辜冤杀。据说后来北魏方面听说了此事，都暗喜道："檀道济这一死，吴子辈不复足惮。"

不过话说回来，在这个时间点上，如果宋文帝一口气没能挺住，就此挂了，那遭殃的绝不止檀道济一家，刘宋政权之后的历史恐怕都要就此改写。幸运的是，三十岁的刘义隆的生命力尚足够强劲，终于熬过了这次危机。事后他得知，在自己人事不省之时，义康的党羽孔胤秀等曾私下到尚书仪曹索取东晋咸康末年立康帝时的典仪档案（晋成帝死，其子年幼，权臣庾冰拥立其弟即位，是为晋康帝），刘湛的不当言论也传入了他的耳朵。大概就从那时起，文帝已经决计要彻底铲除刘湛和义康的势力。而檀道济之死，虽然也很可惜，但相比朝中差点发生的不测之变，反倒成了一件小事。何况宋文帝原本就对这位参与过废杀少帝刘义符的猛将不太放心，说不定心里反倒卸下了一个包袱。

无论如何，随着宋文帝的生命日渐远离死亡威胁，最危险的时刻已经过去。到了第二年正月，文帝甚至可以亲至南郊祭天，说明他的健康状况的确有了好转。而对于义康一方来说，虽然他们的权势尚且没有受到损伤，但抢班夺权的可能性正在日益缩小。在接下来的几年里，朝廷里依然存在泾渭分明的两派：以殷景仁为首的“保皇党”和以刘湛为首的“相王党”。之所以文帝没有对义康、刘湛立刻采取行动，一方面是因为他的身体尚未完全恢复，一方面也是因为他觉得时机和把握都不成熟。于是文帝依然以养病为辞深居简出，任由义康处理政务，与此同时，则暗中与同样在家“养病”的殷景仁密切联络，牢牢控制着中书和外军之权，据说两人之间的往来密函，多的时候一天能有十几封。当时，有一个名叫庾炳之的大臣时常在两人之间奔走联络，他还利用跟刘湛的私交经常刺探义康一党的行动，秘密向文帝汇报，所以文帝对局势的发展了如指掌。在重要的人事任命上，文帝也开始跟义康抢夺控制权。当时京师建康划属扬州丹阳郡，刘义康想以其党羽刘斌为丹阳尹，和文帝聊天的时候大谈特谈刘斌家贫。文帝对他的心思早已看穿，他还没说完，文帝就说：“那就让刘斌当吴郡太守吧。”三吴之地是江南最为富庶之所，文帝这么一说，义康也就不好再说什么。事后丹阳尹这个职位文帝就给了何尚之。再后来，会稽太守羊玄保求还，义康又欲以刘斌继任，文帝当时根本没考虑好，仓促间只好骗义康说，自己已经任用了王鸿。

而除了以上措施之外，义康对皇位的觊觎也让文帝意识到，兄弟之间的感情再好，在利益面前终究还是靠不住，于是此后他开始更加注重培植太子和其他几位皇子的势力，以平衡几个弟弟在地方各掌大权的局面。元嘉十五年（公元438年），文帝命十三岁[①] 的太子刘劭入居东宫，并且纳黄门侍郎殷淳女为太子妃。第二年，他又为年仅十四岁的刘劭加元服，举行了成人礼。与此同时，文帝还封第二子始兴王刘濬为南豫州刺史，武陵王刘骏为湘州刺史，各自出镇地方，拱卫皇畿。这一时期，为了防范义康和诸弟，文帝还采取了一项类似双刃剑的措施：东宫置兵与羽林等。有资料显示，当时东宫建立了一支在建制和规模上不输皇宫

① 刘劭纳妃和加元服的年龄，按《宋书》本传则为十二岁、十三岁，这与《文帝纪》《资治通鉴》的记载相龃龉。今从《通鉴》及《帝纪》。

宿卫的军队，总数不下万人。有这样一支庞大的军队保卫，太子的安全自然得到了保障。但与此同时，它也像一个肿瘤出现在了皇权政治的肌体内，如果任其生长、不加遏制，迟早会恶化成威胁生命的不治之症。

24 相王党的覆灭

元嘉十六年（公元439年）春，宋文帝降旨，封彭城王义康为大将军，领司徒，余官如故。在外人看来，这意味着彭城王在朝中的地位再进一步，声望权势几达顶点，也显示了皇帝本人对这位弟弟的无比宠信和棠棣之情。

然而，当事人义康和刘湛的感觉却未必如此。这两年，文帝的身体状况越来越好，不久前甚至还亲至北郊，参加了阅兵典礼。原来指望他发病暴卒、乘机夺权的想法如今看上去已经不大现实了，而太子刘劭的长大成人更是让义康继统的合法性受到了严重削弱。与此同时，由于文帝的刻意防范和严密控制，义康一党的影响力始终被排除在至关重要的中书省和外军之外，新加的大将军尊号只是虚名，对实际权势的扩张无济于事。此外，在当时刘宋国内的十几个方镇当中，刘义康也拉拢不到支持自己的武装力量，所以武装政变也不是一个合理的选择。主相之争发展到今天这个局面，除非出现意料之外的帮助，否则义康一方毫无胜算。好在他们兄弟二人虽然暗自斗法已经持续了好几年，但表面上始终维持了兄友弟恭的关系，谁也不曾捅破这层窗户纸，闹得大家撕破脸。所以尽管处处被动，但刘义康却并不愿像当初王弘那样急流勇退，轻易交出自己的权柄。

而义康一党的关键人物刘湛，此时似乎也意识到了自己的失败将是不可避免的。《宋书》记载说，刘湛近年只要生下女儿，就偷偷弄死。如果这则材料不是出于后人的诬陷，那就只能说明，刘湛已经预见到了自己的悲惨下场。因为按照当时的法律，死罪之家的女眷将被没为官奴，他亲手杀死自己的女儿，正是为了避免她们将来受到苦难和凌辱。

转过年来，刘湛的生母又死掉了。前面交代过，刘湛幼年便过继给了伯父刘淡，所以他有两个母亲。少帝在位时他嫡母去世，他就曾丁忧去职，这次生身母亲亡故，照例要去官服丧。因为按照那时对于士人的道德标准，父母去世如果不丁忧还籍，便是大大的不孝，将会受到舆论的强烈谴责，从而失去安身立命乃至为官仕进的人格基础。所以刘湛明知这一去将权柄尽失，落入任人宰割的境地，但仍然不敢不遵从丁忧之例。他只能无奈地对亲信感叹道："今年我等必败。平常全靠口舌之争维持，才得以迁延到今日。如今遭此凶事，天意如此，恐怕过不了多久便要祸难临头了呀！"

刘湛预计得没错。从去年秋天开始，文帝便再也没光顾过彭城王义康的府邸，显然已经有所谋划了。现在刘湛因丧离职，义康一党对禁卫军权的控制立刻便化为了乌有，文帝岂能放过这个天赐良机？元嘉十七年（公元440年）五月刘湛去职，十月，文帝便对义康一党动手了！

这一天，西掖门旁边的护军府里，殷景仁的家人们都感到奇怪，因为老爷居然把箱子底的朝服衣冠找了出来，命下人拂拭干净。这一晃，殷景仁已经在家养病五年了，由于号称得了"脚疾"，五年来他大门不出二门不迈，也极少见客，上朝的衣冠已经许久不曾穿用了。到了晚上，在夜幕的掩护下，一乘小舆将殷景仁载入了皇宫北部的华林园延贤堂。在此，他见到了虽然日日密信往来但五年不曾得见的皇帝刘义隆。君臣二人来不及感慨，立即着手布置捉拿刘湛等人。实际领队执行的人，是殿中将军沈庆之。

沈庆之出身江东大族吴兴沈氏，跟晋末名将沈林子是同乡，少年时便以勇闻名。但此人大器晚成，三十岁时还未做官，三十六岁才当上官职六品的殿中员外将军。后来他参与了元嘉七年的北伐，并一度在檀道济帐下听命。檀道济慧眼识人，回来后向文帝推荐说沈庆之忠谨晓兵，文帝就专门安排他把守禁省的东掖门。照当时的官制，殿中将军归左、右卫将军统领，左、右卫将军又是领军将军的下属，所以沈庆之在相当长的时间里实际上是归刘湛管的。可是现官不如现管，东掖门的地位极其重要，刘湛对沈庆之也想加以笼络。有一次他对沈庆之说，你在禁省当值已经很久了吧，最近你这个职位又要评定考绩了呀！一般人遇到这种情景，大多都会顺着话头儿奉承上几句，说些什么全靠大人栽培之类的屁话。然而沈庆之却一脸严肃，说下官在省当值已经十年了，该迁转时自会迁转，不劳大人费心！当下就把刘湛弄了个大红脸儿。这事儿后来可能传入了文帝的耳朵，文帝便知此人确实忠谨可用，所以这次才专门叫他领兵。

当天晚上，文帝叫人开门把沈庆之叫了进来。见沈庆之一身戎装、面色凝重，文帝故作吃惊状问道："卿何故如此戎装？"沈庆之答道："夜半唤队主，不容缓服。"常识而言，戎装面见圣上是相当失礼的行为。但沈庆之显然预感到了将有大事发生，所以不及换上常服。文帝点头称许，随即命沈庆之率禁军如此这般行事。

白天不明就里的彭城王义康被召入宫里值班，此刻已经被软禁在了中书省。沈庆之的任务便是抓捕其党羽刘湛、刘斌、刘敬文、孔胤秀等人。由于刘湛已经丧失了兵权，抓捕行动进行得异常顺利，不多时义康一党便尽数落网，付之廷尉。考虑到彭城王义康毕竟是亲生兄弟，又没有他意图谋反的确凿证据，文帝决定将所有罪状都推到刘湛等人身上，而对义康则只是下诏谴责他御下不严。义康上表请罪，请求引咎辞职，文帝便将其外放出任江州刺史。至于刘湛、刘斌等八人，则即日于狱中诛杀，余者流放的流放，免职的免职。曾经权势熏天的相王一党，就这样灰飞烟灭。

在这一事件中，时任骁骑将军的徐湛之也被牵涉进来。由于骁骑将军也是领军将军的属下，所以徐湛之平常跟刘湛走得很近，这次刘湛被杀，照理他也在株连之列。但这位徐湛之可不是一般人物，他的老爸就是刘裕的女婿徐逵之，老娘乃会稽长公主，也就是文帝的大姐刘兴弟。听说儿子有生命危险，会稽公主柳眉倒竖，怒气冲冲地闯进宫来，见了皇帝不拜不跪，呼天抢地就是一阵大哭，末了把一件破布袄往地上一扔，道："你家本贫贱，这是你妈当初给你爸纳的衣服！如今你吃上饱饭才几天，竟然就要杀我的儿子了！"原来那件破布袄确实是刘裕尚未发迹时在河边伐荻时所穿，是刘裕的元配夫人臧氏亲手缝制的。刘裕富贵后，臧氏把破袄交给了大女儿，说你好好留着，以后可以搞个爱国主义教育啥的，谁要是忘了本，就拿给他看！于是会稽公主便在这时把它甩了出来。文帝本是胡婕妤所生，跟会稽公主不是一个妈，但毕竟人家是自己大姐，徐湛之又非首谋，当下便陪着她抹了半天眼泪，随后就赦免了徐湛之。

事后，在中书省软禁了十来天的彭城王义康终于被允许离开了。他虽然被委以江州刺史的名头，但其镇治则非长江中游重镇寻阳，而是南迁到了内地豫章。而且文帝还专门指派萧斌出任义康的咨议参军，领豫章太守，代替他处理江州的全部政事，又安排龙骧将军萧承之领兵看守。虽然文帝允许义康携带左右亲随赴任，平日里也供奉赏赐甚厚、书信不绝，但实际上仍是把义康当政治犯关了起来。

离京之日，义康在省内向文帝辞行，随后便出城登舟而去。整个过程里文帝除了对他恸哭之外，一无所言。

沙门慧琳奉文帝之命到江边相送，义康问他道："不知弟子可有还理？"

慧琳双掌合什，缓缓答道："恨公不读数百卷书。"

义康低头不语，似乎明白了什么。

25 幼王出镇

元嘉十七年冬，随着刘湛等被杀和义康被放黜，刘宋政权内部持续多年的主相之争局面宣告结束，文帝对朝廷人事开始了新一轮重组。

义康空出来的司徒、录尚书事的头衔，文帝给了六弟江夏王义恭；扬州刺史的职位，则给了立下大功的殷景仁。禁卫军权也进行了调整，殷景仁不再兼任护军将军，而转由帝甥徐湛之担任，领军将军的职位则先后给了宗室近亲的刘义融（刘道怜之子）和赵伯符（刘裕生母赵安宗之侄）。

在刘裕诸子当中，义恭从小最受父亲宠爱。刘裕生性节俭，在饮食服用上对几个儿子管得都比较严，唯独对义恭不加限制，所以他很早就养成了生活奢侈的习惯。这次他虽然代替义康成为司徒、录尚书事，但鉴于义康之败，只把总录一职视作虚名，一切政务都等着文帝交待再处理，自己只是奉行文书。这一来文帝对他自然就放了心。考虑到这位弟弟一贯生活豪奢，文帝还每年调拨三千万钱专门供给相府花用。

殷景仁就任扬州刺史后，从西掖门旁的护军府迁到了都城外的西州城居住。可说也奇怪，不知道是因为五年养病期间假戏真做确实得了病呢，还是因为多年的勾心斗角消耗光了他健康的脑细胞，总之殷景仁刚刚接过扬州刺史的印绶，神智就不大正常起来。他本来是一个性情宽厚之人，却忽然间变得暴躁多疑起来，还时不时地经常说出一些“今年男婚多？女嫁多？”这样莫名其妙的鬼话。

这年冬天建康大雪，殷景仁乘舆出门观望，忽然大惊失色道：“府门前何时有了一棵大树？”左右摸不着头脑，因为眼前一片空阔，哪里有什么大树啊？既而殷景仁又自言自语道：“难道是我看错了？”据此推测，他这时大概是患上了某种脑瘤或精神疾病。

听说殷景仁得了怪病，文帝伤叹不已，一边派人探视，一边下诏严禁西州城外有车马噪杂之声，后来干脆又把他搬到尚书下省居住。然而殷景仁的病情并没有好转。据说他只要一躺下睡觉，就见到刘湛的鬼魂前来作祟。十一月二十九，也就是刘湛被杀还不到两月，殷景仁也一命呜呼了。

殷景仁死后，尚书仆射一职转由王球担任，扬州刺史的职务则给了文帝的第二子始兴王刘浚（十二岁）。同时，其第三子武陵王刘骏（十一岁）转为南豫州刺史，第四子南平王刘铄（十岁）出任湘州刺史。

这时，整个刘宋的政治格局，从中央要职到地方藩镇，大多是由宗室近亲控制。在宗室之中，则是刘裕诸子日益受到防范和限制，文帝诸子开始出任方面。

刘裕诸子当中，老四义康如前所述，已经被文帝迁至豫章，形同软禁；老五义宣出镇南徐，但其天生舌短、人才凡劣，从来就没被文帝视作竞争对手；老六义恭名为总录，其实却是尸位素餐以避擅权之嫌；老七义季时任荆州刺史，他虽然是文帝最亲近的弟弟，但向来嗜酒，自从义康出事之后更是每天作长夜之饮，清醒的日子还没酣睡的天数多。显然，文帝与义康之间的冲突以及随后义康的倒台警醒了刘裕其余诸子，为了避嫌避祸，他们不约而同地采取了比较消极的生活、处事方式，甚至连并非文帝亲兄弟的临川王刘义庆也受到了影响。

刘义庆本是刘裕二弟刘道怜之子，但因老三道规无嗣，他后来就过继给了道规为子。刘道规是刘裕兄弟辈中最有干略之人，少年时的刘义庆颇有父风，以骑乘为事。但他长大后才发现，政治圈实在是太黑暗、太残酷了，尤其是义康被放黜后，刘义庆深感世路艰难，遂“不复跨马”[①]，转而潜心于文艺事业。他虽然历任荆州、江州、南兖州刺史，但心思都放在了编书著述上。就是在这种背景下，他编出了我国历史上第一部“段子”合集《世说新语》。

眼见几个弟弟不思进取，文帝自然十分欣慰。但他另有发愁之事，那就是虽然自己的几个儿子都被任命为方镇大员，可毕竟年龄尚幼，难以独当一面。于是他转而任命一些有才干之人出任幼王的上佐（长史、司马、主簿、从事中郎等），代替他们行府州事。也就是说，刘骏、刘铄等幼王只是藩镇名义上的首脑，实际事务则由这些上佐和“行事”处理，由于他们直接对皇帝效忠，这一手相当于加强了皇权。例如当时担任扬州刺史的始兴王刘浚只有十二岁，州事就全部交给了长史范晔和主簿沈璞。其实这种幼王出镇的情况早在刘裕时期就已经出现了，义真、义隆、义康、义恭等出任外藩之时都尚未成年。但一件政策刚出现的时候大多只是权宜之计，后来持续贯彻，便会成为一种实际上的制度。所以从这时起，可以说幼王出镇便成了贯穿刘宋王朝，甚至整个南朝的一项特殊制度。据学者统计，刘宋一代共有幼王出镇三十二人，其中十岁以下者十九人，十一至十七岁之间者十三人，在南朝各代中人数最多，最富代表性。

这一时期的宋文帝，一手借助刘姓宗室压制异姓士族，一手又经由幼王出镇加强皇权，真可谓长袖善舞、左右逢源。国家除了跟北魏争夺城池发生了点儿边境争端，其余也没什么大事。政治上诸事顺遂，心情就好；心情好了，身体也迅速恢复健康。元嘉十九年（公元442年）四月，宋文帝在久病初愈之后，首次举行了夏季祭祀宗庙的典礼，随后大赦天下，以兹庆贺。

自打身体恢复了健康，文帝的性生活也恢复了正常。史料记载，文帝总共生有十九个皇子。统计他们的出生时间可以发现，在元嘉十三年

---

① 参见周一良《魏晋南北朝史札记》之“刘义庆传之‘世路艰难’与‘不复跨马’”条。

到十九年之间只有四位皇子出生，这说明从十二年到十八年是文帝性生活的低潮期，这一点也与他病情严重的时间大致吻合。而从十九年到二十五年的六年间，文帝又一口气生了八位皇子，这显然说明十八年之后他又恢复了精力旺盛的性福状态。

除了造人工作之外，文帝的日常宴饮活动也多了起来。大概就在这段时间，有一次文帝到大姐会稽长公主家去做客。酒宴正欢之时，会稽公主忽然离席拜倒，悲不自胜。文帝十分诧异，不知道姐姐到底是闹哪样，连忙过去将她扶了起来。原来会稽公主想起了远在豫章的弟弟义康，她了解文帝的性格，生怕时间久了，义康迟早不被文帝所容，所以便借这个机会替义康向文帝请命。面对恸哭的姐姐，文帝也潸然落泪。他好言安慰了一番，末了指着远处的蒋山说道："大姐尽可放心，朕若违此誓，便是负初宁陵！"初宁陵是刘裕的陵墓，位于蒋山之上。有了文帝的保证，会稽公主这才止住了啼声。事后文帝还把那天和姐姐一起饮剩的残酒封了半坛，派人送给了义康。终会稽公主一生，文帝都没把义康怎么样。

然而遗憾的是，会稽公主只活到了元嘉二十一年（公元444年）。后来的事情，则有了变数。

26 妄人与愚人

元嘉二十二年（公元445年）九月十七，宋文帝率文武百官北出建康宫，至广莫门外的武帐冈，为即将分赴徐州和豫州上任的衡阳王义季和南平王铄饯行。事先文帝曾嘱咐诸位皇子，说你们先不用吃饭了，饯行时自有酒食。结果直等到天色向晚，也没见到有饮馔供应，几位皇子都饿得不轻。这时文帝才说，你们从小娇生惯养，不识民生疾苦，今天故意饿你们一下，让你们知道饥苦的滋味，懂得勤俭节约的道理。

这次忆苦思甜的革命教育结束之后，宋文帝就起驾还宫了。整个过程里他没有察觉到有什么异样之处。

不久后，当时已经改任丹阳尹的徐湛之忽然向皇帝密报，说散骑侍郎孔熙先勾结太子詹事范晔，意欲拥立彭城王义康谋反，武帐冈之行，他们曾安插内应意图行刺圣上。自己之所以了解此事，是因为孔熙先和范晔曾想拉自己入伙。

徐湛之的密报令文帝震惊，但他很快便冷静了下来，随后命徐湛之暂且不要声张，而是伪装入伙，打入敌人内部，摸清楚他们的计划和组织，到时好将这伙逆党一网打尽。

十一月，执行了无间道计划的徐湛之再次上表，进一步披露了孔、范诸人谋反的证据和更多细节。文帝随即决定对涉案人员实施抓捕。当晚，孔熙先、范晔、谢综等谋逆之徒悉数落网。在文帝的主持下，廷尉方面对案件嫌疑人进行了审问。

谋反事件的始作俑者，是鲁郡人孔熙先。鲁郡孔氏号称孔圣人之后，在当时名列高门。孔熙先的父亲做过广州刺史，伯父则是著名的隐士。除了家传儒学之外，孔熙先博学多才，文史星算，无不兼通，尤其喜欢纵横之学。这样的人如果放在东汉末年或者战国乱世，说不定能跟孔明、苏秦掰掰手腕，至不济也能混成许攸、陆贾一般的人物。然而孔熙先却生在了南北分裂已成定局之时，不论是北方的拓跋焘还是南方的刘义隆，都在狠抓中央集权，纵横之学无用武之地，他只能靠门荫出仕，在散骑侍郎的五品职位上一待就是很多年，既不为人所知，又毫无升迁的希望。他之所以意图谋反，除了想一展所长、博取功名之外，更是因为多年的星算数术实践让他得出了一个可怕的预言：当今圣上将死于非命，而且是骨肉相残，之后江州应出天子。孔熙先认为，骨肉相残指的是文帝和义康兄弟相争，而当时义康羁押的豫章正属江州，这则预言暗示义康将取代文帝成为国之新君。恰好早年孔熙先的父亲任广州刺史之时，义康曾对他有恩。孔熙先遂决定竭尽全力扶保义康以成大业。

当然，孔熙先也知道单凭自己难以成事，于是便在朝廷里寻找可能的同谋者。经过一番分析和观察，最后他找到了范晔。

范晔这个名字可能很多人都听说过，他便是“前四史”中《后汉书》的作者，著名的历史学家。他的父亲是前面多次提到的功勋老臣范泰。然而鉴于范晔后来被定性为意图谋反的逆贼，宋代的史官对他多有丑化污蔑之语，所以我们对于有关范晔的记载要抱以审慎的态度，不可全信。例如，据说范晔是他娘在上厕所的时候不小心生下来的，当时因为脑门磕在厕砖上留下了伤疤，所以小名就叫砖儿。又说范晔个子不高，长得又胖又黑、眉毛稀少、头发光秃等等，似乎一看就不是正人君子。史料还说，范晔这个人薄情寡恩、行为不端，生活作风上很有问题，当时士流中人都瞧不起他。按理说这种人是不应该被朝廷重用的，但鉴于他很有才学，文帝还是给了他机会，甚至在刘湛等彭城王义康的党羽被清除后还让他当了左卫将军，与右卫将军沈演之对掌禁兵，得以参知国家大事。但范晔生性恃才傲物、轻躁好胜，自觉才能得不到施展，反而有郁郁不得志的辞色。吏部尚书何尚之为此曾跟文帝说，范晔这个人志趣异常，最好外放去当广州刺史，留他在朝廷之内的话，如果将来生出事端，就不大好了嘛！文帝的回答是：“这会儿刚杀了刘湛，如果再放黜范晔，显得你们眼中容不得人才，朕是受谗言蛊惑。既然咱们都知道范晔是那种人，多长个心眼儿就是了，他弄不出多大事来。”

无论如何，可以肯定的是，范晔确实在人际关系方面处理得不大好。在一篇如何制作上等熏香的论文的序言中，他曾经拿各种香药暗比朝廷当权诸人，其中大有讽刺臧否之意。其中如“麝本多忌”，是比喻庾炳之；“零藿虚燥”，是指何尚之；“詹唐黏湿”，是说沈演之；“甲煎浅俗”，则是说徐湛之；至于自己，则是“沉实易合”。而上述诸人对范晔的评价也大多不高，何尚之、沈演之都曾在文帝面前说过范晔的坏话。

更糟糕的是，在跟文帝的关系上，范晔也不大会拍领导的马屁。据说范晔虽然长得土肥圆，但弹得一手好琵琶，还会自己作曲。文帝一直以来很想听他弹奏，屡次加以暗示，可范晔却假装没听懂，就是不肯向皇上献艺。有一次宴会，文帝实在耐不住了，直接对范晔说朕想唱歌，你伴个奏吧！范晔这才弹了一曲。但文帝歌声刚落，他就停下不弹了，说到底还是不想以技艺谄媚皇帝。

总之，范晔虽然很有才华，但却似乎并不是个易于相处的人。这种性格上的缺陷后来显然影响到了他在官场的发展。史籍说，范晔与沈演之对掌禁兵、同参政事的那段时间，常常一起受到文帝的召见。范晔要是先到，文帝一定等到沈演之来了才让他们进来；而沈演之要是先到，文帝往往不等范晔就跟他单独会谈起来。这种差别待遇让心高气傲的范晔愤愤不平，攒了一肚子的牢骚。后来文帝不知是听了何尚之、沈演之的坏话，还是对范晔不肯为自己弹奏琵琶怀恨在心，干脆用明升暗降之法，将范晔由左卫将军改任太子詹事。太子詹事虽然高出一品，但相比统领宿卫的左卫将军，显然非亲要之职。而与此同时，“詹唐黏湿”的沈演之则荣升为内军统领的中领军，这一来，范晔就更郁郁寡欢了。

也就是在这时，一心想要拥立义康的“妄人”孔熙先找到了情商不高的“愚人”范晔，劝说他加入自己的计划。

27 莫名其妙的谋反

因为原本两人并不熟识，为了接近范晔，孔熙先事先还是颇下了一番功夫的。他先结交了范晔的外甥、年轻的谢综，每天拉着谢综吃喝玩乐，饮酒赌博。以前孔熙先的父亲在广州刺史任上，搜刮了不少钱财。孔熙先就利用赌博的机会，故意多输钱给谢综，一来二去，两人相处甚欢，谢综就把孔熙先介绍给了舅舅范晔。孔熙先如法炮制，还是故意输钱给范晔。范晔既贪图这送上门来的便宜，又欣赏孔熙先的文章才华，两人遂成了无话不谈的莫逆之交。

这时，孔熙先才露出了自己的真实目的。他先是在言辞中以弦外之音试探，见范晔没有回应，于是便直截了当地以种种不如意的事情刺激范晔，尤其强调朝廷对范晔怎么怎么不尊重，皇帝对他怎么怎么不欣赏，甚至拿皇室不与范家通婚来说事。虽然如此，范晔还是默然不答。

在这里，宋代的史官再次介入，替读者做出了判断。史书说范晔虽然默然不答，但“其意乃定”，也就是默认了孔熙先的劝说，从此拿定了谋反的主意。可实际上范晔本人在案件审理的过程中从来就没有承认过这一点。刚刚被抓的时候，面对文帝的质问，范晔辩解说，如今宗室手握重兵拱卫在外，任何人想要谋反，就算能侥幸成功，面对各方镇的发兵讨伐，其结果一定是被诛灭，自己怎么会干出这等蠢事呢？再说，自己虽然没有位极人臣，但官位也不低，家里又不差钱，也不至于就为了官职上差个一两级，就拿灭族的危险来换吧？所以按照范晔自己的说法，他根本就没有谋反的动机。

此外，范晔与彭城王义康的关系也很一般。他虽然早年做过义康的僚属，但后来因为在义康的母亲彭城太妃的丧礼上表现无礼而触怒了义康，被义康贬到宣城当了太守。就是在这段失意的岁月里，范晔才编纂出了《后汉书》。义康被文帝放黜到豫章后，范晔的外甥谢综作为义康的府佐，一度随侍在旁。据说义康曾经由谢综和其心腹仲承祖向范晔表达过“往事不必再提，咱们还是好哥们儿”的意向，但范晔绝不像孔熙先那样是义康的脑残粉，应该犯不上为了他去冒掉脑袋的风险。

而且，就在孔熙先对范晔进行了劝说之后，范晔居然借机向文帝建议，应该将义康明正典刑、以儆效尤！对这一行为，史籍的解释是范晔“既有逆谋，欲探时旨”，说他是为了刺探文帝的意向，所以才故意说反话。但我认为并不是这样。从范晔后来的供词判断，这时范晔虽然知道了孔熙先的意图，但“轻其小儿，不以经意”，并没有答允加入，而是处于知情不报、希望此事到此为止的心态。用他自己的话说，就是“又冀其事消弭”。他之所以向文帝建议杀掉义康，一来是为了故意显示自己与义康并无瓜葛的立场，二来也是希望义康死掉，孔熙先的异图自然烟消云散，于人于己便都少了一件麻烦事。

但文帝并没有采纳范晔的建议，孔熙先也并非异想天开的小儿。他不但跟义康方面秘密建立了联系，而且找到了另一位朝廷大员：丹阳尹徐湛之。

前面说过，徐湛之本来跟刘湛、义康的关系就很好，所以在刘湛被诛时才差点儿被文帝一起杀掉，只是由于会稽长公主求情才得以免罪。此时他官至征虏将军、丹阳尹。经历了刘湛一事，徐湛之早就明白了“不怕入错行，就怕站错队”的道理，所以当他听说了孔熙先的异谋之后，立刻便向文帝密报。大概在劝徐湛之入伙之时，孔熙先暗示范晔也加入了自己的计划。文帝得知后，便命徐湛之假意入伙，执行“钓鱼”行动，以便摸清楚整个谋反团伙的底细。

事后看来，很可能正是徐湛之的加入让范晔的立场发生了变化，使得他放弃了对于谋反行动置之不理的态度，转而产生了“试试也无妨”“万一要成了呢”这样的投机心理。因为据徐湛之的证词，范晔曾上门拜访。而徐湛之由于得了文帝的密令，很投入地扮演起了谋反者的角色，不但自己很卖力，而且“联络”了好友臧质和萧思话。这两人都在外地当刺史，最近正要进京述职。徐湛之说：“臧质已经入伙了，他年内就要回来，我已经通知他带上自己的门生义故，他应该明白是怎么回事，所以可得健儿数百。臧质与萧思话关系很好，肯定会邀请他加入，这两人并受大将军（指义康）眷遇，必无异同。萧思话手下的三州义故，总数不会比臧质少。而我丹阳郡中文武，再加上诸处侦逻之卒，亦当不减千人。不忧兵力不足，只要不错失时机就好。”

参考孔熙先拟定的檄文，可以推测当时制订的造反计划，应该是由范晔率禁军中的内应、一个叫许耀的军官杀死文帝，然后将弑君的罪名诬陷到即将担任护军将军的赵伯符头上。这时再由徐湛之、臧质、萧思话等人各率所部杀死赵伯符，弄成死无对证，孔熙先等再迎立义康入继大统。

当时宫中的禁卫兵权由中领军沈演之掌握，范晔虽然担任过左卫将军，但此时已经调任太子詹事，他们能倚靠的人实际上只有那个名叫许耀的禁军军官。且不说这个计划执行起来难度如何，其实卧底的徐湛之根本就是顺嘴胡说，臧质、萧思话根本就没有加入谋反行动，他们甚至可能压根儿就不知道这回事。因为后来范晔、孔熙先被处死后，臧质和萧思话没有因此受到文帝任何实质性的惩罚。萧思话被封为侍中，领太子右率，之后一直是文帝朝的重臣；臧质虽然被贬职为太守，但多半是因为他不小心容纳叛党在身边当了参军（支持义康的法略和胡遵世都在臧质帐中效力过），如果他真的意图谋反，绝不会仅仅只是贬职了事。

无论如何，这个谋反计划范晔是知道的。至于他在其中扮演的角色是否如徐湛之声称的那样，依据现有的史料不好加以判断。虽然范晔自始至终只承认自己知情不报，不承认有心谋反，但几个证据明显对他不利：除了孔熙先、徐湛之，甚至他的外甥谢综一致指认他之外，当文帝展示缴获出的、怀疑是范晔亲手所写的书信之时，他也没能加以否认。他之所以觉得冤枉，一来是觉得自己不是首谋，二来如果不是因为徐湛之“钓鱼执法”，他也未必会涉入这么深。正因此，范晔一方面在遗书中承认自己的性格有缺陷，属于“狂衅覆灭”，一方面又对坑了自己的徐湛之耿耿于怀，说自己死后要跟他“相讼于地下”，做鬼也不放过他！

归根结底，不管是知情不报也好，还是被钓鱼执法坑了也好，冤与不冤，裁定权都在皇帝手里。文帝说你谋反，你就是谋反，而且还是首谋，杀头的时候要排在第一个，回头还要写进史书，钉在历史的耻辱柱上，谁让你名头最响、官位最高呢？

十二月十一日，范晔、孔熙先、谢综及其子弟亲党十余人皆被斩于建康市。而牵涉其中的彭城王义康，虽然没有被处死，但却被一撸到底，免为庶人，从皇族中开了出去。彭城王义康从此不复存在，只有小民刘义康。为了防止小民刘义康四处上访，不利社会稳定，文帝还将他迁徙到偏僻的安成郡（今江西安福）居住，命宁朔将军沈邵为安成公相，领兵看守。

这一天，已经困守安成郡的刘义康无所事事，翻看史书，忽然看到了汉初淮南王刘长的事迹。刘长是高祖刘邦的幼子、汉文帝刘恒的少弟，他曾经同样仗着皇上亲弟的身份骄纵贪暴、横行一时，也曾经同样因牵涉进一起莫名其妙的荒唐谋反事件而被废为庶人、迁徙远方。看到这里，义康废书长叹道：“原来前代亦有此事，我之得罪为宜也。”

不知道这时，义康有没有想起慧琳和尚说他“恨公不读数百卷书”的话。

其实读书百卷又能怎样。

历史总是惊人的相似，可谁又真的从中吸取过教训呢？

28 悬瓠之战

人类有一种劣根性，叫健忘。

他们不但不会从史书记载的陈年往事中吸取教训，甚至不久前自己亲身经历过的事，也会以一种奇妙的机制选择性地遗忘。而且就算没有忘掉，至少也可以装作不记得。

元嘉二十五年（公元448年）春，宋文帝刘义隆在城北的宣武场搞了一次军容盛大的阅兵式，随后又进行了持续一个月的操练和演习。皇帝声称，这是昭示国力、安不忘危之举，也是增强军队凝聚力和战斗力的重要举措。不久，宋国大举阅兵的消息传入了北魏。魏主拓跋焘知道，一晃近二十年过去，刘义隆这是好了伤疤忘了疼，又起意想北伐收复河南了。

近二十年间，宋魏之间不是没有摩擦，但战争的规模都不大，持续的时间也较短，所以大体而言，两国之间还是维持了相对和平的关系。双方不但有频繁的使者往来，甚至一度传言，北魏的太子拓跋晃想要与宋文帝的女儿和亲，最后因为公主不幸病卒，这次通婚才不了了之。在宋文帝身染重病或忙于处理义康、刘湛、范晔事件之时，拓跋焘则东征西讨，先后削平了北燕和北凉，一统北方，国力又有了进一步的增长。这时，别说宋朝要来北伐，就是他不来，拓跋焘还琢磨着什么时候南下呢，如今正好借此机会遛遛马，刺探一下刘宋的虚实。

太平真君十一年（公元450年）二月，挟去年大胜柔然之威，拓跋焘会猎于梁川（似在今内蒙古凉城东北），随后以行幸洛阳为名，统领步骑十万南渡黄河，直奔刘宋腹地杀来。

宋国方面虽然之前对拓跋焘的动向有所察觉，但并不知道魏军的规模和攻击点，所以文帝只是对边郡守宰笼统交待道：“若魏寇小至，则各坚守；大至，则徙民归寿阳。”结果由于侦察工作差强人意，当北魏大军深入汝、颍境内后，刘宋方面才意识到敌军有十万之多。南顿、颍川两郡的太守见状，坚决贯彻皇帝事先交待的不抵抗政策，立刻弃城而逃。这样一来，豫州地区淮河以北的屏障就只剩下了汝水支流交汇处的悬瓠（音hù）城（今河南汝南）。

当时把守悬瓠的是行汝南太守陈宪。面对北魏十万大军的围攻，这位代理市长毫不畏惧，率领阖城百姓和手下不足千人的军兵打响了守城战。魏军伐木造高楼，楼上施弩以射城内，悬瓠城中飞矢如雨，守军汲水之时不得不将尸体扛在身上来防御；魏军捣毁了城外的佛寺，将铜佛熔铸成大钩装在冲车之上，想要拉倒城上的女墙，这一来，城里的和尚也加入了守城队伍；魏军用蛤蟆车填平了壕沟，肉搏登城，陈宪则督率将士拼死抵挡，守军以一当百，杀敌无数，尸体堆积城外几乎与墙齐平，汝水为之不流；南城失陷，陈宪又在内赶筑重城，继续固守。这场战役持续了四十多天，魏军却还是啃不下悬瓠这块硬骨头。

战事进行过程中，镇守寿阳的南平王刘铄和镇守彭城的武陵王刘骏都发来了救兵。尤其是彭城方面得到文帝急令，命他们征发战马组建骑兵，仅带三天口粮，火速前来增援。刘骏征发了方圆百里的所有马匹，组成了一支一千五百人的骑兵，分为五队，由参军刘泰之率领，向悬瓠方面进发。路经谯城之时，他们再次征集了一千多匹战马。

魏主拓跋焘将魏军的大营设在了悬瓠以北一百五十里的汝阳（今河南周口西）城外，除辎重以外，四处掳掠来的人口财货也都贮存于此。由于彭城距悬瓠相对较远而寿阳较近，拓跋焘事先只是在东南方向安排了任城公乞地真防备寿阳派来的援军，而忽视了对彭城方面的防守。刘泰之等突然间从北方出现，杀了驻防汝阳大营的魏军一个措手不及，不但杀伤了三千多魏兵，还一把大火烧了辎重。战斗中，宋军还发现大营内魏军储存财货人口的毡帐，解救了被魏军掳掠来的宋国百姓。百姓们一边逃走，一边大呼："官军狠狠地打！"宋军斗志更盛，直杀得魏军落荒而逃。刘泰之等追击了半日，直追得人疲马倦，遂决定向南撤退，与悬瓠守军汇合。

撤退的路上，宋军放松了警惕，再次路过汝阳城。虽然城外的魏军刚被击走，但城里还有五百戍防军，他们在城上望见宋军并无后继部队，又恰好另有一支部队自虎牢赶来，于是汇合出城，一块儿向宋军追击过来。这时的宋军已经奋战了一天，又饥又渴，人困马乏，猛然间见鲜卑骑兵杀到，猝不及防，慌乱中阵脚还没扎稳便溃退而去。这一战，刘泰之等数员战将被杀，逃回到彭城者九百余人。

身在悬瓠城下的拓跋焘起初听说大营被袭，吃惊不小，对手下道："只听说淮南方面派来了援军，想不到还有奇兵出现。难道这回要中计不成？"便传令烧毁攻城战具，准备撤兵。与此同时，寿阳方面派来的刘康祖军也击败了把守东南方向的任城公乞地真，再加上悬瓠久攻不下，拓跋焘更觉不可久留，随即引兵回了河北。

这次战事持续不到两月，时间虽短，却是魏主拓跋焘首次统军渡河南下作战。其战略目的不在攻城略地、掳掠人口，而是对刘宋淮北防线的一次试探，也是拓跋焘在宋国腹地实施骑兵纵深战术的一次预演。不久之后，这种长距离、大纵深的快速作战方式，将在对宋国的大举入侵中发挥更可怕的威力。

临走之时，拓跋焘还给素未谋面的宋文帝刘义隆留了一封信，信中用充满藐视的语气表达了以下几个意思：第一，你刘义隆是个胆小懦弱之辈，不敢正面跟我挑战，反而背地里尽耍阴谋诡计，不是策反我境内的百姓、臣属，就是勾搭赫连、盖吴、柔然。可如今怎么样呢？赫连、盖吴都让我灭了，柔然也被我揍趴下了。我这次南下得到的你国人口，比你策反的只多不少！第二，你不但胆子小，本事也不怎么样。我攻过去，你们无非是凭城堑固守而已，我的战术能克制你们，你们却难奈我何！像裴方明[①]、檀道济这样的勇将你都容不得，有本事的老臣也被你杀光了，你就更不是我的对手了！第三，我这次撤军是要去北征柔然，你要是不识好歹，来年秋天我再来！要想保全你们刘家的宗庙，就应该把长江以北的土地割给我，那我就让你在江南住着。否则你就好好准备，迎接我直取扬州吧！

这封信从遣词用句来看，显然并非正式的国书，而是拓跋焘以私人身份与同样身为一国之君的刘义隆之间的一次直接对话。不客气地说，也是对刘义隆个人的一次严重侮辱和挑衅。我不知道面对这封信，宋文帝刘义隆究竟做何感想，因为他并没有回信。但他却用实际行动做出了回答：三个月后，宋文帝大举兴兵，发动了著名的元嘉北伐。

① 元嘉十九年（公元442年）刘宋出兵攻灭仇池的主要将领，后因“坐破仇池减匿金宝及善马”，被宋文帝下狱处死。

29 国史大狱

离开悬瓠后，拓跋焘于当年四月十三回到了平城。不过，随后他并没有像信中说得那样再次北伐柔然，因为他回来不久，国中便爆发了一件影响深远的大案。这便是历史上著名的“国史之狱”。

所谓“国史”，指的是拓跋鲜卑先祖至今上拓跋焘在位期间的北魏历史。早在开国初期，道武帝拓跋珪就曾效法中原王朝的惯例，命邓渊等史臣修撰关于拓跋部早期事迹的史书。不幸的是，后来邓渊被拓跋珪所杀，其罪名语焉不详，其实很可能与后来的国史之狱一样，正源于笔头获罪。

邓渊死后很长一段时间，修史工作停滞不前，直到太武帝拓跋焘即位后的第六年，才恢复了修史机构——史馆，并召集一批文士接续邓渊的工作。当时崔浩便参与其中，并与他人合作，最终编纂成了《国书》三十卷。但《国书》只记叙了延和元年之前的史事，而拓跋焘统一北方的大业主要是在那之后完成的。所以当十几年后拓跋焘已经平定北方之时，他对自己建立的千秋功业无史籍记载以流传后世颇为不满，便授权当时朝中的文官之首——崔浩再次全面主持修史工作。为此，拓跋焘还专门下诏，命崔浩撰史一定要实事求是，“述成此书，务从实录”。

邓渊被杀之时，崔浩也在朝中为官，前车之鉴，历历在目，他岂不知这是一条布满了机关陷阱的险途？然而，一则为了回馈拓跋焘的多年信任，二则出于知识分子文以载道、通古今之变的使命感，他还是用自己瘦弱的肩膀将这副重担挑了下来。

数年后，国史修成，崔浩的使命也就此告一段落。如果这套史书今后像朝廷里保存的其他史书一样束之高阁、藏于内府，那崔浩的命运很可能将会大不相同。然而，遗憾的是，当时崔浩手下的两名编修闵湛和郄标可能是为了拍领导的马屁，向崔浩建议说，这样的经典著作应该和他批注的《五经》（此处指《诗》《礼》《易》《尚书》《论语》）一起，刊刻于石碑之上，当作国家意识形态领域的新标杆公行于世、永垂不朽才好。作为当时北魏国内首屈一指的儒学宗师，崔浩长久以来心心念念的便是以周孔之理念，在人间推行礼法制度，以图重现上古太平治世。多年来他辅佐拓跋焘施行的改历法、修律令、征名士、辨族姓，甚至推崇道教、统一北方的诸项措施，无不受到这种理念的指导。而他亲手批注的儒家《五经》和最新编纂的国史一样，正是他一生理念的宝贵结晶。对任何年代的任何知识分子而言，能将自己的著作刊行于世都是一个极大的诱惑。在这个诱惑面前，年近古稀的崔浩一时大意，疏忽了因文获罪的危险性。

由于当时拓跋焘在外征战，国中大小事务都由监国的太子拓跋晃负责处理，崔浩便就此请示了拓跋晃的意见。刊刻石经此前早有先例，东汉熹平年间和曹魏正始年间于洛阳刊刻的石经到那个时候早已成为世人仰慕的著名文化景观。拓跋晃大概觉得在平城搞一个同样的文化胜景没什么不好，便同意了崔浩的请求。于是在太平真君十一年前后，北魏政府便在平城西郊的大道旁修筑了一座方圆百三十步的经坛，里面竖立着刻有全部《五经》和国史的石碑，整个工程用功不菲，相当于三万人干了一百天才建造完毕。

石经竣工不久，果然成了平城西郊的一大景观。由于地处往来通衢，每日里引来无数行人驻足观摩，人们一边欣赏着碑文的镌刻书法，一边体味着经史中的微言大义。然而，崔浩没有想到的是，正是这些刻有他一生心血的石碑，不久后反而成了使他身败名裂、祸及九族的铮铮铁证。

原来，一些神经敏感的人发现，在这部刊刻于石碑的国史中，出现了某些可能令包括拓跋焘在内的鲜卑贵族们颇为忌讳的事迹。至于这些事迹的具体内容，由于后来石碑被毁、国史佚失，今人已经无从知晓了。不过经过历史学家的考证，我们还是可以大概推测出，其中应该少不了像拓跋珪生母贺氏曾上嫁其“公公”什翼犍并又生下子嗣这类汉人看来逆天理、乱人伦的丑事。其实烝母报嫂、翁媳婚配这些游牧社会特有的传统习俗，在拓跋部并未入主中原之时，尚属稀松平常之事，而到了渐染汉风的拓跋焘时期，再回头去看，就未免有些不合时宜、耸人听闻了。考虑到当时鲜卑贵族中熟识汉字的还不太多，国史中的这些记载最初很可能是通过某些汉人（很可能是崔浩的政治对手）传进了鲜卑人的耳朵。传言的过程中又免不了添油加醋、以讹传讹，再加上那时胡汉对立的政治文化背景，这件事不久之后即在鲜卑人中掀起了轩然大波。

魏主拓跋焘此时已经从前线返回了京师。立刻便有人向其告发，说崔浩的史书中居然记录了许多拓跋先祖的丑闻秽事，不但如此，他竟然还将其刻在石头上公开出版，供人浏览，引人议论，这不是明摆着扯下咱们老祖宗的遮羞布，给咱们难堪嘛！今后叫咱们还怎么在那些汉人面前抬起头来！

拓跋焘闻言又惊又怒，急忙派人去查。可那石碑明目张胆地就立在那里，还有什么好查的呢？于是国史事件正如打开了一道闸门，崔浩从政数十年来树立的敌手、得罪的人们纷纷借此宣泄他们的仇恨和不满，而他得罪的人又实在太多了：他推崇士族、分明族姓的政治理想让他得罪了大部分鲜卑亲贵；他提倡道教、诋毁佛教让他得罪了那些信佛之人；他直言不讳、好议人短的性格使他在朝野中树敌甚多；他高超的才智、卓越的功勋也引起了无数人的妒忌之心；他尽心辅佐、维护君权，更是招来了包括太子拓跋晃在内的东宫集团的反感。可以说，在崔浩政治生涯的晚期，除了皇帝拓跋焘支持之外，放眼望去，朝野上下全都是他的敌人。而现在，这唯一支持他的人也因为国史事件被严重地激怒了。

前面交待过，太武帝拓跋焘这个人的性格严酷狠虐、刚愎自用，对别人的冒犯绝不宽恕，这一点在刘洁、李顺和灭佛事件中都是如此。崔浩虽然曾经深得他的宠信，他也曾对之说过貌似推心置腹的话，然而其前提都是崔浩对他还有用。眼下北方已然统一，唯有代表华夏正统的刘宋与北魏南北对峙，而在对南用兵一事上，崔浩向来持有比较消极的态度，很难说在他内心对南朝没有感情。尤其此时拓跋焘刚从淮河前线回来，正处在跟宋国全面开战的节骨眼上，偏偏这时崔浩弄出了国史事件，显然于民心、军心的凝聚上对拓跋鲜卑不利，所以不由得让人深深地怀疑，这也让拓跋焘产生了兔死狗烹、鸟尽弓藏之心。

之后的结局已然注定：崔浩罪大恶极，不杀不足以平民愤。但他毕竟是三朝元老，是当前北魏朝廷里地位最高的汉族大臣，这起案件如果处理不好，会在政治上造成许多麻烦。所以拓跋焘现在的问题是，应该给崔浩定一个什么样的罪名，又该如何控制这起案件涉及的范围呢？

30 崔浩之死

太平真君十一年六月初的一天，时任中书侍郎的高允被太子拓跋晃召入东宫留宿。次日一早，太子晃又叫高允陪伴自己入宫面圣。路上，拓跋晃对高允说道："一会儿见了皇上，一切听我吩咐。皇上要是问你什么事情，你只管依我的提示回答便是。"高允问所为何事，拓跋晃但说一会儿你就知道了。

其实拓跋晃不说，高允也能猜个七八分。近来国史石经一事闹得满城风雨，听说司徒崔浩日前已经被抓入了监牢。这次太子携自己入宫，十有八九是因为这件事。

高允出身渤海高氏，父祖世代都在慕容后燕政权效命。他自幼博通经史，在神䴥四年的征士中被北魏朝廷征发为官，后来又被任命为著作郎，跟崔浩一起纂修本朝国史。对于这位博学多才、宠任三朝的文臣领袖，高允敬佩之余，也冷静地觉察到了他身边隐含的危机。一次，崔浩和太子晃在新任命的地方官人选上争执不下，最后硬是按崔浩的意思执行了事。高允得知此事后，感慨道："崔公恐怕将来不得善终啊！像他这样固执己见，动不动就跟上边较劲，那怎么能行呢？"后来闵湛、郄标等人劝崔浩将《五经》和国史刻石立碑刊行于世，同为编史人员的高允又对著作郎宗钦说："闵湛等所营之事，全在笔头方寸之间，恐怕不但将给崔家一门招来祸患，到时连我们也会跟着遭殃。"

所幸的是，因为擅长《春秋》经学，高允曾经被拓跋焘指定为太子晃的经学老师，两人的交情一直不错。这次拓跋晃安排高允随己入宫，正是想在国史之案中救高允一命。

果然，见到拓跋焘后，太子晃禀奏道："中书侍郎高允自从在臣宫中讲习，臣与他相处累年，知道他的为人向来小心谨慎。这次他虽然与崔浩同参史事，但高允人微言轻、地位低贱，所有主意都是按崔浩的吩咐处理的。所以臣特请父皇饶恕他的性命。"

拓跋焘听了太子之言，就召见高允，问道："《国书》是否都是崔浩所作？"

一听此问，高允立刻就明白了是怎么回事。眼中余光所及，太子晃正在微微点头示意。他当然知道这是一个对自己来说生死攸关的问题，于是垂首回答道："《太祖记》一章，乃前著作郎邓渊所撰。《先帝记》及《今记》，则是臣与崔浩同作。然崔浩事务繁杂，修史只是总领大纲而已，至于具体注疏，臣执笔比崔浩还多。"

高允所言不假，崔浩担任的只是主编，负责"损益褒贬，折中润色"，而具体的撰述工作都是由高允、宗钦、闵湛、郄标这些人分头完成的。所以听了高允这番话，拓跋焘大怒道："如此说来，你的罪过比崔浩还大，岂能留你生路！"

太子晃慌忙劝解道："陛下天威高峻，高允小臣，见到陛下后一时紧张，所以语无伦次了。臣之前责问他时，他明明说都是崔浩所作。"

拓跋焘又问："太子所言是否属实？"

高允道："臣以凡品下才，谬参著作之任，犯逆天威，罪应灭族。如今既死得其所，臣所言不敢虚妄。太子殿下以臣侍讲日久，所以特为臣哀怜乞命。其实他没问过臣，臣也没说过那些话。这些都是实话，臣绝不敢胡说。"

高允这番话把太子晃吓出了一身冷汗。他这大实话一说不要紧，可这一来，岂不是说拓跋晃当着皇帝的面撒谎，有欺君之罪么！

岂料拓跋焘不怒反笑，转头对太子赞许道："这人也太老实了！平常人能说实话就够难了，他生死关头之时还能坚持说实话，更是难能可贵！况且对主上能实言以对，这才是忠贞之臣呐！既然如此，少他一个抵罪的也不算什么！”竟然就这样把高允饶了。

之后拓跋焘又吩咐把崔浩带上来，当着高允的面详加审问。史书说崔浩“惶惑不能对”，而高允却“事事申明，皆有条理”。这当然是因为崔浩只是个挂名主编，对国史所载的具体细节不够熟悉的缘故。其实到了这个地步，崔浩自己是否认罪已经根本不重要了。他越是想要辩解，拓跋焘就越是愤怒。盛怒之下，拓跋焘命高允草诏，准备将此案涉及的崔浩以下、僮吏以上共一百二十八人，全部以夷五族论处。也就是说，凡是跟修史有关的人员，不论官职高低，除了他们本身要被杀头之外，其亲族也将受株连处死。高允深知，一旦按这一方案处置，至少有数千无辜之人要因此丧命。所以他一时之间迟疑不决，久久不愿下笔草诏。宫里面几次三番派人来催，高允还是拖着不写，最后干脆请求见皇帝一面，然后再动笔。

拓跋焘被这个老实人弄得没办法，只好召他觐见。

高允道：“受崔浩连坐之人，如果另有别的罪名，非臣所敢知。如果仅以修史犯触，臣以为他们罪不至死……”

拓跋焘怒了，心说朕如何处置这些犯人，难道还要你这小臣多嘴？来呀，给我把他推出去！太子晃再次上前替高允求情，最后拓跋焘的怒火总算平息了下来。他转念一想，其实高允的请求也有可取之处，因为这时边境传来消息，刘宋那边似乎正在准备北伐，如果本案株连太广，必然会导致民心不稳，对即将到来的战事并非有利。拓跋焘思量再三，决定重新考虑对案犯的处置方案。他对太子说道：“如果不是此人直言犯谏，要有数千人因此而死了！”

重新考虑的结果是，将崔浩主要以贪污受贿的罪名定罪，修史只是次要罪名。由于当时北魏并无俸禄制度，几乎所有的官员都有贪渎的嫌疑，崔浩身居高位数十年，自然不可能两袖清风。经过审理，崔浩自己也承认了受贿的罪名。最后的处置决定是只有崔浩一个人被族诛，其余秘书郎吏等修史人员仅仅是杀头而已。而除清河崔氏以外，崔浩的姻亲范阳卢氏、太原郭氏、河东柳氏也受到了牵连，不少人因此逃亡或丧命。

六月初十，包括崔浩在内的所有涉案人员被押赴刑场处决。路上，崔浩被置于囚车之内游街过巷，在鲜卑勋贵的纵容下，数十名卫士轮流向他的身上脸上撒尿，意在就国史一事向其报复泄愤。北魏历史上，从来没有哪一位大臣像崔浩这样遭受到如此残忍的屈辱和刑罚。

事后，太子拓跋晃责备高允说：你怎么能那么不懂事呢？我事先不是叫你听我的提示么，你却自作主张，不但你自己差点儿被杀，害得我也险遭连累！现在一想起来还后怕呢！

高允回答说："史书这东西，就因为是实录，才有价值，所以帝王人主都有所畏戒。崔浩把他自己的私欲爱憎掺杂其中，因此没能做到客观公正，这是他的不对；然而在书写朝廷起居、议论国家得失方面，他其实并没有大的错误。我跟崔浩其实干了同样的事，是生是死，按理说都不应该例外，违心幸存并非我的本愿，实在是有愧殿下您的再造之恩。"

拓跋晃无话可说，唯有摇头叹息。

31 | 元嘉草草封狼居胥

国史之狱和崔浩之死，从发生的那天起就一直是中国历史上一个聚讼纷纭的话题。事件的核心人物崔浩，除了是政治上的风云人物之外，其本人又是当时北魏国内胡汉矛盾、佛道矛盾、皇权和世家大族之间矛盾的结合点，这就给后人解读事件的起因和性质罩上了层层迷离的面纱。然而不论哪种解释，大体上总逃不出以上三大矛盾的范畴，全看论者偏重于哪个矛盾而已。

对本书接下来发生的故事而言，这起事件本身究竟是怎么回事并不重要，重要的是在当时包括宋文帝在内的宋国人看来，这起事件究竟是怎么回事。

史料记载，崔浩被杀后，一些受株连的人四处逃亡。河东柳氏因为是崔浩的姻亲，这次也受到了冲击，其中有一个叫柳光世的，跟宋国大将柳元景是亲戚，柳光世就南下逃亡到了刘宋，被宋文帝封为振武将军。根据这位柳光世的汇报，这年年初魏主拓跋焘南侵汝颍、包围悬瓠之时，崔浩“密有异图”，想要发动一次反魏起义，柳光世也曾联络河北义士响应崔浩，结果不幸走漏了消息，崔浩被诛，连带许多河北大族一并受到夷灭，只有他侥幸得免。

如果柳光世所言属实，那崔浩之死就具有了不同寻常的意义：国史事件只是表象，只是为了掩盖崔浩谋反被诛的真相，而崔浩不但不是效命虏庭的“汉奸”，反而成了在敌人内部潜伏多年、隐忍伺机以图大举，最后功败垂成、壮志未酬的爱国志士。

当然，这种说法过于浪漫，过于狗血，过于一厢情愿，所以并不太可信。这可能也是专门记录宋魏关系的《宋书·索虏传》没有记载国史事件的主要原因。不过，我们还是能从史料透露的只言片语中看到这种说法对刘宋上层的影响。

这年六月，大概就是崔浩被杀之后的一段时期，宋文帝决定大举北伐的消息引发了朝野上下的广泛关注。其实在此之前，关于再次北伐一事，宋文帝已经酝酿了相当长的时间。早在殷景仁还没死的时候，文帝就坦言自己有“封狼居胥”（指像霍去病北伐匈奴那样封狼居胥山，禅于姑衍）的野心；前年又搞了一次大规模的阅兵操练；今年春天要不是受到了拓跋焘的抢先攻击，说不定北伐早已成行了。再加上不久前又收到了拓跋焘那封充满侮辱和挑衅意味的来信，宋文帝更坚定了再次北伐的决心。

对于今上的这份心思，朝廷里的反响起初并不一致。大致来说，文帝的近臣丹阳尹徐湛之、吏部尚书江湛，以及向来主战的彭城太守王玄谟这些文臣赞成皇帝的决定，而太子刘劭、左军将军刘康祖、太子步兵校尉沈庆之，以及护军将军萧思话这些武将则大多持反对意见。

刘康祖反对的理由是“岁月已晚，请待明年”。一般而言，走水路北进的最佳时机是每年春夏河水充沛之时，此时已是夏末，准备好后再发兵便已进入秋季，所以刘康祖才加以反对。但文帝却说：“北方之人受索虏（南朝对拓跋鲜卑的蔑称，因其男子辫发索头，故称索虏）虐政，如今已是义徒并起。倘若拖延到明年再出兵，这些人便会灰心失望，不再心向我国。”有趣的是，此时盖吴之乱早已平定三年有余，北魏境内并无大规模的叛乱活动，而宋文帝却言之凿凿，说北魏如今已是义徒并起。我只能认为，这时柳光世已经逃到了刘宋境内，在他的鼓吹下，崔浩事件被包装成了一场汉族人民的反魏起义。正是受到他的误导，文帝才以为眼下正是发兵的好时机。

当然，也有可能文帝知道柳光世的话其实并不可靠，他只是拿这些话来搪塞刘康祖而已。

相比刘康祖，沈庆之的反对意见更加难以敷衍了事。他的理由是，步兵比不上骑兵已经很久了。远的不提，就拿檀道济和到彦之来说吧，两人的战绩如何您心里有数，而现在王玄谟这些人能力上还比不上檀道济、到彦之，军队的数量和质量也不比往年有所提升，这种情况下再次北伐，依我看只能自取其辱。

文帝反驳说，以前北伐失败，各有各的缘由，檀道济是养寇自重，到彦之则是得了眼疾。鲜卑人的优势的确在骑兵，但现今夏水浩瀚，我们正可以凭借水军优势，取得碻磝和滑台这两个黄河上的据点。收复这两个据点之后，招集义民、积攒粮秣，则虎牢、洛阳自然可以轻易得手。等到了冬天，防御阵线早已牢固，他虏马过河又能怎样？

沈庆之心说皇上您真健忘，还虏马过河又能怎样，您难道忘了元嘉七年虏马过河后的情形了吗？于是又直言不可。最后把宋文帝弄得没词了，干脆叫徐湛之、江湛替自己发言辩驳。论嘴皮子功夫，沈庆之毕竟比不上这些善于咬文嚼字的读书人，何况又是以一敌二。说来说去，沈庆之有点儿火了，道："治国如同治家，种地的活要问男人，织布的事要问女人！陛下您现今要大动干戈，却净跟这些白面书生商量，那怎么能成！"

这句话倒把文帝说乐了。他知道沈庆之的耿直性格，并不以为意。何况此话本身没错，虽然谋划决策的事文帝要借重徐湛之等白面书生的意见，但真打起仗来，还得仰仗沈庆之这样的沙场悍将。

归根结底，军事还是要为政治服务。

而两千年来中国政治的最大原则就是——皇上说了算！

所以尽管沈庆之再三反对，一旦宋文帝做出了决定，他还是要尽心尽力地去执行。

元嘉二十七年（公元450年）七月十二，宋文帝下诏，正式发动了全面北伐。

对此，拓跋焘早有准备。此前他已经给宋文帝送去了第二封信，信上说：

听说你要来打我，行！你要有本事到得了河北，就尽管来，我来亦不迎，去亦不送，你只管随意！你要真是在家里待腻了，来我们平城住住也挺好，到时我就去扬州住，咱俩把国土换换。可是你都快五十了吧，这么多年，你出过门么？就你那点力气，还不跟三岁小孩差不多，哪里比得了我们鲜卑人常年在马背上讨生活！现在我也没啥别的要给你，就送你好马十二匹，还有点药。你来的时候要是没马，正好可以坐，路上要是水土不服，那就吃点药吧！

从这封信的内容和语气不难想象，拓跋焘在口述这封信时，他和他身边的近臣是一副怎样的神态和表情。这让我想起了俄国画家列宾的一幅名画《查波罗什人写信给土耳其苏丹》。同为游牧民族的查波罗什人和拓跋鲜卑人一样，在面对貌似强大的敌人的威胁和挑战时，用同样的傲慢、狂妄、轻蔑与自负生动地诠释了无畏的革命乐观主义与无耻的流氓主义融于一体的和谐画面。

当然，后来的历史证明，拓跋焘完全有理由表现得狂妄与傲慢，甚至还可以更傲慢一点。

32 三路进军

元嘉二十七年的刘宋北伐是南北朝历史上最为兴师动众、声势最为浩大的一次北伐。为了跟傲慢自负的拓跋焘较劲，宋文帝几乎举全国之力来支持这场战争。

自古打仗，一靠人，二靠钱。晋朝南迁以后，由于土地兼并和荫占人口的发展，一直以来，国家能够实际掌握的编户齐民数量都远少于北方，这种情况到了刘宋时期也毫无改观。据学者统计，北魏人口最盛的熙平元年（公元516年），全国户数约为492万，口数约为3233万；而刘宋大明八年（公元464年）唯一的一次人口统计显示，全国户数只有90万多一点，口数约为517万。虽然用这两组数字直接对比来说明当前的情况对刘宋不太公平，因为此时北魏还没有实行均田、三长之制，而刘宋的淮北青齐地区也尚未失陷于北魏，但即使排除这两种因素，捏在拓跋焘手里的人口还是比宋文帝能够实际调动的要多出好几倍。

由于以上情况的存在，这次北伐刘宋遇到兵力不足的局面便不足为奇了。为了应付这种状况，宋文帝采用了非常措施，下令在青、冀、徐、豫、北兖、南兖这北方六州按照“三五取丁”的方式征发民丁。所谓三五取丁，是指三丁发其一，五丁发其二。以兵符所到之日算起，限期十天之内必须准备完毕；缘江五郡以广陵为集结地，缘淮三郡以盱眙（今江苏盱眙东北）为集结地；军令如山，不得延误。当然，这些征发来的民丁未必全部派上战场，应该有相当一部分留在后方，专门负责粮草军需的运输。除此之外，宋文帝还开出优厚的赏格，在国中大举招募勇武有力、擅长弓弩或马步作战之人。

但我刚才说了，刘宋政权实际掌握的编户人口数量较少，而按照户口收税是当时国家的主要财政来源。何况战争本身就是个极度烧钱的事，所以除了兵力不足以外，宋文帝的北伐资金也很紧张。早在年初拓跋焘南侵汝颍之时，为了筹措军费，宋文帝便削减了全国官吏三分之一的俸禄，还挪用了教育资金（罢国子学）。这次北伐，文帝干脆号召全国上下踊跃捐款，据说当时上至王公妃主、百官牧守，下至工商大贾、闾里富民，纷纷捐献金帛杂物以助国用，那大爱场面真令人感动。可最后钱还是不够，文帝只好强行向富人“借钱”，下令凡江、扬、南徐、南兖四州的富户家产满五十万的，僧尼家产满二十万的，都得借给国家四分之一，而且没有利息，说等战争结束了就还。

无论如何，经过这一番努力，本次北伐总算在人力、物力上达到了宋文帝的心理预期。根据他颁布的诏书和后来的战争进展，可以看出这次北伐延续了当年刘裕北伐后秦的战略思路，整个作战行动大体可以划分为东、中、西三线。

东线方面：以彭城为基地。由宁朔将军王玄谟率太子步兵校尉沈庆之、镇军咨议参军申坦统水军由泗入河为前驱，战略目标是夺取碻磝和滑台；使持节、青冀二州刺史萧斌和徐、兖二州刺史武陵王刘骏各统所部为后继。东线名义上的战区统帅是坐镇彭城的江夏王义恭，但前敌的实际指挥权属于萧斌，实际投入的总兵力大约六万。

中线方面：以寿阳为基地。由太子左卫率臧质、骁骑将军王方回、建武将军刘康祖、右军参军梁坦统领部分禁兵和豫州部众，沿汝、颍北上，战略目标是夺取虎牢和洛阳。中线的总指挥是豫州刺史南平王刘铄，总兵力诏书上虽然吹嘘有十万之众，但实际投入作战的应该远低于这个规模。

西线方面：以汉中、襄阳为基地。原计划由梁、南北秦三州刺史刘秀之统领所部，自汉中“震荡汧、陇”；由护军将军萧思话统领荆、雍部众，出武关攻击弘农、陕城一线。但后来由于刘秀之部兵微将寡，萧思话又东调到了彭城，所以西线的作战任务实际上是由雍州刺史随王刘诞手下的柳元景、薛安都诸将承担。

从整个战略布局来看，与刘裕伐后秦之战一样，东、中两线才是重点，西线只起策应和牵制作用。进军的路线和时间也与刘裕当年相差无几，投入的兵力犹有过之，然而，由于面对的敌人和统军的将帅完全不同，最终的结果大相径庭。

刘宋发兵后，消息很快便传入了平城。当时已近初秋，黄河两岸的庄稼即将成熟。面对群臣马上发兵抢收缘河谷帛的请求，成竹在胸的拓跋焘答复说："现在马还没养肥呢，天气也热，匆忙出击八成会劳而无功。我们鲜卑人从来都是穿皮裤吃羊肉，要那么多谷帛又有鸟用？等到十月秋凉马肥之时再进攻不迟。"说白了，拓跋焘的御敌策略与元嘉七年那次如出一辙，而东线战事的进程也与当年有着惊人的相似。

七月中旬，王玄谟军顺利地进入了黄河。由于北魏济州刺史不战而逃，王玄谟不费吹灰之力便拿下了河南四镇中最东边的碻磝城，紧接着便向滑台进军。

王玄谟这个人，虽然自称是太原王氏出身，但却是其中相当破落的一支。尤其是他的父祖并未过江，而是为慕容氏政权效力，直到刘裕灭亡南燕后笼络当地士绅，王玄谟才在刘宋政权中获取了出仕的机会。像他这样的"伧荒远人"，自来在江左朝廷中颇受歧视和排挤，要想出人头地，非得有过人之处、傲人之功才行。但王玄谟也有他的优势，那就是对青徐一带的政情民情、地势地貌比较熟悉，所以当文帝试图以青徐为基地收复河南之时，受功名之心驱动的王玄谟多次向文帝陈奏北伐之策，而且说得有理有据、头头是道。正是他的陈奏，让文帝不禁生出了"封狼居胥"之心。所以这次北伐，文帝便让他来统领前锋部队。

可是嘴上能说的人未必实际上能干，战争开始不久，王玄谟便暴露出了实战经验严重不足的缺陷。拿下碻磝后，沈庆之和萧斌留守，其余宋军在王玄谟的率领下很快便包围了滑台。滑台的城防设施比较完善，二十年前朱修之在此面对北魏数路大军的围攻，坚持了三个月之久，最后直到粮食断绝才告失陷。这次虽然宋军的总数有六万之多，但王玄谟显然对围城的艰巨性估计不足。初围滑台之时，由于城里有许多茅屋，一些将领就建议用火箭射进城去，引发大火后趁机攻城。可王玄谟认为，这样一来城里的粮草物资就全毁了，就算攻下来也是空城一座，而按照宋文帝的设想，滑台应该是攻取虎牢、洛阳的基地，还是尽量完整地拿下比较好，于是便否决了这个提议。后来滑台守军反应过来，就把茅草屋全部拆除，干脆住进了窑洞。火箭攻城之策就此落空。

听说宋军伐魏，当时河洛一带有不少汉族百姓前来支持，他们有的捐助粮谷，有的义务参军。可王玄谟对这些人的积极性不但不能善加利用，反而拿捐助的粮谷物资做买卖获利，把投军的人分配给将校当仆役，由此丧失了民心。他又时常仅凭自己的好恶专行杀戮，对部下的意见置若罔闻，这让他在军中也失去了拥护。由于此前拓跋焘已经安排枋头（今河南淇县东南）守军提前渡河助守滑台，城中兵粮皆足，这种情况下宋军徒然攻围滑台两月有余，却没有取得任何进展。

33 雍州兵崛起

与东线战局相似，刘宋的中线攻势也是雷声大雨点小，虽然起初占领了一些城池，但还没有抵达真正的战略目标虎牢、洛阳两镇便止步不前了。倒是原本只是承担牵制、策应任务的西路军脱颖而出，成了本次北伐中的一大亮点。

西路军的主力，是坐镇襄阳的雍州刺史随王刘诞的部队。

襄阳这个地方，由于地处汉水上游的南北要冲，战略地位十分重要。晋朝南迁后，尤其是前秦灭亡关中扰乱之后，由于有大量的秦雍流民寓居于此，东晋便在襄阳侨置雍州，并划归荆州管理。刘宋开国后，为了制衡向来强大的荆州藩镇，有意加强了雍州的实力，并委派皇亲国戚相继镇守。文帝的第三子武陵王刘骏和第六子随王刘诞都担任过雍州刺史。特别是元嘉二十六年（公元449年）刘诞出任雍州刺史后，为了在战略上配合即将到来的北伐，文帝不但割荆州之襄阳、南阳、新野、顺阳、随郡五郡，把雍州由侨州正式转为了实土州，还罢除江州军府，把文武将吏都配给了雍州。甚至湘州十郡本来应该上交国库的税收，文帝也派给雍州充了军费。经过这一番处置，雍州的实力得到了显著增长。

除此之外，汉水流域的莽苍山岭一直是蛮族聚居之地，他们号称盘瓠之后，对宋朝时叛时服，而雍州将士在多年的“伐蛮”战争中久经考验，拥有丰富的野战经验。与此同时，一批在“伐蛮”战争中饱受锻炼的将领脱颖而出，取代老一辈的北府将成为刘宋国内最英勇善战的力量。这其中，就包括前面提到的沈庆之和本次北伐西路军的统帅柳元景。

柳元景虽然出身河东柳氏，但却是土生土长的襄阳人。少年时代他便跟随父亲上山伐蛮，熟习弓马，以勇著称。他平素寡言少语，遇事则沉静有大将之风。从武陵王刘骏镇守雍州之时开始，他便和沈庆之配合，取得了对沔北（沔水以北的概称）山蛮的一系列胜利。这次北伐，随王刘诞加柳元景建威将军，命他统率奋武将军鲁方平、建武将军薛安都、略阳太守庞法起等翻越熊耳山，从卢氏（今河南卢氏县）北上进攻函谷、弘农一带。

这支队伍当中，有许多人的祖上都是来自河南、关中的流民，所以在军队所到之处，柳元景都很重视发动当地群众，单从这一点上他就比王玄谟要高明许多。当时担任外兵参军的庞季明，已经是七十三岁的高龄，其人出身关中大姓，在汉人、羌人中都很有威望。柳元景派他在大军之前进入弘农县境，招诱民众响应。

这年闰十月，在义民的导引下，前锋庞法起、薛安都诸军进据卢氏，斩了县令李封，随后又攻入弘农，经过一番激战后拿下弘农城，擒获了北魏弘农太守李初古拔。此时，督运粮草的柳元景还在翻越熊耳山，诸将商议之后，决定一分为三：薛安都部留守弘农，庞法起部向西攻略潼关，而庞季明等则向东直指陕城。

十一月，柳元景赶到弘农。听说老将庞季明等已经向陕城进发，他不由得有点担心。因为陕城南倚山原，北临大河，是著名的险固之地，又距洛阳较近，如果北魏再从洛阳发来援军，恐怕庞季明难以抵挡。于是他急命薛安都统军前去会合。

柳元景所料不错。薛安都抵达之时，庞季明、鲁方平等已经对陕城发动了三次攻势，仍未攻克，而北魏洛州刺史张是连提又统军两万，从洛阳赶来救援。一场大战一触即发。

薛安都的祖辈是迁居河东的蜀人，薛氏在河东世为强族，同姓有数千家之多，盖吴之乱时聚党叛魏的薛永宗也是其中之一。这位薛安都身高一米九二（七尺八寸），武艺超群，年轻时混过黑社会，也当过北魏的地方官，后来又参加了薛永宗的起义。薛永宗被拓跋焘击灭后，他便投奔了刘宋。

这次薛安都与庞季明等会合攻略陕城，正是他们大显身手的一次好机会。双方在城南列阵之后，魏军先以轻骑兵上前挑战，试图扰动宋军的阵形。只见薛安都跃马横矛，单骑突阵，在敌兵的包围下纵横驰骋，当者披靡，杀伤不可胜数。宋军将士士气大振，一时鼓噪俱前，与魏军展开了殊死战斗。

张是连提见薛安都勇不可当，急忙派突骑出战。鲜卑突骑乃重装骑兵，战斗力天下闻名，一些宋军将士见状，不由得露出了惊惧之色。薛安都大怒，心说你有重装骑兵了不起啊？来来来，老子脱光了膀子跟你战！当下摘掉头盔，脱掉重甲，连马也去除了具装，穿着一件背心便冲入了敌阵。他一边瞋目大声狂呼，一边挺矛左右驰突，所到之处应刃而倒，生生把真刀实枪的肉搏血战演成了以一敌万的真人版三国无双！魏军一看，这疯子太厉害了，根本近身不得，只好在远处放箭。孰料薛安都马艺出众，来去如飞，射了半天也没射中，眨眼间又有不少魏兵被他刺翻在地。这时，柳元景之前派往函谷关（今河南新安北）的一支部队恰好撤回陕城，已经开到了山下。张是连提远远望见，以为是宋军的大部队赶来增援，急忙下令收兵。而此时天色已晚，宋军追击不及，魏军的主力便撤回了城中。

次日一早，魏军大概以为摸清了敌人虚实，并未凭城固守，仍旧选择了出城迎战。宋军也于城西南重新列阵。这次薛安都统领全部骑兵单独列阵，而鲁方平统领步兵在侧为犄角之势，其余临时招集的义军在后为预备队。事前，大家都预感到成败将在此一举。鲁方平对薛安都道："如今强敌在前，坚城在后，正是我辈效死之日。你若不进，我就斩了你；我若不进，你就斩了我！"薛安都笑道："好，就这么办！"

之前由于军中余粮只够数日之食，鲁方平曾派人火速向弘农的柳元景请援。柳元景便派从兄柳元怙拣选步骑两千，连夜赶往陕城战场，战斗打响之时，这批人马刚刚赶到。因为是夜间行军，这批人都偃旗息鼓、人马衔枚，所以魏军并未察觉他们的行踪。柳元怙见城下宋魏两军已经杀成了一团，来不及休整，急忙率领手下从函道直出，鼓噪而前。这柳元怙后来做到梁、南秦二州刺史，也非泛泛之辈，手下幢主宗越更是一员勇将。他们这一横刺里杀出来，本来正全神贯注与薛安都等厮杀的魏军大为惊骇。薛安都、鲁方平趁机督率众军前后夹击，战局立刻向宋军有利的方向发展。饶是如此，薛安都仍旧怒火攻心，再次横矛直进，在敌阵中一阵猛冲猛杀。飞溅的鲜血顺着矛身流下，在他的肘部凝成厚厚的一层。战到后来，矛柄都折了，薛安都换了一支矛后重新冲入敌阵……这一战从早晨直杀到黄昏，最后魏军大溃，张是连提当场被斩。除了三千余魏兵被杀之外，投河赴堑死者不可胜数，面缚军门者二千余人。陕城随后也一举而下。

次日清晨，柳元景赶到前线。见投降者许多都是河内一带的汉人，柳元景责问他们说，你们不为王师效命也就罢了，怎么反倒替鲜卑人作战，直到最后一刻才投降呢？降人回答说，我们都是被索虏逼的，谁要是落后，就要被灭族啊！打仗的时候他们用骑兵在后驱赶我们向前，不作战就会马上被杀，将军您不是都亲眼看见了嘛！最后，柳元景没有为难他们，将这些人全都放了。

这时，潼关也被庞法起军攻克。关中大震，各地义兵乘势而起，四山羌胡都来向宋军降附。西线的形势一片大好。然而，几乎与此同时，拓跋焘发动反攻，东线、中线宋军相继溃败，柳元景等人的胜利也随之变得无足轻重了。

34 拓跋焘的反击

当王玄谟统领大军围攻滑台而不下之时，魏主拓跋焘不慌不忙地着手布置了反击计划。

八月，拓跋焘先是于河西会猎，随后又在平城西郊对军队进行了操练和整编。九月，在安排了太子晃北巡防备柔然，少子吴王余留守平城之后，拓跋焘亲率大军向黄河前线进发。同时，他还特赦了河北定、冀、相三州死罪以下，征发州郡兵五万配给诸军。这些征发来的州郡兵以汉人、丁零等非鲜卑人为主，大多是为了充当苦役或者在战斗时充当炮灰。

闰十月初七，拓跋焘抵达黄河北岸的枋头。此时天气转寒，已经到了他事先拟定的反攻时机。而对岸的王玄谟却还在滑台城下磨磨唧唧。于是拓跋焘派殿中尚书长孙真率骑五千，先从石济津渡河，抄了宋军的后路；又命关内侯陆真趁夜闯围潜入滑台，抚慰城中将士；自己则统领大军于十月初九以浮桥渡过黄河，杀气腾腾奔滑台而来。

顿兵滑台城下数月之久，师老兵疲，王玄谟也知道事情越发不妙起来。面对北魏即将到来的反攻，垣护之劝他不计死伤，急攻滑台，王玄谟并未听从；有将领建议将大车连接起来函车为阵，布列在营地四周起防御作用，他仍然未予采纳。因为一旦以车为营，就意味着坚守阵地打持久战，而王玄谟显然没有勇气也没有能力贯彻这一想法。拓跋焘渡河之时，王玄谟已经得到了探报，风闻魏军足有数十万之众，鞞（音pí）鼓之声震动天地，这让他更加感到恐惧。于是就在魏军渡河的同一天，王玄谟做出了跟当年到彦之同样的选择——撤！快撤！

从石济津到滑台不过百里，王玄谟决定退却之时魏军已近，何况前两天拓跋焘已经安排长孙真率五千人断了宋军的后路。他这一退，魏军乘势追击，长孙真再从后拦截，宋军立刻兵败如山倒，死者一万余人。王玄谟麾下散亡略尽，所有军资器械全部丢弃，狼狈逃回了碻磝。

守碻磝的青、冀二州刺史萧斌听说拓跋焘进攻滑台，本来想派沈庆之带五千人前去救援。沈庆之说，王玄谟师老兵疲，敌人又已逼近，没有一两万人根本不顶事，你给我五千人有什么用！萧斌仍坚持己见。他可没想到王玄谟如此熊包，沈庆之还没走，他就带着残兵败将逃回来了。萧斌大怒，他是使持节、前敌指挥，拥有阵前斩将的权力，当下就要把王玄谟推出去军法从事。还是沈庆之劝解说，佛狸（拓跋焘的鲜卑名）威震天下，控弦百万，哪里是王玄谟抵挡得了的？何况临战斩将，对我军也不利，萧斌这才暂且放过了王玄谟。

对萧斌来说，现在的情况是，面对拓跋焘的进攻，他自己该如何应对。考虑到王玄谟一败涂地已经让国家颜面扫地，自己又以败退为罪差点将其斩首，作为前敌统帅的萧斌起初觉得自己无论如何不能再退，坚持要固守碻磝。但沈庆之分析了一番局势，觉得眼下应该收缩阵线，增强防守韧性，而不是执着于一城一地之得失。因为如果固守碻磝而忽视了清水以东的防守，万一魏军越过碻磝直插青、冀腹地，那损失可要大得多，到那时，碻磝只不过是孤城一座，守与不守毫无价值。萧斌虽然觉得沈庆之说得有理，可恰好这时圣旨到了，宋文帝下令说不许后退，于是支持留下的意见又占了上风。

沈庆之见状有点着急，对萧斌道："自古将在外，君命有所不受。诏旨千里远来，并不知道前线的形势已经发生了变化。阁下有一范增而不能用，光在这里空谈又有何用！"他拿范增作比，是想提醒萧斌不要像项羽一样听不进别人的意见。没想到这话反而引起了一阵哂笑，萧斌和在座诸人相视而笑，说沈公您最近长学问了，都知道范增啦！沈庆之脸色微窘，知道这些人是嘲笑自己武将出身没文化，厉声言道："下官虽然不才，但听来的学问也比诸位读书万卷来得管用！"说完拂袖而去。

萧斌等商议的结果，是在表面上遵奉皇帝的命令，部分地执行沈庆之的思路，即在碻磝和清口各留一些人马驻守，而萧斌则率主力回守历城。王玄谟出于戴罪立功的心理，自告奋勇留守碻磝，清口则交给了申坦和垣护之。但沈庆之大概觉得这个折中方案并不可靠，又苦于皇帝对前线的情况缺乏了解，于是打算驰驿回建康向文帝汇报。走到半路，文帝的另一份诏书又到了，说你不用回来了，还是回去救王玄谟吧！沈庆之只好又往回走。没想到刚到彭城附近，就传来了敌寇大至的消息。沈庆之这才发现，自己虽然猜中了拓跋焘的战术，却严重低估了他的野心。

原来，在解了滑台之围、击溃了王玄谟之后，拓跋焘并未越过清水进攻青齐腹地，而是在东平命诸将分道并进，直扑淮河沿岸！你刘义隆不是发动了三路大军来打我么？现在我还你五路：征西大将军、永昌王拓跋仁自洛阳出发，目标是寿阳；殿中尚书长孙真直趋马头（今安徽怀远东南）；楚王拓跋建直指钟离（今安徽凤阳东北）；高凉王那自青州趋下邳（今江苏邳州南）；拓跋焘自己则自中道向邹山（今山东邹平东南）、彭城进发。以上五路之中，除偏西的永昌王仁一军是为了击垮刘宋的中线攻势之外，其余四路都是在东线随拓跋焘渡过黄河后才确定的作战目标。

当年拓跋焘还是监国太子之时，明元帝拓跋嗣准备趁刘裕刚刚去世的机会进攻宋国，崔浩为此曾经与奚斤、公孙表辩论是应该先攻城还是先略地，当时拓跋焘也在场。虽然崔浩的意见后来没被明元帝接受，但他提出的"分军略地，至淮为限，列置守宰，收敛租谷"的战略却给拓跋焘留下了深刻的印象。这套战略的核心，是有意避开那些重兵防守的坚固城池，而以骑兵快速机动的特点对宋国境内的农业基础和人力资源进行大规模的破坏和掠夺，从而在实力上削弱对手。如今虽然崔浩已死，但拓跋焘仍然难以摆脱他的影响，这次大举南侵，正是当年他那套战略在战场上的实际运用和体现。

唯一不同的是，拓跋焘并不仅仅满足于“至淮为限”，鲜卑人的铁蹄将会走得更远。

35 进抵彭城

元嘉二十七年冬，鉴于东线王玄谟等已然败退而回，宋文帝认为西路军虽然取得了胜利，但不宜轻军深入，于是下诏令其班师。柳元景于是命薛安都、宗越断后，自率诸将由湖关度白杨岭，顺利返回了襄阳。随王刘诞在城头远远望见柳元景等得胜归来，亲自出城下马将他们迎了进来。事后，柳元景升任宁朔将军、京兆广平二郡太守，专门负责襄阳以北的边境防守事宜。

相比西线的柳元景，正面面对北魏反扑的东、中两线诸将便没那么好运了。尤其是奉命攻击虎牢、洛阳的中路刘康祖部，还未抵达黄河沿线，便收到了南平王刘铄命其火速回防寿阳的军令。此时北魏永昌王拓跋仁已经集结八万大军南下，正在向寿阳挺进。刘康祖回军至寿阳以北数十里的尉武，终于被拓跋仁的骑兵追及。

此时刘康祖手下只有八千人，面对众寡不敌的危局，军副胡盛之建议抛弃粮资，上山依险，走小路返回寿阳。刘康祖怒道："前日受命清荡河洛，未曾见敌。如今敌寇送到眼前，岂能避而不战！我军兵精器利，寿阳距此仅数十里，援军不久便到，即便众寡悬殊，又有何惧？"于是结起车营准备迎敌。拓跋仁在鲜卑人中也以骁勇著称，他将本部骑兵分为三批，轮流上前进攻刘康祖的营阵。双方大战一日一夜，死伤甚众。次日北风劲急，有人向拓跋仁献计采用火攻，拓跋仁遂命骑兵背负干草，冲锋时点燃干草抛进宋营。一时间宋营中烟炎大起，魏军乘势发动猛攻。刘康祖正在督厉将士竭力死战，冷不防一箭飞来，正好射穿了他的脖颈。刘康祖当场阵亡，最后宋军大败，除数十人侥幸逃回外，八千人全军覆没。

随后拓跋仁乘胜进逼寿阳城。南平王刘铄下令焚烧城周庐舍，婴城固守。鲜卑骑兵将砍下的刘康祖军将士的头颅曳在马后，先是绕城展示三周，然后堆在城西筑成京观。而刘康祖本人的头颅，则被快马加鞭送往魏主拓跋焘的行营。

当刘康祖的人头送到之时，拓跋焘已经包围了淮北重镇、北伐基地彭城。

镇守彭城的是文帝第三子、时任徐兖刺史的武陵王刘骏，以及本次北伐东线名义上的总指挥——太尉、江夏王刘义恭，走到半路受阻于魏兵的沈庆之也在城中。彭城作为刘裕建宋的旧都和数次北伐的大本营，城防相当坚固，城中兵马也不少，但由于之前储备的大量粮草都调到前线供应王玄谟和萧斌了，导致现存的粮食并不足以让守军坚持上一年半载。所以在魏军尚未抵达彭城之前，城里曾有过争论：江夏王义恭想弃城南归；沈庆之则主张以大车为函箱之陈，以精兵为外翼，保护两位王爷和妃女向北直趋历城，而留下部分军兵由护军将军萧思话统领，留守彭城；太尉长史何勖的计划则是向东跑，跑到海边的郁洲岛上，然后走海路逃回京师。总之大家都觉得彭城不可久留，最好是趁敌人还没来的时候抢先开溜。

正在众人为究竟是向北逃还是向东逃犹豫不决之时，安北长史、沛郡太守张畅近前说道："若历城、郁洲有可至之理，下官岂敢不高声赞和！只是如今城中乏食，百姓皆有奔走之心，要不是城门紧闭，恐怕早就有人出逃了！我们一旦抬脚出城，百姓一定会各自逃散，军心也会大为恐慌，到那时还哪里去得了郁洲或是历城？现在虽然粮食不多，可也并非朝夕之间便会罄尽，我们岂能舍弃万安之术而选择危亡之道呢？如果非要遵从这一方案，下官请以颈血污公马蹄！"

武陵王刘骏见状，也对义恭说道："叔父您既然总领全局，去留本非侄儿所敢干涉，可我既然身为城主，如果就这么弃城而逃，实在无颜再见朝廷。张长史所言甚有道理，我愿与此城共存亡。”刘义恭见比自己小上十六七岁的侄子都这么说，如果自己再坚持逃亡，那就未免显得太脓包了些，于是只好硬着头皮，同意暂时留守。

不久又发生了另一件事。当时宋文帝正好派了散骑侍郎徐爰到彭城来索取军资粮秣的统计数字，走的时候城中派了些骑兵护送。谁承想这一情况被魏军的前哨斥候发现了，拓跋焘立刻派数百骑兵追了上去。这下江夏王义恭大为惊恐，因为一旦徐爰被抓，那城中缺少军粮的底细就全暴露了！于是刘义恭又想马上弃城逃走。可这时拓跋焘的大军已经兵临城下，再想逃已经来不及了！好在最后徐爰跑得快，将将赶在被魏军追获之前过了淮河。

拓跋焘这一路行来，几乎没有遇到任何拦阻。楚王建和长孙真这两支部队也一直游离在中军两侧，时刻策应着皇帝的军事行动。中间途经邹山之时，拓跋焘擒获了宋国鲁郡太守崔邪利，随后还派人祭祀了孔子，推翻了立于山顶的秦始皇刻石（公元前219年，秦始皇在巡狩途中曾于邹山立石颂功）。此举似乎表明，拓跋焘认为自己的抱负与功业当不在秦始皇之下，在内心深处，他很想像秦王嬴政一样一扫六合，统一南北。

十一月二十六，拓跋焘的大军抵达彭城郊外。前面曾经交待过，在彭城城南三里之处，有一座高十七八米的戏马台，宋国初建之时，刘裕与文武百官曾在此设重阳之会。在戏马台西南的山麓，还有一座高四十余丈（约100米）的高丘，相传是亚父范增的陵墓，当地人称亚父冢。拓跋焘先是在戏马台上搭起毡屋，想要一窥城中动静，大概觉得还是看不清楚，后来他又登上亚父冢俯瞰彭城。做过这一番军事勘察之后，拓跋焘并未立刻发起进攻，而是决定与守城方接触，进行外交攻势。

之前魏军曾在萧城（今安徽萧县）附近击溃前来侦察的宋军马文恭部，俘虏了队主蒯应。拓跋焘便派人到城下把蒯应送还，还说自己远来疲乏，听说你们南方的甘蔗和酒挺解渴，给我点儿尝尝呗？

从蒯应那里，刘义恭和刘骏了解到，这次入寇，魏主拓跋焘乃是亲自前来，如今就在城外，而且他统领的大军足有四十余万。震惊之余，武陵王刘骏还是保持了皇族应有的风度，不但将酒和甘蔗送给了拓跋焘，还说：听说你们北方的骆驼不错，不妨拿来交换。

以此为契机，宋魏双方先礼后兵，在彭城搞起了军事外交。这期间双方针锋相对，互不相让，谁都不肯在嘴皮子上落下风，一场精彩的年度撕逼大战于彭城城下正式上演。

36 张李舌战

宋方派出的斗嘴选手便是前面提到的安北长史、沛郡太守张畅。而魏方派出的舌战精英则是李顺的堂弟、寿光侯李孝伯。崔浩死后，汉人大臣中最受拓跋焘信任的便是李孝伯，军国机密他时常参议，这次南征他也随行在军。

抵达彭城后的第二天早上，拓跋焘派李孝伯带着准备送给刘义恭、刘骏的骆驼等物到了彭城小市门旁，张畅于城上现身应答。随着两人的交谈与沟通，双方的舌战也开始了。整个对话的过程和具体内容，除个别语句之外，宋魏两国官方史书的记载大致相同。

李孝伯先是遥问城墙上现身者尊姓，张畅答说姓张。

李孝伯：“原来是张长史啊，久仰久仰。”

张畅：“你怎么认得我是谁？”

李孝伯：“既到了彭城地面，怎么可以不认得此间的人物？”（其实很可能是被俘的蒯应向魏军透露了城中信息。）

张畅：“敢问阁下尊姓？现居何官？”

李孝伯：“我只是军中普通一人而已，何必多问！然我之官位足以与你相当。”

会话至此，李孝伯叫人把骆驼等物牵上来，接着说道：“我家主上有诏：‘太尉（义恭）、安北（刘骏）可暂出门与朕相见，朕亦不攻彭城。何为劳苦将士，设如此严备？’我现奉主上诏令，将骆驼、貂裘等物赐与你家太尉、安北，请开门受纳。”

张畅："貂裘等物，请至南门呈送。然'有诏'之言，只适用于贵国，在此岂可施用！"

李孝伯："你家太尉和安北，是人臣不是？"

张畅："是。"

李孝伯："既然如此，邻国之君，为何不能称诏于邻国之臣？"

张畅："你家国君非我中华之君，彼之诏令自然不适用于我中华之臣。"

李孝伯不再纠缠于此，而是带人转到了彭城南门之外。然而不知道是城中有意为之还是什么原因，城门还是紧闭未开。

李孝伯："何以匆匆城门紧闭，吊桥高悬？"（此语意在讽刺宋人胆小。）

张畅："我家二王考虑到魏主初来乍到，营垒未立，将士疲劳，而城中精甲十万，人思致命，恐怕他们轻相凌践，故而暂且闭门。待你们休息士马，然后再共治疆场，克日交战。"（城里兵太多控制不住，关门是怕吓着你们。）

李孝伯："依法治国，令行禁止，还用得着闭门悬桥？区区穷城，哪里有十万人马值得自夸？我军亦有良马百万，难道还怕你城中精甲不成？"

张畅："自古王侯设险，可不是单凭法令就能治国。我若成心夸大，当言百万，之所以说十万，正是实言而已。况且城中数州百姓、工徒营伍还没算数。再说兵家之事，向来斗智不斗力，更不斗马足。你们北方本来就产马，马多有什么好夸耀的？"

李孝伯："不然。城守，你国之所长；野战，我国之所长。我之恃马，正如君之恃城。"

这时，城里面有个叫具思的人曾经到过平城，刘义恭派他到城上窥探，他认出了李孝伯。张畅这才知道和他交锋的对手究竟是谁。这期间南门也开了，于是张畅出城，接受了拓跋焘送来的礼物。李孝伯转达拓跋焘的意思，说貂裘是给江夏王义恭的，骆驼、骡马是给武陵王刘骏的，葡萄酒和杂食是给他们叔侄共享的；另外听说你们南方的柑橘不错，给我整两筐呗？

张畅转达二王的意思说：知道您想跟我们见面，其实我们也想，但我们受命本朝、忝居藩任，人臣无境外之交，所以只能表示遗憾。您的礼物我们收下了，知道您想吃柑橘，我们这就奉上。另外这里还有皮裤一条，好酒两坛，螺杯、杂粽若干，都是我们南方特产，现在送给您尝尝。

这口信还没来得及传给拓跋焘呢，他又送来了新的请求，说我光带着骑兵来，车辆辎重都在后头，所以这两天端坐无为，实在无聊得紧，城里要是有麻将（博具）的话借一副呗？为了表示感谢，你们要是有书信送往南方，我可以派人护送，毕竟二王被围，想必朝廷也很担心吧！

张畅："魏主想借博具，我自会向上面通禀。至于送信一事，我们自有渠道，使节每日往返，不劳魏主操心！"

李孝伯："我也知道这附近还有水路，只是听说好像已经为'白贼'所断了。"（白贼意指造反的天师道徒等流寇。）

张畅："阁下所穿就是白衣，所以才以白贼自称吧！"

李孝伯大笑："如今的白贼，好像是黄巾、赤眉那样的才对吧！"

张畅："黄巾、赤眉可都不在我江南。"（当年黄巾军兴起于河北，赤眉军兴起于山东。）

李孝伯："虽不在江南，也离徐、兖不远。"

张畅："如今徐、兖确实有贼，只不过不是白贼而已。"

李孝伯："刚才向二王借博具，何故久久不出啊？"

张畅："二王身份高贵，所居又远，启闻自然需要花些时间。"

李孝伯："周公况且礼贤下士、握发吐哺，江夏、武陵二王未免过于自矜身份了吧。"

张畅："周公握发吐哺，那是对中国人而言，对于邻国则未必。"

李孝伯："对于本邦尚且如此，对于邻邦就更应该以礼相待，这才是待客之道。"

张畅："所谓'宾有礼，主则择之'。昨日见你们戎马前来，恐怕称不上有礼数吧！"

李孝伯："并非我们无礼，而是你主人家匆匆怠慢，无调度所致。"

两人正在扯皮之时，博具送到了。张畅将其交给李孝伯后，拓跋焘又捎来了新的口信。年初他亲征汝南之时，刘宋将领程天祚被俘，如今也被拓跋焘带到前线来了。与此同时，拓跋焘也了解到，程天祚的弟弟程天福就在彭城。这时拓跋焘便拿他们兄弟骨肉分离说事，要求彭城方面叫程天福出来跟他哥哥见一面。此举意在动摇守军军心，张畅岂能不知，于是他回复说：要求已经转达了，但程天福深以哥哥未能死节为撼，坚决不愿与哥哥相见。李孝伯趁机讽刺说：天下哪有子弟闻其父兄却不与相见的？这不是禽兽不如么！没想到你们宋国风俗竟然如此凉薄！

过不多时，为了表达对柑橘、博具等的感谢，拓跋焘又派人给义恭叔侄送来毡各一领、盐各九种、胡豉（大概是用胡豆做的豆豉）若干。还说柑橘很好吃，能不能再多给点？又说你们叔侄俩不来跟我见面就算了，要不派个使臣来见我也行，我大老远来的，你们总要知道我长什么样、年龄多少吧？实在没有合适的人选，派个僮吏也成啊！

张畅说："魏主您长什么样、年龄多少，以前使者往来之时我们都清楚了。有李尚书（孝伯）亲自在这儿跟我交流，也不怕双方沟通不畅。所以没必要派人去见你。二王现有蜡烛十支、锦缎一匹相送，至于柑橘，也不是我们吝啬，可再送也不够你们全军吃的不是？本来就是只送给魏主您一个人享用的，上次送的就够了，所以恕不再送。"

经过这一番礼尚往来相互酬答，双方的唇枪舌剑逐渐升级，终于发展到了政治军事层面。

李孝伯："我家永昌王乃魏帝从弟，如今统领八万大军已经包围了寿阳。刘康祖的头也送了过来。我们很想知道，像王玄谟这样的庸才，何以受到宋国重用以致大败而还？魏帝进入宋境以来，七百里畅通无阻。邹山之险，崔邪利不能善加利用，前锋始交，他便逃入土穴，被我军将士倒拽着拉了出来，如今他也在军中；萧县一战，马文恭也望风披靡，现在你们的老百姓都怨恨说，太平年月朝廷收我们的税，危难之时却不能拯救民众于水火，这算什么政府、什么皇帝呀！”

张畅：“王玄谟乃我南土偏将，本来就算不上人才，只是因为他是北人出身，所以叫他前驱导引而已。我大军未至，河冰便封合了起来，王玄谟相机回师，算不上失算。只是因为夜间行军，故而戎马惊乱罢了。我家悬瓠小城、陈宪小将，魏主倾国围攻，数月不克。邹山虽有小险，然当地的民众却是新附，始慕王化，盗贼未息，我们派崔邪利过去只是抚慰百姓而已。魏主以十万之众俘虏一崔邪利，有什么好夸耀的？马文恭乃是去萧县迎接百姓的，本来兵马就少，但也不是全无战功。魏主既然怜悯我国百姓，就应该善加抚恤，相反却肆行残虐，行无道之师。百姓陷于危难正是魏军残暴所致，我朝廷于百姓又有何怨？我知道你们入境七百里无人阻挡，这一点也正在我家二王算计之中，具体由于涉及军事机密，不便透露。”

李孝伯：“呵呵，我知道你说的这些都是遁辞。实话跟你说吧，如今我家主上并不准备攻围彭城，而将统领大军直趋瓜步（今江苏六合东南）渡江。如果到时事情办得下来，彭城也不用打了；如果办不下来，彭城就是拿下也没用。我军即日便将南下，会当饮马长江以解疲渴。”

张畅：“去也好，留也好，诸位请便。如果虏马能够得饮长江之水，我看这世上恐怕再也没有天道了！我想现在我们应该各自回去复命了，至于以后的事，就让我们拭目以待吧。”

李孝伯：“好，就此告辞。”

张畅：“保重。将来你若能回归宋朝，今日便是我们美好友谊的开始。”

李孝伯：“呵呵，我还是先到建康等你吧！到时说不定你和二王都要前来面缚请罪，我可不一定会替你说好话哟！”

说完二人拱手作别。

37 胡马临江

李孝伯说得没错。拓跋焘事后只对彭城发动了一场试探性的攻势，便解围而去，直奔淮河而来。

十二月初四，拓跋焘抵达淮河北岸。他随即命全军砍伐竹木芦苇，扎成筏子建造浮桥。此时宋文帝已经派遣辅国将军臧质统兵万余人北救彭城之围，而当臧质赶到淮河南岸的盱眙时，魏军大部已经从浮桥渡过了淮河。臧质匆忙列阵，派胡崇之和臧澄之各领一军，抢先占据盱眙城东的高山，毛熙祚进据前浦，自己则统余众扎营于城南。

初十，战斗打响。虽然毛熙祚率领北府精兵进行了顽强抵抗，但实在寡不敌众，毛熙祚、胡崇之、臧澄之皆战死疆场，臧质军也随即溃败。日落时分，舍弃了辎重甲仗的臧质仅带七百人逃至盱眙城下。

盱眙太守姓沈名璞，乃是名将沈林子之子。他刚到任的时候，北伐才刚刚开始，王玄谟还在滑台，江淮一带平静无事，谁也没想到北魏大军能够深入到淮南来。所以当沈璞整修城壕、积聚粮米之时，旁人都觉得奇怪，甚至朝廷也不以为然。但沈璞觉得应该居安思危、未雨绸缪，于是坚持把盱眙的城防建设搞了下来。后来王玄谟兵溃如山倒，拓跋焘一路南侵，各地守宰多弃城而逃，有人劝沈璞也回建康算了。沈璞却道："如果索虏觉得盱眙城小，不来进攻，那就根本用不着担心；如果大举来攻，那正是我报国之日，诸位封侯之时！当年昆阳之战，王寻、王邑以百万之众败于刘秀；合肥之围，张特以三千人力抗孙吴二十万大军，这些以少敌多之战前史明鉴，如今我又有何惧？"众人一看太守如此自信，心里也稍稍踏实了一些。沈璞拣选人手，总共凑得两千精兵，心说老子已经准备好了，就怕你拓跋焘不来。

这次臧质来投，又有人劝沈璞不宜接纳。理由是城里就这么大点儿地方，粮食也就那么多，人多了麻烦也多。况且到时敌人攻城，打赢了吧，功劳要被臧质分一半，打输了乘船逃跑吧，说不定还要因为抢船争起来，总之是弊多利少。沈璞心想，你们这些人心理怎么这么阴暗呐，现在的情况是大敌当前，多一份人手多一份力量，我沈璞岂能为了这么点功劳就把同胞往火坑里推！于是打开城门，将臧质等迎了进来。

然而与彭城一样，拓跋焘的战略意图并不在攻城。所以渡过淮河后，他只是试探性地对盱眙发动了一次攻势，便留下数千人监视，自己则率军直接开往了二百里外的瓜步。与此同时，按照他事先的部署，永昌王拓跋仁也从寿阳南下，兵锋直指横江（今安徽和县得胜河）、历阳；高凉王拓跋那军则经山阳后直趋广陵。

十二月十五，魏军前哨抵达建康对面的长江北岸。二十八日，拓跋焘的大驾登上了瓜步山，三十里外的金陵山水依稀可见。几乎同一天，永昌王仁、高凉王那诸军也开到了长江边。一时间，东起广陵、西至历阳的数百里江岸上，集结了北魏六十万大军，形成了对刘宋建康城的威压之势。

自晋末永嘉之乱以来，虽然中原尽被异族占据，敌骑南下牧马之事亦屡见不鲜，但不论石勒还是苻坚，都止步于淮水流域，如今在拓跋焘的统领下，少数民族军队有史以来第一次突破了淮水防线，驰骋的铁蹄直抵大江，“胡马饮江水”之言终于变成了现实。

此时此刻，宋文帝刘义隆的心态是极度复杂的。史料记载，他数次登临石头城和建康西北的幕府山，忧心忡忡地观望对岸的敌情。期间他对心腹重臣江湛说，当初对于自己北伐的决定，朝廷里本是反对的意见多、赞成的意见少，造成如今这个局面，都是自己的过错，实在惭愧于心。他甚至还想起了被冤杀的檀道济，说出了“檀道济若在，岂使胡马至此”的话语。

然而后悔也好，惭愧也罢，都解决不了大敌当前的严峻问题。探报传来消息，说魏军已经在瓜步山下的滁口（今江苏六合东南滁河入江之口）一带砍树毁屋、伐苇结筏，看样子正准备发动渡江攻势。大江南岸的许多百姓已经收拾好了行装，准备一旦情况不妙，就随时逃跑。

好在这时建康朝廷虽然大受震撼，但却并未陷于慌乱。在某种程度上来说，早在北魏军队进抵淮河之前，文帝和朝廷就预料到了很可能会出现这种局面。因为这次北伐刘宋方面并未聚集防御力量于淮河一线，在王玄谟、刘康祖等军溃败之后，除寿阳、彭城几座镇戍之外，并无军队来阻挡魏军南下。尤其是得知北魏大军具有压倒性的数量优势后，刘宋各地镇戍都采取了坚壁清野、敛民固守的策略，而放任鲜卑骑兵在外纵横驰骋、烧杀掳掠。在魏军进抵长江之前，江北的广陵等地皆焚烧了城府乘船，将百姓提前迁到了南岸。说白了，宋文帝和朝廷都明白，在实力对比悬殊、鲜卑骑兵长于野战的情况下，选择消耗战以避其锋芒、发挥南人长于城守的优势，才是取胜之道；更何况南朝立国的真正命脉是水军，而万里长江天堑对于不善水战的鲜卑人来说几乎是无法逾越的障碍。

当然，面对胡马临江的威压之势，宋文帝也召开了紧急会议，最终制订了以下防御和退敌措施：

从当月二十七日起，京师内外戒严。征发丹阳郡内所有男丁参与防守，王公以下子弟全部从役。

命领军将军刘遵考与左军将军尹弘守横江，少府刘兴祖守白下（即白石垒），建威将军、黄门侍郎萧元邕守禅洲，羽林左监孟宗嗣守新洲上，建武将军泰容守新洲下，征北中兵参军事向柳守贵洲，司马到元度守蒜山，谘议参军沈昙庆守北固，尚书褚湛之行京陵守西津，徐州从事史萧尚之守练壁，征北参军管法祖守谯山，徐州从事武仲河守博落，尚书左丞刘伯龙守采石（今安徽马鞍山西南）。以上皆为遍布江心和南岸各地的战略要地和重要渡口。与此同时，水军倾巢而出，封锁了上自采石，下至既阳（今江苏江阴东南）的六七百里江面。长江上战舰如云，旗甲弊日，巡逻往来的快船穿梭如织。皇太子刘劭出戍山上的石头要塞，前将军徐湛之把守山下的石头仓城，吏部尚书江湛负责宫内防务。

颁下极为优厚的赏格。能斩魏主拓跋焘头者，封八千户开国县公，赏布绢各万匹、金银各百斤；斩其子弟、宰相、大军主，则封四百户开国县侯，布绢各五千匹。又募人在江北的无人村落里放置毒酒，想借此毒杀入住的魏军官兵。

在针对敌人做出种种措施的同时，存在于刘宋内部的一个隐患也让宋文帝放心不下，那便是他那已经被迁至安成郡软禁多年的弟弟刘义康。虽然他已经被废为庶人，剥夺了人身自由和所有的政治权利，但他毕竟是武帝骨血，仍然存在一定的影响力。三年前，义康余党胡诞世等据豫章谋反，杀了当地太守，欲尊奉刘义康为主。虽然很快便被镇压，却再次提醒文帝，只要义康尚在人世，就无法杜绝异己分子利用他的名义造反作乱的可能。这次魏军深入，江南震动，文帝十分担心有人趁机再次拥义康作乱，太子刘劭、武陵王刘骏也都劝文帝提早处置。于是文帝决定背弃他曾经对会稽长公主许下的诺言，派中书舍人严龙持毒药南下，将义康赐死。哪知刘义康也深受佛教“自杀不复得人身”说法的影响，坚决不肯自己服药。严龙只好派人用被子将他捂死，其时年四十三岁。

38 | 和亲之议

克劳塞维茨说得好，战争是迫使敌人服从我们意志的一种暴力行为，它无非是政治通过另一种手段的延续。也就是说，战争背后体现的是两国意志的博弈。谁都不服谁，战争才打得起来；一方服了，战争也就结束了。

所以剑拔弩张之时，也正是双方意志角力的时候。这时了解一下对方的意图，显然没有坏处。

于是在拓跋焘抵达长江北岸的次日，宋文帝刘义隆派使者渡江，与这位老对手进行了初步接触。据宋国史籍的说法，文帝只是派人送去了一些江南的珍馐美味土特产，以尽地主之谊。而住在瓜步山顶毡帐之中的魏主拓跋焘尽管一直在饮食上小心谨慎（拓跋焘不饮河南水，一路都是喝骆驼载来的农夫山泉），但却对文帝送来的柑橘和美酒来者不拒。末了他还把自己的孙子、年仅十一岁的拓跋浚拉出来说，我这次南来不为别的，就是想给我这孙子找个对象，你家皇上要是答应这个要求，从此以后我秋毫无犯。此外拓跋焘还想把女儿嫁给文帝的三子武陵王刘骏，为此他还特意献上了骆驼、名马以示诚意。

而对于刘宋使者来访之事，北魏史料则说，使者是来进贡请和的，为此刘义隆愿意献女嫁给皇孙，只是太武帝考虑到“师婚非礼”，所以才拒绝了这门亲事。

无论如何，当时的确出现了宋魏和亲的提议。表面上看来，似乎在北魏大兵压境之下纯属守势的刘宋一方更倾向于主动议和，但考虑到那时的具体情况，反倒是魏主拓跋焘比宋文帝刘义隆更需要一个具体的成果作为合适的台阶下。因为拓跋焘心里清楚，自己虽然蹂躏了江淮之间的大片土地，掳掠了数量庞大的宋国人口，所到之处战无不胜、横行无忌，但淮水流域的寿阳、盱眙、彭城这些重要的战略据点自己一个都没拿下来。而鲜卑人作战向来因粮于敌、不重后勤，如今数十万大军深入宋国腹地，一来在刘宋坚壁清野的政策下时常野无所掠，二来漫长的补给线也时刻面临着被后方守军切断的危险。更重要的是，波涛汹涌的万里长江如天堑般横亘在魏军面前，且不说刘宋的水军完全控制了水域的主导权，就是单凭那广阔数十里的江面、浩淼奔腾的江流，也绝不是扎上几千条竹筏就能征服得了的！

两百多年前，魏文帝曹丕统领十余万大军、数千条战船南下广陵，欲亲征伐吴。曹丕见大江波涛滚滚，不由得长叹道："嗟乎！固天所以隔南北也。"于是便放弃了南伐的打算，回师而去。两千多年的中国历史也证明，北方政权要想征服以大江为凭的南方政权，非得满足以下三个条件：第一，以淮河流域或长江上游为基地；第二，拥有堪与南方相抗的水军；第三，东西同举，多路进攻。拓跋焘一个条件都不具备，这种情况下如果强行进攻，结果恐怕只会比苻坚更惨。所以对此时的拓跋焘来说，在已经获取了大量财货人口、削弱了刘宋整体实力的情况下，如果能以和亲的方式体面地结束战争，当然是一个比较理想的选择。

然而这一提议却在刘宋朝廷内部引起了不同的反响。当初反对北伐的大臣大多表示可以接受，而赞成北伐的吏部尚书江湛却道："戎狄无信，许之无益！"这个说法也不是全无道理，因为以汉代的经验来看，汉匈和亲长远来看并没有解决匈奴对汉边的侵扰问题。可以太子刘劭为首的主和派眼下考虑的不是长远国策，而是如何退敌的现实问题。刘劭本来就对江湛、徐湛之赞成北伐一直不满，这时更是大怒，声色俱厉地对江湛道："现今三王（指江夏、武陵、南平三王）皆身处危难之中，你执此异议，是何居心！"后来刘劭还对文帝说，如今北伐败辱、数州沦破，只有杀了江湛，才可以对天下人有所交待。文帝却回答道，北伐本来就是我的主意，江湛只是没有反对罢了。

在这样的背景下，文帝最终还是没有答应和亲的提议。这一方面应该归因于他的自尊心，因为此时此地同意和亲，无异于接受城下之盟，将来免不了要受后人指摘；而魏晋以来，尤其是永嘉之乱胡汉矛盾升级后，两百年间，从无汉族统治者与少数民族和亲的记录，贸然开此先例，显然要在道义上承担不小的风险。另一方面，相比在来信中大言不惭地宣称要并吞刘宋长江以北的全部领土，事到如今拓跋焘居然提出仅以和亲来结束战争，这也在一定程度上暴露出了他的底气不足。宋文帝由此不难判断，自己的这位老对手其实已经到了强弩之末，准备见好就收了。

果不其然，虽然宋文帝拒绝了和亲之议，但拓跋焘却已经定下了不日北返的决心。

元嘉二十八年（公元451年）正月初一，由于敌寇威逼、全城戒严，宋文帝取消了惯常举行的正旦朝会大典，刘宋君臣在凝重肃杀的气氛中度过了一个冷清的新年。与此同时，在数十里外的瓜步山上，魏主拓跋焘的大帐里却张灯结彩，大摆筵席。拓跋焘举行了隆重的颁赏仪式，随从南征的文武群臣二百余人接受了赏赐的官爵财资。山下，绵延数十里的魏军营帐沿江举火，倒影掩映之下，整个江面仿佛都在熊熊燃烧。然而太子左卫率尹弘却一语道破，说鲜卑人这么做，是怕撤军的时候遭到追截，所以才故意举火以示威。

次日清晨，在江面上侦察的刘宋水军发现，昨夜火焰大盛之处，如今只剩下一堆堆冒着余烟的灰烬，北魏的数十万大军一夜之间已消失得无影无踪。

39 盱眙之战

匆匆地我走了，正如我匆匆地来。

我挥一挥马鞭，不带走一片云彩。

拓跋焘的确没带走一片云彩，他只是带走了刘宋青、冀、豫、徐、南兖、北兖六州人口数十万而已。这个数字应该算不上夸张，因为回到平城后，拓跋焘一次性便在近畿安置了掳掠来的人口五万家。若以一家五口计，就有二十五万人。这还没有将路上死亡损耗的人口计算在内。因此，这次南侵北魏掳获的人口保守估计也应当在三十万以上。根据刘宋大明八年的人口统计，当时六州人口共有一百四十三万五千零七十八人。也就是说，本次被北魏掳走的人口至少要占六州人口的五分之一强。正因为此，《宋书》才感叹道："自江、淮至于清、济，户口数十万，自免湖泽者，百不一焉。"

不过，事情到这儿还没有完。如前所述，拓跋焘手下的军队就有数十万，再加上掠来的百姓数十万，率领这么庞大的群体从江北返回河北，实在是一个不小的挑战。

最大的困难就是粮食问题。

前面说过，魏军这次南侵基本上没带多少粮草，一路都是靠抢掠取食，这种做法虽然可以最大程度地破坏宋国江北的经济基础，但并不能稳定地保障数十万人的饮食供应。尤其是到了战争后期，天寒地冻再加上守军坚壁清野，要想抢到粮食越来越难，魏军北返的途中一直处于饥寒交迫的境地。这时拓跋焘已经回到了淮河沿岸，听说盱眙城中贮存有大量粮食，便又将盱眙围了起来。

城里的臧质和沈璞一看，哟，敢情你们又回来啦，这江南七日游看样子不太顺利呀！怎么一个个面黄肌瘦的？

拓跋焘还想像在彭城和瓜步一样搞搞军事外交，便向城中索求美酒。臧质倒是不含糊，立刻送了一坛过去。拓跋焘打开一闻，只觉臊臭熏天。这哪里是美酒？分明是一坛尿！

拓跋焘简直气炸了肺。老子闯荡江湖几十年，还从来没受过这等羞辱！真是是可忍孰不可忍，叔可忍婶儿也不忍了！当即下令筑起长围，一夜之间便将盱眙围了个严严实实。长围之上留有攻城通道，魏军从中运入东山土石，要将城壕填平。拓跋焘还怕城里人从水路逃逸，又在东北的淮河上筑起浮桥，严兵守卫，切断了盱眙所有的水陆通道。

大概觉得臧质这回无论如何是跑不了了，拓跋焘又送信给他，威胁说：我派去攻城的都不是我国人，城东北是丁零和胡人（指匈奴、羯胡），城南是三秦氐、羌。丁零人死了，正可减常山、赵郡贼；胡人死了，正减并州贼；氐羌死，正减关中贼。你帮我杀丁零、胡人、氐羌，对我来说一无所害！随信奉上刀剑一柄，你就等着瞧吧！

臧质回信说：来信已悉，你嚣张什么呀！知道你为什么能深入我国腹地么？有个童谣你听说了没：虏马饮江水，佛狸死卯年！王玄谟等人之所以撤退，就是让你先去饮江水，好因应这个童谣。这回你既然上门来找死，我岂容你回到河北，生还桑干（桑干河为平城南之河流）！你要运气好，被乱军所杀也就完了；运气不好被我俘虏，我就拿锁链把你绑了，用一头毛驴驮了，拉去建康砍头！我既然受命守城，本来就不图善终，你要真有本事攻下城来，我任凭你要杀要剐挫骨扬灰！可你有那个本事么？你自觉才能智识比苻坚如何？现今春雨已降，我大兵正四方来集，你且安下心来攻我城池，不要慌忙着急就走。粮食不够吃，你跟我说呀，我给你们送点儿不就行了嘛！话说你送我这刀剑挺好，是为了让我砍你人头用的吧？

这一年岁值辛卯，正是卯年。不管“虏马饮江水，佛狸死卯年”这则童谣是不是臧质临时捏造的，总之他的确达到了激怒拓跋焘的目的。

看了这封信，拓跋焘的鼻子差点儿气歪。他实在无处发泄，干脆叫人铸了一个铁椅子，上面都是狼牙刺，猛一看还以为是维斯特洛的铁王座。拓跋焘宣称，这椅子是给臧质留的，破城之后就把他按在上面。

岂料臧质又把拓跋焘头回写来的书信送给了魏军中的非鲜卑族士兵，说：“你们看，这都是拓跋焘自己说的话，他是要让你们当炮灰送死呢！你们本来就不是鲜卑人，为什么要自取灭亡呢？眼下弃暗投明、转祸为福的机会就在你们眼前！”末尾还附上了宋文帝开出的赏格：“斩佛狸首，封万户侯，赐布、绢各万匹。”

说来说去，两人嘴炮打了不少，终究还得手底下见真章。不过话说回来，南朝人确实长于守城，而鲜卑人也确实于攻城不太擅长。而且由于沈璞事先加强了盱眙的城防设施和武器粮储，也使得魏军攻城的难度大大增加。

拓跋焘建造了钩车，想要钩倒城上的女墙，但沈璞和臧质则指挥守军用粗绳缠住了钩牙，数百人在内呼喝牵拉，使得钩车根本无法后退。到了夜里，城上用木桶装人悬垂到城外，居然将钩牙截了下来。次日，魏军又用冲车撞城，可城墙筑得坚厚无比，撞了半天，才掉了点儿渣土。拓跋焘没了办法，只好采用人海战术，把信里说的那些“炮灰”派上了战场。这些人虽然明知是送死，可后面有手执利刃的鲜卑骑兵督战，后退下来仍然难逃一死，只好硬着头皮往上冲。这样的攻势虽然看上去很有气势，实际效果却不甚理想。魏军连续多日轮番肉搏登城，死伤无数，堆积的尸体垒成了山丘，盱眙城却依然稳如泰山。就这样过了一个月，数十万大军连带冻饿疾疫而死者，居然减损过半。拓跋焘又听说宋文帝命彭城方面派军遮断其归路，建康也派水军自海入淮前来增援，虽然仍是咽不下这口恶气，终究还是不敢久留，遂于二月二日解围而去。

盱眙城里有人建议乘势追击。沈璞认为，以城里的几千人，守城虽然足够，出战却万万不可；但是可以整治舟楫，装出想要追击的样子，把敌人快快吓走就完了。后来魏军路过彭城之时，拓跋焘派人对城里人说："这次食尽且去，待麦熟时再来。"江夏王义恭闻言大惧，根本不敢派军追击。当第二天宋文帝命其追击的敕令到达之时，魏军早已去得远了。

二月二十四日，拓跋焘北渡黄河。五天后抵达滹沱河畔的鲁口（今河北饶阳），太子拓跋晃前来迎接。至此，宋魏之间的南北战争落下了帷幕。

这场战争虽然只持续了一年，但对双方来说都意义深远。经此一战，北魏虽然没有攻下刘宋任何一座重要的城池，两国的领土也大体维持了战前的疆界，然而其铁蹄所至，六州残破，极大地削弱了刘宋黄河以南、长江以北的经济军事实力。拓跋焘的入侵不但终结了宋文帝引以为傲的元嘉之治，甚至也是刘宋一朝的国势由盛转衰的转折点。除了北魏掳获了大量资财人口之外，战争中鲜卑骑兵表现出来的摧枯拉朽的气势、排山倒海的威力更是极大地震慑了南朝士庶，完全摧毁了他们曾经怀有的驱除胡虏、收复中原的信心，也一举奠定了南北朝时代北强南弱的总体格局。此后，南朝虽然也有几次北伐之举，但除了北魏末年梁武帝趁火打劫收复了部分淮泗城池之外，通常都是出于以攻代守的战略目的。大部分的情况则是，南朝统治者此后逐渐习惯于自保江南一隅，而对中原故土丧失了领土野心。另一方面，虽然拓跋焘凭借军队在数量和机动性上的优势占尽了便宜，甚至一度胡马临江，但目睹了长江天堑和多次受阻于坚城之下也让他明白，短时间内要想征服南朝、一统天下也是不可能的。

一句话，现阶段南朝征服不了北朝，北朝也灭亡不了南朝。就这个意义而言，正是这场战争使南北之间的对抗在博弈中达到了平衡，从而塑造了往后一百多年间南北朝的历史走向。

随后在拓跋焘和刘义隆身上发生了哪些故事，就请您打开下一部书接着看吧。

说不尽的南北朝

中

邙山野人 著

新世界出版社
NEW WORLD PRESS

第三卷

嗜血的皇冠

01 囚笼中的太子

当中使传来消息，说皇帝在回京途中突然病逝，并且请他速速前去迎丧之时，太子晃先是吃了一惊，继而一股裹挟着悲伤的喜悦之情又从内心深处油然而生。

这一天，他已经等了很久了。

拓跋晃五岁为太子，十七岁开始监国总领庶政，如今已经二十四岁了。他幼年丧母，从懂事的时候起，印象中父皇拓跋焘就是一副不怒自威的冷峻模样。成年之后，尤其是以监国的身份处理政事之后，他更是将父子之情敛藏起来，小心谨慎地以君臣名分看待和处理与拓跋焘之间的关系。多年的耳闻目睹使他明白，皇帝陛下是一个极度自负而又严酷的人，任何胆敢冒犯他的人他绝不宽恕，哪怕是自己的儿子也不行。他的威严如同万钧巨石，时时刻刻悬在自己的头顶。好在这些年他经常外出巡行远征，自己则留守京城，只有这个时候，他才会觉得稍微轻松自由了一些。

这头顶上的巨石将永远消失了吗？拓跋晃几乎不敢相信。

近几年，皇帝陛下虽然春秋渐高，但身体一直都很好。这次统军南征更是一路势如破竹，听说直抵长江沿岸，事先并没有发现任何龙体欠安的迹象。回师的途中，虽然在盱眙耽搁了不少时日，可前几天渡过黄河后也没收到什么异常的消息呀，怎么到了定州境内却忽然病亡了呢？难道……

拓跋晃想起了最近宫外流传的一则汉人童谣：“轺车北来如穿雉，

不意虏马饮江水。虏主北归石济死，虏欲渡江天不徙。”

石济是黄河上的重要渡口。这童谣意在暗示，北魏皇帝南征归来，在渡过黄河后便会死去。这个荒诞的预言，说不定是宋人故意散布的。可在那个年代，人们相信童谣反映的是天谕。拓跋晃不由得猜测，莫非这童谣竟然真的变成了现实？

无论如何，总得先去迎丧才是。这既是儿子和臣子的义务，也是即位成为新君前的一道必需程序。

于是太子晃率领留守的文武群臣匆忙南下，于二月二十九日抵达位于定州鲁口（今河北饶阳）的行宫。

拓跋晃没有想到的是，出现在他面前的不是大行皇帝的梓宫，而是拓跋焘冷若冰霜的面孔。在他的旁边，则侍立着一个低头垂眉、面色阴沉的宦官。

宗爱！是你这家伙！！

在被帐中武士擒住的一刹那，拓跋晃仿佛明白了什么。

原来，自从拓跋晃以太子身份监国执政以来，已经过去了七年之久。七年来，以太子的东宫僚属为核心，自然形成了一派势力。而且由于拓跋焘经常不在平城，东宫集团的势力有日益坐大的趋势。林子大了，什么鸟都有。何况北魏当时并无俸禄制度，东宫官属的收入大部分要靠自筹，这就使得一些人凭借太子监国的权力贪赃枉法、牟取私利，甚至拓跋晃自己也在京城附近营立私田，开起了店铺，搞起了市场经济。中书侍郎高允为此特别劝谏过他，希望他不要亲近那些小人，关闭那些私产，因为这些都是有可能被人利用来攻击他的污点。可惜拓跋晃并没有听从。

其实宠信小人也罢，私营田产也罢，对于拓跋晃来说都不是最大的问题。最大的问题是随着东宫势力的膨胀，势必会与皇帝身边的势力发生利益冲突。而且太子执政的时间一长，朝臣里多多少少会出现站队现象，总会有些人出于私交或者政治投机的目的跟太子走得比较近。

据史料记载，这些人里有代表性的是给事中仇尼道盛、侍郎任平城。这两人利用太子的宠信擅作威福，由此便与中常侍宗爱起了冲突。所谓中常侍，其实就是个大太监。北魏效仿华夏官制，也把太监制度学了过来。宗爱这个人出身不明，早年因为有罪判了腐刑，从此成了无根之人。他在宫里摸爬滚打许多年，终于混上了太监头儿，而且颇得拓跋焘宠信。这些年他也私下里干了不少弄权敛财的非法勾当，一来他担心仇尼道盛等将其告发，二来他更担心拓跋焘死后太子上台，他会失去现在的地位，所以一直对太子一党怀恨在心。这次拓跋焘南征，宗爱虽然随侍在军，但他一直通过宫里的眼线密切注意着太子的动向。回师途中，他得到密报，说太子趁皇帝还未回来，便私自掠取运往平城的南征战利品，甚至抢先霸占了不少掳来的南朝美女。宗爱知道机会来了，趁机向拓跋焘大进谗言，还添油加醋地说太子之所以敢如此胆大妄为，是因为听信了坊间流传的童谣。

拓跋焘大怒。回军的路上，他的心情本来就不太好，除了因为盱眙一战吃了亏之外，走到半路，原来随父祖降魏的鲁爽、鲁秀兄弟（鲁宗之之孙）又叛逃回了刘宋，也让他大为光火。现在听说了太子的所作所为，盱眙城下臧质所说的“虏马饮江水，佛狸死卯年”之言占据了他的脑海。他本来就是个迷信之人，上了年纪，最恨的就是有人诅咒他早死。没想到太子居然如此悖逆！盛怒之下，拓跋焘定下诈死的计策，派人把太子诓来了军中。此时拓跋焘完全不听太子的辩解之言，而是将其锁入囚笼，用车载回了平城。

返回平城后，拓跋焘立刻将仇尼道盛、任平城以及牵涉其中的东宫官属抓了起来。严加审问之下，果然查出了不少违法乱纪之事；搜检东宫，也确实发现了太子私自拣取的财货美女。不过，似乎却并没有太子谋逆的直接证据。这种情况下，拓跋焘只是将仇尼道盛等斩于街市，也将不少东宫官属株连下罪，但对太子本人则一时没有处置。

然而令人费解的是，史料记载，在这一年的六月，太子拓跋晃忽然神秘地死去。官方的说法是“以忧薨”，即心理素质差，案发后忧惧交加，所以死掉了。而南朝史籍却说，他其实是被拓跋焘下令杀死的，而且死前遭受了酷刑，死得很惨，之所以如此，是因为他意图杀父谋反。

由于后来北魏的皇帝皆为拓跋晃的直系子孙，国史之狱的警示又近在眼前，不难想象当时的史官一定对这起事件讳莫如深，刻意隐瞒。而南朝的记载恐怕只能得自传闻，又有故意诋毁的嫌疑，可信性也大打折扣。所以拓跋晃之死的真相，我们已经很难知晓了。不过从拓跋晃死后两天拓跋焘便下诏册其谥号为“景穆”来看（《谥法》云：“布义行刚曰景，布德执义曰穆。”），不论拓跋晃是忧死还是被杀，应该都与谋反无关。

当时没有人想到，拓跋晃之死只是一系列事变的开端。

02 正平事变

在西方犯罪学概念里，有一种犯罪叫“激情杀人”，指的是没有预谋的，处于绝望、暴怒等激烈情绪下实施的杀人行为。近年这一概念曾因马加爵、药家鑫案受到过世人的关注。如果这个概念可以应用于古代，那么我认为，拓跋焘便是这一案例的典型代表，只不过与马、药相比，他杀人并不需要自己动手，只需金口一开即可。

说拓跋焘多属“激情杀人”，是因为他事后冷静下来时经常有后悔之举，甚至魏国自己的史官也说他“果于诛戮，后多悔之”。当初因国史事件杀掉崔浩后不久，拓跋焘就流露出了后悔的情绪。有一次李孝伯病笃，消息传入拓跋焘的耳朵时就已讹传为了病逝。拓跋焘不禁对左右感叹道：“崔司徒可惜，李宣城（李孝伯爵封宣城公）可哀。”

这次太子晃死后，拓跋焘也同样流露出了悔恨之情。只不过身为天子，他绝不愿向人承认自己的失误罢了。有一次，他召见中书侍郎高允。而自从拓跋晃去世后，高允已经许久不曾觐见了。这次他见到皇上，还没来得及登上殿阶便嘘唏落泪，悲伤不已。拓跋焘一语不发，也流下了眼泪；后来他又示意高允退出。整个过程中，两人除了相对垂泪之外什么话都没有说。旁边的人见了都觉得奇怪。过了一段时间，拓跋焘听见有人说起此事，召而问道：“你们不知道高允为何悲伤吗？”众人答说不知。拓跋焘便道：“崔浩因罪伏诛之时，高允本应一起处死，景穆太子苦苦劝谏，朕才饶恕了他。如今太子已逝，高允见朕忆起旧事，故而落泪。”

显然，悲伤的不只是高允，拓跋焘自己的眼泪就很能说明问题。与此同时，这一切也都被侍立在旁的宗爱看在眼里，并且引起了他的深深忧惧。要知道，归根结底，太子之死是因他密告进谗引起的，以拓跋焘的性格，鬼知道他什么时候会因此怪罪下来。到那时，杀他宗爱一个死太监想来绝不会后悔！

想来想去，宗爱决定铤而走险：干脆一不做二不休，将皇帝杀了算了！

那是正平二年（公元452年）二月初五发生的事。很可能是在夜里，趁拓跋焘熟睡之时，宗爱指使几个小太监一起下的手。具体的细节史籍无载，我们唯一知道的便是，这个纵横天下三十年、一生战功无数、杀人也无数的一代雄主，最后就这样死在了六根不全的阉人手中，时年四十五岁。

次日凌晨，宗爱召当值的尚书左仆射兰延，侍中和疋（音yǎ）、薛提三人入宫，向他们宣布了皇帝的死讯。三人震惊之余，虽然对拓跋焘的死因心生怀疑，但却为拥立谁为新君一事产生了争执。

拓跋焘本来生有十一个儿子，如今太子晃已死，次子伏罗也于太平真君八年（公元447年）去世，再除去幼年夭折和尚在襁褓之中的婴儿，成年健在者唯有东平王翰、临淮王谭、广阳王建和南安王余四人。其中东平王翰年龄最长，为人也最有能力，所以兰延、和疋都主张立他为新君；薛提则表示反对，认为太子虽死，但太子的嫡子皇孙濬尚在，年龄虽然小了一些，可当年周成王、汉昭帝即位的时候不都是少年吗？况且大行皇帝生前就有立皇孙为储君的意愿，违背他的遗愿另立他人并不合适。

三人一时间争执不下，只好决定暂时密不发丧。兰延、和疋见既然说服不了薛提，索性自行其是，派人把东平王翰接进来安置于秘室之中，准备召集群臣抢先立他为新君。

兰延等三人光顾着互相争执，却忘了窥伺在侧的宗爱。宗爱平素跟东平王翰的关系并不好，更不愿意看到太子的儿子拓跋濬登上皇位，出于自身的利益，他更希望拥立跟自己相处得还不错的南安王拓跋余。宗爱深知，此时时间紧迫，谁抢先下手，谁就能占据主动，于是他也秘密将拓跋余迎了进来。随后，他又矫皇后令，征兰延等三人入见商议立君之事。当时拓跋焘虽然死了，他的皇后赫连氏却尚在，也是现在宫里说话最有分量之人。兰延等觉得既然他们争执不下，叫赫连皇后来当评判也不错，于是不加怀疑便入了禁宫。哪知道刚一入内，便被三十多个手执武器的太监一拥而上抓了起来。宗爱连皇帝都敢杀，更不将兰延等放在眼里，当下便将三人斩于殿堂，又命人将东平王翰杀于永巷之内。

紧接着，宗爱挟持赫连皇后，宣布南安王拓跋余为新君。随后发丧，大赦，改元承平，尊赫连皇后为皇太后，又以新君的名义封自己为大司马、大将军、太师、都督中外诸军事、领中秘书，封冯翊王。

一夜之间，大太监宗爱摇身一变，成了这个国家最有权势的人。史籍记载，仗着拥立之功，宗爱不但把持了朝政，而且总统禁军，专权恣肆，坐召公卿，简直把整个朝廷当成了他自己的玩物。另一方面，宗爱也担心自己出身微贱，既无威望也无背景，怕群臣不听他的号令，就劝拓跋余多多赏赐财物给臣下，以换取他们的效忠。

拓跋余知道自己的皇位来得不够正当，也想借此取悦众人，于是拓跋焘这些年东征西讨掳掠来的财货，旬月之间尽被拓跋余挥霍一空。他自己则整日饮宴作乐、彻夜狂欢，仿佛知道来日无多一般消费着自己的青春和生命。

短短数月之内，朝政昏乱如此，北魏的许多大臣都十分忧虑。他们更担心宗爱专权跋扈，说不定会像秦朝末年的赵高一样给整个国家带来巨大的祸患。

没过多久，不幸的事情果然再次发生了：拓跋余谋夺宗爱之权，宗爱却抢先下手，趁这年十月初一拓跋余亲至东庙祭祖之时，将其谋杀于宗庙之中。

事情发生之时正是深夜，除了当值的羽林中郎刘尼等少数几个禁军军官外无人知晓。刘尼本人事先很可能受了宗爱的贿赂，所以谋杀才进行得如此顺利。他劝宗爱立皇孙拓跋浚为新君，宗爱立刻脸色大变，说你难道是白痴么？皇孙若立，景穆太子之死一事他还不得找我们算账啊！刘尼反问：那你说立谁？宗爱说等回宫之后，在诸王中另找一个就是了。

刘尼表面附和，心里却打起了别的主意。宗爱掌权后，尽管他得了不少好处，可这厮先后两次弑杀皇帝，倒行逆施、人神共愤，尽管眼前嚣张一时，迟早会不得好死，刘尼可不想跟他一起陪葬。再说景穆太子一事全是宗爱所为，跟刘尼无关，他也想借拥立新君的机会博取更大的功名富贵。于是刘尼趁宗爱不备，将庙中发生之事密报给了统军在外宿卫的殿中尚书源贺、长孙渴侯和南部尚书陆丽。三人闻言大惊失色，想不到宗爱居然敢再行弑逆。源贺说如此下去，国将不国，我们得赶紧想个办法才好。陆丽说为今之计，我等只有秘奉皇孙为主才行。

“那么，皇孙现在何处？”刘尼问道。

源贺、陆丽和长孙渴侯几个人你看看我，我看看你，都傻了眼。

原来，从拓跋焘被弑、南安王余得立的那天起，就没人再见过皇孙拓跋浚的影踪。意在斩草除根的宗爱为此专门派人到东宫搜查了几回，都没有发现他的下落。眼下局势紧急，一时间到哪里才能找到这位十三岁的少年呢？

03 | 乳母常氏[1]

此时此刻，整个平城只有少数几个人知道皇孙拓跋浚的下落。

冯昭仪便是其中之一。

冯昭仪本是北燕末代国君冯弘的三女儿，贵为公主之尊，可十八年前北燕在北魏的攻击下濒临亡国，冯弘为了解燃眉之急，便将她献给了魏主拓跋焘。好在三公主相貌姣好、仪态动人，甚得拓跋焘的欢心，被拓跋焘封为左昭仪，在宫中的地位仅次于太后窦氏和皇后赫连氏。

然而，冯昭仪的尽心服侍并没有动摇拓跋焘攻灭北燕的决心。两年后，燕主冯弘逃入高丽，燕国灭亡（事见本书第二卷第十三章《冯氏覆灭》），许多燕国百姓被北魏迁至平城附近居住，一些稍具姿色的女子则被拣选入宫。正是通过她们的叙述，冯昭仪才得知了故国覆灭、家破人亡的惨状。悲愤之余，冯昭仪心灰意冷，从此对宫中之事不闻不问，更不愿邀欢争宠用身体取悦仇人，每日只是枯坐愁肠、凭栏远眺，对西山残阳，盼了此余生。除了偶尔与几位同样来自辽西一带的宫女奴婢聊天之外，对其余万事冯昭仪只觉得意兴阑珊。

就这样平平静静地过了几年。这一天，皇太后窦氏请冯昭仪过去，说是商量给刚出世的皇孙选乳娘的事。冯昭仪这才想起，前几日太子妃郁久闾氏生产，听说生了个男婴。

来到太后寝宫后，冯昭仪发现，包括赫连皇后在内，重要的嫔妃几

① 由于相关史料记载极度匮乏，“乳母常氏”“消失的皇孙”两章的故事情节，在史实的基础上增添了一些作者的合理想象，以符合本书的叙事逻辑。

乎人人在场。她们左右端坐，簇拥着头发花白的老太后。殿前的空地上则肃立着几十个二三十岁左右的女子，看样子应该是待选的乳娘。

这种架势倒不多见，看样子今天有好戏看呢。冯昭仪心想。

出于人所共知的原因，宫里对选择皇子皇孙的乳娘一向重视，在选择太子或皇太孙的乳娘时更是慎之又慎。眼下殿前集中了从各处找来的奶水充足的女子，不用说，她们也像在座的嫔妃一样属于不同的民族，来自不同的地域。

预选开始后，那些女子依次上前，展示她们的肢体相貌，袒露她们的胸前双乳。太黑、太丑、体貌不端的自然不能要，太大、太小、左右不对称、上面有疤痕胎记的也并非合适之选。经过一轮比较和淘汰，从中留下了七人。赫连皇后便逐个向这七人问话，询问他们的年龄、籍贯和出身。最后挑来拣去，还剩下三人，嫔妃们有了不同意见。

最近颇受皇帝宠爱的右昭仪沮渠氏看中了五短身材的一个，说她慈眉善目，有菩萨面孔，皇孙喝她的奶，将来一定福大命大。其实冯昭仪知道，真正的原因是此女来自凉州，和沮渠氏是同乡。

左昭仪郁久闾氏（郁久闾氏与冯氏同为拓跋焘左昭仪，并非太子妃，两人同姓）喜欢膀大腰圆的那一个，理由是她体格强健，乳房饱满又富有弹性，一望便知能够提供营养充足的奶水。冯昭仪也知道，此女是柔然人，这才是郁久闾氏称赞她的原因。

本来这种情况，只需要太后说一句话、点一下头即可，根本不需要争来争去。可六十三岁的老太后好像精力不济，已经蜷在椅子里打起了瞌睡。

“冯昭仪，依你的意见呢？”赫连皇后转过头来，问默不作声的冯昭仪道。

冯昭仪本来不想参与此事，可见沮渠氏和郁久闾氏都看着自己，眼神中仿佛在请求援助，她忽然生出了一个念头，犹豫了一下说道：“臣妾的看法，皇孙是世嫡，将来很可能便是一国之君。乳娘日夜相伴、抚养教育，除了奶水充足、悉心呵护之外，更应该言辞得体、进退有度，如此才配得上我大魏皇孙的身份。”

赫连皇后点了点头，明白了她话中所指。众人方才都看得清楚，若以谈吐举止而论，反而是第三个女子更合适些。眼下既然太后不便发表意见，赫连皇后便自作主张，决定将这个女子留下做乳娘。当然，她也知道，冯昭仪之所以那么说，是因为这个女子是辽西人。

不过话说回来，在这形如牢笼的深宫里，谁不希望多一个可以说说家乡话的老乡呢？

几个月后一次偶然的机会，冯昭仪又见到了这位留用的乳娘。她明显白胖了许多，脸上也散发着原来没有的光泽。她用家乡话向冯昭仪问好，感谢她帮助自己留了下来。

冯昭仪这时才知道，乳娘姓常，不但祖籍辽西，而且在燕国的首都龙城也住过很长一段时间。她本是大户人家出身，父祖都做过官，迁到平城后，夫家犯法获罪，她自己则被没入宫中为奴。冯昭仪还得知，自己的父亲燕主冯弘逃入高丽后，不久便被高丽王所杀。倒是燕亡前投降北魏的同母兄弟冯崇、冯朗和冯邈如今都在魏国做官，只是宫禁森严，无法与他们互通消息。

说起家乡的事，冯昭仪不觉又黯然落泪。常氏宽慰了一番，故意聊起了别的话题。这时窦太后已经去世，她的梓宫没有同明元帝拓跋嗣安葬在一起，而是单独葬在了平城东南六十里的崞山之上。说起此事，常氏感到有些奇怪。

冯昭仪擦干了眼泪，浅笑道：“你还不知道吗？因为太后跟你一样，也是个乳娘啊。”

三十多年前，窦氏因夫家坐事被诛入宫，被选为今上拓跋焘的乳母。她勤勤恳恳将拓跋焘养育成人，和他建立了深厚的感情。拓跋焘由于出生不久便和生母分离，便将窦氏视作亲生母亲一般。后来，他十六岁时当了皇帝，就将窦氏封为保太后，几年后更是尊其为皇太后。窦氏虽然贵为太后之尊，后半生尽享荣华富贵，但她从来就没有忘记自己的乳母出身。有一次，她与众人出游，登上了崞山，见这里山势雄奇、风景秀美，便对左右说道：“我一生母养帝躬，礼敬神佛，若死后有灵，必不为贱鬼。然而我于先帝本无名分，不可违礼陪侍园陵。此山风景甚好，我死之后，可以终托。”所以今上才遵循太后遗愿，将她葬在了崞山之上。

冯昭仪说完这段往事，见常氏呆呆地若有所思，不禁哑然失笑。

其实有些事她并没有说破，也无需说破。

日子久了，常氏自然会知道。

04 消失的皇孙

那天以后，冯昭仪还是很少能够见到常氏。因为她有时住在东宫，有时则要陪着小皇孙同拓跋焘一起外出巡游四方。鲜卑人从来不习惯将小孩关在屋子里娇生惯养，寻常人家的男孩子从三岁时便骑在羊背上到处乱闯了。拓跋焘很喜欢这个小孙子，甚至有时统军出征也将他带在身边。

冯昭仪和常氏的交往虽然有限，但关系却一直很好。除了因为是同乡之外，两人的脾气秉性也合得来，常氏将外面的所闻所见讲给冯昭仪听，冯昭仪也将书中的故事和宫中的掌故向常氏倾诉。有个人说说话，日子也会好过一些。

一转眼将近十年过去了，虽然皇帝还是四处出征，但宫中的日子却平静如水，除了右昭仪沮渠氏因左道被赐死之外，几乎没什么波澜。冯昭仪以为自己的余生不会再遇到什么值得落泪的事了。

然而，她错了。

那天，她像往常一样在殿前闲坐，管事太监将一个七八岁的小宫女带到了她的面前。

小宫女的脸孔让她昭仪感到亲切，说出的话语却让人心惊。

她说自己姓冯，父亲是雍州刺史冯朗。几个月前，叔父冯邈随皇帝出征柔然打了败仗，下落不明。朝廷说他是畏罪投敌了。冯朗被株连杀头，妻女没入宫中为奴。父亲临死前对她说，她有一个姑姑是宫里的左昭仪，她入宫后可以投靠姑姑，免得被人欺负……

小姑娘的话还没说完，冯昭仪已泪如雨下。她完全没有想到，这么多年后会与自己的侄女如此相逢。她一把将小姑娘抱在了怀里，姑侄两人痛哭失声。

从此，冯昭仪便将侄女留在了自己身边，每日里教她读书写字、礼仪女红。她的生活重新有了重心和意义，小姑娘也找到了人生依靠。在禁宫的高墙之内，她像一株无人注意的香草，悄无声息地生长，悄无声息地歌唱。

遗憾的是，我们至今仍不知道这位小姑娘的名字。也许她同那个时代千千万万的女子一样，本就没有自己的名字。许多年后，人们说起她的故事，都人云亦云地叫她文明太后冯氏，或者——冯太后。

由于史料记载的模糊性，我们无法确切地知道小冯姑娘这时是七岁还是八岁，甚或更小，也无法确切地知道她的姑母冯昭仪究竟抚养她到几岁。我们唯一知道的就是，当宗爱弑杀拓跋焘、皇孙拓跋浚从东宫神秘消失的时候，她还只有十一岁。

自从太子拓跋晃离奇死亡后，乳娘常氏便对周围充满了警惕。多年的宫闱生活已经让她的神经变得政治敏感起来。当皇帝拓跋焘再次遇害、南安王余令人意外地上台后，女人的本能告诉她，极大的危险正在向皇孙拓跋浚靠近。十几年的乳养哺育早已经使他们亲如母子，常氏绝不能坐视这个吃自己奶水长大的少年遭遇无妄之灾。很可能就在拓跋余即位的那天夜里，常氏偷偷带着拓跋浚潜出东宫，叩响了许久不见的冯昭仪的门扉。

见到常氏和皇孙，冯昭仪立刻明白了她的来意。这两天宫中发生的变故让人措手不及，嫔妃们早已人心惶惶、不可终日。但冯昭仪深知，宫中到处都是宗爱的耳目，自己的寝宫也并非久留之计。安慰了常氏一番后，她建议常氏立刻出宫，藏身于皇宫北面的禁苑之中。那里不但地域广阔，而且草木山泽众多，极易藏身。至于两人的日常饮食，她可派人秘密送去。常氏也觉得昭仪说得有理，于是与昭仪约定了接头地点后，便带着皇孙告辞，消失于沉沉暮色之中。

他们走后，冯昭仪思索良久，决定还是将这一情况告知皇孙的生母——太子妃郁久闾氏。孩子虽然是常氏养大的，但郁久闾氏毕竟是他的亲娘。太子死后，拓跋浚就成了她唯一的依靠，想来她总不会向宗爱出卖自己亲生儿子的下落。

此后的七个月里，常氏就与拓跋浚藏身在平城北郊的鹿苑当中。鹿苑是道武帝拓跋珪时期兴建的皇家园林，方圆足有数十里，里面点缀着无数的亭台楼阁、山林水泽，如果不知道确切的地点，想要找到藏身其中的人，简直如同大海捞针。所以在这七个月里，宗爱虽然很想找到皇孙浚斩草除根，却始终没有发现他的下落。

这期间，冯昭仪一边小心谨慎地保守着这个秘密，一边安排人偷偷供给常氏二人衣食。她的侄女、小冯姑娘说不定也参与了这个危险的秘密任务，因为安排这样一个无人在意的小宫女出入禁苑，总要比安排他人更安全些。许多年后她也许还会记起，在雾气迷蒙的早上，或是月色如水的秋夜，她提着篮子悄悄行走在鹿苑中的情景。空气里弥漫着绿叶和花蕊的味道，耳畔时常传来不知名的禽鸟叫声。她要小心地穿过三条小溪，翻过四座小山，才能将篮子里的食物送到指定的地点。这时，那个比自己高出一头的少年就会从藏身之处闪身出来，不好意思地笑笑，然后将篮子一把接过。心情不错的时候，他还会和自己聊上两句，说他在山里住了这么久，已经学会用树叶模仿好几种鸟儿的叫声了。

“不信，我吹给你听……”

那时，小冯姑娘并不很确切地知道皇孙意味着什么，也不很明白他为什么要躲在这里。她只是觉得，他手中那片薄薄的树叶吹出的声音，真的很好听。后来，她再也没听过那样好听的声音。

正平二年十月初一夜里，平城东庙外面，焦灼的源贺、陆丽和长孙渴侯等人一筹莫展，因为他们虽然想拥立皇孙拓跋浚，却不知道他如今身在何处。

最后，还是陆丽说："虽然我们不知道皇孙的下落，但皇孙的生母一定知道。我即刻进宫去面见太子妃！"

于是陆丽等心急火燎地夜闯禁宫，来到了太子妃郁久闾氏的寝殿。郁久闾氏吃惊不小，还以为这些顶盔贯甲的禁卫军官想要自己的性命。陆丽等苦苦央求了半天，郁久闾氏见他们确属诚心拥戴，才终于吐露了皇孙的踪迹。

陆丽等大喜过望，急忙赶赴鹿苑，将不明所以的皇孙拓跋浚找了出来。然后由陆丽护送拓跋浚赶回京城，刘尼、源贺和长孙渴侯则驰马返回了东庙。

此时天色渐亮。刘尼一脚踹开庙门，大呼道："宗爱弑杀国君，大逆不道！如今皇孙已登大位，有诏诛杀阉贼！宿卫之士，皆可还宫！"刘尼、源贺这些人本就是禁军将领，宗爱的倒行逆施又久不得人心，听了他这番宣告，宗庙内外的禁军将士立刻群起响应、高呼万岁，有的当下就回了京城，更多的则是跟随刘尼等人杀进了庙中。没有了禁军的支持，宗爱一伙只不过是一群没本领的死太监，根本没做出抵抗，便个个束手就擒。

十月初三，十三岁的皇孙拓跋浚在禁军将领的拥护下于永安前殿即皇帝位，是为北魏王朝的第四任君主，史称文成帝。

宗爱和他手下的一众阉官，则被先后施以五种刑罚，再枭首示众，尸骨剁成肉泥。

05 冯昭仪讲故事

在拓跋浚即位成为新君的那天晚上，乳娘常氏来到了冯昭仪的寝宫。

冯昭仪知道她会来，从得知新皇登基的那一刻就知道。

她知道常氏迫切需要与人分享内心的激动和喜悦，也知道她更需要一个朋友的劝告和提醒。但她实在没有什么切实的经验和教训供她借鉴，也没有什么值得铭记的要诀和格言。

她只有一个故事。

一个连她自己也不知道有几分真几分假的故事：

在很久很久以前，拓跋鲜卑还是大草原上如星星般散落的众多部落中的一支。传说他们是天女的后代，从遥远的东方大泽累世迁徙到了阴山南北。在这里，他们与周边部落交往联姻，生息繁衍，经过许多世代，终于强大起来。甚至中原皇帝也派来了使臣，封他们的首领为代王。国势鼎盛之时，大草原上的所有部落都遵从代王的命令，东至辽水（今辽河）、西至居延（今内蒙古额济纳旗），到处都有拓跋的骏马纵横驰骋。

然而在一两百年的时间里，拓跋部无论有多强大，都始终摆脱不了一个魔咒的困扰。那就是由于继承制度混乱不清，每当首领年老或去世之时，往往会有兄弟相图、叔侄争位的事情发生，小则酿成流血事变，大则爆发内部战争，甚至给整个国家和部族带来灾难。最典型的一次发生在代王什翼犍在位后期。

什翼犍本是拓跋部的一位杰出首领，在位近四十年，拥有控弦之士五十余万，兵威所及西至中亚，东至朝鲜，可谓称霸漠北，英雄一时。然而到了晚年，国中却发生了内乱。当初什翼犍本是代国送往后赵的人质，他之所以能成为国君，乃是弟弟拓跋孤让位奉迎、以身相代的结果。所以什翼犍即位后，曾许下诺言，要分国之一半给予拓跋孤。然而，拓跋孤在后赵去世后，什翼犍并没有将一半国土分给他的儿子拓跋斤，这导致了拓跋斤的怨望和仇恨。在一次宴会上，拓跋斤伺机行刺，拔刀刺向什翼犍。由于献明太子以身格挡，什翼犍没有受伤，然而太子却伤重不治，留下了年轻的太子妃贺兰氏和一个遗腹子撒手西去。

按照鲜卑人的收继婚俗，后来五十二岁的什翼犍便娶了自己的儿媳贺兰氏，数年之后又生下了三个子嗣。加上他原来生的一大堆儿子，每人都有继承王位的资格，拓跋部内围绕继承权发生的矛盾就变得更加尖锐了。

恰在此时，统一了中国北方的前秦苻坚大帝派遣了二十万大军前来讨伐。拓跋部屡战不利，什翼犍一筹莫展，国中人心惶惶。什翼犍的庶长子寔（音shí）君乘机作乱，率领所部攻入宫帐。什翼犍诸子除少数几人外尽皆遇害，什翼犍本人也暴卒于军中[①]。寔君虽然篡夺了权柄，然终不免被秦军俘获，后来被斩于长安街市，代国就此灭亡。拓跋部众被苻坚分给了铁弗部的刘卫辰和独孤部的刘库仁，幸存的什翼犍子孙则被押往长安软禁起来。这其中就包括献明太子的遗腹子，时年六岁的拓跋珪。

没有人确切地知道，随后的十年拓跋珪是如何度过的，也没有人知道他是何时返回代北。十年后，前秦灭亡，天下大乱。当拓跋珪在贺兰部的拥戴下于牛川（今内蒙古兴和西北）即代王位时，他还只是个十六岁的少年。对于这样一位少年能否承载复兴代国的重任，当时有不少人深表怀疑，甚至还有人说过“三岁的牛犊哪里拉得动重车”这样的话。

① 什翼犍之死的时间和地点，各家史籍记载不一，今从《魏书·序纪》。

然而，又一个十年过去了，这个三岁的牛犊不但击败了争位的叔叔窟咄，消灭了桀骜不驯的独孤部，而且降服了东方的库莫奚、北方的高车和柔然、西南的铁弗匈奴，甚至马踏中州，吞并了后燕的大部分领土，一举奠定了北魏一统北方的霸王之基。这除了归因于拓跋珪本人的天纵英才之外，其母族贺兰部的支持也发挥了至关重要的作用。

颇具讽刺意味的是，拓跋珪一旦从拓跋部的首领变成北魏的皇帝，许多他原来曾经加以借重的力量反而变成了皇权扩张中的阻碍。因为专制皇权的本质就是唯我独尊，容不下异己力量和潜在挑战的存在。所以在皇位坐稳之后，拓跋珪一方面将矛头对准了自己的盟族、母族和妻族，大搞离散部落、分土定居，将各部部众转化为朝廷的编户齐民，一方面则将屠刀挥向了拓跋部内部，意在剪除有资格竞争皇位的政治对手。到了他统治的晚期，这两方面都完成得不错。然而，拓跋珪却依然忧心忡忡、猜忌日甚，因为那个威胁皇权稳定的魔咒依然存在。

拓跋珪二十三岁才有了第一个儿子，在鲜卑人中已属晚育。在他去世的那年，长子拓跋嗣十八岁，次子拓跋绍十六岁，余子更加年幼。由于此前的一两百年间，拓跋部内部并不存在明确的继承制度，兄终弟及和父死子继两种制度并行不悖，甚至兄终弟及的传统往往还要更占优势，正是这一点造成了过去拓跋部君位传承中的各种矛盾和内乱。为了避免不幸再次发生，拓跋珪很想像汉人皇帝一样早早就确立自己的皇位继承人，于是，自幼“明睿宽毅”的长子拓跋嗣便成了他优先考虑的对象。

可是，还有一个问题让拓跋珪深深地感到不安。那就是，以往拓跋部之所以内乱不止，除了继承制度的不确定之外，一些与拓跋部存在联姻关系的外姓部落的强势介入也是重要原因。在内斗中获胜的一方，背后往往有强大的母族或妻族势力做支撑。拓跋珪本人就是如此。当初如果不是母亲贺兰氏的保护，他很可能早就被寔君或独孤部的刘显所害；没有母族贺兰部的支持，他也不可能顺利即位，进而击败自己的叔父窟咄。皇位稳固之后，拓跋珪虽然通过离散诸部的手段对包括贺兰部、独孤部在内的姻族势力进行了削弱和打击，但他们依然在北魏国内有很强的影响力，并且依然是皇族世代通婚的对象。

如今，长子拓跋嗣的生母便来自独孤部，次子拓跋绍的生母则来自贺兰部。拓跋珪担心，如果立拓跋嗣为太子，那么母以子贵，将来拓跋嗣即位为君后，独孤氏一定会凭借太后的身份干预国事，而独孤部的外戚也一定会趁机在朝廷扩张势力。长此以往，很可能会引发新的动乱，甚至危及拓跋氏皇权的存续。为了从根本上杜绝这种可能性，拓跋珪思索再三、犹豫良久，终于决定采取一个将改变北魏历史的非常措施。

06 | 子贵母死

那一天，道武帝拓跋珪将拓跋嗣召进宫来，亲口向他宣布了自己的决定。

从父亲的口中，拓跋嗣听到了一好一坏两个消息。

好消息是：不久，朕将立你为太子。

坏消息是：为了防止日后母后干政、外戚为乱，朕效法汉武帝杀钩弋夫人，已经将你的母亲刘贵人（独孤氏后改姓刘）赐死了！

这便是北魏历史上“子贵母死”制度的开始：立太子之前，必先杀其母！

拓跋珪从自己的亲身经历出发，为了杜绝长期存在于拓跋部政治生活中的母权干政现象，并借此抑制与皇室联姻的部落贵族的势力，才不得不矫枉过正，创立了这项灭绝人性的残忍制度。当年汉武帝杀钩弋夫人，只是一时的权宜之计，而拓跋珪设立的这一制度，却凭借其强大的惯性伴随了北魏政权一百多年。正如拓跋珪自己所说，他做出这个决定是“为国家长久之计”考虑。

但十八岁的拓跋嗣此时还想不到这一点，他也不愿去想。这位少年天性仁厚，事母至孝，猛然听到这个噩耗，无论如何不能接受。他当着父亲的面哀哭不已，让拓跋珪很是恼怒。有什么可哭的，你马上就是要当太子的人了！要以国家大事为重，是男人就应该对自己狠一点！

回到自己家里，拓跋嗣仍是日夜恸哭。拓跋珪知道后大发脾气，又要召他进宫。左右都劝阻拓跋嗣道：“皇上十分生气，入宫恐有不测，不如暂时到外面避一避，等皇上气消了再回来。”于是拓跋嗣选择了孩子与家长赌气时的常见方式——离家出走。

这下子拓跋珪更火了，他大发雷霆，骂拓跋嗣是逆子。你小子走了就不要回来！太子你不当，自有人来当！于是拓跋珪又想立次子——清河王拓跋绍为太子。可按照他自己刚刚建立的规矩，要立拓跋绍，也要先杀了他的生母贺夫人（贺兰氏后改姓贺）。这位贺氏是拓跋珪生母贺氏的亲妹妹，也就是他的姨妈，容貌美艳无比，当年拓跋珪一见之下，就想把这位小姨娶了当媳妇。他娘贺氏不干，说她过于美丽，纳之必有不善，况且人家已经有丈夫了嘛！可拓跋珪实在喜欢这位佳人，愣是叫人把她丈夫杀了，纳入后宫，后来就生了拓跋绍。眼下要处死这位心肝宝贝，拓跋珪还真是有点舍不得，所以他只是把贺夫人关押了起来，自己犹豫不决。

他犹豫不决，可贺氏却吓坏了。有拓跋嗣生母刘贵人的例子在前，她自然知道等待自己的将是什么结局。于是她偷偷派人给儿子拓跋绍送信，说我就要被杀了，你还不想办法救我！这位拓跋绍虽然年纪小，但自幼凶狠无赖，平常最喜欢干的事是带着手下在京城的街巷里转悠，以劫掠勒索行人为乐。听说自己的娘命在旦夕，立刻来了好勇斗狠的流氓脾气，当天晚上买通了宫里的太监，带着帐下壮士翻墙入宫，直奔天安殿而来。

由于这些日子拓跋珪喜怒无常，屠戮近臣，宫里的警卫并不甚严，见到有人闯进殿来，皇帝身边的太监大呼“有贼”！拓跋珪一惊而起，慌乱中却找不到自己的弓箭佩刀。拓跋绍的手下一拥而上，于是这位叱咤风云的一代枭雄，就这样死在了自己十六岁儿子的手里，时年三十九岁。

次日，宫门直到中午仍然未开，大臣们十分奇怪，不免议论纷纷。这时，一纸诏书传来，叫文武百官至端门前肃立。众臣聚集后，清河王拓跋绍的声音从门后响起：“我有叔父，亦有兄，诸位公卿欲从谁？”

此言一出，众臣愕然变色，才知道皇帝已经晏驾，可没人知道到底是何缘故，都低着头不敢作声。

此前拓跋珪立太子的诏令还未及做出，他生前也没有明确的意向，按照拓跋部兄终弟及和父死子继并行不悖的传统，这时有资格继承皇位的人包括阴平公拓跋烈和齐王拓跋嗣，也就是拓跋绍口中所称的“叔父”和“兄”。可拓跋嗣此时去向不明，拓跋绍的言外之意又显然是想自己当皇帝。此时此刻，发言表态稍有不慎，必将招致杀身之祸，所以宫门外群臣一言不发，气氛既紧张又诡异。

但拓跋绍已然发问，一直沉默下去也不是办法。于是，过了许久，众臣之首的南平公长孙嵩说了两个字：“从王。”

这可以理解为“请你当皇帝”，也可以理解为“由你来决定”，这个模棱两可的回答似乎让拓跋绍颇为满意，但还没等他有新的动作，群臣中却有一人大哭着离去。

此人正是他的叔父阴平公拓跋烈。他的哭声，究竟有几分是痛悼拓跋珪的死亡，有几分是痛心自己失去继承权，并忧惧进而会受到拓跋绍的迫害，则只有他自己才知道了。

拓跋绍虽然在杀死父亲后暂时控制了皇宫，但他发动政变只是一时冲动、仓促为之，在朝臣中既无党羽，又没有掌握军权，虽然大臣们在宫门外迫于形势说了句“从王”，却并不代表他们已经承认他就是新皇帝。实际上，政变发生后朝野恟恟，人怀异志，贺兰部大首领贺护甚至在安阳城北燃起了烽火，贺兰部民们都前来汇聚，其他诸部也各自屯聚自保，整个国家即将陷入动乱之中。

出亡在外的拓跋嗣听说宫中有变，带着贴身近侍车路头、王洛儿两人悄悄回了平城，白天在山里藏身，晚上就住在王洛儿家里。王洛儿的邻居李道为他供奉衣食，王洛儿自己则奔走于诸大臣之间，为拓跋嗣通风报信。不久，消息走漏，拓跋绍派人杀了李道，又悬赏捉拿拓跋嗣。执掌狩猎的小官叔孙俊和宗室疏属拓跋磨浑自称知道拓跋嗣的藏身之处，拓跋绍就派帐下两人跟他们一同去抓。谁知一出城，叔孙俊和拓跋磨浑就把这两人的脑袋砍了，来向拓跋嗣效忠。

此时大臣们已渐渐得知了拓跋绍弑父的真相，自然不愿拥护于他。这天夜里，在王洛儿的引导下，安远将军安同等一众大臣翕然响应，纷纷赶往城外迎接拓跋嗣。等拓跋嗣在群臣的簇拥下来到城西，早有禁军卫士将拓跋绍拿获前来请功了。

经过这一劫难，拓跋嗣终于开始担当起他应负的责任。他下令将拓跋绍、他的生母贺氏及参与谋逆的十余人一律处死，最先刺死拓跋珪的凶手则剁成肉泥，由群臣分而食之。

不久，拓跋嗣登基即位，便是本书第一部提到的北魏明元帝。

作为子贵母死制度的受害者，明元帝本该对这个残忍的制度深恶痛绝、加以废止。可他上台后，不知是由衷地理解了父亲的良苦用心呢，还是恪于其遗训不敢违背，总之他依然维持和执行了这个制度：拓跋焘的生母杜贵嫔在他被立为太子之前两年便神秘地死去了。不过，可能是为了避免太子在生母去世时像自己当年一样心灵受到巨大的创伤，明元帝又采用了另一项权宜之计，即在幼年时便将皇子与生母分开，交由保母来抚养成人。所以杜贵嫔去世时，拓跋焘虽然已经十三岁了，却从来没见过这位亲生母亲的样子。在他的心目中，乳娘窦氏反而取代了生身母亲的地位，成了他一生中最亲的亲人。后来，用保母代替生母抚养皇子的制度也被拓跋焘遵行了下来。

这才有了如今的窦太后和乳娘常氏你啊！

故事终于讲完了，冯昭仪轻舒了一口气。在她的面前，常氏眼中发亮，脸色绯红，仿佛体内燃烧着一团火焰。小冯姑娘则一脸迷茫，似懂非懂。

当常氏告辞离开的时候，冯昭仪注意到她的手在袖中微微发抖。她轻叹一声，摇摇头，将侄女搂在了怀中。

已经初冬了呢，宫里真的好冷。

07 从贵人到皇后

在接下来的几个月里，北魏朝局变动不已。

先是骠骑大将军拓跋寿乐被封为太宰、都督中外诸军事、录尚书事；尚书长孙渴侯被封为尚书令，加仪同三司。然而，一个月后，文成帝便以二人争权为名，将两人赐死。继而文成帝的两个叔叔——广阳王拓跋建、临淮王拓跋谭在同一天不明不白地死去；太尉张黎、司徒古弼，以“议不合旨”的罪名黜为外都大官，不久又因有怨言和行巫蛊先后被杀。随后，刚刚晋封为王、代替张黎为太尉的乐陵王周忸“有罪赐死”，京兆王、司空杜元宝“坐谋反诛”，建宁王拓跋崇及其子拓跋丽受此案牵连，也被赐死。次年七月，濮阳王闾若文、征西大将军永昌王拓跋仁皆坐谋叛，拓跋仁被赐死于长安，闾若文于平城伏诛。

以上被黜杀之人，有的可能在宗爱专权时期有附逆的嫌疑，如张黎、古弼；有的则纯属宗室近亲，对帝位有潜在威胁，如广阳王建、临淮王谭（二人皆太武帝子），建宁王崇、永昌王仁（二人皆明元帝子）。到了文成帝即位第三年，长子拓跋弘出生后不久，连太武帝留下的两个未成年小儿龙头、虎头也遭了毒手。至此，明元帝诸子和太武帝诸子一个不剩，全都追随先人于地下去了。

有人人头落地，自然也有人飞黄腾达。靠着拥立拓跋浚为帝，陆丽、源贺和刘尼都得到了犒赏。陆丽官拜司徒，刘尼升为尚书仆射，源贺则进为征北将军，三人并进爵为王。

然而，与以上朝廷里的诸般变动相比，更重要的、影响更为深远的变动则发生在深宫之内。

从十三岁的拓跋浚戴上皇冠的那一刹那开始，后宫里的三个女人的命运便处于极为微妙的不确定境地：一位是太武帝的皇后、已经被南安王拓跋余尊为太后的赫连氏，一位是拓跋浚的生母、前太子妃郁久间氏，另一位则是乳娘常氏。

三人之中，赫连氏虽然贵为太后之尊，但她借以上位的拓跋余已经死了，而且宗爱诛杀东平王翰也利用了她的名义，所以她的地位相当尴尬。对于郁久间氏来说，形势则更为复杂：本来按照太武帝定下的“子贵母死”旧制，应该在储君被立之前就将其生母处死的，可由于太子晃的意外死亡，拓跋浚还没有被确立为皇储，宗爱之乱便发生了，这使得郁久间氏阴差阳错地暂时躲过了被赐死的劫难。再加上此前并没有过皇帝即位后还要处死生母的先例，所以郁久间氏并非非死不可。遗憾的是，郁久间氏眼下却成了皇帝身边另一个重要女人的眼中钉，那就是乳娘常氏。

与赫连氏和郁久间氏相比，常氏既无名分，也无地位，除了对拓跋浚的十三年养育之恩和两人之间的深厚感情外，可以说一无所有。然而，这反而激发了她强悍的战斗力。

史料记载，拓跋浚即位三十六天之后，其生母郁久间氏被赐死。当时宫中除了赫连太后之外，没人有资格和地位援引“子贵母死”的旧例发号施令。所以如果不是赫连氏想致郁久间氏于死地的话，那么很可能有人再次利用了她的名义。事后看来，乳娘常氏才是这一事件最大的受益者。因为十八天之后，也就是十一月二十七日，在尊生父拓跋晃为景穆皇帝、生母郁久间氏为恭皇后的同时，保母常氏也被文成帝尊为了保太后。到了第二年的三月，常氏又从保太后正式晋升为皇太后，“转正”的速度远远超过了前朝的窦太后。五月，文成帝和常太后一起临幸了窦太后陵寝所在的崞山。我们不知道在这次旅行当中常氏对文成帝说了些什么，但回京后一个多月，太皇太后赫连氏便死掉了。至此，常氏名正言顺地成了北魏后宫的主宰者。

而且她的能量还不止于此，常氏的兄弟姊妹、侄子老母亦鸡犬升天，封官的封官，赐爵的赐爵，常氏外戚兴起于朝廷，成了文成帝时期的显赫势力。除此之外，常太后还像任何一个真正的母亲那样，自以为是地干涉儿子的婚姻生活。在她的安排下，十来岁[①]的小冯姑娘被封为贵人，成了文成帝的合法配偶。

然而，正如相亲很难产生浪漫情愫一样，这一刻意的安排却人为地葬送了一段美好感情的诞生。十三四岁的少年天子虽然正处于情窦初开的年纪，但他显然不是喜欢萝莉控的中二生，对于太后安插小冯姑娘在自己身边当卧底的行为更是充满了逆反心理。为了摆脱这种以关怀为名义的貌似甜蜜的束缚，他决定到阴山脚下去避暑。

兴安二年（公元453年）秋天，在阴山度过了无拘无束的一个月之后，返回京城的拓跋浚又相继接见外国使臣，与民众大酺（音pú）三日共庆嘉祥，亲至南郊阅兵，忙得不亦乐乎。显然，对于他这个出生在八月里的狮子座大男孩来说，在大庭广众之下扮演君王的角色一点儿也不困难。

这天，他正在平城宫南的白楼之上巡视，忽见楼下押解来一队女犯准备入宫。一问之下，原来是七月间被赐死于长安的永昌王拓跋仁的家眷，正要送入掖庭充当官奴。拓跋浚一眼望去，立刻被队列中的一位女子吸引了目光。此女姓李，本是当年永昌王拓跋仁随太武帝南征刘宋时在蒙县（今河南商丘北）一带掳掠的战利品，此时正值二十多岁的轻熟女年纪，一路风尘也遮掩不了她的玲珑曲线和雪肤花貌，在十四岁的拓跋浚看来简直就是极品。他问左右说，你们看这个女人美不美？左右当然交口称赞。赞声未落，拓跋浚已经从楼上冲了下去，拉着李氏便钻

① 冯氏得立为贵人的确切时间不详。据《魏书》本传，“年十四，高宗践极，以选为贵人，后立为皇后”。又云其太和十四年（公元490年）崩于太和殿，时年四十九。则冯氏生于442年，那么文成帝即位时她刚刚十一岁，而不是十四岁。另据《高宗纪》，太安二年（公元456年）正月立皇后冯氏，则其年十五岁，亦非十四岁。

进了道旁的一间仓库。李氏得知这个大男孩乃是当今天子，自然不敢怠慢，一番云雨之后，拓跋浚喘着粗气爬开，将种子洒在了她白软的身体内。几个月之后，种子居然结出了果实，李氏宣称有了身孕。常太后得知后大为怀疑，因为谁都知道李氏是从长安押解到平城来的，难保路上她没有被押送的将士占了便宜，你自己说是龙种就是龙种了吗？为此她专门讯问了当时在场的人员，结果并无漏洞，甚至李氏和皇帝啪啪啪的那间仓库的保管员还郑重其事地在墙壁上写下了事情的经过和时间，就差拍照发朋友圈了。常太后无奈，只好老大不情愿地承认了李氏所怀的是皇帝的骨血。而李氏的肚子也相当争气，第二年七月居然生了个大胖小子。拓跋浚十分高兴，立刻宣布封李氏为贵人。

然而到此，李氏的好运也就到了头。常太后随即以宗爱之乱为戒劝皇帝尽早立储，封这个刚出生的男婴为太子，继而理直气壮地下令依照“子贵母死”的规矩将李贵人赐死。拓跋浚虽然很舍不得这个自己钟情的美人，但在太后的压力和祖宗家法面前却无能为力。临死前，常太后还格外开恩，准许李氏写下现在南朝的兄弟亲戚的名字，已备将来朝廷有机会的时候加以报偿。李氏痛哭流涕，每写下一个兄弟的名字便哭得不能自已。出生在南朝的她，怎么可能理解拓跋鲜卑宫闱中这一如此野蛮残忍的旧制呢？如果她事先知道这个陋规的存在，还会心甘情愿地在白楼附近的仓库里向皇帝献出自己的身体吗？

寒夜里，李氏的哭声如此哀怨而凄惨，穿过禁宫的画栋雕栏和玳瑁窗棂，飘过熏香的紫金暖炉和髹漆屏风，像飞虫一般钻入了小冯姑娘的耳朵。过了许久，哭声终于消失了。

小冯姑娘叹了口气，她叹气的神态像极了已经去世的冯昭仪。

如果姑母还在，她应该会为我高兴的吧。

太安二年正月二十九，在常太后的主持下，文成帝册封冯贵人为皇后。

这一年，冯皇后十五岁。

08 漫长的等待

故事讲到这里，让我们暂时将视线从北魏移开，来关注一下拓跋焘北还后的南朝政局。

元嘉二十八年的南北战事结束后，虽然刘宋方面并没有失掉任何一座重要城池，两国的疆域也大体维持不变，但任谁都看得出来是宋国吃了大亏。且不说北魏掳走了南朝的数十万人口、徐兖等六州饱受荼毒，单就东、中两线一溃千里，拓跋焘胡马临江，在距建康几十里外的瓜步山上大开年会之后毫发无损地招摇而还这一点来说，宋文帝刘义隆也在臣民的面前丢尽了面子。何况正如他自己所说，北伐本来就是他自己的决定，主要的战略部署也是他亲自制订的，所以他怨不得别人、甩不掉锅，战败的责任最终还得自己来背负。

正因为如此，当这年四月，鲁爽、鲁秀兄弟从北魏叛逃、前来归降之时，宋文帝分外高兴，立刻给两人封官进爵。因为这起码能够让他挽回一点本就残存不多的颜面。也正因此，当宋文帝听说拓跋焘死于非命、北魏政局不稳之时，他再次萌生了北伐的念头。虽然大臣们进谏说，如今淮泗六州残破、疮痍未复，陛下您就别折腾了！可宋文帝就是不听。这时他的心态不啻一个输红了眼的赌徒，只想着无论如何都要再赌上一把：就算赢不了多少，起码老子也得回个本儿吧！

可惜的是，别说刘宋军队实在不给力，哪怕宋军人人自带补血光环、吃了刀枪不入的恶魔果实爆种杀入平城，宋文帝刘义隆也未必看得到了。

因为他比自己的老对手拓跋焘只多活了不到一年。

而且与拓跋焘一样，他的死也是因太子而起。

按照史籍的记载，这一年文帝的太子刘劭是二十八岁。而实际上这个年龄是作了假的。因为刘劭的真正出生日期比史书上记载的元嘉三年闰正月要早上一两年，只是由于当时文帝还处于为先帝服丧的“谅闇”期内，而服丧期间性生活是应该避免的，公布真实生日会引来非议，所以文帝拖到丧期结束一年之后才宣称皇子刚刚出生。反正小皇子是在深宫之内抚养，年龄少报上一两岁，大臣们也很难发现。

关于刘劭的出生，还有这样一个不辨真假的传说。据说他刚生下来的时候，生母袁皇后将他捧在手里看了半天，然后派人对文帝说：“此儿形貌异常，日后必破国亡家，不可养育。”就要当场把他弄死。文帝得知后慌忙赶到，在窗外出言制止，才挽救了这个无辜的小生命。显然，这种宿命论的记载很可能是后来刘劭出事后史官刻意抹黑的结果。

实际上，当时宋文帝不但没有觉得儿子“形貌异常”，反而十分高兴。因为不但刘劭“体元居正”，而且自汉晋以来，从来没有哪一位皇帝在即位后由正宫皇后生下太子。从法统上来说，选择既嫡又长的刘劭成为事业接班人实在再适合不过了。所以刘劭刚刚四岁[①]，文帝便指定他为太子，并为其另筑宫室。

九年后，东宫筑成，刘劭搬入居住的同时，还纳黄门侍郎殷淳女为妃，正式成了有家室的人。第二年又加元服，标志他长大成人。这时的刘劭太子身高一米八三（七尺四寸），大眼方口美须眉，不但人长得精神，而且文武兼修，待人接物成熟有礼，俨然一副四有新人继承者的模样。文帝也对他十分宠爱，刻意栽培，平常他有什么要求基本全部答应，还为他添置了东宫兵将，数量与羽林军相当（这也是出于防备彭城

① 刘劭为太子时的年龄，按《宋书》本传则为六岁，而按《文帝纪》《资治通鉴》则为四岁。我颇疑此之龃龉正是文帝隐瞒了刘劭真正的出生年月所致。此处从《通鉴》及《文帝纪》，下同。

王义康的缘故，参见第二卷第二十三章）。根本看不到父子两人之间有任何关系破裂的迹象。

事后看来，元嘉十七年袁皇后的去世很可能是他们父子关系逐渐疏远的开始。

作为文帝还在当藩王时的元配，袁皇后给文帝生了一子一女（刘劭和姐姐东阳公主），两人的感情不说你侬我侬吧，至少也是相敬如宾。可后来随着皇后年长色衰，文帝越发宠幸潘淑妃起来。袁皇后听说，只要是潘淑妃的要求，文帝从来没有不答应的。她自己还不大相信，决定试探一下，就通过潘淑妃向文帝请求三十万钱的赏赐给自己的娘家。要知道，文帝向来提倡节俭，这许多年来袁皇后亲自向他讨要赏赐，每次最多也就给个三五万。哪知道潘淑妃一张口，这三十万钱的赏赐文帝居然眼都不眨就批了下来。两下一比，袁皇后心塞无比，从此就怨恨上了文帝。此后她故意称疾，不再去见那个薄情的男人。文帝前来上门，她就找借口避开，甚至文帝专门等她现身的时候迎上来，她也摆着一副臭脸爱搭不理。时间一长，文帝也不愿老是自讨没趣，也就听之任之了。这样一来，袁皇后更是郁结成疾，到了元嘉十七年的七月一病不起。面对皇帝的亲身探视，袁皇后一语不发，只是用充满怨怼的目光凝视他良久，随后拉起被角遮住了自己的脸孔。直到闭上眼睛的那一刻，她也不愿原谅丈夫的寡情。

关于袁皇后和刘劭的亲子关系，由于缺乏史料依据，不好随意论断。但母亲的去世却不能不让刘劭警醒：既然皇后的身份无法阻止文帝的宠爱被别的女人夺走，那么他太子的身份同样也有可能被别的皇子所取代，特别是在他已经失去了母亲保护的情况下。

实际上，在之后的几年里确实出现了这样的趋势。如果不是他的竞争者始兴王刘浚后来自己不争气犯了大错误（这点稍后再谈），刘劭的太子之位可能根本坐不到今日。

与北魏太子拓跋晃不同，刘劭从来就没有获得过像监国执政那么大的实际权力。这许多年来，他所能做的就是在东宫里默默地等，耐心地等，等待那既悲且喜的一天，让他能够名正言顺地坐在那个原本属于父亲的位置上，可以少些束缚地做些自己真正想做的事。

然而二十四年过去了，即便从他成年后算起，那也有十三四年了，他还在苦苦地等待着那一天的来临。令人痛苦的是，在等待的过程中，他要尽量避免流露出不耐烦的情绪，更不能在人前发出抱怨和牢骚，其他有可能招致非议、引发猜忌的举动也是万万不可为之。二十多年来，除了到京口拜谒过一次祖先的陵墓之外，他未曾踏出过建康半步。殿宇华丽的东宫其实只不过是一座偌大的牢笼。对于正值青春年少的刘劭来说，这漫长而苦闷的等待如同一把卷了刃口的钝刀，日复一日地缓慢削割着他的生命。而且自从四叔义康垮台之后，文帝的羸疾逐渐痊愈，近年来身体状况一直很好，这种不知何时才是尽头的等待时常让刘劭感到窒息和绝望。

难道只有等到头发花白的那一天，自己才能坐到那个位子上吗？

魏国的太子晃又怎么样，他规规矩矩地当了十七八年太子，结果不还是死得不明不白？

父皇受惑于佞臣江湛、徐湛之，万一有一天他改变主意选别人当太子，我该怎么办？

这些念头像狡猾的老鼠一样时常钻出洞来，啃啮着他的心灵。

然而直到这一刻为止，刘劭似乎都还没下定要谋反作乱的决心。

他只是想，要是有什么办法能够于无形之中缩短等待的时间就好了。

在那个时代，这样的办法还是有的。

那便是神秘的诅咒之术：巫蛊。

09 巫蛊之祸

从字源上来说，“巫”是上古之世能以舞降神的人，其作用相当于灵媒；“蛊”是寄生于人体内的毒物虫蛇的概称，能人为操纵以害人。“巫蛊”连称中的“蛊”，则并非毒物虫蛇的原义，而指的是象征仇敌的偶人；巫蛊之术是在偶人上施加诅咒从而达到伤害、消灭对方目的的一种古老巫术。

人类学研究认为，这种巫术曾经在世界范围内各民族的历史上普遍存在，其本质是一种模拟巫术：用偶人模拟人体，作用于偶人上的伤害就会使人体受到影响。直到现在，这种巫术在人类的文化中仍然留有印迹，在灵异类的文艺作品中，可以经常看到用针或钉子刺穿纸人、草人或木人来施以诅咒的情节。

就我国的历史而言，巫蛊术最早出现于西汉的后宫，正经八百是宫斗的产物。据说，汉武帝的首任皇后阿娇（“金屋藏娇”的陈阿娇）就是因为忌妒卫子夫受宠施行了巫蛊之术，才被废掉打入了冷宫。而汉武帝末年闹得沸反盈天的“巫蛊之祸”，更因其牵连广泛、影响深远而成为巫蛊事件的代名词。之后的数百年里，巫蛊术虽然由于官方的严厉打击不显于世，但一直在民间秘密流传，并时不时地在历史上闪现。汉和帝的皇后阴氏、孙吴的第二任皇帝孙亮都是巫蛊案的受害者。

说白了，历史上凡是跟巫蛊事件沾边的人，大都没有好下场，但这种装神弄鬼的玩意儿之所以屡禁不止，一直都能在宫廷斗争中找到市场，一来是因为它迎合了弱势一方的心理需要，二来也是由于其隐秘性、可操作性的特点。试想一下，对于深宫中那些手无缚鸡之力、情感和人身自由受到双重束缚的怨女弃妇来说，还有什么手段比偷偷地埋下一个偶人然后暗中对情敌施以诅咒，更容易也更解恨的呢？

至于巫蛊术的有效性，起码在那个年代人们极少怀疑。

现在，就像那些绝望的怨女弃妇一样，太子刘劭也准备用巫蛊术充当自己的秘密武器了。而且令人颇感意外的是，他曾经的竞争对手始兴王刘浚这一时期迅速向他靠拢，也加入了巫蛊阵营。

刘浚是宋文帝的第二子，是最得宠幸的潘淑妃的儿子。虽然也有史料说，他其实是潘淑妃的养子，是生母死后文帝命潘淑妃来抚养的。但从后来发生的事情来看，潘淑妃和文帝从来都没有流露过这种意思，倒是刘浚自己的某些行为颇令人浮想联翩。

本来由于刘浚生得一表人才、姿质端妍，潘淑妃又宠冠六宫，尤其是袁皇后去世后她专管内事，成为实际上的后宫之主，刘浚是很有可能竞争太子之位的。史料说文帝对他一直很留心。可惜到了元嘉二十三年（公元446年）前后，十八岁的花样美男刘浚却没管好自己裆下那话儿，闹出了绝大的丑闻。

原来，仗着母亲受宠，刘浚向来在禁宫里随意出入，从来没把后宫里的嫔妃宫女当外人。不知道从什么时候起，他竟然跟同父异母的姊妹、文帝的第四女海盐公主偷尝禁果，来了一场不伦之恋。关键是海盐公主已经是人妻了，夫家是文帝的表舅赵伯符的儿子赵倩。而有一次刘浚和海盐公主正在宫里啪啪啪，居然被赵倩捉奸在床。戴了皇家绿帽子的赵倩恼羞成怒，上来就跟这对奸夫淫妇撕打，把床帐的带子都扯断了，场面一度失控。这事闹得这么大，文帝不可能装作不知道，最后只好归罪于海盐公主的生母蒋美人教女不严，把她给赐死了，又下诏命赵倩和公主离婚。事后赵伯符也惭惧发病，不久就死掉了。

刘浚搞出这档子事，文帝大为失望，后来把他从扬州任上外调京口，任南徐、南兖二州刺史便可能与此有关，而立他为太子的想法也似乎从此销声匿迹。

刘浚是从小娇宠惯了的人，经此折辱后，一来恨上了文帝（也许还连带潘淑妃），二来知道自己夺嫡无望，担心太子刘劭上台后迫害自己，便对刘劭曲意逢迎。刘劭自然乐得化敌为友，两人的关系居然从此亲密起来。

于是，对老爸的共同仇恨促成了老大和老二的空前团结。在这样的背景下，巫蛊术登场了。

巫蛊术的施法者，是一个名叫严道育的女巫。据说她是吴兴（今浙江湖州）人，会通灵之术，能够役使鬼神。因为夫家为盗获罪，被没入奚官（负责后宫勤务的内侍省机构）为奴，结识了刘劭的姐姐东阳公主家的奴婢王鹦鹉。在王鹦鹉的引介下，严道育变了个眩人眼目的魔术，又自称会服食长生之法，从而获得了东阳公主和刘劭、刘浚兄弟的信任。

史籍记载，刘劭、刘浚由于犯了许多过失怕文帝知道，最初只是想通过严道育向鬼神祈请，希望借此蒙蔽文帝的眼目。严道育也自夸说，她已经上天跟神打过招呼了，保证没事。从此以后，刘劭、刘浚更加迷信这个女巫，尊称她为天师。后来两人终于决定请严道育施法，仿照文帝的形象琢了个玉人，埋在含章殿前，行起了巫蛊之术。

含章殿是文帝日常饮宴休息的寝宫，将玉人埋在靠近本尊的地方，大概是因为这样做比较灵验。但要在文帝的眼皮底下干这种勾当，没有内应不行，所以刘劭、刘浚便买通了在宫里值班的黄门陈庆国；此外还有东阳公主的奴婢王鹦鹉、王鹦鹉的养子家奴陈天兴也都参与了此事。为了犒赏陈天兴，刘劭还提拔他当了东宫卫队的队主。

事情泄露是从东阳公主去世开始的。

按照当时的规矩，东阳公主死后，贴身的奴婢应该遣送外嫁。刘劭怕王鹦鹉嫁到别处后脱离了自己的控制，一旦嘴巴不牢说了不该说的话，会给自己和刘浚招来无妄之灾，就把她嫁给了自己的府佐沈怀远为妾。奇怪的是，文帝不知道从什么渠道得知了这事，有一次他若无其事地对刘劭说："听说你最近提拔了公主家一个下人的养子当队主，这么提拔人有点儿太快了吧！你用的那些队主队副不会都是家奴吧？那个下人要嫁人，嫁到哪里去了？"

刘劭吃惊不小，因为文帝不问别人，问起的两个人偏偏都是与巫蛊术有牵连的人物，难道他已经知道了什么不成？

"公主那里确实有个叫陈天兴的家奴，曾经数次向儿臣求差事。儿臣见他身体粗健，尚堪驱使，就让他当了队副。近来用人虽多取劳旧子弟，也参用了一些有器干的。儿臣稍后便条牒各队主副人名上呈。至于那个要嫁人的下人，听说去向还未定。"刘劭慌忙答道。

他不敢说王鹦鹉已经嫁给了自己的手下，因为这有做贼心虚的嫌疑。

文帝没再说什么，但刘劭却已经深感不妙。出宫后他马上联系了刘濬，两人一商量，觉得文帝平白无故问起陈天兴的事着实诡异，说不定已经有所察觉，如今要想堵住漏洞，得抢先杀人灭口才行。于是刘劭便派人杀掉了陈天兴。

刘劭兄弟光顾着陈天兴，却忽视了黄门陈庆国。陈天兴这一死，陈庆国害怕起来。因为他知道自己是宫里的内应，跟天兴接头的人只有自己，鬼知道太子他们会不会也想杀掉自己灭口啊！结果陈庆国想来想去，决定向文帝自首，一五一十地把巫蛊之事全都招了出来。

10 东窗事发

听了陈庆国的招认，宋文帝大惊失色，立刻命人前去抓捕王鹦鹉、严道育。结果在王鹦鹉的家里搜出数百张写满了诅咒之言的符文，埋在含章殿前的那个玉人也被挖了出来，严道育则逃亡不知去向。文帝大怒，派中使分头去东部诸郡大肆搜捕，结果还是没找到。

即便如此，有王鹦鹉和搜查出的证据在，也可以坐实两位皇子的大逆之罪。面对文帝愤怒的斥责，刘劭无言以对，唯有一个劲儿地叩头认错。而由于此前刘浚已经回了京口，文帝便派人携带自己的书信前去，也将他骂了个狗血淋头。后来文帝伤心地对潘淑妃说："太子想早图富贵，这我能理解。可虎头（刘浚小名）居然也这么做，我实在想不通。你们母子二人岂可一日无我啊！"

然而令人不解的是，虽然巫蛊事件被揭发了出来，但在接下来的几个月里，文帝除了严厉苛责之外，并未对刘劭、刘浚采取任何实质上的惩戒措施。刘劭还是继续当他的太子，刘浚的官爵也未被降黜。这年年底，在一次与江夏王义恭的对话中，文帝说道："巫蛊之事，以前我常在典籍上看到，还以为是书上的空言，想不到居然亲眼所见了。可细思之下，劭之所为虽属旁门左道，未必便亡社稷，待他将来南面称君之日，你我二人反正都不相干了！只是担心你儿子多，将来不免会有人遇上不幸啊。"

这段话说明，起码到这个时候，文帝还没有想要废掉刘劭的太子之位，他似乎反而对儿子的悖逆行为表示理解，知道他之所以如此的动机和原因。也可以看出，虽然两个儿子让他一再失望，他还是不忍割舍父子之情，宁愿抱以一种听之任之的无奈态度，假装这糟糕的一切根本不曾发生。

然而，文帝想错了。

事情并未到此结束，将来遇上不幸的也远远不止义恭诸子。

转过年来，已是元嘉三十年（公元453年）的早春。从去年十一月开始，整个建康一带不是下雨就是下雪，个把月也见不着几回太阳，如今总算恢复了晴朗的天色。半年前发生的巫蛊事件似乎也随着寒冬的消逝一并远去了，文帝的情绪也恢复了正常。按照之前的诏令，始兴王刘浚被重新委任为荆州刺史。一直躲在京口的刘浚得知文帝不再动怒，便驾船回到了建康。

二月十四，刘浚入朝接受了刺史的任命。接下来他要做的，就是第二天入宫感谢皇帝的信任，顺便再辞个行，就可以潇潇洒洒地去江陵上任了。然而次日早上刘浚甫一入宫，就觉得气氛不对，见到文帝后更觉得他脸色严峻、眼神冷漠而无情。刘浚跪在地上，低着头冷汗直冒，心说昨天他还神色如常呢，难道……

到了晚上，刘浚就证实了自己的猜想。

原来，就在昨天他接受任命之后，文帝接到密报，说有人在京口一个叫张旿的人的家里见到过一个会服食之术的尼姑，经常出入刘浚的府邸，看上去好像那个被通缉的巫女严道育。文帝一开始还不相信，叫地方查清楚了再说，结果地方上抓住了两个曾经伺候严道育起居的丫鬟，一审之下，说确实是严道育，只不过此刻她已经随刘浚回建康了。京口距建康不过二百里，通报消息甚是快捷，所以到了这天晚上，文帝已经获知了刘浚窝藏严道育的事实。他这才发现，自己的宽大为怀不但没能换来两个逆子的悔改，反而纵容了他们执迷不悟，继续留着那个巫婆诅咒自己！怪不得严道育哪里也找不到呢，敢情是被他们藏起来了！好，好，好！你们哥俩儿真行！事到如今，我还留着你们两个逆子何用！

这一次，文帝出离愤怒了。他已经传令下去，叫京口方面把那两个丫鬟送到京城，准备一旦核验无误，就废掉太子劭、赐死刘浚；同时他还命第四子南平王刘铄尽快自寿阳入朝，又召集心腹重臣江湛、徐湛之、王僧绰等，商议重新立储之事。

儿子出了这么大的事，潘淑妃自然不能置之不理。可这次任凭她如何哀求，文帝都不为所动。绝望的潘淑妃抱着刘浚大哭道："前次巫蛊事发，我只道你一时糊涂，还盼着你悔过自新。哪里想到你竟然还藏着严道育啊！这下可好，皇上恨死你了。我叩头哀告都没用了！我还活着干什么呀！干脆我先喝药自尽了吧，免得到时见你刀斧加身……"

刘浚被哭哭啼啼的女人弄得烦躁无比。他一把推开潘淑妃，道："天下事不久自当分明，用不着你如此担心，我绝不连累你就是了！"说罢奋衣而去。

伤心欲绝的潘淑妃扑倒在地，一时并不明白刘浚的话是什么意思。

接下来的几天里，宋文帝一面命王僧绰等搜求前朝废立太子、诸王的旧典，一面忙于跟江、徐等人商议择立储君之事。

前面曾经说过，宋文帝一共生有十九个皇子，这时年龄最小的刚刚六岁。眼下既然老大、老二都要被废，新的储君自然应从其余几位年长的皇子中选择。这其中，老三武陵王刘骏向来不受文帝喜爱，久居外藩，现在正在江州任上主持伐蛮，文帝压根就没想叫他回来，所以不予考虑；老四南平王刘铄的王妃是江湛的妹妹，所以江湛赞成立南平王；（老五已经去世）老六随王刘诞则是徐湛之的女婿，自然得到了徐湛之的拥护；文帝自己起初想立南平王，但随后又改了主意，更倾向于老七建平王刘宏。几位大臣各有各的算盘，几个皇子则各有各的优缺点，此事一连拖了好几天，久议不决，让文帝更加感到烦恼和惆怅，五十岁还不到的他看上去苍老了许多。

王僧绰见状，进言说："废立之事，其实由陛下您自己决定就好，唯一应该注意的就是要尽快，不宜拖延太久。要知道当断不断，反受其乱，您得狠得下心才行！要不然干脆就当这事没有发生，也不用再议论了。别看我们商讨的是机密大事，可天下没有不透风的墙，此事一旦泄露出去，后果不堪设想！”

文帝虽然夸赞王僧绰能断大事，但却回答说：“兹事体大，不能不深思熟虑。况且刘义康这个庶人刚刚被处死，如果我眼下对自己的儿子下手太狠，那在世人的眼里，我岂不是成了毫无亲情慈爱之人！”

王僧绰说：“臣担忧的是千载之后，人家说你唯能裁弟，不能裁儿啊！”

这话说得文帝默然良久，无言以对。

议事结束之后，江湛私下埋怨王僧绰说，你刚才怎么能对皇上说那么直的话呢？王僧绰摇了摇头，说眼下都什么时候了，我还嫌你不够直呢！

王僧绰的担忧没错。

虽然文帝自以为行事足够机密，可其实废立之议早就经由刘浚的通风报信传进了太子刘劭的耳中。而文帝更大的失误就是，他不但优柔寡断，没有对两个儿子痛下杀手，甚至连他们的人身自由也未加限制！

于是，在得知自己即将被废的那一刹那，刘劭知道，如果自己不想像四叔义康那样窝窝囊囊地以庶人的身份死掉，那么眼下除了铤而走险之外，已经没有别的选择。

11 血溅含章殿

两位皇子窝藏严道育被告发一事发生在二月十四日，据史料推测，刘劭得到消息最早也要到十五日的夜里。而在接下来的几天里，由于等待京口方面将两个丫鬟送来以及文帝和大臣们久议不决，刘劭获得了四五天的行动准备时间。

四五天的时间已经足够了。前面说过，多年前为了防范彭城王义康一党，文帝刻意加强了东宫的武装力量，使东宫兵将的数量达到了与禁省羽林相当的程度。近几年，虽然多次征调禁兵参与北伐导致东宫和禁省的士兵数量都有所减损，但总体而言，东宫仍然具有足够的实力对抗禁省。而刘劭成为东宫之主已经有十五年之久了，十五年的时间足以使他在东宫兵将中培养出一部分效忠自己的亲信和死党，眼下这些亲信死党就成了他起事的核心力量。从得到刘濬密报的那天开始，刘劭每天夜里在东宫大摆筵席、亲自劝酒，跟心腹队主陈叔儿、詹叔儿，斋帅张超之、任建之等商定了夺位之谋。

二月二十日夜，刘劭召集了张超之等亲信将士两千余人，向他们展示了伪造的文帝诏书，说辅国将军鲁秀（前年从北魏叛逃过来的将领，鲁宗之之孙）谋反，皇帝命自己率东宫兵平明守阙，入宫守御。同时派人召左卫率袁淑、中舍人殷仲素、左积弩将军王正见等东宫官和曾经担任过太子中庶子的萧斌即刻前来。

当夜二更左右，满腹狐疑的袁淑、萧斌等来到了刘劭面前。

刘劭知道，发挥演技的时候到了。于是他望着袁淑等人，眼泪扑簌簌地落下，边哭边说道："主上听信谗言，不日就要将我废掉。可我自省多日，实在并无罪过，不愿受此不白之冤！所以明日一早，我决定力行大事，希望诸君能够助我一臂之力！"说完向诸人躬身便拜。

袁淑等人惊愕万分，这才知道自己上了贼船。什么"大事"？不就是谋逆造反么！可自古以来，哪有儿子造老子反的道理？沉默半晌，袁淑和萧斌都委婉地劝道，这事实在太大了，以前从没有过，还请太子三思。

一听这话，刘劭立刻就换了一副怒容。身旁的张超之等也扶刀作色，看样子谁再敢说半个不字，马上就会尸横当场。

萧斌害怕了。他低头望向自己的脚尖，嗫嚅道："臣当年忝列东宫，常思为殿下尽忠效命，今日既然殿下遭此危厄，臣自当竭身奉令……"

旁边的袁淑厉声打断了他："你怎么能这么说！你当太子殿下真想那么做吗？殿下幼年时曾得过头风，说不定他只是又发病了而已！"言下之意是刘劭得了精神病，他说什么作不得准的。

被"精神病"的刘劭愤怒地冲到袁淑面前，大声质问他是什么意思，难道是害怕事情不能成功不成？

袁淑抗声道："我当然不是担心事情不能成功，因为谁又能想到太子居然会图谋皇上呢？恐怕皇上本人也意想不到吧！殿下您居此不疑之地而猝然发难，成功的可能性很大。可成功以后，殿下您也好，我们也好，就都成了天地所不容的罪人，大祸也会接踵而至，这才是我真正担心的。所以希望殿下还是悬崖勒马为好。"

刘劭自知理亏说不过他，也不想再跟他废话。当下也不管袁淑从还是不从，下令左右强行给他换上一套戎装，把他暂时关在一间房里软禁了起来。

到了四更天，刘劭在戎装外套了件自己平时上朝所穿的朱衣，与萧斌一起坐上了日常所乘的画轮车，命左右仪卫扮作入朝的队列，准备向皇宫进发。临走前他派人去叫袁淑上车，可袁淑却在房间里装睡，磨磨蹭蹭地就是不出来。等士兵强行把他架到了车前，他又死活不肯上车。刘劭见他既然铁了心不肯跟自己合作，索性也就不再客气。于是四十六岁的袁淑被杀于奉化门外，成了刘劭起事的第一个牺牲品。

此时天色渐明，刘劭率众守候在皇宫的东门万春门外，待大门一开，便蜂拥而入。按照规矩，东宫兵是不能够随意进入皇宫的。但刘劭拿出了伪造的诏书，恐吓守卫说他是奉了皇帝的诏令入宫讨贼。守卫自然不敢为难太子，也就糊里糊涂地放东宫兵进去了。于是在刘劭的号令下，张超之等率军连入云龙门、东中华门和斋阁，直奔文帝的寝宫而来。

对四十七岁的宋文帝刘义隆来说，头天晚上又是一个不眠之夜。自从他决定废立太子之后，一连数日他都与徐湛之等人通宵达旦地密议，而且为了防止别人偷听，他除了屏退左右人等之外，还常常叫徐湛之亲自绕着墙根检查上几遍。这天凌晨，当东宫兵闯入寝殿的时候，他房里的蜡烛还未熄灭。而本来应该在殿前阶下宿卫的禁兵，不知是受到了文帝的摒斥还是自己偷懒，总之都躲到别处睡觉去了。所以张超之等没有遇到任何阻拦，轻轻松松地就冲到了文帝面前。正在烛光下发呆的文帝被金铁脚步之声惊动，回头只见一个手执利刃的大汉立在面前。他本能地举起手边的几案格挡，一道刀光闪过，几案连同五根手指一起落到了地上。烛影摇曳之下，文帝尚来不及痛呼，便被张超之的第二刀结果了性命。

当刘劭进至含章殿前，张超之派人告知他文帝已死的消息。有那么一刻，他似乎觉得这不是真的。在一个真实的世界里，一个统治了国家三十年的君王怎么会被自己的儿子在一夕之间如此轻易地杀死呢？然而他的耳边接二连三地响起前来汇报的士兵的声音，又提醒他周遭的一切是多么冰冷而真实：

护军将军、尚书仆射徐湛之被斩于含章殿北户之下！

侍中、吏部尚书江湛被斩于门下上省！

罗训、徐罕等禁军军官已望风降附，卜天与、张泓之、朱道钦等负隅顽抗，被我军击斩！

左卫将军尹弘彷徨无计，请求向殿下投降！

……

只不过一两个时辰之内，失去了统属的皇宫禁卫纷纷向刘劭投降。当元嘉三十年二月二十一日的太阳一如既往地将光芒洒在金碧辉煌的太极殿上方的时候，整个建康宫的控制权已尽入太子刘劭之手。

他接下来要做的，就是成为这座宫殿名正言顺的主人。

于是他命令全副武装的士兵和传诏官一起出动，以皇帝的名义将文武百官都召集来，不来的，就是“请”也要请过来！

第一个来的是他的弟弟，始兴王刘浚。

动乱发生的时候，刘浚并不在建康宫里，而在西州城内。

但他很快便得知了消息。一大早，王府舍人朱法瑜就跑来跟他说，听见宫城内人声喧哗，又见大门紧闭，道上传言说太子反了，不知道到底是何缘由。

刘浚当然知道是何缘由。但他此刻却不知道刘劭得手了没有，只好装出很惊讶的样子，说那该怎么办呢？朱法瑜说不如赶去石头城自保。将军王庆则说如今宫内有变，虽然不知主上安危，但既然身为臣子，就应该前去勤王赴难，凭城自保恐非忠臣所为。刘浚当然不能听王庆的，于是就从南门出走，径向石头城而来，州城中跟随而来的文武亦有千余人。

驻守石头城的是时任领军将军的南平王刘铄。按理说领军将军统领宿卫禁军，本来应该驻守在靠近皇宫的地方，可文帝却将从寿阳入朝的南平王铄临时安置在了石头城，这也间接造成了皇宫禁军在左卫将军尹弘投降后群龙无首，不敌刘劭手下的东宫兵。刘铄也不知道宫里的具体情况，考虑到手里只有一千来人，也选择了凭城固守的观望态度。

刘浚刚到石头城下，刘劭派来的张超之便赶到了。两人避开旁人密谈之后，刘浚当即决定马上入宫。朱法瑜和王庆并不知道他和刘劭早有勾结，都劝他留下据守，刘浚却报以怒斥道：“皇太子有令相召，挡我者斩！”

然而当刘浚见到哥哥后，刘劭却一脸歉意地对他说，昨夜乱中疏于管束，致使潘淑妃被乱军所杀，希望弟弟原谅。

刘浚愣了一下，随即回答说，杀了就杀了吧，我早就盼她死了。说完转过头去，若无其事地望向了远方。

12 | 武陵王讨逆

殿前的血迹尚来不及清洗，刘劭便匆匆地举行了即位仪式。虽然包括江夏王义恭、尚书令何尚之在内，被诓骗或胁迫而来的大臣只有数十位，但刘劭认为已经足够了。他对群臣解释说，昨夜是徐湛之、江湛谋逆弑杀了主上，自己率兵入殿时一切都已经太迟了，实在是令人心肝俱裂、痛不欲生啊！好在自己已经替父皇报了仇，两个罪人已经伏法被诛。国家不可一日无君，自己既是太子，即位名正言顺。现改元嘉三十年为太初元年，大赦天下，与民更始。

随后，刘劭以萧斌为尚书仆射、领军将军，何尚之为司空，王僧绰为吏部尚书，王正见为左军将军，张超之等随他起事的东宫军官则各任将校，以龙骧将军带郡，皆赐钱二十万。对于他在伪造的诏书里宣称要谋反的辅国将军鲁秀，刘劭则利用他跟徐湛之的仇怨①，诓骗说："徐湛之老想害你，我已经帮你除掉他了。"就任命鲁秀和屯骑校尉庞秀之分掌建康军队。至此，中央政府算是落入了刘劭的掌控。驻守石头城的南平王刘铄见状，只好也向刘劭投降，承认了他的新君地位。

虽然如此，刘劭毕竟做贼心虚。即位仪式结束后，他将宋文帝的遗体迁至太极前殿，自己则称疾躲进了早年当太子时居住的永福省；大殓之时，他大概也自知无颜面对父亲的遗容，仍以疾病为辞不敢出临；直到成服之日，文帝的遗体已经安放在了梓宫之内，他才登殿凭吊，装模

① 徐湛之的父亲徐逵之在义熙十一年刘裕讨伐司马休之的战事中为鲁秀的父亲鲁轨所杀，事见本书第一卷第四十七章。

作样地大哭了一场。

这段时间，为了防范反对自己的人发动叛乱，他不但听从刘濬的建议，杀掉了徐湛之、江湛的亲党荀赤松等六人，还收回了原先发给诸王的武器甲仗。既而由于在清查文帝私人物品的时候发现了王僧绰呈送的前代废太子、诸王典故的奏疏，他不但处死了王僧绰，还趁机诬陷北第诸王（指府第在宫城北部的宗王，多为宋武帝刘裕兄弟辈的子孙）与王僧绰谋反，杀掉了几个向来跟他交恶的宗室王侯。

除此之外，为了换取各地方镇对自己的支持，刘劭还封荆州刺史、南谯王义宣为太尉，江州刺史、武陵王刘骏为征南将军加散骑常侍，雍州刺史臧质为丹阳尹，会稽太守随王刘诞为会州刺史（刘劭分浙东五郡，置会州）。即便是受自己胁迫的江夏王义恭、南平王刘铄和始兴王刘濬，他也加官的加官，进爵的进爵，企图尽可能地将他们笼络起来为己所用。

然而却并没有什么卵用。

因为正如袁淑所说，即便刘劭能够靠政变夺得帝位，但其篡逆弑君的罪行瞒不过天下人，如今他已经成了天地不容、人神共愤的逆子乱臣，区区几个有名无实的荣誉官职怎么能够换得那些各具野心的人的效忠呢？

地方藩镇之中，最先举起讨逆大旗的是江州刺史、武陵王刘骏。

这一年，刘骏二十四岁。作为文帝的第三子，刘骏和他的母亲路淑媛一样，一直不怎么受文帝的喜爱。从少年时代开始，他便经常被文帝安排到地方出任藩镇，相继担任过湘州、南豫、雍州、徐州、兖州、江州刺史之职。刘劭篡逆之时，他已经在江州任上干了一年半。

在上游藩镇当中，江州并非实力最强的一个，但此刻刘骏发兵却至少在三个方面拥有别人无法比拟的优势：第一，在刘劭、刘濬兄弟公行弑逆、文帝身死之后，排行老三的刘骏便在法理上成了拥有最佳顺位的皇位继承人，由他组织讨逆，大义昭彰，名正言顺。第二，去年西阳郡

（今湖北黄冈）一带爆发了蛮族叛乱，文帝命荆、雍、豫诸州各遣军进剿，又命刘骏总统诸军，因此眼下沈庆之、柳元景、薛安都等猛将都听从他的调遣。第三，自从几年前南豫州并入豫州之后，江州就成了上游诸州中由水路趋建康最为便捷的藩镇。

这一年的三月初二，也就是刘劭弑逆事发十一天之后，之前派往建康公干的刘骏府典签董元嗣风风火火地赶回了江州。本来刘劭放董元嗣回来，是想叫他替自己圆谎，诬陷江湛、徐湛之才是谋害文帝的凶手。可董元嗣一见刘骏，就把二凶弑父的经过原原本本地说了出来。得知了真相的刘骏悲愤交加，立刻命沈庆之返回山区，将伐蛮的军队全部调回，准备不日起兵讨逆。

沈庆之知道，建功立业的时候到了。这位大器晚成的名将此前已经在禁省宿卫的岗位上勤勤恳恳地效力了十年，在江汉汝郢的苍莽山林里与蛮族苦战也耗费掉了十余年的光阴，北伐之时又由于意见相左得不到文帝重用，如今六十八岁的“苍头公”沈庆之终于迎来了一次大显身手的好机会。他对左右心腹说，刘劭手下诸将我都熟悉，萧斌的水平也就跟妇人差不多，其余人等也不足为虑，何况大多数人都是受其威逼胁迫，必定不能为他竭尽全力；我们辅顺讨逆，不愁不克！

不过，在进军的策略上武陵王内部却并不统一。沈庆之主张率现有兵力尽快出发，越快越好；而记室参军颜竣则认为，现在各地还不知道我们就要发兵，而刘劭据有的建康兵精粮足，如果我们孤军征讨，与其他方镇没有呼应，是很容易陷入危险境地的，所以应该先广发檄文，待诸军大至后再共同进军。

颜竣是颜延之的儿子，这时不过二三十岁。沈庆之见这个不知天高地厚的小年轻竟然公然跟自己唱反调，厉声怒道：“今举大事，而黄头小儿皆得参预，何能不败！应该立刻将其斩首以安众心！”

刘骏知道沈庆之向来是个牛脾气，当初连文帝的诏旨他也敢不听。另一方面，他也觉得沈庆之的策略对自己更为有利。因为此时其他方镇的情况不明，如果不能尽快出兵，万一别的宗王抢先攻入了建康，那自己继承皇位的合法性显然会大受损害。于是他命颜竣马上向沈将军道歉，并决定按沈庆之的计划执行。

沈庆之对颜竣道：“君但当知笔札事耳！”你们这些知识分子只管弄笔头就完了，打仗的事交给老夫就是！

在沈庆之的调配部署之下，旬日之间军队集结已毕。

三月十七日，武陵王刘骏在西阳戒严誓众，以沈庆之为军府司马，以柳元景、宗悫（音què）为中兵咨议参军，颜竣为录事咨议参军，并使颜竣书写讨逆檄文，将刘劭杀父弑君、屠戮王公大臣的罪行广布四方。

不到十天之内，荆州刺史南谯王义宣、雍州刺史臧质、司州刺史鲁爽皆响应号召，发兵来会。当本月月底刘骏军回到寻阳的时候，兖冀二州刺史萧思话、会稽太守随王刘诞也举起了讨逆大旗。

刘劭登上帝位还不到一月，全国上下已是义军大起，形成了对建康的围攻之势。

13 兵发建康

四月初的建康，刘劭册立妻子殷氏为皇后的仪式刚刚结束，便收到了来自上流的讨逆檄文。

檄文声称，刘劭这个逆贼“凶慢之情，发于龆龀（音tiáo chèn）”，从小就不是个好东西！“猜忍之心，成于几立”，刚当上太子的时候他就显示了自己白眼狼的本质。先帝是顾及刘家创业艰难、宗室子孙团结不易，希望经过劝导，他能改过自新，这才没有彰显他的罪过。哪知道刘劭、刘浚这两个凶犯狼狈为奸，同恶相济，先搞巫蛊，又行弑逆，最终酿成了今天的惨剧！如今在武陵王的英明指导下，冠军将军柳元景已经统劲卒三万为前锋，直抵石头城下；征虏将军沈庆之领壮勇五万、辅国将军宗悫勒甲盾二万随后就到，武陵王殿下则亲统大军十余万络绎继路；其余司徒南谯王义宣、冠军将军臧质、安东将军随王诞、前抚军将军萧思话等诸军云集，远近俱发。凭此百万精勇以顺讨逆，如同泰山压卵、狂风扫叶……

刘劭越看越窝火，立刻派人把太常颜延之召了进来。

“这檄文出自何人之笔？”刘劭出示檄文后，问颜延之道。

颜延之答：“犬子竣之手笔。”

“何以知之？”

“竣之笔体，臣不容不识。”

“言辞何至乃尔！”他怎么能说出这么过分的话呢！刘劭的不满十分明显。

颜延之知道，此刻一言不慎，便会招来杀身之祸，于是垂首道：“竣尚不顾老父，何能为陛下。”我这个儿子明知道我在建康却这么做，他连我都不管了，怎么还能考虑你的感受呢？

刘劭听了，也就不再说什么。

他知道，虽然檄文里宣称的义军数量有所夸大，但各地方镇云集响应却是事实，而自己能够控制的只有建康周围的一片区域，实力对比明显处于下风。此前他仗着自己早年素习弓马，曾经对群臣吹嘘说：“你们只要助我理文书就好了，打仗的事不用操心。敌人来了我亲自迎战便是，还怕他们不敢来呢！”这下倒好，敌人不但来了，而且拉帮结伙，一来就是一堆，这可怎么办呢？

当时建康虽然在军队数量上比不上对手，但在水军舰船上却拥有一定优势，两年前封锁长江、阻止了北魏大军南下，靠的就是这批战船。因此萧斌向刘劭建议，应该趁大军未至之时率水军逆流而上寻求决战，不然的话，至少也要保据姑孰西南三十里的梁山（今安徽和县南西梁山）。萧斌毕竟是带兵打过仗的人，他这个建议能最大程度地发挥建康的水军优势，是一个合理选择。受到胁迫不得已听命于刘劭的江夏王义恭知道，要是刘劭采用了萧斌的建议，一定会给义军造成不小的麻烦，于是他赶忙进言说：“刘骏那小子于军旅之事并不擅长，又远来疲敝，我们还是以逸待劳比较好。况且现在东边也有敌人（指从会稽发兵的随王刘诞），如果我军远出梁山，则京都必然空虚，万一东军趁机前来，那不是很危险吗？不如割弃南岸，栅断石头，养精蓄锐，静观其变，这是前朝采用过的成功经验，我们依样行事，不愁敌寇不破。”

所谓前朝经验，指的是晋明帝抵御王含和刘裕抵御卢循时采用的战法。当年王敦派他的哥哥王含统军进犯建康，晋明帝便是在烧掉了朱雀浮桥、移屯秦淮河北岸后击破了敌军的。四十年前刘裕击退了偷袭建康的卢循，用的也是这种策略。所以听刘义恭这么一说，刘劭连连点头。

这一来，萧斌有点儿急了，说话的声音也明显高了起来。他说别看刘骏只有二十来岁，可他手下集中了荆、雍、江三州的力量，沈庆之、柳元景诸人更不是泛泛之辈，敌我力量本来就有差距，趁眼下人情未离之时，尚可决力一战，如果徒然端坐台城，哪里还能长久！

然而，刘劭并未听从。他还是决定效仿刘裕破卢循的战法，下令中外戒严，将秦淮河南岸的仓储物资、居民舰船统统迁到北岸来。由于担心守城之时朝廷旧臣不能尽心为己所用，刘劭赐给辅国将军鲁秀和右军参军王罗汉大量珍宝美女，希望这两个素有骁勇善战之名的人能够替自己卖命。京师的军队不够，他就召回下番将吏，以后谁也不准放假轮休。还给平常只管民政的三吴太守都加封将军号，让他们置佐领兵。此外，刘劭还担心建康人心不稳、王公大臣出奔投敌，就把他们全都安置在宫城内软禁起来。荆、江、雍三镇将校的子女家眷，包括武陵王刘骏的儿子和南谯王义宣的诸子在内，大多都在建康，现在就都成了刘劭手里的人质。

起初刘劭曾想将三镇将校的家眷全部杀掉，但江夏王义恭和何尚之都劝说，这些人既然有胆子举事，自然有决心不顾家，况且要是杀了他们家口，不正是坚定了他们的立场，激起了他们的仇恨吗？刘劭心想确是如此，不但打消了这个主意，还叫刘浚给武陵王刘骏写了一封亲笔信，委婉地暗示你儿子在我手里，你要干什么，可要想清楚喽！

不过，这封信如石沉大海，并没有起到任何效果。显然刘骏心里清楚，儿子可以再生，但皇位只有一个。人可以为了皇位杀掉自己的父亲，也可以为此牺牲自己的儿子。就这个意义而言，刘劭、刘骏兄弟俩其实是半斤八两。

从江州镇治寻阳至京都建康，走水路总共一千四百里。时值夏初，江水汛急，担任先锋的柳元景部四月初一从寻阳出发，十三日便抵达建康西南七十里的江宁。由于担心船舰陋小，不是建康水军的对手，柳元景舍舟登岸，命薛安都统铁骑在前开路，步行奔建康而来。与此同时，刘骏亲统的中军正在向姑孰靠近，沿途郡县纷纷投降。

奇怪的是，从寻阳出发后，武陵王刘骏似乎就一直躲在舫里不露面，十余天里几乎没人见过他的身影。只有录事参军颜竣每天出入他的坐舫，所有文书政令、应接事务一概由他负责处理，甚至在文帝灵前早晚各一次的致哀恸哭亦由颜竣代劳。别说舫上的寻常士兵和护卫，就是沈庆之也屡次被挡在门外。这次任凭老将军如何发火，颜竣横竖就是不让进。由于刘骏事先已经任命颜竣总录军府内外事务，沈庆之也无可奈何。

原来，也不知是不是受到了女巫严道育的诅咒，刘骏从寻阳出发后不久便得了急病，甚至一度危在旦夕。颜竣怕主帅染疾的消息走漏出去影响军心，就将此事刻意隐瞒了下来。他自己每天将刘骏抱在膝上，谘商事务，伺候起居，慢慢地，刘骏的病情才有了好转。

14 | 孝武帝即位

四月十九日，步行而至的柳元景军进抵建康城南二十里的新林浦，没有遇到任何敌人。两天后更是潜进至十里外的新亭，义军将士已经可以依稀望见石头城上的灰白城墙，却还是没有遇到刘劭军的阻击。

一些新近投降过来的人劝柳元景继续进军，柳元景却认为，身为前锋部队，到了这个境地已经不宜轻进了，应该先立于不败之地，而不是心存侥幸，指望敌人不来进攻。新亭一带有几个低矮的山丘（今江苏南京牛首山一带），柳元景下令依山建垒，东西据险扎起栅营。稍后赶来的程天祚部也占据了东南方的高丘。

实际上，柳元景刚至新亭、营垒未立之时，刘劭手下的龙骧将军詹叔儿就侦知了。他急忙劝刘劭出战，但刘劭想调驻守城北白石垒的鲁秀参战，就白白耽误了一天工夫。

第二天上午，集结了鲁秀、王罗汉手下万余精兵的刘劭军在萧斌的统领下出城迎敌，刘劭则登上朱雀门的门楼亲自督战。柳元景手下的军队其实也只有一万来人，双方实力相差无几。刘劭本来以为一天的时间义军尚来不及栅立营垒，等萧斌统军杀到近前，才发现敌人早已壁垒森严。仓促间没有携带攻城器械，萧斌只好命将士肉搏攻营。应该承认，刘劭的重金厚赏还是起了作用的，鲁秀、王罗汉、刘简之等各率所部，在并无攻具的情况下皆殊死奋战，给义军造成了不小的冲击。程天祚所在的营寨由于栅垒不坚，很快便被敌军攻占。

柳元景沉着应对，号令军中将士说："战鼓擂得越紧，喊杀声越大，气力反而越容易衰竭，别看敌人攻得猛，他们坚持不了太久！你们只管闭嘴迎战，留心听我鼓音就是！”

这时，除了王罗汉率军力攻柳元景营垒的北门之外，刘劭的水军也在岸边登陆了。一时间受到水陆两方的夹击，义军的形势更为不利。柳元景意气弥强，除身边留数人传达号令之外，将麾下勇士全都派遣了出去。好在他昨日选择的扎营地点甚为险要，栅砦（音zhài）也比较坚固，王罗汉等攻势虽猛，在义军将士的顽强抵抗下却迟迟无法攻破柳元景的大营。

正午的日头渐渐西斜，柳元景的影子也在地上不易察觉地伸展。

从干燥而断续的嘶喊声中，他听得出来，敌人已经到了力竭之时。

反攻的时刻到了！

他挥了挥手中的令旗，喧天的战鼓在本方阵营响起。

战鼓声中，寨门呼剌剌地开了，义军将士如决堤的洪水般冲向敌阵！大将薛安都跃马挺矛，冲在最前面！

在接下来的时间里，于朱雀门上观战的刘劭目睹了自家军队落败的惨状。他愤怒不已，亲率余众出战，试图挽回败局。然而，前军四处溃散，给刘劭军的士气造成了很大的影响，这次进攻仍然遭遇了惨痛的失败。刘劭亲手斩杀退败下来的士兵，但也止不住他们奔逃的脚步。最后，刘劭只好狼狈还宫。此战，刘简之等五将被斩，萧斌也受了伤，仓皇逃窜的劭军落入水中淹死的不计其数，水军军主褚湛之、军副刘道存皆来向柳元景投降。当天夜里，刘劭颇为器重的鲁秀也出城归顺。

此战的失败不但严重打击了刘劭的信心，同时也加速了朝廷内部的分崩离析。尤其是那些原本就是被刘劭胁迫的王公大臣，此刻更是异常急迫地寻找自保的途径。因为他们知道，归顺要趁早，如果武陵王拿下建康的时候自己还来不及归顺，那自然成了附逆的乱党。

江夏王义恭也是这么想的。他本来想趁刘劭败回之机保据石头城，但刘劭已经提前派刘浚入驻备守了。窘急之下，刘义恭连被软禁在侍中下省的儿子们都顾不上了。二十五日，他趁刘劭不注意，单马直出东掖门，从冶渚渡过秦淮河投奔了义军。幸亏东掖门的守将和冶渚的军主都跟义军这边有人情关系，他才被放行逃脱。其余跟随他想一起逃跑的官吏下属则大多被刘劭派来的追兵所杀。而散骑侍郎徐爰骗刘劭说自己去追义恭，也跟着逃了出来。

事后，气急败坏的刘劭无处发泄，一口气将五叔义恭的十二个儿子全部斩杀。

其实到了这步田地，刘劭和刘浚也知道自己败局已定。无计可施之下，索性死马当活马医，玩起了当年会稽王司马道子玩过的那一套。

建康东北的钟山又叫蒋山，山上供奉有神仙蒋子文的祠庙。从孙吴时期开始，江东士民便普遍信奉蒋子文，据说十分灵验，甚至孙权也封他为中都侯。当年卢循偷袭建康，主政的司马道子彷徨无计，就每天向蒋侯祷祝。虽然后来是刘裕击走了卢循，但民间的愚夫愚妇却都传说是蒋神显灵所致。此外，一百多年前苏峻作乱身死，相传化作厉鬼为祟，因此蒋山上也有苏峻的神庙。这时候刘劭就派人用步辇将蒋侯的神像奉迎到了宫内，亲自率领所剩无几的文武官员向他磕头祈请，还宣布拜蒋神为大司马，封钟山郡王，食邑万户。苏神则被他封为骠骑将军。至于那个女巫严道育，自然免不了又是一番歌舞降神。

然而，无论刘劭请出什么神仙来帮忙，也无法阻止义军兵临城下了。

四月二十六日，武陵王刘骏率大部队抵达新亭。刚刚归顺过来的江夏王义恭忙不迭地给自己的三侄送上了见面礼，领衔上表劝进。徐爰则撰写了即位仪注。已经从急病中恢复过来的刘骏自觉舍我其谁，稍稍谦让一下就接受了群臣的请求。于是在第二天，刘骏于新亭军营宣布即皇帝位，大赦天下，文武赐爵一等，从军者二等。是为刘宋王朝的第四任皇帝，史称孝武帝。

搞笑的是，就在刘骏举行即位仪式的时候，建康城里的刘劭赌气一般也举行了仪式封拜太子，而且同样颁布了大赦天下的诏书，说除了刘骏、刘诞、义恭、义宣不赦之外，余党一无所问。

五月初一，雍州刺史臧质的两万人马赶到新亭。豫州刺史刘遵考派遣的五千军队也于同日进抵瓜步，隔着大江摇旗呐喊，以壮声威。至此，义军的军力对建康城里的刘劭一党形成了碾压之势。负隅顽抗的刘劭派人决破了秦淮河上游的堤坝，希望上涨的水势能暂时阻止义军渡河作战。他还收起了朱雀浮桥，栅断了多处水道，沿北岸竖船舶为楼橹，船上多设大弩。由于城中男丁已无余力，他就强征妇女从事这些工作。

种种迹象显示，刘劭已经走到了穷途末路。他对建康的控制已经如同一截糟烂的朽木，只需要轻轻一戳，便会立刻土崩瓦解。

15 | 二凶授首

五月初二，刚刚投降过来、急于立功的鲁秀招募了五百勇士，亲攻建康的南大门朱雀浮航。一番激烈的战斗之后，义军用长钩钩住了收靠北岸的一座泊船，接着就像拔河一样把浮桥拉了过来。守桥的王罗汉当时正在饮酒作乐，听说浮桥已失、义军正在渡河，早已丧失了斗志的他随即扔下武器，束手归降。

要知道，建康外围并无城墙，全靠秦淮河和一些竹篱木栅为屏障，朱雀浮航既落入义军之手，就等于敞开了大门。义军的大部队乘机迅速挺进，潮水一般涌进了建康城。北岸的守军在慌乱中撤退的撤退，投降的投降，丢弃的旗鼓甲仗填满了大街小巷。

退回城内的刘劭残党关闭了都城六门，在门内凿堑立栅、竖车为楼，继续做困兽之斗。可是城内早已乱成了一团，丹阳尹尹弘等文武将吏争先恐后地逾城出奔。萧斌惶窘不知所为，最后也带领部下举着白幡前来投降。然而他作为刘劭谋逆的主要助力，并没有获得孝武帝的原谅，投降后随即被斩于军门。自知大势已去的刘劭烧毁了天子车辇和衮冕朝服，准备和刘浚一起乘船出逃海上，可这时由于人情离散、号令不行，连逃走也成了痴心妄想。

五月初四，义军对宫城发动了总攻。

胜负毫无悬念。义军将士几乎从各个方向同时攻了进去，顺利会师于太极殿前。太子左卫率王正见当即被斩，张超之则被堵在文帝被弑的御床边，被蜂拥而上的将士剁成了肉泥。一直被关在宫里的建平王宏等文帝诸子被解救后号泣而出。刘劭本来想趁乱藏身于武库旁边的深井之中，结果被队副高禽发现，拽着脚脖子提了上来。

被擒后，刘劭的第一个问题就是刘骏现在何处。高禽说就在新亭。他被押到殿前时，还遇到了臧质。论亲戚关系，臧质是刘劭的长辈，这种情形下他见到刘劭不免有点儿激动，所以一边抹眼泪，一边数落起了刘劭的种种悖逆之罪。刘劭垂头听了一会儿，辩解说先帝平白无故要废了我，我不甘做阶下囚，问计于萧斌，是萧斌劝我这么做的。说完又问臧质，能不能替我跟皇上求个情，把我流放就算了！臧质说主上现在就在朱雀门外，自然会有处分，哪里还用我多嘴？随后就把刘劭绑在马上，押送军门而来。

到了刘骏的大帐前，马鞍上的刘劭抬首前望，迎面走来的并非他的三弟刘骏，而是怒气冲冲的江夏王义恭和其他诸王。一见刘劭，刘义恭气得浑身发抖，厉声质问道："我背逆归顺，何罪之有？！你竟狠心杀我十二儿！"江湛的老婆庾氏闻讯赶来，也在车上指着刘劭骂骂咧咧。刘劭初时沉默不语，后来则大声顶撞道："你们这些人烦也不烦！"

很快就没有人来烦刘劭了。刚刚即位的皇帝根本不想见到这个弑君杀父的恶棍，一纸诏书从大帐内传了出来。

在刘姓诸王的注视下，元凶刘劭先是眼睁睁地看着他四个未成年的儿子被斩首，既而他自己也被砍掉了脑袋。据说他临刑前的最后一句话是："不图宗室一至于此。"

至于另一个凶犯刘浚，在宫城失陷时带数十人挟持南平王刘铄从西明门逃了出来，走至越城附近，迎面遇到了率军入城的江夏王义恭。刘浚慌忙下马，做出来投的样子迎了上去，问义恭道："武陵王如今在做什么？"

"四海无主，百僚固请，主上已经顺应天意，君临万国了！"义恭心说你装什么装。

"虎头我来得不算晚吧？"刘浚又问。虎头是他的小名。

“恐怕已经晚了！”义恭回答。

“难道我非死不可吗？”

“你可自行诣阙请罪。”

“不知道我还能不能获得戴罪立功的机会？”

“这我可不知道……”

然而，刘浚同样没有得到面见今上的机会。可能是受到了孝武帝的指示，在回营的路上，义恭就把他斩首了。

事后，刘劭、刘浚的尸首不但曝露于市、无人收埋，腐败坏烂之后更被投入长江，漂无葬身之所。受到牵连的家属，除了刘浚的妻子褚氏因为离婚在前而逃过一死之外，其余子女姬妾全部被赐死。严道育、王鹦鹉则被鞭杀于建康街市，尸体于石头四望山下焚毁，骨灰被扬弃入江。

至此，这场由两位皇子弑君杀父引发的刘宋内乱，以孝武帝登上皇位、刘劭和刘浚被诛暂告结束。

多年以后，谈起这段历史，民间的歌谣唱道：“遥望建康城，小江逆流萦；前见子杀父，后见弟杀兄……”

长着白胡子的史官们也分外感慨地说：“这真是自从上古之世皇王诞生以来从未有过的人间惨剧！”

他们说，以前虽然也发生过儿臣谋害君父的事例，但都是发生在不知礼义的夷狄之国，就算是那个被自己的儿子饿死于沙丘的赵武灵王，也是因为背弃华夏文化、穿上胡服惹的祸！汉晋以来，我们华夏向来推崇的就是以孝治天下，数百年的儒家思想灌输下来，怎么会发生这样悖逆人伦、灭绝天理的惨剧呢？

这个问题，书写刘宋历史的史官们无法回答，也难以理解。他们能做的就是给刘劭、刘浚二人扣上“二凶”的帽子，试图将他们永远钉在历史的耻辱柱上，然后将刘宋由盛转衰、国势日颓、内乱不已、兵连祸结的原因都归咎在他们身上。

平定了“二凶”之乱的孝武帝刘骏，则自命不凡地将自己比作中兴之主。他将自己即位的新亭改名为“中兴亭”，将年号定为“孝建”（意为以孝道建功业，平祸乱），就是这个意思。

之后的几个月里，朝廷里免不了又是一番“拨乱反正”，总之就是该杀的杀，该罚的罚，该升的升，该赏的赏。

该杀罚的人里，最冤的就是孝武帝的四弟南平王刘铄。他其实跟江夏王义恭一样，也是受胁迫不得已才留在建康接受了刘劭的统治，然而他却没有刘义恭出降得早，或者说没有刘义恭那样的好运气，直到建康失陷以后，他才在刘浚的挟持下被义军俘获。再加上他原来跟老三刘骏的关系就不大好，这就给了刘骏除掉他的借口。几个月之后，孝武帝便派人将他毒死了。

该升赏的人里，南谯王义宣有出兵响应之功，又是宗室贵戚，孝武帝本想封他为中书监、丞相、录尚书六条事、扬州刺史，但义宣不愿到中央任职，坚决推辞，最后孝武帝只好改封他为荆湘二州刺史、都督八州诸军，并由南谯王改封南郡王。其余功臣的职官也一再调整，最后，沈庆之被封为南兖州刺史，柳元景为领军将军，随王刘诞改封竟陵王、扬州刺史，臧质为车骑将军、江州刺史，鲁秀为司州刺史。

此外，为了防止后世再现东宫之祸，孝武帝还对东宫职官进行了大肆裁撤，一些官职被取消，另一些减至只有原来一半的名额。皇宫里则增设了殿门和上阁门的屯兵。

以上措施实行之后，孝武帝满以为可以在皇位上安安稳稳地坐一段日子了。然而，他没想到，转过年改元为“孝建”后刚刚一月，新的叛乱就发生了！

16 荆、江密谋

叛乱的发起者是荆湘二州刺史、南郡王义宣和江州刺史臧质。

在宋武帝刘裕诸子当中，刘义宣排行第六。此人生而舌短，话经常都说不顺溜，所以自小便不为刘裕所喜，被视为庸常之材。长大后虽然相貌尚可，却生得又白又胖、肚皮溜圆，一副憨厚懦弱、人畜无害的模样，所以连自家兄弟也有点儿瞧不起他。

由于荆州乃上游形胜、地广兵强，刘裕当年曾有遗诏叫诸子以长幼次序轮流执掌。宋文帝平定谢晦之后，就遵父训让义康、义恭、义庆相继担任了荆州刺史。按理说之后该轮到义宣了，可文帝觉得刘义宣的才能实在难当重任，就叫老七义季顶替了他。因为这事，会稽长公主没少跟文帝絮絮叨叨。五六年后，文帝实在架不住姐姐的请托，同时也觉得义宣再不成器也三十好几的人了，总该有所长进，这才将他派往了荆州。

可能刘义宣人到中年后确实成熟了不少，他到荆州一干就是十年，居然没出什么纰漏。所以他虽然生活放浪奢靡，养了成百上千的嫔妃姬妾，生了三十多个子女，文帝觉得还挺满意。

后来刘劭弑逆，刘义宣和臧质一样，是最早起兵讨逆、推奉孝武帝的藩镇之一。而且有史料显示，臧质其实最初是想推奉义宣为新君的，然而刘义宣却胸无大志，自己将领导权交给了刘骏。二凶授首、乱事平定后，他又推掉了孝武帝中书监、丞相、录尚书事和扬州刺史的任命，继续做他的荆州刺史。这本来是一个相当明智的选择，因为后来的事情证明，孝武帝的猜忌心比他父亲还重，决计不会允许除自己之外的任何人独掌朝政大权，即便这个人是他的六叔，所以刘义宣的辞让使自己暂时避免了成为孝武帝的打击对象。

然而，树欲静而风不止，两件事情的发生改变了刘义宣的命运。

第一件事是，他收到了来自臧质的一封信。

臧质这个人前面介绍过，他的父亲臧熹是刘裕发妻臧氏的弟弟，是当年最早跟着刘裕起事的骨干之一。臧质本人虽然个子不高，长相难看（“出面露口，秃顶拳发”），品行也很一般，但在行政军事方面颇有才干，再加上皇亲国戚的出身，三十出头便担任了封疆大吏。后来拓跋焘南侵，盱眙围城之役臧质一战成名，因功被文帝封为了雍州刺史。刘劭弑立，臧质得到消息后，本来是想推奉义宣为帝的，因为他觉得义宣软弱无能、易于操控，对自己更为有利。可后来义宣承认了刘骏的领导，他只好暂时作罢，出兵助刘骏攻入了建康。孝武帝酬他讨逆之功，让他接了自己的班，担任车骑将军、江州刺史。这本来是相当优厚的犒赏了，但臧质仗着自己是长辈，认为刘骏只不过是个捡了便宜的后生小子，对这位新君很有点儿瞧不起。他到镇之后独断专行，做了许多事情都不向朝廷汇报。孝武帝下诏质问，反而激起了臧质的疑惧之心。他本来心里就有鬼，担心孝武帝知道他当初推奉义宣的事后找自己的晦气，这时就更加觉得皇帝容不下自己。他觉得，与其将来受制于人，不如先发制人，正好几个重要藩镇的刺史都跟自己有交情，可以联合起来共举大事。于是臧质首先给坐镇荆州的刘义宣写了一封密信。

信上说：“自古立下大功、挟震主之威的人，很少能有善终的。如今老弟你占据荆湘二州、地广兵强，又受封丞相之尊，已经对上头产生了严重威胁，你自己不会不知道吧？若想将来免祸，还得早做打算才行啊！”

臧质还说：“鲁爽兄弟跟我是哥们儿，兖州刺史徐遗宝是您的老部下，到时候鲁爽和徐遗宝兵发建康西北，我臧质率江州楼船给您打前锋，天下的一半已经是您的了！这时您再亲统八州之众顺流而下，就算是韩信、白起在世，也抵挡不住啊！何况人人都知道少主是个无德之人，沈庆之、柳元景又都是我之故交，还有谁愿意尽心替他刘骏卖命呢？”

刘义宣本来就是个没见识也没主意的人，经臧质这么一撺掇，便起心动念。不久后朝廷派臧质的儿子、担任黄门侍郎的臧敦奉诏到江陵敦劝义宣受丞相之封，路过寻阳之时，臧质又特意交待了儿子一番话，叫他当面劝谕义宣。除了信上说过的内容之外，臧敦还以宫闱秘闻为言，更是大大地激怒了刘义宣。而这正是改变了义宣命运的第二件事。

原来，孝武帝刘骏这个人，在私生活上一直不怎么检点。尤其是当上了皇帝、占有了大量性资源后，二十五六岁的刘骏宛如脱缰野马，床榻之间的战斗力得到了极大的释放。在刘宋诸帝中，数他生育的子嗣最多，而且除了头两位皇子生于其藩王时期之外，余下的二十六位皇子中有十人都生于孝建三年（公元456年）和大明元年（公元457年）这两年之内，说明在即位后的两三年里，刘骏同志的造人运动极为频繁。其实天子本为万物之主，多妻多妾多子多孙本无可非议。然而，刘骏的糟糕之处是一旦精虫上脑，不论女方是何种身份，他都不管不顾。《宋书》上扭扭捏捏地说：“上于闺房之内，礼敬甚寡，有所御幸，或留止太后房内，故民间喧然，咸有丑声。”说孝武帝不拘小节，有时在生母路太后的房里就和嫔妃宫女搞起来，此事流传民间，什么难听的话都有人说。敌国北魏的史籍干脆就记载，刘骏“淫乱无度，烝其母路氏”，跟他亲娘搞上了！路太后是二十四岁生的刘骏，这时已经是快五十的老太婆了，所以除非刘骏确实有浓厚的俄狄浦斯情结，否则不大可能像D.H.劳伦斯的小说写的那样，跟母亲共演一出《儿子与情人》的伦常闹剧。至于真相到底如何，史官说“宫掖事秘，莫能辨也”，你们自己猜吧！

对刘义宣来说，皇帝的特殊癖好本来与他没有任何关系，可坏就坏在刘骏忘了“兔子不吃窝边草”的传统告诫，偏偏搞起了“肥水不流外人田”。义宣在荆州外任，他的子女则大多留在京城。大概从少年时代起，刘骏就像贾宝玉一样经常跟自己的姐姐妹妹混在一起，事隔多年不见，如今自己摇身一变当了皇上，姐姐妹妹则个个出落得如花似玉，他不觉色心大动，便把伦理禁忌抛在了脑后。不知从什么时候开始，孝武帝刘骏就跟义宣的几个女儿，也就是自己的堂姊妹发生了关系。注意，不是一个，而是几个！史书明言孝武帝“与义宣诸女淫乱”。既然孝武帝与路太后的事能成为民间街谈巷议的谈资，那他与义宣诸女之间的丑事自然也会声闻闾巷之间，最后传入义宣自己的耳朵。要知道，本家姊妹不比中表之亲，贾宝玉可以跟林黛玉、薛宝钗暗生情愫，但绝对不可以跟贾迎春、探春眉来眼去！对于此种奇耻大辱，刘义宣早就羞愤在心，这次臧敦再当面这么一激，他实在受不了了！再加上义宣和臧质也是姻亲，他觉得臧质应该不会故意坑害自己，于是这个向来没什么主意的南郡王终于拿定了主意，决定接受臧质的提议联手造反了。

17 四镇叛乱

按照臧质和刘义宣的计划，原本是定在孝建元年（公元454年）的秋天共同举兵，但不知道怎么地竟出了差错。据说是二月间刘义宣送信给豫州刺史鲁爽的时候，他正酩酊大醉。可能是信涉机密，有些话说得不太清楚，也可能是鲁爽醉中糊涂，总之他误会了义宣的意思，当时就举兵反了！这一下搞得其他人十分被动，徐遗宝、臧质和刘义宣只好在准备不足的情况下先后举起了反旗。

虽然如此，荆、江、豫、兖四大藩镇一时间集体反叛，声势仍然不可小视，建康方面受到了极大的震动。而且此时孝武帝坐上皇帝的宝座还不满一年，威信未立、私德有缺，突然间遇此严峻挑战，确实有点儿乱了手脚。据说他一度想要派人奉乘舆法物迎义宣进来，准备把位子让给六叔算了！还是六弟竟陵王刘诞坚决劝阻，才使他打消了这个念头。

不过，与当初刘劭面对的窘迫境况相比，好在朝廷的财源所在地三吴郡县对孝武帝依然保持了效忠，沈庆之、柳元景等能征惯战的大将也没有因为和臧质、义宣的故旧交情而卖主求荣，而且徐州、冀州、雍州、益州等藩镇也选择了站在朝廷一边，给叛军造成了比较大的麻烦。这就给了孝武帝与叛军对抗的本钱和决心。

而叛军阵营这边，有明眼人一开始就对本次举事的前景很不看好。

这人是鲁爽的弟弟鲁秀，他被派到江陵助刘义宣起兵。两人初次相见后，鲁秀出门便抚胸长叹："吾兄误我，乃与痴人作贼，今年败矣！"有义宣这么一个废物当猪队友，这要能成事，不就见鬼了嘛！

鲁秀的感叹没错。后来局势的发展证明，叛军的失败远比孝武帝想象的轻易。

按照臧质事先拟定的如意算盘，兖州刺史徐遗宝从北方进攻，豫州刺史鲁爽从西边进攻，他和义宣会师一处，沿江东下，总共三路进军，直取建康！可事实是，三路人马距离较远，互相又缺少呼应，很快便各自遭遇了困局。

最先垮下来的是兵微将少的徐遗宝。他从湖陆遣兵攻彭城不克，回头就遭到了徐州、冀州方面的合力围攻，只好弃众焚城，前来投奔鲁爽。鲁爽由寿阳出发，进至大岘（今安徽和县西北）后遇到了薛安都、垣护之的阻击，再不能前进一步。四月，朝廷派沈庆之亲督众军出击，鲁爽粮少退却，自留断后。在一场追击战中，嗜酒如命的鲁爽被跃马直进的薛安都一矛挑下马来，当即就被砍了脑袋！余众溃散，鲁爽这一路也宣告失败。

现在就只剩下了臧质和义宣这一路沿江而下的军队。这也是叛军的主力，足有十余万人，而且已经抵达长江下游的鹊头（今安徽铜陵北）。臧质的前锋部队更是进据至姑孰西南三十里的梁山。这一日，楼船上的南郡王刘义宣正在作心雄万夫、挥斥方遒状，忽然收到了一个包邮的快递。拆开包裹一看，赫然便是鲁爽的大号人头！卖家沈庆之还贴心地留言说：亲，这个人头假一罚十，收到后给个好评哦，么么哒~！

要知道鲁爽累世将家，从他爷爷鲁宗之、父亲鲁轨到他和弟弟鲁秀，三世皆以勇猛善战闻名。这么一个人物，起事还不到两月便人头落地，不能不叫刘义宣和臧质心惊胆寒。现在徐遗宝和鲁爽两路尽墨，朝廷又在姑孰一带布下重兵，扼住了臧质前进的势头，局势显然变得对叛军不大有利起来。而就在这时，孝武帝命江夏王义恭给义宣写了一封亲笔信，除了谴责其本次反叛毫无理由，劝其尽早悔悟之外，信里还特意提到，当年同样身为荆州刺史的殷仲堪兴兵东下，结果却被桓玄乘机吞并；王恭举事时一片诚心让刘牢之打前锋，结果刘牢之阵前倒戈致使其兵败被杀。臧质的品行如何你还不了解吗？那就是个凶狡无赖的货色。你不会以为他是真心奉戴你吧？你可要想清楚哦！

刘义宣对这封信的反应如何，史料没有透露。但从后来的情形判断，他对臧质的确产生了疑心。因为五月间当臧质向进至芜湖的义宣提出了一个重要建议时，向来并无主见的他却罕见地回绝了。

当时朝廷的军队与荆江叛军在现今安徽当涂一带的长江段上形成了对峙。被重新起用的左卫将军王玄谟屯驻姑孰以西的江心沙洲（今安徽梁山洲），在东西两岸筑垒坚守，扼住了叛军前进的去路，而抚军将军柳元景则进据姑孰城以为后援；叛军方面，臧质的江州兵在沙洲南边一里多地的江岸两侧夹江列阵，而刚刚赶到的义宣大部队则近在几十里外的芜湖。双方的军力对比，应该是叛军占据着明显的优势。

臧质的建议是，利用人数上的优势，分出一万人攻围姑孰城，再用一万人纠缠住梁山洲的王玄谟，趁两处敌军忙于迎战之时，由他统领其余的全部军队突破封锁，直扑建康！这一招极为阴狠。因为此时建康的军队都在外征讨，城防空虚，如果真的能够实施，等柳元景等抽身出来回援建康之时，可能京城早已落入臧质之手了！然而，刘义宣却暗自怀疑臧质别有用心，想要乘机窃取自己的指挥权，于是否决了这个建议。这一来，便只剩下全力攻取梁山洲这一畏途。

五月十九日，趁着江上西南风刮得正紧，处在上风头的臧质出兵猛攻梁山洲的西垒。西垒守将胡子反当时正要去东垒与王玄谟商议军机，望见西垒兵起，匆忙纵马驰归。留守的偏将刘季之面对数倍于己的敌人，只好一边拼命死战，一边派人向东垒的王玄谟求救。考虑到自己处于下风头，逆风赴救会面临很大的危险，王玄谟并不想派出援兵。参军崔勋之固争，他才同意由崔勋之、垣询之率领部分战船前去救援。然而等救兵赶到之时，西垒已经失陷，崔勋之、垣询之二将也落入包围双双战死。胡子反率残众奔败回了东岸。

这一来，梁山洲上的守军便只剩下王玄谟的东垒。王玄谟急遣垣护之向姑孰城中的柳元景告急，说西垒已经丢了，自己这边只剩下一万来人，敌军数倍之众，深恐强弱不敌，我想撤回到姑孰，跟你合兵一处、协力御敌，你看行不行？柳元景知道，一旦王玄谟撤军，敌人就能顺流直趋建康，所以坚决不同意，答复说贼众虽多，猜而不整，我亲率大军支援于你便是。然而实际情况是，姑孰城里只有几千人，绝对谈不上什么“大军”！垣护之就对柳元景说，叛军那边都以为姑孰驻军有三万人，谁也不知道将军您麾下的实际军力不过才十分之一，如果您亲率全军倾巢而出，让敌人探知底细的话，可就大为不妙了！柳元景深觉此言有理，就改变了策略，留下老弱残兵和自己共守姑孰，而命垣护之率领其余精兵开赴梁山洲。援兵虽然仅有三千，但一路大张旗鼓、虚张声势，叛军见了还以为有数万之众，纷纷传言说是京师派来的大批援军。

18 分别始是苦

五月二十一日，刘义宣率领荆州兵也抵达了梁山西岸。这一来，叛军的兵力优势更加明显。

按臧质的想法，接下来仍旧由他率军攻击梁山洲东垒，荆州军只需在后助阵就好。可是如前所述，这时义宣已经对臧质有了疑心，连柳元景都知道他们“猜而不整”，在指挥上存在问题。刘义宣担心功劳都被臧质抢了去，坚持这次要派部下刘谌之跟臧质一起进攻。他要真能派出一个能征惯战的勇将或是擅于配合的能吏跟臧质共同作战，倒也不错，可惜这个刘谌之不但水平有限，跟臧质也合不来，上次劝义宣提防臧质狼子野心的人就是他。

刘谌之和臧质一起，列阵于东垒之南；王玄谟则留羸弱守城，尽遣精兵出战。战斗打响后，猛将薛安都率突骑冲阵，而且冲的就是刘谌之统领的荆州兵阵营。初时刘谌之还能组织将士抵抗片刻，时间一长，终究暴露出了猪队友的本质，不但阵营失守，自己也被斩于马下。这一来，臧质那边就很难办了，在宗越诸军的围攻之下，他独木难支，大败而回。垣护之乘机追着败兵放火，尽烧江中舟舰，而且更糟糕的是，火势随着奔败而回的战船，迅速蔓延到了临岸驻扎的叛军大营。王玄谟再督诸军乘火势这么一攻，刘义宣的军队就全线崩溃了！

活了四十年才头一回统兵打仗的刘义宣哪里见过这种场面？慌乱中他乘上一艘快船，一边哭一边夺路而逃。臧质再想找他商量商量之后的事，哪里还能找得到？不知所为之下，臧质只好也寻路逃走。叛军余众不是逃散便是投降，一天之内，十万大军就此烟消云散。

逃回寻阳后，臧质焚烧府舍，载妓妾继续向西逃窜。本来他手里还有点余兵，全都交给了家奴何文敬率领在前开路。结果逃到西阳之时，西阳太守鲁方平哄骗何文敬说“诏书唯捕元恶，余无所问，不如逃之”，何文敬就抛弃了主子，自己逃命去了。臧质又想去投担任武昌太守的妹夫羊冲，可到武昌地界一打听，羊冲已被郡丞所杀。走投无路之下，臧质只好只身逃入武昌东郊的南湖，采掇莲子以充饥。不想踪迹还是泄露，追兵赶到湖边展开了搜寻。慌乱中，臧质以荷叶覆头，潜入水下，只留鼻孔露出水面。却被军主郑俱儿遥遥望见，一箭射去，正中臧质胸口。既而众人拥上，一顿乱刀将臧质砍死于湖中，其翻出的肠子挂住了水草，就砍下人头送往建康。事后，其子孙党羽也先后被诛。孝武帝觉得这样还不解恨，又下令依照王莽的前例，将臧质的人头刷漆，制成标本，藏于武库，以为后世鉴戒。

相比死无葬身之地的臧质，刘义宣的结局算是好上了许多。

逃回江陵的路上，听说巴陵一带有朝廷的军队出没，刘义宣不敢再走水路，遂舍舟登陆而行。这时他身边的人逃散略尽，只剩下十来个人，连搀带扶地走了没多久，义宣肥硕的身体就成了巨大的负担，他自己脚痛得走不了路，左右搀扶他的人也累得气喘吁吁。最后只好从民家租了一辆大车，推着义宣前行。好不容易到了江陵郊外，派人通知了留守的左司马竺超民。竺超民二话不说，率领羽仪兵众将义宣迎了进去。

这时江陵城里尚有一万余兵，鲁秀奉命袭取襄阳未果也赶了回来。如果将士用命，未尝不可与追兵一战。左右心腹劝义宣说，您在荆州十年，江陵子民都对您十分爱戴，您应该亲自抚慰将佐激励士气，就说是臧质不听指挥才导致失利，现在缮甲治兵，犹可一战，当年刘邦屡战屡败，最后还不是终成大业！然而刘义宣从小就因“舌短”不擅言辞，此次败战逃亡之后更是精神恍惚，饶是人家教了他好几遍，当众训话的时候还是忘了词，张口就把“刘邦百败”说成了

“项羽千败”，一众将佐当场就笑出了声。这一笑，既笑走了三军的士气，也笑走了义宣自己本就不多的勇气和信心。事后他神不守舍地一头钻入房里，再也不出来了。

鲁秀、竺超民虽还想整军一战，但城中已是人心惶惶，将校们都开始私自逃亡。鲁秀心知大势已去，索性也出城北走。而义宣听说鲁秀也跑了，更加彷徨无计，带着儿子刘慆和五个换上了男装的爱妾，上马想追鲁秀而来。这时城里已经乱作一团，街上白刃交横，义宣大惧落马，还是竺超民将他护送到了城外，又另找来马匹给他，自己则返身入城继续留守。

义宣本来指望追上鲁秀，让他护送自己投奔北魏。可追了一程不见鲁秀的影子，左右随从却都跑了个精光，只有儿子、小妾和两个小黄门陪在身旁。此时已经入夜，义宣不敢再追，又摸回到江陵附近的一间空屋，在地上睡了一夜。翌日一早，他叫小黄门入城告知了竺超民。竺超民自觉仁至义尽，用一辆大车把义宣又拉了回来，只不过这次没有把他送回王府，而是关进了监牢之中。

坐在阴冷潮湿的监狱里，刘义宣长叹一声道：“臧质老奴误我！”既而五个小妾被遣出，义宣又号泣着对狱吏说：“平常不觉苦，今日分别始是苦啊！”

不久，已经被朝廷委任为荆州刺史的朱修之由襄阳进入江陵，将义宣杀于狱中。其子十六人和同党竺超民、蔡超、颜乐之等也一同被杀。鲁秀本来就是从北魏叛逃到刘宋的降将，自然不可能再投入魏。后来他投水自杀，追寻哥哥去了。

至此，来势汹汹的四镇叛乱不到五个月便被平定，孝武帝刘骏大感宽慰之余，也陷入了深深的思虑。毕竟，这是刘宋开国以来首次出现由在藩宗王主导的叛乱，此类事件放在东晋的历史上也是绝无仅有，大概只有西晋末年的八王之乱庶几在性质上有些许相似之处。要知道，立国之初宋武帝刘裕千方百计防范的是异姓功臣，宗王出镇正是他借以巩固刘家江山的御世长策，宋文帝时虽有彭城王义康擅权窥伺皇基之事，但那是在中央而非藩镇，宗王出镇依然是文帝时期不变的政策，孝武帝本人便是这个政策的受益者。然而现在，他却分明感到了这个政策对自己产生的威胁。况且自东晋以来，上游强藩本就是叛乱频生之地，因此，如何有效地加强朝廷对藩镇的控制，尤其是防范宗王与藩镇势力结合起来威胁皇权，就成了孝武帝亟待措手的课题。

19 独裁者刘骏

义宣、臧质之乱平定后的几年里，孝武帝一连串地施行了诸多措施，每项措施都旨在加强自己的专制权力，同时遏制宗王、藩镇、权臣威胁皇权的可能。

首先，针对荆州、江州这两个极易产生尾大不掉局面的藩镇，孝武帝采用分割的手段，从荆、湘、江、豫四州中分出八郡另置郢州，镇治设在江夏（今湖北武汉）。这是荆州在被割出湘州之后遭遇的又一次严重削弱，从此，荆州的疆域大为缩小，再也不复上游第一强藩的地位。与此同时，孝武帝还裁撤了例来归属荆州的南蛮校尉一职，将其营署迁于建康。

其次，针对宗王，制定了一系列规章。在这一点，孝武帝的叔伯当中唯一健在的江夏王义恭很有眼力见儿，为了迎合上意，他在义宣之乱平定后的次年十月和竟陵王刘诞一起上表，奏请在九个方面对王侯加以限制裁抑。看了这个奏章后，孝武帝说不错不错，朕心甚慰，可惜九个方面还是太少，还得增加增加。于是这个提案修订后增加至二十四条，从诸王侯妃主日常遵循什么生活礼仪、穿什么样式的衣服、用什么样的器物、器物上用什么做装饰，到逢年过节时府里演什么节目、出行时带多少随从、备乘的散马多少匹、车船什么形制、封内官长如何称呼封君等，都做了严格规定，凡违禁的都要严惩。

再次，针对大臣揽权，孝武帝取消了录尚书事这一职位，又分吏部尚书为两人，还裁撤了专门负责军事的五兵尚书。他还下令凡大臣加班剑者，不得入宫城门。

此外，孝武帝时期一个明显的政治倾向是，他开始擢用许多出身寒贱、官职低微的人直接为自己办事。这些人在中央担任南台侍御史或中书通事舍人，以分宰相之权；在地方则充任诸王、诸府州的典签，对宗王和藩镇进行监督和约束。

典签这个职位，本来是军府或州府里主管文书签署的小吏，晋时例来由乡品五品以下的“寒人”充任。孝武帝起兵之时，原来在他府里担任典签的戴法兴、戴明宝、董元嗣都参与机密，发挥了重要作用。刘劭弑君的真相就是董元嗣汇报的，后来他衔命回京被刘劭所执，严刑拷打之下不屈而死，更坚定了孝武帝重用典签的决心。他不但赋予了典签对藩镇和宗王进行监督约束的权利，而且建立了典签经常性还都汇报、向皇帝秘密奏事的制度。这就使得典签在地方上获得了相当大的权力，对刺史和宗王形成了强有力的制约。典签制度由于有利于君主集权，也就被后世的南朝诸帝一直沿用下来。尤其是在南齐时期，典签的权力极度膨胀，甚至形成了宗王日常饮食都要经过典签允许，“诸州唯闻有签帅，不闻有刺史”的局面。

不论中书舍人也好，典签也罢，通常情况下都是由出身低贱的“寒人”“庶人”担任的。例如孝武帝重用的戴法兴，就是会稽的布贩子出身。在当时的主流知识分子看来，这些人并无真才实学，之所以获得皇帝的垂青，靠的就是逢迎拍马，是彻彻底底的“小人”和“佞幸”。然而在孝武帝的眼中，这些人恰恰是自己最可信任的心腹、耳目和爪牙。因为对他这样一个“主威独运，权不外假”的强势君主来说，既然世家大族和藩镇宗王不可信任，那么重用这些恩幸小人以小驭大、以轻驭重就成了必然选择。这个道理，与汉唐诸帝重用宦官，明代诸帝特重厂卫如出一辙。也是从孝武帝时代开始，出身社会下层的寒人在政治上发挥的作用越来越大。寒人兴起与皇帝集权联起手来，进一步造成了魏晋以来世族社会的崩溃和解体。

总而言之，通过以上措施，孝武帝在君主集权的道路上又前进了一步，不经意间便成了刘宋开国以来最为专制独裁的一位皇帝。他的猜忌和严暴远超宋文帝，御下无恩更是出名。庐陵内史周朗因为上书言事文辞切直，被孝武帝怀恨在心，趁周朗丁母忧之机，他命有关方面劾奏周朗居丧无礼，将其流放宁州，又派人在路上将周朗杀死；王弘的儿子王僧达是孝武帝当年起兵时最早投奔他的功臣之一，然而后来由于仕途不顺发了几句牢骚，尤其是得罪了孝武帝的生母路太后，就被孝武帝诬陷与贼人谋反，赐死于狱中；孝武帝的十弟武昌王刘浑从小就是个浑不懔的愣头青，因为在担任雍州刺史时自号楚王、改元置官以为游戏，也被孝武帝逼令自杀了事……凡此种种，都可以证明孝武帝的刻薄寡恩。然而以上还不是最令人寒心的，最令人寒心的是他对待竟陵王刘诞和旧部颜竣的态度。

刘诞不但是孝武帝的六弟，也对他入主建康、坐稳皇位有极大的功勋。当初如果不是他响应孝武帝的檄文在会稽起兵，并且在奔牛塘（今江苏常州奔牛镇）一战击败了刘劭的军队，孝武帝绝不会如此轻松地攻入建康、剿灭二凶。后来义宣、臧质叛乱，刘诞也是孝武帝坚定的支持者，在稳定朝局、安定人心上面发挥了重要的作用。正因为有此大功，他一方面恃宠而骄，在府第服用上不够低调，引起了孝武帝的反感，一方面也确实有功高震主、鸟尽弓藏之嫌，总之孝武帝对他越来越瞧不上眼，先是把他由扬州刺史任上外调至京口，担任南徐州刺史，后来又嫌京口太近而将其改任至广陵。即便如此，孝武帝还是不放心，又安排心腹刘延孙镇守京口，防范刘诞。这一来，明眼人都看得出皇帝已经对这位弟弟产生了戒心，就连民间也多次传出了刘诞要造反的谣言。

刘诞又不是白痴，他当然知道孝武帝是什么样的人，深感不安之余，出于自保的心理，他遂以防备北魏入侵为借口偷偷修竣城池、聚甲积粮，以应不时之需。在这样的背景下，大明三年（公元459年）年初，建康、吴郡、豫章三地忽然不约而同地冒出三家百姓，向官府告发了竟陵王刘诞的种种“反迹”。特别是豫章小民陈谈之，说他的弟弟陈咏之原来是刘诞的部下，经常听见刘诞跟左右小人有所图谋，说什么“天下方是我家有，汝等不忧不富贵”之类的话，还看到他时常抄录孝武帝的年纪名讳，拿往一个巫师的家里行巫蛊之事。

有了这几个人的口供，孝武帝自然可以理直气壮地整治刘诞。于是在这年四月，在命有关部门罗列出刘诞的一大堆罪状后，孝武帝派义兴太守垣阆（音láng）为兖州刺史，并配给羽林禁兵，让他和心腹戴明宝一起以北上赴任为名，在途经广陵时下手除掉刘诞。

当垣阆和戴明宝到达广陵城中之时，刘诞并不知道他们实际上是为己而来。夜里，戴明宝联系上了刘诞府中的典签蒋成，叫他明早打开府门做内应。蒋成后来又把这件事告诉了舍人许宗之。这个许宗之不知道是忠于刘诞还是临时反悔，总之就向刘诞告发了此事。刘诞大吃一惊，连夜召集手下和平素畜养的门客壮士，擒住了蒋成，勒兵以自卫。

第二天早上，当垣阆和戴明宝率领数百精兵赶到刘诞府前之时，迎接他们的不是敞开的大门，而是蒋成的首级。随后，刘诞焚烧了治下兵籍，赦免了苦役囚徒，派出兵将开门进攻垣阆和戴明宝。垣阆当即战死，戴明宝则逃了回来。

这一来，刘诞就成了公然造反。孝武帝也就不再藏着掖着要什么手段，而是派沈庆之为车骑大将军，亲统禁兵开往广陵进剿。

20 血洗广陵城

这一年，沈庆之已经七十四岁了。几年前削平臧质、鲁爽的叛乱后，虽然他被封为镇北大将军、开府仪同三司，但按照当时七十致仕的传统，不久后他就向孝武帝提出了辞职退休的想法。孝武帝虽然极力挽留，可沈庆之上了数十道表疏，还向皇帝面陈，乃至稽颡叩首、老泪纵横，坚决要告老还乡。孝武帝无奈，最后只好让沈庆之以始兴公的爵位罢官还第，厚加供养。

后来，孝武帝想重新起用这位老将，沈庆之还是固辞，孝武帝便派左光禄大夫何尚之前去敦劝。何尚之比沈庆之的年龄还要大四岁，当年也曾想退居二线、终老林泉，但最后还是在文帝的要求下返聘上岗、老而不休起来。所以当何尚之劝他不要过于固执之时，沈庆之半开玩笑半认真地说，我老沈学不来何公，还能够去而复还。

实际上，对于孝武帝重新起用自己率军征讨，沈庆之内心里是不大乐意的。但他知道这次不同以往，孝武帝之所以对这位六弟十分忌惮，除了他功高震主之外，更隐秘的原因是当年徐湛之曾想拥立刘诞为储君，而刘诞也曾担任过雍州刺史，说起来还是沈庆之、柳元景的老上级，如果自己执意不出，会让孝武帝产生疑心，说不定反而会招来不测之祸。所以沈庆之也顾不得自己当年对何尚之说过的话，只好厚起脸皮“去而复还”，重新披上了戎装。

听说是沈庆之统军前来，刘诞还存了一点妄想，他派沈庆之的同宗沈道愍带着亲笔信前来，送给他一柄贴身佩戴的玉环刀，指望沈庆之能够顾念故人之情。沈庆之当然不会接受他的礼物，反而遣沈道愍回去，痛斥刘诞的种种“罪恶”，劝他尽早出城投降。

事已至此，刘诞知道自己已无退路，索性定下心来，决意跟官军拼个鱼死网破。他下令焚烧了广陵城外的郭邑屋宇，驱赶居民百姓入城，又四处遣发书信檄文，想把远近对孝武帝不满的人都发动起来。尤其是他还以表奏的形式给孝武帝写了一封公开信，辩解说自己无过有功，指责孝武帝忘恩负义、诛戮骨肉功臣。信里还说：“陛下宫帷之丑，岂可三缄！”你自己干的那些龌龊事，以为别人不知道吗？就你这样的人也配当天下之主？

不用说，见到这封信以后，孝武帝简直气炸了肺，立刻下旨将刘诞的部属、亲信，乃至同宗亲戚在建康者全部处死！一时间数千人死于非命，甚至有人从广陵城出逃后才得知了亲属已被处死的消息。

广陵城下，走投无路的竟陵王刘诞见到了身不由己的老将沈庆之。

“沈公白首之年，何苦来此！”

你都半截入土的人了，还来跟我为难，图什么呀！

“朝廷以君狂愚，不足劳少壮，故而派我前来。”

你自顾尚且不暇，就别操心别人的事情了！

其实沈庆之知道，别看此刻两人一个城外一个城内，立场境遇似乎截然不同，可只要自己言语行事稍有不慎，回头叫多疑的皇帝侦知，说不定就会治自己通敌之罪。因为广陵城下除了他自己之外，孝武帝还派遣了豫州刺史宗悫、徐州刺史刘道隆的军队前来参战，甚至连调防的右卫将军垣护之、龙骧将军殷孝祖等人也受命齐集广陵，“受车骑大将军沈庆之节度”，这当然不是单纯为了助阵。

这场实力对比悬殊的战争在战略战术上没什么好讲，倒是双方阵营内部的某些表现值得关注。

对刘诞一方而言，他手下的将领部属其实都知道，这次反叛至少有一大半的起因应归咎于孝武帝本人，刘诞的冤屈的确情有可原。然而大兵压境，顺逆如此，生死远比是非更为重要，所以尽管刘诞与诸将立坛起誓、歃血为盟，还是有不少人选择了背主出降或出奔。尤其是参军何康之，他本来与几个军官谋划开北门迎纳官军，结果出了纰漏，只好连夜斩关出逃。这一来却害苦了留在城内的老母。后来刘诞在城墙上做了一个木楼，将何母置于其上，任其风吹雨淋，不给饮食。何母整日呼号康之的名字，数日后饥渴而死。

不过，也有不少人选择了留在城里，为刘诞尽一份下属的责任。中军长史范义和何康之一样，老母妻子都在城内。当有人劝他尽早出逃之时，他说："我既是一个儿子，也是一个佐吏。子不可以弃母，吏不可以叛君。如果非要像何康之那样才能活下去，我是绝不会做的。"记室参军贺弼也对人说："公举兵向朝廷，此事既不可从，然我荷公厚恩，又义无违背，只有以死明心。"然后就服毒自杀了。

城里的人不好过，城外的人也并不轻松。沈庆之当然想尽快拿下广陵，以便向孝武帝证明自己的忠心。他指挥军兵填塞了城外的壕堑，造好了攻道，修建了行楼、土山和其他攻城器械，正要发动大规模攻势之时，老天爷却来作对，没完没了地下起了雨。夏秋之际的广陵，正是多雨的季节，这雨时断时续，一连下了三个多月，城外的土地几乎成了泥泽，自然无法攻城。沈庆之心急如焚，因为孝武帝事前已经命他在广陵西南建了个烽火台，交待说什么时候拿下了外城，就举一烽，克内城，就举两烽，擒刘诞则举三烽。如今一晃三个月过去了，一个烽火都没亮，朝廷督促的诏书一道接一道地飞来，言辞越来越不客气，他完全可以想象孝武帝焦躁发怒的样子。

不独如此，城里的刘诞还时不时地给他添堵，今天派人送个吃的，明天派人送个喝的，似乎还拿他当老朋友看待。沈庆之当然知道这是离间之计，凡是城里面送出来的东西看都不看，一概烧掉。至于刘诞送来表奏说请沈庆之转交皇上，他也拒不接受，答复说我来此是奉诏讨贼，可不是为你送表，你要真想向朝廷自首，就趁早打开城门自遣使者，我帮你护送就是！

饶是沈庆之如此小心，几个月拿不下广陵已足以让孝武帝疑神疑鬼。他先是授意御史中丞奏免沈庆之的官位，然后又下诏勿问以为激将之意，既而又大发雷霆，准备亲至广陵督军，最后因江夏王义恭切谏才作罢。

好在此时天已放晴，沈庆之再不敢耽搁，以七十四岁高龄身先士卒、亲冒矢石，于七月二日发动了对广陵的总攻。很快，城外的烽火便从一烽转为两烽，官军攻入内城，直杀进刘诞府中。慌乱中刘诞躲入后园，被队主沈胤之追及落水，捞上来后一刀斩却。在三簇烽火的映照下，他的人头被快马送入建康，沈庆之这才长舒了一口气。

然而刘诞虽死，孝武帝的怨恨却不易消弭。事后，他不但下诏将刘诞贬姓留氏，诛其同党，而且迁怒于广陵百姓，要将城中士民不分少长全部屠杀。沈庆之请旨豁免五尺以下的童子，这才救下了一些无辜生命，其余三千余口男子则一律严加酷刑后斩首，女子以为军赏。后来这三千多颗人头还被孝武帝堆聚于石头城南岸，成京观之形，意在向世人宣示敢于背叛他的下场。许多年后，建康百姓仍称其地为髑髅山。

此外，受刘诞案无辜牵连的，还有孝武帝的老部下颜竣。起初作为孝武帝兴兵即位的从龙之臣，颜竣还是比较受孝武帝重用的。但是几年之后，随着孝武帝的生活越来越骄奢淫逸，尤其是在大兴土木方面，自以为有辅弼之责的颜竣多规谏了几句，就招致了孝武帝的反感，后来就被外调去担任东扬州刺史。如同失去了宠幸的女子一样，心理不平衡的颜竣之后颇有怨言，又屡次妄议朝政得失，更加让孝武帝怀恨在心。王僧达此前获罪之时，因为怀疑是受到颜竣的陷害，也供出了许多对颜竣不利的“罪证”。孝武帝便拿这件事做文章，免了颜竣的官。但孝武帝仍觉得意犹未尽，这时恰好刘诞叛乱，他就诬陷颜竣与刘诞通谋，将这个当年一路照料护送自己的老部下抓捕下狱，先折断双脚，既而赐死。事后孝武帝连流放越南的颜竣家口都不放过，又下令在路上将其投入湖中淹死。

21 暴君与宠妃

在刘宋王朝的历史上，孝武帝刘骏在位的十一年说长不长，说短不短，却是一段在诸多层面上具有转折意义的时期。

有研究者认为，虽然宋文帝时代的北伐虚耗了刘宋的国力，但真正导致国势走向衰败的则是孝武帝刘骏实施的一系列政策。除了前面提到的在官制、政区上抑制地方藩镇，加强中央集权的诸项措施之外，他失败的币制改革造成了民间经济的混乱无序，他竭用民力以逞己欲导致统治后期出现了国弊民凋的局面。尤其是他猜忌屠戮宗王的行为，更是为后来刘宋皇室骨肉相残树立了极为恶劣的先例。宋文帝时虽然也有义康一案，但那毕竟还是经过法律意义上的审理，有起码说得过去的事实为依据。而像孝武帝这样仅仅出于猜忌和好恶，就以个人意旨归罪于宗王，或赐死，或毒杀，甚至逼得人家非造反不可，最后全城陪葬，哪里还有一点儿骨肉亲情可言？更何况，元凶刘劭既以杀父弑君人伦丧尽，最后落得个死无全尸、污宫潴庙的下场，而以诛除元凶上台的孝武帝却同样既不讲道义，也不顾伦常，又怎能不让人齿冷心寒？

实际上，由于有了前面南平王铄、武昌王浑、南郡王义宣和竟陵王诞的先例，在孝武帝的无端猜忌面前，皇室诸王已经成了惊弓之鸟，无不担心不经意间便会大祸临头。以十七岁的海陵王休茂为例，他是文帝的第十四子，大明二年（公元458年）出任雍州刺史以来，屡屡受到孝武帝指派的“行事”庾深之和典签的限制与案责，年轻气盛的休茂既愤慨不平，又担心典签“密疏官罪过，欲以启闻”，引来孝武帝的诛戮，最后干脆在左右亲随的蛊惑下杀掉了庾深之和典签杨庆、戴双，起兵造反了。这次叛乱虽然很快归于失败，却反映出了在孝武帝的独裁统治下诸王的困境与无奈。

海陵王事件后，宗王中辈分最高的江夏王义恭更是战战兢兢、如履薄冰，每天就想着如何变着法儿地向孝武帝表忠心。他探知孝武帝对裁抑诸王的那“二十四条”还不是特别满意，又上表建议，说以后干脆别派宗王出镇边州要地了，都在内地待着最好，万一有出任边州的，也不要开军府加军职，对诸王的门客交游都要严加限制，家里不准藏武器，出差不准带家眷，胸无大志的要鼓励，骑马练武的要禁止，总之一切让宗王易生非分之想的活动最好统统取消。这个奏章让孝武帝深感欣慰，要不是因为操作起来难度太大（主要是对异姓出镇更不放心）和侍中沈怀文的切谏，他可能就照此施行了。

即便如此，孝武帝裁抑屠戮宗王、“忍削本支”的行为也对刘宋政权的稳固造成了实质性的伤害。正如清初大儒王夫之所言，孝武帝“削之制之，不遗余力，而终莫能戢（音jí）”。他的这一政策被后世诸帝沿袭，终于导致了在愈演愈烈的同室操戈、骨肉相残之中，刘宋王朝被萧齐所篡替。这一点我们稍后就可看到。

不过话又说回来，将所有这一切都归咎于孝武帝多疑猜忍、严酷残暴的性格，似乎也并不符合历史的本来面目。要知道，自从秦始皇确立帝制开始，绝大多数王朝为了维持自身的统治，随着时间的推移，其总体政治趋势都是趋向于越来越专制，刘宋王朝也概莫能外。孝武帝刘骏以藩王的身份入主大位，又赶上了这个趋势上升的节点，削藩以固本只能是他的必然选择。只不过受其性格才略所限，这些政策他执行得实在过于粗暴难看了些。

除此之外，我们也不能不承认，刘骏也并非全然冷酷无情之人，起码对他的堂姊妹——南郡王义宣的女儿，他的确是一往情深。

史料记载，刘义宣叛乱败亡后，孝武帝再无顾忌，索性将义宣诸女当中他最喜欢的一个秘密迎纳入宫，假姓殷氏，封为淑仪，成为他最为宠幸的一个嫔妃。当时宫里凡是敢议论殷淑仪身份的人都为孝武帝所杀，所以在很长一段时间内，都没人知道她竟然是今上的堂姊妹。

孝武帝对殷淑仪的宠幸不但体现在他们生育的子女数量上（殷淑仪至少生有五子一女，在后妃中生养最多①），也体现在他对淑仪长子新安王子鸾的宠爱上。

孝武帝在藩王时期的元配王皇后总共生了两个皇子：长子子业在孝武帝即位的次年正月便被立为太子，这当然是为了早建储宫以防不测；次子豫章王子尚作为同母弟，一度在孝建年间颇有竞争太子之位的希望。然而到了孝建三年以后，随着孝武帝对殷淑仪的格外宠幸和新安王子鸾的出生，最有希望竞争太子的人便成了子鸾。史书称，“子鸾爱冠诸子，凡为上所盼遇者，莫不入子鸾之府”。然而子鸾毕竟年龄还太小，孝武帝又自觉春秋鼎盛，王皇后也还健在，所以孝武帝一时也没有更换储君的实际行动。

然而，自古红颜多薄命。大概正是孝武帝对殷淑仪的过分宠幸，却不想反而促成了她的短寿。要知道在那个时代，生产对女子来说是一件非常危险的事情，当年刘裕的生母赵氏便是因罹患产疾而过世的；同时，即便生产前后一切顺利，多次生育也总不免会或多或少地留下各种后遗症。这一点即使对天子嫔妃来说也是一样。殷淑仪既宠冠后宫，得幸之时又不可能采取什么避孕措施，其后果自然是多生多养。实际上，从孝建三年到大明四年（公元460年）的五年间，殷淑仪总共为孝武帝生育了至少五子一女，这当然对她的身体健康大为不利。所以两年之后，这个“丽色巧笑”的美人便香消玉殒了。

殷淑仪的去世让孝武帝大为悲痛。起初的几天，他不但神思恍惚，根本无法处理任何政事，而且由于念死如生，还专门命人造了一座“通

① 孝武王皇后共生育二男四女，而殷淑仪的五男一女则因史籍记载有阙，为不完全统计，故此处以殷淑仪生育为最多。

替棺”来安放淑仪的遗体。这是一种带有抽屉功能的棺材，每当孝武帝思念淑仪之时，他便拉启抽屉，瞻睹美人遗容。据说由于采用了特殊的防腐措施，许多天后，淑仪的容貌还宛然若生。

之后，孝武帝又追封殷淑仪为贵妃，班次仅亚皇后，还竭尽全力给她办了一场不亚于天子级别的葬礼。葬礼风光豪华的程度，甚至惊动了刘宋的敌国北魏。魏国史官记载道，送葬的队列“给銮辂（音lù）、九旒（音liú）、黄屋、左纛（音dào）、羽葆、鼓吹、班剑、虎贲（音bēn）。龙輀（音ér）之丽，功妙万端，山池云凤之属，皆装以众宝，绣帷珠带，重铃叠旄（音mào），仪服之盛，古今鲜有”。孝武帝自己则率领百官亲临南掖门，送走了放置贵妃遗体的辒辌（音wēn liáng）车，期间悲不自胜，左右亦无不垂泪。

葬礼结束之后的日子，孝武帝仍然对殷贵妃思念不已，整日郁郁寡欢，对任何事都毫无兴致，朝廷政事更是别提。每天晚上就寝前，他都要在灵床前酌酒祭奠，边饮边哭，常常到深夜仍无法入眠。他还违背嫔妃陪祭陵庙的礼法，下令为殷贵妃单独立庙于都下。又有逢迎上意的人向孝武帝推荐了一个巫师，说他能引致殷贵妃的灵魂来与皇帝相会。孝武帝大喜，忙命巫师作法施为。少顷，在重罗帷幕的后面，烛光摇曳之下，孝武帝果然见到了一个身姿宛若贵妃的人形。他激动万分，上前对人形说话，人形默然不应。他又伸出手去，想像生前那样再与贵妃执手，人形却倏忽消逝，再无影踪，只留下孝武帝茕茕孑立，对烛影恸哭失声。

22 荒主继位

殷贵妃的离去仿佛带走了孝武帝身上最后一点美好的东西。他曾经的机警和果敢不见了，而代之以魂不守舍的发呆和没日没夜的昏醉，少见的清醒之时，他变得更加暴躁，也更加贪婪卑鄙、睚眦必报。

史料说，孝武帝平素喜欢通过狎侮群臣来取乐，在其统治晚期尤其如此，满朝勋贵自太宰江夏王义恭以下，都不免为皇帝的污秽“玩笑”所侮辱。王玄谟因为是北人出身，被孝武帝称作“老伧”；刘秀之为人节俭，孝武帝就叫他“老悭”；颜师伯因为少了几颗牙齿，得名为“齴（音yǎn，意为豁牙）”；其余群臣，胡子长的就称之为羊，脸长的就称之为马。总之根据各人的特点，不论高矮胖瘦，孝武帝都起了别号。他还常把南海进贡来的一个昆仑奴带在身边当弄臣，叫他拿个棒子击打群臣以为戏笑，自尚书令柳元景以下，人人都受过这个昆仑奴的折辱。

若逢饮宴集会，孝武帝还时常命群臣互相开对方的低级玩笑来逗自己开心。每当这种场合，若是有人顾及自己的君子风度，或是脸皮太薄开不得玩笑，让皇帝觉得大煞风景、不够开心，事后免不得就要遭到他的记恨。侍中沈怀文就曾在这一点上触怒孝武帝，最后落得个免官赐死的下场。

尚书吏部郎江智渊也是因为不肯配合孝武帝的“玩笑”，失去了曾经拥有的宠信。在群臣集议殷贵妃的谥号时，江智渊不知道是哪根脑筋出了毛病，居然提议用“怀”字。《谥法》云：“慈义短折曰怀。”这不是当面说贵妃是个短命鬼么！再说，历史上用“怀”字的楚怀王、汉怀帝（刘禅）、晋怀帝都是当了俘虏的亡国之君，从这个角度而言，“怀”字也犯了孝武帝的大忌。

不久后，孝武帝带领一众臣僚骑马去龙山瞻仰殷贵妃的陵墓。此时由于谥号未定，墓前的石柱上还空无一文。孝武帝用马鞭指着墓表，对江智渊恨恨地说道：“此上绝不容有‘怀’字！”江智渊大惧，自知将要大祸临头，最后竟然自杀了（一说以忧卒）！

还有一次，仍是在殷贵妃的墓前。孝武帝宣称，谁哭贵妃哭得最悲痛，他就给予厚赏。重赏之下，必有“悲”夫。文武群臣一通嚎啕下来，秦郡太守刘德愿“抚膺擗踊，涕泗交流”，哭得那叫一个感天动地！孝武帝十分满意，当场就升刘德愿为豫州刺史。太医羊志也曾因为哭贵妃得到赏赐。后来有人问他：你怎么说哭就哭，哪来那么多眼泪啊？羊志说你不知道，我前些日子也死了一个爱妾，我当时是哭我的亡妾呐！

除了以上诸事，为了表达对殷贵妃的悼念之情，自觉在文章一事上“人莫能及”的孝武帝还以汉武帝伤李夫人一事作比，亲自撰写了一篇情真意切的赋文，以抒遣内心的苦闷，寄托无尽的哀思。此文流传至今，在历代帝王的文学作品里算得上是一篇佳作。他还在建康修筑了专为殷贵妃祈福的佛寺，以新安王子鸾的封号为名，叫作新安寺。

这一时期，孝武帝还极为少见地开始出游，似乎想借此稍稍排遣些精神上的苦痛与空虚。

不过，这一时期并未持续太久。殷贵妃弃世两年之后，孝武帝刘骏也郁郁而终了，时年三十五岁。

根据他的遗诏，以太宰义恭为中书监，以骠骑将军柳元景为尚书令，事无巨细，都由两人处理，有大事则与始兴公沈庆之共同参决；若有军旅之事，一概委任沈庆之；尚书台中的政务，交给仆射颜师伯；禁宫防卫，则由领军将军王玄谟负责。

当孝武帝崩逝的消息传来，朝廷里的许多大臣并不悲痛，相反却都如释重负，颇有庆幸之感。就连受遗诏辅政的刘义恭和柳元景也私下相对感叹，说到了今天，咱们才算免于横死啊！据说宗室诸王、颜师伯、柳元景等亲贵大臣还一度走马射猎、饮酒弹唱，以兹庆贺。可见孝武帝的残忍昏暴到了何种程度！

然而，我不能不说，刘义恭、柳元景诸人实在是高兴得太早了些！

因为他们没有想到，继位的新君刘子业在残暴昏乱的程度上，比起乃父是有过之而无不及！

作为长子，刘子业出生于孝武帝还在任藩王的时候。元嘉二十八年，孝武帝赴任江州刺史，生母路淑媛和元配王氏都随他一起去了寻阳，年仅三岁的刘子业却被独自一人留在了京城。五岁那年，刘劭弑逆，孝武帝从江州起兵，子业被刘劭拘禁在侍中下省，好几次差点儿就被砍掉了小脑袋。父亲即位后，虽然很快便将他立为太子，但他们的父子关系却一直生分得很。几年后殷淑仪受宠，新安王子鸾出生，子业更是感受到了父亲的疏远和弟弟的竞争。

在这样的成长环境下，童年时代的子业不但没有受到皇子理应接受的良好教育，也没有感受到足够的家庭温暖。而身为父亲的孝武帝严厉暴躁，更是让子业又恨又怕。史料说，入居东宫以后，子业时常被孝武帝申斥责罚。大明七年（公元463年），孝武帝西巡南豫，子业写了一封亲笔信敬问父皇起居并汇报自己的日常状况，结果因为“书迹不谨”便受到了孝武帝的斥责。子业只好又交了一份检查。孝武帝答复说，你书法文章不长进也就罢了，听说你除了懒惰懈怠之外，还越来越狂，越来越横了！你怎么这么混！

当时，殷贵妃已死，虽然孝武帝暂时没有改立储君的行动，但却可以明显感受到他对子业的怨愤和失望。而在子业这里，恐怕其内心深处也不会对父亲有什么太好的印象。

所以当子业苦盼的这一天倏忽到来，他登上太极前殿，从吏部尚书蔡兴宗的手里接过象征无上权力的玺绶之时，他的表情倔强而傲慢，看不到一丝理应出现的哀戚之容。

事后，蔡兴宗意味深长地对人说道：“昔鲁昭不戚，叔孙知其不终。家国之祸，其在此乎！”

春秋之时，鲁襄公去世，他的儿子、十九岁的昭公继位，也没有表现出对先君的哀戚之意。当时叔孙穆子就预测说，将来他会招来祸患。后来昭公果然失掉了国位，在流亡中客死他乡。蔡兴宗以这个典故作比，显是有感而发，对当前的朝局充满了忧虑。

23 真假天子

蔡兴宗这么说，当然有他的道理。

作为历事六朝的名士蔡廓之子，蔡兴宗一贯秉持着济阳蔡氏相对超然、独立的政治立场，对孝武一朝的局势有着清楚的认知。

孝武帝在世时，通过前面说过的那些政策和手段，从中央到地方，把权力都牢牢地握在了他自己一个人的手里。现在他这一去世，继位的子业只有十六岁，又在谅闇之期，虽然名义上孝武帝委任了太宰刘义恭、尚书令柳元景等重臣辅政，但实际上朝政大权却落入了孝武帝一直重用的那些“恩幸”“近习”的手中。这其中又以布贩子出身的越骑校尉戴法兴权力最大，气焰最盛。此人早年因在孝武帝身边当典签而发迹，孝武帝即位后以其为中书舍人，后来他又历任员外散骑侍郎、给事中、太子旅贲中郎将等职务，因为颇晓古今之事、有些小才能，被孝武帝视为腹心和耳目，举凡朝廷要务都与之商议，遂与巢尚之、戴明宝一起成了孝武朝权力最大的“寒人”。

子业继位后，因谅闇而未亲万机，上自草拟诏敕，下自朝政施为，都决于戴法兴之手。太宰刘义恭虽挂着录尚书事的名头，但他的权力欲和魄力这些年早已被孝武帝阉割得所剩无几，而且戴法兴一直以来对他也多方笼络，所以刘义恭对戴法兴的揽权也就听之任之。一时间朝廷内外事无大小，都由戴法兴这个四品越骑校尉专断，颜师伯、刘义恭等人基本上就是守个空名。因为戴法兴、巢尚之等经常私自改动铨选官吏的名单，身为吏部尚书的蔡兴宗意见颇大，多次向刘义恭、颜师伯控诉。

然而刘、颜二人反倒和戴法兴沆瀣一气，要将蔡兴宗贬官外任。此事最后虽因蔡兴宗为人望所系、引起物议沸腾而作罢，却反映出刘、颜诸人对戴法兴的专权并无不满。

实际上，首先对这种状况感到不满的并非哪位辅臣，而恰恰是年轻的皇帝。

刚即位后的几个月，由于内有生母王太后管教，外有戴法兴、刘义恭等朝臣限制，自以为已是“天子”的刘子业虽然对谅闇期间束手束脚的状况多有腹诽，却也不敢太过造次。可到了这年八月，也就是孝武帝去世后才三个月，王太后也病逝了。据说王太后病重之时，想叫子业近前来说说话。子业却说，病人待的地方有鬼祟出没，那怎么能去！王太后气坏了，对左右侍者怒道：“你们拿把刀来！我要剖开肚子看看，当初怎么生了这么个好儿子！”本来她就病情严重，又被不肖子这么一气，不久就追随先夫去了。

王太后一死，子业顿时觉得自由了些。可这还不够。他正值青春年少的叛逆年纪，又好不容易摆脱了父母的管束，自然想依着自己的性子放开手脚做些喜欢的事。可精力过剩的年轻人喜欢做的事，也大多是谅闇期的传统所不允许的。戴法兴既然专断内外，就不能由着年轻的皇帝胡闹，自己坐视不理，所以他利用手中的权力，时不时地对子业及其身边的人加以限制，一来二去，便和子业的矛盾越搞越大。有一次，不知道两人因为什么起了争执，戴法兴冷不丁甩出这么一句话：“官家你所为如此，难道是想当营阳王么！”营阳王是当年被徐羡之、傅亮等人废掉的少帝刘义符。戴法兴提起这事，明显是警告子业，如果他不自检点儿，那是很有可能重蹈刘义符的覆辙的！

可以想象，事后刘子业一定是既愤怒，又惧怕。因为他心里清楚，戴法兴的警告真实不虚。如果他跟外朝诸臣串通一气，那是完全有可能废掉自己这个除了几个太监谁都指挥不动的光杆皇帝的。

不久后，一个心腹太监的禀告更是加剧了他的担心。太监华愿儿作为子业最宠信的心腹之一，经常能从子业那里得到丰厚的赏赐。可这些赏赐十回倒有八回被戴法兴以各种理由克扣或者截留，所以华愿儿恨戴法兴是恨得牙痒痒，得空就在主子的面前说他的坏话。这次他奉命出宫去打探消息，回来就说，外边都说现在有两个天子，官家您是一个，戴法兴是另一个，您这个天子是假的，戴法兴才是真的！子业听了这话，当然大为愤愤。华愿儿又说："官家您居于深宫之中，跟外边的人都不来往，而他戴法兴却与太宰、颜、柳诸人互相唱和，实为一体。平常他家里往来的门客常有数百之多，不管是朝廷百官还是庶民百姓，对他没有不害怕的！戴法兴本是先帝身边的红人，又久在宫闱任事。如今却反与他人作一家，臣实在担心这位子将不再为官家所有啊！"

刘子业对华愿儿的话深以为然。

之后的几天，他和几个心腹秘密商议，认为戴法兴虽然权势熏天，但终究不过是个四品的骁骑校尉。只要趁他还未和刘义恭、柳元景等外朝重臣串通起来的时候抢先下手，他终究掀不起太大的风浪。

实际上也确实如此，当刘子业突然降旨将戴法兴免官遣回田里的时候，他束手无策，只能乖乖听命。这一点正是皇权专制的可怕之处。历史上常有一些权臣看上去无比强大，但只要轻飘飘一纸诏书，就可以让他彻底垮台，因为他们的权力本就来源于皇帝。魏忠贤、和珅、肃顺无不是如此。后来，戴法兴不但于家中被子业下诏赐死，还被剖棺焚尸、抄没家产，连带他的两个儿子也被斩杀。

与此同时，另一位在孝武帝时期颇受重用的"恩幸"巢尚之也被解除了中书舍人的职务。而曾充当孝武帝爪牙的酷吏奚显度，则被刘子业开玩笑般地以"奚显度这个人太坏，百姓们都恨他"的理由就给处死了。

当刘子业正在得意洋洋地享受权力带来的快意恩仇之时，刘义恭、颜师伯、柳元景这些外朝重臣可吓坏了。

虽然在除掉戴法兴之后，刘子业口口声声地说："吾今自亲览万机，留心庶事，卿等宜竭诚尽力，以副所期。"但看样子这位小爷想要的不只是亲政，他还想要清除掉原来在孝武帝身边的所有旧人！有前面文帝诛除徐羡之等辅政大臣的例子在前，刘义恭等不能不感到危机的迫近。此外，还听说孝武帝刚去世时他们几个弹冠相庆、饮酒欢贺的事情也传入了今上的耳朵，这就更加剧了义恭等人的忧惧。

事已至此，刘义恭、颜师伯、柳元景决定尽早下手，废掉刘子业，拥立义恭为帝。可这时的情况与以往又大为不同。戴法兴被杀、巢尚之被贬官后，中书诏令之权已被子业拿了回去。而执掌禁军的领军将军一职则由今上的叔叔、文帝第十二子建安王休仁担任，此人跟义恭等的交情都不深。更重要的是，自从孝武帝在位以来，以“寒人”充任主领“器仗、兵役”的外监（或称制局监）大受重用，分掉了不少领军将军对宫省禁卫的管理权，而义恭、元景诸人跟这些外监也并无交集，所以他们空有尚书省的权力，却对森严的禁卫无可奈何，议来议去也拿不出什么切实的方案。

这种情况下，柳元景等决定登门拜访已经退休在家的沈庆之，争取这位声威卓著的老将军的支持。

24 沈庆之的决定

自从大明三年攻围广陵、平了竟陵王刘诞的叛乱以后，沈庆之又统兵讨伐了一次西阳蛮，随后便再次辞官告老，在建康南郊的娄湖边上广置田产，悠然做起了富家翁。

这一方面当然是因为他已经年将耄耋，另一方面则是因为他深知孝武帝为人刻薄寡恩，自己功劳既高，更应该急流勇退，这才能够远避祸患，平平安安地度过晚年。

辞官之后，他将子孙亲戚都接到娄湖的庄园中居住。庄园四周大置田地产业，僮仆千计；宅院之内又有妓妾数十，个个色艺双全。每日里优游无事，除了在家中坐拥娇妻美妾，尽享教子弄孙之乐之外，就是在庄地里锄菜耘田，重温少壮时操持的稼穑之事，一年到头除非皇帝召见或典礼朝贺，平常根本就不出门。几年的逍遥颐养下来，曾经的雄心壮志早已消磨殆尽，沙场征战时的胆魄和威严也已不见了踪影，甚至原来棱角分明的脸孔也变得愈发圆润起来。

当现任尚书令、侍中、骠骑大将军、巴东郡开国公领丹阳尹柳元景和尚书左仆射、散骑常侍颜师伯前来拜访之时，八十岁的沈庆之正在田里伺弄庄稼，看上去跟一个普通的老农也差不了多少。远远地望见颜、柳二人的扈从队伍大模大样地列队前来，沈庆之心里早就老大不高兴，这时便摆了一副冷面孔出来，对二人说道："贫贱不可居，富贵亦难守。我与诸公本同出贫贱，因时际会才富贵至此，唯当共思损挹之事。老子八十之年，目见成败者已多，诸君炫此车服，欲何为乎？"说完继续俯首耕耘，把颜、柳二人晾在了原地。

柳元景碰了这个软钉子，知道二人无意中触犯了沈庆之的乡野脾气，忙下令撤掉左右仪从护卫，又和颜师伯敛衣追进田里，赔笑说了半天好话，沈庆之的脸上这才出现了笑容。

然而，当三人把酒言欢、屏人密谈，柳元景暗示要行“大事”邀请他加入之时，笑容又从沈庆之的脸上消失了。平心而论，他对颜、柳的计划颇不以为然。实际上就交情而言，沈庆之与刘义恭、颜师伯的关系都很一般，甚至还有过一些矛盾。当年魏主拓跋焘率大军进抵彭城之时，对军事一窍不通的刘义恭曾派沈庆之领三千人前去拒敌，沈庆之认为这是白白送死，坚决不肯，两人为此闹得很不愉快。至于颜师伯，仗着自己书读得多，一向对大老粗沈庆之心怀轻视。孝武帝的遗诏中虽有“大事与始兴公沈庆之参决”的话，但颜师伯却对人说，沈庆之只不过是会带兵打仗的“爪牙”，哪里能参决什么政事！这话被好事者传入了沈庆之的耳朵，老头当然十分不快。

更重要的是，这时沈庆之已经辞官归田多年了。虽说他威名尚在，禁卫军官里也有不少他的门生故吏，但不在其位就不谋其政，别说他不想造反，就是真的想行“大事”，在现有的条件下那也是困难重重。何况，早已壮心不在的沈庆之现在所想的就是在他的娄湖庄园里安度晚年，既然自己不是年轻的皇帝意在铲除的对象，那么那些腥风血雨的宫廷斗争他根本没有兴趣，也没有精力再去参与。

当然，这些话他都没有对柳元景说。他只是含糊其辞，顾左右而言他，最后客客气气地将颜、柳二人送走了事。

然而，随后沈庆之却陷入了深深的不安。他想到，颜、柳二人来时过于招摇，此事恐怕今上很快就会知道。如果他已经开始谋求铲除义恭和颜、柳，那么一定会怀疑自己有和他们通谋的嫌疑。而谋反的罪名实在太大，他绝不愿平白无故就冒如此风险。一番慎重考虑之后，沈庆之决定不顾和柳元景的战友之情，向子业告发此事。

我们很快便会知道，沈庆之的这个决定将给自己和他人带来多么大的灾祸！

永光元年（公元465年）八月十三，刘子业亲率羽林禁军攻入义恭府第，杀掉了义恭和他四个未成年的儿子。义恭的尸体被大卸八块、剖心裂肠，眼睛也被挖出来用蜜浸渍，子业称之为“鬼目粽”。同一天，颜师伯、柳元景也先后被害。尤其值得说的是柳元景，当带着军兵的传诏使者前来召他入宫之时，他便预知到大祸已至。见义愤填膺的弟弟率领左右壮士数十人穿上了戎装，准备抗命拒捕，柳元景摇了摇头，制止了他们。因为他知道这不但无济于事，反而会激怒子业，使自己的一门之祸延及九族。当他穿好朝服，缓步登车，坦然就戮之时，他只是有些遗憾自己没有死在沙场之上，而是死在了老友的出卖之下。

义恭等这一死，朝廷中再也没有人能够对子业稍加制约。之后的几个月里，这位自以为掌握了生杀大权的十七岁的少年任意妄为，用一个个令人瞠目结舌、血寒齿冷的事迹给自己贴上了不折不扣的“荒乱之主”的标签。

一次，子业参拜太庙，见到了庙中供奉的列祖列宗的画像。他先指着宋武帝刘裕的画像对左右说：“他是个大英雄，好几个天子都成了他的俘虏！”然后他又指了指宋文帝刘义隆的画像：“他倒也不赖，可惜到老却被自己的儿子砍了头！”最后，子业踱到老爸孝武帝的画像前，皱起了眉头：“他明明是个大酒糟鼻嘛！为什么没画出来？”立刻召来画工，命令把孝武帝的酒糟鼻给画上。

显然，对于自己的这位生身父亲，子业毫无孝敬之心。而对于孝武帝曾经百般宠幸的殷贵妃和新安王子鸾，他就更加忌恨在心了。如今他大权独揽，自觉终于等到了发泄多年来郁积的怨毒之情的机会。九月十一日，赐死诏书被卫士和使者带到新安王子鸾的面前。这位年仅十岁的小小少年临死前的最后一句话是：“若有来世，希望我不要再出生在帝王之家。”与他同时遇害的还有殷贵妃所生的一子一女。而对于死去的殷贵妃和孝武帝，子业也不想轻易放过。他不但重新设立了当年曹操创制的“盗墓”官职——发丘中郎将和摸金校尉，派他们将殷贵妃豪奢的陵墓洗劫一空，甚至还想把老爸孝武帝的陵墓也一并掘了。后来考虑到这样做的话将在风水上对自己不利，他才悻悻作罢。

由于子业对殷贵妃和子鸾的刻骨怨恨，当年给殷贵妃写过诔（音lěi）文的名士谢庄也受到了牵连。特别是在诔文中，谢庄把殷贵妃比作汉武帝的宠妃钩弋夫人，而钩弋夫人的儿子后来当上了皇帝，这一点让子业大为憎恶。起初子业想把谢庄直接杀了，可有人不知是出于善心还是恶意，劝子业说：“死这回事对所有人都一样，死后一了百了，反倒解脱；谢庄这个人从小生于大富大贵之家，从来没吃过苦，直接杀了他未免太便宜了，应该把他关在监牢里，先让他尝尝人间的苦厄，到时候再杀他也不迟嘛！”子业心说言之有理，就暂且把谢庄下了狱。

25 少主的暴行

如果子业的荒乱行径只表现在发泄怨恨上，那倒也不足以危及帝位和社稷。因为仇怨的对象总归有限，只要他稍有理智，就不可能无限发挥。然而建康城里的人们很快就发现，这位年轻的皇帝行事几乎毫无理智可言，除了他身边的极少数人之外，他的存在对所有人来说都是一大祸患。

镇守彭城的徐州刺史、义阳王刘昶是宋文帝的第九子，孝武帝还在世的时候，他们哥俩的关系就不大好。在当时那种紧张的政治气氛下，民间不免流传出刘昶要造反的谣言。子业继位后，少主荒乱，这种谣言就更加盛行。再加上子业数次对左右抱怨，说自己即位以来还没在军事上抖过威风，一想起来就“伐开心”，刘昶更觉得有向朝廷解释的必要。于是在义恭等被杀之后，刘昶派典签籧法生回建康汇报，说自己想请求入朝。子业一见籧法生，张嘴就说，我早就知道义阳王和太宰（义恭）谋反，正要去讨伐他呢，现在他自己请求入朝，极好极好！而且还斥责籧法生道，义阳王谋反的事你怎么不早点汇报！籧法生一看这架势，生怕自己吃不了兜着走，赶忙就逃回了彭城。这下子更给了子业兴兵讨伐的借口，当即下诏派沈庆之为前锋，自己要御驾亲征，好好耍他一下子！

刘昶得到籧法生的通告，立刻聚兵自保。然而当他向统辖内的郡县广发檄文之时，不但无人响应，连派去的使者都被杀了个精光。与此同时，他自己的府属将吏也各怀异心。刘昶不是傻瓜，知道这个样子下去，自己的结局会比竟陵王刘诞还惨。幸好彭城不是广陵，距建康较远，距北魏却较近，这哥们儿最后一着急，连老母妻子都不顾，只带着一个扮成男装的小妾，夜开北门投奔北魏去了！

北魏方面听说刘昶来投，十分高兴。因为这是宋魏南北对峙以后第一次有刘宋宗室投降北魏，在政治上具有重要的意义，因此对刘昶十分优待，又是封官又是赐爵，还先后给他许配了三位公主为妻。后来刘昶多次成为北魏与刘宋进行外交斗争的棋子，直到萧齐篡宋，北魏孝文帝兴兵南伐之时，刘昶依然发挥了作用。这些事我们到时再提。

刘昶这一跑，子业预想中的御驾亲征还没怎么耍就偃旗息鼓了，未免让他觉得有点儿扫兴。不过，他很快就想到，还可以在女人身上抖擞自己的威风。而这次他意在征服的对象不是别人，却是他自己的亲姑姑——文帝的第十女刘英媚。

刘英媚的年龄史籍无载，推测起来虽算不上徐娘半老，至少也快三十了，而且她早已下嫁给宁朔将军何迈为妻。子业不管，只要是朕看中的女人，长幼亲疏、已婚未婚又有什么分别？何况老爸孝武帝可以娶自己的堂姊妹为妃，二伯刘浚也与自己的亲姊妹私通，那自己当然也就可以占有亲姑姑的肉体。于是子业把英媚纳入后宫，称作谢贵嫔，并另外杀掉一个宫女，给她穿上英媚的衣服，谎称英媚在宫内暴病身亡，把尸首还给了何迈。

不想这何迈倒是个血性男儿，而且平常跟黑社会颇有交往，如今平白无故戴了个皇家绿帽子，三天两头看见自己的老婆坐在侄子的怀里鸾辂龙旗、招摇过市，心里一口恶气咽不下去，就秘密聚集了一些敢死之士，准备趁子业出游的机会图谋行刺。但黑社会里什么人都有，这种事很难真正保密，终于走漏了消息。子业又亲自带兵攻入何迈府邸，狠狠地威风了一把。

有这么一个任性妄为的主儿做示范，宫闱内外的风气更加败坏。尤其是子业的亲姐姐山阴公主，本来早已配给名士何偃的儿子何戢（音jí）

为妻，但这位公主具有浓厚的女权主义思想，声称自己理应享有与男人同样的性权利。她对子业说，我跟陛下您虽然男女有别，可都是先帝血脉，陛下您六宫佳丽千万，妾身却只有驸马一人，这不是太不公平了嘛！子业一想可不是嘛，就专门给山阴公主挑选了三十个姿貌出众的男子做面首（男宠）。然而山阴公主欲壑难填，有了这三十人还不满足，见吏部郎褚渊貌美，就向子业要求让褚渊随侍。褚渊被软禁在宫里十天，一到夜里山阴公主就送上门来，要强行跟他发生关系。然而褚渊闭目肃立，把自己化身成一截木头，说什么也不肯配合。山阴公主折腾了一个晚上，还是难遂己意，不禁恼恨交加，对褚渊说看你须眉如戟的样子，怎么一点儿也不像个男人！褚渊说我虽然不够聪明，却也不敢乱了伦常。后来山阴公主的老公何戢听说了此事，对褚渊佩服得紧，日后两人竟成了好朋友。

相比何戢，另一位驸马爷王藻可就没那么幸运了。他的老婆是文帝第六女临川公主刘英媛，也是子业的姑姑。这位王藻倒是没被戴绿帽子，但他却有龙阳之好，对身边的小厮情有独钟。临川公主大为吃醋，在子业面前狠狠告了老公一状。就亲戚关系来说，王藻还是子业的舅舅，结果愣是被下狱处死，临川公主也与王氏离婚了事。

此外，倒霉的还有出身会稽孔氏的孔灵符，他不知道怎么得罪了子业身边的幸臣，被人家进了谗言。子业遣使将其活活鞭杀，还杀了他的两个儿子。

面对子业的荒淫无道和不可预知的持续杀戮，朝野上下人心惶惶、噤若寒蝉，许多人都担心如此下去，灾祸迟早会降临到自己头上。吏部尚书袁顗（音yǐ）就是其中之一。其实袁顗本来颇受子业垂青，因为当初子业在东宫的时候，孝武帝对子业多有不满，袁顗在御前说过许多回护他的好话。后来子业即位，义恭等被杀，子业就提拔袁顗当了吏部尚书。当时满朝文武之中，除了因告密受宠的沈庆之和巧于逢迎的徐爰，就属袁顗最受子业信任。

但问题是子业这个任性少主反复无常，谁也摸不准他的脉，没过多久，袁顗就发现自己失了宠。他先是被罚以白衣领职（以平民身份留职察看），既而又许久不蒙召见。袁顗深感不妙，惟恐祸事逼近，遂想方设法请求外放，又拜托沈庆之替自己求情，子业这才允许他出任雍州刺史。

其实本来应该担任雍州刺史的，是子业的叔叔、文帝十二子建安王休仁。但这时子业已经对自己的几个叔叔产生了戒心，不肯放其远出，这才便宜了一心想要外放避祸的袁顗。临行前，袁顗的舅舅蔡兴宗对他说，最近天象显示襄阳地区流年不利，你不怕冒这个风险么？袁顗说现在刀刃都快架到脖子上了，我哪里顾得了那许多！能逃出虎口就不错啦！当时蔡兴宗也被任命为荆州刺史、临海王子顼（音xū）的长史，代替子顼行府州事，于是袁顗接着又劝蔡兴宗也别在朝廷里待着了。因为朝廷里的局势人所共见，上边有这么一位胡作非为的荒主，保不齐啥时就得脑袋搬家。荆州虽今非昔比，但好歹是个兵强马壮的强藩，子顼年幼，行事的长史实际上就是荆州之主。如果蔡兴宗肯出任荆州行事，那么荆、雍两州毗邻，共据上游，一旦朝廷里出什么事情，二人舅甥联手，“可共立桓、文之功”，总比陪伴在虎狼之侧，受制于凶暴之君，成天提心吊胆担忧灾祸上门要强多了吧？

显然，袁顗的话十分在理。可蔡兴宗沉吟片刻，却摇头道：“我素门平进，与主上甚为疏远，量来未必有患。况且如今宫省内外，人人自危，难免会变生肘腋，若内难不已，外衅亦会随之而来，在外也不见得就一定安全。现在你欲在外求全，我欲居内免祸，你我二人各行其是，不也挺好的么？”

袁顗见说服不了舅舅，只好自顾自匆忙上路，一路上还老是害怕有人追来，一直等到了寻阳，他才长出一口气，高兴地说可算幸免于难了！在寻阳，他又倾心与寒族出身的江州行事邓琬结交，秘密结成了同盟。

26 祸福一念间

蔡兴宗既不肯外出就任荆州行事，朝廷就干脆安排他补了袁顗吏部尚书的缺。

其实蔡兴宗选择留在建康，倒不是他真的认为居内可以免祸，而是他另有一番心机。

自从刘义恭、柳元景和颜师伯被子业诛杀后，以告密得幸的沈庆之就成了朝廷里唯一的大佬。而近来他由于在袁顗等事上屡次进言，也引起了子业的反感。沈庆之为了少惹麻烦，索性闭门谢客，一概不与朝臣相往来。何迈谋反未遂被杀后，蔡兴宗通过沈庆之的手下给他捎话，说沈公不见外人，无非是怕别人有求于他，我蔡兴宗别无所求，想来他不会不见吧？沈庆之向来知道蔡兴宗的人品，加上济阳蔡氏是名门望族，蔡兴宗又官居吏部尚书，自然不好拒绝，于是便派人将蔡兴宗请到了自己的娄湖庄园。

几个月前，柳元景、颜师伯还在此与沈庆之觥筹交错，结果沈庆之前脚把人送走，后脚就告了密，其中是非曲直，蔡兴宗自然晓得。不过眼下他却不是来苛责问罪，而是效柳、颜的故伎，劝沈庆之谋反举事。他料定沈庆之这次不会再告密，因为现今的情势与当时已是大不相同。

蔡兴宗说："孝武帝虽于天下并无大功，但毕竟平定了二凶的弑逆，在位十一年而崩，皇位自然应由他的儿子继承。今上刚刚即位那会儿，四海清平，只不过言谈举止小有违失，远远算不上无道，而且当时他年龄还小，大家都以为将来或许还会长进……"

这番话固然近于事实，却也是蔡兴宗有意替沈庆之开脱。因为承认了子业得位的正当性，也就肯定了沈庆之的告密行为是尽忠的义举，而非卖友的劣行。果然，只见沈庆之闭目捋髯，微微颔首。蔡兴宗话锋一转，继续说道：

“然而近来主上的所作所为，却实在是人伦道尽，令人心寒！而且也不像有悔改的希望。如今上边所忌惮的，只有沈公您一人；百姓痛苦不堪，所期盼的也只有沈公您一人！如果您再置身事外、坐视不理，不但有招致不测之祸的风险，而且也将引来四海士民的责难。沈公您威名素著，天下所服，如今举朝遑遑，人人危怖，您只要振臂一呼，朝野内外谁不云集而景从！如果您还犹豫不决的话，说不定朝夕之间便会大祸临头。我虽然不是您的府佐，但多年受您眷顾，所以才胆敢说出以上话来，希望沈公您千万三思啊！”

这番话除了给沈庆之大戴高帽之外，也隐然暗示了他无所作为将要面临的困境：一来无道的皇帝很可能对沈庆之也痛下杀手；二来一旦别人造反成功，则沈庆之势必成为附逆的乱党，结局也不乐观。利弊是如此地明白，蔡兴宗满以为沈庆之会被他的话语打动，不想这个倔老头却缓缓摇了摇头。

沈庆之说，其实他也知道，处于今天这个局面，全身而退已经不太可能，自己只是想尽量维持一个尽忠奉国的名声而已，其余的事就交给上天来决定吧！何况自己已经老病缠身，退休已久，手里又没有实际的兵权，就算真想干大事，也无计可施不是？

这个回答让蔡兴宗暗中颇为不齿。他没有想到，这位当年能征惯战的一代名将，竟说出这等毫无胆魄的话语，看来再英雄的人一旦上了年纪，都不免变得心懒意衰、暮气沉沉。但他还是劝道：“当今想有所作为的人其实都不是为了谋求功名富贵，只不过是为了免于横死而已。现在禁宫里的宿卫将帅都观望着外边的消息，只要有人敢于领头，俯仰之间大事可定。何况沈公您威名赫赫，执掌兵机历经三朝，禁宫之内，到处都是您当年的僚属部曲，直阁将军沈攸之等人更是您家的小辈，谁敢不听命于您呢？再者说，您手下的门徒义附，也都是三吴勇士；家里的僮仆奴客，也有数百之多。您的小老乡陆攸之现今奉诏东去讨贼，正在东郊清溪边集结。您只要跟他联络，将武器甲仗分发下去，再以沈攸之为前驱入宫，何愁大事不成！到时我自会率领外朝百官按照前世废立故事，另行推举贤明之主即位。”

说到这里，蔡兴宗还怕沈庆之不明白，干脆把话挑明，说最近外边都传言，今上的胡作非为都有沈庆之参与在内，如果他失去了眼前的机会，那么一旦新君即位，沈庆之依然免不了附从之祸。说一千道一万，祸福只在你一念之间！

然而沈庆之却说：“你的好意我深为感激，只是这事太大，实在不是我能干得了的。真要是出了什么事，我宁愿尽忠而死。”

话说到这个地步，已无法再谈下去了，蔡兴宗只好起身告辞。出了娄湖庄园，他喟然长叹，深为沈庆之惋惜。

不久之后，一则噩耗传入了蔡兴宗的耳朵：老将沈庆之暴病而亡！

事实的真相却是：沈庆之并非病死，而是子业派人杀掉的。杀掉他的也不是别人，正是他的堂侄——直阁将军沈攸之。沈庆之由于不愿喝毒酒自尽，最后是被沈攸之用被子闷死的。同时遇害的还有他的长子文叔，次子文季则夺马逃走。事后，朝廷还给沈庆之举行了隆重的葬礼。

不知道临死前，沈公有没有后悔他的决定呢？葬礼上，望着沈庆之的棺椁，蔡兴宗这样想。

沈庆之既死，朝廷里稍有威望的老将便只剩下了王玄谟。而且王玄谟此时正担任领军将军，名义上是禁军统帅，如果他肯参与，于此事将大有裨益。于是蔡兴宗便又设法联系上了王玄谟。然而一来子业已对王玄谟有所防范，裁撤了他的部曲；二来此时领军的权力已被外监架空。再加上王玄谟本人腿脚有病，根本下不了床。于是他传话给蔡兴宗说，自己恐怕干不了，不过你放心，这事我不会泄露出去。

连续两次碰壁，蔡兴宗却仍不肯放弃。一天晚上，皇帝乘兴出游，蔡兴宗奉命随侍，同行的还有右卫将军刘道隆等人。右卫将军也典部分禁军，而且夜里要在禁省当值，地位十分重要，所以蔡兴宗也起了劝诱刘道隆的念头。当刘道隆的座驾经过蔡兴宗的马车旁时，他对刘道隆招手道："刘公，近来我常想与你小叙一番……"话未及说完，刘道隆早已掐住了他的手："蔡公请勿多言！"说罢不顾而去。

显然，刘道隆知道蔡兴宗的心思。而且这也反映出，蔡兴宗最近频繁的活动已经引起了不少人的猜疑。不过令蔡兴宗感到稍为心安的是，包括王玄谟、刘道隆在内，这些人虽然胆小怕事、不愿出头，却也没有到子业的面前告发自己。这似乎暗示，倒行逆施的刘子业已经人心尽失，大家都在暗中盼望着他尽早死掉。

27 | 寒人造反

到了这年冬天，子业的昏暴已是日甚一日，而且随着前朝老臣相继被杀，他施虐的对象也逐渐转移到了近支宗王的身上。有孝武帝猜忌屠戮宗王的例子在先，子业更将此事视作理所当然。

当时，在文帝诸子，也就是子业的叔父当中，除刘昶投奔北魏之外，尚有六位宗王在世，分别是东海王祎（音huī）、湘东王彧（音yù）、建安王休仁、山阳王休祐、桂阳王休范和巴陵王休若。这六王之中，东海王祎和桂阳王休范人才凡劣，向来不被人重视，巴陵王休若则年龄最小，所以子业防范的重点就落到了湘东王彧、建安王休仁、山阳王休祐这三个人的身上。

这三人有个共同的特点：由于多年来的养尊处优、营养过剩，三王都生得肥头大耳、体态厚重。尤其是湘东王刘彧已到了发福的年龄，更加胖得如同肥猪一般。子业因而给三人起了外号，刘彧就叫“猪王”，休仁叫“杀王”，休祐叫“贼王”。人才凡劣的东海王祎，则被冠以“驴王”的称号。因为怕三王在外为患，子业将他们软禁在皇宫之中，每日折辱殴打，以为笑乐。他不但把三王像猪一样关进竹笼供人观赏，而且还在皇宫里掘了一个坑，坑里面灌满臭水烂泥，旁边放了一个装着猪食的木槽，然后把刘彧扒光衣服扔进坑里，逼着他像猪一样在槽里吃食。子业之所以用这样的花样虐待折辱三个叔叔，也不全是为了满足他的恶趣味，因为只要三王受不了折辱口出秽言或意图反抗，他就可以名正言顺地将他们处死。好在三王也都明白这个道理，任凭百般凌辱，却仍能以逆来顺受的态度硬挺下来。建安王休仁尤其头脑灵活、巧言善道，好几次眼看气氛不对有祸事临头的危险，他都能以插科打诨讲笑话拍马屁的手段逗得子业哈哈大笑、戾气顿消，三王这才得以苟残性命。

有一次，湘东王刘彧大概是扮猪扮得不够投入，让子业挑了毛病，被光着身子四脚朝天地绑在一个竹竿上抬到了御厨房，说是要杀猪吃猪肉！休仁知道，如果不想个法子加以解救，说不定刘彧就真让子业假戏真做给杀了。恰好这段时间子业还没有生育皇子，为了蒙骗世人，就把手下一个小官的怀孕姬妾弄进了宫，准备一旦生个男孩，就暂且立为太子。所以休仁赔笑说，猪肉固然好吃，但现在还不宜杀。子业就问为嘛呢？休仁说，这等上好的猪肉应该留到大喜的日子再吃，等过几天皇子生了，咱们再杀猪不迟嘛！子业怒气稍解，说那就先关着吧，过几天再说。刘彧这才又捡回了一条命。

然而刘彧和休仁等深知，这不过是暂时的缓兵之计，危险已经迫在眉睫，倘若几天后那个姬妾真的生了一个男孩，或者子业再搞出别的什么花样，他们几个（尤其是刘彧）仍然难逃一死。为今之计，只有铤而走险，速行非常之事！可问题的关键是，三位王爷都被拘在宫里，人身自由受限，内外消息不通，就算想搞什么行动，也无从措手啊！

这种时刻，宫廷内外那些出身寒贱、官职低微的“寒人”发挥了作用。

前文介绍过，孝武帝在位时的一大措施就是重用寒人，发挥他们以小御大、以轻制重的作用，以加强专制皇权。在禁军军权这个敏感的领域，领军将军、护军将军的权限受到了削弱和侵夺，外监（制局监）和直阁将军的权势则得到了提升。其中，直阁将军乃是孝武帝鉴于文帝被弑后新设立的职官，专门负责防守殿省阁门和皇帝寝宫，地位至关重要。义恭等被杀后，子业担心有人犯上作乱，就用重金美人收买了直阁将军宗越、谭金、童太一、沈攸之等，以充扈从爪牙之用。这些人大多没什么文化，更不懂什么道义，既然有厚利可图，也就乐得为虎作伥。

子业先后诛杀柳元景、何迈等人，靠的都是他们的力量。尤其宗越、谭金等出身行伍、心狠手辣，又久宿殿省，威行内外，许多有异志的人因为畏惧他们而不敢轻举妄动。这也是子业之所以有恃无恐，敢于胡作非为的重要原因。

然而，禁省内官职地位不等的军官数量甚多，子业不可能全部收买，总有些人出于各种不足为外人道的原因，希望除掉这个昏乱无道的年轻皇帝。这些人正是刘彧、休仁等可资利用的力量。而且在刘彧的身边，也有一些官职低微的寒人左右替他往来奔走。其中起到了关键作用的，是主衣阮佃夫、内监王道隆、学官令李道儿诸人。

三王被拘后，阮佃夫等便开始谋划。他们面临的首要任务，第一是要时刻洞悉宫中的动向，第二是要联络愿意并且敢于行非常之事的禁军官兵。好在此前子业大婚立后之时，因为宫里办事的人手不足，向湘东王府借了几个阉人，现在还有个叫钱蓝生的留在宫中。阮佃夫等便联系上了钱蓝生，叫他暗中窥伺子业的动静，随时通风报信。太监大多胆小，这么危险的工作钱蓝生一开始并不愿意干。不过，稍后阮佃夫又搞掂了直阁将军柳光世和淳于文祖等人，于是宫中但凡有什么消息，都由钱蓝生密告淳于文祖，再由淳于文祖转给阮佃夫。有了这条秘密通讯的渠道，子业和三王的情况阮佃夫等是一清二楚。

不久，一个坏消息从宫里传来：那个有孕在身的姬妾竟然真的生了一个男婴！这就意味着，如果子业要是对休仁说的那番话较真，他完全可以立刻“杀猪”来庆贺！阮佃夫等紧张万分，生怕这两天自己的主子就被开膛破肚，做成了火腿肠。幸而稍后钱蓝生又送来了新的消息，他们的紧张心情得以稍稍缓解：由于近日民间谣传“湘中出天子”，子业决定西巡荆、湘以厌之，而刘彧爵封湘东王，也有可能应此谣谶，所以子业预备在启程前杀掉刘彧来祭旗。但皇帝远出巡狩，必然有一番准备工作要做，因此至少几天内刘彧不会有生命危险，这就给了阮佃夫等辗转腾挪的时间。

之后的几天里，阮佃夫等使尽浑身解数，撒出去大把金钱，也许下了无数空头好处，竟然真的买通了子业身边的主衣寿寂之、外监典事朱幼、细铠主姜产之、细铠将王敬则、中书舍人戴明宝等一众寒人。其实这有一半的原因要归咎于子业自己作死，因为他平素行事苛暴、待人无礼，在他身边侍奉跑腿的人大多受过他的折辱责罚，这些人早已对他怀恨在心。

而就在阮佃夫等寒人在京城里密谋杀掉子业，拥立湘东王刘彧之时，上游的江州在寒人的控制下竟先反了！

原来，除了忌惮几个叔父之外，子业对自己的三弟、江州刺史晋安王子勋也不放心。因为此前排行第三的文帝刘义隆、孝武帝刘骏都做了皇帝，孝武帝更是由江州刺史而入继大统，所以子业一直担心老三子勋会危及自己的皇位。再加上据说何迈密谋造反之时，曾想拥立子勋，子业便以此为借口，派使者带着毒药去江州，要将子勋赐死。这一年子勋刚刚十岁，江州的实权都掌握在行事邓琬、斋帅潘欣之等人手里。这邓琬是个野心勃勃的追名逐利之徒，前次袁顗途经寻阳之时，两人已经秘密结成了同盟。这回正好以此为借口，便挟持子勋和江州文武，率先举起了反旗。

28 “猪王”登位

十一月二十九，江州反叛的消息尚未传到京城，而对于近在咫尺的密谋，子业也依旧懵然无知。按照计划，他准备明天一早杀掉那几个堪为后患的叔父祭旗，然后便启程西巡。因此，这一天他特意召集所有王妃公主进宫，为自己设宴饯行。

宴席进行到一半，酒酣耳热的少主兽性大发，逼令左右卫士在大庭广众之下对一众王妃公主强加凌辱。南平王妃江氏（江湛之女）坚决不从，子业威胁说你要不配合，我就杀了你的儿子！江氏依旧不肯。子业大怒，不但立刻传旨将她的三个儿子全部杀了，还当场一百鞭子将江氏抽得死去活来。其余胆小的公主王妃见状，不得已含泪相从，左右卫士为了讨好皇帝，也尽现丑态。一时间礼仪森严的皇宫内院，竟成了酒池肉林！尤其是右卫将军刘道隆，为了让子业满意，这厮居然不顾随侍在旁的建安王休仁在场，对休仁的生母杨太妃上下其手、恣意淫辱，惹得子业和山阴公主狂笑不止。

这一番“狂欢”结束后，子业仍意犹未尽，又拉着山阴公主诸人去游华林园。

前些日子，子业在华林园竹林堂中嬉闹之时，曾下令叫所有宫女裸身相逐。有一个宫女不愿从命，被他当即斩杀。后来子业晚上做梦，见一个女子在竹林堂里对自己破口大骂，说你这个昏君悖逆无道，活不到明年了！他醒来大怒，在宫里搜了一圈儿，找到一个相貌酷似梦中女子的宫女，又给杀了。结果当天晚上又做了噩梦，梦见刚杀的那个宫女说自己做鬼也不放过他，已经上诉天帝了！经过这两起事件，子业大为烦恼，宫里豢养的巫师就说竹林堂有鬼魂作祟，建议作法除祟，还要求子业以帝王之尊亲自“射鬼”。于是这天下午晡时（三点到五点之间）左右，子业在山阴公主、休仁、休祐的陪同下来到了竹林堂，准备在巫师作法后举行射鬼仪式。而湘东王刘彧则被单独关在了秘书省。

这一消息立刻被钱蓝生报给了阮佃夫等人得知。他们明白，刘彧如今已是危在旦夕，现在已经到了非动手不可的时候。而此时由于明天便要出发，原来扈从皇帝的宗越、谭金等人都出外准备行装物资去了，华林园的防卫措施也比殿廷内部要松散得多，当晚轮值驻守阁门的军官又是柳光世的老乡，真真正正是天赐良机！于是阮佃夫召集同谋的寿寂之、朱幼、柳光世等十余人，约好当晚行动。又命钱蓝生预先报休仁、休祐得知，叫他们有所提防。

冬日里昼短夜长，不久后整个华林园就陷入一片夜色之中，唯有竹林堂一带灯火通明，那是子业与群巫在举行射鬼仪式。

在数百彩女的簇拥下，子业以桃木为矢，引弓搭箭，向着巫师所示的方向频频当空虚射。伴随着巫师们凄厉的嘶喊和夸张的舞蹈，烟雾缭绕之中，仿佛真有鬼怪畏惧奔逃。而按照巫师的要求，神圣的仪式除皇帝本人外不准其他男性在场，所以为数不多的侍卫亦被遣出了竹林堂。仪式结束后，子业口渴难耐，取过酒来痛饮一番，刚要下令奏乐庆贺，却觑见远处竹林丛中钻出一队人来。当先的人子业认得，正是自己的主衣寿寂之，只见他面色不善，利刃在手，直奔自己而来。子业惊呼一声，拿起刚才射鬼的弓箭就射，却没射中，急忙转身逃走。寿寂之赶紧追了上去，一刀将其砍翻在地。一众巫师和彩女吓得四散奔逃。在堂外侍立的休仁、休祐听见人声喧哗，知道事情已经发动，害怕遭遇池鱼之殃，也跑上园中小山躲了起来。

杀死子业后，面对闻声而来的侍卫，寿寂之宣称：湘东王受太皇太后令，诛除狂乱昏君，如今已经得手，与他人无关。这些侍卫一来对子业并无好感，二来又无人统属，三来都认得寿寂之这些人，尤其是统领外监的朱幼事先跟不少人打过招呼，叫他们少管闲事，所以一时间并无人敢于质疑，只是都感到惶惑不知所为。

建安王休仁望见局面渐趋安定，知道此时亟待有人出来主持局面，于是走下小山，带领寿寂之等人去秘书省迎接还在监禁中的湘东王刘彧。在小黑屋里急得转圈、担心明天一早自己就要被做成火腿肠的刘彧闻讯大喜，当着休仁的面就要哭出声来。休仁连忙阻止，说眼前还有大事要办，请王爷即刻登基。于是刘彧在休仁等的簇拥下出了秘书省，于西堂升座，并紧急召集在朝大臣，准备接受百官的叩拜。然而等他上了御座休仁才发现，由于人生的大起大落来得太快、过于刺激，刘彧连何时跑掉了鞋都不知道，现在正光着一双脚丫对着自己，此外他脑袋上还戴着一顶歪歪斜斜的黑帽。而按照不成文的规定，天子是应该戴白纱帽的。好在寿寂之本来就是主衣，急忙找来合适的鞋履衣冠给刘彧换上。

此时虽然没有举行正式的登基仪式，但刘彧已经以皇帝的身份发号施令了。当然，第一件事是要就今晚的事向天下臣民做一个解释。于是刘彧以太皇太后（孝武帝的生母路太后还在世）的口吻发了一道令文，痛陈子业的种种昏乱无道，斥其生得罪恶、死得活该，并强烈拥护“天纵英圣”的湘东王刘彧即位为新君。

次日一早，外出的宗越等人赶回，才得知一夜之间御座上已经换了主人。虽然他们心中十分不安，但事已至此，不得不向刘彧跪倒称臣。刘彧也知道现在不宜多生事端，便对他们厚加抚慰。

随后，为绝后患，刘彧又以太皇太后令将子业同母所生的豫章王子尚和山阴公主一并赐死。一直关在囚牢中的谢庄也被放了出来。

此时，子业的尸体还曝露在太医阁外。蔡兴宗上奏说，此人虽然凶暴悖逆死有余辜，但毕竟是当过宋家天子的人，如果不以合适的礼节安葬，将会授天下人以口实。刘彧这才下令将其尸体收殓，安葬于秣陵县南。

十二月初七，二十七岁的湘东王刘彧正式登基即位，是为宋明帝。阮佃夫、寿寂之等十四人因拥立有功，皆封县侯、县子。同经患难的建安王休仁被明帝委以司徒、尚书令、扬州刺史的重任，山阳王休祐亦进号骠骑大将军、荆州刺史，东海王祎则为中书监、太尉，其余在藩宗王也各有封赏。

一朝天子一朝臣，有人加官进爵，自然也有人倒霉遭殃。

首先倒霉的就是那个侮辱过休仁生母的右卫将军刘道隆。本来明帝出于安顿人心的目的，还想提拔他当中护军，但休仁岂肯罢休？他对明帝恨恨地说，自己绝不愿与刘道隆同朝为官。明帝于是降旨将道隆赐死。

刘道隆这一死，原来侍奉过子业的宗越、谭金等人更加惶恐不安。而且明帝也不信任他们，准备近期将他们外调到地方做官。得知这一消息后，宗越等人相顾失色，便有了谋反之心。这时，本属宗越一党的沈攸之见势不妙，立刻向明帝告发了此事。宗越等人皆被下狱处死，沈攸之却由此得到明帝的信任，恢复了直阁将军的身份。

至此，昏君被诛，新主即位，子业在位时的暴政苛制一概废除，至少从表面上看来，这个国家正在拨乱反正，一切有望向好的方向发展。

然而接下来的事情告诉我们，子业的死并不意味着混乱局面的结束，而恰恰是新一轮动乱的开始。

29 叔侄大战

泰始元年（公元465年）十一月底发生在建康城里的宫廷政变使二十七岁的刘彧取代十七岁的子业成为刘宋王朝的新皇帝。这意味着，传了四代的帝统又从孝武帝的子嗣转移到了文帝的子嗣身上。这在帝制时代当然是关系到“国本”的大事。历史上宗室之间因为帝统转移而兵戎相见、同室操戈的事屡见不鲜，何况此前孝武帝和废帝子业诛戮宗王的行为早已经在刘宋皇室之间造成了深深的裂痕。

明帝刘彧即位之初，刘宋全国共有二十二个州，其中有五个州的刺史由孝武帝的子嗣担任，即江州刺史晋安王子勋、荆州刺史临海王子顼、郢州刺史安陆王子绥（音suí）、湘州刺史邵陵王子元和南兖州刺史始安王子真，此外东部大郡会稽的太守寻阳王子房也是孝武帝之子。实际上，这些王爷里年龄最大的也不过十岁，所以虽然他们是名义上的一州之长，但真正的权力大多掌握在“行府州事”的行事和典签手里。而不论是“寒士”出身的行事还是“寒人”出身的典签，由于社会地位不高，许多人都怀有浓厚的追名逐利之心，此外，他们也担心明帝会继续实行诛戮宗王的政策而危及自己既有的权位，所以他们对明帝上台抱有相当警惕和排斥的态度。

江州行事邓琬就是其中最典型的一个。

前文已述，邓琬起兵还在子业被杀之前，当时是为了抗拒子业赐死子勋的诏令。所以当江州佐吏收到明帝即位，并且加封子勋为开府仪同三司的令书后，都纷纷赶来贺喜，说：“暴乱既除，殿下又开黄阁（开府仪同可开黄阁），于公于私都值得庆祝！”

哪知道邓琬把眼睛一翻，说：“你们有什么可高兴的？咱们殿下要开的不是黄阁，而是端门（意为天子）！开黄阁是咱们这些人的事情！”说完夺过令书，掷在地上。

此时袁顗已经在襄阳正式上任，收到邓琬的书信后，即刻缮甲治兵，准备大干一场。而邓琬也继续征兵聚粮，广发檄文，宣布不承认明帝的统治，皇位应该属于晋安王子勋。

在邓琬发出的檄文里，最关键的论断是：孝武帝留下的皇位理应由孝武子孙继承，刘彧不但没有资格，反而弑君篡位、残害豫章王子尚，意在“干我昭穆，寡我兄弟”，用心险恶，昭然若揭！而我孝武子孙“藐孤同气，犹有十三”，咱们兄弟联合起来，为了生存和孝武帝的血胤，跟他拼了！

还真别说，这篇檄文在团结孝武子孙共同反对朝廷方面具有相当大的煽动性，而一些异姓藩镇或者认同孝武子孙的帝统，或者另有目的，也选择了站在晋安王子勋这边。

于是明帝上台还不到一月，除行事把持之下的郢州刺史安陆王子绥、荆州刺史临海王子顼、会稽太守寻阳王子房之外，雍州刺史袁顗、梁州刺史柳元怙、益州刺史萧惠开、广州刺史袁昙远、徐州刺史薛安都、青州刺史沈文秀、冀州刺史崔道固、湘州行事何惠文、吴郡太守顾琛、吴兴太守王昙生、晋陵太守袁标、义兴太守刘延熙等全都响应邓琬的檄文，宣布拥护晋安王子勋，举起了反叛朝廷的大旗！一时间，竟形成了四海沸腾、普天同叛的局面！

次年年初，邓琬诈称受路太后玺书，拥立不到十一岁的子勋于寻阳称帝，于是刘宋国内便出现了两个皇帝。对立的两方，一方以“休”字辈的文帝诸子为主（明帝字休炳），是叔辈，一方以“子”字辈的孝武帝诸子为主，是侄辈。一场“叔侄大战”就此上演！

从声势和实力上来说，毋庸置疑是侄子们占据绝对优势。当时除了上面提到的那些州郡之外，包括豫州在内的某些州郡本来并无反叛之心，但受迫于叛军强大的声威，也不得不站到了朝廷的对立面。以至于出现了“四方皆附寻阳，朝廷唯保丹阳一郡”的危急态势。而明帝这边，除了京师禁军之外，就只有连蒙带骗召来的兖州刺史殷孝祖的两千兵马可供调遣。更糟糕的是，建康城里除了普天同叛引起的人心惶乱之外，宫廷内部也有隐忧。本来明帝因为幼年丧母，曾被路太后抚养，两人的感情一直还不错，可晋安王子勋诈称受路太后玺令称帝后，她的地位就很尴尬了。有史料声称，路太后更支持自己的嫡孙子勋，而不是并无血缘关系的明帝刘彧，于是一次宴会时故意在酒中下毒。明帝正待饮下，幸亏被旁边的侍者发现，拉住了袖子。明帝醒悟过来，就端起毒酒亲自敬给路太后喝。当日路太后便暴卒于宫中。

而面对普天同叛、四方威逼的危局，明帝也采纳了蔡兴宗的意见，以“镇之以静，至信待人”的基调，对仍在建康城里的叛军家属亲戚实行“罪不相及”的分化瓦解政策，以安定人心。因为相比临时招聚的叛军，朝廷的军力虽少，但毕竟装备精良、训练有素，在即战力上还是高出一筹的，只要人心安定，不自乱阵脚，再相机行事、从容应对，蛮可以与对方周旋一番。

从战略上而言，虽然建康四面受敌，但徐、豫、司等叛乱的北方诸州道里较远，且主要目的在割据自保，迫在眉睫的威胁主要来自东西两面。尤其是江东五郡（晋陵、义兴、吴兴、吴郡、会稽）的叛军，最近的已经杀到了延陵（今江苏丹阳延陵），距建康只有二百多里。针对这种情况，明帝采取了西守东攻的策略，一方面命建安王休仁统率王玄谟、沈攸之诸军扼守芜湖西南大江中的虎槛洲，阻止西军东下，一方面则以巴陵王休若督建威将军沈怀明、尚书张永、辅国将军萧道成等东讨五郡叛军。

而除了休若这支主力之外，另有一个出身刀笔小吏的殿中御史吴喜自告奋勇，请求明帝拨给自己三百精兵前去讨敌。在旁人看来，这简直就是个笑话，一个以前只干过文书工作的人哪里会带兵打仗？而且三百个兵又能顶什么用？但是中书舍人巢尚之知道，吴喜曾经在沈庆之的伐蛮幕府中效命，见过不少阵仗，为人又勇决宽厚，是个带兵的材料，因而向明帝力荐。明帝也觉得三百个兵不是什么了不起的投入，不妨就当刮个彩票试试手气，便从羽林禁军里挑了三百精兵配给吴喜。于是东线战场休若军在北，吴喜军在南，两路出兵向叛军发起了攻击。

令明帝大为惊喜的是，吴喜这张彩票居然刮出了头彩！

在休若军于晋陵（今江苏常州）西北九里之地与东军相持之时，吴喜连战连捷，一举攻克了义兴（今江苏宜兴）、吴兴（今浙江湖州）。这一方面是因为，吴喜本来就是吴兴人，公干之时又多次出使东土，既熟悉当地的地势民情，又在民间颇有威望，许多百姓听说是吴喜前来，都望风迎降；再加上吴喜善于劝诱、晓以利害，投降过来的兵众他也能宽厚对待，所以他的兵马越打越多；三吴之地土地肥沃、民风恇怯，当地人本来就不擅长打仗，统兵的将吏更是酒囊饭袋，这也让吴喜的胜利来得格外轻易。

受到南路胜势的鼓舞，北路休若军也攻克了晋陵，任农夫则拿下了吴郡（今江苏苏州）。在台军（建康宫城又称台城，朝廷的军队习称台军）势如破竹的攻势威逼之下，叛军内部分崩离析，会稽行事孔觊（音jì）被斩，寻阳王子房被擒，其余军主大多向吴喜投降。出兵还不到一个月，江东五郡的叛乱就被悉数平定。

这一来，建康后顾无忧，朝廷可以腾出手来，专心致志地对付西边和北边的敌人了。

30 菜鸡互啄

其实自沈庆之、柳元景死后，刘宋国内的军事人才就陷入了一个断层。就这场“叔侄大战”而言，双方阵营都缺乏出类拔萃的将领，唯一有点儿将才的如薛安都、沈文秀，因为处在外围，也难以发挥影响全局的作用。所以整体来看，这场战争实际上是一次“菜鸡互啄”，稍微有点儿本事之人，如吴喜、沈攸之等，战场表现就高出他人一筹。

而西边叛军的两个核心人物邓琬和袁顗，则皆为志大才疏之辈。尤其是一手挟持晋安王子勋起事的邓琬，按理说他起兵本在明帝上台之前，拥有足够的时间调兵遣将、沿江东下，然而在导演了子勋的称帝仪式和遍封百官之后，他却在两个月的时间里迁延不进，整日卖官鬻爵、酣歌博弈，坐失与江东五郡前后夹击建康的大好时机。直到二月底，郢、荆、湘、梁、雍五州集结了两万人的部队，其军队才在陶亮、孙冲之的率领下进屯鹊洲（今安徽繁昌西），与据虎槛的建安王休仁军形成了对峙局面。

三月间，双方前锋打了一仗，台军失利，并折损了大将殷孝祖。但这样一来，前敌的军权尽归沈攸之，反而在指挥上大为便利。随后双方各自增兵至十余万。四月初，沈攸之攻拔叛军前锋屯据的赭圻城（今安徽繁昌西赭圻岭下）。六月，雍州刺史袁顗率领两万水师增援叛军。然而自诩高门的袁顗除了赋诗谈义之外丝毫不懂战阵之事，反而与邓琬手下的刘胡等寒人将领产生了矛盾。

到了七月，两军仍然在浓湖（今安徽繁昌荻港）一带相持不下。与此同时，其他战场的形势也对叛军方面日趋不利。但决定性的战斗，还是发生在大江之上。

一个名叫张兴世的将领向沈攸之建议，针对眼下“持之有余而制之不足”的局面，应该派数千奇兵潜至敌军上游，在险要地带扎下营寨，切断叛军的粮道，使其首尾张惶，进退疑阻。钱溪（今安徽池州东梅根河）那个地方江岸最为狭窄，下临涡流，距大军也不远，又有横浦可以藏船，正是适合应用此计的冲要之地。沈攸之和赶来增援的吴喜都称赞这个计策，就命张兴世领七千人马、快船二百依计而行。

张兴世率领船队逆流而上，行了一段便退了回去。第二天原样重复，一连几天都是如此。刘胡侦知后，笑道：“我尚不敢越彼东下扬州，他张兴世何许人，胆敢贸然据我之上？”不免放松了戒备。一天晚上，四更的时候起了一阵迅疾的东风，张兴世抓住机会，鼓帆直进，一眨眼的工夫就从叛军的水寨旁穿了过去。等刘胡发觉，知道张兴世意在据险扎营，急忙派胡灵秀带兵沿东岸追了上去。七月十三日晚，张兴世在景洪浦（疑为今安徽铜陵江北）停宿，胡灵秀不疑有他，也停了下来。哪里知道，夜里张兴世又分出七十条船直趋钱溪，抢先站稳了阵脚。所以当次日张兴世尽率主力进据钱溪之时，胡灵秀已是无计可施，只好匆匆向刘胡汇报。

十五日一大早，刘胡亲领二十六军、约万余人来攻。手下将士请命迎击，张兴世制止说不忙，敌人还远着呢，你们只管筑城，等会儿再说。不久后敌船渐近，然而却先后落入涡流之中，船速大减。这时张兴世才整军出击。一场激战下来，刘胡军折损千余，收军败还。

吃了这一暗亏，刘胡知道钱溪不是万八千人就能拿得下来。于是第二天又纠集了步卒二万、铁马一千，准备从岸上对钱溪营寨进行一次大规模打击。与此同时，建安王休仁也知道张兴世兵力寡少，担心他受到刘胡和袁顗的夹攻，也命沈攸之、吴喜等人率领艨艟斗舰来攻叛军的浓湖大营。袁顗担心支撑不住，派人把走了半路的刘胡又紧急召了回来。

错过了这次机会，张兴世的钱溪营寨得以修建完毕，牢牢扼守住了寻阳方面向叛军运输粮储物资的水上通道，上游的粮船开到南陵（今安徽池州西北）都不敢下来。之后虽然刘胡又派兵攻过钱溪一次，仍是失利而归。这一来，刘胡不愿再拿自己手下的军兵冒险了，他跟人发牢骚说："老子从小就习于步战，哪知道水战跟步战完全是两个鸟样！步兵作战，仰仗的是万人战阵协同作战，可水战却是每条船各自为战，一船不过三十人，船与船之间互不相干。这可不是万全之道，老子才不干呢！"就自称得了疟疾，拒不出战。

这下袁顗着急了。他虽然不懂兵法战阵，可眼看着存粮一天天减少，也知道十分不妙。面对袁顗怒气冲冲的指责，刘胡大不以为然，心说要不是你瞎指挥，我前些日子早就拿下钱溪了。可袁顗毕竟是自己的顶头上司，于是刘胡强压怒火，回答说既然人家能越过咱们上去，那粮船怎么就不能越过敌人下来！就派手下沈仲玉带了一千来人从岸上步行赶到了南陵。事实证明，这又是一招臭棋。当沈仲玉带着三十万斛粮米、数十船钱布经过贵口（今安徽池州秋浦河口）之时，遭遇了台军的凶猛拦截。沈仲玉倒是逃了回来，可所有的钱布粮米都落入了台军之手。

按照当时士兵的平均口粮，三十万斛够十万人吃一个半月，所以这对本就粮食匮乏的叛军来说实在是一个沉重的打击。到此地步，刘胡知道败局已定，遂私谋脱身之计，骗袁顗说自己将率领步骑两万，再次进攻钱溪，请袁顗把所有战马都配给自己。

二十四日，刘胡装成大举进攻的样子，从陆路绕过钱溪，烧掉南陵、大雷（今安徽望江）等地的据点西窜寻阳。到了晚上，袁顗才发现上当。不过他也不含糊，大骂刘胡一番后，当下派人取来自己的千里马，宣称："我亲自去追刘胡！"然后带着数千人也跑掉了。

次日，群龙无首的十万叛军向建安王休仁投降。休仁又命沈攸之轻军追击袁顗和刘胡。可袁顗不待追及，就在荒山野岭为部下所杀。

刘胡倒是带着两万人顺利逃回了寻阳。不过他并未入城，而是遣人骗邓琬说，袁顗这个胆小鬼投降了，只有自己一军独还，我将据守湓城（寻阳东），请你们早做迎战的准备。其实他哪里肯待在湓城当寻阳的挡箭牌，当夜就抄别径逃往夏口了！

听说袁顗全军尽没，刘胡又落荒而逃，寻阳城里的小朝廷顿时陷入一片惶惧之中。本来就有不少人当初是迫于形势才加入了叛军，这时更加各思自保存身之策。荆州行事、与邓琬共掌朝权的张悦诈称有病，请邓琬到府中议事，事先却早在帐后埋伏了甲士。邓琬到后，张悦问他可有退敌的良策。邓琬两手一摊，说事已至此，只好杀掉晋安王子勋，封府库向朝廷投降谢罪了！张悦勃然变色，说一切都是你搞出来的，你怎么还有脸卖主求活！说完喊出了约定的暗号。帐后甲士闪出，一刀便结果了邓琬的性命。

事后，张悦带着邓琬的人头向建安王休仁投降。沈攸之则率军入寻阳，杀掉了十一岁的晋安王子勋。

江州既平，其余各地的叛乱也就支持不下去了。九月，随着台军以寻阳为基地向各个方向继续推进，荆、湘、郢、雍四州行事自杀的自杀，投降的投降，很快便被一一平定。被挟持的安陆王子绥、临海王子顼、邵陵王子元也被明帝尽皆赐死。到了十月，在建安王休仁的建议下，包括寻阳王子房、永嘉王子仁、始安王子真在内的其余十个孝武子嗣，不论是否与叛乱有牵连，全部赐死。

至此，孝武帝刘骏的二十八子当中十人早夭，两人为废帝子业所杀，其余十六人尽皆死于弟弟刘彧之手。他虽然是刘宋皇帝里最能生育的一个，然而死后两年多就绝了嗣。

31 北魏尽据淮北

泰始二年（公元466年）十月，由于子勋已死、荆江雍郢诸州皆平，原来支持子勋的各地藩镇，除豫州方面之外，徐州刺史薛安都、益州刺史萧惠开、梁州刺史柳元怙、兖州刺史毕众敬、汝南太守常奇珍等人皆向朝廷遣使乞降。没想到年初还普天同叛、危如累卵的恶劣局势，七八个月后就完全逆转了过来。

明帝十分高兴，同时也不免有点儿忘乎所以。

因而，当薛安都的降书送至建康后，他觉得，这正是一个乘胜立威淮北，震慑这帮跋扈的异姓藩镇的好时机。于是他派出张永、沈攸之两将率领五万军兵前往彭城迎降。

尚书右仆射蔡兴宗得知后劝谏说："薛安都遣使归顺一事，格于形势，肯定不是假的。现今派个使者携带诏书好言安抚就够了，如果以大军迎降，一定会引起他的疑惧之心。彭城地近北虏，倘若薛安都招引魏兵入境，那可就为祸不浅了！"

遗憾的是，明帝并未听从。

蔡兴宗所料不错。薛安都是在义阳王刘昶投奔北魏之后继其任为徐州刺史的，身为晚渡北人，他本来就对刘宋王朝缺乏足够的忠诚。当初选择支持晋安王子勋，主要是觉得寻阳方面占据了绝对优势。现在形势逆转，见惯了刘宋内部屠戮宗室大臣的薛安都只想着乞降自保，听说朝廷派了五万大军前来"迎降"，就知道明帝一定饶不过自己，索性效仿起了前任，立刻向北魏遣使请降。与此同时，守悬瓠的汝南太守常奇珍也担心难以为明帝所容，向北魏递了降书。

这时的北魏国君，已经由文成帝拓跋浚换成了他的儿子献文帝拓跋弘。文成帝在位的十四年间，北魏致力于“养威布德，怀集中外”，除了镇压叛乱之外，极少主动发动战争，这让北方获得了自太武帝以来难得的休养生息的机会。宫廷之内，虽然保母出身的常太后权势煊赫，但除了赐死李氏、扶持冯氏为后之外，似乎对文成帝也没有过多的干涉。对外朝而言，以常太后的哥哥常英为首的常氏外戚虽然盛极一时，但在和平元年（公元460年）常太后去世后也随之逐渐衰落，并未对北魏政治造成显著的影响。

唯一不利的情况是，文成帝二十六岁就死掉了，他和李氏在仓库里造出的结晶——献文帝拓跋弘即位时年纪太轻（十二岁），而文成帝又没有留下辅政班子或者关于权力安排的遗嘱，这种局面被侍中、车骑大将军乙浑利用，几个回合的政治斗争下来，包括陆丽在内的几个对头都为他所杀。乙浑自封为丞相，位居诸王之上，北魏朝政一时间尽被乙浑掌握。

不过，这种局面只维持了半年多。到了天安元年（公元466年）二月初，以拓跋丕[①]为首的部分鲜卑亲贵串通太后冯氏，突然间发动政变，诛杀了乙浑。

这一事件震动朝野，尤其是太后冯氏的表现给人留下了深刻的印象。要知道，此前的十几年里，冯氏一直隐身在文成帝的身后默默无闻。直到在文成帝的葬礼上，按照鲜卑人的风俗，皇帝生前穿用的衣物要尽皆焚化，正当大火熊熊之时，伤心欲绝的冯氏突然纵身入火，意图以身殉葬，幸亏被人及时救出，才不致香消玉殒。如果说此事展示了冯氏的刚烈性情，那这次政变则展示了她的智略胆识和阴柔的手段。因为事后看来，乙浑被诛时毫无还手之力，政变对朝局的不利影响也几乎可

① 此拓跋丕后封东阳公、东阳王，与前文提到的道武帝子、乐平王拓跋丕虽同名，但非一人。

以忽略不计。

然而，对政变的具体过程，史籍记载却十分简略，只说冯太后“密定大策”，在其中扮演了极为关键的角色。事后作为政治交易的一部分，她得以临朝称制，以太后的身份代替尚未成年的皇帝处理国政。这一年，曾经的小冯姑娘、如今的冯太后只有二十五岁。而此前，她并没有任何实际处理政事的经验。

当薛安都、常奇珍请降的消息送到平城的时候，冯太后临朝听政已经有八个月了。

她立刻召开了御前会议，征求群臣的意见。

起初，许多朝臣都对薛安抱持怀疑态度，不知道他是不是真心投降。只有中书监李敷坚持认为，正是刘宋内部的祸乱不和导致了藩镇的外叛，如今江南纷乱、内外离心，薛安都等人的请降正是攫取淮北的千载难逢的好机会。在李敷的呼吁下，最终北魏朝廷形成了一致意见，认为可以接受薛安都、常奇珍的投降。于是，冯太后封薛安都为镇南大将军、徐州刺史，并遣镇东大将军尉元统领铁骑一万，渡河直奔彭城；同时另遣一军出西道救悬瓠。

魏军从河北南下彭城，势必要经过兖州地界。当时兖州刺史毕众敬本已向朝廷纳降，可他后来得知，自己留在建康的儿子早已被明帝所杀，不禁老泪纵横，怒得一刀砍向柱子：“我皓首之年唯有一子，却不能全，活着还有什么用！”于是当魏军经过之时，他也投降了。尉元军因此得以长驱而进。

十二月底，魏军抵达彭城北郊。与此同时，沿泗水北上的张永、沈攸之军也进至彭城东南。从数量上来看，如果不算彭城里的薛安都部队，宋军是魏军的五倍。然而魏军再次发挥了骑兵灵活快速的特点，先是偷袭击破了宋军存放粮草辎重的营盘，既而趁张永撤军之时兵分两路，前军堵截，后军追击，于吕梁（今江苏徐州东南）东大破宋军，斩首数万，伏尸六十余里。再加上当时正值隆冬风雪酷寒天气，宋军冻死冻伤者不计其数，统帅张永不但冻掉了脚趾，儿子也在战斗中被杀。

此战结束，张永与沈攸之仅以身免，梁、南秦刺史垣恭祖等被魏军俘虏。除了彭城这个北伐基地落入北魏之手之外，更糟糕的是，镇东阳的青州刺史沈文秀、镇历城的冀州刺史崔道固慑于彭城一战的声威，也向北魏乞降。

冯太后立刻命征南大将军慕容白曜率铁骑五万直入青齐。后来虽然沈文秀和崔道固都反了悔，但尉元军以彭城为根据地又取得了下邳、宿豫（今江苏宿迁南），切断了青、冀二州与刘宋的联系，慕容白曜则攻围历城、东阳二城经年之久。到了泰始五年（公元469年）正月，二城终于被魏军攻克，沈文秀、崔道固被执。再加上之前悬瓠已经被魏军占据，至此，当年宋武帝刘裕北伐收复的淮河以北大片领土尽入北魏之手！

此前，由于北魏献文帝拓跋弘于十四岁的年纪生下一位皇子，已经临朝称制一年半的冯太后急流勇退，将朝政归还给了“喜当爹”的献文帝，自己则选择退入后宫，亲自抚养这个刚出生的小宝宝。

据说，这个宝宝出生之时，有神光照于室内，天地之间阴阳交泰，充塞着一片祥和之气。襁褓中的婴儿洁白如玉，嶷然有神异之资。

这个婴儿取名拓跋宏，后世称之为魏孝文帝。

32　太后与少帝

拓跋宏的出生意味着，年方二十六岁的太后冯氏在名义上成了祖母，而当了爹的献文帝虽然仅有十四岁，但按照鲜卑人的传统，足可以担当起他应负的责任。何况太后临朝本就是权宜之计，所以包括冯太后自己在内，当时的人都认为太后罢令、皇帝亲政是一件自然而然、顺理成章之事。

不过，后世有些学者却认为，这里面可能隐藏着不可告人的秘密。其中一个颇为大胆的揣测，说拓跋宏其实是冯太后的私生子，她之所以罢令归政，是要亲自乳养自己的亲儿子！理由是：第一，以拓跋宏的出生时间推算，其孕育之初献文帝只有十二周岁，是否具备了生育能力实在令人怀疑。第二，冯太后本是权力欲旺盛之人，岂能仅仅因为有了一个小孙孙就甘愿归政？她一定是因为产子哺乳诸事，才不得不放弃到手的权力。第三，史料中记录，有个叫杨椿的人说自己在宫内任职时，时常夹在冯太后和孝文帝“母子间甚难”，可不就是说两人是母子关系么？

猛一看，以上几点貌似很有道理，细思后便知大谬不然。

首先，周一良先生早就注意到，鲜卑人一直有早婚早育的传统。前面已经交待过，献文帝出生时，他爹文成帝拓跋浚才十五虚岁，也就是说受孕时不过十三周岁。而文成帝出生时，其父拓跋晃只有十三虚岁，受孕时仅仅十一周岁，比献文帝还要小一岁！考虑到北方游牧民族体魄强健，皇室营养充足，发育偏早亦属正常。

其次，冯太后的权力欲是后来第二次临朝听政时培育出来的。第一次临朝时，其经验尚浅，时间也较短，威望也不足以达到挟制群臣的地步，再加上北魏此前并无太后垂帘的传统，在皇帝已经成人的情况下，她并没有不归政于献文帝的充足理由。与其为此和献文帝、朝臣们产生矛盾，不如自觉引退，给皇帝一个顺水人情，也给世人留下贤德的形象。再说，虽然冯太后此时可能确有情人（李奕），但怀孕生子这么大的事，如果确有其事，岂能瞒得密不透风？相反，史籍中明言，拓跋宏乃献文帝与东宫时的侍妾李夫人所生，他的嫡子身份一直无可怀疑。至于杨椿说他们“母子间”如何如何，乃是一种泛称，就像用东北话称呼女性长辈和近支晚辈之间的关系，可以叫作“娘俩儿”一样。

实际上，冯太后主动撤帘归政，“躬亲抚养”刚出生的皇长子拓跋宏，不但不能说明拓跋宏是她的私生子，反而显示出了冯氏的深谋远略和良苦用心。

要知道，归政后她的权力虽然不再行于外朝，但却依然牢牢地控制着后宫之内。虽然献文帝不是她的亲生儿子，但于礼于法，她都是皇帝的“母亲”。身为太后之尊，且不说普天之下唯有她一人拥有废掉皇帝的权力，单就十几年管教下来形成的积威而言，也足以对年轻的皇帝施加强大的影响。何况，多年来从姑母冯昭仪和常太后那里学来的经验也告诉她，谁掌握了未来的皇帝，也就掌握了未来的权力。再加上冯氏一直不曾生育，年龄渐长，心中的母性愈浓，若能亲手抚养小孙孙长大成人，造就一代明君，也聊可慰藉她寂寞孤独的内心。

之后的两年里，一切进展良好。亲政后的献文帝勤于为治，赏罚严明，北魏又从南朝手里夺取了淮北诸州，国势得到进一步提升。在朝野上下眼里，这一切固然是神灵庇佑，却也少不了要归因于太后和皇帝母慈子孝的福荫。

然而，到了皇兴三年（公元469年）以后，随着两件事的发生，人人都发现，在表面上的和睦背后，冯太后和献文帝之间的关系已经产生了难以弥补的裂痕。

第一件事是这年六月，三岁的拓跋宏被献文帝立为太子。献文帝很喜欢这个儿子，这本来是个大喜事，但北魏有“子贵母死”制度存在，冯太后当然要借此机会除掉拓跋宏的生母——有可能成为下一任太后的李夫人。史籍上虽然没有明确记载李夫人是被冯太后赐死的，但其卒年既与立太子之年相同，而且死后“上下莫不悼惜”，那就足可以肯定是死在了这件事上。献文帝和他爹一样，也喜欢年龄稍大的轻熟女，对于这位一手启蒙自己从男孩变成男人的李夫人，他应该是有很深的感情的。虽然恪于“子贵母死”的祖宗家法，他不能公然为此事怪罪冯太后，但心底却免不了要生出怨愤。

除此之外，对于年龄渐长的献文帝来说，冯太后屡屡以后宫之主的身份对他的私生活有所干预，也让他颇为不满。这倒不是说冯太后不让他跟嫔妃发生关系，而是她不允许后宫再出现另一个权威——献文帝在位的十一年里，他居然没有立过皇后①！这一点不能不说跟冯太后的压制有极大的关系。

让献文帝更加不平的是，自己贵为天子，在女人的事上受制于太后，不能随心所欲，冯太后自己却在男人的事上给先帝戴了绿帽子！有传言说，退入深宫的冯太后除了养育太子之外，还与“美容貌，有才艺”的散骑常侍、宿卫监李奕展开了一段恋情。李奕是李敷的三弟、太武帝时多次出使凉州的李顺之子。文成帝时，李敷兄弟受到重用。后来冯太后临朝，李奕因官居常侍，又典宿卫，时常出入宫禁，这就给了冯太后与他亲密接触的机会。这种事情哪怕防范得再严，时间长了，总不免走漏消息，于是风闻于外，街谈巷议就不那么好听了。

年轻的皇帝既为此感到羞辱，也想借机对李夫人之死进行一次报复。眼前他虽然仍不敢轻动太后，太后的情人他却不想放过。然而，由

① 孝文帝的生母李夫人后来虽然被追封为思皇后，但那是献文帝死后的事。

于事关国体，却不好在秽乱宫闱一事上治李奕的罪，只能寻找机会，在别的事情上找他的麻烦。皇上既有此心思，下面自然有人“仰体朕心”。因而到了皇兴四年（公元470年）的冬天，终于引发了一场颇富争议的大案。

33 献文帝的烦恼

事情是从另一个姓李的官员身上开始的。

此人名叫李訢，出身范阳李氏，跟李敷兄弟没有亲戚关系。他少年时聪敏机辩，颇受太武帝拓跋焘的赏识，后来还娶了太武帝的舅舅阳平王杜超的女儿。因为他教过文成帝拓跋浚读书，文成帝即位后感念旧恩，李訢的官运就亨通起来，先是升为仪曹尚书，领中秘书，赐爵扶风公，后来又做到安南将军、相州刺史。北魏初立乡学，在各州郡开设学校，就是采纳了他的建议。

但我们多次说过，那个时候，北魏还没有正式的俸禄制度，所以不管京官还是地方官，严格来说，几乎没有不贪渎的，地方官更是拥有大量的灰色收入。相州（即邺城）这个地方从魏晋以来就是一大都会，更是当过曹魏（曹操墓就在这里）、后赵、前燕的都城，人口兴盛，商胡杂矮，是地方官的一大财源。李訢在这儿当刺史，初始还能稍加收敛，日子长了，就骄矜自得起来，尤其是近年因为治理得好，还得到过朝廷的赏赐，搂起钱来就更加没有了顾忌。于是便有人向朝廷告发，说他贪污民财和商胡珍宝。

当时李奕的哥哥李敷正担任南部尚书，相州的事在他的职责之内。他和李訢虽然不是亲戚，但自幼朋友相交，感情很好。出于人情上的考虑，李敷一时没把这事奏闻献文帝得知。哪知献文帝早就盯着李家兄弟好久了，正愁找不到把柄。风闻李訢一事，他立刻觉得这是一个搞掉李敷兄弟的好机会，于是颁下诏书，将李訢槛车征至平城，一番拷掠下来便坐实了他杀头的罪名。

到了这时，献文帝使出了美剧中常见的“辩诉交易”招数，通过渠道向李訢透露，说只要你揭发李敷兄弟的罪状，我不但保证不杀你，日后还有重新提拔你当官的希望。李訢一开始并不想当一个为人不齿的告密者，而且他也确实不知道李敷兄弟有什么罪状，绝望之下生出自杀的念头，可因为意志不坚又没死成。最后架不住前来探监的女婿裴攸的反复劝说，他还是同意了当指认李敷兄弟的“污点证人”。他这一点头，后面的事自有体察上意的人操办。于是有关部门罗织了李敷二十多条罪名，上奏天听。献文帝当然“大怒”，随即降诏将李敷、李奕及其兄弟子侄十余人下狱治罪，尽皆处死！

赵郡李氏是河北大族，李敷兄弟平素敦崇孝义，家门有礼，乡论官声都颇佳，所以此案一出，舆论多为其感到惋惜和不平。也有了解内幕的，知道李敷兄弟的罪名大多是栽赃陷害、欲加之罪，更为之感到冤枉，认为献文帝将李奕一人黜免或外调即可，完全没有必要让李氏一家为此横遭屠戮，身为天子，实在气量不高。

与此同时，深宫里的冯太后则感到伤心、愤怒和隐隐然的一丝恐惧。

情人的被杀固然让她痛苦，但更让她郁结于胸的则是皇帝的真实意图。显然，这是一次蓄谋已久的报复和挑战，皇帝的心里说不定早就盼着没有自己这个太后！冷静下来后，她又对当初过于轻易地交出权力感到有些后悔，同时也无奈地承认，失去权力的自己只不过是一个僻居深宫、无人疼爱的黄脸婆，还说什么母仪天下！说什么慈养万方！

眼下就是如此，她既不能为此事对皇帝加以指责，也不能给蒙冤的李敷一家赐与抚恤或是平反，因为撤帘归政后，外朝之事她本不能过问，否则就是惑乱国政、妇人弄权，也势必会激化她们母子之间的矛盾。不论从哪个方面看，这都远非国家之福。更重要的是，即使现在和皇帝撕破脸，她也没有必胜的把握。

所以，她只能忍耐。

而忍耐是她入宫后学会的第一个技能。对于注定要一生幽居后宫的女人来说，忍耐实在不是什么了不起的事情。

而在这件事情上，许多男人并不擅长。

献文帝就是其中的一个。

除了李敷兄弟一案之外，近来他对另一件事情的处理也引起了朝臣的非议：刚刚在青齐地区摧城拔寨、为北魏夺下淮北诸州立下大功的将军慕容白曜，竟让献文帝给杀了！据说是因为在乙浑专权之时，慕容白曜有党附乙浑之嫌。可此事已经过去五年多了，而且冯太后临朝之时早已宽大处理、一概免罪，如今献文帝揪出这件事来，他自己也觉得颇为牵强，所以干脆诬陷慕容白曜谋反。此一冤案比起李敷兄弟一案更让许多朝士愤愤不平，他们虽然表面上不敢流露，私下里却觉得献文帝治理国事时私心太重，反倒不如太后当政时更为理智稳健。

这样的风评传入献文帝的耳朵，更增加了他的不快和烦恼。而自从亲政以来，他只觉得不快和烦恼在心中越积越多，少年时的逍遥快活却都消失不见了。一方面，随着北魏在汉地统治的深入和扩张，身为皇帝，日常需处理的庶务越来越多，而出于防范臣下专权的考量，又不宜将权力下放，只好事必躬亲、案牍劳形，时间久了，献文帝常有不堪重负之感，而对于自幼习于驰骋射猎的鲜卑人来说，这也不符合他们的天性。大概正是以上缘故，献文帝近来时常觉得身体不适，不是这儿疼就是那儿疼，竟似有未老先衰的迹象。这让他想起，自己的祖父和父亲都是二十来岁就过早辞世，更平添了几分烦忧。另一方面，每当他结束了外朝政事返回后宫，都不得休息，按规矩先要去给太后请安。而自从李奕被杀以来，他们母子之间已生出嫌隙，内心互相憎恶，表面上却要装作彼此相安无事，这也让献文帝颇感难以应付。到了晚上，想找个体己的人说说话，然而后宫里的一众嫔妃要么是冯太后的耳目，要么则畏于太后的威势不敢多言，实在无趣得紧。有时他也想看看自己的儿子，可一想到他被冯太后带在身边，不由得就打消了念头。

献文帝常常想，自己贵为天子，竟比寻常百姓还不自由！

所以这段时间，献文帝频繁召见和尚、道士，和他们谈玄论理，希冀从法术和修行中找到一些解脱烦恼之道。这也是当时上层社会普遍信奉的方便法门。这时节，献文帝还在平城修建了永宁寺，寺中造有七级浮屠，高三百余尺，基架博敞，号称天下第一；又在天宫寺大造释迦牟尼佛立像，高四十三尺，用赤金十万斤、黄金六百斤。这一切似乎暗示，年纪轻轻的皇帝竟颇有出世之心。

此外，每年到了夏秋之交，按照鲜卑人的风俗，皇帝都要率领文武群臣从平城出发，到阴山却霜。而这一活动太后一般并不参加。于是这一两个月就成了献文帝一年当中难得的休闲度假期。

这一年却霜之时，献文帝一直在想，出家修道之人看似潇洒，却不免常为衣食所困，何况自己也舍不得眼前的富贵江山。这世上要是有一种办法可以尽享帝王尊荣，同时又能稍稍远离那些缠身的俗务和人情的羁绊，该有多好啊！他又想起，本朝的明元、太武诸帝当年也常常四处巡狩、纵马征战，国家却同样治理得很好。听人说当时曾有太子监国之制，可眼下自己的太子还不到五岁，让他监国理政自然不大可能。

忽然间，一个念头在献文帝心里浮现了出来。

34 离奇的禅位

皇兴五年（公元471年）八月初，刚从阴山却霜回来不久，献文帝召开御前会议，宣布了一个令人震惊的决定：朕近年颇慕黄老浮屠之事，常有遗世之心，皇叔京兆王子推体自恭宗景穆皇帝，沈雅仁厚，素有时誉，朕欲以帝位禅之，列卿以为何如？

此言一出，文武群臣都不相信自己的耳朵，然而见皇帝面沉似水的样子，却又不像是癔病发作。皇帝今年刚刚十八岁，正是春秋鼎盛之时，好端端地说出这样一番足以动摇国本的话来，谁都搞不清楚其动机何在，所以一时间大家谁也不敢应声，偌大的朝堂竟如死一般寂静。

京兆王子推不在。在这种情况下，只能由在座宗室之首——任城王拓跋云（子推的弟弟）首先发言。近来献文帝亲近僧道、心游方外之事，任城王云颇有风闻。他进前一步，肃然言道：

“陛下方隆太平，临覆四海，岂得上违宗庙，下弃兆民？历来天子之位，皆为父子相传，我皇魏龙兴朔漠，亦未之有革。太子乃皇储正统，圣德夙章。若陛下必欲捐弃尘务，颐神养性，则皇太子宜绍续大统。况今之天下，乃我大魏列祖列宗之天下，陛下若更授旁支，既恐非先圣之意，又将骇动人情，上乖七庙之灵，下长奸乱之道，此是祸福所由。臣愿陛下深思慎之。”

其实北魏开国之先，拓跋鲜卑的酋长之位多有兄亡弟绍之事，并非全是父子相传。但自从道武帝拓跋珪裁抑诸弟，并以“子贵母死”的残忍制度确立了父死子继的继承法则后，父子相传确已成为北魏相沿数代的传统。所以且不管献文帝企图禅位的目的如何，单就禅位给拓跋晃的儿子、文成帝的弟弟拓跋子推这一提议而言，法理上就已经说不通。任城王云既是子推的弟弟，又官居都督中外诸军事、中都大官，位高权重，他这一出言反对，其他人就好置喙了。

于是刚刚从漠南前线赶回，胡子一大把的太尉源贺言道："陛下今欲外选诸王，而禅位于皇叔者，臣恐春秋蒸尝，昭穆有乱，万世之后，必有逆飨之讥。臣愿陛下深思任城王之言。"

"蒸尝"是指祭祀，"昭穆"是指祖先的辈分，出身河西秃发氏的源贺用了一个典故来提醒献文帝传位叔父的恶果。春秋之时，鲁国第十七代国君闵公被弑，权臣季友拥立僖公继位。然而闵公是弟弟，僖公是哥哥，所以僖公死了以后，鲁国人以先大后小的理由将祭祀僖公的顺序排到了闵公之前，这就造成了辈分的紊乱。一百年后，孔老夫子还将此事归咎于当政的鲁国大夫臧文仲，讽刺他有"三不仁""三不智"，纵容逆祀就是其中之一。所以源贺才担心，献文帝传位给叔叔子推，那将来宗庙里排次序，你俩谁在先都不合适，后人必有逆飨之讥。

随后，靠诛除乙浑发迹的东阳公拓跋丕等也叩头进言，说皇太子虽然聪明仁德，但毕竟年龄太小，并委婉地批评献文帝这种独善其身的行为其实是不负责任："其若宗庙何！其若亿兆何！"说到激动之处，选部尚书陆馛（音bó）以头抢地，道："陛下若舍太子，更议诸王，臣请刎颈殿庭，不敢奉诏！"

这下献文帝的脸色就很不好看了，心说我不是跟你们商量呢么！用得着这么要死要活的！于是龙颜震怒，拂袖而出，将一众跪着碰头的王公大臣晾在了原地。

这件事闹得沸沸扬扬，不久后冯太后就得知了。她是文成帝的皇后，如果帝位真的让给了文成帝的弟弟子推，那她这个寡嫂又该置于何地？而且这种涉及皇统帝嗣的"家务事"，自然是母仪天下的太后最有发言权。所以不论于情于理，冯太后都应该对献文帝这种荒唐的想法加以劝阻才对。然而奇怪的是，史籍中却找不到任何冯太后曾对献文帝禅位一事有所劝诫的迹象。甚至可以说，她对此事的态度是听之任之。这固然有两人面和心不和的缘故，但更主要的原因则是，以冯太后对献文帝的了解，她知道禅位给皇叔子推只是献文帝的借口，他真实的意图恰恰是维持父子相传的法则，要将皇位安安稳稳地交给太子拓跋宏。

了解他这个意图的，除了冯太后，还有侍奉内省三十年、在太后和皇帝身边左右逢源的大阉官赵黑。当献文帝将禅让提议受阻于鲜卑亲贵一事告知赵黑之时，他当即跪倒叩头，说臣什么都不懂，只想永远侍奉陛下，不过陛下您如果非要传位的话，臣唯有以死奉戴皇太子，不知其他！汉人文臣的领袖、中书令高允也说："臣不敢多言，愿陛下上思宗庙托付之重，追念周公抱成王之事。"周公是叔，成王是侄，高允的意思也是京兆王子推可以辅政，但不宜传位。

凭借这番表演，献文帝既探知了群臣的立场，也通过诱使其谏争从而统一了舆论人心。而经由此次争辩，京兆王子推、任城王云这些皇叔也不再对皇位构成威胁。于是献文帝借坡下驴，以应群臣所请的方式说出了他的真实目的："然则立太子，群公辅之，有何不可！"既然你们不同意我禅位给皇叔，传位给太子，你们总没意见了吧？

八月二十一，献文帝颁布了传位于太子拓跋宏的诏书。两天后他更是搬出了太武帝以来的正寝永安宫，移往北苑的崇光宫居住。于是年方五岁的拓跋宏便成了北魏王朝的第六任皇帝，是为孝文帝。据说举行禅位仪式之时，这个小娃娃泪流不止。献文帝问他为什么哭，他回答说："代亲之感，内切于心。"意思是不忍代替父亲做皇帝。

由于禅位之时，献文帝刚刚十八岁，正值身强体壮、年轻气盛之时，居然会以修道为名将皇帝的宝座让给乳臭未干的小儿，实在匪夷所思，所以后世有不少学者认为《魏书》所云"帝雅薄时务，常有遗世之心"的解释并不可信，禅位的真正原因恐怕与冯太后和献文帝的权力斗争有关。他们的一个重要论据是，《魏书》卷一百零五《天象志三》

上明明白白地记载："上迫于太后，传位太子。"然而遗憾的是，由于《魏书》的某些章卷在宋朝以后多有亡佚，流传至今的《天象志三》已非《魏书》原文，而是后人取唐人著作补充上去的。一个明显的证据是，两者的体例并不相同：《天象志三》此处径称拓跋宏为"孝文帝"，而不是像《魏书》原文那样称为"高祖"；同样，称其父为"献文"，亦与《魏书》称"显祖"不合。这一点，钱大昕、周一良等大家早已辨明。

至于《天象志三》所补文字的真正作者，历来认为不是张大素就是元行冲。然而不论张大素还是元行冲，都是活跃于唐高宗、武则天之时的人物。他们的私家著史，有鉴于其时武则天女主当朝、危逼李唐宗室的"乱象"，自然免不了展开联想，将北魏冯太后的事迹拿来影射一番，发发牢骚议论，尤其是要借助天象示警之说，对世人发出女祸之类的警告。这一点，在《天象志三》中充斥的"后窃刑柄""群阴不制""母后之衅几贯盈矣"等意有所指的文字中表现得很明显。从上下文来看，"上迫于太后，传位太子"这句话阐释了皇兴元年"荧惑犯氐"，"十一月，太白又犯之"的内宫忧逼天象，这与其说是对史实的记叙，不如说是作者在以古讽今思想的引导下进行的想当然的演绎，并不能拿来说明献文帝禅位的真实原因。

35 诡异的暴崩

魏晋南北朝之时，王朝更迭频繁，且权臣篡位多以禅让为名，所以在后人眼里不免生出这样一种印象，即禅位都是被逼的，禅让者即失败者。然而就献文帝这次禅位事件具体分析，其实大为不同。

首先，在禅位给太子拓跋宏的当日，群公就向献文帝奏请上尊号，说："从前在三皇的时代，淡泊无为，所以称作皇。因而汉高祖刘邦当上皇帝以后，尊其父为太上皇，意在宣明其位望虽尊，却不统天下。如今皇帝幼冲，万机大政，犹宜陛下总之。臣等谨上尊号为太上皇帝。"

献文帝是中国历史上第一位太上皇帝[①]。别看太上皇帝比太上皇只多一个帝字，且都是皇帝的爹，意义却大为不同。太上皇"不统天下"，太上皇帝则犹总大政，起码就当时而言确实如此。史籍明言，献文帝禅位后，"国之大事，咸以闻"，照样是他说了算。就这一点而言，献文帝这个太上皇跟后来同样当过"上皇"的唐高祖、唐玄宗有本质的区别，历史上大概只有乾隆能和他有一比。

别看献文帝说得好听，做得也像模像样，把皇宫正殿让给了儿子，自己搬到僻静的苑囿中居住，房前都是土阶，梁上都是原木，附近又修了参禅打坐的洞窟，搞得确实是一副潜心修道的模样。实际上，他依然大权在握，通过身边的近臣掌握着国政。这种情形，倒与明朝后期躲进西苑修道二十余年的嘉靖皇帝颇为类似。

---

① 此前十六国时割据河西的前凉吕光在传位给儿子后，也自称太上皇帝，然而他当天就死了，故可忽略不计。

在献文帝担任太上皇帝的五年里，史籍中随处可见他召见群臣、发号施令，对官吏任免、宗庙祭祀、司法改革、外交政策等方方面面的国家大事进行直接管理的例子，用《魏书》的原话概述就是，“及传位高祖，犹躬览万机”。献文帝不是退而不休，他是压根就没退休！更重要的是，五年之中献文帝两次亲征柔然，两次统军巡行，两次大阅兵马，北魏全国上下的军权尽在他的实际掌握之中。而继位的孝文帝拓跋宏除了要每月一次去崇光宫向上皇请示汇报之外，从事的大多是亲耕籍田、阴山却霜、接见外国使节等礼仪性的活动。由此可知，献文帝哪里是什么“优游履道，颐神养性”？除了名义上的区别之外，他这个太上皇又与真正的皇帝有什么不同？

综合以上种种情形，我们只能认为，既然禅位后的献文帝依然掌握实权，那么他的禅位自然不是受人逼迫的结果，而是他自己的选择。

这就奇了怪了！难道献文帝玩这么一出，就是贪图“太上皇帝”这个名号好听么？他禅位到底是为了什么呢？

其实献文帝禅位的真实原因，大部分我已经在前文中透露了。一来他确实对繁重的政务感到不耐，升格为太上皇后虽然依然大权在手，却不必像身为皇帝时囿于礼法时常上朝，只需根据自己的需要随时发号施令即可。工资待遇不变，却又不用打卡上班，这样的便宜到哪里去找？第二，早早传位给太子，一旦自己将来有个三长两短，即使皇帝年幼，京兆王子推、任城王云等亲贵由于名分早就确定，也不易生出异心。其实这在形式上，就是变相的太子监国。第三，虽然献文帝的禅位不是冯太后逼迫的结果，但不代表她的压力不存在。而禅位后献文帝搬出了皇宫，迁往数里外的北苑崇光宫居住，两人不常见面，眼不见心不烦，可以稍稍缓解与冯太后之间的紧张局面。你当你的后宫霸主，我当我的太上皇帝。虽然冷战仍不可免，但面对面发生冲突的机会却大为减少。所以虽然禅位后，冯太后没有相应地被尊升为“太皇太后”，名义上出现了皇太后冯氏与太上皇献文帝隐隐然平起平坐的吊诡局面，她却仍然没有什么表示。

就这样，当南朝的政局陷入频繁的动荡之时，北魏王朝则在太上皇献文帝的治理下，又平平安安地度过了五年。应该说，作为守成之主，献文帝做得相当不错，他虽然对黄老之术感兴趣，却并非清静无为之君，这一点从他两次发兵试图攻略刘宋就可以看得出来。一次是在延兴三年（公元473年）十月，一次是在次年九月。虽然因为刘宋的政局很快便趋稳定，两次攻伐都不了了之，却可以看出这位年轻的皇帝和他的祖辈一样拥有制霸天下的野心。

到了延兴五年（公元475年）的冬天，献文帝再次于平城北郊大阅兵马。次年六月又对京师现有的军队进行了一次整编，看样子很有可能在这年的秋高马肥之时大举亲征刘宋。就在此时，献文帝突然于六月十三日暴崩于永安殿，时年二十三岁。

对于献文帝的暴死，《魏书》所言较为隐晦，一方面在“史臣曰”中暗示是“宫闱之变”，一方面又在《皇后传》里说“时言太后为之”。当时的人都说是太后干的，至于我什么想法，呵呵，就不告诉你！因为有这样的暗示，上面提到的唐人补撰的《天象志三》更加言之凿凿地宣称，献文帝始终对上天的警示不能醒悟，才导致了“鸩毒之祸”！言下之意，献文帝是被冯太后毒死的。虽然元行冲在《后魏国典》中说，当时冯太后安排壮士埋伏于禁宫，趁献文帝入谒的机会动的手，司马光却认为，壮士刺杀的行为过于昭彰，难以保密，所以《资治通鉴》采用了鸩毒的说法。由于以上材料的存在，时至今日，除了个别脑洞极大的异想天开之徒，绝大多数历史学家都认为献文帝死于冯太后之手，这一结论基本上很难推翻。甚至有学者认为，献文帝的悲剧命运在他禅位的那一刻起已经注定，是他和冯太后权力斗争失败的必然结果。

我支持冯太后害死献文帝的说法，但对后一种观点则并不认同。因为献文帝既不是被逼禅位，又实际上仍然掌握北魏的最高权力达五年之久，如果在其禅位时冯太后已经掌握了他的命运，那又何必要苦苦等上五年？

其实，通过献文帝的死亡地点，史籍已经透露出了他被害的原因。

如前所述，献文帝禅位后居住在北苑的崇光宫（后改名宁光宫）。研究北魏平城的专家殷宪先生认为，现在大同市北郊的安家小村就是崇光宫的遗址所在地。而迁居崇光宫后，献文帝对自己的人身安全是比较注意的，以善射少言、不可侵犯著称的羽林中郎将于烈曾统领崇光宫宿卫一事即为明证。然而奇怪的是，献文帝遇害则是在崇光宫以南大约八九里之外的永安殿。永安殿是太武帝以来北魏皇帝的寝宫，当年太武帝就是在此被宗爱所弑。献文帝禅位后是不应住在这里的。联系到此前几天献文帝曾整编军队准备南侵，我推测，他可能是由于临时处理军务或入宫向冯太后辞行，才住在此处的。既然后宫早已被冯太后控制，五年时间又使得献文帝放松了对冯太后的警惕，那么在夜深人静之时，只需要几个听话的太监就可以轻松结果献文帝的性命。至于究竟是毒杀还是行刺，根本就不重要了。

史籍还记载，献文帝死后，有一位名叫娄提的鲜卑人拔刀自杀，大叫："圣主驾崩，我活着还有什么用！"而娄提官居内三郎，正是献文帝的贴身卫士。从他的话里，也多少可以揣摩出这次"宫闱之变"的真相吧！

36 总有刁民要害朕

献文帝暴崩时，孝文帝拓跋宏刚刚十岁，虽然已经当了五年的皇帝，却仍然不具备亲政的能力。于是顺理成章，皇太后冯氏被尊为太皇太后，再度临朝称制。北魏进入了女主当政的时期。

不过，领导人的更迭并没有给北魏朝政带来动荡和混乱。相反，冯太后聪慧明断、知书晓政，又深谙权谋御下之道，自幼受其抚养的孝文帝也对她言听计从、十分恭顺，所以尽管冯太后重用了一些私人（主要是哥哥冯熙）和阉幸，其治下的北魏却维持了安定和发展。与此同时，南方的刘宋却江河日下、动乱不止，逐渐走到了王朝的末日。

“猪王”宋明帝刘彧在位八年，前半期在几个兄弟休仁、休祐、休若和沈攸之、吴喜等人的辅佐下扭转了普天同叛的局面，虽然因决策失当导致淮北尽入鲜卑之手，但总算将国内的统治秩序稳定了下来。然而到了后半期，明帝不但多疑猜忌、昏乱不明，而且重演孝武、废帝的故伎，再次将冰冷的屠刀挥向了元勋功臣和自家兄弟。

最先倒霉的是明帝的哥哥、东海王刘祎。前面说过，在文帝诸子当中就属这个东海王刘祎和桂阳王休范资质最为凡劣，平辈兄弟都看不起他们，刘祎还因此被废帝子业称作“驴王”。尽管如此，他毕竟在现存的近支宗室中最为年长，所以明帝即位后封他为太尉、中书监，并改封庐江王。

泰始五年，有个叫柳欣慰的人试图谋反，想拥立刘祎为帝。刘祎不知道是真的蠢笨如驴，还是多年被轻视惯了想争口气，居然在没有任何羽翼和把握的情况下与柳欣慰互相酬和。此事被告密者泄露给了明帝，明帝当然不会放过这个整治刘祎的好机会，不但将他明降为车骑将军、南豫州刺史，派心腹杨运长领兵将其囚禁在宣城居住，还写下一千多字的诏书，详述刘祎自从孝武帝在世到现在的种种悖逆罪行，宣称自己对他的处置是多么“博爱尚仁”、宽大为怀。然而到了次年六月，明帝又授意有司奏刘祎怙恶不悛、忿怨不满，逼令其自杀了。

从这以后，明帝仿佛做贼心虚一般，几乎每次诛杀宗王大臣都要颁下长篇大论的诏书急急替自己辩白，总归就是说对方怎么怎么混蛋悖逆该死，自己又是怎么怎么伟大光辉正确，又是怎么怎么仁至义尽不得已而为之云云。当时要是有印刷术，我看明帝很可能会像后来的雍正帝编写《大义觉迷录》那样，把这些诏书结集出版，书名不如就叫《总有刁民要害朕》。

前面说过，宋明帝原本就体态极胖，所以得名“猪王”。这是因为他根本就是个大吃货！史料记载他“嗜味”，凡好吃的一概来者不拒，而且尤其喜欢吃甜食，一种用蜜腌制的鱼脯他一次能吃数升，吃烤肉则专吃猪后颈上的一块肉，一次可以吃两百块！此外他还好酒贪淫，有一次宫中大宴，明帝别出心裁，居然召来一群裸女和后妃近臣一起观赏。当时明帝的元配王皇后也在场。这位王皇后出身名门琅琊王氏，比明帝大三岁，从十三岁时就被指配为当时还是淮阳王的明帝为妃。两人感情一般，对于明帝登基后的荒淫行径她也心知肚明，但此刻的情景实在有伤风化，王皇后不觉以扇障面，不愿随着众人去对那些裸女评头论足。明帝见状颇为不悦，怒叱王皇后说：“你们家是不是穷酸没见过世面？大家娱乐开心而已，你有什么看不惯的！”谁想一贯柔弱少言的王皇后竟出言顶了回去，说：“娱乐开心的方法很多，哪有当着姐妹姑姨的面看不穿衣服的女人的！这种世面，我在娘家确实没见过！”明帝闻言大怒，立刻将皇后逐了出去。

暴饮暴食、缺乏运动再加上极不健康的生活方式，本就肥胖的明帝未及中年就疾病缠身，高血压、脂肪肝、心脏病恐怕都少不了。而且坊间传言，明帝年轻时就得了阳痿的毛病，不堪房事，因而除了十几岁时跟王皇后生的两个女儿是他亲生的，其余包括太子刘昱在内的几个儿子，实际上都是明帝左右近臣或诸弟的姬妾怀孕生男后，被秘取入宫当作皇子抚养的。

有病的人往往多疑迷信，明帝不认为自己身体不好是咎由自取，反而怀疑有不安好心的人暗中对自己下蛊诅咒。他在指责刘祎谋反的诏书中就说，晋安王子勋叛乱之时，刘祎“怀协左道，咒诅祷请”，曾照着自己的模样画成小人、刻写名讳，“或加之矢刃，或烹之鼎镬”，以极其恶毒的方式诅咒朕躬。再加上废帝子业之时，明帝饱受折辱，连猪食都吃过，短时间内又经历了数次生死转折，精神大受刺激，事后不免留下了心理阴影。而且一口气杀掉了十六个侄子以及对自己有抚养之恩的路太后，明帝也多少有些内疚神明。以上种种，使得越到后来，明帝越发变得迷信多疑，甚至生出了几分患有受迫害妄想症的迹象。

典型的例子是，明帝特别忌讳见到任何意味着灾祸和不祥的事物。据说当时朝廷往来文书、大臣章奏需要避讳的字词有数千百种之多，凡不慎触犯的人都会遭到严惩。例如“騧（音guā）”字，因为看上去形似“祸”，就被改成了“馬瓜”字。建康城的南门宣阳门，因为民间俗称白门，而白色又与死丧之事相关，所以明帝尤为忌讳。有一次，尚书右丞江谧不小心当着圣面将宣阳门称作了白门，明帝当即脸色大变，破口大骂：“白你们家门！”江谧吓得碰头不止，好半天才被放回。路太后死后，下葬前棺椁暂时停放在东宫，一次明帝前往东宫，无意中竟走进了停尸的房间。为此明帝龙颜震怒，免官处罚者有数十人之多。有这样一位神经兮兮的“事儿逼”皇帝，宫里办事的人苦不堪言，往往因为一些莫名其妙的缘故，不知道怎么就惹恼了明帝，轻则断手断脚，重则惨遭诛戮。因此宫廷内外人人危惧，深恐不能自保。

到了泰始七年（公元471年）前后，明帝愈发感到身体虚弱、病疾转深，自己也意识到来日无多。其时太子年幼而诸弟正当壮年，为身后之计考虑，对于心目中那些将来有可能危及皇位之人，他明显加快了剪除的步伐。

37 明帝的黑名单

在宋明帝的黑名单上，首当其冲的是他的三个弟弟建安王休仁、晋平王（从山阳王改封）休祐和巴陵王休若。

三人之中，又以晋平王休祐的个性最为桀骜难驯。据说几年前他在当荆州刺史时，手下有个叫苑景达的极擅弈棋，明帝听闻后下诏征召此人入朝，休祐居然抗旨不遣。明帝敏感的玻璃心受到了深深的伤害：朕要的东西你竟敢不给，那朕只能要你的命了！

泰始七年二月，宋明帝精心策划了一场谋杀。

这一天，皇帝的车驾去岩山射雉。到了日头偏西之时，仍有一雉脱逸在围场之外。宋明帝佯装不快，命随行在侧的休祐去将其射死，还说你要射不着就别回来。休祐果然中计，抛下队伍后面的跟班儿就拍马向林中而去。早就得到明帝授意的寿寂之等将一语不发，随行在后。

此时天色昏暗，到得密林深处，寿寂之等将休祐围成一团，把他从马上掀了下来。休祐见状已知不妙，仗着平素勇壮有力，奋力挥拳抵抗，一时间众人竟无法近身。直到有一人从其背后悄悄靠近，冷不防击中了休祐下体。休祐吃痛倒地，众人遂一拥而上，拗断了他的脖子，然后派人向明帝回禀说休祐不慎落马。明帝作吃惊状，赶忙叫御医前去救治。等片刻后御医和休祐的跟班赶到之时，休祐早就气绝身亡了！

当日明帝专门给身在江陵的巴陵王休若写信，解释了这起不幸事件，说射雉的时候休祐马惊，摔下来的时候头正好撞在石头上，当时就不行了。他还趁机招休若回京，说准备让休若代替休祐，担任征北大将军、南徐州刺史。当时民间盛传休若有大贵之相，因而深被今上所忌，所以休若身边的将佐都劝他不要应召。尤其参军王敬先话说得最直，他说：“如今主上已经活不长了，正在谋求剪除宗亲以逞私心，你现在回朝不是送死么？荆州这地方带甲十万，上可以匡扶社稷，下可以保境全身，比起赐死宅邸、臣妾饮泣，岂不是强多了！”然而向来谨小慎微的休若没有独立对抗朝廷的勇气，他不但没听王敬先的劝告，反而把他绑了送往建康以表忠心，自己则赶往京口上任。

建康城里，病情日趋严重的明帝正在谋诛建安王休仁，所以暂且放过了休若。三个兄弟当中，休仁和明帝年齿最近，爱好相似，感情最为深厚。废帝子业在位之时，他们曾共经患难，要不是休仁多次巧言戏笑化解了危机，“猪王”刘彧的一身肥肉早被子业做成了火腿肠。后来晋安王子勋等大起叛乱，也是休仁亲统沈攸之诸军，将荆、郢、湘、雍诸州次第平定。可以说，没有休仁，就没有今日的明帝。然而，也正是因为休仁功劳最大、地位最高、能力最强，明帝也最为放心不下！尽管一年多以前，休仁为避专权的嫌疑已经让出了扬州刺史的职位，明帝还是觉得为身后之事考虑，非除掉他不可！尤其是久病不出后，杨运长等心腹向明帝汇报，说朝廷内外的大小官吏，已经有许多人跑到东府去跟休仁的左右亲信深相结纳，等明帝一晏驾，他们好赶着抱休仁的粗腿，这就更增强了明帝杀掉休仁的紧迫感。

五月初一，明帝召休仁入宫朝见。两个人没聊上几句话，明帝就做出病体沉重的模样，一个劲儿地喘息不止。末了只好叫休仁暂且退下，说今天晚上你可以住在尚书下省，明天可早早入宫，朕还有要事和你相商。然而休仁并没有看到第二天的太阳。当晚，明帝就派人给休仁送去了毒药。临死前，休仁破口大骂明帝忘恩负义，说：“上得天下，谁之力邪！”

明帝当然知道他得天下靠的是谁的力量，同时他也知道，休仁的死很可能会引发众人的不满和朝局的动荡。为了怕在处死休仁的过程中搞出什么乱子，他强支病体登舆出端门暂避，直到休仁死透了才转回来。他还颁下诏书，诬蔑休仁趁自己病重之机勾结禁兵意图谋反，自己降诏责问，休仁惭愧无地，只好畏罪自杀。事后，他又觉得这样的解释恐怕不能令人信服，转而以自以为坦诚的态度重新给诸方镇、大臣写了一封长信，说休仁其实并没有谋反的实据，可观其近来的所作所为，实在意志难测，自己实在是没有办法，不得已才出此下策，实在是好伤心、好难过……

休仁这一死，休若也没能再活多久。七月七日，他也被明帝赐死于建康。

宋明帝对亲兄弟既是如此，对有所猜忌的异姓大臣如何，更是可想而知。

他的心腹爪牙、曾亲手杀死废帝子业和晋平王休祐的寿寂之素有勇健之名，明帝担心其将来不受太子管束，遂将其贬官流放，于道杀之！

曾在晋安王子勋之乱中立下殊勋的大将吴喜，因为颇得兵士拥护，“不可奉守文之主”，遂被赐死！

豫章太守刘愔（音yīn），仅仅因为明帝梦见有人告发他要谋反，亦无辜被杀！

甚至对自己的大舅哥、向来以谦退保家为处世原则的名士王景文，明帝担心自己去世后他将以外戚干政，难保将来不为纯臣，也对他生出了杀意。泰豫元年（公元472年）三月初七，一碗毒药随着明帝的手敕送进了王府。手敕上说，朕与你相交多年，看在感情的份上，也为了保全你王家一门，你应该能理解朕的这个决定。

手敕送到之时，王景文正在与客人下棋。他看过信函，随手就放到了棋盘之下，神色自若，仍旧和客人争先打劫。直到一局下罢，将棋子敛入盒内后，他才对客人们徐徐说道：“有旨意，赐我全尸。”说着将手敕示与众人。他手下有性情刚烈的人颇为不平，愤愤道：“大丈夫安能坐以待毙！府中文武尚有数百，足以奋击！”王景文摇了摇头，道："我知道你们的心意。然而真要替我着想，就多多顾念我全家老少吧！"说完取过纸笔，写了一封谢恩的章奏，随后仰药而卒。

经过明帝这一番苦心孤诣的剪除，刘宋朝廷内但凡有些本事，却在明帝眼中不属纯臣、难奉幼主的宗王勋臣几乎都被杀掉了。一直为身后之事忧虑不已的明帝应该也能够安心撒手、死而瞑目了。然而若死后有知，明帝一定会为自己的疏忽感到后悔，因为至少还有两个人是他在临死前应除而未除的。

一个是文帝诸子中唯一健在的桂阳王休范，另一个人，叫作萧道成。

38 | 萧道成的崛起

萧道成的祖上出身东海郡（今山东郯城）兰陵萧氏，跟出身彭城的刘裕算是半个老乡。晋末永嘉之乱后，萧氏南渡至晋陵地界，侨居南兰陵县，跟京口亦为毗邻。从刘裕的继母即为萧氏来看，两个家族很早即关系密切。

跟刘裕的父祖一样，萧道成的祖上也只是当过不入流的小官，直到他的父亲萧承之那一代，因为投身军功，特别是辅佐梁州刺史萧思话平定了汉中，得封龙骧将军，最后一直做到右军将军，萧道成这一支才发达起来。

萧道成出生于元嘉四年（公元427年），与少年丧父的刘裕不同，他的父亲彼时已经是个中层官员，自然能够提供给他较好的教育机会。十三岁时，萧道成随父在建康居住，有幸成为当时在鸡笼山讲学的大儒雷次宗的入门弟子，习学《礼经》和《左氏春秋》。一年后，其父萧承之受宋文帝委派，领兵看守被贬至豫章的彭城王义康，萧道成只好舍业南行，随父亲离开了建康。从此，萧道成就子承父业，走上了军功起家之途。

从十六岁第一次赴沔北参加伐蛮战争开始，青年时代的萧道成主要是作为雍州集团的一员，随同萧思话、臧质等活跃于宋文帝晚期对北魏和蛮族的战事中。后来孝武帝借助雍州集团的力量入主建康，萧道成随之进入了京官的迁转序列，先后担任江夏王义恭和新安王子鸾的府佐，并且两次出任首都建康的县令（秦淮河北为建康县，南为秣陵县）。

壮年时代的萧道成文章书法俱佳，而且相貌堂堂、声若洪钟，据说其额头的形状颇符合相书上“龙颡”的大贵之相，甚至浑身上下隐然有龙鳞状的纹路遍布（这是什么皮肤病？）。他虽然没有一鸣惊人的军事天才，却被多年的戎马生涯赋予了沉稳镇静的气质和谋定而后动的秉性。当时熟谙识鉴之术的同族萧惠开据此断言，萧道成将来的成就当不在曹操之下。此外，他这个人擅于经营人脉，很能团结和吸收不同出身、不同集团的人为己所用。这一点亦与他后来的成功息息相关。

萧道成的真正发迹是从明帝上台后开始的。

当时，邓琬拥晋安王子勋叛乱，江东五郡群起响应。明帝加萧道成为辅国将军，同沈怀明、张永诸将东讨晋陵叛军。萧道成一日破贼十二垒，收复老家晋陵，为东部叛乱的平定立下了汗马功劳。后来，明帝又遣其北上迎击薛安都的叛军，击退了安都的侄子薛索儿对淮南的进犯。萧道成以此得除骁骑将军，封西阳县侯，不久又调任南徐州行事，代替桂阳王休范坐镇京口。

据说当初明帝遣张永、沈攸之统军“迎降”薛安都之时，也曾问过萧道成的意见。萧道成也担心薛安都会叛降北魏，给国家招来外患。事后明帝一意孤行，果然导致了北魏的入侵，刘宋尽失淮北之地。然而，刘宋王朝的不幸却正是萧道成的得势良机，正是由于淮北领土的丧失，宋明帝不得不调萧道成北镇淮阴（今江苏淮安），作为抵御魏军入寇的前线。而萧道成正是以淮阴为基地，在数年的时间里培植起了效忠于自己的私家势力。

萧道成刚到淮阴的时候，手里还不足一千个兵。而此时北魏大将尉元、慕容白曜诸军还在青徐一带肆虐，沈攸之等节节败退，淮阴随时有遭到魏军进攻的危险。萧道成不敢怠慢，一边浚修城池，一边招诱流民、交结豪俊。这一时期，原属刘宋治下的青、徐、兖、冀诸州的豪族大姓有不少不甘于受鲜卑统治，要么络绎南投，要么避迁海隅。而兰陵萧氏既为青徐大族，身为徐兖都督、南兖州刺史的萧道成又待人宽厚、人缘甚好，遂成了清河崔氏、下邳垣氏、平原刘氏、下邳王氏等流离失所的豪族前来投靠和依附的对象。例如原居彭城的垣崇祖、垣荣祖兄弟，一个在彭城陷虏后率领部众奔据朐山（今连云港海州），被萧道成任命为戍主，另一个则直接来到淮阴，投在了萧道成的帐下。其余崔祖思、崔慧景、刘僧副、李安民、苏侃诸人也都是在这一时期汇集于淮阴，加入了萧道成的阵营。正如当年刘裕凭依的京口集团一样，这些人围绕在萧道成身边，日后成为萧齐篡宋的骨干力量。

在淮阴经营数年后，萧道成根基已稳、羽翼渐丰，这难免会引起一贯多疑猜忌的宋明帝的注意。泰始六年（公元470年），民间有人讹言萧道成“龙颡钟声，鳞文遍体”，日后或为天子。明帝风闻后疑心大起，决定征萧道成还都为越骑校尉、黄门侍郎。

诏书送到淮阴，萧道成大为忧虑。接受任命吧，以宋明帝那神经过敏的猜疑性格，回去就是伴君如伴虎，指不定什么时候就被砍了脑袋！不接受吧，不但会招来抗旨不遵的罪名，更会加深明帝的猜忌之心，搞不好就会引发朝廷的征讨。是以一连数日都拿不定主意。

这天，闷闷不乐的萧道成出城散心，遥见平泽之上有群鹤翩跹，不觉触动了心中感怀。回来后就研墨挥毫，咏诗一首：

八风舞遥翮，
九野弄清音。
一摧云间志，
为君苑中禽。

意思是别看仙鹤在原野里欲鸣则鸣、欲舞则舞，然而逍遥自在的日子一旦消逝，它们就只能沦为苑囿中的玩物，再也不能展翅云霄了！

萧道成帐下参军，也是他镇守淮阴后来投的广陵人荀伯玉看到这诗，立刻就体会到了萧道成不愿奉旨回都的郁闷心情。荀伯玉除了擅长占卜之外，还颇有智计。他随即给萧道成出了个主意，叫他派几十个骑兵渡淮进入魏境，到处张贴行军告示，伪装成宋军将要大举进攻的样子。北魏的边境守将得到消息，立刻高度警戒，派了数百侦察游骑日夜巡逻于边境之上。于是萧道成借机向朝廷上奏，说索虏亡我之心不死，最近多次遣兵侦察我方动静，似乎有要南侵的举动，臣守土有责，觉得最近不宜赴京上任。

这奏章递上去之后，萧道成还怕明帝不允，特意叫荀伯玉卜了一卦。卦象一出，荀伯玉就拍着胸脯说你放心吧，肯定走不了了！没多久朝廷复诏，果然叫萧道成不必返京，仍就本任。

不过，明帝虽然放弃了将萧道成内调的命令，却并不对萧道成放心。不久，他又派当时尚未获罪的吴喜以北拒索虏为名，拿了一壶自己亲封的美酒，前来对萧道成进行“慰劳”。

对于接下来萧道成的表现，史籍的记载出现了歧异。《南齐书》说，萧道成戎装出迎，二话不说，拿起酒就喝。《宋略》则说，萧道成害怕是毒酒不敢喝，一度想要出逃，是吴喜晓之以理、动之以情，又自己先喝了一口，他才喝下去的。无论如何，萧道成到底还是喝了这壶酒，也就此度过了人生的一大劫难。因为这一举动使得宋明帝暂时将他的名字从黑名单上拿了下来，转而全力去剪除威胁更大的宗室诸王。

39 暗潮汹涌

当一年后萧道成再次接到征召入朝的诏书时，休祐、休仁、休若诸王已经被明帝次第剪除，寿寂之、吴喜诸将也都惨遭屠戮，朝野上下人怀危惧，虑不自保。此刻入朝，不是羊入虎口么？所以萧道成的亲信都劝他不要就征。

萧道成思虑再三，摇头道："诸位只知其一，不知其二。如今主上自诛诸弟，是因太子稚弱，以为身后之计，与我并不相干。此时惟应速去，动作迟缓反而会引起猜疑。宋室骨肉相害，自非国家之运，不久后祸难必将兴起，正是诸位与我戮力同心之时。"

萧道成的判断没错。以他现今的资望和地位，在朝廷中并非前列。当初明帝之所以对他产生怀疑，一是担心他像薛安都一样招引北魏，二是担心他与在朝宗王内外勾结、谋危社稷。眼下宋魏之间的边境纷争已告一段落，休仁、休祐等宗王亦被诛戮殆尽，单凭一个萧道成构不成威胁。相反，眼下正是明帝在朝中谋求权力制衡、政局稳定之时。如果明帝想杀萧道成，不会等到今日；既不是杀他，那就肯定是要用他，这正是他乘势崛起的好时机。

于是萧道成安心入朝。果然被任命为散骑常侍、太子左卫率。权虽不重，品级却高，可说是以后进一步迁升的跳板。

这时在朝主事的大老，除了四朝老臣、尚书令袁粲，就属右仆射褚渊最受明帝宠信。

作为高门大族，褚家世代与皇室联姻，褚渊自己也尚了宋文帝的女儿南郡公主，说起来算是明帝的妹夫。因为人长得帅，废帝子业在位时他差点儿被贪淫好色的山阴公主逼奸，好在定力高超、把持得住，最后还落得一个坐怀不乱的好名声。从明帝还是藩王的时候起，两人就颇有交情。后来明帝即位，就提拔褚渊先后当了吏部尚书、右卫将军、吴郡太守。

据说明帝病重之时，曾将时任吴郡太守的褚渊紧急召回托以后事；诛除建安王休仁的计划，也是明帝与褚渊商定的。所以在时人的眼里，褚渊的位望虽在袁粲之下，对朝政的影响力犹有过之。好在对于擅于经营人脉的萧道成来说，他几年前就与褚渊深相结纳。而不久后，这一点将让他受益匪浅。

泰豫元年四月十七，在病情反覆折腾了一年多之后，三十四岁的宋明帝刘彧终于一瞑不视。临死前，他对朝中格局进行了最后的调整，以江州刺史桂阳王休范为司空，以尚书右仆射褚渊为护军将军，加中领军刘勔（音miǎn）为右仆射，镇东将军蔡兴宗为征西将军、荆州刺史。又颁下顾命诏书，委托袁粲、褚渊和身在外藩的蔡兴宗、沈攸之四人共辅幼主。由于褚渊在明帝临终前的引荐，萧道成得以在这一关键时刻升任右卫将军，领卫尉卿。右卫将军历来执掌禁省宿卫，卫尉卿则是孝武帝以来仿汉制新设的职官，专门负责防守宫城城门。至此，在宫廷斗争中生死攸关的禁军军权已大半落入萧道成之手。

次日，十岁的太子刘昱（音yù）即位。官方的说法，这位太子乃是陈贵妃所生，但民间一直对其血统颇有非议。因为陈贵妃本是建康本地屠户家的女儿。孝武帝刘骏在世时常常叫手下寻访民间有姿色的女子。有一次，孝武帝的车驾沿御道出行，偶然见到道旁有两三间破草屋，实在有碍观瞻，就叫手下赏三万钱给屋主，叫他盖起瓦屋，省得看见了心烦。那个破草屋正是陈屠户家。

这个手下亲自去送钱，陈屠户出门做生意不在，只有一个十二三岁的女儿在家。手下见此女颇有姿色，是个美人胚子，就禀明皇上，迎进了宫里，一直安排在路太后宫里侍奉。可两三年过去了，孝武帝见过陈氏数次，不知道是不符合自己的口味，还是嫌她年龄幼小，总之没有临幸。后来路太后就把她赐给了当时还是藩王的刘彧。一开始，陈氏还颇得刘彧宠幸，但仅仅一年多过去，刘彧就腻烦了，于是再次转手，将陈氏赏给了自己的学官令李道儿。然而不久后，刘彧又将陈氏迎了回来，而且随后就诞下一子，便是刘昱。由于有这么一段秘史，再加上民间谣传明帝阳痿、根本办不成事，所以时人都暗地里称刘昱为李家儿。

如果这位小爷好学上进、听话懂事倒也罢了，偏偏他从小就是个淘气贪玩的熊孩子，到了六七岁时不好好读书，却整天上蹿下跳像个猴子一般，还无师自通地练就了爬高的本事，常常爬到一丈来高的竿子上半天才下来。不管是东宫的典签，还是他的生母陈贵妃，谁都制不住他。再大了一点，不但站没站相、坐没坐相，还养成了喜怒无常、动手打人的习惯，身边伺候的人没有未遭过他打的。闹得凶了，明帝只好责令陈贵妃严加捶训，可过不了多久，他就故态复萌，一切照旧。此时他虽然当了皇帝，但好在尚未亲政，国事尽由袁粲、褚渊等人处理，所以他的荒行仅限于宫内，还不致对朝政产生什么影响。

然而，明帝留下的这个顾命班子并不稳固。袁粲、褚渊自矜名士身份，对庶务既不热心，对权位的执着亦不如谦退保家的念头强烈，不久后两人又先后居家服丧，于国事几无所问，朝政大权遂落入了中书舍人阮佃夫、王道隆、杨运长这些明帝的心腹近臣之手。同参顾命的蔡兴宗从会稽入朝后虽有心对阮佃夫这些寒人的势力稍加抑制，但几个月后就病死了。另一个顾命之臣沈攸之则从郢州而迁任荆州，以讨蛮为名，大肆缮甲聚兵、招聚壮勇，隐然有据上流以抗朝廷之异志。

明帝死后不到一年，刘宋国内已是暗流涌动、危机四伏。

然而，谁也没有想到，首先发难的既不是沈攸之，也不是萧道成，而是一个令人大感意外的人。

此人正是宋文帝第十八子、“休”字辈里唯一健在的宗王——桂阳王休范。

40 桂阳王的闪击

元徽二年（公元474年）五月，明帝生前认为最不可能谋反的桂阳王休范反了！

休范这个人，从小蠢笨木讷，向来被同辈兄弟瞧不起。宋明帝就常常指着左右侍奉的阉官近臣对大舅哥王景文道："论才干，休范还比不上他们！只不过因为是我的弟弟，生来就尽享富贵。怪不得佛教上说，有福的人才能出生在帝王之家啊！"

造反篡位这么大的事，没有点儿聪明才干还真干不了。以明帝对这位老弟智商的充分了解，他显然从没将他视作直接的威胁。甚至当休仁、休祐、休若三人相继被剪除后，他还特意写信给休范安抚，说别怕别怕，咱们哥俩是一条阵线，跟你娘荀太妃也说一声，叫她别瞎担心。

然而有一点明帝却估计错了，那就是休范虽然才能不济，但却同样拥有敏感的自尊心。从小到大，他已经受够了别人的嘲笑和轻视，本以为明帝一死，自己总算熬出了头，不说像周公辅成王那样摄政吧，至少也应该入参顾命、执掌相权才是。哪知道明帝居然安排袁粲、褚渊这些异姓执政，权柄又尽被阮佃夫、刘道隆这些寒人所夺，自己以皇叔之尊（而且是唯一的一个），竟然不在顾命之列，徒有一个司徒的虚名，却僻居寻阳不预朝政。在休范看来，这实在是比以前受过的所有嘲笑轻视都更大的耻辱！

休范的牢骚忿懑被他府中的典签许公舆看在眼里。偏巧此人也是个热中富贵的好事之徒，在他的鼓动和谋划下，休范居然像模像样地搞起了折节下士、畜养门客、聚甲攒粮这些不轨举动，于是朝廷很快就知道休范有了反心。此时由于沈攸之从郢州调往荆州，紧邻江州上游的郢州刺史一职开缺，为了钳制休范，朝廷就安排了第五皇弟晋熙王燮（音xiè）为郢州刺史，而以长史王奂行府州事出镇夏口。王奂赴任途中怕遭到休范的截留，故意绕过了寻阳。休范得知后大怒，更加坚定了造反的念头。

鉴于晋安王子勋叛乱时邓琬迁延不进、贻误战机而致失败的教训，这次休范十分重视行军的速度，他以整修城楼为名，叫人准备了大量板材。到了元徽二年五月，夏汛甫至，江流湍急，休范强征百姓船只，再加上原来准备的板材，改造的改造，装桨的装桨，两三天的时间里居然就打造了一支可载大军的水师。十六日，休范自寻阳亲统水军两万、骑兵五百，乘风起帆，昼夜兼行，二十一日即抵达建康以南二十里的新林！

如果这些主意都是出自休范自己之手，那我真想拍拍他的肩膀说一句：大兄弟，你真行！因为叛军虽然数量不多，却在如此短的时间内即兵临城下，实在出乎朝廷意料，建康大为震动！

好在此前一天，驻守大雷的哨兵已经将休范起兵的消息送到了建康。面对如此危局，护军将军褚渊、征北将军张永、中领军刘勔、右卫将军萧道成以及阮佃夫、王道隆、杨运长诸人会集中书省，共商退敌大计。然而事起仓猝，在座诸人深感责任重大，一时间都沉默不语，竟没有敢发言的。

论资望官位，萧道成本不应抢先开口，但眼下事急从权，也就顾不得了。于是他朗声说道："当年上流诸州谋逆（指义宣、子勋），都是迟缓致败。休范远惩前失，故而轻兵急下，想要杀我们一个措手不及。如今应敌之策，不宜远出，因为一旦偏师失利，将会动摇守城之军心。最好的办法，是扼守新亭、白下两处，同时增强宫城、东府和石头城的防守，等敌人自己送上门来。到时他们孤军深入，后无辎重粮草，战而不克，自然瓦解冰消！"

见诸人并无反对意见，萧道成索性将自己的计划和盘托出："我愿亲率劲旅，扼守新亭以当其锋。请征北（张永）戍守白下；宣阳门外的中堂要地，请领军（刘勔）屯守，并为诸军节度。其余勋贵，自可安坐殿中，右军诸人（指王道隆等）也不须竞出。我自前驱，一定破贼！”

在座诸人里带过兵打过仗的，只有张永、刘勔和萧道成。所以萧道成自请担任前锋，出新亭正面抗击叛军；而请张永守北郊的白下，防止敌人从背后偷袭；刘勔则坚守宫禁，并居中策应；至于褚渊这样的白面书生和王道隆诸人，不添乱就不错了，躲在宫里不出来最好。而似乎这也是眼下唯一可行的方案，所以大家对萧道成的提议并无异议。

这时，居家服丧、瘦瘠不堪的袁粲听闻难起，也在侍者的扶曳下摇摇晃晃地赶了来，虽然出不上多大力，但至少可以安定人心。于是朝廷颁下戒严诏书，任命萧道成为平南将军、都督征讨诸军事，进据新亭，而以征北将军张永屯白下，同时命沈怀明领水军、刘勔领步军镇戍石头城，袁粲、褚渊两位大佬则入卫殿省。仓促间，来不及分授甲胄武器，就打开南北两座武库，叫将士任意拿取。

萧道成率领手下赶到新亭，营垒还来不及整治完毕，江面上就出现了休范军的前哨船舰。正在解衣高卧、以安众心的萧道成不慌不忙，叫手下取来象征王命的白虎幡，登上江岸旁的墙垣，命高道庆、王敬则、陈显达诸将乘船进击。休范军为了行军速度快，当初并没有修建高大坚固的楼船，所以一番激烈的水战下来，叛军折损了不少船舰，向南退走。这场战斗虽不具有决定性意义，但初战告捷，大大提升了守军的士气。而休范也知道了建康水军不好惹，遂打消了从江上直接攻击建康或绕至白下登陆的念头，转而在新林停靠，整军步上。

当此之时，休范手下一个叫丁文豪的将领建议兵分两路，由休范自领一军围攻萧道成的新亭垒，而自己另率一军直接进攻建康城。休范虽然不大懂兵法，但却听得进意见，遂依计而行。大概他自己都没有想到，由于城内守军决策失误，丁文豪的计划居然得逞，建康城差一点儿就落入了叛军之手！

41 斩首行动

五月二十二日上午，叛军首先对新亭垒发动了猛攻。萧道成遣宁朔将军黄回、马军主周盘龙将步骑拒战，激烈的战斗同时在垒南和垒东展开。几个回合的攻守下来，面对数量众多的敌人，一些将士不觉露出了惧色。萧道成却道："贼众虽多，阵型散乱，我军必将破贼！"

再次列阵迎战的间歇，黄回无意间瞥到，南边远处的小山之上，大约有数十人护卫着一乘肩舆，舆上坐着一白衣男子，正在凝神观战。他敏感地意识到，此人很可能正是叛军的首领桂阳王休范。行伍出身、当过强盗的黄回随即心生一计，觉得休范如此疏于防范，正是一次擒贼擒王的好时机。但他早年曾经发过誓，今生绝不杀刘氏宗王，于是就找来越骑校尉张敬儿，说自己准备以诈降为名接近休范，并请张敬儿动手对休范实施刺杀。

张敬儿是南阳人，原名叫作苟儿，不知道的人还以为是"狗儿"，实在难听。宋明帝觉得这名字过于鄙陋，就给他改成了敬儿。此人少年时代便弓马娴熟、膂力过人，最喜欢到山里猎虎，后来也多次参加过伐蛮战争，以勇武闻名。听了黄回的计划，张敬儿深表赞同，两人就一块来向萧道成请示。

萧道成亦觉得这个"斩首行动"可以一试，便对张敬儿道："你若能办成此事，我定禀明朝廷，当以本州相赏！"南阳郡隶属雍州，若能升任雍州刺史，不但可以封疆开府，更能衣锦还乡，自然是莫大的赏赐。所以张敬儿很受鼓舞，拍着胸脯说保证完成任务。

于是张敬儿和黄回依计而行，溜出营垒，扔掉武器，一边大呼请降，一边向着叛军阵营跑去。

小山上的白衣人正是桂阳王休范。

身为天潢贵胄的王爷，休范虽然号称参加过督讨薛安都侄子薛索儿入寇的战事，但只是在广陵城里挂个虚名，在二十多年的人生里，他从来不曾亲临战阵，更遑论指挥作战了。所以这次他只是命手下诸将率军出征，自己则带着少量护卫随从登上新亭以南五里的劳山观战。

听说有两员敌军大将来投，休范大喜过望，忙将二人请至舆旁，细加劳问，丝毫也没有意识到张敬儿、黄回两人是来玩“刺客信条”的。虽然有亲信提醒他多加提防，但休范觉得自己身边有好几十人，难道还怕眼前的两个人不成！何况张、黄两人在投降前已扔掉了武器，赤手空拳又能怎样？遂不以为意。

其时天气炎热，从上山开始休范就没少喝酒解渴，此时已经略有醉意。黄回和张敬儿又各自一番奉承，休范更觉得晕晕乎乎，毫无戒心。黄回见时机已到，向张敬儿一使眼色，两人长身暴起，同时发难！黄回一个箭步挡在休范和侍卫之间，张敬儿则夺下休范腰间的防身佩刀，手起刀落，砍下了休范的人头！陡然间生此变故，一众护卫大惊失色，有的上来和黄回、张敬儿比划了两下，被砍翻在地，更多的则是四散奔逃。张、黄二人见已然得手，无意追击，急忙下山来向萧道成报信。

当张、黄二人诈降执行“斩首行动”之时，这边厢萧道成和攻围新亭的敌军又进行了数次战斗，仍旧胜负未分。同时萧道成注意到，和自己鏖战的只是叛军一半的兵力，另一半军队已经绕过了新亭，正在向建康城挺进！虽然北岸有刘勔等人守卫，但倘若叛军突破秦淮河防线，就能直接威胁到宫城，到那时再发生什么情况就很难说了。于是他急忙派人通知刘勔，叫他断开秦淮河上的大小浮桥，收敛船只靠拢北岸，防止叛军渡河。

未时（下午一点至三点之间），张敬儿和黄回带着休范的人头回到了新亭营地。萧道成大喜，立刻派队主陈灵宝将人头送往台城报捷。然而陈灵宝走到半路，正好遇上前去攻打建康的叛军，因为怕被拦截下来，他随手就将人头扔到了河里，自己则快马加鞭，总算躲过追击赶了回来。但是因为人头已失，虽然陈灵宝宣称休范已死、叛乱已平，建康的守军却不大相信。

其实也难怪没人相信，因为就连叛军也不知道他们的主子已经死了，依然在各自将领的率领下，攻新亭的攻新亭，打建康的打建康。新亭方面的战斗从下午一直打到天黑，萧道成的局面一度非常困难，直到半夜下起大雨，双方将士才稍作停歇。

第二天早上，攻建康的叛军在丁文豪的率领下攻破了皂荚桥，进抵秦淮南岸，对面就是建康城的南大门朱雀大航（即浮桥）。而本来攻围新亭的杜黑骡部也悄然撤围，与丁文豪军汇合。此时守朱雀门的乃是右军将军王道隆。本来萧道成在作战计划里提议，将北岸防务都交给刘勔，而“右军诸人不须竞出”。但这时的萧道成只不过是三品的平南将军，说的话没有绝对效力，何况王道隆诸人实际掌握枢机，早就作威作福惯了，并不把萧道成的告诫放在眼里。此刻王道隆见敌人势大，急忙召巡防石头城的刘勔前来帮忙。刘勔得到了萧道成的通知，正要下令撤除朱雀浮桥，王道隆却拦住了他，怒道：“贼寇既至，正应速速进击，岂能断航示弱！”王道隆虽然品级还没有刘勔高，但以中书舍人一职擅权干政，平常是代表皇帝说话的，积威之下，刘勔竟然不敢反驳。在王道隆的催促之下，刘勔只好打开城门，率军出战。刘勔虽称不上一代名将，但在明帝之世也久经沙场，曾经平定过豫州刺史殷琰和汝南太守常奇珍的叛乱。此时遭遇丁文豪、杜黑骡两军围攻，众寡不敌，刘勔也力战身亡！

这时再想撤浮桥已经晚了！叛军乘胜涌过朱雀大航，直奔台城而来。王道隆见势不妙，弃众而逃，然而胯下马却不听使唤，被叛军追及，也丢了性命。这下不但朝廷大震，而且引发了守军的恐慌。沿路败退的士卒盛传“台城已陷，白下、石头之众皆溃”，而守白下的张永和守石头的沈怀明居然当真奔溃，逃回了台城。甚至有消息传入宫中，说守新亭的萧道成也已完败，台城已经成了一座孤城！曾经出言讥讽明帝聚裸女而观的王太后，此刻只能拉着少帝刘昱的手，哭泣着说道：“天下败矣！”

42 力挽狂澜

萧道成却认为，现在言败还为时过早。

建康城的格局，也是大圈圈里面套着小圈圈，只不过这圈不是圆的，而是方形。最里面由夯土墙砌成的一个圈，是皇帝嫔妃居住的宫殿和中央官署，即宫城，也称之为台城或禁省；宫城的外围，由一个周回二十里的“二环”构成都城，城内除了北部为禁苑、东部有东宫之外，士庶杂居，人口众多；再往外一直到秦淮河和长江江岸，都可算作外郭，东府城、西州城、石头城、白下城等城塞就分布于其间。

叛军攻入朱雀大航，就算是进了建康城的外郭。虽然城南有东府、西州二城可充要塞，但东府城原为建安王休仁的居所，休仁死后现今无人居住，而西州城的主人则是明帝第三子、年仅八岁[①]的安成王刘准，传说他本是休范的儿子，也是被明帝抱进宫来的冒牌皇子。因为有这么一层关系，到了战斗的第三天，刘准手下的长史褚澄（褚渊的弟弟）干脆拥着刘准跑进东府，打开府门投降了叛军。这一来，东府和西州也尽入敌手，叛军后顾无忧，向前一阵猛冲。虽然宫城外还有都城这个“二环”，但晋宋时的都城城墙一直都是竹篱木栅围成，防御力简直就是渣渣，所以叛军沿着御道一直冲到了宫城南掖门附近的杜姥宅。此地据说是晋成帝的杜皇后之母的居所，叛军杜黑骡部就以此为基地，开始谋划如何攻取现在已经是孤城一座的皇宫。

---

① 关于刘准的年龄，《资治通鉴》和《宋书·顺帝纪》互有龃龉。今从《通鉴》，取齐建元元年（公元479年）十三岁卒之说。

此刻，宫内守军的士气已经达到了最低点。

虽然守白下的张永和守石头城的沈怀明都撤回了宫里，在军力上未必就毫无胜算，但最要命的是人心惶乱、士无战心。由于孝武帝、明帝一直的挥霍，国库早已帑藏殆尽，王太后、陈太妃想赏励将士都拿不出钱来，最后只好下令将器皿物件上的金银剔除下来充当赏赐。跟休范私交甚好的中书舍人孙千龄，则趁乱开小门出降。倒是受托顾命的袁粲不失首辅本色，慷慨谓诸将帅道："寇贼已逼，而众情离沮，我受先帝重托，本就应以死相报，今日当与褚护军同死社稷！"随即命左右备马，看样子要跟叛军去拼老命。

然而袁粲、褚渊毕竟是书生，上阵也是送死。正当宫省内外大感惶惧之时，一支生力军忽然出现在了禁宫之内，为首的正是陈显达、张敬儿、任农夫、周盘龙这几员宿将，同时借由张敬儿之口，进一步确认了休范被杀的消息，顿时人心大振，慌乱无主的局面很快便安定下来。

原来，得知叛军攻过了秦淮河，萧道成便知宫省有危险。好在这时围新亭的杜黑骡部已撤走，萧道成连忙派陈显达、张敬儿诸将从石头城南乘船渡河，绕到城北，从承明门入卫禁省。同时，他再次将休范已死的消息大肆传扬出去，旨在动摇叛军的军心。这时距离休范就戮已将近两日，哪怕他身边的典签许公舆再刻意隐瞒，主帅身亡的传言还是不可避免地在叛军中传播开来，有的将士就想撤退开溜，而丁文豪并不想放弃近在眼前的胜利，怒喝道："我独不能定天下邪！"依旧准备继续进攻。曾一度依附叛军的近郊士民这时也纷纷向萧道成投降，萧道成将他们的名刺统统焚毁，以示对他们的附逆行为不予追究。

尽管丁文豪、杜黑骡还想坚持战斗，但叛军的士气不能不深受影响，两下此消彼长之间，胜利的天平就倒向了台军。当天下午，陈显达等引兵出战，大破杜黑骡于杜姥宅。战斗中，陈显达的左眼被飞矢贯穿，他用力一拔，箭杆断了，箭头却还在里面。最后还是找了个会禁术的巫婆，先将钉子钉在柱子上，巫婆禹步作气，大喝一声，眼珠里的箭头应声跟钉子一起飞了出来。

接下来的两天，台军与叛军在建康城南爆发了巷战。最终在宣阳门一战，张敬儿等阵斩杜黑骡和丁文豪，继而连下庄严寺、小市，进克东府城。许公舆在逃跑途中为村民所杀，叛军余党皆被平定。

在百姓缘道聚观之下，萧道成振旅而还。

五月二十七日，京师解严。休范的闪击来得快，去得也快，四方藩镇闻变后还来不及发兵入卫勤王，建康城有惊无险，总算在数天之内将进犯之敌弭平。而距离寻阳最近的郢州刺史晋熙王燮也发兵攻克了休范的老巢，斩其二子，这场叛乱就此彻底告终。

论平叛之功，自然以袭斩休范、力挽狂澜的萧道成居首。于是朝廷降旨，升其为散骑常侍、中领军、都督南兖徐兖青冀五州军事、镇军将军、南兖州刺史，留卫建康。正如当年刘裕在逐走桓玄后大致掌握了国政一样，立下大功、又尽掌军权的萧道成也由此控制了刘宋朝廷。尽管当时萧道成要与袁粲、褚渊、刘秉三人轮流入直决事，号称“四贵”，但谁都看得出，四贵之中真正说话算数的乃是这位兵权在手的新贵。

对于萧道成来说，平定休范叛乱的意义不只在于提升了自己的功勋威望并由此掌握了朝权，更重要的是，他在平叛战争中表现出的果敢、镇定、勇于任事的领袖品质，将一些原本并非从属于他的人吸引到了他的身边。张敬儿、陈显达、王敬则等人就是如此，他们既非萧道成经营多年的淮阴集团中的人物，本来也不是他的部下，但此后他们都服膺萧道成为大哥，成了他篡宋造齐的又一大助力。

以上三人之中，又属手刃休范的张敬儿在本次平叛中功劳最大，再加上萧道成亲口做过“若能办事，当以本州相赏”的许诺，事后张敬儿便多次向萧道成暗示，请他兑现承诺，派自己出任雍州刺史。然而张敬儿不但出身低微，而且斗大的字也不识几个，虽然功劳不小，可朝廷已经将其升为骁骑将军、加辅国将军号了，再让他出镇雍州，势必会引起非议，所以萧道成一时便没答应。张敬儿却不依不饶，更劝萧道成说：

“今沈攸之在荆州，公知其欲何所为？不出敬儿以防之，恐非公之利也。”的确，沈攸之调任荆州已近三年，当初他从郢州赴任之时就风闻他割挟精甲强兵以自随，到任之后又以伐蛮为名扩充武装，这些事情朝廷都略有所知。无论萧道成将来作何企图，盘踞上游的沈攸之多半都会成为他的障碍和对手，而雍州更在荆州之上，且“荆州本畏襄阳人”，如能安置心腹于彼，确实可以对沈攸之形成钳制。所以萧道成虽仍旧笑而不语，心里已经有了决定。

不久后，朝廷便征召现任雍州刺史张兴世入朝，而改授张敬儿出镇。

43 | 建平王之叛

桂阳王休范的叛乱虽平，朝中错综复杂的政治局势却并未缓解。萧道成虽掌握了兵权，但名位不及袁粲、褚渊，王道隆虽死，阮佃夫、杨运长两人仍居中弄权。到了当年年底，在叛乱中受了惊吓的王太后、陈太妃给十二岁的皇帝刘昱加了元服，本意是想让皇帝尽早成熟起来，可以稍稍裁抑那些轻视“孤儿寡妇”之人的觊觎之心，不想刘昱这个熊孩子越大越不长进，一门心思不往正地方使，反而把局面弄得更加紧张起来。

刘昱以前还只是在宫里爬竿上树、骂人打人、欺负一下太监宫女，自从加了元服以后，他自以为已是成人，更不愿再受管束，竟生出了喜好出宫游玩的恶习。一开始，他的生母陈太妃还能乘着青篾车紧跟在法驾后面，对他稍加监督约束，日子一长，刘昱像老鼠躲猫一般，每次只带左右十数人随行，远远地把仪卫卤簿抛在身后，一溜烟地跑得不知去向。太妃往往是事后才得知，皇帝有时去了集市，有时去了某处营署，有时去了某处寺庙，总在十几二十里开外，不到天黑不回来，一路上闹得鸡飞狗跳、士庶不宁。而且这种情况随着皇帝年龄渐长，反而更加频繁。对于皇帝的种种失德，太后、太妃无能为力，朝野上下也是忧惶不安。本来少主在位，已非国家之福，而且民间对刘昱的血统早就颇有非议，如今这位小爷又如此胡闹，十有八九将来就是个昏君，满朝文武无不对国家和个人的前途感到深深的忧虑。

在此背景下，许多在朝在野的士人都不约而同地聚集到建平王景素的身边，认为建平王“宜当神器”的舆论逐渐形成了声势。

刘景素是文帝第七子建平王宏的儿子，此时正当二十四五岁的年纪，为人温雅有礼，喜好文章书籍，颇有几分祖父宋文帝的风采，很得士庶人心。当时，文帝诸子已然无存，孝武帝的子嗣也一个不剩，明帝的其余皇子年龄更小，而且和刘昱一样血统十分可疑，所以宗室之中堪当神器的只有文帝的孙子辈。而文帝诸孙当中，论资望、才德和年龄，没人比建平王景素更佳。据说景素自己也颇有问鼎之心，不但平日对才义之士多所礼敬招集，而且休范闪击建康之时，身为南徐州刺史、近在京口的景素表面上以赴义勤王为名纂集兵众，背地里却首鼠两端、静观其变。

对于朝野人心悉向建平王景素的情形，当权者当然亦早有察觉。袁粲、褚渊的立场暧昧不明，杨运长、阮佃夫则对此颇为忌惮，因为他们这些明帝留下来的恩幸之臣现在之所以还能够秉权，靠的就是皇帝年幼，需仰仗他们沟通内外，一旦建平王入主，肯定容不得他们在身边弄权。此外，刘昱生母陈太妃一方的外戚自然也绝不愿刘昱下台，只是这伙出身建康屠户的陈氏戚属人数既少，位望亦低，实在发挥不了多大的作用。

真正能起决定性作用的人是萧道成。这一点，建平王景素岂能不知？然而在整个过程中，萧道成都有意保持了对建平王一方疏离的态度，对于景素有意无意的示好行为，他总是婉拒不纳。显然萧道成认为，这种立场才对自己更为有利。

朝廷与建平王之间的关系，至元徽三年（公元475年）时已相当紧张。当年，建平王手下一个叫王季符的防阁将军因为得罪了他，单骑逃回建康，告发景素谋反。杨运长等早对景素深为忌恨，得了这个口实，当即就主张发兵征讨。不过袁粲和萧道成认为，王季符出于个人恩怨，语多夸张不实之辞，难以采信，因而不同意发兵。而且随后景素就派世子延龄代表自己诣阙自陈，极力辩白并无反意。最后朝廷索性各打五十大板，一边将王季符流放梁州，一边又夺了景素征北将军、开府仪同三司的勋号。

经此一事，景素深知朝中有人必欲除己而后快，如果自己不多加防备，迟早会像休仁、休祐、休若诸人一样成为刀俎上的鱼肉，于是便从原本的怀集人望、营造舆论迅速转向更具实质性的行动。这一时期，景素手下的季豫之、王潭、贺文超等人频繁奔走于建康和京口之间，多持金帛财宝，秘密与朝臣相交结，尤其是武官中那些郁郁不得志之人，例如冠军将军黄回、游击将军高道庆、辅国将军曹欣之、前军将军韩道清、长水校尉郭兰之、羽林监垣祇祖等人，据说都阴附于建平王。

也是这段时间，少帝刘昱如同发了“中二病”一般，出宫游玩的习性愈演愈烈，而且他自从学会了骑马，更是时常单马独出，毫无防备地游走于郊野之中。因而曹欣之、韩道清、郭兰之诸人谋划，可以利用刘昱微服出行的机会起事，只要先杀掉皇帝，再保据石头城，就可以与建平王的京口之兵里应外合，拿下建康！韩、郭二人一度还萌生了劝说萧道成共同举事的念头，但景素知道萧道成对自己一向疏远，深恐打草惊蛇，遂严禁韩、郭诸人轻举妄动。

即便如此，杨运长、阮佃夫还是侦知了建平王交结朝臣、有所图谋的消息。为了进一步打探清楚，杨、阮本想玩一把无间道，派一个叫周天赐的武将混入建平王府，劝景素尽早举兵。然而景素已得知周天赐乃是“内鬼”，不但没听从他的劝告，反而砍了他的脑袋送还给朝廷。

局势发展至此，双方已是剑拔弩张。元徽四年（公元476年）七月初一，已经投靠建平王阵营的禁军军官垣祇祖，大概是担心出事后自己性命难保，带着数百人从建康逃奔京口，宣称京师内部已发生骚乱，劝建平王火速发兵。景素信以为真，果然举烽传檄，正式反了！而杨运长等也早就在留神建平王一党的动静，听闻垣祇祖叛走，也当即传旨戒严、调集军队，准备发兵平叛。

初二，诏旨以骁骑将军任农夫、冠军将军黄回、左军将军李安民统领步军，右军将军张保领水军东征京口，而以萧道成出屯玄武湖，担任整个战事的总指挥。由于风闻黄回与建平王走得很近，萧道成不但安排在淮阴时期便与自己互通声气的李安民从旁监督，两天后又特别委任南豫州刺史段佛荣为都统，主领前锋诸军。

就战事的进程而言，却不免乏善可陈。自从刘宋初年强藩北移，加以流民来源枯竭，堂堂“北府”京口早已不复当年兵强马壮的景象。虽然建平王景素靠着平时积攒的人气招集来了不少义兵，可这些临时拼凑的军队的战斗力实在不高。再加上景素决策失误，没能及时切断台军东来的陆路要冲，致使台军毫无阻碍地兵临京口城下。虽然水军张保部轻敌失利，但步军冲杀上来，叛军毫无还手之力。黄回既迫于段佛荣的监临，又眼见京口之兵孱弱无力，自然也不敢临阵倒戈。七月初八，距景素称叛仅仅八天，台军就攻克了京口。黄回虽然首先率军杀入建平王府，但仍以“誓不杀诸王”为辞，将首功的机会让给了殿中将军张倪奴。张倪奴乐得捡此便宜，便将景素及其三子全部擒斩。其余叛党，或在京口，或在建康，也先后伏诛。

44 恶魔少年

若干年后，宋齐代立，江山鼎革，有人向齐高帝萧道成上书，为建平王景素辩诬。辩方声称，景素起兵不是谋反，甚至也不是被逼自保，而是误以为阮佃夫等“潜图宫禁”，要对皇帝不利，因而发兵以图匡救。萧道成曾身经其事，自然明白真相为何。再说如果景素并非叛逆，那身为征讨主帅的萧道成岂不成了助纣为虐、枉杀好人的帮凶？何况辩护人自己就曾与景素颇有渊源，其立场大可怀疑。所以萧道成对这封上书完全不予理会。

不过，上书里透露出少帝刘昱与居中擅权的阮佃夫等存在紧张关系，这一点似乎已是当时坊间的普遍看法。

同孝武帝时期深受重用的戴法兴一样，阮佃夫、杨运长这些寒人出身的“恩幸”之所以得势掌权，靠的就是皇帝对他们的信任和对外臣的不信任。皇帝居于深宫，诏令须经中书下达，戴、阮、杨诸人官居中书舍人，口传诏敕，代表皇帝说话，所以才能“居中弄权”。如果再兼任一两个执掌禁卫的武职，更可以“隔绝内外”，一手遮天。但是，由于“恩幸”的权力来源于皇帝的绝对信任，所以皇帝换人对他们的影响也最为致命。戴法兴本为孝武帝府中典签，阮佃夫一手策划了子业被弑和明帝登位，杨运长则是明帝任藩王时的射术师傅，他们本就是老皇帝身边的私人和心腹，甚至在老皇帝去世后、新皇帝年幼之时，他们也可以凭借积威和体制的惯性嚣张一时。可一旦新皇帝长大成人，有了自己的心腹和独立的想法，自然不会再像自己的老子那样信任他们，甚至反会觉得他们老而不死、碍手碍脚。这也是当年废帝子业即位不久即除掉戴法兴的主要原因。

如今这种情形落到了刘昱和阮佃夫、杨运长的头上。不过，虽然同为中书舍人，阮、杨二人的情况又不尽相同。杨运长为人恭谨小心，颇有廉洁操守，史书说他“不事园宅，不受饷遗”，居然是个清官。而且他早年曾在东宫任职，和刘昱是老相识，所以两人之间的矛盾并不明显。阮佃夫则不然，其人贪财好货，收贿成性，自家的宅舍园池比诸王的府邸还要豪奢，家中养有女伎数十，艺貌冠绝当时，身上穿用的金玉锦绣之饰，后宫嫔妃也比不了。从他家后院开了一道水渠，足有十几里长，阮佃夫时常与女伎泛舟渠上，乐舞嬉戏。凭借手中权力，阮佃夫家的仆从奴客也鸡犬升天，赶车的当了虎贲中郎，牵马的当了员外郎。那一番煊赫排场，比西晋时的王恺、石崇也不差。

对阮佃夫这样的人来说，他所有的一切都是拜权力所赐，所以权力对他也就意味着一切。而如今，随着新一代暴君刘昱的养成，阮佃夫感到他的权位正处于极大的危险之中。

桂阳王休范、建平王景素的两次叛乱都在很短的时间即被讨平，自京口克定以来，十五岁的少帝刘昱自以为有天命护佑，有恃无恐，更加变得无法无天、胡作非为起来。他原本喜欢微服出游的恶习也变本加厉，几乎没有一天不出宫的，而且根本不管黑天白日，白天出去就晚上回来，晚上出去则要到天明方回。随行左右手拿刀剑戈矛，只要能逗得皇帝开心，一路上不论犬马牛驴还是男女行人，一律见了就砍，遇上就刺！搞得建康左近民人大惧，大白天不敢开门，街巷间行人寥寥。

据说除了出游之外，刘昱的另一大爱好就是杀人，而且杀起人来很有“工匠精神”，凡是不小心忤逆了其旨意的人，他往往亲自动手施以虐刑，还要变着法儿地虐杀，以此为乐。传说他身边常带有各种棍棒数十根，每个都起了诨名儿，其余锥子、锤子、凿子、锯子等杀人器具也不离左右。有一次，刘昱手拿铁锤，亲手锤烂了一个男人的命根子，有个在旁边侍奉的人皱了皱眉，惹得刘昱大怒，下令将他扒光上衣站定，一矛刺去便洞穿了此人的肩胛。

眼见这位小爷如同恶鬼附身日日以淫杀为乐，阮佃夫有鉴于当年戴法兴的悲惨下场，时常生出不寒而栗之感。同时他也认为，自己要想长保富贵，唯有另立幼主，将小皇帝牢牢掌控起来才行。于是，阮佃夫与党羽直阁将军申伯宗，步兵校尉朱幼、于天宝等秘密谋划，想要伺机废掉刘昱，拥立十一岁的安成王刘准为帝。

元徽五年（公元477年）春天，刘昱打算出城到江乘（今江苏南京栖霞山以东）一带射雉。阮佃夫认为这是个好机会，因为以前刘昱每次北出，都敕令仪卫扈从留止在乐游苑前，自己只带少量亲随驰马而去。阮佃夫的计划，是趁刘昱远出之后，诈称皇太后有令，召回仪卫，关闭城门，分遣亲党据守石头城和东府，同时派人将刘昱抓起来废掉，阮佃夫自己则以扬州刺史一职辅政。

这一计划本已布置停当，然而事到临头，因为刘昱突然改变了行程、没去江乘，只好被迫取消。这下叛党内部起了恐慌，于天宝随即向刘昱告发了阮佃夫的奸谋。而阮佃夫也如同当年的戴法兴一样，面对皇帝的发难毫无还手之力，连带朱幼、申伯宗等人皆被下狱赐死。与之相比，另一些牵连在内的阮佃夫党羽则没那么好运了。有个叫张羊的是阮佃夫的心腹，事情败露后先已逃走，后来又被抓捕归案。刘昱下令把他绑在承明门前，自己亲自驾车，将其碾轧至死。平素与阮佃夫往来密切的散骑常侍杜幼文、司徒左长史沈勃、游击将军孙超等人，则被刘昱亲领禁军，上门诛杀。据说孙超被抓之时，嘴里一股大蒜味儿，刘昱就下令把他的肚子剖开，要看看他刚才吃了啥。而沈勃因为在家服丧，一直住在墓旁的草庐里。刘昱领军上门之时，一个人冲在最前，见到沈勃就一矛扔了出去，然而并未刺中。此时卫士尚未近前，沈勃料知定然不免，伸手就扇了刘昱一耳光，大骂道："你罪恶滔天，远超桀纣！不得好死！"受了这一巴掌的折辱，刘昱当然不肯让沈勃好死。有史料声称，刘昱拿出了祖传的屠宰手艺，一刀刀亲手将沈勃肢解，方称心而去。

有读者可能会注意到，在叙述这段历史之时，我多处使用了“据说”“传说”之类的字眼。这是因为，史籍中所记录的刘昱的种种令人发指的恶行，实在很难相信是一个仅仅十五岁的少年所为。而由于宋齐代立，《宋书》又是沈约于齐时所撰，出于政治正确的考虑，自然免不了要对宋末诸君多所丑化。宋帝越是昏暴无道，则齐之篡立越发正大光明。这一点，清人赵翼早有阐释。此外，虽然《魏书》也对刘昱的无道行为有所记载，但多半得自道听途说，况且南北既互为敌国，诋毁污蔑之言更加少不了，可信度同样值得怀疑。

除了以上杀人不眨眼的暴行，史籍还记载了刘昱一些看上去不那么严重的行径。例如，他似乎对自己饱受质疑的血统不加避讳，出行时常自称“李将军”；他平素不喜欢穿衣冠朝服，而是穿短衣小裤；他在宫殿内养驴数十头，而平常乘坐的马就养在御床之侧；他和手下的女人私通，时常携带此女出游，用公款花天酒地；出游时要是遇见有婚丧嫁娶的队伍，他就混在拉车赶马的下人堆里一起吹牛喝酒，人家骂他他也坦然承受；据说他有过目不忘的本事，不管是什么技巧工艺，上手就会，锻炼金银、裁衣作帽，莫不精绝；等等。

总之，通过以上这些黑材料，一个集人性之恶于一身的恶魔少年形象出现在今本《宋书》的第九卷，刘昱也以“后废帝”这一通称登上了“南北朝变态君主排行榜”的前几名。至于这个形象有几分接近历史的真相，又有几分来自后人的渲染，野人我无力判别，只好委屈读者诸君您自个儿琢磨了！

45 试探众心

“听说上月端午之时，皇太后赐给主上一柄羽扇。主上却嫌那扇子不够华丽，竟然唤来太医，命他煎煮毒药，想要毒死太后！后来还是有人对主上说，倘若太后晏驾，皇上您免不了要服丧守制，到时就不好任意出去游玩了。主上认为此言有理，这才打消了主意。”

说到这里，王敬则意味深长地看了萧道成一眼，放低声音道：“近来主上之荒行，日甚一日。阮佃夫虽是咎由自取，可孙超、沈勃等人却未免死得冤枉，其余无辜之人惨遭毒手的更是不胜枚举。如今殿廷内外，人心忧遑，皆有朝不保夕之感。下官还听说，主上对将军您颇有微词，幸亏太妃从中劝解，才不致遽尔降罪……”语句稍停，随即道出了来意，“似这等无道昏君，人神共弃！废昏立明之事，唯有将军您可以当之！”

王敬则说出这样的话，萧道成一点儿也不感到奇怪。

此人是晋陵南沙（今江苏江阴东南）人，母亲是个女巫。据说他刚出生之时，胞衣竟是紫色。他母亲当即预言此儿有鼓角之相，恐怕一生都与刀兵脱不开干系。王敬则二十出头，就耍得一手玩刀的绝技，能同时把五六把刀扔在空中轮转如飞，因而入选了前废帝子业的贴身护卫队。当时子业被弑，他和寿寂之几乎是一齐下的手。后来明帝即位，任其为直阁将军。元徽二年，桂阳王休范进袭建康，事后，因为在新亭水战中有功，王敬则被提拔为越骑校尉。从那时起，王敬则就与萧道成私下多有往来。

少主刘昱的种种无道，人所共见，萧道成自然也一清二楚。他也知道，刘昱对自己的忌惮态度，不仅仅止于“颇有微词”。不久前的一天，暑气未消，萧道成正在西掖门旁的领军府内袒腹乘凉，刘昱忽然带着一众卫士闯了进来。裸身而见天子，实属无礼，然而这也实在怪不得萧道成。刘昱不管，半开玩笑半认真地下令，叫萧道成腆着大肚子站在室内，肚皮上画个箭靶，他则站在远处，拉弓欲射。萧道成知道，自己若敢躲闪，刘昱一定会治自己抗旨之罪；可若站立不动，岂不要被射个肚破肠流？正在一筹莫展之时，刘昱身旁的太监王天恩进言道：“萧将军肚子大，确实是个好靶子！可就这样一箭射死了，再射不就没靶子了么？不如换上秃头箭，皇上您还能多射几回！”刘昱点头称是。片刻后换了箭头，刘昱一箭射去，正好射中萧道成的肚脐，不由得拍手大笑道：“这一手如何？”经过此番笑闹，萧道成才算躲过了性命之忧。这件事想来王敬则亦有耳闻，只是碍于萧道成的面子，不好明说罢了。

其实自从阮佃夫身死，其党羽纷纷被杀，萧道成就明显感受到了危险的迫近。有当年柳元景、沈庆之的例子在前，他也知道王敬则的建议势在必行。可这种事风险极高、牵涉又广，虽然王敬则声称他已经联络了杨玉夫、杨万年、陈奉伯等二十五位时常在刘昱身边当值的禁军军官，只要萧道成一声令下，就可以随时取昏君的首级，但萧道成深知，废立之事绝不是王敬则这些武夫想的白刀子进、红刀子出那么简单。于是他对王敬则的鼓动既不赞同，也不反对，只是叮嘱他一切小心，密切注意宫中动向，有什么消息及时来报，等等。

送走了王敬则，萧道成连夜书写了几封亲笔信，次日一早便挑选得力心腹秘密送了出去。

数日后，在一个私下场合，萧道成向袁粲、褚渊暗示，少帝无道，为臣子者应以社稷为重。褚渊闻言，默然不语。袁粲却摇头道：“主上尚在幼年，纵有小过，也不难改悔。伊、霍之事，非近世所宜行，纵使功成，亦终无全身之地。”很明显，袁粲并不同意效仿伊、霍，行废立之事，说刘昱小过易改云云，当然是遁词。但他担心功成后终无全身之地的理由，却也是萧道成不能不有所顾忌的。十二年前，明帝以宗王的身份弑杀了同样“无道”的前废帝子业，结果却引来普天同叛的混乱局面。而五十多年前，徐羡之、傅亮等人以异姓大臣的身份废杀少帝刘义符，最终却落得个身败名裂的下场。两下对比，不能不说袁粲的说法没有道理。

然而此一时，彼一时，今世的情况毕竟与往日不同。

明帝初年普天同叛之时，宋室宗王尚多，且孝武帝诸子多藩屏在外，明帝以叔杀侄而夺位，与孝武诸藩王之间的嫌隙难以弥合，这才被野心家利用，搞出了叔侄大战的场面。如今文帝、孝武帝诸子一无所存，明帝诸子不但年龄幼小，血统亦大为可疑。其余宗室之中，在朝者只有一个刘秉（刘道怜之孙）稍有权位，却又懦弱无任事之能。四方藩镇里面，倒有六七个在萧道成及其旧部的控制之下，而他们也正是前几日萧道成密信加以征询试探的对象。

不久，萧道成陆续收到了回信。

当时，萧道成的长子萧赜（音zé）在夏口担任晋熙王长史，执掌郢州实权。在给青、冀二州刺史刘善明和东海太守垣荣祖的信中，萧道成以受逼于刘昱为辞，说有人劝自己北奔广陵起兵，并使萧赜率郢州兵东下，请刘善明和垣荣祖于初秋之时在边境制造一些摩擦，自己好借机出京北渡。

刘善明的答复是：“宋室将亡，愚智所知。当此形势，若挑动胡虏，反而是您的祸患。萧公您神武世出，此时唯有静以待之，因机奋发，功业自定。不可远去根本，自蹈危途。”

垣荣祖也说：“领军府距台城不过百步，公若北走，人岂能不知？若单行轻骑，广陵人一旦闭门不相受，公欲何之？今公稍一动足，恐怕即有人扣台门前去告发，到那时就大事去矣！”

萧道成的心腹、功曹参军纪僧真亦赞同刘、垣的意见，认为虽然皇帝昏暴，但宋室累世经营的体制尚在，如今若逃奔广陵，就算能顺利抵达，也将被视作叛逆，那时天子居深宫发号施令，以朝廷之力而大举征讨，你怎么应对？恐怕北投魏虏已经是不错的结果了，可这难道就是你想要的吗？

同样，萧道成的次子萧嶷、族弟萧顺之等自己人，也没有一个赞成外逃起兵的计划。其实萧道成提出这个意见，主要也是为了试探众人之心，从反馈的结果来看，正如萧道成的预期。朝廷里面，虽然袁粲不支持自己，但褚渊似乎并不反对，再加上禁军内部和外部藩镇都有足够的力量可供支配，萧道成感到，时机已然成熟。

46 七夕惊变

元徽五年七月初七，萧道成吃罢晚饭，一个人在领军府后庭负手徘徊。

夜凉如水，苍穹中星河似练，想来建康城内正是家家户户女子结彩线、穿七孔针，看牛郎织女天河相会之时。

这一年，萧道成已是五十一岁。他的元配夫人刘氏六年前便已去世，如今几个庶妻和次子萧嶷都住在建康城东的青溪旧宅，而长子萧赜、孙儿长懋则远在郢州任上。萧道成由于领军府密迩宫禁，事机迫切，不敢轻离半步，所以值此良宵，只好与家人暂且分居。

有消息称，近来少帝刘昱时常中夜出行，于衙署府第之外暗中窥伺朝臣动静。昨夜员外郎桓康来报，说听见领军府门外有人密语，隐约夹杂有刘昱的声音，这更让萧道成悚然心惊。好在稍早得知，今天白天刘昱带着两百来人去北湖出游去了，晚上才醉醺醺地回来，看样子至少今夜应该不会生出什么是非。

子曰：“五十而知天命。”已经年逾知命的萧道成越发感到，所谓天命就是人命，如今刘宋皇室凋落昏乱至此，恰恰是宋室气数将尽的证明。自己已经暗中联络王敬则等人，只待良机到来，便可遽行大事。唯一可虑的，就是刘昱兴之所至、行动无常，当初阮佃夫就是在这一点上吃了大亏，所以非到十拿九稳之时，萧道成并不愿轻举妄动。

延至夜半，萧道成还是无法安眠。躺在榻上思绪万千之时，忽然听得叩门声起，既重且急，静夜中听来着实有些骇人。

坏了！一定出事了！

萧道成急忙翻身而起，随手披了件衣服，连鞋都来不及穿，就在左右亲信的簇拥之下赶到了府门前。

“是谁？”萧道成隔门问道。

“是我，王敬则！将军快请开门，我有要事！”

萧道成刚想开门，心念一转，想到了于天宝告发阮佃夫之事。王敬则该不会已经把我卖了，现在正要替刘昱诳我开门吧？想到这里，不由得停下了手，凑到门缝处低声问了一句：“何事？”

“嗐！一两句话说不清楚！将军您就别问了，我这儿有个东西，您开门一看就知道了！”

这一说，萧道成更不敢开门了。王敬则在门外等得惶急，干脆甩手一扔，把个东西隔墙扔了进来。

一看是个布包。萧道成叫人拿到火烛明亮之处，打开一看，不禁倒抽一口冷气——是颗人头！虽然心里已经猜到了七八分，他还是命人取来清水，将人头上的血污擦拭干净，终于确认不是别人，正是少帝刘昱！

这是怎么回事？萧道成连忙开门，将王敬则迎进来细问。

原来，今天上午刘昱出宫去北湖游玩，骑着马越跑越快，后面的仪卫队伍狼狈追赶，行至河堤上时发生了互相挤踏，有个叫张五儿的躲闪不及，连人带马跌入了湖里。七手八脚捞上来之后，刘昱大怒，好在只是怪罪于马，下令将这匹马拴在光明亭前，他手执刀矛，如冲锋陷阵一般亲自驰刺，将马儿刺杀。事后刘昱又跟手下一齐将此马大卸八块，模仿草原上的羌人杀马作歌、饮酒跳舞为乐。这一番模仿秀结束，刘昱又在湖边搞起了运动会，跟人比赛跳高。日薄西山之时，刘昱仍意犹未尽，又乘着他特制的敞篷大车，去往青园尼寺、新安寺附近偷了人家养来护园的狗，跑到庙里煮了，跟和尚一起喝酒吃肉！一直闹到天已放黑，才醉醺醺地回宫。醉成这副模样，他倒没忘了当晚是七夕，又跟自己的情妇在月亮底下穿了会儿针，才一头倒在仁寿殿东侧的毡屋中呼呼睡去。

今天白天时，也不知道刘昱是喝醉了发酒疯还是怎么着，突然狠狠训斥了一顿平常在他身边侍奉周到的杨玉夫，末了还咬牙切齿地说：“明天非杀了你，取你肝肺不可！”杨玉夫看多了身边人因为得罪刘昱而横死的惨状，心下大惧。再说他早已跟王敬则等人互通声气，本就在谋划除掉刘昱。因此这时，他心说拣日不如撞日，看这会儿小皇帝正睡得死人一般，而当值的宿卫畏惧莫名得罪，都习惯性地躲了开去，除了自己和杨万年、陈奉伯等寥寥数人之外无人看护，正是天赐良机！当下几人一拍即合，杨玉夫和杨万年潜入毡屋，抽出刘昱的防身千牛刀，一刀就送昏睡中的刘昱上了西天。而陈奉伯将首级装入包裹，藏在宽大的衣袖之中，装得没事儿人一样，照平常的惯例口传诏敕，叫开了承明门，出宫来找王敬则。以上都是二更天发生的事。

王敬则这天不当值，正好在家。陈奉伯带着刘昱的首级找到他，他又赶忙骑马来找萧道成。事出突然，虽然皇帝死了，但善后事宜还要萧道成赶紧来处理。眼下时间紧迫，萧道成匆忙穿上戎装，率领左右数十人，与王敬则一起赶往皇宫。

因为近年来刘昱频繁微服出游，往往不论晨昏，出入宫门之时，如果守卫忠于职守严加盘查，往往会惹得皇帝不耐烦，说不定还会获罪，所以承明门的守卫早就养成了得过且过的习惯。黑夜中本来就看不大清楚，王敬则又用刀环塞住了门侧的窥视孔，再装成护驾的队伍大呼小叫一番，门卫不敢耽搁，也就糊里糊涂地开了门。这就给了萧道成入宫后从容安排的时间。

次日一早，已经控制了局面的萧道成以皇太后令召“四贵”中的其他三人进宫，向他们公布了皇帝的死讯。

见到萧道成甲胄在身，袁粲等先就觉得大事不妙，待知道了事情经过，更是既惊且惧，一时间谁也说不出话来。萧道成只好出言逼问。他不问辅臣之首的袁粲，却先问宗室代表的刘秉：“此乃使君家事，不知公何以断之？”

这一句话就给事件定了性：不是篡位夺权，但也不是谋逆弑君，只是你们老刘家出了点意外。具体的细节你们就不要问了，只说眼下怎么办吧！

刘秉刚一抬头，只见萧道成目光如电、不怒自威，吓得赶紧避开了视线，嗫嚅道："尚书省中众事，可以交给我们处理。军旅处分，还得全靠领军您……"

这话说了等于没说。不过既然刘秉不敢质疑，袁粲、褚渊就更不便发问。所以当萧道成假以辞色，要请袁粲主持大局之时，他也忙不迭地摆手辞让。旁边侍立的王敬则见状，刷地抽刀在手，跳脚喝道："天下之事，皆在萧公！敢有开一言者，血染敬则之刀！"说着就招呼虎贲剑戟羽仪前来，又取了个白纱帽亲手戴在萧道成的头上，一边说"打铁要趁热，我看谁敢动"，一边就要请萧道成马上即位。

萧道成却面沉似水，摆手制止了王敬则，申斥道："卿都不自解！"你真是不懂事！一边儿待着去！

王敬则碰了个钉子，心里当然不大舒服。见袁粲刚要开口，正好把气撒在他的头上，瞪眼冲他就是一句呵斥。袁粲是秀才见了兵，有理说不清，饶是名士涵养，却也气得面白如纸，索性闭上嘴不言语了。

眼见气氛尴尬，褚渊连忙出言排解："今日局面，非萧公不能了结。"说着取过令书交给了萧道成。

萧道成也就当仁不让，道："诸公既都不肯，我安得辞！"于是传令，备法驾前往东府城，准备迎立安成王刘准为帝。这倒不是萧道成不想自己当皇帝，而是考虑到现在的局势，拥立个傀儡过渡一下更为有利。

在王敬则等将官的钢刀监临下，袁粲、褚渊、刘秉诸人只好乖乖地跟着萧道成赶往东府。路上刘秉还遇见了堂弟刘韫（音yùn），当他向刘韫交待了事情经过后，刘韫气得直捶胸口："兄长你也太软弱了！我刘氏今年恐怕要灭族了啊！"

47 | 沈攸之起兵

一番筹措之后，宋明帝第三子、十一岁的刘准于七月十一日登上了帝位。

作为刘宋王朝的末代之君，此君的谥号是“顺帝”，梁时为避梁武帝之父萧顺之的讳，又易称为“从帝”。“顺”也好，“从”也罢，一个十来岁的毛孩子，朝权又尽在萧道成的掌控之下，不顺不从，又能怎样呢?

两天后，萧道成出镇东府城，既而朝命任其为司空、录尚书事、骠骑大将军。虽然同时袁粲迁中书监，褚渊加开府仪同三司，刘秉亦如愿迁升为尚书令，但这时的军国大计皆取决于萧道成，褚渊又暗中依附于他，袁、刘空有中书、尚书两省长官的虚名，实际上只能袖手仰成，坐视萧道成把持朝政。明眼人都看得出来，权臣逼主的局面已经形成，江山鼎革之势近在眼前。对于恋栈禄位之人来说，此时最重要的事情就是千万不能站错队，以免在即将到来的改朝换代中遭遇池鱼之殃。

身为刘宋宗室，刘秉和他的堂弟、中领军刘韫一样没得选择，只能抱持反对萧道成的立场。而作为明帝的托孤之臣，袁粲却并不想像褚渊一样，用一种无可无不可的默许态度，一味纵容萧道成的飞扬跋扈。其实以袁粲静笃谦退、不喜任事的性格，他也知道自己很难和萧道成抗衡，但当初既受了明帝的重托，如果就这样眼睁睁地看着别人篡权夺位而坐视不理，一来于自身名节有亏，二来亦无颜见明帝于地下。所以当诏旨命袁粲以司徒、中书监的身份出镇石头城之时，素来谦退的袁粲这次毫不推辞，立刻接受了任命。

当时，袁粲身边有个朋友颇通“望气”之术，劝他说石头城一带的气十分乖戾，前去镇守八成会有祸事。袁粲只是默然不语。

而除袁粲、刘秉、刘韫之外，王太后的侄子、刚刚卸任湘州刺史的王蕴（王景文之子），以及黄回、孙昙瓘、王宜兴、卜伯兴等军官也加入了保刘反萧的阵营。

对于朝廷里存在的这些反对势力，萧道成自然有所警惕。但这一时期，他真正感到忧虑的事情却不在朝中，而在阃（音kǔn）外。

此时距沈攸之出镇荆州已经过去了五年，如果连他在郢州的经营也算上的话，那么他盘踞上游的时间已有八九年了。沈攸之虽然出身比不上萧道成，但两人的宦途起初颇为相似。他们都是在元嘉末年抵御拓跋焘南侵的战争中崭露头角，之后又随孝武帝即位入职建康。废帝子业在位之时，两人又同在禁省任职，一度关系还很不错，萧道成的女儿还嫁给了沈攸之的三子沈文和为妻。若论资望威名，明帝之世，沈攸之还在萧道成之上。晋安王子勋之乱，沈攸之破赭圻，克寻阳，得封前将军、食邑二千户的贞阳县公之时，萧道成还只是骁骑将军、西阳县侯。后来沈攸之虽然两次北讨皆败于魏军，声威受损，但仍然在明帝崩逝之际以外藩名列顾命。所不同者，沈攸之在人脉的经营上不比萧道成，在朝廷内并无奥援，自身又难脱军阀习气，因而当萧道成在褚渊的助力下入参枢机、借两次平叛的机会渐掌朝权之时，沈攸之却僻居荆州、鞭长莫及，对萧道成的坐大无能为力。

既然无法直接干涉朝局，沈攸之唯有效仿当年的王敦、桓温，凭借上游之力来与建康分庭抗礼。几年前他从郢州调任荆州之时，便私自割取夏口的精甲强兵随己西上，到任后又以讨蛮为名，大肆缮甲聚兵、造舰积粮，经过数年的准备，总算建立起了一支相当可观的武装力量。

对于这位亲家的野心，萧道成当然一清二楚，当初他之所以派张敬儿出镇雍州，也正是为了在后方对沈攸之有所钳制。

说起来，张敬儿在上任的路上还经历了一番风险，差点儿连命都丢了。当时他带着部伍行至夏口附近，自己带随从坐了一条小船渡江，想去城里拜见郢州刺史晋熙王燮。谁想半路一阵大风将小船吹翻，左右侍从各自游走逃命，张敬儿一手夹一个水性不佳的小吏，三人愣是在江里漂了数十里才被捞上岸来。

大难不死，必有后福。张敬儿到了襄阳后，一边刻意与沈攸之倾心相结，对其推奉有加，一边又与萧道成大演双簧，给沈攸之造成了萧张不和、日趋疏远的假象。暗地里，他却对萧道成忠心不二，秘密监督着沈攸之的种种动向。

升明元年（公元477年）秋，后废帝刘昱被弑、萧道成拥顺帝即位的消息传来，沈攸之手下的主簿宗俨之、功曹臧寅就劝他以“清君侧”为名尽早起兵，但彼时沈攸之的长子沈元琰正在建康任司徒袁粲的左长史，沈攸之投鼠忌器，一时按兵未发。不久，萧道成为了示人以无私，特意派沈元琰拿了刘昱生前用过的刀凿锤锯等杀人用具去荆州给沈攸之看，意思是昏君无道，自取灭亡，我只不过是顺应人心而已。但沈攸之不为所动，反而对元琰说道：“吾宁为王凌而死，不为贾充而生。”

王凌与贾充皆为曹魏时期的重臣，然而面对司马懿父子篡权逼位的淫威，王凌在发兵抗击未果后饮鸩自尽，贾充却主动投靠司马氏以保富贵，二人之人品境遇截然两分。沈攸之自比王凌，当然是视萧道成为白脸奸臣，而自己则是维护宋室正统的大忠臣，意图在道德阵地上占据上风。况且自己本就是明帝的托孤之臣，萧道成弑君在先，弄权在后，如今岂能任由其欺负孤儿寡妇而坐视不理？

冬十一月，沈攸之的司马刘攘兵给襄阳的张敬儿送去了密报：一副马镫。张敬儿一想便知，这是暗喻沈攸之“马上”就要起兵。立刻派人火速东下，将这一消息告知了萧道成。

十二月初，沈攸之对外宣称，冬至节时王太后赐给自己一些蜡烛，剖开一看，内里竟藏有手令一封，上书“社稷之事，一以委公”！萧道成也是先帝赏识提拔的人，居然亲行弑逆，血溅殿廷，又布置亲党，把持宫禁，其篡宋之心，路人皆知！自己受先帝托孤之重，现在要学那哭秦廷的申包胥，尽为人臣子之责了！于是广发檄文，遣使邀张敬儿及豫州刺史刘怀珍、梁州刺史范柏年、司州刺史姚道和、湘州行事庾佩玉、巴陵内史王文和等人共同举兵。十二日，沈攸之统帅“战士十万、铁马二千”，络绎继发，直奔下游而来。

48 可怜石头城

沈攸之起兵，原在萧道成意料之中。至于他试图联合的几个藩镇，张敬儿和刘怀珍本来就是萧道成的人，巴陵内史王文和也颇为见机，三方都斩了沈攸之的使者向朝廷驰表告变。范柏年、姚道和与庾佩玉虽然首鼠两端，但兵微将寡，不足为惧。真正对萧道成构成威胁的除了沈攸之的大军，就是朝廷内部以袁粲、刘秉为首的反对势力。如果沈攸之兵临城下，袁粲等再于内响应，到时谁胜谁负便殊难预料。

好在荆州距建康尚称遥远，必经之途的郢、江二州又在萧道成的控制之中，沈攸之想像当初桂阳王休范一样闪袭建康基本不太可能，这就给了萧道成“攘外”之前先行“安内”的时机。

十二月十八，萧道成从东府入守朝堂，而以次子萧嶷代替自己镇守东府，并以三子萧映出镇京口。次日，建康内外戒严。二十一日，诏命以右卫将军黄回为前锋，西上迎击沈攸之。

这期间，萧道成曾亲往石头城，想面见袁粲商议沈攸之叛乱一事，然而袁粲却称疾不见，这让萧道成颇感不快。有人劝袁粲何必如此。袁粲答说，自己是担心萧道成以主幼时艰、国难当头为辞，强邀自己入宫，倘若拒绝不掉，免不得就要受其挟制，到时他萧道成有何动作，自己岂不成了同谋？

其实，还有一层顾虑袁粲不曾明说，那就是此时他已经在与刘秉、刘韫、黄回、卜伯兴等人谋划针对萧道成的军事政变，而石头城正是这个计划的关键据点，当此紧要时刻，怎么能轻易舍此而去呢？

此外，还有一事袁粲也犹豫难决：政变的计划，是否应该告知褚渊。在一众同谋看来，褚渊一向和萧道成关系密切，当然不能透露给他。但袁粲却认为，褚渊这个人本质并不坏，他只是畏于萧道成的威势曲意顺从罢了，在大是大非上应该分得清。如果将他排除在外，便是将他视作萧道成的逆党，政变成功后就留他不得。这一来就会造成朝廷内部的进一步分裂，于当前国势艰难的局面殊为不利。

思索再三，袁粲还是将此事告诉了褚渊。而褚渊则转脸就通知了萧道成。

对于褚渊的效忠，萧道成颇感欣慰。其实对于袁粲的背己，他亦早有预料。前几日的闭门羹早已明白宣示，袁粲已经和自己划清了界限，自然非友即敌。而且他也从其他渠道得知，自从沈攸之起事后，袁、刘诸人密切往来，颇有所谋划，眼前褚渊的告密正证实了这一判断。于是萧道成遂以助守为名，遣军主苏烈、薛渊、王天生几人率兵进驻石头城，名义上是听从袁粲指挥，实则是进行钳制。又派心腹王敬则为直阁将军，与卜伯兴同领禁兵。

这些举动让袁粲得知萧道成已经有了防备，但箭在弦上，不得不发，现在已经没有了退路。反萧势力的几个骨干，除袁粲自己镇守石头城之外，刘韫以领军将军的身份入直门下省，卜伯兴为直阁将军，任职丹阳尹的刘秉则居住在秦淮南岸的丹阳郡城，黄回等诸将皆出屯新亭。而他们的攻击目标萧道成则屯守着宫城东南的尚书省朝堂，王敬则也在寝殿内守卫着顺帝刘准。袁粲的计划，是于二十三日夜里矫太后令，使刘韫、卜伯兴率宿卫兵入攻萧道成于朝堂，黄回等率军由新亭返回前来接应，至于既无兵权又无本事的刘秉，就赶紧躲入石头城和自己一起据守就是。然而刘秉素来怯懦，实在见不得大阵仗，到了二十三日那天他紧张得不得了，刚刚下午就早早叫人收拾好了行李，强自镇定吃了口晚饭，手抖得碗都拿不稳，粥也洒到了胸口上。天还没黑，他就带着十几辆大车和数百家口，火烧屁股一般从丹阳郡城逃往了石头城。袁粲一见，大惊失色，说你怎么这时候就来了？这不是坏事么！刘秉哭丧着脸说，能见得着你，我总算死也无憾了！

刘秉这一搞，满大街都知道了。丹阳郡丞王逊立刻向萧道成报告。萧道成随即调兵遣将，命军主戴僧静率数百人赶往石头城，相助早就安排在那儿的苏烈、薛渊和王天生，又火速告知王敬则，令他抢先下手铲除刘韫和卜伯兴。

当时天色已晚，宫门已经下钥。鉴于刘韫已经安排重兵在前门严加守卫，出门硬拼颇为不智。恰好王敬则执勤的房舍背后紧贴宫墙，他就下令锤墙破壁，带着军兵从墙洞穿出，一溜烟地往南绕到了中书省。按照原定计划，刘韫和卜伯兴正在集结兵士，中书省内灯火通明。见王敬则突然杀至，刘韫大吃一惊，慌忙迎问道，大半夜的老兄你怎么来了？王敬则怒喝道，因为你小子竟敢谋反！说完一拳把刘韫揍倒在地，紧跟着就是一刀。手下士兵也随即拥上，不多时便将卜伯兴等尽皆擒斩。

与此同时，双方在石头城下也展开了激战。

位于建康城西、扼守秦淮入江口的石头城周长七里有余，因山为城，地势北高南低，城中有帅府，城周设东、南、西三门，南门内还另建有专门储藏粮秣武器的仓城。战斗开始后，萧道成派驻的苏烈、薛渊等人便据仓城以抗袁粲。由于袁粲一方的辅国将军孙昙瓘骁勇善战，每次冲锋都能给台军造成较大的伤亡，苏烈等相当吃紧。

好在这时萧道成派来增援的戴僧静到了。他一边指挥部下进攻东门，一边将书信射入仓城告知苏烈。苏烈立刻从城上缒下绳索，把孙昙瓘和部分精兵接了进去。此时已近丑时（凌晨一点至三点之间），冬夜的石头城上寒气逼人，双方将士厮杀了半夜，皆已疲累不堪。得到增援的台军士气大振，在身先士卒的戴僧静的率领下鼓足余勇，一口气从仓门杀了进去。

戴僧静接着分军进攻帅府，在帅府西门放起火来。正在东门督军防守的袁粲望见城中火起，慌忙带人回防，又因为深夜里难辨路途，就点起了灯笼火把照路。哪知道戴僧静带着一队士兵在夜色的掩护下竟摸了过来，借着火烛映照，一眼就看到了走在前头、疏于防范的袁粲。若能擒斩贼首，自然是大功一件，戴僧静于是抽刀在手，抢步直进。袁粲的儿子袁最瞥见异动，急忙闪身挡在父亲之前，被戴僧静一刀砍倒。其余侍卫也在台军士兵的掩袭下四散奔逃。袁粲见状，自知大限已到，对躺在血泊里的儿子说道："我不失为忠臣，汝亦不失为孝子！"遂引颈就戮。

袁粲这一死，石头城里的叛乱很快便被平定。混乱中脱逃的刘秉、孙昙瓘等人亦先后被抓捕斩首，其余乱党则一无所问。

至于黄回，因为他并不知道战事会提前发生，后半夜时才按原计划从新亭率部返回，又受阻于朱雀大航上的戍军，迟迟过不了河。天亮时得知袁粲已败，这厮立刻见风使舵，声称是带兵平乱来的。萧道成也就将计就计，假装毫不知情，几个月后才寻个机会将其剪除。

袁粲其人，虽然如裴子野所言，"智不足以除奸，权不足以处变"，但既为民望国华，又受托孤之重，终究以身殉难，保全了自己不事二姓的气节。与同为顾命之臣却"顺应天命"，安享富贵于新朝的褚渊相比，确实殊为可叹！当时有些人颇信相书之言，认为褚渊眼中多白精，此之谓"白虹贯日"，正暗喻了宋室将亡之象。

多年以后，建康的老百姓提起那晚石头城的战斗，脸上仍会浮现出颇为惋惜的神情，甚至有人还会低声哼唱出一曲忧伤的歌谣：

"可怜石头城，宁为袁粲死，不作褚渊生……"

49 | 顿兵夏口

当建康城里的反对势力被萧道成彻底铲除的时候，统领大军东下的沈攸之却在两千里外的夏口遇到了阻碍。

夏口这个地方，就是现在的武汉市汉阳区，古时又称沔口、汉口或鲁口，因为是汉水（即沔水、夏水）注入长江之处，因而得名。夏口城本来在江北，但三国时孙权为了防备曹魏南进，在南岸的黄鹄山上另筑新城。这一新的夏口城西临大江，西角因矶为楼，正对江心之鹦鹉洲，名之为黄鹤楼。唐诗所谓“故人西辞黄鹤楼”“芳草萋萋鹦鹉洲”，便是此处。

到了孝武帝时，为了进一步削割上游藩镇，特分荆州五郡和湘、江、豫三州各一郡，设立了郢州，镇治夏口，所以此处又称郢城。后废帝刘昱被弑之前，任郢州刺史的本是明帝第六子晋熙王燮，而实权则操于其长史、萧道成的长子萧赜之手。萧道成拥顺帝即位后，调晋熙王燮为扬州刺史、萧赜为左卫将军，一并入朝。但考虑到夏口地位冲要、沈攸之又有反迹，萧道成特意给儿子写信交待，叫他选择一位“文武兼资”，又忠于萧氏的人继任。萧赜于是就推荐了司马柳世隆。

柳世隆是名将柳元景的侄子。柳元景被前废帝子业杀害之时，柳世隆因为在远郡为官，故而得免。明帝诛杀子业上台，柳世隆觉得是给自家报了仇，所以在晋安王子勋之乱时纠集了一支军队效忠明帝，乱事平定后自然得到了明帝的褒奖。此后，他的仕途就一路升迁，直至以宁朔将军之号任晋熙王燮的安西司马一职。此时晋熙王和萧赜既被征召还都，朝廷改派武陵王赞为郢州刺史，由于萧赜的推荐，柳世隆遂转为武陵王前军长史、行郢州事。

临行前，萧赜对柳世隆嘱咐说："沈攸之一旦为变，倘若他尽焚夏口舟舰，沿江东去，那就极难应付了。可如果能诱使他留攻郢城，短时间内他一定难以攻克。到那时君在其内，我在其外，彼此呼应，破之必矣！"

等沈攸之起兵的消息传来，萧赜刚走到寻阳，朝廷的应敌策略和具体安排也还不得而知。大多数人都说应该倍道兼行，尽管赶回建康。萧赜却认为，寻阳地处中流，距建康又不太远，在这里既可以藩屏朝廷，又可以支援夏口，而寻阳城虽大，反不如湓口城（今江西九江浔阳区）地势险要，又能扼守江岸，因而拥着晋熙王燮驻扎在了湓口。又分派周山图等将领大修楼橹，营立水寨，预备沈攸之一旦入寇，就跟他大干一场。

然而萧赜却高估了沈攸之，他还没入江州地界，走到郢州，就被柳世隆拖住了。

沈攸之的大军是这年的闰十二月十四日抵达夏口城外的，就停泊在鹦鹉洲的黄金浦。当时上游各藩，能够动用的军力大多只有两三万人，而沈攸之这次竟发动了十万之众，声势不可谓不壮。况且五年前他由郢州西上之时，割走了夏口城里的不少精兵，守城的柳世隆又是一介文士，更不被沈攸之看在眼里。所以他一下船，就坐在胡床上检阅着自己的军队，面露得意之色，派人告知柳世隆说，自己是奉了皇太后的命令，要暂时回京公干，你既然也是朝廷命官，就应该体谅我的意思。

柳世隆的答复听上去倒是颇为见机，说久闻西军有东下的计划，郢城弹丸小城，无力拦阻，眼下只想闭门自守而已。

柳世隆既卑辞示弱，手下将领臧寅等又力主不攻郢城、直接东下，沈攸之也就不打算在此处多耽搁。十六日一早，他安排下一支偏师留守，自己便要统领主力部队拔营直下。而柳世隆可是奉了萧赜的指示要把叛军拖住的，见此情景，立刻使出了冷兵器时代百试不爽的嘲讽技能——骂阵！他先是派了一队嗓门大的士兵到岸边挑战，接着又命中兵参军焦度登楼，挨个点名问候沈攸之的祖宗十八代。这焦度是个氐人，生得又黑又壮，骂起人来一套一套的，专往下三路招呼。据史料记载，焦度骂得性起，甚至“发露形体”，掏出了愤怒的小鸟冲沈攸之挥来甩去！如此奇耻大辱，沈攸之岂能善罢甘休？妈呀老子不走了！给我打！一定要攻下郢城，活捉焦度！

于是叛军舍舟登岸，焚烧了城郊的房屋，筑起了长围，开始进攻夏口城。

当然，除了被激怒这一原因，袁粲等政变失败、萧赜在湓口严兵驻防的消息传来，也迫使沈攸之改变了原本直接东下的作战计划。因为如果对夏口置之不理，倘若中途受阻于湓口，后路又被切断，就会陷入前无响应、后无继粮的困境，既然如此，反倒不如先并力拿下郢州为宜。

可郢城虽然只是个周回两三里的小城，守军又少，所占地势却颇为险要。城南是峭立江岸的黄鹄山，城西是浩浩荡荡的大江，东、北两面则是臃淤低湿的泥泽，沈攸之此来又没有准备足够的攻城器械，得临时赶制，很耽误了不少工夫。而城内从萧赜在镇时就聚粮缮兵，早就做足了守城的准备。攻城战打响后，柳世隆随机应变，指挥将士守得滴水不漏。那个靠骂战一举成名的焦度也损招频出。他叫人收集了全城的屎尿，用皮囊罐子装了，见叛军士兵前来攻城，劈头盖脸就是一顿猛浇！这“屎炮”比滚木礌石还要有效，焦度守卫的那段城楼因此固若金汤，许多年后还被当地人称作“焦度楼”。

因为遭遇到了如此顽强的抵抗，沈攸之顿兵坚城之下，一攻攻了一个来月，仍旧无法拿下夏口。虽然他也分军而前，掠取了武昌（今湖北鄂州）和西阳（今湖北黄冈）两城，但江北的西阳很快便被豫州刺史刘怀珍遣军夺回。与此同时，毫无后顾之忧的萧道成亲自出屯新亭，奉命出讨的黄回、王敬则诸军也由建康迅速西上，而萧赜也从湓口发来了援军，进据武昌以东一百三十里的西塞。形势明显对沈攸之不利起来。

这种局面，早已有明白人看得通通透透。骠骑参军江淹就分析说，萧道成有“五胜”：第一，雄武有奇略；第二，待人宽容而仁恕；第三是任人唯贤、人尽其用；第四乃民望所归；第五则是奉天子而伐叛逆，政治上占据优势。而沈攸之却有“五败”：一是这个人“志锐而器小”、心胸狭窄；二是他待人有威而无恩；三是军心涣散，士卒离散；四是搢绅不怀，得不到当地士族豪强的支持；五是悬军深入，却无同党响应。出身济阳江氏的名士江淹这一年才三十来岁，文思泉涌，仕途顺利，远未到“江郎才尽”之时。他的五胜五败之说，虽然有拍萧道成马屁的嫌疑，但大体还都说到了点子上。

50 一步之遥

沈攸之虽然早年以善于带兵知名，但正如江淹所说，他这个人的性格过于严苛，御下有威而无恩。特别是出镇外藩以后，沈攸之为政刻暴，任意威福，治下若有忤逆，轻则骂辱，重则鞭笞，连地位较高的士大夫也难以幸免。手下将吏要是胆敢叛逃，一人逃走，就强征同籍十余人来顶替。在他治理郢、荆二州期间，刑法严峻，赋敛又重，老百姓都苦不堪言。按照孝武帝末年的户口统计，经过分割之后，荆州的人户只有六万五千六百零四户，若以一户五口计，还不到三十三万人。而这次沈攸之竟然能发动十万大军，就算其中有不少属于原本就不隶民籍的兵户和私兵，其主力还应是由强征而来的百姓组成。

正因如此，沈攸之刚从江陵出发不久，军中就有逃亡的事件发生。其余士兵因受胁迫和恐吓，在初期战事顺利时尚能勉强听命。如今已到了升明二年（公元478年）的正月，沈攸之顿兵夏口一个多月还拿不下来，眼看着建康的援军就要赶到，形势大为不利，而朝廷的檄文里说得明白，只办首恶，余党一无所问，叛军阵营中逃亡的将校士兵就越发多了起来。饶是沈攸之每天早晚乘马亲自到众营抚慰，逃亡事件照样难以止息。

沈攸之大怒，召集诸军军主道："我奉太后令建义下都，大事若成，与诸位可共享富贵！如若不成，朝廷自会诛我全家，殃及不到旁人！近来兵士叛散，都是尔等管教不严所致。逃走的人我也管不了，今后各军再有叛亡的，我就治军主的罪！"

话虽如此，可效果适得其反。因为诸军军主怕担罪责，一人叛走，只好再派人去追，结果连追的人也不知去向。最后只好互相隐瞒，没人再敢上报军士逃亡的情形。沈攸之每天早上醒来，但见营内空帐越来越多，除了笞骂将校撒气之外，只能徒唤奈何！

到了这一地步，一些原本就对沈攸之不够忠诚的将领也开始反水了。司马刘攘兵本来是巴东太守，迫于兵威才跟随了沈攸之，经常向张敬儿通风报信的人就是他。此时见沈攸之败局已定，刘攘兵射书入郢城请降，于正月十九日夜里纵火烧营，趁乱逃进了城。而许多叛军士兵见营中火起，也纷纷弃甲逃命，将帅拦都拦不住。气得沈攸之跳脚大骂刘攘兵，只好抓了他的侄子、女婿砍头出气。到了天明一看，全军将士只剩下十分之一二，这仗无论如何不能再打了。沈攸之于是决定撤军回师。结果刚北渡到鲁山附近，部众纷纷溃逃，连将领都不见了影踪，只剩下沈攸之身边的几十个子弟兵紧紧追随。好在郢城里没有派兵追击，而沈攸之又派子弟向溃兵宣扬，说江陵城里还有不少钱财，只要跟大帅回去就人人有份，这才又络绎招回了将近两万人马。

然而，等沈攸之带着这两万散卒狼狈不堪地逃回到江陵近郊，却得知了雍州刺史张敬儿早已攻下江陵、其二子四孙尽皆被斩的消息。残众随即一哄而散，片刻工夫，沈攸之就成了光杆司令。穷途末路的沈攸之与其三子文和彷徨无计，不知不觉走入了华容县境。三百年前曹操于赤壁惨败，便是由此逃回了北方，不多时重整旗鼓，虽未能一统天下，却也开创了魏国基业。而今沈攸之却无家可回、无路可去，就算想北投鲜卑，恐怕路上也难逃围追堵截。心灰意冷之下，沈攸之父子于二十一日自缢于栎林之中，头颅被附近的乡民割下，送往江陵换了赏钱。

沈攸之这一败亡，举国上下萧道成再无对手。考虑到自己年已五十二岁，此后萧道成明显加快了建国篡位的步伐，二月初五就加了自己太尉、都督十六州诸军事的头衔。

但正如当年刘裕面临的情形一样，这种事要想尽快推进，总要下边有人操作才好，而且还不能是一般人，得是门第清华、声望卓著的贵族名士才行。

起初，萧道成想把这个任务交给陈郡谢氏的代表谢朏（音fěi）来办。

谢朏的祖父是谢弘微，父亲是谢庄，都是当年的名士魁首。他自己幼而聪慧，十岁便下笔成章，时人有神童之称。此时他还不到四十岁，既是萧道成府中的长史，又兼宋帝侍中，与河南褚炫、济阳江斅（音xiào）、彭城刘俣（音yǔ）三人合称“天子四友”，实在是相当合适的人选。

于是一天夜里，萧道成作推心置腹状，召谢朏屏人密谈，言辞中数次暗示。谢朏却如同没听懂一样，不接这个话茬儿。萧道成还以为是有拿蜡烛的小童在场，谢朏不好意思张口，就找个借口把小童支了出去。可谢朏还是良久无语。这下萧道成颇感无趣，便呼左右前来，结束了这场尴尬的会见。

谢朏“不识抬举”，却另有体察上意的人愿意出头。

此人名叫王俭，是王僧绰与文帝女东阳公主的儿子，亦是明帝女阳羡公主的驸马爷，此时刚刚二十七岁，被视为琅琊王氏中的后起之秀。虽然王俭刚刚就任萧道成的太尉府右长史，而且颇得其宠信，但因为年资较轻，萧道成开始并没有考虑让他去干。可眼下既然谢朏不上道儿，王俭就有了表现的机会。

某天，王俭找了个独侍的时间对萧道成言道：“功高不赏之事，古往今来不胜枚举。以太尉您今日之地位，要想以臣子之身份北面而终，下官实在不知成也不成！”

一听这话，萧道成立刻摆出一副正色凛然的面孔，对王俭说请注意你的言辞，怎么能说出这等话来！实际上却掩饰不住内心的喜悦之情，明明是申斥之语，说出口却毫无愠意。

王俭见状，便知自己搔中了萧道成的痒处，更加侃侃而谈起来：“我王俭蒙太尉知遇之恩，所以才敢言难言之事，还请太尉多多体谅。

想景和、元徽之世，宋室失德已久，若不是太尉您英明神武，国家岂能安宁至今？只恐人情浇薄，恩信皆不能持久，倘若太尉您将来稍有推迁，则人望尽去，到那时不只千秋大业无法成就，就是七尺之躯，恐怕也难得保全啊！”

这话说得耸人听闻，但却正是萧道成想听的。他装作若有所思的样子，沉吟片刻后说道：“听你所言，确实不无道理。”

这便是承认了自己不甘居人臣的野心。

于是王俭微微一笑，继续说道：“太尉今日之名位，在以前就是常任的宰相，因此不妨先在礼仪上与普通臣子加以区别，以向世人微示变革之意。不过……此事应当先知会褚公。俭虽不才，请衔此命。”

平定沈攸之后，褚渊被尊为司空，至少在名义上与萧道成同列八公。萧道成要想更进一步，当然要取得褚渊的支持。王俭愿意为己奔走当然甚好，可萧道成觉得王俭的资望还是浅了些，怕褚渊因此挑理，就说自己还是亲自去跟褚渊说好了。

几天后，萧道成到褚渊府中拜访。两人款言多时，萧道成才不经意地提到，自己前日做了个梦，梦见得到了新的任命。

褚渊自然知道萧道成的意思，他也并不想反对，只是觉得未免有点操之过急，容易授人口实。就温言劝说，现在的官爵不久前才授任，恐怕一两年内不宜再有升迁，况且梦是好梦，却未必旦夕间就要应验。

事后萧道成将此事告知了王俭。王俭不以为然，说褚渊不明事理，难道他不点头，这事就不干了不成？就自作主张找来中书舍人虞整，叫他拟诏，准备尊萧道成为太傅，并假黄钺。

八公之中，太傅位列第二，仅次于太宰。有宋一代，除了江夏王义恭，还没有哪个臣子接受过如此尊位。而当初刘裕也正是由太傅之位先升为宋公，随后再篡晋建宋的。短时间内步子迈得这么大，萧道成自己都觉得有点“扯蛋”，担心褚渊不答应。但身边的亲信任遐劝他说，褚渊这个人只顾保命全家，绝不敢有什么异议。结果确如所言。

九月初二，诏旨进萧道成假黄钺、大都督中外诸军事、太傅、领扬州牧，剑履上殿，入朝不趋，赞拜不名，余官如故。

那金光灿灿的御座，如今已是一步之遥。

51 | 宋齐禅代

接下来的数月，不论是中央还是地方，都有一系列重要的人事变动发生。这些当然是萧道成为了尽快迈过那一步之遥而做的准备。

升明二年九、十月间，萧道成以三子萧映为南兖州刺史，以四子萧晃为豫州刺史。

次年正月，执掌禁兵的世子萧赜就任尚书仆射，进号中军大将军、开府仪同三司，次子萧嶷为都督荆湘等八州诸军事、荆州刺史，嫡长孙萧长懋则为雍州刺史。

三月初二，萧道成由太傅升为相国，加九锡，总百揆，同时效仿出身彭城的刘裕封宋公的前例（彭城属宋地），以老家兰陵等十郡封为齐公（兰陵属齐地），正式建立了齐国。还不到一个月，就又急急地增封十郡，升齐公为齐王。

同一时期，宋明帝第七子邵陵王友和第九子武陵王赞亦颇为凑巧地死去。

四月二十，朝廷以宋顺帝的名义颁布了禅位诏书，表示要顺应天命，敬禅于齐，一依唐虞、魏晋故事。

次日便该举行禅位大典，只需在百僚陪位、众目睽睽之下，由当值侍中一人解下顺帝的玺绶转交给齐王萧道成，就算大功告成。

不想事前却遇到了点儿小麻烦。

先是十三岁的宋顺帝刘准不肯临轩，逃到宫里佛堂的伞盖之下躲着不出来。几番遣人敦促无效，王敬则便带着兵将横冲直闯地进了宫，拉着个板车，叫嚣让皇帝快快出来！王太后吓得要死，实在怕酿出事故，亲自带着一众太监连拉带扯地总算把小皇帝弄了出来。

等王敬则把哭哭啼啼的刘准拉上车，刘准反倒止住了悲声，问王敬则：“你们不是要杀了我吧？”两个弟弟刘友、刘赞刚刚死去，刘准这么问当然可以理解。王敬则只好哄他说：“只不过是搬到别宫居住罢了，当年官家取代司马家时也是如此。”他可没说，晋恭帝司马德文最后是被刘裕派人用被子捂死的。

听了这句话，刘准情绪稍安，拍了拍王敬则的手，说若果真如此，我就赏给你十万钱！王敬则哑然失笑，转过头去，一路不再说话。

刘准这边搞定了，解玺绶的人选又出了问题。

原来，这一天当值的侍中正是谢朏。

上次萧道成与谢朏密谈时，虽然对他装傻充愣、有意不愿措手篡宋一事略有不满，但顾及谢朏的声名，仍想援引他加入自己的佐命臣属之中。于是在一次酒宴之时，萧道成借故谈起魏、晋故事，说石苞这个人不早早劝司马昭更进一步，到司马昭死了以后才恸哭后悔，跟后汉的冯异比起来，实在算不得知机。

石苞受司马氏知遇之恩，司马昭已封晋王，但未及篡位便病死了。石苞从淮南奔丧入洛，在灵前恸哭道：“基业如此，而以人臣终乎！”虽然后来石苞多次讽喻魏帝曹奂，为司马炎顺利禅代出了大力，但儿子的尊荣，司马昭无论怎样也看不到了！所以萧道成才拿石苞跟早早劝刘秀称帝的冯异相比，暗示谢朏应该知趣一点，多学学冯异才对！

哪知道谢朏不为所动，说出这样一番话来——当年曹操的手下也有不少人劝他早早即帝位，可曹操却说：“若天命在吾，吾其为周文王！”司马昭世事魏氏，如果不是病死，也一定会以北面人臣之位而终，就算魏氏早早依从于禅位之事，他也应当再三谦让以彰显高尚的品德。

言下之意，自然是讽刺萧道成没有风度，品德不高。萧道成当时脸色就很难看了，虽然没有当面发作出来，事后却免了谢朏左长史的职位，而以王俭代替。

这天按照规矩，应该由当值的侍中谢朏来解下顺帝的玺绶。但谢朏却佯装不知，兀自安坐在官舍里问传诏官："有何公干？"

传诏答："解玺绶授齐王。"

"齐国自有侍中，何用我来？"说着谢朏拉过枕头，居然高卧不顾起来。

传诏大感恐慌，又不敢用强，就劝谢朏说那你请个病假好了，我们赶紧去找替补。谢朏翻身坐起，说我没病，请什么假！干脆拂袖而出，穿过东掖门上车回家了！最后还是找了王俭临时顶替，才算把这场禅位仪式应付下来。

礼毕。这边厢宋室遗臣拥着顺帝刘准乘着小车出宫，一路涕泣如雨；那边厢以褚渊为首的齐国元勋则捧奉玺绶，率文武百官诣齐王府劝进。这时候自然少不了"三辞"和"固请"的矫情场面。除了歌功颂德之外，劝进诸臣还找来太史令，以符命历数的理论来说明改朝换代是多么势在必行、顺应天命：

易数之中，六是亢位，预示着结束和变更。后汉从立国到禅位于魏，总共一百九十六年；曹魏自立国到禅位于晋，总共四十六年；晋朝自立国到禅位于宋，总共一百五十六年；而宋朝自永初元年建立直到如今，正好六十年，正合以往禅让诸朝六终六受之数。现在即位受命，实在再正当不过！

四月二十三日，五十三岁的萧道成在建康南郊登坛即位，大赦改元，建立了南北朝时代南方的第二个王朝：齐。史家通常称之为南齐或萧齐，萧道成是为齐高帝。

同当初刘裕篡晋一样，改朝换代这样的大事，即便表面上是以"禅让"这种和平方式堂而皇之地进行，背地里却也少不了龌龊卑鄙的杀戮之事。例如奉朝请裴颢，因为上表直陈萧道成篡宋之罪，便被他下令杀死。残存至今的宋朝宗室刘燮（原晋熙王）、刘跻、刘嵩等人，在萧道成即位后的一个月内亦不分少长被诛戮殆尽。而被王敬则哄骗说“不过搬到别宫居住”的禅位后被降格为汝阴王的刘准，则遭遇了一场人为制造的“意外”，莫名其妙地被人闯入府中杀死，事后肇事者不但没有被治罪，反而得到了萧道成的赏赐。

就算是萧道成一度颇为看重的名士谢朏，因为禅位之前政治上不够正确的一系列表现，也给自己惹来了大麻烦。太子萧赜就力主杀掉谢朏，以儆效尤。好在萧道成认为，杀掉他反而会成其大名，最后只是免官了事。

当然，除了这些滴血的勾当之外，深谙为政之道的萧道成也采取了一些积极措施以收拾人心，清理宋末以来的弊政。他还摆出谦虚求教的姿态，向士人求问治国之道。

一次在华林园，萧道成召见处士刘瓛（音huán），再一次谈起了这个话题。

刘瓛的回答很简短：“为政之道，尽在《孝经》。凡宋氏所以亡，陛下所以得者，皆在其内。”

萧道成知道，刘瓛的意思是说，治国如同治家，孝悌伦常是家国之本。刘宋自文帝以来屡生伦常惨剧，兄弟反目，父子相仇，自己一家人先彼此杀了个七零八落，他萧道成才得以乘时崛起、篡夺了权柄。这些事萧道成都是耳闻目见，体会自然尤为深刻。

于是他点了点头，慨叹道：“儒者之言，可宝万世！”

那一刻，萧道成绝没有想到，他建立的齐朝只存在了二十三年，是宋齐梁陈四朝中国祚最短的一个。而且到头来，还是走了宋室亡国的覆辙！

第四卷

齐亡梁兴

01　女主治国

当淮水以南的汉人政权改朝换代、易宋为齐之时，北方的鲜卑王朝亦在一位汉族太后的治理下悄然发生着巨大的变化。

冯太后自幼生长于长安的公侯之家，入宫后又受到了姑母冯昭仪的良好教育，生性聪颖的她在第一次临朝听政之时便已熟谙北魏政治的方方面面。这一次以太皇太后的身份再度临朝，她越发清晰地意识到，鲜卑人在汉地建立的这个貌似强大的国家，在内部结构和制度上存在着天生的不足和严重的缺陷：它就像一辆左右两轮大小不一、重心不稳的马车，初时靠着马儿力壮气盛，也能跑得飞快，但车体却在剧烈的颠簸下受到了损伤，如果不能及时修复、协调两轮，再遇到路上的巨石或沟壑，或者拉车的马儿力减气衰、马失前蹄，等待这辆车的必然是倾覆解体的下场！身为平城宫里大权在握的执政者，同时也是拓跋家的儿媳——尽管拓跋家灭掉了她父祖的国度——她自觉有责任让这辆马车驶得更远。

当然，不论在古代还是今天，从制度层面上对一个庞大的国家动刀子、搞改革都是一件极难而又极富争议的事。冯太后身为女子，无形中面临的困难恐怕还要大上许多。所以就这一点而言，她比以往的北魏君主更需要权力，需要所有人绝对服从的绝对权力！

而获取绝对权力的手段之一，就是清除掉自己在朝中的政敌。

这一时期，冯太后除掉的两个最大的政敌都姓李：一个是李訢，一个是李惠。

李訢这个人前面交待过，当初他为了减免自己的罪过，在献文帝的授意下做了伪证，使得献文帝顺利杀掉了冯太后的情人李奕和他的哥哥李敷，事后他虽然得到了献文帝的宠信，再次官运亨通起来，甚至坐到了南部尚书之位，但他的名字早已被冯太后默默地写进了“死亡笔记”。献文帝暴崩，冯太后临朝，当天就颁下旨意，尊李訢为司空、进爵范阳公，这当然是为了麻痹李訢，使他放松警惕。不久，冯太后以明升暗降之法将李訢外调为徐州刺史，明眼人一看便知他已经失去了圣眷，于是不待冯太后找茬，就有善于逢迎的人来告李訢的黑状了。

太和元年（公元477年）二月，李訢曾经的亲信告发他阴谋叛逃南朝，冯太后将其征至京师，当堂对质。辩解之时，李訢指责该亲信忘恩负义，实在不仁，该亲信反唇相讥道：“你待我比当初李敷待你如何？你当年对待李敷既然不仁不义，如今就休怪我对你翻脸无情喽！”李訢无言以对，唯有失悔。李訢的政敌、大太监赵黑也趁机落井下石，提供了不少黑材料。于是在李奕被杀七年之后，冯太后终于处死了李訢，为情人报了一箭之仇。

另一个政敌李惠，则是孝文帝生母李夫人的父亲、当今天子的外公。李夫人虽然早在孝文帝被立为太子之时就被冯太后以“子贵母死”的祖制处死了，但李惠本人却在献文帝的宠信下飞黄腾达，历任要职，进爵南郡王，官至征南大将军、雍州刺史，坐镇长安。

李惠虽以外戚发家，但实际上很有才干，在各地亦颇有政绩。尤其在治理长安之时，当地有关于他断案的两个段子流传。

一个段子是，刺史衙门里的树上有两只燕子争巢，整天喊喊喳喳斗得不可开交，搞得大小官吏烦心不已，十分影响工作效率。李惠叫人用网将两只燕子捉了，找来管司法的官员，说你们给判一下，这鸟巢的产权到底归哪只燕子？几个司法官大眼瞪小眼，都说下官愚笨，这案子审不了，还请大人明鉴。李惠笑笑，叫衙役取来细竹条，用同样的力度轻轻抽打两只燕子，然后将它们放飞。结果一只飞走，另一只却留了下来。李惠解释说，留下来的这只因为筑巢时出了大力，小小吃痛不足以让它舍弃亲自筑就的爱巢，它应该就是真正的主人；而飞走那只稍吃痛楚就弃巢而去，自然是个冒牌货。

还有一次，一个背柴的和一个背盐的在同一处树荫下乘凉休息，临走时两人为一张羊皮起了争端，都说羊皮是自己的，结果告到衙门，各执一词。司法官审理不了，又来找李惠求教。李惠说这么简单的事还用审吗？将羊皮拿下，打一顿板子，它自己就能招认谁是主人！司法官还以为李惠是在开玩笑。羊皮又不会说话，你再严刑拷打它，又能如何？结果李惠当真叫人把羊皮铺在大堂之上，噼里啪啦地打了一顿板子。一打之下，羊皮中迸落出少许灰白色的小颗粒，正是盐屑，谁是羊皮的主人就此昭然可知。以此证据相示，那背柴的果然磕头认罪，承认是自己起了贪心。

经此两事，各级官吏都服李惠贤能善断，再也不敢在公事上有所欺瞒。

其实相比李訢，冯太后与李惠之间殊少个人恩怨。李夫人之死虽是冯太后的意旨，但援引祖制，李惠也无话可说。冯太后之所以想要除掉李惠，恰恰是因为此人地位尊崇、能力出众，倘若将来孝文帝亲政，祖孙二人互为援手，势必会对她的威权构成极大的挑战。对于好不容易才从献文帝手中夺回权力的冯太后来说，再也不愿承受失去权位的空虚与痛苦，因而必须防患于未然。

她除掉李惠的手段与除掉李訢相似：先是将其调任为毗邻南朝的青州刺史，既而诬陷他预谋叛逃，诛其人而抄其家。

除李訢、李惠之外，安成王万安国、安乐王拓跋长乐、宜都王拓跋目辰、京兆王子推等一众献文帝朝的亲信重臣亦在数年内被冯太后以各种罪名先后诛除，其为人之严峻、手段之狠辣令文武百官悚然心惊。与此同时，她还提拔了东阳王拓跋丕、魏郡王陈建、河东王苟颓等亲己派的鲜卑勋贵共参朝政，维持了上层的团结和朝局的稳定。加之冯太后心思缜密，多智善断，深谙御下之道，在排斥异己的同时，又能通过恩威并用的手段笼络不少人才为己所用，一时间满朝整肃，人人慑服于女主之威。

到了太和三年（公元479年）夏天，南方改朝换代、萧道成篡宋建齐的消息传来，冯太后刚刚诛除异己、重组朝廷格局不久。魏宋虽为敌国，但自从献文帝初年北魏占据淮北四州之后，近十年来，两国频繁通使，边境争端也大为减少，似乎和平与发展又成了两国关系的主流。这时，刘宋使者殷灵诞还滞留在平城，听说萧道成篡位、国家已亡，殷灵诞悲愤交加，立刻向北魏乞援，说宋魏既然通好，就该同舟共济，现在宋国亡了，魏国若不相救，算什么友邦！赵郡公陈建、长乐王穆亮、平原王陆睿等鲜卑勋贵也上密奏，建议发兵南讨萧齐。

当初发兵攻取淮北四州，正是第一次临朝的冯太后拍板做的决策，如今她自然也知道，若应宋使之请，以灭齐复宋为借口再次南侵，于北魏之扩张实为有利。但另一方面，冯太后也觉得，当前的工作重心在内部，萧道成其人又颇有神武之名，此时要想鲸吞南朝几乎不太可能。所以最后北魏虽然三路出兵，奉当年投奔北魏的宋文帝之子刘昶为主，南下伐齐，但主力部队都来自河南诸州，基本上没有动用河北的军力和代北的鲜卑骑兵，试探和掳掠的意图远高于攻城略地。因而这场战事断断续续进行了两年多，魏齐胜负各半，北魏除了又掳走了几万人口之外，并未从南朝占得什么大便宜。

02 方山永固

太和五年（公元481年）初春，一支旌旗飞扬、卤簿煊赫的浩荡队伍离开平城，穿越太行山区，向东进入定州地界。队伍正中，三十六乘属车扈从之下，是羽葆华盖、龙旂旌麾、驾马十五匹的两辆游观大辇，辇上分别坐着十五岁的皇帝拓跋宏和四十岁的太皇太后冯氏。

四处巡幸是出身游牧民族的鲜卑统治者的传统。同之前的北魏皇帝一样，孝文帝即位以来也曾多次外出巡行，但此前不是在京畿附近，就是到阴山却霜，越太行南巡河北州郡倒是第一次。

这也是冯太后的第一次南巡。她自从临朝听政以来，诛锄异己，整饬朝纲，省决万机，威福兼作，数年之间尽显女主之威，因而民间颇有流言生起，说如今的大魏阴盛阳衰，乃是“牝鸡司晨”，年少的皇帝只不过是个傀儡。甚至还有别有用心的人援引近来“月犯斗、心”的天象，说什么冯氏凌主、国有亡君之忧，造谣生事，以惑民听。这次冯太后与孝文帝一起南巡河北，就是想向世人展示太后与皇帝亲密无间、“二圣”和谐共治的景象。

当然，冯太后也深知，这些谣言并非完全空穴来风，因为近年来自己与孝文帝这个名义上的孙儿之间的关系，确实不如以往那般亲密，甚至有时还颇有龃龉。

其实想想这也正常。这世上，又有哪一个青春期的少年不曾与长辈发生过冲突和争吵呢？何况对于拓跋宏来说，躬亲抚养的冯太后既是慈母，也是严父，而为了亲手培养一位优秀的君主，她是宁可严过于慈的！再加上九重宫阙之内，太后和皇帝身边各有自己的亲信势力，少不了有人为了自己的利益而居间挑拨是非，制造他们二人之间的紧张关系。

有一次，一个得宠的太监在冯太后面前大说孝文帝的坏话，惹得太后大怒，下令杖责皇帝数十。孝文帝唯有不加辩解，默然承受。最严重的一次，也不知孝文帝哪里触犯了冯太后的大忌，她竟然在寒冬腊月将他单衣关入一间空屋，整整三天不给饮食，还召皇弟拓跋禧入宫，说要废了孝文帝，转立拓跋禧。幸亏拓跋丕、穆泰、李冲等重臣切谏，冯太后才打消了这个念头。经此一劫，孝文帝似乎也成熟了许多。此后他不但对冯太后言听计从，对她宠信阉宦、任用私人等事也不闻不问，至于太后颇令人非议的私生活，他更是置若罔闻。甚至少年时颇为擅长的骑射弋猎之事，此后他也逐渐放弃，转而将更多精力投入到诗书典籍当中。帝后二人的关系，又恢复了当初母慈子孝的亲和局面。

这次南巡，冯太后和孝文帝合作无间，幸中山（今河北定州），下信都（今河北冀州），一路上问民疾苦，亲见高年。二月初一还班诏大赦，赐天下孝悌、力田、孤贫不能自存者以谷帛，放免宫人年老者出宫还家。世人眼里但见帝后同心、二圣共治天下之美政，并不知这背后还有皇帝险些被废的秘辛。

吊诡的是，虽然冯太后和孝文帝对佛教都颇为崇信，巡幸中山时还下令于城东修建五级浮屠，发愿请佛祖保佑北魏国祚绵长、灾患不起、时和年丰，这时，平城却爆发了沙门法秀领导的结社叛乱，迫使帝后二人不得不尽快结束巡行，返回京城。幸好留守的司空苟颓处置得当，亲率禁兵诛擒了法秀等人，才没有酿成更大的乱子。

据说法秀初时被擒，兵士以铁笼锁其头，铁锁却无缘无故断成了两截。兵士想用铁链穿其颈骨，又顾忌他有神灵庇佑，就祷祝说："若果有神，当令穿肉不入。"结果并无神灵显现，铁链透骨而出。法秀就这样被铁链穿颈游街示众，三日后才死去。由于此案牵连甚广，有司奏议尽杀京师一带的佛教徒，冯太后并不同意。而涉案的兰台御史张求等一百余人，按照谋逆的罪名亦理应族诛。尚书令王睿进谏说，与其多杀无辜，宁可赦其有罪，不如仅将首恶枭斩，其余从犯尽皆宽赦为好。

王睿这个人，不但生得仪表堂堂、丰神俊秀，而且家传天文卜筮之术，颇擅长以此道取悦于王公贵族。早在太武帝在世之时，他便因此很受太子拓跋晃的器重。后来冯太后第二次临朝，王睿“因缘见幸”，很快引起了寡居的太后的注意，随后便超迁为给事中，不久又升为散骑常侍、侍中、吏部尚书等要职。散骑、侍中等职，皆为内侍宫禁之官，王睿得以出入帷幄，很可能便在此时成了冯太后的新情人。

太和二年（公元478年）夏，冯太后和孝文帝率文武百官临幸北苑虎圈，没想到一只猛虎从圈中跃出，居然沿阁道而上，直扑御座而来！左右侍从吓得四散奔逃，太后和皇帝也容颜失色！忽听一声怒喝，一人挺身而出，持戟护在了帝后身前，凛凛神威，如同金刚力士下凡！那猛虎仿佛也摄于此人的威吓，竟趋退转身而去。太后和皇帝这才转危为安。

这个捍虎救驾之人，正是王睿。

有此一事，冯太后对王睿更是宠爱有加。次年不但诏王睿与东阳王拓跋丕等勋贵同入八议，享受永免赋役的政治特权，不久后又提拔其担任尚书令、进爵中山王，其余财宝珍玩、田园奴婢等赏赐更是不可胜数。据说王睿的两个女儿出嫁之时，爱屋及乌的冯太后将其接入宫中，在大内正殿太华殿以公主、王女的礼仪为她们举行了隆重的出阁典礼。不知底细的平城百姓私下传说，都以为是太后的女儿出嫁。

因为王睿与太后的这层特殊关系，他出言为法秀一案的从犯求情，自然无不允之理。最后朝廷降诏，将原本应诛五族者降为三族，应诛三族者降为门诛，应门诛者则只戮其身。因此而得活者，有千余人之多。

法秀一案结束后的次月，孝文帝又陪着冯太后到方山散心。

方山位于平城以北四十里的如浑水（今称御河）畔，地势并不甚高，山顶平坦如原，由此南望，正可将整个平城尽收眼底。自从临朝以来，冯太后已经数次临幸此地了。这里有孝文帝下诏营建的思远佛寺，山脚下是波平如镜的灵泉池，松柏苍翠，泉亭秀峙，夏日里清爽的微风吹来，使人不由得心旷神怡。

立于方山之上，冯太后思绪万千。

她想起了姑母冯昭仪讲过的故事，想起了保太后常氏因激动而发抖的手，想起了李贵人被赐死前的凄婉哭声，也想起了文成帝遗物焚化时的熊熊烈火……

下山之时，冯太后对身旁的孝文帝说道：“舜帝死后葬于苍梧，二妃娥皇、女英却不相从，由此看来，为后妃者未必非要远祔山陵才得尊贵。此地山川甚佳，我百年之后，便神安于此吧！”孝文帝便下旨在方山为太后预营寿宫，山上修建永固石室，立碑于石室之庭。后来，冯太后果然便安葬在了方山永固陵中。

此前北魏历代帝后，都归葬于旧都盛乐之金陵。保太后窦氏、常氏虽各自独葬于崞山和磨笄山（今河北怀来鸡鸣山），但那是因为她们出身保母，并非后妃，按规矩本不该祔葬山陵。冯太后身为文成帝的正宫皇后，竟做出了死后不与丈夫同茔的决定，这一点实在耐人寻味。

借助这一举动，冯太后同时也在向年轻的孝文帝暗示：自己迟早都要入土为安，天下终究还是你拓跋宏的。你只需稍安勿躁，多一点耐心便是。

03 俸禄制与惩贪

方山之行两年后，也就是太和七年（公元483年）的夏天，宫女林氏为十七岁的孝文帝拓跋宏诞下一子。

这是孝文帝的第一个儿子，如无意外，未来就将是北魏的太子。

于是那可怕的命运，又降临到了林氏的头上。

于是孝文帝也像十四年前他的父亲献文帝那样，遇到了同样的难题。

当时三岁的拓跋宏即将被立为太子，而冯太后援引“子贵母死”的祖制，处死了他的生母李氏。献文帝此后一直耿耿于怀，伺机报复，次年便诛杀了冯太后的情人李奕。然而接踵而至的，则是献文帝禅位成为太上皇，几年后更是不明不白地暴死于永安殿之中。那以后，冯太后一直对孝文帝刻意封锁事情的真相，导致他直到现在仍不清楚自己的生身母亲姓甚名谁。

而现在，这个襁褓中的婴儿又要像当年的自己一样失去生身母亲了！

痛苦中的孝文帝忆起了幼年时的一件往事。

那是在一个冬天，七岁的小皇帝拓跋宏陪着太上皇献文帝外出打猎。一次猎鹰出击，竟捕获了一只鸳鸯，另有一只鸳鸯在空中悲鸣，上下翩跹，久久不去。献文帝见状，问左右道：“此飞鸣者，为雌为雄？”左右答说，应该是雌。献文帝问说何以得知？答说：“阳性刚，阴性柔，以鸣叫声之刚柔推之，必是雌鸟。”献文帝于是慨然而叹，说人和鸟类虽然不同，在情感和禀性上却实在没什么分别啊！后来就下诏京师一带禁止捕猎鸟类。

当时，拓跋宏只道献文帝崇佛不忍杀生，如今回想，才终于体会出了父亲蕴含其中的深情。

可是，深情也罢，不忍也罢，在冷酷的祖制和强狠的太后面前，自己这个实际上与傀儡无异的皇帝又能怎么样呢？

孝文帝试着向太后求情，不出所料遭到了拒绝，于是他不再说话。可怜而无辜的林氏终于难逃一死，留下的男婴则被抱入了太后的寝宫。

大概是孝文帝恭顺的态度终于获得了冯太后的信任，也可能是她需要时间来抚养未及周岁的“玄孙”，更有可能是经过十多年的培养教诲，冯太后自觉已将孝文帝塑造成了一个合格的接班人，而自己迟早要魂归方山，因此从这一年开始，她逐渐放手让孝文帝独自处理朝政，自己虽未罢令，临朝的次数却相对减少，更多的时候是在后宫总领大纲，而将朝廷交给皇帝。这一时期北魏的政治架构，颇似现在的股份公司，冯太后这个掌握实权的董事长在幕后控股，偶尔现身与董事会全体打个招呼，公司的日常事务则都由孝文帝这个CEO来处理。帝后二人虽各司其职，却有着相同的治国理念和政治抱负。

在此“二圣钦明”的政治格局下，中国历史上一场著名的变法改制运动拉开了帷幕。后世史家通常称之为“孝文帝变法”或“太和改制”。考虑到冯太后本人在其中起到的重要作用，径以年号名之的“太和改制”显然更为恰当。

我国历朝历代，但凡要大刀阔斧地谋求改革或者力求振作，大多会选择先从官僚体系——也就是“吏治”入手。因为官僚是帝国行政的主体，吏治不好，国家的法令要么贯彻不下去，要么干脆就走了样，想正儿八经地把改革搞好，门儿都没有！而这一时期北魏的吏治又尤其糟糕。原因其实前面已经多次提到：身为游牧民族的鲜卑拓跋部乘十六国后期北方的乱局而入主中原，虽然也效仿前代建立了胡汉杂糅的官僚体系，但一直没能建立起真正的俸禄制度。（在游牧部落的首领看来，被征服的土地和人民都是部落的战利品，大家分享就是，俸禄是个什么鬼？）开国迄今将近百年，不论中央官还是地方官，其主要收入要么来自战争中的俘获和赏赐，要么来源于鱼肉百姓、腐败贪渎。北魏前期虽多次颁布了惩贪的法令，但因为官吏无禄，若不贪腐，则生计都成问题，所以惩贪之法徒具空名，基本上沦为了官场权力斗争的工具。特别是文成帝以来，北魏的对外掠夺战争较以往大为减少，从战争中得来的收入大幅缩水，大小官吏便只好在搜刮民脂民膏上下功夫，甚至官商勾结，用国有资产私营生利，或者包揽诉讼，靠权钱交易大发不义之财。因而这一时期，北魏吏治的腐败尤其严重。

以上种种情形，冯太后和孝文帝久有所闻，数次出巡之时又切身体察，早就有心加以整治。于是到了太和八年（公元484年）六月，终于颁布了“始班俸禄”之诏。又经过三个月的论证筹备，比照汉晋的俸禄制度终于在北魏全国正式推行，内外百官从此有了正式工资，每年以十月为首，按季度统一结算。而且为了鼓励地方上招集流民发展生产，规定地方官的俸禄与当地民户数量挂钩。同时为了打击贪腐，将原本“枉法十四，义赃二十四”才处死罪的旧律，改为“义赃一匹，枉法无论多少”，皆判处死刑。“匹”是布帛的计量单位，一匹等于四丈长、二尺二寸宽。因为北魏境内商品经济不发达，没有通行的货币，所以不论征税还是班禄，都以谷帛折算。所谓“枉法”，是受贿后以权谋私、执法不公，罪名较重；所谓“义赃”，是人情往来私下送礼，罪名自然较轻。这次俸禄颁行之后，私下送礼超过一匹就按律当处死刑，足可见冯太后和孝文帝整饬吏治之决心。

然而贪腐之风盛行已久，短时间内要各级官吏只拿死工资而甘愿放弃贪渎的积习，实在不是件容易的事。当年秋天，孝文帝派遣多名使者巡行天下，专门纠察俸禄颁行后地方守宰的不法之事，一时间因贪赃处死的封疆大吏有四十余人。这其中值得一提的，乃是安南将军、秦益二州刺史李洪之。

李洪之少时当过和尚，中年还俗当了个小官，不知怎地巴结上了当时坐镇长安的永昌王拓跋仁，而且跟拓跋仁从南方掳来的李氏姐妹攀上了亲戚。后来拓跋仁被诛，李氏姐妹被解往平城，途经白楼之时，貌美多姿的姐姐被楼上的文成帝一眼看中，仓库中一番云雨，次年就生下了献文帝。然而好景不长，李氏随后被冯太后以祖制赐死，临死前特准许她写下亲戚的名字以备朝廷给予优恤，结果李氏除了写下在南朝境内的亲兄弟的名字之外，还添上了干哥哥李洪之的名字。从此李洪之时来运转，摇身一变成了国舅爷，仕途一帆风顺，不久就成了封疆大吏。

李洪之治理地方，一是狠，二是贪，早就在朝中有酷虐之名。这次整饬吏治，他自以为是皇亲国戚，仍旧不加收敛，结果撞到了枪口上，被监察部门一状告倒、锁拿入京。为了拿他这个“大老虎”明正典刑，孝文帝亲临太华殿，集文武百官议定他贪赃酷暴之罪，最后顾念他为国戚，特降恩旨，准其在家自尽。

李洪之本来生性颇为坚忍，据说他曾用灸疗法治病，用寸许粗的艾炷十余根同时烧烫全身，却依然能谈笑自若。然而这次叫他自尽，他却脚软得走不动路，哭完了笑，笑完了哭，绕着庭院折腾了老半天才终于饮药而死。

除了李洪之这样的汉人外戚，对鲜卑亲贵贪赃枉法也绝不姑息。太和十三年（公元489年），汝阴王拓跋天赐、南安王拓跋桢因为不遵法度，坐赃当死，冯太后和孝文帝亲临皇信堂，召见王公亲贵议定二人生死。这两人都是拓跋晃的儿子，是孝文帝的叔祖。冯太后认为该杀，群臣则苦苦求情。最后孝文帝网开一面，总算留下二人性命，削夺了他们的封爵，勒令以庶人归第，禁锢终身。

经过这场雷霆风暴一般的反贪运动，北魏的各级官吏噤若寒蝉，贪污贿赂之风受到遏制，一时间吏治大为好转。

04 经济体制改革

颁行俸禄虽然有利于整肃吏治，却增加了国家的财政负担。北魏政府不得不在原来每户征税“帛二匹、絮二斤、丝一斤、谷二十斛”的基础上，再多增收“帛三匹、谷二斛九斗”来充当官吏俸禄。这样一来，每家民户承担的税负大大增加了（这还不算各种巧立名目的杂调）。再加上自从晋末动乱以来，大批流离失所的贫民依附在豪强大族门下为僮仆荫客，北方平原到处都是“百室合户、千丁共籍”的景象，不但政府掌握的征税人户大为减少，也使得地方豪强时常有实力对抗中央。

为了扭转这种局面，冯太后和孝文帝于太和九年（公元485年）后紧接着进行了配套的经济体制改革，推出了影响深远的均田制和三长制。

所谓均田制，并非后世的“打土豪，分田地”，而是国家将掌握的无主荒地主动分给无地农民。由于晋末以来北方战乱不断，人民流徙频仍，北魏政府的手里握有大批荒地，这是均田制得以实施的前提。按照当时的规定，凡是十五岁以上的男子都有权利分得“露田”四十亩，女子则二十亩。此外，还同时授予用于休耕的倍田和专门种植经济作物的桑田或麻田。当然，政府不是傻子，这田不可能白给，养羊终究还是为了薅羊毛，而且还要持续稳定地薅。均田制下的农民，凡一夫一妇，都要缴纳“帛一匹、粟二石”充当国税。而一夫一妇平均受田不过七八十亩（不算休耕田）。按照当时的农业生产水平，一年劳作下来交完国税，收入未必能够温饱。这还要祈求老天保佑，没有水旱霜雹之灾才行。

对于绝大多数农民来说，交税给国家还是交租给地主，实际上并不重要，重要的是要有自家的一亩三分地。反正都是一年辛苦土里刨食，干吗不种自己家的田而去给人家当奴客当佃农呢？所以均田制推行以后，许多以前豪族大姓庇荫下的人口都自愿接受了国家的授田，成了新的个体小农。

但有人乐意，也有人不乐意，特别是那些地方上的豪族大姓感觉利益受到了损害，并不甘愿放弃所庇荫的人户。而且以前北魏县以下的地方行政，都是交给这些豪族大姓作为“宗主”来“督护”的，这种情况显然不利于均田制推行之后各地的田地收授和赋税征收。

于是冯太后和孝文帝采纳了李冲的建议，仿照前代的乡党之法，在民间建立了“三长制”。所谓“三长”，是五家立一邻长，五邻立一里长，五里立一党长，作用相当于村委会或街道办，专门负责每年校定户籍、督收赋税。当然，这种费力不讨好的活儿国家也不会让你白干，凡担任邻长者，可免除家中一人的徭役，里长则免两人徭役，党长则免三人。

这样，均田制和三长制互相配合，均田制保障农民有地可种，三长制保障国家税收稳定，再加上重新制订的“一夫一妻帛一匹、粟二石”的户调标准，三者的组合共同恢复了汉代以来中央政府对乡村基层社会经济生活的控制，在促进农业生产的同时，也保证了政府对民力的持续汲取。三者之中，又以均田制为基础。这种制度为后世历代政府所继承，一直到唐代中期才废弃不用。可以说，正是均田制构成了此后三百年间中国社会的经济根基，它是隋唐帝国国力强盛的源泉。

当然，任何一项新制度的实施都未必一帆风顺。孝文帝和冯太后推行的这些改革措施也受到了不少或明或暗的抵制和阻挠。例如徐州刺史薛虎子就曾上疏，以边地民户寡少为由，陈奏当地百姓税负过高而地方官俸禄又过少。冯太后回令说：“俸制已行，不可以小有不平，便亏通式。”德高望重的鲜卑亲贵、淮南王拓跋他也奏请“断禄”，想恢复原来没有俸禄时的司法、税收制度。于是冯太后令召集群臣廷议。中书监高闾为俸禄制辩护说，有俸“则清者足以息其滥窃，贪者足以感而劝善”，无俸“则贪者肆其奸情，清者不能自保”，而且俸禄制推行以来已经成了朝野上下的“新常态”，淮南王的意见不敢苟同。孝文帝遂下诏采纳高闾的意见，力挺俸禄制继续推行。

除俸禄制之外，均田、三长之制在实行之初也不被许多大姓官僚看好。中书令郑羲、秘书令高祐等都说，李冲这个法子在理论上说得通，实际上却玩不转，不信就试试看，到时失败了，就知道俺们说得没错！著作郎傅思益也说，各地民俗既异，风土险易不同，原本按照家赀多少“九品混通”的征税制度行之已久，百姓早已习惯，现今强力推行新制，恐怕会在民间造成扰乱。冯太后对他们的反对意见不以为然，驳斥说：“立三长，则课有常准，赋有恒分，苞荫之户可出，侥幸之人可止，何为而不可？”为了减少三长制在民间推行时的阻力，李冲还提出，应将检校户籍与课调赋税两事于每年秋熟后同时进行，让百姓能够切身体会到新制推行后均徭省赋的好处。

经过冯太后和孝文帝的坚持，更重要的是由于新制下个体小农的负担的确有所减轻，数年后，均田、三长以及配套的租税征收之制终于在北魏全境普及开来，形成了一套生机勃勃的农业经济体制，史言“海内安之”。后来孝文帝又在各州郡建立了调节物价、赈灾积谷的常平仓和农官，自此公私丰赡，虽然境内时有水旱，却不曾酿成大的灾荒。于是在立国百年之后，北魏王朝在冯太后和孝文帝“二圣钦明”的治理之下，国力持续增长，终于开启了鼎盛时代。

那一年的冬至日，冯太后和孝文帝在太华殿大宴群臣。藩国使臣、诸方渠帅尽皆在座，君臣上下欢歌燕舞，其乐融融。兴之所至，孝文帝欣然而起，亲率群臣歌舞于太后之前，并再拜上寿。这当然不是孝文帝第一次为祖母跳舞献歌，多年前两人临幸灵泉池之时，他就曾一展歌喉，那时冯太后也曾吟诗作歌，与群臣相和。其实太后本人是很喜欢这种场面的。她曾经亲作《劝戒歌》三百余章，叫乐工谱曲，宣之管弦。

她也曾将治国理政的道理写入《皇诰》十八篇，于宴飨之时班赐群臣。不过近年由于精力不济，她已经很少著文作歌了。此时她在子孙的簇拥之下高坐于上，言笑晏晏，对皇帝的歌舞祝寿颔首称赞，望去不过是个慈祥可亲的老太太。此情此景，正是歌功颂德之时。于是中书监高闾出列拜倒，进言道："臣闻大夫行孝，行合一家；诸侯行孝，声著一国；天子行孝，德被四海。今陛下圣性自天，敦行孝道，称觞上寿，灵应无差。臣等不胜庆踊，谨上千万岁寿！"

高闾的意思是，正是由于孝文帝躬行孝道，帝后和谐，才有了今天举国歌舞升平的太和盛世。臣子们不知怎么表达欣悦之情，唯有恭祝太皇太后、皇上万岁！万岁！万万岁！

史言孝文帝大悦，立刻班赐群臣，每人帛三十匹。

05 太后的丧礼

太和十四年深秋的一天，平城宫里的宫人们忽然注意到，不知何时，一群野鸡飞来，齐齐落在了太华殿金碧辉煌的殿顶之上。宫人们细看之下，更是啧啧称奇，因为这群野鸡无一例外都是长尾华翎的雄鸡。围观的众人交头接耳，纷纷猜度着这一异象的神秘含义。

有人悄声说："太华殿虽是皇上的寝宫，但人人皆知其真正的主人乃是太后。如今雄雉云集其上，难道是要变天不成？"

果不其然，没过多久，太和殿方向忽有哭声响起，继而越传越广，很快，整个皇宫都沉浸在震天的哀哭声中。

人们这才知道，两度临朝称制、影响北魏朝政二十余年的太皇太后冯氏刚刚崩逝。享年四十九岁。

作为北魏历史上首位垂帘听政的太后，冯氏在政治上虽有猜忍冷酷之名，私生活方面也不乏非议，但在我看来，她这一生至少有三大功绩可以名垂青史：第一，结束了文成帝去世后乙浑专权的局面，避免了北魏因此陷入内乱；第二，推动了以俸禄制、均田制、三长制为代表的经济政治体制改革，奠定了北魏国力强盛的基础；第三，亲手培养出了一位杰出的统治者：孝文帝拓跋宏。以"文明"二字作为她的谥号，实在颇为允当（经纬天地曰"文"，照临四方曰"明"）。

至于说她猜忍冷酷，其实不过是她在权力斗争中对政治敌人表现出的面目。有一件小事可以说明日常生活中的冯氏绝非如此：一次，冯太后身体欠安，御医开了食疗的药粥。厨人将煮好的粥端上来后，冯太后刚准备喝，却发现粥碗里有一只小飞虫。她用勺子挑出来给侍立在侧的孝文帝看，孝文帝大怒，当场就要严惩厨人。冯太后却笑着说没有关系，对其恕而不罪了事。

而她的私生活，以现代人的观念来看更没有什么大不了。冯太后掌权那么多年，真正说得上是她的情人的，其实也就李奕、王睿、李冲两个半而已（李冲算半个）。比起前代的贾南风和后世的武则天，简直不可同日而语。而且冯太后最了不起的地方是，她一向把公私两事分得很开，私人再受宠，如果于公事不利，她也不会纵容。此外，冯太后在个人生活上亦相当简朴：她穿衣不喜装饰，而喜无花纹的素衣；吃饭只用尺来宽的食案，每餐膳食的数量只相当于常例的五分之一。哪怕是当时人最为重视的身后之事，她也早就立下遗嘱要求简朴从事。

当年孝文帝为冯太后在方山营建寿宫不久，冯太后就对自己百年之后的葬礼规格、陵墓规模等立下遗嘱，作为“终制”铭刻于金册，妥善保存于石室之中。遗嘱中规定一切从简，丧期按照汉魏以来的惯例实行葬后公除，墓室“内则方丈”，坟丘“外裁掩坎”，棺椁素朴不加装饰，墓中不设明器陪葬，其余王侯陵墓中常见的素帐、缦茵、瓷瓦之物，统统不加设置。以上固然是魏晋以来薄葬风俗的延续，却也是冯太后个人追求返璞归真的夙愿（与此相反，同时代刘宋孝武帝为殷贵妃举行的葬礼则豪华至极）。

然而，孝文帝却并不愿完全遵从冯太后的遗嘱。因为在他看来，遗嘱中的要求实在过于委屈，过于寒酸了！身为尊贵的太皇太后，死后的存身之所怎么能只有一丈见方！供万世瞻仰的山陵，怎么能才是个刚刚遮掩住墓室的小小坟丘！这不但与冯太后的身份和功劳极不相称，更不能体现自己对于祖母的拳拳孝心。但如果改建过大，又显得自己对太后的遗嘱不够尊重。两下权衡，孝文帝降诏，除了将墓室扩大为两丈见方，坟丘增广为六十步[①]之外，陵园中的其余设施尽皆按照冯太后的遗

---

① 今人通过考古发掘，证实冯太后的方山永固陵墓室长宽皆六米余，封堆则长宽皆在一百二十米左右，与史料中“室中可二丈”、坟“广为六十步”的记载大致吻合。

嘱置办。如此用心良苦，大臣们也无话可说。

但在至关重要的丧期和丧仪上，孝文帝的想法却与太后“终制”及大臣们的意见产生了冲突。

按照儒家那一套意识形态，为父母或长辈服丧最能体现一个人的品德和他在“孝道”上的修为。一般来说，服丧时表现得越悲痛，守丧期越长，社会舆论就越认为这个人天性纯良，是个大大的好人。而到了汉代以后，由于儒生的提倡，为父母和君主服“三年之丧”成了知识阶层普遍遵循的主流。名为三年，实际上是二十五个月或二十七个月。从殓后成服开始，十二月而小祥，又十二月而大祥，再隔月或三月禫（音dàn）除丧期结束，期间的每个阶段都对服丧者的服饰、饮食、居处、言语等方面有严格而细致的要求。

例如，父母刚去世的头三天，孝子不能吃任何食物；入殓后，早晚只能喝一点稀粥；至百日卒哭之后才能“疏食水饮”，且“不食菜果”；一年后才能吃些简单的蔬菜水果；两年后才能加一些重口味的调味料；至于喝酒吃肉，更是要等到三年丧期结束才行。在服饰居处方面，要穿最粗的生麻布缝制的“斩衰”之服，住临时搭建、门朝北开的草庐，睡破草席，枕石头块；一年后条件可以稍稍改善；除服后起居才能恢复正常。在言谈举止方面，要面露哀戚之容，能不说话就不说话，禁止一切娱乐活动，男女之事更是不允许。更变态的是连服丧期间怎么哭都有规定：斩衰之哭，若往而不返。要哭得像要断气儿一般！哭的时候还要搭配恰当的肢体动作，男的跳脚，女的抚心，从昼夜无时哭个没完，到百天之后早晚各哭一次，总之就是怎么折腾人怎么来！非如此不能显得孝顺守礼。所以古时候服丧守孝，实在是对人的毅力和体能的一大考验，把自己弄得形销骨立是常事，搞不好就大病一场，甚至时常有体质弱的人熬不过去，生生就把自己折腾死了。

而且若严格按照礼法，服丧期间是什么工作都不应该干的，有官职的人通常还要“丁忧”，回家专门守孝。如果只是普通的官员百姓也就罢了，偏偏儒家经典又规定“三年之丧，自天子达”，皇帝也不能例外。可真要这么搞，一来皇帝们大多不愿意受这份罪，二来也不利于专制统治和国政运行，所以从西汉初年汉文帝颁布“短丧之诏”开始，逐渐又搞出了一套“以日易月”的权制和公除后服“心丧”的制度。大致的意思是，朕不是不想遵守古礼，奈何天下为公、大局为重，只好用一天代表一个月，三年之丧权宜行之，只需三十六天即可除服，之后就算是服“心丧”，自个儿在心里服丧就行了。实际上，虽然三十六日即公除的制度直到唐代才最终确立下来，但魏晋南北朝时期的君主大多以汉文帝为榜样，要求在自己死后缩短丧期，实行葬后除服或卒哭除服，与人方便，自己也方便。历史上除了极个别的例子（例如王莽），没有几个皇帝是真正为先人服过三年之丧的。

所以很自然地，当冯太后去世后，大臣们都以为孝文帝会遵从太后的遗嘱，像前代君王一样实行短丧的权制。

然而，他们都想错了。

自从九月十八日冯太后崩逝，孝文帝整整五天不饮不食，最后在杨椿的劝谏下才勉强喝了几口稀粥，这种“哀毁过礼”的举动同北魏前代诸帝相比已经显得不同寻常。当以安定王休、齐郡王简为首的一众王公亲贵率百官诣阙上表，劝孝文帝“依汉、魏故事，并太皇太后终制”早早确定冯太后下葬日期的时候，孝文帝却推托说自己刚刚经历如此凶祸，精神上还接受不了这个现实，安葬的事现在实在不想考虑。百官再次上表，孝文帝还是不依。一转眼到了十月，大臣们第三次集体劝谏，孝文帝才勉强答应按照冯太后遗旨规定的礼节将其择日安葬，但却仍不同意葬后除服，而是想遵从古礼，亲自为冯太后服三年之丧。

难道，对于这位亲手抚养自己长大而实际上却并无血缘关系的“祖母”，孝文帝真的如此敬爱，敬爱到要不惜以自我虐待的方式在她的灵前守孝三年吗？

06 | 孝文帝变法

太和十四年十月初九，冯太后的梓宫终于安葬在了她生前亲自选定的寿宫——平城北郊的方山永固陵。第二天，皇帝的车驾便奔赴方山，重孝在身的孝文帝于陵前哭泣尽哀，久久不忍离去。永固陵的东北里余，他也早已为自己预造了陵寝，准备百年之后好与祖母相依相望。

孝文帝对冯太后的感情是极为复杂的。内心深处，他其实早就明白，正是这个女人为了权力和私欲处死了自己的母亲，谋杀了自己的父亲！但他同时不能不承认，也正是这个女人像慈母一样呵护抚养了自己，像严父一样教育鞭策自己长大成人。如今她虽然离世，她的理念和教诲早已在孝文帝的脑海中深深扎根，她治国理政二十余年的经验和权术，也成了留给年轻皇帝的无穷财富。现在朝中的文武勋贵，大都是冯太后一手提拔重用的亲信。孝文帝提出要为冯太后亲服三年之丧，除了确有感情因素在内，也是对这些勋贵笼络安抚的手段，意在进一步获取他们的拥护和支持。此外，他还有一个更重要的目的不易被群臣体察：

三年之丧是儒家鼓吹的古礼，是历代中原王朝“以孝治天下”理念的主要标志。然而，别说是出身夷狄的北魏皇帝，就是正经八百的汉家君主，也极少有能真正身体力行的。借由这个提议，孝文帝无疑想告诉世人，尤其是那些心存华夷之别的儒家知识分子，自己虽然有鲜卑血统（实际上，孝文帝的生母和祖母都是汉人），但却是儒家文化真正的继承者和代言人！

正由于此，当群臣再三援引先例和太后遗旨，要求孝文帝实行权制公除之时，孝文帝一来一往，就丧礼之仪与鲜卑勋贵和汉族文臣们进行了针锋相对的辩论。这场辩论持续进行了七八天，正方辩手孝文帝舌战群儒，以一己之力与反方辩友进行了激烈而不失友好的切磋，全方位展示了自己对儒家经典精准而不落俗套的理解阐释，以及古礼研究领域的最新学术成果。经过这场大辩论，朝廷内外统一了看法，加强了认识，最终，君臣各让一步，孝文帝颁下诏书，决定仅服衰一年，到冯太后周年忌日后便即吉除服。

孝文帝虽然没能实行三年之丧，但已经达到了自己的目的。

经由这次丧礼大讨论，朝廷上下进行了一次儒学的普及和洗礼，孝文帝也将自己与以往任何一位鲜卑皇帝截然不同的“文治”形象清晰地展现在世人面前。这起事件也是一次预告，预示着在孝文帝的统治下，未来这个国家将在文化和制度层面发生更多意义重大、影响深远的变革。就这个角度而言，没能严格按照古礼的要求“谅闇三年”未尝不是一件好事。因为孝文帝马上就用实际行动证明，三年的时间实在太过宝贵，足可以完成许多极为重要的事，他怎会心甘情愿地将这三年时间全部浪费在居庐服衰之中呢？

太和十五年（公元491年）正月，身穿葛布丧服的孝文帝御临皇信堂东室，在冯太后去世后首度亲理朝政。当年四月举行了小祥之礼，九月举行了大祥，至十一月初一禫祭除服，冯太后的丧期才算正式结束。与此同时，从冯太后执政时便已开始的各项制度改革也在更深的层面和更广阔的领域有条不紊地展开。

冯太后主持的改革集中于吏治和经济体制方面，意在从基础上增强国家机器的统治能力和效率。而孝文帝想要实行的改革则侧重于以礼制为核心的“上层建筑”，他的野心是带领立国百年的鲜卑政权在文化和社会层面实现大转型，从而一举摘掉南朝人扣在他们头上的“夷狄”和“索虏”的帽子，进而混融胡汉，一统南北！

一百多年前，有一位与孝文帝同样出身异族的北方统治者，集结了近百万雄师大举南征，妄图借由强大的武力实现一统南北的野心。然而最终等待他的，却是身死国灭、为天下笑的悲剧结局。苻坚的失败先例使同样深受儒家教育浸淫的孝文帝拓跋宏深深地明白，再强大的军事力量也无法弥补理想和现实之间的巨大鸿沟，而这个鸿沟就是困扰了中国北方数百年的胡汉之别！

欲统一中国，先须混融胡汉。

欲混融胡汉，须以礼制为本。

这便是孝文帝一系列变法措施背后的深层逻辑。

在这一逻辑的指导下，在冯太后去世后的三年内，孝文帝起明堂、营太庙、定律令、兴太乐、议庙号、改官制，改建平城宫室，修正祭祀典仪，确立五德行次，忙得不亦乐乎。对此，李冲、高闾、游明根等汉族大臣自然全力支持，而拓跋丕、穆泰、陆睿等鲜卑勋贵对眼下大搞特搞的礼制建设一来不懂，二来也不感兴趣，自然也就无从置喙，所以起初孝文帝进行的各项改革颇为顺利。然而，到了太和十五年下半年，随着改定祖宗庙号和官制改革等措施的深入推行，大批鲜卑勋贵的既得利益受到了损害，于是孝文帝变法遭遇到的阻力就陡然增加起来。

所谓庙号，是先代皇帝死后牌位放入太庙后的专用名号，不是叫×祖就是叫×宗（祖有功而宗有德），例如刘邦就是汉高祖，李世民就是唐太宗。按照儒家礼法的规定，天子七庙，一祖二祧四亲。也就是说，皇帝祭祀太庙的时候，理论上最多只祭祀七个庙的祖宗。如果因世代更迭而超过七个，那么除了始祖和功德最高的“二祧”之外，就应该将其余“四亲”当中关系最疏的迁出太庙，归入专门供奉远祖的祧庙。

在孝文帝拓跋宏之前，北魏已经有六位皇帝（算上被尊为景穆帝的拓跋晃），再加上追尊的历代远祖，总共有三十四帝。这三十四帝当中，当时应该是以神元帝拓跋力微为始祖，以平文帝拓跋郁律为太祖，以道武帝拓跋珪为烈祖，以明元帝拓跋嗣为太宗，以太武帝拓跋焘为世祖，以文成帝拓跋浚为高宗，以献文帝拓跋弘为显祖。在这样的庙制下，凡是神元帝拓跋力微的子孙，都是北魏的宗室。然而，孝文帝却认为，祖有功，宗有德，若不是功高德厚的先人，就不应该擅祖宗之名，居二祧之庙。对于大魏的创建来说，当然是开国的道武帝和统一北方的太武帝功劳最大，他们两人的牌位才应该百世不迁；而平文帝的功德并不甚高，居于太祖之位并不合适。因此他颁下诏书，决定改尊道武帝拓跋珪为太祖，立道武、明元、太武、景穆、文成、献文六庙，同时为自己预留一庙，以备七庙之数。

这样一来，只有道武帝拓跋珪的直系子孙才称得上宗室，一大批同姓拓跋的鲜卑贵族忽然在政治特权上跌落到了与异姓相同的地位。到了次年正月，孝文帝又对现行爵制进行了改革，下令凡“非太祖子孙及异姓为王者”，一律由王爵降为公爵，公爵降为侯爵，同时取消了原本世袭的军号。

改庙号、降封爵的措施意在削弱鲜卑勋贵对皇权的影响力，由于损害了许多部落贵族出身的勋贵的既得利益，引起他们的不满倒也在孝文帝的意料之中。例如在平定乙浑之乱中立下大功的东阳王拓跋丕，便因为“非太祖子孙”而由王爵降为公爵，从而牢骚满腹。眼见孝文帝考核百官、改易旧制，将许多原本只能由鲜卑大姓担任的官职交给汉人文官担任，以拓跋丕为首的一众鲜卑勋贵的不平之色溢于言表。饶是孝文帝屡次对他们加以抚慰，却仍旧无法在废除西郊祭天一事上获得他们的支持。

07 | 走出平城

国之大事，在祀与戎。而在所有的国家祭祀当中，又以庙祭和祭天最为隆重。自从汉代以来，南郊祭天大典一直是历代华夏王朝国家祭典当中最核心的一环。然而作为兴起于北亚草原的游牧民族，拓跋鲜卑在入主中原近百年的时间里，却一直遵循着部落祭祀的古老风俗，奉行着一套与华夏礼制截然不同的、以西郊祭天为核心的国家祭典。

根据史籍记载，西郊祭天于每年的夏四月举行，参加者是包括“帝室十姓”在内的所有拓跋部成员以及各个时期归附而来的各部酋长、贵族。地点在平城西六里的祠天坛，坛呈方形，上有丈许高的神主木人七个，坛周四方设有四门。祭祀之前，皇帝先要戎服率鲜卑勋贵绕坛走马，谓之“踏坛”。次日正祭，在女巫的祝祷之下，皇帝率内外百官拜坛酾酒、杀牲献祭，随后再度驰马绕坛，谓之“绕天”。这种洋溢着浓浓“草原民族风”的祭祀活动，显然与孝文帝心中符合儒家礼制的隆重祭典相去甚远。于是在太和十六年（公元492年）三月，孝文帝诏令“省西郊郊天杂事”，对这一祭祀典礼进行了裁撤。

诡异的是，就在这年夏天，南朝派来的使者萧琛、范云一行抵达平城时，发现这一本该废除的西郊祭天典礼仍旧于四月四日如期举行了。作为观礼的宾客，他们亲眼见到魏主拓跋宏身穿戎服，率领一众公卿勋贵走马奔驰、踏坛绕天，向着坛上的七个木人献上血淋淋的牺牲。那么，这又是怎么回事呢?

历史学家何德章先生认为，孝文帝这一裁撤西郊祭天典礼的诏令受到了鲜卑勋贵的强烈抵制，因而并没有能够实行。西郊祭天仪式作为部落联盟时代首领推举传统的象征，肯定的是“帝室十姓”的政治特权，而这恰恰与前述孝文帝改庙号、降封爵、定官制等措施体现的改革精神背道而驰。虽然史书上并没有明确记载诏令受到抵制废而不行的情况，但我们完全可以想象，志在复兴儒家礼制、大力推行文化兴国的拓跋宏在鲜卑勋贵的压力下，不得不脱下衮冕，穿上胡服，在手摇铃鼓的巫师的祷祝下，一圈圈走马绕坛时的郁闷心情！

也许，正是这一次受挫，让孝文帝的心里萌生了那个震惊世人的念头。

这年四月以后，孝文帝大张旗鼓推行了一年多的诸项改革措施悄无声息地进入了低潮。除了宫里原本已经上马的太极殿营建工程之外，看不到他再做出什么激进的决定，似乎年轻的皇帝在鲜卑勋贵的压力下主动选择了退让。毕竟，这些人功勋卓著、位高权重，手里还握有足以威胁京师的大批军队。而在随后的一年里，只有极其私密的几个心腹才知道孝文帝胸中那隐秘的计划。

直到次年六月初，孝文帝在明堂左个（大寝南堂东偏室）斋戒占卜后，才向文武群臣透露了自己的决定。

占卜的结果耐人寻味，是“革”卦，这是预示着重大变革将要发生的卦象。与之相应，孝文帝宣布了准备御驾亲征、南伐萧齐的震惊世人的方案！

当时在南朝，萧道成建立的齐朝取代刘宋已经有十五年了。虽然起初魏齐之间颇有战事，北魏甚至一度还想拥立刘宋宗室刘昶杀过长江报亡国之仇，但近十年来两国之间却维持了和平友好的关系，使节往来也很频繁。眼下南齐是萧道成长子萧赜在位，既非昏君，又无内乱，这种时候突然平白无故说要南征，群臣都很吃惊。然而鉴于皇帝对占卜结果颇为满意，口口声声拿“汤武革命”作比，说这卦象是应天顺人的大吉之象，一众臣僚无人敢声言反对，都低着头不说话。

别人不敢说话，宗室领袖、任城王拓跋澄却敢说。

他进言道："《易》书中的'革'乃变更之象。若欲革君臣之命，则汤武得之为吉。今陛下既已帝有天下，累叶重光，南征只可说是伐叛柔服，不能说是革命。由此看来，恐怕未必尽是吉兆吧！"

任城王澄是孝文帝的族叔，其人儒雅秀逸，文武双全，汉化程度很深，一直以来都是孝文帝各项改革措施的坚定支持者。他这一公开质疑，孝文帝登时颇为难堪，于是厉声反驳道："辞云'大人虎变'，何谓不吉！"

一卦六爻之中，九五是人君之位，而"革"卦这一爻的爻辞是"大人虎变，未占有孚"，大致意思是奉行的变革应天顺人，如虎之威德显赫，不用占卜就知道事情一准很顺利，所以孝文帝才搬出这句话来驳斥任城王。

然而任城王不卑不亢，说陛下您早已龙飞九五，如今怎么能把自己跟老虎相比呢？

孝文帝被这个软钉子气得够呛，勃然作色道："社稷乃我之社稷！任城王你这是要沮众么？"

"社稷自然是陛下之社稷。然臣既为社稷之臣，却不敢不尽臣子之愚忠。"

话说到这个地步已经僵了，除非将任城王严惩治罪，否则皇帝的面子往哪儿搁？然而孝文帝毕竟不是一般人物，自己心里清楚这事怪不得任城王。于是他强压怒气，良久才道："各言其志，亦没有什么不好……"草草结束了这次会议。

不过，这事并没完。

离开明堂回宫后，孝文帝立刻在内廷召见任城王澄。

任城王心情沉重，以为皇帝还要接茬跟自己辩论。哪知道孝文帝刚刚现身，还未及升阶，就远远地笑着说道："我在明堂跟你发脾气，是怕众人齐声反对，坏了我的大计，所以才故意作愤怒状。来来来，朕跟你好好聊聊！”

孝文帝悉心向任城王一解释，他才恍然大悟：原来南征是假，孝文帝的真实目的竟是借机迁都！

将北魏帝国的首都由塞北平城南迁到千里之外的汉晋故都——洛阳！

自从道武帝拓跋珪在天兴元年（公元398年）于平城筑宫建城开始，这个位于桑干河谷地的城市作为北魏的都城已经将近一百年了。一百年来，北魏的铁骑无数次从这里出发，穿句注（今恒山山脉）、越太行，如同雷霆闪电一般扫荡了中国北方的每一寸土地，成就了拓跋鲜卑人不可一世的霸业。包括孝文帝自己在内，历经六代帝王的营建，平城早已经发展为北方首屈一指的大都邑。它拥有周回三十二里的外郭和星罗棋布的城坊，郭城的北部是设有十二座宫门的宫城，宫城内自西向东以天文殿、太华殿和永安殿为核心分布着三大宫殿群，宫北是方圆数十里的皇家禁苑，由如浑水和武州川水构成的水系流淌其中，四周点缀着亭台楼阁、寺塔道观。借由道武帝时期开凿修整的“灵丘道”，山东六州的粮帛物资源源不断地输送到平城。再加上北近牲畜蕃息的阴山牧区，就居住的环境设施而言，虽然比不上中州平原，却也远算不上寒酸。

而且，在冯太后去世后，孝文帝本人也对平城宫室进行了大规模的营建。除了在方山冯太后的陵寝旁为自己豫营寿宫之外，他还派蒋少游赶往洛阳测量汉晋旧宫的基址，并派其出使南朝实地考察建康宫室。在此基础上，就在裁撤西郊祭天典礼之前的一个月，孝文帝还命李冲主持在平城修建太极殿。

从曹魏以来，历代华夏王朝的皇宫正殿都以“太极”为名，并形成了以太极前殿为大朝，左右两侧的东、西堂为常朝、日朝的格局。而之前的平城宫诸正殿在规制和布局上却并不符合这一模式。为了改变这一局面，孝文帝甚至不惜拆毁了原本的正殿太华殿，重新修建太极殿。

太华殿是孝文帝的祖父文成帝营建的正殿，既是孝文帝冲龄登基之所，也是冯太后两度临朝称制的政治中心，所以拆毁太华殿之时，孝文帝的内心十分感慨。在太华殿最后一次会见群臣时，他自陈虽然土木无心，毁之却不能不心生凄怆，但为了改制尊礼，只好夺情而行。

以上种种都说明，孝文帝本想将平城营建成万国瞻仰的政治文化中心，起码在太和十六年四月之前，他并没有迁都别处的想法。但是裁撤西郊祭天一事废而不行让孝文帝意识到，鲜卑勋贵在平城的影响力实在太大，如果继续在平城进行改革，势必会激化与保守派的矛盾，遭遇难以克服的阻力。

既然如此，不如另寻他处！

可当时北魏境内的重要都邑不止一处，为何孝文帝独独青睐于洛阳呢？

08 定都洛阳

自从在晋末永嘉之乱中毁于战火，两百年来，洛阳城多次辗转于南北各割据政权之手，曾经的繁华都市早已化为一片丘墟，如今只剩下西北角残存的金墉城，堪堪作为守军驻防的军事据点而已。可以说，如果这时迁都洛阳，相当于要重建一座完整的城市，其成本和难度可想而知。

除此之外，洛阳还有一个明显的劣势，即其处于中州四战之地，尤其是位于黄河以南，其南面又多为开阔平原，尽管这时北魏已取得了淮北四州，但这片地域地广人稀，缺乏易守难攻的重险，若迁都洛阳，不啻将国家的柔软心脏暴露在了南朝敌国之前。

其实除了洛阳之外，如果单从经济、军事的角度考虑，当时的北魏还有一个更为合适的选择——邺城。

邺城位于太行山东麓、黄河以北，不但在战略上更便于防守，而且是十六国时后赵、前燕的国都，原有的城池宫室大多还在，兼之人口繁盛，又是河北著名的产粮区，实在是一个适宜定都的地方。实际上，道武帝拓跋珪和明元帝拓跋嗣在位时，都曾考虑过迁都邺城的可行性，只是当时条件尚不成熟才作罢。

不过，孝文帝的心中对于都城的选择则有更深的考虑。

他对任城王澄从容言道："我也知此时并非南征之机。只是我大魏兴自北土，徙居平城，虽富有四海，却文轨未一。此间乃用武之地，非可文治，要想移风易俗，实在是难上加难！洛阳乃崤函帝宅、河洛王里，朕想借此大举南征之际，光宅中原，不知任城王意下何如？"

任城王澄本就支持孝文帝的诸项改革，既知南征只是幌子，真实目的乃是迁都，自然不再反对，便赞同道："伊洛天下之中，陛下欲卜宅中土，制御华夏，辑平九服，实乃天下苍生之庆。"

身为宗室领袖的任城王附议，孝文帝当然高兴，但他也并不是没有隐忧："北人素来恋本，若忽然得知将要迁都的消息，恐怕会生出惊扰啊。"

"此既非常之事，当非常人所知。陛下唯须决之圣怀，料想此辈亦掀不起什么大波澜！"

孝文帝当然清楚任城王所说的"此辈"是指何人。他点了点头，赞叹道："任城王便是我之子房也！"

当年汉高祖刘邦一统天下，却迟迟无法确定是定都长安还是洛阳，正是张良的力赞才坚定了他都于长安的决心。孝文帝把任城王比作张子房，足可见他对迁都一事的影响力。而北魏帝国未来的新都，也就在这次君臣密谈后确立了下来。

洛阳虽然在经济和军事方面比不上邺城，但其作为东汉、西晋这两个统一帝国的首都，在政治和文化上的正统性远非邺城可比。也只有洛阳，才完全符合孝文帝复兴礼制、混融胡汉，并进而廓清江表、统一宇内的政治理想。

这才是孝文帝决意迁都洛阳的真正原因。

不过，正如任城王所言，迁都这种非常之事，理非常人所知。为了避免引发混乱，减少阻力，孝文帝此前对这一计划进行了严格保密，别说那些鲜卑勋贵，就连任城王澄、李冲这样的心腹重臣也不得而知。而且今后这场明为南征、实为迁都的年度大戏还得真刀真枪地演下去，演得越投入越逼真越好！

其实早在去年七月孝文帝派员外散骑常侍宋弁（音biàn）出使萧齐之时，他就隐然有了"南征"的打算。宋弁归来后，孝文帝问江南形势如何。宋弁说："萧氏父子本无大功于天下，既以逆取，不能顺守；政令苛碎，赋役繁重；朝无股肱之臣，野有愁怨之民。这种程度充其量他们在世时能够平平安安，到了他们子孙那辈，一准儿会出大乱子！”

转过年来，再次出使江南的北魏使团，干脆就在孝文帝的授意下向齐武帝萧赜下了战书。六月初在明堂卜卦得“革”之后，御驾将要亲征一事已经在北魏朝野上下传得沸沸扬扬。六月初七，孝文帝更是下诏在黄河上架桥，以便南征大军渡河。这下不少信以为真的大臣沉不住气了。秘书监卢渊上表说：“前代承平之世的君王，没有一个是亲统六军、决胜行阵之间的。因为毕竟兵凶战危、风险太大，不是说你实力强就稳赢，袁绍、苻坚就是例子。臣不是不赞成南伐，可您也没必要非得亲自去不是？派几员大将不也是一样？”

卢渊哪里猜得到孝文帝的真正用心：皇帝不搬家，那还算什么迁都？

更重要的是，借由南征的名义，孝文帝要把全国军权牢牢掌握在自己和改革派的手里，并进而以此胁迫那些势必反对迁都的鲜卑勋贵。

这就好像夫妻吵架，一方把菜刀架到了另一方的脖子上：我看你还敢不敢说要离婚！

六月十六，孝文帝在平城讲武阅兵，命李冲典选南征将校。七月初十，中外戒严。八月初，命广陵王拓跋羽持节安抚北边六镇，调发六镇突骑南下从征。初九，孝文帝赴永固陵向冯太后辞行。十一日，在步骑三十余万的扈从下，孝文帝的车驾离开平城，开始了颇具声势的“南征”。

从平城出发的军队分为东西两路。西路由孝文帝亲自统率，军权由安定王休、彭城王勰（音xié）等宗室近亲和冯诞、杨播这样的心腹近臣分领（冯诞是冯太后的侄子，而杨播之母是冯太后的表姑），走太行山西侧南下；东路军的统帅很可能是李冲，副将是李彪、宋弁这些汉人文臣，沿太行山东麓而行。与此同时，孝文帝还任命赵郡王干、卢渊统摄关中的军队，咸阳王禧、李崇统率徐兖军队，各路军按计划将在洛阳汇合，总数将近百万！

而以太尉拓跋丕为首的保守派鲜卑勋贵，则大多被孝文帝留在了平城，他还特派皇弟广陵王羽持节留守监护。

四十多年前太武帝拓跋焘统军从平城南征，不到二十天就越过了黄河。而孝文帝这次却不慌不忙，一路走，一路问民疾苦、亲见高年，足足花了四十天才抵达洛阳。更不巧的是（从孝文帝的角度来说则刚刚好），大军甫一出发就遇到了连绵的秋雨，道路泥泞、车马难行。好不容易到达洛阳，从征的百官将士都松了一口气。

可是在洛阳休整了没几天，孝文帝就命令继续前行。还没从长途跋涉的疲累中缓过劲来的三军将校听闻这个消息，心里是一百二十个不乐意。然而孝文帝不管，他戎服跃马、扬鞭南指，宣称一定要打过长江、一统全国，因为人生不止有眼前的苟且，还有诗和远方！群臣劝阻不得，只好跪在马前一个劲地叩头。

孝文帝见状有些生气，说南伐的政策早就确定了，眼下大军就要开拔，你们这是干什么！

李冲膝行而出，代表群臣进言说："不能一统天下是臣等无能。我们也不是不想南征，实在是淫雨不止、士马困弊，何况南方水潦更甚，并非进军之机啊！而且听说萧赜刚刚去世，古不伐丧，趁此回师，于义为允。"

孝文帝说："天要下雨，娘要嫁人，很正常嘛！入了冬不就放晴了？若到了十月还下雨不止，再回师也不迟嘛！古不伐丧的传统，适用于诸侯同轨之国，不适用于胸怀统一天下的王者。事已至此，怎么能止步不前！"

李冲继续说："如今之事，天下皆不愿，只有陛下执意如此，难道陛下您想只身一人南伐不成？臣言语无状，只好以死相请！"

这下孝文帝怒了，骂说："你们这些腐儒！难道想破坏朕一统天下的大计吗？斧钺有常，你们不要再说了！"

说完拨马还是要走。任城王澄见状，率领安定王休等宗室亲贵一拥而上，抱马腿的抱马腿，抹眼泪的抹眼泪，反正是说什么也不让孝文帝走了。孝文帝看看火候差不多了，再演下去说不定就不好收场，于是仰天叹息，作实在不得已状，道："各位爱卿之意，朕已明了。可如今兴师动众至此，若举而无成，后人会怎么看？朕仰遵前事，我大魏远祖世居幽漠，正因违众南迁，才有开创霸业之功。今日若不南伐，即当移都于此。光宅中土，正得其时！王公等以为何如？议之所决，不得旋踵，欲迁者左，不欲者右！"

这番话说完，一时许多王公都没明白是怎么回事。不是讨论南伐么？怎么忽然说要迁都？还说不迁都就接着往南走？欲迁者左，不欲者右？

对许多王公亲贵来说，要立刻做出这个选择并不比要一个天秤座的人决定到底是甜豆腐脑好吃还是咸豆腐脑好吃更轻松些。可一来皇帝在上边灼灼逼视，二来任城王澄这些安排好的内应已经先站好了队，其余王公大臣观望再三，只好犹犹豫豫地排成了两列。

孝文帝的计策成功了：站在左列、同意迁都的人比站在右列的多上许多。虽然他心里清楚，左列的人里其实有不少并非心甘情愿。

09 永明之治

虽然通过一场精彩的演出，孝文帝“胁定群情”，逼着群臣同意了自己迁都洛阳的决定，可迁都毕竟非同小可，远非一朝一夕可定。而且虽然随驾南征的文武百官迫于形势表示了同意，但平城方面究竟作何反应还难以确定。

所以李冲劝孝文帝说：“既然政策已定，不如暂且北还平城，待宗庙宫室全部竣工后再搬来。眼下洛阳这儿什么都没有，总不能在帐篷里干等着吧？”但孝文帝认为现在还不是回去的时候。他私下里询问卫尉卿、镇南将军于烈对迁都的看法，回答是：“讲真，在我心里愿迁与不愿迁的想法各占一半。”于烈是勋贵中孝文帝的心腹，连他都这么说，拓跋丕、陆睿这些老顽固的反应可想而知。于是孝文帝决定特派任城王澄代表自己返回平城，对留守百官加以劝谕和安抚，又派于烈主领留台庶务，自己则以巡视州郡为名，到邺城一带转了一圈。

到了来年三月，洛阳新都的建设初见规模，而任城王的安抚工作也颇有成效，孝文帝这才返回平城，准备亲自部署搬迁计划。平城的鲜卑勋贵这下总算找到了向皇帝当面诉苦发牢骚的机会，燕州刺史穆罴说天下未定、南方马少，尚书于果说居代日久、众情不乐。孝文帝对这些反对意见一一批驳，说得他们哑口无言。最后实在没招儿，拓跋丕干脆抬出了部落联盟时代的老传统，说迁都这种大事，应该由巫师请神谕来决定，怎么能说迁就迁呢？

孝文帝说：“龟占卜筮这种事，非周公、召公那样的圣贤不能解读天意，今无圣贤，卜之何益？何况卜筮用以决疑，此既确定不疑，何须占卜？再说我拓跋氏之远祖本居于北荒，平文皇帝始都东木根山，昭成皇帝则迁于盛乐，至道武皇帝又迁于平城。朕德业虽浅，却志在廓清宇内，难道反倒不能迁都不成！”

拓跋丕等心知说服不了皇帝，只好低头不言。

这年四月，孝文帝终于正式废除了两年前未能成功裁撤的西郊祭天典礼。随后，其余各项迁都事宜也快马加鞭地实施开来。

太和十八年（公元494年）十月，在准备了一年多之后，孝文帝终于携中央政府和士民百姓迤逦南下，迁入了黄河南岸的新都。

这是南北朝历史上极为重要的事件。对北魏来说，这标志着巨大社会变革的开始。而由于其时南北政治局势密切相关，竟也引发了南方萧齐政权内部一系列意想不到的变故。

萧道成篡宋建齐后，只当了三年皇帝便龙驭上宾。太子萧赜顺利即位，是为齐武帝。

萧赜是萧道成的嫡长子，为人刚毅能断，早年又跟父亲同甘共苦，深知创业之艰难，所以在治国上虽然没有萧道成“当使黄金与土同价”那样移风易俗的决心和抱负，却也能大体维持乃父以来休养生息、富国安民的基本国策。他在位的十几年里，国内没有什么大的动荡变乱，与北魏的军事冲突亦仅限于几个沿边郡县，相比刘宋晚期纷争迭起、兵戈不断的情景，很可以算作岁月静好、天下太平了。因其年号永明，后世史家常称这一时期为“永明之治”，视为南北朝时期不多见的治世之一。

许多年后，《南齐书》的作者萧子显提起这一短暂易逝的治世，仍以无限怀念的笔调描述道：“永明之世，十许年中，百姓无鸡鸣犬吠之警，都邑之盛，士女富逸，歌声舞节，袨服华妆，桃花绿水之间，秋月春风之下，盖以百数。”

永明之治得以出现的一大重要原因，在于这一时期萧齐内部相对稳定和睦的关系。当初萧道成临终之时，鉴于刘宋亡国的前车之辙，曾经郑重告诫萧赜说："宋氏若不骨肉相残，他族岂得乘其衰敝？汝深戒之！"而萧赜在位期间，对近支宗王虽然也难免猜嫌之心，却能够尽量保持克制，大体上做到宽仁相待。这其中最具代表性的，是他和二弟、豫章王萧嶷之间的关系。

萧嶷比萧赜小四岁，跟他是一母同胞的亲兄弟，为人宽仁弘雅，很得萧道成的喜爱。沈攸之败亡后，萧嶷出任荆州刺史，不久便政绩斐然，深得荆楚人心。萧道成称帝建齐，萧嶷内调为尚书令、扬州刺史，得封豫章王。不久因北魏寇边，萧嶷再次外镇荆湘。两年后才又回京，被萧道成委以中书监、扬州刺史的重任，并加司空尊号，入居东府城。返京的路上萧嶷得了重病，到建康后仍未好转，萧道成深感忧虑，居然降旨大赦天下，以为萧嶷祈福。萧嶷病愈后，他又亲自驾幸东府，为这位爱子设乐祝贺。凡此种种，足可见萧道成对萧嶷的宠爱之情。

恰在此时，太子萧赜因为一件事情触怒了萧道成，竟使他生出了改立萧嶷为太子之心。

原来，萧赜先为世子、后为太子，以嫡长之尊居储位多年，又自以为与父亲同创大业，到了后来不免有些骄恣而不够检点，尤其是御下不严，使得左右恩幸张景真等冒其名，于私下干了不少违制僭越之事。偏偏这个张景真狐假虎威、性喜招摇，有一次太子的车驾前往武进（今江苏丹阳东南）祭拜先祖陵墓，回程时，张景真一袭白衣独坐于画舫之上，意态张狂，引得两岸百姓注目聚观，都以为是太子本人。这事传开后，群臣畏于太子的声威，都不敢议论，只有荀伯玉自认为和皇帝的关系够铁，趁着太子下次出京的机会向他爹告了一状。

萧道成大怒，立刻下令搜检东宫。到了傍晚，对此事一无所知的太子萧赜在东郊宿营，准备次日再还宫。是豫章王萧嶷乘快马出城，将皇帝大怒一事告知了乃兄。惶急之下，萧赜连夜入京向父亲认错请罪。后来，萧道成虽然杀掉了张景真，但余怒未消，一个多月没跟萧赜见面。外界都盛传，皇帝不日将改立太子。

这一天，萧道成正在殿内昼寝，心腹旧将王敬则忽然走了进来，一个头磕在地上，进言道："官家据有天下，时日尚浅。如今太子无事被责，人情忧惧，谣言四起。愿官家亲往东宫，开释误会，以安人心。"

萧道成听了，默然不语。

王敬则跟随萧道成多年，深知他的性格，这时看其神情，便知他心下有意，面子上却抹不开。于是便站起高声宣旨，说皇帝要亲往东宫，快快准备銮驾！一边通知掌御馔的太官预备酒席，一边又派人飞报东宫，叫萧赜提前准备迎接。等乘舆准备好了，萧道成就像没看见一样仍旧坐着不动。王敬则见状，从太监手中扯过衣服披在萧道成身上，也不管人家乐意不乐意，拉着他就上了车。等到了东宫，又传召诸王前来会饮，宴饮结束后又到后园游幸。一众龙子龙孙簇拥在旁，各献殷勤。四子长沙王晃亲执华盖，三子临川王映手摇羽扇，皇孙萧子良捧壶、萧长懋行酒，太子萧赜、豫章王萧嶷则和王敬则一起捧碟换盏，服侍皇帝用膳。在此其乐融融、天伦和洽的气氛下，萧道成终于放下了父子之间的不快，与诸人开怀畅饮起来，直到夕阳西下，方大醉尽欢而去。

事后萧道成便放弃了改立太子的想法。一场涉及皇位继承的风波，就这样化于无形。

10 祸不单行

其实萧赜能够保住自己的太子地位，固然是由于王敬则等人从中斡旋，根本原因还是萧道成鉴于刘宋衰乱之因，怕易储会引发齐室内部骨肉相残。此外，豫章王萧嶷谦退自抑、谨慎小心，两人又是一母同胞、棠棣情深，也避免了夺嫡之争的发生。萧赜即位后，两人的感情一直很好。对于其余诸弟，萧赜虽然也不免生出猜忌防范之心，但大体总能遵照萧道成的临终告诫，不曾像宋明帝、孝武帝那样主动“剪除枝叶”。

到了永明十年（公元492年）四月，豫章王萧嶷忽然得病死了。不久后，建康的街巷间悄然兴起了一则流言。据说萧嶷死后，忽然有一天现形于领军将军沈文季的面前，说道：“我本来不应该死的。是皇太子在我的药膏中多加了十一种药，使我久痈不愈，又在汤药中加药一种，使我泻痢不停。我已上诉先帝，先帝许诺将还东府，当判此事。”便掏出一张青纸文书给沈文季说，“念你我旧交，烦请将此转呈今上。”说完便消失于无形。事后沈文季既惊且惧，秘而不宣，也并未将文书交给齐武帝。

更诡异的是，流言中所说的皇太子——萧赜的长子萧长懋竟然在萧嶷病死八个月后，也忽然暴病而亡。这就更加让人不由得猜想，这叔侄二人的死亡是否如流言所说有着必然的因果关系。

作为世嫡皇孙，在萧齐立国的当年，萧长懋就被封为南郡王，深受萧道成的喜爱。乃父即位后，他又顺理成章成为太子，一路顺风顺水，未遇到任何阻碍艰辛。萧赜大概也知道这个儿子缺乏锻炼，到晚年时就故意把许多朝政交给太子处理，以便让他提前适应，将来顺利接班。

萧长懋性喜交游，又过惯了王孙公子的奢靡生活，自从搬入东宫有了独立的宫室，不免更加恣意放纵起来。加以后来大权在握，便也犯了当年萧赜僭越谕制的毛病。史书记载，东宫内的殿堂屋宇全部雕饰精绮，装修得比禁宫还华丽；又大大拓宽了宫北的玄圃园，边界直抵台城北堑，其中大起土山、池塘、阁、楼、观、塔，穷奇极丽，费以千万；园中多聚奇花异石、珍禽异兽，构筑得如同仙境一般。但是毕竟东宫与皇宫相距不远，据说以免父亲从皇宫内望见这边的种种情状，萧长懋除了沿宫墙种了一排高高的竹林之外，还找人专门设计了一种游墙屏障，用的时候随时竖起，不用时又可迅速拆除。仅此还嫌不够，后来萧长懋还援引晋明帝为太子时的先例，请求准许为自己在钟山东田营建别苑，齐武帝也答应了。

东宫本来便有不下万人的将吏士兵，这时既无战事，便全被萧长懋驱使去修建东田别苑。结果这别苑修得比禁苑还壮丽豪华，建康的官员百姓见了，没有不咂舌惊叹的。可惊叹归惊叹，却无人再敢像当年的荀伯玉那样向皇帝告太子的黑状（萧赜即位后对荀伯玉怀恨在心，不久便将其杀死了）。

直到有一天，齐武帝临时起意到豫章王萧嶷的府中做客，回来时车驾路过东田。大概萧长懋没想到父皇会经过此处，没来得及加以遮掩，结果萧赜见东田别苑如此宏大奢华，心下大怒，就下令捉拿工程负责人。而萧长懋担心这些人一旦被抓，会供出自己更多的僭越违制之事，居然把他们窝藏了起来。这一下弄巧成拙，惹得萧赜更加愤怒，叫来太子就是一顿责打。

萧长懋向来体弱多病，身体又过于肥胖，受了这一场刺激后便心情郁郁，意志消沉。不久后豫章王萧嶷病死，据说萧长懋还亲自撰写了悼亡碑文，只是未及刊刻，他自己竟也死掉了。至于是否是被萧嶷索命而死，大概只有鬼神才能知道了！

皇帝尚在，培养多年的太子却先死了。如果不尽快确立新的皇储，势必会引发新一轮政争。

萧赜的皇子虽多，但其时在才德人望和长幼次序方面，真正堪为储君的只有第二子、竟陵王萧子良。

萧子良与萧长懋同为裴皇后所生，幼而聪敏，尤喜文学，深得萧道成和萧赜的宠爱；成年后礼才好士、倾意宾客，也颇得天下士子之心。武帝朝他历任南徐州刺史、侍中、司徒、尚书令、扬州刺史、中书监等要职，贵为宰相之尊。所以萧长懋死后，朝野上下物议纷纷，都以为竟陵王继储的可能性最大。

然而，齐武帝却有自己的考虑。

原来，就在萧长懋死后不久，武帝亲至东宫致哀，吊祭完毕后检行东宫，终于发现了太子生前私下营造的那些违制的服御羽仪。萧赜大怒之余，认为子良跟太子的关系最好，一定早就知道这些事情，却故意向自己隐瞒，因而对他颇为嫌恶。更重要的是，如果立子良为储，则会打破开国以来以嫡长子继嗣的法统，很可能在将来引发皇位继承的纷争。

好在太子虽死，但太子的长子萧昭业此时已经成年。于是齐武帝便于当年正月，立萧昭业为皇太孙，并将东宫文武悉改为太孙官属。

这一年，齐武帝萧赜已经五十四岁了，短时间内连续痛失弟弟和爱子，让他衰老的身心颇受刺激。偏偏这时北方边境又传来消息，河南的北魏州郡都在广积粮秣，似乎有要南侵的迹象。不久，以邢峦为首的北魏使团抵达建康，向武帝正式递交了战书。萧赜显然并不知道孝文帝拓跋宏名为南征、实为迁都的真实目的，虽然一开始他本能地觉得事情蹊跷，判断北魏很可能只是虚张声势，未必会大举南征，但后来随着孝文帝的演出越来越真，特别是到了六月以后，情报说北魏又是造桥，又是调兵，各地的军队正在向洛阳方向集结，进入七月后全国戒严，孝文帝亲率百万雄兵气势汹汹地杀来，大有一口气鲸吞南朝的态势，萧赜再也无法否认眼前这一极为严峻的现实。祸不单行的是，从年初以来南齐境内就水旱、风灾频发，农获大减。在这危机重重的巨大压力下，萧赜终于病倒了。

11 流产的政变

永明十一年（公元493年）七月中旬，齐武帝萧赜病重，下诏传竟陵王萧子良率甲仗入延昌殿，入侍医药。

这说明，萧赜虽然没能将皇位传给萧子良，但在生命的最后时刻，他对这个儿子还是十分信任的。他的意图，应该是任命子良为首辅，让他尽心辅佐毫无治国经验的太孙萧昭业。

然而对已经错失了储位的萧子良来说，如果他还有更大的野心，那么眼下将是他最后的机会。

萧子良一生笃信佛法，醉心文事，虽然在政治上亦颇有抱负，但其人脉和能够调动的资源多在文化层面，于武事上并不擅长。不过，这时由于要应对北魏南侵，王敬则、陈显达、沈文季等一干宿将已经被武帝派往边境，现存的京师武装处于群龙无首的状态，这对萧子良来说却是相当地有利。而且诏书既然允许他带甲仗入宫，也就给了他控制宫禁、隔绝内外的良机。

此前以北魏南侵、御敌兵力不足为借口，萧子良已经在东府城招募了不少私兵，这时便任命王融、范云、萧衍、萧懿等人为军主，各统部曲，预备一旦事起非常，手中有可资利用的嫡系武装。

王融、范云等人都是萧子良当年在鸡笼山西邸广招学士、抄五经百家之书时结交的士人领袖。由于萧子良爱才好士、招揽宾客，当时有大批自矜名望的知识分子齐聚竟陵王府，彼此以诗咏文艺相交。其中又有八人最为有名，便是王融、范云、沈约、谢朓、萧衍、萧琛、任昉和陆倕，号为“竟陵八友”。竟陵八友虽然个个都是文艺男青年，却并不代表他们只关心纯粹的文艺问题。实际上，其中有不少人对政治和功名都颇为热衷，只不过有人表现得比较露骨，而有人则隐藏得比较深而已。

王融就是名利之心表现得十分明显的一个。

王融出身琅琊王氏王弘这一支，祖上当过司徒、司空这样的大官，但自从爷爷王僧达因得罪宋孝武帝被杀后，他们家就走了下坡路。好在琅琊王氏家学深厚，王融又聪明好学，少年时他便颇以才气扬名，以举秀才入仕，后累迁太子舍人、秘书丞、中书郎等职。他的从叔王俭认为他有宰相之才，曾预言说：“待此儿年至四十，名位自然及祖。”然而幼年便志在绍兴家业的王融似乎对等待缺乏足够的耐心，他夜值中书省时曾抚案而叹，说自己老大不小却寂寂无为，不免令邓禹嘲笑（邓禹二十四岁封万户侯）。道逢朱雀大航行人拥挤时，他又感叹车前无仪仗开道，称不上是大丈夫。在功名之心的灼烧下，王融对自己文名虽盛、官职却不高的现状并不满意，他曾数次上书陈辞献策，希望获得齐武帝的垂青，早登公辅之位。然而武帝却认为此人夸夸其谈，只用其文笔，并不加以重用。

北魏即将南侵、竟陵王萧子良于东府招募兵将的消息传来，王融认为建功立业的机会到了。他不但投入萧子良帐下，接受了宁朔将军、军主的职位，而且招募了数百“伧楚”流民、大习骑马，准备一展平生之志。其实王融也知道竟陵王醉翁之意不在酒，但他显然认为萧子良比太孙昭业更适合成为一国之君。

七月二十，齐武帝萧赜担心自己的病情会引发朝野恐慌，强支病体倾听了乐府演奏的正音雅乐，不久后病情转重，只有竟陵王萧子良日夜在殿内侍疾，太孙萧昭业则隔日才能入宫探视一次。到了三十日头上，武帝已是气若游丝，看样子撑不了多久便会真正断气。这时太孙昭业还未及入宫，文武百官已经提前换上了丧服，然而惯例的遗诏却久久不出，禁宫内气氛凝重而诡异，人人都觉得会有变故发生。尤其是这时王融戎服绛衫，率东府兵隔断了中书省的入口，于是众人更是疑心大起，都猜测王融是要矫诏立竟陵王子良。众议喧腾之下，武陵王萧晔向群臣大声宣称："若立长，则应在我；立嫡，则应在太孙！"萧晔是萧道成的第五子，在现存的皇子中辈分最高。他当众喊出的这些话，显然在道德法统上击中了萧子良的软肋。

而除了武陵王晔公开反对之外，在其他臣僚那里，萧子良也没有得到足够的支持。甚至在"竟陵八友"的内部，对是否支持子良继位也意见不一。萧衍就私下对范云说："道路籍籍，皆云竟陵将有非常之举。王融非济世之才，恐怕终难免失败。"范云倒是想替老朋友辩白几句，说王融也不过是为了国家考虑而已。萧衍却说，都说是为国家考虑，可谁知道他到底是想当周、召呢，还是想当竖刁？

竖刁是春秋时齐国的大奸臣，曾经为了向齐桓公表忠心而甘愿挥刀自宫成为阉人，然而最后却趁桓公病危时作乱，将其活活饿死。萧衍作此诛心之问，范云不知如何回答，只好闭口不言。在竟陵王招募的帐下军主当中，萧衍及其兄萧懿是为数不多的具有军方背景的人选。他在这时候跳出来声言反对，无异于临阵倒戈，对萧子良更是大大不利。

这一来，便害苦了率兵封锁中书省入口的王融。

其实王融完全知道，单凭竟陵王子良的政治实力并不足以掌控朝局，眼前他全靠独自在御前侍疾才占得了先机，如今自己的行为已有犯上作乱之嫌，事情能否成功全看殿内的萧子良能否当机立断、处置得当，成了，自己就是功成名就的佐命元勋，不成，就是为人唾弃的乱臣贼子。为了这场压上身家性命的豪赌，他才不惜拦在中书省前，挡住了急于入内的东宫将吏。

然而，人算不如天算。就在殿外的冲突一触即发之时，谁也没想到，已经昏死过去的齐武帝萧赜忽然回光返照，此时又睁开了眼睛，而且询问子良太孙何在。子良惊惶支吾，无言以对，只好传诏召太孙入见。这一细节很可能引起了武帝的警觉，他随即口述遗诏，除了仍指定萧子良辅政之外，还专门强调今后事无大小，子良都要与尚书左仆射、西昌侯萧鸾共同参怀。之后太孙昭业入见，武帝又拉着他的手叮嘱说：“五年以内，朝事尽委宰相；五年以后，勿复委人。”又说，“阿奴若忆阿翁，便当好自为之。”如此再三，终于溘然长逝。

此时王融指挥军兵还想继续封锁宫禁诸门，然而得到消息的西昌侯萧鸾已经赶到了云龙门前。面对军兵的拦阻，萧鸾大呼：“有敕召我！”推开人就闯了进来。紧接着便奉太孙昭业登殿，命左右扶出子良。一来萧鸾声若洪钟，雷厉风行，二来萧子良心知大势已去，未作抵抗，因此殿中众人无不遵从萧鸾的命令。

至此，王融知大事不遂，长叹一声道：“公误我！误我！”便遣散军兵，脱下戎服，黯然归去。

当日，太孙昭业在群臣尊奉下于柩前即位，成为南齐历史上第三任皇帝。

12 俊美的昏君

昏君代代有，南朝特别多。

这位新继位的皇帝萧昭业，就是一个不折不扣的昏君。

萧昭业是文惠太子萧长懋的长子，小名法身。大概是出于某种信仰习俗上的原因，他从小并没有跟随父母同住，而是由二叔竟陵王子良和王妃袁氏抚养。永明元年（公元483年），十一岁的昭业被封为南郡王，两年后又纳何戢的女儿何婧英为妃，此后直到永明五年（公元487年），萧昭业一直同子良夫妇生活在西州城。然而子良多忙于外事，袁妃又对这个小侄子疏于管教，凡事只要不惹出大祸，就由着他在府里斗鸡走狗、疯玩胡闹，所以萧昭业自小便惯养出了轻狂任性的毛病。

如果只是昭业一人胡闹倒也罢了，偏巧他的王妃何氏也不是省油的灯。这位何氏的母上大人，就是那位以好男色著称、曾经想要逼奸褚渊的山阴公主。何氏既比昭业早熟，又颇有乃母遗风，嫁给昭业没多久，就把他左右侍奉的美貌小厮睡了个遍。而昭业也时常带着一帮佞臣家奴从府里溜出去厮混。特别是永明五年子良夫妇搬到鸡笼山西邸居住后，昭业成了西州城唯一的主子，就更加无法无天起来。每天晚上天一黑，他就打开府邸后门，和一众小人跑出去“体验生活”，直到天明方归。身边那些陪他厮混、哄他玩乐的小人，也都被昭业许下了官爵，说等他当了皇上，立刻就照此封官。

眼看南郡王年纪轻轻却如此失德，负有教导之责的王师史仁祖、侍书胡天翼深感不安。两人商量了半天，既不敢向武帝和太子告发昭业，又担心他惹下祸事招致池鱼之殃，最后一筹莫展，竟然双双自杀了！而下边的人隐瞒不报，武帝父子终究被蒙在了鼓里。再加上萧昭业生就一副俊美容貌，又像如今各大网站的主播一样擅于伪装，公开场合之下的言谈举止既体面又周到，所以包括武帝在内都以为他是个乖宝宝。

太子萧长懋染病后，每逢侍疾之时，昭业都呜咽流泪，临丧之时更是呼天抢地、嚎啕大哭，然而一回到内府，他就立刻雨过天晴，和一众亲随吃喝玩乐、欢笑如常。父亲下葬未久，昭业就借给太妃问安的机会偷溜入何妃的寝宫，两人恣意淫乐，庆贺自己被立为皇太孙。而当齐武帝亲来东宫吊问之时，昭业又能转瞬间换上一副悲痛面孔，在殿前号哭拜迎，一直哭到昏死过去，半天才缓过劲儿来。如此精湛的演技连阅人无数的齐武帝也未能识破，他心如刀割，感动不已，亲自下舆将昭业抱在了怀里。此后直到去世，齐武帝都认为这个太孙是可造之材，将来必能担负大业。

齐武帝哪里知道，昭业当初在西州居住之时，因为起居用度老是受到文惠太子的限制，他早就对父亲有所不满了。他曾经对人抱怨说，都说有福之人才能托生到帝王之家，可我如今虽是王爷，却处处受人限制，反不如街市上的屠酤（音gū）小贩来得自在！后来昭业不知从哪里找来了一个女巫杨婆，也学起了当年元凶刘劭那一套，整天祝祷自己早登大位。萧长懋这一死，昭业认为是杨婆法术显灵，从此深信不疑。没多久武帝萧赜也病倒了，这下昭业更加暗喜，叫杨婆日夜祷祝，只盼着早日宫车晏驾。他当面侍疾之时，装得泪如雨下痛不欲生，背后却送信给何妃，纸中央写一个大大的“喜”字，又绕圈写了三十六个小喜字。武帝刚刚入殓，他就召集宫内伎乐，搞起了大party。梓宫出葬那天，昭业于端门内奉辞，辒辌车还没出端门，他便称疾回了宫。紧接着鼓乐齐鸣之声从宫内传来，送葬的文武百官都听得清清楚楚。这种情形，连司空王敬则都有点看不下去了。他对射声校尉萧坦之道：“现在就这么搞，未免也太快了吧？”萧坦之倒颇懂得黑色幽默，说这有什么关系，只不过是宫里的嫔妃在哭罢了！

武帝这一死，萧子良政变未成，昭业有惊无险地成了新君，便更加胡作非为起来。

别的不说，起码在开销用度方面，昭业觉得自己终于可以想花就花，再也不受限制了。结果他身边的那些亲信佞臣每天变着法地哄他花钱、大肆讨赏，而昭业随便赏赐一下出手就是百十万钱。花钱时还对钱作得意状，说我当年想你时一文也不得，如今你说用着没用着？一次，昭业下令打开主衣库（存放御用衣饰、器物的仓库），带着皇后何氏和诸宠姬参观，大概是觉得在女人面前晒富倍儿有面子，昭业叫身边的太监小厮推着小车进去随便拿，能拿多少算多少！还取出水晶琉璃、玛瑙珊瑚等宝器剖开敲碎来取乐！如此糟蹋之下，国库里萧道成父子节俭十几年攒下的十亿万金银钱帛，没几个月就叫昭业败光了一半！

除了糟蹋钱财之外，帅哥皇帝昭业的日常生活简单而不乏文艺气息：他或者穿着红纱内裤，披着色彩艳丽的锦绣小衣，袒露着半个身体与宫娥饮酒嬉戏；或者放鹰走狗，纵马驰猎，与群小聚在一起呼喝斗鸡；要不就是微服夜游，在建康市廛（音chán）间走家串巷，至拂晓方归。当然，像任何一个年轻气盛的男人一样，萧昭业还是在女人身上花的心思最多。而且在性观念上，他还颇为前卫：他明明知道皇后何氏常与左右私通，但他似乎并不介意将自己的女人跟他人分享；除何氏之外，他还爱上了父亲的宠姬霍氏，为了将霍氏留在宫内，他假称度霍氏为尼，然后偷梁换柱，将霍氏改姓为徐，堂而皇之地接了进来。

不过，胡闹归胡闹，萧昭业却并非白痴，他知道自己的帝位如何得来，也知道应该随时巩固自己的权位。即位不过十来天，他便将王融抓捕下狱，治罪处死了。而幕后的指使竟陵王子良，虽然被尊为太傅，但尚书中事都由西昌侯萧鸾处理，实际上剥夺了子良的辅政地位。此后昭业对子良也一直抱有猜忌之心。到了次年四月，一蹶不振的萧子良终于郁郁而终。

作为毫无政治经验、此前并无权力基础的新君，萧昭业知道自己威信不足，难以指挥武帝留下的那些宿将老臣，只能依靠身边的亲近佞幸和东宫旧部。在内朝，阉人徐龙驹深得昭业宠信，他除了每日安排昭业的各种玩乐事项之外，还坐在含章殿的御案后替昭业披阅奏章、勾批诏敕；传旨宣谕之事，全仰仗中书舍人綦（音qí）毋珍之、朱隆之；御前保驾侍卫，则由直阁将军曹道刚、周奉叔负责。他们都是没什么背景的寒人，只需金银财帛便可驱使。在昭业的宠信之下，这些人个个飞扬跋扈、家累千金。

看过前面章节的读者应该知道，新君上台，权臣辅政，君臣之间的关系极为难搞，刘宋王朝前后有三个皇帝被废（刘义符、刘子业、刘昱），多多少少都是因为这个缘故。如果新君是个仁德之主，或者擅于韬光养晦也就罢了，偏偏萧昭业又是个荒淫恣欲、喜欢折腾的“作男”。而就在他每日在后宫花天酒地、纵情声色之时，殊不知自己的所作所为已经大大刺激了外朝权臣的野心，给了别人废帝篡权的堂皇借口。

这位权臣，正是西昌侯萧鸾。

13 萧鸾的阴谋

萧鸾字景栖，是萧道成的二哥萧道生之子。因为萧道生早死，萧鸾自幼就被萧道成抚养，萧道成将其视同己出，恩过诸子。后来萧齐立国，他便被封为西昌侯。作为宗室近亲，永明年间，萧鸾先后担任骁骑将军、左卫将军、右卫将军之职，统领禁卫，深得武帝信任。

不过，萧鸾与文惠太子萧长懋的关系却不大好。萧长懋曾经对弟弟子良透露："也不知道为什么，我心里总是不喜欢此人。这大概是他福薄吧！"

当时的形势，萧长懋是太子，未来的皇帝跟自己不和，当然不是件好事。然而讽刺的是，福薄的反而是萧长懋。正是他的病亡导致了太孙昭业的上台，而萧鸾也借由武帝临终时对竟陵王子良的制衡进入了辅政班子。

昭业即位后，萧鸾因拥立之功，马上被封为尚书令、镇军将军，而政变未遂的萧子良心灰意懒，又惮于新君的猜忌，拱手让出了权柄。于是整个外朝大权很快便落入萧鸾手中。

主上无道，辅臣当然有劝谏的责任。对于昭业的种种荒行，萧鸾也没少劝谏，虽然大多没被采纳，却在朝臣眼中给自己树立了为民请命、匡救时弊的良好形象。加之萧鸾为官素有严能之名，颇懂得恩威并用，所以不少高帝、武帝朝的能臣宿将逐渐都投入了他的阵营。而萧鸾的计划，就是首先以外朝群臣的力量挟制内廷，以清君侧的名义逐步剪除昭业的心腹。

这其中，起到关键作用的人物是两个帝室远亲，即萧谌（音shèn）和萧坦之。

萧谌是武帝萧赜的族子，早在萧赜任郢州刺史时便投到了他的帐下，后来萧赜成为太子，萧谌又典东宫宿卫，深得萧赜信任。萧赜在位后期，萧谌以卫尉之职久领禁兵，武帝在临终遗诏中还专门强调，殿内禁卫以后仍旧由萧谌负责。而萧坦之也是禁军军官出身，长期担任东宫直阁。

昭业继统后，认为二萧都是父祖信赖多年的旧人，忠心无二，所以对他们一直非常信任。有时萧谌因事无法在宫内值夜，昭业通宵不得安枕，直到萧谌回来才能放心睡去。而萧坦之也可随意出入宫闱，昭业与皇后、嫔妃调笑嬉闹之时，他都陪侍在侧。许多次昭业昏醉后人事不知，都是萧坦之将其扶回安寝。按理说二萧本不应该背叛昭业，然而他们作为昭业的亲信，见他每日狂欢作乐、宠佞群小，实在不是值得扶保的明君，经过一番利弊权衡，二人都私下倒向了萧鸾，不但肆无忌惮地劝他早行废立，而且还替他充当起了禁宫内的耳目。

事后看来，二萧的卧底工作相当成功。因为直到最后，萧昭业对他们的叛变行为仍然一无所知。

昭业经日躲在后宫不见外臣，萧鸾但有奏章劝谏，都经由二萧传达。他们逐步清除昭业羽翼的计划，也正是由此入手。

萧鸾第一个下刀的对象，是皇后何氏的一个男宠。

此人名叫杨珉，是昭业宠信的那个女巫杨婆的儿子。据说他相貌甚美，很得何氏的欢心，早在居于西州之时便成了何妃的约炮对象。后来两人日久生情，何氏和他同床共枕，缠绵缱绻如同夫妻。而昭业也很喜欢杨珉，经常叫他入宫陪侍。虽说宫闱事密，但这种上流社会的床第丑闻如同朋友圈里的谣言一样易于传播，早就成了建康街巷间疯传的八卦谈资，于萧齐皇室的形象当然大大不利。为此不仅萧鸾有所劝谏，王晏、徐孝嗣、王广之等老臣也纷纷上书，要求严惩杨珉。萧昭业不听。

萧鸾便指使萧谌、萧坦之固请。

面对满朝文武的共同施压，昭业不能不慎重考虑。当时何后与昭业同席而坐，听说群臣义愤，要杀她的心肝宝贝儿，登时眼泪哗哗地流，对萧坦之说道：“杨郎那么好，那么年轻，又没什么罪过，怎么能枉杀他呢？”萧坦之见状，俯身对昭业耳语道：“此事别有隐情，不可令他人听闻。”于是昭业只好让何后暂时回避。这时萧坦之才道：“外间传言，都说皇后与杨珉有私情。此事远近皆知，陛下若不有所表示，恐怕……”

其实何后与杨珉的勾当，昭业早就心知肚明。可一国之君的面子终究摆在那里，总不能当着臣子的面，大言不惭地说朕知道娘娘好这口儿，朕戴绿帽朕开心吧。所以最后昭业万不得已，很不情愿地批准了处死杨珉的诏书。萧鸾得知后，立刻命有关部门行刑。等宫里又传出赦免的特旨之时，杨珉早就人头落地了。

对萧鸾来说，杨珉事件是一次试探。经过这次交锋，他更加认定萧昭业这个皇帝虽然看上去仪表堂堂，内里却是个软蛋，只要给他足够的压力，就不难迫使他就范。而昭业也感觉到了萧鸾的步步紧逼，自此对他更加忌惮，他甚至向时任尚书右仆射的鄱阳王萧锵暗示，自己有除掉萧鸾之心。然而却没有得到萧锵的回应。昭业自感在外朝无人相助，想斗倒萧鸾终究力量不足，只好暂时作罢。

不知萧鸾是否得知了皇帝与鄱阳王秘密接触的消息，总之没过多久，他又联合群臣如法炮制，逼着昭业杀掉了心腹太监徐龙驹。昭业虽然再次选择了退让，但内心已是相当地不爽，君臣之间的关系至此骤然紧张起来。

这种紧张的气氛让某些昭业的亲党也感觉到了危险的逼近。有个叫杜文谦的曾经做过昭业的侍读，这时便跑来劝中书舍人綦毋珍之，说天下事搞到这个地步，不是他们死，就是我们完蛋，若不早点下手，咱们都将死无葬身之地！綦毋珍之问，那你说怎么办？杜文谦提供了两个方案，一个是联合那些在萧鸾秉政后郁郁不得志的“先帝故人”，让周奉叔带他们在宫内起兵杀萧谌、萧鸾；另一个计划是派遣刺客，以奏事为名接近萧鸾，一刀给他来个透心凉。虽然杜文谦说得唾沫横飞，慷慨激昂作舍身为国状，但显然这两个计划都相当冒险，所以綦毋珍之考虑了半天，还是没能采纳。

实际上，就算綦毋珍之采纳了杜文谦的计划，恐怕他们也没时间开展了。因为几乎与此同时，萧鸾已经叫萧谌、萧坦之劝说昭业，准备调周奉叔出外担任青州刺史。理由是：皇上您不是担心萧鸾谋反吗？如果有周奉叔统强兵在外藩挟制，萧鸾一定不敢轻举妄动！而毫无政治头脑的萧昭业果然就上了套。另一方面，周奉叔本人因为贪图地方财赋，不但愿意赴任，而且要求封自己为千户侯。萧鸾不同意，只答应封他为男爵，食邑三百户。周奉叔为此大怒，直到临行前仍愤愤不平。结果就在他入宫辞行的当天，萧鸾使萧谌诈称有敕，将周奉叔召入中书省，一众勇士一拥而上，将其乱拳殴击而死。事后萧鸾只向昭业奏报，说周奉叔“慢侮朝廷”。随后他又抓捕了綦毋珍之和杜文谦，将二人治罪处死。

至此，昭业倚重的心腹之人，只剩下了曹道刚和朱隆之。在政治老手萧鸾的阴谋攻势下，萧昭业已毫无还手之力了。

14 血染的皇冠

隆昌元年（公元494年）六月，建康宫内的紧张局势一触即发，外界议论纷纷，都说将有废立之事。那些经常围在昭业身边的尼姑神婆也纷纷传言，说尚书令萧鸾近日将有异谋，劝皇帝千万小心。

对此，昭业自然早有警觉。他曾经问萧坦之说："人言镇军（萧鸾时任镇军将军）与王晏、萧谌欲共废我，似非虚传，你所闻如何？"

萧坦之当然不会实话实说，立刻瞪大了眼装出一副吃惊的表情，说怎么可能有这种事情？谁愿意吃饱了撑的没事废皇上玩啊？是，宋朝时刘昱是被废过。可那是因为他残忍无道，滥杀无辜！官家您是什么人，谁会想要废您呢？这些话我看绝不是朝中亲贵所说，一定是那些巫婆尼姑所言。这些人的话怎么能信？再说了，这三人都是先帝留下的忠臣，官家若无故除此三人，以后谁还敢替您办事？说不定镇守外藩的安陆诸王将会借此生事，到时仅凭曹道刚之徒，怎能应付那种局面？

这一番话说得昭业半晌无言，最后只好叫萧坦之替自己多多留意，有何消息尽快通报，一点儿也没有想到他早已成了萧鸾的人。

其实到了这一地步，昭业不是不想除掉萧鸾，实在是因为朝中但凡有点儿实力的文武官员都倒向了萧鸾阵营，他想找个能托付大事的人都找不到，连自己的岳父、中书令何戢都当面依违，总想大事化小、息事宁人。昭业还曾秘密派人贿赂大将沈文季，希望他能够为己所用，没想到礼物却都被沈文季退了回来。凡此种种，搞得昭业郁闷不已。最后索性破罐破摔，只管每日放纵于酒色之中，再也不管将来死活了。

这时，萧鸾方面基本准备就绪、箭在弦上。本来始兴内史萧季敞、南阳太守萧颖基（二人皆为萧鸾族弟）将于近日带领部曲还都，萧谌想等他们到了以后一起举事，这样更有把握。但萧坦之回报说曹道刚已经有所觉察，正在着手防范，事不宜迟，越快越好！于是萧鸾等终于定计。

七月二十日一早，萧鸾、萧谌各领所部抢先入宫，先至中书省杀了曹道刚、朱隆之，继而由云龙门直入，杀气腾腾奔寝殿而来。萧鸾内穿甲胄，外罩朱衣，一路提剑疾行，以至于鞋都跑掉了三次。王晏、徐孝嗣、陈显达、王广之、沈文季等亲萧鸾派的大臣也都紧随在后。宫中宿卫起初要操兵戈拒战，萧谌见状，抢步在前大喝道："所取自有人，卿等不须动！"萧谌时任卫尉卿，是这些卫兵的顶头上司，而萧鸾也久典禁兵，在军中颇有威望，所以众卫士一时都信了萧谌的话。

此时萧昭业在寿昌殿，正与爱姬霍氏裸体相对，不知在做何种游戏。有太监跑进来报说有变，昭业大惊，急忙下令关闭殿内诸门，又叫人速传卫尉萧谌前来护驾。然而殿门不比城门，没几下就被攻破，领头杀进来的正是萧谌！昭业大为震恐，一溜烟躲进内房，窘急之下想要拔剑自杀，却又手抖得使不出力；转而又想上吊，帛练刚缠上脖子，就被闯进来的士兵拽了下来。

殿外的禁兵一见抓的是皇上，都有些义愤填膺。可昭业也不知道是被吓傻了，还是被押解的士兵动了手脚，竟然一句话不说，任凭人架了出去。转到西弄僻静之处，当即被萧鸾下令杀害，时年二十二岁，在位仅仅一年。

皇帝既死，总要给天下人一个解释。而仿效前例，皇太后令自然是最妥当的方法。萧鸾刚念及此，早有徐孝嗣从袖子里掏出事先写好的令书呈了上来。萧鸾大悦，次日便以皇太后王氏的名义，宣布废昭业为郁林王，又废何后为王妃，而迎立文惠太子第二子、昭业的异母弟新安王昭文。

萧昭文当时年仅十五岁，只不过萧鸾自感人情未服，还需要时间清除异己，这才把他弄上台暂时当个傀儡。此后的三个月里，萧鸾以骠骑大将军、录尚书事、扬州刺史的身份独掌朝权，同时对萧齐宗王开始了残酷的大清洗。

九月初二，鄱阳王萧锵、随郡王萧子隆谋反未成，为萧鸾所杀。紧接着晋安王萧子懋于江州起兵，萧鸾派王玄邈、裴叔业领军出讨，萧子懋败亡。既而裴叔业等溯流而上，又杀了湘州刺史、南平王萧锐，郢州刺史、晋熙王萧銶和南豫州刺史、宜都王萧铿。与此同时，东进的王广之杀了南兖州刺史、安陆王子敬。

十月，灾难降临到了居于京城的萧齐宗王身上，桂阳王铄、衡阳王钧、江夏王锋、建安王子真、巴陵王子伦皆相继被杀。在这一波血腥的杀戮过程中，宋孝武帝、宋明帝当年大力推行的典签制度发挥了重要作用。在典签多年的监督、管束之下，当时许多宗王在自己家里跟囚犯也差不了多少，有的王爷连吃个东西上个厕所都要典签批准。所以这次萧鸾命典签杀诸王，连一次像样的抵抗也没遇到。例如武帝第九子建安王子真，典签柯令孙来杀他的时候，他吓得钻到了床底下，被拽出来时一个劲儿地磕头求饶，说愿意为奴换取活命，然而终究难逃一刀。相比子真，年仅十六岁的巴陵王子伦就勇敢了许多。面对典签手中的毒酒，他端正衣冠，昂首受赐道："积不善之家，必有余殃。当年高皇帝残灭刘氏，今日之事，天理如此，又有何恨？"遂饮鸩而亡。

经过这段时间的布置，萧鸾自觉已经剪除了即位的障碍，其宗族亲党也已尽据内外高位。于是在十月十日，他故技重施，以皇太后令废在位不足三月的萧昭文为海陵王。二十二日，四十三岁的萧鸾终于戴上了血染的皇冠，成了南齐第五任皇帝，并改年号为建武，后世称之为齐明帝。

按照惯例，废帝海陵王自然不宜长留以生祸患。于是萧鸾即位还不到一月，就诈称萧昭文有病，派御医以探诊为名将其暗害。

按照惯例，狡兔死，走狗烹。以萧鸾猜忌阴鸷的性格，不少帮助其篡权的功臣宿将同样难逃被屠戮的下场。建武二年（公元495年），他以“恒怀怨望”为名先杀了萧谌，四年又借口谋反杀了尚书令王晏。到永泰元年（公元498年）染病后，因为担心自己死后嗣子冲幼、为人所乘，萧鸾不但一口气诛杀了仅存的十个高、武子孙（萧道成十九子，八人被明帝所杀；萧赜二十三子，十六人被明帝所杀；萧长懋四子，全死于明帝之手），而且逼反了老将王敬则。

王敬则当时已经六十四岁，老病缠身，又在并非军事要地的会稽当太守。这许多年来，他见惯了朝廷里的腥风血雨，刻意疏离于各派系之外，只想平平安安地颐养天年，结果到头来还是不免受到明帝的猜忌。永泰元年四月，明帝安排张瓌（音guī）为平东将军、吴郡太守，领兵置佐，秘密防范王敬则。道路传言，都说皇帝近期将有处置。王敬则听说后，感慨道：“什么平东将军！如今东方除了我还能有谁？这是要平我呀！老夫终不能受毒酒一壶！”遂于十六日集郡兵万人渡过钱塘江，击败张瓌，杀奔建康而来。王敬则虽勇，但终已风烛残年，东土之兵又素不习战，最终在官军围剿之下战死沙场，也算是死得其所了。

而机关算尽的齐明帝萧鸾，最终也只比王敬则多活了两个月。

在其最后的岁月里，或许是因为一生杀人太多，本来就颇为迷信的萧鸾变得更加神神叨叨，每次出行都要先叫巫师占卜一下利害，往南却宣扬西行，往东偏声称北幸。患病后忌讳为人所知，仍装作和平常一样上朝听政。直到后来下敕命官署搜求白鱼入药，外界这才知晓。又身穿绛衣，服饰皆赤，以为厌胜之法。又听信巫师之说，认为玄武湖的湖水流经宫内是自己得病之由，想要堵塞水道，改引秦淮河水入宫。

这项水利工程还没来得及实施，萧鸾就死掉了。

15 | 二冯宫斗

当南朝的局势因宫廷斗争和帝位变更而持续动荡之时，北朝的历史正在孝文帝的治下经历着发展的关键期。

迁都洛阳之后，由于摆脱了平城守旧派的包围，孝文帝很快便开始重新推行一度受阻的各项制度改革。太和十八年九月，正式推行“三载考绩，即行黜陟”的官吏考核制度；十二月，诏禁士民胡服，强制鲜卑人改穿汉族衣冠；次年六月，禁止在朝廷里说鲜卑语，要求三十岁以下的鲜卑人皆改从中原正音；同时下令凡从代北迁来者，籍贯皆改为河南洛阳。翌年正月，改姓氏，定姓族。从此，拓跋氏再不叫拓跋氏，而改姓“元”。迁居洛阳的其余鲜卑人，也几乎全从胡姓改为了汉姓。例如在“帝室十姓”当中，拔拔氏改为了长孙氏；“勋臣八姓”之中，独孤氏改姓刘氏，贺兰氏改姓贺氏，步六孤氏改姓陆氏等（本书为避繁缛，除拓跋外，其余鲜卑姓氏俱从《通鉴》体例，统一用改后之姓）。

在整个北方厉行改革之时，孝文帝还时刻不忘南方大地。期间听闻齐武帝萧赜病死，权臣萧鸾接连废杀两帝，最终夺取了皇位，志在征服江表、统一天下的孝文帝元宏按捺不住激动的心情，不顾心腹重臣的反对，也不惜暂时中断改革进程，亲自统领三十万大军搞了一次真正的南征。

遗憾的是，优秀的政治家未必是优秀的军事家，孝文帝任命的南征将帅里又有一半是不擅军旅之事的汉人文臣，因此在同时发动攻势的四个战场上，只有汉中战场取得了不错的战果，其余赭阳（今河南方城）、义阳（今河南信阳西北）、钟离（今安徽凤阳）三个战场都以失利告终。而孝文帝自己则出悬瓠、过寿阳，冒着被萧齐水军阻截的危险，沿淮水南岸巡游至邵阳（今安徽凤阳东北），甚至一度想效仿太武帝南进到长江边，与其说是南征，不如说搞了一次巡回路演。后来他自己也对在义阳战败的刘昶无奈地承认，说这次南征“本无攻守之意，正欲伐罪吊民，宣威布德”而已。这两个目的达到就行了，别说是你，就是朕也没打胜仗嘛！

实际上，除了南征和改革，孝文帝还另有重要的事情操心。

此时他已年近而立，在古代人的观念中已经不能算作年轻。而或许是宿命，或许只是巧合，从孝文帝的曾祖拓跋晃开始，他的直系祖先不论是横死还是病终，最后都没能活过三十（拓跋晃死时二十四岁，文成帝二十七岁，献文帝二十三岁）。所以为防万一，孝文帝不能不预先对身后之事有所规划。更重要的是，前代的盛衰兴亡和南朝持续发生的政治动荡让孝文帝明白，如果没有稳定的皇权更替来支撑，没有合格的储君来继承，那么不论自己的改革有多么成功，文治武功有多么辉煌，最终都不免付之东流，到头来都是为他人作嫁衣裳！

其实早在太和七年孝文帝十七岁时，他便有了第一个皇子。当时还在临朝的冯太后专门为这个皇子取名为“恂”。恂，有严谨恭顺之意。冯太后或许是希望这个婴孩将来能够成为温和严谨之人，或许也是想借此提醒孝文帝在自己面前要谦卑恭顺，总之她不但以子贵母死的旧例处死了拓跋恂的生母林氏，还将其抱入后宫亲自抚养。此后一直到太和十四年冯太后去世之前，皇子恂都被她牢牢控制在手中。

此外，为了监督和控制孝文帝，并进一步巩固冯家的地位，冯太后还将哥哥冯熙的两个女儿许给孝文帝为妃。不过这两个女孩的身体似乎都不大好，其中一个入宫不久便死了，另一个也疾病缠身（很可能是一种传染病），最后冯太后只好让她出宫为尼，以祈福换取健康。

耐人寻味的是，在冯太后在世时，虽然孝文帝纳了许多嫔妃，生了不少皇子，他却一没立皇后，二没立太子。为此，老臣拓跋丕曾专门进谏，请孝文帝早立东宫。孝文帝却说："年尚幼小，有何急之？"拓跋丕回答说，自己已经年纪一大把了，希望能在有生之年看到立储的典礼，虽然皇帝您不急，可老臣我着急啊！

自从助冯太后平定乙浑之乱以来，拓跋丕一直是冯太后的心腹。从他和孝文帝的对话推测，他希望拥立的太子显然应是冯太后亲自抚养的皇长子恂。然而孝文帝不知出于何种考虑，却并未同意。

直到太和十七年（公元493年）冯太后的丧期结束，而孝文帝又急于迁都的前夕，为了争取冯氏势力对迁都的支持，缓和与平城守旧派的关系，孝文帝才采纳了拓跋丕为首的鲜卑勋贵的建议，另娶冯熙的三女为后，并于两个月后立皇子恂为太子。当时立后一事，秘书监卢渊曾力劝孝文帝谨慎行事，最好采纳北魏早期的传统办法，用"手铸金人"的占卜方式来确立皇后人选。但孝文帝坚持认为，此女乃"先后之侄"，非她莫属。

实际上，从之后发生的事情来看，孝文帝对这位冯三小姐并非真正喜爱，他看中的只是她"冯太后的侄女、太师冯熙之女、司徒冯诞之妹"这个身份罢了。此时太后虽死，但冯氏势力遍布朝野，孝文帝为了顺利实现自己迁都中原、推行汉制改革的政治目的，有意选择了以立后为手段对冯氏加以笼络。同时，基于历史经验和亲身经历，孝文帝也深知后宫干政、外戚专权之弊，早就有了清除冯氏势力之心。于是仅仅两年之后，当迁都之事已尘埃落定，而冯诞于南征途中病死，不久冯熙亦病逝于平城，冯皇后的地位便有点儿不那么稳当了。

太和十九年（公元495年）夏，从南征前线归来后不久，孝文帝忽然派阉官将本已出家为尼的冯家二小姐重新接入洛阳宫中，拜为了左昭仪。据说这位冯二小姐（简称大冯）姿容娇媚，当初孝文帝就很宠爱，后来她染病出家，孝文帝仍然旧情难忘。这时冯太后丧期已过，又听说她早已痊愈，便策划了这起鸳梦重温。而且自从大冯重入后宫以来，孝文帝对她比原来更加宠爱，几乎每晚都由她侍寝，其他后妃要想雨露均沾，根本就是痴心妄想。按照时下流行的宫斗剧的剧情，这一定会引起正宫娘娘的敌视。事实也确实如此：没过多久，大冯就跟她的妹妹、原本的皇后冯三小姐（简称小冯）反目成仇了！

大冯和小冯虽是姐妹，但并非一母所生。大冯之母出身微贱，大冯本来就对嫡出的小冯阴怀嫉妒，这时又自以为排行在前、入宫又早，不免恃宠而骄，对小冯的轻视溢于言表，与之见面时连臣妾见皇后的礼节也不大遵守了。小冯皇后虽不是刻薄善妒之人，却也受不了这份羞辱。两姐妹争风宫斗的具体情节，很可惜史书上没有记载，只说大冯“规为内主”，想取代小冯皇后的地位，因而“谮构百端”，对妹妹使用了一百种方法加以抹黑诬陷。结果到了第二年七月，孝文帝终于信从了大冯的“蛊惑”，将小冯废为了庶人。

然而，这不过是掩人耳目的表象而已。

在此我大胆揣测：二冯姐妹之间的宫斗，完全是孝文帝一手策划的结果，根本目的是清除冯氏势力，为此首先要借大冯之力废掉小冯。因为小冯作为孝文帝亲自选立的皇后，平素又无过错，倘若无端被废，不但于孝文帝的形象不利，恐怕也会引起冯氏势力的质疑；而归咎于姐妹反目，则冯氏家族将无话可说。至于大冯，除了生性妒忌之外，在出家为尼期间便“颇有失德之闻”，孝文帝不太可能不知道，将来在生活作风上挑错废掉她并非难事。

不过孝文帝大概并没有想到，在当时特殊的政治形势下，二冯宫斗的影响很快便越出宫墙，波及了储君之争，并进而造成了新的事变。

16 太子出逃

上文交待，在太和十七年立小冯为后不久，孝文帝便立了长子拓跋恂（元恂）为太子。这样，小冯皇后便成了元恂的嫡母。考虑到当时他只有十一岁，此后的几年里他应该是由小冯抚养的。由于两人与冯太后的关系，再加上他们都是拓跋丕带头所拥立的，小冯与元恂应该会相处得比较融洽。对这一点，虽然史料上没有明确的描述，却可从一则旁证推测得知。

根据《南齐书·魏虏传》的记载，大冯重新得宠后“日夜谗恂”，显然将太子恂和妹妹小冯一样视为了自己的敌人。这说明，至少在后宫的利益格局中，元恂和小冯属于同一阵营。因此，太和二十年（公元496年）七月小冯皇后被废，对元恂来说毋庸置疑是一次打击。

这还不是最致命的，最致命的是元恂一直以来和守旧派的鲜卑勋贵过从甚密，对孝文帝进行的各项改革颇有抵制情绪。

其实在元恂得立为太子后，孝文帝对他的成长教育一直很关心，不但安排了李冲、崔光、宋弁这些汉儒名士做他的老师，还给他聘了彭城刘氏、荥阳郑氏这两家中原名族的女子为侧室。元恂十三岁时，孝文帝亲自在太庙为他举行了冠礼，并为他取字为“元道”。之后又临光极东堂，教诲他说：“冠礼表之百代，所以正容体、齐颜色、顺辞令。容体正、颜色齐、辞令顺，故能正君臣、亲父子、和长幼。朕为你取字元道，所寄非轻。日后你当寻名求义，不枉朕心。”

遗憾的是，元恂还是辜负了父亲的苦心。

同孝文帝一样，元恂生于平城，长于代北，幼年时由冯太后抚养，少年时接受了儒家教育。虽然两人的成长轨迹几乎毫无二致，然而元恂的秉性却与父亲大相径庭。史书说他“不好书学”，对儒家那一套礼义纲常的说教并不感冒。而且大概是体态肥胖的缘故，元恂十分厌恶夏季中原的暑热天气，更喜欢凉爽宜人的代北，所以对迁都洛阳一事，他时常感到很不开心。《南齐书》甚至说，孝文帝曾经赐给元恂一批汉式冠服，结果他却私下将其全部裁毁，仍旧披发结辫，穿鲜卑服饰。

值得注意的是，元恂的好恶并不仅仅是他个人的行为，当时朝野内外还有一大批同样对迁都和改革持反对态度的鲜卑勋贵存在。尽管孝文帝对他们做出了种种让步，例如允许恋旧怀土、对中原气候不满的人冬季留在洛阳，夏天则返回代北，不强制三十岁以上的鲜卑人短期内改说汉话等，但还是难以消除这些人的抵制和不满。这其中最具代表性的人物就是四朝元老拓跋丕（元丕）。

前文曾经说过，元丕是拓跋鲜卑远祖“烈帝”拓跋翳槐的后裔，因为助冯太后平定了乙浑之乱而大受器重，成为鲜卑勋贵的领袖。此人容貌壮伟，腰带十围，大耳秀眉，须鬓斑白，是个德高望重、说一不二的老臣。不过，人到了年纪一大把的时候往往会变得固步自封、眼界狭窄，难以接受新生事物。元丕也是如此，他自以为地位尊崇、劳苦功高，对孝文帝的各项改革十分看不惯。加之爵制改革将他的王爵降为了公爵，官制改革也对鲜卑勋贵的特权有所裁抑，元丕就更加不满了。当初孝文帝议迁都之事，他就声言反对，后来孝文帝便安排他留守旧京。至于禁胡语说汉话、禁胡服改汉服这些改革措施，他更是一百二十个不乐意。孝文帝也知道他是老顽固，对他不加强求，只是劝谕他顾全大局，不公开与自己唱反调即可。于是每当朝会之时，满座文武皆着汉式衣冠，独有元丕仍穿着鲜卑服饰满脸傲色地列坐其中。对此孝文帝虽未加斥责，终究免不了心生不快。

有元丕这样一个老顽固做表率，其他同样立场的鲜卑勋贵更加有恃无恐。很快，这些反对派以旧都平城为大本营，秘密组建起了一个妄图颠覆洛阳政府的集团。该集团以元丕为精神领袖，实际组织者则是穆泰、陆睿和元丕的儿子元隆、元超等。

穆泰出身“勋臣八姓”之一的丘穆陵氏，家族世代与皇室通婚，是公认的外戚领袖。当年冯太后一度想废掉孝文帝，正是由于穆泰切谏才最终作罢，所以孝文帝亲政后对他恩赏备至。然而在穆泰看来，孝文帝所行的迁都、改革之事乃是数典忘祖。陆睿是扶保文成帝即位的陆丽之子，也是在改革过程中利益受到损害的失意者。

他们最初的计划，是趁太和十九年太师冯熙于平城病逝之机，由元丕上表请孝文帝亲临迎丧。待孝文帝来到平城之后，他们便可相机行事，或以武力挟持皇帝迁回旧都，或者干脆杀掉孝文帝另立新君。

不过，孝文帝似乎早有预感，并未轻易上当。他反而怒斥元丕，说天下哪有皇帝千里迢迢为岳父奔丧的道理？太师虽是长辈，但终究是人臣。如果老丈人死了都这样，那将置“大孝”“大义”于何地？这是不懂为臣之道、想要陷君上于不德的行为，应该依法严肃处理！因而贬了元丕的官，叫他到并州做刺史。

话虽如此，以孝文帝推崇礼法的一贯作风，该讲的规矩还是要讲。于礼皇帝不该亲迎，但皇子便可以，最后孝文帝决定派太子元恂代替自己回平城迎丧。临行前，孝文帝为他细细制订了临丧拜陵的种种礼节，还叮嘱他路上别忘了温习功课。当时正值盛夏，元恂能够得到这次回北方避暑的机会，自然十分高兴。很可能就是在这次平城之行期间，元恂与陆睿等保守派进行了秘密接触，并达成了某种协议（我推测是元恂一旦继位，便将首都迁回平城），元隆、元超甚至提出了扣留元恂，然后“举兵断关，规据陉北”的计划。只是考虑到时机尚未成熟，元恂并未羁留平城，而是仍旧护送着冯熙的灵柩返回了洛阳。

然而到了第二年，形势忽然发生了变化：孝文帝废掉了与元恂关系密切的小冯皇后，而得宠的大冯则对元恂殊无好感。这一来，太子恂的处境顿时不妙起来。

于是在小冯被废的次月，紧接着就发生了太子企图出逃的事件。

孝文帝当时正在嵩山巡幸，忽然接到密报：八月初七，留守洛阳的太子恂手刃中庶子高道悦，意图与左右擅取军马，轻骑北逃平城！幸而被领军将军元徽发觉，将其控制在了禁宫之内。

孝文帝既惊且怒，同时也感到了被背叛的痛楚。为安定局面，他对此事秘而不宣，仍旧照原定行程巡幸，直到八月二十三日才返回洛阳。见到元恂后，孝文帝先申斥其罪，接着与咸阳王禧亲自动手，狠狠地打了他一百多杖，直打得元恂屁股开花、哭号不已，一个多月都站不起来。事后元恂被关押于城西别馆，而孝文帝则召集群臣，决意废掉太子。

无论元恂如何不肖，废太子终究不是一件好事。况且若追根寻源，太子不堪社稷，担任教导辅佐之职的大臣也有责任。所以孝文帝此言一出，太子太傅穆亮、太子少保李冲等带东宫官职的大臣纷纷免冠稽首，呼啦啦跪倒一片替元恂求情。见此情景，孝文帝感慨道："列位所考虑的是私情，而我所考虑的却是国事。古人有言，大义灭亲。如今逆子恂违背父命，欲逃叛北归、跨据恒朔。其包藏祸心，不问可知！此小儿今日不灭，乃是国家之大患。将来朕一旦不在，恐怕便会酿成永嘉之乱！"

这番话说明，孝文帝对太子叛逃的性质有清楚的认知：真正值得担忧的不是十四岁的元恂，而是他背后的平城保守派势力。在这个问题上处理不好，很有可能造成国家分裂，甚至会重现晋末永嘉之乱那样的滔天大祸！

因此，元恂非废不可。

17 | 孝文南伐

太和二十年冬，当了三年太子的元恂被废为庶人，置于河阳无鼻城（今河南孟州南）软禁起来（次年四月，因中尉李彪告元恂谋反，孝文帝便将其赐死了）。

消息传到代北，穆泰、陆睿等深感恐慌，决定马上动手。

当时穆泰被任命为恒州（迁都洛阳后，以原平城京畿置恒州）刺史，而原本的恒州刺史陆睿则调任定州。穆泰到平城后，陆睿仍借故拖延不去，二人秘密联络镇北大将军乐陵王元思誉、安乐侯元隆、骁骑将军元超等人，准备推朔州刺史阳平王元颐为主，起兵谋反。

元颐是恭宗拓跋晃之孙，在塞北为官多年，一直统领对柔然的北边防务。穆泰等原以为有当皇帝的机会，元颐一定会欣然同意。哪知道他表面上满口答应，背地里却派人火速南下，将穆泰他们的密谋告知了孝文帝。

由于之前的迁都和南征，这时孝文帝已经将全国绝大多数军队牢牢掌握在了自己的手中，所以对于穆泰等人的密谋叛乱，他并不特别担心。他只是召见了自己最为信任的任城王澄，赐给他虎符、节杖等物，命他以钦差的身份前往平城。还指示若乱党之势未成，便直往擒之；若已经强盛，便承制发并、肆二州之兵进击剿平。

穆泰等人一没料到元颐会反水，二没料到朝廷方面会来得这么快，当任城王澄派人进入平城接收防务时，他们才恍然发觉。匆忙之间，穆泰率麾下数百人抵抗了一阵，很快便兵败被擒。陆睿等一百多名党羽也尽被任城王抓捕系狱。一场预谋已久的叛乱，就这样兵不血刃地得以敉（音mǐ）平。孝文帝闻报大喜，对公卿赞道："任城王真社稷之臣也！"

叛乱平定次月，北魏帝国迎来了新的皇太子：孝文帝第二子、与元恂同月出生的元恪。

与哥哥不同，元恪自幼少年老成，行事谨慎，喜怒不形于色。据说孝文帝早年为了探知诸子的爱好志向，曾陈列宝物珍玩，叫各位皇子任意择取。结果京兆王元愉等都抢着拿金银珠宝，元恪却只拿了一支朴素的骨如意，孝文帝为此啧啧称奇。更重要的是，元恪雅爱经史，仪貌端严，更加符合孝文帝心目中的君主形象。后来元恂因叛逃被废，孝文帝曾对皇弟彭城王勰说："我固疑此儿有非常志相，如今果然如此。"便改立元恪为嗣。

此外，元恪得立或许还与大冯的支持有关。

短短数月之间，小冯皇后、太子元恂相继被废，而大冯专宠后宫，很可能成为新的皇后。此时为了像当年的冯太后一样控制太子、日后得以专权，大冯开始主动向元恪示好。据史料记载，这一时期大冯已经"密有母养世宗（元恪）之意"，甚至为了独占元恪的抚养权，她还设计暗害了元恪的生母高照容。

虽然自称出身于河北名族渤海高氏，但高照容实际上出生在遥远的高句丽，很可能是个宽脸庞、单眼皮、满口思密达的韩国妹子（整容前）。直到孝文帝初年，她家才迁入辽西。据称因为"德色婉艳"，高照容在十三岁时便被地方官推荐入京，又经冯太后亲自挑选，被纳入了孝文帝的后宫。传说入宫之前，高小姐做了一个梦，梦见自己站在空无一人的堂内，灼热的日光从窗外照到身上，她左右闪躲，那日光却像长了眼睛一般追着她斜照不已。醒来后她将此事告诉了父亲。她爹找来算命先生一问，说乃是诞育人君的大贵之象。果不其然，高照容日后便生下了宣武帝元恪。

不过，算命先生大概没有料到，高照容的尊荣富贵其实尽在身后[①]，而她自己却是个薄命的美人。

史料记载，在从平城迁都到洛阳的路上，高照容“暴薨于汲郡之共县，或云昭仪所贼也”。这里的昭仪，指的是大冯。也就是说，时人普遍认为，高照容是在旅途中被志在独占元恪监护权的大冯害死的。而北魏六宫嫔妃迁徙到洛阳的时间，是在太和十八年十月到十九年九月之间[②]。然而事实是，大冯是在十九年五月后才被孝文帝重迎入宫的，而直到二十年七月，小冯皇后才被废为庶人。也就是说，高照容如果确如记载所言是死于从平城迁徙洛阳的途中，那么她不太可能是被大冯害死的。

幸而近年文昭皇后高照容的墓志于洛阳一带发现，为我们提供了新的线索。根据墓志记载，高照容于太和二十年“薨于洛宫”，而并非死于南迁的途中。虽然由于墓志的缺损，她去世的具体日期不得而知，但太和二十年却实在是一个极为敏感的年份。这一年的七月，先是小冯皇后被废，紧接着太子元恂于八月企图出逃，继而闰十一月元恂被废，而元恪则于次年正月被立为太子。如果高照容死于八月之前另当别论，倘若她是死于元恂出逃，甚至更可能是在元恂被废以后，那么我在此臆测：高照容很可能是“子贵母死”旧制的另一个牺牲品，作为元恪的生母，她的死应与元恪即将被立为太子有关。至于下令赐死她的人是孝文帝还是大冯昭仪，考虑到当时元恪已经十四岁，从之后的两年里他对大冯“二日一朝”“亲视栉沐，母道隆备”的情况来看，恐怕前者的可能性反而更高。

无论如何，到了太和二十一年（公元497年）夏，北魏后宫里的争斗

---

① 高照容生前只是个低级嫔妃，元恪被立为太子后才追封为昭仪，即位为帝后才被尊为太后。

② 据《通鉴》及《魏书》，太和十八年十月，孝文帝在部署完迁都计划后从平城出发。次年九月庚午，“六宫及文武尽迁洛阳”。

暂时告一段落，代北的叛乱已彻底平息，而诸项汉化改革也在按部就班地顺利推行，于是孝文帝踌躇满志，开始筹划新一轮南征。

他在清徽堂引见公卿，说："自从迁都中原以来，我国在各条战线上都取得了显著成就，可唯独南方的岛夷尚未臣服，朕为此每天晚上都睡不好觉！这种情况，朕怎么能学那些魏晋之君，整日安坐在宫里垂衣拱手呢？朕已经下定决心亲自南征，现在就是出兵的时间难以确定。近来一些阴阳卜筮之士都说，今年征伐的话攻之必克。不知列位爱卿意下如何？"

尚书仆射李冲出奏说："征战这种事，要先看人事，然后才谈得上天道。如今卜筮虽吉，于人事却未备。考虑到今年春夏的气候状况，秋天的收成大概不会太好，何况迁都至今不过一两年，百姓生业未定，此时耗竭民力，劳师远征，恐怕并不合适。臣以为不如放在来秋。"

孝文帝说："你说得也有道理。但朕之所以南征，并非急于一统天下，而是因为洛阳密迩敌寇，不出师则难以自安。十七年时，朕拥兵三十万，人事不可谓不盛，奈何路遇霖雨，所以未曾深入，这是天时不利（这说的是假南征一事）；前年乘萧鸾篡逆之机再举，于天时有利，却因人事不周，最后未曾克捷。倘若如你所言，等到人事齐备之时，恐怕又会错过天时。如此说来，难道就永不征伐了不成？说到底，还是事在人为！"

孝文帝说得没错。他之所以多年汲汲于南征，根本原因首先是他同苻坚大帝一样，拥有饮马长江、一统全国的理想和雄心。作为出身少数民族的统治者，只要自诩为华夏正统的南朝存在一天，那么你即使同样拥有汉人的血统[1]、同样尊崇汉人的礼乐文化，在世人眼中也仍然摆脱不了被视为夷狄的尴尬。就这一点而言，只有统一中国、混融胡汉，才

① 从血统的角度来说，献文帝拓跋弘的生母是汉人李氏（梁国蒙县人），则其有二分之一汉人血统；献文帝又与汉人李氏（中山安喜人）生孝文帝拓跋宏，则其有四分之三汉人血统。

能无可争议地获得统治整个华夏社会的合法性。迁都也好，改革也罢，归根到底都是为这个目的服务。

此外，南征还有眼前的现实目的：迁都后，北魏的京城洛阳距离最近的南朝镇戍只有不到五百里，而洛阳以南又缺乏足够的险阻以为屏障。虽然孝文帝在洛阳四周屯驻有重兵布防，但终究免不了不安全的隐患。应对之道就是以攻为守，以强大的军事压力对敌人产生威慑，或者夺得毗邻的南朝疆土作为藩屏。

基于以上原因，太和二十一年八月，孝文帝元宏再次发兵大举南征。

18 夺取沔北五郡

这次南征，孝文帝吸取了两年前的教训，专以攻取萧齐防御较为薄弱的沔水上游（今河南南阳、湖北襄阳一带）为目的，而在淮水流域和汉中地区虽然仍发动攻击，但战略上以策应和牵制为主。此时孝文帝已经对中央军进行了整编，同时征发了冀、定、瀛、相、济五州兵卒二十万，总兵力仍在三十万左右，气势丝毫不弱于上一次南征。

参与沔水上游攻略的部队，是荆州刺史薛真度的州兵和孝文帝亲统的大军。由于在往年的战事中深感攻城之不易，这次孝文帝准备凭借兵力上的优势采用分割包围、长期围困的战术。九月中旬进入南齐境内后，他留下部分军队围困赭阳，自领三十六军前后相继奔南阳而来，对外宣称百万之众，大有吹唇沸地、投鞭断流之势。十九日到达宛城（今河南南阳），当晚便发动攻势攻克了外城。南阳太守房伯玉退居内城固守。

上次魏军南征，南阳方面只是薛真度负责的次要战场，沙堨一战，房伯玉还击败过薛真度。然而这次却是孝文帝亲统大军前来，形势自然不同。孝文帝攻心为上，在数万骑兵扈从之下，黄罗伞盖直进至城下一里，派使者对房伯玉说："我这次专为一统六合而来，跟往年不同。往年不过是冬来春去，浅尝辄止，这次若不能有所斩获，终不北还！你把守的城池正挡在我的战车之前，不管是一年还是一月，我是非拿下不可的！是福是祸，全靠你自己选择。"

接下来，孝文帝又指责房伯玉本是齐武帝的臣子，却尽忠于篡位上台、对武帝子孙大加杀戮的齐明帝萧鸾，试图从道义上打击其斗志。不过房伯玉并没吃这一套。孝文帝只好引军暂退，去往城南佛寺驻扎。途中路过一座沟桥，房伯玉事先早已在桥洞下埋伏数名勇士，他们身穿虎斑衣，头戴虎头帽，望见孝文帝的黄罗伞上了桥，猛然暴喝窜出，发动了突然袭击！

这一下孝文帝吃惊非小，所乘的马更因为见到虎形，惊吓得扬蹄人立，差点儿把孝文帝掀下马来。御前护卫一时也措手不及，数人被杀。幸而袭击者人数过少，鲜卑亲军中又不乏善射之人，羽箭纷飞之下，袭击者应弦而倒，最终全部阵亡。

事后孝文帝并没有因为这次袭击事件愤而攻城，而是留下咸阳王禧、前将军元英围困南阳，自领大众又去攻围新野。新野太守刘思忌亦婴城拒守，孝文帝初攻不克，筑起长围将新野城围了个水泄不通。

此时南齐的沿边藩镇和建康方面早已得知了北魏大举入侵的消息。南阳一带属于雍州防区，按理说，镇守襄阳的雍州刺史曹虎得知三城被围，便应该发兵来救。但曹虎这个人一来忌惮魏军兵盛，不愿意拿自己的部曲犯险，二来他跟房伯玉早有私人恩怨，因此这时只是顿兵樊城（今湖北襄樊），袖手旁观。明帝萧鸾还下令镇守钟离的徐州刺史裴叔业西进赴援。然而裴叔业的心思跟曹虎差不多，说自己手下的士兵不愿意远行，只乐意就近寇掠，如果自己侵入魏境，北魏必然发兵来救，如此便可减轻雍州方面的压力。萧鸾无法，只好派太子中庶子萧衍和太子左率崔慧景先后领禁军从建康千里赴援。然而远水难解近渴，雍州三城岌岌可危。

最先顶不住的是新野。起初魏军利用新野被围、消息不通的情况，骗太守刘思忌说南阳已下、房伯玉早已投降，但刘思忌不为所动，一直奋力抵抗了三个月，直到次年正月初五才城破被俘。擒获刘思忌的魏将问他：现在你降也不降？刘思忌抗言道：“宁为南鬼，不为北臣！”最终被杀。

新野这一破，沔北大震。因为这样一来新野以北的郡县就被切断了和南齐的联系。很快，湖阳（今河南唐河县湖阳镇）、赭阳、舞阴（今河南泌阳北）、南乡（今河南淅川西南）诸郡县守军相继弃城而逃，孝文帝也得以率领大军合围南阳。二月十二日，南阳城破，房伯玉面缚出降。当崔慧景、萧衍带着援兵赶到襄阳之时，沔北五郡已经尽入北魏之手，而魏军正向樊城挺进。崔慧景等只好分兵戍守，以图遏制北魏的攻势。

三月初一，崔慧景军刚至邓城（今湖北襄阳襄州区北），便遇到了北魏的前锋部队。由于远来饥疲，仓促迎战之下齐军大败，两万余人阵亡。孝文帝亲率大军一直追至樊城，曹虎唯有闭门固守。幸而樊城险固，襄阳城又有沔水为屏，孝文帝在北岸耀武扬威一番后，转而拔营回了悬瓠。

在淮水战场，之前齐明帝为了缓雍州之急，派鲁康祚、赵公政两将带一万人马，侵入了北魏豫州境内。豫州刺史王肃则派长史傅永以三千人前往阻击。傅永字修期，年轻时拳勇过人，能在马上手把鞍桥，倒立驰奔。只是出身不高，文化又低，兼之又是献文帝时北魏夺取青州后才入国的“平齐户”，所以前半生默默无闻。直到后来，他发愤读书，涉猎经史，在仕途上才算是稍有起色。而这一年，他已经是六十开外的年纪了。

傅永带着这三千甲士，赶至太仓口与齐军隔淮对峙。以自己在南朝生活了二十来年的经验，傅永深知南人惯于斫营，当晚便安排下两支部队在营外埋伏。他还料定，齐军如果趁夜渡河前来，一定会在水浅之处设篝火为记号。于是便派人携带火种秘密泅渡至南岸，专拣水深的地方设置，叮嘱说一旦周围火起，你们就照样点火。

夜半之时，鲁康祚、赵公政果然率军前来斫营。傅永早有准备，与伏兵前后夹击，杀得齐军大败。鲁康祚慌乱中不辨来路，带着败兵退到河边，只见对岸火光闪耀，根本顾不上深浅，噼里啪啦下饺子一般下了水，结果倒有一多半进了深水区，大部分都做了淹死鬼。这一战鲁康祚溺死，赵公政被生擒，齐军阵亡数千人。

此时裴叔业已从徐州调任豫州，也带领兵将侵至楚王戍（今河南新蔡北），王肃还是派傅永前去迎敌。从豫州镇治广陵城（今河南息县）至楚王戍大约一百五十里地，这次傅永干脆一个兵将没要，就带着一个心腹手下疾驰而至。一到楚王戍，立刻下令守军填平护城壕。守军莫名其妙，不知这位傅大人葫芦里卖的什么药，又不敢违抗将令，只得依令而行。当夜傅永又在城外隐蔽处设下伏兵千人。次日清晨，裴叔业率军杀至，见城壕被填，一时不测城中虚实。其正于城东安营，打算筑长围稳扎稳打之际，傅永设下的伏兵突然杀出，击破了裴叔业的后军。裴叔业急忙留将佐把守大营，自率精兵数千赴救。傅永自城楼上望见裴叔业去远，急令开门出击。因为护城壕已被填平，守军得以迅速展开阵形，攻入齐军大营。一时间裴叔业进退失据，两头都救不过来，只好收拾残军向寿阳败走。左右欲乘胜追击，傅永却道："我军弱卒不满三千，而敌军精甲犹盛。此战他们并非因力屈而败，只是中了我的计策而已，追之则易泄露我军虚实。如今的战果已经足够，又何必深入穷追？"

两个月之中，傅永以少敌多，先后取得两次胜利，孝文帝得知后大喜，立刻升傅永为安远将军、汝南太守、贝丘县开国男，食邑二百户。又听说献捷的露布（写于布帛，挂在竿上的告捷文书）都是傅永亲自所写，孝文帝更是感叹道："上马能击贼，下马作露布，唯有傅修期耳！"

19 舆疾北返

到了太和二十二年（公元498年）的春天，北魏不但夺得了沔北五郡，其豫州刺史王肃还乘势对义阳发动了进攻。南齐这边，裴叔业为了救义阳，仍旧使出了围魏救赵的招数，反而将兵五万去攻围北魏的涡阳（今安徽蒙城）。孝文帝和王肃虽派了傅永、刘藻、高聪三将前去救援，但这次傅永没能延续以少胜多的奇迹，反被裴叔业杀得大败（战败的主要责任在于高聪）。王肃深以为耻，再次上表请求增兵救涡阳。

孝文帝的答复是："朕今少分兵则不足制敌，多分兵则禁旅有阙，卿审图之！"你自己瞧着办，义阳能拿就拿，拿不下来就算了；涡阳要是丢了，那可是你的责任！

王肃两相权衡，决定立刻撤义阳之围，亲统杨大眼、奚康生等步骑十余万来救涡阳。裴叔业见魏军兵盛，而且自己围魏救赵的目的已经达到，就连夜引军退还，涡阳便也转危为安。

随后，因为南齐和北魏内部都发生了变故，双方之间的战事遂暂告停歇。

南齐这边，先是爆发了王敬则会稽起兵的叛乱，既而明帝萧鸾病死，其子萧宝卷继位成为新君。

而北魏这边，留守洛阳的两位重臣李冲和李彪发生了冲突，结果李彪免官除名，李冲怒气伤肝，竟然发病而卒。孝文帝得知后大为悲痛，亲于悬瓠为其举哀。尽管如此，孝文帝此时并没有中止南征的计划。四月十九日他还下诏，征发各地州郡兵二十万人，限于八月中旬齐集悬瓠，准备发动更大规模的攻势。然而天不遂人愿，没过多久，孝文帝自己也病疴缠身，他不得不将太子元恪从洛阳召至悬瓠以备万一。到了八月，代北的高车人因为不愿受征发南伐，相率发动了叛乱，征北将军宇文福进讨，居然大败而还，北方边境的局势也令孝文帝颇为担忧。偏巧也在此时，他的妹妹彭城公主竟不召而至，乘着小车、冒着霖雨来到了悬瓠行宫。

去年南征之前，为了稳定后宫，孝文帝已将大冯正式册封为了皇后。原本就恃宠而骄的大冯此后更加得意忘形，不但趁孝文帝不在洛阳的一年多时间里和中官高菩萨私通淫乱（中官应是阉人，高菩萨要么是个假太监，要么别有秘术），还以皇后的身份干涉起了彭城公主的婚事。

彭城公主本是宋王刘昶的儿媳妇，奈何老公短命，年纪轻轻就当了寡妇。大冯皇后为了巩固自家势力，就想把她许配给自己的同母弟冯夙。身在前敌的孝文帝大概不太清楚此事的细节，便同意了这桩婚事。哪知彭城公主并不愿嫁给冯夙，而大冯却硬逼着她成婚。结果婚后没几天，公主就带着侍婢家奴集体逃亡，千里迢迢跑来向哥哥哭诉。为了报复泄愤，她将大冯与高菩萨私通、淫乱后宫之事全抖搂了出来。卧疾的孝文帝听了，当然又惊又怒。但他知道不能尽信公主的一面之词，况且此时征战在外，也不是处理此类事件的适当时机，于是秘而不宣，除了在身边侍疾的彭城王勰，并无旁人得知。

基于以上种种原因，孝文帝的南征计划至此已很难继续。恰好此时齐明帝萧鸾去世，北魏遂再次以“礼不伐丧”为由于九月二十一日下诏班师。

诏书下了几天，皇帝的车驾却迟迟不曾启程。后来人们才知道，原来当时孝文帝的病势已相当沉重。而除了彭城王元勰等寥寥数人，没有人真正清楚皇帝的状况。

元勰是孝文帝的六弟。在几个弟弟当中，属他和孝文帝的脾气秉性最为相似，两人也同样精通儒学、擅长文墨，所以平素孝文帝和元勰最为亲爱，不但使其常侍左右、参决军国大政，而且每逢出征南巡，亦多由元勰统领宗子军负责孝文帝的日常宿卫。

自去岁南征以来，元勰一直以中军大将军之职陪驾在侧。孝文帝染病后，他内侍医药，外总军国之务，一边竭力使孝文帝安心养病，一边派人征召御医徐謇火速前来。

当时北方之名医，最出类拔萃者有李修、徐謇、王显三人。李修最受冯太后器重，此时已经过世；王显后来最受宣武帝元恪信任；而徐謇则于孝文帝时最为受宠。平常孝文帝和大冯身体微恙，都是由他来诊治。本来这次南征，身为侍御师的徐謇也是陪驾之一，可偏巧此时他请假回了洛阳。

听说皇帝病重、驰传急召，徐謇不敢怠慢，一日一夜行数百里，由水路直下赶到了悬瓠。彭城王元勰一见徐謇，连忙把他拉到僻静之处，刚交待了几句话，眼泪就落了下来："皇上气力微弱，恐怕危在旦夕！你是当世神医，一定要尽心竭力。若圣体康复，自可获超擢之赏；不然，便有不测之诛。这不但事关富贵荣辱，更牵涉到你的生死存亡，你可千万马虎不得！"

不消彭城王提醒，徐謇也知此事非同小可。无奈此时孝文帝气血两亏，神力虚弱，瘦成了一把骨头，并不宜施用猛烈之药，徐謇只好先开了些食疗的方子，稍稍加以调理。而彭城王勰则在汝水之滨秘密设坛，向天地、祖先祷祝，请求用自己的生命换取孝文帝的康复。或许是元勰的祈祷真的感动了神灵，更可能是徐謇的诊治有了效果，次日孝文帝的病情便有好转的迹象，数日后已可在扶持下稍稍下床行走。于是彭城王勰等都松了一口气，纷纷拍手称庆。

在孝文帝的坚持下，车驾于九月二十八日从悬瓠启程北返，当晚便止宿于汝水之滨。自觉身体大安的孝文帝心情颇佳，下令宴请百官，还特意安排徐謇坐了上席，当着众人的面宣旨赏赐，封他为鸿胪卿、金乡县伯，食邑五百户，赐钱一万贯。

此后一路北还，彭城王勰仍在辇舆中日夜服侍，凡有医药饮食，他必先亲自尝试，然后才亲手拿给孝文帝服用。加之有徐謇的悉心诊治，虽然病情偶尔仍会复发，却不再有大碍，所以包括孝文帝自己在内，都认为已经平安度过了这次险厄。

只有徐謇深知，皇帝的病归根结底乃日夜辛劳、思虑过多、心神耗损所致，这次大病已经伤及本元，虽然眼下借助药石可以暂时控制病情，但日后如果不能克制思虑、颐神养性，到明年仲春乍暖还寒时节，恐怕仍旧大有风险。

20 幽居的皇后

自从得知彭城公主私自南下后，洛阳宫里的大冯皇后便觉得事情不妙。好在不久便得到消息，孝文帝似乎在南方身染重病，并不会很快回到洛阳。

那之后，大冯索性以今朝有酒今朝醉的心态，一边和母亲常氏托女巫日夜祷祝，诅咒孝文帝就此一病不起，一边不避丑秽和情人公行淫乱，还说自己一旦能够像冯太后那样辅少主临朝称制，自然会赏赐他们高官厚禄。听闻孝文帝的銮驾从悬瓠返程，大冯忧形于色，以向神灵祈福为由，亲自在宫中向妖祠献祭。总之那个年代能想得到的左道巫蛊之术，大冯八成都试了个遍。

大概是因为巫师的法力不够，又或者是因为冯后的念力不强，总之孝文帝并没有在路上被诅咒死，而是北渡黄河先到了邺城。在那里，孝文帝亲自部署了对高车叛众的剿抚事宜，至年底叛乱基本平定，才班师回朝。途中路过李冲之墓，不免又是一番唏嘘感叹。

太和二十三年（公元499年）正月，孝文帝回到了洛阳。其实这几个月大冯的所作所为，他通过太监刘腾等宫中耳目已了然于胸。回来后他立刻派人抓捕了高菩萨和冯后的心腹太监双蒙等六人，一番审讯下来，便掌握了全部情况。

这天夜里，孝文帝在含温室召见冯后。

尽管大冯早有心理准备，但当她来至堂下，望见高菩萨等人在武士的看守下列跪于门外之时，一股绝望的寒冷还是从颈后直贯足底。大冯强自镇定，正要举步入室，却被两个太监拦住，说皇上有旨，要对娘娘搜身，若携有寸刃，立刻拖出斩首。大冯闻言，虽心中恚怒，却立刻跪倒叩头，眼泪汪汪地做出一副羞惭交加的模样，辩说自己绝不敢有大逆不道之心。最后孝文帝总算让大冯进了室内，但却只准她坐在离自己两丈开外的东侧。对眼前这个熟悉而又陌生的美丽女人，孝文帝并没有太多话要说。他只是叫高菩萨等进来，当着冯后的面依次供述他们的罪状，最后才指斥她道："你多行左道巫蛊之术，还不从实招来！"

事实人证俱在，大冯心知无论如何也狡辩不了了。然而这种事情不但污秽不堪，而且涉及宫闱禁忌，叫大冯就这样当众坦白，一时也并不容易。于是孝文帝命太监侍者纷纷退下，只留下长秋卿白整一人拄刀卫护在侧，可大冯欲言又止，还是不肯痛快招认。孝文帝只好叫白整拿棉絮塞住耳洞，自己又小声叫了他几遍，直到确认白整确实什么都听不到后，大冯才终于开了口。至于她供述了哪些不堪入耳的细节，招认了哪些耸人听闻的罪状，因为除孝文帝外无人得知，史籍也就完全没有记载。

不知过了多久，孝文帝终于结束了审问。他命人召来彭城王勰、北海王详两位皇弟，叫他们给自己做个见证。本来以冯后和他们二人的叔嫂关系，这种场合他们是应该避嫌不见的。但孝文帝却道："以前她是你们的嫂子，如今却是外人，你们不用避嫌。"元勰、元详只好入室坐了。

孝文帝又道："你们恐怕还不知道吧，这婆娘想拿刀子捅我呢！如若不信，你们问她便知！"

元勰和元详这才明白发生了什么事。

其实鲜卑人作为源出塞北的游牧民族，对男女之事本来要比中原汉人更加开放，如果单纯是淫乱私通也就罢了，大不了废后便是，可偏偏这里面还牵涉到了巫蛊诅咒之事。按前代的成例，这可是大逆不道、足以株连九族的罪名！如果孝文帝想像当年汉武帝那样穷治这个案件，那恐怕不止冯氏、常氏，连他们的姻亲和朋党都要跟着遭殃！搞不好会成为一个动摇朝野的大案子！

好在孝文帝并不想这么做，他甚至都不打算废后。

他对彭城、北海二王说道："冯家女不宜再相废逐，今后就让她在宫中空坐好了！倘若她有廉耻之心，自能自裁以谢罪。你们不要认为这是我旧情难舍，于心不忍。"三年前，孝文帝已经废了冯家的一个女儿，此时如果再废大冯，一来觉得有些愧对去世的冯太后，二来也不利于朝局的稳定。于是他决定将大冯幽入后宫软禁起来，从此再不与她相见。最后，孝文帝命大冯向自己辞以死别之礼，因为这将是他们最后一次见面。

平心而论，对于犯下死罪的大冯而言，这已经是个很不错的结果。因为她至少保留了皇后的身份，宫女嫔妃也照样视她为六宫之主，太子元恪虽然受孝文帝的命令不再来朝，但名义上她仍是他的母亲。也就是说，将来元恪登基，她仍然保留着成为下一个"冯太后"的希望。

就在孝文帝受宫廷秽事所扰之时，南方边境战事又起。

这一次是南齐不甘心丧失沔北五郡，特派陈显达督平北将军崔慧景等四万之众，前来收复失地。

陈显达是当初跟随萧道成创业的宿将，二十年来功勋卓著，此时官拜太尉之职。孝文帝初时派前将军元英拒战，结果元英连战连败，反被陈显达攻取了马圈城（今河南镇平南）。到了这年二月底，丹水上的要地南乡也落入陈显达之手，沔北五郡大有被南齐重新夺回的可能。

这种情况，孝文帝绝不允许发生。

他决定再次南征，亲自去会会陈显达。

然而这时，自去秋以来一直迁延未能痊愈的病情又有加重的迹象。为此，徐謇苦劝孝文帝摄心静养，万万不可劳动心神，最好是将所有政事都交给臣下处理，如此情形，何况是远涉山川、舆疾南征？可是孝文帝不但不听，反而诮责嘲讽徐謇医术不精，未能药到病除，配不上他受的赏赐。

其实，孝文帝大概已经明白，医术再高超，治得了病却治不了命。

身为大魏皇帝，一举一动事关天下苍生，他怎么可能像徐謇说的那样全然不理政事，只管悠游养性？如今四海未一，大业未成，他又怎会甘心捐弃万机，做个无为而治的垂衣拱手之君？

对于自己的命运，孝文帝似乎已经有了预感。

临行前，他在清徽堂召见了任城王澄，亲口说道："陈显达侵我边界，沔北不安，朕若不亲行，无以制此贼。然朕疾患淹年，气力衰微，如有非常，需委你以大事。此役你必须从朕出征。"

元澄伤感不已，不由得顿首于地，哭出声来。

三月初四，孝文帝统军十余万，离开了洛阳。

这是他迁都以来的第三次南征，也将是他最后的征途。

21 最后的征途

陈显达的攻势，是自襄阳溯丹水而上，攻围丹、均二水流域的北魏郡县，从而在侧翼对南阳、新野诸郡施加压力。这个战略的好处，在于能够发挥南人的水军优势。而且丹、均二水皆为南流，水势迅急，一旦战况不利需撤退时，可以顺流直下一日千里。但这个战略的冒险之处在于，如果敌人熟悉这一带的山川形势，抢先派兵阻住下游的险隘河道，那上游的陈显达就成了瓮中之鳖。

三月初八，孝文帝还在南下途中，均水东岸的顺阳（今河南淅川马镫）便已告急，于是他先派振威将军慕容平城率五千骑兵前去救援。

由于车马劳顿，到了离开洛阳的第六天，孝文帝的病情便有恶化的趋势。为了以防万一，孝文帝决定任命彭城王勰为都督中外诸军事，代替自己总领这次征伐的指挥权。然而元勰深以哥哥的健康为忧，只想一心侍疾，并不愿接受这一任命。孝文帝不得不劝道："侍疾也好，军务也好，都得你来担负。我病如此，只怕终将不济。能安六军、保社稷者，除了你又能有谁！其他人我又怎么能放心？诸葛孔明、霍光皆以异姓受托，何况你我兄弟？"元勰只好答应。

二十一日，魏军主力抵达马圈城外。这时孝文帝的病势更加沉重，但他仍然神智清明，做出了派镇南大将军、广阳王元嘉率部分军队轻装疾进，断均口（今湖北丹江口）以邀陈显达归路的决定。

陈显达没想到魏主竟会亲率大军前来。眼见敌军弥山遍野，足有十余万之多，倘若不迅速撤出，势必会困死城中，于是趁魏军未及合围，陈显达慌忙撤出马圈城，率部渡过均水，上了西岸的鹰子山。

次日，魏军发动进攻。任城王澄的弟弟、武卫将军元嵩“身备三仗”（拿了三件兵器）、“免胄直前”（头盔也不带就冲锋陷阵），勇冠三军。众将士紧随在后，一鼓作气攻上了鹰子山。是役，齐军大败。当夜，军主崔恭祖、胡松用一张黑布帐幕裹了腿脚不便的陈显达，叫士兵抬着他穿山路南逃。崔慧景、曹虎也各自奔溃。魏军直追至汉水而还，总共斩首、俘获齐兵三万余人，收缴军资无数。

实际上，要不是奉命断均口的广阳王元嘉违背了孝文帝的指授，未能如期截断齐军的后路，陈显达此战很可能全军覆没，甚至自己也沦为俘虏。事后孝文帝因此对元嘉十分不满，怒斥他令祖先蒙羞。

无论如何，此战过后，陈显达威名大损，顺阳守军望风遁走，南齐也完全丧失了夺回沔北五郡的希望。

然而，当凯旋的魏军行至谷塘原之时，孝文帝的生命却走到了尽头。

时也！运也！吾命如此，尚有何恨？

只是在撒手人寰之前，还有两件事放心不下。

第一件是关于幽居的皇后大冯。孝文帝深知此女不除，必成后患，于是对彭城王元勰交待道：“后宫失德已久，自绝于天。若不早做打算，日后恐成汉末故事。我死之后，可以遗诏赐其于别宫自尽。事毕葬以后礼，庶几可掩冯门之大过。”

所谓汉末故事，是指东汉末年梁、窦、何诸太后以女主临朝，导致朝政昏乱、国势日下的史事。这里孝文帝避开本朝先例不谈，自然也是顾及冯太后的缘故。

第二件是要安排顾命大臣。按孝文帝之前的想法，唯有六弟彭城王勰堪当首辅之任。可是当他再次重申这一期望之时，元勰却表现出了明显的顾虑。他说，自己以骨肉至亲，近年来久参机要，论权位荣宠，天下没人比得了，于公于私，都不敢不尽忠竭力。然而自己之所以敢接受那些无上的荣宠，正有赖于陛下您的贤明和信任。倘若如今再接受宰辅之位，势必会有震主之嫌，难免受忌于新君。以周公之贤、成王之明，犹不免于君臣猜嫌，自己实在是有些担心……

孝文帝明白，元勰的担心并非庸人自扰。论行辈，元勰只排行第六，咸阳王禧等四王早就对他独当荣宠嫉妒在心；论关系，太子元恪跟这位六叔也素来并不亲近。再加上五王[①]之中唯有元勰此时随扈在外，而太子和咸阳王等皆留守洛京，一旦以元勰独任首辅，太子和诸王很可能会猜疑是元勰篡改了遗诏，从而引发不必要的纷争。

想到这里，孝文帝沉默良久，方道："详思汝言，理实难夺。"

之后，他强支病体，给太子写了一封手诏，说自己百年之后，可"听勰辞蝉舍冕，遂其冲挹之性"。既然元勰不愿辅政，也就不必勉强。

而顾命大臣的名单最后拟定为六人，依官职高下为：

太尉、咸阳王元禧，司空、北海王元详，尚书令王肃，左仆射、广阳王元嘉，右仆射、任城王元澄，吏部尚书宋弁。

六人之中，元禧是孝文帝长弟，元详则是其幼弟，二人位望尊崇，自然享有更高的话语权。王肃是由萧齐北投的高等士族，因熟谙南朝典章制度而被孝文帝信任，在各项礼制改革中发挥了重要作用。以其为尚书令预参顾命，说明孝文帝希望自己的变法改制政策能得到继承和延续。广阳王嘉是孝文帝的从叔祖，辈分最高，任城王澄则最富才干，此时二人皆在军前，入选顾命理所当然。宋弁是李冲去世后最受孝文帝信任的汉人文臣，可惜这时已经病死于洛阳，孝文帝并未及时得到这一消息，所以顾命之臣实际上只有五个。

当时太子元恪已经十七岁了。考虑到太武帝十六岁即位，文成帝、献文帝都是十三岁登基，从传统上来说，元恪已经具备了独立执政的资格。孝文帝之所以还要安排顾命大臣辅政，一来是觉得元恪经验不足，

① 除孝文帝外，献文帝尚有六子封王。此时赵郡王元干已死，尚存咸阳王禧、广陵王羽、高阳王雍、彭城王勰和北海王详。

二来也是为了保证权力交接的稳定性。咸阳王、北海王位号虽尊，但不经手实际政务；任城王才干过人，官职却在王肃之下；王肃虽然名义上是行政首脑，但毕竟是北来南人，在朝中根基不牢。孝文帝如此煞费苦心地安排，就是希望顾命大臣能够互相牵制，以确保年轻的皇帝对朝廷拥有足够的控制力，从而避免如乙浑之乱或南朝萧鸾篡权之类事件再次发生。再加上废太子元恂已死，大冯皇后亦将被遗诏赐死，冯氏外戚的地位一落千丈，短期内，朝野内外应该不会出现足以威胁到皇权的因素。虽然孝文帝统一天下、混融胡汉的志向未及实现，但这只能归咎于天命。至少孝文帝在其真正执掌政权的短短十余年内，已经为继任者打下了一个坚实的基础。试想，如果他的寿命能再延长几十年，历史的走向绝对会是另一番光景！

22 宣武帝登基

太和二十三年四月初一，北魏孝文帝元宏病逝于南征归途，时年三十三岁。

由于去边境不远，彭城王勰和任城王澄担心消息泄露后招来敌军的追击，决定暂时秘不发丧，于是一边迅速派中书舍人张儒奉诏北上，一边将孝文帝的遗体放入安车，视疾进膳与生前不异。几天后车驾到达南阳，才在夜色的掩护下将遗体搬入梓宫，放置于卧舆之中。

张儒到洛阳后，头一件事是通知太子，第二件事就是将凶问告知主持京城防务的领军将军于烈。在于烈的部署下，两宫去止行留井然有序，并未因皇帝的去世产生任何骚动。太子元恪遂率领东宫官属和咸阳王禧等亲贵即日南下，终于在鲁阳城（今河南鲁山）迎到了返程的队伍，这才发丧成服，公开了孝文帝崩逝的消息。

四月十二日，太子元恪于鲁阳即位，成为北魏的第七任皇帝，后世称之为宣武帝。

此时由于南征军队的指挥权还掌握在彭城王勰的手里，出于政治本能，随宣武帝而来的东宫官属多对元勰暗怀防范之心。咸阳王禧更是停宿在鲁阳城外，大有狐疑观望的态度。直到彭城王勰手捧孝文帝的遗诏面见新君，跪陈自己无意恋栈权位的本心并且交出了军队的指挥权，宣武帝才算对这位六叔暂时打消了疑忌。咸阳王禧也就姗姗入城，对元勰道："汝此行不但辛劳，亦可说危险之至。"

元勰早就满腹委屈，一听这话更是气不打一处来，但他还是强压怒火，语带尖酸地回答道："兄长年高识广，故能辨知平安危险，彦和骑虎握蛇，反不觉有什么艰难！"彦和是元勰的字。他这是故意说反话，意思是你们都是聪明人，就我笨！我骑着老虎握着毒蛇都感觉不到危险，那你说我是有多笨啊！其实他真正想说的是，我的危险处境还不是你们这些人造成的？净说什么风凉话！

元禧自然听出了他话中的不满，说我知道你是怨恨我不早早入城。

不管怎样，宣武帝总算顺顺利利地即了位，大行皇帝的灵柩也在平安返回洛京的途中，彭城王勰总算差强人意地完成了哥哥的临终托付。至于赐死大冯一事，自有北海王元详和长秋卿白整前去执行。

当元详故作姿态地宣读罢诏旨，白整手捧毒药、面无表情地走上前来的时候，向来注重仪容的大冯顿时如疯了一般又跑又叫，高呼皇上不可能这么狠心，一定是诸王想要杀我！见此情形，不消北海王详吩咐，白整立刻率一帮小太监一拥而上，拉头发的拉头发，按肩膀的按肩膀，硬生生把毒药灌了下去。当咸阳王禧等迎丧还至洛阳城南之时，听说冯后已死，不禁相视点头，说道："即使先帝没有安排，我兄弟也当设策将她除掉！岂能留着这个失德妇人宰制天下，杀我辈也！"事后按照孝文帝的遗诏，大冯仍以皇后之礼安葬，其灵柩埋入长陵，仍和孝文帝在阴间做夫妻去了。

按照遗诏，十七岁的元恪虽然已经成了皇帝，但居丧谅闇，政事都由五位辅臣处理。起初宣武帝还想留彭城王勰在朝参政，可元勰坚持要求遵守孝文帝的遗旨，成全自己谦退高蹈的本心，于是宣武帝只好命其为骠骑大将军、定州刺史，待山陵事毕便赴河北上任。

不知道元勰是真的对权力没有兴趣，还是敏感地意识到了洛阳近期将会成为是非之地而有意远避。总之，回到洛阳没多久，孝文帝安排的五位顾命大臣就彼此起了纷争。

起初，是任城王澄自以为乃宗室领袖，对六年前才从南朝投奔北魏的王肃的官位在自己之上很是不满。恰好此时有个投降过来的齐人告发王肃预谋逃回江南，元澄就以此为由，先是禁止王肃入朝理政，既而向宣武帝上表，奏请有司就此事加以调查。结果司法部门审到最后，发现查无实据，认定属于诬告。这一来，早就对任城王澄忌惮在心的咸阳王禧和北海王详有了攻击他的口实，两人联手上奏，指斥任城王“擅禁宰辅”。而宣武帝对任城王也并不像父亲对他那么器重，一奏即准，先是免了元澄的官，不久又将其外放到雍州做刺史。

任城王被排挤出朝后，对咸阳、北海二王而言，王肃就失去了利用价值。到了次年正月，南齐豫州刺史裴叔业以寿阳来降，二王便借机以王肃为车骑将军、都督江西诸军事，会同彭城王勰一起率军前去接应。之后王肃就一直在淮南经略，直到一年半后卒于寿阳。而五辅之一的广阳王元嘉本来就不是什么厉害角色，这时也由尚书左仆射改任司州牧。如此一来，原本孝文帝安排的顾命五大臣便只剩下咸阳、北海二王在朝秉政。

咸阳王禧这个人，生性贪淫骄奢，能力不高却又喜欢揽权。孝文帝在世时，虽然尊其位号，但并未给他实权。眼下他既以首辅之尊而独霸朝纲，立刻假公济私、大贪特贪起来。所有朝廷要事一概交给下属随便处理，而他只管一件事：谁给的钱多，他就给谁官做。史载元禧家中拥有美貌姬妾数十，个个衣饰华贵，坐享宝马香车，而他并不满足，仍四处派人到远方搜求美色；元禧家的田产别墅遍布京畿远近，除了数千奴仆僮客之外，连他官署中的将吏也不得不替他经营产业。

如果咸阳王禧光是骄奢贪冒倒也罢了，问题是他一得志便猖狂，很快就膨胀到搞不清楚自己几斤几两了。有一次，他竟然派家奴去跟领军将军于烈说，自己需要羽林虎贲做仪仗，请派一些过来。于烈毫不客气地表示拒绝，说：“我身为领军，只负责宫禁宿卫，别的事我管不了。如果有诏旨要给你羽林虎贲，那我绝不敢违背；但要是私下里想叫我送人情，那是绝不可能！”碰了这个钉子，元禧老大不高兴，又派人对于烈说：“我是天子儿，又是天子叔！当朝首辅的命令，和诏书又有什么不同？”这下于烈也火了，厉色回答道："我从来没说过您不是天子儿、天子叔！倘若真是诏书，就应该遣传诏官前来，哪有派家奴来索要官家羽林的道理？哪怕您拿得走我于烈的脑袋，也拿不走半个羽林军！"

因为这一档子事，从此咸阳王禧就跟于烈结了仇。身为首辅，要于烈的脑袋虽然不太容易，想个法子把他调走却并不难。没过多久，于烈就被朝廷改派为了征北将军、恒州刺史。然而于烈是个牛脾气，也知道咸阳王想把自己调走是没安好心，遂三番两次上表说自己不愿外任，但朝廷尽在元禧的控制之下，虽然优诏慰答，可就是不许。最后于烈干脆装病在家撂了挑子，事情暂时成了僵局。

其实，咸阳王禧的张狂跋扈以及他和领军于烈的冲突，宣武帝元恪都冷冷地看在眼中。平心而论，虽然在宏图大略方面元恪远远比不上乃父，但在政治手腕的运用上，他却比自己年轻而文质彬彬的外表更加老道和纯熟。从戴上皇冠的那一天起，他内心里就对孝文帝安排下顾命大臣一事不以为然，早就盼望着能够摆开束缚，按照自己的意愿来放手执政。所以对几个顾命大臣之间的矛盾和冲突，他一直以来都抱持着纵容和观望的态度。

毕竟，大臣们彼此之间斗得越厉害，皇帝就越安全。

因此，对于彭城王勰以遗诏为辞屡次求退的请求，宣武帝给予了准许；对于咸阳、北海二王排挤任城王澄和王肃的行为，宣武帝选择了袖手旁观；而当咸阳王权势过大，渐露挟主之威的时候，宣武帝又将彭城王勰从前线调回，升为司徒、录尚书事，对其加以制衡。

而现在，宣武帝觉得，已经到了踢开辅臣、独自当政的时候了。

23 金床玉几不能眠

实际上，除了宣武帝元恪和领军于烈之外，还有一个人也对咸阳王禧深怀不满。

此人正是北海王元详。

利益一致时，他可以跟元禧联合起来一起搞掉元澄和王肃。而当顾命五臣只剩下他和元禧时，他就开始将矛头秘密对准这位二哥。

他不止一次地偷偷在宣武帝面前揭发元禧的阴私，捎带着也攻击彭城王勰，说他“大得人情，不宜久在宰辅”。而称疾在家的于烈也通过儿子、左中郎将于忠常在帝前的渠道，进言说：“诸王等意不可测，宜废之，早自览政。”宣武帝深以为然。再加上于烈、于忠父子久典禁卫，有他们的支持，宣武帝自觉底气十足，便下定了罢黜辅政诸王的决心。

景明二年（公元501年）春正月，又到了祭祀太庙的时节。

按照传统，祭礼前夜，诸王公亲贵都需齐集太庙东坊进行斋戒。宣武帝认为，这正是执行自己计划的好时机。当晚，他秘密叫于忠通知于烈：“明旦入见，当有处分。”

次日天刚蒙蒙亮，于烈父子便如约前来觐见。宣武帝命他们率领六十余位宿卫壮士，至东坊宣旨，召咸阳、彭城、北海三王前来。三王不明就里，也不敢加以反抗，乖乖地跟着于烈来到光极殿，见到了面沉似水的宣武帝。

宣武帝说：“自己鄙陋不才，忝承皇位，特别是因为原来身体不好，全靠各位叔父帮忙，这才勉强支持至今，眼看就三年了！既然近来各位叔父殷切要求逊位归政，自己也不好勉强，那么从今天起朕就亲摄百揆吧！各位叔父请暂时还府休息，接下来如何安排，稍后自有处分。”

一听这番话，别人倒还罢了，咸阳王禧算是彻底傻了眼。什么原来身体不好，什么殷切要求逊位归政，这都是哪些没影儿的事啊？！再说从先帝驾崩到今天，满打满算才二十一个月，怎么就三年了？你小子这是翅膀硬了想单飞啊！但是这些话也只能在心里想想，在于烈等禁军将士的威慑下，他哪里敢说出半个不字？至于彭城王勰，放权求退本来就是他的本心，自然并无异议。而北海王详多半已经私底下得到了宣武帝的保证，叫他一起来听训是因为他名列顾命。

当日，宣武帝颁下诏书，宣布遵遗诏听司徒、彭城王勰以王归第，而将咸阳王禧由太尉进位太保，表面上更加尊崇，实际上却剥夺了他的权力。虽然为了酬劳北海王详，宣武帝仍给了他录尚书事的头衔，但他一来失去了辅政名分，二来也并不兼任掌握实权的官职，所以基本上没有多少参政的实际权力。几天后，宣武帝又在太极前殿引见百官，将亲览政务之意告知了中外群臣。就这样，宣武帝以一场兵不血刃的政变，举重若轻地将朝廷大权收回到了自己的手中。

不过，此事并没有就这样平平淡淡地结束。

罢官回家没几个月，咸阳王禧越想越窝囊。而且时常令他感到不安的是，皇帝亲政以来一味重用左右近习，对诸王公日益疏远。尤其听斋帅刘小苟说，最近一直有人在皇帝的面前告自己的黑状，甚至怂恿他杀自己。元禧越想越怕，终于拉拢了一群党羽决定谋反。

物以类聚，人以群分。元禧无德无才，纠集而来的除了亲戚子侄，就只有杨集始、杨灵祐、乞伏马居这样的边缘人物。杨集始和杨灵祐是仇池氐人的酋帅，于前段时间元禧当政时归降北魏，大概元禧对二人十分礼遇，他们也就糊里糊涂地成了他的亲信。乞伏马居应是乞伏鲜卑的后裔，其人史籍无传。此外，还有一些禁军军官受了重金贿赂，也参与了元禧的图谋。

不过，元禧也并非一点优势没有，起码宣武帝就完全没有想到这位二叔在罢官之后竟然还会有足够的资源和胆子发动谋反。

五月的一天，恰逢宣武帝出城到邙山游猎。元禧一党认为这是个极佳的机会，立刻在城西小宅紧急集合。有人建议马上发兵，袭击游猎之中的皇帝，同时由元禧的长子元通入河内郡举兵响应（河内郡守陆琇与元禧通谋）。但是元禧一党殊少武将，眼前能够发动的武力大概除了杨集始降魏时带来的一些子弟部曲，就只有元禧等人的僮客家奴。用这样的力量袭击禁卫保护下的皇帝，成功率显然不会太高。所以元禧犹豫了半天，还是不敢下定决心。

乞伏马居见状，提议说："如果不去袭击北邙，那么不如趁机入城，关闭洛阳四门。皇帝听说此事，多半会北逃旧京。到时我们断守河桥，隔河分治，也不失做个河南天子。"

众人听了，有的赞成，有的反对。而元禧本人既无胆识魄力，又无妙策良谋，见大家脸红脖子粗地争个没完，他只有摇头叹气的份。结果这帮人从早上一直商量到午后，愣是没拿出一个切实可行的方案。最后只好彼此约定绝不泄密，就一哄而散。

然而，杨集始前脚刚迈出元禧家的门，后脚就驰奔邙山告了密。

据说当时宣武帝正在一座佛塔的阴凉处小睡，而身边当值的守卫当中恰巧也有与元禧通谋之人，如果对方想要行刺，简直轻而易举。不过他们一来没有收到元禧的信号，二来顾忌一种迷信的说法——杀天子者会全身长满癞疮，因而不曾动手。当杨集始到来的时候，宣武帝刚刚睡醒。而他从京里带来的禁军将士大部分都四出围猎去了，此时只有于忠统领的部分军队在周围扈从。突然听闻杨集始告变，宣武帝一时竟不知如何是好。还是于忠比较冷静，近前说道："臣父领军留守京城，一定防备严密，必无所虑。"宣武帝就命于忠派骑兵前去打探。结果洛阳城果然在于烈的看守下安堵如故。他还特意捎信给宣武帝说，此辈猖狂，不足为虑，愿陛下清跸徐还，以镇定人心。宣武帝闻报甚悦，即刻起驾，穿过城北的华林园后安然还宫。

搞笑的是，当于烈派了虎贲三百人前来捉拿元禧时，他竟然完全不知道事情已经败露，还带着一众姬妾在别墅和小伙伴开心地玩耍呢！听说有禁兵上门，他才忙不迭地落荒而逃，渡过洛水后被追兵擒获。宣武帝当面痛骂了他一顿，随即下令将其赐死，同谋十余人伏诛，家产则分赐给了宠臣赵修、帝舅高肇和其余内外百官。

据说元禧在死前与家人告别的时候，一边抹眼泪，一边语无伦次地哭诉，当年孝文帝在一次家宴时曾经对他说："后世我之子孙当中，倘若有不堪人君之主，汝等可辅则辅，不可辅则取之，万不可令他姓所有。"似乎想为自己的谋反强行找些合理的理由。末了他还拉着姑姑妹妹的手，想把几个心爱的姬妾托付给她们。气得几位公主边哭边骂："你就是因为贪财贪色干了许多犯法的事，这才畏罪不过，干起了大逆不道的勾当！事到如今你还有脸说这些事！"直说得元禧面色惶愧，哑口无言。

元禧的长子元通虽然同时被杀，但其余的几个儿子后来都逃亡到了南朝。而这起事件结束之后不久，一首忧伤的歌谣就从北魏的后宫里传了出来：

可怜咸阳王，奈何作事误。
金床玉几不能眠，夜踏霜与露。
洛水湛湛弥岸长，行人哪得渡？

不知从何时起，这首歌谣竟流传到了江南。许多像元禧诸子那样从北魏逃亡到南朝的人听了，无论贫穷富贵，不知不觉都落下了眼泪。

也许，这首歌谣正是某个元禧曾经宠幸过的歌姬所作吧。

24 | 混世魔王

当年未弱冠的宣武帝元恪统治北魏帝国之时，南方的齐国也正处在与他同岁的一位少年天子的治下。

齐明帝萧鸾死后，因为其长子萧宝义自幼残疾、口不能言，皇位就顺理成章地落到了第二子、年仅十六岁的萧宝卷头上。

按照史籍记载，如果把南北朝时代的君主按照昏暴程度排个TOP10之类的榜单，那么后来被追封为“东昏侯”的萧宝卷凭借综合实力毋庸置疑可以高居榜首。总结史书的叙述，他的罪名主要有以下几个方面：

第一，不孝。这几乎是每个靠老子死了才上位的昏君的共同特点。据说齐明帝死后停柩在太极殿，萧宝卷因为笃信人死之处有恶灵存在，就想赶快结束丧事，尽早将梓宫入葬。尚书令徐孝嗣固争，才终于逾月而葬。而每当临哭之时，萧宝卷就借口喉咙痛，毫无恸哭之状。这还不算，有一次太中大夫羊阐入临，号哭俯仰之时，头上的巾帻落了下来，露出了谢顶的大秃头。萧宝卷竟忍不住放声大笑，对身旁的太监说：“这莫非是秃鹫在啼哭不成！”

第二，贪玩。在东宫当太子的时候，萧宝卷就有好玩而不好学之名。他曾经大晚上地在宫内捕鼠为戏，一玩就玩个通宵。后来他学会了骑马，玩心就越来越大，天天在后堂跃马驰骋，命左右数百人鸣鼓吹角、鼓噪为乐。再后来皇宫禁苑已经满足不了萧宝卷，他就在建康四周设置了二百九十六处射雉场，场中帷幕步障皆以锦绣制成。每次出宫射雉，萧宝卷在前头与人逐马奔驰，后面则跟着五六十个小黄门和数百个伶俐善跑的奴才，一路喧嚣呼喝，奔走往来。

有趣的是，像刘宋后废帝刘昱擅长爬杆，宋徽宗赵佶精于书画，明熹宗朱由校沉迷木匠活计一样，萧宝卷也开发出了自己身为昏君的专属技能——担幢。担幢是一种杂技，类似老北京天桥的舞中幡，是将几十斤重的大旗杆竖直托起，在肩、手、后背、脑门、下巴甚至牙齿上不断腾挪舞动而不使其倒覆的绝活。这种杂技不但需要绝佳的平衡和技巧，更需要出色的膂力。而萧宝卷本人便甚有筋力，能拉开三石五斗[①]的强弓。他初学担幢之时，每次旗杆歪倒，总是难免手腕受伤，然而他不气不馁，勤学苦练，终于练成了担幢神技。七丈五尺高的白虎幢，他能在齿上担之，即使为此折断了门齿，仍旧乐此不疲。

当然，除了骑马射雉、捕鼠担幢这些体育项目，萧宝卷偶尔也会像汉灵帝、宋少帝一样，在皇宫里玩玩模拟经营和角色扮演的游戏。例如在禁苑里设立一条商业步行街，让太监宫女化装成商贩在街旁开店铺、摆地摊，由萧宝卷最宠爱的潘贵妃出任“工商局长”（市令），他自己则甘愿当“局长”手下的小吏。但凡有买卖上的纠纷，都交给潘贵妃来处理。要是萧宝卷的本职工作没干好，潘贵妃就下令当众打他的屁股（“与杖”）。为保护皇帝尊贵的龙臀，当然并不是真打，而是用特制的软杖温柔地招呼。有时在宫里玩腻了，萧宝卷还亲自划船，沿着新凿的水渠去堤坝上摆个小吃摊。以至于当时建康的百姓间流传着一首歌谣：“阅武堂，种杨柳，皇上卖肉，贵妃酤酒。”

萧宝卷有旺盛的精力来从事各种游乐，却没有足够的兴趣和精力来履行一个君主的职责。由于常常彻夜狂欢，他一般都是五更天才上床，直睡到下午三四点钟才起。每逢初一、十五王侯亲贵前来朝见之时，往往要等到午后才能近前，甚至有时要拖到天黑才算完。尚书省呈送的章奏，常常等几十天才能得到答复，有时干脆就石沉大海，不见了影踪。内宫的太监

① 古时能开三石弓便已是壮士。如刘裕手下猛将蒯恩未出头之时，常感叹：“大丈夫弯弓三石，奈何充马士。”

随便找张废纸包裹鱼肉还家，竟赫然是有关部门报送的公文。

萧宝卷头上的第三项罪名是：奢靡。

永元三年（公元501年）春，建康宫内发生大火，烧毁了三千多间殿宇房舍。借此机会，萧宝卷大兴土木，修建了芳乐、芳德、仙华、大兴、含德、清曜、安寿等殿，又专门为潘贵妃单独修建了神仙、永寿、玉寿三殿，殿周皆以金璧为饰，涂壁皆以麝香为之，锦幔珠帘，穷极绮丽。萧宝卷性情严急，兴造殿宇往往要求速成，建筑工匠昼夜开工仍赶不上进度，只好剥取建康各佛寺殿塔的铃佩、宝珥、藻井、仙人、骑兽来填充装饰。此外，萧宝卷还将阅武堂改建为芳乐苑，苑中穷奇极丽，遍植奇花异草。花树不够，就强自民间掠取，为此毁墙拆屋在所不惜。结果由于时值酷暑，栽种移植的花树朝种夕死，死而复种，纷纭往还，扰乱不已。苑内山石皆涂以彩色，池水当中跨立紫阁诸楼，楼内墙壁上则画满了男女私亵的春宫图。

至于潘贵妃和萧宝卷的日常服御，更是极选珍宝、尽其精美，乃至主衣库里聚藏多年的旧物都不足周用。萧宝卷还别出心裁，用金子凿成莲花的形状铺在地上，叫潘贵妃轻蹑玉足踏着金莲而行，谓之为“步步生莲”。如此奢靡销金，哪怕齐明帝当年省下了再多的金宝，仍旧很快用个精光。一开始萧宝卷还设法敛钱向民间求购宝物珍玩，最后干脆以低价强买强卖，甚至打白条不给钱！一时间搞得怨声载道，商旅断绝。辅国将军张欣泰有感于此，叹道：“以秦之富，起一阿房宫而灭亡。今我国财力不及秦之一郡，而用度相当于数十座阿房，如此下去，恐怕亡国不远啦！”

由于萧宝卷无休无止的游乐和毫无节制的奢靡，当时建康周边的百姓大受荼毒，简直就是生活在水深火热之中。这也便是他的第四项罪名：蠹民。

从永元元年（公元499年）年末开始，由于辅臣相继被诛，朝中再无能对皇帝稍加制约的力量，萧宝卷愈发放纵，开始频繁地出宫游乐，有时一月之内，出行就有二十余次。每次出游之时，他不想被人看见自己，所以下令有司，事先要将途经之处的百姓全部驱逐，只留下空屋，街巷两旁还要高悬布幔为障幕，幕后列禁兵防守，谓之“屏除”。如果单纯只是屏除净街倒也罢了，关键是萧宝卷出游，大多是兴之所至，事先往往没有一个确定的目的地。有时官府明明驱逐了东边的百姓，萧宝卷却偏偏往西；明明警戒了往南的道路，萧宝卷却偏偏往北。有时他一大早要出游，官府只好在头天夜里便将百姓驱逐，一时间吏司奔驱，叫呼盈路。鼓声一起，近前的百姓便应立刻奔走，有的连衣服都来不及穿，光着脚就上了路。有时则是夜半归来，一路火光照天，幡戟横路，凡犯禁未能及时回避者，一律格杀勿论。以至于远近数十里内，工商萧条，樵采路断，百姓无复生业，终日彷徨于道旁。

有一次，一个病人来不及撤走，被人弃于路边，负责净街的衙役害怕获罪，便将此人推入水中，以泥覆面，将其活埋致死。又有一次，一个孕妇临产无法离去，萧宝卷闻声而来，问清状况后竟下令剖开其肚腹，要看是男是女！还有一次是到蒋山定林寺，一个老和尚因病行动不便，藏身草间为军士所得，即刻百箭俱发，将其活活射死。如此种种，简直罄竹难书！

25 一个昏君的诞生

除以上不孝、好玩、奢靡、蠹民四大罪名之外，史籍罗列的萧宝卷罪行还包括赋役严急、横征暴敛，不接朝士、亲近小人，以及迷信巫觋鬼神、纵容潘贵妃一家鱼肉百姓等。再加上下文将要叙述的滥诛群臣，从而导致藩镇离心和四方叛乱，如果这些罪名大部属实，那么可以毫无争议地断定，萧宝卷尽管不是南齐最后一个皇帝，然而却是直接导致南齐覆亡的罪魁元凶，是一个彻彻底底的混世魔王！

不过，也有一些历史学家指出，历史总是由胜利者来书写，而胜利者总是需要通过强调失败者的昏暴邪恶来建立自己取而代之的合法性，记载萧宝卷生平的《南齐书》恰恰就是取代了南齐的梁朝的官员萧子显所写，因此大有刻意抹黑和诬蔑萧宝卷的嫌疑。

这当然亦言之成理。

实际上，由于史料有限，想要搞清楚一千五百年前的真相几乎永无可能。在此，我也无意替萧宝卷辩诬，只是想通过一点支离破碎的史料，试图来解释这一切何以发生。

萧宝卷出生于永明元年，与北魏宣武帝元恪同龄。他的生母是萧鸾的元配刘氏，是萧鸾任西昌侯时萧道成指定的门户婚姻。萧宝卷幼时，萧鸾虽未执掌朝权，却已侧身显贵，而且其并非皇室宗王，没有典签来拘束限制，应该可以说，萧宝卷成长的环境算得上十分优渥。

不过到了七岁时，萧宝卷的生母刘氏去世。而且这一时期萧鸾汲汲于官场争斗，似乎对萧宝卷的教育不大上心。到了建武元年（公元494

年），萧鸾以凌厉的手段接连废除萧昭业和萧昭文，自己登上了皇位。而由于其长子宝义幼染废疾，口不能言，十二岁的次子宝卷便被立为太子。如前所论，此时萧宝卷已有贪玩而不好学之名。萧鸾知道后，却不认为有什么不对，不但不加管束，反而爷俩儿串通好了糊弄朝臣：他叫萧宝卷上表申请一天两次入朝，自己再故意不许，只准三日一朝。朝议本来还安排了儒生给太子讲礼，但萧鸾采纳了始安王萧遥光的建议，认为咬文嚼字乃士大夫求仕进所用，皇太子学这根本没用，就停了萧宝卷的课。

所以这段时间，萧宝卷在东宫基本上是一种放养状态，爱怎么玩就怎么玩。一年后，萧鸾为他纳了太常褚澄的女儿为妃。然而十三岁的萧宝卷对这位褚氏并无好感，却对自己的姐姐山阴公主（齐明帝长女，与刘宋山阴公主同封号，并非一人）情有独钟。他曾经对左右说："纳妃若得如山阴主，无恨矣！"后来萧宝卷当了皇上，虽然对潘妃最为宠幸，却同时私通于山阴公主，总算了却了这个少年时的心愿。

到这时为止，萧宝卷不过是由管教无方的家长亲手培养出来的新一代熊孩子，既没经过社会历练，也不懂得尊重他人，一切都以自我为中心。更为遗憾的是，在接下来的几年里，也就是萧宝卷心智日益成熟，从少年逐渐过渡到成年的这一段关键时期里，他耳闻目睹的尽是齐明帝萧鸾为了巩固皇位而大肆屠戮功臣、宗室，尤其是高帝、武帝子孙的种种情事。乃至齐明帝在临终前，留给萧宝卷的经验之谈，居然就是叫他以萧昭业为戒，"作事不可在人后"。显然，萧鸾认为，当皇帝最重要的工作就是杀掉一切可能威胁到自己的人。而为了做到这一点，一定要先下手为强！

事后看来，性格内向、寡言少语的萧宝卷确实将父亲的这句教诲牢牢地记在了心里，并且在之后的三年里一直照此遵行。

萧宝卷刚刚即位之时，按照齐明帝萧鸾的遗诏，朝中大小事务皆委徐孝嗣（尚书令、中书监）、萧遥光（大将军、中书令）、萧坦之（领军将军）、江祏（右仆射）处理，遇大事并与沈文季（左仆射、护军将军）、江祀（侍中）、刘暄（卫尉）参怀，若有军旅大事，则委陈显达（太尉）。

以上八人之中，陈显达、沈文季是高帝、武帝朝的旧将，齐明帝本来对他们就不够信任，留着二人纯粹是因为强敌在北，一旦边疆有事时用得着他们，这时二人仍然被排除在权力核心之外。平素朝政，皆由萧遥光、徐孝嗣等六人在内省轮值，处理诏敕，时人称之为“六贵”。

六贵之中，萧遥光是萧鸾的侄子、萧宝卷的堂兄，江祏、江祀、刘暄都是外戚，萧坦之、徐孝嗣则是拥护萧鸾篡位的元勋。可以说，这六人的富贵都是靠萧鸾得来。因而萧鸾想当然地认为，他们一定可以辅保少主、为己尽忠，所以他才在临终前交待萧宝卷说：“五年中，汝勿措意。过此自览，勿复委人。”讽刺的是，这种话当年武帝萧赜也对萧昭业说过，而且也是以五年为度，然而仅仅才过了一年，萧昭业就被萧鸾所弑。这次报应不爽，萧鸾死后同样不到一年，“六贵”就有了废立之心，而初倡此议的正是萧宝卷的表舅、与萧鸾“恩如兄弟”的江祏。

江祏之所以主张废帝，原因有三：一是萧宝卷的劣行这时候已经逐渐显现，江祏认为此人不值得辅保；二是萧宝卷每想随心所欲，江祏都执意制止，两人已有矛盾；三是皇帝身边的亲幸茹法珍、梅虫儿等为了揽权，极力挑拨他们的君臣关系。眼见江祏和皇帝的关系日趋紧张，六贵之一、政治态度一向温和的徐孝嗣很是担心，多次劝江祏不要老是跟皇帝有不同意见。江祏却满不在乎地说，不必担心，这事就放心交给我办吧！

江祏要办的事就是废帝。老实说，南朝自从刘宋立国以来，年少即位为君者，除了宋文帝之外，迄今为止没有一个不是被废或被杀的。在这种政治传统的浸淫下，十六七岁的萧宝卷坐在高高的御座上，满眼望去觉得人人都有图己之心，而朝臣也都个个心怀鬼胎，普遍觉得年轻的皇帝在位子上坐不长久。所以当江祏将废帝的提议私下透露给六贵之中的刘暄和萧遥光时，二人都没有表示反对，但麻烦的地方是，对于新君的人选他们的想法完全不同。

在明帝诸子当中，江夏王萧宝玄排行第三。若宝卷被废，按长幼次序帝位应属宝玄。而且宝玄与宝卷同为刘皇后所生，徐孝嗣的女儿又是宝玄的王妃，拥立宝玄不但不会影响江祏和刘暄的外戚地位，更能拉拢徐孝嗣。所以江祏主张立宝玄为新君。

哪知道刘暄却并不这么想，因为他跟宝玄之间有过私人恩怨：几年前宝玄在郢州任刺史时，刘暄以长史行事，对宝玄多所限制。一次有人献马，宝玄想去看看。刘暄却说，马有什么好看！[①]愣是不准。宝玄的王妃想吃鸟肜，刘暄说早上不是已经炖过鹅肉了么，不用再麻烦了！搞得宝玄十分不快，埋怨他一点儿都没有舅甥之情。后来两人的关系一直不大融洽。由此刘暄不同意立宝玄，而希望立同样是刘皇后所生的老四宝夤（音yín）。

至于萧遥光，自以为本是明帝的侄子，年龄又最长，既然明帝能以高帝之侄的身份入纂大统，那自己同样有资格继位为君，因而向江祏暗示应立自己才是。江祏的弟弟江祀也认为少主难保，劝他拥立萧遥光。这一来，江祏自己又拿不定主意了，就跑去问刚从丧中起复的萧坦之。萧坦之听了，摇头道："当年明帝得位，本已非次，天下人至今不服。今若再为此事，恐不免四方瓦解。废立之事，我可是不敢言呐！"说完又回家服丧去了。

另一方面，听说萧遥光想自立，刘暄大为不满。因为一旦如此，刘暄便会失去国舅的地位，所以他反对此议的立场甚是鲜明。既然萧坦之和刘暄都不支持立萧遥光，江祏就更加犹豫起来。

殊不知当断不断，反受其乱。

正当江祏等人在废立之事上各执一端、久拖不决之时，遵奉老爸"作事不可在人后"理念的萧宝卷抢先下手了！

---

① 宋齐之世，因为皇帝普遍猜忌宗王和功臣，导致骑马习武成了被猜忌的方式。加之南方少马，因而许多王公士大夫不但不复跨马，且有畏马如虎者。刘暄阻止萧宝玄看马，是怕他生出跨马习武之心。萧宝卷本人也是在当上皇帝之后才开始学骑马的。

26　陈显达举兵

事情还是因始安王萧遥光而起。

得知刘暄反对自己继位，萧遥光怀恨在心，竟派了心腹黄昙庆趁刘暄外出之时行刺。然而刘暄当时好歹也是个右卫将军，平常身边有不少的扈从保镖，黄昙庆窥伺了半天，终究不敢下手。结果此事被刘暄发觉，他判断是江祏和萧遥光串通一气想要谋害自己，索性你不仁我不义，竟入宫向萧宝卷告发了二人。

萧宝卷早就对江祏心生杀意了，刘暄这一告发，正好遂了心愿，便立刻布置抓捕江祏兄弟。江祀当时正在殿内当值，一见处分有异，立刻派人给哥哥送信，问现在该怎么办。江祏不知道是过于托大还是没搞清楚状况，居然回说“静以镇之”。而诏旨传他入宫，他也乖乖地前来。恰好直斋的军官袁文旷之前因封赏一事跟江祏结过梁子，萧宝卷就派袁文旷去捉拿江祏。袁文旷公报私仇，自然格外卖力，到中书省便将江祏擒住，用刀环猛击江祏心口，边打边骂：“看你还能不能夺我的封赏！”事后江祏、江祀兄弟同日被斩。

至于萧遥光，一来萧宝卷幼年时曾与他同室居止，感情深厚，二来他居于东府城，手握荆、豫两州部曲（遥光弟遥昌、遥欣为豫、荆二州刺史，近日相继病亡，私家部曲都归了遥光），萧宝卷担心激发变乱，一时倒没有把他怎么样。恰好此时萧遥光称疾不朝，萧宝卷就想以明升暗降之法尊其为司徒，让他还第养病。不过萧遥光并没吃这一套。八月十二日晚上，他纠集二州部曲，攻破东冶，放出囚犯，据东府城公然造反了！

当晚，天上适逢有月食发生。有识天象者认为，月乃臣子之象，月食而以臣谋君，必败无疑。天象暂且不论，单就人事而言，萧遥光的失策之处在于，他没能在起事的当夜即进攻台城，而居住在宫外的领军将军萧坦之、尚书令徐孝嗣、左仆射沈文季等人躲过了萧遥光的搜捕，纷纷逃进了台城。次日一早，萧坦之统禁军前来，对东府形成了围攻之势。萧遥光的弟弟遥欣、遥昌既亡，外藩便无人响应。四天后，台军攻破东府，萧遥光为军士所杀。

江祏、萧遥光被诛，就像推倒了一块多米诺骨牌。在急于掌权的茹法珍、梅虫儿等佞幸的怂恿下，萧宝卷连出杀招。萧遥光死后二十多天，他就派兵诛杀了立下大功的萧坦之。紧接着，他又杀了自己的舅舅、新任领军将军的刘暄和宿将曹虎。到了十月，连素来不显同异、依违求全的骑墙派徐孝嗣和久不任事的老将沈文季也遭了毒手。

这段时间，每次谋诛大臣，萧宝卷都是决意而行，事先毫无征兆，深得乃父“作事不可在人后”之精髓。除了他身边的几个近习佞幸，没有人猜得到他到底想要杀谁，因此朝臣人人自危，都有朝不保夕之感。与此同时，萧宝卷左右捉刀、应敕的宵小之徒借机掌握了大权，个个飞扬跋扈、不可一世，时人称之为“刀敕”。都下士民有言云：“欲求贵职，依刀敕；须得富豪，事御刀。”此之谓也。

在此背景下，已经老病缠身、避居寻阳的太尉陈显达听闻朝中连诛大臣，深感不安，再加上道路传言朝廷不日将派兵来袭江州，其遂于十一月十五日以拥立建安王萧宝夤为名举兵谋反，直奔建康而来。

这一年，陈显达已经七十多岁了。像当年的王敬则一样，过了一辈子刀头舔血的生涯，到了这把年纪，他已经不在乎什么功名富贵，只想安安稳稳地度过晚年。几年前借一次侍宴酒酣之机，陈显达曾向明帝借枕，然后故作轻松地抚着枕头说：“臣年齿已衰，富贵已足，如今唯欠枕枕而死，特向陛下乞之。”明帝的脸色当时就很难看，不客气地说你是不是喝醉了！后来陈显达请求致仕，明帝不许。此后陈显达更是小心再小心，谦退再谦退，最后总算捱过了冷血猜忍的齐明帝萧鸾。哪知道“虎父无犬子”，新君萧宝卷在心狠手辣的程度上一点儿也不在乃父之下。马圈城一战败还之后，陈显达外调江州，不久便得了病。他一不求医，二不问药，只想就这样死了算了。没想到后来竟无药而愈，他自己还挺不开心。所以这次陈显达猝然起兵，也颇有些破罐破摔、欲求速死的意思。

檄文发到建康，朝廷连忙布置迎敌，以后军将军胡松领水军据守梁山洲（今安徽和县南西梁山）进行阻击；以左卫将军左兴盛督前锋军事，把守建康南郊的新亭；又以辅国将军徐世檦（音biāo）领兵屯杜姥宅，作为台城南的最后一道防线。

陈显达毕竟是久经战阵的老将，虽然起兵仓猝，且只有数千之众，但采石一战他大破胡松的水军，并于十二月十三日进抵建康以南的新林。当夜，他又故意在岸边多置屯火为假象，自己则率军趁夜色的掩护绕开新亭守军，悄然渡过秦淮河，占据了石头城西的落星岗。次日一早，左兴盛才知道陈显达竟出现在了身后，慌忙率守军奔回，屯据于台城之南。宫省闻之大骇，立刻闭门守备。

然而，陈显达来势虽汹，事先却并未经过缜密的计划，兵力既少，又无内应，虽然一时占了先机，但在左兴盛、徐世檦诸军的合击之下，终究寡不敌众。西州城前一场战斗，陈显达以七十高龄突阵，手杀数人至于矛折，先胜而后败，退走时被刺落马，最后被斩于篱墙之下。

那年冬天，建康城大雪纷纷。陈显达的无头尸身被弃置于朱雀门外，说来奇怪，尸身上落雪即化，竟好像仍有体温一般。

陈显达这一死，萧宝卷更加肆无忌惮，从此便如前文所说，开始没日没夜地四处游玩，搞出了“屏除”驱民等种种劣迹。也是在此之后，一些地方藩镇受陈显达事件波及，或者投降北魏以求自保，或者拥立宗王对抗建康，南齐的内乱便日甚一日起来。

对于这一年多来的种种乱局，在距建康数千里外的地方，早有一人看得通通透透，并且正暗中做着精心的准备。

潜龙终有在天日，江山又到鼎革时。

此人正是雍州刺史——萧衍。

27 将门虎子

萧衍字叔达，小名练儿，祖籍东海郡兰陵县，和齐高帝萧道成是本家。晋末永嘉之乱时率族过江的淮阴令萧整，既是萧道成的四世祖，也是萧衍的五世祖。

这支寓居晋陵武进的兰陵萧氏，原本并非高门，但后来因为出了齐、梁两代皇室，自然乌鸡变凤凰，一跃成为唐人口中江左的四大侨姓（王、谢、袁、萧）之一。而萧衍的祖先，便也被人为地追溯到了萧姓当中名气最大、年代又早的汉丞相萧何。

兰陵萧氏真正开始发迹是在进入刘宋以后。因为宋武帝刘裕的继母出身兰陵萧氏，这时期凭恃外戚的身份和军功，兰陵萧氏的社会地位显著提高。在萧衍三四岁时，其父萧顺之已经在宋明帝手下做到了五品的散骑侍郎。后来萧道成篡宋建齐，萧顺之作为萧道成的族弟和镇军长史没少出力，得封临湘县侯。之后又历任侍中、卫尉、太子詹事、领军将军、丹阳尹等要职。加之此时兰陵萧氏已经以皇族之尊跻身一流高门，是以萧衍年未弱冠，便娶了一等士族高平郗氏家的小姐为妻，几年后又以清流入仕，深得当时的宰相王俭的赏识[①]，可谓春风得意，前途一片光明。

那么，除了家世背景这个官二代共有的优势之外，萧衍还有什么能力和本事，从而能够在权力的游戏中脱颖而出，最终成为梁武帝呢？

---

① 王俭说：“萧郎三十内当作侍中，出此则贵不可言。”

根据史籍的记载，第一，萧衍会武功。

萧衍的父亲萧顺之原本就是武将，身为将门虎子，萧衍小小年纪便是练武奇才。《南史》上说，少年萧衍轻功惊人，“能蹈空而行”；后来其子萧绎记叙乃父的早年事迹，也说他能够“手无所持，摄空而立”，围观的人击节赞叹，都以为见到了超人。萧衍的骑射技艺也很不错，与他同为“竟陵八友”的任昉曾开玩笑说，等他当了宰相，一定选萧衍当骑兵。萧衍晚年，见以雄勇著称的名将羊侃在马上舞槊，极尽精妙，还自夸说年轻的时候要得一点儿也不比羊侃差。所以几乎可以肯定，论武力值，萧衍在那个年代绝非泛泛之辈。

第二，萧衍的文才也很高，而且博学多通。这一点，不但史有明文，而且从萧衍二十来岁便加入文青团体“竟陵八友”，经常和一群文学之士诗酒往来也看得出来。后人总结梁武帝一生在著述文艺上的成就，计有儒道经典讲解二百余卷、佛教典籍讲解数百卷、文艺作品一百二十卷，以及《通史》六百卷中的序赞和众多杂著等，其著作等身，俨然是一代学术大牛。更难能可贵的是，除了文学之外，萧衍多才多艺（“六艺备闲”），围棋水平上乘（“棋登逸品”），甚至对阴阳卜筮这些旁门技艺也很擅长，简直就是金庸小说里无崖子、黄药师一般文武全才的角色。就连明代学者胡应麟也由衷地赞叹说：“人主才美之盛，盖无如梁武者！”

第三点，也是最为重要的一点，萧衍为人极善筹略，是个谋术大师。他对政治和人性有极透彻的认知，时常在波谲云诡的局势下做出清晰而准确的判断。他也十分善于“造势”和“用势”，深谙长袖善舞、借鸡生蛋之道。这一点，在本书接下来对于萧衍的讲述中不难见到。而且从少年时代开始，萧衍的口才便极好，连敌国北魏的史官也不能不承认，萧衍“轻薄有口辩”，辩论水平极高。

此外，史书上还说萧衍天生异相——“日角龙颜，重岳虎顾，舌文八字，项有浮光”。脑袋上长有一个圆溜溜的角，眉骨颧骨突起，好像龙的相貌，顾盼之间仿佛虎跃山林，舌头上生有八字纹路，脖项后隐隐有浮光闪现。更恐怖的是，太阳照在他的身上，居然木有影子（“身映日无影”）！身体两侧的胯骨居然是相连的（“两髀骿骨”）！总之在史官的眼里，像萧衍这样的英雄人物大概与普通的人类是不同的物种。不过，也有学者考证，萧衍的真实相貌其实算不上英俊。与梁武帝同时代的画家张僧繇曾给他画过像，画中的梁武帝“反唇露齿”，嘴唇外翻，牙齿外露，颜值显然并不高。

无论如何，在齐武帝萧赜统治的永明年间，二十来岁的萧衍已经是一位文武双全的政坛新秀。他先后在卫将军王俭、司徒竟陵王萧子良、巴陵王萧子伦、南郡王萧昭业、随郡王萧子隆府中任职，交结了王融、范云、沈约、谢朓、任昉、陆倕等才学之士，再加上其父萧顺之在朝中为官，虽然萧衍未必定如王俭所说三十以内做到侍中，其仕途顺遂似乎亦完全可以预期。

然而到了永明八年（公元490年），一起事件的发生不但直接改变了萧顺之的命运，也使得萧衍的个人前途连带受到了严重的打击。

事情的起因源于齐武帝萧赜的第四子、巴东王萧子响。

在武帝诸子当中，萧子响最有勇力，能开四石之弓，骑术亦相当精湛，加之性情刚烈，与其余文质彬彬、唯以谨守礼法为事的宗王大为不同。起初豫章王萧嶷无子，萧子响便被过继给了萧嶷；但到了永明六年，因为萧嶷又生了儿子，有司便奏请子响还本，得封巴东王，先后出任江州、荆州刺史。

因为有过这一段特殊的经历，萧子响跟其余皇子的关系一直不大融洽。在过继给萧嶷之后，他曾经因为出入车服与皇子不同，数次愤怒地捶打车壁。见到各位皇子，也不按照臣子对宗王的礼节加以致敬。再加上他原本好武，到荆州时便带了六十多个身手矫捷的壮士一同赴任，到镇后更每日在内院杀牛置酒，聚众笑乐。还传闻他私下与蛮族接触，从事兵器等违禁物品的交易。这一来，引起了长史刘寅等人的警觉。刘寅与一众荆州佐吏联名密启，向齐武帝告发了此事。结果武帝颁下诏敕，叫刘寅等细查此事，等调查清楚掌握了证据再做汇报。刘寅大惧，因为这种事只能秘密进行，武帝这一弄，便等于公开了他们与萧子响之间的矛盾。

果然，萧子响听说有诏敕颁下，自己身为荆州刺史，却没见着传诏的使者，不禁大生狐疑。他召集刘寅等佐吏一盘问，顿时露出了马脚。萧子响本就性如烈火，得知这些人居然背地里向皇帝告自己的黑状，心下大怒，当即就叫手下壮士把刘寅等拖入后堂，挨个砍了脑袋。

刘寅等虽然不济，但怎么说也是朝廷命官，萧子响把他们说杀就杀，于理于法都说不过去，而且反倒显得自己做贼心虚。武帝得知后勃然大怒，立刻派卫尉胡谐之、游击将军尹略、中书舍人茹法亮等带领数百禁军，前往荆州抓捕子响，还说子响如果主动投降，就可以饶恕他的性命。

其实武帝这时并不相信子响真有谋反之心，要不然他不会只派了几百个禁兵前去。事与愿违的是，胡谐之、尹略等处置不当，反而逼反了萧子响。江堤一战，台军大败而还。这下武帝更怒，又派了丹阳尹萧顺之领兵继进，誓要把孽子捉拿归案。

28 潜龙在渊

按照《南史》的说法，萧顺之曾经救过萧道成的性命，在其篡宋建齐的过程中更是发挥了至关重要的作用，凡有战事，萧顺之都一马当先推锋陷阵，而萧道成只需垂拱仰成即可。鉴于萧顺之的功勋，萧道成曾一度有意让他出任扬州刺史，而齐武帝也曾对弟弟萧嶷说过“要不是萧顺之，我等绝没有今日”这样的话。至于萧顺之为何没能列位公辅，《南史》的解释是萧道成父子对他“深相忌惮”，有意加以裁抑的结果。

不过，考虑到以上史料不见于《南齐书》和《梁书》，而萧顺之的功勋亦不见得就超过王敬则、陈显达、柳世隆、张敬儿等人，《南史》中的记载多半是梁武帝发达后史官有意抬高乃父的结果。但有一点《南史》似乎并没有说错，那就是作为先朝旧部，齐武帝萧赜的确对萧顺之存有猜忌之心。所以萧顺之这次得了西讨萧子响的任务，实在是拿了一颗烫手的山芋，胜了也不见得光彩，输的话更是万万不可。

而对于萧顺之征讨子响的过程，史籍的记载又出现了歧异。《南齐书》说，萧顺之领军抵达江陵后，子响手下部众大为恐惧，各自逃散。子响无奈，只好向萧顺之投降，于是武帝下诏将其赐死，其时年二十二岁。而《南史》和《通鉴》则说，在击败了胡谐之统领的台军后，萧子响率领白衣左右三十人，自己主动前往建康向父皇申诉，结果中途被萧顺之截留。而萧顺之事先得了“素忌子响”的文惠太子萧长懋的密令，不敢得罪这个未来的皇帝，遂将萧子响缢杀于射堂。从后来发生的事情判断，显然后一种记载更为可信，而《南齐书》则有为萧顺之刻意隐讳的嫌疑。

不管怎样，萧子响终究是死在了萧顺之的手里。据说他在临死之前，写了数纸密启藏在妃子王氏的裙腰之中，详述了自己有冤无处申诉、被人迫害至死的种种委屈。这封密启后来交至武帝面前，武帝口中不说，心里却对萧顺之大为嫌恨。子响死后百日，武帝亲至华林园上香，萧顺之当时也在场。群臣都注意到，武帝对着萧顺之呜咽良久，而萧顺之则脸色惶惧、冷汗直冒。之后有一天武帝出景阳山游玩，见一老猿跳叫悲鸣，一问之下，有人说此猿之子前日堕崖致死，老猿寻之不见，故而至此。武帝因此感念，对子响追思不已，嘘唏流涕，良久乃还。在此巨大的精神压力之下，萧顺之不久即一病不起，最后于永明十年在忧惧中死去。

当时，萧衍正在荆州随郡王萧子隆府中任职，听说父亲病重，他寝食不安、方寸大乱，立刻就向随郡王辞行。一路轻舟直下、昼夜兼行，不到二十天就赶回了建康，然而还是晚了一步，未能得见父亲最后一面。许多年后，萧衍追忆当时的情景，自叙“五内屠裂，肝心破碎”。显然，他这种撕心裂肺的痛苦，除了源于父亲去世带来的巨大悲伤，也来自于对齐武帝父子的不满和怨恨。同时萧衍也深知，由于萧子响事件和父亲去世带来的不利影响，起码在武帝一朝，自己很难再有出头之日。

这一年，萧衍二十九岁。他不但未能如王俭所言成为侍中，反而迎来了人生中的第一次低谷。一时间，他心灰意懒，加以守孝去官，遂萌生了“归身山下，毕志坟陵”之心。

好在这一境况并未持续太长时间。不久后文惠太子萧长懋病死，齐武帝萧赜亦生命垂危，竟陵王萧子良借入侍医药之机想谋求储位，便任命萧衍和王融、范云等故旧为军主，试图发动政变。前文已述，这时萧衍一来对武帝父子怀恨在心，二来也不看好萧子良和王融的能力，于是便故意指责王融包藏祸心，悄然倒向了萧子良的对手西昌侯萧鸾。后来政变流产，太孙萧昭业即位，萧鸾秘有废立之心，萧衍则多次为萧鸾出谋划策。按照史籍的说法，萧衍之所以相助萧鸾，其动机是欲“倾齐武之嗣，以雪心耻”，即为了报父亲忧死之仇。但在我看来，除了这一目的之外，萧衍谋求个人利益的动机也同样明显。同美剧《权力的游戏》中的阴谋家“小指头”培提尔·贝里席一样，此时失去父亲庇护、事业遭遇低谷的萧衍为了实现个人野心，需要把现有的政治秩序搞乱。因为只有南齐皇室和现有的各派势力在不断的纷争和内耗中实力严重受损，才是萧衍这样的新兴势力大显身手、抢班夺权的大好时机！

事实证明，萧衍的谋划没有白费。

萧鸾辅政后，萧衍很快被起复为宁朔将军，北上寿阳去安抚豫州刺史崔慧景；丧期结束后，又被任命为太子中庶子、给事黄门侍郎；不久，更因为参与了萧鸾废帝自立的大策，爵封建阳县男，食邑三百户。

到了建武二年，萧衍受命驱驰，先是随同镇南将军王广之解了北魏对义阳的攻围，继而又奉明帝密令，诛杀了司州刺史萧诞。在解义阳之围的战事中，萧衍初次展示了自己优秀的军事才能。

但前文早已交待，齐明帝萧鸾为人猜忍多疑，对手下有才能的人总免不了防范之心。萧衍刚刚崭露头角，就被他调回京城重任太子中庶子，领羽林监镇守石头城去了。石头城虽然重要，但镇守石头的职务却并非显位，何况东宫官本来就是闲职。这对志在功业的萧衍来说，肉体上如同软禁，精神上则不啻放逐。

这一时期，萧衍与好友谢朓曾数有诗歌唱和。在《直石头》一诗中，萧衍隐晦地表达了他如同笼中之鸟一般深感拘束的郁郁心情，显然对眼前的处境有所不满（“笼鸟易为恩”）；而谢朓的和诗则肯定了萧衍的功勋和才能，深为他无法施展抱负而鸣不平（“功存汉册书”“专城空坐啸”）。

为了避免招来齐明帝的进一步猜忌，史籍记载，这一时期，萧衍遣散了私家部曲，时常乘坐一辆折角小牛拉的单车，意态清闲地出入于建康市廛。齐明帝也因此多次称赞萧衍“清俭”，号召文武百官向他学习。一来因为萧衍的韬晦和伪装，二来以他此时的威信和权位也不足以威胁到皇权，当王晏、王敬则等功臣相继被杀之时，萧衍则安然躲过了齐明帝晚年的大肆屠戮，耐心地等待着羁鸟返林、池鱼归渊的那一天。

29　雍州用武地

建武四年（公元497年）的一天晚上，或许是在仲夏，或许是在初秋，镇守石头城的萧衍与堂舅张弘策喝得酩酊大醉，将坐席移至户外，一边仰望着灿烂星汉，一边聊起了眼下的时势。

萧衍八岁丧母[①]，张弘策虽是他舅辈，但只比他大了七八岁，两人从小感情便甚好。这时见四下无人，张弘策素知萧衍通晓星象谶纬之事，便问他道："近来天象若何？国家仍当安然无恙否？"

萧衍笑道："其可言乎？"这么敏感的问题，我能说吗？

张弘策道："请言其兆。"稍微透露一点，没有关系啦！

萧衍便收拢了脸上的笑容，沉声言道："汉北有失地之气，浙东有急兵之征。我推断今年冬初，魏军必动；魏军动则汉北必亡。眼下今上久疾不愈，四方多有异心，万一伺衅，会稽方面可能将乘机而作。不过料想终将无成，只是徒然自相驱除罢了……"说到这里，萧衍停顿片刻，才道，"明年才是大乱之始。到时都邑将会流血成河，死人如麻，齐之历数亦将自此而尽！然梁、楚、汉三地，当有英雄兴。"

梁地指的是豫州，楚地是指荆郢，汉地则指雍州，这三地是当时最具实力的藩镇。萧衍这么说，明显意有所指。于是张弘策又问道："既有英雄，现今安在？为已富贵，为在草茅？"你所说的英雄到底指谁？

萧衍对他笑了笑，道："汉光武有云：'安知非仆！'"怎么就不

①《梁书·武帝纪》《南史·梁本纪》均言萧衍母张尚柔去世时，其年仅六岁；然同书《后妃传》则云张氏卒于泰始七年。今取后者。

能是我呢!

张弘策本已卧在一边醉眼惺忪，听到这里精神一振，不觉翻身而起，向萧衍当头拜倒，道：“今夜之言，是天意也！请定君臣之分。”

萧衍连忙上前相搀，道：“舅欲效邓晨乎？”邓晨是光武帝刘秀的姐夫，早在刘秀籍籍无名之时便相信他日后能够夺取天下。萧衍以刘秀之言自况，又将张弘策比作邓晨，显然在此之前，他早已立下了推翻齐朝、君临天下的志向。

萧衍对于局势的判断没错。

他们舅甥二人这一番星夜对话结束后不久，就在这年冬天，北魏孝文帝大举南征，兵锋直指沔北，南阳、新野等郡相继被围。前文已述，此时雍州刺史曹虎与南阳太守房伯玉不和，对魏军的进攻持观望态度，而豫州刺史裴叔业只愿围魏救赵，不愿西进增援，齐明帝不得不派禁军沿江西上。就在这时，萧衍得到了与右军司马张稷同救雍州的任务，而且明帝另授密旨，叫他代曹虎出任雍州刺史。张弘策得到消息，心下大喜，因为雍州正应了萧衍所谓汉地出英雄的论断。他连忙跑来对萧衍说：“夜中之言，如今就要应验了！”萧衍笑道：“舅且勿多言。”咱们就等着闷声发大财吧!

其实齐明帝起初是想安排自己的小舅子刘暄去当雍州刺史的，但刘暄好逸恶劳，贪图在朝中出任显贵，并不愿大老远地跑到边荒之地当刺史，还拉拢了江祐向明帝关说，说算命的说过，刘暄这个人一任外州便会遭遇险厄。明帝无奈，只好选择让萧衍去了雍州。

萧衍这一去，真正是放虎归山。从此，英雄终于有了用武之地。正如当年刘裕以北府发迹，萧道成以淮阴成事一样，萧衍此后以雍州为基地，正式开展了他覆齐建梁的大业。而自觉抱定萧衍这条大腿的张弘策，亦于此时随他西上雍州，内参帷幄，外事奔走，成为萧衍早年的一大心腹。

萧衍到雍州后，齐明帝虽然又派了崔慧景统军两万前来增援，但终究难以抵挡北魏的强大攻势，不久，沔北五郡尽皆失守，正应了萧衍“汉北必亡”的论断。随后会稽尽管爆发了王敬则的叛乱，但很快便归于失败，亦与萧衍对星象的推测完全吻合。几个月后，齐明帝萧鸾病死，少帝萧宝卷即位，朝中“六贵”当权。刚刚被朝廷正式任命为辅国将军、雍州刺史的萧衍感到，意料之中的大乱即将来临。

他对张弘策说道：“政出多门，乃肇乱之源。《诗》云：‘一国三公，吾谁适从？’况今日朝中更有六贵，如何能够长久？此六人嫌隙若成，必将彼此诛灭。雍州正是避祸之地，我等在此勤行仁义，自可称霸西陕。唯所虑者，我诸弟尚在建康，如不早作良图，恐怕难免罹患，此事须与益州详商。”

所谓“益州”，指的是萧衍的大哥萧懿，此时刚刚罢任益州刺史，被朝廷委以行郢州事之职。郢州地控中流，又扼守由雍州东下的水路冲要，如果萧懿、萧衍兄弟二人联手，那么不论是兴兵讨逆还是割据自保，都将大为有利。于是萧衍便派堂舅张弘策衔命南下，到夏口去劝说萧懿。

张弘策转达萧衍的口信说：“晋末之时，正因为晋惠帝昏庸暗弱、诸王争权，才最终酿成了永嘉之乱。如今六贵争权，势难持久。而少主在东宫时便劣行累累，身边都是无耻小人，日后岂能甘心委政朝臣？君臣嫌贰之下，必将大兴诛戮。始安王萧遥光性猜量狭，江祏怯而无断，刘暄弱而不才，萧坦之忌克陵人，徐孝嗣任人穿鼻，若隙开衅起，必中外土崩！如今你我兄弟幸而得守外藩，正可以早做准备，趁猜防未生之时，宜召诸弟以时聚集，否则等日后朝廷起了疑心，那就拔足无路了。郢州控带荆湘，西注汉沔；雍州士马，不下数万。进可为国除暴，退可安身自保，此乃万全之策也。兄如不早图，必将后悔无及！”

所谓“兄弟同心，其利断金”。萧懿与萧衍本就是一母所生，何况上面这番话句句在理。张弘策满以为萧懿定会点头赞成，从此和三弟共襄义举。没想到听了这一席话，萧懿竟脸色大变，虽然没有一口回绝，但辞色间显然对萧衍的计划并不支持。张弘策无奈，只好悻悻而归。

自刘宋立国以来，南朝历史上还没有过外姓方镇举兵向阙能获成功的先例（孝武帝刘骏是以藩王的身份自江州入讨元凶刘劭而获得成功的），远的不说，眼前就有王敬则的例子。这大概是萧懿不愿意与萧衍联手的主要原因。而作为长兄，萧懿的性格耿直老成，忠君爱国的观念在他的头脑中仍占有一席之地，加之仕途顺利，并没有太多反叛朝廷的动机。

虽然没能赢得大哥的支持，但萧衍仍然相信自己的判断。他不但把夫人郗徽、两个女儿以及弟弟萧伟、萧憺接到了襄阳，而且开始私募骁勇、潜造器械，特别是以盖房修舍为名，砍伐了大量竹木沉于檀溪之中，准备用来建造战船。这一时期，除了堂舅张弘策和老部下吕僧珍，萧衍更广结当地豪强。王茂、曹景宗、柳庆远这些后来的开国元勋，乃至一代名将韦睿，都是在这时加入了萧衍的阵营。

到了次年秋天，萧衍的预言果然应验。“六贵”因废立意见不合发生冲突，刘暄一气之下向萧宝卷告发了江祏和萧遥光，引发了萧宝卷的疯狂屠戮。短短数月之内，江祏、江祀、萧遥光、萧坦之、刘暄、曹虎、徐孝嗣、沈文季相继被诛，太尉陈显达被逼反叛，兵败被杀。朝廷里刀敕用事，佞幸擅权，皇帝则要么整天射雉担幢、四处游走，要么在后宫与潘妃饮酒作乐、步步生莲。所有的迹象都表明，一场大乱已经迫在眉睫，南齐的统治到了崩溃的边缘。

30 萧懿之死

永元二年（公元500年）大年初一凌晨，太极殿前灯火通明，阴冷的寒风中，现居建康城的所有文武官员和远藩异国的数百来使黑压压地肃立殿下，正在等待一年一度的元正朝会大典。按照惯例，皇帝陛下本应该在天未亮时便临轩受贺，与臣子们共同迎接新年的第一缕曙光。然而这一天直等到日上三竿，满脸宿醉之色的少帝萧宝卷才在宦官的搀扶之下打着哈欠出现在众人的面前。他强打精神，接受了群臣三叩九拜和山呼万岁的朝贺，便放着后面一系列繁琐冗长的仪典不理，径自回西殿内寝补回笼觉去了。

皇帝可以由着性子置之不理，大臣们却不敢说走就走，而且有些仪式皇帝不在根本无法进行，所以满殿的大臣只好干杵在那里等皇上出现。这一等便等到将近下午五点。由于后半夜便开始准备上朝，这些人绝大多数没吃早饭，穿着笨重拘束的朝服僵站在原地一天，个个饿得脸色发青腿肚子发颤，甚至有几个年纪大、体力差的，早已晕倒在地，被太监架了出去。最后，睡醒了的萧宝卷终于再次现身，总算马马虎虎地结束了后面的典仪，而这时的天色早已完全黑了下来。

就在这次尴尬而不祥的元会结束后不久，前方便传来了豫州刺史裴叔业投降北魏、引虏入寇的消息。

裴叔业本是晚渡北人的宗族领袖，因为做过萧鸾在豫州时的部下，后来得到明帝的重用，曾不遗余力地帮明帝诛除高、武子孙，之后便一直镇守边地，抵御北魏的入侵。明帝一死，裴叔业顿感失去了后台，再加上萧宝卷频诛大臣，尤其是曹虎、沈文季、陈显达这些武将相继被杀，更让他心内不安。去年九月，朝廷征裴叔业调任南兖州。由于南兖迫近京畿这个是非之地，裴叔业并不愿意赴任，便一直拖延不行。传闻他曾经登城北望淝水，对部下说："卿等欲富贵乎？我能办之！"而陈显达起兵之时，他也派了一支部队，名为赴援建康，其实首鼠两端。所以朝廷对裴叔业大生猜疑，裴叔业也多次派人到京城打探消息。在此背景之下，自然生出许多流言。裴叔业的子侄辈有在禁省任职的，因为怕遭池鱼之殃，纷纷出逃奔回寿阳，说朝廷迟早必将掩袭，劝裴叔业早做准备。裴叔业犹豫不决，便派亲信到襄阳去征求萧衍的意见。

这时的萧衍，早已经暗自在准备起兵东下了。对他来说，裴叔业自然是一个未来可以争取联盟的对象。不过，由于准备并不充分，时机尚未成熟，如果此时便与裴叔业联手，势必会过早暴露自己的意图。而且裴叔业意欲投靠北魏，将会引来胡骑南下，这也并非萧衍所期望。故此他一方面劝裴叔业送家口还都，以安朝廷之心，一方面劝他不必倚靠北魏。

裴叔业采纳了萧衍的前一条意见，把儿子裴芬之送回了建康，后一条意见则并未听从，仍旧派人去接触北魏豫州刺史薛真度，探问洛阳方面的口风。薛真度本就是跟随薛安都投降的北魏，自然劝裴叔业尽快投降，还说如果投降得太晚，就得不到高官厚禄。裴叔业与北魏这么一接触，朝廷更加疑心，满城都盛传他定要反叛。被送回来当人质的裴芬之怕得要死，竟寻了个机会又逃回了寿阳。至此裴叔业已无退路，便于这年年初奉表降魏。北魏随即派骠骑大将军彭城王元勰、车骑将军王肃率步骑十万前来迎赴，并任命裴叔业为征南将军、豫州刺史，封兰陵郡公。然而裴叔业却没有食魏禄的命，魏军还没到，他便病死了。他的子侄们随即向北魏献城投降。

寿阳乃淮水流域控厄南北的重镇，若失寿阳，魏军的铁蹄将能轻易进抵长江北岸，所以南齐朝廷十分紧张，先是派遣已经入朝担任卫尉的萧懿为新任豫州刺史，统禁军由陆路进讨，继而又遣平西将军崔慧景率领水军出发，准备由运河入淮，西逼寿阳。

听说萧懿统兵进讨寿阳，萧衍再次派典签赵景悦东下，劝大哥和自己联手，“兴晋阳之甲，诛君侧之罪”，然而萧懿还是不答。

到了三月，原本奉命征讨寿阳的平西将军崔慧景走至广陵，居然率军哗变，拥立镇守京口的江夏王萧宝玄，调转枪口直奔建康杀来。台军屡战不利，萧宝卷大为惶恐，一面派密使招北上小岘（今安徽含山北）的萧懿火速回援，一面将钟山供奉的蒋神塑像迎入宫中，封为相国、太宰、大将军、录尚书事、扬州牧、钟山王，日夜祈祷为事。

密旨送到之时，萧懿正在吃饭。听说京城告急，他投箸而起，立即拣选锐卒三千准备轻装入援。这时，他又接到了三弟萧衍的密信。

“形势明摆在这里。这一年来，不知有多少劳臣宿将死于昏君之手，萧宝卷早已用累累恶行证明了他绝不是一个值得辅保的嗣君。”萧衍劝萧懿说，“假使你平定了叛乱，获得了不赏之功，那么这种功高震主的局面哪怕遇上明君贤主都十分危险，更何况如今的皇帝是个是非不明的昏君！为存身保家之计，不如趁贼灭之后，便勒兵入宫行伊、霍故事，这正是万世一时的好时机。如果大哥不愿行此事，那便应以御外为辞，仍旧统军还守历阳，万万不可一朝放兵，受其厚爵！”

应该说，萧衍的意见不但在理，而且可行。倘若萧懿依计而行，说不定梁朝的开国皇帝反而会是他。遗憾的是，不知道萧懿到底真是一片赤胆忠心还是脑袋里少了根筋，萧衍的建议他就是不打算听。他的长史徐曜甫苦苦相劝，他还是不从。

当萧懿统军赶回之时，建康已经被叛军攻围了七八天，东府、石头、白下、新亭诸城尽皆落入敌手，只有台城仍在拼死抵抗。不过，一来叛军内部不和，二来攻守双方已经缠斗多日，彼此都到了强弩之末。这时萧懿带领生力军突然出现，台军士气大振。秦淮岸边一场激战，叛军大败，光淹死的便有两千多人。四月初四，崔慧景带心腹数人弃众北逃，途中被渔人所斩。江夏王宝玄逃亡数日后自首，后来也为萧宝卷所杀。这场叛乱就这样归于失败。

事后论功行赏，萧懿被封为尚书令。自从徐孝嗣被杀，这个名义上的行政首脑职位一直空缺，如今萧懿就任此位，自然引起了茹法珍、王咺之等佞幸刀敕的嫉恨。而萧懿的四弟萧畅① 当时是执掌禁宫宿卫的卫尉，三弟萧衍又拥兵在外，如果萧懿本人有篡权之心，那显然要比萧遥光、陈显达、崔慧景之流危险得多，故而茹法珍等多次在萧宝卷之前进谗，说萧懿将效仿先帝在隆昌年间的故事（指萧鸾废杀萧昭业），陛下您危在旦夕！信奉“做事不可在人后”的萧宝卷深以为然。

实际上，当时除了萧衍之外，确实还有人劝萧懿废帝篡权。而以萧宝卷经常出宫四处游玩的尿性，寻到合适的机会猝然发难似乎也并非难事。可是萧懿就是不听，始终坚持对领导保持无限的忠诚（这在南北朝时代实在是稀罕事）。甚至当长史徐曜甫探知萧宝卷已对萧懿起了杀心，准备下快船劝他西奔襄阳之时，萧懿仍拒绝逃走，反道：“自古谁无死，天下哪有叛走的尚书令！”

不久，萧宝卷果然派使者送来了毒药。临死前，萧懿居然对使者说：“家弟在雍，深为朝廷忧之。”

大概萧懿真的以为，忠君爱国远比个人生死和家族荣辱更加重要吧！

---

① 萧畅其人，《梁书》卷二二云：“永元中，长沙宣武王懿入平崔慧景，为尚书令，居端右；弟衡阳王畅为卫尉，掌管籥（音yuè）。”《南齐书》卷五一亦云崔慧景围建康时，“守卫尉萧畅屯南掖门处分城内”。可知萧畅确实任卫尉，永元二年尚在人世。然《梁书》同卷却说畅“建武中卒”，又说永元元年萧遥光作乱时，“逼畅入东府，畅惧祸，先赴台”。《南齐书》卷三八也说：“永元二年十月，尚书令临湘侯萧懿及弟卫尉畅见害。”如此，则萧畅绝非死于建武年间。《梁书》那样记载，或许说明萧畅身上另有隐情。

31 攻心为上

永元二年十一月初，大哥萧懿、四弟萧畅、五弟萧融于建康被害的消息传至襄阳。萧衍知道，自己不能再等了。

之前萧宝卷已经派来过一次刺客意图行刺，所幸被萧衍识破。当时萧衍就预感到大哥萧懿将命不久矣。如今噩耗传来，更加说明朝廷已经准备对雍州有所行动，此时如果再行拖延，很可能在战略上陷于被动。于是萧衍当晚便召集张弘策、吕僧珍、长史王茂、别驾柳庆远、功曹吉士瞻等心腹彻夜密议。

初九日，萧衍在府衙大会僚佐，宣布道："当年周武王大会孟津，国人皆曰'纣可伐'。如今昏主暴虐，过于桀纣，生灵涂炭，人神共愤！我等同心疾恶，共兴义举，公侯将相，皆在今日！"随后便建牙聚众，共得甲士万余人、船三千艘、马千余匹。当初沉入檀溪的竹木，如今都派上了用场，捞出来稍加修整组建，便成了一座座战船。

与此同时，萧宝卷也已经安排辅国将军刘山阳统领三千禁军，以赴巴西梓潼二郡上任为名携旨西上，计划到江陵时会同荆州刺史、南康王萧宝融，一齐发兵进讨雍州。

当时的形势对萧衍来说并不乐观。

虽然几十年前，以善伐蛮著称的雍州兵在沈庆之、柳元景等名将的率领下打出了名堂，在协助孝武帝刘骏夺位的战事中立下了赫赫功勋，但随着沈、柳二将死亡、薛安都北奔和宋末战乱的内耗，雍州势力和雍州兵迅速衰落。再加上如今北魏已经夺得沔北五郡，雍州的辖境进一步缩小。单凭此一州兵力、万许人马，就想一举拿下王敬则、陈显达、崔慧景诸人数次攻围都拿不下来的京师建康，哪怕萧衍的本事再大，也不啻痴人说梦。而且，通过京师的眼线，萧衍已经得知了刘山阳西上的消息。如果刘山阳顺利抵达江陵，再以圣旨挟制荆州将吏共伐雍州，那后果更是不堪设想。为今之计，萧衍虽已建牙聚众，却并不急于出兵，而是决定利用萧宝卷屠戮大臣、四方离心的外部环境，先设法将近在咫尺的荆州拉拢到自己一边。

当时的荆州刺史虽是十三岁的皇弟萧宝融，但真正执掌州事的则是其长史、荆州行事萧颖胄。

萧颖胄字云长，是齐高帝萧道成的族侄，论起来跟萧衍是八竿子打不着的亲戚。此人性格宽厚，擅长文义，是个老好人。其弟颖达则好武勇，喜欢生事。由于刘山阳离京之时就没打算回去，一路上携了姬妾家口缓缓而行，这就给了萧衍充分的操作时间。

萧衍对诸将说道：“荆州人向来畏惧我们襄阳人。而荆雍二州的关系，如同唇亡齿寒，利害本就一致。我若能总领荆、雍之兵进扫东夏，哪怕是韩信、白起重生，也不足为惧，何况朝廷以无算之昏主驱役那些捉刀应敕之徒！眼下我有一计，能使刘山阳一到荆州便即授首，诸君试观何如。”

你一个雍州刺史，荆州又不归你管，你说能让刘山阳到荆州就掉脑袋，这不是吹牛皮么？诸将听了，不免都将信将疑。

然而萧衍却成竹在胸。他先是派参军王天虎、庞庆国前往江陵，下书给全体荆州将吏，展开宣传攻势。当得知刘山阳已经抵达巴陵后，又派王天虎给萧颖胄兄弟单独送去了两封信。

王天虎刚离开中军帐，张弘策便将疑惑的目光投了过来。因为他方才明明见到，给萧颖胄兄弟的信上只有四个字——“天虎口具”，而萧衍却一句话也没向王天虎交待。

萧衍见状，笑道：“舅有所不知。用兵之道，攻心为上，攻城次之；心战为上，兵战次之。今日正是心战之术也。前日派天虎往荆州之时，人皆有书，而这次匆忙而去，却只有两封信给萧颖胄兄弟，写明‘天虎口具’。待萧颖胄细问王天虎之时，因为我本无交待，天虎自然无话可说，萧颖胄一定琢磨不透，更不会妄谈此事。荆州人都知道天虎乃是我办事的心腹，他们见天虎到了江陵，又打探不出什么消息，一定会认为是萧颖胄和天虎共同将此事隐瞒了下来，如此则人人生疑。刘山阳惑于众人之口，自然会对萧颖胄生出猜嫌，萧颖胄则进退无以自明，必堕入我之谋内。此所谓驰两空函而定一州矣。”

张弘策闻言恍然，越想越觉得此计甚妙，不禁拍手赞叹，与萧衍相视大笑起来。

果然没过多久，萧衍的心战之策便收到了效果。

刘山阳行至江陵以南不足百里的江安（今湖北公安北），听闻荆雍之间书信往来，似有密谋，不禁疑心大起，就此裹足不前。这一来江陵城里又生出了新的流言，说刘山阳受了朝廷的密旨，其实是来杀萧颖胄取而代之的，你看他连妻小家眷都带来了。萧颖胄闻之大惧，考虑到少帝萧宝卷这一年来屠戮成性、杀人如麻的事实，越想越信以为真。而荆州将吏本就忌惮雍州的武力，经过萧衍的前期宣传，有不少人被激发了功名之心。一番利弊权衡之后，参军席阐文、柳忱以及弟弟萧颖达都劝萧颖胄与萧衍合作。因为有萧懿的例子在前，对萧颖胄来说，无论尽不尽忠，干得好与不好，恐怕将来萧宝卷都容不得他，反而不如强强联合、另立山头，搞不好还能博取更大的功名富贵。

最后，萧颖胄终于下了联手雍州的决心，但条件是要萧衍尊奉荆州刺史、南康王萧宝融为主。萧衍知道，萧颖胄此举意在将新政府纳入自己的掌控，从而保障荆州方面的利益。此时答应这一点倒也无妨，因为说到底，将来还是谁的实力强，谁说话才算数。而且拥立萧宝融为主，眼下确实可以在道义上获得好处。

在萧衍的默许下，萧颖胄定下了牺牲王天虎、诱杀刘山阳的计划。

他叫来王天虎，对他说道："听说你与刘山阳本就相识，如今不得不借你项上之物一用！"说罢叫人砍下王天虎的头颅，派人到江安送给了刘山阳；同时还大举征发民夫车牛，声言要去攻打襄阳。刘山阳见状，以为萧颖胄和萧衍已经闹翻，便放下心朝江陵而来。十一月十八日，刘山阳抵达江陵城外，单车白服，带了左右几十人来见萧颖胄。萧颖胄随即在城内设下伏兵。刘山阳一行刚刚入城，便被乱刀斩于车中。其余众尽皆归降。

同刘山阳的人头一起送到萧衍面前的，是萧颖胄的两个提议：第一，当然是请萧衍遵守两人的密约，公开尊南康王萧宝融为主；第二，则是因事起仓猝，希望将发兵的时间推迟到明年二月。

对于第一点，萧衍的部下当中是有不少反对意见的。长史王茂就认为，尊立南康王宝融会使得荆州方面挟天子以令诸侯，徒然为人驱使，绝非长久之计。竟陵太守曹景宗也劝萧衍说，应该迎南康王宝融定都襄阳，然后再进军。萧衍却反驳说："如果此行大事不捷，必将玉石同焚；如果大功得建，到时威震四海，号令天下，谁敢不从！岂能碌碌受他人处分？"仍坚持奉南康王为主。

至于出兵的时间，萧衍则希望不要过于拖延。因为荆州方面本就是受自己的计策胁迫而行，夜长梦多，迟则生变，必须促使他们抛下包袱，行动果决起来。

在萧衍的催促下，萧颖胄于十二月初颁布了声讨昏君和茹法珍、梅虫儿的檄文，并派冠军将军杨公则领兵向湘州，西中郎参军邓元起进军郢州。与此同时，荆州方面还诈称宣德太后（萧长懋之妻、萧昭业之母）有令，宣布封南康王宝融为相国，待将来进据建康便登大位。江陵政府（西台）遂正式成立，荆雍联盟至此形成。

32 郢城鏖兵

自从宋武帝刘裕分荆州十郡设立湘州，孝武帝刘骏另立郢州之后，东晋时代疆域辽阔的荆州被分割成了三个部分：镇治长沙的湘州在南，镇治江陵的荆州在北，而镇治夏口的郢州则如同热狗里的火腿肠一般，被夹在了荆、湘二州之间。

湘州兵力寡少，又不当长江水路孔道，因而战略地位并不太重要。萧颖胄派杨公则进克巴陵后，湘州行事张宝积惧而投降，湘州很快便归属了西台统治。

郢州则大为不同。夏口（即郢城）地扼沔水入江之口，对岸便是鲁山，自从三国以来即为南北兵争要地，不论是从襄阳南下还是从江陵东讨，都绕不开郢城这一关。当年沈攸之统领十万大军东讨萧道成，就是因为攻围郢城不下，最后遭遇到了失败。所以对萧衍来说，此时虽然争取到了和荆州的联盟，但真正的考验则在郢州。

不过，虽然萧衍催促荆州方面尽早出兵，他自己则直到次年正月十三日方始出发。离开襄阳之后，他又花了一个多月才抵达竟陵（今湖北钟祥），似乎并不急于东下。这是因为，除了要进一步招募兵马之外，此时的萧衍心中尚有两重顾虑。

第一，他顾虑北魏兴兵南侵。雍州地接魏境，又刚刚失去了沔北五郡，如果北魏趁萧衍统军东下之机大举南侵，虽然有弟弟萧伟、萧憺在襄阳留守，仍然有老巢不保的危险。事实上，就在雍州兵东下不久，北魏荆州刺史元嵩确曾向宣武帝元恪建议，应该利用南齐内乱之机出兵沔南。然而一来因为北魏情报有误（魏人认为荆州刺史既为萧宝卷之弟，理应与萧衍为敌，没想到荆雍结成了联盟），二来因为宣武帝刚刚亲政，不久就爆发了咸阳王禧的叛乱，眼下北魏正忙于内政，无暇外顾，因而并未介入南齐的东西之争。

萧衍的第二层顾虑，是担心荆州反水。虽然他用攻心之计逼得荆州方面跟自己结成了联盟，但他深知在利益面前，这种联盟是多么脆弱。在没有确认荆州方面的决心和战意之前，他并不愿轻易进入长江水域，将自己的后背暴露给对方。直到进入二月下旬，萧衍探知北魏并无发兵迹象，而萧颖胄也派邓元起统兵来会，他才以王茂、曹景宗为前锋，兵发郢城而来。

由于东西流向的沔水（汉江）与南北流向的长江构成了一个"丁"字形，其交汇处便将陆地分割成了三个部分，后世所谓的"武汉三镇"便是在此基础上形成。郢城位于长江东岸，相当于今日之武昌，守城的是郢州刺史张冲。

张冲少年从军，曾经因为随堂叔张永北伐被冻掉了手指脚趾，后来又多年担任军职。崔慧景叛乱平定后，原任职郢州的建安王宝夤被征还都，张冲便被委任为郢州刺史，此时上任还不到一年。荆雍二州起兵后，萧宝卷派了骁骑将军薛元嗣带人马和一百四十多船粮食交给张冲，命他抵御西军。因为有刘山阳的前车之鉴，薛元嗣到了郢城近郊，愣是不敢再前进。直到听说西军将至，他们才匆忙进了城。此外，竟陵太守房僧寄正在进京述职的路上，也被萧宝卷下令就地留守。张冲便安排房僧寄在鲁山（今湖北汉阳龟山）筑城戍守。面对萧衍派来劝降的信件和使者，张冲置之不理，与房僧寄互相激励，都认为既然蒙受先帝厚泽，理当为嗣君尽忠。

萧衍的前锋部队接近郢城后，在沔水北岸的汉口扎营。这样，郢城、鲁山、汉口三地驻军隔江并峙，局势正如今日之武汉三镇。而邓元起统领的荆州军以及攻克湘州后赶来的杨公则军也汇集到了郢城附近，实力对比明显对西军有利。

军前合议，诸将大部分都认为，应该吸取当年沈攸之失败的教训，除了攻围郢城之外，其余兵力应分头去攻击下游的西阳（今湖北黄冈）和武昌（今湖北鄂州）。萧衍的意见则不同，他说：“汉口的水道还不到一里宽，用弓箭便可封锁。如今房僧寄在鲁山以重兵固守，与郢城成掎角之势。倘若我们尽众而前，敌人必定断我军后路，到时粮运不济，则悔无所及。我准备派王茂、曹景宗的部队渡过江去，与荆州军汇合攻围郢城，我自统余军在后围困鲁山。如此水道可通，郧城（今湖北仙桃西南）、竟陵间的粮运便可方舟而下；江陵、湘中之兵，也将连旗继至。粮食既足，士众又多，围守鲁、郢两城，必将不攻自拔。”

萧衍的分析没错，这时的局势毕竟与沈攸之当年大为不同。沈攸之起兵之时，萧道成在建康很快便粉碎了袁粲的叛乱，掌握了朝政，后方又有张敬儿捣乱，所以对沈攸之而言，尽快东下才是正解；而此时萧衍后顾无忧，江陵又成立了新政府，建康那边的昏君萧宝卷则荒乱暴虐日甚一日，满朝皆有背离之心，说不定什么时候就会发生新的内乱，所以眼下反而不急于一时，而应以稳扎稳打为宜。

于是按照萧衍的部署，王茂、曹景宗率众渡江，在郢城西南九里登陆。张冲开门截击，反被王茂击败，只好婴城固守。王茂等便与荆州军汇合，将郢城围了个严严实实，连军相续，直至三十里外的加湖（今湖北武汉傅家港一带）。而萧衍也在汉口筑起城来，指挥军兵围住了鲁山，同时令水军游遏江中，封锁郢、鲁二城之间的通讯。

三月，江陵传来喜讯：在萧衍、萧颖胄等群臣上表劝进之后，南康王宝融正式即皇帝位，改年号为中兴。同时封萧颖胄为尚书令，行荆州刺史，而以萧衍为左仆射，加征东大将军、都督征讨诸军事，假黄钺。所谓黄钺，是黄金（或黄铜）做的斧头，相传武王伐纣之时，曾“左仗黄钺”，所以黄钺作为天子的象征。后世的皇帝特用来赐给专主征伐的重臣暂用，故而称之为“假”，其功用相当于加强版的尚方宝剑。之前萧衍曾派人向西台暗示，说自己“黄钺未加，非所以总帅侯伯”，萧宝融就赐了这么个东西。再加上征东大将军和都督征讨的头衔，萧衍就算是成了前敌总司令，掌握了东讨诸军的最高指挥权。

而郢城里则办起了丧事：张冲心比天高、命比纸薄，竟然在这个节骨眼上病死了。守军推薛元嗣为主，继续固守。薛元嗣派水军出城冲了几次，仍被西军击败，之后就闭门再也不出了。

战局至此形成了僵持，一边坚守不出，一边围而不攻。但是由于郢城和鲁山的粮运通信尽被封锁，而西军则可以源源不断地得到上流的辎储粮秣，所以萧衍并不着急。他的战略意图是耗得守军疲敝后以最小的代价拿下郢州，从而保存实力用于攻略建康。

到了六月，西台方面先有些沉不住气了。萧颖胄派了席阐文前来劳军，同时传话给萧衍说，现今围城数月，仍不能下郢城，定西阳、武昌，已经失去了取得江州的时机，不如向北求援，跟魏人联合才是上策。这说明，荆州方面已经满足于东西割据的现状，而对攻取建康的意志并不强烈。如果接受这一建议，不但会将北魏引入战局，使局势更加复杂，而且日后萧衍很可能如同王茂所言，不过徒然替他人驱驰而已，所以他当然不会同意。

萧衍把当初对诸将说的话又对席阐文说了一遍，再次强调了拿下鲁山、保证粮运畅通的重要性，又补充说：“攻取西阳、武昌不是不可以，但攻下之后总要屯兵驻守吧？这两个城怎么也得要一万兵吧？这样不但会分化我军的实力，而且东军一旦有来攻伐两城的，那你说是救与不救？若分军去救，则首尾俱弱；不救的话，一城失陷，士气大损，诸城必相次土崩，到那时岂不糟糕？相反，只要拿下郢城，席卷而下，西阳、武昌自然望风披靡，何必非要分兵散众、自遗忧患呢？至于向胡人求救，更是示弱于人、自取其辱，分明是下下之计，哪里是什么上策！你替我转达萧令，就说前方攻取之事尽管放心交给我，一切尽在计划中，胜利可期，势无不捷！”

33 持续的乱局

虽然萧衍对萧颖胄夸下海口，可他也深知，荆雍两军内部绝非亲密无间，而顿兵郢城之下将近四月，虽说衣食无缺，但时值暑热，大军的士气不能不受到影响。再说，最近得到军报，萧宝卷派吴子阳等十三军来救郢州，已经越过了巴口（今湖北黄冈以东），如果应对不好，很有可能前功尽弃。于是便命军主梁天惠等屯渔湖城，唐修期等屯白阳垒，夹岸严阵以待。

得道多助，失道寡助。萧宝卷如此昏庸无道，像萧懿、张冲那样愿意为他尽忠的实在是少之又少。早在三月，萧宝卷便已经任命陈伯之为江州刺史、平西将军，命他西击荆、雍。但陈伯之到寻阳后一味观望推诿，并不愿发兵去救郢城。这回吴子阳率军进至加湖，除了筑垒自固，举烽火告知郢城援军已至之外，也不敢贸然发动攻势。

进入七月，秋汛将至，江水大涨，加湖一带本来干涸的河道一夜之间可通舟楫。萧衍立刻抓住这一时机，命王茂率水军偷袭加湖。众军乘流齐进，鼓噪猛攻，片刻间胜负已分，东军大溃，吴子阳窜走不知所踪，溺死者不计其数，余众尽被王茂所虏。偏巧鲁山守将房僧寄几天前刚刚去世，建康援军这一败，郢城、鲁山二城更加陷于绝望之中。

经过将近半年的围困，郢城里早已断粮，再加上疾疫流行，十余万人口已经病饿而死了十分之七八，家家户户积尸床下，满屋子不是死人就是快死之人。鲁山城里的状况也和郢城差不了多少，士兵们因为没有吃的，都在崖岸上垂钓抓小鱼充饥。残余的守将彼此一合计，觉得实在顶不住了，而且也丝毫看不到再有救援的希望。七月二十五日，鲁山首先投降。两天后，郢城也打开城门，归顺了萧衍。

好不容易拿下郢城，萧颖达、杨公则等荆州将帅都想在此停军休整一段时日，甚至有消息说，萧颖胄想奉萧宝融迁都郢城。不过包括萧衍在内的大部分雍州将帅则主张尽快东下，乘胜直指建康。实际上，在攻克郢州之后，挡在前面的只剩下了江州，而江州刺史陈伯之又心怀鬼胎、首鼠两端，完全可以用政治手段拿下。于是萧衍便拿出了总司令的威严，对诸将道："征讨之事，未必全靠实力。声威远播，自可传檄而定。今加湖大胜，郢州已克，四方远近，谁不慑服！听说陈伯之的儿子陈虎牙从加湖狼狈奔归，江州人得知后，一定会大为震恐！依我看，寻阳城完全可以不战自下！"随即命搜捡俘虏，在其中找到了陈伯之的旧部，厚加赏赐，叫他去寻阳送信，说陈伯之只要投降，便可仍为安东将军、江州刺史。陈伯之回信说自己要好好考虑考虑，请求萧衍先不要发兵来打。萧衍一听就笑了，说陈伯之既然还没想好，咱们就过去帮他想想。即日命邓元起发兵，直奔寻阳而去。

八月初，在萧衍的坚持下，东讨大军离开郢城，络绎进发。而当萧衍进逼至寻阳城下后，陈伯之果然窘急而降。萧衍便遵守承诺，仍任他为江州刺史。

就在萧衍攻克郢城，统领大军络绎而下之时，在萧宝卷的昏庸统治下，建康这边又出了新乱子。

原来，前年陈显达叛乱时，萧宝卷怕诸王趁乱搞出什么阴谋，就下旨召他们全体入宫。其实王敬则造反时，明帝就这么搞过一回，当时太医已经煮好了毒药，还提前准备了几十口棺材，许多王爷差一点儿就被杀掉了。这次听说又要入宫，巴陵王昭胄（竟陵王萧子良之子）和弟弟昭颖大为恐惧，就化妆成和尚，逃亡于草泽之中。到了崔慧景围困建康之时，这哥俩又还俗来投，崔慧景还一度想立昭胄为新君。谁曾想崔慧景十天而败，萧昭胄见大事不妙，就向禁军军主胡松自首。事后萧宝卷虽然没杀他，但心里终究记了仇，萧昭胄大为不安。而这时由于萧宝卷一味倒行逆施，建康军队里意图废帝的力量也在滋长，佞幸梅虫儿的军副桑偃、前巴西太守萧寅就在其中。萧昭胄既是武帝之孙，根正苗红，桑偃和萧寅就想立他为新君。萧昭胄跟他们一拍即合，许诺如果事情成功，就让萧寅当尚书左仆射、护军将军。此时为了防备西军，胡松正统军在新亭屯守。萧寅就联络胡松，约定趁昏君外出游玩之时，带兵奉昭胄入宫，关闭城门，发令废帝；到时萧宝卷一定来投胡松，胡松只需闭垒不救即可；事成之后，三公之位唾手可得。

应该说，如果策划得当，这个计划完全可行。可哪知道人算不如天算，萧宝卷近日刚在宫里建好了豪华游乐场——芳乐苑，天天玩得可嗨皮，一个多月都不曾出宫。桑偃、萧寅急得不行，就是找不到机会下手。这种事情最怕夜长梦多，时间一长，桑偃的一个同党胆小怕事，就向萧宝卷的御刀告发了此事。结果萧昭胄兄弟和桑偃等人尽皆被诛。

萧昭胄这一死，胡松害了怕，他赶忙又联络了雍州刺史张欣泰、前南谯太守王灵秀、直阁将军鸿选等另一拨谋求废帝的势力。张欣泰虽被朝廷委任为雍州刺史，但此时雍州尽在萧衍的掌控之下，他自然不可能上任。恰好这时萧宝卷派中书舍人冯元嗣为监军去救郢城，七月初二日，茹法珍、梅虫儿以及太子右率李居士、制局监杨明泰等一干佞幸都出新亭去送行。这些人皆是平日怂恿萧宝卷屠戮朝臣、纵情淫乐的骨干，杀了这些人就等于断了萧宝卷的臂膀，所以张欣泰等便制定了在送行地实施刺杀的计划。

当日，送行宴如期举行。觥筹交错之间，张欣泰买通的刺客（很可能伪装成了倒酒端菜的侍者）扬手一刀，冯元嗣硕大的头就落到了果盘之中！紧接着杨明泰肚子中刀，梅虫儿被砍掉了几根手指，茹法珍、李居士见机得快，转身奔台城就跑。

事发之后，王灵秀带着手下直奔石头城，鼓动城内将吏，要迎立在此镇守的建安王萧宝寅。众人哄闹之下，拆去了牛车的车轮，把萧宝寅推上车板抬了就走。一路上围观的百姓越聚越多，转眼便有数千之众，有的狂呼起哄，有的趁机打砸抢，很快便引发了整个建康城的骚乱。而谋主张欣泰则以告变为名飞马入宫，以为茹法珍等既然尽皆在外，萧宝卷惊惶之下一定会委任自己宫内的守备大权，到时便可里应外合。哪知道茹法珍很快就逃了回来，立刻下令闭门警戒，并不配给张欣泰任何兵力。殿内当值的鸿选一时间也不敢有任何异动。

此时天色渐暗，萧宝夤在众人拥抬之下已经来到了南掖门前的杜姥宅。王灵秀等原以为张欣泰已经打开了宫门，没承想不但宫门紧闭，门楼上反倒放起箭来。这些人本就是乌合之众，一见情形不对，立刻一哄而散，刚才还万人翼戴的萧宝夤转眼就成了光杆司令，忙不迭地落荒而逃。

三天后，走投无路的萧宝夤向官府自首。萧宝卷召他入宫，问他前几天到底怎么回事。萧宝夤边哭边说，好好地也不知什么缘故，忽然间跑来一堆不认识的人，逼着自己上车，自己想不去都不行。看着这位六弟委屈可怜的模样，萧宝卷不怒反笑，就没治他的罪。张欣泰、胡松等人则一一伏诛。

建康城里连续发生的叛乱说明，萧宝卷的统治已经到了崩溃的边缘，不待西军来攻，恐怕也维持不了太长时间了。

34 朱雀大捷

九月，西军连下郢州、江州，正在向建康挺进的消息传来。萧宝卷嬉游如旧，满不在乎地对茹法珍说："待来至白门前，与之一决高低！"

话虽然这么说，但萧宝卷不会傻到等西军真杀到宣阳门（建康城南门，俗称白门）的时候才开始布置御敌之策。他征调北徐州刺史王珍国和南兖州刺史张稷入卫京师，又安排辅国将军申胄领两万人扼守姑孰，还以自己的心腹李居士总督西讨诸军事，屯新亭。与此同时，在建康以东、以北的京口、广陵、瓜步三要地也各有屯兵。然而萧衍前锋部队的旗帜刚刚出现于芜湖一带的水面，申胄就带着那两万人狼狈不堪地逃了回来。如此则梁山之险尽失，沿江而下再没有任何险阻能够屏障建康。

九月下旬，西军前锋曹景宗、萧颖达部于建康西南七十里的江宁登陆。二十五日，趁西军立足未稳，李居士挑选了一千精骑前去袭营。当时西军营垒未立，行师日久，士兵都穿得破破烂烂，单从军容上看，比器甲精良的御林军差了一大截。李居士一看之下，顿生轻视之心，便率军鼓噪来攻。哪知道真打起来，这些虽破衣烂衫却久经战阵的"乞丐兵"爆发了强劲的战斗力，远非士气低迷的台军可比。一战之下，李居士弃甲败走，曹景宗乘胜而前，一直推进至皂荚桥。随后赶来的王茂、邓元起、吕僧珍各部进据赤鼻逻。新亭守军再次出战，结果仍然失利，军主被擒。这时萧衍率大部队已抵达新林，遂分兵派遣，命王茂进据越城，邓元起据道士墩，陈伯之据西篱门，吕僧珍据白板桥。这一部署的意图，是以吕僧珍部盯住新亭的李居士，而以其余部队进占建康外围的战略要地，形成包围圈，造成先声夺人之势。

李居士派探子窥知吕僧珍的部队并不多，于是集中锐卒万人，又来薄城。吕僧珍对将士道：“如今兵力不敌，不可妄然出战；叫士兵切勿遥射，须待敌军攻至堑里，再并力破之。”不久，李居士军翻越壕堑，开始攻拔营栅。吕僧珍见时机已到，急令全军进攻，一时间栅内矢石俱发，守栅墙的士兵逾墙而下，吕僧珍自己则率领马步三百出营突阵内外夹击。李居士军稍作抵抗便奔溃而回，不多时战场上只剩下满地丢弃的武器甲胄。此战过后，李居士将失败归咎于市巷逼仄，不利于优势兵力的展开，于是放火焚烧南岸邑屋，自大航以西、新亭以北的屋宇数天内尽皆化为废墟。然而之后李居士却一直龟缩在新亭垒内，再也不敢出军挑战了。

这期间听说西军来至，饱受昏君荼毒的建康士民都携家带口前来迎附，新亭以北的一场大火，更将阖城百姓推到了朝廷的对立面。台城里的官员也有不少派人秘密前来表达诚款，甚至还有人写了血书来宣示忠诚。就连晚年“江郎才尽”、兼卫尉卿而对城中布防了若指掌的江淹也扮成平民来投了萧衍，而去年崔慧景围城之时，江淹还是拒绝投靠的，足可见是非顺逆自在人心。而自从萧懿被杀以来就藏匿在城中的萧衍诸弟萧宏、萧秀和萧恢也在这时奔赴新林，得以与哥哥团聚。

对兵临城下的西军，萧宝卷终于开始正视起来。他下令拣选京师所有监狱里的囚徒和劳改犯，发给武器叫他们去守城；召集所有的王侯亲贵入宫分置各处殿省，以防范他们逃逸投敌；又把自崔慧景之乱时便请进宫封为相国、太宰、大将军的钟山之神蒋子文直接尊为了“皇帝”，其余大小杂神也迎入后堂，叫巫师日夜祈福；又命自北徐州（治钟离）入援的王珍国统领三万人列车为营，背淮而阵，屯守朱雀大航以南。王珍国是高、武时良将王广之的儿子，素有能名。但萧宝卷对他并不放心，特意派了心腹太监王宝孙持白虎幡督战。

十月十三日，决战在朱雀大航前展开。

单以军力而论，台军在数量上并不比西军落下风，但主上无道、将帅离心，加以连战失利，士兵更是毫无斗志。偏偏萧宝卷派来监军的王宝孙还瞎捣乱，此人只有十三四岁，除了阿谀拍马之外一无所长，竟下令收起浮桥、断绝归路，说是要效仿韩信来他一个“背水一战”。可“置之死地而后生”这种只有军神才玩得转的招数，岂是他一个死太监学得来的？

战斗开始以后，在归路被断的情况下，台军将士倒是恢复了些许战力，西军的阵线稍有退却。把守阵线中部的王茂见状，随即下马单刀而前；他的外甥、向以勇武著称的韦欣庆则挥舞铁槊翼从，直突台军中部。王茂、韦欣庆的进击如同楔子一般，很快在台军阵内打开了一道缺口。趁其阵脚松动之机，侧翼的曹景宗立刻投入战斗，纵兵从旁猛击；而针对王珍国以车为阵的防御，吕僧珍点燃了数十辆满载引火之物的大车，以“火车”冲阵，将士随后鼓噪死战，喊杀之声震动天地。台军很快便陷入不利的境地。在城楼上观战的王宝孙见状，切齿痛骂将帅无能，直阁将军席豪受气不过，发愤突阵，转眼死于乱军之中。此人号称骁将，他这一死，台军将士愈发胆寒，顿时阵形大乱，士兵们如退潮一般溃散奔逃。而由于浮桥被断，走投无路之下只能往秦淮河里跳，一时间溺死无数，河里很快积满了尸首。这下连浮桥都省了，追兵踩着堆叠的尸体就杀过了河。朱雀门一带的守军望风而逃，萧衍乘势发动总攻，西军长驱直至宣阳门前。

此战过后，石头、东府、东宫、白下诸据点的守军或降或走，新亭的李居士也投降了萧衍。而京口、广陵、瓜步诸军在萧衍派人劝降后，也先后宣布改换门庭。重重围困之下，建康成了一座孤城。

不过，据称台城守军此时仍有七万之众，而大江西岸还有豫州刺史马仙琕向朝廷效忠，每日抄掠西军的运粮船；东南大郡吴兴郡的太守袁昂也拒不接受招降；西军内部，不久前才投降过来、屯守西明门外的江州刺史陈伯之仍旧立场未坚，每当城中有降人出来，他就叫过来避人耳语，打探宫内消息。倘若萧宝卷能召来袁昂、马仙琕，策反陈伯之，再加上宫内现存的七万兵力，胜负仍未可知。可他真要能这么做，他也就不是萧宝卷了。

萧衍则敏感地注意到了这些漏洞，他作关心状对陈伯之说："听说昏君气恼你举州而降，要派刺客来暗杀你呢，你可千万要小心啊！"陈伯之一开始不信，后来他遇到了个刚刚投降的军官，就私下跟他打听。岂知这军官正是萧衍安排好的，便骗他说："城里边计划以封赏为饵诱你投降。你要降了，他们就将你断手断脚；你要不降，他们就派人来行刺。你可要多加注意！"陈伯之大惧，此后才断了异心。而对于袁昂、马仙琕，萧衍也殷勤手书，晓以利害，使他们不敢轻易入援京师。

35 东昏侯覆亡

面对已经杀到白门前的敌军，萧宝卷并没有如当初夸口的那样开门一决胜负，而是闭门自守，如小孩子玩游戏一般自顾自搞起了他无厘头的御敌之道。

只见他头戴乌帽，下穿裤褶，身披大红袍，时而在羽仪扈从之下登临南掖门，顾盼自雄地观敌瞭阵；时而骑着施以银莲叶具装铠、杂羽孔翠寄生的骏马，由左右卫从，在殿内威风凛凛地驰骋。他在华光殿立起军垒，让宫女和太监组成军队，以金玉为铠仗，模仿攻守合战的情景，自己则亲自率军冲锋，冲到半路，大叫一声跌下马来，伪装受了重伤，叫人用板子抬下阵来。据说这是一种厌胜之法，能使真正作战时毫发无伤。他又在阅武堂内设起牙门，每夜严警，自己则昼眠夜起（其实他平常纵情酒色，本就是昼眠夜起），装模作样地绕殿巡行。一夜闻听外间鼓号齐鸣，萧宝卷登楼瞭望，浑然不知自己的银甲红袍已经成了显眼的目标，冷不丁一弩飞来，他差点儿被射中。他还下令请出蒋子文的神像，为其虚设铠马斋仗千人，弓上弦、刀出鞘，气势汹汹直出东掖门，宣称是蒋王出讨。

当然，以上应该都是二十一日之前的情形。二十一日后，萧衍进屯石头城，正式下令诸军进攻建康六门，台军难以抵抗，萧宝卷以城外或有伏兵为由，命令放火烧毁台城旁的府衙官署，驱逼城内士民入宫。火灭之后，萧衍命筑起长围，当下将台城围了个滴水不透。之后别说蒋王出讨，就是老鼠也逃不出来了。

当初陈显达起兵，数日即败，崔慧景围建康，也不过坚持了十天，所以这次萧衍率军东下，萧宝卷和身边的佞幸也都没当回事，台城里满打满算只囤积了一百天的柴米。朱雀航前战败之时，茹法珍担心士民逃溃，下令闭城不准出兵。这会儿眼见并无外藩前来勤王，而长围已立，堑栅严固，似乎要活活把他们困死在里面，萧宝卷和茹法珍才着了急。再想派军出荡，士兵们出门才数十步就弃甲而回，一望可知士气低到了极点，根本打不了仗。虽多次试图突围，结果都以失败告终。

这种情况下，茹法珍心知只有出血本酬以重赏，才能募得愿意拼命的勇夫。然而当他向萧宝卷建议时，萧宝卷却心疼起了那些搜刮而来的钱财，登时大摇其头。茹法珍叩头固请，萧宝卷恼了，说反贼难道只是冲我来的吗？凭什么光要我出钱物？这下茹法珍没话说了，因为檄文里说罪魁祸首除了昏君，就是他和梅虫儿这两个奸佞。与此同时，宫里正在兴建的宫殿却仍未停工，工匠们被要求日夜赶工而不是去打造城防器械。后堂里储积有数百具大木板，将校启请拿来做城防之用，萧宝卷却说“那是留着做殿用的”，终究不给。

转眼一个月过去，内外交困之下，一些急于自保的朝臣和军官开始谋求杀掉萧宝卷，向萧衍投诚。为首的正是王珍国和张稷。

自从大航前战败而还，王珍国虽然仍被委以台城内守备之事，但随着围困日甚一日、经久不解，茹法珍、梅虫儿便将一干武将视作了替罪羊，数次向萧宝卷进谗说：“正因大臣们不能尽心，包围才久久不解，应该将他们尽数诛除！”王珍国闻听此事，十分恐惧。而张稷是代替出逃的江淹出任的卫尉卿，同样担负宫卫之责，跟王珍国一样担心自己有性命之忧，两人一拍即合。王珍国秘密派人缒城而出，献给萧衍一块明镜，意为其心可鉴，而萧衍则断金为信，许纳其降。

经过数夜秉烛密谈，王珍国、张稷及其心腹张齐共同制订了入宫弑君的计划。

十二月初六深夜，王珍国、张稷于卫尉府勒兵集众，直往云龙门而来。而张齐安排的内应早已打开宫门，并引着王珍国等直奔萧宝卷寝殿。当时萧宝卷正在含德殿内吹笙作歌，奏着一首叫作《女儿子》的小调，还没有睡下。听闻远处脚步杂乱，伴有金铁之声，便知出了事情。他翻身而起，急出北户，欲逃还后宫，哪知清曜阁门竟已关了。暗处角落里冷不丁窜出一个太监，一刀砍中了萧宝卷的膝盖。萧宝卷痛呼一声，倒在地上，回头骂道："你这奴才！要造反么？"不待答话，张齐等人自后赶来，一刀便结果了这个十九岁的昏君。

事后，张稷召尚书右仆射王亮、领军王莹等大臣列坐于殿前西钟下，令百僚署笺，用黄油裹了萧宝卷的人头，派萧衍的故友、国子博士范云送往石头城。萧衍则派张弘策、吕僧珍先行入宫，封了府库图籍，并收捕潘妃及茹法珍、梅虫儿等佞幸四十一人下狱。随后又从冷宫里请出宣德太后，以太后令的名义宣布废萧宝卷为东昏侯，并封萧衍为中书监、大司马、录尚书事、骠骑大将军、扬州刺史，爵建安郡公，并依照东晋武陵王遵承制故事，命百僚向萧衍致敬。

这位宣德太后王宝明，实际上是文惠太子萧长懋的太子妃，当年不受宠幸，但因为生育了太孙萧昭业，后来便成了皇太后。在齐末的乱局中，她的名义一再被当权者利用，用过即丢。齐明帝萧鸾先后废萧昭业、萧昭文而篡位，萧衍废萧宝卷，乃至后来的自立，都借用过这位太后的名义。对萧衍来说，他眼下的身份还是西朝天子萧宝融的臣僚，虽然进军建康之前，萧宝融下诏说允许萧衍在攻克建康后"便宜从事"，但不代表萧衍可以无视主君的存在。如今萧衍在废帝、加官这样的大事上丝毫不将萧宝融放在眼里，而是以宣德太后的名义自作主张，其用心正如清人黄恩彤所言，是为了昭示"恩威悉自己出，人心咸知信向"，另立中央之意不言自明。

这是因为，就在建康克复之前，萧衍刚刚收到了一则喜讯：江陵政府的核心人物萧颖胄死了。

原来，就在荆雍联军东下围困郢城之时，巴东（今四川奉节）太守萧惠训、巴西（今四川阆中）太守鲁休烈宣布效忠朝廷，派了萧惠训的儿子萧璝统兵来攻江陵。萧颖胄发兵抵御，结果大败，敌军直抵上明（今湖北松滋西北），距江陵不过一百多里。萧颖胄大恐，急忙送信给萧衍，叫他派杨公则统荆州兵回援。当时萧衍刚刚拿下江州，正在向建康挺进，当然不肯放走一半的主力，就回信说，远水不解近渴，我两弟在襄阳留守，你要实在打不过，去襄阳求援即可。到了十一月，襄阳援军久久不至，近在咫尺的敌军又相持不决，萧颖胄急火攻心，于十二日感病暴卒。

萧颖胄这一死，西朝大权便落在了中领军夏侯详的手上。夏侯详早就看出大势已归萧衍，乐得做个顺水人情，先是隐匿萧颖胄的死讯，密报萧衍得知，继而又从襄阳迎来萧衍的弟弟萧憺共同主持朝政。由于萧憺带兵前来，再加上听说建康危殆，仍在上明相持的萧璝不战自溃。萧衍得到这一消息时，恰好不久前他的长子萧统于襄阳出生，而攻围建康的战事亦颇为顺利，东府守将徐元瑜刚刚以城投降，三件大喜的事接踵而至，身边的心腹都称之为“三庆”。而当萧颖达、杨公则、邓元起等原荆州骨干知晓这些变故，早已经生米煮成熟饭，无可措手，唯有在现今的权力格局内自保前程了。

36 改朝换代寻常事

中兴元年（公元501年）十二月十九，萧衍自石头城入屯建康宫阅武堂，下令大赦天下，废除东昏侯在世时的种种弊政，收葬在战事中丧生的义师士卒，处死茹法珍、梅虫儿等四十一个助纣为虐的奸佞。

至于萧宝卷的宠妃潘玉儿，萧衍一见之下惊为国色，本来想留下金屋藏娇，但王茂劝谏说，齐之败亡正由此女而起，留下不但不祥，还会招惹非议。萧衍无奈，只好忍痛割舍。军主田安见状，向萧衍启请将潘妃赏给自己为妻。哪知道潘妃垂泪说道，自己既跟过天子，岂能下嫁凡民，唯求一死，义不受辱。萧衍便下令将其缢杀。

对于志在天下的萧衍而言，眼前还有比国色天香更重要的事亟待处理。

首先，他利用眼下独掌朝权的良机，将自己的兄弟亲信都安排到了至关重要的职位上。六弟萧宏为中护军，九弟萧恢任右卫将军，七弟萧秀刺南徐州，八弟萧伟刺雍州，十一弟萧憺刺荆州，堂弟萧昺（音bǐng）监南兖州。当年与自己同为“竟陵八友”的范云、沈约、任昉诸人则被萧衍吸纳进了大司马府，作为筹措大事的智囊。

其次，对于在朝野内外颇有影响力的高门大族和拥兵自重的异己藩镇，萧衍着意加以笼络。例如对曾效忠萧宝卷、拒绝招降的马仙琕和袁昂，萧衍不但不加怪罪，反而殷勤慰劳，称之为“义士”；对台城陷落前忠于齐室、萧宝卷被弑后又拒绝署名的王亮、王志和张充，萧衍仍旧让他们官居显位、爵禄无忧。以此来换取这些人对新朝的支持，至少让他们不致反对。

第三点，也是最重要的一点，就是处理好西朝天子萧宝融和其他的南齐宗室，从而顺利完成新旧王朝的禅代。

其实在这一点上，本有前代的旧例和程式可循，但这出戏要想演得好，归根结底总要有人配合，不可能萧衍一个人唱独角戏。于是这项工作便落到了与萧衍旧情深厚、现今又急于求进的沈约和范云的身上。

范云比萧衍大十三岁，沈约更比范云大十岁。两人早年皆以才学著名，齐武帝时代又都与竟陵王萧子良关系密切，但到了齐明帝萧鸾一朝，两人的际遇则稍有不同。范云因为曾被萧子良任为军主、涉身于那场未遂的政变，后来又欲为萧子良立碑，而被齐明帝一再贬逐于荒裔，东昏侯时他只是一个六品的国子博士。沈约则圆滑乖巧得多，一来他不曾牵连进那场政变，二来齐明帝登基时，他精心撰写了一篇马屁文章（《贺齐明帝登祚启》）向领导献礼，表达忠心，因而被征回建康，升为五兵尚书、辅国将军，东昏侯时亦一直官居三品。

建康克复后，因为跟萧衍是旧交，两人都被吸纳进了他的幕府，沈约任骠骑司马，范云任大司马咨议参军。眼见当初同游于竟陵西邸的后生晚辈如今已经成了这个国家最有权势之人，自叹弗如之余，沈约和范云自然不会放过这个从龙升天的好机会。

相比笃实耿直的范云，明识善变的沈约显然更为积极。大约在中兴二年（公元502年）年初，沈约就以微言试探过萧衍对于禅代的态度，当时萧衍并未回应。几天后换了一个更加私密的场合，沈约再次直言劝进，大意说："现在时代不同了，人人自私自利，办事不必按古代的路数来。如今随便一个放牛娃都知道齐朝已经完了，都说您才是天命所归。谶书上不是早就说'行中水（即衍字），作天子'了嘛！天心不可违，人情不可失，这就是命，您就别谦虚了嘛！"

萧衍说，我正考虑这事呢。

沈约说："您刚开始起兵的时候就该考虑了，现在王业已成，还有什么好考虑的？武王伐纣的时候，刚入殷都，百姓都高呼‘吾君’，武王顺天应人，也没考虑不是？从您到京师那天到现在已经过去了一段时日，比周武王已经算慢的了。如果不能早定大业，万一有一个人出来反对，您的威德便会受损。况且人非金玉，时事难保。难道您建安郡公的封号，还想留给子孙不成？再说，倘若天子回到京都，到时公卿在位，君臣分定，君明于上，臣忠于下，哪里还有人愿意跟您一起当谋朝篡位的反贼？”

沈约这最后一句话点醒了萧衍。的确，虽然建康现在尽在他的掌控之下，但此前他已经派王莹、柳恽等人前往江陵奉迎萧宝融，而萧宝融毕竟是名义上的天子，一旦他回到建康，萧衍不论愿与不愿，都势必要当着公卿百官的面做出臣属的样子。到时再想以臣逼君行禅代之事，面临的压力要比现在大得多。

所以，最好趁萧宝融还没回到建康的时候便搞定整件事。

那一瞬间，萧衍做出了决定。

不过，他还需要听取他人的意见。于是在沈约离开后，萧衍又召见了范云。结果范云的说法虽然委婉一些，意思却与沈约毫无二致。萧衍遂叹道：“智者所见果然略同！卿明早和沈休文（沈约字）再来，我们细细相商。”

范云出来后，便将此事告知了沈约。沈约心下虽喜，脸上却不敢表现出来，还跟范云约定，叫他明早一定要等自己。范云自然无不允之理。

第二天，沈约早早便赶到了宫门前，不待范云前来就一个人请见。萧衍叫他入宫，命他提一个切实的方案出来，结果沈约不但已经拟好了禅位的诏书，连登基后官员的封赏和选置也条列得清清楚楚。萧衍看了一遍，基本上连改都不用改。心中虽然高兴，却也对沈约如此急于求进的举动约略生出了警惕之心。这时范云来到宫前，却被挡住进不来，只能一边在门外来回绕圈，一边摊手说咄咄怪事。过了许久，方见沈约踱着方步自内而出，范云连忙迎上前来，问说："何以见处？"给我安排了个什么官啊？沈约举起左手晃了晃，意思是尚书左仆射。范云这才笑道："不乖所望。"也就顾不上埋怨沈约没等自己了。

过了一会儿，萧衍又召见范云。提起刚才的处置，萧衍道："生平与沈休文相处，不觉其有异人处；没想到今日才智纵横，可谓明识。"

范云心中暗笑，道："公今知约，不异约今知公。"您觉得当初小瞧了沈约，其实和沈约当年小瞧了您一样。试问十几年前，谁能知道你萧衍能成就今日的大业呢?

萧衍叹道："我起兵于今三年矣！功臣诸将，实有其劳，然助我成帝业者，乃卿二人也。"

就这样，经过沈约和范云的策划，萧衍快马加鞭地展开了他代齐建梁的行动。

正月初九，萧衍迎宣德太后入宫临朝，代替自己发号施令。十二日，进萧衍都督中外诸军事，剑履上殿，赞拜不名。二十四日，进位相国，总百揆，扬州牧，封十郡为梁公，备九锡之礼，位在诸侯王上。

二月初三，萧衍以谋反为名，杀齐湘东王宝晊、江陵公宝览、汝南公宝宏。二十七日，增封十郡，由梁公进爵为梁王。

三月十三日，再杀齐邵陵王宝攸、晋熙王宝嵩、桂阳王宝贞。二十八日，由江陵东下的萧宝融抵达姑孰，下诏禅位于梁王。至此南齐王朝寿终正寝，共存二十三年，传七帝。

四月，三十九岁的萧衍正式即位于建康南郊，是为梁武帝。

一个新的时代开始了。

37 | 魏、梁全面开战

景明三年（公元502年）春夏之交，北魏寿春镇（即寿阳）东城戍的士兵在巡逻时抓到了几个形迹可疑之人。其中一个少年看上去十五六岁，虽然衣衫褴褛、面容憔悴，神态中却自然流露出一股娇贵之气，言语间夹杂有隐藏不住的江南口音。戍主杜元伦细审之下，方知此人乃是齐明帝第六子、建安王萧宝夤。

原来，就在萧衍为了篡齐禅代而大杀齐明帝子孙之时，趁守备松懈之机，萧宝夤的家人和太监在后墙打了个洞，连夜将他送了出去。江边早已备下一艘小船，萧宝夤换了一身黑布衣服，腰间缠了一贯铜钱，摸着黑连滚带爬地赶到了江畔。等天亮后守卫发现萧宝夤跑了急忙追捕时，他已经化妆成了一个渔夫，随流上下十余里，终于躲过追兵到了北岸。之后他又投身于乡民华文荣家，华文荣得知他的身份后不但没有向官府告发，反而跟子侄弃家扈从，将萧宝夤隐匿于山涧之中，一路昼伏宵行，风餐露宿，终于逃入了北魏境内。

得知了萧宝夤的身份，杜元伦不敢怠慢，一边以礼相待，一边急忙禀报坐镇寿春的扬州刺史任城王元澄。

任城王澄派遣车马侍卫将萧宝夤接至城中，待以客礼，同时向洛阳朝廷汇报了此事。宣武帝元恪闻之大喜，随即下诏称萧宝夤“深识机运，归诚有道”，这种弃暗投明的行为，就是宋微子、陈平、韩信也不过如此，还为他在京师准备好了舆服宅邸，特派使者前去迎接。

这期间，萧衍已经完成了禅代。而降为巴陵王的末代齐君萧宝融，也在不久后被他杀于姑孰。

其实萧衍本来没想这么快就杀死萧宝融，但沈约劝他说，不可慕虚名而受实祸。萧衍深以为然，便派心腹郑伯禽去往姑孰，以生金鸩杀萧宝融。十五岁的萧宝融倒也想得开，说道："我死不须金，醇酒足矣。"一番痛饮之后，沉沉睡去。郑伯禽便支使武士上前，折断了他的脖子。

消息传到北魏，萧宝夤痛不欲生，史籍说他"伏诉阙下，请兵南伐，虽遇暴风大雨，终不暂移"。

我们不知道萧宝夤在宫阙下究竟跪了多长时间，也不知道他是整日整夜不眠不休还是每天定时定点上下班，总之他这番效仿申包胥哭秦庭的举动不但博取了北魏官员的大把同情，也把宣武帝元恪感动得不要不要的。

偏巧在这时，又有一位在萧衍治下不得志的梁国大员来投奔了北魏。

此人正是江州刺史陈伯之。

陈伯之出身草莽，大字不识几个，早年当盗匪时被人砍掉了一只耳朵，从军后靠着玩命得到了明帝爱将王广之的赏识，累迁至江州刺史。像他这种临阵投诚、本非萧衍嫡系的藩镇，本来就容易受到猜忌和排挤，而陈伯之自己也一直心存不安。还至江州任上后，一些在萧衍上台后郁郁不得志之徒也聚集到了他的帐下，不断怂恿陈伯之积蓄力量对抗中央。于是在天监元年（公元502年）五月，陈伯之声称奉建安王萧宝夤之命兴兵复国，举兵造反了。然而这支造反的队伍一无实力，二无号召力，连江州本地忠于建康的势力都战不过，很快在内外夹攻之下归于失败。陈伯之等仓皇渡江，也投奔了魏廷。

前文说过，其实早在萧衍自襄阳起兵后不久，当时的北魏荆州刺史元嵩就曾向宣武帝建议出兵沔南，只不过当时宣武帝亲政未久，内部不稳而无暇外顾，所以未曾实行。大半年后，当镇南将军元英、车骑大将军源怀、东豫州刺史田益宗等相继上表再次力主南侵，而宣武帝也已经平息了咸阳王元禧的叛乱，有余力延续乃父的南向扩张政策时，萧衍已经基本上拿下了建康并很快掌控了全局，北魏由此丧失了一次难得的良机。

如今萧宝寅、陈伯之接连来投并请兵自效，而新任扬州刺史任城王元澄也表奏说，萧衍正在谋划水灌寿阳收复淮南，须提前预备应对之策，终于激起了宣武帝与萧衍一较短长之心。这年六月，宣武帝下诏发冀、定、瀛、相、并、济六州士卒二万，再加上寿春原本的屯兵三万，齐集淮南交于任城王澄指挥，萧宝寅、陈伯之皆受元澄节度，准备秋季大举南侵。

至此，魏梁之间延续十几年的南北战争再次拉开了帷幕。

大体而言，这场战争从进程上可以划分为三个阶段：第一阶段从公元503年秋至505年秋，主要的态势是魏攻梁守；从505年冬至507年钟离会战结束是第二阶段，主要是梁攻魏守；508年之后战局陷入僵持，互有胜负之余，双方都无力进一步扩大战果。

第一阶段，北魏三线出击。

东线，任城王元澄以寿春为基地，派党法宗、傅竖眼、王神念诸将分兵入寇东关（今安徽马鞍山东关镇）、大岘、淮陵、九山（大概在今江苏盱眙以西）诸戍，对梁朝长江以北、以西地区发动扇形攻势，先后攻克了关要（今安徽六安境内）、颍川（今安徽霍山）、大岘（今安徽含山东北）、焦城（今江苏盱眙附近）诸城。次年，任城王澄又对淮南重镇钟离发动了攻势，后因淮水暴涨、梁军水师大至失利而还。

西线，因梁朝汉中守将降魏，北魏镇西将军邢峦平定汉中后，又派大将王足统兵直入剑阁，进逼涪城（今四川绵阳），大有夺取蜀中之势。

最精彩的战斗则发生在中线义阳战场。

义阳这个地方，即今日河南省信阳市一带，地扼大别山、桐柏山两大山脉之间的隘口，是梁朝司州的首府。义阳城及其以南的平靖、武阳、黄岘三关，乃是郢州的屏障，又与西边的襄阳、东边的寿春这两大重镇各成掎角之势，战略地位相当重要。当年孝文帝两度南伐，负责攻略义阳的刘昶和王肃都没能占得什么便宜。这次宣武帝委派镇南将军元英全面负责，打前锋的则是“上马能击贼，下马作露布”的老将傅永傅修期。

38 义阳之战

镇守义阳的是司州刺史蔡道恭。

蔡道恭出身荆州集团，并非萧衍的嫡系，但与陈伯之不同，他对朝廷相当忠诚。听说北魏大军将至，蔡道恭深恐困守孤城，急命手下杨由率领城外居民三千余家保据城西南十里的贤首山，栅险自固，与城中呼应。七年前萧衍随王广之解义阳之围，正因为抢先占据了贤首山才取得了胜利。所以对于贤首山的重要地位，北魏镇南将军元英也心知肚明。大军甫至，元英首先进攻的就是贤首山据点。初时面对魏军的围攻，杨由开栅驱赶一群水牛奔出，兵士继后。魏军争相躲避水牛，阵形大乱，失利而回。但水牛属于短时间内不可再生资源，放出去容易收回来难，很快营内的水牛便都放光了。当晚梁军营内发生了哗变，栅民斩了杨由向魏军投降。于是元英再无顾忌，于这年十月进围义阳。

当时义阳城里兵卒不满五千，存粮仅够半年。面对日夜不息的进攻，蔡道恭随方抵御，苦苦支撑。元英命魏军以大车载土，四面俱前，想要填平护城河；蔡道恭就在护城河内布列艨冲斗舰，只要大车一靠近，立刻万箭齐发，魏军根本不敢近前。元英又令人偷偷在城外挖掘地道，试图决泄护城河里的河水；蔡道恭则使出了泥瓦匠的工夫，准备了成吨的泥土，哪儿漏了堵哪儿。一百多天之后，护城河终于干涸。元英便大造云梯冲车，攻围日急；蔡道恭就在城内堆起土山，又赶制了一批长二丈五尺的长刃大槊，叫壮士站在土山之上拿槊守着，魏军只要敢登城，就刺他一个透心凉。

如此一直坚持到次年五月，虽然杀伤了无数魏军，但存粮将尽，援军又久久不至，蔡道恭忧累成疾，终于一病不起。临死前他对堂弟蔡灵恩、侄子蔡僧勰和诸将说道："我受国家厚恩，不能破灭寇贼，如今疾病转笃，势不久支。汝等当以死固节，不要让我死而遗恨！"又命亲随将朝廷授予的节杖交给侄子，说自己既不能奉之还朝，就想携之同逝，死后可将其放入棺材一同下葬。不久便溘然而卒。

攻围义阳大半年，魏军将士也疲累不已。本来元英都有退军的打算了，这时听说蔡道恭死了，不禁大喜过望，便命三军继续急攻。

其实义阳的危急形势萧衍不是不知道，他也派了平西将军曹景宗、后将军王僧炳等率步骑三万前来救援。但曹景宗观望不进，王僧炳部又被元英遣将击破，两军都未曾进抵义阳城下。萧衍又遣宁朔将军马仙琕来救义阳。马仙琕吸取了王僧炳冒进的教训，连营缓进，试图逐步打通与城中的联系。眼见梁军越靠越近，老将傅永向元英建议，应分兵四伏，抢先占据城外的山峦要地，而城南七里的士雅山更是重中之重，万万不可落入敌军之手。

说来这士雅山本名叫作大木山。相传晋末永嘉之乱时，"闻鸡起舞"的祖逖避乱南下，曾藏家属于此山。因为祖逖字士稚，当地人便称此山为士稚山。可不知从什么时候起，"稚"字竟讹写成了"雅"字，于是便成了士雅山。

元英犹疑再三，终于采纳了傅永的建议，命人在士雅山顶连夜筑城，又派统军张怀在山下列阵以防守。然而终于迟了一步，天亮时城寨还未曾筑成，马仙琕便率众万余前来进攻。张怀战败，山顶的筑城者也全都奔退而回。马仙琕乘胜直抵魏军筑起的长围之下[①]。傅永见状，命长史贾思祖守营垒，自将马步千人来迎战马仙琕。

这一年，傅永已经七十多岁了。普通人到了这岁数，恐怕连上马都

① 另有史料说是元英下令张怀等故意放水，目的是诱使马仙琕出营深入，好利用魏军的骑兵优势与其平地合战。

很困难，然而但见傅永擐甲挥戈，单骑直入，将副将蔡三虎以及一众兵士全甩在了身后。平地野战，魏军的骑兵优势得以发挥。傅永率骑兵队直突马仙琕军阵，转眼如一阵风横穿而过。待冲出敌阵，军士才发现傅永左股中箭，几乎洞穿整个大腿。然而傅永眉头也不皱一下，拔了箭就又杀了进去。此战傅永阵斩马仙琕之子，梁军丢下两千多具尸首大败而还。傅永还要纵兵急追，元英劝阻说老将军既已受伤，便应回营休息。傅永道："当年汉高扪足①，不欲人知。下官虽微，却也是国家一帅，怎能使敌寇有伤将之名！"遂带伤追敌，直至深夜乃返。三军闻之，无不感叹傅永老当益壮。

后来马仙琕虽然又组织过几次反扑，但士气已衰，连战连败，最后只好率残部撤退。而义阳城中早已粮尽，眼见再无援军，绝望中遂于八月十一日开城投降。城南山中的三关守将得知后也弃关而逃。

宣武帝赏克义阳之功，恢复了元英几年前因抵御陈显达北侵不利被免除的中山王爵位，并在义阳置郢州，设官治理。一年后，由于邢峦平定汉中，王足进据剑阁，北魏又得到了东西七百里、南北千里的梁州十四郡地。至此，从宣武帝登基以来，北魏已经从南朝手里先后夺取了寿春、义阳两个淮南重镇，增设了扬、郢、东益诸州，拓土直逼长江北岸，其疆域"北越大碛，西至流沙，东接高丽，南临江汉"，达到了王朝历史上的最大版图。

面对北魏如此咄咄逼人的态势，梁武帝萧衍当然不能坐视不理。不过，鉴于他立国未久，内部尚有许多关系未及理顺，而东昏侯萧宝卷留给他的又是一个千疮百孔的烂摊子，国家财用不足，民生凋敝，短时间内他还只能把重心放在内政上头，而对外采取相对保守的应对策略。

直到天监四年（公元505年），也就是立国四年之后，萧衍自感国力

① 据《史记》记载，当年刘邦与项羽相持于荥阳之时，冷不防中了暗箭。明明射中的是胸口，刘邦却连忙伸手摸脚，还大叫："射中我脚趾啦！"此举被后世解释为刘邦为了安定军心，故意为之。

已复，加之当年粮食大获丰收，天时有利，他终于下定了大举北伐、克复失地的决心。

十月初九，梁武帝颁布北伐诏书，宣称要动用十一路大军，总计六十四万人马“百道并驱，同会洛邑”，从而“总一车书，混同禹迹”！

这份诏书既是宣言，又是檄文，重在以气势夺人，所以不免大言炎炎，文中所说的进军路线和军队数量当然未必属实。不过从后来的史实推断，这次北伐梁武帝动员的军队至少有二三十万，其军容之盛、器械之精，就连敌国北魏也认为“百数十年所未之有”。

与此同时，梁武帝任命自己的六弟、时任扬州刺史的临川王萧宏为本次北伐的前敌总指挥，统大军溯淮西上进据洛口（今安徽淮南东北洛涧入淮之口），攻取的目标仍是淮南重镇寿春。

一场大战近在眼前。

39 | 名将韦睿

北伐诏书虽然颁布于天监四年十月，但当梁军集结完毕，又乘着初春渐涨的河水上溯至洛口前线时，已经到了次年的二月左右。

二月底，梁军前锋昌义之部刚刚开至寿春东北的重要据点梁城（今安徽淮南附近），就遇到了老熟人——已经叛逃至北魏的原江州刺史陈伯之。两下一交兵，昌义之失利，临川王萧宏顿感面上无光。因为这陈伯之在江南的时候本非善战之辈，哪知道换了主子竟然战力见长。这时有人建议，对陈伯之这种两面三刀的骑墙派应该多做做策反工作，他既然此前能两度叛主，焉知没有第三次？刚好大才子吴兴人丘迟正在萧宏帐前效力，萧宏就命丘迟给陈伯之写一封劝降书。没想到此文竟成了一则传颂千古的名篇。

鉴于本书的读者大多具有丰富的历史知识和不俗的文字修养，而平淡如水的白话并不能体现古文的隽永之美。我将这封劝降书的全文刊载于下，请读者诸君自己来体会丘迟的如椽巨笔吧：

迟顿首：陈将军足下无恙，幸甚幸甚。（你若安好，便是晴天。）

将军勇冠三军，才为世出，弃燕雀之小志，慕鸿鹄以高翔，昔因机变化，遭遇明主，立功展事，开国称孤，朱轮华毂，拥旄万里，何其壮也！如何一旦为奔亡之虏，闻鸣镝而股战，对穹庐以屈膝，又何劣邪？（你是电，你是光，你是superstar，咋能屈尊去跪舔鲜卑人呐？）

寻君去就之际，非有他故，直以不能内审诸己，外受流言，沉迷猖獗，以至于此。圣朝赦罪责功，弃瑕录用，推赤心于天下，安反侧于万说，将军之所知，不假仆一二谈也。（当初是你要分开，分开就分开。）

朱鲔涉血于友于，张绣剚刃于爱子，汉主不以为疑，魏君待之若旧，况将军无昔人之罪，而勋重于当世。夫迷途知反，往哲是与，不远而复，先典攸高。主上屈法申恩，吞舟是漏；将军松柏不翦，亲戚安居。高台未倾，爱妾尚在，悠悠尔心，亦何可言！今功臣名将，雁行有序，佩紫怀黄，赞帷幄之谋，乘轺建节，奉疆埸之任，并刑马作誓，传之子孙。将军独靦颜借命，驱驰毡裘之长，宁不哀哉！（如今皇上有大爱，还不快回来？）

夫以慕容超之强，身送东市；姚泓之盛，面缚西都。故知霜露所均，不育异类，姬汉旧邦，无取杂种。北虏僭盗中原，多历年所，恶积祸盈，理至燋烂。况伪孽昏狡，自相夷戮，部落携离，酋豪猜贰。方当系颈蛮邸，悬首藁街，而将军鱼游于沸鼎之中，燕巢于飞幕之上，不亦惑乎！（再不回来就给你好看！）

暮春三月，江南草长，杂花生树，群莺乱飞。见故国之旗鼓，感平生于畴日，抚弦登陴，岂不怆悢，所以廉公之思赵将，吴子之泣西河，人之情也。将军独无情哉！想早励良规，自求多福。（归来吧，归来哟，浪迹天涯的游子。家乡的桃花开了！）

当今皇帝盛明，天下安乐，白环西献，楛矢东来，夜郎滇池，解辫请职，朝鲜昌海，蹶角受化，唯北狄野心，掘强沙塞之间，欲延岁月之命耳。中军临川殿下，明德茂亲，总兹戎重，吊民洛汭，伐罪秦中。若遂不改，方思仆言，聊布往怀，君其详之。丘迟顿首。（该说的我都说了，你好好想想吧！）

总之，这篇文章入情入理，平实晓畅而又不乏骈体文之美，实乃南北朝时的满分应用文。

不过令人哭笑不得的是，据史料记载，陈伯之本人“不识书”，他在当江州刺史的时候每有公文看都不看，通常都是直接盖章画圈了事。这样一个文盲大老粗，恐怕欣赏不了丘迟这篇文章的辞藻之美。好在身边总有狗头军师给他翻译，书信中的意思他一定是懂得的。于是陈伯之一番考虑，大概也真的想念起了在南朝的爱妾和江左的美景，就在三月二十五日这一天带着本部八千人马从梁城出奔，又叛逃回了梁朝。

事后梁武帝虽如劝降书所言宽免了他的罪过，但也剥夺了他的军权，而只授给他闲散之职。多年后，陈伯之终于老死家中，这对于一个“三姓家奴”来说算是一个相当不错的结局了。

陈伯之的叛逃让坐镇寿春的北魏新任扬州刺史元嵩面临的局势十分被动。五月十一日，梁城被昌义之攻克。与此同时，自历阳出师的豫州刺史韦睿亦先后收复了小岘、合肥二城，战略上已隐隐构成了对寿春的夹攻之势。

韦睿字怀文，祖籍京兆杜陵，不过到了南朝之世，韦家早已经成了地地道道的雍州大族。在六十岁之前，韦睿要么随雍州派系的人物周旋于王公刺史的幕府，要么但求在家乡附近的地域做一个谨守本分的县令或郡守，生平一无足观。直到齐末乱事纷纭，陈显达、崔慧景等人频频叛乱，时任雍州刺史的萧衍也在秘密缮甲聚兵、积蓄实力，韦睿才对亲族说道：“陈显达虽是宿将，却非命世之才；崔慧景虽颇更事，其实懦而不武。这两人身死族灭，实属自取。依我看，真命天子恐怕要兴起于本州啊！”就派了两个儿子前来跟萧衍结交。

萧衍起事后，韦睿带领两千乡兵倍道来赴，并很快以谋策之功获得了萧衍的信任。攻克郢城后，萧衍特委韦睿以留守之职。在韦睿的营理下，饱受围城之灾的郢城不久即恢复了生业和安定。梁朝开国，韦睿先后任职廷尉、太子右卫率和豫州刺史。

这次北伐，韦睿虽然也受命自历阳出兵，但梁武帝并未配给他额外的兵力。此前由于裴叔业的降魏以及随后数年北魏的持续攻势，原属豫州地界的合肥、小岘诸城尽被魏军占据，控扼横江、采石渡口的历阳就成了大江以西抵御北魏的最后一道防线。自古以来，由采石渡江进而经大、小岘山西去便是沟通江东和淮肥地区的往来要路，其中又尤以小岘最为险厄。小岘山在今安徽含山县北二十里，大岘山则在县东北十三里。两山夹峙的小岘山一名昭关，据说春秋时伍子胥自楚国东逃至此处，因无法过关而一夜白头的故事便发生于此。南朝时但凡建康和寿阳之间发生军事冲突，小岘无一例外都会成为必争之地。

战事初起，韦睿便派长史王超宗和梁郡太守冯道根前来攻围小岘城。虽然北魏的守军不多，但地势险峻、易守难攻，王、冯二将难以攻克，只是竖起围栅将敌城围了起来。这次六十五岁的韦睿亲自统军前来，扎住营帐之后，便带着数百亲兵前来观察敌情。正在绕围栅巡行之时，城里忽然出来几百人在门外列起阵来。韦睿当即就要组织进攻，诸将连忙劝阻，说我们这次出来只是搞个视察，许多人连盔甲都没穿，至少应该回去把甲胄穿上才好进攻吧？韦睿说："不然。敌城中共有二千余人，若闭门坚守，足以自保。现在他们平白无故列阵于外，说明坚守的信心出了问题。而且这出战的数百人，一定是精挑细选的骁勇，若能直挫其锋，敌城自然可拔。"

虽然这话说得有理，可既然明知眼前的敌人皆为骁勇，还叫甲胄不备的将士前去迎敌，这岂不是更加危险？所以众人仍然面露迟疑之色。

韦睿见状，取出朝廷赐予的节杖，正色道："朝廷授此，可不是用来夸饰的。我韦睿军令如山，难道诸位想违犯不成！"

这下诸将没辙了，只好抱着必死的决心准备进攻。这一来反倒爆发出了惊人的战斗力，出城的魏军大败而还。韦睿乘机下令全军猛攻，战至夜半，终于攻克了小岘城。

40 堰水取合肥

夺下小岘之后，韦睿统军直取合肥。

合肥地当江淮分水岭中途。合肥以南，地势向南倾斜，水入长江；过合肥向北，地势向北稍顷，水入淮河。所以南北分裂时代，合肥亦为兵争要地。三国时，因为曹魏占据了合肥，战略上“扼江南之吭而拊其背”，孙权寝食不安，曾六攻合肥而不克。

这次战事初起之时，同小岘一样，韦睿曾派过右军司马胡略等前来攻略，也同样未能完成任务。如今韦睿亲至，照样要先实地勘察一番。

合肥山川形势的一大特点，是周围水源丰富。除向南注入巢湖的肥水（古称施水，今称南肥河）流经城南之外，尚有数条小支流围绕四周[①]。而且正如前文所说，由于地当分水岭，与施水很可能同源却北流入淮的另一条肥水（即古淝水，今称东肥河）在夏季水涨之时常常与施水合而为一，而春秋时在两河之间开凿的一条古运河也促成了这一点。这种“施合于肥”的现象据说很可能就是“合肥”这一地名的来源。

基于这一地理特点，韦睿勘察一番后对诸将道：“我听说‘汾水可以灌平阳，绛水可以灌安邑’，就是这种情形。”

所谓“汾水可以灌平阳，绛水可以灌安邑”之语，原出自《战国策》。据说是智伯决晋水以灌晋阳时威胁魏桓子、韩康子所说的话（平阳是韩都，安邑是魏都）。此时正值夏季水盛之时，韦睿引用此语，显

①《水经注》云：“城居四水中。”

然是决定效仿智伯，对合肥采取引水灌城的战术。

当夜，韦睿亲自指挥士兵在施水上游筑起堤坝。顷之而坝成，施水无法与北流的肥水合流，很快便灌通了下游的河道，由历阳、姑孰方向开来的水师得以顺利经巢湖一直驶到合肥城下。韦睿又命军主王怀静在堤坝旁边的河岸上筑城戍守，以防止敌军破坏堤坝。

眼见大坝合围之下河水越涨越高，合肥守将杜元伦大感不妙，火速向寿春方面和朝廷汇报。而在陈伯之叛逃、梁城和合肥相继被围后不久，魏宣武帝便已经任中山王元英为征南将军，率众十万增援淮淝战场。当元英的手下羊灵引带领五万援军抵达合肥近郊之时，韦睿正在攻击合肥城旁魏军增筑的小城。诸将见敌人来了援军，而且一来就是五万，不由得心里发虚，都劝韦睿也赶紧向建康请援。韦睿却笑着说："敌人都来到眼皮底下了，却才想起来求援，哪里还来得及？再说我们要是增兵，敌人肯定也要再增兵。增来增去，实际上差别不大。你们没听说古人云'师克在和不在众'么？"

韦睿所统的兵力，史料未见有明确记载。虽然梁武帝在北伐诏书中宣称"扬旌濼岘"之师有"虎旅五万"，但考虑到当时檄文一贯夸大其辞的传统，这个数量打个对折应该更符合实际情况。当然，由于北魏援军的数量也仅见于南朝记载，为了夸大战果，衬托韦睿的名将形象，梁朝的史官可能也给敌军的总数注了水。但无论如何，合肥城里的守军加上城外的援军，在数量上肯定要比韦睿军占据优势。然而首战下来，史籍中只记载了两个字——"破之"。看样子韦睿虽然没有取得大胜，但至少挫伤了北魏援军的锐气，更重要的是证明了"师克在和不在众"，由此稳定了军心。

实际上梁魏两军都明白，韦睿的合肥攻略中，堰河的大坝是关键。在接下来的数天里，一方拼命相夺，一方誓死捍卫，两军围绕大坝的控制权展开了激烈搏斗。

魏军最初的攻击目标是岸边守坝的王怀静营垒。王怀静部只有一千来人，面对汹涌而至的魏军，虽然殊死奋战，仍不免全军覆没。乘胜而至的魏军涌到堤前，转眼间将守坝的韦睿军围在了当心。好在河道尽在梁军水师控制之下，一时不至于后路被断。军监潘灵佑等见形势如此凶险，都劝韦睿应该尽快向巢湖方向撤退。韦睿不由得大怒道："岂有此理！将军便应战死沙场，今日有进无退！"就下令取来伞扇麾幢，立于堤下，以宣示自己毫无走意。

韦睿本来就是一文弱书生，如今年纪大了，身体更加羸弱，连马都骑不了。为了督励众军，他还是叫军士用板舆抬了自己，每日巡视诸营。每次魏军前来进攻，或是想要破坏堤坝，韦睿就亲自指挥将士奋战杀敌。只要敌军稍退，他就在堤上筑垒巩固防御。几天的攻防合战下来，堤坝下陈尸累累，大坝仍岿然不动，河水则越涨越高，几与堤平。韦睿新造的楼船斗舰乘水势一直开到合肥城下，四面合围，几乎与城墙同高。船上的士兵弯弓搭箭，可以轻松射进城内。城里的守军大感绝望，抱头痛哭；城外的援军无计可施，望洋兴叹。因为这时谁都看得出来，只要韦睿下令掘开堤防，整个合肥城顿时便会成为一片鱼鳖王国。到时哪怕援军想要营救，也是无可措手。守将杜元伦忧惧交加，亲自登城督战，却冷不防被一弩射死。这下守军更是战意全失，终于在五月十七日宣布向韦睿投降。

此战，韦睿共俘获魏兵一万余人、牛马万数。城中藏绢满十间屋，则全都用来犒赏三军。

合肥克复之后，韦睿又整军向东陵挺进。不久，梁朝另一名将裴邃亦攻克了羊石、霍丘二城（今安徽六安霍邱境内），形成了对寿春的合围之势。与此同时，为了配合淮淝战场的攻势，梁武帝早命吴平侯萧昺统军五万，进攻北魏徐州的淮阳和宿预（今江苏宿迁南），青、冀二州刺史桓和也拿下了海滨重镇朐山城（今江苏连云港西）。

对连连丧城失地的不利局面，魏宣武帝元恪大为懊恼。他不但派使者赶赴前线传达口谕，要求中山王元英明白回奏"进取之方，其算安在？克殄之期，复当远近？意以几日可至贼？所必胜之规，何者为先”，又调平定了汉中的邢峦出任安东将军，赴徐兖战区指挥作战。他还下诏征发河北六州士卒十万人，进一步增援南方战场。如此一来，加上中山王元英带去的十万人马和各地原本的驻军，到了天监五年（公元506年，北魏正始三年）的下半年，北魏集结在淮河南北的作战部队已经达到三十万左右，与梁军规模不相上下。

一场规模宏大的会战似乎已无可避免。

41 萧娘与吕姥

被宣武帝调至徐兖前线的邢峦虽然名气不大，却是一位颇有干略的智将。去年北魏之所以能夺得汉中，虽主要得益于萧衍的梁州行事夏侯道迁的降附，却也多亏了邢峦果决的处置和正确的判断。尤为难能可贵的是，邢峦分析当时的局势，认为蜀地在南北对抗中具有极为重要的战略价值，且有“五可图”，因而两次向宣武帝上表，建议北魏应先派大军伐蜀，之后再图进取江南。

应该说，邢峦的这一提议极具远见。因为当年西晋灭吴和后来隋朝灭陈能够一举成功，都是因为先得了蜀地而在战略上占据了巨大的优势。可惜当时宣武帝正执着于在东方战场和萧衍硬碰硬，并未采纳邢峦的意见。

这次为了挽回徐兖战场的不利局面，宣武帝不但特派邢峦前去指挥，还从荆州抽调了一员猛将作为邢峦的副手。此人姓杨名大眼，乃是仇池国国主、氐人杨难当的后代。

仇池这个地方相当于今日甘肃陇南市一带，地处秦巴山区，自古以来就是氐人聚居之地。十六国时期，氐人杨氏凭险自守，周旋于秦凉各割据政权之间，时叛时服，是极为难惹的地头蛇。直到宋文帝年间，仇池国才被刘宋讨灭。不过后来仇池地区又成了北魏和南朝之间屡次争夺的对象，双方时常扶植杨氏后裔以为傀儡，因而杨氏一族既有在南朝为官者，也不乏在北朝效力的人物。

杨大眼继承了氐人勇武好战的秉性，自幼胆力过人，跳走若飞。但因为是侧室所生，并不怎么受杨氏宗亲待见。太和年间，孝文帝以南伐为名谋求迁都之时，曾委派李冲典选领兵将校，杨大眼便来向李冲求官。一开始李冲也没瞧上他。杨大眼说，大人你不了解我，看下官我来露一手。就找来一根三丈长的绳子系在自己的发髻上，然后拔腿就跑。众人只觉眼前一花，但见杨大眼绝尘而去，片刻间已经绕着校场跑了几个来回，那绳子在脑后竟绷得笔直如箭矢一般！这疾逾奔马的功夫搁今天要是去参加奥运会，一准儿打破世界纪录。当时就把李冲看傻了，叹道："自千载以来，未有逸材若此者也！"便任命杨大眼为军主。从此杨大眼有了用武之地，如鱼得水，很快便获得了升迁。之后数年，他追随孝文帝转战于南境各地，所经战阵，无不勇冠三军。更绝的是，杨大眼的老婆潘氏巾帼不让须眉，同样擅长骑射功夫，时常溜到军中来探视丈夫。杨大眼就叫老婆穿上戎装，跨上骏马，于攻阵游猎之际，或同骋于战场，或并辔于林壑。还营的时候则同坐幕下，时常指着她对诸僚佐说："此人乃是潘将军。"

杨大眼为将，不但身先士卒，而且爱兵如子，因此所统的部队战斗力极强，每战必胜。当时南朝边将提起杨大眼之名，皆深怀畏惧。乃至淮、泗、荆、沔一带传言，谁家但凡有小儿啼哭不止，只要吓唬他说"杨大眼来了"，一准儿能止住啼声。

宣武帝初年，王肃的弟弟王康从南朝来奔，见到杨大眼之后说道："我在南方久闻大名，以为君眼大如车轮。一见之下，才发现与常人无异。"杨大眼笑道："旗鼓相望、冲锋陷阵之时，自然瞋目奋发，足可使君目不能视，何必大如车轮？"时人推举当世名将，皆认为以勇武骁果而言，杨大眼不输关、张。

徐兖战场得到邢峦和杨大眼这一文一武、一智一勇的驰援，很快便扭转了战局。八月，邢峦大破梁将桓和于孤山（今山东滕州），斩首万余级。别将元恒攻克固城（今山东枣庄抱犊崮），击斩冠军将军桓方庆。统军毕祖朽克蒙山（今山东蒙阴），斩龙骧将军矫道仪等，兖州遂平。九月，邢峦与杨大眼合攻宿预，斩其大将蓝怀恭等四十余人，杀获万计。直吓得梁朝吴平侯萧昺弃淮阳南奔，徐州亦平。紧接着，宣武帝又命邢峦率两万人马渡淮，与中山王元英协同作战，进击仍屯聚于梁城、洛口一线的萧宏大军。

自从五月中旬取得梁城以来，临川王萧宏统率的军队已经有数月停军不前了。这一方面是因为萧宏本人毫无军国之才，只是凭借皇弟之尊得以出任统帅，而他又刚愎自用、处置失当，胸中并无切实的作战计划；一方面也是因为，赶至淮淝前线的中山王元英稳扎稳打，七月间在寿春东南的阴陵（今安徽定远）打了个漂亮仗，大败梁军王伯敖部，歼敌五千余人，从侧翼给萧宏军施加了不小的压力。这时听说徐兖战场失利，魏军邢峦部意欲渡淮前来助战，而北魏又征发了河北六州十万众陆续来援，萧宏更加无心恋战，便召集众将商议旋师之事。

听说临川王想退军，中军大帐里的气氛顿时凝重起来。过了半晌，时任左卫将军的吕僧珍方道："知难而退，不亦善乎！"打得过就打，打不过，也没有必要硬扛。

一见有人附和，萧宏忙点头说："我亦以为然。"

哪知这话刚说完，大帐里就炸了锅。副帅、尚书右仆射柳惔（音tán）首先质疑道："自我大兵所临，何城不服，何谓难乎！"名将裴邃也道，这次北伐本来就是奔着杀敌去的，哪有躲避敌人的道理？马仙琕的话更重，他说："殿下你怎么能说出这等亡国之言呢！如今皇上把天下精兵交到你手里，只有前死一尺，绝不可却生一寸！"昌义之则怒不可遏，须发尽张，指着吕僧珍就骂道："吕僧珍可斩也！岂有百万之师出未逢敌，望风便退的道理！若是如此，我等还有何面目去见圣上！"朱僧勇、胡辛生两将则拔剑而退，说殿下欲退敬请自便，下官唯有进前取死而已。

萧宏见诸将的反应如此强烈，只好暂时搁置了撤军的提议。最后这场会议不欢而散。众人刚出大帐，吕僧珍就连连致歉，解释说临川王近日神思不安，一颗心早就不在军中了，刚才自己那么说，是怕战事于我军不利，反倒不如趁早全军而还，还能多保存些实力。他又私下里对裴邃说，咱们这位王爷不但全无本事，而且忒也胆小，我跟他讨论军事问题跟对牛弹琴差不多，这么搞，哪里还能成功啊！要是始兴王或者吴平侯来当元帅，岂能弄成今天这个样子！

始兴王是萧衍的十一弟萧憺，如今在任荆州刺史；吴平侯萧昺则围淮阳不下，在邢峦的进逼下刚刚弃围退还。两人虽然也并非才干卓群之辈，但至少礼贤下士，能听得进不同意见。临川王萧宏倒好，自己没本事，还不爱听逆耳之言。裴邃提议自己分军去攻寿阳，让萧宏统主力继续停驻洛口，萧宏却固执不听，还传令军中说："人马敢有擅自前行者，斩！"惹得将校人人愤怒，士卒亦不免暗生离心。

所谓兵熊熊一个，将熊熊一窝。萧宏不济事，连累得裴邃、马仙琕等一干名将空有报国之志，却只能拔剑四顾，茫然长叹。就连寿春城里的魏军也知道萧宏好欺负，特意派人送来女人穿的衣服以示羞辱，还编了歌唱道："不畏萧娘与吕姥，但畏合肥有韦虎。""韦虎"指的是合肥一战扬名天下的韦睿，"萧娘与吕姥"则自然是讽刺萧宏和吕僧珍，说他们畏懦胆小，简直不像男人！

42 进围钟离

九月二十七日夜，雷电交加，风雨大作，屯驻洛口的梁军大部队一夜数惊。次日一早，整夜不得安生的诸将发现，三军统帅临川王萧宏不见了！

找人仔细一查问才得知，原来昨晚暴风雨肆虐之时，萧宏担心魏军会趁机杀来，居然带着几个心腹小厮骑马逃走了！诸将又气又急，又没有办法，军心由此就散了。既然主帅都逃了，那我们还待个什么劲儿啊！还不各回各家，各找各妈！于是大军登时解体，溃兵弃甲投戈，落荒而逃，旗鼓辎重被丢得漫山遍野，病号伤兵也都被弃之不顾。闻讯赶来的魏军连追带杀，一直追至马头戍才还，戍主朱思远亦弃城宵遁。此战魏军共俘获梁军将校四十余人，擒斩士卒五万有余，收缴军粮三十万石（若以日食七升计，这些粮食足够十五万大军吃上一个月）。

弃军而逃的萧宏后来找了一条小船渡江，又冷又饿地在夜里回到了建康城北的白石垒。守城的乃是萧懿的儿子临汝侯萧渊猷，听说自己这位六叔居然丢弃了大军只身逃了回来，萧渊猷气不打一处来，命令不准放萧宏入城，理由是“恐奸人乘间为变，城不可夜开”。萧宏无话可说，只好求萧渊猷从城上缒点吃的下来，靠着墙根啃了一夜冷馒头。

这边厢萧宏逃回了建康，那边厢中山王元英乘胜进击，可就包围了寿春下游的重镇钟离城。

钟离即今安徽省凤阳县，地处淮河南岸，阻水带山，形势便利。由钟离南下建康，不过三百余里，因而在南北朝时代常与寿阳、盱眙、淮阴等地并为淮南重镇。当年孝文帝亲统三十万大军南征，攻围钟离月余而不能下；后来任城王元澄也曾自寿春出兵，在先期剪除了钟离外围的梁军镇戍后发动进攻，结果却因春雨连绵、淮水暴涨而失利。这次中山王元英乘洛口战胜之威，发动攻击的日期又是在十月冬初时节，如果能在明年春夏雨季来临之前加紧攻势，说不定能够取得当年孝文帝和任城王都未曾取得的战果。因此对于元英攻围钟离的行动，宣武帝起初是支持的。而且他还下诏给邢峦，命他南下渡淮，向淮阴、广陵方向进军，与元英成掎角之势，必要时可与元英合兵共攻钟离。

然而在接到这一命令后，邢峦却表达了不同意见。

邢峦认为，如今萧衍虽打了败仗，野战不敌我军，但守城则绰绰有余。广陵悬远，钟离、淮阴则位于淮河之南，粮食供应是个大问题，就算是能打下来，也很难守得住，“得之则所益未几，不获则亏损必大”。而且这场战争已经进行了大半年，士兵疲敝伤病已经很严重了，不如暂缓进攻，等待以后有更合适的机会。

宣武帝见了邢峦的上表，很是不满，下诏敦促他遵照前敕，不许拖延，而且提醒他说，元英那边才是重中之重，你要服从大局！

这一下，惹得邢峦也来了牛脾气，又上表说：“攻守易势，当年先帝和任城王澄就是例子。如今中山王准备以八十天的存粮攻城，臣绝难苟同。到时钟离牢城坚守，不与人战，城堑水深，非可填塞，我军空坐至春，士卒徒然疲苦。陛下命臣南下，到时有淮水相隔，那么粮食如何接济？况且我军是夏天出发的，士兵们都没带冬衣，一旦遇到冰雪酷寒，又该如何应对？臣宁可担负怯懦不进之责，却绝不愿领受败损空行之罪！钟离天险，众臣皆知。如果我国在城中有内应，那另当别论；如果没有，一定攻不下来。臣说的话陛下要是不信，那您就剥夺臣的兵权交给中山王好了，臣自己愿单骑随军，任其处分！”

邢峦刚刚立了大功，说的话也句句在理，所以虽然抗旨不遵，宣武帝还真没法治他的罪。最后只好遂了他的心意，将他召回京城了事，而改命镇东将军萧宝夤与中山王元英同围钟离。此外，杨大眼早在洛口战胜之前便已划属元英指挥，北魏攻围钟离的军队总数接近二十万之众。

对于这一形势，梁武帝萧衍倒并不觉得意外。洛口溃败后，魏军乘胜攻占马头戍，之后便将城中粮储都搬运一空，运往了北方。有大臣据此判断，说魏军八成是见好就收，不打算再南侵了。梁武帝却说不然，这恰恰是敌寇意欲进兵而使用的诡计。就急敕镇守钟离的昌义之，命他浚修城池，早做准备。

果不其然。十月初，魏军进围钟离。由于钟离城位于淮河南岸，为了便于运兵运粮，中山王元英在城东北的大沙洲邵阳洲两岸各搭建了一座桥，桥旁树栅以断淮，他自己守东岸，命杨大眼守西岸，大小城寨四十余座，日夜攻围不止。城中守军虽只有三千，但昌义之在得到梁武帝的告诫后已经做了充足的准备。魏军纵然有二十万之众，可攻守易势，城墙下就那么点儿地方，兵力再多，也只能一批批地来。

攻城的第一步，是要填平护城壕。元英命以大车载土在前，兵士负土随之，而鲜卑骑兵则列队在后驱撵。填堑的士兵既要冒着被城上箭矢射死的危险，又要小心被身后的马蹄踩成肉泥。更有些动作慢的，倒了土还来不及转身，便被后来者连人带土一块儿给埋了。不久，城壕终于填平，元英和杨大眼开始指挥将士蚁蚋攻城。魏军轮番相代，坠而复升，又造了飞楼、冲车等攻具来撞城墙。昌义之随方相拒，率领三千守军顽强应战，墙体和垛口凡有被撞坏的地方就用泥浆灌补，冲车即使撞入也不致造成城墙崩塌。昌义之本人又是个神射手，哪里形势危急，他就去哪里救援，弯弓所向之处，敌人莫不应弦而倒。一天之内，往往要苦战数十合。魏军死伤无数，钟离城却仍屹立不倒。

十一月初四，梁武帝命右卫将军曹景宗统领羽林禁军和萧宏余军，再加上韦睿在合肥的军队，总兵力二十万驰救钟离。

曹景宗出身雍州集团，是梁武帝起兵时的嫡系和老部下，在攻围郢城和进克建康的战斗中都立有大功，也是一员能征惯战的宿将。但此人贪财好色，人品不佳，又骄横自负，并非易与之辈。梁武帝事先明明下令，叫他先停军道人洲（在邵阳洲之东），待众军齐集之后再一块进发。结果曹景宗想自专其功，居然不等韦睿、裴邃等军到来便违诏进军。幸亏此时河上起了暴风，曹景宗的先头部队有不少船只被掀翻倾覆，曹景宗无奈，只好又退了回去。梁武帝听了这个消息，道："此乃天意所以破贼也！若景宗孤军独往，城不时立，必见狼狈。今得待众军同进，必可大捷！"

43 会战邵阳洲

梁武帝之所以如此自信，其背后的理由与邢峦的担忧不谋而合。

南北交锋，北朝的一大优势是骑兵，故利于平野合战，南朝的优势是水师，故擅长在河道纵横之地战斗。江淮地区水网密布，春秋之间雨量丰沛，加以北人不耐暑热，所以北朝出兵南侵多选择九、十月间秋高马肥、雨少水枯之时进行，通常至来年雨季来临前便告结束。当年太武帝拓跋焘两次南伐以及孝文帝后来的三次南征皆大抵如此。而且守城本就是南人所长，在以往的叙述中，我们已经多次见识过南朝守将以数千人凭坚城力抗数倍，乃至数十倍于己的敌军的经典战斗。只要守城者能坚持到雨季来临，那么在旷日持久的攻城战中消耗得精疲力尽的北朝军队，不久就会发现自己已经处于被南军水师封锁粮道、截断退路甚至分割包围的危险之中。钟离地区距建康不过三百余里，梁军在补给和调动上都占据优势，而魏军则需要经过长途转运，将河北的粮食运到淮南。尽管洛口一战，魏军从梁人手中缴获了三十万石军粮，但二十万大军云集钟离，每月都要消耗四十万石。这对魏军的后勤补给自然是极为沉重的负担。况且洛口之溃，主要应归咎于主帅无能，并非梁军战斗力不济，眼下全军将士都憋了一口气，正是战意盎然之时。

建康城里的梁武帝自信满满，洛阳城里的宣武帝则开始感到了担忧。

转眼已至年底冬春之交，中山王元英在钟离的攻势已经持续将近三月，却仍不能有所进展。宣武帝想起了邢峦的警告，心中十分不安。他派熟悉淮南形势的范绍至军前视察，又下诏叫元英适可而止、秘密准备班师。然而元英此时已经被之前的胜利冲昏了头脑，又觉得既然已经耗费了许多力气，空手而归未免心有不甘，于是上奏请求朝廷再宽限些时日，还说为了防止春汛到来后淮水上涨冲断桥梁，他已经将邵阳洲上的两桥特别加高，又下令在河道狭窄处另行营造浮桥以防万一，总之是不希望“为山之功，中途而废”，坚持到四月份一定可以取得突破！

对于这一答复，宣武帝并不满意。因为按照元英之前的表奏，本来二、三月间便应拿下钟离，而今他又将克城之期推延至四月，明显暴露出攻势受挫而底气不足。然而“将在外，君命有所不受”，正如当初不能强迫邢峦进军一样，此时宣武帝也不方便直接强迫元英回师。他只好又派了使臣“往观军势”，叫元英将攻取的方略“一一具闻”。

其实到了这个时候，元英自己对于如期拿下钟离也没有什么把握，而且他也实在没有什么特别有效的攻取方略。可谁让他当初胸脯拍得啪啪响，缺乏转圜的余地，如今势成骑虎，也就只好硬着头皮坚持说“可克”。

就在这一当口，从合肥赶来的韦睿军也到了。

接到梁武帝的诏令后，韦睿统领豫州之众经由阴陵大泽，穿溪越涧，轻装疾行，直奔钟离而来。有人畏惧魏军兵盛，劝韦睿不必如此着急。韦睿道：“如今钟离城中想必已是凿穴而处，负户而汲，怎可不急！汝等不必担忧，我自有筹略可以破敌。”十天便赶到了前线，与曹景宗军会合。

曹景宗本来是不肯自居人下的性格，但他对韦睿却能尊敬有加。这一来是因为两人是雍州同乡，而论年龄阅阅，韦睿又是曹景宗的长辈，二来韦睿以一介儒生下小岘、克合肥，威名远播，曹景宗也确实挺佩服他。何况梁武帝事先早有诏敕，说韦睿是“卿之乡望”，叫曹景宗“宜善敬之”。所以这次作战虽然名义上曹景宗是总指挥，实际的方略却都是韦睿拿主意。

鉴于魏军已经占据了邵阳洲头，架桥栅淮以围钟离，韦、曹决定先于邵阳洲尾登陆，筑垒以逼魏营。这一点对于拥有水师优势的梁军来说并不难做到。在夜色的掩护下，韦睿率领本军悄然登陆，掘长壕、树鹿角，走马步地，一夜之间便截洲为城。当清晨的薄雾散去，魏军才惊讶地发现，距本军营寨不过数百步的地方，竟赫然出现了梁军的连环城寨！中山王元英大惊，以杖击地道："是何神也！"杨大眼则怒不可遏，亲统万余骑来攻。面对魏军铁骑的四面合围，韦睿结车为阵，命强弩两千一时俱发，霎时间人马翻覆，洞甲穿胸，魏军死伤一片。杨大眼的右臂亦被飞弩贯穿，狼狈退下阵来。

次日一早，元英又亲自率众来战。韦睿则乘素木小车，手执一柄白角如意，指挥若定，麾军迎敌。一日之内，双方交战数合，魏军丝毫没占到什么便宜。到了晚上，魏军又来攻城。韦睿登城督战。黑暗中乱矢横飞，他的儿子韦黯苦劝父亲下城以避箭，韦睿坚持不许。这时不知为何，军中忽然起了骚动，韦睿遂于城上厉声呵斥。将士既知韦睿在场，顿时军心大安，骚动很快得以平息。

一连数天，魏军都击不破眼皮底下的韦睿营寨，反倒折损了不少士兵。元英十分懊恼，却又无计可施。更糟糕的是，曹景宗效仿韦睿这种连城战术，招募了一千多人的敢死队，潜渡至北岸杨大眼的营寨腹地，也筑起据点，命别将赵草据守，不但威胁到了北桥的交通，更对魏军的粮运进行了骚扰。杨大眼当然不会容忍卧榻之旁有敌人酣睡，不顾伤势，也尽众来攻。但这时的魏军已经在钟离城下耗了几个月，如果从战事初起时算起，持续在外作战已将近一年，师老兵疲，斗志和战力都大不比从前。而曹景宗麾下的禁军则刚从京城赶来，器甲精新，士气正旺。所以饶是杨大眼勇武，却仍难奈"赵草城"这一小小据点。

曹景宗又派人从水底泅入钟离，告知昌义之援军已至。守军士气大振，钟离城就更加难以攻克了。

战局僵持之下，随着天气一天天转暖，东风渐起，形势对魏军越发不利起来。梁武帝颁下密诏，命曹景宗、韦睿预造高舰，舰身与魏军建造的河桥等高，以为火攻之计。

天监六年（公元507年）三月底，春汛来临，淮水暴涨。

梁军发动总攻的时机到了！

四月初四，梁军万舰争流，直扑邵阳洲两岸的河桥。韦睿军专攻南桥，曹景宗军专攻北桥，其余各部则合力攻击洲头的魏军营垒。高船大舰乘水势直逼敌营，舰上万弩齐发，小船快艇则装满了油膏柴草，穿梭纵火，不多时便点燃了河桥。韦睿又命敢死之士乘机入水，拔木栅的拔木栅，砍桥墩的砍桥墩，再加上风怒火盛、水流湍急，片刻间，两座河桥相继崩坍。河桥被毁之前，洲上的魏军害怕后路被断，已经开始争桥奔退。把守北桥出口的杨大眼手杀数人，仍然拦不住溃兵。如今两桥俱毁，来不及撤退的魏军除了投水，就只能乖乖投降。此时两岸的魏军营帐也都被梁军水师纵火烧成了一片。但见烟炎蔽日，喊杀之声震动天地，梁军将士无不以一当百。中山王元英眼见河桥断绝，心知大势已去，当即弃营脱身而走。杨大眼亦烧营退走。魏军随即大溃，诸营垒相次土崩，投水溺死者和被梁军斩杀者不下十万，缘淮百余里死尸枕藉。元英匹马逃回了梁城，梁军直追至洛口而还。

钟离城中的昌义之闻报，喜极而泣，一个劲地说："更生！更生！"——老子苦撑将近半年，如今总算又活过来了！

此战，北魏二十万大军几乎全军覆没，被梁军俘虏的就有五万之多，其余资粮、器械堆如山积，牛马驴骡不可胜数。事后，元英被北魏法司弹劾"经算失图"，理当处死，宣武帝念其为宗室近亲，免其死罪，除名为民了事，而杨大眼则被发配到营州为兵。梁朝这边，曹景宗增封四百户，进爵为公，韦睿则由原本的子爵晋封为侯爵。

44 浮山筑堰

钟离会战是南北交锋近百年来，北魏折损兵力最多、败得最惨的一次。战役结束之后，除寿阳仍在魏军的控制之下，其余淮南镇戍尽皆被梁军收复。第二年九月，北魏郢州司马彭珍叛降梁朝，引梁军攻克三关，进围义阳；十月，位于义阳之北的悬瓠城军主白早生亦杀豫州刺史司马悦而南叛，遂引发了梁魏之间新的争端。经过一番争夺，魏军克复悬瓠，解了义阳之围，重新收回三关，两国在淮水上游的疆界又回到了几年前的格局。

之后虽然梁武帝有心修好，向北魏提出了以宿预换汉中的提议，但宣武帝显然觉得这个条件自己一方太吃亏，而且钟离之败的一口恶气他憋在心里始终无法释怀，便严辞拒绝了这个提议。

两年后，由于梁琅琊郡民杀郡守降魏，两国在滨海地域战事又起。梁魏两军在朐山相持了七八个月之久，最终以卢昶为统帅的魏军大败而归。此战后来被魏国史官拿来跟钟离之败相提并论，认为是本国自经略江左以来最耻辱的两次失败。

话虽如此，从整体态势而言，由于寿春、义阳这两个分居淮河中、上游的重镇仍握在北魏手中，梁武帝始终难以放下心来。这几年的交兵也让梁武帝明白，以两国现今各自的实力，都是自保有余而攻敌不足。换句话说，谁先攻城谁吃亏。如果不是当年裴叔业叛降，拱手献出了寿春城，北魏未必便能如此轻松地得到这个淮南要地。

那么，除了发兵大举攻围之外，还有没有什么方法能让魏人自己献出寿春城呢？受裴叔业一事的启发，梁武帝首先想到的方法就是挖墙脚、搞离间，争取让北魏也出个裴叔业，自己献城来降。

当时取代元嵩担任扬州刺史、在相当长的时期里一直主持寿春军政的是汉人李崇。李崇是献文帝生母李贵人的次兄李诞之子，从孝文帝时代便多年在边州为官，所在素有治绩。宣武帝继位后，李崇继续得到重用，先后在中央和地方屡任要职。自从李崇镇守寿春以来，梁武帝“屡设反间，无所不至”，没少动用手段离间宣武帝和李崇的关系，甚至宣称只要李崇降梁，便封他为车骑大将军、开府仪同三司、万户郡公，诸子也皆封县侯。然而李崇不为所动，宣武帝也对其信任有加，梁朝的反间计并没有收到预期的成效。

梁武帝正在一筹莫展之时，天监十二年（公元513年）发生的一件事给了他新的启发。

这年五月，淮南一带一连下了十三天的暴雨，洪水泛滥，加以寿春地势低洼，终于爆发了极为严重的水灾。整个寿春城都被大水淹没，城中幸存的居民纷纷爬上八公山躲避。初时李崇率领军兵上了城墙，后来水增不止，“城不没者二板”（一板高二尺），他便乘船系守在女墙之侧。僚佐都劝他说，这种情况干脆就别守城了，咱们也应该上山去躲躲。李崇道：“我受国家厚恩，忝守藩岳，淮南安危系于我之一身。今日一旦动足，百姓瓦解，扬州之地恐非国家所有。我岂能惜此一身而取愧千载！只是可怜有士民将无辜同死，唯有结筏随高，各图自保。我必与此城俱没，诸君请勿复言！”

李崇的担心并非多虑。当时确有避水保据山原的数千家百姓以为他已经弃城而走，就推举扬州治中、裴叔业的侄子裴绚为首，向梁朝乞降。梁武帝便任命裴绚为代理豫州刺史，还派马仙琕遣军前来迎赴。李崇后来派了水军，费了不少力气才将这次叛乱平定。

由于这起水灾，再联想到几年前韦睿堰水取合肥的那场胜利，梁武帝愈加确信，如果筹措得当，完全可以利用水攻的方式取得寿春，至不济也可以大幅削弱寿春城的防御能力。

恰在此时，一度在邢峦手下效力、如今已投奔梁朝的降将王足向梁武帝献计，可以堰淮水以灌寿阳。为了造势，王足还特意编造了一首北方童谣："荆山为上格，浮山为下格，潼沱为激沟，并灌巨野泽。"

荆山在钟离以西九十里的淮河北岸，与南岸涂山相对，即今安徽省蚌埠市怀远县荆涂山景区。相传荆、涂二山本为一脉，是大禹治水时为疏通淮流才凿成了两截，因此两山之间狭窄而陡峭。如果在此筑堰，淮河回水，便能倒灌寿春。这便是所谓的"荆山为上格"。而浮山位于钟离东北九十里的淮河南岸，与北岸巉（音chán）石山相对，即"浮山为下格"。如果在此筑堰，那么汇聚于浮山以西的潼、沱等五条淮河支流势必向北倒灌入巨野泽，从而淹没北魏徐州、兖州的大片地域，所以说"潼沱为激沟，并灌巨野泽"。王足的这个建议，实质上是要以人力强行改变淮河中游的水文环境，从而达到以邻为壑、以水代兵的目的。

这个建议与梁武帝水攻寿阳的构想不谋而合，自然得到了他的大力赞同。他首先派水工陈承伯、材官将军祖暅（音gèng）前去实地考察，结果两人都报告说："淮内沙土漂轻，不坚实，其功不可就。"也就是说，淮河两岸的土质以沙土为主，作为地基不够坚实，并不适合在上面建造庞大的堤坝。然而梁武帝坚持认为人定胜天，于是下旨征发徐、扬民夫，每二十户取五丁，加上当地的驻防士兵总共二十万人前来筑堰；又任命康绚为都督淮上诸军事，专门负责保护大坝的修筑。

后世虽然多称此次修筑的淮堰为浮山堰，但实际上修筑的大坝有两道："上格"在荆山，称之为荆山堰；"下格"在浮山，称之为浮山堰。从战略作用而言，荆山堰距寿春不过二百里，阻水灌城的效果更加明显；但从工程量上而言，由于浮山堰两侧山势低平、不易为功，其耗费的人力物力要比荆山堰大得多。

天监十三年（公元514年）冬天，浮山堰正式开工，从南岸的浮山和北岸的巉石山同时向河心修筑，预备在中流合龙。此时正值枯水期，工程的进展比较顺利。然而到了翌年四月大坝正要合龙之时，淮水上涨，水流迅急，大坝被冲毁决溃，二十万人辛苦劳作半年的成果顿时付之东流。

梁武帝正在懊恼，有人上奏说，淮堰之所以合而复溃，乃是因为水中有蛟龙兴风作浪，但是蛟龙这东西最怕铁器，只要多多沉铁于河，定可将其镇伏。梁武帝居然听信了这鬼话，下令京城东西二冶搜集全部铁器，不管是铁釜铁鼎还是锄头犁铧，总共搜罗了几千万斤，统统沉入了大坝修筑之处。大概龙王爷对家里平白成了铁匠铺并不开心，在淮水冲激之下，大坝仍然难以合龙。后来干脆伐树做成木笼，里面装满巨石，然后再在上面堆土夯实后沉入水中。这种笨方法到底收到了一些效果。于是缘淮百里之内，山石树木不分大小都被运往了坝上，负担的挑夫没有一个肩膀不磨得皮开肉绽，劳役自夏至冬，日夜不休。盛夏暑热，疾疫而死者不计其数，嗜腐蝇虫之声昼夜相闻；严冬酷寒，冻死的士卒高达十分之七八，每天早晨，工地上都布满了僵仆的尸体。梁武帝虽然又是派使者慰劳，又是赐以冬衣，可对修堰的士卒民夫来说，以上举动并无助于减少他们的劳累和痛苦。

45 人难胜天

自从得知梁武帝下令筑淮堰阻水以灌寿阳后，北魏方面就高度关注。

早在这年春天，北魏便曾指派杨大眼率军在荆山附近镇守，伺机对大坝加以破坏。但后来大坝自行决溃，杨大眼便无所作为。如今眼见梁朝在付出了巨大的代价后仍不放弃，筑堰工作大有进展，洛阳朝廷十分紧张。与此同时，为了配合堰淮攻势，梁武帝又命游击将军赵祖悦袭据寿春西北二十五里的硖石山，以逼寿春。硖石山上本有小城，赵祖悦又加筑外城，逼徙周边百姓都迁进城中。于是北魏朝廷在九月下旬诏定州刺史崔亮假镇南将军，进讨硖石；又命冀州刺史萧宝夤为镇东将军，和杨大眼一起谋攻淮堰。

令人遗憾的是，杨大眼这时已经不是当初的杨大眼了。钟离战败对他来说就是人生的一个拐点，那之后，他不但被发配到鸟不生蛋的边疆营州（今辽宁朝阳）去当兵，而且在他流放期间，他的老婆潘氏在洛阳不甘寂寞，还给他弄了不少顶油光光的绿帽子。几年后，宣武帝追念前勋，将杨大眼复起为中山内史，算是将他调回了内地。这时杨大眼才得知了老婆不忠的事实，怒火中烧之下，他亲手杀死了潘氏。那以后，杨大眼的性格似乎发生了很大的转变。这次奉命进讨淮堰，原本爱兵如子的杨大眼不见了。相反，他变得喜怒无常，动不动就对士卒杖责鞭挞、拳脚相向，如此颇失将士之心。杨大眼本非智将，当初威震淮汉靠的就是个人的勇武和三军用命，如今他年事渐高，又不能得将士死力，自然战力不比从前。淮堰一战，居然连守堰的康绚他也奈何不得。

至于崔亮，他到硖石后首战告捷，便乘胜包围了赵祖悦，但接下来不知怎地和扬州刺史李崇产生了矛盾。当时李崇已经组建了一支两百条船的水军，崔亮想跟李崇约好日期，自己由陆上进攻，李崇派水军从河上进攻。可到了约期，李崇久久不至，两人就此结下了梁子。北魏朝廷见将帅不和，又特派镇军大将军、兼尚书右仆射李平率步骑二千赶赴硖石，为行台节度诸军，但有不听号令者，唯军法从事。崔亮和李崇这才暂时搁置争议，勉强合作起来。与此同时，梁武帝本来派了昌义之等领水军增援康绚，这时得知杨大眼已退，又听说赵祖悦在硖石被围，便溯流而上奔硖石而来。然而援军进至距硖石不过数里之遥的下蔡（今安徽凤台）故城之时，却被一物拦在河心，再也过不去了。

原来，崔亮手下的两员副将崔延伯和伊盆生在下蔡两岸夹河为营。崔延伯想了个极高明的主意：取来大车的车轮，去掉轮框，削尖轮辐，两两对接，用竹篾编成的粗绳贯穿起来拦在淮河中间，两头用大辘轳架在岸上，总共十几道，远望似桥，近看才知是带刺的封锁线。如果梁军水师贴近来攻，即使不被两岸的魏军射死，也会被尖利的轮辐扎个稀烂。倘若改用火攻，两岸辘轳一放，拦索立刻沉入水底，想烧都烧不着。这样既切断了赵祖悦的后路，又阻止了梁军的增援。昌义之等远远地看着干着急，就是过不去这道封锁线。要是上岸来攻，又怕打不过北魏的陆军。李平等由此得以从容布阵，展开了对硖石山的围攻。崔亮督陆军攻击城西，李崇遣斗舰百余艘沿淮奋击、攻其城东，众军同声鼓噪，一时俱上。赵祖悦左支右绌，很快外城便被攻陷。他又率余众固保小城，坚持抵抗了整夜，直到次日天明方宣布投降。昌义之等无计可施，只好退回了梁城。

拿下硖石之后，按理魏军便该乘势进击淮堰。但不知为何，这时崔亮又闹起了别扭，居然上表称疾请还，而且不等朝廷批复，便径自带部众回了京。惹得李平大怒，连连向朝廷弹劾，说应该将崔亮处死。但这时宣武帝已死，主政的是临朝垂帘的胡太后。胡太后虽然也承认崔亮擅违朝制、其罪不小，可又说自己好生恶杀，让崔亮将功折罪就是了。崔亮这一走，单凭李平和李崇的部队自不敢大举进击，北魏就这样错失了一次破坏淮堰的好机会。

到了第二年四月，耗费了无数民力物力、不知用多少人的生命做陪葬建设的浮山堰终于顺利合龙。据史料记载，建成后的浮山堰“长九里，下阔一百四十丈，上广四十五丈，高二十丈，深十九丈五尺”，堪称古代建筑史上的一个奇观。堰两岸夹之以堤，堤上栽种杞柳，守堰的军士列居其上；堰下之水清澈如镜，向下俯视，可以清楚地看到水下的庐舍和坟墓。直到今天，在当年的浮山堰修筑之处仍可以见到这个一千五百年前的宏伟工程的遗迹。

据研究者实地勘察，在今江苏泗洪县潼河山（即巉石山）西侧残留有一段人工土体，长二百多米，顶宽六十米，高约二十多米，名为“铁锁岭”；铁锁岭对岸的安徽明光市浮山西南侧，也有一处人工土体，当地人呼为“土龙”。浮山与潼河山间距一千六百米，这两处土体俨然两条盘踞的巨龙，夹淮相峙，高程相仿，走向互相对应。潜入淮河深处，多半就是当年浮山堰的遗迹。二十世纪五十年代维修淮北大堤时在此取土，曾挖出过铁块、砖块及木头等遗物，据说当地人还在这一带挖出过不少古箭头。

浮山堰建成后，立刻发挥了阻水作用，水势日增，沿淮数百里渐成一片水乡泽国，地势低洼的寿春再次面临全城被淹的威胁。不过这时李崇已经积累了丰富的应对水灾的经验。他在八公山东南的山坡上新建一城，称之为“魏昌城”，又将寿春城的官署驻兵逐渐向新城转移，寿春以南的居民百姓则散居冈垄以避水。此外，为了防备梁军水师前来袭击，他还在硖石戍编舟为浮桥，桥北并立楼船十座，各高三丈，船前十步设一篱，直至两岸，如同水上堡垒一般将河道封锁。楼船之北又用铁锁将翻覆的大船连接起来，东西两端临水，以此防备敌人用火船来攻。由于李崇的妥善布置，梁武帝水灌寿阳的构想一时并没能取得预期的效果。

不过，随着堰水越蓄越多，堰体承受的压力也在日益增加。前文已述，由于淮河两岸的土质以沙土为主，浮山堰的基础并不牢固。为了堰体的安全起见，康绚特意在大坝上游凿开了一个泄洪通道，以减轻堰体承受的压力。他还向北魏境内散播流言，说梁人不怕打仗，就怕河水被泄。当时屯驻淮北谋图破坏淮堰的萧宝夤和杨大眼已经与护堰的梁军对峙多时，虽说有所斩获，但终不能抢占淮堰，这时听说了这个流言，便真的在上流凿山开渠，试图分流掉部分河水。之后萧宝夤和杨大眼自感已足以向朝廷交待，便引军北还了。

回到洛阳后，李平、杨大眼和崔延伯等人都受到了胡太后的召见。胡太后虽然对硖石之战的胜利深感满意，但仍对淮堰的威胁表示了担忧，问他们有什么良策没有。杨大眼说，臣一直认为只要水陆两道同时进军，便能攻无不克。崔延伯立刻表示了质疑，说淮河南北沟渎纵横，水军可以顺流直下，陆军受阻于沟渎，如何能与水军同时进军？最好的办法是训练南境士兵专习水战，如此才是良策。至于李平，他则认为完全不需出兵，淮堰终究会自行崩坏。

胡太后对李平这一看法并不认同，不久便任命任城王澄为大将军、都督南讨诸军事，统领十万人马，准备出徐州进攻浮山堰。

然而就在任城王澄出兵前夕，这年八九月间，淮水暴涨，荆山、浮山两堰先后溃决。奔流的洪水轰鸣若雷，三百里内清晰可闻，一夜之间，淮河下游的广袤平原变成了汪洋一片，缘淮城戍村落十余万口被洪水淹没，最后都冲漂入海，成了鱼虾的食物。

同时代的地理学家郦道元记叙此事，认为是梁武帝“逆天地之心，乖民神之望”，不顾自然规律一意孤行，终究受到了大自然无情的嘲弄和惩罚。

46 皇帝菩萨

淮堰溃决、十万人葬身鱼腹的消息传来，梁武帝萧衍沉默了。

史书中见不到他对这起事件有什么表示或评论，所以我们也很难获知那一时刻他的想法和心情。然而，纵然萧衍早年见惯了尸横遍野、杀人盈城的情景，但那毕竟是在战场之上，死亡者是性命相搏的敌人和士兵，如今是十余万无辜的平民百姓仅仅因为自己的决策失误便成了溺死的冤魂，但凡有一点点恻隐之心，他一定会深感良心不安。

何况几年前梁武帝便已经倾心皈佛，相信杀生有罪，连肉食都戒掉了。

那么，十余万人的性命，该是多大的罪孽、多深的业报呢？

半年后，梁武帝不顾群臣反对，下诏宗庙祭祀禁用牺牲，而改用面来代替。随后又在华林园内召集僧尼举办大型法会，除了宣布自己将按佛家规矩严格持戒之外，还提倡天下僧众都像自己一样戒酒断肉（中国佛教徒吃素之俗自梁武帝始）。

两年后，梁武帝在华林园重云殿“受菩萨戒”，下诏舍道奉佛，正式成了一名僧人，法名“冠达”。从此，他既是皇帝，又是和尚，文武百官都称他为“皇帝菩萨”。

这一年，梁武帝五十六岁。

在之后的三十年里，梁武帝不但谨守佛戒，不食酒肉，不近女色，更是先后四次到寺庙里舍身出家，甘愿不当皇帝当和尚，最后要王公百官出巨资向寺庙“奉赎”才能将他请回御座。其余造寺、建塔、说法、注经等崇佛行为亦不一而足。不论从哪个方面来说，这时的梁武帝萧衍都是一个极度虔诚的佛教徒。

那么，这一切都是为什么呢？

大概就在这次受戒后不久，梁武帝写了一首诗，其中提到："少时学周孔，弱冠穷六经。……中复观道书，有名与无名。……晚年开释卷，犹日映众星。……"显然，梁武帝认为自己的信仰经历了儒、道、释三个阶段。

"少时学周孔"，这很好理解。在那个时代，儒学是每个知识分子的进身之阶，也是像萧衍这样的官宦子弟幼时必然接受的传统教育。"中复观道书"，则要结合萧衍的家世背景和交往圈子来看。正如本书第一部中提到的那样，魏晋南北朝时代，道教广泛流传于东南沿海，兰陵萧氏的很多人都是道教信徒。按照陈寅恪的观点，齐高帝萧道成、萧衍的父亲萧顺之名讳当中的"道"和"之"字，就是天师道信仰的反映。萧衍小名叫作"练儿"，很可能也与道家修炼之说相关。后来他自称"耽事老子，历叶相承，染此邪法"，也承认受到了家庭环境的影响。而且在萧衍出生成长的年代，宋齐两朝的许多君主都笃信道家鬼神之说，陆修静、孙游岳等大道士在朝野上下都有很大的影响力，萧衍自己在竟陵王西邸之时也没少跟僧道之徒交往。道教茅山派（即上清派）的奠基人陶弘景便是萧衍的好友，萧衍篡齐前夕，陶弘景"援引图谶，数处皆成梁字"，为齐梁禅代大造舆论。萧衍即位后，对其优礼有加，国家每有吉凶征讨大事，无不向其咨询。所以陶弘景虽于茅山隐居，当时人却都称他作"山中宰相"。

梁武帝中年信道，直接的动机和普通人没什么不同，一是为了消灾祈福，二是为了追求长生。史料说他登基之后，仍然常常亲自"上章"。所谓"上章"，就是道教徒为了消灾减祸，将年命符咒写成章奏的样子烧香焚化，向上天和神仙祈福的活动。他也曾像前代的许多皇帝一样，命陶弘景、邓郁这样的得道之人为自己炼制仙丹以求长生。据说陶弘景吹嘘已经掌握了炼制长生“神丹”的方法，只是苦于原料难得。梁武帝赐给他黄金、朱砂、雄黄等原料，他又说上好的原料产自北方，还是炼不成。最后没能炼成服之便可长生的神丹，只是炼就了“色如霜雪，服之体轻”的飞丹。《南史》说梁武帝吃了飞丹这个年轻态保健品，大概确有效验，所以仍对陶弘景敬信不疑。

其实，梁武帝本人是懂医术的，对于丹药的毒性应该略有了解，道家宣扬的服食长生之术，他也未必尽信。史料说邓郁替梁武帝炼制的丹药，他根本不敢服用，而是放进楼里供养起来。这当然不是因为觉得自己层次太低消受不了，而是怕吃了中毒，长生不得，反而速死。就养生而言，道家提倡采阴补阳，佛教讲究不近女色，以梁武帝的切身经验来看，显然觉得后者更为有效。再加上魏晋以来，道教时常与民间的反叛活动结合在一起，每隔上一段时间就要给当朝统治者造成不小的麻烦，慢慢地，梁武帝觉得，不论从个人还是国家的角度来说，尊道崇道都并非上佳的选择。

这时，在东汉传入中原、在魏晋时期获得长足发展的佛教以其宏大精密的理论体系、简单易行的修炼法门逐渐赢得了梁武帝的青睐。

平心而论，诞生于中国民间的道教虽然在南北朝时代经过寇谦之、陶弘景等人的改革和整理，去除了三张伪法，规范了科仪戒律，完善了神仙谱系，但在解释现实世界、认识心灵世界并进而在信仰层面给大众以解决方案这一点，相比佛教仍缺乏足够的说服力和吸引力。这直接导致了当时社会上——尤其是在知识分子群体当中，由儒入佛、由道入佛成了一种流行。例如出身天师道世家的谢灵运，后来便改宗了佛教，死前还把自己的三尺美髯捐给了广州佛寺，用来当维摩诘像的胡须。甚至道教信徒也不断向佛教偷师，吸收佛教精髓来完善道教教义。例如道教天尊原本没有形象，至刘宋时仿效佛像，才制作了天尊和左右二真人的形象；而陶弘景所著的《真诰》，也有相当大的篇幅显然抄袭了佛教经典《四十二章经》。

就梁武帝本人而言，早年在竟陵王西邸之时他便与佛教徒有过接触，不过当时仅仅是泛泛之交，对佛教教义也并不熟悉。直到入梁之后，多半是由于名僧宝志的接引，他才对佛教兴趣渐增，而且开始为亡父亡母和亡妻郗氏修建寺庙以祈福。

宝志据传出生于东晋末年，至齐梁之世已是百岁高龄，平日往来于钟山建康之间，有神通，能预言，深得文惠太子萧长懋和竟陵王萧子良的信奉。至少在天监初年，梁武帝便与宝志有过交游。据说武帝曾当面询问宝志自己年祚长短，宝志答道：“元嘉、元嘉。”元嘉是宋文帝刘义隆的年号，一共三十年。宝志既然说了两次，那不就意味着六十年吗？而梁武帝登基的时候已经三十九岁了。不管真假与否，听说自己能享百岁之寿终究是一件开心之事，又何况此人乃得道高僧，于是梁武帝分外高兴，对宝志推崇备至。

宝志拿宋文帝来跟梁武帝作比，未必没有道理。前者开创了元嘉之治，梁武帝即位伊始也励精图治，整个国家颇有振兴气象。宋文帝在位长久，晚年却终不免祸起萧墙，被亲生儿子所弑；而梁武帝后来也在位四十八年之久，晚年一招不慎，引发了侯景之乱。如果算上在江陵苟延残喘的后梁统绪，那么梁朝的国祚总共为五十六年，算是勉强应了宝志所说的“元嘉、元嘉”吧！

47 遁入空门得清净

许多年后，在一篇类似回忆录的文章《净业赋序》中，梁武帝谈到了自己信仰佛教的过程。他说自己“布衣之时，唯知礼义，不知信向”，并不晓得信佛有什么好处，和其他人一样为了逞口腹之欲而烹宰众生。后来当了皇帝，吃尽天下美味，每次用膳时桌子有十几平，堆满了珍馐百味，可是这时自己的双亲已经过世，想到他们二老没能享受到这些孝敬和供养，就流泪吃不下饭，哪里还忍心再吃这些美味佳肴？后来就慢慢地戒掉了鱼啊肉啊这些东西，每餐只吃点儿蔬菜。这样一来，一时有点不适应，不但从一个大胖子瘦成了小蛮腰，而且还经常得病。找了两个太医来看，结果一个说饮食不对，一个说房事过度，其实他们都不知道我早就不吃鱼肉、不近女色了。后来还是我自己开的药方调理好了。自从我不食荤腥，远离了杀害之障，不近女色，远离了欲念之障，不但身轻体健，连头脑也愈发清楚了，那以后看起佛经来一看就懂，方才明白佛法中蕴含的至高真理，就更加坚定了自己的信仰。

按照这一说法，梁武帝之所以舍道奉佛，一是从个人经验出发，认为学佛破障对养生更为有效，二是为佛经中蕴含的深刻道理所吸引。

这当然没错，不过并不全面。

须知佛教跟其他宗教的最大区别，就是承认人生在世就是受苦，而且活该受苦，如果你不修行解脱，那么下辈子、下下辈子还要继续受苦。即使你在尘世间因为吃得好、穿得好、有钱有权有名望有人爱你而感到快乐，那也不过是梦幻泡影，你的欲望终究会给你带来无尽的痛苦。万般带不走，唯有业随身，你今生的所作所为将决定你来世的福德果报。即使你是帝王将相，也逃不脱因缘罗网、六道轮回。

梁武帝身为天子，应该说人世间能够享受到的荣华富贵、感官快乐他都享受到了。然而这些年来，身登九五、君临天下的喜悦早已消逝，随之而来的却是内心的不安和无尽的烦恼。

且不说暗中有多少人在觊觎皇位，也不说那些永远也处理不完的国家政务，更不要提竭尽国力却几无成效的历次北伐和葬送了十余万无辜性命的浮山淮堰，单就在篡齐建梁过程中实施的那些“必要的杀戮”而言，梁武帝的灵魂就已经背负了难以洗涤的原罪，嘴上不说，心里却时时受到折磨。

其实相比前代而言，梁武帝自觉对萧齐宗室已经算得上宽大，然而他还是没能放过末代齐君萧宝融以及齐明帝的子孙——除了明帝长子萧宝义，此人是个口不能言的残废，早已生不如死，留下来做个“奉齐祀”的招牌要比杀掉他更为有利。之所以如此，他曾经专门向豫章王萧嶷的儿子萧子恪解释说，一是为了“自雪门耻”（指萧顺之忧死、萧懿被杀之事），二是“为卿兄弟报仇”（指齐明帝诛戮高、武子孙一事）。话虽然说得冠冕堂皇，但萧宝融毕竟与自作孽的东昏侯萧宝卷不同，而且还是萧衍亲自推奉劝进的君主，用得着的时候口称陛下，用不着的时候就一脚踢开，甚至加以鸩毒，无论怎么解释，终不免问心有愧。

愧者，心鬼也。在齐和帝萧宝融这一事上，心里有鬼的不止梁武帝一人。

自从当初帮萧衍策划了禅位一事，后来又劝他杀掉萧宝融，沈约官运亨通，一路尚书仆射、中书令、尚书令地做下来，位居宰辅之位近十年之久。然而人心苦不足，既得陇，复望蜀。沈约过足了当宰相的瘾，还想更进一步，弄个三公的头衔当当。历来台司之位，若不是宗室皇亲或跋扈权臣，就只有德高望重、勋业彪炳的大臣才有资格担任。沈约认为自己是开国元勋、劳苦功高，当然有这个资格，就通过各种渠道向梁武帝暗示。不过梁武帝对沈约急于求进的心理一直有所警惕，并不愿轻易将这个位极人臣的职位授予他。沈约找人请托，梁武帝不许，沈约又用以退为进之策请求外放，还是不许，到头来弄得自己好生没趣。

恰在此时，当年和王珍国一起倒戈杀死了东昏侯萧宝卷的张稷死了。入梁后，这张稷虽然被封为尚书左仆射，但和沈约一样，觉得自己的功劳并没有得到足够的赏赐，怨望之情时常溢于言表，后来就被梁武帝外放做了青、冀二州刺史。

谈起张稷的死讯，梁武帝似乎仍心存芥蒂。而沈约和张稷是儿女亲家，自感要为死去之人说一两句善后的话，就劝解道："张稷以尚书左仆射出任边州刺史，已经算是惩罚了。况且都是过去的事了，还提它做什么！"

哪知沈约不说话倒好，这话一说，反惹得梁武帝大怒道："卿竟然说出如此言语，难道是忠臣所为吗？"说罢拂袖而起，竟转身回了内殿。

沈约大惊，一时间竟不知道哪里触怒了皇帝。心念急转，才觉出梁武帝的潜台词是：你沈约替张稷说话是什么意思？你是不是跟他一样，觉得朕没让你当三公是亏待了你？当下大惧，竟不知梁武帝早已经走了，又呆呆地在殿中坐了半晌。

回去的路上，沈约连带着又想起了早前一事：

那是在一次宴饮之时，正值豫州献来大栗子，每个直径足有一寸半。梁武帝大奇，就问你们谁记得历史上关于栗子的典故有多少？最后沈约和梁武帝分别在纸上条列出记得的典故，拿来一比，沈约比梁武帝少写了三件事。见自己的记忆力比世称"博物洽闻"的沈约还好，梁武帝自然高兴。可沈约出门就对人说道："此公向来逞强好胜，我要是不让着他点儿，他非羞死不可。"哪知这话后来竟传入了梁武帝的耳朵。梁武帝登时大怒，说沈约出言不逊，当时就要办他。幸亏徐勉在旁好生劝解，才不了了之。

沈约将这两件事琢磨来琢磨去，越想越怕，如同失魂落魄一般，到家后便一屁股坐在地上起不来了。之后他就生了病，还梦见齐和帝萧宝融手拿利剑来斩自己的舌头。醒了以后找巫师来看，结果巫师也说看到了梦中的情景。这下沈约更惧，就找来道士给上天“上章”，说禅代的主意不是自己出的，要索命别冲着我来。结果这一幕都被梁武帝派来视疾的太医看在了眼里，回头就向上边打了报告。梁武帝怒不可遏，心说沈约你什么意思！那主意不是你出是谁出的？你叫萧宝融不去找你，难道叫他来找朕不成！连连派使者下去，将沈约骂了个狗血淋头。沈约本来便已病入膏肓，这下又惊又惧，很快就咽了气。而梁武帝余怒难消，有司原本替沈约拟的谥号是“文”，梁武帝却说：“怀情不尽曰隐。”便改谥为隐侯。

沈约虽然死了，梁武帝却未必心安。他时时担心，不知何时萧宝融手持利剑的鬼魂便会在自己的梦中显现。他更担心，那在洪水泛滥下屈死的十万冤魂会连累自己死后堕入地狱，永世不得超生。他开始觉得眼前有无尽的烦恼，心里仿佛缺了一块，这皇帝也做得索然无味起来。

修长生不如修解脱，做神仙不如做菩萨。

正如今日许多有钱有权之人纷纷拜倒在一众“大师”“活佛”“仁波切”的面前一样，步入晚年的梁武帝最后也选择了佛门作为他心灵的寄托和灵魂的归宿。

不过，到底与很多今人为了随大流而学佛不同，如其在诗中所写，“苦集始觉知，因果乃方明”，天资聪颖、学识过人的梁武帝是真的信奉苦集灭道、因果业报的佛理，而且能够以身作则、身体力行。

天监十六年（公元517年）尚未受菩萨戒之时，萧衍便已当着数千僧众的面发下重誓，倘若自己日后“饮酒放逸，起诸淫欲，欺诳妄语，啖食众生”，那么甘愿永堕阿鼻地狱不得超生！天监十八年（公元519年）受戒之后，萧衍更是谨守戒律，近四十年不曾茹荤，亦不曾亲近女色。处理政务之余，梁武帝几乎将全部精力都用在了建寺度僧、讲经说法、注解经义等佛事活动上。

他成了一个不折不扣的菩萨皇帝。

48 梁武佞佛

像梁武帝这样的一国之君，做任何事情都有政治上的考虑。

遁入佛门，并不意味着远离政治。相反，梁武帝推奉佛教，除了个人信仰的选择之外，也存在着治国理民上的原因。何况，佛经中本就推崇以佛法治世的转轮圣王，认为以帝王之尊护教弘法乃是一桩莫大的功德。

自从汉武帝罢黜百家、独尊儒术以来，儒教治国已经成了历代王朝坚定不移的总路线。东汉以降，“以孝治天下”更是成了儒教治国路线中的核心政策。然而数百年来，尽管历代统治者不遗余力地推崇“孝道”和《孝经》，持续不断地向臣下灌输“孝者，德之本”的理念，各种子杀父、臣弑君的事件却仍层出不穷。这一点，见识过宋齐两朝末世乱局的萧衍有清醒的认知。显然，为长治久安计，单纯以儒教治国并不足够。同时，考虑到东晋以来，王朝鼎革必大兴诛戮，“此是伤于和气，所以国祚例不灵长”（梁武帝对萧子恪语），而佛教恰恰在劝善止杀、不伤和气方面有其优势。如果政策得当，孝道完全可以与佛法相结合，孝道治俗，佛法治心，居上的梁武帝则既是明德天子，又是转轮圣王，既维护佛法，抵御邪魔外道，又保护百姓，使其安居乐业，政权与神权就此融为一体，长治久安岂不唾手可得？

故而在自己舍道奉佛之后，梁武帝立刻遍敕国中，宣称老子、孔子、周公都是如来弟子，要求公卿百官“反伪就真，舍邪入正”，跟自己一起尊奉如来佛祖。

上有所好，下必甚焉。既然皇帝都这么说了，文武百官、王侯宗室不论真假与否，自然总要做出一副响应号召的样子来。于是一两年之内，太子讲起了佛典，嫔妃敲起了木鱼，建康士民家家拜忏、户户奉佛，寺庙林立，法锣常鸣，宅门里面设道场，新婚之夜抄佛经……梁朝俨然已经成为佛教王国。

梁武帝佞佛，最突出的情形有两条：一是建寺度僧，二是舍身说法。

提起南朝佛寺，人们多半会想起那首著名的唐诗“南朝四百八十寺，多少楼台烟雨中”。其实梁武帝在位之时，建康城里的佛寺远不止“四百八十寺”。据《释迦方志》记载，梁武帝末年，建康有寺庙七百余所，占全国总数的四分之一。而在这七百多所寺庙当中，至少有两百余所是在普通初年之后修建的。也就是说，在梁武帝晚年的二十多年里，平均每年建康城里就要新增十座佛寺，这一增速显然超过之前历代。这些佛寺有的是信众捐资修筑或者舍家为寺，有的则是梁武帝下诏以国库耗巨资修建而成。例如为纪念其亡父萧顺之而于钟山北高峰修造的大爱敬寺，占地达八十余顷，供养有一千多僧众，“经营雕丽，奄若天宫”；为其亡母张氏祈福的大智度寺位于建阳门外的青溪之畔，有五百多尼姑在此常住，“殿堂宏敞，宝塔七层”；至于梁武帝数次舍身、亲往讲法的皇家寺院同泰寺，更是规模宏大，拥有九层浮屠，能够同时容纳数万人前来听法。

大量修建佛寺，除了耗费巨额资财之外，带来的一个直接后果就是僧众人口迅速增加。

据普通初年上书的郭祖深叙述，梁武帝崇佛未久，建康城里便已经有了十余万僧尼。以之后二十余年里寺院增长的规模推算，到梁武帝末年，这一数字至少还要再增加五万。而史料显示，梁代鼎盛之时，建康拥有二十八万户人口，总人口数量应超过百万[①]。也就是说，在建康城

① 此记载见于《太平寰宇记》所引《金陵记》。梁代建康人口过百万之说，被刘淑芬、严耕望等学者所提出，不过也有人质疑此数字过于夸张。

里随便抓十个人，就至少有一个是和尚或尼姑。如此高的僧俗比例，怪不得郭祖深要感叹“天下户口几亡其半”。因为佛教徒既不完粮纳税，也不服徭役兵役，和尚尼姑越多，则朝廷的收入和军队的兵源越少。长此以往，自然有理由担心“处处成寺，家家剃落，尺土一人，非复国有”，从而动摇国家根本。

梁武帝佞佛的另一个突出表现，就是舍身出家。

根据正史记载，梁武帝一共四次到同泰寺舍身。第一次发生在普通八年（公元527年），只持续了四天，但是还宫后武帝立刻改年号为“大通”。古汉语中“大”“太”相通，“大通”反过来念就是“同泰”。梁武帝的意思，大概是说宫即是寺，寺即是宫，反正都一样。

之后的三次舍身，虽然也在同泰寺，而且保留了改年号的传统，但持续的时间越来越长，从十七天、三十七天到后来的四十七天，梁武帝俨然摆出了一副修道老僧的姿态，披上了袈裟，住进了僧房，撤掉了皇帝的一切仪仗，还不要太监服侍，看样子根本就不打算再回宫了。逼得皇太子萧纲和王公百官没办法，每次都要捐钱一亿万来向寺院“奉赎”，然后僧众“默许”，再三请三答，梁武帝才显出极不情愿的样子摆驾还宫。

每次舍身，照例要设四部无遮大会，开讲佛经。所谓“四部”，是指僧、尼、善男、信女；“无遮”，亦即没有限制。总之就是没有身份限制的群众集会，凡是有向佛之心的人都可以来参加。所以每次法会参加的人都有数万乃至数十万之多，而且一连要开很多天。据亲历其事的萧子显叙述，中大通五年的一次法会，连参加者带组织者总共三十一万九千多人，总共开讲二十三日，期间皇帝、太子、嫔妃、百官共施舍钱物二千八百多万。而这样大规模的法会，在梁武帝奉佛之后的近三十年里，基本上每隔两三年就要来上一次。其他小规模的佛事活动，更是年年月月不断。

借助以上造寺度僧、舍身讲法等举动，梁武帝将自己置于国家宗教领袖的地位，试图在人间打造一个“恒沙众生，皆为法侣；微尘世界，悉是道场”的佛教王国。为此，他既可以做到几十年如一日地节俭苦修，也可以做到视金钱如粪土地大把施舍。对于自己付出的这一切，梁武帝虽然口口声声说“朕是凡人”，可恐怕内心里还是相当自矜的。在某年某月的某一天，很可能发生过这样一场对话：

梁武帝问达摩：“和尚从彼国将何教法来化众生？”

达摩道：“不将一字教来。”

梁武帝又问：“朕造寺度人，写经铸像，有何功德？”

达摩答：“并无功德。”

“何以并无功德？”

“此乃有为之善，非真功德。”

以上对话，出自八世纪成书的佛教文献《历代法宝记》。其中的达摩，自然指的是禅宗初祖菩提达摩祖师。据说达摩是南天竺人，在北魏末年先是走海路到达广州一带，既而北上入魏，在少室山面壁修行，后来创立了禅宗一派。至于历史上的达摩是否真见过梁武帝，历来聚讼纷纭。早年胡适先生便写过文章，论证此事乃唐宋时人的伪造。也有学者旁征博引，认为唐宋文献中虽增加了“一苇渡江”“只履归西”等神异情节，但其来有自，不可全然抹杀，达摩很可能确于普通年间（公元520—527年）到过建康，并和梁武帝有过会面。只是两人话不投机，达摩自感在梁境难获发展，便北上来到了魏土。

其实这也难怪梁武帝。自从奉佛以来，他日日精进、年年苦修，且不说牺牲了多少个人享乐，单从他兴造了多少寺庙、度化了多少僧众、疏讲了多少佛经、布施了多少财物来看，虽不敢说是转轮圣王出世，至少也可比肩天竺的阿育王吧？然而达摩却当面泼了他一盆冷水，说他“并无功德”。

在达摩看来，就算你梁武帝兴建了再多寺庙，度化了再多的僧众，哪怕把整个梁国真的变成了佛教王国，那也终究是“有为之善”。或许能让你来生受的苦少一些、福报多一些，然而却不能让你获得真正的解脱，所以说“并无功德”。

那么，什么才是真功德呢？

“净智妙圆，体自空寂。”在宋代成书的《景德传灯录》里，达摩这样说道。

可惜的是，南北朝时，禅宗的时代尚未到来，梁武帝也体会不了达摩明心见性的禅理。于是只好一拍两散，你接着做你的菩萨皇帝，贫僧我自去嵩山面壁了。

49 可怕的诅咒

现在，让我们回过头来，看一下钟离会战结束后宣武帝后期的北魏政局。

《魏书》的作者魏收后来在评价宣武帝时，把他比作汉代的元、成、安、顺四帝，说“太和之风”到宣武帝这儿就沦丧衰败了。南北朝史大家周一良先生认为，魏收这是“拟人不伦”，因为宣武帝绝非垂拱无为的守成之主。尤其在对外扩张上，他继承了孝文帝时期对南用兵的政策，虽于钟离、朐山两役不免失败，但却将北魏的领土扩大至百年来最大的版图。在内政上，宣武帝处于孝文帝改革后君主集权愈发集中的阶段，借助外戚、恩幸的力量来压制宗室诸王一直是宣武帝朝政治的一个突出特点。

前文已经讲过，即位不久，宣武帝便在领军将军于烈的帮助下罢黜了辅政的咸阳王禧，元禧后来谋求叛乱，又被宣武帝平定。这时，为了压制其余的叔辈宗王，宣武帝有意抬高母舅高肇的政治地位，从而将外戚高氏也领入了权力的游戏。

高肇是宣武帝生母高照容的哥哥，源出高丽，家世不显，如果不是因为高照容入了掖庭，又幸运地诞下一位北魏皇帝，高肇即便挤破脑袋也不可能跻身洛阳的上层社会。宣武帝亲政未久，高肇及其弟高显、侄子高猛便于同日得封郡公；在咸阳王禧败落之后，高氏一门更是青云直上，得到了宣武帝的重用。高肇官居尚书左仆射、冀州大中正，并很快升迁为尚书令；高显历任侍中、护军将军；高猛历任中书令、雍州刺史、殿中尚书。除此以外，高氏家族还与帝室进一步联姻，高肇本人便娶了宣武帝的姑姑高平公主，侄女高英又于景明四年（公元503年）被纳为贵人。这样，高肇不但官居一品，而且身兼皇帝舅父、姑父、岳父三重身份，可谓煊赫一时。

花花轿子人抬人。宣武帝之所以如此热捧高肇，固然是出于椒房之亲，其主要目的还是要将他当成一件趁手的武器，专门用来敲打自己身边那些蠢蠢欲动的皇叔皇弟。而高肇也极为知趣，在接下来的十年里，他一边安享富贵，一边凭借皇帝赐给的权力，尽心尽力地扮演起了御用鹰犬的角色，宣武帝私下里想整谁，他便出头露面去整谁。

景明四年，高肇先是牛刀小试，整倒了"寒贱暴贵、恃宠骄恣"的散骑常侍赵修；次年，又在宣武帝的授意下搜罗了北海王元详"贪淫奢纵"、冠军将军茹皓"怙权贪横"的黑材料，一举搞掉了取代咸阳王禧辅政地位的北海王详。之后，高肇又建议宣武帝派禁军把守诸王府邸，控制诸宗王的交往和人身自由。永平元年（公元508年），因"贪纵不法"被外放为冀州刺史的京兆王元愉（孝文帝第三子）称高肇欲谋害宣武帝而据信都起兵，建号称帝，四十一天后被官军剿平。在押解回京城的路上，元愉神秘地死去，道路都传言是高肇下令杀了他。更为阴狠的是，高肇趁此事件诬陷彭城王勰与元愉通谋，使得宣武帝在未经审讯的情况下便鸩杀了这位在朝野内外威望素著的贤王。

而在打击宗室诸王的同时，高肇还在宣武帝的默许下与掌控禁军的于氏家族争权。

于氏家族的祖先是道武帝拓跋珪时的名将"黑槊将军"于栗磾。从于栗磾的儿子于洛拔开始，于氏家族便以功臣后裔而世代主领宿卫。而于氏家族也一直尽忠皇室，立下了赫赫功勋。太和年间，无论是迁都洛阳还是南征汉沔，于烈都是孝文帝决策的坚定支持者；孝文帝在第三次南征途中病逝后，也是由于留守洛京的于烈处置得当，宣武帝才得以顺利即位。而在后来罢黜和平定咸阳王禧叛乱的过程中，于烈、于忠父子更是宣武帝倚重的主要力量。事后作为酬奖，不但于烈、于忠父子加官进爵，于烈之弟于劲的十四岁女儿也封贵嫔入宫，并很快得到了宣武帝的宠幸，当年即被立为皇后。然而于烈不久即暴病而亡，于忠又受到执政的北海王详的排挤，于氏势力一时颇受压制。

于后入宫之时，“子贵母死”制度在北魏后宫已经实行了将近百年了。这百年来，至少有五六位帝母因为这一残忍荒谬的制度丢掉了性命，而宫墙之内也诞生了许多与此有关的恐怖谣言和传说。一些胆小而又迷信的宫女相信，每逢夜深之时，禁宫里便处处游荡着因诞育皇子而枉死的嫔妃们的冤魂。久而久之，这一祖宗家法成了可怕的诅咒，时时啃啮着那些有可能侍御君王侧的妃子们的内心。于是，北魏的后宫里出现了一种奇怪的现象：许多嫔妃要么想方设法避免侍寝，要么采取措施尽量避免怀孕，甚至有人在怀孕后不惜伤害自己以致胎死腹中。

作为宣武帝的元后，于后显然是知晓这一制度的。而对她而言，要想摆脱这一诅咒，最好的办法就是效仿冯太后，自己坐稳皇后之位的同时避免生子，再指望哪个愚蠢的妃子尽早诞下龙种，到时便可以名正言顺地将她赐死，由自己抚养其子成人。

显然，抱有这种想法的绝非于后一人，比她晚两年入宫的高肇的侄女高英也是其中之一。

别的朝代，后宫嫔妃都是互相攀比，看谁的肚子更争气，能生出皇子来，而宣武帝一朝则恰恰相反，大家都较着劲儿，看谁能不生或者晚生。大概那个时候也确有一些有效的避孕法门，不知不觉间，宣武帝在位已经过了五六年，不仅皇后于氏的肚子毫无动静，而且其他嫔妃也没能诞下子嗣。虽说这时宣武帝仍不过二十二三岁年纪，但北魏的前代君主大多十几岁便诞育皇子，相比之下就显得宣武帝未免有些无能。而国无储嗣，时间长了也容易引发诸宗王觊觎皇位之心，所以不但宣武帝本人暗自着急，朝中大臣们也为此事时有议论。于后身为六宫之主，无形中就成了众矢之的。

其实于后本人也相当纠结。按理说高肇此时正得皇帝宠信，高贵嫔仗势咄咄逼人，为了固宠争权，维护于家的地位，自然以诞下皇子最为有利。然而于后又实在担心自己会成为子贵母死旧制的牺牲品，内心里仍对生子相当抗拒。有一段时间，她甚至借故将京兆王元愉和小妾所生的儿子强召入宫交给妃子抚养（元愉正妻为于后之妹），不知在打什么主意。

于后之父于劲见状，向朝廷上了一表，以于后久未诞育为由，奏请宣武帝广纳嫔侍。

说白了，还是得皇上您多辛苦点儿，不行就多换几块田，哪怕广种薄收，总也有种豆得豆之时。

50 | 三后之争

饶是于后千小心万小心，正始二年（公元505年）夏天，她还是发现自己“有了”。次年正月初一，于后诞下一子，加以正值举国辞旧迎新之际，可谓双喜临门。宣武帝元恪相当高兴，不但立刻下旨大赦天下，还以昌盛之昌字为婴儿取名。不用说，皇子昌定是未来的太子、国之储君。

然而诡异的是，皇子昌出生还不到两年，生母于后便“暴疾而殂”。具体的死亡原因，史官除了照例说一句“宫禁事秘，莫能知悉”蒙混过关之外，还补充说“世议归咎于高夫人”。

坊间都传言是高贵嫔所为。然而我不禁要问，当时尽管高贵嫔颇受宣武帝宠幸，可于后毕竟是正宫娘娘，又刚刚诞育了皇子，地位正隆，高贵嫔纵然有心取而代之，背后又有叔叔高肇撑腰，可她凭什么来跟于后斗法呢？要知道，尽管子贵母死的旧制有可能施之于于后，但当时后宫中没人比于后的地位更高，除非宣武帝亲自发号施令，否则无人能赐死于后。而从种种迹象推测，此事又绝不像是宣武帝亲身所为。

更诡异的是，在于后殒命半年之后，还不到三岁的皇子昌也一命呜呼了。对此，舆论一致认为侍御师（相当于太医）王显负有主要责任。而王显在朝廷里一直是高肇的党羽，所以人们猜测，此事八成又是高肇在背后下的毒手。

然而仔细分析利弊，皇子昌的死对高氏家族而言其实未必是好事。因为于后既死，以高英的得宠和高肇的支持，她不难被立为新后，此后她便可以效仿文明太后冯氏，名正言顺地亲手抚养皇子昌这个未来的太子，说不定将来也能以皇太后之尊临朝听政。而一旦皇子昌夭折，高英如果又生皇子，那么她也将面临子贵母死这一可怕的诅咒。

事实情况是，就在皇子昌夭折四个月之后，高英便被宣武帝立为了皇后。而在拜后不久，高英也产下了一子。遗憾的是，不知是受到了诅咒的影响，还是别的什么不为人知的原因，这个婴儿未及命名便即夭折。此后，高后虽然又生育了一位公主，但未再诞育男婴。

当此之时，另一个女人后来居上，加入了这场宫斗战局。

此人便是后来的胡太后，因其谥号为灵，后世常称之为灵胡太后。

同文明太后一样，史书也未曾记载胡氏的名讳。我们只知道她出身于官宦之家，祖籍安定临泾（今甘肃泾川北），其家族在北魏灭夏之时降附有功，享有爵禄。胡氏的姑姑是一个能说会道的尼姑，而宣武帝又颇崇信佛教。借入讲禁中之机，这位尼姑疏通了左右近臣的门路，向宣武帝多次称赞胡氏的姿容德行。后来宣武帝便将胡氏选入了掖庭。不过，大概胡氏的容貌仪德并不像众人称赞的那么好，而胡氏家族亦非达官显贵，所以入宫之后的胡氏只是一个品级不高的普通嫔妃，一点儿也看不出未来能够发达的迹象。

然而胡氏却颇有志气。入宫不久，她便得知了子贵母死的旧制和后宫嫔妃祈请祷祝，唯愿生诸王公主，不愿生太子的情形。当时正值皇子昌和高后所生之子先后夭折，宣武帝深为国无冢嫡所烦恼。宫掖内甚至有这样的流言，说于皇后就是因为诞育了皇子而为自己召来了厄运，而为了躲避同样的诅咒，高皇后甚至亲手掐死了自己的儿子。听了这些夹杂了鬼神业报的无稽流言，胡氏虽然将信将疑，但却并不害怕，反而不止一次对其他嫔妃说道："天子岂可无儿！怎么能因为畏惧一身之死，而令皇家绝嗣呢？"

老实说，对胡氏这样一个低级嫔妃而言，"雨露均沾"的机会并不多。但胡氏居然中了头彩，屈指可数的几次侍寝机会，竟让她的肚子大了起来。十月怀胎期间，一些嫔妃可能是出于好意，也有可能是另有居心，都劝胡氏为自己性命考虑，最好早早把胎儿弄掉。而胡氏却已打定主意，一定要平安产下这个孩子。在那些更漏声声的漫漫长夜里，她独自默默祷祝，希望上天能赐给自己一个男婴。她还发下誓言，说只要能生男孩，哪怕自己立刻死掉也心甘情愿。

永平三年（公元510年）三月十四日，胡氏终于在宣光殿东北的偏室中产下了一个婴孩。

婴孩在产婆手中呱呱啼哭，哭声响亮而有力。在宫女的帮助下，早已精疲力尽到近乎虚脱的胡氏抬起头来，看清了那婴孩两腿之间的物事。

是个男婴！

那一瞬间，胡氏百感交集，却又如释重负。

这一年，宣武帝已经二十八岁了。有过之前频丧皇子的经验，他对这个新生的小宝宝格外珍惜。除了照例大赦天下之外，他还严选国中富于育儿经验的适龄女子作为乳娘和保姆，将婴儿养于别宫，哪怕是高皇后和生母胡氏也不准接近。

当然，对于生育了皇子的胡氏，宣武帝还是有所褒奖的。于是胡氏的品级由“承华世妇”升为“充华嫔”，算是步入了高级嫔妃的序列。

满百天后，宣武帝正式为这个皇子取名为诩。

眼见皇子诩一天天成长起来，膝下只有一女的高皇后心里虽然不大是滋味，却又不禁暗自得意，因为这一切正符合她的预期。

只要皇子诩被立为太子，她便可以搬出实行了百年的祖宗旧制，赐死胡充华而独居太子嫡母之位。而一旦太子未及成年宣武帝便宾天而去，那么将来太子登位之时，便是她高英临朝听政之日。

可惜的是，高皇后这个如意算盘打得太早了些。

延昌元年（公元512年）十月，也就是皇子诩刚刚三岁的时候，宣武帝便迫不及待地宣布立其为太子。而当高皇后援引旧制，要处死胡充华之时，宣武帝却出言加以制止了。

原来，这许多年来，宣武帝并非不知道自己子嗣稀少的真正原因。当初太武帝设计这一制度，本质上其实是为了限制女主当朝和外戚干政，然而百年以来，虽然子贵母死制度起初的确部分发挥了以上作用，但随即却催生出了乳母势力干预政治的现象，而且越到后来，子贵母死的旧制就越成为后宫嫔妃之间争权夺位的工具，直到被文明太后冯氏利用，反而成就了北魏历史上最有权势的女主。从这个角度而言，宣武帝对这一早就失去了原有功能的旧制并不以为然。何况当时的外戚多出身“勋臣八姓”，背后有部落贵族势力的支持，而今日的外戚多出身微贱，哪怕一时权势熏天的高肇其实也只不过是自己手下狐假虎威的鹰犬，至于胡充华的父兄，更是庸碌无能之辈，宣武帝并不担心胡氏家族日后会危及皇权。

此外，宣武帝也笃信佛教，深恐后宫冤魂过多有伤阴骘，不利涵育子嗣，于是遂决定废止这个已实行了百年之久的残忍制度。

这样一来，高皇后的愿望落了空。

与此同时，外朝的高肇也失去了宣武帝的宠信，同年春天被宣武帝以明升暗降之法升为司徒，被剥夺了独霸尚书省的实权。

原因很简单：宣武帝之前已经借助高肇之力把有可能威胁皇位的诸宗王先后搞了下去，至此鸟尽弓藏，高肇已经失去了利用价值。现在其尾大不掉之势未成，正是对他加以裁抑的好时机。

其实高肇也明白，自己的好日子多半已经到了头，所以虽然荣升三公之位，却整日悒悒不乐。以前曾经与高肇当面吵过架的清河王怿（孝文帝第四子[1]）甚至警告他说，你这家伙跟王莽一个毬样，一看就是个大奸臣，早晚不得好死！他还屡次向宣武帝进言，建议早点除掉高肇。

宣武帝却只是笑而不应。

因为他知道，剥夺了实权的高肇就像去了势的公牛，虽然样子还挺吓人，其实却已构不成任何威胁。

① 《魏书》和《北史》所载孝文诸王本传虽未明确提及元愉、元怿、元怀三人的长幼次序，但从三人同时出现时的史书书法判断，三人应是分别排行三、四、五位的。此外，元怿、元怀两人的墓志已被发现，然而两者皆云墓主为孝文帝第四子，从元怀卒年推算其生年，其年龄比元怿小一岁，故墓志所记有误，元怀应为第五子。而元愉虽然居长，本传所记年龄却与元怀相同，显然有误。

51 | 高肇覆亡

当南朝佛教在梁武帝的推崇下一片繁荣之时，北朝佛教的发展也步入了顶峰。虽然受“太武灭法”的影响，佛教在北魏境内一度受到了严重打击，但随着文成帝上台允许兴建佛寺、度僧出家，原本就在民间有深厚根基的佛教很快便恢复了元气。之后由于献文帝、文明太后皆崇信佛法，佛教在魏境遂获得了持续而稳定的发展。至太和初年（公元477年），北魏全国共有佛寺六千四百七十八所、僧尼七万七千二百五十八人。

宣武帝元恪也是一名佛教信徒，史书说他“笃好佛理，每年常于禁中亲讲经论，广集名僧，标明义旨”。虽然不曾像梁武帝那样大建寺庙、舍身出家，但北方佛教在其护持下依然获得了迅猛发展。到宣武帝末年，全国佛寺已经增长到了一万三千七百二十七所，是太和初年的一倍多。

然而不幸的是，尊奉佛教并没有让宣武帝在今生获得足够的福德。延昌四年（公元515年）正月，宣武帝忽然得了急病，三天后就驾崩了。死时的年龄和他父亲孝文帝一样，也是三十三岁。

由于事出突然，宣武帝既没有留下遗诏，也没有安排下辅政大臣。加以时值深夜，第一时间知晓此事的只有当值的侍中、中书监、太子少傅崔光，侍中、领军将军于忠，侍御师（即太医）兼太子詹事王显，右卫将军兼太子中庶子侯刚四人，其余王公百官都不在禁中。所幸者，宣武帝唯一的子嗣、时年不满六岁的元诩早年间已被指定为了太子。为今之计，也只有马上赶往东宫，请太子元诩前来即位。

崔、于、王、侯四人都明白，眼下不但对国家来说是一个极为关键的节点，对他们的个人命运来说也是生死攸关的时刻。因为太子年龄幼小，即位后根本无法独立治国，这种情况要么指派大臣辅政，要么就请出太后临朝。而四人之中，独有王显是高肇一党，其余三人或者是高肇的政敌，或者对他殊无好感。尽管三个月前高肇刚刚被宣武帝任命为平蜀大都督，眼下正在入蜀的路上，远离京师，可一旦他的侄女高英以太后的身份临朝，那么完全可以预见，魏廷将再度迎来高肇专权的局面。这种情况，崔光、于忠等人绝不愿意见到。

所以当四人自东宫迎来太子元诩，至显阳殿前哭踊尽哀之后，王显提出，应等到天明之后召集群臣再行即位之礼，崔光立刻反对道：“天位不可暂旷，何必非要待至天明？”

王显答说：“须奏中宫得知。”

中宫，自然是指皇后高英。王显的意图，就是尽快联络高后，以期制定高氏一党抢班夺权的计划。

崔光岂能让他得逞？他正色驳斥道：“帝崩而太子立，此乃国之常典，何须中宫令也！”于忠、侯刚二人也出言附和。

王显势单力孤，官职又低，自然拗不过崔光。既然百官未备，崔光就让小黄门向太子奏请兼官行事。于是便由崔光兼任太尉，黄门郎元昭兼侍中，王显兼吏部尚书，中庶子裴俊兼吏部郎，中书舍人穆弼兼谒者仆射，草草举行了即位仪式。懵懵懂懂的太子元诩在众人的摆布下，从崔光手中接过玺绶，又换上皇帝的衮冕之服，登临太极前殿接受了众人的叩拜，就此成为北魏王朝的第八任皇帝，后世称之为孝明帝。

这时，中宫皇后高英也得知了皇帝驾崩、太子继位的消息。

她想到的第一件事，不是到大行皇帝的遗体前尽哀告别，而是要利用这个机会，尽快以子贵母死的旧制处死她早就想除掉的胡充华！

宣武帝这一死，胡充华就等于失去了保护伞。而只要除掉胡充华，后宫再也无人能够威胁到高后的地位。

没想到，胡充华命不该绝。高后要杀她的消息被太监刘腾获知，而刘腾显然觉得这是一个空手套白狼的好机会，当即把此事密报侯刚、于忠得知。于忠跟崔光一合计，觉得胡充华这个棋子在制衡高后这一点上大大有用，万不可轻易失去，就连忙派手下把她转移到密室中保护了起来。高后寻不到胡充华，也就无计可施。

以上都是正月十三日夜里到次日凌晨间发生的事。

到了十四日早上，崔光、于忠等见大局已定，遂正式对外公布了先君崩逝、新君即位的消息。同时大赦天下，并将此前派出的伐蜀、防淮之兵统统召回。一天之内，洛阳城里家家戴孝、户户披麻，挂满了白幔白幡。身穿斩衰之服的王公百官鱼贯入宫，依序至太极殿前哭临。

大体而言，整个丧礼进行得还算顺利，只在广平王元怀入临之时发生了一点小波折。

广平王怀是宣武帝的五弟、孝明帝的叔叔，此前本来养病在家，这时听闻宫车晏驾，便强撑病体前来哭临。按照汉晋以降的礼法，只有皇后、皇子才可以上殿哭临，其余诸侯王不论亲疏，都只能在殿下致哀。然而广平王怀不知道是真不了解这一规矩呢，还是悲痛之下顾不得这些讲究，来至太极殿西庑后竟然大呼侍中、领军诸人，说自己欲上殿哭大行皇帝，又要求面见新君，直引得众臣愕然相视，无人敢近前应答。主持丧事的崔光见状，攘衰振杖，拦在了广平王之前。

崔光辞色严峻，说："当年汉光武帝刘秀驾崩，诸藩王与太子同席临丧，太尉赵熹为此横剑殿阶，扶下诸王以明尊卑。我崔光虽然不才，却也敢于效仿先贤！"

言下之意是说，大行皇帝刚刚宾天，你广平王就连君臣之别、尊卑之序也不遵守了吗?

这顶大帽子广平王怀可戴不起。他连忙止住悲声，说崔侍中既以古义裁我，我不敢不服！就一边道歉，一边打道回府了。

这件事情虽然不大，却暴露出了眼下新君年幼难以服人，近支宗王蠢蠢欲动的尴尬局面。而且既然决心要阻止高后临朝，就该早点确立辅政的人选才行。于是崔光、于忠等人商议再三，决定请高阳王雍和任城王澄出来主持大局。

高阳王雍是孝文帝的弟弟、当今皇帝的叔祖，任城王澄则比高阳王雍还要高一辈，请出这两人来执掌中枢，至少可以使那些有非分之想的人稍加忌惮。另外，任城王澄之贤能满朝皆知，而他又是高肇掌权时曾多方排挤的政敌，用他执政，自然可以打击高氏一党。于是于忠等便奏请以太保高阳王雍入居西柏堂省决庶政，而以任城王澄为尚书令，总摄百揆。

这一安排倘若实现，高肇一党将彻底失去掌权的可能性，所以王显闻知后大为窘急。无奈之下，王显铤而走险，与中常侍孙伏连等密谋截留这一奏章，同时矫皇后令，要以高肇为录尚书事，以勃海公高猛（高肇之侄）和他自己为侍中。但此时禁省里到处都是于忠的人，消息很快传入了于忠的耳朵。而他早就想除掉王显了，当即以为先帝治病无效为借口，派卫士抓捕王显，关进了右卫府。一夜过后，满身伤痕的王显尸体才在左近被人发现。次日，朝廷下诏如门下所奏，百官总己听于高阳、任城二王。

到此为止，高肇的势力已经被彻底清除出中枢。后宫内的高后孤身一人，已经搅不起什么风浪。这种情况下，朝廷才以小皇帝的名义向高肇致书告哀，召回伐蜀诸军。高肇闻讯，又是惊愕，又是悲痛，同时更加忧惧自己将灾祸临头，回师的路上一直茶饭不思、朝夕悲泣，十几天的工夫便瘦得走了形。虽说高肇麾下伐蜀的军队有十五万之众，但他这个“平蜀大都督”只是名义上的统帅，他在军中素无威信，各路军亦各有将帅统领，决计不肯为了他的一己之私去跟朝廷作对。

二月初七，高肇已回至京师近郊。为了诱使他自投罗网，朝廷这时又颁下诏旨，正式尊高后为皇太后，似乎有意暗示高肇地位可保性命无忧。高肇果然中计，第二天便奔至阙下，衰服号哭，至太极殿前叩拜尽哀。这时于忠早已安排下卫士十余人埋伏于舍人省，高肇刚刚哭毕，便被引入，众人一拥而上，将其扼死于舍人省中。对外则宣称他是畏罪自杀，其余亲党悉无所问。

高肇一死，高太后也就失去了利用价值。三月初一，当了二十三天太后的高英被逼出家为尼，居于瑶光寺，法号慈义，非重大节庆不得入宫。四年后，她才在一次外出探亲时不明不白地暴亡。

至此，高氏势力终于灰飞烟灭，而隐忍多年的胡充华总算熬出了头。

说不尽的南北朝

下

邙山野人 著

新世界出版社
NEW WORLD PRESS

第五卷

撕裂的帝国

01 | 京城里的骚乱

公元六世纪初的洛阳，是一座东西二十里、南北十五里，拥有十余万户人口的庞大城市。在北抵邙山、南达洛水的地域里，如棋盘一般规整地坐落着二百多个方方正正的里坊，构成了这座城市的外郭。在郭城的中心偏北之处，是东西六里、南北九里，拥有十三座宏伟城门的内城。内城的中心偏北，则是比明清紫禁城还要大上二十万平方米的宫城。宫城以北，是北魏的皇家园林华林园。华林园西北，是城池高峻的要塞金墉城。正对宫城南门阊阖门的南北向大街，便是宽四十余米、总长两千余米的“迎宾大道”——铜驼街，街旁衙署林立，一直列布至宣阳门下。引谷水而成的阳渠周回穿流于城郭内外，与城南通漕的洛水共同构成了数十万居民赖以生息的水道系统。

更炫人眼目的是，在洛阳城的宫墙府衙之间、里坊民居之侧，如众星般散落点缀着一千三百多座大大小小的寺庙，其中不乏像永宁寺这样拥有高百丈的九级浮屠，让遍游诸国的达摩老祖看了都瞠目结舌、歌咏赞叹的豪华寺院。此外，西郭有大市，东郭有小市，南郭有四通市，近至高昌龟兹、远至波斯大秦的商胡贩客汇聚于此，用胡汉杂糅的语言叫卖着来自遥远国度的异宝奇珍。

神龟二年（公元519年）春天，就在这样的洛阳城里，发生了一起惹人注目的骚乱事件。

骚乱的发起者，并非市井无赖或平头草民，而是一千多名盔明甲亮的羽林禁军。事情的起因在于，不久前征西将军、冀州大中正张彝的儿子——给事中张仲瑀向朝廷上了一通封事，建议对选官制度进行改革，其主要原则是“排抑武人，不使预在清品”。要知道，自从孝文帝改革官制、清定流品以来，北魏的职官虽分清浊，但铨选时并不以文武为标准。如果按照张仲瑀所说的办法来选官，那么武人将只能担任品级很低的浊官和不入流的胥吏，仕进的通道就此关闭。本来封事相当于密折，按理应该直达御前，任何人不得擅阅，但不知怎地走漏了消息，此事竟搞得尽人皆知，一时成为朝野上下的热点话题。而自从孝文帝迁都至洛阳以来，京城内外一直驻防有不下十五万人的羽林、虎贲。这些人虽然民族各异，但大多出身良家，其中不少人还是鲜卑贵族的后代。如今承平日久，武人的地位本已不如从前，眼下又听说有人撺掇朝廷排抑武人，要断送自家前程，自然群情激愤，怒火中烧。

于是有人在大街上贴出了大字报，痛骂张仲瑀父子丧尽天良，还约期集会，宣称要上张家“讨个说法”。有好心人劝张仲瑀父子出外暂避，免得招来无妄之灾，但张仲瑀父子觉得自己乃朝廷大员，羽林、虎贲再怎么嚣张，也不至于敢戕害朝廷命官，遂不以为意，该怎么过还怎么过。

到了二月二十这一天，一千多羽林、虎贲先是气势汹汹地赶到尚书省门口，喧闹叫骂，要找张仲瑀的大哥、尚书郎始均出气。可当日张始均并不当值，尚书省自然交不出人来。羽林、虎贲无处发泄，拿石头砸了一通大门，转而鼓噪着直奔张家府第而来。张家父子万没想到这些人居然如此无法无天，在家里被堵个正着。羽林、虎贲直闯而入，将年近六十、因中风瘫痪在床的张彝拖下堂来，一顿毒打，接着又打砸东西，放火烧起了宅子。始均、仲瑀兄弟本已翻墙逃了出来，这时望见宅中火起，担忧老父性命，又都折了回来。始均不顾尊严，望头便拜，哀求放过老父。暴徒们见状更加恼恨，拥上来一阵群殴，将始均打得半死，然后便将其扔到了大火之中！等火势熄灭，众人寻得尸首，早已烧成了一截焦炭。张仲瑀虽然也被打成重伤，但终究逃了出来。至于老头张彝，被旁边庙里的和尚救出来的时候已奄奄一息，到寺里没多久就咽了气。

这一场乱事，张家上上下下总共将近百人遇难。天子脚下，青天白日，竟发生如此屠戮一品大员的惨案，而凶手居然是朝廷肺腑的羽林禁军，实在不能不令人震骇。然而正因为作乱的是羽林禁军，主政的胡太后怕引发更大的祸乱，最后只捉拿了八个表现最为凶暴的“祸首”处死了事，余人不但不加法办，反而下令大赦以安抚众心。张仲瑀奏请的改革方案自然不予采用，不特如此，胡太后还准许武官依资历参加吏部铨选，总算平息了闹事武人们的忿恨。

当洛阳城里因为这场骚乱掀起轩然大波的时候，并没有人注意，一个来自边远地区的小吏躲在一旁，冷眼目睹了此事的全过程。

事后，小吏回到两千里外的怀朔（今内蒙古固阳北）老家，将积攒多年的家财倾散一空，全都用来交结乡里远近的义士豪侠。亲友问这是何故，他说道：“我在洛阳之时，亲眼见到禁军将士相率焚烧大臣之宅，朝廷怕酿成祸乱，居然赦而不问！为政如此，国事可知矣！钱财乃身外之物，留着恐怕也守不了多久啦！”

这位小吏姓高，本名贺六浑，汉名叫作高欢。

史书上说，高欢出身河北大姓渤海高氏[①]，据说是在后燕和北魏都当过大官的高湖的后人，到爷爷那辈，不知因犯何罪被发配到怀朔戍边，从此便与鲜卑、高车为伍，说胡语，行胡俗，起鲜卑名字，娶鲜卑媳妇，变得比鲜卑人还像鲜卑人。不过也有人说，高欢是冒姓渤海高氏，其实他就是个土生土长的怀朔人。这些且不去说它，总之当高欢成年之时，他不过是帝国北疆六镇无数戍边的将校、士兵、流人、罪犯当中的普通一员，家里也没什么钱，如果不是长得还算精神，因而娶了一个富家小姐当老婆，他连一匹马都买不起，自然也就不会被派到洛阳去公干。

① 虽然史籍记载高欢出身渤海蓨（音tiáo）县高氏，但一直饱受现代史家质疑，有“鲜卑是楼氏改姓高氏”“高丽高氏”“长乐信都高氏”“河州高氏”诸说。

高欢的夫人姓娄，出身鲜卑匹娄氏，闺名昭君。她的祖父娄提在太武帝时得封真定侯，家里有数千僮仆，牛马牲畜弥山遍野。加以娄小姐聪明懂事，自小远近强族便争相礼聘，却没有一个能得昭君青眼。据说有一天高欢在城上执役，被偶然经过的娄昭君瞥见，顿时一见钟情，芳心暗许，随后就派遣婢女私下向高欢表白了心意。高欢自然不会放过这个财色兼收的机会，没多久两人便打得火热。娄小姐怕父母嫌弃高欢既无资财又无权位，居然把自己的私房钱拿给高欢用作聘礼。娄家人一看这种状况，估计两人早已生米煮成了熟饭，也就只好答应了这桩婚事。靠着娄昭君的嫁妆，高欢总算发了一笔小财，而且也买了马。

那个时代的民间基层社会，有钱有势才能出任公职。加以高欢平素就慷慨好义，在地方上很吃得开，没多久他便在怀朔镇上谋得了个队主的低级军职。后来他又转任函使，专门负责传递送往各地的公函。为此他不但经常往来于平城、洛阳之间，也结交了不少与他出身地位相近的北镇将吏。

多年的函使生涯让高欢目睹了这个国家的方方面面。他越来越觉得，如今的时局虽然表面上天下太平，其实却是金玉其外，败絮其中。这次见到京城羽林军作乱，更加坐实了这一想法。常言道“乱世出英雄”，北镇虽为边荒，却是藏龙卧虎之地，如果此时能够未雨绸缪、广结善缘，将来一旦乱起，不但能够存身自保，更是大丈夫建功立业之机！

02 愚妇当国

当高欢散尽家财、立下“澄清天下之志”的时候，他这个函使已经做了六年。

这六年之中，北魏朝廷里发生了不少大事。

首先是宣武帝崩逝，六岁的孝明帝元诩继位。既而把持了朝政的于忠、崔光等人诛除高肇，逼使高后出宫为尼，清除了外戚高氏势力。随后掌握了兵权的于忠擅权跋扈，引起了王公大臣的普遍不满。为遏制于忠，群臣奏请小皇帝的生母胡充华以皇太后的身份临朝听政。胡太后临朝没多久，便剥夺了于忠的兵权，将他撵出了中央。

这位胡太后是官家小姐出身，不但能读会写，兼而射术过人。史书记载，一次她“自射针孔”，另一次是射象牙簪，皆是一发而中。加之性格好强，自负聪明，临朝之后手批奏章，亲览万机，很是摆出了一副励精图治的样子，初一看还真有几分文明太后再世的风采。然而朝臣们很快就发现，胡太后表面上看起来聪明，其实胸中并无才干，而且随着时间的推移，她愈发变得志得意满、骄恣自适，文明太后的优点一个没有，惹人非议的事反倒越做越多。

大概由于隐忍多年才熬出了头，胡太后上台未久，便显示出了旺盛的权力欲和强烈的虚荣心。太后听政该干的事她要干，不该干的事她也要干。祭祀宗庙这种大事，向来非皇帝亲祭不可，但胡太后以皇帝冲幼为借口，坚持要由自己来代替。为了逢迎上意，崔光就举出了东汉和熹邓太后的例子，说以前早有太后代祭之事。胡太后自然大悦，便毫不客气地以媳妇的身份主持了拓跋家的祭礼。更过分的是，胡太后后来改令为诏，要求群臣称自己为“陛下”，自称曰“朕”。要知道，自从秦始皇统一六合以来，只有皇帝才能称朕，太后的命令也只能称令而不能称诏。这种僭越之事此前只有西汉初年的吕后和上文提到的东汉邓太后才干过，就是文明太后冯氏也不曾如此妄为。后来改葬宣武帝的生母文昭皇后高照容，胡太后还是不让孝明帝元诩主事，自己亲自担任丧主，把整件事情从头至尾包揽了下来。如此牝鸡司晨，在那些儒家士大夫看来自然是群阴不制、女祸将成的不吉之象。

前文曾经交待，胡太后的姑姑是个尼姑，当初她能进宫，便是来自这位姑姑的运作。受姑姑的影响，胡太后自小便笃信佛教，而后她把自己诞育天子、能有今日地位也看作是菩萨保佑的结果，自此对浮屠之道更加崇敬，在崇佛佞佛上与南方的梁武帝相比一点儿也不逊色。

熙平元年（公元516年），胡太后下令在铜驼街以西的太社旁耗巨资修建了皇家寺院——永宁寺。据说寺里的木塔高达九十丈[①]，塔上的宝刹又高十丈，洛阳方圆几十里都能遥遥望见。更可夸者，宝刹之上立有容二十五石的纯金宝瓶，宝瓶之下有三十重承露金盘，金盘四周遍悬金铎。塔高九层，每层飞檐上亦有金铎，合计一百二十个。天晴之时，金盘炫日，光照云表；清风起处，宝铎铿锵，响出天外。此外，永宁寺的佛殿完全比照大内的太极殿，里面的佛像非金即玉，巧夺天工。僧房楼观一千余间，殿阁辉煌，遍施珠玉，雕梁画栋，堪比天宫。

本来从文成帝恢复佛教的合法性，继而献文、宣武二帝大力推崇以来，佛教在北魏已经取得了迅猛发展。至宣武帝末年，全国佛寺便增加到了一万三千多所。而当时“皇帝菩萨”梁武帝治下的南朝全境才不过拥有佛寺二千八百余座。这固然说明北魏在人口物力上远胜南朝，却也反映出

① 九十丈之说，来自《洛阳伽蓝记》，不过《魏书》却载永宁寺塔高四十余丈，《水经注》云：“自金露盘下至地四十九丈。”无论如何，永宁寺塔总为我国历史上存在过的第一高塔，又为木构，更为难得。

佛教在北方民间掀起的狂热。如今胡太后上台后又大加崇敬，更是如烈火烹油，不但在兴造施舍上挥霍了大量财富，甚至出现了“民多绝户为沙门”的现象，引发了严重的社会问题。尽管在大臣的力谏下，胡太后后来颁布了限制常度僧徒数量和寺院规模的诏令，但一来上梁不正下梁歪，二来这时的北魏吏治已坏，法宽政弛，并没有收到什么效果。

论起来，除了智识高下立判之外，胡太后在治国方面和文明太后最大的不同在于，文明太后得一“严”字，而她却恰好相反，处处流于宽纵。

文明太后自己恭行节俭，御下亦以严明著称。而胡太后则好奢侈，讲排场，但知以恩宠御下，却很少以生杀立威。有一次她带着嫔妃公主、王公百官一百多人视察宫内专门贮藏丝绢的仓库，眼见布匹山积，兴致大好，就下令说大家随便拿，只要拿得动，拿多少就赏多少！那个时候绢匹就是通货，一匹绢大概相当于二百个太和五铢钱。而北魏的工资标准史籍无载，如果按北齐的情况，品级最低的京官月俸不过两匹。其实这些王公妃主哪个也不差这点儿钱，但为了讨太后的喜欢，一个个立刻装出见钱眼开的样子大拿特拿。有的自己动手，有的叫仆役帮忙，有的干脆推来了小车！最搞笑的是尚书令李崇和章武王元融，两个人因为实在背得太多不堪重负，双双跌倒在地，一个叫称闪了腰，一个哭道扭了脚，哼哼唧唧半天起不来，逗得胡太后等人哈哈大笑。最后一数，拿得多的超过二百匹，相当于一品大员年薪的四分之一，而拿得少的也有一百余匹。

政府也好，公司也罢，只要是有领导有层级的组织，最重要的事情就是赏罚分明。赏罚不分明，下边的人对上头既不服，也不怕，人心就会散，而人心一散，组织就会解体。信佛的胡太后以为，我对别人好，别人自然也就对我感恩图报。殊不知相比恩赏时的大手大脚、靡费无度，对她执政造成更大损害的，恰恰是她对应处罚者的姑息纵容和妇人之仁。

前面讲述南北两国因浮山堰大起攻战之事的时候就提到过，硖石之战后，北魏这边因崔亮不听调遣擅自撤军而错失良机，崔亮依律应当处死，而胡太后却说自己好生恶杀，只是让崔亮将功折罪了事。羽林军作乱，胡太后不但没有严加处置，反而好生安抚，在武人选官一事上大加妥协。出至冀州的于忠本已被追夺爵位封邑，可没过多久胡太后又想起了当年于忠对自己的保护之功，重新封他为灵寿县开国公。凡此种种赏罚不明的情事，胡太后可真没少干。时间一长，不但内外百官对胡太后的个人权威不以为意，连带朝廷的威信和纲纪也受到了损害。这一点，在元叉一事上表现得尤其明显。

03 元叉政变

元叉是宗室疏属，也是胡太后的妹夫。临朝之后，因为担心娘家子弟单弱（后父胡国珍只有一亲子、一养子），自己在朝廷孤立无援，胡太后对元叉及其父元继大加提拔。于忠被逐后，她先是任命元继为领军将军，不久元继以老病解任，领军之职就落到了元叉头上。不特如此，元叉后来还担任了侍中、光禄卿，领尝食典御。侍中本就是御前顾问之职，可以出入宫禁，尝食典御则职司进奉御食，太后和皇帝的一日三餐都由他来料理。元叉“既在门下，兼总禁兵”，一时成为胡太后驾前的第一红人。

胡太后到底是爱慕虚荣之人，一边大肆重用私亲，一边又担心惹人非议。有一次，她装模作样地对中书舍人杨昱说，自己德行浅薄，不能感化姻亲，你在外面要是听到什么不好的事可不能瞒我。杨昱当了真，回头就报告说，许多外臣都私下给领军元叉送礼请托，太后您看要不要管管？结果胡太后把元叉夫妻叫进宫来，狠狠叱责了一顿。元叉一打听，原来是杨昱搞的鬼，就暗下决心要报复此人。

其实杨家也算得上皇室姻亲。杨昱的父亲杨椿，是冯太后表姑之子，时任定州刺史；而其叔杨舒则娶了武昌王元和之妹为妻，育有一男六女。然而杨舒和元和之妹婚后的感情并不算好，后来杨舒早亡，元氏就多次要求改嫁。杨椿知道后召集亲戚，说我弟弟不幸早亡，现在留下的一男六女都未成年，怎么能说改嫁就改嫁？遂坚持不允。因为这事，武昌王元和跟杨家也结下了梁子。而论关系，元和是元叉的从祖，于是两人沆瀣一气，准备共同对付杨椿父子。

神龟二年九月，瀛州（今河北河间）有个叫刘宣明的人谋反，事发后逃窜，不知所踪。元叉利用这起事件，叫元和诬告杨昱窝藏刘宣明，还说杨昱的父亲、定州刺史杨椿和叔叔华州刺史杨津，都曾经送武器资助此人造反。元叉居中构陷，派了五百禁军夜围杨宅，抓了杨昱，大搜其家，结果也没搜出什么通贼谋逆的证据。胡太后召来杨昱一问，杨昱既哀且愤，把元叉、元和陷害自己的情由原原本本都说了出来。胡太后这才恍然大悟，就下令释放杨昱，抓捕元和。然而在元叉的斡旋下，本应处死的元和只不过免官，他自己更是毫发无损。

胡太后本以为，自己对元叉恩宠如此，他一定知恩图报，绝不至对不起自己。谁知元叉却认为，胡太后不过是个靠肚子上位的愚蠢妇人，根本不配居己之上。再加上此时元叉与外朝领袖、胡太后的另一宠臣清河王元怿已经势同水火，他深感长此下去富贵难保，遂决计利用手中的兵权先下手为强。

清河王元怿是宣武帝的四弟，自幼便姿貌甚美，长大后更是宗室中出名的美男子，兼而博涉经史，文才出众，一直被公认为有宰相之才。不过早年间由于高肇秉权，打击宗王，宣武帝又猜忌诸弟，元怿并未得到重用。直到孝明帝继位，胡太后临朝，元怿才得以懿亲之尊居公辅之位，而且他自己亦勇于任事，慨然以天下为己任，不久便成为名副其实的外朝领袖。胡太后还特诏允许清河王怿以侍中裁决门下之事，几乎整个朝政都委任他处理。

也有人说，胡太后之所以对元怿如此垂青，是因为他们叔嫂之间早有奸情，而且还是太后耐不住寡居寂寞，主动逼幸而成。

无论如何，清河王怿的崛起对元叉来说总不是好事。因为元怿一直以来对元叉的恃宠骄纵很看不惯，总是以法度为由对他加以裁抑。而元叉也因此早就对他怀恨在心了。当初他之所以陷害杨昱，一半也是因为杨昱职兼太尉掾，是清河王怿的部属。

清河王怿的弱点在于，孝明帝年幼，他身为皇叔，本居嫌疑之地，又表现得过于强势，很容易让外界怀疑他有不臣之心。元叉利用这点再次使用构陷的招数，买通了龙骧府长史宋维，叫他诬告司染都尉韩文殊谋反，要立清河王为新君。此案经过审理，虽然查无实据，却已经搞得清河王怿焦头烂额。不想元叉一计不成，又生一计，他和大太监刘腾串通起来，要对胡太后和元怿同时下手了！

前文曾经提到，阉官刘腾以告密发迹，当年宣武帝驾崩，也是他抢先向侯刚、于忠告密，才使得那时还是充华嫔的胡太后免遭了高后的毒手。故此胡太后对刘腾颇为感激，掌权后不但对刘腾加官进爵，更是放心地将后宫事务全都交给刘腾来负责。因而刘腾大受宠任，成了这一时期势力最盛的阉官首领。

胡太后压根就没搞明白，当初刘腾之所以救她，不是因为发善心，更不是因为两人关系好，纯粹是见风使舵，为了从中获得巨大的私利。然而自从清河王怿位居宰辅，刘腾一党和元叉一样也受到了排挤，为了除掉这个共同的敌人，两人很快便结成了同盟。

一个手握禁卫兵权，一个执掌后宫锁钥，元叉和刘腾这两个胡太后最信任的心腹，终于在她的眼皮底下制定了反对她的计划。

元叉认为，此事要想成功，关键不在胡太后，而在皇帝。

这一年，孝明帝元诩已经十一岁了。

讽刺的是，作为北魏历史上仅有的真正具有血缘关系的太后和皇帝，胡太后和孝明帝之间的关系却并不亲密。因为元诩出生不久，宣武帝深恐这个唯一的子嗣不幸成为宫斗的牺牲品，早早就把他安置在别宫，交由保母抚养，直到孝明帝继位前，胡太后都没见过几次这个亲生儿子。后来太后临朝，两人倒是能够经常见面了，可一来隔阂既成，二来囿于身份和礼制，即便在深宫之内，两人也很难像寻常人家的母子那样相处。何况这时的胡太后一面以权力为春药，一面又陷入了和小叔子元怿的情事，并没有足够的精力和兴趣来重新培养和小皇帝的亲子关系。随着年纪渐长，元诩但觉自己在太后面前只是一个任人摆弄的玩偶，不但极少感受到母子亲情，更是时时感到压抑和束缚，反而是太后不在的时候，自己才能轻松一些。

这种情形，自然逃不过侍奉御前的元叉和刘腾的眼睛。

于是元叉设计，以威逼利诱的手段说动了侍奉御膳的黄门官胡玄度和胡定。这一天，胡太后在后宫嘉福殿未出，小皇帝元诩一人在前。临近用膳之时，胡玄度、胡定二人装出惶惧万分的样子，陈列膳食于前，一边磕头恸哭，一边控诉说清河王怿以金帛相许，叫他们两人在食物中下毒，承诺只要他当了皇帝，定酬以终身富贵！这一番纯属捏造的言论，却吓得小皇帝当场面无血色，慌乱不知所为。一旁的刘腾相机进言，说："清河王怿之所以如此有恃无恐，乃是因背后有太后撑腰！为陛下安危着想，眼下绝不能回后宫，应立即命领军元叉捉拿清河王！"小皇帝自然无不同意。于是刘腾一边奉孝明帝御显阳殿，一边下令关闭通往嘉福殿的永巷门；而元叉则带领卫士将清河王怿抓到门下省关了起来。紧接着刘腾称诏召集公卿，要治清河王以大逆之罪，高阳王雍等王公亲贵畏于元叉、刘腾的威势，明知道是诬陷，却无人敢替清河王说话，只有尚书右仆射游肇拒绝署名。

当夜，清河王元怿被杀于禁中。同时宫中传出胡太后的一纸诏书，说自己患病不堪万机，决定归政皇帝。这当然也是出于元叉、刘腾的伪造。实际上胡太后此时已经被软禁在了北宫宣光殿，宫门昼夜紧闭，钥匙系在刘腾腰里，哪怕皇帝也别想得见。幽禁的日子里，胡太后别说自由行动，就连供应的饮食服御也大为减损，以至于不免饥寒。

04 柔然来降

元叉、刘腾发动政变是在正光元年（公元520年）的七月初四。接下来的几年，北魏一直处于元叉的专政之下。他与刘腾内外相维，轮直禁省，共裁庶政，牢牢把持着中央政府。同时，元叉亦晓得“挟天子以令诸侯”的重要性，不但自己入直时经常居于皇帝寝殿之侧，更安插贾粲等人在皇帝身边时时监视，牢牢将孝明帝控制在了手中。而幽居北宫的胡太后除了长吁短叹自己养虎遗患之外，却只能徒唤奈何。地方上和禁军内部尽管发生了几次针对元叉的叛乱，最后也都被镇压了下去。

像元叉这种小人，平素既无威望，又是宗室疏属，突然间靠政变掌握了大权，自然担心满朝王公亲贵联合起来反对自己。如果采取高压政策，势必激发更多的叛乱，反倒不如以高官厚禄为饵，待以宽假优容，尽量拉拢众人以为己用。于是在元叉专政期间，高阳王雍、汝南王悦、崔光、李崇等一批王公老臣的官爵不降反升。朝局虽然大体维持了稳定，中外吏治却是越来越差。

其中最具代表性的是高阳王雍，身为孝明帝唯一健在的叔祖，此人才识庸劣，贪婪成性，面对元叉馈以“丞相”名位的刻意笼络，他欣然而受，数年之中“不能守正匡弼，唯唯而已”，但以财货声色为事。位于津阳门外三里御道之西的高阳王府，修得比皇宫还阔气，内有僮仆六千、歌伎五百，丝竹之声连霄竟日。他又尤嗜口腹之欲，一顿饭的花销竟达数万钱，海陆珍馐，方丈满席。同样豪富却生性吝啬的尚书令李崇曾经说：“高阳王一餐，足可顶我千日！”

遍寻国中，能与高阳王竞富的大概只有河间王琛。

河间王琛继承的是文成帝子河间王若这一支，其王妃是高后之妹、高肇的侄女，宣武帝时外任定州刺史，凭借高肇之势大贪特贪，搜刮民间无所不用其极。后来胡太后临朝，就以此罢了他的职。然而这厮不甘寂寞，又走了刘腾的路子，除了贿以金宝巨万之外，居然以王爷之尊认了这个太监当干爹！靠了刘腾的助力，终于复起就任秦州刺史。秦州（镇治天水）僻处边地，远不如河北腹地的定州富庶，然而河间王琛照旧聚敛无度，竭泽而渔，如此积攒了大量资财。他在洛阳城西寿丘里的府邸，号称不输高阳王府，有歌伎三百，尽皆国色。更因秦州地近西陲，河间王府里聚敛了无数来自西域的名马宝器、奇巧珍玩。饶是如此，元琛意犹未尽，常对人感叹说："不恨我不见石崇，唯恨石崇不见我！"那石崇不过是晋朝的一个庶姓，犹能富连山海，况我堂堂大魏王爷，这又哪里算得上什么奢侈！

以高阳王雍、河间王琛为首，当时不论在朝廷里还是在地方上尽是这样的蠹民之官，上下征敛无已，贪污成风，政以贿成，自宣武帝以来本就宽纵的吏治更加败坏。

至于元叉自己，初时还能矫情自饰，摆出一副心忧天下的样子，很快便骄慢自愎，暴露出了才术两空、胸无远志的小人本质。据说他在禁宫内秘密造了一个小金库，将搜掠而得的财宝尽藏于其中，还曾经派人将美女藏在箱子里抬进禁省供自己淫乐，宿卫将士虽然知道此事，却只能视而不见。又有趋炎附势之徒投其所好，专以酒色之事事之，朝廷庶务他就更加不愿过问了。反正只要军权在手，皇帝在握，则地位可保，富贵无忧，至于国计如何、民生怎样，元叉根本不感兴趣。元叉之父、此时已经是当朝太傅的元继则是越老越贪，趁机大纳货贿卖官鬻爵。大太监刘腾更是捞钱捞出了MBA级别，不管是京城近畿的车船之税、山泽之利，还是北边六镇的军资、互市南朝的商税，只要有利可图，刘腾就要分一杯羹，甚至皇宫大内的嫔妃宫女，也是他剥削压榨的对象。在元乂、刘腾治下，北魏朝廷政事怠惰，纲纪不举，州镇守宰，多非其人。

偏在此时，已经安静了数十年的北疆由于柔然内乱，又生出了许多事端。

自从太平真君年间数次被太武帝击败、皇兴年间复又受挫于献文帝，柔然举国远遁，重心转向西域，极少再有南寇魏境之举。至孝文帝时代，原本役属柔然的高车十余万落叛而西逃，在今新疆东北建立了高车国，双方连年攻战，柔然的实力又大受削弱。虽然孝明帝即位初年，柔然可汗丑奴大破高车，杀掉了高车王弥俄突，一时颇有中兴气象，但好景不长，丑奴因为宠信女巫而引起国人不满，被臣下所杀，国中大乱。当了十天可汗的丑奴之弟阿那瓌被族兄示发击败，在大漠南北存身不得，只好厚了脸皮来投北魏。

这当然是可喜可贺之事。因为尽管柔然强盛不再，但此前还从来没有哪一位可汗肯向北魏款塞称藩，正如当年匈奴呼韩邪单于降汉一样，此事必将成为国威远振、戎狄来享的标志性事件，也将是当朝执政者一项值得大书特书的政绩。因而在元乂的授意下，北魏朝廷对阿那瓌进行了隆重接待。

御前奏对，阿那瓌向孝明帝行跪拜之礼，口称臣下。如此低声下气，自然有所乞求：他希望北魏给兵给粮，助他夺回大位。

对历代中原王朝而言，像匈奴、柔然这样的塞外游牧民族不论强弱盛衰，始终是一个极为棘手的难题。因为不管是战是和，是剿是抚，总是会引发新的问题，并不存在一劳永逸的“万世之长策”。还是拿匈奴为例。当年汉武帝为将其征服，打了几十年的战争，耗费了举国之力，差一点搞得经济崩溃、统治崩盘。到了宣、元之世，呼韩邪款塞称臣，王昭君远嫁和亲，表面上看来，汉朝终于获得了胜利，但此后匈奴仍叛服无常。到了东汉，匈奴内乱，汉朝扶持呼韩邪子孙一系，大搞以夷制夷，最终匈奴分裂为南北两部，南匈奴铁了心走亲汉路线，逼得北匈奴只能西迁逃往欧洲。这下子问题总该解决了吧？没有！内迁的南匈奴人口繁衍，几代以后遍布沿边州郡，和东迁的羌人一起引发了诸多社会问题。与此同时，由于漠北无主，鲜卑人乘势进据，形成了又一个强盛的游牧民族。到了西晋末年，借司马氏八王之乱的机会，以匈奴为首的内迁诸族终于乘势而起，酿成了五胡乱华的大动乱！这才有了后来拓跋鲜卑的崛起和入主中原。

虽说柔然和鲜卑族源相同，但百年来斗转星移，物是人非，北魏的统治者早已自居为华夏正统，而视柔然为野蛮无知的夷狄。如何处理来降的阿那瓌，有汉匈之间的前车之鉴在此，魏廷诸臣一时大费踟蹰，有的说可以派兵送还，有的却说不可纵虎归山，讨论了很久都没有下文。阿那瓌倒是颇为见机，打听到如今朝廷里是元叉说了算，不惜以黄金百斤贿赂元叉，终于得到了自己想要的结果。正光二年（公元521年）正月，北魏拨给阿那瓌羊五千口、粟二十万石，送其返国。

然而此时漠北的形势又有变化。先是阿那瓌的从兄婆罗门击破示发，成了新可汗；既而到了五月，婆罗门又被高车所逐，也逃到凉州请求归顺北魏，数万柔然余众都来投奔停居北镇的阿那瓌。阿那瓌自感复国有望，再次上表恳请北魏发兵助己返国。大概因为阿那瓌这次没给元叉送金子，北魏只同意将阿那瓌安置在怀朔镇北的川原居住，给其资粮，允其收聚离散、招抚部民，并不愿意发兵助他重返漠北。阿那瓌失望之余，自不免心生忿恨。

到了正光四年（公元523年）初春，柔然境内发生了大饥荒，阿那瓌一边向北魏要求赈给，一边率领部众进入魏境。要知道，掳掠本来就是游牧民族固有的生存方式，此时柔然人饥寒交迫，更加顾不得那许多，于是赈粮未到，沿边州镇已大受寇掠，连北魏派去持节安抚的行台尚书元孚也做了阿那瓌的俘虏。柔然一路南寇，兵锋直抵旧都平城附近。这下朝野大哗，众议纷纷，都说朝廷养肥了一只白眼狼。当初力主放走阿那瓌的元叉也深感面上无光，遂决计转抚为剿，派尚书令李崇、左仆射元纂率骑十万，北击柔然。

05 星火燎原乱北疆

李崇时年已近七十，虽然气血已衰，但当年独守寿阳、力拒梁朝水攻的余威尚在，加之又有十万铁骑相助，阿那瓌闻报后心生怯意，驱赶掳来的民户二千、马牛羊数十万仓皇北遁。李崇统军穷追三千余里，不及而还。

在这次北征期间，李崇的长史、巨鹿人魏兰根发现，柔然气势虽汹，却不过是癣疥之疾，相比来自塞外的寇掠，这个国家真正的大患不是别人，恰恰就是塞上镇戍北疆、防备柔然的几十万将士吏民。

原来，从道武帝拓跋珪定都平城开始，为了防御柔然不时侵边南寇，北魏除了多次大张挞伐之外，更谋划在北境险要之地置军设镇，至太武帝时大体形成了东起燕山北麓，西至阴山南麓的边镇防线。其中大镇有六，自西而东为沃野、怀朔、武川（今内蒙古武川西北）、抚冥、柔玄、怀荒；六镇之外，尚有御夷、薄骨律、高平等镇，各有捍守，不一而足。初时因柔然强盛，边防之任甚重，派出去统御六镇的大多是亲贵勋臣，麾下士兵亦以各部鲜卑和中原强宗子弟为主，而且由于北魏早期选官重视军功，在北镇戍边除了能享受免除徭役的优待政策，在仕途上亦不失为一条捷径，所以那时鲜卑子弟都愿意到六镇为官。

然而到文成、献文二朝以后，随着柔然衰弱、北边无事，六镇将士的政治待遇便每况愈下起来。特别是文成帝允许将罪犯发配边镇为卒，更是进一步降低了六镇兵民的社会地位。到了孝文帝迁都之后，有钱有势的鲜卑人大多随中央政府南迁洛阳，原本就僻处边鄙的北镇更是成了远离文明与富庶的蛮荒世界。加以镇将腐败，专事聚敛，克扣粮饷之余，更是将兵吏视为私家仆役。同样是曾经的鲜卑贵族子弟，如今留居北镇者却只能担任供人驱使的虞候、白直，仕途受阻，一生推迁不过军主；甚至官府也称镇民为“府户”，视作杂役奴仆之流。迁居洛阳者则大占辇毂之下的便宜，稍加钻营便能轻松邀得上品通官。待遇如此悬殊，自然没有人愿到北镇戍边，而原本的镇民也大量逃亡。到了后来，为了防止镇民逃逸，政府又制定了严峻的法令，试图将“府户”永远禁锢在边地。这下早就对自身处境深感不公的六镇军民更加愤恨，与洛阳政府之间的对立情绪日益严重。

魏兰根一到边地，便感受到了这种强烈的对立情绪，为此他深感不安，便向李崇建议，应请朝廷早日改镇为州，施行和内地一样的郡县制，同时将所有府户放免为民，在待遇上仍照早年旧制加以优待，庶几可以稍加缓解镇民和政府之间的矛盾。李崇亦觉此法甚好，回军后便向朝廷奏闻，可惜并未引起元叉的重视。

结果就在李崇回师后不久，北镇就出了乱子。

事情的起因在于粮食。

自从三年前阿那瓌款塞，朝廷就安排沿边州镇对柔然部民加以赈济。不用说，这项任务主要都摊到了六镇头上。后来阿那瓌又滞留怀朔几近两年，资粮所费，至少也有几十万石。今春柔然遭灾，闹起了饥荒，与之毗邻的六镇也没好到哪里去。既而阿那瓌率部入寇，一路掳掠，受害亦以沃野、怀朔两镇最重。再加上镇将欺压镇民由来已久，膏腴多产之地尽被镇将所夺，普通镇民家的粮储本就不多，经过这一番折腾，家里揭不开锅的不在少数。于是便有大批饥民纠集起来，跑来向镇将请粮。然而镇将既没收到朝廷旨意，自不肯轻易以官仓放赈。这一来点燃了镇民压抑已久的怒火。正光五年（公元524年）三月，沃野镇民破六韩拔陵聚众反叛，攻杀镇将，改元真王，诸镇胡汉军民群起响应，武川、怀朔两镇先后失陷。旬月之间，一束束告急的烽火照亮了北疆天际！

初时，北魏朝廷但以不谙武事的宗室临淮王元彧统军北讨。结果元彧在五原一战而败，弃甲丧师，叛军气势更胜，兵锋直指朔州城（今内蒙古和林格尔北）。而朔州旧称盛乐，乃是北魏定都平城之前的龙兴之地，也是孝文帝之前诸帝的陵寝所在。这下朝廷十分紧张，孝明帝于显阳殿召集群臣聚议，决定仍旧派老臣李崇北征。李崇深知，虽然上次自己裁撤六镇、改镇为州的建议未被采纳，但朝廷里已经有许多人认为正是这一建议“开镇户非冀之心”，是致使镇民反叛的元凶罪魁，这次自己如果不能顺利克平祸乱，朝廷一定会治以重罪，因此便以老病为辞，不愿接受这一重任。然而孝明帝不但不许，还特派抚军将军崔暹和镇军将军广阳王元渊[①] 为副，名义上受李崇节度，实则负监督之责。

同年七月，崔暹不听号令，径出白道（今内蒙古呼和浩特北）攻击破六韩拔陵，结果大败，单骑逃还。李崇与广阳王渊力战不敌，退回平城守御。不久二人间又产生不和，广阳王渊向朝廷奏报李崇长史祖莹谎报战功、贪污军资，连带李崇也被罢免了官爵。

与此同时，叛乱迅速波及周边地区，秦、凉、豳（音bīn）、夏一带寇盗蜂起。高平镇（今宁夏固原）反了敕勒酋长胡琛，营州（今辽宁朝阳）反了城民就德兴，秦州则有镇民莫折念生据州僭称天子，置立百官，成了继破六韩拔陵之后又一支实力颇为强劲的反叛势力。而由于承平日久下官军战斗力普遍退化和将帅乏人，北魏朝廷派往各地平叛的军队大多屡战不利；改镇为州、放免府户为民等亡羊补牢措施也收效甚微。不过一年多光景，不但六镇尽叛，平城之北不复朝廷所有，关陇地区也大半被叛军控制，甚至连捍守东南边境的徐州刺史元法僧也趁机据

① 广阳王元渊，《通鉴》《北史》曰元深，《魏书》则除卷一四、一八外，大部称元渊。另据《元湛墓志》“父讳渊，侍中吏部尚书司徒公雍州刺史广阳忠武王”及新出《元渊墓志》“王讳渊，字智远”之语，可知其本名为“渊”，写作“深”者，盖唐人避高祖李渊讳所改，《通鉴》因之，而今本《魏书》有阙，作“深”者当是后人据《北史》增补。

城谋反，投降了南朝。

正当边地的战火渐成燎原之势的时候，洛阳禁宫里元叉和胡太后之间的权力斗争又有了新的变化。

数年来，元叉原本与大太监刘腾内外相维，尤其是由刘腾执掌后宫锁钥，负责监视胡太后的一举一动。在这样的严密控制之下，胡太后形如囚徒，除了重大节庆之时能和孝明帝同时抛头露面之外，平素连皇帝的影子也别想见到。然而到了正光四年三月，刘腾终于死了，元叉自此失去了一大奥援，宫中对胡太后和孝明帝的防范监视也就松懈下来。而元叉自己一来骄慢自恣，嗜酒好色，嬉游无度，怠政已成，二来对此局面习以为常，也逐渐放松了警惕。北镇乱起之后，官军平叛不利，局势日益糜烂，主政的元叉自然成了众矢之的，朝廷里反对元叉的势力日益增长。更重要的是，随着孝明帝渐趋成年，他一方面对元叉的骄横专权感到不满，一方面与胡太后之间的母子关系也趋于和解。在重重压力之下，元叉不得不对孝明帝稍加迁就，帝后二人见面的机会也比刘腾在日明显增多了起来。

06 胡太后反政

在正光五年秋天的一次宴会上，胡太后当着孝明帝的面，故作哀戚之色对群臣说道："如今我母子隔绝，不听我往来儿间，那还要我这个太后作甚？不如放我出家，我当永绝人间，在嵩高闲居寺修道终身。当初先帝鉴于未然，修建此寺，正是为我今日所准备。"说着向左右索取刀剪，就要当场断发。

孝明帝和群臣大惊，急忙跪倒在地，涕泣叩请万万不可如此。而胡太后声色俱厉，不为所动。为了劝慰太后，防止她有进一步的过激举动，此后数日，孝明帝一直住在嘉福殿未回。利用这一机会，母子二人终于捐弃前嫌，达成了共图元叉的默契。之后的几个月里，孝明帝虽暗中下了除掉元叉的决心，表面上却装得更加亲近，甚至把太后的忿恨牢骚之言、母子隔绝之苦也推心置腹地告诉了元叉。一边说一边落泪，说自己实在担心太后真的会落发出家。元叉对此深信不疑，此后居然不再反对帝后公开往来。这一来，不但胡太后和孝明帝之间的交流不复阻碍，她和高阳王雍等外朝王公也取得了联系。

官居丞相、参决尚书奏事的高阳王雍虽然位号在元叉之上，但迫于元叉的威势和军权，不得不俯首听命，早就心怀不满了。孝昌元年（公元525年）初春，胡太后和孝明帝同游洛水，高阳王雍趁机邀请帝后二人到其府第做客，当晚在高阳王府的内室之中，三人秘密商定了铲除元叉的计划。

当时正值边疆各地的叛乱日甚一日，除了北疆的破六韩拔陵和关陇的莫折念生之外，镇守彭城的徐州刺史元法僧也叛魏降梁，引发了梁朝对东南边境的侵略。而元法僧其人本来是元叉一党，当初其出刺徐州正是来自元叉的保举。他这一反叛，搞得本就声名狼藉的元叉更加威信扫地。此外为了平叛，元叉先后委任其父元继为太师、大将军，都督西道诸军征讨莫折念生，其弟青州刺史元罗为抚军将军，都督青、光、南青三州以抵御萧梁入侵，这就更引起了朝野上下的猜忌。高阳王雍正是以此为辞，在一次随孝明帝朝见太后之时，进言道："臣不担心天下诸贼，所担心者唯在元叉！如今元叉总握禁旅，兵皆属之。其父率百万之众，虎视京西；其弟又为都督，统领三齐之众。元叉无心则罢，若其有心，朝廷将何以拒之？即便他自陈不反，谁又能窥见其真心？此事不可不惧。"

这番话高阳王雍早就在帝后面前演练过，选在眼下的场合公开说出来，一是为了向元叉施压，二是要重新强调胡太后对朝政的发言权。对此，胡太后自然心领神会，从容答道："丞相说得甚是！元郎若果然忠于朝廷而无反心，何故不去领军一职，但以余官辅政？"言下之意，元叉如果贪恋军权，便是居心叵测，有不臣之心。

元叉听闻此事，既惊且惧。惊的是高阳王雍倒戈相向，对自己是一个重大打击；惧的是帝后与外朝合谋图己，如此下去，深恐将来有不测之祸。虽说自己仍握有禁卫兵权，可眼下不比当年，宫中既无刘腾那样的权阉做内应，外朝诸臣恐怕大多也不会顺从自己，更重要的是，皇帝跟他娘现在上了一条船，要想完全控制局面，除非把皇帝、太后和高阳王雍等王公大臣一股脑儿全杀光！而以元叉的胆识魄力，这种丧心病狂的事他还真做不出来。困坐愁城之下，元叉问计于心腹冯元兴。冯元兴劝他退一步海阔天空，应自解领军以表心迹。元叉依计而行，遂于这年二月主动交出了禁卫兵权，但以尚书令、侍中之职主领内外。

事后看来，这是一步不折不扣的臭棋。因为尽管继任领军者是元叉的姻亲侯刚，但他只是个过渡角色，不久就被调任为了冀州刺史。而失去了军权做庇护，元叉的敌人们再也无所顾忌。胡太后和孝明帝犹豫再三，终于在左右劝说之下决意尽快剥夺元叉手中剩余的权力。

四月的一天早上，元叉照常入宫当值，行至宫门口却被宿卫拦了下来。一问才知，原来昨天晚上出宫之后，孝明帝竟下旨解除了自己侍中一职！元叉觉得大事不妙，然而却已无计可施。十七日，胡太后再度临朝摄政，第一道诏书就是追削刘腾官爵，而将元叉除名为民。

“树倒猢狲散，墙倒众人推”，一见元叉被黜，立刻有不少当初受过元叉迫害的人跳出来痛打落水狗。清河国郎中令韩子熙首先上书为被冤杀的清河王怿鸣不平，将元叉比作祸乱秦朝的赵高，要求尽快将其诛除；侍中元顺则当着太后妹妹的面，告诫胡太后万不可因妹妹的缘故放过元叉，而使天下人不能伸其冤愤！此外，还有人告发说元叉和弟弟元瓜谋划招诱六镇降户于定州造反，并有截获的谋反书信为证。此时胡太后仍顾念妹妹的情谊，不忍处死元叉。奈何群臣固执不已，连孝明帝也多次劝太后除恶务尽。胡太后不得已，最后总算将元叉赐死于家。其亲信党羽或者被杀，或者被黜，乱政五年的元叉一党至此烟消云散。

庆父虽死，鲁难未已。

元叉败亡时，孝明帝元诩已经年满十六岁，早已加过元服，按理本可独自听政，然而执掌大权的却是再度临朝的太后胡氏。而且因为之前有过幽居深宫将近五年、服膳俱废不免饥寒的经历，已经徐娘半老的胡太后更加觉得时不我待，只有尽情享受，才能对得起自己逝去的光阴。所以这次反政后，胡太后愈发放任自己的私欲，不但毫不避讳地找起了情人，而且一找就是两个。这两人一文一武。文的名叫郑俨，出身中州名门荥阳郑氏，生得“容貌壮丽”，本来是胡太后父亲胡国珍的属下，胡太后首次临朝时两人就有一腿，这次鸳梦重温，两人更加如胶似漆。史书说郑俨“昼夜禁中，宠爱尤甚”，乃至放假回家之时，胡太后都要派个小太监跟随监督，怕他跟自己的老婆有肌肤之亲。武的名叫李神轨，是老臣李崇的次子，很有英武之气，据说帷幄之间也颇擅胜场，因而得以“与郑俨为双”。

总之，郑俨和李神轨靠着胡太后的宠幸，成了这一时期北魏宫廷里最有权势的人物。再加上投靠郑俨，专门帮他出谋划策、处理具体事务的寒人徐纥，三人“位总禁要，手握王爵”，几乎成了中央政府的实际控制者。然而这个时候的北魏境内，早已是叛乱四起、狼烟遍地，朝廷方面则缺兵少将、财政枯竭，剿抚两端都疲软无力，种种从宣武朝就积累下来的弊病和矛盾一齐爆发出来，别说是郑、李、徐这三个因缘得幸的小人，就是文明太后、孝文帝再生，恐怕也无可措手。

尤为糟糕的是，胡太后坚信权力才是保障自己生存和享乐的唯一紧要之事，绝不愿意将失而复得的权力再让渡出去，哪怕是自己的亲生儿子也不行！而已经成年的孝明帝元诩则力求振作，试图摆脱一直以来的傀儡地位。因而在元叉被诛、太后反政不久，帝后二人的关系再度恶化，很快便搞得势同水火起来。

07 契胡酋长尔朱荣

胡太后为了牢牢控制住孝明帝，也没少想办法。

一方面她效仿文明太后，立自己堂兄的女儿为皇后，试图干涉孝明帝的私生活。但孝明帝对这位皇后根本瞧不上眼，而只宠爱嫔妃潘充华。一方面则在孝明帝身边安插亲信封锁消息，凡是跟皇帝过从甚密的人物，就想方设法除掉。通直散骑常侍谷士恢很得孝明帝信任，胡太后便诬陷个罪名将他杀掉；有个叫蜜多的和尚时常出入宫禁，胡太后怕他传递外间消息给孝明帝，就派人伪装成盗匪，将其刺死于城南街巷。凡此种种，不一而足，孝明帝自然深怀不满，母子之间的嫌隙也就越发深了。

然而，孝明帝不满归不满，他手底下一无权，二无人，要想摆脱牵线木偶的地位，唯一可资利用的也就只有皇帝的头衔。

于是从孝昌元年年底开始，孝明帝先后五次下诏以讨贼平叛为名，意欲御驾亲征。其目的据我推测，多半是想学孝文帝之故技，趁亲征的名义将兵权抓归自己手中，至不济也可以离开洛阳，摆脱胡太后的控制。遗憾的是，这五次诏令都是干打雷不下雨，亲征的举动要么受到胡太后党羽的阻挠，要么受迫于周边形势，最终都没能成行。

一天天眼见国事糜烂、山河破碎，困坐愁城的孝明帝正在无法可想，有一个人的表现忽然引起了他的注意。

此人乃是个契胡酋长，名叫尔朱荣。

契胡这个民族，其族源历来说不太清楚，目前多数学者认为契胡很可能就是羯胡。十六国时期，羯胡建立的后赵虽亡于冉闵，但居于山西中北部地区的羯人并不在冉闵控制的疆域内，因而并未被其“杀胡”行为波及。至少在道武帝拓跋珪时代，尔朱荣的祖先便率领契胡武士一千七百人归附了北魏，并助北魏取得晋阳、中山二城。为此，道武帝特将三百里秀容川封给尔朱家，许其世代为领民酋长。而当道武帝在鲜卑人内部推行离散部落、分土定居的政策之时，秀容川的契胡人也仍旧保持了自己的部落组织和游牧传统。

秀容川位于汾河和桑干河上游发源之处，乃恒、肆、汾三州交界地带，水草丰茂，宜于畜牧。尔朱家以此为基，积累了雄厚的家业。据说尔朱荣的父亲尔朱新兴为酋长之时，家中的牛马弥山遍野，以至于需要按毛色分群牧养，以山谷计量数目。朝廷每有征讨之时，尔朱家就献马献粮，因而颇得孝文帝的嘉奖，得封平北将军。迁都洛阳之后，孝文帝特许尔朱新兴冬朝京师，夏归部落。尔朱新兴也多方与洛阳亲贵相结交，每次入朝之时便与王公权臣酬酢往来。在他的运作下，弟弟尔朱买珍和儿子尔朱荣都攀龙附凤，成了皇亲国戚[①]。

尔朱荣是尔朱新兴的独子[②]，大概因为有印欧人的血统，生得皮肤洁白，容貌俊美。他自幼聪明果决，成年后尤嗜射猎之事，每次统领部民设围会猎，都要演练军阵合战之法。据说他指挥军队列围前进之时，要求所有士兵必须整齐划一，哪怕前方是深沟断崖也不得回避，若有猎

① 据《叱列延庆妻尔朱元静墓志》，可知尔朱元静之父为尔朱买珍，母为清河长公主。《魏书·景穆十二王传》云：“尔朱荣，略之姑夫。”又云：“凝姑，尔朱荣妻。”元略、元凝皆为南安王元桢之孙，可知尔朱荣妻为南安王桢之女。后得封乡郡长公主。

② 检索史志记载以及目前发现的尔朱家族成员墓志，均找不到尔朱荣有同父兄弟的迹象。虽然史传称尔朱兆为“荣从子”，但魏晋南北朝时，“从子”一般指从父兄弟（即堂兄弟）之子，而亲兄弟之子则径称之为“兄子”或“弟子”；至宋代以后，“从子”才普遍用来称呼亲兄弟之子（即侄子）。纵观史籍，正是因为尔朱荣并无亲生兄弟，诸子又年幼，才使得他在起兵和执政时不得不倚重其从弟尔朱彦伯、仲远、世隆，从子兆，从祖兄子天光等人之助力。

物从包围圈中逃逸，那么邻近的士兵都要被严厉处罚。因而尔朱荣的军队向来号令严明，拥有极强的战斗力。

到孝明帝在位时，尔朱荣袭父爵继为领民酋长，后来又被授予直寝、游击将军之职。而尔朱荣也继承了乃父与洛阳权贵交好的政策，甚至元叉掌权时也没少收受他的礼物。

不久北镇乱起，尔朱荣召集部民，自己出衣出马组建了一支四千人的军队，前后消灭了肆州（今山西忻州）、并州（今山西太原）境内的几股小规模叛军，被朝廷升为直阁、冠军将军。敕勒人斛律洛阳反叛于桑干郡以西，与黄河以西的费也头部落①结盟作乱，尔朱荣也连战连捷，剿平了这两股势力。在各地官军平叛不利的背景下，尔朱荣的连续胜利简直是一股清流，所以朝廷也不吝赏赐，很快将其提拔为安北将军、都督恒朔讨虏诸军、博陵郡公。而尔朱荣也趁机将自己的势力向南扩展。朝廷派往六镇劳军的使者元天穆路经秀容川，尔朱荣大加笼络，认元天穆当了义兄，又助他取得了并州刺史的职位。肆州刺史尉庆宾对他不予配合，他便派兵攻下肆州城，抓了尉庆宾，另立堂叔尔朱羽生为刺史。这种行为实际上类同反叛，但此时的洛阳朝廷自顾尚且不暇，面对羽翼渐丰的尔朱荣自然亦无可奈何。

到了孝昌元年，北境的形势又有了大变化。

本来由于柔然可汗阿那瓌的出兵相助，破六韩拔陵的叛军在柔然和官军的南北夹击下大为困窘，前后有二十万人向官军统帅广阳王渊投降。广阳王渊向朝廷上表，建议在恒州以北另立郡县安置这些降户，同时随宜赈济，以免其再次叛乱。然而这时京城里太后昏淫于上，奸佞弄权于下，对北疆的情况根本摸不清头绪，居然不准，而只是下诏将这些降户遣散至河北冀、定、瀛三州，让他们自谋生路。得知这一决策，广阳王渊大为摇头，感叹说这些人进入河北，势必成为乞活之流民，将会

① 原是匈奴役属的奴隶部落，多用于牧马，即“牧子”，多居于黄河以西至吕梁山一带。

引发更大的祸乱啊！

果不其然，元渊的担忧成了真。

河北三州虽然是产粮区，但人口也多，而且民风剽悍，对外乡人素不友善。二十万北镇降户携家带口流入三州，很快便与当地的官府和乡民产生了紧张关系。次年年初，五原降户鲜于修礼纠集北镇流民，在定州西北的左人城又扯起了反旗。朝廷派去的两位征讨都督河间王元琛与长孙稚争权不和，被鲜于修礼杀得大败，叛军队伍迅速壮大起来。

朝廷无奈，只好又派刚刚奉调进京的广阳王渊为大都督，与章武王元融一起北讨鲜于修礼。

据说出发之前，广阳王渊做了一个梦，梦见自己穿衮衣倚槐树而立。醒来后就去问擅长解梦的中大夫杨元慎。杨元慎说，此乃三公之祥兆。衮衣是三公才有资格穿的礼服，所以广阳王渊信以为真，便放心出征了。

然而他走之后，杨元慎却摇头道："广阳王这次出征怕是回不来了。'槐'字是木旁之鬼，身穿衮衣而倚槐树，是死后才得追封为三公啊！"

08 如虎添翼

广阳王渊这个人，虽然私德有亏，但却是当时朝廷里为数不多能干事的人物。可惜的是，胡太后治下的北魏朝政昏乱，权贵内部互相倾轧，真正能干事的人往往得不到好的结局。

广阳王渊的死对头城阳王徽（据说两人结怨，是因为元渊曾经给元徽戴了绿帽子）此时任职尚书令，而且跟郑俨结成一党，深得胡太后信任。前次朝廷没有采纳广阳王的建议，反而调他进京，多半就是城阳王徽从中作梗的结果。听说这次元渊带了世子元湛一起出征，元徽就向胡太后构陷说，广阳王在恒州之时，那些降户就曾想推他为主，眼下又携爱子离京，恐怕他是别有用心呐！胡太后听信了元徽之言，另下密诏给副都督章武王元融，叫他对元渊多加提防。元融和元渊的关系倒是不错，他私下把密诏拿给元渊看，劝他好自为之。这一来元渊大为忧惧，到前线后极为谨慎，事无大小都向朝廷请旨，不敢专断而行。

虽然如此，广阳王渊毕竟在北疆任职多年，在六镇降户中颇有威望，甚至叛军中还有不少人是他的老部属。加以他采取了离间瓦解叛军的策略，不出两月，叛军中居然起了内讧，鲜于修礼为部下所杀，一个叫葛荣的人最后掌握了叛军的领导权。

葛荣率众向北转战，广阳王渊担心背负纵敌的罪名，急忙与章武王元融分军追击。结果白牛逻一战，章武王融先是遭了葛荣的突袭，继而被重重包围，苦战多日后不敌阵亡。这下广阳王渊大为踟蹰，进也不是，退也不是。朝廷里又有人进谗说“广阳王盘桓不进，坐图非望”。

元渊本想退回定州再图后举，可定州刺史杨津也怀疑他另有图谋。元渊无奈，只好在城外一间佛寺暂驻。

窘迫之下，元渊深感无所依傍，就召集了几个部下，与他们交臂约誓。本指望这些人在危难之时能对自己不离不弃，哪知道适得其反，有部下怀疑元渊此举是真要造反，就入城向定州刺史杨津告发了此事。杨津派兵来捉，元渊只好出逃。没想到迎面就撞上了葛荣的部队[①]。葛荣担心自己手下的人日后会拥立元渊，二话不说就砍了他的脑袋。

广阳王渊这一死，葛荣在河北更加横行无忌，在定州大肆寇略之后，遂于孝昌三年（公元527年）初东围冀州。而朝廷派去征讨的相州刺史安乐王元鉴居然投降了葛荣。到这年年底，冀州失陷，前往救援的官军亦再度全军覆没。再加上此前于上谷（今北京延庆）起兵的柔玄镇民杜洛周亦进入河北，连克定、瀛二州，到武泰元年（公元528年）初，除相州之外，整个河北地区已尽陷于叛军之手。

这期间，已经取得了肆、并二州的尔朱荣一直密切关注着朝廷的动向和太行山以东的形势，同时不断招兵买马、扩充实力。由于肆、并二州毗邻北境，许多原本或属叛军、或属官军阵营的六镇吏民避乱南下，都投入了尔朱荣的麾下。其中不乏斛斯椿、斛律金、贾显度、侯莫陈悦、司马子如、费穆等颇有才干的人物。尔朱荣最得意的，则是得到了贺拔家三兄弟（允、胜、岳）的助力。

贺拔家出身武川，祖上世代为将，兄弟三人皆以豪侠知名。老二贺拔胜精于骑射，胆略过人。老三贺拔岳则除了能左右驰射、骁勇善战之外，更长于谋略，史言其“不读兵书而暗与之合”，是个军事天才。

北镇乱起之初，贺拔兄弟在老父的率领下帮朝廷抵御破六韩拔陵，困守怀朔几达一年。援军不至，终陷于敌手后，他们又联合同乡宇文肱

① 徐冲在《元渊之死与北魏末年政局》（《历史研究》，2015年第1期）一文中认为，元渊在其北讨六镇之乱之时便有利用乱局谋求个人野心的企图，正因此引起了朝廷对其“坐图非望”的怀疑，在他被葛荣所杀后，朝廷也将其出奔的性质定为“降贼”，并因此褫夺其王爵。可供参考。

（音gōng），杀了叛军首领卫可孤。老父卒后，贺拔兄弟辗转效力于朔州刺史费穆、广阳王元渊以及镇守恒州的元纂帐下。直到恒州陷落，混乱中三人失散，贺拔胜南投肆州，允、岳二人则投了秀容川的尔朱荣。后来尔朱荣攻破肆州，兄弟三人才又团聚。尔朱荣为此大喜，道："我得卿兄弟相助，天下不足平也！"

这一天，手下参军刘贵请见，说要向尔朱荣举荐一位豪杰。尔朱荣当然欢迎，可是一见之下，未免失望。但见此人容颜憔悴，衣衫蔽旧，风姿气度要比贺拔兄弟差上一大截，怎么看也不像什么英雄豪杰。不过既然刘贵极力举荐，或许其人不可貌相也未可知。

正好尔朱荣要去马厩巡视，厩中有一匹烈马尚未驯服。尔朱荣有意要试试此人的胆识，便命他修剪这匹烈马的鬃鬣。此人一语不发，稍加观察便走上前去，既不用笼头，也不用绳索，不知使了个什么法门，那马竟乖乖地安静下来，任凭他剪去了鬃毛。事后此人拂衣而起，对尔朱荣道："御恶人之法，与御此马无异。"尔朱荣大奇，便召此人进帐，屏除左右，咨询他对当今时事的看法。

此人道："听闻将军的良马遍及十二座山谷，色别为群，不知究竟将做何用处？"

尔朱荣道："但言尔意。"你说我该怎么办？

此人微微一笑，道："方今天子愚弱，太后淫乱，佞宠擅命，朝政不行。以将军之雄武，但需乘时奋发，讨郑俨、徐纥而清君侧，千秋霸业可举鞭而成！此贺六浑之意也。"

尔朱荣闻言大悦，两人从中午一直密谈到夜里才告结束。那以后，此人便成了尔朱荣颇为倚重的一位参谋。

你没猜错，这个人正是高欢。

前文交待，目睹了洛阳禁卫军骚乱之后，高欢回到老家散尽家财，立下了"澄清天下之志"。数年之中，结交了司马子如、贾显智、刘贵、孙腾、侯景等一干好友。北疆乱起之后，高欢和亲友先是投奔了于上谷起事的杜洛周，但很快就发现杜洛周其人卑劣贪鄙，难以成事。高欢和姐夫尉景、连襟段荣等人谋划杀死杜洛周，结果计划不幸泄漏，被杜洛周派兵追杀。仓惶出逃之下，高欢的老婆娄昭君连马也没有，只好抱了女儿，背了儿子，骑牛逃跑。路上颠簸，儿子高澄数次从牛背上滚落下来。眼看追兵渐近，高欢急红了眼，抄起弓箭就要射死儿子。幸亏段荣马快，又折回去救起了高澄。之后高欢又投了怀朔老乡较多的葛荣阵营，并不受重视，这才经刘贵的引介来到了秀容川。

有了高欢、贺拔兄弟等人的辅佐，跨据肆、并二州的尔朱荣更加如虎添翼。武泰元年初，尔朱荣侦知，太行山东的叛军自相残杀，杜洛周的部众尽被葛荣吞并；与此同时，京城里胡太后和孝明帝的关系势同水火，随时都可能酿成新的变乱。他和义兄元天穆、帐下督贺拔岳等人商议，认为眼下已经到了高欢所说的举兵入洛清君侧的时机，便向朝廷上书，请求率精骑三千东援相州，以遏制葛荣南下的企图。同时派贺拔胜统步骑五千扼守井陉口（今河北井陉西），防止叛军西越太行。

见到这一奏章，胡太后疑心大起，回复说相州已经派北海王元颢统兵两万前去增援了，不用你尔朱荣操心。还派使者前往肆州，以慰谕为名，侦查尔朱荣的意图。

困境中的孝明帝则看法不同。他认为，尔朱荣忠心可嘉，如果利用得当，他的军队完全可以助自己夺回政权。而且尔朱荣的女儿此前已经入宫选为嫔妃，论起来两人还是翁婿关系。

有史料揭示，这一时期孝明帝试图与尔朱荣进行秘密接触，意欲召他引军入京。而尔朱荣也再次上书，仍旧要求朝廷允许自己出兵。

这一来，郑俨、徐纥等人大为忧恐。因为一旦尔朱荣入洛，孝明帝亲政，那首先倒霉的肯定是他们几个。所以徐纥献计，叫胡太后一边派人送财货铁券给尔朱荣的手下，试图加以分化；一边准备密谋废帝。

恰在此时，孝明帝宠幸的潘充华生下了一个女孩儿。胡太后封锁消息，宣布生下的乃是皇子。并大赦改元，以兹庆贺。

09 孝庄帝即位

武泰元年二月二十五日，上距胡太后诈言皇子出生还不到五十天，本来身体倍棒吃嘛嘛香的孝明帝元诩，突然暴崩于显阳殿，时年仅仅十九岁。

有传言说，是郑俨、徐纥奉胡太后之意，鸩杀了孝明帝。

国不可一日无君。既然孝明帝死了，那皇位自然应由他唯一的“子嗣”来继承，于是次日一早，潘充华生育的这个女婴便被胡太后抱上了金銮殿。然而胡太后心里清楚，纸里终究包不住火，女婴也不可能长出小鸡鸡。很快她又下诏说：其实潘充华生的是个女的，当初之所以骗大家，是因为现在国家艰难，急需统胤来安定人心，可谁又想到皇帝好好地说没就没了呢？如今大行皇帝既然绝了嗣，那也只好在宗亲中另择嗣君。故临洮王宝晖世子元钊，是高祖孝文皇帝的曾孙，大行皇帝生前就特别喜爱他，弥留之时还说要传位给他，可惜没能来得及。现在就立元钊为新君吧！

虽然这番话说得好像真事儿一样，胡太后还装出了一副悲痛万分的模样，但明眼人都看得出来，之所以择立元钊，不是因为他“体自高祖，天表卓异”，更不是因为孝明帝想要传位给他，而是因为元钊刚刚三岁，胡太后想借此长期专政罢了。

消息传来，尔朱荣既怒且喜。怒的是胡太后此举掩耳盗铃，欲盖弥彰，简直是侮辱天下人的智商！喜的是自己由此便获得了名正言顺入京讨逆的理由。

他对义兄元天穆道："皇帝晏驾，春秋十九，海内之人仍谓之为幼君，况如今朝堂上一愚妇人奉一未言之儿，以此临天下，哪里能够长治久安！我尔朱荣世荷国恩，不能坐看成败。今欲率铁马五千，赴哀山陵，剪除奸佞，更立长君，兄以为何如？"

元天穆早知这位老弟野心不小，自然要大加吹捧一番，说此举乃伊尹、霍光之事，事不宜迟，越快越好。贺拔岳也说，非常之事，必待非常之人，行义师而讨奸佞，必将攻无不克，战无不胜！

于是尔朱荣立刻向朝廷抗表，质疑孝明帝死得不明不白，指责胡太后上欺天地下惑朝野、宠佞奸臣祸乱纲纪，把自己打扮成一副替天行道、主持正义的忠臣模样。同时召集部众，以高欢、贺拔岳为前锋，准备兵发洛阳。

但是在出发前，有一件大事尚需确定，那就是拥立何人为新君。

作为独子，孝明帝既死，宣武帝这支就绝了嗣。宣武帝的几个兄弟当中，虽然汝南王元悦尚在世，但这个人向来疯疯癫癫，喜欢搞男人，还有暴力倾向，绝不是当皇帝的料。那么按照法统，自然以孝文帝及其六个兄弟的子孙最有资格。当时尔朱荣的堂弟世隆正在京城担任直阁将军，对王公子孙比较了解，尔朱荣便派族侄天光赶赴洛阳，会同尔朱世隆商议新君的人选。

经过一番考察和秘密接触，彭城王勰的儿子、长乐王元子攸表现出的欲望最为强烈。他自幼在宫中做孝明帝的伴读，生得丰神慧秀、一表人才，仕途上一直颇为顺利，但去年却和哥哥元劭一起被胡太后以明升暗降之术施以打压，此番既遇到了当皇帝的机会，当然不肯轻易放过。

不过，听了尔朱天光的汇报，尔朱荣还是不大放心。最后，他决定用神卜的方法帮助自己选择。

长久以来，在鲜卑、羯族这些北方民族中间，一直流传着以铸金人像的方式占卜神意、预测吉凶的传统。大概因为当时铸像的技术并不成熟，受原料配比、火候温度等因素影响，像的品质和成色具有相当大的随机性，所以时人认为铸像成功定是神灵庇佑的结果，乃大吉之兆。据说当年冉闵就因为铸己像不成，所以速亡；而北魏历史上也曾多次利用这种方法选立皇后。

这次因为候选人的数量较多，一时间晋阳城大搞冶炼，遍地都是小高炉。结果在孝文帝及其兄弟诸王的子孙当中，只有长乐王子攸的像“光相具足，端严特妙”，最为成功。尔朱荣这才下了决心。

三月，尔朱荣全军缟素，出并州，越上党（今山西潞城西），直扑洛阳而来。尔朱世隆也从洛阳逃出，与尔朱荣会合。

胡太后闻报，大感忧惧，急忙召集百官商议对策。可近年来她宠任奸佞，倒行逆施，已经人心尽失，满朝文武个个垂头丧气，不发一语。最后还是她的心腹徐纥进言道：“尔朱荣不过一马邑小胡，人才凡鄙，不度德量力，竟敢兴兵犯阙，此举无异于螳臂当车，以卵击石！如今虽大兵远出，然宿卫文武，足可一战。只需紧守河桥，以逸待劳，到时尔朱荣悬军千里，师老兵疲，必能战而胜之！”

这番虚张声势的话不知道徐纥自己信不信，反正胡太后是信了。事实上现在也没有别的办法可想。自从六镇叛乱以来，数年间烽烟四起，各地的反叛一浪高过一浪，而朝廷派出去平叛的军队则连连弃甲丧师，甚至反而叛变，加入了对抗中央的阵营。如今洛阳虽然仍有不少禁兵，但士气低落，军心涣散，战斗力如何完全可想而知。

这种状况，深宫里的胡太后并非一无所知，可她当然也不愿束手就擒，于是便采纳徐纥的建议，任命自己的情人李神轨为大都督，统领京师防御，以别将郑先护、郑季明把守河桥，武卫将军费穆屯驻渡口小平津。

四月初，尔朱荣的兵锋已抵黄河北岸，并派人秘密入城迎接长乐王子攸。初九日夜里，元子攸带着他的哥哥元劭、弟弟子正等人自高渚偷偷渡河，于次日赶到了驻于河阳（今河南孟州西）的尔朱荣军中。将士们听说是神灵选中的新君驾临，不禁欢声雷动，高呼万岁。第二天，尔朱荣便奉元子攸登上了帝位，后世称之为孝庄帝。而作为回报，孝庄帝封尔朱荣为侍中、都督中外诸军事、大将军、尚书令、领军将军，封太原王。

把守河桥的郑先护曾经和元子攸是同事，两人关系甚好，此刻听说元子攸即位成了新君，当下决定弃暗投明，和郑季明献出北中城向尔朱荣投了降。北中城是防守河桥北部的要塞，此城一开，尔朱荣的军队便长驱直入过了河。李神轨见状，知道大势已去，弃军遁还。而屯驻小平津的费穆也望风降附。

至此，洛阳城如同玉体横陈的美女，已经毫不设防地展示在了尔朱荣的面前。

眼见大难临头，胡太后的情人郑俨立刻脚底抹油，一溜烟逃回了老家。徐纥也矫诏夜开殿门，盗取御马，奔了兖州。发现自己成了孤家寡人的太后胡氏无计可施，只好召集后宫嫔妃，命她们跟自己一起落发出家。

四月十二日，南渡黄河的尔朱荣驻军于邙山北面的河阴之野，召集城中王公百官前来迎驾。

出城的行列浩浩荡荡，足有两千人之多。

这些人绝不会想到，此行竟然是一去不回。

10 河阴之变

尔朱荣自己也没有想到，居然一仗没打，如此顺利就取得了京师洛阳的控制权。

幸福来得太突然，尔朱荣一时有点儿蒙圈，他一会儿感到自信心爆棚，一会儿却又陷入到焦虑当中。

他毕竟只是一个契胡酋长，投到他手下的人大多不是边镇的酋豪，就是地方上的中下级军官。一句话，他们都是帝国政权外围的边缘人。尔朱荣虽然野心勃勃，乘时崛起，兵不血刃地接收了洛阳城，但其实他和他的团队这个时候对于如何处理和掌控中央政府并没有一个成熟完整的计划。对于城里那些平素高高在上的皇亲国戚王公百官，以前尔朱荣虽然为了家族利益没少巴结讨好，内心里却对他们的颟顸（音mān hān）贪婪、腐败奢靡殊无好感。他自己虽然娶了南安王元桢的女儿，还主动送女入宫为嫔妃，但还是经常被那些自以为出身高贵的洛阳权贵和世家大族瞧不起。再加上尔朱荣唯擅武事，对于政治上那一套并不在行，而他手下的人马这时满打满算还不到万人，实力上不足以压制群雄，威名上不足以震慑朝野，所以面对送上门来的饕餮大餐，他实在有些担心会吃不了兜着走。

偏在这时，刚刚投降过来的武卫将军费穆急于表现，向尔朱荣献策说："将军你士马不出万人，如今之所以能长驱而进、所向披靡，主要是因为推奉了新君，顺应了民心，并不是因为大家都畏服于你！现在尚未入城，众人都不知你的底细。以京师之众、百官之盛，一旦得知了你的虚实，肯定会生出轻侮之心。如果不趁此机会大加诛罚，另置亲党，那么将军你北还晋阳之日，恐怕就是内乱爆发之时啊！”

本就焦虑重重的尔朱荣对这番话深以为然。为此，他还征询过自己的亲戚慕容绍宗（其母是尔朱荣的堂姑）的意见。慕容绍宗表示反对，理由很简单，你尔朱荣口口声声宣称兴的是义兵，现在倘若不分忠奸滥杀一气，那岂不是会让天下人大失所望？这可不是什么好主意。

遗憾的是，尔朱荣并未听从。

十三日一早，晨雾尚未散去，全副武装的契胡武士便督促驱赶着已经来至河阴迎驾的王公百官向西北方向行进。有传言说是要去河畔祭天，也有人说是要举行会盟仪式，一路上众人牢骚不断，议论纷纷。数里之后，刚翻过一条南北向的河堤，大批契胡骑兵忽然涌出将众人团团围住。尔朱荣现出身来，先是叱责说天下丧乱，先帝暴崩，都是因为群臣尸位素餐、贪虐无能，继而又说高阳王雍等人大逆不道、意图谋反。说完不待众人辩解，大手一挥，一场残忍的屠杀便在初夏的黄河边开始了！

有史料说，此次以丞相高阳王雍、司空元钦、东平王略等为首，公卿以下总共有两千多人遇害（也有记载说死者是一千三百余人）。其中东平王元略还是尔朱荣的外侄，但因为平常不大瞧得起尔朱荣，也一并被杀了。当时还有一百来人来得晚了，赶到时，河边的草地上已经尸如山积。等他们再想逃跑，却早被契胡骑兵发现拦截了下来。

这时尔朱荣已经杀红了眼，心说既然已经大开杀戒，不如索性干得彻底些，老子自己当皇上算了！

于是便威胁这些人说，谁肯写禅位诏书就能活命，否则死啦死啦地有！还命令士兵高呼：“元氏既灭，尔朱氏兴！”

在这一百多人里，有不少以文辞擅长的世家子弟，然而为奸臣篡位撰写禅位诏书这事实在有悖于道德良心，但凡有点脸皮的文人都干不出来。叫了半天，最后只有一个叫赵元则的御史贪生怕死，承接了这份工作。余人自然也就成了契胡武士的刀下亡魂。

这期间，刚刚登上帝位的孝庄帝元子攸还在数里外的帐幕“行宫”里休息，对尔朱荣的行动一无所知。直到远处隐隐传来人喊马嘶、金铁撞击之声，才觉得异样。孝庄帝和哥哥元劭、弟弟子正一起出帐察看，正撞上二三十个尔朱荣派来的契胡武士。一见他们杀气腾腾、刀头淌血的模样，孝庄帝顿时明白发生了什么事情。不等他开口质问，早有人一把将其拦腰抱住，拖入了帐中。帐外随后便响起了元劭、子正兄弟的惨呼声！

至于已经剃光了头发的胡太后，也被尔朱荣派兵捉了来。胡太后一见尔朱荣，就哭哭啼啼地想为自己辩白辩白，然而尔朱荣对这婆娘实在懒得理会，听了没几句便拂衣而起，命人将她拖了下去，连同那个三岁的幼主元钊一起沉了黄河。

所有这一切都让孝庄帝明白，他之所以暂时还能留得性命，仅仅是因为禅位仪式尚未完成而已！

他忧愤交加，悔恨不已，却又无计可施，只好叫人对尔朱荣说：“自古帝王迭兴、江山易主乃是常事，如今四方瓦解，将军奋袂而起，所向无前，此乃天意，非人力所能强求。我来相投，本意不过是以求存身，哪里还敢贪求帝位？都是将军你逼我如此啊！现在玺运已移，天命有归，将军可速登尊位；必若推而不居，欲存魏之社稷，亦当更择亲贤而辅之。”

一句话：你想要这帝位，拿去就好，只求放我一条生路吧！

其实尔朱荣不是不想拿，但事到临头，他又犹豫了。

一个原因是他手下的几个骨干都对此不支持。原因显而易见：孝庄帝是你自己求助神意择立的新君，将士们已经跪在地上磕了头喊了万岁，可眼下在位还不到三天，你就要把他废了自己当皇上，你让将士们怎么想？

贺拔岳就说，将军你当初兴的是义兵，说是要诛除奸佞，如今杀了这么多大臣，还要再废亲手迎立的皇上，这么搞是有百害而无一利！

高欢也劝尔朱荣不可篡位[①]。他还建议说，不如用手铸金人的方式再占卜一回，看看天意如何。

于是夜晚的黄河边，再次闪耀起了冶铸金人的火光。

说也奇怪，这次尔朱荣手铸自己的金像，一连铸了四次都没能成功。尔朱荣大为沮丧，被日间的血腥杀戮冲昏的头脑也逐渐冷静了下来。当时有一个擅长卜筮的幽州人刘灵助很得尔朱荣信任，他也讲了一番天时人事的大道理，论证说此刻绝非尔朱荣称帝的好时机。尔朱荣说既然我称帝不吉，那立我义兄元天穆行不行？刘灵助说他也不行，只有长乐王元子攸才得天命。

这一来，尔朱荣彻底丧了气。他神思恍惚，不再坚持要废掉孝庄帝，而且终于意识到自己似乎犯了一个相当严重的错误。良久沉默之后，他才抬头问道，事已至此，那么接下来该怎么办呢？高欢等人都说，不如仍奉长乐王还京，以安天下。

尔朱荣无奈地点了点头。

经过这一番折腾，此时早已过了四更。然而不知自己命运如何的孝庄帝元子攸根本不曾入眠。正在绕室徘徊、长吁短叹的工夫，忽然闯进几个武士，说是请他去见尔朱荣。孝庄帝战战兢兢地上了马，深恐就此性命不保。直到望见尔朱荣肃立帐前，望马便拜，一边叩头一边请他降罪，孝庄帝这才稍稍松了口气。

能保住性命已是万幸，他哪里又敢真的降罪于尔朱荣呢？

---

① 高欢对于尔朱荣篡位的态度，史籍记载互相龃龉。《北齐书》《魏书》《北史》云高欢谏阻，《周书》《通鉴》则云高欢支持篡位。此乃周、齐互为敌国，史官弄笔之缘故。笔者以为，以高欢的秉性心计，并参考其本人后来不急于称帝建齐的行为，似乎取前者为宜。

11 削平葛荣

四月十四日，尔朱荣拔营启程，奉孝庄帝返回洛阳。

由于昨日河阴的大屠杀，不独许多契胡士兵对入城心存忌惮，就是尔朱荣自己也顾虑重重。当队伍缓缓登上北邙，京师城阙清晰可见之时，他甚至一度产生了迁都晋阳的想法。

事实证明，他显然是过虑了。

此刻洛阳门户大开，禁卫士兵一个不见，街巷上遍地狼藉，里坊间鸦雀无声，看样子能逃的人都已经逃出去避难了，没逃的也闭门锁户躲藏了起来。尔朱荣的士兵们骑马一直上了太极殿，也没见几个人出来迎接新君。按照惯例颁布大赦天下、加阶进级的诏书之后，偌大的宫殿前只有散骑常侍山伟一人拜阙谢恩。

这种情形，当然是河阴之变带来的恶果。

尔朱荣为此又没少向孝庄帝请罪，还表态说自己绝不会再有二心，说着说着似乎还甩了几滴眼泪。看他一副猫哭耗子的虚假嘴脸，孝庄帝厌恶至极，然而却也只能强忍不满继续陪他演戏，亲自走过来扶起尔朱荣，说对他的忠心毫不怀疑。尔朱荣遂笑逐颜开，还向孝庄帝讨酒来喝。痛饮一番后，酣醉的尔朱荣居然在殿里睡着了。见此情景，孝庄帝当即就想把他弄死。左右苦苦相劝之下他才恨恨作罢，叫人把尔朱荣抬到别处休息去了。到得夜半，尔朱荣酒醒而起，总算意识到了自己的疏忽，遂通宵无法合眼。此后他一直在永宁寺驻扎，再也不曾在宫内留宿。

很快五六天过去，洛阳城里却还是一副炊烟断绝、行人寥寥的荒凉景象。同时，契胡准备纵兵大掠一番然后迁都晋阳的谣言仍在悄悄流传。实际上，尔朱荣自己也犹豫了好久，出于种种原因，终于决定暂不迁都。他上奏说，应该对河阴死难之家普遍加以抚恤褒赠，还派出使者巡城慰问，对迁都的谣言加以澄清。不久他又对现存的王公百官大加封赏，试图缓和与洛阳权贵之间的紧张关系。如此又过了十来天，人心渐渐安定下来，逃走的士庶官吏陆续归来，洛阳城里才恢复了些许生气。

这期间，为了修复和孝庄帝之间的裂痕，当然也是为了进一步控制这位傀儡皇帝，尔朱荣暗示，希望孝庄帝能把自己的女儿册封为皇后。按照西北少数民族传统的收继婚风俗，这当然不是什么难题。可北魏皇族汉化已久，尔朱氏既然是先帝的嫔妃，再嫁今上便于礼法不合，所以孝庄帝迟迟不决。这种时候，就需要平素养的那些知识分子来寻找理论依据了。给事黄门侍郎祖莹进言说，春秋之时，秦穆公的女儿先嫁给了晋怀公，后来又侍奉晋文公，虽然违反常礼，却也合于道义，这种事不必介怀!

于是，尔朱氏脱下孝服，披上霞帔，又成了孝庄帝的皇后。

尔朱荣自然十分高兴。

五月初，在安排元天穆、尔朱世隆、朱瑞这些亲信出任朝廷要职之后，自感大局初定的尔朱荣返回了晋阳。这一来是因为，在自己的老巢遥控朝政让他感觉更为安全；二来则是因为，他要腾出手来对付河北的敌人——葛荣。

这时的葛荣已经吞并了杜洛周的部众和地盘，几乎占据了除相州外的整个河北，声势浩大，号称有百万之众。但是由于主要由携家带口的流民组成，里面裹挟了大量非战斗人员，所以战斗力并不甚高。而且因为人口数量过于庞大，一直饱受粮食匮乏的困扰。六月，葛荣因乏食派部下任褒率军南寇，一直掠至黄河北岸的沁水，洛阳压力陡增。孝庄帝虽任命了元天穆为大都督，统领贺拔胜等北讨，但因军力严重不足，不得不两次下诏以官阶为酬赏募民为兵。同时虚张声势，下诏说“朕当亲御六戎，扫静燕代”，还宣称要尔朱荣率精甲十万为左军，进攻葛荣的右肋。

面对孝庄帝的催促，尔朱荣并不着急，他只是派高欢先行东下，前往邺城一带打探形势，同时对葛荣别部进行招抚。高欢不负众望，又使出了降服烈马的本事，轻轻松松招降了一万多人。

直到北魏朝廷派来使者，册封尔朱荣为柱国大将军（此前只有长孙嵩以开国元勋曾加此号）、录尚书事之后，志得意满的尔朱荣才上表东讨。

九月，尔朱荣留族侄天光镇守晋阳，自帅精骑七千，马皆有副，以侯景为前锋，倍道兼行，东越太行而来。

从先秦时代起，在太行山的崇山峻岭中便形成了八条贯通东西两侧的主要通道，称之为“太行八陉”。而从晋阳东下邺城（大体相当于今日从太原至邯郸、安阳一带），最常使用的通道就是八陉之中的第四陉——“滏口陉”（即壶关道）。当年前秦王猛攻灭前燕，后燕慕容垂攻灭西燕，都是走的这条通道。滏口以滏水（今滏阳河）得名，据说是因水源处泉流涌出，如同釜中沸腾之水，故名滏水。滏水上游山岭高深，谷道狭险，实为扼守邺城西北的战略要地。

进入滏口陉之前，尔朱荣率军在襄垣展开了一次大型围猎。此举既能扩充军食，又能演练军阵、增长士气。围猎进行中，忽然有一对野兔在尔朱荣马前跳过。尔朱荣跃马弯弓，高声起誓道：“若能射中，必擒葛荣！”既而弓弦响处，两只野兔先后中箭！将士们见此，欢声雷动，士气大振。

根据高欢获得的情报，尔朱荣知道葛荣军数量虽众，战力却不足为惧。尤其是军队顺利通过滏口，并未遇到阻截和伏兵之后，尔朱荣更是底气十足。他信心满满地对部下说：“贼寇很容易对付，你们可多准备些长绳，免得到时捆不过来！”据说大战前的头天晚上，尔朱荣还做了一个梦。梦里见一人走向葛荣，向他索要贴身的千牛刀。葛荣一开始不肯给，那人就说：“我乃道武皇帝，你是何人，竟敢违我之命！”葛荣这才乖乖地将刀奉上。而此人随手便将这把刀给了尔朱荣。不用说，这自然是大吉之兆，所以醒来后，尔朱荣更加确信己方必胜。

话虽如此，胜利可不是靠做梦就能取得的。

葛荣军再不济，至少也有二三十万之众，而尔朱荣只有七千骑兵。战略上可以藐视敌人，战术上却不能不加以重视。

为了充分发挥骑兵灵活快速的特点，尔朱荣下令全军弃刀用棒，每人各备“神棒”一枚，置于马侧，战斗中不许斩首，只能用神棒击打，以此来保证骑兵的速度和冲击力。他还悄悄在附近的山谷中埋下伏兵，分督将以上三人为一处，每处数百骑，令其在战斗开始后扬尘鼓噪，让敌人搞不清楚己军的数量。

九月十八日，战斗开始了。

葛荣的军队在邺城北面横向展开，列阵数十里，如同一个庞大的箕形黑压压地逼近。

尔朱荣不慌不忙，分命诸将率部迎敌。贺拔胜、贺拔岳兄弟一马当先，尔朱荣自己也大呼突阵。高速奔驰的一队队契胡骑兵就像庖丁解牛的利刃，以无厚入有间，几个冲锋下来，便将葛荣的大军切割成了一块块彼此孤立的碎片！这时，提前埋伏在山谷中的伏兵也鼓噪杀出，与本军形成夹攻之势。四面合围之下，原本就是乌合之众的叛军很快陷于崩溃。葛荣当场被擒，余众大部分做了俘虏。

尔朱荣明白，这些人如果不能妥善处理，很有可能像流入河北三州的降户那样再次酿成祸乱，就告知他们说：“你们爱去哪儿去哪儿，亲属家口也一块儿带走，我绝不干涉。”众人自然高兴，登时四散而去。一天之内，曾经席卷河北的几十万叛军便消失无踪了。

然而，尔朱荣这话只有一半算数，谋求进一步壮大实力的他并不想放过这个扩军整编的好机会。待降众散出百里之外，已经不可能再聚集反叛之后，他又派骑兵分道押领，将青壮之人大部都迁往晋阳去安置；其中的酋帅军官也量才授用，吸纳进了自己的阵营。

这其中有一个青年，名叫宇文泰。

12 萧梁乘乱北伐

宇文这个姓氏，本出匈奴，据说是胡语“俟汾”的音转，是“草”的意思。在东汉时代，宇文部是匈奴南单于所属东部部落的一支。由于世代与鲜卑混居，所以后来也就成了鲜卑的一部。晋末之时，宇文部曾与段部、慕容部并峙于辽西，后被慕容廆击败（详见拙著《东晋十六国风云》），逐渐混同于内迁的鲜卑各部。

宇文泰的祖上曾在后燕为官，拓跋珪攻灭后燕后，将其迁往武川镇，从此宇文家便成了武川地区的一大酋豪，数代以“武略”“任侠”闻名。

宇文泰的父亲宇文肱生有四子，小名“黑獭”的宇文泰是最小的一个。据说他娘王氏怀他的时候，曾经梦见抱子升天的奇景，只差一步即登天界。醒后告知宇文肱，宇文肱大喜，说虽不至天，那也是贵极人臣的吉兆。史籍声称，宇文泰成年后身长八尺，方颡广额，背有黑子，面露紫光，一望便知是带头大哥的风范、领袖人物的派头。而他在生活中也轻财好施，喜欢交结贤能之士，对俗务则不甚关心。

北镇乱起之时，宇文肱纠合乡里，曾经和贺拔家共同作战，斩杀了破六韩拔陵的部将卫可孤，但宇文泰的大哥宇文颢为营救老父不幸战死。不久，宇文家随流民一起南下定州，受鲜于修礼统辖。鲜于修礼起事，宇文家在赶往左人城的路上遭遇官军，父亲宇文肱、二哥宇文连又同时阵亡。葛荣接收鲜于修礼的部众后，任命宇文泰的三哥宇文洛生为渔阳王，统领旧部，其颇有骁勇善战之名。这时，宇文泰已经看出葛荣乃小人得志，难成大器，便和哥哥商议，准备另谋出路。不过未及实施，葛荣便被尔朱荣剿灭，随后他们也被迁往晋阳。

史料说，到晋阳之后，尔朱荣因为忌惮宇文洛生“雄杰”，担心他有异己之心，就寻了个罪名把他杀了。后来又想连宇文泰也一并除掉，但宇文泰“自理家冤”，慷慨陈辞，居然当面说得尔朱荣回心转意，不但没有杀他，反而让他继续带兵。

如果当时高欢也在场，他一定没有想到，不过六七年之后，这个差一点儿被尔朱荣杀掉的青年便独霸关西，成了自己逐鹿天下的最大对手。

十月初三，贼首葛荣被押至洛阳，在举行了献俘仪式后被斩首于街市。

借由这次战功，尔朱荣先是晋升为大丞相，既而又被加封为太师，封邑也增加至十万户。其部将亲党亦各有封赏。

然而，葛荣虽平，各地的叛乱却还有不少。青齐一带有邢杲，幽州有葛荣余党韩楼，关陇有万俟丑奴，甚至梁武帝萧衍也派兵护送在河阴之变后投奔梁朝的北海王元颢北上，想要趁北魏大乱的时候分一杯羹。尔朱荣既然控制了朝廷，自然也就要承担平叛守土的责任。

永安二年（公元529年）三月，尔朱荣先是派元天穆统领高欢、尔朱兆、费穆诸将出洛阳东讨邢杲。当时护送元颢北上的梁军已经进至梁郡（今河南商丘南）境内，大兵若东出攻齐，洛阳方面必然会暴露在梁军面前。所以在出征前，元天穆曾召文武商议，究竟是先讨邢杲，还是先抵御梁军。行台尚书袁琡认为，邢杲虽然部众强盛，但终究是鼠窃狗盗之徒，没什么远大志向；而元颢则是大魏皇亲，前来是要报河阴之仇、争夺皇位的，对朝廷的威胁更大，还是应该先对付元颢为宜。然而其他人的意见却与袁琡相左。他们的理由是，据军报得知，护送元颢前来的梁军绝对不超过万人，即使深入，也不足以构成太大的威胁。最后元天穆还是听从了大多数人的意见，决定先去东讨邢杲。

没过多久，元天穆便为这一决定感到了后悔。

因为护送元颢前来的梁军将领，乃是陈庆之。

陈庆之，字子云，义兴（今江苏宜兴）人。从他幼年时做过萧衍的跟班来看，出身并不高。萧衍称帝建梁后二十多年，他还只是一个低级官吏。直到四十二岁时，陈庆之才因接应北魏来投的徐州刺史元法僧入梁，得封宣猛将军、文德主帅，开始了他的军旅生涯。

陈庆之这个人，虽然“射不穿札，马非所便”，个人的武力值相当低，但他精于谋略，又善抚士卒，所带的军队的战力却相当高。梁朝镇守徐州的主帅豫章王萧综北逃投魏，六军皆溃，只有陈庆之所部全军而还；北魏豫州刺史李宪据寿阳顽抗，陈庆之力攻，逼其投降，得城五十二，获男女七万五千口。由此战功，梁武帝升他为东宫直阁，赐爵关中侯。

而随着北魏内部动乱不止，梁武帝也加大了北伐的力度，陈庆之亦由此迎来了大展拳脚的好机会。

大通元年（公元527年）初，梁武帝派领军将军曹仲宗统领陈庆之和寻阳太守韦放等共攻涡阳（今安徽蒙城）。涡阳虽小，城池却相当坚固。梁军又怕强攻死伤士卒，所以这场围城战从春季一直拖至冬季，仍旧相持不下。这时北魏派来救援的元卲[①]军五万人马将近，前锋已经抵达距涡阳四十里的驼涧。陈庆之打算前往迎击，韦放却认为，敌人的前锋定是轻锐之师，即使战而胜之也不会影响大局，一旦战败，反而动摇军心，不如以逸待劳，不主动出击为好。

陈庆之道：“魏军远来，皆已疲惫不堪。此时趁其全军尚未集

① 元卲，《梁书》《通鉴》皆作“元昭”，且《梁书》称之为“征南将军常山王”。据《魏书·肃宗纪》“八月丙子，进封广川县开国公元卲为常山王”，以及《元卲墓志》云其由广川县开国公进封常山郡王，寻迁平南将军一职，可知南援之将确是常山王元卲。历史上虽有元昭其人，并亦担任过征南将军，但其爵为乐城县公，且死于正光三年（公元522年），故知此处《梁书》《通鉴》皆讹“卲”为“昭”也。

结，破其前锋，定能挫伤其士气！何况他们距我军尚远，肯定疏于防备。我军出其不意，必无不胜之理！而且我听说，敌人扎营之处林木茂盛，他们绝不敢在天黑之后出兵追击。诸位若是担心，我陈庆之一个人去便是！”

说完，陈庆之居然真的只带了亲军二百人去劫营了！

结果正如其所言，“破其前军，魏人震恐”。

可是魏军的援兵毕竟有五万之多，而梁军从年初围城至今，大小数十战，已师老兵疲，再加上探马来报，说魏军援兵似乎有在我军背后筑垒的计划，曹仲宗等人害怕腹背受敌，所以都准备撤军。陈庆之得知后，取了节杖来至军门，对众人道：“我军来此已近一年，粮草军资不知糜费了多少！可此刻居然毫无斗志，皆欲退军。这哪里是想建功立业？不过是贪图抄寇之利罢了！我听说置大兵于死地，方可求生，正待敌军会合，然后好大战一场！”说着持节往大门中间一站，道，“我知道诸位想要班师，可我另有陛下密敕在此。谁敢违犯，就依军法从事！”

这番话当即把众人唬住了。

陈庆之这根节仗，是去年攻寿阳时梁武帝命他“总知军事”而“借”给他的（所以叫“假节”）。按照规定，“假节”的将领有专杀违犯军令之人的权力。问题的关键是，此刻谁也不知道陈庆之说的密敕是真是假。再说，这次攻围涡阳的最高指挥官乃是领军将军曹仲宗，不是他陈庆之。倘若曹仲宗硬要退军，陈庆之即使有节仗在手，也还是不能怎么样。

好在曹仲宗对陈庆之不畏强敌的胆识颇为钦佩，众将受他这番讥讽，也重新焕发了斗志，彼此激励一番后，都暂时打消了撤军的想法。

陈庆之说得出，做得到。

为了与涡阳城相呼应，北魏援军作连城十三，互为掎角以逼梁军。陈庆之则衔枚夜袭，一战克其四城。韦放也拿出了他爹韦睿的胆略，大破魏兵。要知道这个时候的北魏，早已四方瓦解，民无战心。涡阳城主王纬见状，终于献城乞降。剩下的九个小城，也在梁军的攻势面前相次奔溃，陈庆之等自后追击，斩获略尽，涡水（今淮河支流涡河）为之不流。

战报传至建康，梁武帝萧衍大为欣慰，赐陈庆之手诏嘉奖说："卿既非将门之后，又非豪族子孙，却不甘庸碌，终获奇功！望你深思奇略，善始善终，做一个封侯拜相、名垂青史的大丈夫！"

不久，北魏北海王元颢在河阴之变后来投。梁武帝有意借此良机开拓中原，便立元颢为魏主，派陈庆之为飙勇将军，护送元颢北还。

13 七千白袍入洛阳

陈庆之军自铚城（今安徽宿州一带）进发，沿睢水北上，很快便攻拔荥城（今河南宁陵），进至北魏梁郡郡治睢阳城（今河南商丘南）。

《梁书》记载说，此时北魏都督丘大千“有众七万，分筑九城以相拒”。陈庆之统军进攻，从早上战至黄昏，“陷其三垒，大千乃降”。而陈庆之的兵力，从稍后他的自述中可知为七千。

也就是说，陈庆之以七千人战胜七万人，己方还基本上没什么损伤。

接下来，他又在考城（今河南民权东）围住了前来救援的两万北魏羽林军。尽管考城四面环水，但陈庆之“浮水筑垒”，仍将其攻陷。

再然后，陈庆之进抵洛阳的东大门荥阳。据说镇守荥阳的北魏征东将军杨昱有七万之众，加以城池险固，陈庆之一时未能攻拔。元颢以新君的身份试图劝降杨昱，也被拒绝。这期间，洛阳方面不断增兵，旗鼓相望于道，梁军士卒不免大为忧恐。

陈庆之乃解鞍秣马，宣喻众人道：“我军入魏以来，屠城略地，实为不少；君等杀人父兄，掠人子女，也不可胜数。对面的魏兵跟我们早已是仇深似海！如今我等才有七千人马，而敌人却有三十余万！今日之事，唯有必死乃可得生！以我之见，敌寇骑兵众多，不可与之平野合战，唯一的办法就是趁其尚未近前，抢先攻下荥阳城。诸位若再犹豫，那就等着被敌人剁成肉泥吧！”

受此激励，梁军一鼓登城，在壮士宋景休、鱼天愍的率领下逾墙而入，经过激烈战斗，终于拿下了荥阳城。北魏援军赶来，陈庆之又率骑三千背城逆战，再次大破对手。

若以上记载属实，那么陈庆之这次是以七千战胜了三十万众，而己方仅仅死伤五百余人！[①]

在其兵威震慑之下，洛阳的孝庄帝不得不仓惶出逃。临淮王元彧、安丰王延明等未及逃走的王公百官封府库、备法驾，奉迎元颢入宫坐了大位。史料声称，陈庆之从出发到入洛，历时一百四十天，总共“平三十二城，四十七战，所向无前”。而因为他的部队统一身穿白袍，洛阳一带甚至传出了这样的童谣：“名师大将莫自牢，千兵万马避白袍。”

综观以上记载，一个怪物级别的军神形象脱颖而出，从其辉煌战绩来看，似乎连韩信、白起、诸葛武侯也无法望其项背。无怪乎日本作家田中芳树也要为陈庆之树碑立传了！

行文至此，作为一个态度还算正经的历史写作者，我感到有必要多费些笔墨解释一二。倒不是为了做翻案文章，显得自己不落窠臼，而是为了更好地理解那个时代的历史和那个时代的人。

首先，由于南北敌对，双方的史官总会有意无意地粉饰自己而抹黑对方（北呼南为“岛夷”，南称北为“索虏”）。放在事涉双方战争的记载上，便会经常夸大敌方军队的实力，以吹嘘己方的胜利或遮掩难堪的失败。上面提到的陈庆之数次击败的魏军数字，全部来源于南朝史籍的记载，其中蕴含大量水分似乎无可置疑。以当时人的浮夸习惯，我推测这些数字起码要缩水三分之二才算合适。也就是说，丘大千和杨昱的七万之众，实际上可能只有两万多。而即使这两万人马，由于北魏是守城一方，其中应该也包括了大量百姓或者临时征召的民夫，而并非全都是战斗人员。所以陈庆之才会说诸将“杀人父兄，掠人子女，不可胜数”，因为掠夺人口是当时习见的战争形态，守城一方多半会在战前将

① 陈庆之攻下荥阳、俘虏了守将杨昱的次日，曾亲率将领向元颢要求杀掉杨昱，理由是北上以来“无遗镞之费，昨日一朝杀伤五百余人，求乞杨昱以快意”。可知攻下荥阳，梁军共折损五百余人。

城外人口迁入城内，而攻城一方往往会将城破后的百姓掳掠为奴。一个旁证是，所谓有七万守军的睢阳城，据《魏书·地形志》的记载，登记在册的全郡人口还不到两万六千人。这样一座小城，供养七万大军是个不太现实的事。

说到这里，顺便说一下陈庆之“平三十二城”这一记载。

十六国南北朝时，战乱频仍，乃至各地民众出于自保，修建了大量坞堡城寨；此外，军队驻扎时修建的营垒，也可以叫作“城”。故而在寿阳之战时，陈庆之一战而“得城五十二”；涡阳之战，魏军连城十二，也被陈庆之夜袭而“陷其四垒”；睢阳之战，丘大千分筑九城，亦在被陈庆之攻陷三垒后投降。由此观之，陈庆之所平的三十二城，应该并非全都是睢阳、荥阳这样的郡治、县城，其中还包括一些规模较小的城寨甚至营垒。

此外，还应该考虑到，当时的北魏已经持续动乱了四年多，军事实力大损，不论是兵员还是将领都严重不足，为此，孝庄帝不得不多次下诏募民为兵。陈庆之说敌人有三十万众，其实是大言恫吓，以激发手下将士的敢死之心罢了。要知道尔朱荣从晋阳入洛，所仗的兵力也不过就是“铁马五千”而已。何况这时尔朱荣远在并州，而洛阳的主力军也随元天穆东讨邢杲去了，即使短时间内能再集结相当数量的军队，在战斗力上也不啻乌合之众。所以从北魏朝廷的角度来看，陈庆之的七千白袍军，确实是乘虚而入。

说了这么多，并不是要否定陈庆之的名将地位。恰恰相反，只有将历史人物还原到其所处的真实的历史环境当中，才有助于我们得出更准确、更客观的认识。依我看来，将陈庆之吹捧成一代军神确实有些过分，但史籍用“颇、牧、卫、霍之亚”——也就是比廉颇、李牧、卫青和霍去病就差那么一丁点儿——来评价他，应该是相当公允的吧！

14 进退失据

陈庆之是五月二十二日攻克的荥阳，镇守虎牢的尔朱世隆得知，当天就弃城逃回了洛阳。这一来，孝庄帝元子攸深感大事不妙，第二天便带着贴身亲随单骑“北巡”了。

出宫之前，有人劝孝庄帝逃往关西。孝庄帝征求中书舍人高道穆的意见。高道穆说：“现在关中残破荒乱，哪里去得了喔！依臣之见，元颢的兵众其实不多，之所以能乘虚深入，实在是因为将帅不得其人。陛下若亲率宿卫，酬以重赏，与元颢背城一战，臣等誓竭股肱之力，必能一举破敌！若担心成败难测，不愿冒这个风险，那也应该北渡黄河，征调大将军（元天穆）和太原王（尔朱荣）前来勤王。这才是万全之策啊！”

孝庄帝可不是拓跋焘，他要是敢亲冒矢石，也就不会想逃跑了。最后他还是选择了“万全之策”，先逃过黄河再说。

当天夜里，孝庄帝逃至河内郡（今河南沁阳）以北，前不着村后不着店，连个可供藏身的城寨都没有。他连忙叫高道穆秉烛写了数十纸诏书，派人布告远近，周边的地方官才知道了皇帝所在。

这期间，东征的元天穆已经消灭了邢杲。听说陈庆之进围荥阳，元天穆急派轻骑回援，但已无济于事。紧接着传来皇帝出逃的消息，元天穆不敢独自与陈庆之交锋，便也统军渡河到了河内。身在晋阳的尔朱荣闻报则又惊又怒，当即飞马南下，路上边走边布置部队前来集结，于二十七日在长子（今山西长治南）见到了孝庄帝。

这情节就像黑社会交锋，小弟被打，地盘被抢，现在老大要亲自出场找回面子了。当天，尔朱荣便带着孝庄帝反旆（音pèi）南来，准备与元颢和陈庆之一决高下。

路上，孝庄帝还收到了元颢送来的一封信，大意是：我来不是贪图皇帝之尊，跟你抢位子，而是为了报河阴之仇，向尔朱荣兴师问罪。尔朱荣的狼子野心你还能不知道？他只是拿你当篡位前过渡的棋子而已。咱俩虽然不是亲兄弟，可关系也非同寻常，何必同室操戈，让奸贼渔翁得利呢？你要是降了我，我保你富贵终身无忧。

孝庄帝没有回信。

这段时间，由于北魏境内出现了两个皇帝，搞得一些地方州郡不知所从。

齐州（今山东济南）刺史元欣在收到元颢的诏令后，就召集属下商议说："北海王和长乐王乃同堂兄弟，既然他在位宗庙不移，我不如接受他的诏敕，你们意下如何？"军司崔光韶道："元颢受制于梁，引敌国之兵而覆宗国，乃是我大魏之乱臣贼子！下官等皆受朝眷，不敢仰从！"其余官吏也齐声附和，元欣便斩了元颢的使者。当时黄河以南虽有相当数量的州郡归附元颢，但像齐州这样仍旧向孝庄帝效忠的州郡亦有不少。

孝庄帝仓惶出逃之时，只带了少量亲随，侍卫仪仗舆服嫔妃则全都留在了宫里，这可就便宜了全盘接收的元颢。加以一路行来颇为顺利，王公百官又亲来奉迎，元颢自以为乃天命所授，未免有些骄怠自得起来，入宫之后不但纵情酒色、宠佞近习，而且开始与临淮王元彧、安丰王元延明等人密谋脱离梁朝的控制。只是眼下局势难明，尚需借助陈庆之的兵力，所以表面上依然对他客客气气，十分尊重。

陈庆之何等聪明，对元颢的小心思早已看穿，他一边暗中防备，一边借机劝告他说："陛下远来至此，未归附者尚多，如果他们知道了我方的虚实，势必连兵四合，务须居安思危，提前想好对策才是！我看应该启奏天子，请他再派精兵来援，同时勒令诸州郡，凡有南人流落当地的，全都遣送到我们这里来。”

元颢起初想答应，但安丰王延明说：“现在陈庆之手里才数千人，我们已经很难控制，要是再增加兵力，他哪里还肯听陛下你的调遣？到时大权旁落，别说社稷危亡，就是性命恐怕也不保啊！”元颢深以为然，不但不向梁武帝求援，还上表说：现在河南河北都在我手，就剩下尔朱荣一个跋扈顽抗，我跟陈庆之完全能够对付；新归附的郡县都需要绥抚，不宜再发兵使地方上受骚扰。

得了这封表奏，梁武帝便没有再派援兵。

令陈庆之感到郁闷的，还不只是元颢的猜忌和掣肘。

洛京繁华之地，虽然礼仪富盛，人物殷阜，但于陈庆之和他的白袍兵来说却是异乡。梁军将士多为江淮之人，在本乡本土作战军纪尚可，如今在洛阳却剽劫富室、凌暴市里，惹得北人大为不满。而陈庆之作为出身寒微的南兵统帅，也屡屡被自诩中原士族的公卿权贵轻视。

一次酒宴之间，陈庆之以传国玉玺在梁为由，认为正朔在梁而不在魏，结果引发了出身弘农杨氏的中大夫杨元慎的反唇相讥。杨元慎口若悬河，骂人不带脏字，撕逼偏爱用典，说南朝人不过是鸟兽同群、礼乐不沾的野蛮之辈，要不然怎么会有元凶刘劭弑父、孝武帝刘骏淫母、山阴公主面首如林这些事？你陈庆之在雉子堆里待久了分不出高低，鱼鳖之徒哪有资格跟我们谈什么正朔！

陈庆之一介武将，斗嘴炮哪里斗得过杨元慎这种学富五车的文化人？所以只能惭颜不语，服输了事。

过了几天，陈庆之大概因水土不服，得了心口疼的病，四处找人来治。杨元慎自告奋勇说他能治。结果他居然仿效驱鬼的法术，说陈庆之的心里住了“吴人之鬼”“寒门之鬼”，现今这鬼得了思乡病，可“急急速去，还尔丹阳”，哪儿来的滚哪儿去就好了！陈庆之被他气得够呛，却也不能把他怎么样。

本朝不发援兵，伪主处处防范，洛阳权贵不予合作，手下士兵军纪堪忧。与此同时，尔朱荣的大军在黄河北岸迅速集结。陈庆之感到，洛阳城如同一个巨大的陷阱，而自己已经深陷其中、难以自拔了。他曾向元颢请求，允许自己外出到彭城就任徐州刺史，但元颢以梁武帝重托为辞，拒绝让他把兵带走。这种进退失据的窘境，连陈庆之的部下都看得一清二楚。副将马佛念就劝他说："将军你现在功高震主，得替自己多想想啦！不如趁现在威行河洛、声震中原的机会，杀了元颢，据洛阳以成霸业，总比现在进退不得要好得多！"

陈庆之摇了摇头。

马佛念的这个建议，虽然颇有勇气，却并不现实。

洛阳乃四战之地，自古以来虽有不少王朝以之为都城，却都是在霸业已成之后，还没有哪家是以洛阳为基地创业而能制霸天下的。就算陈庆之有野心，以他现在的实力和周边的形势，也并不允许。

别的暂且不提，尔朱荣已经于六月二十二日攻克河内城，兵临河桥之北了。

15 天柱大将军

前文曾经说过，北中城是把守河桥北部入口的要塞（因为是北中郎将的治所，故名北中，实际上是东西相对的两座城）。得知尔朱荣来攻，元颢忙命陈庆之防守北中城，又命安丰王延明在南岸缘河据守，自己则领兵驻防河桥南部。

这次尔朱荣集结的军队总数，《梁书》的记载是“众号百万”，这当然又属夸大其辞。不过，考虑到他吞并了葛荣的大部分部众，又会合了元天穆的部队，除少量留守晋阳、中山、邺城诸地之外，其余倾巢而出，保守估计至少也应该有十余万之数，甚至有可能在二十万以上。一个证据是，不算尔朱家的子侄，后来名载史册的许多将领，例如斛斯椿、贾显智、贺拔胜、贺拔岳、斛律金、叱列平、独孤信、若干惠、宇文贵、侯莫陈崇、张晏之、张琼、宋显、蔡俊、潘乐、赵贵、张轨等人都参加了这次战斗，足可见尔朱荣军容之盛。

那么，面对如此强盛的军队和如此众多名将的围攻，镇守北中城的陈庆之表现如何呢?

史书上只记载了九个字：“三日十一战，杀伤甚众。”

三天内激战十一场，尔朱荣的军队死伤很多。

这一方面再次证明了陈庆之及其麾下白袍军的战斗力确实出类拔萃；一方面也是因为，尔朱荣擅于使用骑兵野战而绌于攻城，他是在以己方之短攻击敌之所长，加之北军缺乏渡船，策略上一时只能死磕，自然伤亡较多。

期间有一个“夏州（今陕西靖边北白城子）义士”，本来是在元颢一方把守河中沙渚的，这时反水来投，送密信说愿为内应，请尔朱荣在他破桥时发兵接应。结果事发之时没接应上，这些人都被元颢攻杀，尔朱荣大感沮丧。再加上此时正值夏末暑热之时，人困马乏，一时间尔朱荣生出了暂且撤军的念头，想等到秋凉以后再来进攻。

黄门郎杨侃表示反对，说：“大王你从并州出发的时候，难道是知道会有夏州义士来当我军的内应才兴兵的吗？打仗不就是这样，死伤顿挫是常事，哪有因为遇到一点儿不顺就全盘放弃的道理！现在天下人众目睽睽，都在看着您的行动，要是什么成就都没取得就撤军，势必威名大损，到时候再争胜负可就很难说了。既然攻桥不利，不如向民间多征发些竹木板材，制作木筏和舟船，缘河布列数百里，摆出大举渡河的架势，让元颢不知防守哪里才好。到时择一便利之地而渡，必能一举成功！”

高道穆的意见和杨侃相同，也认为现在退兵是养虎遗患，绝非明智之举。尔朱荣觉得他们说得很有道理。而精于卜筮的刘灵助卜算的结果也是“不出十日，河南必平”，尔朱荣便打消了撤军的念头。

恰在此时，曾任司州牧的伏波将军杨櫆和其族人来见，说有小船数艘藏在马渚附近，愿为向导领军兵渡河。这些船是前日孝庄帝北逃之时杨櫆预备的，虽然数量不多，但渡个几百人过去应不成问题。而马渚位于河桥以西二十里外[①]，由此便可以避开陈庆之的正面防守，攻击敌人的软肋。

七月[②]十八日，尔朱荣派尔朱兆、贺拔胜统领数百精骑，在夜色的

---

① 渡河地点，《魏书》曰“渡于马渚”“自马渚西夜渡”，《梁书》云“济自硖石”，《通鉴》则云“自马渚西硖石夜渡”，可知马渚、硖石或为一地，或相距不远。另据《读史方舆纪要》卷四十八所载，硖石位于明代孟津县城西二十里，而河桥位于孟津县北。

② 本年为闰年，魏历闰七月，梁历闰六月，此处按魏历计。

掩护下渡过了黄河。元颢的儿子元冠受发现，急忙带兵迎击，却哪里是契胡铁骑的对手，当即战败被擒。缘河拒守的安丰王延明闻报，弃众而逃。元颢听说敌军已经渡河，儿子被捉，登时斗志全无，连洛阳城也不敢回，带着几百骑兵往南便跑。

这一来，陈庆之亦独木难支。趁归途未断，他急忙率领剩余的江淮子弟五千人撤离北中城，结阵东还。尔朱荣亲自率兵来追。行经嵩山一带，忽然遇到山洪暴发，士兵们要么被洪水冲走，要么彼此失散，待陈庆之逃出洪泽，早已经成了光杆司令。为能逃离魏境，陈庆之不得不乔装改扮，剃掉头发装作和尚，这才历尽艰辛回到了建康。梁武帝对他并未怪罪，仍然升为右卫将军，封永兴县侯。而逃走的安丰王延明也辗转返梁。

至于元颢，则没有那么幸运了。他在南逃的途中众叛亲离，最终在临颍县境被县卒所斩，人头很快便送到了洛阳。

离开两月之后，孝庄帝元子攸的屁股终于又坐回了太极殿的御座上。

这当然是尔朱荣的功劳，理应大大封赏。

可尔朱荣现在位极人臣，早已经是柱国大将军、大丞相、食邑十万户的太原王了，还能怎么封赏呢？

除了进一步增加食邑之外，只好在名号上搞点创意。

于是孝庄帝宣布，封尔朱荣为“天柱大将军”。还解释说，这个官号“虽访古无闻，今员未有”，但其实本朝先祖是设置了这个官号的，只有像尔朱荣这样立下非常之功的人才有资格承担这个无比荣耀的称号。

通常别的人受了朝廷的“非常之赏”，多少总要上表推辞一下，好显得自己高风亮节。尔朱荣不搞这一套，给了就要。当然，除他之外，元天穆、尔朱兆等有功之臣也各有封赏，孝庄帝还专门拿出宫女三百人、缯锦杂彩数万匹来班赐各军将领。

乘此战胜之威，尔朱荣继续进击，于当年九月派侯渊北讨盘踞蓟城（今北京）的葛荣余部韩楼。

这次出征，据说尔朱荣只给了侯渊七百骑兵。众人都觉得实在太少。尔朱荣说："侯渊其人擅于临机设变，若总领大兵，反而未必能用；七百骑虽少，必能破贼！"

侯渊自己倒没说什么，领了这七百骑，大张旗鼓、虚张声势地进了蓟州境。距蓟城百里之时，侯渊探知贼帅陈周率领马步万余正迎面而来，便设下埋伏，从背后打了他一个措手不及，一战便俘虏五千多人。事后，侯渊又下令还给俘虏武器，放他们回去。左右十分不解，说既然俘获了敌人，怎么能放回去呢？

侯渊说："我军兵少，不宜和敌军硬碰硬，必须用计离间他们才行。"

估摸着俘虏应该已经入城了，侯渊连夜率军出发，在天还没亮的时候赶到城下，大肆鼓噪叩门。韩楼从梦中惊醒，以为回来的降卒都是侯渊的内应，吓得落荒而逃。侯渊得以轻松入城，派追兵将其擒获。

十一月，占据营州的就德兴也向朝廷请降。

至此，只剩下关陇地区尚未平定。

16 尔朱天光西征

关陇地区向来华夷杂错，民情十分复杂。自打太武帝拓跋焘攻灭赫连夏、吞并关陇以后，基本上每隔一段时间，这里就会爆发规模大小不等的叛乱。

正光五年破六韩拔陵在北镇起事，关陇地区亦很快群起响应。

先是有敕勒人胡琛作乱于高平（今宁夏固原）一带，紧接着秦州（今甘肃天水）城民推举羌人莫折太提为首，举起了反旗。地方官剿抚不利，叛乱很快扩大。北魏朝廷遂于当年九月派尚书左仆射萧宝夤为西道大行台，统军出征。

起初萧宝夤颇有斩获，但叛军依托陇山地区的险隘地形持续周旋，又反败为胜，萧宝夤狼狈退回长安。虽然朝廷又任命雍州刺史杨椿代替萧宝夤统军，但不久杨椿即因病卸任，只好仍由萧宝夤继续主持关西的军事行动。

到了孝昌三年的下半年，一方面各地平叛不利，葛荣南侵威逼洛阳，一方面萧宝夤又因劳师无功屡屡受到朝廷的谴责和猜忌，再加上好事之徒煽风点火，萧宝夤遂于这年十月自称齐帝，据雍州造反了。洛阳政府复派长孙稚前往征讨。长孙稚颇有将才，很快击败了萧宝夤。萧宝夤遂辗转投奔了继承胡琛部众的万俟丑奴。

此后孝明帝暴崩，尔朱荣入洛制造河阴之变，梁武帝又立元颢北上争夺皇位，洛阳方面自顾不暇，就更管不上关陇的烂摊子了。于是万俟丑奴遂于建义元年（公元528年）七月在泾州（今甘肃泾川）自称天子，署置百官，过了一把皇帝瘾。

现在关东局势已定，尔朱荣准备收拾万俟丑奴了。

不过，此时他已经不再是偏处并肆的契胡酋长，而是威震天下、地位极尊的天柱大将军、大丞相，自然不宜再亲自出马。

起初，尔朱荣想将这个任务交给时任武卫将军的贺拔岳。

贺拔三兄弟当中，贺拔岳不但武艺超群，而且工于心计。得知这一消息后，他不喜反忧，来找二哥贺拔胜商量说："万俟丑奴拥秦陇之兵，足为劲敌。如果我此去往而无功，一定会承担罪责；即使能够剿平叛乱，恐怕也会招来谗言和忌恨。"贺拔胜问："那你觉得如何才能自安呢？"贺拔岳说："最好能请尔朱氏一人为元帅，我从旁辅佐。"贺拔胜心以为然，就向尔朱荣提了这个建议。

尔朱荣深感欣慰，觉得贺拔兄弟很忠心，就任命尔朱天光为骠骑大将军、雍州刺史，督雍岐诸军，而以贺拔岳为左大都督，侯莫陈悦为右大都督，作为尔朱天光的副手。

应该说，贺拔岳此举颇有先见之明。眼下尔朱氏子弟内则布列朝堂，外则出镇名州，渐已构成取代魏室之局，此时如果自己一个异姓将领独征关西，的确容易引发别人的猜忌，更何况关中自古就是偏霸之地。尔朱天光是尔朱荣从祖兄之子，深得尔朱荣的信任，起兵之初多安排他留守并、肆老巢。尔朱荣曾经对他说："我无法分身的地方，只有你才能让我称心。"现在让这样一个人顶在上头，干好了有他去招风惹眼，干不好也由他来承担责任，对贺拔岳来说显然是更好的选择。

永安三年（公元530年）二月，尔朱天光统领贺拔岳、侯莫陈悦从洛阳出发，西征入关。

必须说明的是，作为贺拔岳的部将，当时二十四岁[①]的宇文泰也在

① 宇文泰卒时的年龄，《周书》《北史》所记差两岁，且两者都与同书葛荣取代鲜于修礼时泰十八岁之记载不合。今取《北史》及《通鉴》，卒年五十。则其生于507年，此时虚岁二十四。

这支队伍当中。

对于这支队伍，尔朱荣仍然贯彻了他“兵不在少而在于精”的一贯原则，最初只拨给了一千人。战马不足，就沿途征发民马来补充。由于近年来关中饱受战乱，路上盗匪遍地，尔朱荣派侍中杨侃先行慰抚，有愿意为朝廷效力的，自然可以扩编入西征的队伍。

不过，也有不愿意接受招抚的。还没入潼关，尔朱天光一行便遇到了赤水蜀贼（蜀人迁入关中者，乘乱为寇）阻断道路，杨侃虽然进行了劝慰，但并无效果。尔朱天光一时颇为迟疑。贺拔岳见状，说蜀贼不过是一群草寇，公尚迟疑观望，要是以后遇到了大敌，那还打什么仗？

尔朱天光说：“今日之事，一以相委。”有本事你替我把这事儿摆平吧！

贺拔岳说干就干，统军入关，在渭北大破蜀贼，缴获战马两千匹，并拣选壮健俘虏入军，由此军威大振。

到雍州后，尔朱天光又征发左近民马，前后所得，合计有一万余匹。然而兵力仍嫌太少，因此淹留不进。尔朱荣得知后大为不满，立派使者入关替自己责打了尔朱天光一百军棍，同时增拨给他两千人马。

这一顿军棍激发了尔朱天光的进取之心。

三月，打前锋的贺拔岳设计再次以少胜多，在武功一带大破万俟丑奴部下尉迟菩萨的两万军队，俘获一万三千余人。

四月，尔朱天光进据岐州，先以假情报惑敌，继而乘夜发动突袭，一举攻克安定。万俟丑奴在撤退途中被侯莫陈崇单骑擒于马上。尔朱天光进逼高平，城中执送萧宝夤请降。残部在万俟道洛率领下钻山逃走，投奔了略阳（今甘肃庄浪南）贼帅王庆云。

七月，尔朱天光统军翻越陇山，进围王庆云的老巢水洛城（今甘肃庄浪北）。王庆云、万俟道洛出城拒战，自幼精于弓马的尔朱天光一箭射中万俟道洛的胳膊，道洛弃弓败走，尔朱军便乘势攻克了东城。

此时敌人聚保西城，城中缺水，外无救兵，胜负已无悬念。但有降卒透露，王庆云等想要死战突围。为了擒贼擒王，以免叛乱死灰复燃，尔朱天光决定略施小计。他派人告知王庆云，说胜败已分，还不快快投降，我给你们一晚上的时间好好考虑，明天早上再告诉我你们的决定。王庆云等表面答应，其实却做好了今夜突围的准备。

他不知道，尔朱天光已经秘密交待下来，叫士兵用木头做了许多长枪，枪尖冲外，绕城立了一周，要道之处尤其加厚，枪与枪之间还埋伏士兵以防走漏；又在城北准备了登城用的长梯。天刚黑时，以上措施便已布置完毕。

到了深夜，王庆云、万俟道洛果然驰马突围，冲到长枪阵前便人仰马翻，摔得七荤八素。伏兵从后杀出，登时将他们擒获。跟随他们的步兵冲出城南，也被长枪阵拦住。城北的士兵同时登梯入城，余众尽皆乞降。

第二天，尔朱天光将降众一万七千人全部坑杀，其家口分赐将士。

此役过后，秦陇以西河、渭、瓜、凉、鄯州皆降。除了胡琛的余部宿勤明达仍盘踞今陕北一带拒不降服之外，整个关西基本平定。

正当尔朱天光、贺拔岳鼓足余勇，准备一举剿灭宿勤明达之时，没想到洛阳那边却又出了大乱子。

17 | 元子攸的恐惧

原来，虽然全都是靠了尔朱荣的帮助，孝庄帝元子攸才得以取代元颢重返洛京，但此后两个人的关系不但没有好转，反而每况愈下，变得越发紧张起来。

其实这也难怪。

自从河阴之变前元子攸被尔朱荣拥立为帝起，他就不得不屈辱地一直居于傀儡地位，尽管表面上装作已与尔朱荣和解，心中却一时也没有忘却兄弟被杀、群臣被屠，自己也险些被废的仇恨和耻辱。固然是尔朱荣出兵驱逐了元颢，但孝庄帝心里明白，他此举不是为了大魏江山，而是为了他尔朱氏的私利！

如今，虽然尔朱荣回了晋阳，但他的心腹亲信各居要职，朝野内外事无大小都要向他汇报，而尔朱荣遥控朝政，中外官吏的选用和任免都要得到他的允许。

一次，有个人走了尔朱荣的后门，尔朱荣便安排他补授定州曲阳县令，但报到吏部以后，尚书李神俊认为这个人的官阶相差太远，就另拟了他人授任。尔朱荣得知后大怒，立刻叫这个人前往定州夺了县令的职位。李神俊因此惧而辞职，尔朱荣就奏请尔朱世隆以左仆射一职摄领吏部，孝庄帝也只好同意。

还有一次，尔朱荣拟任用自己手下的“北人”将领出任河南诸州的都督、刺史，孝庄帝一时不曾批准。元天穆入见，劝他说：“天柱大将军有大功，又是国家的宰相，哪怕是他要把天下的官员换一个遍，恐怕陛下也不得不同意，怎么用几个州的刺史，您就不批准呢？”孝庄帝板着脸说：“天柱若不尽人臣之道，那朕也可以被他换掉；若他尚存人臣之心，那就绝无擅自更换天下百官的道理！”结果尔朱荣听了这话，气得大叫道：“天子由谁得立？如今竟然连我的话也不听了！”

此外，史籍还记载，孝庄帝“虽受制于荣，然性勤政事，朝夕不倦，数亲览辞讼，理冤狱”。尔朱荣为此颇不高兴。

以上都说明，年富力强的孝庄帝并不甘心一直居于傀儡地位，尽管手中没有多少实际的权力，他还是利用一切可能的机会竭力向世人展示自己才是一国之君。

起初四方未平，孝庄帝本指望韩楼、万俟丑奴这些叛乱势力能够多牵扯一些尔朱荣的精力，好让他无暇顾及篡权之事。哪知道短短一年之内，这些叛军便被依次消灭。所以当关陇平定的捷报传来之时，孝庄帝竟然一点儿也高兴不起来，还对尚书令、临淮王彧道：“难道今后天下便再无贼寇了么？”临淮王彧跟尔朱荣向来不对付，自然体会得孝庄帝的弦外之音，就应答道：“臣恐贼平以后，方是圣虑忧劳之时啊！”眼看再说下去就是敏感话题，孝庄帝怕传到尔朱荣的耳朵里，连忙打岔说：“对，对！乱平后抚慰流民，恢复生业，需要操心的事情多着呢！”

按理说，虽然领兵平定关陇的是尔朱天光、贺拔岳这些将领，但尔朱荣作为这次西征的实际决策者和最高统帅，自然也有功劳。可令人尴尬的是，他现在的官爵地位实在太高，担心他有不臣之心的孝庄帝实在不想再给他什么“非常之赏”。因而万俟丑奴、萧宝夤被剿灭后过了几个月，都不见孝庄帝有什么表示，王庆云、万俟道洛被平后，还是迟迟没什么动静。这下尔朱荣倒有点儿沉不住气了，他上奏说：“最近我府里的参军许周劝我求取九锡，我厌恶此人出言不逊，已经把他撵走了。”明摆着就是用这件事暗示孝庄帝，老子把天下都平定了，你总得给点啥意思意思吧？然而孝庄帝愣是装作没看懂，光是一个劲儿地夸尔朱荣忠心耿耿，就是一毛不拔。

尔朱荣挺郁闷。玩政治这事儿他毕竟不在行，不像刘裕、萧衍这些人，既懂得制造舆论，也知道怎样利用士族领袖和知识分子替自己运作周旋。想来想去，他觉得大概还是自己的功业不够辉煌、威名不够煊赫，倘若能再立下几桩彪炳史册的大功，不怕到时九锡不至、殊礼不加。

于是虽然各地叛乱已平，但尔朱荣依然整天操演军阵、围场射猎，搞得士兵们辛苦异常。元天穆见状，从容劝他说："如今你功盖天下，四方无事，应该适当休养生息。何必盛暑之时还大搞围猎，岂不辛苦？"

尔朱荣大摆其手，道："太后女主，不能自正，推奉天子乃是人臣常节。葛荣之徒，本是奴才，聚众作乱不过是奴才逃亡，将其擒获也就完了。我近年受国家大宠，却未能开疆拓土、混一海内，怎么可以今日便说什么功盖天下？听说朝臣们现在仍然不自收敛、多行非法，我准备今年秋天和兄长你一起勒士马南下，校猎嵩山，先让那些贪污腐败的朝臣入围场与虎豹相搏，然后出鲁阳，历三荆（今河南南部，乃山蛮聚居地区），抓那些蛮子北填六镇！到了明年，我们再简练精骑，分出江淮。萧衍老儿若来归降，我可以替他乞请个万户侯当当；如其不降，就渡个数千骑过江，把他擒来。那时六合一统、八表无尘，我与兄长共奉天子，巡行四方，观风俗，布政教，如此才可以称得上是大功勋！现在要是停止训练和围猎，兵士必然懈怠，那还怎么能用？"

尔朱荣在晋阳的这些举动很快被洛阳方面得知。别的不说，单就他要率兵在秋季南下、驱使朝臣入围搏虎这一消息便引起了许多人的恐慌。包括城阳王徽，侍中杨侃、李彧，尚书右仆射元罗在内的一些王公亲贵担心，河阴之变那样的屠杀很快将会重演，于是本就与尔朱荣嫌隙重重的他们迅速向孝庄帝靠拢，怂恿他尽快设法除掉尔朱荣。

而对于孝庄帝来说，除了尔朱荣即将领兵南下之外，来自后宫方面的压力也在暗示，他这个皇帝恐怕已经当不了多久了。

两年前迫于形势，孝庄帝立了尔朱荣的大女儿为皇后。虽然两人感情不睦，孝庄帝临幸中宫的次数并不多，但尔朱氏还是有了身孕，预计今年秋末冬初便是产期。而且自从怀孕以来，本来便性情妒忌的尔朱皇后情绪更加多变，常常跟孝庄帝生气吵闹。孝庄帝无法，只好请尔朱世隆从中传话调解，劝尔朱皇后能顾及身份识得大体。结果尔朱皇后不但不领情，反而对尔朱世隆说："他这个天子是我家立的，现在竟然如此对我！当初我父亲本就应该自己做，省得今日还要再做决定。"尔朱世隆也道："正因为兄长他没做。如果当初做了，我也早就封王了！"

此外，尔朱荣还把自己的小女儿也许配给了孝庄帝的侄子陈留王元宽。据说他曾经指着元宽说："我迟早能得此女婿之力。"元宽当时也就十几岁，这就不能不让人怀疑，尔朱荣似乎有意想立他为新君。所以城阳王徽对孝庄帝说，尔朱荣怕陛下终为心头之患，一旦皇后诞育太子，他必定会立此幼童，如果皇后生的不是太子，那么他就会立陈留王。

眼看尔朱皇后的肚子越来越大，孝庄帝的恐惧也日益加深。有一天他竟然梦到，自己拿着一把刀割断了自己的十根手指！他把这噩梦告知了城阳王徽和侍中杨侃。城阳王徽说，所谓毒蛇螫手、壮士断腕，割断自己的手指和断腕是一个含义，预示着陛下早日除掉祸患，便是大吉。

孝庄帝思前想后，终于下定了铲除尔朱荣的决心。

18 血溅明光殿

这年秋八月，尔朱荣果然带着四五千人马奔洛阳而来，理由是要照看皇后的孕产。

其实在此之前，孝庄帝及其身边诸人的可疑行迹已经引起了尔朱荣安排在京的亲信们的注意。尔朱世隆就怀疑孝庄帝将有密谋，但苦无实据，只好自己伪造了一封匿名信贴在门上，上写“天子与杨侃、高道穆等为计，欲杀天柱”。然后把这封信送给了尔朱荣，警告他不要来京。尔朱荣见了，气得把信撕得粉碎，但他又自恃强盛，并不真正感到担忧，只是骂说世隆这小子太胆小，谁吃了熊心豹子胆，竟然敢动我？尔朱荣的妻子也劝他不要入洛，但尔朱荣觉得有五千精骑护卫，绝不会有什么麻烦，仍然坚持己见。

尔朱荣南下的消息很快在洛阳引起了恐慌。

有的人觉察出山雨欲来，洛阳将会成为是非之地，便找借口抢先离开，到外地去避风头；有的人则劝孝庄帝待尔朱荣入宫之时将其刺杀；有的人说，不如杀掉尔朱荣在京的党羽，然后下诏发兵拒守；也有人认为，尔朱荣既然敢来，一定有所准备，不可轻举妄动。同时道路传言，或说尔朱荣谋反，或说天子必诛尔朱荣，或说将迁都晋阳，一时间甚嚣尘上。

听说中书侍郎邢子才等人避己东出，还在路上的尔朱荣居然给文武百官写信，劝他们不要怕，说自己没有恶意。中书舍人温子升把自己收到的信拿给孝庄帝看，孝庄帝本期望尔朱荣最好别来，见了这信才知道一定会来，脸色顿时变得很难看。武卫将军奚毅见状，宽慰他说："若必有变故，臣宁可为陛下死难，绝不奉事契胡！"话虽说得漂亮，但奚毅这个人跟尔朱荣有姻亲关系，所以孝庄帝对他并不十分信任，只说："朕担保天柱必无异心。卿之忠心，朕亦不忘。"

这期间，天象也来凑趣。有时是清晨，有时则是黄昏，都可以看到一颗长长的彗星扫过天际，"出中台，埽大角"，久久不灭。这引起了向来迷信的尔朱荣的注意。他问善解天文的恒州人高荣祖，这是何预兆？高荣祖答说："此乃除旧布新之象。当年长星埽大角，秦国便以此而亡。"尔朱荣听了，以为魏祚将移，自然高兴。而他的手下也悄悄猜测、彼此传言，有的说这次一到洛阳肯定能得九锡，还用得着咱们大王亲自去要？实在是天子不见机！有的说何止九锡，今年说不定就把禅让给办了！还有人说，听说近来晋阳城上一直冒紫气，不愁天柱不应此祥瑞。

就这样，在人人疑惧、各怀鬼胎的气氛中，尔朱荣带着家眷和数千精兵终于在九月初抵达了洛阳。

他刚一到，孝庄帝就按捺不住想动手。但一来顾忌那数千契胡骑兵，二来此时元天穆还在晋阳留守，孝庄帝担心后患无穷，只好暂且隐忍，先下诏召元天穆入朝。

几乎与此同时，有人向尔朱荣告发皇帝准备对他有所图谋。

此人的名字不见于史册，很可能人微言轻，更有可能只是风闻言事而没有真凭实据。所以尔朱荣仍然将信将疑，便将此事上奏，试探孝庄帝的反应。

孝庄帝强自镇定，回答说："外间也都传说，太原王你准备害朕，难道我能相信么？"

也许这一回答迷惑了尔朱荣，也许他对自己的实力和数千精兵过于自信，总之在此之后，尔朱荣似乎放松了对孝庄帝的戒心，每次入宫谒见，他只带扈从数十，并且都不携带武器。而且他对政治气氛缺乏敏感的嗅觉，进了皇宫大内，却仍然像在秀容川一般举止轻脱，唯以炫耀自己的骑射技艺为能事，无事可做时便上马下马以为消遣。在西林园宴射，定要请皇后和王公妃主一齐出观，每见孝庄帝射中，尔朱荣就盘旋起舞、高声叫贺，身边的一众契胡也随之蹁跹。酒酣耳热之时，他便端坐唱起《树梨普梨》的胡曲，直到太阳西斜，他才和左右手挽着手踏着节拍，边唱边跳地嬉笑而出。至少从表面上看来，他似乎浑然不觉自己已置身于危险之中。

一时间，甚至连孝庄帝也有些怀疑是否应该中止行动。城阳王徽却道："纵使尔朱荣不反，今后陛下又怎么容忍得了？何况又有谁能保证他一定不反呢？"

九月十五日，元天穆也到了洛阳。孝庄帝亲自出宫迎接，并在西林园举行宴射为之接风。尔朱荣因而上奏说："近来侍官皆不习武，陛下宜将五百骑出猎，因省辞讼。"

原本就有传言说，尔朱荣准备利用出猎的机会挟持孝庄帝迁都。他这一上奏，更加坐实了传言的可信性。孝庄帝大感恐慌，觉得必须马上动手。

时间定在十八日。这天，孝庄帝先是召见了中书舍人温子升，告知了他刺杀尔朱荣的计划，并询问汉献帝时杀董卓的事。温子升与邢子才、魏收号称"三才"，素有学识广博之名，当下便将王允设连环计策反吕布诛杀董卓，以及随后董卓部下李傕、郭汜作乱的史事细细讲了出来。

孝庄帝听了，若有所思，道："王允如果早点赦免跟随董卓的凉州将士，一定不会是后来的局面。"这话意有所指，显然他是担心杀死尔朱荣后，他的部下也会像李傕、郭汜那样叛乱。

沉默片刻，孝庄帝又对温子升道："朕的情况，你最清楚。这件事哪怕是死也要做，何况未必便死。朕宁为高贵乡公死，绝不做常道乡公生！"

高贵乡公指的是诛杀司马昭未遂而死的曹髦，而常道乡公则是禅位于晋的曹奂，最后一直活到五十八岁才善终。

孝庄帝虽豪言愿效仿曹髦，但他还是希望“未必便死”，所以就跟城阳王徽等商议，是不是要赦免尔朱荣的亲党，免得他们搞出祸事。

应诏王道习说：“尔朱世隆、司马子如、朱瑞这些人一直在朝任职，京师虚实尽为所知，不宜留下活口。”

城阳王徽和杨侃却认为，如果杀掉尔朱世隆，那出刺外州的尔朱仲远、天光等人就更不会归附朝廷了，还是尽量赦免为好。孝庄帝表示同意。

这时，尔朱荣和元天穆马上便要奉召前来。明光殿东也早已安排下十余人埋伏。城阳王徽又道：“尔朱荣腰间有贴身佩刀，说不定会伤到人，待会儿行事之时，陛下请尽快撤出。”

出人意料的是，这次行动居然没有成功。

尔朱荣和元天穆进殿后，孝庄帝赐以酒宴，然而两个人还没吃完便起身告退了。同时可能因为埋伏的人在殿下，不太清楚殿内的情况，当他们得知消息，从东阶上殿时，尔朱荣和元天穆已经由南陛走到庭院中与扈从会合，行动只好中止。

接下来十九、二十两天，分别是孝庄帝和尔朱荣的近亲的忌日，自然不宜再搞宴请。二十一日，尔朱荣刚入宫，就转而去了陈留王府，一直喝得烂醉。次日则声称喝大了身体不舒服，连续几天不曾再来。

正所谓夜长梦多，尽管孝庄帝诸人严加保密，可时间一长，还是有人走漏了风声。尔朱世隆连忙通知了尔朱荣。然而也不知道尔朱荣是脑袋喝坏了，还是实在作死，到此刻他仍然觉得孝庄帝没那个胆量。

与此同时，孝庄帝和城阳王徽等人因为尔朱荣称病不出，一个个忧虑交加，焦躁不安，却又无计可施。虽是深秋时节，大殿里的空气却沉闷得让人几乎无法呼吸。

最后还是城阳王徽提议，可以用生太子为辞，骗尔朱荣入宫。

孝庄帝说："皇后怀孕才九个月，这能行吗？"

城阳王徽说："不满十月便生小孩的多得是，他一定不会怀疑。"

事到如今，似乎也没有别的办法。

于是在二十五日，孝庄帝声称皇子出生，派城阳王徽骑马飞报尔朱荣得知。当时尔朱荣正在府中和元天穆博戏，城阳王徽一到，便伸手摘下他的帽子，模仿契胡做了一个欢舞盘旋的姿势，向他贺喜。接着殿内文武相次传声催促，一个个中使也赶来迎接。尔朱荣遂信以为真，和元天穆一起进宫朝明光殿而来。

这一次，众人吸取了上次的教训。伏兵没有设在殿下，而是直接埋伏在了东序（*东厢房*）旁的廊道上。孝庄帝本人就在东序面西而坐，膝下横了一把千牛刀。

听到宦官报说尔朱荣正在赶来，孝庄帝紧张得脸色发白。旁边的温子升赶忙加以提醒，于是他连连索酒饮下，脸上总算恢复了些许血色。

尔朱荣迈进殿门之时，正好与拿着刚写好的赦文的温子升擦肩而过。他随口问道："是何文书？"温子升颜色如常，说："是敕书。"尔朱荣也就没拿过来看，直接走了进去。

荣、穆二人在御榻西北的小床上面南坐了。接着城阳王徽进来，刚一拜倒施礼，一墙之隔的光禄少卿鲁安、典御李侃晞等人便推门而入，抽刀直奔尔朱荣而来。尔朱荣大惊，猛地扑向旁边的孝庄帝。孝庄帝忙从膝下抽出刀来，一刀刺入了尔朱荣的胸口。接着众人一顿乱砍，将尔朱荣和元天穆砍死在殿中。尔朱荣的儿子菩提以及三十多个随他入宫的人也同时被伏兵所杀。

此时，尔朱荣三十八岁。

19 尔朱氏复仇

事后从尔朱荣的尸身上搜出上朝的手版，上面写满了他要奏请去留改换的官员人名，凡是非尔朱氏一党的，尽皆被黜被逐。孝庄帝见了，愤愤然道："竖子！若过了今日，怕再也制不住他了！"

这时，尔朱荣被诛的消息已然传开。宫内外大多数人的反应简直可以用"喜大普奔"四字来形容，文武官员纷纷前来朝贺。孝庄帝亲登阊阖门，下诏大赦，宣称"罪止荣身，余皆不问"，同时遣武卫将军奚毅、前燕州刺史崔渊领兵镇北中城。

尔朱荣被杀的时候，尔朱世隆还在家中。听闻变起，他急忙赶往尔朱荣的府邸，带着尔朱荣的妻子乡郡长公主、司马子如以及一众部曲夺路而逃，焚烧西明门后出了城。时任武卫将军的贺拔胜本来也想逃走，可是没来得及赶上尔朱世隆，再加上这时赦书已下，表示对尔朱氏党羽不予追究，贺拔胜最后选择了留下。在赦书的感召之下，曾经是尔朱荣心腹的朱瑞也从尔朱世隆那边逃了回来。

当夜，由于河桥已被孝庄帝派奚毅把守，尔朱世隆带着逃出来的数千部曲只好暂时屯驻于河阴。起初他只想尽快北还晋阳，但司马子如进言说："兵不厌诈，当今世界唯强是视，此时绝不可示弱于人，如果猝然北还，恐怕反倒会变生肘腋。不如分兵夺河桥，再还军向京师，出其不意，说不定可以一举成功。即便不能如愿，至少也能够向朝廷宣示我们足有余力，使天下人畏我之强，不敢背叛。"

尔朱世隆深以为然。

次日，他便出兵进攻河桥，一举擒杀奚毅，占据了北中城。

这一下朝廷大为震动，孝庄帝等人根本没有想到，尔朱荣被杀之后，他的部曲不但没有溃散，反而仍然具有如此强劲的战斗力。北中城一失，洛阳北部门户洞开，如果晋阳方面此时派兵南下，那可怎么得了？

于是孝庄帝连发四道诏书，一边任命司空杨津为并州刺史、北道大行台，试图抢夺晋阳方面在尔朱荣南下后暂时无人坐镇的军事指挥权；一边封统率关陇诸军的尔朱天光为侍中、仪同三司，表面笼络，实欲调虎离山；同时征召全城“旧代人”（籍贯从平城迁来的人，以鲜卑子弟为主）在华林园集合，供孝庄帝亲自拣选充任禁军；还派渤海高氏出身的高乾为河北大使，东出招集骁勇以为外援。

十月初一，尔朱世隆和乡郡长公主先到邙山寺庙中为横死的尔朱荣招魂荐福，随后便派尔朱度律领精骑一千，素衣孝服，来至城下，叫嚷着索要尔朱荣的尸首。孝庄帝亲登大夏门（洛阳城北墙西侧之门）观望，并派人对尔朱度律说：“太原王立功不终，阴图叛逆，已遵照王法明正典刑。然而罪止尔朱荣一人，余党尽皆不问。卿等若来归降，官爵如故。”尔朱度律回答说：“臣等随太原王入朝，忽然遭此冤酷，如今不忍空归。愿得太原王尸，生死无恨！”说着便涕泗横流，哀不自胜。身后群胡亦齐声恸哭，声振城邑。搞得孝庄帝一时也颇为动容。

之后，孝庄帝特派归顺朝廷的朱瑞携带铁券赐给尔朱世隆，承诺他降后定然平安无事，官爵如故。

世隆对朱瑞道：“太原王功格天地，赤心奉国，神明可鉴！长乐王他不顾信誓，枉害忠良。今日两行铁字，何足可信！我誓为太原王报仇，终无投降之理！”

朱瑞见尔朱世隆直呼孝庄帝为长乐王，知道他心意甚坚，只好无奈归还复命。孝庄帝见劝降无效，就拿出国库中的财物置于西门之外，招募敢死之士来讨伐尔朱世隆。一天之内就募得上万人之多。

然而，正如尔朱荣一贯强调的，兵不贵多而贵精。

城外的这些契胡骑兵个个久经战阵，又饱含为主报仇的必死之心，哪里是孝庄帝临时招募的市井无赖之辈、好勇斗狠之徒对付得了的？战斗一连持续了三天，一万人不但奈一千胡骑不得，反而死伤惨重。

十月初六，一度被诈称生了皇子的尔朱皇后居然真的产下了一个皇子。虽然朝廷照例颁布了大赦，但心情复杂的孝庄帝根本高兴不起来。连日来，他茶饭不思，深为眼前的形势感到忧虑。群臣日日商议，却没人能拿出一个退敌之计。孝庄帝无奈，只能又出重赏，募人进攻河桥。

眼见满朝文武人人垂头不语，通直散骑常侍李苗奋衣而起，道："今日小贼唐突如此，朝廷有不测之忧，正是忠臣烈士效节之日。臣虽不武，请以一旅之众为陛下径断河桥！"

李苗是现在朝廷里为数不多有文武才干的人物，只不过因为是从梁朝来投之人，并不特别受重用。如今他自告奋勇，城阳王徽等人都觉得可以一试。

十月十三日夜，李苗带着数百招募来的勇士从马渚上流乘船而下，直到距河桥数里，便点燃了前排的火船。乘风顺流的火船倏忽便至，转眼便烧着了木构的河桥。南岸的尔朱军士兵望见，大为慌乱，争先恐后赶来上桥过河。不多时，桥梁烧垮，淹死的不在少数。完成了任务的李苗和一百来人在河中小渚停泊待援，然而援兵久久不至。尔朱军乘机涉水来攻，战至左右皆尽，李苗投水而死。事后孝庄帝十分惋惜，追封其为河阳侯，谥号忠烈。

尔朱世隆本打算过几日便纵火焚城，这时见河桥被断，无心恋战，于是便带着尔朱荣的妻子乡郡长公主收兵北还了。

而就在朝廷与尔朱世隆相持期间，任汾州刺史的尔朱兆从汾阳北上，迅速占据了尔朱荣的老巢晋阳。

尔朱兆是尔朱荣的堂侄，骁猛擅骑射，能手格猛兽。以前跟尔朱荣一起射猎之时，凡遇穷岩绝壑、常人难以逾越之处，尔朱兆都能在前开路，因而颇得尔朱荣的喜爱。自入洛到削平元颢，尔朱兆常为先锋，后来则被派任为汾州刺史。

尔朱荣被刺时，除尔朱世隆、度律在京之外，尔朱天光在关中，尔朱仲远在徐州，只有镇汾阳的尔朱兆距晋阳最近，也最先得知了尔朱荣身死的消息。他自然近水楼台，抢占了晋阳的控制权。

听说尔朱世隆北还，尔朱兆遂统军南下，在并州边境一带与之会合。两人一番商议，决定推举与尔朱荣有亲戚关系[①] 的太原太守、长广王元晔为主，一争帝位，二为尔朱荣报仇。

没过多久，徐州刺史尔朱仲远也自彭城发兵向洛阳方向攻来；平州刺史侯渊也进至中山，与尔朱兆相呼应。尔朱天光和晋州（治今山西临汾）刺史高欢则态度暧昧，作壁上观。贸然诛杀尔朱荣的恶果至此完全显现了出来。

① 元晔是中山王元英弟怡之子，而尔朱荣之妻是元英的姐妹。

20 劫杀孝庄帝

当尔朱荣被杀的消息传入关中，尔朱天光和贺拔岳立刻中止了各自的军事行动，在泾阳会合后返回长安。路上不断得知，尔朱兆已经起兵南下，而孝庄帝则先封天光为侍中、仪同三司，后又将其爵位由公进为王，显然有意笼络。同时，尔朱兆拥立的元晔也封天光为陇西王，对他加以争取。

在这种形势下，尔朱天光和贺拔岳都认为，不急于站队、暂时观望更为有利。最好能够诱使孝庄帝西奔入关，这样便可以名正言顺割据关中。于是尔朱天光一边上表向孝庄帝表忠心，一边又叫属下密告自己有异谋，以此迷惑洛阳朝廷，同时按兵不动。

与尔朱天光想法类似的是高欢。

自从投奔尔朱荣以来，高欢在南下入洛、东击葛荣、剿灭邢杲的战事中都立有功勋。但也因为如此，似乎引起了尔朱荣的猜忌。据说尔朱荣曾经问左右之人："倘若一日无我，你们看谁可主军？"众人皆称尔朱兆。尔朱荣却说："吐万儿（尔朱兆胡名）虽勇，却最多只能统率三千骑兵，过多则必乱。堪代我主众者，大概只有贺六浑。"因而便告诫尔朱兆说："你不是贺六浑的对手，迟早要被他穿鼻（以牛穿鼻作比，意为受制于人）。"后来高欢听说此事，觉得不宜锋芒太露，保持一些距离或许更好，便通过刘贵运动尔朱荣，讨了一个晋州刺史的职位。

尔朱兆起兵后，派使者召高欢前来会合。一来此时局势复杂，变数太多，二来高欢也不愿被尔朱兆“穿鼻”，便推辞说河东山蜀（蜀人迁居汾水流域依山而居者）未平，现在战事正是紧张之时，不能撒手不管，等我平定山蜀，定隔河与你为掎角之势云云。

尔朱兆得知，相当不高兴。他对高欢的使者孙腾说：“你回去告诉高兄，就说我近日做了一个吉梦，此次南行，必有克获。”孙腾问是怎样的梦。尔朱兆说：“我梦见和我亡父登上了一座高丘，丘旁之地尽皆耕熟，只有马兰草株叶茂盛，随处可见。我父亲问为何不将其拔除，左右都说拔不动。我父亲便回头叫我来拔。我手到之处，全都连根而出。以此而言，必将攻无不克！”

听了孙腾的回禀，高欢大皱眉头，道：“尔朱兆如此猖狂，我今日与他行动不一，猜忌已成。看来是不能再奉事尔朱家了。我们可以集兵南行，待天子列兵河上，尔朱兆进退不得之时，乘山东下，出其不意，此徒可以一举成擒。”

然而，高欢和尔朱天光都没想到的是，尔朱兆的进攻居然如此顺利。

面对东、北两个方向的来敌，孝庄帝以车骑将军郑先护为大都督，与行台杨昱共讨尔朱仲远，而以行台源子恭率步骑一万扼守丹谷（今山西、河南交界处的太行山丹河谷地），抵御尔朱兆的军队。同时他还派人联系了河西的费也头部落，唆使他们趁尔朱兆南下之时袭击秀容川。

奈何朝廷的军队战斗力太差，根本挡不住进击的尔朱军。

十一月初五，尔朱仲远攻克西兖州，活捉刺史王衍。二十八日，随郑先护东征的贺拔胜因受其猜疑，在滑台战败后投降了尔朱仲远。

十二月初一，尔朱兆攻打丹谷。都督崔伯凤战死，史仵龙等献垒投降，大都督源子恭奔退而还。

这时，孝庄帝本想亲统禁卫北上，与尔朱兆拼个鱼死网破。但大臣劝阻说，河桥既已烧毁，尔朱兆又缺乏渡船，大河深广，一时半会儿他怎么过得来？

谁也不会料到，十二月初三日，狂风大作，黄沙漫天，尔朱兆的军队居然鬼魅一般出现在了洛阳城墙之下！

关于尔朱兆究竟是如何渡过黄河的，《魏书》记载了一个略显荒诞的传说：

据说有个居住在河边的人做了一个梦，梦见有神仙对自己说："尔朱家欲渡河，用你来当雷陂津令，为之缩水脉。"月余，这个做梦的人就死了。当尔朱兆统军来到河边之时，有一个行人自告奋勇，说晓得水浅能渡之处，就扎草为标，照这个人的指示插在了岸边。倏忽间，此人便消失不见。后来尔朱兆就从那个地方涉水横渡，而水尚不及马腹。

显然，以上故事应是后人附会演义而成。

事实上，考虑到当时已是腊月，正值枯水期，直接涉水过河并非不可能。

无论如何，尔朱军就这样迅雷不及掩耳地现身在了洛阳城外。守城的卫士压根就没有想到，直到契胡骑兵叩响了城门才发觉，再加上当天起了特大沙尘暴，想拉弓放箭，却连箭都拿不稳，片刻间便都四散而逃。

尔朱兆遂长驱入宫。

孝庄帝闻报大惊，慌忙步出云龙门逃跑，正好看见城阳王徽在前骑马要走，他一连叫了好几声，城阳王徽头也不回，策马而去。孝庄帝再想寻马骑乘，契胡骑兵已四面而至，将其团团包围。

上次尔朱荣入洛，军队主要驻扎在铜驼街西的永宁寺，而这次尔朱兆则直接将大本营扎进了皇宫内的尚书省，反而把孝庄帝锁在了永宁寺的门楼上。

整个洛阳顿时成了契胡的战利品。

尔朱兆放纵军队大掠城中，他自己则用起了御用器物，凌辱后宫嫔妃，还杀掉了临淮王彧、范阳王诲等平素对尔朱氏不满的王公。甚至连尔朱皇后刚生下的那个皇子，也被残忍杀害。囚禁在永宁寺的孝庄帝受冻不过，向他要一块头巾他也不给。

而逃走的城阳王徽，因为携带了过多财宝，不久便被贪财之人半路邀杀，首级送给了尔朱兆。

不过，尔朱兆并没有在洛阳盘踞多久。因为晋阳老巢受到了费也头首领纥豆陵步蕃的威胁。

费也头部落原本是受匈奴役属的牧子，主要负责给匈奴人放马放羊，这时期主要活动于黄河以西。尔朱兆南下，晋阳空虚，纥豆陵步蕃觉得是扩大地盘、掳掠人畜的好机会，便越河而东直取秀容川。

尔朱兆自然不能坐视不理。十三日，他留尔朱世隆、尔朱度律等人留守京师，自己带着囚徒孝庄帝和掳掠来的无数财物回了晋阳。

本来有意观望、准备乘时而动的高欢听说尔朱兆攻入洛阳囚执了孝庄帝，吃惊非小，立刻找来孙腾，嘱咐他马上去见尔朱兆，名为祝贺，暗地里要打探清楚孝庄帝现在何处，跟没跟他在一起。

待孙腾送来情报，高欢已经错过了劫走孝庄帝的时机。他只好收兵回了晋州，同时写信给尔朱兆，劝他不宜戕害天子，以免背负恶名。

尔朱兆没听。

二十三日，孝庄帝元子攸被尔朱兆缢杀于晋阳的一座佛寺中，时年二十四岁。

临死前，他向佛像虔诚礼敬，并许愿来世再不要托生于帝王之家。最后写下了一首绝命诗：

权去生道促，忧来死路长。
怀恨出国门，含悲入鬼乡！
隧门一时闭，幽庭岂复光。
思鸟吟青松，哀风吹白杨。
昔来闻死苦，何言身自当！

21 计赚六镇降众

尔朱荣说得没错，尔朱兆虽勇，却并非大将之才，带不了过多的兵。

除了契胡武士，现在并肆二州还有当年尔朱荣迁去的十几万葛荣降户，然而尔朱兆却不能善加利用。回到秀容后，他和纥豆陵步蕃打了几仗，连连失利，不得不退保晋阳，同时遣使向高欢求援。

接到这一请求，高欢的一众僚属都劝他不予理睬。但高欢权衡再三，觉得还是出兵更为有利。因为第一，现在尔朱兆正在窘急之时，顾不上纠结之前的嫌隙，不必担心他会谋害自己；第二，若纥豆陵步蕃吃掉尔朱兆的地盘和部众，势必强盛难制，到时自己反而会首当其害；第三，晋州地势逼仄，非长久可恃之基业，这次正是侵夺尔朱兆以壮大自身实力的良机。

不过，高欢虽然允诺出兵相助，却并不打算火速入援，而是以汾水泛滥、苦无桥梁为辞，故意缓缓而行，以此拖延时间，好让尔朱兆和纥豆陵步蕃双双疲敝。当他赶到并州之时，尔朱兆已经被逼得撤出晋阳，想要东越太行了。得知高欢领兵前来，尔朱兆大喜过望，原本的不满和猜忌顿时消了一半。两人分进合击，在乐平（今山西晋中和顺）大破纥豆陵步蕃，继而一鼓作气，击斩步蕃于石鼓山，余众尽皆退走。

这一来，尔朱兆十分高兴，完全把两人曾经的嫌隙忘了个精光，不但和高欢结为兄弟，还只带数十人来至高欢军营，与他彻夜饮宴。

自古以来，酒桌上就没有解决不了的问题；如果有，那也一定是因为喝得不够。高欢和尔朱兆这一顿海喝，喝到后来，俩人拍胸脯搂脖子，扯高嗓门说起了掏心掏肺的话。最后高欢说："兄弟你不行啊，你手底下有二十万六镇降户，都是能征惯战之辈，怎么还叫纥豆陵步蕃这放羊的撵得满山跑啊！"

尔朱兆说："哥你不知道，这二十万降户自从到了晋阳就没听过话，整天不是叛逃就是谋反，到现在已经大大小小造反二十六次了！早被天柱杀了一半！这样的兵，我敢用吗？"

高欢说："你总不能把他们都杀光吧？不就是不服么，这其实也容易。小兵都听当头的，当头的一般都怕死，数量也少。你应该任命一个心腹当这些降户的总头儿，叫他下面的头目都管好自己的部下，再有人造反，就拿这些头目开刀，保证惹事的人会大大减少。"

尔朱兆说："对啊，怎么早没想到？可是让谁当这个总头儿才好呢？"

当时出使柔然归来的贺拔允也在座。不知道他是早跟高欢串通好了演一出戏，还是确实心里这么想，就推荐说高欢最合适。

高欢一听就怒了，借着酒劲儿就给了贺拔允一记老拳，打得他牙都掉了一颗，还骂说："天柱在世时，你们这帮奴才跟狗一样老实，如今天下之事都是大王（元晔晋封尔朱兆为王）说了算，哪他妈轮到你有资格说话？"

尔朱兆见状，连忙打圆场，同时心里又窃喜，觉得高欢果然忠于自己。脑袋一热，就说了一些咱哥俩儿不分彼此，我的部众就是你的部众之类的话，把六镇降户的领导权委托给了高欢。

第二天早上，尔朱兆还在帐中高卧，高欢却已经宣布受委统兵之权，在汾水东岸建牙收众了。六镇降户早已饱受契胡欺凌，而出身怀朔、在葛荣阵营待过的高欢又和他们中的许多人有旧谊，所以众人得知后，纷纷离开尔朱兆而来投奔高欢。

没过多久，见降户来得差不多了，高欢觉得已经到了甩开尔朱兆的时候，就派刘贵向尔朱兆请示说，近年并肆连连霜旱、五谷不收，降户们都掘鼠而食，个个面黄肌瘦，留在这儿也没什么用，不如带他们去山东就食，待温饱之后再听候调遣。

尔朱兆这时大概还没清醒，就同意了。他的长史慕容绍宗连忙劝阻道：“不可如此。方今四方纷扰，人怀异望，高欢其人颇有雄略，若使他再握大兵于外，必将不可复制。”

尔朱兆不以为然，说我和他有香火重誓，有什么可担心的?

慕容绍宗道：“亲兄弟尚不可信，何况香火之情！”

然而，尔朱兆四周早有人受了高欢的贿赂，进谗说慕容绍宗其实和高欢有私仇，所以才故意诋毁于他。尔朱兆听信后很生气，竟然把慕容绍宗关起来，催促高欢赶紧出发。

高欢立刻拔营启程，南下直奔滏口，意欲东进河北。

路上正好遇到尔朱荣的遗孀乡郡长公主从洛阳而来，马队有数百人之多。此时高欢正缺战马，当下做了一把路匪，抢了乡郡长公主三百匹马。尔朱兆闻知后，开始觉得不大妙了，就放了慕容绍宗来问。慕容绍宗说还等什么，赶紧追啊！尔朱兆这才率领人马追了上来。一直追到襄垣境内，才堪堪望到高欢军的尾巴。偏巧此时漳水暴涨，冲垮了河桥（我很怀疑是高欢过河拆桥），两人只好隔河喊话。

高欢说：“我之所以借公主的马用用，是为了防备山东的群盗，没有别的意思！没想到大王你轻信公主谗言，亲自来追。我渡河而回也没什么，就怕万一淹死了，这些部众会就此叛亡，还请多多见谅啊！”

尔朱兆说：“我真不是怀疑你，不信你等着……”说着带着几个轻骑就涉水渡过了漳河（尔朱兆真是自带避水光环）。他掏出刀来递给高欢，伸出脖子就叫他砍。意思是你要对我有异心，干脆砍死我算了！

高欢的演技真不是盖的，当下眼圈就红了，大哭道：“自从天柱薨逝，我贺六浑哪有他人能够仰仗！唯一指望的就是大王你长命百岁，我好尽忠效力罢了！现在受旁人离间，大王你竟然说出这样的话来！我，我……”说着拜倒在他脚边泣不成声，话都说不出来了。

这番表演登时把尔朱兆感动得不要不要的。他投刀于地，赶忙把高欢搀扶起来一阵安慰。最后两人在河边烧黄纸杀白马，又重订了一次誓言，而当晚尔朱兆就留宿在了高欢的军营中。

高欢的姐夫尉景埋伏下壮士，说趁机把尔朱兆办了就得了！高欢却极力制止，理由是如果杀了尔朱兆，他的部众党羽必奔归聚结来寻仇，而我们此刻兵饥马瘦，不宜拒敌；再说，如果有豪杰之士得尔朱兆之成资，就会成为更大的祸患，不如先置之不理，尔朱兆这个人虽然骁勇，但凶悍无谋，日后不足图取。

高欢的推测是有道理的。眼下在尔朱兆帐下，别人不说，慕容绍宗就颇有才略，又与尔朱氏有姻亲关系。这时杀了尔朱兆，慕容绍宗很可能继承他的领导权，那可就比勇而无谋的尔朱兆难对付多了。

第二天，尔朱兆回了自己的军营，又召高欢过去饮宴。高欢都已经上了马，却被孙腾拉住了衣服。或许孙腾获知了什么内幕，使得他临时改了主意。

尔朱兆见高欢不来，十分生气，隔着河破口大骂。这似乎暗示，他可能确实设下了鸿门宴，想对高欢有所行动。但人家不上当，尔朱兆也没辙。有漳水阻挡，大军也无法发动攻击，无奈只好撤回了晋阳。

高欢便也统领赚来的六镇部众继续东行，入了壶关。

22 东出壶关

选择东出壶关，进军河北，显示出了高欢在战略上的远见卓识。

当时的局势是，尔朱兆占据并、肆、汾这些相当于今日山西中部的地域，尔朱仲远据有黄河以南青、齐、徐、兖数州之地，尔朱天光据有关陇，洛阳朝廷则由尔朱世隆所把持。而高欢原本控制的晋州夹处于尔朱兆、尔朱天光和洛阳朝廷三者之间，发展空间极其受限。以他目前的实力，单独对抗三者中的任何一个，虽说未必毫无胜算，却很有可能会陷入苦战，而且说不定还会处于腹背受敌的不利境地。

与之相比，河北则大有不同。这里虽然也有尔朱家的势力存在，但实力较弱，易于对付。更重要的是，河北人口众多，粮源充足，河北大族反对尔朱氏统治的意志也最为强烈，若能趁这一地域尚无独大势力之时抢先占据，稍加经营，便可拥有称霸天下的实力。

不过话虽如此，高欢在进入壶关之后却并未急于东下，而是在太行山中一住就是两个月。

两个月的时间里，他密切注意着各地，尤其是洛阳方面的种种动向，同时派人进入河北相、殷、冀诸州，秘密寻求当地豪强大族的支持。

这其中的关键，便是渤海高氏。

渤海郡下辖蓨（音tiáo）县、南皮、东光、安陵四县，大致相当于今日河北沧州以南到山东德州以北这一片地域，而籍贯蓨县的高氏家族不但是当地数一数二的大姓，就是放在整个冀州也是十分有影响力的势力。

孝庄帝元子攸在位之时，便与渤海高氏一向交好。河阴之变后，渤海高氏的高乾、高昂兄弟聚众反于河、济之间，屡败州兵，但孝庄帝派使者前去抚慰后，他们便接受了招安。尔朱荣被诛后，高乾兄弟又主动向孝庄帝要求效力，孝庄帝便任命高乾为侍中、河北大使，叫他回乡招集豪杰部曲，作为反对尔朱氏的外援。当时孝庄帝曾亲至河桥为高乾兄弟送行，高乾垂泪受诏，高昂则援剑起舞，慷慨悲歌，誓死以报君恩。

不久，尔朱兆南下，囚执孝庄帝。高氏兄弟遂募集壮士，夜袭信都（今河北冀州），活捉了刺史元仲宗，并推举素有威信的同乡封隆之暂行州事，控制了冀州。很快孝庄帝的死讯传来，高氏兄弟全军缟素，在郊外升坛誓师，辞气悲壮，誓要诛除尔朱氏，为孝庄帝报仇。

此时，除高乾兄弟之外，打着诛除尔朱氏、为孝庄帝报仇的旗号起兵的还有幽州刺史刘灵助。前文说过，此人擅长卜筮，曾经为尔朱荣效命，后来随侯渊剿灭韩楼，事后便一直担任幽州刺史和幽、平、营、安四州行台。

尔朱荣和孝庄帝相继身死，刘灵助自觉可以凭借方术蛊惑人心，又推算尔朱氏有衰亡之兆，便自号燕王、大行台，举兵南下，宣称要为庄帝复仇。他妄解图谶，自称“刘氏当王”；又驯养了一些大鸟，作为祥瑞；其余刻毡为形、画桃为符之类诡道厌祝之法也没少弄，一时之间招诱了众多百姓，幽、瀛、沧、冀诸州望风响应，兵锋直指博陵（今河北衡水安平）。高乾兄弟起兵后，也声称接受刘灵助的节度。

这时的河北，效忠尔朱氏的有定州刺史侯渊、殷州刺史尔朱羽生和相州刺史刘诞，义军并不占优势。高乾兄弟虽然击退了殷州刺史尔朱羽生的进攻，但局势不容乐观。

就是在这个节骨眼上，统领数万六镇降户的高欢东入壶关，出现在了相州边境。

要知道，高欢一直是尔朱荣的部下，现在至少在名义上仍然对尔朱氏效忠。他刚刚帮助尔朱兆击灭了纥豆陵步蕃，两人又结为兄弟，所统军队的主力也是从尔朱兆处得来，而六镇鲜卑与河北士民的关系向来不佳。似乎从哪个角度来看，他的出现都明显对河北“义军”不利。

高欢自己对此也心知肚明。在东出之前他一直对外宣扬，此次攻取的目标乃是信都，就是为了迷惑刘诞、尔朱羽生这些尔朱氏势力，同时对冀州方面施加压力。

果然，冀州人大为忧恐，他们想起了几年前葛荣之乱时六镇鲜卑横行河北的情景，绝不愿再次成为高欢征讨的对象。

高乾安慰众人道：“我听说高晋州此人雄略盖世，其志必不能久居人下。况且如今尔朱无道，杀主虐民，正是英雄立功效义之时。他今日之来，必有深谋远略。我当轻马奉迎，密参其意。诸位请不必忧惧，且看我一行。”于是便带着十余骑赶至滏口，来拜见高欢。

据称，高乾是这样劝说高欢的：

上来先痛骂一阵尔朱氏自河阴之变以来的种种残暴无道行为，说任何一个有感情的人都不能对此无动于衷，都想奋力为国家诛此奸邪！接着夸高欢又有威望，德行又高，天下人都佩服，如果再能高举忠义大旗，那么其他人肯定都不是你的对手！最后则以利诱之，说我们冀州虽小，户口也不减十万，粮草税收也足够供应军资，希望高欢仔细考虑。

可以认为，高乾是委婉地向高欢提出了一个交易：只要你公然反对尔朱氏，我们就把冀州献给你。

高欢的反应，先是“大笑”，然后道：“吾事谐矣！”我这事成了！

随后两人又攀起了亲戚。既然一笔写不出两个高字，高欢又自称也是渤海蓨县出身，更重要的是此时他需要借助高乾家族的武力和影响力，所以虽然他比高乾还要大一岁，却坚持要称高乾为叔父。

当晚高乾就睡在高欢营帐之中，次日一早便赶回了冀州。

由此看来，两人在反对尔朱氏这一点上应该是达成了默契。不过狡猾的高欢却并没有公开承诺立刻就举起讨伐尔朱的大旗，因为此时他连个落脚点都还没有，实力也不够强大，与尔朱氏决裂的时机尚未成熟。

高欢刚送走渤海高氏的高乾，便又迎来了另一个河北大族——赵郡李氏的拜访。

来人是李元忠。此人家世豪富，做过当地的郡守。葛荣寇掠河北之时，他率宗族筑垒自保，曾经数次击退叛军，一时让葛荣颇为头疼。后来见世道昏乱，李元忠索性辞官归家，一边纵酒自污，一边潜图义举。

这时听说高欢率众东出，李元忠便乘着一辆露车[1]，载着素筝浊酒前来奉迎。由于此人素有嗜酒如命、放浪形骸之名，一开始高欢对他不是很感冒，没有立即见他。李元忠便下车找个地方坐了，取出下酒菜自顾自吃喝起来，还对守门的说："本来以为你家主公招延俊杰，现如今国士到门，却不能吐哺辍洗，其人可知。将我名刺还来，不要再通禀了。"守门的把这情况一说，高欢马上迎了出来，将李元忠恭恭敬敬地请了进去。

两人寒暄喝了两杯酒，李元忠便取出筝来，且鼓且歌，意气慷慨。然后对高欢道："天下形势如此，明公难道还要再奉事尔朱家么？"

高欢仍不露声色，道："我之富贵，皆由尔朱氏而来，怎敢不尽节啊！"

这个回答让李元忠很不满意，但见他大摇其头，道："非英雄也！非英雄也！"又问，"高乾邕（高乾字乾邕）兄弟可曾来过？"

高欢已经见过高乾，但高乾这时是反政府的贼寇，为了掩盖自己的立场，他故意骗李元忠说："高乾邕兄弟都是粗人，哪里肯来见我？"

李元忠道："虽是粗人，却都明晓事理！"言下之意，他高欢既不是英雄，也不明晓事理。

高欢觉得再谈下去，指不定他还说出什么难听话来，就忙说李公醉了，叫人扶他出门。哪知李元忠来了牛脾气，就是不肯起身。

---

① 没有帷幕衣盖的敞篷车，一般多用来载物。

孙腾见状，赶忙过来打圆场，对高欢说："此君前来，乃是天意，不宜违背。"

高欢便又将他留了下来。

接下来，两人的对话终于慢慢深入起来。同高乾一样，李元忠也保证赵郡李氏能助高欢夺取殷州城，条件是他对尔朱氏宣战。但他也指出，殷州在战略地位上不如冀州，希望高欢能先拿下信都。

这也是高欢的想法。

23 信都起兵

普泰元年（公元531年）二月，在太行山中休整两月之后，高欢统军出滏口，进入河北腹地。

一路行来，他约勒士卒，严禁侵犯百姓私家之物，每过麦地，便带头牵马步行。远近之人听了，都说高仪同（朝廷封高欢为仪同三司）将兵整肃，对六镇鲜卑的印象也大大改观。

到信都后，高乾和封隆之便打开城门将他迎了进来。

高乾的弟弟高昂当时领军在外，得知高欢尚未与尔朱氏决裂，哥哥便将冀州城拱手奉上，十分不满，派人送给他一套布裙，讽刺大哥不够男人。高欢听说这位高三爷性如烈火，向来吃软不吃硬，就让儿子高澄以子孙之礼拜见高昂，给了他足够的面子，高昂这才带兵回来。

得了冀州和高氏兄弟的支持，高欢有了在河北立足的基础。但他还是“不够男人”，小心翼翼地维持着自己忠于朝廷的形象。到了三月，尔朱世隆控制下的洛阳政府封高欢为渤海王，四月又正式任命他为都督冀州诸军事、东道大行台、冀州刺史，承认了他在河北的地位。

这期间，国中的形势又发生了重大变化。

第一个重大变化是，尔朱氏内部，尤其是尔朱兆和尔朱世隆之间的矛盾开始显现。

当初虽然两人合兵一处南下，但尔朱世隆的军力较弱，尔朱兆由此认为拿下洛阳都是他的功劳，不但对世隆这位“叔父”表现得盛气凌人，还严词指责他说：“你在朝日久，应该有很多耳目，怎么就让天柱遭了毒手呢！”尔朱世隆面子上挂不住，不免对尔朱兆怀恨在心。

尔朱兆返回晋阳后，朝政由世隆、度律等人把持。为了巩固自己的权位，尔朱世隆也感到有必要摆脱尔朱兆的控制，于是在这年年初，他自作主张，废掉了南下时尔朱兆拥立的元晔，另立广陵王元恭为新君。尔朱兆得知后大怒，当即就要领兵来攻世隆。世隆不得不派哥哥尔朱彦伯前往晋阳，卑辞厚礼，才终于避免了这场火并。

之后，尔朱世隆自居尚书令，把家里当作朝堂，事无大小，独断专行。尔朱兆、天光、仲远三人则在各自的势力范围内横征暴敛，损公自肥，其中又尤以尔朱仲远为甚。他辖境内的富室豪族，多被诬以谋反之名，财物尽被抄没入了他的私囊；“诸将妇有美色者，莫不被其淫乱”；荥阳已东的租税则全部成了他的军费。东南州郡不论是地方官还是老百姓，都畏仲远如同豺狼。自从河阴之变以来，尔朱氏本就有残暴的恶名，至此更加声名狼藉，引起了天下人的普遍憎恶，只是都忌惮他们强盛，除了河北以刘灵助为首的几个州郡之外，敢于公开武装对抗的人一时还并不多。

第二个重大变化是，三月中旬，气势汹汹南下攻取定州的刘灵助在安国城一战被侯渊和叱列延庆斩杀，河北反尔朱氏的势力遭遇了重大挫折。

据说，刘灵助曾经常对人说：“三月末，我必入定州。不久后尔朱氏必灭。”战前他又自占一卦，卦象相当不吉。搞了一辈子卜筮的刘灵助此时却不愿相信，折断蓍草，扔到地上说：“这东西又能知道什么！”结果果然战败，而他的人头装在匣里送入定州城之时，正好是三月末。

也就在刘灵助人头落地前后，有一个叫灵远的和尚到信都拜会了高欢。

此人据说也很通道术，曾经准确预言了尔朱荣的骤兴骤亡。遇见这样一位大师，面临人生重大选择的高欢当然不会放过讨教的机会。大师微微颔首，道：“天道轮回，如今齐当兴，东海出天子。大王既居渤海，是齐地也。近日天象，太白与月并现，宜速用兵，迟则不吉。”

高欢自称出身渤海高氏，又得封渤海王，渤海即是东海，连大师都说“东海出天子”，高欢自然心中窃喜。眼前刘灵助一死，河北反尔朱氏的势力群龙无首，正需要一位带头大哥。虽然自己的实力相比尔朱氏仍处于绝对劣势，但他们内部既然已经有了矛盾，势必不能同心合力。况且得道多助，失道寡助，尔朱氏恶名昭彰，以刘灵助一介装神弄鬼之士尚且能鼓动人心，自己打出效忠皇室、诛除尔朱的旗号，一定能够一呼百应！

于是高欢召集手下的督将僚佐，宣言道：“逆胡尔朱兆穷凶极虐，天地之所不容，人神之所捐弃，如今所在蜂起，此天亡之时也。我欲与诸君戮力同心，剪除凶羯，诸君以为如何？”

封隆之道：“尔朱氏暴虐无道，民怨神怒，众叛亲离，虽握重兵，其强易弱。若大王忠心王室，首唱义旗，天下之人，谁不归仰，愿大王勿疑！”

其余将佐也随声附和。

将领们的想法得到了统一。但高欢觉得，还要将这一想法贯彻到每个士兵的心中才行。要知道，他麾下虽然拥有数万六镇鲜卑，但这些人都是他当初受尔朱兆的委托而统领东下的，在名义上，尔朱兆才是他们的主君。现在要想驱使他们对尔朱氏作战，就必须先想办法让他们跟尔朱兆彻底断绝关系才行。

高欢的办法是，伪造尔朱兆的来信，声称他准备将六镇鲜卑都配给契胡做部曲，先引起了众人的一致怨愤；既而又装作从晋阳方面收到兵符，命自己征发一万人去讨伐步落稽[①]。于是高欢一面装作无奈的样子调兵发遣，一面又叫孙腾、尉景等将官替士兵求情，要求多留几天。一来二去搞了这么几回，六镇将士的情绪就都被煽动了起来。临行之日，

---

① 步落稽，又称稽胡或山胡，居住于吕梁山区以至河西的山地间，民族成分复杂，很可能是杂胡。

众人都到郊外来送别，有的是父子相送，有的是兄弟分离，一个个都是涕泗横流，号哭之声震动原野。

看看火候差不多了，高欢朗声对众人道："我高欢和大家一样，都是背井离乡之人，本应亲如一家，再不分离。没想到上边却忽然征召！现在你们西讨稽胡是死，违犯军令也是死，配给契胡还是死！怎么办？"

众人都说，只有造反！

高欢又道："造反这种大事，非得推一人为主不可。"

众人当然都推举他为主。

于是高欢当仁不让，道："大家都是乡里乡亲，平时就很难管束。你们没看见葛荣的下场吗？虽然有百万之众，却不能以法治军，终不免灰飞烟灭！现在你们要推我为主，便再也不能像以前那样。我的规矩是，不得欺凌汉人，不得违犯军令！若有违者，生杀由我！能够接受便可。不能的话，我可不想像葛荣那样取笑于天下！"

众人听了，都跪倒叩头，生死唯听高欢所命。

通过信都郊外的这次行动，众人统一了思想，提高了士气，初步解决了如何把以六镇流民为主要成分的旧军队建设成一支六镇鲜卑和河北汉人通力合作的新军队的问题，既保证了高欢个人对军队的绝对领导，也奠定了以法治军的基础。"不得欺凌汉人"原则的颁布，使高欢得到了许多北方汉人大家族的支持，是他日后能够削平尔朱氏，夺取天下霸权的重要原因之一。

许多年后，北齐官方的说法称这次行动为"信都起义"。

24 南据邺城

起义的地点是在信都，第一场武装冲突却是在殷州爆发（今河北邢台隆尧）。

虽然六月初高欢聚众誓师，宣布了反对尔朱氏的立场，但还没等他有所行动，赵郡李氏就先按捺不住了。当月下旬，李元忠纠集了数千人前去攻打殷州。由于这时殷州刺史尔朱羽生尚不知高欢已经起事，高欢便趁机设计，派高乾以救援为名进了州城。高乾诱使尔朱羽生出营巡视，将其擒斩，轻松拿下了殷州。

尔朱羽生是尔朱荣的堂叔，他这一被杀，高欢反尔朱氏的意图便彻底暴露了。尔朱兆和尔朱仲远自恃强盛，一时还并不特别重视，洛阳的尔朱世隆却深以为忧。在世隆的努力下，三方终于决定联合起来，共同出兵讨伐高欢。

八月，尔朱兆率领步骑二万出井陉，直扑殷州，李元忠见势不妙，弃城逃还信都，尔朱兆遂进屯广阿。与此同时，尔朱度律从洛阳出发，与从东郡出发的尔朱仲远合兵一处，亦进至阳平驻扎。三方的总兵力，号称有十万之众。

以少敌多，士气和人心至关重要。尔朱氏的军队现在是代表朝廷来平叛，为了凝聚人心，避免在道义上陷于劣势，孙腾向高欢建议，临时推举一名宗室为新君建立政府。高欢犹豫再三，最后还是同意了这个请求。于是本来任职渤海太守的宗室元朗便被众人拥立为了新君，十月初六在城西升坛即位。文武百官普泛四级，以高欢为丞相、都督中外诸军事、大将军、录尚书事、大行台，以高乾为侍中、司空公，高昂为骠骑大将军、仪同三司、冀州刺史。

本方的人心虽得到了凝聚，但要想击败敌人，还得从对方身上想办法。

高欢很清楚，尔朱兆、世隆、仲远三方彼此猜忌，很难通力合作。别的不说，从两军屯驻的地点便能够看出他们之间的互不信任。尔朱兆军屯驻的广阿在今河北隆尧县东，东距信都一百五十里；度律、仲远停军的阳平则在今山东莘县，北距信都三百里；而广阿与阳平之间的距离，也有将近三百五十里。两支军队如此布局，摆明了是互相观望的态度，根本不像是要合力去进攻信都。

针对这一情形，高欢决定派间谍混入敌人的朋友圈，大肆散播流言：

“政府高层惊天黑幕！世隆、仲远兄弟合谋欲杀尔朱兆！”

“你绝对不敢相信！尔朱兆竟与高欢联手，尔朱仲远危在旦夕！”

“河北战场上演鹬蚌相争，尔朱天光或成最大赢家！”

凡此种种，流言很快分别传入了尔朱兆和尔朱仲远的耳朵。这下他们更是各怀鬼胎，疑虑重重，就此停军不前了。

饱受流言困扰的尔朱仲远数次派斛斯椿、贺拔胜前往尔朱兆的军营，试图和他进行沟通，最后总算有了一点效果。尔朱兆亲率轻骑三百，选了一处中间地带来与仲远见面。两人同坐幕下，本应该把酒言欢，但彼此的脸色却阴晴不定，心事重重。尔朱兆其人本就粗犷少礼，这时马鞭并不离手，不断左顾右盼，时而凝目远眺，时而又盯着尔朱仲远不放。也不知是哪里引起了他的怀疑，两人的话才说了一半儿，尔朱兆忽然起身而出，上马疾驰而去。尔朱仲远觉得他误会了自己，就派斛斯椿、贺拔胜去追，想要加以解释。哪知不解释还好，越解释越像有阴谋，尔朱兆竟然捉了斛斯椿、贺拔胜还营，一天后才放了回来。

这么一弄，两人间的嫌隙更深。尔朱仲远深感出兵河北是个大错误，就和尔朱度律双双撤兵而去。

对高欢来说，剩下尔朱兆一军，就好对付多了。

十月十五日，他主动进击，在广阿大破尔朱兆，俘虏甲卒五千余人。尔朱兆狼狈退回晋阳。

十一月，高欢乘胜进围相州。刺史刘诞婴城固守。当初葛荣以数十万大军攻围相州而未果，足见其城池坚固。对此，高欢明面上高筑土山，暗地里则下令在城墙下遍掘地道，边掘边以木柱支撑，完成后同时焚烧木柱，柱断而地陷，城墙遂轰然倒塌，至次年正月十七日便拿下了邺城。

邺城的攻克带来了积极效应，此前在青州举义的崔灵珍、耿翔皆遣使前来归附，高欢的好友、行汾州事的刘贵也弃城来奔。

三月，皇帝元朗和文武百官由信都南迁至邺。此后邺城便成了高欢的大本营。

面对高欢的进逼，尔朱世隆十分忧惧。他卑辞厚礼，派人请尔朱兆进京，承诺唯其所欲，还安排他的女儿当了元恭的皇后。尔朱兆这才满意，又和仲远、天光等人重新订约，再度共图高欢。

然而，这时在尔朱集团内部，已经开始有人感到尔朱氏的末日即将来临。斛斯椿就私下对贺拔胜说："现在天下人都憎恨尔朱氏，我们要还为他们卖命，一定没有好下场，不如想办法铲除他们！"贺拔胜说："尔朱兆和尔朱天光各据一方，想要把他们一齐铲除可太难了。如果不能同时铲除，肯定后患无穷，那该如何是好？"斛斯椿说这好办，就竭力劝说尔朱世隆召天光等人前来洛阳，共讨高欢。

尔朱世隆倒是早就想叫尔朱天光来京了，可天光有割据关右之心，不大愿意去趟关外的浑水。尔朱世隆便派斛斯椿亲自去请。斛斯椿说关东的形势十分严峻，非大王你亲自出马搞不定，难道你就忍心眼睁睁地看着宗族夷灭不成？尔朱天光犹豫不决，就来征求贺拔岳的意见。

贺拔岳说："大王家跨据三方，士马殷盛，只要同心戮力，他高欢怎么能抵挡？怕就怕骨肉相疑，这一来自保尚且不暇，哪里又能制人！

依下官所见，不如且镇关中以固根本，另遣别将与众军合势，如此进可以克敌，退可以自全。”

可惜尔朱天光最后还是被斛斯椿说动，没有听从贺拔岳的建议。

这年闰三月，尔朱天光出自长安，尔朱兆出自晋阳，度律出自洛阳，仲远出自东郡，四路大军在邺城以南会合，夹洹水（今安阳河）列阵，众号二十万。

决一死战的时刻到来了。

25 韩陵之战

邺城这个地方，最早是由春秋时的齐桓公所建。虽然由于战火和洪水，这个城市今天早已消失，但在中古时期，它的地位却相当重要。三国时代，邺城是曹操王业肇基之地，他在城西北角修建了著名的铜雀、金虎、冰井三台，死后亦葬在城外。十六国时期，这里又是石赵和前燕的国都，一度是整个北方人口最多、最为繁华的城市。

发源于太行山的漳河从邺城的西北绕城而过，河上有浮桥，桥对面是通往邯郸的大道，地名紫陌。

二十日，为避免陷入包围，高欢命封隆之留守邺城，亲自统军出屯紫陌，阻漳水为固。

考虑到这是一场没有退路的死斗，敌军的总数有十余万之多，而本方只有骑兵两千、步兵三万人，高欢对高昂手下三千汉人乡兵的战力并不完全放心。他对高昂道："高都督纯将汉兵，恐不济事，现今我另割鲜卑兵千余人与你，使其共相参杂，你意下如何？"

高昂道："下官所领部曲，操练已久，前后战斗，不减鲜卑。如今若与鲜卑兵杂糅，只怕人情并不相洽，胜则争功，退则推罪，愿自领汉军，不烦更配！"

高昂的牛脾气，高欢早已经领教过了。但他的勇武善战，高欢也心知肚明：自己还没取得冀州的时候，当时的殷州刺史尔朱羽生率五千人进攻信都，据说高昂只带了十余骑便挺槊突阵。高乾望见，急忙从城上缒下五百人相助，然而这五百人还没赶到，高昂就已经将尔朱羽生击走了。此战高昂纵横驰突，无人能挡，左右亦无不以一当百，因而时人都将其比作项羽。既然他坚持不要鲜卑兵，高欢也就不好强求。

二十七日夜间，尔朱兆率领轻骑三千，对邺城搞了一次偷袭，幸而守军防备严密，他并未得手。

两天后，高欢决定主动出击。天才蒙蒙亮，他便统军渡过漳水，南进至七里外的韩陵山下，逼近了敌军的营阵。

韩陵山并不高大，相传因韩信曾驻军于此而得名。到此之后，高欢命全军结成利于守御的圆阵，还叫人把牛羊驴骡这些牲畜全都用绳子连系起来，堵塞住来时的路。将士们见归途被断，人人皆有必死之心。

尔朱兆见高欢前来，纵马而出，高声斥责他背叛了自己。

高欢当然不肯在道义上落于下风，道："当初我和你戮力同心，是为了共辅皇室。可如今先帝何在？"是你尔朱兆先背叛了孝庄帝，而且还杀了他！

尔朱兆答道："是他枉害忠良，杀了天柱，我只不过是报仇罢了！"

高欢道："我昔日亲耳听到天柱谋反的计划，你当时就在旁边，还说什么忠良？况且以君杀臣，何报之有？今日我与你恩断义绝！"说完不再答话。

这时大概是早上五六点钟，初升的阳光映照着山上盛开的桃花，草地上的露水打湿了士兵们的双脚。但见令旗挥舞，战鼓隆隆，高欢变圆阵为方阵，将全部兵力分为了左、中、右三军，骑兵则分配在两翼。他自领中军，而以高昂领左军，堂弟高岳领右军。高岳是不久前才来投奔高欢的，但遇上这种生死之战，还是自家亲戚更值得信任。

尔朱氏四人如何布阵，史籍没有记载，我推测他们应该是各领本军。但考虑到他们是"夹洹水而军"，应该有部分军队屯驻在南岸，参加这场战斗的可能并非全部军力。

战斗开始后，尔朱兆亲率契胡铁骑直突高欢的中军。这支骑兵是当初尔朱荣训练出的精锐，战斗力非同小可，葛荣的数十万大军就是在他们的狂飙突击之下退散崩溃。高欢麾下的六镇鲜卑虽勇，从早上一直杀到中午，终于也顶不住了，阵线被撕开一个大口子。尔朱兆从中突破，直接穿透了高欢的中军！

那一刻，高欢脸色煞白。因为他知道，这时只要尚未参战的尔朱度律军发动冲锋，就可以和尔朱兆前后夹攻，己方将腹背受敌，败局已定！

就在高欢动了退兵的念头之时，一个叫王春的客卿术士在他的马前跪倒，道："大王勿忧，将近未时（下午一点至三点之间），必得大捷！"

虽然高欢知道此人有飞符上天的本事，却还是不敢相信他的话。王春急了，索性绑了自己的儿子给高欢做人质，说要是我说得不对，到时你就杀了他！

没多久，战局果然发生了变化。

一来不知是何原因，尔朱度律军居然按兵不动，并未配合尔朱兆发动进攻。二来见中军退却，左右两翼的高昂和高岳都迅速过来帮忙。高昂统领千余骑自栗园中杀出，横击尔朱兆军侧方；初登战阵的高岳也举麾大呼，率五百骑从旁截杀敌军；本已退却的中军别将斛律敦收拾散卒，也调头杀了回来。一时间，突入高欢背后的尔朱兆反而被包了饺子！

一场激战下来，尔朱军大败，要不是马快，尔朱兆差点儿就被生擒。而贺拔胜也从尔朱度律阵营中倒戈来降。据他透露，因为憎恶尔朱兆凶悍蛮横，尔朱度律害怕他取胜后对自己不利，所以勒兵未动。高欢不由得暗自庆幸，心里不断感叹说："险胜！险胜！"

狼狈西逃的尔朱兆后悔不迭，对慕容绍宗说当初没听你的话，这才有了今天！慕容绍宗倒还能冷静面对，反旗鸣角，收散卒成军，撤回了晋阳。尔朱仲远奔还东郡，天光、度律则向洛阳而去。

后来，为了纪念这次一举击败"四胡"的辉煌战役，高欢下令在韩陵山立石纪功，由大才子温子升撰写碑文。据说南朝来的使者庾信见了，大为赞叹，还将碑文抄录下来。回国后，南人问他北方文士如何。他说："唯有韩陵山一片石堪共语。"此后，"韩陵片石"便成了邺都南郊的一处著名文化景点。可惜此碑金代便已不存，后世数次重刻，都是比照温子升文集中的章句誊写而成。

在碑文中，温子升将这场战役比作春秋时的吴楚柏举之战和新莽时的昆阳之战，两者都是以少胜多的决定性战役：吴军在柏举战胜之后，一举攻入楚国郢都；新莽在大军败于昆阳之后，不久也彻底覆亡。而韩陵之战对于高欢和尔朱氏的意义也是如此。

此战结束后，还在仓惶南奔的路上，原本就有意背叛尔朱氏的斛斯椿对贾显度、贾显智等将官说道："眼下如果不能先擒住尔朱氏，我们可就死无葬身之地了！"

贾显度等本来就是北镇将吏，当初也是为求自保才投了尔朱荣，这时见尔朱氏这条船行将翻覆，自然都同意斛斯椿的提议。于是他们趁夜在桑树下结盟，制定了擒杀尔朱氏的计划，相约倍道先还。

洛阳的尔朱世隆得知战败的消息，忙派遣外兵参军阳叔渊驰赴北中城，一方面封锁河桥[①]，一方面收简败卒。斛斯椿抢先赶到，进不去城，就骗阳叔渊说："尔朱天光的部下都是关西人，听说他们要大掠京城，然后迁都长安！先放我过去，我好回京师严加防备。"阳叔渊信以为真，便开了门。结果斛斯椿等人一进城，便尽杀尔朱氏党羽，控制了河桥。

后到的尔朱度律、天光见斛斯椿反叛，纠集败兵想要攻城，不巧却遇到大雨昼夜不止，不但人马疲惫不堪，连弓箭都脱了胶，无奈之下只好狼狈西走，寻找渡河的地点。走到尔朱兆涉水渡河的雷陂，便被人擒获，送给了斛斯椿。于是斛斯椿一边派人将此事告知洛宫里的皇帝元

① 洛阳北之河桥在尔朱兆入洛时本已烧毁，但可能不久后便已重建。

恭，一边另派贾显智等人去捉拿尔朱世隆。当天稍晚，世隆、彦伯兄弟双双被斩，人头高悬在了斛斯椿家门前的树上。

与此同时，原本效忠洛阳朝廷的济州行事侯景、安东将军辛永、建州大都督张悦等地方牧守纷纷遣使归附。青州刺史尔朱弼为其部下所杀，传首京师；天光、度律二人也被斩于都街；尔朱仲远则南逃投奔了梁朝。

26 一年三易主

四月十八日，当高欢统领大军进抵邙山之时，洛阳城已经向他敞开了大门。

但是在入城之前，有一个迫在眉睫的难题尚待解决。

如前所述，信都起兵后不久，为凝聚战时人心，高欢推举了宗室元朗为新主，但现在洛阳城里的皇帝是尔朱世隆拥立的元恭。一国自然不能二主，傀儡也有傀儡的重要性，今后到底由谁来当皇帝，这是一个必须深思熟虑的问题。

虽然元朗是高欢自己所选立的，但那只是兵临城下时的权宜之计，当时他就不是特别满意，主要的原因是元朗出身宗室疏属（元朗是章武王元融之子，景穆帝拓跋晃之玄孙），在法统和资望上都难以让人信服。而元恭则是广陵王羽之子、献文帝拓跋弘之孙，从统绪上来说，比元朗的合法性要高得多；此外，还听说他颇有贤能之名。于是高欢便让魏兰根替自己先期入城，探察一下元恭其人到底如何。

元恭此时已经三十五岁。据说在元叉擅权时期，他深感世道将乱，便称疾不起以避祸，后来更是声称得了哑病，从此近十年间不曾说话。平素居于建春门外的龙华寺，吃斋念佛，不问世事。孝庄帝在位时，有人密告他是装哑，暗中蓄有异志。孝庄帝就派了个人伪装盗贼，夜里潜入元恭房中偷取衣物，还拔出刀来作势要杀他。元恭张口以手指舌，终究不发一言。孝庄帝信以为真，就放下了此事。后来元恭又跑到山里隐居，却被地方官搜了出来，然而毕竟没有他图谋不轨的证据，便又放回家中。孝庄帝被尔朱兆劫杀后，尔朱世隆想立元恭为主，又不知道他是不是真哑，就派人暗中拜访、软硬兼施，最后元恭终于说了四个字：“天何言哉！”

这四个字出自《论语》。孔子的意思是，天什么时候说过话呢？尽管它让四季转换、万物生长，可是天什么时候说过话呢？元恭这么说，似乎一方面是以天自比，一方面也是向尔朱世隆暗示，你要怎么做就怎么做吧，为什么一定要我说话呢？

结果元恭就取代了尔朱兆拥立的元晔，到现今为止，已经当了一年多的皇帝。

这一年多来，虽然元恭居于傀儡之位，但他废除市盐之税，简汰官吏，恢复和梁朝的关系，看得出来确实力图有所作为。然而生不逢时，北魏国运已衰，非人力所能施救，况且现在高欢进逼城下，元恭已经是自身难保了。

魏兰根见过元恭后，觉得他确实智德兼备，而且深得洛阳现任官僚们的支持，倘若仍叫他继续当皇帝，时间长了很可能难以制服，因而力主换掉元恭。

为此，高欢召集文武百官、督将僚佐齐集邙山，问道：“尔朱氏暴虐无道，人神共弃，我起义信都，罪人已经剪除。如今准备推举亲贤以昌魏历，你们认为谁人主此社稷，才能允协天人？”

废立皇帝这种大事，一言不慎便可能影响自己的政治命运，寻常人等哪里敢置喙？所以高欢催了好几次，都无人发言。

终于，太仆卿綦俊避席而出道：“人主之体，必须度量深远，明哲仁恕。广陵王遇世艰难，十年不言，其贤明众所共见，虽为尔朱所扶戴，实乃当今之圣主。”

綦俊其人，与斛斯椿、贺拔胜的关系相当密切。斛斯椿这时虽然名义上向高欢臣服，却有着他个人的政治野心。加以尔朱仲远南奔后，他的部下乔宁、张子期率余众向高欢投降，高欢不但没有赏赐，反倒谴责他们二人背信弃义、卖主求荣，将他们杀了。同样卖主求荣的斛斯椿大为不安，曾对贺拔胜说："天下之事，在我二人，不能先发制人，势必为人所制。高欢初来乍到，图之不难！"贺拔胜比他要理智一些，道："高欢有大功于时，害之不祥。近几日我和他同宿一帐，追念起咱们当年的交情，他说欠你老兄恩意甚多，你又何苦害怕于他？"斛斯椿这才没有轻举妄动。

綦俊主张让元恭继续为帝，背后有斛斯椿和不少洛阳亲贵的支持。对这些亲贵们来说，高欢出身怀朔小吏，先为流民，次投尔朱荣，然后任职晋州，进占河北，跟他们之间的交集并不多，而且此前高欢在洛阳也确实没什么势力。对于他这个大门口的陌生人，亲贵们并不信任，而是想尽量维持现有的利益格局，自然也就希望元恭能继续为帝。

问题在于，高欢属下的河北大族和六镇军官可不这么想。

黄门侍郎、出身清河崔氏的崔㥄立刻怒目反驳，对綦俊道："若言贤明，自可待我高王，徐登大位。广陵王既为逆胡所立，如何能犹为天子！若从綦俊之言，王师何名义举？"

高乾、魏兰根也赞成崔㥄的观点。显然，一贯反对尔朱氏的河北大族绝不容许尔朱氏拥立的皇帝占据尊位。而河北是高欢霸业之基，他当然不能不考虑这些人的意见。

至于高欢身边的一些私人亲信，则希望在宗室中另择年少懦弱者为君，免得日后会像孝庄帝那样，再搞出血溅明光殿之类的事来。

高欢再三考虑，觉得眼下尔朱兆尚在并州盘踞，关中虽然名义上归顺，其实割据已成，洛阳亲贵则态度难测，多为见风使舵之辈，为了尽可能地凝聚自己麾下的各方势力，整合力量去对付关中和并州，新君一定要是个各方都能够接受的人选。择立幼君会给自己的反对者以口实，欺君擅权、谋朝篡位的嫌疑过于明显，至少眼下并非合适的选择。长久以来，高祖孝文皇帝最得各方民心，他的直系子孙在法统上最为纯正，既然元朗和元恭两人都不合适，那就不如在孝文帝的子孙当中选一个合适的出来。

起初高欢考察了一下孝文帝诸子当中唯一健在的汝南王悦，但前文提过，此人精神上不大正常，还搞同性恋，很快他就放弃了这个想法。接着有人推荐孝文帝的孙子、平阳王元修，不过这时许多宗王都藏匿了起来，元修也不知去向。高欢就让斛斯椿去找。

斛斯椿先找到了与元修关系密切的员外散骑侍郎王思政。王思政问：你找他干吗？斛斯椿说：想立他为天子。王思政这才带斛斯椿来到了城西一间田舍里的元修藏身处。

元修听说高欢派人来找自己，登时脸色大变，对王思政说你不是把我出卖了吧！王思政连忙否认。

“那你能保证我平安无恙吗？”元修又问。

王思政摇头说：“局势变幻莫测，我哪里能保证啊！”

事到如今，元修知道躲也没用了，只好暂且走一步看一步，答应了高欢。

于是高欢先将元恭废除帝位，安置于崇训佛寺，又命人准备好元朗禅位的诏书，然后派四百骑兵赶往城西，将元修接到了城东的毡帐中。接着高欢向元修叩拜宣誓效忠，备服御，进汤沐，彻夜严警。

第二天一早，先由文武群臣齐集朝拜，然后由斛斯椿奉呈劝进表。元修取过表来，略看一下道：“既如此，便不得不称朕了！”随后便在东郭外举行了即位仪式。

有意思的是，这场即位仪式并未采用孝文帝以来的儒家礼仪，而是恢复了久已不行的鲜卑传统：

地上铺一块黑毡，元修坐上去后，由包括高欢在内的七人将其抬起。新任皇帝便在毡上向西方跪倒拜天，最后才换乘法驾，从东阳、云龙门入宫登殿。

这样，二十三岁的元修便成了北魏王朝的第十二任皇帝，也是一年多来，走马灯一般换上去的第三个君主。正如刚刚下台的废帝元恭在诗中描写的那样："颠覆立可待，一年三易换。"

事实上，这最后换上台的、谥号"孝武"的元修，也没能在皇位上坐太久，而且史家一般认为，他便是北魏的末代君主。

因为不久之后，整个中国北方将分裂为两个互相对抗的政权。

27 高欢的难题

拥立孝武帝元修之后不久，得封大丞相、太师的高欢便返回了邺城。

七月初十，高欢统军西入滏口，另遣大都督库狄干[①] 入井陉，讨伐尔朱兆。同时，孝武帝也派高隆之自洛阳发兵北上，与高欢同会晋阳。

面对三路攻势，已经精锐尽失的尔朱兆自忖难以抵御，大掠一番后弃城而走，北逃秀容川。高欢占领晋阳后，觉得此地山河四塞，进可攻，退可守，便在城中设置大丞相府，如同当年尔朱荣一样居此遥制朝廷。

秀容川山深林密，尔朱兆派兵分守险隘，四处抄寇，又过起了祖辈擅长的游击生活。高欢的策略是，屡次高调声讨，军行半路却又收兵撤回，就这样翻来覆去地搞了几个月。眼看便至年底，一来估计尔朱兆的军队已经放松了警惕，二来考虑到他们八成会在岁首举行宴会，高欢决定发动突袭，先派窦泰领轻骑疾进，而自领大军继后。

窦泰军一日一夜急行三百里，于正月初五突然出现在了尔朱兆的王庭前。这时尔朱兆的部众都在休憩，冷不防看见官军，登时惊乱而逃，被窦泰追破于赤洪岭，降散略尽。尔朱兆带几个亲信逃入深山，自知无路可去，便叫左右砍下自己的人头去请降。左右不忍，尔朱兆就杀死了自己的白马，在一棵树上自缢身亡。慕容绍宗则带着尔朱荣的妻子和余众向高欢归顺，因为两人本是旧交，高欢待他还不错。

---

① 库狄，史籍又写作“厍狄”。中华书局标点本《魏书》虽统一改为“厍狄”，但据出土的《库狄回洛墓志》，可知当时写作“库”字。故本书统一使用“库狄”。

至此，尔朱氏的势力终于被彻底铲除，而高欢也取代了当年的尔朱荣，成了这个国家最有权势之人。如同尔朱荣一样，他在晋阳设立霸府，遥控朝政；同样也把自己的女儿嫁给了皇帝做皇后；甚至尔朱荣和尔朱兆的女儿——也就是孝庄帝元子攸和废帝元恭的皇后——他也分别纳为了侧室（即大、小尔朱氏）。此外，孝武帝还想赐给他“天柱大将军”这个尔朱荣用过的名号，不过高欢并不接受。

不止如此，高欢很快发现，自己也面临尔朱荣同样面对过的棘手难题：拥立的傀儡皇帝不甘心受控制，开始图谋反对自己。而且更令他头痛的是，性情沉厚少言的孝武帝元修颇有心计，懂得利用手头的一切资源拉拢自己的潜在对手。

这时的北魏，在一个傀儡皇帝和一个权臣霸主的统治格局之下，有能量影响政治走向的主要有以下四种势力：

一是晋阳一带以怀朔镇为首的六镇鲜卑集团，其核心人物是高欢的亲故和乡里；二是河北地区的豪强大族，其代表是渤海高氏和赵郡李氏；三是分布各地的尔朱荣余部，例如斛斯椿、贾显智、贺拔胜、贺拔岳、侯渊、侯景、樊子鹄、叱列延庆这些人；四是洛阳的宗室亲贵和胡汉士族。

这四股势力归附高欢的先后顺序不同，对他的忠诚度也迥然各异。除了以亲故乡里为联结的六镇鲜卑让高欢最为放心之外，其余三派他都不够信任。这也是他之所以要将自己的大本营设置在晋阳而非河北的原因之一。而渤海高氏、赵郡李氏等河北大族跟高欢之间的关系，原本只是在反尔朱氏这一共同利益基础上结成的联盟，并无绝对的主从之分。以斛斯椿为首的尔朱荣余部，基本上都是在广阿、韩陵之战后见风使舵才前来归降，而且他们和高欢之间大多是同僚关系，有的人比高欢的资历还老，对他自然不那么敬服。更重要的是，他们在名义上归附和效忠的是元魏皇帝，而非他高欢本人。至于洛阳的宗室亲贵和胡汉士族，更是迫于兵威不得不低头的墙头草，原本就毫无忠诚度可言。

对于这种情况，封隆之早就警告过高欢，高欢自己也心知肚明。然而由于此时高欢的子嗣尚幼（长子高澄不过十二三岁），他能信任和仰仗的亲族也比较有限，这个问题只能一点一点地慢慢处理，并没有办法在短时间内彻底解决。

显然，孝武帝很清楚高欢的这一弱点。而且坦白说，这个时候，高欢对朝廷的控制力反而比不上当初的尔朱荣。尔朱荣既有河阴之变的威吓在前，又有任尚书仆射的尔朱世隆替他在朝理政，尔朱天光、仲远等子弟布列四方，而高欢现在只能安排孙腾、高隆之[①]、封隆之等亲信在朝，对孝武帝加以监视，同时让自己的小舅子娄昭担任领军将军执掌禁卫，充其量只能说是支配了半个朝廷。

有之前尔朱荣血溅明光殿、尔朱兆劫杀孝庄帝的前车之鉴，孝武帝明白，在政治斗争中，刺杀这种手段其实解决不了真正的问题，何况高欢也绝不会再像尔朱荣那样轻犯险地。于是当斛斯椿主动接近孝武帝，表示愿意帮他一起对付高欢时，两人一拍即合，通过各种手段，一边壮大自身实力，一边建立统一战线，准备将来和高欢展开正面交锋。

壮大自身实力的主要手段是扩编禁军。本来在孝文帝迁都之初，洛阳内外一度布防有二十万以上的羽林虎贲，但后来由于不断地南征戍边和长期平叛战争的损耗，中央禁军在数量和质量上都大为衰减，哪怕孝庄帝频频设赏格征募，也未能恢复战力，以至于尔朱荣、尔朱兆凭借数千契胡铁骑便能轻松入据洛阳。这时，孝武帝采纳斛斯椿的建议，设置阁内都督部曲，又增加武直人数，自直阁以下员别数百，皆选四方骁勇者充任，作为皇帝的私人武装，交由斛斯椿统领，而不受时任领军将军的娄昭控制。凡遇军国要事，孝武帝也尽量避开同为侍中的高欢亲信孙腾和封隆之，而单独与斛斯椿、王思政等人商议。

同时，孝武帝也深知，即便自己能掌控整个朝廷，仅凭京师地区的

① 高隆之本姓徐，“神武命为弟，仍云勃海蓨人”，算是高欢的干弟弟。

武装，也是完全无法与高欢相抗衡的，为今之计，必须拉拢那些不甘臣服于高欢的地方藩镇和军队将领，构建反高统一战线才行。前面介绍的四股势力当中，同斛斯椿一样属于尔朱荣余部的贾显智、贺拔胜、侯渊、樊子鹄等人便是拉拢的重点对象，而他们或者因为受到高欢的排挤，或者另有个人野心，亦很快投入了孝武帝的阵营。

不过，由于高欢对地方上的军权，尤其是山西、河北这两个核心区域的军权抓得很紧，孝武帝尽管相当努力，却也只能将自己的党羽布置在黄河以南。到永熙二年（公元533年）时，樊子鹄领兖州刺史，侯渊领齐州刺史，贾显度领徐州刺史，东莱王元贵平领青州刺史，贺拔胜则出任荆州刺史、都督南方七州。

与此同时，孝武帝还秘密联络关中的贺拔岳，从西侧给高欢以压力。

28 借刀杀人

尔朱天光率部出关后，留守关中的主要有三股势力：天光的弟弟显寿镇守长安，泾水上游的高平、泾州一带归属贺拔岳的势力范围，陇西秦州地区则有侯莫陈悦。

本来尔朱天光是召集侯莫陈悦跟他一起出关的，但贺拔岳用宇文泰之计，说服他留了下来，两人联手吃掉了尔朱显寿。当时还在位的皇帝元恭便任贺拔岳为关西大行台，以宇文泰为行台左丞，以薛孝通为右丞。

不久，尔朱天光被擒杀，高欢废元恭而立孝武帝元修，对元恭封授的职官大加改削，曾调贺拔岳到河北来当冀州刺史。慑于高欢的声威，贺拔岳一度想单马入朝接受任命。薛孝通劝他说："高欢以少胜多大破尔朱，确实很牛。但你也有两个兄长在朝，而斛斯椿、贾显智、侯渊、樊子鹄这些人当年都是高欢的同僚，现在迫于韩陵之威而降附，并非本心。他们现在或在京师，或据州镇，高欢除掉他们就会失去人心，留着迟早都是心腹之患。加上尔朱兆还在并州，高欢他正忙于攘外安内、绥抚群雄，怎么有工夫来抢你关中的地盘呢？况且关中豪杰众多，都愿意为你效力，以华山为城，黄河为堑，进可攻，退可守，怎么能轻易放弃这些而束手受制于人呢？"

贺拔岳深以为然，就卑辞上启拒绝去冀州上任，还派行台郎冯景去向高欢解释。

虽然调虎离山的目的没有达到，但听说贺拔岳有使者前来，高欢立刻装出一副惊喜之色，对冯景说："贺拔公怎么想起我来了？"不但热情招待，末了还让冯景代表贺拔岳跟自己歃血为盟，结为了兄弟。

有史料记载，这一时期，宇文泰也作为贺拔岳的使者去晋阳见过高欢。虽说两人曾经同处尔朱荣阵营，然而以前高欢似乎并没注意到宇文泰。直到这次会见，他才对宇文泰有了深刻的印象，觉得这个年轻人言辞雄辩，眉宇间志态非常，一度就想把他留在自己身边。

宇文泰表面上装出受大领导赏识不胜荣幸的样子，私下却贿赂了高欢身边的亲信请求回去复命，得到允许之后撒丫子狂奔，一天就跑出数百里外。果然高欢很快变卦，发驿急追，但宇文泰已然入关，追之不及了。

多年以后，如果让高欢对自己一生犯过的错误做一个总结，那么放走宇文泰这件事肯定会占据榜首。

回长安后，宇文泰立刻对贺拔岳说："高欢此人绝非纯臣，之所以还没篡逆，主要是忌惮你们兄弟。现在正是立大功、匡社稷的良机，只是我们的实力还略显不足。侯莫陈悦这个人，其实不过是个庸才，因缘际会才担当此任，既无忧国之心，亦不为高欢所忌，只需多加防备，图之不难。眼下费也头部落控弦之骑不下一万，夏州刺史斛拔弥俄突手中亦有三千余人，还有灵州刺史曹泥，都各自仗着地方偏远，有不臣之心。河西流民纥豆陵伊利等，人马富实，也无所统属。我们不如移向陇山一带屯驻，扼其要冲，然后对他们示之以威、服之以德，定可以收其士马来壮大我军的实力。到了那时，再西和氐羌，北抚大漠，还军长安，匡辅魏室，此桓、文之举也！"

宇文泰的这番话，不啻关陇版的隆中对，是帮助贺拔岳独霸关中，继而逐鹿天下的路线图。以贺拔岳的智略，当然识得这一战略的高明之处：关西民情复杂，又因战乱而荒残凋敝，应该短时间内避免与高欢硬碰硬，而将重点放在收服河西、灵、夏一带割据一方的大小军阀上，然后和辑氐羌，凝聚胡汉，这样才能形成合力与关东争夺霸权，成就齐桓、晋文之功业。

贺拔岳大悦。自从三年前随他入关以来，宇文泰早已成了他的左右手。再加上这时薛孝通已被孝武帝征召入朝，宇文泰就更成了贺拔岳最为仰仗的部下。正在此时，努力寻求外援以制约高欢的孝武帝有意与贺拔岳联合，贺拔岳也想借助天子的名义谋取私利，宇文泰能者多劳，又在贺拔岳和孝武帝之间充当起了秘密使者。没多久，孝武帝便任命贺拔岳为雍州刺史、都督关西二十州诸军事，将关陇地区的最高军事指挥权授予了他。

贺拔岳便将宇文泰的路线图付诸行动，以牧马为名，率大军西屯平凉西界，恩威并施，努力招徕和收服斛拔弥俄突、纥豆陵伊利等边荒部酋。

对于孝武帝内与斛斯椿鬼鬼祟祟、外与贺拔岳等人勾勾搭搭的这些动作，高欢不是不知道。

可是，毕竟这个皇帝是自己所拥立，君臣名分摆在那里，眼下他又没做出什么昏乱无道之事，一时间高欢还真找不出合适的理由来找孝武帝的麻烦。既然尔朱荣的余部大多倒向孝武帝，那么对高欢来说，目前最重要的除了紧握军权，就是加强对河北大族的控制和整合，绝对不能让他们被孝武帝拉拢过去。

在这件事情上，一贯城府极深的高欢再次展示了高明的政治手腕，用借刀杀人的计谋实现了自己的目的。而渤海高氏的高乾则不幸成了牺牲品。

信都起事之后，高乾因功被封为侍中、司空。但那时高乾本在丧期，按理不应受公职，只是考虑到战时艰难、一切从权，所以不曾推辞。等到尔朱氏覆灭，孝武帝即位，高乾自感天下初定，就上表请求解职，以便回家终三年之丧。在孝武帝看来，高乾是高欢的人，能把他从身边调走再好不过，就准了表奏，解除了他侍中的职位，而以司空、长乐郡公的身份归第。

其实高乾守丧的意愿并不强烈，主要是做个姿态，本指望孝武帝能下旨挽留，他就可以避免恋栈不孝的恶名，哪知道真的失去了侍中的地位，朝政从此再不关己，归家后便时常闷闷不乐。

到永熙二年丧期结束之时，孝武帝已经开始谋求建立统一战线对付高欢，而高乾是河北大族的领袖。既然他有强烈的功名之心，孝武帝觉得利用这一点或许能把他拉拢到自己一边。于是在华林园的一次宴会后，他把高乾单独留了下来，说："朕能有今日多亏了你的功劳，咱们虽是君臣，在情义上实如兄弟，应该共立盟约以敦情契。"就逼着高乾和自己结义。高乾虽然连连说自己绝不敢不忠，但皇帝逼到这个份儿上，仓猝间也不得不从，只好与孝武帝立了盟约，回来后也没敢告诉高欢。

后来见孝武帝广置部曲、扩编禁军，又与贺拔岳频频联系，高乾这才感觉不妙，觉得在变乱发生之前必须赶紧摆正立场、划清界限才行，就连连密启高欢汇报情况。高欢便召他去晋阳面谈。结果见到高欢之后，高乾立刻劝他早行禅位，自己做皇帝。高欢连忙伸袖掩住他的嘴说不可妄言！又说要奏请高乾重为侍中，今后门下省的事务，全都托付给他。

然而蹊跷的是，高欢请高乾重为侍中的章奏上了好几次，孝武帝都毫无反应。高乾为此深感不安，就又通过高欢求徐州刺史的职位。这下一求便准。可还没等到高乾去赴任，孝武帝便得知了他给高欢通风报信的事。孝武帝下诏给高欢，指责高乾与自己私有盟约，如今却反覆两端。此时高欢要想保护高乾，其实并不难做到，然而他却把高乾写给自己的密信统统打包送给了孝武帝。与老谋深算的高欢相比，孝武帝在政治上毕竟还是嫩了一些，见到这些证据后怒气难消，先是对着高欢的使者痛斥高乾两面三刀、不忠不义，接着便将其赐死于门下省。

史书又说，孝武帝还派了人去冀州诛杀高乾的弟弟高昂。不过高昂提前获知了兄长被害的消息，带十余骑逃奔了晋阳。见到高昂后，高欢和他抱头痛哭，说：“天子枉害司空！”时任光州刺史的高慎（高氏兄弟四人，乾、慎、昂、季式）闻讯后也间行到了晋阳。

通过这件事，高欢一石三鸟，至少达到了三个目的：给孝武帝扣上了“枉害司空”的罪名；收获了高氏兄弟的效忠，并把他们正式纳为了自己的部下；使河北大族在自己和孝武帝的斗争中毫不犹豫地站到了自己这一边。

29 贺拔岳之死

高乾事件后，孝武帝元修和大丞相高欢之间的对抗表现得愈加明显起来。

当年夏天，孝武帝利用青州一带发生小规模叛乱的机会，抢先任命樊子鹄为青、胶大使统军进讨，接着用其为兖州刺史，在东部扩展了自己的势力；不久，下邳的百姓杀了刺史投降南朝，高欢就调殷州刺史邸珍为徐州大都督、东道行台南下，半路鹊巢鸠占，夺了徐州刺史元鸷对彭城的管理权，在背后构成了对樊子鹄的牵制。

在西方，为了防止河西费也头部落被贺拔岳招抚利用，高欢主动进攻，大破其酋帅纥豆陵伊利，将其部众迁到了河东自己的地盘内。孝武帝大为不满，谴责高欢说，人家伊利不侵不叛、为国纯臣，你就这样突然讨伐他，怎么事先跟我连个招呼都不打？

当时，包括纥豆陵伊利在内，河西的许多部落本来已经归降了贺拔岳，只有灵州刺史曹泥仍依附高欢。现在纥豆陵伊利被灭，贺拔岳相当不爽，就想拿曹泥出气，于是召集了秦、南秦、河、渭四州刺史同会平凉，准备进讨曹泥。

几个月前，宇文泰已经被贺拔岳委任为了夏州刺史，专门负责防守东北边境。这时得知贺拔岳带了秦州刺史侯莫陈悦等人去征讨曹泥，宇文泰是不大赞成的。他通过都督赵贵转告贺拔岳说："曹泥孤城一座，阻远自守，不足为忧，倒是侯莫陈悦其人贪而无信，近在咫尺，应该多加小心。"

然而，贺拔岳并未在意。

永熙三年（公元534年）二月，贺拔岳统军进至河曲，侯莫陈悦以议事为由，诱使他进了自己的营帐。两人谈到一半，侯莫陈悦谎称肚子痛，起身闪到一边，他的女婿元洪景抽刀而进，当即将贺拔岳斩杀。

听说主帅被刺，贺拔岳的部下惊恐四散。侯莫陈悦派人晓谕说："我奉密旨，只取贺拔岳一人，诸位不必害怕。"

原来，高欢忌惮贺拔岳日益坐大，而且还不想在没搞定孝武帝之前与之开战，就派人秘密跟侯莫陈悦达成了交易，又搞了一次借刀杀人。可惜贺拔岳一时枭雄，只是由于一贯轻视侯莫陈悦，未加防范，这才阴沟翻船，被小人所害。

不过，高欢似乎忘了，几年前在漳水边，当尉景想要行刺在自己营帐中留宿的尔朱兆时，自己曾极力制止的一个重要理由：如果有豪杰之士得其成资，就会成为更大的祸患！

现在，贺拔岳死了，侯莫陈悦可能是信心不足，或者担心受到报复，自领本部回了陇西水洛城。贺拔岳的部众就成了群龙无首的一盘散沙，陆续退回了平凉。

将官们一合计，认为都督寇洛年龄最长，资历最老，就想推举他当头儿。寇洛颇有自知之明，说我没统御三军的本事，你们还是另择贤能为好。于是赵贵说道："贺拔元帅忠公体国，朝野皆知，怎料到勋业未就，便遭此毒手！如果我们还想替他报仇雪恨，那就必须择一贤者为统帅。倘若所举非人，则大事难集，即使我辈想立功建义也不可能！依我看来，宇文夏州英略冠世，远近归心，赏罚严明，士卒用命，足可为我等之统帅。"

贺拔岳是武川镇人，他的部下像寇洛、赵贵等也大多出身武川，和高欢手下将领多为怀朔人一样，彼此之间的亲故乡里关系是这支部队凝聚力的源泉，这也是出身代郡（今山西大同）、长于河西的侯莫陈悦不敢吞并贺拔岳部众的原因之一。而宇文家不但是武川豪酋，还跟贺拔家有亲戚关系，所以赵贵提出请宇文泰来统众，还是比较得人心的。

可是，宇文泰这时毕竟才二十八岁，论起资辈来还是略显年轻，有的人就提出，还是应该去南方找来贺拔胜，要不然就向皇帝汇报，交由上边决定。一时间犹豫不决。

都督赫连达见状，说："远水不解近渴，你们说的办法根本来不及！宇文夏州当左丞的时候你们也都见了，此人确实明略过人，乃一时之杰。我支持赵将军的建议。我愿意轻骑赶往夏州告哀，把他请来！"

众人一想确实如此，便同意让赫连达去请宇文泰。

赫连达见到宇文泰，当即失声痛哭。宇文泰一问，才知道了贺拔岳被杀之事。

接着，赫连达又转达了众人推举宇文泰为主帅的意愿，并请他不要稽留，尽快随自己南下。

宇文泰仔细考虑了一番，又向自己的将佐宾客们征求意见。

一些人认为，侯莫陈悦虽然退回了水洛，但距平凉却不远，倘若他已经据有贺拔岳余众，那就争不过他了，不如留在夏州静观其变为好。

客卿韩褒却提出，现在王室凌迟，海内鼎沸，正是用武之时。贺拔岳身亡，寇洛自知庸懦，正是囊括兵权、据有关中之地的天赐良机！侯莫陈悦不能乘势进取平凉，反而遁逃回了水洛，不啻井底之蛙，往必成擒！

宇文泰的想法与韩褒相同。

机会这东西，难得而易逝。如今贺拔岳余部无人统属，时间久了，不但人心会离散，高欢等人也会试图收纳利用。近十年来，自己四处飘泊，父亲和三位兄长要么战亡，要么被害，还不是因为寄人篱下，始终没有自己的地盘？既然眼下有此良机，绝对不能错失！侯莫陈悦色厉内荏，不足为惧。

但是，即使南下平凉，夏州重地也不可轻易放弃。宇文泰接到密报，手下都督、本地大族弥姐元进暗通侯莫陈悦，似乎想在自己离开后拥众谋反。于是便与帐下督蔡祐设计，召元进等进帐议事。

“陇贼逆乱，我当与诸位戮力讨之。只是听说诸位当中有人不这么想，不知是何缘故？”宇文泰一边说，一边用冰冷的眼光打量弥姐元进。

见他低头不语，宇文泰向蔡祐使了一个眼色。蔡祐起身出帐，再进来时已全身甲胄，手提利刃，怒目对众将道：“朝谋夕异，何以为人！我蔡祐今日必斩奸人之头！”说着便持剑逼近。

一时间，众人吓得纷纷叩头，都说绝不敢背叛。

于是蔡祐痛斥了一番弥姐元进，将他拉下去斩了。经过这一场杀鸡儆猴，诸将心惊胆战，莫敢直视。宇文泰便和他们歃血结盟，约定共讨侯莫陈悦。

二月十四日，宇文泰率领数百轻骑离开夏州，直奔平凉而去。

这时，高欢已经得知了贺拔岳的死讯，急派侯景前去收编其余部。侯景行至安定，迎面正遇上宇文泰。宇文泰对他道：“贺拔公虽死，我宇文黑獭尚在，阁下意欲何为啊？”侯景知道自己来迟了一步，好汉不吃眼前亏，答了句：“我只不过是箭，人家叫我射哪里，我就去哪儿，自己岂能做主？”就拨马回去了。

到平凉后，宇文泰在贺拔岳灵前大哭。诸将士既悲且喜，都说宇文公既至，总算有了主心骨。宇文泰对他们多加抚慰，一些已经离散的军士闻知，又都返了回来。

见侯景收编贺拔岳余部不成，高欢又派了王基、张华原去慰劳宇文泰，看看能否把他拉到自己这一边。然而宇文泰并不接受。王基回来后，就劝高欢趁宇文泰立足未稳之时赶紧出兵将其消灭。

高欢也深知宇文泰的威胁，但他认为，眼前最主要的对手仍是孝武帝，宇文泰那边最好能通过政治手段解决。

30 宇文泰定关陇

贺拔岳的被杀对于孝武帝来说当然是一个不小的打击。本来按他的设想，斛斯椿统领洛阳禁军居中，樊子鹄、元贵平的青兖兵团在东，贺拔胜的荆州兵团在南，贺拔岳的关中兵团在西，沿黄河南岸共同构成对高欢的战略包围。现在贺拔岳既死，关中局势不明，倘若亲高欢的人掌握了关中的控制权，那可大大不利！

于是，孝武帝在得知贺拔岳的死讯后，也立刻派武卫将军元毗携旨入关，想招引贺拔岳余部东移洛阳，同时也降旨给侯莫陈悦，征其入朝。

元毗赶到平凉，才知道众人已经推举宇文泰当了头儿。而侯莫陈悦依附高欢，当然不肯奉诏。好在一番接触，摸清了宇文泰反高欢的立场。宇文泰也通过元毗上表，陈述了自己被“众情所逼”“权掌兵事”的过程，又说自己虽然很想奉诏入京，但高欢的军队已经到了河东，侯莫陈悦仍在水洛，军中士卒又大多是关西之人，恋土思乡，倘若非要逼着他们东出赴洛，那么很可能被前后夹击，或者酿成兵变，不如允许我少作停留，好慢慢诱导他们逐渐东来。他还率领诸将与元毗杀牲盟誓，相约同奖王室。

虽然没能招来贺拔岳的士卒，但孝武帝觉得能获得宇文泰的效忠也算不错，就任命他为大都督，正式授予他取代贺拔岳的地位。

有了皇帝的支持，宇文泰在气势上先就胜了侯莫陈悦一头。他下书给侯莫陈悦说：“你这个人名誉不高、德行差劲，要不是贺拔公提拔，你能有今天？而且你与贺拔公曾同受皇上密旨，结盟共讨权奸，你不感恩戴德也就罢了，居然嫉贤妒能、为虎作伥，当面态度恭顺，背后捅人刀子！像你这样辜恩负誓之人，脸都不要了，难道你就不怕天地责罚么？别的不说了，现在皇上召咱俩入朝，既然你年龄也不小了，总该有个决断。你要敢下陇东行，我就从北道一起还都；若是不愿奉诏，那你就枕戈坐甲，等着跟我相见吧！”

宇文泰知道侯莫陈悦绝不会奉诏，于是送出这封信不久，他就派都督侯莫陈崇率轻骑一千进袭原州。

当时关陇西部的形势，在贺拔岳被刺之后，原州刺史史归、豳州刺史孙定儿、渭州刺史可朱浑元、南秦州刺史李弼都依附侯莫陈悦。

原州即今宁夏固原，本是高平镇治所，北镇乱起之后才改镇为州，地处贺拔岳大本营平凉之北。所以对宇文泰来说，在越陇进击侯莫陈悦之前，首先要把原州这颗背后的钉子拔掉。

为了助史归守住原州，侯莫陈悦还给他增兵两千。而宇文泰则只派侯莫陈崇领了一千轻骑前去。

侯莫陈崇虽和侯莫陈悦同姓，两人却没有亲属关系。此人少骁勇，善驰射，从十五岁起便随着贺拔岳南征北战，安定一战，曾于马上生擒万俟丑奴。这次带兵虽少，但打的就是突袭战，而且宇文泰已经安排下了内应。侯莫陈崇潜军夜往，自己只带了七名骑兵进抵高平城下，余众则借着夜色全埋伏在了附近。守军见只有七八匹马，便放松了警惕。侯莫陈崇冷不防发动袭击，占据了城门。这时伏兵尽出，高平令李贤、李远兄弟也率众在城内鼓噪呼应，守军随即溃散，刺史史归被擒。

三月，宇文泰进至原州，众军毕集。

侯莫陈悦深感忧惧。自从杀了贺拔岳以来，他每天吃不香，睡不好，还老梦见贺拔岳找他讨说法，精神上备受折磨。宇文泰送来的那封书信，也让他愤懑郁结。他开始觉得自己确实犯了错误，但事已至此，无可挽回。南秦州刺史李弼劝他说，只有投降谢罪才能免祸，但他并不听从。

四月，宇文泰留侄子宇文导镇守原州，自领大军上陇，冒雪出木峡关，倍道兼行，直扑水洛城。

侯莫陈悦闻知，一方面怀疑内部人心有异，一方面忌惮宇文泰的兵锋，不敢迎战，留下一万多老弱病残把守水洛，自己则退保略阳。结果宇文泰大军刚一合围，水洛城就投了降。侯莫陈悦在略阳还没站稳脚跟，追兵就又到了。大惧之下，部下们都劝他继续退往秦州（今甘肃天水）。到了秦州之后又不敢入城，而是依山险扎营，做随时遁走的打算。

李弼虽然是侯莫陈悦的姨夫，可眼下见他如此不堪，心知必败无疑，便秘密遣使向宇文泰归降，说愿为内应。

到了晚上，李弼假传号令，对士卒说："侯莫陈公准备入城，你们怎么还不收拾东西！"众人信以为真，都争先往州城而去，军中登时乱作一团。侯莫陈悦好不容易收拢了一些士卒，宇文泰的军队已经杀到。一场战斗下来，俘虏悦军一万余人、战马八千余匹。占据了州城的李弼则举城而降。

战败的侯莫陈悦怕被手下出卖，只带了几十个人弃军逃走，在山中盘桓数日后，准备北上灵州去投曹泥。但宇文泰已经猜到了这一点，早命宇文导从原州发兵邀其前，都督贺拔颍领追兵蹑其后，一追追了四百里，终于在牵屯山（今甘肃平凉西北）将侯莫陈悦追及。侯莫陈悦当时骑了匹骡子正在翻山，望见追骑渐近，心知无路可逃，就自杀身亡了。

侯莫陈悦死后，宇文泰又派刘亮袭取了豳州（今甘肃宁县）。乘乱占据武兴的氐王杨绍先也遣使称藩，只有渭州（今甘肃陇西）刺史可朱浑元拒绝投降。宇文泰进围渭州，苦战多日仍难攻克。这时关东形势有变，孝武帝频频征兵，宇文泰不愿在此多耗费军力和时间，便与可朱浑元结盟而还。

在宇文泰攻伐侯莫陈悦的这段时期，孝武帝和高欢之间的关系进一步恶化，几乎已经到了剑拔弩张的地步。封隆之、孙腾等高欢安排在朝中的亲信眼见变乱将起，怕遭池鱼之殃，都逃回了晋阳。高欢的小舅子、领军将军娄昭也称病辞职，避祸而去。这一来，朝中再无高欢党羽，洛阳政府遂被孝武帝完全掌控。

自以为摆脱了傀儡地位的孝武帝以斛斯椿兼领军，分置督将及河南、关西诸刺史。济州（今山东聊城东南）是黄河南岸的重要渡口，刺史蔡俊是高欢的人，孝武帝就叫御史弹劾蔡俊，想用汝阳王叔昭把他顶替。高欢上奏说蔡俊有功，不能说撸就撸，汝阳王乃懿德亲贵，济州太委屈他，不如让他顶替我弟弟当定州刺史。孝武帝不听，说既然济州太委屈汝阳王，那就让贾显智去好了。然而蔡俊有高欢撑腰，闭城不让贾显智进门，直把孝武帝气得够呛。建州（今山西晋城北）地当从晋阳南下入洛的要道，刺史韩贤也是高欢一党，孝武帝干脆釜底抽薪，取消了这一行政区划。

不久，孝武帝再次扩编禁卫，增置勋府庶子每厢六百人，骑官每厢二百人。据说逃回了晋阳的孙腾还向高欢告状，说孝武帝和光禄少卿元子干当着他的面殴打高欢的党羽梁续。元子干还嚣张地说："回去告诉你家高王，元家儿郎的拳头正是这样！"

种种迹象表明，晋阳的大丞相府与洛阳朝廷之间的战争已经一触即发了。

31 谁是奸佞

永熙三年二月的一天凌晨，洛阳城内雨雪交加，雷电晦冥。突然间有人发现，永宁寺那高百丈的九级浮屠上面闪动着火光，不久烈焰大起，整个塔身上部都笼罩在熊熊大火之中。

这场大火几乎惊动了全城百姓，不论僧俗官民，都远远眺望着火舌飞舞，虔诚之人放声大哭，声震京邑。孝武帝也登上凌云台观望火势，还派了一千名羽林军前去救火。然而塔身高峻，火势又极猛，救火之人根本无计可施。据说这场大火直烧了三个多月，一年后当地仍有烟气。

人们都说，这是不祥之兆。因为永宁寺是北魏的皇家寺院，也是整个京城的标志性建筑。当此国运衰微之际，这场火灾似乎预示了巨大的变乱即将来临。五月间又有传言，说有人从海边来，声称曾见到一个九级浮屠浮现于海上，后来云雾大起，才消失不见。于是坊间谣传，老天是在暗示："永宁见灾，魏不宁矣，飞入东海，渤海应矣。"这便与当初灵远和尚"东海出天子"之说呼应到了一起。

不知道深宫内的孝武帝是否能听到这些传言，不过他即使听到，大概也并不愿相信。至少以他的角度看来，经过长时间的策划和准备，自己已经布置下了一条东起青齐、西抵关陇的防线，再加上大举扩充的中央禁军，总应该可以与高欢一战吧？

五月初十，孝武帝下诏诡称要亲征梁朝，调发河南诸州兵大会于洛阳城西，南临洛水，北接邙山，他自己则身穿戎服，时常与斛斯椿临视检阅。

虽然彼此心知肚明，但考虑到兵众未集，孝武帝这时还不想跟高欢撕破脸，于是故意发密诏给他说："宇文黑獭这厮自从荡平秦陇之后心态膨胀，可能要造反。但是毕竟他还没暴露，所以朕假称南伐、内外戒严，一来是为防备他有所图谋，二来也可以威吓南朝和荆州的蛮族。"

高欢便也顺着他说："既然关西和南方都不稳定，臣准备亲统兵马三万，从河东西渡；再派恒州刺史库狄干、汾州刺史斛律金等出兵四万，从北方进攻河西；至于南方，我准备派相州刺史窦泰、并州刺史高隆之等出兵五万，讨伐荆州蛮族；再派冀州刺史尉景、前冀州刺史高昂等统山东步兵七万、突骑五万直取江南。请陛下您批准。"

孝武帝一看，可以啊，你都准备好了是吧？就把高欢的表奏发给群臣，让他们议论该怎么办。同时派大都督源子恭扼守阳胡（今山西垣曲东南），汝阳王元暹把守石济，贾显智、斛斯元寿东趋济州。以上三地自西至东，都是黄河南岸的重要渡口，阻止高欢南下的目的十分明显。

高欢则继续一边表忠心，一边向孝武帝施加压力，说自己是被奸佞离间才失去了皇上的信任，自己要是胆敢辜负皇上，就让老天爷惩罚自己断子绝孙！所以呢，为了咱君臣二人言归于好，希望陛下您能把身边的奸佞废黜一两个出来。

这个回答显然惹恼了孝武帝。他口述诏敕，叫中书舍人温子升写旨。温子升深知此事关系重大，逡巡了半天不敢下笔。气得孝武帝拔剑作色，他才写下了这封诏敕。大意是说：

朕能当上天子，确实是你高欢的功劳，所谓生我者父母，贵我者高王。我如果无缘无故就背叛于你，那让老天爷也惩罚我断子绝孙。我之所以戒严征兵，是担心宇文黑獭他勾结贺拔胜作乱，但是现在看他们似乎并无反迹。至于南朝不来臣服，也不是一天两天了，如今天下户口减半，并非穷兵黩武之时。

朕不明白的地方是，你说的奸佞到底是谁？高乾之死，难道仅仅是朕一个人的意思吗？你居然对高昂说他兄长死得冤枉，天下人也太好骗了吧！我还听说，库狄干曾经对你说："当初本就应该立年少懦弱者为主，现在只好再走上十五天，废了他再立别人。"说出这种话来的人难道是我身边的奸佞吗？去年封隆之叛走，今年孙腾又逃去，你既不治罪，也不把他们送还，这事难道不奇怪吗？你要真是一片忠心，为什么不把这两人的人头送来？

你虽然上奏说要向西方进攻，可你的布置却是四道并进，或欲南度洛阳，或欲东临江左，怕是你自己说出来都觉得奇怪，怎能不让人怀疑你别有用心？若你安静地留居北方，那我这里虽有百万之众，也终无图彼之心；若你举旗南指，那我纵无匹马只轮，也要拼死一战！反正朕是你立的，就算是被你杀了，也了无遗恨！只是本指望君臣一体，没想到却走到了今天这个地步。

这封诏敕一发，基本上就等于宣告双方的关系正式破裂，战事已无可避免了。

未思进，先思退。其实包括孝武帝在内，洛阳方面的许多人对这场战事并不是很有信心，毕竟高欢手中握有六镇鲜卑和河北豪强的强大军力，倘若难以抵挡，总该考虑留条退路。

王思政就曾对孝武帝说："洛阳四面受敌，非用武之地。关中有崤函之固，士马精强，粮储委积，进可以讨除逆命，退可以保据关河。宇文泰心向王室，若闻车马西幸，必当奔走奉迎。到时因其成资，再图克复旧京，有何不可？"

孝武帝认为，这个方案可以考虑。当时宇文泰已经消灭了侯莫陈悦，孝武帝便封他为关西大都督，授予他承制封拜的权力，同时向他征兵，还催促他引军东还以为形援。宇文泰便派大都督梁御率步骑五千扼守潼关以西的河、渭之口，并逼使雍州刺史贾显度献出了长安城。

对于宇文泰这种实质上观望自守却不真正发兵勤王的举动，孝武帝是不太满意的。而且宇文泰也不是他唯一的选择。出使关中的散骑侍郎柳庆归来后，孝文帝问他："高欢已屯河北，关中兵既未至，朕欲往荆州，卿意下何如？"

北魏的荆州，大致相当于今日河南西南部一带，去年孝武帝已经派贺拔胜前往镇守了。

柳庆回答说："荆州并非险要易守之地，兵众又少，况且又夹在梁朝和高欢之间，势必难以长久立足。臣的意思，还是关中更好。"

柳庆说得没错，从实力和战略态势而言，关中的确比荆州更合适。但这时宇文泰频受征召，却只是划境自守，并遣使奉迎舆驾，其据地自雄、意欲挟天子以令诸侯的意图十分明显。无怪乎受征调前来勤王的东郡太守裴侠对王思政说："宇文泰为三军所推，据有关陇，正所谓已操戈矛在手，哪里还肯授柄于人？就算去投他，也无异于避汤入火。"王思政问那你说如何是好？裴侠说："高欢是眼前之患，西投是将来之忧，两害相权，也只有到了关右再慢慢考虑吧！"

人间形势复杂，天象亦复纷扰。

从五月十八日开始，天空中荧惑逆行，先掩南斗魁第二星，后入斗口，去而复还，两月不止。按照那时星象学的解释，南斗六星象征着天子庙堂，荧惑（火星）则象征着战争和灾祸。荧惑入斗，对天子来说当然不是什么好事。

于是民间谣言四起，说什么"荧惑入南斗，天子下殿走"。搞得南方的梁武帝萧衍也心里慌慌的，没事就光脚下殿走走以为祈禳。

北方的孝武帝元修心里就更纠结了。

32 天子下殿走

局面僵持之下，高欢见孝武帝不受威胁，遂使出了更为严厉的手段。

他增加了河东和济州方面的驻军，又派三千骑兵镇守已经被孝武帝裁撤了行政建制的建州，还在白沟上设防，截下了所有从河北运往洛阳的运粮船，把这些和籴来的粟米都运入了邺城。

洛阳人口众多，所需粮食主要仰赖河北供给。这一手相当于掐住了京师士众的喉咙，虽然并不会马上造成饥荒，但却能在心理上给洛阳方面以沉重打击。以尚书左仆射任祥为首的一些在朝官员，为此弃官北逃，奔了高欢。孝武帝索性宣布，北来的文武官员任凭去留。并且再次下敕给高欢说："你要想平息物议，重新收服人心，那就把河东、济州、建州三地的驻军撤回去，把运往邺城的粮食给我送回来，再让邸珍离开徐州，蔡俊离开济州。以后你在太原，朕在京洛，咱们各过各的，绝不渡河。你如果非要南下问鼎，那朕为了宗庙社稷，也只好奉陪了！"

这话不说还好，一说反倒暴露了孝武帝的底气不足。高欢更加无所顾忌，上表说自己被斛斯椿陷害，如今要效仿赵鞅，兴晋阳之甲，诛除君侧恶人。

孝武帝见事态紧急，忙一边再次向宇文泰征兵，一边派使者召贺拔胜北来。

贺拔胜在荆州经营一年多，颇有斩获，取得了数座城池，杀得梁朝雍州刺史萧续闭城不出。这时收到调自己北上的诏令，他一时也有点拿不定主意，便来问手下谋士卢柔。

卢柔说，现在有三条路可走：一是带着所有部队回洛阳跟高欢决战，虽然胜负难料，但从为国尽忠而言，这是上策；二是留在此地，北阻鲁阳，南并旧楚，东连兖豫，西接关中，观衅伺机而动，这是中策；第三则是举三荆之地向梁朝归附，虽然能保得性命，功名就得不到了，这是下策。

贺拔胜笑而不语。不过，他最后还是选择了上策。

而关中的宇文泰，这次总算派了一千轻骑前来。虽然杯水车薪，但至少表明了他的态度。为以资鼓励，孝武帝封他为关西大行台，还许诺把自己的妹妹冯翊长公主嫁给他为妻，叫宇文泰尽快出兵前来迎接自己。

这种情况下，宇文泰终于传檄四方声讨高欢，统军从原州出发。

他对众将道："高欢虽声言欲西，其意却在入洛。我准备令寇洛率马步万余，自泾州东引，再命王罗率甲士一万，先据华州（今陕西大荔）。高欢如果西来，王罗足能抵挡一阵。倘若他进攻洛阳，就让寇洛渡河袭击汾、晋，我则率主力直赴京师，使其进有内顾之忧，退有被蹑之势。此为上策。"众人都表示赞同。

宇文泰的判断没错。尽管高欢一再声称要从河东西攻关中，但他真正的目标其实一直都是洛阳。而且他也明白，正如当年尔朱兆入洛时背后遭到纥豆陵步蕃侵扰一样，自己一旦南下，晋阳就有被偷袭的危险。为了避免出现这一局面，他决定由河北的窦泰军先发动进攻，在洛阳以东打开突破口。

由于济州一直掌握在高欢党羽蔡俊之手，从邺城进军的窦泰可以无后顾之忧地直接进攻滑台。守滑台的贾显智临阵倒戈，大都督侯几绍战死。河北军队由此长驱直入，沿黄河南岸向虎牢杀来。

七月，高欢以高昂为前锋，从晋阳迅速南下，几天后便逼近了黄河北岸。与此同时，从荆州北上的贺拔胜刚刚抵达汝水一带，而宇文泰的前锋部队虽然赶到了弘农（今河南灵宝北），但主力部队还未出关。

初九日，孝武帝亲统六军屯守河桥，令斛斯椿为前军，在邙山北麓列阵。经过大肆扩编禁军，再加上征召而来的河南州郡士卒，总兵力有十余万之多，看上去相当煊赫。

起初斛斯椿建议，应趁高欢军远来疲敝之机，由自己率军渡河发动夜袭。孝武帝表示同意，然而黄门侍郎杨宽却劝阻说，斛斯椿渡河万一有功，是灭一高欢，又生一高欢。孝武帝便又改了主意，命斛斯椿和左卫将军元斌之一起驻守虎牢。斛斯椿为此感叹道："近来荧惑入南斗，皇上听信左右谗言，不用我计，难道这就是天意？"

这说明，孝武帝虽然利用斛斯椿帮自己抓权以对付高欢，但当权力真正集中到他手中之后，他便不再信任斛斯椿了。而宇文泰得知了这一军事调度后，对左右道："高欢数日急行八九百里，乃是兵家大忌，正须乘便击之。而主上以万乘之尊，不能决战，只是缘河据守。然而长河万里，捍御为难，若一处得渡，大事去矣！"随即以大都督赵贵为别道行台，渡蒲坂，趋并州。又命李贤率精骑一千赶赴洛阳，准备接应孝武帝。

这时，高欢的部队已经进抵距河桥五十多里的野王（今河南沁阳）。北中城守将田怙不知何时叛变，当了高欢的内应，孝武帝发觉后立刻将其斩首。进至十余里后，高欢还不忘再次上表，申辩自己的耿耿忠心，孝武帝理都没理。于是在二十六日，高欢下令渡河。

虽然史籍说孝武帝"好武事"，但实际上，他以前从未指挥过任何战事，此时此刻似乎也乱了方寸。他问群臣到底该怎么办，有人说应守洛口死战，有人说应西奔关中，有人说还是南依贺拔胜为好，甚至还有人说不如投奔梁朝。正在越议越乱的当口，派去守虎牢的元斌之一个人回来了，报告说大事不好，高欢的人马已经从东边杀到了！

其实他是骗人，河北军仍在虎牢城外。真实的原因是元斌之跟斛斯椿争权，他争不过斛斯椿，就弃众而还，谎报军情，试图遮掩。

这下倒帮孝武帝做了决定：既然北边高欢正在渡河，东边河北军也快到了，那还不赶快跑啊！

二十七日，孝武帝带南阳王宝炬、清河王亶、广阳王湛和五千骑兵在瀍西停宿。瀍水在洛阳以西，而且众人还听说，一个叫惠臻的和尚背着国玺跟在孝武帝身边。这一下，皇帝要西逃的消息遂传了开去，当天晚上，集结的军队就少了一半，文武百官也不见了许多，甚至连清河王亶、广阳王湛也没了影踪。第二天一早，孝武帝率余众仓惶向西而去，在崤山中遇到了前来接应的李贤。即便如此，听说高欢先后派娄昭、高昂率骑兵来追，一路上孝武帝纵马狂奔，饭都顾不上吃一口，两三天里只喝了点农夫山泉。一直到湖城（今河南灵宝西北）地界，当地村民献了些麦饭壶浆，才算稍解饥渴。到稠桑（今河南灵宝北）后，潼关大都督毛鸿宾带酒食前来迎驾，随从众官才终于填饱了肚子。高昂等追到陕县（今河南三门峡）以西没追上，不敢孤军深入，只好撤了回去。

八月，宇文泰又派赵贵、梁御率甲骑二千前去奉迎。孝武帝一路循河西行，对梁御道："此水东流，而朕西上，今生若能复见洛阳，亲诣陵庙，卿等之功也。"说着还流下了泪水。走到东阳驿，宇文泰早已备好仪卫前来迎接。一见皇帝，宇文泰立刻拜倒，免冠流涕，说没能除掉高欢、致使乘舆播迁是自己的责任，请求孝武帝治罪。

孝武帝说："你的忠诚远近皆知，是朕自己德行不够才导致寇乱发生，十分惭愧，现在正要将社稷大事托付给你，你要多加努力啊！"

宇文泰叩头称是。三军将士皆呼万岁。

33 | 逝去的帝国

就这么让皇帝跑了，高欢很不高兴。

进洛阳后的第一件事，他就召集剩余的王公百官，斥责他们说：“大臣侍奉君主，本就应该匡危救乱，你们这些人平常弄权争宠，关键时候却都逃窜无踪，哪里还有什么节操！”

众人惶恐不敢应答。只有尚书左仆射辛雄说：“什么事都是皇上跟身边的亲信来决定，我们压根儿不能过问。车驾西巡，我们要是追随，怕被当成佞党；留此等待大王您，您又责备我们逃窜无踪。那我们岂不是不论怎样，都无法逃脱罪责。”

辛雄这么一顶嘴，高欢火更大了，道：“卿等备位大臣，当以身报国，既然群佞用事，你们何尝有人出一言谏争？使国家之事败坏至此，你们还想把罪责推给何人！”

事后，辛雄、叱列延庆、崔孝芬、元士弼等多位大臣被高欢处死。这么做，一是为了给皇帝西迁一事找几个替罪羊，二是为了清除异己，以生杀立威。之后高欢暂推清河王元亶为大司马，居尚书省承制理政。自己则于八月十一日统军西进，宣称要追孝武帝回来。

这时，孝武帝已经进了长安城，封宇文泰为大将军、雍州刺史，兼尚书令，还正式为他和冯翊长公主成婚。期间高欢多次上表，他都不予理会。

九月下旬，高欢攻克潼关，生擒毛鸿宾，进屯至华阴故长城一线。宇文泰则屯守灞上，严阵以待。

不过，两人间的战斗这次并没打起来。高欢考虑到洛阳局势未定，北上的贺拔胜又正在逼近，觉得此时并非与宇文泰一决雌雄的时机，便留部将镇守潼关和蒲津西岸，自己退回洛阳，而命侯景、高昂南击荆州。

贺拔胜走至鲁阳（今河南鲁山），还在犹豫观望的时候，孝武帝已经西奔。他可能是怕遭遇高欢军，于是又折回南阳，准备走武关道入关。等他走到淅阳（今河南西峡）时，得知高欢正屯军于华阴。不知道是觉得宇文泰不是高欢的对手，还是别的什么原因，贺拔胜又不想去了。他的手下崔谦劝他说："现在帝室颠覆，主上蒙尘，您应该倍道兼行，朝于行在，然后与宇文行台戮力同心，共举大义才是！倘若半途而废，只怕人心一去，将士解体，到时后悔也来不及了！"

贺拔胜没听，撤军想返回荆州。然而这时荆州的民众已经造反成功，擒获了守将，招引侯景前来。长途跋涉、士气低迷的贺拔胜军刚到城下，就遭到了侯景和高昂的迎头痛击。贺拔胜大败，自己还中了箭，只好率领麾下数百骑南奔归附了梁朝。

至于孝武帝原本布置在青、兖一带的樊子鹄、元贵平、侯渊等人，或许是消息受阻，或许也是意存观望，总之在孝武帝西奔之后，他们才各自聚兵阻境，后来也被高欢派娄昭等一一剿平。

尽管如此，孝武帝西奔入关对高欢来说仍是一个重大损失。因为他毕竟是根正苗红的北魏皇帝，是一百五十年来这个国家统绪的承载者，且不说洛阳和河南的士庶大都忠于他，就是河北地区的百姓也有不少对他十分同情。现在他落到宇文泰的手里，势必会成为其挟天子以令诸侯的工具，从而使自己在舆论民心上处于极为不利的境地。

为了避免这一情况出现，回到洛阳后，高欢开始谋划另立新君。

他给孝武帝上了最后一封表奏，称孝武帝若能赐下一份诏书，许诺将还洛京，那么他就率领群臣扫清宫禁，恭候他归来；若归期不定，则七庙不可无主，万国须有所归，他高欢"宁负陛下，不负社稷"，可就要另立新主了。

孝武帝仍然没有答复。

于是高欢召集洛阳的百官耆老，商议该立何人为宜。

当初，孝武帝元修之所以得立，主要因为他是孝文帝的直系子孙。现在既然要争正统，那这一条件必须首先满足。清河王亶虽是孝文帝的孙子，但现在已经三十多岁了，考虑到上一次拥立长君带来的不良后果，高欢决定这次要挑选一个年幼者。他觉得清河王亶的世子、时年十一岁的元善见比较合适。可是放着老子健在你不立，偏偏要立他儿子，总要有一个合理的解释，总不能说我就是想立幼君，便于控制吧。

高欢给出的理由是：自从孝明帝崩逝以来，一脉相承的国统就断了，后来上台的几个君主，直接导致了“昭穆失序”的情况出现。例如孝庄帝跟孝文帝，实际上是侄子跟伯父的关系，而孝武帝的继位则使得孝明帝的灵位被迁入了主庙旁的夹室[①]，这正是近年来动乱不止、君主在位短暂的根源。要想解决这个问题，就不能再立与孝明、孝武同辈的人（例如清河王亶）为君，而应该选择下一辈的子孙（例如元善见），然后将其过继给孝明帝，承接一百五十年来的统绪。

这个方法要想搞好，首先得清河王亶同意跟儿子断绝父子关系，否则就会像后来明代嘉靖皇帝那样搞出“大礼议”的纠纷来。于是高欢就对清河王亶说：“欲立王，不如立王之子。”清河王亶自然明白其中利害，答道：“天子无父，苟使儿立，不惜余生。”表示同意。不过也有史料说，清河王亶其实很不安，轻骑南走想投奔梁朝，结果被高欢派人追了回来。

无论如何，这时绝不会有人敢于反对高欢的决定。

于是在这一年的十月十七日，十一岁的元善见被高欢推上了皇位。后世称之为孝静帝。

---

① 根据礼法制度，宗庙应父子相承，昭穆有序，同辈兄弟不相入庙。

这样，中国北方就同时出现了两个皇帝，两边的国号都是魏。后世史家以方位区分，一个称为东魏，另一个则称西魏。

高欢拥立孝静帝后，紧接着做的就是迁都——把都城从洛阳迁到邺城。

其实在立孝武帝时，高欢就有过迁都的想法。但孝武帝说："高祖定鼎河、洛，为万世之基；王既功存社稷，宜遵太和旧事。"当时两人的关系尚未破裂，高欢也就没再坚持。

但现在不同了，孝武帝入关后，关西的宇文泰已经成了他强劲的对手。而洛阳不但易于受到来自西方的攻击，而且当地的士庶百姓都心向孝武帝。迁都邺城，则既能够摆脱以上两点带来的不利影响，还便于他从晋阳加强对朝廷的控制，毕竟从晋阳到邺城要比到洛阳方便得多。

十月二十七日，登基刚刚十天的孝静帝带着文武百官和全城百姓，在一片寒风中离开了洛阳。由于事先只给了三天准备时间，城内外近四十万户人口狼狈上路，哭声处处可闻。马匹不够，尚书丞郎以上非扈从陪驾者，一律乘驴。高欢亲自留在后面部署指挥，直到全部迁完，才返回了晋阳。

从此以后，这座自孝文帝以来经营近五十年的城市再不复繁华景象，行政级别也从司州降为了洛州，在一次次纷飞的战火中逐渐衰败倾颓，成了一片丘墟。

随之消逝的，正是已经延续了一百四十八年、传十二帝的北魏帝国。

34 | 西弱东强

历史就是这样，许多看似不相关的事其实是互相联系的。

虽然高欢另立新君、迁都邺城是为了在对付宇文泰时避免自己处于政治上的不利局面，然而他的这些举动却正好帮了对手宇文泰一个大忙。

孝武帝入关后，近半年来已经习惯了独掌大权的他很快与宇文泰产生了冲突。虽然宇文泰先是被封为大将军兼尚书令，收复潼关之后又进位丞相，但孝武帝同时还另置两尚书分掌机事，其中之一的毛遐跟宇文泰关系疏远，是孝武帝的私人。孝武帝还策功论赏，将元毗、斛斯椿、王思政等十三个随他入关的亲信各封要职。例如斛斯椿拜尚书令，侍中如故；王思政拜光禄卿、并州刺史，加散骑常侍、大都督；长孙稚为太师；等等。就连不曾入关的贺拔胜，孝武帝也拜为太保、录尚书事。

同时，孝武帝还以生杀立威，处死了投降高欢的贾显智之兄贾显度，并亲自督军攻取潼关和华州，意在向关中民众显示自己绝非庸懦之主。

可见，孝武帝的意图，仍是希望在关中建立一个自己独立控制的政府，而不是返回到当初的傀儡地位中去。考虑到随从他入关的文武百官不在少数，六坊禁军也有近万人之多，这一点并非全无可能。

所以摆在宇文泰面前的选择只有两个：要么交出既有的权力，甘心俯首做纯臣；要么除掉孝武帝，将主动权完全掌控在自己的手里。这是两人冲突的根源，而宇文泰显然选择了后者。

如果不是高欢另立新君、迁都邺城，那孝武帝本身尚有“挟天子以令诸侯”的利用价值，宇文泰顾忌背负弑主的恶名，也不敢这么快就动手。可现在关东有了新的天子，宇文泰已无诸侯可令，而迁都邺城后进入关中的洛阳亲贵和河南士族也就断了归途，这时，哪怕宇文泰做出点儿过激行为，他们也无可奈何。于是很自然地，已经失去了利用价值的孝武帝元修迎来了他的悲剧命运。

遗憾的是，由于史料有限，我们对这一事件的细节所知甚少。《魏书》只告诉我们："闰十二月癸巳（十五日），帝为宇文黑獭所害，时年二十五。"《周书》则干脆只写了"魏孝武帝崩"五个字。稍微详细一点的，也只有《北史》中一段近似传说的记载。

据说孝武帝在洛阳的时候，有三个堂妹不曾嫁人。一个是平原公主明月，是南阳王宝炬的胞妹；一个是安德公主，是清河王怿的女儿；另一个名叫蒺梨，也封了公主。每逢宫内举行酒宴，孝武帝便令诸妇人咏诗。有人便咏鲍照乐府诗云："朱门九重门九闺，愿逐明月入君怀。"

后来，孝武帝只带了明月入关，蒺梨便自缢而死。宇文泰指使元氏诸王杀掉了明月，孝武帝因此十分不满，有时弯弓作势，有时以手锤案，君臣由此产生了矛盾。

闰十二月十五日这一天，善于占卜望气的道士潘弥忽然向孝武帝奏言，说今天可能会有凶险。孝武帝小心翼翼地过了一天，直到晚上在逍遥园酒宴，他转头对侍臣说："此处很像洛阳的华林园，使人徒增伤感。"又叫取来自己乘坐的波斯骝马，命南阳王宝炬试骑。然而元宝炬尚未攀鞍，那马突然惊蹶，倒地而死。孝武帝心中不快，只好换另一匹马还宫。到了后门，这匹马居然也惊叫起来，不肯前行，狠抽了一顿鞭子才进了门。进殿后，孝武帝问潘弥："今日还会不会有事？"潘弥回答，只要过了夜半就没事了。

过了片刻，闷闷不乐的孝武帝取酒来饮。结果酒中有毒，当夜，元修就死了。

由于这件事做得很隐秘，一时并未引起太大的波澜。而以当时的政治局势和宇文泰的地位权势而言，他和高欢一样，短时间内都不宜自立为君，打着拥护魏室的旗号择立傀儡仍是最佳选择。

于是宇文泰与群臣共议所立，他的手下多推举广平王元赞。理由不言自明：元赞是孝文帝的曾孙，而且年纪小，容易操控。

濮阳王元顺则私下在别室里垂泪对宇文泰道："高欢逼逐先帝，立幼主以专权，明公宜反其所为。广平冲幼，不如立长君而奉之。"

宇文泰承认元顺说得有理。高欢立十一岁的孝静帝，的确暴露了他专权篡位的野心，正可以成为自己攻击他的口实，但前提是自己要"反其所为"才行。反正只要大权在握，皇帝是年长还是年幼，差别并不太大。最后，宇文泰选定了孝文帝之孙、南阳王元宝炬。

次年正月，元宝炬于长安城西即位，改元大统。是为西魏文帝。

这时东西两国的总体形势，东魏的实力要远强于西魏。

以领土而论，由于此时河东、河南皆在东魏之手，在《魏书·地形志》所列北魏末、东魏初的州郡当中，东魏据有六十州、二百七十九郡，而西魏只有十九州、七十三郡[①]；以人口而论，有学者推测武定年间（公元543—550年）东魏有户2712879，西魏有户659229[②]，东魏是西魏的四倍多；以经济而言，东魏占据着华北、河南平原的大片产粮区，而西魏只有"八百里秦川"，其余领土不是山区就是荒漠；以军力而言，此时东魏得到了六镇鲜卑的大部和河北豪族武装的支持，而西魏则只得了六镇鲜卑的一小部分和不到万人的入关禁军[③]。

所以，不论从哪个方面来看，东魏都是碾压西魏的存在。

---

①《魏书·地形志》所收共一百一十三州，其中三十四州是武定年间后新从南朝得来，故此时不计在内。另外，贺拔岳曾被孝武帝任命为都督关西二十州诸军事，也说明西魏初年所据不超过二十州。

② 王育民：《中国人口史》，江苏人民出版社，182—183页。

③ 马长寿先生在《乌桓与鲜卑》（上海人民出版社，1962年，96—97页）一书中估算，西魏初宇文泰能动用的兵力不超过五万。另据谷霁光先生推测，东魏方面这时的兵力为二十四万，见其《府兵制度考释》（上海人民出版社，1962年，250页）。

正是这一事实，决定了初期东攻西守的局面。

立国伊始，两边都忙着应付内部事务：高欢在忙于建设邺都和征讨吕梁山区的山胡刘蠡升，而宇文泰则忙于整合内部各派系。一时间，双方并没有爆发大规模的冲突。

不过，高欢却通过自己和六镇将领的关系不断挖宇文泰的墙角，尤其是在其控制力较弱的北部山地。

先是侯莫陈悦的旧部渭州刺史可朱浑元。他本来就是怀朔人，跟高欢是故交，老母和兄弟又都在邺城，所以一直跟高欢眉来眼去。大统元年（公元535年）初，他率领部下三千户先是北上到了灵州，然后在曹泥的帮助下穿越鄂尔多斯，绕个大圈投奔了高欢。这件事使宇文泰决心彻底拔除曹泥这个眼中钉，当年四月即派李虎（唐高祖李渊的爷爷）攻打曹泥，但也只能逼得他乞降了事，照样盘踞着灵州城。

到了第二年年初，已经解决了刘蠡升的高欢亲自统万骑渡河突袭夏州，生擒了西魏刺史斛拔俄弥突。这一来，灵、夏两地联成一体，曹泥和他的女婿凉州刺史刘丰都叛降高欢，东魏从北方对西魏进行了战略包围。

宇文泰当然不能坐视不理，亲率大军围攻灵州，并引河水灌城。高欢一边来救，一边贿赂高车阿至罗部，令其截断宇文泰后路。宇文泰这才撤军。但高欢也知道灵州僻远，迟早守不住，便将曹泥、刘丰的部众东迁了事。

没过多久，西魏秦州刺史万俟普、豳州刺史叱干宝乐、右卫将军破六韩常以及督将三百人也都逃奔了东魏。这些人同样大多是怀朔人，是武川人为主的宇文泰集团的边缘人物。

本身实力就弱，又连续损失人马部众，宇文泰深知要想与高欢抗衡，必须要寻求更多的盟友才行。

35 小关之战

宇文泰寻求的主要盟友，是南方的梁朝。

自从孝昌年间北魏天下大乱之后，梁武帝萧衍多次乘机发动北伐。不过，梁军缺乏野战能力等种种原因，致使十年来除克复寿阳、涡阳两地，以及靠陈庆之护送元颢北上而一度攻入洛阳之外，在开疆拓土上并未有太大的收获。从战略形势上来看，因为包括建康在内的政治、经济中心位于长江下游，洛阳又是汉晋故都所在，所以梁朝对北魏东部的领土更具渴望，历次北伐亦以争夺淮北地区为重心，这就使得梁朝跟西魏之间的摩擦较少，两国之间天然就存在着共同对付东魏的合作基础。

此外，像元法僧、元树、元悦等避乱投奔梁朝的元魏宗室也都更倾向于攻伐东魏。

西魏立国不久，宇文泰便派赵刚多次出使向梁朝示好，一来想请梁武帝放贺拔胜入关，二来看看双方是否有合作的可能。对梁朝来说，一个分裂的北方自然要比一个统一的北方更符合其国家利益，理应采取离强和弱、远交近攻的策略。因而在大统二年（公元536年），为了向西魏表示善意，再加上心腹朱异也替贺拔胜游说，梁武帝遂放贺拔胜、独孤信、史宁等回归魏朝。由于路上遭到了东魏侯景的截击，贺拔胜一行不得不弃舟，从山路逃归，路上又冻又饿，部众死了一半多。到长安后，贺拔胜诣阙谢罪。魏文帝握着他的手歔欷良久，说时势如此，南奔并不是你的错，后来便授予他太师之位。

贺拔胜是贺拔岳的哥哥，当年他跟着尔朱荣摧城拔寨的时候，宇文泰还是个刚满二十岁的小年轻。如果贺拔岳被害之后，甚至孝武帝西奔之时他能全军入关，在领导权上他与宇文泰势必会有一番争夺。然而现在今非昔比，虽说许多将领都是贺拔岳的旧部，但近两年来，宇文泰通过各种手段早已获得了他们的效忠，关中军权尽在宇文泰的掌控之下，只带了一两百人逃归的贺拔胜已经没有资格对他的权威发起挑战了。

一开始，贺拔胜还倚老卖老，见到宇文泰也不行礼。宇文泰虽然心里不大舒服，但也不加责备。因为他知道，大战即将来临，而作为东西对抗局面中弱势的一方，自己内部的团结比什么都重要。

大统二年，关中地区发生了严重的饥荒，以至于“人相食，死者什七八”。对于东魏来说，这显然是一次入侵的良机。当年年底，高欢发动三路大军西讨，试图一举消灭西魏。

为了防止梁朝出兵北伐对这次西征构成干扰，之前高欢便命侯景以攻代守，统兵七万南寇楚州，兵锋直指淮上。后来虽然被陈庆之击退，但威慑的目的已经达到，于是高欢得以专心于西征之役。按照部署，这次兵分三路，南路由高昂领军趋武关攻上洛，中路由大都督窦泰领军直取潼关，高欢自领北路，出晋阳自蒲坂渡河，攻取渭北。

潼关、蒲坂和武关这三地，历来是进出关中的必由之路。当年刘裕北伐后秦，在攻克了洛阳后同样是取这三路进军，结果秦主姚泓顾此失彼，南路和中路都没守住，最后不幸亡国。高欢的意图正与刘裕相同。

但宇文泰却绝非姚泓。

蒲坂即今山西省永济市蒲津关，城在黄河东岸，三年前便已被高欢派兵占据。进屯此地后，高欢下令在河上建造三座浮桥，以供大军渡河。

情报传至屯驻广阳（似在今陕西高陵北）的宇文泰那里。他思索一番，对众将道：“高欢其人一向狡诈。这次他从三个方向牵制我们，却又在河上明目张胆地造桥，向我们显示他渡河的决心。依我看来，这是有意想将我军拖在此地，使窦泰得以自潼关西入。我们若在这里相持，就正中了他的下怀。而且自从高欢起兵以来，窦泰常为先驱，其麾下多为精锐，屡次获胜，势必骄纵。倘若我军能出其不意，迅速前去攻击，一定可以获胜。窦泰若败，高欢不敢深入，必会不战而走！”

这是一个非常大胆的设想。正所谓“击其十指，不如断其一指”，敌人多路来袭，又是敌众我寡的情况下，集中优势兵力抢先攻击其中一路的确是上策。但这个计划的风险也很高。许多部将都说，敌人就在近处，若是舍近袭远，万一出什么差错，可就没有任何回旋的余地了！

宇文泰笑了笑。没错，如果远袭窦泰却未能取胜，或者高欢趁机过了河，那么自己将腹背受敌，陷于极为危险的境地。但他认为那种局面不会出现。

“之前高欢已经进攻过潼关两次了，两次我军都屯守灞上不曾出击。这一次他大举出动，我军迄今仍不出郊甸。敌人多半会认为，我们只有自守之心，而无远斗之意。加之敌强我弱，他们免不了会轻视我军。这种情况下突然进袭，凭什么不能取胜？造桥又不是转瞬间就能造好的。五天之内，我一定可以击败窦泰，诸位不必多疑。”宇文泰道。

既然主帅如此信心十足，行台左丞苏绰、中兵参军达奚武等人也赞同这一计划，别的人也就只好遵命。

正月十四，宇文泰声言欲保陇右，率领六千骑兵回了长安。

谒见魏文帝的途中，宇文泰遇见了族侄宇文深。听说这位小侄平素喜好兵书，颇有谋略，宇文泰有意想试试他，便装作一筹莫展的样子，问他有何退敌之策。

宇文深道：“窦泰虽然号称骁将，但其人勇而急躁，骄而轻敌。如今倘若大军去就蒲坂，那高欢定会拒守，而令窦泰来援。此内外受敌，取败之道也。不如选轻锐之卒，潜出小关。以窦泰的性格，一定会来决战，而高欢性情持重，又有大河阻隔，应该来不及救援，如此则窦泰可擒。窦泰既败，高欢气势自沮，这时再回师击之，可以制胜。”

宇文泰大喜，因为宇文深不但与自己想法不谋而合，而且对敌人性格的分析也十分到位。这更加坚定了他取胜的信心。

次日一早，他便率军悄然东行，于两天后的黎明抵达小关。

小关的具体位置不详，推测在潼关以东不远。

这里有一条与黄河走向平行的长坂，名为黄巷坂，东来入关的人都要溯此坂上坡。窦泰没想到西军会猝然而至，慌忙寻找有利地形，试图依山列阵。但他的部队还没来得及成列，宇文泰的骑兵便从坂上冲了下来。一番激战之后，东军大败，万余人被俘。窦泰一说是自杀，一说是被斩，总之是死在了乱军之中。

等高欢得到消息，已经晚了，虽然从蒲坂到潼关不过五十里，但蒲津浮桥未成，风陵渡河冰又太薄，他根本无法赴救。而窦泰既败亡，他也不敢孤军深入，只好撤桥退军而去。宇文泰纵兵追击，殿后的猛将薛孤延且战且行，一天之内砍折长刀十五口，终于护送高欢平安回了晋阳。

南路战线上，高昂苦战十余日，虽然拿下了上洛城，直入蓝田关（今陕西蓝田东南），距长安不过百里之遥，可一来他受了严重的箭伤，二来得知了窦泰覆没的消息，也只好焚烧辎重，撤军而回。

东魏对西魏的第一次大举进攻，就这样草草结束了。

36 攻取弘农

虽然击退了东魏的进攻，但关中的灾情并未缓解。这一段时间，为了筹措军粮，西魏不得不强征民间米谷，以致有的百姓隐匿山林，或者四散逃亡。长此下去，势必引发大规模暴乱，宇文泰为此深感忧虑。

这时，宇文深又向他建议，应该乘战胜之威攻取弘农。

弘农又称陕州，也就是现在河南省三门峡市陕县，地势上“内屏关中，外维河洛，履崤坂而戴华山，负大河而肘函谷”，战略地位十分关键。更重要的是，这里还存有不少粮食，前不久当地遇到霜旱，高欢便曾下令开仓放赈。夺取弘农不但是进取河东、洛阳两地的跳板，更能缓解关中的饥荒，所以宇文泰很快便批准了这一方案。

大统三年（公元537年）七月，宇文泰召集各部同会咸阳。八月十四日，李弼、独孤信、梁御、赵贵、于谨、若干惠、怡峰、刘亮、王德、侯莫陈崇、李远、达奚武等十二员大将在宇文泰的统率下启程东伐。到潼关后，宇文泰举行了誓师大会，宣布此次东伐是“奉天威，诛暴乱”的正义之举，告诫将士不可贪财轻敌，不可虐民逞威，有功必赏，有罪必罚。

这是西魏立国后第一次出关掠地，宇文泰深知军队的形象至关重要，今后要想与东魏争夺河南、河东的领土，能否获得当地民众的支持将是一大关键。

二十五日，西军进抵弘农，东魏将领高干、陕州刺史李徽伯据城而守。宇文泰命诸军冒雨攻城。两天后城陷，李徽伯被斩，守军八千人被俘。高干想渡河北逃，被贺拔胜追擒。

弘农的攻克很快在黄河两岸引起了连锁反应。之前北岸各郡县本已归附东魏，这时宇文泰便令杨檦前去劝降。

杨檦是河东正平郡（今山西运城新绛）人，世代是当地大族，父亲还当过邵郡（今山西运城古城镇）白水县令，一直以来对朝廷忠心耿耿，元颢入洛时他便帮助过孝武帝北逃。杨檦微行到邵郡后，说动当地豪族响应，动员了三千人攻拔邵郡，擒斩了东魏郡守。随后他又派人四处劝诱东魏城堡。旬月之间，汾水以南的河东百姓要么推翻了东魏的地方官，要么当内应配合西军攻城，纷纷前来归顺。河南的宜阳（今河南宜阳西）也降了西魏。

根据毛汉光先生的研究，这一时期，河东地区以汾阴薛氏、闻喜裴氏、解县柳氏为首的地方豪族除小部分宗脉支持东魏政权之外，大多数都坚定地站在西魏这一边。这使得大统三年西魏获得河东后，从汾水以南直至黄河北岸这一块地域一直是其巩固地盘，并成了拱卫关中的坚强阵地，直接影响到了东西对峙的格局。至于为何河东大族多支持西魏，毛先生没有明说，只是在另一篇文章中提出，从魏晋时期开始，汾河下游的东西线就是胡汉居住的分界线，此线以北多为匈奴、稽胡等入塞胡人所占据，而此线以南则以汉人为主。我想，大概正是这一点使得河东地区的汉人在情感上先天就与继承了尔朱荣遗产、统治阶层为六镇鲜卑的晋阳政权（东魏实行两都制，在政治军事上晋阳是真正的国都）存在着疏离感，而与洛阳朝廷的继承者西魏更为亲近。

此外，虽然与关中有大河相隔，但不论在经济生态还是文化交往层面，汾水以南的河东谷地都与关中平原更为接近。许多河东大族与关陇大族通婚，甚至在河西有田地庄园，这也是他们在东西对峙时选择支持西边的原因。之前的十六国时代，河东亦多在前赵、前秦、后秦这些割据关中的政权的掌控之下，使得政治上的“西倾”几乎成了当地大族的一种传统。

再有就是统治者的政策导向。虽然西魏握有实权的人物也是出身六镇鲜卑，但相比东魏来说毕竟数量太少，当初贺拔岳入关时，尔朱荣满打满算给了他不到三千人马，所以为了扩充实力，巩固统治，宇文泰不得不广泛拉拢和吸收关陇、河东和河南的地方势力。而且由于以元魏皇室为首的洛阳权贵已经汉化，在自诩继承了洛阳正统的西魏政权内部，胡汉矛盾并不突出。

东魏则不然。大行台郎中杜弼因为见到在位的文武高官大多贪污腐败，曾向高欢建议整顿吏治。高欢说："杜弼你过来，我跟你说，腐败这问题又不是一天两天了，早已经成了常态。现在许多将领的家属都在关西，宇文黑獭时常对他们加以招诱。江东又有一吴儿老翁萧衍，专事衣冠礼乐，中原士大夫望之以为正朔所在。我如果大搞法律面前人人平等，对吏治严加整治，只怕将领们都去投了黑獭，士大夫都去南奔萧衍。到时人情离散，还何以为国？这件事我记下了，以后再说。"

宇文泰攻取弘农后，高欢准备出兵，杜弼又进谏说应该先除内贼，再讨外寇。高欢问谁是内贼，杜弼说那些搜刮民脂民膏的勋贵都是！这下高欢不废话了，叫手下军士架起刀剑摆出一条道来，让杜弼从底下钻过去。杜弼一个文学青年，哪经过这阵势？登时吓得汗流浃背，战栗不止。这时高欢才说："刀不劈，剑不刺，你还吓得魂儿都飞了，要知道那些勋贵可都是在枪林箭雨里九死一生滚过来的。他们虽然贪鄙蠹民，可是用处也大，不能用普通的标准对他们苛求。"杜弼只有不断叩头谢罪，称颂领导圣明的份儿。

以上事例说明，为了换取鲜卑军官和汉人官僚对自己的支持和效忠，起码在这一时期，高欢是宁可对他们采取宽纵政策的。这就导致了东魏的吏治要比西魏差上一些。除此之外，东魏内部的胡汉矛盾也比西魏要显得突出。

史料记载，在东魏军队内部，"鲜卑共轻华人"。为了缓解胡汉之间的紧张关系，高欢时常对鲜卑人说："汉民是你们的奴仆，男的给你们种地，女的给你们织布，叫你们吃得饱、穿得暖，你们干吗要欺凌他们呢？”对汉人他却说：“鲜卑是你们雇佣的劳力，拿你们一斛粟、一匹绢，就帮你们击贼，保你们平安，你们干吗要恨他们呢？”但是效果却并不理想。

就拿河北汉人的代表高昂来说吧。宇文泰进击弘农后，高欢派高昂跟侯景、刘贵等鲜卑将领一同镇守虎牢。刘贵跟高昂因为一点儿小矛盾结了怨，当时刘贵虽未发作，心里却记了仇。次日两人同室而坐，外间有人报说很多整治河道的民夫都被水淹死了。刘贵很轻蔑地说了句：“一钱汉，随之死！”意思是汉人的性命不值钱，死了就死了呗！旁边的高昂大怒，抽刀就来砍刘贵。刘贵跑得倒快，一溜烟回了营。高昂哪里肯善罢甘休，当即鸣鼓集兵，要去攻打刘贵。侯景等人连忙赶来，劝解了老半天才算息事宁人。普通汉人在东魏的地位，由此可以揣知一二。

正由于以上提到的种种差别，河东、河南地区位于两国交界地带的许多汉人大族往往更倾向于支持西魏。这不但增强了西魏的实力，也使其获得了极有价值的战略缓冲区，首都长安的安全系数由此大大提高。这一点，在之后双方的数次战争中都得到了体现。

宇文深建议攻取弘农的策略获得了如此丰厚的回报，宇文泰大为欣喜，称赞他道：“君即吾家之陈平也！”

37 | 沙苑秋风芦如雪

高欢本应在弘农失陷后第一时间出兵的，但西魏这时正跟柔然交好准备和亲，宇文泰说动了阿那瓌，请他出兵侵入东魏的北境。当九月底高欢击走柔然，调集大军将要南下之时，宇文泰已经在弘农“馆谷”有五十多天了。

高欢认为，上次作战失败是窦泰违背自己的指示所致，所以这次他只安排了高昂带三万人出河南攻围弘农，而将其余兵力全部集中到了自己手中。《北齐书》说，高欢这次总众二十万，而《周书》则云十万。无论如何，这肯定是晋阳方面这一时期能够调动的全部有生力量。

进军的路线是出壶口（今山西吉县壶口镇），趋蒲坂，自后土祠（今陕西韩城东南）附近渡河。选择这条路线，大概是为了避开汾水以南那些支持西魏的地方武装的骚扰。

听说高欢即将渡河，宇文泰决定马上回师入关，弘农随即被高昂军围困。

对于这次深入敌境的作战策略，高欢身边是有人表示过反对的。右长史薛琡（音chù）就对高欢说：“西贼连年饥馑，故此冒死入陕州夺取仓粟。现今高司徒已经围住弘农，粮食再也运不出来。只需要沿路扼守，不与敌人野战，待到来年秋季，关中将颗粒无收，其军民必定饿死，何愁宝炬、黑獭不来归降？愿丞相不必渡河。” 侯景也认为，这次将全部兵力尽集一路，万一不胜，就会难以收敛，不如分两军前后继进为好。

然而，求胜心切的高欢想的就是在野战中一口吃掉宇文泰，哪里肯像薛琡说的那样慢慢等至来年？考虑到小关之战分兵效果不佳，侯景的建议高欢也并未听从。

渡过黄河后，高欢先是进至华州城外。

华州刺史王罴字熊罴，为人也像老熊一般彪悍。多年前他镇守荆州，抵御梁将曹义宗的围攻，一守就守了三年，曹义宗想尽各种办法，甚至堰水灌城，终究奈何不了王罴。三年前，高欢曾派司马子如偷袭华州，也被他击退。这次得知高欢渡河，宇文泰特意遣使叮嘱王罴叫他严加守备。王罴拍胸脯回答："老罴当道卧，貆子（貆指小貉或者豪猪）安得过！"此时高欢到了城下，派人劝王罴早降。王罴在城上大呼道："此城是我王罴的坟冢，生死在此，不怕死的就来吧！"高欢知道王罴善于守城，并不想顿兵于坚城之下，便渡过洛水，驻军于许原（今陕西大荔西）之西。

此时，宇文泰已经回到关内，大营扎在了渭水以南。虽然之前已经传令诸州遣兵来会，但眼下却都还没到，宇文泰手里只有从弘农带回来的一万人马。

这种局面，正常人都会等待诸军集齐后再与敌人交锋，但宇文泰却召集众将说："高欢越山渡河，远来至此，天亡之时也。我欲出兵击之，诸位意下何如？"

不出所料，将领们大多表示众寡难敌，觉得应该避其锋芒，再观察一下高欢的动向，或者至少应该等兵力再充实一些。

宇文泰却道："高欢若至长安，势必人情大扰，于我军心不利。现今其远来新至，立足未稳，可以击之。"便命在渭水上搭建浮桥，然后留辎重在此，所有军士只带三天的口粮，轻骑直进，于十月初一日抵达沙苑，距高欢的大军只有六十里之遥。

沙苑这个地方，在今陕西大荔县以南十二里，又名沙阜。时至今日，这里仍有村落名叫沙里村。不过，除了少量沙丘之外，这一位于洛、渭两河之间，东西八十里、南北三十里的地带实际上是相当适宜畜牧的草场，唐宋时代便在此设有专门牧马的沙苑监。杜甫曾有诗云："君不见左辅白沙如白水，缭以周墙百馀里。……苑中騋牝三千匹，丰草青青寒不死。食之豪健西域无，每岁攻驹冠边鄙。"说的就是此处。

由于两军数量悬殊，许多将领面有惧色，只有宇文深不但不担忧，反而向宇文泰祝贺。宇文泰装作生气的样子，申斥他说："大兵压境，有什么好祝贺的！"宇文深道："高欢治理河北，甚得众心，若他以之自守，我们很难图取。但他如今悬师渡河，并非众人所欲，只不过是耻于窦泰败亡，一意孤行而来。此所谓忿兵，一战可成擒也！此事昭然可见，有什么不能祝贺的？"同时他还建议说，应该派自己假节去调发王罴的军队，去邀高欢的后路。宇文泰深以为然。

话虽如此，总要知己知彼，方能百战不殆。当天傍晚，宇文泰又派擅长侦察的达奚武去打探敌方情报。达奚武只带了三个骑手，换上了东军的衣服，在黄昏时潜行至敌营百步之外。潜伏静听许久，得知了当晚值夜的口令。随后便上马巡营，假装是值勤的军官，见到有不遵法纪的士卒，还装模作样地申斥几句，打上两下。就这样大摇大摆地在东魏营地转了一圈，把敌人的情报摸了个清清楚楚。这一来，宇文泰的布置就更有针对性了。

第二天一早，得知宇文泰前来的高欢统大军向敌人逼近，显然想要寻求决战。斥候来报，宇文泰马上升帐。这时李弼建议："敌众我寡，平地列阵对我军不利。由此向东十里，地名渭曲，我军应抢先占据以待敌。"沙苑一带并无丘陵山原，李弼的意思，应该是想利用渭河在此回曲的地形，用河险来保护阵地的侧翼不受攻击，以避免数量占据劣势的西军受到东军的包围。宇文泰当即同意。于是西魏军东行至渭曲后，背水东西列阵，李弼统领右翼，赵贵统领左翼，中军则由宇文泰及其心腹于谨指挥。见此地芦苇生得茂密，宇文泰还临时起意，命左右两翼的军士都将武器放倒，伏身于芦苇之中，待听到战鼓响起再发动攻击。

时值秋末冬初，正是蒹葭苍苍、荻花瑟瑟时节。下午三四点钟，跋涉了六七十里的东魏军终于望见了西军的阵地。

自古凡用兵之道，都讲究制人而非制于人。虽然本军的实力占据绝对优势，但这种跟着对方节奏走的战法却让东魏的某些将领感到不安。大都督斛律羌举便说：“宇文黑獭背水列阵，譬如困兽，说不定能咬伤人。况且这里苇深土泞，骑兵无所用力。不如不要在此与他纠缠，而是直捣长安。长安空虚，定可不战自破。到时根本既倾，不愁黑獭不悬首军门！”

应该承认，这是一个极为高明的战术。其实高欢完全可以分出一部分兵力缠住宇文泰，余下的部队则去进攻长安。但他见眼前的西军如此寡少，觉得送到嘴边的肉岂能不吃，并未理会斛律羌举的意见。他还一度想纵火焚烧芦苇荡，可侯景说，黑獭还是生擒得好，要是烧成了黑炭，关中的百姓未必能相信他已经死了。于是高欢便打消了这一想法。

见众人久议不决，性子急躁的肆州刺史彭乐忍不住说道：“我众贼寡，百人擒一，何忧不克！”一百个打一个还不稳赢？有什么好犹豫的！

高欢想想也是，再拖下去恐怕太阳都要下山了！于是挥动令旗，发动了总攻。

多年以后，在高欢一生所犯的错误排行榜上，此刻的这一决定肯定能排进前三。

38 | 渭曲柳色无处寻

和将领们一样，东魏的士兵们望见对面才那么点儿人，早就有了轻敌之意。似乎在他们眼中，为数不多的敌人已经成了需要争抢的战利品，因而列阵前行没多久，士兵们便争相竟进，不成行列，失去了原有的阵形。

在古代战争中，野战最基本的方式就是对阵，阵形就是军队作战时的组织形式。岳飞有云："阵而后战，兵家之常。"普通士兵只有通过阵列组织起来才能形成有效的战斗力，将军的战术意图也需要通过阵形的安排来实现。阵形使用得好，部队可以"止如堵墙，动如风雨"。作战时保持阵形的重要性，玩过《全面战争》之类即时战略游戏的玩家都清楚。就拿前面提到的几场战事来说，滏口之战，尔朱荣以七千铁骑将葛荣数十万大军的阵形击穿切割，因而一举获胜；小关之战，窦泰未及列阵，所以被宇文泰击败；韩陵之战，高欢的中军已被尔朱兆突破，全靠左右两军的及时包抄才反败为胜。

因此可以说，这时东魏军在冲锋的过程中失去了阵形，是极为危险的。当然，由于在数量上占据了绝对优势，如果他们能一窝蜂地将西军包围，这种局面也不会造成什么严重的后果。但前面交待过，西魏军是因河曲背水列阵，其左右两侧和后方都有渭水阻隔，所以东军只能正面冲击西军的前列而无法将其包围。

眼看两军将合，宇文泰下令鸣鼓。

在鼓噪声中，原本偃伏在芦苇中的士兵们齐刷刷现出身来。冲到近前的东军士兵这才发现西军的数量没有想象的那么少。

西军将士以逸待劳，又处于退无可退的死地，因而兵锋始交便爆发出了强劲的战斗力，阵线前列不动如山，扛住了东魏军的冲锋。都督王雅对部众道曰："敌军怕有百万之多，而我军不满万人，论常理肯定难敌。但丞相神武命世，辅王室以顺讨逆，哪里计较什么众寡！大丈夫若不能此时破贼，生有何用！"于是率部擐甲步战，当者披靡。

大概由于地形的原因，此时东魏军的进攻全都聚集在了西魏的左军和中军。而且敌军的数量实在太多，阵线前列挤成一团，于谨等六军陷于苦战之中。右军的李弼见状，率领麾下六十名重甲骑兵从敌军侧翼猛冲突阵。李弼的弟弟李檦个头极矮，却又极勇，突阵之时藏身于鞍甲之中，刀剑不伤，宛如鬼魅。宇文泰望见，不由叹道："胆决如此，何必八尺之躯！"

在李弼的铁骑横击下，原本便不复阵形的东魏军很快被切成了两截。右军步兵即刻跟进，从侧后方对失去掩护的敌人展开了屠杀。前将军耿令贵杀伤甚多，以至甲裳尽赤，整个儿成了血人。东魏那边见战况不利，事前夸下海口的彭乐多半是恼羞成怒，乘醉深入敌阵，被西兵刺中肚皮，肠子都流了出来。这货居然没事一般塞了回去，塞不干净的部分就切了接着战斗。饶是如此，却也难以挽回败局。乱成一团的东魏军没坚持多久，便如退潮一般哗啦啦溃散下来。西军乘势追杀，共斩首六千余级，二万余人当场投降。

此时天色已晚，高欢又气又急，回营后立刻叫人拿了名册到各营点兵，准备收拾余众，明日再战。结果一圈巡视下来，各营帐都是空的，根本点不到几个人。心有不甘的高欢仍不肯走。斛律金劝道众心离散，其势不可复用，应该赶快奔向河东才行！再不走就有被俘的危险！高欢虽不得已上了马，仍心怀顾望，据鞍不前。斛律金用鞭子狠抽了两下马屁股，马儿才载着高欢奔驰东去。当夜抵达了黄河边，渡船一时难以靠岸，高欢只好先乘了骆驼涉至河中再换船。宇文泰一路追击，又大有斩获。事后清点战果，共俘虏步卒七万多人，获铠甲武器十八万具。考虑到俘虏的家口都在关东，军中粮食又不多，宇文泰从中拣选了两万精壮留下，其余全部放还。

虽有将领劝宇文泰乘胜渡河追击，但他深知这次取胜是凭借内线作战的地利和巧计，以目前的军力，深入穷追绝非良策，便撤军回了渭南。直到这时，之前征召的各州兵力才陆续抵达。高昂听说高欢败退，也解了弘农之围，退屯洛阳。

为封赏此次战功，魏文帝加宇文泰柱国大将军之号，李弼等十二将也都进爵增邑。同时，宇文泰还令参战的士兵在战场处每人植柳一株以资纪念，共七千株。直到清代，沙苑的柳树仍随处可见，还有村落名为柳园村。可惜如今当地已开垦为大片农田，宇文泰和士兵们手植的柳林再也不复影踪。

紧接着，宇文泰乘沙苑大捷之威，三路进军：派独孤信率步骑二万向洛阳；洛州刺史李显趋荆州；贺拔胜、李弼渡河围蒲坂。

在河东薛氏薛善以及敬珍、敬祥等当地大族的帮助下，宇文泰轻松拿下蒲坂，汾阴、猗氏等河东郡县纷纷归附，晋州以南的领土至此皆被西魏占据。高昂得知西军来攻，撤回了河北，独孤信便进据洛阳金墉城。到了十一月，颍州、梁州、阳州、豫州、东扬州等河南州郡亦都归入西魏。不过，侯景等东魏将领也很快发动了反攻，至次年年初，河东的南汾，河南的颍、豫、广四州再度被东魏收复。

这期间，西魏在外交战线上也获得了突破。柔然可汗阿那瓌同意了与西魏和亲的提议，准备将自己的女儿嫁给魏文帝元宝炬为后。

早在孝武帝在位时，为了借其力量对付高欢，孝武帝曾许诺将范阳王元诲的女儿琅琊公主许配给阿那瓌的长子。但是未及成婚，孝武帝便西奔入了关。后来西魏立国，宇文泰自然也想拉拢柔然以为外援。魏文帝便先把宗室女化政公主嫁给了阿那瓌的兄弟塔寒，后来又派使者带了金帛礼物，请聘阿那瓌的女儿为皇后。

其实魏文帝本来是有皇后的，那就是他的原配王妃乙弗氏。然而苟利国家生死以，岂因女子避趋之。柔然可汗的女儿嫁过来当然不肯作小，此时为了大局，元宝炬也就顾不得美容仪、性仁恕的结发之妻了。于是他先废乙弗后，令其逊居别宫，出家为尼，然后才派扶风王元孚迎娶阿那瓌之女。

这位可汗的女儿才十四岁，年龄虽小，派头倒挺大。阿那瓌送了车七百乘、马万匹、骆驼两千头作为她的嫁妆。行至黑盐池（今宁夏盐池南）时遇到了西魏前来迎亲的卤簿仪卫。按照中原制度，皇后所居的帐幕便是行宫，门户皆应朝南，于是元孚请阿那瓌之女面南营幕，以便陈列仪卫。但柔然的风俗是以东为贵，帐幕从来都是向东开，这位郁久闾氏便对元孚道："我还没见到魏主，仍是柔然女子。你们的仪仗尽管向南好了，我的营帐还是向东。"

尽管如此，郁久闾氏还是成了魏文帝的皇后。阿那瓌便扣留了东魏的使臣，和东魏断绝关系，此后数年一直助西魏骚扰东魏的边境。

39 争夺河南

从地理形势和战略布防上来看，东魏的疆域大致划分为三大块：太行山以西的并、肆、汾诸州是六镇鲜卑的主要居地，晋阳是高欢霸府所在，是他的军事基地和统治的核心区，地位最为重要，拥有的兵力也最为强盛；太行山以东的河北诸州是他的霸业肇基之处，也是核心经济区，邺城是朝廷所在，地位也很重要，布防的兵力仅次于晋阳；而黄河以南地区的战略地位则相对次要，驻守的兵力主要是各地的汉人武装。

所以从立国伊始，晋阳战区的兵力一直是高欢自己指挥，河北战区的兵力则交给自己的亲戚或心腹（例如连襟窦泰）统领。河南地区的战略地位虽不那么重要，但处于抵抗西魏、南梁的前线，所以需要既能够独当一面，忠诚度又相对可靠的帅才来统领。这个角色，高欢选定了侯景。

侯景和高欢一样，也是怀朔镇的兵吏出身。两人很早便已结识，而且是关系不错的朋友。后来北镇乱起，两人先后都投入了尔朱荣的帐下，同样也都得到了尔朱荣的重用。尔朱荣讨平葛荣后，侯景为定州刺史、濮阳郡公，而高欢为晋州刺史。直到这时，两人都是地位平等的同事关系，甚至侯景因为投奔尔朱荣更早、更得他的信任①，在尔朱荣阵营内部的资历地位比高欢还要高上一些。

然而，随着高欢在尔朱荣死后强势崛起，最后诛灭尔朱氏，掌控了朝政，时任济州行事的侯景迫于形势向其归附，两人的关系遂一变而为主

① 侯景的姓氏应本为侯骨氏，且其族源很可能同尔朱氏一样属于羯族。参见李万生：《侯景之乱与北朝政局》，中国社会科学出版社，2003年，11页。

从，侯景甚至一度被高欢纳为府属，担任丞相府长史，受其差遣。可也正因为如此，当斛斯椿、樊子鹄、侯渊等尔朱荣旧部被高欢一一排挤铲除之时，侯景不但能安然无恙，还能凭借其军事才能得到高欢的任用。

有的史料说，侯景其人“骁勇有膂力，善骑射”，而且性格残忍冷酷，驭军严整，但是因为不爱财宝，掳掠来的战利品都和将士均分，所以其麾下三军用命，战斗力很高。有的史料却说，侯景“右足短，弓马非其长”，但是很有智谋，瞧不起高昂、彭乐这些以勇猛著称的武将。而他最初是向慕容绍宗学的兵法，没多久就超过了慕容绍宗。

依我的判断，综观其一生战绩，侯景绝非猛将，从来不逞匹夫之勇；他可能确实足有隐疾，但这并不妨碍他骑马射箭；至于是否精于骑射，那要看跟谁比。在六镇鲜卑中间，他大概确实是“弓马非其长”，但在南朝那些见到马嘶就吓得要死的士大夫看来，他也可以称得上骁勇善骑射。至于说他会带兵、能打仗，则是确凿无疑的事实。而高欢也正是看中了他这一点。

从东魏立国开始，侯景的势力一直在河南。东魏能从贺拔胜控制下夺取三荆之地，侯景功不可没；在抵御梁朝北伐的战事中他也颇有功绩。由于河南地区并非高欢布防的重点，侯景手中的鲜卑精锐并不多，为了保证一定的战斗力，侯景自然会放纵手下将士四处掳掠并愿意均分战利品。

当时在东魏内部，勇冠三军的猛将虽有不少，但智勇双全、能够独当一面的帅才却只有侯景和慕容绍宗。但慕容绍宗本是尔朱氏的死党，高欢对他并不信任，不愿意让他统领大军。至于侯景，起码两人是老乡和故交，相对还算可靠。

其实高欢对侯景也并不完全放心。沙苑之战前，侯景被任命为西道大行台，名义上是西攻关中的统帅，所以当高欢从渭曲败回后，侯景曾自告奋勇说：“宇文黑獭新近获胜，必然骄怠不设防备，愿得精骑二万，径往取之。”

平心而论，这是一个高风险的奇计，但一旦成功，回报也极大。因为沙苑之战，东魏损失的主要是步兵，此时拨出两万骑兵交给侯景并非难事；而且西魏内部尚有两万东魏降卒并未消化，他们的家口都在晋阳、河北，现在东军进攻，他们多半会当内应。至于说宇文泰新胜而骄，也确有可能。

然而，高欢最终还是否决了这一提议。因为他的妻子娄昭君说：“倘若真如侯景所言，那他得胜后哪里还肯回来？得到黑獭，却会失去侯景，到头来还是没什么好处！”高欢深以为然。今日侯景和自己的关系，正如当年自己和尔朱荣。如果具备了割据自雄的实力，难保他不会脱离自己的控制。而相比山河四塞的关中，将其处之河南显然更便于驾驭。

于是高欢仍将侯景调回虎牢，任南道大行台。

沙苑战后两月，西魏咄咄逼人，连续略取了河南数州，但因为虎牢有侯景坐镇，再难向洛阳以东有所发展，而且颖、豫、广三州很快便被侯景夺回。

到了大统四年（公元538年）秋初，东魏开始大举反攻。侯景、高昂、库狄干、莫多娄贷文等多员大将把驻守金墉城的独孤信团团包围，洛阳内外原有的宫寺民居则多半被焚毁。本来在夺回洛阳后，魏文帝想要来祭拜宗庙园陵，这时得知独孤信告急，便和宇文泰统军一起东援，而以李弼、达奚武领千骑为前锋。

八月初三，宇文泰军抵达谷城（今河南渑池）。侯景本想严阵以待，但生性骁果桀骜的莫多娄贷文不肯听命，坚决要领所部主动出击。坦白说，高欢对这次洛阳攻势的指挥权的安排是有问题的。当时侯景虽任南道大行台，但莫多娄贷文却为南道大都督，权责本就不大清楚。侯景拗不过莫多娄贷文，只好任由他统一千轻骑出击。结果莫多娄贷文在夜里遭遇了西魏李弼、达奚武的前锋军，被李弼阵斩。宇文泰乘胜进至洛阳西郊。

侯景连忙解了对金墉城的包围，北据河桥、南阻邙山列阵。

初四日一早，宇文泰追至河边。

大概因为小关、沙苑之战，宇文泰都是力排众议而以少胜多，近来攻入河南后也是连战连捷，他确实产生了骄慢轻敌之心。这时不等魏文帝带领的大部队前来，他便独自对侯景发动了进攻。

然而攻守异势，主守的侯景将部队南北横向展开，左侧阻山，右侧临河，使得宇文泰纯以骑兵为主的部队无法包抄迂回，机动灵活的优势无从发挥。激战中，宇文泰的坐骑被流矢射中，急痛下脱缰奔逃，竟把宇文泰甩了下来。东魏兵一拥而上，眼看就要将宇文泰活捉。都督李穆急中生智，拿起马鞭冲宇文泰就是一顿猛抽，边抽边骂说："你这个糊涂兵！你们家大王在哪？你一个人在这儿是想逃跑不成？"幸亏宇文泰穿的甲胄比较普通，追兵一见，以为宇文泰不是什么大人物，就追别人去了。李穆连忙拉宇文泰上马，两人逃回了本方阵营。

宇文泰手下的兵寻不着主帅，一时间颇为惊乱。好在此时大部队相继赶到，军势重又振作起来。两军在河桥前摆开，再次进行合战。

40 河桥混战

对于这次会战，不同史籍的记载再次出现了矛盾。

《北齐书》说："大破西魏军，俘获数万。"但同时也承认"司徒高昂，大都督李猛、宋显死之"。而《周书》却云："大捷，斩高敖曹及其仪同李猛、西兖州刺史宋显等，虏其甲士一万五千，赴河死者以万数。"《资治通鉴》则试图将矛盾的史料调和起来，叙述成西魏先胜而后败。

综合各种记载，我个人的判断是，由于这场战斗从早上一直延续到下午，而且双方"置阵既大，首尾悬远"，先后交锋数十合，战场上尘灰蔽天，所以到后来已经发展为一场局势近乎失控的混战，战斗中双方都有比较严重的伤亡。

东魏这边主要折损了高昂所领的汉军。

据说是因为高昂恃勇轻敌，突阵之时竟然打起了旌旗华盖，所以遭到了西魏军精锐的围攻，其麾下全军覆没，左右分散，高昂则单马逃出，来投河桥南城。然而前面已经交待过，东魏内部的鲜卑将领和高昂之间一向不睦。守城的北豫州刺史高永乐是高欢的堂侄，跟高昂之间也有宿怨，居然闭门不纳。高昂仰头大呼，叫城上放条绳子下来，仍旧无人应答。他又拔刀插入门缝，试图切断门闩，这时达奚武手下的追兵已经赶到。高昂连忙闪身躲入桥下，但随从的奴仆却把他的位置出卖给了敌人。高昂自知不免，伸出头来道："来！给你个开国公！"追兵便上前砍下了他的脑袋。

有学者认为，高昂之死虽颇偶然，但与其兄高乾的被杀一样，实际上都是高欢和鲜卑勋贵有意排挤和打击汉人豪族武装的必然结果。也就在这一年，冀州的一些豪族武装被发遣至边境，甚至因此还引发了小规模的兵变。而拒绝高昂入城的高永乐，事后只是被高欢打了两百军棍了事，再无其他严厉的责罚。

至于西魏这边，根据《周书》的记载，混战中右军独孤信、李远部和左军赵贵、怡峰部皆战况不利，尘雾四塞的情况下又不清楚宇文泰和魏文帝中军的状况，就都弃众而逃了。未及参战的后军李虎、念贤部见独孤信等人退了下来，也就跟着撤军。这一下宇文泰自然难以支撑，也连忙撤退。

为掩护宇文泰撤走，一直被他当作贴身护卫的平东将军蔡祐下马步斗，手杀数人。左右亲兵都劝他乘马以备万一，蔡祐怒道："丞相养我如子，今日岂以性命为念！"仍率领左右十余人奋勇杀敌。敌人见他孤立无援，越围越多，还劝他说："看你是个勇士，何不弛甲来降，难道还怕不能富贵？"蔡祐骂道："死卒！我砍了你的头，自会封公，哪里用得着贼寇的官号！"便命左右背靠背弯弓持满，四面拒守。东魏军不敢上前，就募人披厚甲执长刀，直进来攻。敌人还有三十步远，左右就劝蔡祐放箭。他说："我们的命就靠这些箭了，岂能虚发？"直到敌人走至十步远，蔡祐才撒手放箭，敌人正中面门，应弦而倒。就这样僵持了数合，蔡祐这边才损失了一个人，敌人那边倒伤了不少。东魏军稍退，蔡祐才得以突围而出。

这时，宇文泰和魏文帝已经烧营遁去。到得弘农城下，才发现守将已经弃城而逃，城池已被俘虏的东魏降卒占据。宇文泰集兵把城又攻了下来，杀了降卒数百人。而蔡祐赶至弘农时已是夜半。宇文泰见蔡祐平安返回，对他说道："承先，你来我就无忧了。"承先是蔡祐的字。当夜宇文泰心惊不已，久久难以入眠，头枕在蔡祐的腿上才终于睡了一会儿。

由此可知，这一战西魏是战败的一方。实际上，宇文泰是败给了侯景，因为战斗结束时，高欢领七千精骑刚到孟津，还没来得及渡河。得知西魏军败退，高欢过河猛攻金墉城，留守的长孙子彦弃城而走。高欢便焚毁金墉城，又派别将领骑兵西追宇文泰，一直追至崤山，不及而还。

如果高欢知道关中此刻的状况，他实在应该继续穷追才是。

此次作战，西魏精锐尽出，关中留守的兵力本来就少，前后归降的两万多东魏降卒散在民间，这时听闻西军战败，便互相招聚预谋作乱。先回到长安的李虎慌了手脚，与太尉王盟、仆射周惠达等人奉太子元钦出城，跑到渭北屯守起来。这一下关中大乱，沙苑战后归降的东魏都督赵青雀和雍州人于伏德都造反了，一个占据长安子城，一个占据咸阳，各自招集东魏降卒以抵御西还的西魏兵。所幸长安大城里的百姓心向朝廷，自发组织起来与赵青雀战斗，留守的大都督侯莫陈顺也据渭桥破贼，使得寇乱一时不至蔓延。

宇文泰和魏文帝抵达距潼关不远的阌乡（今河南灵宝西），听说关中扰乱，宇文泰便想撇下疲敝不堪的败军，先率轻骑返回。通直散骑常侍陆通谏阻说："贼寇逆谋久定，必无迁善之心，怎可轻敌？况且他们诈言东寇将至，如今若轻骑疾进，百姓见了会信以为真，将会更加惊扰。我军虽然疲敝，但精锐尚多，以明公之威，总大军以临之，何忧不克！"宇文泰听从了这一建议，徐徐引兵入关。这时留镇华州的宇文导也统军攻入咸阳，擒获了于伏德。叔侄二人合兵一处，大破赵青雀，收复了长安子城，东魏降卒引发的叛乱这才被平定。

经过这两年间的数场大战，东西魏双方都国力大损，同时也认识到了各自内部存在的弊端和不足。之后的几年里，高欢和宇文泰都致力于内部事务，双方之间除了边境摩擦和试探性的进攻，并无大规模的战事。

这时，高欢已经四十来岁了，他和娄昭君的长子高澄也早已成年。

对于这个未来的接班人，高欢一直着力加以培养，十二岁时便为他娶了孝静帝的姐姐为妻[①]。据说当时高澄便已聪敏过人，高欢曾经拿时政得失考他，他侃侃而谈，说得头头是道。此后高欢就经常让他参与军国大事的讨论和筹策，东魏立国后，还让他担任了尚书令、大行台、并州刺史。

然而，高澄不但在政治上成熟早，“美姿容、善言笑”的他在男女之事上也早早开了窍。有了老婆还不够，趁高欢出门讨伐山胡刘蠡升的时候，年方十五的高澄居然搞上了老爸最宠爱的妃子郑氏。高欢回来后，郑氏身边的一个婢女告发了此事，而且还有另两个婢女作证。高欢怒不可遏，立刻将高澄打了一百棍后关了禁闭，还连带责怪娄昭君教子无方、管教不严，把她也隔绝起来，看样子已经动了废世子之心。当时高欢已经至少有了五个儿子，除了娄昭君生的高澄和高洋，还有王氏所生的高浚、穆氏所生的高淹以及尔朱荣之女生的高浟（音yóu）。而高欢最宠敬的便是曾经身为孝武帝皇后的大尔朱氏，据说每次见了她，都要衣冠整肃，自称“下官”。所以一时间，有传言说高欢想废了高澄转立高浟。

娄昭君和高澄母子大惧，求救于高欢的老友司马子如。

① 当时是孝武帝在位，孝静帝元善见还是清河王世子。此外，据《北史·后妃传》，高澄之妻冯翊长公主（非孝武帝妹冯翊长公主，两人同封号）应为孝静帝之姊，而非如《北齐书·文襄纪》所言是其妹。盖因孝静帝于534年即位时不过十一岁，若果为其妹，则532年与高澄成婚之时尚不足九岁，似嫌太幼。

41 | 高澄辅政

司马子如比高欢要大上七八岁。早在高欢任函使散尽家财之时，两人便是朋友。后来高欢起兵声讨尔朱氏，他还因此受过尔朱世隆等人的排挤。高欢入洛，司马子如很快前来投靠，并凭借两人的旧谊得到了信任。东魏立国后，司马子如被高欢安排在朝廷任左仆射，和右仆射封隆之、侍中高岳、孙腾三人一起主领朝政，时人称之为“四贵”。

此人性格豪爽，又能言善辩，虽然平常都待在邺都，但他经常到晋阳来向高欢汇报工作。再加上两人还是亲家，高欢把女儿嫁给了其子司马消难，所以每次子如前来，高欢都不把他当外人，两人往往坐一块儿吃饭，一聊就是一整天，走的时候，高欢和娄昭君还都送给他不少土特产。

这次接到高澄的求救，司马子如佯装不知，照常来晋阳拜见高欢。期间他问为何没见到亲家母，高欢这才把这件丑事跟他说了。司马子如听完，露出一副没什么大不了的表情，说：“这有什么稀罕，我那儿子消难跟我小妾也有一腿，反正肥水不流外人田，这种事遮掩过去也就算了。王妃跟你是结发夫妻，当年没少把娘家的钱拿给你创业。在怀朔时你曾经被杖责，背上一块好皮都没有，是谁白天黑夜照顾你、给你疗疮？从葛荣那儿逃出来奔并州之时，一路又冷又饿，是谁燃马粪、煮皮靴，让你缓了过来？这种夫妻之恩、患难之情，怎么能忘？”

高欢低头不语，若有所思。

司马子如见状，继续晓之以理：“且不说你们夫妻相宜，生的女儿做了皇后，儿子当了世子，就是娄领军的功勋也摆在那里，怎能因此事而动摇？”

娄昭君的弟弟娄昭，从高欢信都起事开始便主领禁军，后来又讨平了樊子鹄的叛乱，虽不能说功勋卓著，却也在军队中很有威望。如果废世子、废掉娄昭君的王妃地位，显然不利于政局的稳定。

高欢看了司马子如一眼，还是没说话。可司马子如知道他已经被说动了，只不过若将此事就这样一笔勾销，不论是作为父亲，还是作为堂堂大丞相，他觉得面子上有点挂不住而已。

司马子如遂话锋一转，道：“依我看来，一女子如同草芥。况且那几个婢女所言，也未必是真。”

这是釜底抽薪，想从根本上给高澄通奸一事翻案。高欢自然明白，他也没有理由表示反对，于是便让司马子如具体负责重审。

这下那三个婢女倒了霉。不知司马子如使了什么威逼利诱的手段，总之作证的两个婢女翻了供，而告发的那个婢女则悬梁自尽，被污以畏罪自杀之名。然后司马子如便报告说，此事子虚乌有，果然是诬告。高欢大悦，便召娄昭君和高澄来见。娄昭君远远地望见高欢，一步一叩头，高澄也且拜且进，三人相拥而泣，和好如初。事后，高欢专门置酒宴请司马子如，说：“全我父子者，司马子如。”还赐给他黄金一百三十斤。高澄也以良马五十匹相赠，以示报答。

躲过了这次劫难，高澄的接班人地位从此巩固下来。第二年便从晋阳入邺任尚书令，加领军、京畿大都督之职，担任起了辅政的角色；两年后又兼摄吏部尚书。邺城的文武百官初时认为他还是个少年，以之辅政不过是挂个虚名，然而高澄不但亲力亲为，处理起政务来井井有条，而且作风颇为严厉，对那些勋贵显宦也不假情面。其实这正是老谋深算的高欢的有意安排。

前面介绍过，高欢初掌政权之时，北魏内部有四大势力，即六镇鲜卑、河北大族、尔朱荣余部和洛阳士族。继承了北魏主体部分的东魏政权立国后，内部仍然存在这四大派系，只不过经过了高欢对孝武帝的斗争和迁都邺城，后两派势力已经不成气候，所以为了进一步集中权力，这一时期，高欢整合的重点就放到了六镇鲜卑勋贵和河北大族的身上。

不过，六镇勋贵大多是陪伴自己创业的老哥们、老部下，河北大族也是信都起事以来的旧部，有些事情，高欢碍于情面或格于局势，自己并不方便去做。一向善于借刀杀人的他觉得由儿子高澄出面会更加合适，而且高澄并无军功，借辅政之机早早树立个人权威，对他日后接班也有好处。为了让高澄方便办事，高欢还把自己的左丞崔暹派给他担任助手。

高澄在崔暹的帮助下，对北魏末年以来混乱的法律体系进行了修整，对官吏的铨选方式也进行了改革，使得因循多年的一些弊端得以纠正，总体来看效果还是不错的。而对于杜弼早就诟病过的勋贵贪污腐败之风，高欢这时也有心借高澄之手加以整治。为了树立典型，他们爷俩甚至不惜先对亲戚动手。

头一个倒霉的便是尉景。

尉景是高欢的姐夫，也是最早助他创业的一批骨干。因为是近亲，高欢一直对他颇为委重，但此人的能力实在平平。韩陵之战时众军皆捷，只有他统领的部队失利。后来任冀州刺史，他又征发民夫替自己捕猎，结果竟死了三百多人；其余贪财好利、纳贿蠹民之事更是没少干。高欢虽然为此没少批评他，但也仅限于口头批评而已。尽管如此，尉景还不大服气。

有一次，尉景和库狄干同在高欢面前陪坐，库狄干半开玩笑地向高欢求官，说自己愿意去当御史中尉。库狄干是高欢的妹夫，在亲贵里算是相对清廉的一个。但他当时已经官居太保，而御史中尉主管司法，品级只是从三品，所以高欢表示诧异，问他为何要下求卑官。库狄干说，是为了捉尉景。高欢大笑，觉得库狄干黑得漂亮，就叫身边的弄臣去剥尉景的衣服，意思是你既盘剥老百姓，就别怪别人盘剥你。边剥高欢还边说，看你尉景以后还敢不敢再贪！尉景老脸涨得通红，反驳说："你说我贪，我给你算算咱俩谁贪得多！我只不过是从他人取财货，而你却割取天子的税收和国库！"高欢听了，笑而不答。

这回高澄辅政，对这位姑父可就没有老爸那么客气了。而且据说两人还有私怨，因为尉景有一匹果下马（一种袖珍矮马），有一次高澄想要，尉景不但没给，还说了几句风凉话。不久，高澄便找了个藏匿逃犯的罪名将尉景关了起来。尉景大怒，叫崔暹传话给高澄，说你小子现在富贵了，就想杀我不成？

其实高欢父子没想杀他，只是想借此警告他收敛一些，顺便树个反腐败的典型。现在儿子既然扮过了黑脸，老子就接着去唱红脸。于是高欢亲来邺都向孝静帝祈请，说没有尉景，就没有今日的高欢，希望陛下法外施恩。这出戏演了三回，孝静帝才准予宽免，只将其从太尉降黜为骠骑大将军、开府仪同三司。

事后，高欢带了高澄到姐姐家中探望。尉景却余怒未消，仍躺在床上不动，催急了便叫道："催什么催！急着要杀我么？"高欢的姐姐也责怪他说："你姐夫都快死的岁数了，何必还这么折辱他？"还说自己当年帮高欢做这做那地，手上都累出茧子了，难道他当了大官，就都忘了吗？搞得高欢不得不做出一副内疚的表情，还装模作样地拿了棍棒责罚高澄。

总而言之，高欢父子之所以演戏演得这么辛苦，无非一是为了整肃东魏的吏治，二是为了塑造接班人高澄的个人威权。然而到了武定元年（公元543年），东魏境内忽然发生了一起地方长官叛降西魏的严重事件。而这起事件正与高澄的处置不当有关。

叛降的人是高乾之弟、高昂之兄——北豫州刺史高慎。

42 “六条”治国

渤海高氏四兄弟当中，高慎颇通文史，与豪侠尚武的另三位兄弟秉性本不大相同。然而在高欢有意整肃河北大族私人武装、排挤高氏兄弟的背景下，随着高乾、高昂相继身死，加上与高澄、崔暹的个人恩怨，高慎也终于陷入到了在东魏无法存身的困境之中。

据史籍记载，崔暹的妹妹本来是高慎的妻子，但不知为何，高慎却休弃了她，再娶了赵郡李氏李徽伯的女儿。这位李氏芳名昌仪，既聪明又美艳，还能文能武，堪称绝代佳人。高慎虽然得享艳福，却从此得罪了崔暹，而崔暹这时已经成了高澄手下的第一红人。为了报复高慎，崔暹不但给妹妹又找了个好人家高调出嫁，婚礼的晚上请高澄亲临祝贺，还在高澄面前多次透露高慎的新妇美艳无比，挑动他去给高慎戴绿帽子。高澄这家伙连老爸的女人都敢上，哪里会在乎一个高慎？于是终于寻得一个机会，要对李氏所行非礼。李昌仪奋力不从，衣服都扯烂了，而且回头就将此事告诉了老公。高慎此时正担任御史中尉，在手下御史的人选上本来就与任吏部郎的崔暹多有龃龉，受高澄的奏令不得不加以改选，这时见老婆被高澄调戏，更加认定是崔暹在背后捣鬼。可是人家高澄毕竟是渤海王世子、当朝的尚书令，而且看样子很有可能就是将来的皇上，所以就如同娘子被高衙内调戏了的林冲一般，高慎一时还真不敢怎么样，只能哑巴吃黄连——宝宝心里苦，宝宝说不出。

从那以后，高慎心里便窝了这么一股发不出去的阴火，情绪十分恶劣，御史中尉这个工作也不好好干了。高欢一看这不行啊，干脆给他换个环境调剂调剂吧，就把他调到了虎牢，担任北豫州刺史。其实这时高欢已经对他有所猜疑，由于侯景已经担任河南道大行台，将大本营从虎牢迁到了颍州，所以他就派了奚寿兴专门负责虎牢的城防，并对高慎加以监视。

然而高慎毕竟心思缜密，经过精心策划，他在一场宴会中埋伏壮士擒获了奚寿兴，随即控制了虎牢城，派人火速入关向西魏归附。

河桥之战结束后的这几年，宇文泰也没闲着。

在内政方面，为了寻求富国强兵之道，宇文泰采纳了苏绰的建议，开始在全国推广“六条”之政。

苏绰是陕西武功人，自幼博览群书，尤精于算术。起初他只是宇文泰帐下一个普通的行台郎中，任职一年多来，宇文泰对他并不熟悉。然而各部门的同事遇到了难办的公事，却都来向他请教。他还重新制定了公文的写作规范，提高了行政效率，行台的官吏都称赞他工作能力强。

有一次，宇文泰与仆射周惠达议事，周惠达一时对答不出来，就请求出外和别人商议，再来时便将解决方案一一进呈。宇文泰连连赞许，就问他是跟谁议定的这些方案。周惠达说是苏绰，还称赞此人有王佐之才。宇文泰说我也听说过这个人，不久就将其升为著作佐郎。

著作佐郎虽然品级也不高，但有机会更加接近魏文帝和宇文泰。后来，宇文泰和一众公卿去往昆明池观渔，路上经过城西的汉故仓遗址，宇文泰问左右这是何地，却无人能够回答。有人说：“苏绰博学多通，可以问问他。”宇文泰便召苏绰前来。结果苏绰果然对答如流，将故仓的来历说了个明明白白。宇文泰很高兴，又问了他一些古往今来历代兴亡的事迹，而苏绰如同脑袋里装了一部百科全书一般，条分缕析，口若悬河，说得宇文泰不断点头。一路上两人并马徐行，边走便聊，宇文泰听得入了神，竟然没顾上捕鱼就回来了。这还不算，当天晚上宇文泰又把苏绰留在自己府中，问以治国经世的道理。苏绰于是将儒家推崇的帝王之道和申韩法家的治民之术娓娓道来。一开始宇文泰还躺在榻上听，说到吸引人之处，他不觉整衣而起，危坐前席，生怕错过了其中的关键。这一聊，两人竟聊了个通宵。次日一早，宇文泰见了周惠达，不由感叹道："苏绰真乃奇士也，我准备把政务交托给他。"便拜苏绰为大行台左丞，参典机密。

从那以后，苏绰宠遇日隆，开始全面参与西魏各项政策的制定和规划。而在其制定的政策当中，最为重要的就是六条诏书的颁行。

六条之中，第一条是"先治心"，通过强调各级官员的个人操守来整顿吏治；第二条是"敦教化"，要求用儒家的传统道德去教化因战事频仍而价值观失序的百姓；第三条是"尽地利"，以农业为本，强调经济建设；第四条是"擢贤良"，强调不论出身，唯才是举；第五条是"恤狱讼"，意在推行公正而又不失人性的司法原则；第六条是"均赋役"，强调征税时不可竭泽而渔，以实现国民经济的长期可持续发展。

这六条本来是苏绰对于治国原则的建议，但受到了宇文泰的高度重视，他不但常置于座右时时揣摩，更借由诏书颁布全国，令内外百官背诵学习。宇文泰还规定，各地的郡守令长，凡"非通六条及计帐者，不得居官"。于是在此后的一段时期，以上"六条"便成了西魏政府颁布政策和处理政务的基本原则。

其实说白了，这六条并非多么深奥的治国法门，我国历代统治者励精图治之时能够想到的方法，大多也都不出这六条的范畴。关键是它符合当时西魏的实际情况，因而能基本贯彻下去。

如前所述，与东魏相比，西魏立国之初的实力处于绝对下风，不但人少兵少，财政上也相当匮乏。但弱小也有弱小的好处，那就是历史包袱轻，维持统治的成本和进行改革需付出的代价都相对较小，而且由于有东魏这个强大的外敌存在，西魏内部各派系为了共同利益，唯有尽量减少彼此之间的内耗而团结一致对外。这就给宇文泰从容进行改革创造了良好的内部政治环境。在此基础上，西魏也正是由于经济基础薄弱、财政困难，才不得不借助"六条"的施政原则，来整顿吏治，拔擢人才，提升行政效率，恢复国民经济，从上到下提倡节俭朴实的作风，从而把有限的财力用到事关存亡的军国大计上去。

因此，与东魏和南方的梁朝相比，西魏的官吏相对比较清廉，政府的行政效率相对较高，百姓虽然也负担较重，但由于赋役征收相对比较公正，大体上还能承受，所以对政府也算比较拥护。

在军事方面，这一时期，宇文泰对军队进行了整编，依托周礼而初步设置了六军，并且还采纳王思政的建议，在河东修建了玉壁城，从而在黄河河曲地带构建了蒲坂、弘农、玉壁这一三角防御体系。

43 王思政建玉壁

王思政这个人，容貌魁梧，胸有筹策，其实是蛮有能力的一个人物。只不过因为曾是孝武帝的心腹，所以与宇文泰的关系一直比较尴尬。

孝武帝暴死之后，因为处于这种尴尬的地位，王思政内心久久不安，深恐宇文泰容不下自己，说不准哪一天身家难保。

后来有一次，宇文泰和列位公卿在华州宴集，期间拿出上好的织物数段作为赌注，令诸将摴蒲赢取。不久，织物瓜分完毕，宇文泰又解下腰间金带，叫大家都来掷，说谁先掷出“卢”来，这条金带就归谁。摴蒲这种赌博游戏，在本书第一部便曾介绍过，其玩法类似摇骰子和飞行棋的混合，不过所用的“骰子”是五块椭圆形的扁平木头，一面涂黑，一面涂白。所谓“卢”，是五木都掷出黑色，相当于现在的“豹子”，是最高彩。

众人得令，一一掷来，结果没人能掷出个“卢”。轮到王思政掷时，但见他敛容跪坐，郑重起誓道：“我王思政羁旅归朝，蒙丞相以国士相待，正愿尽心效命，以此报答知遇之恩。若上天知我一片赤诚，令丞相赐我金带，希望我一掷为卢；倘若我所言不实，神灵自当明鉴，使我掷不出卢来，那我就当杀身以谢所奉！”说完，拔出随身佩刀横在膝上，拿起五木就掷。

这一下举座皆惊。乖乖！这哪里是赌金带，分明是赌命啊！宇文泰刚想出言制止，王思政那边却已经掷出去了。哗啦啦五木转响，正是“卢”！众人这才长舒一口气。王思政则面不改色，徐徐下拜，从宇文泰手里接受了金带。

这件事说明，那一时期王思政所承受的心理压力一定非常大，以至于他不惜通过赌命的方式来向宇文泰表达自己的立场。事后宇文泰也明白王思政愿意为己所用，而且深知此人确实是个人才，对他也就放心任用了。

河桥之战前，王思政奉命和独孤信一起守洛阳。战事不利时，独孤信率部先撤了，王思政却一直坚持到了最后。当时他下马步战，挥舞长矛左右横击，一击便放倒数人。由于陷阵太深，身边兵士逐渐死尽，王思政自己后来也重伤倒地，昏死了过去。所幸他每次作战时习惯穿一身破旧的甲胄，敌兵以为他不是将帅，所以没割下他的首级。日暮后双方收兵，他的部下雷五安边哭边在战场上寻找他的尸体。恰好王思政这时苏醒了过来，才被雷五安从死人堆里又拉了出来。雷五安割下衣襟给他包扎伤口，扶他上马，直到深夜，两人才回到军营。

战事结束后，宇文泰仍命王思政为东道行台，镇守弘农。但王思政认为，弘农这个据点虽能防东，却难以防备高欢从北方而来的侵袭，而河东的玉壁地势险要，又扼守着从晋阳南下经蒲坂入关的要道，就向宇文泰建议在玉壁筑城。宇文泰当即批准，并加王思政都督汾、晋、并三州和并州刺史之职。于是王思政便将大本营从弘农迁到了玉壁。

大统八年（公元542年），由于东魏境内连年丰收，国力恢复，已经歇息了好几年的高欢蠢蠢欲动，开始谋求再次西征关中，便在这年的冬初统军从晋阳南下，侵入了河东。

之前小关和沙苑之战那两次，由于汾水流域没有坚城阻挡，高欢可以直下蒲津渡河。但现在不同了，王思政修筑的玉壁城屹立在汾水南岸的台地上，挡住了高欢的去路。

根据史料的记载和今人的实地调查，玉壁故城位于今山西运城市稷山县西南十二里的峨嵋塬上，“四面并临深谷”，地势易守难攻。这次高欢虽然统领大军前来，有连营四十里之众，可如果不攻下玉壁，他是绝不敢深入的。

起初高欢还想收买王思政，送书信给他说如果归降，就授予他并州刺史的职位。虽然王思政在西魏这边已经是并州刺史，但东魏的并州刺史治理的可是高欢的大本营晋阳，地位自然不同。王思政却回答说，早年可朱浑元不是降了你吗？你怎么没封他当并州刺史呢？高欢知道王思政难以利诱，就在十月初六发动了对玉壁的围攻。不巧的是，正赶上天降大雪，围城才持续了九天，东魏士卒便饥寒交迫，死了不少。再加上王思政早有准备，守御得法。高欢见局势不利，随即解围而去。而这时宇文泰刚刚发兵渡过蒲坂，得知高欢已退，追了一段便也撤军而回。

当东魏北豫州刺史高慎据虎牢前来归降之时，上距高欢从玉壁撤走还不到四个月。

虎牢虽然战略地位重要，但毕竟距西魏东境的据点弘农远了点儿，而且听说高欢得知高慎叛降，已经派斛律金统步骑数万屯守河阳城。所以西魏的许多将领认为难以接应，对出兵并不热心。不过，开府李远却道："虎牢在贼腹地，高欢又屯兵河阳，以常理而论，实难救援。然而兵贵神速，事贵合机。古人云：'不入虎穴，焉得虎子。'若能以奇兵出其不意，此事未必不能成。即便有些挫折，也是兵家常事。如果总是犹豫观望，那我们就永远无法成功。"

李远的话迎合了一向偏爱出奇制胜的宇文泰的心意，他喜道："李万岁（李远字万岁）所言，正合我意。"便授李远为行台尚书，担任前锋去接应高慎，自己则亲统大众继后。虽然术士蒋升认为如今"春王在东，荧惑又在井、鬼之分"，天时对东征不利，但宇文泰并未听从。

由于河桥之战后金墉城已被高欢焚毁，洛阳已经成了一片废墟。李远领轻骑间道东行，先期赶到虎牢城下。高慎便留下部将魏光和妻儿，自己跟着李远先投了宇文泰。

宇文泰于三月初二进至洛阳，先派于谨带一支部队攻拔了洛水南岸的东魏据点柏谷坞，随后又统大军包围了河桥南城。如果能夺下河桥的控制权，或者将其摧毁，那么东魏的大军将被隔绝在黄河北岸，虎牢以西的领土便唾手可得。于是宇文泰派人在黄河上流纵火船顺流而下，试图将河桥烧毁。

然而，斛律金早有准备。行台右丞张亮事先备下小艇一百余艘，每艘都载有长长的锁链，锁链头上设有长钉。眼看火船将至，就派出这些小艇，用锁链将其一一钉住，然后拉到岸边。所以火船根本无法接近河桥。

不久，高欢统领十万大军赶到了黄河北岸。宇文泰见拿不下河桥，便退屯瀍水以西扎营，自己先占据了有利地形，试图诱使高欢主动来攻。

44 再战北邙山

自己明明安排了人手对高慎进行监督，却还是被他控制了虎牢城叛降西魏，高欢对此相当恼怒。追究下来，他把这件事的主要责任怪罪到了崔暹头上，一度想要杀掉他来泄愤。高澄闻知，赶紧把崔暹藏了起来，然后来向父亲求情。最后高欢说，不杀他也可以，得痛打他一顿出出气。

高澄不好再劝，只好交出了崔暹。但他私下却又找了高欢的亲信功曹参军陈元康，拜托他再去给崔暹说情。

陈元康来见高欢时，崔暹已经脱光了膀子趴在院里准备受杖刑了。陈元康赶忙疾行入室，对高欢道："大王方以天下付大将军（指高澄），大将军有一崔暹却不能免其杖。父子之间尚且如此，更何况是他人呢？"提醒高欢不要因崔暹一人而跟自己的儿子产生矛盾，以免让外人以为他们父子不睦。高欢听了，这才饶过了崔暹。

不过让高欢感到欣慰的是，虽然高慎秘密派人到河北煽动冀州豪族以为呼应，但响应高慎的人却并不多，只派了高隆之去稍加抚慰，局面很快便安定下来。而高慎的弟弟高季式在接到密信后，反而狼狈来奔高欢。所以高欢可以后顾无忧，安心统大军来对付宇文泰。

有了沙苑之战的教训，这次面对宇文泰诱使自己主动进攻的局面，高欢不再轻易上当。他虽然渡过了黄河，却在邙山的山坡上扎起了营盘，数日来并不前进。这期间，他还采纳术士綦毋怀文的建议，将东魏军原本赤色的旗帜都换成了黄色。因为西魏军全是黑旗，五行属水，而水能克赤色之火；黄色属土，土能克水，换上黄旗更能增强信心。

这种僵持的局面对宇文泰不利。因为西魏军毕竟是进入敌境作战，时间长了，不但粮草供应会出问题，颍州的侯景也很有可能从侧方前来夹击。所以几天后，宇文泰决定先对高欢发动袭击。

三月十七日后半夜，宇文泰命三军早早吃罢战饭，将辎重和步兵留在瀍曲，率领所有骑兵人衔枚、马勒口，涉过瀍水，登上了邙山。然而这一行动却被东魏的斥候侦知，向高欢报告说敌人在四十里外蓐食干饭，即将发动进攻。所谓蓐食，是未曾起床便卧在草席上进食，所以只能吃点儿干粮。高欢听后愤愤然道："就让他们渴死好了，省得我杀！"于是严阵以待。

次日，天刚蒙蒙亮，宇文泰接近了高欢的阵地。这次他安排中领军若干惠统领右军，雍州刺史赵贵统领左军，自己仍坐镇中军。而高欢那边，似乎是将主力放在了右翼，以便利用邙山南麓北高南低的地形。

战斗开始后，西魏的右军和中军取得了优势。镇北将军耿令贵对手下道："大丈夫上阵，就该右手挥刀，左手把矛，直刺直斫，切莫皱眉怕死。"遂身先士卒，大呼独入。眼见敌人锋刃交加将其围住，当时都以为他肯定活不成了。哪知片刻后他又奋刀从敌阵中杀了出来。如此激战数合，恐怕他自己也数不过来杀死砍伤了多少，而他却对左右说："我可不是喜欢杀人，只是为国除贼，不得不为。为将者若不能杀贼，又不为人所伤，岂不是个废物？"蔡祐也身穿明光铁铠，所向无前。东魏士兵见了，都说："此人是铁猛兽。"避之唯恐不及。因此若干惠的右军击破了高欢的左翼，追奔数里，俘虏了大量东魏步卒。

但在战场的另一侧，情况截然相反。

由于高欢的主力集中在本军的右翼，西魏左军赵贵等五将遭遇到了巨大的压力，很快便难以支持。而曾经截肠而战的东魏猛将彭乐，自从在沙苑败还后就憋了一口恶气，这次带领数千精骑猛冲西魏军的左侧。赵贵等一败退，彭乐头也不回地一路追了下去，居然直接杀入了宇文泰的大本营。这一下连自己人都懵了，有人跟高欢说："彭乐该不是去向宇文泰投降了吧？"高欢说："有可能。彭乐本是杜洛周的人，后来投了尔朱荣，又背叛尔朱荣投了韩楼，然后又投了侯渊，最后才来投我，要说他投降黑獭也不稀奇。我军成败，岂能仰仗此反复小人？"

这话说完没多久，彭乐就用实际行动打了高欢的脸。但见西北方尘烟大起，他统领骑兵又回来了。不但如此，他还俘虏了西魏的五个宗王，以及大本营里的督将僚佐四十八人，一个个都绳捆索绑，在战场旁边一边走，一边由押解的军士报着名号，回到了本阵。原本因赵贵等人奔退，西魏军的形势已陷入不利，这一下得知大本营被端，士气更大受影响。东魏军乘胜进击，斩首三万余人。好在此时天色已晚，若干惠又断后有方，双方遂各自鸣金收兵。

战局发展到这里，西魏一方的损失更大，照理说宇文泰应该及时撤军。然而意想不到的情况发生了，东魏那边有一个军士犯了死罪要被杀头，高欢说等回晋阳后再杀，结果当晚此人越狱逃到了西魏这边，将高欢营帐的位置和所用旗鼓的样子都告知了宇文泰。这一重要情报促使宇文泰决定明日组织一次足可反败为胜的斩首行动。

他从全军招募了三千名敢死队员，统帅是识得高欢相貌的贺拔胜。为了保证突阵的速度，所有人都只持短兵。第二天两军对阵，宇文泰发动佯攻，贺拔胜则认准了高欢所在的位置，率领这三千勇士舍命猛攻。高欢身边的士兵没有想到会成为对方重点攻击的对象，很快四散溃逃。高欢大惊，慌忙带了六七个人夺路疾奔，跑到半路还折损了胯下坐骑，幸亏赫连阳顺把自己的马让给了他。贺拔胜则紧追不舍，一追就追出数里之外。眼看追兵渐近，亲信都督尉兴庆对高欢道："大王快走！我有百箭在腰，足可射杀百人。"高欢说好，事后我让你当怀州刺史，如果你死了，我就用你儿子！尉兴庆说我儿子太小，愿用我兄。高欢许诺，继续逃命而去。而尉兴庆则弯弓断后，最后矢尽而死。

这时，贺拔胜的身边也只剩下十三人了。眼见高欢的身形离自己越来越近，贺拔胜舞槊大呼：“贺六浑！我贺拔破胡（贺拔胜字破胡）非杀了你不可！”手中长槊的刃尖差一点就能刺中高欢。吓得高欢魂都飞了！关键时刻，河州刺史刘洪徽从旁放箭，射中了贺拔胜身旁的两人。武卫将军段韶则射人先射马，一记转身反射，将贺拔胜的马射翻在地。等贺拔胜爬起来骑上副马，高欢已经去远了。贺拔胜不由仰天长叹道：“今日之事，我不执弓矢，此乃天意也！”

斩首行动既告失败，宇文泰只好退兵。高欢命彭乐等人追击。这次轮到彭乐紧追不舍，宇文泰开始窘急了。他转头冲彭乐叫道：“你这个傻子！今天杀了我，明天你的命就保不住了！何不去我的营帐里多收些金银宝贝？”彭乐一愣，忽然觉得宇文泰说得有理，就停止追击，跑到西魏营地拿了宇文泰丢弃的一束金带回来了。还跟高欢说，自己差点儿就杀了黑獭，他已经吓破胆了。高欢何等聪明，一听就觉得不大对劲，继续逼问下去。彭乐这个笨蛋搪塞不过，居然把宇文泰的原话说了出来，还狡辩说自己可不是因为听信了这话才放走了他。这下把高欢气得够呛，亲手把彭乐的脑袋按到地上摩擦，一边数落他在沙苑之战中的过失，一边拿刀作势要杀他。彭乐求饶说，自己愿再领五千骑去追宇文泰。高欢说你早干吗了？你当黑獭是你说放就放，说捉就捉的呐！

然而，毕竟彭乐刚刚立了大功，高欢心里虽恨，却也不能杀他。就叫人取来三千匹布帛压在彭乐身上，说是赏赐，其实也是惩罚。

这场邙山大战，最后以西魏大败而告终。据东魏方面的史料记载，说总共俘斩六万余，甲仗、牛马不可胜数。即便这个数字有所夸张，对西魏本就并不雄厚的实力来说也是非常巨大的损失。

在东魏军追击的路上，于谨率其麾下假装投降，恭恭敬敬地站在路旁，追兵也就不以为虞。待追骑过尽，于谨则从后方发动了攻击，一时间东魏追兵大骇。再加上独孤信也收集溃兵在后方奋击，东魏军陷入了混乱，宇文泰等人才得以安然撤退。

45 柔然公主

之后，高欢大会诸将，商议是否应该深入穷追。

时值三月，原野上的草还没长多高。所以许多将领都认为，野无青草，人马疲瘦，不可远追。唯有功曹参军陈元康说，东西交战已经多年，好容易今天获得了大捷，机不可失，应该乘胜追击。

高欢问："如果路上遭遇伏兵，又当如何？"

陈元康说："上次大王您从沙苑回师，尚且没有伏兵，如今他们奔败若此，哪里还能有设伏的深谋？眼下如果舍而不追，日后必成大患。"

高欢又叫众将表态，愿意追的人站西边，不愿追的人站东边。结果唯有刘丰、潘乐两人站在了西列。既然如此，高欢也不想勉强，就只派了刘丰领数千骑继续追击。

本来在邙山大战前，宇文泰已调王思政东来，准备获胜后叫他镇守虎牢。如今战败，便令他改镇弘农。王思政入城后，摆起了空城计，下令大开城门，自己则解衣而卧，还慰勉将士说不必担心。几天后，刘丰赶至城下，见这情况怀疑内有伏兵，不敢再进，加上候骑来报，西魏北雍州刺史达奚武正在领军前来，于是便引军回去了。之后王思政修城池，起楼橹，营农田，积刍粟，把弘农也建设成了一个坚固的据点。

至于虎牢方面，宇文泰在败退后派了间谍前去，想要潜入城中劝守将魏光固守，结果却被围城的侯景截获。侯景把密信的内容改为劝魏光快逃，送进了城中。魏光果然中计，当夜便弃城而走。侯景轻松拿下虎牢，然后把高慎的妻儿送到了邺城。

本来按照当时的法律，作为叛逆者的高慎家族都是死罪。但高欢为了稳定冀州人心，认为高乾有起义之勋，高昂又英勇殉职，高季式则弃兄前来投告，最终只将高慎一房配没了事。而作为高慎之妻，李氏也本应杀头，然而高澄可没忘了这位美娇娘。他身穿华服来见李昌仪，说："今日何如？"李昌仪默然无语，最后只好从了高澄，换取了自己的性命。

为了报复贺拔胜，回晋阳后，高欢把他滞留在东魏的几个儿子全部杀死。贺拔胜因此愤恨染疾，第二年夏天便去世了。

在此之后，高欢仍然对内整肃勋贵，培养接班人高澄的权威，对外则继续改善与梁朝、柔然、吐谷浑的外交关系，试图在战略上对西魏实施包围。

武定二年（公元544年），东魏孝静帝下诏，正式将"文武职事、赏罚众典"的大权交给了高澄。于是在接下来的时间里，以任职御史中尉的崔暹为爪牙，高澄开始名正言顺地执行打击勋贵的整肃行动。

当年秋季，崔暹先后弹劾尚书令司马子如、太师咸阳王元坦、并州刺史可朱浑元等人的种种罪状，尚书左丞宋游道也积极配合，连带太保孙腾、司徒高隆之、司空侯景等都成了重点弹劾的对象。这些人个个都是当朝显贵，如果没有高欢父子在背后的支持，崔、宋二人就是吃了熊心豹子胆也不敢太岁头上动土。

于是，高澄将曾经帮助自己保住了世子之位的司马子如捉拿下狱，严讯其贪贿之罪。不过一夜之间，司马子如须发尽白。审后报称：司马子如当年从夏州来投，高王赐给他露车一乘和一头拉车的牛犊，后来牛犊死了，只有牛角尚存，此外，他所有的财物都是贪贿得来。

高欢则仍是扮演他的红脸角色，发书敕给高澄说，司马子如是我的故旧，你应该多多宽贷于他。高澄便驻马行街，把司马子如从牢里放了出来。那一刻，司马子如吓了一跳，问道："这不是要杀我吧？"结果只是将其官爵削除了事。随后，咸阳王元坦也被罢免了太师之位，勒令以王还第。其余小官被杀被黜的就更多了。

借由此事，高欢写信敲打其余勋贵说："崔暹居宪台之位，秉公执法。咸阳王、司马令都是我布衣旧友，尊贵亲昵，无过二人，然其同时获罪，我也不能相救。你们今后可要慎重守法啊！"他还曾对列位公卿说："如今我儿子大了，你们应该避让他才是！"

在高欢的刻意纵容下，高澄的气焰越来越高，架子也越来越大。有一次，孙腾见到高澄，礼数有所不周，高澄便令左右把他从座位上揪起来，打出门外罚站。弟弟高洋当着他的面称高隆之为叔父，高澄便怒骂了他一顿，意思是根本不认这个叔（高隆之本姓徐，是高欢的干弟弟）。姑父库狄干从定州前来谒见，居然在门外等了三天才见到了高澄的面。连带高澄手下的红人崔暹也狐假虎威，飞扬跋扈。

凡此种种，固然取得了一定的效果，例如尉景和司马子如被整治后，在贪腐上大为收敛，王公群官见到高澄也"无不耸惧"，再也不敢冒犯他的权威，但无形中却也加深了高澄和六镇勋贵之间的隔阂。再加上守天下与打天下不同，高澄幼时便接受了汉式教育，其提拔的心腹和幕府僚属也以汉人官僚居多，这就使得高澄与晋阳鲜卑勋贵之间的关系愈发疏远。后来高澄本人的悲剧命运，不能不说与此毫无关系。这一点，我们稍后再谈。

现在，让我们再来关注高欢在外交战线上的努力。

之前因为西魏跟柔然可汗阿那瓌和亲，柔然在东西对峙中一开始是相助西魏一方的。这一点虽然没有给东魏造成太大的麻烦，却使得高欢始终难以放松对北境的防御，也牵制了他不少兵力。所以，高欢一直伺机把柔然拉拢到自己这一边来。

事实上，他并没有等得太久。

阿那瓌的女儿郁久闾氏嫁给西魏文帝后，两人的关系并不算融洽。而且尽管乙弗后已经出家为尼，郁久闾氏却仍对她心怀猜忌。后来，元宝炬不得不将乙弗氏远徙秦州，让她跟儿子武都王元戊一起生活。即便如此，元宝炬仍对这位原配夫人念念不忘，还传消息让她秘密留起头发，以备将来有机会召回。到了大统六年（公元540年）春天，郁久闾氏已经有孕在身，阿那瓌却突然率领部众侵入西魏北境。一时颇有传言，说阿那瓌是为女儿出气而来。魏文帝道："天下哪有为一女子兴百万之师的道理？可物议如此，如果朕置之不理，又有何颜面以对将帅？"便派使者拿了手敕去秦州赐乙弗氏自尽。

乙弗氏手捧敕书，泪如雨下，对使者道："但愿至尊身体康健，天下安宁，我虽死无恨。"随后又与儿子诀别，留遗言给皇太子元钦，言辞凄切，左右莫不落泪。最后终于引被自覆而死，时年三十一岁。

说来奇怪，几个月后，郁久闾氏临期将产，居于瑶华殿之中，时时听到殿上有狗吠之声，心中大为厌恶。她又说自己曾经见到一个盛装妇人来到面前，问左右她是何人，一旁伺候的医巫侍者却都说没见过此人。宫人都传说，她是见到了乙弗氏的魂灵。不久，郁久闾氏"产讫而崩"，年仅十六岁。

郁久闾氏这一死，高欢觉得和柔然结好的机会来了。

他先是派使者入柔然离间其和西魏的关系，说阿那瓌的女儿实际上是元宝炬和宇文泰合谋杀害的，而之前他们嫁给塔寒的那个公主也是个冒牌货；又说东魏才是正统，柔然受过魏朝大恩，应该知恩图报；还说如果咱们两家和亲，东魏就发兵去打西魏替柔然出气；等等。

对于阿那瓌来说，最符合自己利益的选择当然是两家通吃。既然以前与西魏有过和亲，那现在转过头来再吃东魏的回扣也没什么不好，反正和亲这门生意是只赚不赔。于是就在次年，阿那瓌便为自己的儿子庵罗辰和东魏的兰陵郡长公主结了亲。兴和四年（公元542年），他又把自己的孙女叱地连（庵罗辰的女儿）嫁给了高欢的第九子高湛。这时，叱地连仅有五岁，而高湛也不过才六岁，足可见这是彻头彻尾的政治婚姻。数年后，阿那瓌的次女已长大成人，高欢派了使者到柔然去为世子高澄求婚。但高澄已有正室，是孝静帝的姐姐。何况按照叱地连和高湛联姻的辈分，阿那瓌要比高欢高上一辈儿，如果这次把女儿嫁给高澄，那么两人就又成了平辈。阿那瓌不乐意，就说和亲可以，但得高王您自个儿娶才行。

这一年，高欢已经五十岁了。虽说年龄不是问题，可毕竟自己也有正妻娄昭君，万一纳了柔然公主，回头两人关系不佳，再像西魏文帝那样搞出废后的事来，岂不糟糕？然而娄昭君却深明大义，和高澄一起劝高欢为了国家利益务须迎娶。于是高欢在武定三年（公元545年）遣使报聘，次年秋将其亲迎至晋阳成婚。路上，这位柔然公主还露了一手，引角弓仰射飞鹰，应弦而落；陪行的大尔朱氏看在眼中，引长弓斜射飞鸟，也一发而中。高欢不由喜道："我此二妇，并堪击贼！"

46　突厥兴起

高欢还是高兴得太早了。

虽然柔然公主到晋阳后，娄昭君自觉让出正室，高欢自己也对她颇为礼敬，然而这个十七岁的少女却生性“严毅”，而且“一生不肯华言”，所以可想而知，她跟高欢的关系也算不上好。更糟糕的是，入嫁的时候，阿那瓌还派了弟弟秃突佳来送亲，下令说什么时候生了外孙他才能返国。所以，秃突佳留在晋阳的最主要任务，就是监督高欢跟柔然公主制造“外孙”。这可就苦了年过半百的高欢。

有一次，高欢得了病，晚上就没到公主那里过夜。秃突佳得知后大为怨怒。为了不致此事引发“国际争端”，高欢只好拖着病体搬入公主房中勉力办事。显然，这对他的健康相当不利。即便如此，大概这一时期高欢的身体确实已经不比从前，所以尽管他躬耕不已，但直至他去世，柔然公主这块良田也没能结出什么果实[①]。

无论如何，经过高欢的这一番经营，东魏跟柔然的关系总算进入了蜜月期。在阿那瓌在位期间，东魏的北方边境此后再也没有受到过柔然的侵扰。

然而，人算不如天算，到头来，高欢联合柔然共同对付西魏的愿望却还是竹篮打水一场空。

因为在柔然的西边，阿尔泰山的南麓，一个更为生猛强悍的游牧部

① 高欢最小的一个儿子高洽诞生于柔然公主入嫁的四年前。

族正在迅速崛起，很快便将取代柔然成为北方草原的霸主，并进而改变整个东北亚的政治格局。

这个部族自称是狼的后代，名叫突厥。

根据史籍记载的传说，突厥人的祖先居于“西海之右”，曾经在与邻国的战争中一度处于亡国灭种的边缘。所有的族人都被杀光，只有一个十岁左右的小男孩因为年龄太小，被砍去了双腿双臂，丢弃于荒野之中。本来这也是必死无疑的下场，可不知为何，有一只母狼时常叼着肉来，这小男孩便因此活了下来。长大后，他与母狼交合，狼遂有孕在身。这时，邻国得知他尚在人世，便派了人来杀。男孩身死，母狼却逃走到了高昌北山（今博格达山）的一个洞穴之中。不久，母狼产下十个男婴，其中之一便是阿史那氏。

数世之后，人口繁衍至几百家，有个叫阿贤设的人率领部落离开洞穴，前来投奔柔然。柔然可汗便将他们安置在阿尔泰山南麓，作为专门负责冶炼铁器的铁工“锻奴”。因为阿尔泰山形似兜鍪（即头盔），他们的语言又称呼兜鍪为“突厥”，后来突厥便成了这一部落的名号。

阿尔泰山古称金山，山有金矿，是蒙古草原与中亚和欧洲之间交往的孔道。突厥人移居于此后，由于掌握了冶铁技术，又从柔然那里吸收了不少制度上的先进因素，几十年后便逐渐强盛起来。

大统八年，汉文史籍中第一次记录了突厥人寇掠西魏边境的事件。根据这段记载，当时每年冬季黄河封冻之后，突厥人都会乘机寇掠西魏绥州地界，这一次却被刚刚就任的绥州行事宇文测击败。绥州即今日陕西绥德，地近山、陕交界，这说明此时突厥人的势力早已从阿尔泰山扩张到了河套一带，说不定已经染指阴山地区。因为就在一年后，高欢便在肆州北山筑起了一道长城。当时柔然已经与东魏交好，那么只能认为，这道走向与汉代故塞颇为相近的长城所防御的对象，最大的可能便是突厥人。

这个新兴部族的出现引起了宇文泰的注意。

既然柔然已经倒向了东魏那一边，那我们为什么不利用一下这些留着辫子的突厥人呢？

于是在大统十一年（公元545年），宇文泰主动派了一个粟特使者前往突厥，与其首领阿史那土门建立了联系。突厥人十分高兴，都说："今大国使至，我国将兴也。"次年，阿史那土门便向西魏派出了正式使团。

当时在广袤的大草原上，除了柔然、突厥之外，还有许多大大小小的游牧部族。其中有些部落的文化与突厥相近，使用的语言也大致相同，而且也活动于以阿尔泰山为中心的地域，史籍中称之为铁勒。就在这一年，铁勒人聚集起来想要东伐柔然，结果半路上被阿史那土门截击，总共被俘获五万余落。对于游牧民族来说，国力强弱全靠人口和牲畜的规模。所以吞并了五万落铁勒部众之后，阿史那土门自感实力强盛，便向柔然可汗阿那瓌求亲。谁知阿那瓌大怒，专门派了使者痛骂土门，说你们突厥人是我的锻奴，竟敢提出如此无礼要求！这下土门也恼了，好心好意跟你结亲家你不干，还派人来侮辱我，你当我真就怕你不成？就杀掉了柔然的使者，跟阿那瓌撕破了脸，转而向西魏求婚。

宇文泰当然求之不得，许诺将长乐公主嫁给土门。从那以后，突厥便取代柔然成了西魏首要的联合对象。

而在当时，高欢并没有清醒地意识到突厥与西魏结好的严重后果。除了仍关注于拉拢柔然之外，他还多次派人出使梁朝，恢复了和南朝的友好邦交；甚至对于盘踞青海地区的吐谷浑，他也尽量加以争取，让孝静帝纳了吐谷浑可汗的从妹为嫔妃。

至武定四年（公元546年），在内高澄已经能够独立掌控朝政，在外国际环境也相当有利，五十一岁的高欢壮心不已，开始发动对西魏的又一次进攻。

高欢深知，欲入关中，先要拿下河东。

而河东的门户，便是王思政修建的玉壁城。

这时，王思政已经被宇文泰调往南方担任荆州刺史。离开玉壁时，宇文泰请他推荐继任人选，王思政便推荐了自己的部下韦孝宽。

韦孝宽名叔裕，孝宽是他的字。他出身京兆杜陵韦氏，父祖都是郡守、刺史级别的地方官。早在当年萧宝夤据关中叛乱之时，他便开始率乡里为朝廷效力，之后历任宣威将军、淅阳郡守、弘农郡守等职，也参加了西魏对东魏的小关、河桥战役，并为西魏在宜阳、渑池一带顶住东魏的进攻立下了汗马功劳。当然，因为他统领的都是汉人乡兵，所以此前承担的多是次要任务。但汉兵的特点是善于守城，韦孝宽其人又沉着机敏，善于抚御，宇文泰便采纳了王思政的建议，用他为晋州刺史，镇守玉壁。

47 | 韦孝宽守城

玉壁城所在的峨嵋塬，是从东北流向西南注入黄河的汾、涑二水的分水岭，受雨水冲刷和河水侵蚀，临河一面的黄土台地被切割出一道道沟壑断壁，所以这里常见以“壁”命名的地名。春秋时代，晋国曾依托这里的地势构筑防御戎狄的防线；在后来的唐朝初年，李世民亦在此大战当时还是宋金刚部下的尉迟敬德。

有过上次攻围的经验，高欢知道玉壁城易守难攻，而且攻城战也非六镇鲜卑骑兵所长，因此这次他从八月开始，便大举征调河北兵力齐集晋州，来参与对玉壁的围城战。

对此，善观天象的殿中将军曹魏祖劝谏道：“不可。今八月西方王，以死气逆生气，为客不利，主人则可。兵果行，伤大将军。”意思是眼下天时在西方，对主动进攻的客军不利，如果非要出兵，很可能殃及主帅。

高欢不听。

当时还有传言，说自从东西对峙以后，邺城的墙根下就时常有黄蚁和黑蚁搏斗。因为东魏的军服旗帜是黄色，而西魏是黑色，所以就有人以此来占算胜负。这时黄蚁尽死，似乎已经预示了此战的结局。

九月，高欢统领大军抵达玉壁城下，连营数十里，总兵力没有二十万，至少也有十五万左右。

据后人的考古调查，在玉壁故城遗址的正北面，隔汾河相对的山前台地上，有一黄土夯筑的古堡，当地人称之为高欢城，故老相传是玉壁之战时高欢的大本营。山下的平地河滩，在当时则是训练军队的校场，这里的田地中以前经常可以发现带翼的青铜箭镞。而附近汾河两岸的村落，亦多以“堡”“壁”“城”“寨”命名，诉说着当地曾处于兵争前线的古老历史。

一千五百年前，东魏的十余万大军就是在此展开了对玉壁城的围攻。

自古攻城之法，不外乎围困、强攻两大类。围困则多筑长围，例如当年刘裕围南燕都城广固，拓跋焘围臧质于盱眙，皆是如此；而强攻则有水攻、火攻、土山、地道、以器械攻城等方法。由于周回八里的玉壁城建于“四面并临深谷”的山塬之上，屯粮充足，关中的宇文泰又随时可能前来救援，因而高欢不必也不想采用修筑长围的围困战术。同样，其地势也不宜施用水攻或火攻。所以高欢的选择便只剩下了土山、地道和以器械攻城这三种常规方式。

一开始，高欢下令在玉壁城南堆筑土山。眼看土山越来越高，韦孝宽对正对土山的两座城楼进行了临时改造，“缚木接之，令极高峻”，始终比土山高上一截，上面时刻有士兵持强弓硬弩把守。高欢派人传话给他说：“纵使你缚楼至天，我也会穿城取你项上人头！”

接下来高欢两路并进，一方面令人在南面悄悄挖掘十条地道，一方面则采纳术士李业兴的孤虚之法，猛攻玉壁城北面，以掩护地道的挖掘行动。所谓孤虚法，是一种与干支相配的择吉数术，常用于战场，据说可以由此推断敌人的弱点在哪里。因为古时候以干支计日，但天干有十个，而地支则有十二个，那么十天下来，总有两个地支“轮空”。例如说甲子旬，戌亥就轮空，那么这轮空的戌亥就称作“孤”，在环形十二辰图上与之相对的辰巳就是“虚”。兵法讲究“背孤而击虚”。近年新出土的周家台秦简中就有“甲寅旬，子丑为孤，午未为虚，从北方入”的记载。午未在五行体系中属火，代表南方；子丑则属水，代表北方。所谓“背孤而击虚”，就是占据北方向南进攻。高欢进攻玉壁的武定四年九月是辛丑朔，那么我们可以推断，东魏军猛攻玉壁城北面的日期一定是在甲寅旬，即当月十四日至二十三日期间。

传说这种孤虚术，当初是九天玄女传给黄帝的秘法。黄帝用了此术，打了三年都攻不下的蚩尤城，三天即被攻破。

那么高欢用此术攻玉壁，效果如何呢?

两个字：没用。

因为玉壁城的北面本来就是断崖天险，加之韦孝宽守御得法，尽管东魏军的攻击昼夜不息，城外死尸枕藉，远望如同一堆堆僵仆的黄蚁，城池却依然稳如泰山。

至于高欢在城南挖掘的地道，也被韦孝宽探知。他在城墙附近掘起一道道堑壕，拦在地道之前，堑壕里令士兵把守，一旦地道凿穿堑壕，就将里面的人擒杀；又在地道口堆积柴薪篝火，只要发现地道中有人，便点燃柴火，用皮排鼓吹，烟火吹入地道，敌人不是被烧死就是被呛死，皮焦肉烂，惨不忍睹。

这时，东魏军的冲车已经造好，高欢便命冲车冲城。一开始很有效果，“车之所及，莫不摧毁”。但韦孝宽马上就想出了对策，他命人用厚布做了许多障幔，从城墙上悬垂下来，根据冲车的走向，哪里被冲就挡住哪里。悬空的布幔将冲力大部消解，冲车的效用就难以发挥。东魏这边又在长竿上绑缚了引火之物，想要点燃布幔，同时烧毁城楼。但韦孝宽又叫人做了长长的铁钩，钩刃锋利无比，火竿一递过来，就用铁钩钩断上面的松麻等引火之物。

一计不成，高欢又生一计。他下令决开汾河上游的河道，切断城中汲水的水源。还重拾当年攻克邺城、生擒刘诞的故伎，在玉壁城四面同时开凿地道，直抵城下后沿城墙横向挖掘，边挖边以梁柱支撑。总共挖掘了二十一道，分为四路，其工程量之大可想而知。时至今日，玉壁故城东边的沟崖里仍然可以找到当年的地道入口。全部挖好之后，用油浸灌木柱，同时放火焚烧。木柱烧断，地基塌陷，城墙亦随之崩坍。然而韦孝宽仍不放弃，他立刻在崩坍处竖起木栅，虽然不比夯土城墙坚固，但辅以精兵把守，东魏军还是无可奈何。

其实高欢也想过从内部攻破玉壁这座堡垒。他派仓曹参军祖珽劝韦孝宽说："阁下独守孤城，又未闻救兵，只怕终究不能全身，何不早早归降？"

韦孝宽回答说："我方城池严固，军粮有余。攻者自劳，守者常逸，岂有旬朔之间便须救援的道理？真正值得担心的，反而是你们，只怕你们再也回不去了！我韦孝宽关西丈夫，绝不会投降他贺六浑！"

祖珽见说服不了韦孝宽，又试图策反他的部下，对他们说："韦城主受了官爵荣禄，如此效命也就罢了！你们这些普通军民，何必非要陪着他上刀山下火海？"就让高欢立下重赏的赏格，用箭射入城中，上写："能斩城主降者，拜太尉，封开国郡公，赏帛万匹。"韦孝宽见了，在其背面亲手题文，又射回到了城外，上写："若有斩高欢者，依此照赏。"

韦孝宽的侄子韦迁流落关东，这时也被高欢捉了来，拉到城下用刀顶着脖子，说你要再不投降，他的命就没了！韦孝宽则慷慨激昂，继续指挥防守，根本不看侄子一眼。守军将士本来就有许多是他的乡里乡亲，此时更加感奋，互相激励，人人有必死之心。饶是高欢绞尽脑汁用尽了各种攻城战术，五六十天下来，玉壁城仍旧岿然不动。到了后来，连辛苦筑起的土山也被韦孝宽派兵占据，想要发动攻势更是愈发艰难。

而东魏这边，连攻城死伤带感染疫病，总共死亡七万多人，将近总兵力的一半。尸体来不及掩埋，只好堆积成巨冢，或者丢入沟壑。据调查者声称，今日玉壁故城遗址的西边有一巨壑，当地故老相传为"万人坑"，壑内断崖上时而可见累累白骨，应该就是当年惨死于玉壁城下的东魏士兵的遗骸。

转眼已是十一月，天气愈加寒冷。而大部分东魏士卒根本不曾携带冬衣，一个个只能缩在营帐里瑟瑟发抖。这天晚上，忽然有一颗流星坠入了东魏营地，一时间驴马嘶鸣，人人惶惧，不知所为。而高欢的健康状况本就不佳，近两月来身心俱疲，寝食不安，终于也得了病。此情此景，他知道不能再坚持攻下去了。当天夜里，他下令撤军，烧营而退。

玉壁攻防战，遂以东魏一方付出了巨大损失而告终。而整个战役期间，宇文泰虽然在咸阳集结了大军，但根本不曾出动。

48 | 高欢之死

回师的路上，高欢的病情日益恶化。这迫使他不得不开始慎重考虑身后之事。

眼下最要紧的，是尽快召世子高澄前来，同时另派一可靠之人镇守邺都以防不测。

于是高欢对从征的将领斛律金、韩轨等人说道："以往我每与段孝先论兵，知其颇有英略，假若近年我多用他的谋略，可能就不会有今日之劳啦！如今我病势危笃，恐或不虞，欲委孝先以邺下之事，你们以为何如？"

段孝先就是段韶，孝先是其字。他是高欢连襟段荣的长子，邙山大战时曾经一箭射翻贺拔胜的马，救了高欢一命。虽然高欢赞他颇有英略，但从史籍记载来看，其才略还不至于高到如果用了他的谋略就不会有今日之劳的地步。高欢之所以这么说，是因为段韶比斛律金、韩轨等人小一辈，这种关键时刻用他去统领邺城的兵权，怕老资格的斛律金等人会闹意见。

斛律金等人当然知道段韶是高欢的心腹，就都说："知臣莫若君，实在没有比孝先更合适的人选了。"

高欢便对段韶说了一番恳切勉励的话语，叫他赶紧赶往邺城，辅助二子高洋稳定朝廷局势，而召世子高澄火速前来。

十一月中旬，在高澄的陪伴下，高欢回到了晋阳。同时因玉壁失利，他还向孝静帝奏请免除自己都督中外诸军的职衔，孝静帝优诏准许。这时已有谣言，说高欢其实在玉壁城下中了韦孝宽的定功强弩，已经伤重而死了。宇文泰还传令说：“高欢鼠子，亲犯玉壁，劲弩一发，元凶自毙。”高欢听说后，强支病体宴见晋阳诸贵。期间还让斛律金唱起敕勒歌助兴，他亦亲自唱和。

敕勒川，阴山下。
天似穹庐，笼盖四野。
天苍苍，野茫茫，风吹草低见牛羊。

斛律金本就是敕勒（即高车，隋唐称铁勒）人，可以想象这首歌谣当时一定是以鲜卑语演唱。高欢边听边和，不知是回忆起了儿时家乡的草原景色，还是因自己老病缠身、行将不久而感伤，又或者是勾起了对未竟事业的惋惜和不舍，忽然间，泪水从他的眼中夺眶而出，高欢再也唱不下去了。

武定五年（公元547年）正月初一，本应是恭贺新年的日子，天空中却忽然发生了日蚀。一时间天地昏暗，太阳只剩下状如弯钩的一点点。病榻上的高欢说道：“日蚀难道是为我而生吗？若如此，死亦何恨。”

七天后，高欢病逝于晋阳。时年五十二岁。

根据他的遗言，在局势稳定前，暂时秘不发丧。虽然他最后因日蚀说出了“死亦何恨”四字，但实际上并非如此。不久前，他还对高澄说道：“邙山之战，我不用陈元康之言，把关西大患留给了你，以此为恨，死不瞑目。”可见未能消灭宇文泰和西魏政权，实在是高欢一生中最大的恨事。而且他死前担忧的事情还不止这一件，之所以选择秘不发丧，也与此事有关。

当时高澄前来探病，高欢见他眉头紧锁，心事重重，便道：“我虽然病势如此，但你似乎更有别的忧虑，却是何故？”高澄尚来不及回答，高欢就自己先说了出来：“难道是担心侯景会反叛不成？”高澄点头说是。

高欢叹了一口气，道："侯景专制河南，至今已十四年矣！此人常有飞扬跋扈之志，我在之时尚能驾驭，将来岂肯俯首听你号令？眼下既四方未定，我死之后，不可骤然发哀。库狄干鲜卑老公，斛律金敕勒老公，这两人性情耿直，必不会辜负于你；可朱浑元和刘丰两人远来投我，无家可回，也必无异心；贺拔焉过儿（指贺拔仁[①]）朴实无过，潘乐心地和厚，你们兄弟应能得其助力；韩轨其人憨直愚鲁，对待他要稍加宽贷；彭乐这个人则心地难测，最好多加防备。可论才略，如今国中堪堪与侯景匹敌者，唯有慕容绍宗。我一直以来对他未加重用，正是为了留给你。一旦侯景背叛，你应该对他深加殊礼，委以经略之事。"

过了一会儿，高欢又补充道："段孝先忠亮仁厚，智勇兼备，我家亲戚之中，只有他出类拔萃。军旅大事，宜和他共同参详。"

由此可知，对于手下这些将领的秉性和能力，高欢了解得相当透彻。他更清楚地知道，侯景极有可能反叛。然而，冰冻三尺非一日之寒，从东魏立国之初侯景攻取荆州开始，特别是在兴和四年他就任河南道大行台之后，事实上侯景已经在黄河以南形成了相对独立的势力，这也是高欢始终以攻略西魏为首要目的、在军事布防上重北轻南策略的必然结果。但比起关中的西魏，他并不认为河南的侯景是心腹大患。因为此人虽然有野心和能力，可手中掌握的资源却远不能与河北相提并论，更何况从地势上而言，河南也是易受攻击而难以防守的地区，只要统帅得人，那么即使侯景反叛，也不会对东魏构成太大的威胁。

必须承认，高欢的判断相当准确。

实际上，他死后还不到五天，侯景就联络西魏，据河南打起了反旗。

---

① 贺拔仁其人《北齐书》无传，《北史》亦只有寥寥数语，知其为无善（疑应为善无，即今山西右玉）人，与贺拔胜并无亲戚关系，后来官至太师、右丞相、录尚书事，是北齐的重要大臣。

前面介绍过，高澄早在主持朝政、整肃勋贵之时，便叫人弹劾过侯景，虽然此事后来不了了之，却已经在两人之间制造了裂痕。再加上侯景除了高欢，对东魏的其他人都瞧不上眼，而高欢父子对他的防范和猜忌，他也多少有所察觉，所以自从得知高欢从玉壁舆疾而返的消息后，他便已经有了反叛的打算。据说他曾经当面对司马子如说："高王在，我不敢有异心；哪一天高王没了，我可不能再与鲜卑小儿共事！"司马子如连忙掩住他的嘴，怕他再说出什么狂悖的话来。

高欢病重之时，高澄曾以父亲的名义伪造过一封书信，试图把侯景骗到晋阳来。可他并不知道，侯景以"握兵在远，人易为诈"为辞，与高欢之间早有约定，凡是两人之间的私下通信，高欢都要在某处加上几个小点作为防伪标识。这次接到高澄伪造的书信，一看无点，侯景便明白了几分。遂听从手下王伟的建议，秘密准备起兵。所以后来哪怕高澄秘不发丧，侯景仍然判断高欢已死，诱执了豫州刺史高元成、襄州刺史李密、广州刺史暴显等辖区内的地方官，拥河南六州向西魏遣使归附。同时，他还派遣军士两百人用车载了甲仗暮入济阴城，试图袭取西兖州。幸亏刺史邢子才及时发觉，将这两百人尽数抓捕，还向东边州郡大发檄文，叫他们提高警惕，因此侯景并没有取得徐、兖、青、齐地区的控制权。

侯景这一反叛，晋阳这些勋贵将领认为全怪崔暹，纷纷要求高澄杀掉此人。崔暹是高澄的心腹，但高澄刚刚接班，面对这些勋贵的集体施压，实在有些难以招架，就想丢卒保车，干脆杀了崔暹算了。

这时，陈元康劝阻说："如今虽然四海未清，但纲纪已定。倘若仅仅是为了取悦一些带兵的将领，就枉杀无辜，亏废刑典，那么不但会上负天神，也难以下安百姓！有汉朝晁错的例子在前，希望您千万要慎重啊！"

所谓晁错的例子，是汉初七国之乱时，汉景帝迫于七国叛乱的压力，不得不诛杀重臣晁错，然而杀了也是白杀，叛乱仍然肆虐，根本于事无补。而且陈元康还提醒高澄，这纲纪和刑典正是由你和崔暹共同制订推行的，你现在杀了崔暹，将来还怎么用这些纲纪来约束那些跋扈的将领？

高澄深以为然，便顶住压力，没有处罚崔暹。同时派司空韩轨统领慕容绍宗、武卫将军元柱等军南讨侯景。

49 虚假的盛世

虽然之前侯景曾向高欢夸口，说只要给自己三万人马，他就可以杀过长江“缚取萧衍老公”，但一开始，他的目的只是割据河南以自保。

当时，黄河以南能够动用的兵力大概将近十万，可侯景既然没能取得兖州以东地区的控制权，可支配的人马就少了一半。所以他也知道，仅凭自己的实力绝对无法与高澄相抗衡，因而在归附西魏的同时，他还派行台郎中丁和南下建康，向“萧衍老公”请降。

当侯景的使者抵达建康之时，八十四岁高龄的“皇帝菩萨”——梁武帝萧衍已经统治中国南部四十六年了。在这将近半个世纪的漫长岁月里，应该说除了拉拉杂杂的几次北伐和零星的叛乱，整个国家大体维持了和平安定的局面，以致后世大儒王夫之赞其为“天下小康”。在魏晋南北朝这个“城头变幻大王旗，你方唱罢我登场”的大分裂时代，这简直就是个奇迹。寻根溯源，这固然得益于梁武帝相比同时代人来说超长的寿命，更要归功于他早年的励精图治和为了维持政权稳定、国家安泰所推行的种种政策。

首先，不管是对待前朝宗室、本朝功臣、自家的兄弟子侄还是对待南来北人，梁武帝都能秉持相对宽容的态度，甚至给予优厚的禄位，而不是像前代宋齐的几个君主那样大行诛杀。这一方面是因为，他登基时正当壮年，所受到的威胁远比前代君主要弱，一方面也在于，他目睹了那些残酷的屠杀不但没有带来任何好处，反而导致了灾难性的结局。在这种宽容的政治气氛下，这些人既然都能在梁朝国内寻得生存空间，自然也就比较安心，除了少数的几个奇葩（这点稍后再讲），大多数人并没有足够的动力来造反谋逆或者潜逃外叛。这就大大缓和了梁朝内部上层的矛盾。

其次，在梁武帝统治前期的天监年间（公元502—519年），他年富力强，励精图治，一方面加强文治，制礼作乐，尊儒贵学，倡俭慎刑，一方面在优待高门士族的同时，更加注重选拔任用有真才实学的寒士为官，试图改良前代官僚系统的弊端，也取得了一定成就。

此外，他还能在一定程度上关心民间疾苦，多次减免普通百姓承担的租税杂役，鼓励人口繁息和农业生产。因而在其统治时期，南方的经济水平达到了六朝时代的最高峰。再加上其本人数十年如一日地躬行节俭，舍道奉佛的同时不忘推行文化事业，利用北方分裂的局面数次北伐，收复了淮北、沔北和汉中，来自远方绝域的二十九个国家也向梁朝通使朝贡。整体来看，在文治武功上都有突出成绩，无怪乎后世的大唐名相魏徵在评论梁武帝的统治时说："魏晋以来，未有若斯之盛也！"史学大师陈寅恪亦直以"盛世"名之。

然而，十分遗憾的是，梁武帝虽能善始，却未能善终。

因为他统治的时间实在是太久了。中国两千多年的帝制史，在位时间比他长的只有汉武帝、万历帝和康熙、乾隆这四人而已。万历和乾隆自不必说，就是汉武帝和康熙这两位"千古一帝"，在晚年实际上也犯下了不少错误。

人到老年，性格中的弱点和缺陷往往会随着心态的日益保守而放大；国家的统治机器运行久了，机体同样也会老化和锈蚀。而且自从五十六岁舍道奉佛以来，崇佛佞佛已经成了梁武帝后半生的主要事业，他既没有足够的精力，也没有兴趣再像从前那样孜孜于政事。套用英国历史学家汤因比的话，这一时期的梁武帝仿佛那些靠在自己的桨叶上休息的水手，陷于对既往成就的自我迷恋与崇拜当中无法自拔。所以从普通年间（公元520-527年）开始，虽然表面上梁朝仍是和平安定的小康局面，但在许多方面，这棵参天大树的根部都正在一天天地腐败和溃烂，而且越到后来，散发出来的恶臭便愈发明显。

就拿上面提到的他对宗室、功臣的宽容来说吧，这一时期，“慈悲为怀”的梁武帝对有些人已经宽纵到了近乎荒谬可笑的地步。

最典型的例子便是他对六弟临川王萧宏父子的态度。

本书上一部曾经提到，在天监五年的梁魏洛口之战中，身为三军统帅的萧宏临阵脱逃，导致梁军大败而回，损失了五万多士卒和无数辎重，他也因此被人戏称为“萧娘”。之后，萧宏的官职却不降反升，一路进至司徒、司空、太尉的高位。直到后来，梁武帝才因萧宏袒护妾弟杀人而贬了他的官[①]。不知道萧宏是不是因此怀恨在心，天监十七年（公元518年），有刺客趁梁武帝行幸光宅寺的机会，埋伏在骠骑浮航下意图行刺，幸而梁武帝临时改变了路线。事发后，此人声称是受萧宏指使。这事要是放在宋、齐之世，萧宏不死也是流放。然而，梁武帝只是流着泪对萧宏说：“我的才能胜你百倍，当此大位仍惴惴不安，你算什么人？我不是不能为周公、汉文之事，只是顾念你愚蠢糊涂罢了！”所谓周公、汉文之事，指的是周公杀弟弟管叔、汉文帝杀弟弟淮南王刘长的前例，这对萧宏当然是一个明显的警告。萧宏再笨，也知道梁武帝是什么意思，只好一个劲儿地磕头，坚持说这事跟自己无关。事后，梁武帝也只是对他贬官以示惩戒，而且跟上次一样，没多久便令其官复原职。

当时在梁武帝的一众兄弟当中，健在者唯有萧宏最长。所以梁武帝最担心的是萧宏谋反，只要他能不谋反，那么哪怕他贪赃枉法、聚敛无度，梁武帝都不大理会。有一次，有人密告萧宏在府中私藏武器铠甲，梁武帝大为不悦，就找了个借口到萧宏府中饮宴。喝到半醉，梁武帝说

① 被李则芬先生斥为南北朝史书中最伪的《梁书》在萧宏本传中对其丑事只字不提，《南史》记因萧宏妾弟杀人事，有司奏免其司徒、骠骑、扬州刺史之职，武帝曰可。但参酌《梁书》所记萧宏一生履历，知其两次“因公事”被贬。因妾弟杀人应为第一次，在天监八年（公元509年）。

我要到你后房转一转，说完叫人抬了肩舆往后便走。这下萧宏脸色都变了，梁武帝就更加怀疑。结果一间间屋子看过来，发现里面堆满了钱币，满一百万贴一张黄纸，满一千万悬一紫标，总共三十多间屋子都是如此。稍一计算，便可知这些钱不下三亿万[①]。其余布绢丝绵漆蜜纻蜡朱砂黄屑等等杂货，但见满库，不知多少。梁武帝见不是武器甲胄，心下大喜，对萧宏说："阿六，你的生活很可以啊！"又回去饮宴至深夜方才还宫。史书上说此后他们兄弟情谊更加"敦睦"。

然而，聚敛财货并不代表萧宏没有取代哥哥的野心。更出格的是，尽管他家里有"后庭数百千人，皆极天下之选"，但这厮并不满足，还与梁武帝的女儿、其亲侄女永兴公主私通。两人谋划要杀掉梁武帝，事成后一个当皇帝，一个当皇后。

有一次，梁武帝召诸位公主共同参与三日斋戒。他俩觉得机会来了，永兴公主就安排两个家僮穿上婢女的衣服混了进去。结果家僮不知道是因为紧张，还是因为不习惯穿女人的衣服，穿门过户的时候就掉了一只鞋。当值的军官见了这鞋的尺码，大为怀疑，便将此事告知了丁贵嫔（萧衍正妻郗徽早卒，丁贵嫔实际相当于皇后）。丁贵嫔怕影响斋戒，又怕梁武帝不信，就叫军官派了八个人藏身幕下。斋事散后，永兴公主果然向武帝要求单独奏事，梁武帝便准许了。公主刚刚升阶，两个家僮便绕到了武帝的身后。那八个人急忙从幕下闪出，连抱带摔，拿住了两个家僮，吓得梁武帝一屁股跌坐在屏风之下。军官在家僮身上一搜，便搜出刀来。再一审问，都说是受公主和萧宏指使。梁武帝又伤心，又恼恨，但又觉得家丑不可外扬，最后只是将两个家僮秘密处死，到底没把自己弟弟和女儿怎么样。直到普通七年（公元526年）萧宏得病将死之时，梁武帝还七次到他府中探视，始终对外维持了一副棠棣情深的假象。

---

① 南北朝时物价变动剧烈，梁朝货币也比较混乱，因此很难确知三亿万钱的价值。不过，梁武帝到同泰寺舍身出家，皇太子萧纲和王公百官为其赎身，不过才用钱一亿万。萧宏家里储存的现金，已经足够为梁武帝赎身三回。

50 奇葩王爷

萧宏其人如此，他的几个儿子也好不到哪里去。

当时京师坊间盛传，建康有四个祸害百姓的凶徒，人称“四凶”。这“四凶”之中，有两个便是萧宏的儿子萧正德和萧正则。

萧正德是萧宏的第三子，之前在萧衍没当皇帝的时候，因为萧衍长期没有子嗣，他一度被过继给其为子。然而到了中兴元年（公元501年），三十八岁的萧衍终于得了第一个儿子萧统。次年梁朝立国，不久便将萧统正式立为太子，而萧正德则不得不回归本宗，爵封西丰侯。从那以后，自觉失去了太子之位的萧正德心常怏怏，不满之色溢于言表，在吴郡太守任上公然杀戮无辜，盗劫财物；调回京城之后又招聚亡命之徒，时常于黄昏杀人于道，夺人妻妾，略人子女，违法犯禁的事不知干了多少。梁武帝虽多有耳闻，却始终睁一只眼闭一只眼，地方官更是压根不敢管。

这样到了普通三年（公元522年），萧正德竟然逃奔了北魏，自称乃是梁朝“废太子”，希望得到魏人的重视。那时，齐亡后投魏的萧宝夤官居尚书左仆射，上表说像萧正德这样的人，伯父是天子，父亲是王爷、扬州刺史，他却平白无故地抛弃亲人投奔敌国，一看就是个白眼狼，这种人不但不能重用，最好杀掉！所以萧正德到洛阳后，北魏朝廷对他也是爱理不理。萧正德大感失落，在北魏浑浑噩噩地待了一年多，自感前途无望，又动了回老家的念头。他事先杀了一个无辜的小孩，谎称是自己的儿子，借着出城寻找葬地的机会逃回了建康。结果梁武帝只是流着眼泪数落了他一顿，不但未加惩罚，反而恢复了他的爵位。

后来，梁武帝曾经在一封书信中说，自己之所以对萧正德如此宽容，是希望他能够改过自新。他还想当然地觉得萧正德惹出这么多的祸事，是因为“不好文史，志在武功”，就在普通六年（公元525年）任他为轻车将军，派其随豫章王萧综一起北伐。然而，萧正德再一次让他失望了。还没见到敌人，他便弃军逃回，为有司所劾。梁武帝将其免官削爵，流放临海（今浙江台州），可刚走到半路便下旨赦免，两年后又恢复了他的封爵。之后，萧正德走了梁武帝宠臣朱异的路子，竟然被特封为临贺王，又相继担任过丹阳尹、南兖州刺史这两个要职，走到哪里便祸害一方。他之所以如此有恃无恐，不加悔改，正是因为吃透了梁武帝“急于黎庶，缓于权贵”的执政风格和年老佞佛之下以慈爱为名对宗室子弟的姑息纵容。

梁武帝对弟弟、侄子如此，那么，他对自己的儿子又如何呢?

这就不得不提一下萧梁宗室中的另两个奇葩——豫章王萧综和邵陵王萧纶。

梁武帝虽然生儿子晚，但身体棒、姬妾多，所以尽管五十来岁之后不近女色，他还是生了八个儿子。本来在近三十年的时间里，其长子萧统一直都是皇太子，可惜此人终究福薄，在中大通三年（公元531年）一次荡舟落水时伤及大腿，不久便病死了。

萧综排行老二，如果他能坚持到这一年，很可能就会成为下一任太子。然而搞笑的是，这货心里从来不认为自己是梁武帝的儿子。因为他的生母吴淑媛本是齐东昏侯萧宝卷的妃子，后来萧宝卷身亡，萧衍攻入建康，便把吴淑媛纳为侧室，仅仅七个月后就生下了萧综。所以后来宫中都传言萧综乃是萧宝卷的遗腹子。

到了十四五岁时，萧综老是做一种怪梦，梦里有一个肥壮的青年手提血淋淋的人头面对自己。他将此事告知了吴淑媛，吴淑媛越问越觉得那青年像是萧宝卷。再加上此时她早已失宠，心内多怨，于是便将自己怀胎七月生子一事说给了萧综，还劝他为了保住富贵，万勿泄漏此事。

正值青春叛逆期的萧综听后，宛如五雷轰顶，内心深处似乎一下子明白了自己为何不受梁武帝宠爱。再加上他从小和母亲感情密切，十几岁了还光着屁股在吴淑媛面前嬉戏，潜意识里可能早有俄狄浦斯情结，当下两人抱头痛哭。从那以后，萧综便暗暗立下了复仇之志。据说他曾经秘密祭祀齐氏祖先，还曾微服至曲阿拜祭齐明帝萧鸾的陵寝。最耸人听闻的是，据说他曾用滴血认亲之法，偷偷挖开萧宝卷的坟墓，取出骨骸，用自己的臂血试验。为了确定这种方法是否有效，他还杀掉了出生不久的亲生儿子埋骨以试。在徐州刺史任上，他下令将境内所有练树（即苦楝）统统砍伐，以此宣泄对梁武帝的忿恨（萧衍小名练儿）。

普通四年（公元523年），萧综改任南兖州刺史。这期间，他试图跟身在北魏的萧宝夤联系，还称其为叔父。两年后，北魏将领元法僧以彭城降梁，梁武帝便命萧综都督众军入彭城迎降。结果利用这个机会，萧综和几个心腹轻骑投了北魏，而这也直接导致了梁军的大举溃败。

消息报到建康，梁武帝又是震惊，又是痛心，一度恸哭气绝。后来梁武帝虽然按有司所奏削其封爵、绝其属籍，但仍然对人说萧综是他的儿子，他之所以投魏乃是发了疯病。数年后，萧综死于北魏①，梁武帝还派人盗取他的灵柩，将他祔葬在自己的山陵之侧。

至于梁武帝的第六子、邵陵王萧纶，依照《南史》的记叙，似乎有躁郁症倾向。不发作的时候聪颖，善写文章，发作起来则喜怒无常，"车服僭拟，肆行非法"。在外任刺史之时，有一次他微服在市里遨游，问一个卖鳝鱼的你觉得刺史怎样。这卖鱼的说了几句不中听的话，结果萧纶大怒，竟强迫他生吞鳝鱼而死。搞得百姓惶骇，道路以目。

①《梁书》云大通二年（527年），萧宝夤据长安反时，萧综为北魏所杀，时年四十九。《南史》则记萧综在陈庆之入洛后"久之"，方卒于魏。据《魏书》载，直至530年尔朱兆入洛时，萧综（改名萧赞）尚在人世，卒年三十一。萧综既是萧衍下建康后七个月出生，应生于502年，显然《梁书》大误。

还有一次，他在路上遇到个送葬的队伍，居然夺下孝子的丧服自己穿了，在地上匍匐号叫哭起丧来。此事被典签密报梁武帝得知，梁武帝一开始只是严词谴责了他几句，但很可能他态度不好，梁武帝就撤了他的职。这下激起了萧纶的怨恨，他不知从哪里找来一个长得像梁武帝的干瘦老头，让他穿了衮冕高坐在上假装皇帝，自己先是向他辩陈无罪，然后又扒下他的衣服狠狠揍了一顿。萧纶还新作了一口棺材，把手下崔会意装在里面，然后用灵车拉了，一路挽歌送葬，还叫一个老太太乘车悲号。崔会意实在受不住，事后轻骑逃回建康，向梁武帝汇报了此事。梁武帝派禁兵将萧纶抓回，初时准备严惩，但后来在太子萧统的劝谏下，只是将他免官削爵，而且没过几年就恢复了他的爵位。

到了中大通四年（公元532年），萧纶甫一获任扬州刺史，便又惹出事来。这次是因为他指使少府强买商家的锦缎丝帛数百匹，被少府丞何智通向梁武帝打了小报告。梁武帝说了他几句，他对何智通怀恨在心，便派了几个心腹伪装成强盗，在京城的街巷里将何智通扎了个透心凉。由于临死前何智通用血在墙上写了“邵陵”二字，案件很快告破。这次梁武帝将萧纶免为庶人，但仍然没过多久就又复其王爵。据说他还曾经在御道旁埋设伏兵窥伺车驾，又在献给梁武帝的酒中下毒，虽然都未能得逞，却已经搞得人尽皆知，甚至成了魏人眼中的笑柄。梁武帝却终究不能将其废黜。

像萧宏、萧正德、萧纶这样，在犯下大罪后不加严惩，或惩罚后很快宽宥的例子，在梁武帝统治的后期还有很多，其中绝大多数是近亲宗室或勋贵子弟。正因为梁武帝施法“急于黎庶，缓于权贵”，对宗室勋贵一味纵容，而且他自从奉佛之后特别忌讳判人重罪，所以到了后来，“王侯骄横转甚，或白日杀人于都街，劫贼亡命，咸于王家自匿”，“贵戚之家，不法尤甚”，不管是对社会秩序还是对梁武帝的个人权威，都构成了深深的伤害。

51 “文青”太子

不过话说回来，兰陵萧氏毕竟是书香门第，也并非所有的宗王都像萧正德、萧纶那样荒唐不堪。例如以编撰《昭明文选》在文学史上占据重要地位的第一任太子萧统，不论是语多含蓄回护之辞的《梁书》，还是多载奇闻异事的《南史》，都将其塑造为一个仁孝宽和的君子。虽然他与梁武帝之间可能并非全无矛盾[①]，但毋庸置疑，他是一个合格的继承人。

萧统病死后，梁武帝一度在立嫡孙还是庶子为嗣君的问题上犹豫不决。可能是考虑到宋、齐两朝年幼为君者的下场几乎都很糟糕，已经六十八岁的梁武帝也不可能预见到自己还有将近二十年好活，因此他最终还是选择了年富力强的三子萧纲为新任太子，尽管这一“废嫡立庶”的举动在当时引起了许多朝臣的非议。

萧纲和萧统一样，同为丁贵嫔所生。据说他从小聪慧过人，六岁便能下笔成文。当时梁武帝还不大相信，曾经将其叫至御前亲自考试，结果萧纲援笔立成，辞采甚美，以致梁武帝赞他为“吾家之东阿”，将他比作神童曹植（曹植曾封东阿王）。成年后的萧纲是一个标准的美男子

① 《南史》记载，在萧统生母丁贵嫔死后，曾经因葬地的风水问题发生了一起“蜡鹅”事件：有道士云葬地“不利长子，若厌伏或可申延”，之后萧统便将蜡鹅等物埋于墓侧长子之位。后有人向梁武帝密告太子厌祷，武帝派人检掘，果得鹅等物，“大惊，将穷其事，徐勉固谏得止，于是唯诛道士”。但这一事件毕竟在父子关系上留下了阴影。即便此事为真，《南史》将其释为萧统死后梁武帝未立嫡孙而立三子萧纲的直接原因，也并不合适。

（“方颊丰下，须鬓如画”），不但皮肤白皙、器宇宽弘，双目更是炯炯有神（“眄睐则目光烛人”）。他幼年便展露出的文才在良好的教育和浓厚的文化氛围的陶冶下更是获得了长足的进步，史籍说他读书一目十行，记忆力绝佳，“篇章辞赋，操笔立成，博综儒书，善言玄理”。萧纲自己还说，他从七岁开始便有“诗癖”，一直到长大后也不曾厌倦。成为太子后，他在东宫时常与一些才子名士诗文酬唱，引领了当时的文艺潮流，开创了“宫体诗”这一影响隋唐的诗歌流派。时至今日，萧纲流传下来的诗作仍不少于二百五十首，远远超过六朝的任何一位作家。从这个角度来说，萧纲是一个不折不扣的文艺青年。

另一方面，他虽是文艺青年，却也有政治抱负。

从十一岁担任丹阳尹开始，萧纲就能亲自过问庶政，之后他又历任荆、江、南徐以及雍州四处方镇，“所在称美”，直到中大通二年（公元530年）才被征还京，担任扬州刺史。在雍州刺史这个三十年前梁武帝据以肇基创业的要职上，年方弱冠的萧纲主持了梁军趁魏末大乱对南阳、新野一带发动的北伐，收复了不少领土，还写下了《从军行》等一系列反映边塞生活的诗篇，透露了自己“先平小月阵，却灭大宛城”的雄心。然而，在中大通三年成为皇太子之后，萧纲才发现，虽然名义上父皇授给了自己“监抚”国政的地位，但实际上权力仍在梁武帝及其近臣的手里，自己能够有所作为的领域实在颇为有限。

当年在江州刺史任上，哥哥萧统给他写信，言辞间隐隐流露出对外任的艳羡，而对自己被困皇宫、只能卧游纸上的境况略显无奈。现在则轮到萧纲自己切身体验因身份特殊而带来的种种束缚了。

在给弟弟湘东王萧绎的信里，萧纲抱怨自己的行动失去了自由，不能尽情和昔日的属下盘桓，还颇受宫中种种繁文缛节的困扰。在给老师徐摛（音chī）的书信中，他更是感叹自己虽贵为太子，却终不能“黜邪进善，少助国章”，以至于时常感到惶恐和惭愧。萧纲还说，某些“全躯具臣、刀笔小吏”，虽然没有多少经世济民之术，也不了解民生疾苦，却可以出入于朝廷中枢，大收金玉财货，志得意满，妄自尊大，这种情形实在令人感叹。

虽然没有指名道姓，但基本可以肯定，萧纲所说的“刀笔小吏”，指的就是这一时期梁武帝的宠臣朱异。

朱异出身吴郡朱氏，虽然在南方本土算得上大姓，但在王谢高门的眼中却是地地道道的寒门。年少时他生活颇为贫困，不得不一边替人抄书赚钱，一边求学。所幸的是朱异的脑子特别好使，凡抄过的书，张口就能背诵，史籍还说他“涉猎文史，兼通杂艺，博弈书算，皆其所长”。到了二十一岁，朱异被任命为扬州议曹从事史，正式从刀笔小吏的职位走上了仕途。

前面交待，梁武帝在用人政策上不重出身，而是比较注重选用有真才实学之人。在老师的推荐下，梁武帝召见朱异，对他进行了一次面试，结果发现此人确实蛮有才能，还赞许说“朱异实异”。从此，朱异便一路升迁，很快便当上了中书通事舍人这个相当于皇帝机要秘书的重要职官。

梁武帝统治前期，最信任的大臣是周舍、徐勉。这两人不但才具过人，而且都能清廉自守。然而，普通年间周舍卒后，朱异开始代掌机密，他的权力也越来越大，兼的职官越来越重要。至侯景来降的太清二年（公元548年），朱异已是侍中、中领军，舍人如故，一手掌握了中书、门下、禁卫三项大权。他之所以如此受梁武帝信任，除了本人的确非常能干之外，最重要的一点是他“善窥人主意曲，能阿谀以承上旨”。其实朱异之于梁武帝，正如后世的和珅之于乾隆，完全能够摸透领导的心思，什么事都能顺着领导的意思来，而且还能办得特别漂亮。尤其是他抓住老年梁武帝特好面子、“好人佞己”这一特点，坚决维护领导的光辉形象，绝对不发表任何不同意见。有一次，司农卿傅岐委婉地对朱异说：“你事事顺着圣上的旨意，近来外间对此颇有议论。”朱异答道：“不就是说我不能谏争嘛！当今天子圣明，我怎么能因为这点议论就干忤天听？”

而对于威胁到自己地位的人，朱异则竭力排挤。例如太子萧纲的老师徐摛，刚刚得到梁武帝的赏识，便引起了朱异的警觉。他对亲信道：“徐叟出入两宫，渐来见逼，我须早为之所。”就乘间对梁武帝说：“徐摛年老，又爱泉石，其意在一郡以自养。”梁武帝信以为真，便将徐摛出为新安太守。

此外，朱异跟和珅一样，也是个大贪官，凡是各方的贿赂就没有不收的，因此累积了无数家财。他和几个儿子置办的田宅产业，从建康城北的潮沟一直布列至城东的青溪。他还极嗜口腹之欲，厨下珍馐盈积，每月吃不了便丢弃的食材常有十几车。

而在徐勉死后，继任的尚书令何敬容也以贪吝知名。再加上梁武帝溺于佛事，怠理万机，地方守宰贪残蠹民，朝廷推行的币制改革也相当失败，国民经济在通货膨胀和紧缩之间剧烈摇摆，所以进入大同年间（公元535-546年）之后，梁朝的统治实际上已经出现了很大的问题。

52 金瓯无缺

其实这时，梁武帝也多多少少感觉到了国政弊端丛生，但他并不认为这是自己的问题，而认为是下边的官吏守宰没有把事办好。在大同七年（公元541年）年底的一份诏书中，他承认“州牧多非良才”，种种荼毒百姓之事实在不少，自己虽然多次禁断却仍无法遏止，因此再次要求有关部门“明加听采，随事举奏”。

大多数情况下，领导叫下面的人多提意见，并不是真的想听意见，而只不过是展示一下自己的姿态。然而，并不是所有人都像朱异那样始终阿谀上意，散骑常侍贺琛不久即上了一通议论时事的封奏，主要提了以下四条意见：

第一，当今最严峻的问题是“天下户口减落”，流民四起，主要原因在于地方官征敛无度，朝廷使命繁多；第二，地方官之所以贪残害民，在于官场风俗奢靡，尤以大吃大喝、蓄养歌姬为甚；第三，官吏队伍里混入了不少小人，为了个人政绩，表面上奉公办事，其实净折腾百姓；第四，国家财政空虚，缘于各种兴造开支太多，以致民生凋敝，应该多加裁撤、休养生息才是。

散骑常侍职掌规谏，所以贺琛也只是泛泛而谈，不过虽然并没有完全切中肯綮，但提及的问题确实也都存在。

哪知梁武帝见了这通封奏，居然勃然大怒。在他看来，你贺琛说这也不好，那也不成，其实不就是指责我把国家治理得不好么？当即叫来主书，口授了一封斥责贺琛的诏敕。大意是：

朕坐天下四十多年了，你说的这些意见，那些公车上书的平民早就提过，有的建议朕早就想实行了，无奈国务繁忙，事情太多。可你是国家的高级干部，建言献策总该跟那些只是想博取名声的平头百姓不一样吧？你倒是多说点具体的、方便实施的建设性意见啊！

你说“民失安居，牧守之过”，可尧那样的圣主治国还有四凶在朝呢！全国官员不都是清官，可也不都是败类吧！你倒是给朕指出来，哪个刺史横暴，哪个太守凶虐，哪个尚书奸猾，朕立马就办！

你说官吏贪残，在于风俗奢靡。可民间风俗如何，那是老百姓自己的事，朝廷又不能挨家挨户管到人家房里。至于朝廷本身，朕的作风如何你还不知道？如今百官宴会，吃的不过是瓜果蔬菜，连奏乐都不设，朕自己每天只吃一餐，当年腰带十围，现在瘦的只有二尺多，居处不过一床之地，雕饰之物不入于宫，三十多年不与女人同屋而寝。这还不够朴素节俭？你还想叫朕怎么办？

你又说官吏里有小人，诡竞求进，吹毛求疵，折腾百姓，那么这些人到底是谁？国家兴造太多应该裁撤，到底是哪些兴造应该裁撤，你倒是说清楚啊？要真是如你所说，你终究应该一一指明，而不是空做漫语。况且能言之人，势必也能践行。你要真有富国强兵之术、急民省役之法，那就应该和盘托出，否则就是大言不惭，欺罔朝廷！

当然，贺琛不是不知道那些腐败贪残官吏的名姓。例如荆州地区著名的“北路鱼、南路徐”之一、历任大郡郡守的襄阳人鱼弘就曾恬不知耻地对人宣称：“我为郡守有四尽：水中鱼鳖尽，山中獐鹿尽，田中米谷尽，村里人庶尽。”全靠搜刮的民脂民膏来供养自己的奢靡生活。但别说贺琛不是专司检举的御史中丞，就算他是，为了自己的仕途考虑，他也不敢指名道姓地把这些人的劣迹向梁武帝上报。何况贺琛本人也并非两袖清风，他也曾因收受贿赂、买公主府第为宅被罢过官。所以面对梁武帝的申斥，贺琛无话可说，只能承认错误，灰溜溜地退了下去。

宋代的司马光后来评论这段史事，说贺琛的进谏其实算不上多么切直，而梁武帝已经“赫然震怒，护其所短，矜其所长”，一个劲儿地要求贺琛回答那些他根本不可能明白回奏的细节问题，自以为已经是为君的典范，不好听的话一概不听，这样的话，谁还敢直言进谏呢？无怪乎到后来身边便只剩下奸佞小人，最后落得个贻笑千古的下场！

这一点司马光说得没错。古往今来，所谓佞臣奸臣，不论是李林甫、秦桧、严嵩还是和珅，无一不是靠迎合君主心理上位。而梁武帝晚年最大的心理特征就是骄盈自负到了自我崇拜的地步，表现出来就是矜长护短、好人佞己、爱听奉承话而听不进任何不同意见。北朝史籍记载说，凡是有人在梁武帝面前说魏人强盛，他就生气；而一旦说魏人衰弱，他就高兴。在梁武帝的心中，作为君子，他通晓那个时代完美士人所需掌握的一切技艺；作为帝王，他取得了几百年来最为辉煌的文治武功；他不但是举国臣民的君父，更是足为万世师表的道德楷模和佛法在人间的守护者。像他这样的一个完人，治理下的国家自然也应如一个完美无缺的金瓯，怎么可能会像贺琛描述的那样不堪？

中大同二年（公元547年）正月十七日一早，八十四岁的梁武帝萧衍甫一见到朱异，便用略带兴奋却又夹杂着几许困惑的语调向他透露，昨天夜里，自己梦见中原牧守皆以地来降，此后举国称庆，天下太平。朱异忙向皇帝贺喜，说这很可能是上天将使大梁混一宇内的先兆。梁武帝听了，颔首道：“我为人一向少梦，有梦必验。昨夜感此，良足慰怀。”当天在善言殿读佛经时，梁武帝还特别对左右交待：“我昨梦天下太平，尔等将此事记下。”

二十多天后，侯景的使者丁和抵达建康，奉表请降。侯景说：“函谷以东、瑕丘（今山东兖州）以西，咸愿归诚圣朝。”自己愿拥河南十三州向梁朝称臣内属。

这正应了梁武帝中原牧守皆以地来降的前梦。而且据丁和所说，侯景下决心向梁朝归附的日子是正月十七，也正是梁武帝梦见天下太平的那天。

梁武帝更加相信这是命中注定，十分高兴。

但如此大事，仍需和群臣商议。自从大同二年（公元536年）梁朝和东魏之间恢复和平以来，两国交好至今已经有十来年了。侯景既是东魏叛臣，接纳侯景就必然意味着和东魏之间的战争，所以包括太子萧纲、尚书仆射谢举在内的诸多朝臣，并不主张接纳侯景来降。

然而，这时的梁武帝早已沉浸在混一宇内、天下太平的美梦里。他对群臣道："你们说得虽然也有道理。可得一侯景，塞北可清，如此难得之良机，岂能胶柱鼓瑟！"

显然，梁武帝认为接纳侯景的意义不仅在于河南十三州，将来以河南为跳板，更能够挥师燕赵，一扫塞北，从而成就前无古人的千秋功业！

不知道他有没有注意到，就在昨日，执掌天象观测的太史记录了一则"白虹贯日"的异常天象。

日者君之象，而白虹则意味着兵气。对天子来说，白虹贯日从来就不是什么吉兆。晋末永嘉二年（公元308年），曾经连续两月出现白虹贯日，当时的占文便是"近臣为乱，不则诸侯有反者"。之后不久便发生了东海王司马越篡位、匈奴人攻破洛阳的事件，五胡乱华的永嘉之乱也由此开启。

而这一次，梁武帝要么有意忽略了这一异象，要么认为这一不祥之兆会降临在北方的夷狄之君身上，浑然不以为意。

可不知为什么，他总觉得心里不够踏实。次日凌晨，难以安眠的梁武帝披衣而起，在殿省之间缓缓踱步。时近望日，一轮将满未满的明月高悬在武德殿雄浑的飞檐之侧，到得明夜，必将如同一尊毫无缺损的金瓯。梁武帝不由低声自语道："我国家犹如金瓯，承平若此，无一伤缺。如今就这样接受降地，到底是否合适？倘若日后因此生出纷纭，可是不能后悔的呀！"

不知何时，在禁省当值的朱异已经出现在了梁武帝的身后。见此情形，他悄然走近，回应道：“陛下又何必忧虑？当今圣明御宇，上应天命，北方遗民谁不慕仰！只是以往没有机会罢了。现在侯景占据河南十余州，分割魏土之半前来归降，如果不是天诱其衷、人赞其谋，又怎能如此？如果对他拒而不纳，只怕将来再也不会有人前来归附了。愿陛下勿疑！”

从北魏末年国家大乱开始，的确有不少元魏宗室、边郡长官或者据城献地，或者挺身来奔，陆续归附梁朝。而梁朝之所以能够收复淮北、汉中的许多土地，也与这些归降事件密切相关。当年陈庆之护送元颢挺进洛阳的光辉战绩，至今仍让梁武帝记忆犹新。因而梁武帝觉得朱异所说很有道理，如果拒绝侯景归顺，无异于关上了一扇招降纳叛的大门，自然对混一宇内的大业不利。

于是在当月十五日，梁武帝决定接纳侯景归降，封其为大将军、河南王、大行台。随后又命司州刺史羊鸦仁、兖州刺史桓和、仁州刺史湛海珍等将兵三万趋悬瓠，北运粮食接应侯景。

53 侯景降梁

公元547年是东魏的武定五年、西魏的大统十三年，也是梁朝的太清元年。在这一年的上半年，前东魏大行台侯景如同一个卖弄风情的女子，不断向西魏和梁朝同时抛以媚眼，试图诱使两国像争风吃醋的男人一样出兵与东魏大打出手，自己则从中渔利。

不过，相比梦想混一宇内的梁武帝，西魏这边则显得比较理性和冷静。这大概是因为，宇文泰深知己方的实力有限，而四年前高慎来降引发的邙山大败也让他明白，眼下占据河南的时机并不成熟。所以虽然侯景最早接触西魏，而西魏也早在这年二月便封侯景为太傅、河南大行台、上谷郡公，但却迟迟不曾出兵接应。到了五月，侯景被东魏韩轨围于颍川（今河南长葛东北），窘急之下割东荆等四州向西魏荆州刺史王思政求救。当时在西魏内部，王思政镇守河南，念贤主领陇右，两人都不属府兵，享有一定的自主权。这四州皆毗邻王思政的辖区，他认为“若不因机进取，后悔无及”，便自作主张，率荆州步骑万余，从鲁阳关（今河南鲁山南）进取阳翟（今河南禹州），卷入了河南地区的争夺。宇文泰见状，只好也派李弼、赵贵统兵一万从关中开赴颍川。

当时在西魏内部，对于是否应该救援侯景也存在不同意见。例如于谨就认为，侯景这个人狡诈难测，给其高官荣衔就够了，犯不上为他发兵。但此时王思政既已卷入争端，宇文泰若坐视不理，倒显得内部不和，所以他并没听从于谨的建议。

将东荆等四州割给西魏后，侯景担心梁武帝因此发怒，还特意派人来解释说，因为梁朝的援军还没到，自己实在迫不得已，只好向关中求援以救急，绝对不是向宇文泰卖好，剩下的九州都是您的，陛下您赶紧派兵前来啊！

梁武帝答复说，将在外君命有所不受，朕知道你是真心，不必解释了。还命鄱阳王萧范为征北将军，自襄阳进击西魏的穰城（今河南邓州），从背后骚扰王思政。

六月初，东魏韩轨军得知了李弼、王思政两军将至的消息，又听说梁朝也发兵来援，遂决定暂时撤围。西魏军抵达颍川后，与侯景之间互相猜疑，侯景一度想夺取李弼、赵贵的部众，赵贵也想诱执侯景，不过都未能施行。这时梁军羊鸦仁部亦进至汝水，李弼便留王思政占据颍川，和赵贵引军回了关中。大本营既被王思政所据，又担心受到东魏的攻击，侯景遂假称掠地，南下移屯悬瓠。

宇文泰这时也窥破了侯景并非真心归顺，于是一边令王思政接管侯景辖区的七州十二镇，一边召他入关。侯景当然不肯入关。揣摩形势，如今唯有与西魏决裂而投靠梁朝，便回信给宇文泰说："吾耻与高澄雁行，安能比肩大弟！"意思是我连高澄都看不上眼，怎么可能跟你宇文黑獭平起平坐？同时还向梁武帝求援，请他派刺史进据悬瓠和项城。

河南西部既已被西魏占据，梁武帝怕再不大举出兵，连东部的领土也会捞不着。于是他在七月先是派羊鸦仁入据悬瓠、羊思达入据项城，紧接着在八月初一下诏北伐东魏，以南豫州刺史萧渊明为大都督。

这期间，东魏方面高澄已经为高欢办了丧事，正式继承了乃父都督中外诸军、录尚书事的职位。对于河南的局面，由于不愿与西魏、梁朝两国同时开战，而且近期有个侯景的部下逃回，声称侯景对自己的反叛颇为后悔，"有北归之志"，高澄便给他写了一封劝降书，许诺说如果来归，不但你老母妻子无恙归还，还让你终身担任豫州刺史，照旧统领你的部下文武。

侯景回复说：老子现在已经有了梁朝当靠山，西魏也出兵助我，河南之地我自会取得，哪里用得着你赏赐？至于我的老母妻儿，杀不杀在你，与我何干？

见侯景无意归降，高澄又想离间他跟梁朝的关系，宣扬说侯景其实是假叛变，真实的目的乃是攻取梁朝。然而也没收到什么效果。

到了九月，梁武帝又命萧渊明在彭城以南的寒山堰泗水以灌彭城，准备之后以彭城为基地，与西边的侯景、羊鸦仁构成掎角之势。初九日，梁军抵达距彭城十八里的寒山，在冠军将军羊侃的监造下开始断流立堰。二十天后堰成，彭城顿时被大水包围，东魏徐州刺史元则只能婴城固守。

羊侃这个人出身泰山羊氏，祖上便是当地的豪族。虽然从他祖父那辈儿开始羊家就在北魏做官，但据说羊侃的父亲常怀南归之志，曾经对几个儿子说："人生安可久淹异域，将来汝等可归奉南朝。"所以后来魏末北方大乱，时领泰山太守的羊侃便乘机归顺了梁朝。

当时的梁朝承平日久，又崇尚文治，有军事才能的将领十分匮乏。特别是在大同五年（公元539年）陈庆之死后，这一情况更显突出。因而梁武帝对羊侃这样自带部曲的北来降将很是器重，不但封他为散骑常侍、安北将军、徐州刺史，连带其四个兄弟也拜授了刺史之职。

羊侃其人不但博涉文史，而且武艺高强。据说他平时用的弓有十余石，马上也能开六石弓。在兖州之时，他曾经在庙墙上踏壁而行，直上四丈高后，还能横行七步。泗水桥畔立有几个石人，每个都是长八尺、粗十围，羊侃一手一个，抓起来互相撞击，便将石人撞得粉碎。在洛阳担任尚书郎之时，当时还是少年的孝明帝听说他膂力惊人，就开玩笑说："郎官们都管你叫老虎，难道你是披着虎皮的羊吗？你装一个老虎给我看看。"羊侃便趴在地上作饿虎状，以手作爪，一爪击中殿墙，竟在墙上留下五个窟窿！归梁后一次宴会，正赶上少府新造了两柄重槊，长二丈四尺，粗一尺三寸。梁武帝便赐给羊侃一匹吐谷浑进贡的紫骝马，叫他试试这槊。羊侃当即执槊上马，左右击刺，轮转如风，直把旁观者都看傻了。有的人挤不进来，就攀上了树。梁武帝望见，说：“此树必为羊侍中折矣！”话音刚落，这树果然便折了。后来便名此槊为折树槊。

这次随萧渊明出征，羊侃很想立功，因而在筑成堤堰之后，他便劝萧渊明乘大水之势，立刻进攻彭城。

然而，同多年前败于洛口的萧宏一样，梁军这次的北伐统帅萧渊明也是个饭桶。

本来在出兵之前，梁武帝原是任命了鄱阳王萧范来当主帅的。当时朱异正好休假在外，听说后急忙进宫，对梁武帝道：“鄱阳王雄豪盖世，能得人死力，然而其所到之处多行残暴，不宜为吊民伐罪之材。况且……”朱异左右张望了一下，趋近梁武帝耳边，低声道，“况且当年陛下登北顾亭之时，望见江右有反气，似乎预示骨肉之间兴兵相残。今日之事，尤宜慎重！”

听了这话，梁武帝沉默了。

54 慕容绍宗南讨

登北顾亭一事，发生在三年之前。

当时，梁武帝在阔别兰陵五十多年之后衣锦还乡，回程时顺便登临了京口城西北的北固楼。此楼乃东晋时徐州刺史蔡谟所修，位于三面临水的山岭之上。年久失修之下，楼已崩坏，唯有山顶小亭尚存。梁武帝登亭远望许久，事后说道："此岭不足须固守，然京口实乃壮观。"便将"北固"改为"北顾"。不过，除了朱异的这段追忆，史料并未记载梁武帝当时有望气之事。考虑到梁武帝对"阴阳纬候、卜筮占决"之事也很精通，这件事他很可能是私下对朱异说过，因而史臣并未记载。所谓江右，即长江以西的徐、兖、雍、豫等州，从东晋以来便是武力强藩，虽然眼下皆由宗王出镇，但宋、齐之世宗王之间自相残杀的事件实在不少。如果梁武帝确曾对朱异说过"江右有反气"之类的话，那只能说明，尽管苦心经营数十年，这位风烛残年的老人对他的儿孙子侄们却实在没什么信心。

鄱阳王萧范是梁武帝十弟萧恢之子，曾任雍州刺史，正在江右之列。"所至残暴"云云只是朱异一人之辞，史书上并未记录萧范有残暴事迹。但此人在雍州任上缮甲治兵、修城聚粮，曾经因此被荆州刺史庐陵王萧续控告说意图谋反。又有童谣流传说："莫忽忽，且宽公，谁当作天子，草覆车边已。"[①] 萧范认为说的正是自己，便上书求为公。梁

① "莫忽忽，且宽公"意为"不要着急，且等当了公"，"草覆车边已"即繁体"范"字。

武帝封他为开府仪同三司后，他更加觉得童谣应验，确有“希望非常”的迹象。

因此，面对朱异的告诫，梁武帝立刻便改了主意。可是因为数十年来崇尚玄虚、提倡文治，眼下萧梁宗室里实在找不到什么军政人才，唯一有勇力、善骑射的庐陵王萧续也在这年年初刚刚过世，梁武帝又绝不肯将兵权交给异姓将领，所以他掰着指头想了半天，才对朱异道：“会理何如？”朱异答：“陛下得之矣。”您这回选对人了。

其实压根就没选对。

南康王萧会理是武帝四子萧绩之子，时任南兖州刺史，虽然之前担任过领军将军，但从来就没上过战场。这次被任为三军统帅，他居然坐在一个上施板屋、罩以牛皮的肩舆里让人抬着出征。梁武帝听说后相当不高兴。此时镇守寿阳的萧渊明自告奋勇，梁武帝便命他和萧会理分督诸将。

指挥权不统一本来就是兵家大忌。萧会理自以为是皇孙，瞧不起只是侯爵的萧渊明，两人很快便产生了矛盾。萧渊明走了朱异的路子，请梁武帝将会理召回，自己遂独掌了指挥权。

到前线后，梁武帝曾发给萧渊明一封诏书，指示他堰水灌彭城的同时“慎勿妄动”。结果萧渊明还真就不敢妄动了。羊侃劝他乘水势进攻彭城，他不同意；诸将来跟他讨论军事，他拿不出什么主意，又不好意思承认什么都不懂，只好生气地拍着桌案说：“我自会临机制变，不要多言！”诸将一看，碰上这么个草包元帅，只好自认倒霉。回营后各率部众四处寇掠，再也不关心迎敌之事了。

再看东魏方面，虽然侯景在给高澄的回信中虚张声势，声称自己带领西魏和萧梁两国扬旗北讨，但事实上两国并未结成同盟，而是各自为战。基于这种形势，高澄决定采取自东而西各个击破的战略，先救彭城之急，然后再对付侯景和西魏。

在统帅的人选上，高澄和梁武帝一样不放心将兵权都交给异姓将领，所以他选定了自己的堂叔高岳为大都督。至于副帅，初时高澄想委任潘乐，但陈元康建议说："潘乐缓于机变，不如慕容绍宗。况且先王曾有遗命，称其堪敌侯景。公但推赤心于此人，则侯景不足忧也。"

高澄心想，父亲去世前确实这么交待过，可自己毕竟不太了解慕容绍宗，应该将他召至晋阳见上一见。可眼下此人远在瑕丘任徐州刺史，冷不丁召他前来，万一他像侯景一样心生猜疑，引出新的麻烦怎么办？

陈元康知道高澄何以犹疑，便又进言道："绍宗知元康特蒙大将军顾待，新近刚刚派人来饷金于我，请我代他向大将军致其诚款。为了安抚于他，我已经收下了这笔钱财，还在回信中温语厚答。以此看来，我保其人无异心。"

高澄这才大体放了心，于是便任慕容绍宗为东南道行台，节度三徐、二兖军事，与大都督高岳和潘乐等人共同去救彭城。

作为尔朱氏宗党，和本非嫡系的彭乐一样，慕容绍宗在归降高欢之后也一直饱受排挤和猜忌。高欢的心腹孙搴（音qiān）就曾进谗，说慕容绍宗曾登广固城长叹"大丈夫有复先业理否"。一百五十年前，广固是慕容南燕政权的都城，这一举动显然暗示慕容绍宗有复兴大燕的野心。所以高欢虽然明知慕容绍宗很有干略，但一直对他未加重用，直到临死前才嘱咐高澄可以用他来克制侯景。

不久，高岳、慕容绍宗统领十万大军进至彭城西北的橐驼岘（今江苏徐州骆驼山）。而梁军方面的总兵力，据记载也是十万。

羊侃见魏军远来，劝萧渊明应该趁其立足未稳马上进攻。萧渊明不听。次日早上羊侃再次苦劝，他还是不听。至此羊侃已知此战必败，为了保存自己的实力，便径自带领部众移屯到了大堰之上。

十一月十三日，东魏军首先发动了进攻。慕容绍宗率领步骑万人，来攻潼州刺史郭凤的营寨。而这时宣称会"临机制变"的萧渊明却仍酣醉未醒。左右好不容易将他唤起，告知了军情，萧渊明忙传令众将赴救。然而面对魏军的凶猛攻势，各怀顾虑的梁军将领大多选择了观望。

北兖州刺史胡贵孙见状，对谯州刺史赵伯超说："我辈将兵而来，所欲何为？难道见了敌人就这样避而不战么？"赵伯超闭口不应，胡贵孙就独自率领麾下部众冲上了战场。望着他远去的背影，拥众数千的赵伯超转头对部下道："贼虏如此强盛，与战必败，不如全军早归。"众人都表赞同。于是赵伯超便撇下萧渊明等人，抢先撤了军。

接下来的战斗经过，《北齐书》《梁书》《南史》等史籍都没有记载。只有《资治通鉴》记录了一段来源不明的史料[①]，说慕容绍宗采用了"阳退，诱吴儿使前"的计策，诱使梁军乘胜深入，结果梁军遭到东魏军从背后掩击，因而大败，最终萧渊明及胡贵孙、赵伯超等皆为东魏俘虏，损失士卒数万，只有羊侃所部结阵徐还。

但是这一记载似乎与前述梁军将领畏敌不愿赴救的事实互相抵牾，而且赵伯超实际上也没有被东魏俘虏，所以这段史料的可信度实在令人生疑。

不管怎样，寒山一战最后的确以梁军大败而告终。

据说，当战报传至建康宫之时，梁武帝正在睡午觉。宦官张僧胤不得不将他叫醒，禀报说朱异有要事上奏。梁武帝大惊，因为如果不是十万火急之事，朱异绝不会在这时打搅自己的休息。当他得知了寒山惨败、萧渊明被俘的消息，心中大震，一时神态恍惚，差点儿从床榻上跌落下来。张僧胤忙将他扶起。半晌，梁武帝才叹道："吾得无复为晋家乎！"

我该不会像晋室一样，被南下的夷狄霸占了江山吧？

① 类似记载还见于《通典》卷一五四"佯败引退取之"条及《太平御览》卷二八八，二者或许与《通鉴》出自同一史源。

55 | 师徒交手

寒山之战结束后，慕容绍宗于十二月初一乘胜攻取潼州，随后调转兵锋，直奔涡水流域而来。

此时，侯景因攻取谯城不克，转而攻下了城父（今安徽亳州东南）。期间还派王伟去建康游说梁武帝，请他派一名元魏宗室前来，准备将来立为魏主，以便师出有名。梁武帝便选了天监八年降梁的元树之子元贞北上赴军。不想战局急转直下，梁军大败于寒山。又听说慕容绍宗统军前来，侯景大为紧张，连忙带领士卒四万人、马数千匹和几千车辎重退保涡阳。

据《南史》记载，在尔朱荣帐下时，侯景曾经向慕容绍宗学过兵法，虽然不久后就变成慕容绍宗来向他讨教，但在他的心里，一直对这位老师十分忌惮。在侯景看来，高昂、彭乐这些所谓勇将，不过是狼奔豕突的莽夫，而韩轨则是个只会大嚼肥肠的饭桶（“啖猪肠儿”）。至于高岳，侯景认为他麾下所统皆为精兵，但其才略也就是凡人水平。然而在得知高澄委任慕容绍宗为东南道行台后，侯景却连连扣鞍摇头，道：“不知道是谁教唆鲜卑小儿把绍宗派来！莫非高王没死不成？”

很快，慕容绍宗统领士卒十万，旗甲耀日，鸣鼓长驱，进至涡阳城下。师徒二人又见面了。

侯景派人问慕容绍宗：“公等前来，是想送客呢，还是想要跟我一决雌雄？”

慕容绍宗回答：“欲定胜负。”

初时慕容绍宗顺风布阵，侯景则闭垒不战，直到风止乃出。侯景派遣人马绕到魏军背后试图偷袭，但慕容绍宗知道他诡计多端，经常搞这一套，早已有备。经过这一番试探，侯景明白，要想战胜慕容绍宗，非得出奇招才行。于是他命战士皆身穿短甲，手执短刀，突入东魏阵中后低头俯身，不论人腿还是马腿，只管乱砍。东魏军以前从没遇到过这种只招呼下三路的打法，顿时惊慌失措，人仰马翻，乱成一团。片刻后魏军溃败，慕容绍宗也从马上跌落下来，所幸并无大碍，换马后收拾败兵奔了谯城。

此战失利，裨将斛律光、张恃显等人对慕容绍宗大有意见。你不是自诩教过这个瘸子兵法么？怎么连他会使这招都不知道？

慕容绍宗道："我所经战阵多矣，从未见如侯景这般难胜者。诸君倘若不信，自可一试便知！"

斛律光字明月，是名将斛律金之子，心高气傲，精于骑射，曾经一箭射下云间大雕而得名"落雕都督"。听慕容绍宗这么说，不免激起了好胜之心，当即和张恃显披甲而出。慕容绍宗忙自后告诫说："切勿渡过涡水！"

二人遂在水北列阵，与侯景隔空对骂。斛律光使出自己的看家本领，遥射侯景。侯景高度警觉，躲开了这一箭，远远喊道："你为立功而来，我则是惧死而去！我跟你父亲是朋友，你为何要射我？我知道你们怕我，所以才不敢渡到水南来！这一定是慕容绍宗教你的吧？"斛律光默然不应。

侯景这边也不乏善射之人。有个叫田迁的伺机放了一支冷箭，正中斛律光坐骑的胸口。斛律光换了一匹马，又隐身在一棵大树之后，结果还是被此人寻了个空隙将马射杀。斛律光大为沮丧，只好引军撤退。侯景趁势渡河抢攻，一番激战，当下俘虏了张恃显。斛律光败退入城，慕容绍宗对他说道："现在如何？你们还埋怨我！"

东魏军虽然失利，但元气未伤。双方由此在谯城、涡阳一线夹涡对峙，形成了相持局面。

因为侯景的营地处于下风头，这期间东魏段韶曾经在上风纵火，试图发动火攻。但侯景率领骑兵入水，出来后倒退而行，草地尽被河水打湿，火也就烧不起来了。

转眼一个多月过去，形势对侯景变得愈发不利起来。

一是军粮快吃完了，二是他的部众大多是北人，家口都在晋阳和邺城，当初许多人都是受到胁迫才参加了叛乱。此时见局势不利，他们又不愿意南投梁朝，所以士气十分低迷，有不少人便偷偷投降了慕容绍宗。

针对这种情况，侯景骗他们说："你们的家眷早就被高澄杀了！"想要激起他们的仇恨。然而慕容绍宗已经从降卒处得知了这一情况，他统领铁骑五千，从两侧夹击侯景阵营，遥呼道："你们的家属都平安无恙！如果归降，官勋如旧！"还披发指天发誓，以示绝无虚言。见侯景麾下军心摇动，慕容绍宗乘势进攻。当时暴显等人便各率所部来降，侯景军大溃，败兵争赴涡水，溺死者不计其数。侯景本人则带领心腹数骑南逃，一路收集了八百多散卒，昼夜兼行，渡淮而去。

据说慕容绍宗本来是派了骑兵去追的，但侯景留言给他说："我侯景倘若被擒，高澄还留你作甚！"慕容绍宗便停止了追击。

听说侯景战败，豫州刺史羊鸦仁借口粮运不继，慌忙撤出了悬瓠，殷州刺史羊思达也弃项城而走，两城皆被东魏兵占据。

侯景虽然摆脱了追兵，一时却无处可去，正在凄惶之时，路上遇到了马头戍主刘神茂。马头戍归属寿阳管辖，此时因南豫州刺史萧渊明调离，继任的鄱阳王范尚未履职，寿阳城由监州事韦黯暂时把守。刘神茂素来与韦黯不和，有意借侯景之手除掉此人，便劝侯景道："寿阳去此不远，城池险固。韦黯虽然据城，不过是代人监州。大王（侯景被梁武帝封为河南王）如果驰至近郊，他定会出迎，到时趁机将其擒获，便可得城。得城之后，再徐徐向圣上启闻。朝廷喜王南归，必不会因此责备。"听了这话，侯景高兴地拉住刘神茂的手，连连说这是上天的指示，便请刘神茂率步骑百人为向导。

正月二十日夜，侯景一行抵达了寿阳城下。韦黯以为来了敌人，披甲上城瞭望。侯景就派人喊话说：“河南王战败来投此镇，愿速开门！”

韦黯是韦睿的幼子，为人耿直，但是不大聪明。一开始他回答说，没有梁武帝的敕命，自己不敢开城。但后来侯景派了个寿阳人徐思玉来劝他说：“朝廷十分器重河南王，虽然你的职责是守城，可如果你不肯接纳，倘若魏兵追来，河南王被杀，朝廷怪罪下来，这个责任还不是你来负？到时你有何颜面再见圣上？”

韦黯听了，觉得是这么个道理，第二天一早便打开了城门。一开门他就被侯景捉住了。侯景分兵把守四门，谴责韦黯没能早早迎接，不过最终没有杀他。随后又派人驰报建康，禀报涡阳战败的情况，并自求贬削。

当时，梁武帝一度以为侯景已经战死或者被俘，而且担心东魏乘胜南侵，十分忧虑。听说侯景来报，果然如刘神茂所言，不但对他擅夺寿阳一事未加责备，反而任命其为南豫州刺史镇守寿阳，本官如故。

56 韩亡子房奋

连续取得寒山、涡阳两场大捷，收复了河南东部的领土，东魏大将军、渤海王高澄十分高兴。因为这对于接班未久便志在篡夺帝位、另立新朝的他来说，毋庸置疑是值得炫耀的功业。尽管不少人私下认为，侯景叛乱本就是因他而起。

于是高澄一边下令慕容绍宗、高岳回师进逼颍川，力争克复西魏占据的河南领土，一边加紧了对孝静帝的侵逼。

此时孝静帝元善见已经二十四五岁了。当了十来年的傀儡，他已经从一个弱不禁风的少年成长为一个孔武有力的青年。史籍记载，他能够挟着石狮子跳过一堵墙，精于射术，还喜好诗赋，气度从容沉雅，有孝文帝之风。面对这样一位文武两方面都不弱于自己的人主，高澄不能不心存忌惮。因此早在他入朝辅政未久，便安排心腹崔季舒担任中书、黄门侍郎，对孝静帝严加监控，以致孝静帝曾说："崔中书简直就是我的奶妈。"而高澄也时常询问崔季舒，那个傻逼近况如何（"痴人比复何似"），是不是还跟以前一样，你可得盯紧了！

高欢在世之日，因为有过孝武帝西奔的先例，知道对傀儡皇帝不能逼得太过分，因此在表面上一向对孝静帝颇为尊重。每次侍宴的时候，他都会俯伏上寿；孝静帝设法会，乘辇在前行香，他就亲执香炉在后步从，鞠躬屏气，做出极为恭谨的样子。所以高欢身边的人也对孝静帝不敢不敬。

然而，高澄则不然，他的心机城府本来就不如乃父，又觉得孝静帝不过是将来禅位仪式上的一个道具，当国以后对他连表面上的一点尊敬也荡然无存。一次，高澄和孝静帝在邺城东郊会猎，孝静帝驰马快了些，便有人在后面喊道："天子莫走马，大将军怒！"还有一次宴会，高澄拿了一个特大号的酒杯，口称："臣澄劝陛下酒。"摆明了就是要灌孝静帝。孝静帝强压怒火，负气道："自古没有不亡之国，朕也不用这样活着！"这下惹恼了高澄，他破口大骂："朕什么朕！你算个狗腿朕！"还叫崔季舒打了孝静帝三拳，然后奋衣而出。虽然事后他冷静下来，又派了崔季舒来道歉。但谁都看得出来，当今天子在高大将军眼中，不过是个"狗脚朕"而已。

回到后宫，不堪其辱的孝静帝一边落泪，一边不断吟咏着谢灵运的一首诗："韩亡子房奋，秦帝鲁连耻。本自江海人，忠义感君子。"

一百多年前，一生恃才傲物、轻狂任性，却又功名心甚重的豪门公子谢灵运在仕途屡次受挫后被外放为临川（今江西抚州）内史，在郡却不改放浪形迹，兼而与身份敏感之人交游，最终引发了有司的纠劾。朝廷派人前来捉拿，窘急之下的谢灵运"兴兵叛逸"，写下了上述诗句，宣称自己要效仿在博浪沙行刺秦始皇的张良和"义不帝秦"的鲁仲连，对欺压自己的恶势力进行反抗。此时孝静帝吟咏这首诗，显然是有意效法谢灵运和张良，冒险向欺压自己的高澄发动致命一击。

有了想法，还要有感于忠义的"君子"。虽然身处崔季舒等人的监视之下，但通过侍讲等活动，除了利益攸关的元魏诸王之外，孝静帝也能在身边聚集一些不满高氏专权的人物。例如散骑常侍荀济，本来是南朝人，年轻时曾跟梁武帝萧衍是故交，但入梁以后怏怏不得志，后来因为上表抨击佛教、谴责佞佛而惹恼了梁武帝，不得不北投东魏。当初还是高澄推荐他担任了孝静帝的侍讲。可能是因为"自伤年纪摧颓，功名不立"，这时他便加入了孝静帝的阵营。

而作为傀儡皇帝，手中既无实权，孝静帝所能采用的唯一手段便是像当年孝庄帝那样实施刺杀。可问题在于，高澄和乃父高欢一样，平常主要居于晋阳，即便有时来朝，也是住在邺都北城的丞相府，而孝静帝所居则是迁都以后新建的南城，不但距离尚远，有重门高墙阻隔，并且守卫森严，孝静帝一党根本无法接近。

荀济等人筹划许久，最后终于决定：挖地道。

于是在武定五年八月下旬，趁高澄来邺朝见之机，荀济等人假称在宫内营建土山，开始偷偷挖掘一条直通北城的地道。挖到一半，把守南城千秋门的门官听到地下有响动，急忙将此事告知了高澄。高澄一听就知道是怎么回事，即刻带兵直入南宫，见到孝静帝后也不礼拜，质问道："陛下为何要谋反？臣父子功存社稷，有哪里对不住陛下！此事一定是左右嫔妃所为。"说完就要杀孝静帝的宠妃胡夫人和李嫔。

事到临头，孝静帝倒也不失人君风范，正色道："自古唯闻臣反君，不闻君反臣。渤海王你自己要反，何故竟反来责我！我杀王则社稷安，不杀则灭亡无日，我自己的性命尚不怜惜，何况几个嫔妃！如果你一定要行弑逆之事，那我早死晚死也都在你！"

高澄心里虽恨不得将孝静帝大卸八块，但到底还没有失去理智，知道眼下如果杀了孝静帝，就坐实了自己弑君的罪名，于将来的统治大大不利，于是只好强忍怒气，一边作势大哭，一边向孝静帝叩头谢罪。接着又下令摆酒压惊，直到深夜才离开。

三天后，他将孝静帝软禁在含章堂之中，而将荀济等参与了此次事件的人烹杀于邺城街头。

出了这档子事以后，高澄谋朝篡位的意图更加无所遮掩。武定七年（公元549年）四月，借由寒山、涡阳两场大捷的机会，高澄授意朝廷封授他为相国、齐王，同时尽享"赞拜不名，入朝不趋，剑履上殿"等特权。

当然，读过本书前面章节的朋友都知道，按照传统政治运作的逻辑，高澄这时应该"频让不受"，以示谦逊。这期间他手下心腹都劝他意思意思就行了，应该尽快接受，只有陈元康表示时机尚未成熟。他劝高澄说：“您自从匡辅朝政以来，还没有特别突出的功勋，虽说是击败了侯景，可他本来就不是外贼。如今颍川围城已久，不日将陷，希望您能乘机进取。到时有此大功，足可以成就大业。”

虽然高澄对陈元康不建议自己此时接受相国、齐王封号的做法不大高兴，可是他在心底里也承认，自己确实“未有殊功”，就接受魏禅而言，威望似不足够。从去年夏天开始，高岳和慕容绍宗、刘丰等人攻围颍川已经将近一年，仍未攻克，如果自己王驾亲征、扫清河南，倒的确是一桩不小的功勋。

57 突然发生的谋杀

颍川城之所以迟迟难以攻克，是因为守城的人是王思政。

去年四月，得知高岳等人率领十万大军前来，王思政先是号令城内偃旗息鼓，示之以弱。高岳见状，自恃其众，以为一战可屠，便命步卒四面鼓噪，蚁附而上。东魏军刚汇集到城墙下，王思政拣选城中骁勇，开门突出，从旁截杀。东军难以抵挡，溃退而回。这下高岳知道王思政不好对付了，遂改变策略，在城周多修营垒，制造攻具，兴建土山，展开了长期攻势。

当初从侯景手里接收颍川之后，宇文泰觉得颍川迫近敌境，又地处平原旷野，不易守御，曾经建议王思政将总部设在襄城（今河南襄城），而另以别将守御颍川。但王思政自信满满，坚持说："敌人水攻的话一年以内，陆攻的话三年以内，不烦朝廷赴救。"宇文泰只好应允。这次面对高岳的攻势，经受过高欢考验的守城专家王思政毫不畏惧，随方拒守。他命人将引火之物缠在标枪上制成火矛，乘大风投向城外的土山，还发射火箭，焚烧东军的攻城器械，同时招募勇士缒城出战。守土山的东军士兵弃山而逃，耗费多时打造的攻具也尽被烧毁。

陆攻不济，高岳又采纳刘丰的建议，堰洧水灌城。虽然堤坝屡次决口，但经过艰辛的努力，大堰最终筑成。这时，颍川城地处平野的劣势便暴露出来，从九月至次年四月，鱼鳖游于城墙之下，城中水泉涌溢，兵民悬釜而炊，黄土夯筑的城墙久经浸灌，也逐渐崩颓。高岳则将手下兵力分成数番，轮番乘船攻城。尽管王思政亲冒矢石，与士兵同甘共苦，但如今死守将近一年，原本的八千守军已经减损至三千余人，存粮也濒临告罄，看样子恐怕坚持不了太久了。宇文泰虽然派赵贵督东南诸州兵前来相救，然而一来受阻于漫延的水势，二来一年中高澄不断增兵，东魏军兵势太盛，赵贵并不敢贸然深入。

这一天，眼见颍川将克，心情尚佳的慕容绍宗和刘丰等人登堰临视，指挥楼船将士俯射城中。忽见东北方的地平线处云动尘起，似乎一场风雨即将降临。不知为何，慕容绍宗等人并未选择回营躲避，而是就近上了楼船。谁也不曾想到，这场暴风越来越猛，转眼间天地晦冥，系船的缆绳突然绷断，躯体笨重的楼船竟被大风吹向城墙。城上的西魏士兵当即用长钩勾住楼船，一时间弓弩乱发。慕容绍宗自知终将不免，遂投水自尽。刘丰跳船游向土山，途中被乱箭射死。船上其余将士也无一幸存。

没料到因为这场偶然事件，竟会折损两员大将，一时间高岳相当沮丧。好在不久后高澄亲统步骑十万前来增援，并督励三军将大堰加高，于是水势更盛，东魏军遂乘势向颍川发动了最后的猛攻。为了瓦解守军的斗志，高澄事先还宣称："有能生致王大将军者，封侯，重赏。若大将军身有损伤，亲近左右，一个不饶！"

其实，这时城中守军因为长久断盐，全都得了浮肿病，人人浑身无力，基本上已经组织不起什么像样的防守。再加上风吹浪击，北城墙终于轰然倒塌，汹涌而入的大水不多时便淹没了全城。王思政率领残余将士退据土山后，自知胜败已定，便对左右道："我受国家重任，本指望能够平难立功，谁知时运不济，今日力屈计穷。唯有一死以谢朝恩！"说完仰天大哭，西向再拜，就要拔刀自刎。都督骆训急忙上前拦住，劝王思政说您要是死了，高澄一定拿我们这些幸存者出气，为了这些坚持到最后的将士，将军您也应该忍辱偷生才是。其余众人也一并劝阻，搞得王思政竟下不去手。这时东魏军已经包围土山，高澄派了常侍赵彦深前来劝降，王思政终于长叹一声，扔掉佩刀，归顺了东魏。

拿下颍川、擒获王思政后，高澄改颍州为郑州，心满意足地统军回了邺城。他认为这次获胜主要是自己的功劳，所以除了厚赠死难的慕容绍宗、刘丰之外，对高岳的封赏极为有限。紧接着到了七月，高澄再次上表推辞齐王的爵位和殊礼。但与此同时，对于相国这一称号他似乎并未固辞。而且耐人寻味的是，他还在此刻奏请孝静帝早立太子。这些迹象说明，高澄下一步的计划是先让孝静帝传位给年幼的太子，然后自己再取而代之。

然而人算不如天算，高澄自己绝没有想到，眼看帝位已经唾手可得，而他居然没能等到那一天。

八月初八日一早，宫里传出诏令，孝静帝宣布立皇子长仁为皇太子。当天晚些时候，邺城的大小官员纷纷来至阙前拜表祝贺。事后，陈元康、杨愔、崔季舒这几位高澄的心腹齐集北城东柏堂，与高澄密议谋受魏禅的下一步计划和署置齐国百官等事宜。东柏堂本为幽静之所，而且近来为了方便自己的宠妾琅邪公主元玉仪[①]随时出入，高澄已命所有护卫出外回避，再加上不欲使人得闻密谋，此刻连左右侍奉之人也打发了出去。

大概是下午时分，众人正在谋议，一个叫兰京的厨子端着食案走了进来。正在兴头上的高澄并不觉得饥渴，而且他昨晚做了一个噩梦，梦里有人拿刀砍他，眼下见了兰京，顿时觉得梦里的人和他有几分相像，当下不耐烦地将此人斥退，对诸人道："昨夜梦见此奴用刀砍我，应该趁早把他杀了！"

高澄并不知道，此时兰京尚未去远，将他这话尽数听入了耳中。而且他早就对高澄怀恨在心，已经和几个党羽制定了刺杀高澄的计划。

兰京本是梁将兰钦之子，推测是在梁魏之间的某次战争中被俘而沦

① 据《北史·后妃传》，元玉仪是魏高阳王元斌的庶生妹，本为"四贵"之一孙腾的姬妾，后被孙腾抛弃。高澄在路上遇见，"悦而纳之，遂被殊宠"，并奏请孝静帝封其为公主。元玉仪同母姐静仪，也受高澄宠幸。

为奴仆，由于擅长烹饪，便被高澄安排到厨下担任膳奴。据说其父兰钦曾想出钱为儿子赎身，但高澄并不允许，为此事兰京数次向高澄求诉，还是不准。最后一次，高澄大怒，不但命人杖责兰京数十，还恶狠狠地宣称：“再提赎身就杀了你！”从那以后，兰京便生出了刺杀高澄之心。与他同谋的则是同在厨下任事的阿改等六人。

此时听闻高澄要杀自己，兰京遂决意马上行动。他到后厨召集党羽，又在食盘下藏了一把刀，随后冒称进膳，再次闯了进来。

高澄登时大怒，道：“我还没叫吃的，你怎么又进来！”

兰京扔掉食案，挥刀道：“来杀你！”说着猛扑上来。

高澄大惊，跳下床榻想要躲避，不想却崴了脚，急忙钻进了床底。兰京等人掀翻床榻，上去一顿乱刀，高澄当时便尸横就地，死前还连喊了两声：“可惜！可惜！”陈元康扑过来挡在高澄前面，想夺下刺客的刀，结果也连连被刺，肠子都流了出来，不久也伤重而死。杨愔仓惶逃走，落了一只靴子。崔季舒则躲进厕所，逃过一命。外间的护卫听得堂内呼喊，连忙赶来，一个叫纥奚舍乐的当场战死，有个叫王紘的也负了伤，最后还是监厨的奴仆头薛丰洛带领其余厨子拿柴火当武器，才将兰京等人一一擒获。

突然间发生如此大的变故，一时间内外震骇，众人惊魂未定，根本不知道接下来该怎么办。

直到不知何时，一个皮肤微黑、大脸尖下巴的青年神色如常地率领卫士出现在了众人面前。

此人正是高澄的同母弟、太原公高洋。

58 | 头号嫌疑人

堂堂东魏大将军、国家的实际掌控者、二十九岁的高澄就这样突然惨死在了几个厨子的乱刀之下。此事不但耸人听闻，而且着实蹊跷，存在着重重疑点。

第一个疑点便是凶手兰京的身世。

如前所述，《北齐书》《北史》皆记兰京一名固成，为“梁将兰钦子”。但查阅《梁书》兰钦本传，只记他有一子名为夏礼，后死于侯景之乱，更未言及其有任何交通东魏为子赎身等事迹。《资治通鉴》叙及此事时，说兰钦为梁徐州刺史，可《梁书》但云兰钦曾为梁南秦二州和衡州刺史，后在赴广州刺史任上身死，并未出刺过徐州。这就不能不让人怀疑，兰京是否确为兰钦之子。

第二个疑点是兰京行刺的动机。

史料记载，兰京的同伙阿改“时事显祖（高洋），常执刀随从，云若闻东斋叫声，即以加刃于显祖”。这位阿改是高洋的厨子，还与兰京约定，一旦听到东柏堂内有叫声，他就同时对高洋下手。高洋安然无恙一事稍后再说，这里要质疑的是，如果兰京对高澄的仇恨可以用他被杖责和高澄威胁要杀他两事解释，那么为什么他们要同时对高洋下手呢？史料中并未记载兰京或者阿改与高洋有过什么恩怨。以当时的形势看来，即便高洋同时遇害，兰京等人也势必难以逃脱。而且当时高洋居于城东双堂，同时在两个不同地点行刺不同的目标，显然会大大增加刺杀的难度。如果兰京是因为怕被杀掉而行刺高澄，那么在明知必死的情况下选择行刺，则除了泄愤以外没有任何意义；如果单纯只是为了泄愤，就更无法解释他们计划同时刺杀高洋的动机。

第三个疑点则是事发前的古怪预兆。

史书说，就在这次刺杀发生的数日之前，高澄的心腹崔季舒无端在北宫门外当着“诸贵”的面，吟诵了一首鲍照的诗：“将军既下世，部曲亦罕存。”而且声音凄凉，泪水不止，看见的人都感到奇怪。更奇怪的是，事发前有太史曾警告过高澄，说天象显示“宰辅星甚微，变不出一月”。而高澄只是若无其事地说，最近刚刚杖责了小人，你这是故意吓我。再加上前文提到的被人用刀砍的噩梦，史书似乎想告诉我们，事前高澄完全知道某些“小人”可能要谋害自己。那么，之前已经躲过一次刺杀的高澄为什么不但没有采取任何防护措施，反而偏偏以让宠妾出入方便为由将侍卫都遣出在外？

同“百尺高竿摧折，水底燃灯灯灭”这则童谣一样，除非以上记载全都出于史官的杜撰，目的是以当时流行的谣谶之学来阐释个人命运的必然性，否则绝难对这些反常之事做出合理的解释。

第四个疑点是事发后某些人的反应。

据《北齐书·高祖十一王传》，事件发生时，高欢的第七子高涣“在西学”，听见宫中喧闹，惊道：“大兄必遭难矣！”然后弯弓而出。“西学”在邺北城的具体位置不详，但既云西学，理应在城西，而高澄所居东柏堂和高洋所居城东双堂显然都在城东。那么，高涣听见宫中喧闹后何以就断定必是“大兄”高澄遭难呢？

再看当事人高洋。史籍声称，阿改本来是与兰京约定好要同时刺杀高洋的，但当天在拜表庆贺孝静帝立太子之后，高洋“出东止车门，别有所之”，事变发生的时候他还没回来。这一“不在场证明”未免出现得有些巧合。更令人生疑的是，在兰京等人被侍卫和薛丰洛率领众厨子擒获后，高洋又“神色不变”地适时出现在了现场。如果说高洋在亲兄被害后能够保持冷静，是因为其“深沉有大度”的性格使然，那么在一国领袖突然遇刺、凶手又皆已被擒的情况下，正常的处置方法一定是先加以审问，搞清楚事件的性质、是否有人指使、背后有什么阴谋等等。而身为京畿大都督、统领邺城兵权的高洋是如何处置的呢?

他“神色不变，指麾部分，自脔斩群贼而漆其头”，然后封锁了高澄已死的消息，对外徐徐宣言说：“奴才谋反，大将军受了伤，没有太大的危险。”似乎并未详加审问就立刻将兰京等人处死，而高澄和陈元康的死讯一直到四个多月之后，也就是次年的正月才正式公布。如果说秘不发丧是为了保证权力的顺利交接，那么在事变后立刻处死兰京等人，则无论如何也摆脱不了杀人灭口的嫌疑。

套用阴谋论的逻辑，毋庸置疑，在高澄被刺这一事件上，高洋是最大的受益者。事后他不但继承了高澄原有的职官和地位，而且正式受封齐王，并在半年后逼使孝静帝禅位，成了北齐王朝的开国皇帝。

既然如此，那么除了竞争帝位这一点之外，在其他方面，高洋有没有杀掉高澄的动机呢?

魏晋南北朝史专家何德章先生认为有。

作为高欢的次子，高洋比高澄小五岁。[①]与“生而岐嶷”“神情俊爽”“敏悟过人”的大哥不同，少年时的高洋似乎气质欠佳，外表看上去也不够聪明。《北史》说他“黑色，大颊兑下”，“貌陋，神彩不甚发扬”，甚至还是个鼻涕虫，因而并不特别受高欢和生母娄昭君的宠爱。高澄为此也没少寒碜过他，说：“此人竟也能得富贵，相法真不知该如何解释！”

不过，高洋却颇有心计，而且城府很深。有一次，高欢为了考验几

① 高洋生年，据《北齐书》《北史》皆云卒年三十一推算，在529年。然《北史》中另有一则“帝于马年生”的材料，据此则高洋应生于孝昌二年（公元526年）丙午年。另有三则史料可资佐证：帝纪云其生于晋阳，故又名晋阳乐；又云生于上党坊，上党坊亦在晋阳；高洋生时，高欢刚投尔朱荣，家甚贫困。而529年高欢应已任晋州刺史，不在晋阳，亦不贫困也，故本书取526年。参见周一良：《魏晋南北朝史札记》“上党坊”条。

个儿子，拿出一团乱丝来叫他们整理。别人都试图理出头绪，只有高洋抽刀将乱丝斩断，道："乱者须斩！"还有一次，高欢让他们各自领兵四出，同时安排彭乐率甲骑假意来攻。高澄等人都相当慌乱，高洋则勒众与彭乐相抗，显示出了与年龄不相匹配的沉着和胆识。

武定五年高欢去世，临死前安排高洋镇守邺都。之后高澄入居晋阳，便将自己长期担任的尚书令、京畿大都督之职交给了高洋。从那时起，高洋便实际掌握了邺城一带的兵权，成了这个国家实际上的"副统帅"。

何德章先生认为，其实高澄对自己这个貌不惊人的腹黑弟弟是比较猜忌的。据说高澄亲征颍川回来的路上，高洋跟随在后，有个叫皇甫玉的相面大师在道旁围观，说："大将军恐怕成不了事，更可能是那个道北垂鼻涕者。"如果说这件事只是他人的观感，那么下面一事则是高澄亲闻：他曾经找来一个"妙于声相"的瞎子来给众人算命。这瞎子先听武将刘桃枝之声，便说此人当大富贵，王侯将相多死其手，譬如鹰犬被人驱使；次听赵道德，说也是个被人使唤的，也很富贵，但不比刚才那人；接下来轮到高洋，瞎子说"当为人主"；最后是高澄，瞎子却不说话了。旁边的崔暹连忙偷偷掐了他一把，他才撒谎道："也是国主。"可以想象，当时高澄的心里大概并不开心。

此外，在高澄谋求受封齐王、署置百官的过程中，身为同母弟和尚书令的高洋竟然并无参与。何德章先生认为也可说明高澄对他的不信任。

就两人的关系而言，《北史·文宣帝纪》中还有一段总结性的记载，说高澄接班之后，高洋"以次长见猜嫌"。每次宴会之时，高澄总觉得弟媳妇李祖娥比自己的正妻元氏貌美，为此更加不平。高洋要是给李祖娥搞来什么漂亮衣服或是新奇的小玩意儿，高澄知道后总是设法要走。李祖娥为此十分生气，有时就硬是不给。高洋就笑着劝她说，既然大哥要，你就别小气了，这东西回头我再帮你找。而每次退朝以后，高洋就关起门来一人静坐，就算面对妻儿也经常整天不说一句话。有时还疯了一般光着膀子赤着脚大叫大跳，李祖娥问怎么了，他就说是胡闹逗你玩儿。又说高洋的寝室深夜曾有光芒（异光为大贵之祥），李祖娥见了惊告高洋，高洋连忙警告她说不要声张。从此晚上便只留李祖娥一人在室内，而将侍者都遣出在外。

这似乎说明，那时的高洋对高澄的防范已经到了疑神疑鬼的地步。

而在多年以后，心智已经不大正常的高洋有一天突然下令将守寡的大嫂元氏迁出静德宫，霸占了她的财物，还说："当年我哥奸淫了我媳妇，现在我要报复！"于是逼奸了她。

这句话到底是真是假，是不是和高澄之死有所关联，恐怕永远无法知晓了。

59 北齐开国

通过以上分析，我们可以认为，在高澄被刺这件事上，其弟高洋完全具备作案的动机。而更重要的是，他能轻易地了解到高澄的起居动向和日常的安保状况，更别提身为京畿大都督和实际上的副统帅，他也有足够的能力寻找到合适的作案人选和妥善处理善后事宜。

还需要特别指出的，是这次事件发生的时间。

如前所述，这时高澄谋划受禅建齐几乎已经到了最后关头。如果没有这次事变，可以预料朝廷将很快降诏封高澄为齐王。而高澄一旦受封，不但会立刻署置齐国百官，更有可能马上册封世子确立储君。如果拖到那时再下手，即便杀死了高澄，他留下的储君也会成为高洋篡位的巨大障碍。

从这一点来考虑，谋杀非得发生在齐国初建之前不可！

至此，我们几乎可以断定，在高澄之死这一事件上，高洋具有最大的嫌疑，最有可能是幕后的策划者。

但也只是“几乎”“最有可能”而已。

那么反过来想，除了高洋之外，还有没有其他嫌疑人呢？

有的。

例如曾经受过高澄整肃的鲜卑勋贵，他们也有杀掉高澄的动机。但是对他们而言，在晋阳下手似乎要比在邺城更为方便，而且一旦决心除掉高澄，就势必要考虑扶植何人继任的问题。史料中这时并没有鲜卑勋贵与其他高欢子弟接触的迹象。而事件发生后，一时人情不安，当勋贵将领们劝高洋早赴晋阳接管兵权之时，高洋却“回惶不能自决”，直到听取了杨愔、崔季舒、高德政等人的意见后才决定赶往晋阳。这也显示高洋与晋阳方面的鲜卑勋贵事先应该并无合谋。

还有曾经感叹“韩亡子房奋”的傀儡皇帝元善见，他更想杀死高澄。然而在上次挖地道行刺未果之后，高澄一度将其软禁，对他的监控只会更严，他再想组织暗杀，难度堪比登天。换个角度说，如果元善见有本事让兰京之流为他卖命，当初他也就用不着大费周章地在宫里狂挖地道了。此外，史料还记载，由于高洋封锁了高澄身死的消息，一开始孝静帝并不知情，直到后来死讯渐露，他才偷偷对左右道：“大将军这次亡故，似是天意，今后威权当归王室矣。”说明他确实不了解这起事件的真相。

还有研究者说可能是侯景，这就更加属于臆测了。

别说远在数千里外的他并不了解高澄身边的情况，就算他有这个能力，他也未必有这个兴致。一来不论是高澄当政还是高氏其他子弟当权，都会将侯景视作叛贼和敌人，高澄死不死对他来说没什么现实意义；二来侯大将军此时已经挥师东下一举攻入建康，囚禁了萧衍老儿，正在跟各地的勤王军打得不可开交，自顾尚且不暇，哪里有闲工夫派特种部队潜伏到高澄身边对他实施斩首行动？

对宇文泰来说也是一样，高氏子弟不论何人执政，对于西魏实际利益的影响都微乎其微，他也没有蓄意谋杀高澄的理由。

因此，高洋仍是弑兄的头号嫌疑人。

但同时我也只能无奈地承认，此事终究缺乏决定性的证据。由于事件的真相在当时便已扑朔迷离，史官讳莫如深，关键史料又有佚失①，除非日后考古发现能提供新的线索，否则这起事件将永远成为历史之谜。

武定七年八月十一日，在局面初步安定之后，高洋率领甲士八千人气势汹汹地进入南城昭阳殿，对孝静帝说道：“臣有家事，须即刻前往晋阳，特来向陛下辞行！”

---

① 今本《北齐书·文襄帝纪》宋代便已缺失，时人以《北史》和他书杂相补凑而成，早已非原书旧貌。

孝静帝见阶前武士人人攘袂扣刃，如临大敌的模样，自然不敢不允。高洋于是再拜而出。望着他远去的背影，本来以为高澄死后自己可以稍获威权的孝静帝暗自长叹，不由低语道：“此人又似不能相容，朕不知死在何日！”

面对高澄突然身死、高洋前来接班的局面，包括其母娄昭君在内，晋阳勋贵们虽然感到十分震惊和疑惑，却又不得不接受这一突如其来的变故。而高洋也做出了一定姿态来笼络晋阳人心，例如废除了高澄在世时一些“不便”的政令；将大力整肃过贪腐勋贵的崔暹、崔季舒两人“鞭二百徙边”，以此换取勋贵们的支持；同时还加封潘乐为司空、彭乐为司徒、高隆之为太保等。

不过，当高洋受封齐王，并在心腹高德政、徐之才等人的怂恿下以图谶符命为名，试图尽早受禅称帝之时，他却在晋阳这边遇到了不小的阻力。

老母娄昭君当面对他说道：“你爹犹如龙，你哥犹如虎，他们两人都以为天位不可妄据，终身北面为臣。你是什么人，就想行舜、禹之事！这八成不是你自己的想法，肯定是高德政那些人教唆你的！”

高洋遭了一顿数落，回来告诉了徐之才。徐之才说，正因为您不及父兄，才应该早登尊位啊！

高洋深以为然。自己的大哥高澄十五六岁时便入朝辅政，父亲高欢亲手培养多年，他仍然自觉威望不足，而自己只不过是当了三年的尚书令、京畿大都督而已，并无突出的政绩或功劳，难免为那些老资格的勋贵所轻。但也正因为如此，倒是更急需以称帝的形式确立不可逾越的君臣名分，以帝王之尊来增强自己的权威。

反过来看，这也是晋阳勋贵不怎么赞成高洋篡魏的主要原因。在高欢时代，天下是由他和勋贵共同打下的，虽然大家都认他是带头大哥，但从名义上来说，他和勋贵一样都是魏帝的臣属。而在高澄当政后，为了提高威权以图禅代，他有意利用汉人文官打击勋贵，已经引起了他们的警惕和不满；现在高洋收编了高澄留下来的汉臣班底，目的同样是集权称帝，勋贵们担心将来利益受损，自然态度颇为消极。

例如老将斛律金和“四贵”之一的司马子如，都固言不可，斛律金甚至还要求高洋杀掉首陈符命劝他禅代的人。同时杜弼也提出质疑，认为倘若受禅称帝，关中的宇文泰一定会以此为理由发兵来攻。徐之才反驳说：“你当黑獭是真心为了魏室么？我看他八成会跟在我们后边也宣布称帝才是！”

终于，高洋下了决心。哪怕晋阳方面的支持度不够，自己仍要霸王硬上弓。

武定八年（公元550年）五月，在高德政、杨愔等人的操作下，高洋离开晋阳赶往邺城，接受了相国之位和九锡之礼，并召集民夫在城南修建祭天坛。高隆之对此稍有异议，他便威胁道：“我自有事，何必要问！难道你想被灭族不成？”吓得高隆之连忙退了下去。

初八日，高洋派司徒潘乐、侍中张亮等人入宫，敦劝孝静帝元善见禅位。元善见倒很冷静，道：“此事推诿已久，谨当逊避。”又很配合地在禅让诏书上签字盖章，末了只是要求与六宫嫔妃再告个别。当时宫中妃嫔无不唏嘘落泪，有个妃子还吟诵曹植的诗道：“王其爱玉体，俱享黄发期。”希望元善见多保重身体，平安到老。之后他便坐上一辆牛车，驶出了云龙门。路上王公百官身穿礼服，拜倒奉辞，不少人泪洒道旁。

见此情景，元善见自语道：“今日之事，不减常道乡公、汉献帝。”

两天后，高洋在邺城南郊登坛即位，是为北齐文宣帝。

而禅位后被封为中山王的元善见，虽然其正妻是高欢的女儿、高洋的姐妹，而且态度相当恭谨配合，但高洋却并不打算让他像常道乡公和汉献帝那样平安到老、黄发善终。一年后，尽管元善见的饮食一直由妻子高氏亲手料理，可高洋还是找到机会将高氏灌醉，趁机命人毒杀了元善见和他的三个儿子。

北齐王朝的历史，就这样从一场谋杀和一壶毒酒而开始了。

第六卷

统一之路

01 侯景叛乱

今日安徽省马鞍山市西南的采石矶，自古以来便是沟通长江南北的重要渡口。两千多年前秦始皇东游会稽，便是由此过江；魏晋南北朝时代，这里也多次成为各路诸侯往来争夺的要道。所以南宋大诗人陆游曾经有言："古来江南有事，从采石渡者十之九，从京口渡者十之一。"这是古时候此地江面比较狭窄的缘故。

太清二年初冬，在距采石不远的江面上，几十艘载着八千士兵和数百匹战马的大船正乘风从江北驶来。士兵们皆身穿青袍，头戴铁面，黑色的幡旗迎着江风猎猎作响。为首的将军则身高不满七尺，疏眉高颧，满脸狠戾之色，手中拿着一根江东特有的树枝。

此人正是侯景。

自从去年年底败给慕容绍宗之后，侯景虽然在寿阳站稳了脚跟，但心里一直焦躁不安。

原因很简单：连吃两场败仗之后，自知无力北伐的梁武帝萧衍又开始向东魏示好求和了。而当时尚未身死的高澄在收复了河南东部之后，正专注于收复颍川和谋求篡魏，也有意与梁朝休战，就通过被俘的萧渊明放话给梁武帝说，如果两国修好，他就把俘虏放还。

梁武帝动了心，回信说自己不久后将派遣正式的使团。

好死不死，萧渊明派来传信的使者回东魏的路上途经寿阳，正好被侯景侦知。当下扣住一问，便知晓了梁魏两国通好的动向。这下侯景不干了：我是东魏的叛臣，你现在收留我却又跟东魏交好，且不说面子上过不过得去，高澄那边要把萧渊明放回来，你萧衍怎么办？难道拿我去交换？

当下侯景就命人写了一封长长的奏章，痛陈绝不可与东魏求和的道理给朝廷送了过去，同时还不忘捎给朱异三百金贿赂让他帮自己说话。但朱异并不愿违逆梁武帝的想法，金子虽然收了，这奏章却没往上递。

不久，梁朝向东魏正式派出了使团。于是侯景更急了，再次上启请求梁武帝跟东魏断交。梁武帝回复说，出来混，最重要的就是讲义气（“朕与公大义已定”），虽然我跟北边讲和，但是不会抛弃你滴，不要忧虑！

侯景这辈子早已见惯了昨天还磕头结义、今天就翻脸捅刀子的事，你跟他讲大义这种东西，还不如讲大爱无疆靠谱。

他又上启一封。不过这次的措辞明显强硬了许多，甚至暗含威胁的意味。

梁武帝不大高兴，答复说：“朕是万乘之君，怎可失信于人？该说的话我已经说了，你以后不要再写信来！”

到了这一步，侯景已经想明白了。

从来就没有什么救世主，也不靠神仙皇帝。既然萧衍这老匹夫根本靠不住，那就只能是靠自己了！

于是侯景不再上启，而是伪造了一封邺城方面的来信送往建康，说为了促进梁魏两国邦交正常化，梁朝应该拿侯景来换萧渊明。

梁武帝便召众臣商议。虽然中书舍人傅岐认为，如果答应这一要求，侯景一定不肯束手就擒，但朱异等人却说，他侯景不过是个奔败之将，手底下总共就千八百人，派一个使者就能将他擒获，不服又能怎样？梁武帝也觉得还是东魏那头的利益更重要，侯景这颗弃子没什么舍不得，就回信说：“渊明旦至，侯景夕返。”

侯景得知后对左右道：“我就知道这吴儿老公是个凉薄心肠！”再加上之前他曾向梁武帝求与王、谢高门通婚遭到了拒绝，一时新仇旧怨涌上心头，恶狠狠地道：“将来我非把吴儿家的女子配作奴隶不可！”心腹王伟也劝他说，反正听人处置也是死，举兵办大事也是死，不如干他一下！就此下定了造反的决心。

其实从盘踞寿阳的那一天开始，侯景就没少向朝廷要人要物，一般只要不太出格，梁武帝也不拒绝。这时既已决定反叛，侯景便公然从辖区属民中招募士兵，不愿从军的百姓子女则尽配给将士，还向朝廷索要东冶锻工打造甲仗以及锦缎万匹来做军服。朝廷居然不加怀疑，除了以御府锦缎仅供赏赐为由换成了青布之外，其他请求一概批准。

刚渡过淮河的时候，侯景手里只有八百来人，但寿阳历来是北来流民汇聚之所，招募士兵并不太困难。而且侯景并不贪财，当初在东魏之时，他就常常将战利品尽数班赐将士。再加上他驭军严整，很擅长在短期内将一盘散沙的流民捏合成有战斗力的军队。所以没过多久，他便在寿阳武装起了一支七八千人的部队。

然而，光有这些军队还不够，侯景认为，要想成事就最好找些内应。长久以来，他对萧梁宗王在梁武帝的宽纵下彼此猜忌不和的状况早有耳闻，更知道临贺王萧正德曾经因为不满失去太子之位而逃奔北魏的事迹，于是便派徐思玉挟密信联系了身在建康的萧正德，说现在天子年高、奸臣当道，将来非出祸事不可，大王你本来就应该是储君，天下义士都对你失去储位十分愤慨，我侯景虽然不敏，愿助大王早登尊位。萧正德早已阴养死士、储米积财以备国家有变，此刻得了侯景这封信，顿时高兴得鼻涕冒泡，道：“侯公之意，与我暗同，此乃天授我也！”回信说“仆为其内，公为其外”，劝侯景尽快举兵。

侯景这么大张旗鼓地折腾，邻近的合州刺史（镇治合肥）鄱阳王萧范很快察觉到了异样，就密报朝廷说他可能要造反。梁武帝答复说，他侯景就像个要人哺乳的婴儿，生怕断奶还来不及，怎么可能造反？萧范仍然坚持，同时请求率领合肥的军队前去讨伐。梁武帝不但不许，还回复说：“朝廷自有处分，不须你深忧。”朱异也对萧范的使者道：“鄱阳王怎么容不下朝廷有一客呢！”此后萧范再有启奏，他干脆拦下不再通报了。

直到侯景邀请驻军淮上的前司州刺史羊鸦仁同反，羊鸦仁扣留侯景使者后禀报朝廷，而随侯景北伐的元魏宗室后裔元贞也于此时逃归建康，梁武帝这才意识到了侯景反叛的可能性。但朱异又满不在乎地表示，他侯景不过数百叛虏而已，即便作乱又有何能为？

这时节侯景也不用遮掩了，他给梁武帝写了最后一封信，说：“请乞江西一境，受臣控督。”如果不允许，那他就只有“领甲临江”了！梁武帝虽然并不答应这一要求，却仍回复说：“普通人家养十个五个客人都不成问题，朕只收留了你这么一个还没弄好，看来朕确实也有做得不对的地方。”

于是在太清二年八月初十，侯景在寿阳召集将帅，登坛歃血，以讨朱异和“三蠹”（指徐驎、陆验、周石珍，梁武帝的三个佞臣）为名，正式举起了反旗。

02 青丝白马寿阳来

侯景起兵并攻陷邻近的马头、木栅二戍的消息传来，梁武帝不以为然，笑道："是何能为！吾以折棰笞之。"老夫折一根木棍儿就能收拾他！于是一边颁布赏格，宣称但凡能斩侯景者，不论是南人还是北人，皆封两千户，兼一州刺史；一边调兵遣将，命合州刺史萧范为南道都督、北徐州刺史萧正表为北道都督、司州刺史柳仲礼为西道都督、通直散骑常侍裴之高为东道都督，四路进讨，由邵陵王萧纶持节督统诸军。

按梁武帝的构想，这东西南北四路大军，如同一只合拢的巨掌，攻克寿阳、拿下侯景，还不跟拍死只蚊子一样容易？

然而蚊子虽小，胜在轻灵，尤其是在它尚未吸饱鲜血之时。

侯景的军师王伟认为，当前的形势是彼众我寡，若等梁军来攻，势必被困孤城，倒不如弃寿阳迅速东下，直捣建康。到时萧正德反其内，我军攻其外，天下不足定！兵贵神速，应该马上出发。

侯景深表同意。

于是在九月二十五日，他诈称游猎，留外弟王显贵把守寿阳，自领主力出了城。十月初三，侯景军神不知鬼不觉地出现在了谯州（今安徽滁州）城下，守军没怎么抵抗便开城投降，接着挥师南进，于二十日攻克了历阳。

历阳太守庄铁投降后急于表现，劝侯景说："如今国家承平日久，人不习战，听闻大王举兵，内外震骇，宜乘此际速趋建康，可兵不血刃而成大功。若使朝廷徐得为备，内外小安，遣羸兵千人直据采石，大王虽有精甲百万，也难以渡江了！”侯景便用庄铁为向导，直奔采石矶而来。

沿江镇戍迅速将险情报进了建康。

梁武帝没想到侯景来得这么快，便问羊侃该如何应对。羊侃说，应该派两千人马迅速占据采石，再令邵陵王纶袭取寿阳，这样侯景必将进退失据，他召聚的乌合之众也自然瓦解冰消。这时候，朱异又出来捣乱，坚称侯景“必无渡江之志”；再说，之前朝廷已经派宁远将军王质领水军三千巡江防遏了，侯景又无舟楫，长江天堑，他怎么过得来？

其实，梁武帝困于朱异之说，不发兵守采石也就罢了，千不该万不该，他又在二十一日任命了萧正德为都督京师诸军事，屯守丹阳郡城，等于把建康外围的军事指挥权都交给了这个内鬼。萧正德于是派遣了大船数十艘，诈称是去装柴草，到北岸接上了侯景军。偏偏在这时，名将陈庆之的儿子、临川太守陈昕启奏说：“采石急须重镇，王质水军轻弱，恐怕不能济事。”梁武帝觉得他是将门虎子，必能立功，就派陈昕为云旗将军，代替王质戍守采石。王质离开采石的时候，陈昕还没到，沿江的防守出现了一个短暂的空当。侯景这一辈子首次见到浩浩长江，本来他还担心渡江时会遭遇王质水军的袭击，这时间谍来报，说王质已经走了，他一时还不大相信，就叫间谍折下江东特有的树枝为信物。史书上没有记载这是什么树枝，当时已是初冬，江东气候较暖，我猜可能是柑橘、枇杷或是杨梅这种常绿果树。总之，当间谍将树枝交到他手中后，侯景大喜道：“吾事办矣！”于是便率领八千人马从横江南渡采石，在二十二日顺利抵达了长江南岸。

当天晚上，得知侯景渡过江来的建康朝廷才开始宣布戒严。

太子萧纲见事态急转直下，连忙戎服入宫，要求梁武帝将战时的指挥权交给自己。梁武帝道：“这当然是你的事，何必再问？眼下内外军事，都交付于你。”于是萧纲便停居中书省，布置防守事宜，诏以扬州刺史、宣城王萧大器都督城内，而以羊侃为副；太府卿韦黯分守宫城诸门及朝堂；南浦侯萧推驻守东府城；西丰公萧大春守石头城；轻车长史谢禧守白下；宁国公萧大临屯新亭；而内鬼身份仍未暴露的临贺王萧正德则被安排屯守建康的南大门——朱雀门。

如今的建康城，已经将近五十年不曾见过刀兵，城内外的士庶百姓早已习惯了清平岁月，此时听说贼寇来袭，顿时陷入恐慌混乱之中，御街上人相劫掠，不复通行。由于京师的兵力有相当一部分此前已经随邵陵王萧纶北伐寿阳而去，萧纲担心军力不足，遂下令赦免东、西冶等衙门的刑徒和囚犯，统统分派出去守城。所有府库的公款也全部搬运至德阳堂，以充军实。

侯景来得远比萧纲预想得要快。二十三日，派去屯守新亭的萧大临还未及出发，叛军已经抵达了建康之南三十里的板桥。

为了探知城中虚实，侯景先派徐思玉进城求见梁武帝，上启说自己之所以兴兵犯阙，是因为朱异等奸臣弄权，所以才带甲入朝，来清君侧。梁武帝也派中书舍人贺季、主书郭宝亮回访。侯景虽然仍旧北面受敕，表面上恪守臣礼，但当贺季质问他“今者此举何名”之时，他却脱口而出道：“欲为帝也！”一旁的王伟忙进前遮掩说：“朱异、徐驎等乱政，是为诛除奸臣而来。”

南朝建康城的布局，前面已经有过介绍，最内是皇宫所在的台城，台城之外有一圈周回二十里的都城，再外围则是这时已扩张到“西至石头城，东至倪塘，南至石子冈，北过蒋山，南北各四十里”的庞大外郭，拥有人口二十八万户。在晋、宋时代，都城一直都以竹篱为墙，以六门为界，直到齐高帝萧道成即位后，才正式修筑了夯土城墙。至于外郭，则除了秦淮河横亘东西之外，更没有可供防御的城墙。所以城外的百姓这时听说叛军已至，都争先恐后地涌进都城来，更加剧了城内混乱无序的状况。士兵们也争相闯入武库，擅自掠取甲胄武器，有司拦都拦不住，最后还是羊侃连斩数人，才遏止了这一势头。

二十四日，身骑白马、青丝为辔的侯景率军进至朱雀大航以南。统领一千余人把守大航的乃是大才子、建康令庾信，而在其背后驻防宣阳门的正是萧正德。之前太子萧纲曾有意叫庾信早点断开浮桥，以防止叛军渡河，但萧正德说还有许多百姓来不及进城，这么早断桥，民心一定惊乱，宅心仁厚的萧纲便听从了他的建议，指示庾信等敌人杀到再断桥不迟。

此时庾信望见叛军前来，急忙下令撤航断桥，又见叛军士兵皆头戴狰狞铁面，个个如同恶鬼一般，顿时心跳加速，口干舌燥，便退到朱雀门后，要了一根甘蔗来嚼。古代制糖不易，甘蔗是江南贵族嗜吃的食品，据说东晋大画家顾恺之吃甘蔗，喜欢从头往根部吃，这样越吃越甜，名为“渐入佳境”。这边庾信刚开始嚼，一支箭嗖地飞来，正中他身旁的门柱，顿时吓得他一激灵，手中甘蔗也落了地。吟诗作赋是庾信的强项，领兵御敌实在非他所长。大诗人当下脚底抹油，跑了！

这时，浮桥刚撤掉一舶，庾信一跑，手下的士兵也就跟着退。而附近的南塘游军沉子睦部，正是萧正德一党，随即赶来合拢浮桥，将侯景接了过来。本来萧纲是派了王质领精兵三千来增援庾信的，没想到刚进至领军府一带就遇上了叛军。王质来不及列阵，也溃败北走。萧正德率部来迎侯景，两人马上交揖，一同进入了都城南门宣阳门。之前萧正德手下的士兵全穿碧里绛袍，现在则反过来穿，和穿青袍的侯景军合在了一处。

叛军乘胜直抵阙下，包围了台城。

03 十月围城

从建康城的布防格局来看，虽然其四周有东府、西州、白下和石头城这些小型的要塞和据点，但历史上进攻一方只要突破秦淮河防线，这些据点基本上很难坚守。

这时也是一样。侯景军刚一进抵台城之下，把守石头城的西丰公萧大春便弃城而逃，奔了京口；守白下的谢禧、元贞也同样逃回。只有屯驻东府的南浦侯萧推顶住了压力，坚决据守。台城内一时人心大骇，羊侃不得不假装得到密信，宣称邵陵王萧纶和西昌侯萧渊藻的援兵不日就到，这才稍稍安定了众人的情绪。

次日，侯景列兵绕城，还用箭射了一封书信进来，宣称自己被朱异等人陷害，只要梁武帝杀了朱异，他就卷甲退兵。梁武帝问太子萧纲可有此事，萧纲说有，于是梁武帝稍加思量，便像前日为了结好东魏而抛弃侯景一样决定牺牲朱异来满足侯景的要求。萧纲倒是比较冷静，知道侯景这话并不可信，就劝梁武帝说："反贼不过是以朱异等人为借口而已，今天就算杀了朱异，也无补于事，反而会被敌人耻笑。不如等叛乱平定之后，再杀朱异不迟。"梁武帝这才作罢。

一番耀武扬威之后，侯景对台城展开了攻势。

台城周回八里，至少有七座城门。在震天的鸣鼓喧噪声中，叛军手持火炬，百道俱攻，试图焚毁南边的正门大司马门以及东、西华诸门。城门虽厚，但毕竟是木制，不多时便被点燃。羊侃指挥守军在门上凿出洞来，从里面不断泼水。太子萧纲捧了自己的银鞍，舍人高善宝也拿出私金千两募赏将士。重赏之下，直阁将军朱思率领几名勇士逾城而出，从外面洒水，如此过了许久，方才将火扑灭。侯景又派兵拿了长柄斧头来劈东掖门，眼看就要劈开之时，羊侃凿开门扇，用长槊刺杀二人，劈门的人终于仓惶退走。

入夜，叛军尽据城外各衙署宴饮休憩，建康人的耳中不时传来他们从未听过的鲜卑歌谣。与台城相邻的东宫里也传出乐曲演奏之声，原来是侯景将东宫女伎分赐将士，又在里面置酒高歌。面对这一情景，太子萧纲感到既痛苦又耻辱。再加上白天之时，就有叛军登上东宫宫墙向台城放箭，威胁守军的安全。萧纲遂决定派人潜入东宫，四处放起火来。东宫殿宇和萧纲半生搜聚的数百厨图书典籍，在这场大火中尽皆化为灰烬。

二十六日，侯景下令制作了数百个木驴，掩护叛军攻城。所谓木驴，是用丈许长的木头为脊架，下安六脚，蒙以牛皮，高七尺左右，里面能容五六人，躲在下面可以抵挡箭矢等远程武器的攻击。守军见了，就从城上扔下大石，将进抵墙下的木驴砸了个稀巴烂。侯景又做了一些尖顶木驴，石头砸在上面不易受力，难以砸烂。羊侃就用苇草制作了许多“雉尾炬”，灌以油膏，点燃后向木驴集中投掷，将其焚烧殆尽。叛军还造了高十余丈的楼车，想推到城墙前登临下射。羊侃见了，笑道：“这车太高，壕堑旁的土又虚，过来时一定翻倒！”不久后楼车行至城壕边，果然就翻了车。

侯景见久攻不下，士卒倒死伤了不少，便暂时停止了攻势，筑起长围将台城隔绝了起来，又向城中射启求诛朱异等人。萧纲也把赏格射出城外，说有能斩侯景者，就授给他侯景的禄位和钱一亿万、布绢各万匹。

这时，城中守军共有约三万人（一说两万），单纯就数量而言其实比叛军要多。见侯景筑起长围，似乎想把台城里的人都困死在里面，有不少人都发了慌。朱异和左卫将军张绾等建议主动出击，以破坏叛军筑围的行动。但羊侃认为这并不可行，因为出兵若少，不足以破贼；若多的话，一旦失利，门隘桥小，退都来不及。然而梁武帝和太子萧纲并未听从，还是派了一千余人出战。结果这些士兵还没与敌人交锋便望风奔退，回来时因吊桥窄小，掉入护城河里淹死的就有一多半。

当初侯景刚至城下，便宣扬梁武帝已经晏驾。十一月初一，萧正德在他的拥护下于城外仪贤堂称帝，立其世子萧见理为皇太子，以侯景为相国，算是终于实现了他的皇帝梦。城里也有不少人听信了这一传言，人心愈加惶乱。太子萧纲怕生出变故，想请梁武帝亲到城上巡视。虽然陆验哭着谏阻说，陛下万乘之重，岂可轻脱。梁武帝还是乘舆登上了大司马门。城上守军听闻警跸之声，皆鼓噪流涕，城中百姓得知，也稍稍安定了一些。

望着城外绵延的长围、叛军的营垒和遍地瓦砾灰烟，八十五岁的梁武帝心中百味杂陈，回头对朱异道："四郊多垒，谁之罪欤？"

"四郊多垒"一句，出自《礼记》，下文为"此卿大夫之辱也"。显然，梁武帝意在暗示，之所以侯景反叛、建康被围，罪过最大的卿大夫就是你朱异。所以听了这话，朱异冷汗直冒，低头不敢回应。本来侯景打的就是"杀朱异，清君侧"的旗号，从围城的那一天起，城中百官将士就对朱异多怀怨憎，连太子萧纲也写诗做赋，不点名地骂他是祸首。对于梁武帝曾有意杀他好让侯景退兵的想法，他也略有耳闻，此刻又见梁武帝公然暗示罪在己身，看来不论建康守不守得住，自己注定都是身败名裂的下场。回去后，惭愤交加的朱异便得了病。

绝望之中，朱异给侯景写了一封信，"为陈祸福"，希望能劝得他止兵而去。这当然是极其幼稚的想法。侯景不但射书入城，煽动城中士民说，现在的梁朝就是个腐败透顶的政权，不信的话你们自己看看，建康四周遍布的这些园林池苑、王公第宅、僧尼寺塔，再看看当朝这些权贵家中妻妾成群、仆从数千，不耕不织，锦衣玉食，如果不是盘剥百姓，这都是从哪里得来！还宣布凡投降于他的奴婢全部放免为良，专门找了一个朱异家的奴仆封为仪同三司，骑了朱异的良马，穿着他的锦袍在城下骂朱异说："你为官五十年，才好不容易混了一个中领军；我刚一跟从侯王，就已经是仪同啦！"三天之内，投降侯景的奴婢就有数千人之多。侯景对他们赐以厚赏，然后分派各军。这些人不但得了自由，还得了财货官位，自然感激涕零，死心为侯景卖命。

至于朱异，自知罪孽深重，又已病入膏肓，后来终于死掉了。

04 困兽之斗

侯景见暂时攻不下台城，就调转枪口，来攻南浦侯萧推把守的东府城。

东府城位于建康东南的清溪桥东，南临秦淮河，周回三里有余，东晋时本是会稽王司马道子的宅院。后来宋武帝刘裕对之加以改造，增强了其防御功能，遂成为驻军的一座要塞，而且里面向来贮存有不少粮食。

侯景先分兵两千前去攻打，打了三天没打下来，又亲自率军来攻，东府内外一时矢石雨下。这次侯景造的百尺楼车发挥了作用，叛军在楼车上用长钩勾倒了城堞，城内又有军官投降，东府终于失陷。之后侯景派兵持长刀夹立城门两侧，驱逼城内文武裸身而出，将他们悉数斩杀，包括萧推在内共有三千余人被害。他又命将尸体堆聚在大司马门附近的杜姥宅前，冲守军喊话说："若不早降，这便是你们的下场！"

十一月初八，侯景开始在台城东西两侧兴建土山。由于人手不足，他开始大肆驱迫城外的士庶百姓当劳力，不论贵贱，敢不从者一律乱加捶殴，有的人实在疲弱不堪，就干脆杀掉一起填进土山，旬日间便抓来数万名男丁。远近十余里之内，天天可以听到百姓的号哭声和叛军士兵的呼喝驱骂之声。与此同时，城里也筑起两座土山加以应对，梁武帝下令王公百官皆须亲自负土，手执铲锹，每人每天至少要背二十石。要不是有大臣谏阻说实在有辱国体，太子萧纲差点儿就撸起袖子加入了劳工队伍。

城外的土山堆到一定程度后，侯景就在山上架起高四丈的芙蓉层楼（斗拱叠出，状若芙蓉），楼上悬罩毛毯以防箭矢，又招募了两千多胡名“僧腾客”的敢死队员，身穿厚衣重铠，分配东西二山，对台城发动了进攻，昼夜交战不息。城内的守军也登山抵抗，不巧赶上天降暴雨，引发了城内土山崩塌，叛军乘势急攻，眼看就要攻入城中。好在这时雨已经停了，羊侃下令多掷火把树枝，在土山前形成了一道火墙，又在火墙内筑起夹城，终于度过了这次危机。

之前羊侃的儿子羊鷟（音zhuó）没能及时逃入台城，这时也被侯景抓获。侯景将其带至城下，试图劝羊侃投降。羊侃道：“我举家报主，犹恨不足，怎么会在乎这一个儿子？你们不如赶快杀了他！”几天后，叛军又把羊鷟押到城下。羊侃见了，对儿子喊道：“我以为你早就死了，原来你竟然还活着！我以身许国，誓要战死沙场，绝不会为了你生出进退之心。”说完便弯弓搭箭，要把羊鷟射死。叛军连忙把他押了下去。后来见这招没用，也就没有杀他。

攻守双方就这样相持不下之际，此前被俘的陈庆之之子陈昕忽然在一天夜里缒进城来，向梁武帝禀报说，侯景的部将范桃棒贪图朝廷颁下的赏格，自己已经说服他袭杀王伟、宋子仙，率所部两千人诣城来降。梁武帝大喜，当即赐了个银券叫陈昕转交范桃棒，许诺说事定之日，就封他为河南王，统领侯景的所有部众，并赏金帛女乐等。不过，太子萧纲则对范桃棒的用心表示怀疑，担心他是诈降。梁武帝怒道：“受降乃是常理，有什么好怀疑的！”但萧纲还是认为，平叛最稳妥的办法是固守待援，而不是冒险接纳敌方的大将。范桃棒又派陈昕来告，说自己愿只带五百人来降，到城门前便脱下甲胄，乞请开门接纳。萧纲见其言辞急切，愈发怀疑他没安好心，于是终究不肯开门。不久，范桃棒被部下告发，侯景立刻将其处死。陈昕不知道这一状况，如期而出，结果也被侯景逮个正着，被砍掉了脑袋。

虽然错失了这一次里应外合的机会，但城里人好歹终于盼来了援军。

十一月二十三日一早，原本出征寿阳的邵陵王萧纶回师入援，率领三万人马抵达了建康东北的蒋山。

前面介绍过，萧纶这个人有点躁郁症倾向，一度还有试图谋害梁武帝的嫌疑。但无论其动机如何，当他统军进至钟离，听闻侯景已经南渡之后，他还是选择了立即回师入援。不过路上并不太顺利，从京口过江之时因为遇到大风浪，人马溺死了十分之一二。接着为了避开侯景在江乘设置的拦截，夜里绕路又迷失了方向，所以直到现在才赶到蒋山。

其实，这时叛军的士气已经在走下坡路了。刚到建康之时，侯景以为整个城市指日可下，就以台城内的财富为饵，约束全军将士不得侵暴。可后来台城久攻不克，死伤渐多，叛军的士气不但消沉下来，内部还生出了离心倾向，范桃棒的背叛就很能说明问题。为了安抚将士们的情绪，侯景只好放纵他们四处杀掠，剽劫财帛。一时间都城内外尸横塞路，富室豪家尽被抢掠一空，子女妻妾皆被掳入军营。此时突然得知援军抵达，叛军大为震恐，许多人把抢来的钱财女子运往石头城，备好舟楫，打算一旦情况不妙就赶紧逃跑。

侯景趁援军立足未稳，分兵万余三道来攻，结果因地形不利，大败而归，千余人被斩。这下连侯景也准备撤围北逃了。但其部下任约说道：“我辈距家乡万里之遥，走又能去哪？此战如果不胜，大不了同死而已。草间乞活之事，我任约绝不肯为！”

这话激起了侯景的困兽之性，他决定再赌一把。

江南的冬季，虽然山下气温尚可，但山上却开始下起雪来。为避寒雪，刚刚获胜的萧纶引军下山，驻扎于大爱敬寺。侯景则留宋子仙驻守大本营，自领主力置阵于覆舟山北。第二天，萧纶进军至玄武湖畔，与侯景针锋相对。然而整整一天，两军都没有贸然发动进攻。直到日暮之时，史料记载说，侯景派人来约定明日再会战，萧纶也答应了他，于是侯景军便开始收兵回营。

不想这时却发生了意外事件。由于萧纶的部队实际上是由西丰公萧大春、永安侯萧确、南安侯萧骏[1]、前谯州刺史赵伯超、武州刺史萧弄璋、步兵校尉尹思合等各率部曲组成，彼此之间的步调很难协调一致，萧纶与侯景约定明日再战的消息大概没能及时通知所有部队，南安侯萧骏望见侯景收兵，以为是敌人败退，立功心切的他就率领本军追了上去。侯景见状，就掉头又杀了回来。然而官军这边其他的部队却并未跟上，萧骏孤军一支，自然难以抵挡，当即溃败下来。而且败兵冲入萧纶阵地，将萧纶军也带入混乱之中。赵伯超见了，不但不前来救援，反倒引军退走。侯景乘势进击，官军遂全线溃退。西丰公萧大春、主帅霍俊等人当场被俘。

本来这时鄱阳王萧范派遣的一支援军也已经抵达了建康西南的蔡洲，如果能与萧纶形成呼应，叛军必将陷入腹背受敌的不利局面。结果萧纶这一战败，马上便退回了京口。蔡洲的援军兵少，不敢进攻，只好停军等待上流的进一步增援。

① 萧骏之爵称，《梁书》《南史》作“南安侯”，《资治通鉴》作“安南侯”。此处从前者。

05 无力的救援

福不双至，祸不单行。

对于建康城的守军来说，援军的败走已经够让他们丧气的了，然而更糟糕的是，领导他们作战的灵魂人物羊侃积劳成疾，也于十二月初七日病故了！

要知道这时的梁朝，功臣宿将凋零殆尽，年轻一辈则大多偃武修文，军事人才青黄不接，全靠羊侃这样为数不多的北来将领支撑局面。就连侯景也放肆地嘲笑说："城中不是没菜，只是没酱（将）而已！"事实上这话没错，除了羊侃之外，柳津年老多病，韦黯懦而无谋，此时台城里确实再难找到堪当守城之任的将领，所以羊侃这一死，对于城中将士的信心毋庸置疑是一个重大打击。

侯景则抓住这一机会，赶在援兵再集之前发动了新一轮攻势。

他重新打造了一批攻城器械，一一陈于阙前向守军示威，有所谓飞楼、撞车、火车、登城车、钩堞车、阶道车、蛤蟆车等等，皆高数丈，最大的足有二十个轮子。十一日，在蛤蟆车的掩护下，叛军开始运土石填堑；十六日，一辆火车点燃了台城东南角的城楼，叛军乘火势攻城，楼车四面并至。好在羊侃虽死，他守城的诸多方法已被守军习得。他们从城上抛下大石，砸碎了蛤蟆车，又扔出"雉尾炬"，将近前的火车和楼车尽数焚毁，一时间城下死尸堆积，烟炎蔽天。城里还有个精通机械工程的材官叫吴景，他指挥守军就地起楼，东南角楼虽被焚毁，一座新楼却又在后面立了起来。叛军在火势的掩护下，还在城下偷偷挖了地道，城墙将倾之际才被守军发觉。吴景又在城内加筑曲城，状如却月，挡住了城墙崩塌后涌入的敌军。

与此同时，双方堆土山的比赛也并未停止。二十三日，城外的土山终于逼近了城楼。但城内的土山也几乎同高，萧纲命太府卿韦黯守西土山，左卫将军柳津守东土山，双方在山顶上又展开了白刃战，不几日山脚下便尸体交横。最后是老将柳津以其人之道还施彼身，命守军挖地道，直通城外土山之下，泄其地基，土山随之崩塌，许多叛军士兵被生生活埋。他又在城楼上搭建飞桥，悬罩在敌人的土山之上，守军从桥上扔下火炬，烧毁了山上的芙蓉楼。侯景耗费了大量人力的土山攻势，至此也宣告失败。

既然火也不行，土也不行，侯景又打起了水攻的主意。他下令挖掘沟渠，将玄武湖水引到台城之下，于是城墙下洪流滔滔，门阙前汪洋一片。

随着大水将攻防双方隔绝开来，战局再次陷入僵持。

这时已经到了太清二年的年底，在台城被围两个多月后，上游诸州的援军终于陆续抵达。第一批援军的人数有十余万，主力由衡州刺史韦粲、司州刺史柳仲礼、西豫州刺史裴之高、前司州刺史羊鸦仁、南陵太守陈文彻的部队组成。转过年来，重新收拢了部众的邵陵王萧纶与东扬州刺史萧大连、新淦公萧大成等从东道赶来，荆州刺史、湘东王萧绎也派世子方等和大将王僧辩统领水军一万进至。到了二月，南康王萧会理、湘潭侯萧退率领三万人马，也抵达了建康以北的马印洲。至此，建康外围的援军总数已达二十万之众，形成了对叛军的绝对优势。

由于台城早被长围封锁，为了与援军建立联系，太子萧纲听人建议，做了一只纸风筝，里面藏了敕书，还注有“得此送援军，赏银百两”的字样，亲自在太极殿前乘西北风放了起来。叛军远远望见，还以为这是守军施用的某种厌胜法术，纷纷放箭，很快便将风筝射了下来。连着放了好几只，终究难以送达。城外的援军也出重赏募人进城送信。

有个叫李朗的人自告奋勇，效仿黄盖的苦肉计先受了一顿鞭子，然后诈降投贼，终于得以入城。守军得知援军四集，顿时士气大振，举城鼓噪起来。

然而遗憾的是，援军人数虽众，内部存在的问题却也实在不少，以至于彼此掣肘，根本形不成合力。

起初在统率全军的大都督人选上，众人虽然觉得柳仲礼比较合适，但西豫州刺史裴之高自以为年位俱长，耻居其下，并不愿受柳仲礼的命令。最后还是衡州刺史韦粲单舸入裴之高营，又是劝说，又是威胁，才算摆平了此事。援军进抵秦淮南岸后，大年初一青塘一场夜战，虽然侯景方面损失了一千多人，但韦粲战死，子弟部曲尽没，柳仲礼也受了重伤，差一点儿就死掉。这以后柳仲礼就像被抽去了脊梁骨，再也不愿主动出击。邵陵王萧纶一军抵达后，觉得身为皇子，柳仲礼对自己不够尊重，两人很快产生了矛盾。而萧纶的儿子永安侯萧确又与东扬州刺史萧大连有私人恩怨。再加上当时诸军都以私人部曲为主力，有韦粲的例子在前，大多数将领都觉得杀敌立功倒是其次，首先必须要保存好自己的实力。因而诸军之间互相猜阻，莫有战心。

至于远在江陵的荆州刺史、湘东王萧绎和成都的益州刺史、武陵王萧纪，更是迟疑观望，心里打着自己的小算盘，并没有真心入援的念头。

这种局面，正如一群老鼠明知只要给猫挂上铃铛就能一劳永逸，却没有哪一只愿意主动出头，亲自去给猫挂上铃铛。

此外，援军的军纪也是个大问题。一开始，建康士民扶老携幼苦盼援军，然而等援军来了以后，才发现他们同样大肆剽掠，跟叛军也差不了多少。不但百姓们十分失望，叛军中原本有人谋划当官军的内应，至此也打消了这一想法。

一连两月，除了永安侯萧确和羊鸦仁等人度淮发动了一次小规模的攻势，攻破了叛军在东府城前的木栅，在青溪河畔与侯景部将宋子仙形成隔河对峙的局面之外，援军方面再无任何军事行动。而柳仲礼却时常在营中置酒高会，蓄养倡优，面对南安侯萧骏等人要求出战的建议和催促，一概拒而不纳。甚至其父柳津登城向他喊话说："君父皆在难中，你却不能尽心竭力！百代之后，谓汝为何？"柳仲礼也不予理会。以至于军中传言，说侯景曾登朱雀楼和柳仲礼说过话，还赠给了他一只金环。

这传言并非完全空穴来风，因为侯景此时正在酝酿与官军议和。

战事已经持续了四个多月。当初侯景选择直趋建康，就已经在战略上放弃了后方，所以叛军的粮食全靠石头城等处的存粮以及抢掠所得。眼下存粮早已吃光，抄掠也很难再有所收获，都城内外的米价飙升至一升七八万钱，以至于饿殍遍地，甚至出现了"人相食"的场面。东府城倒是还存有能吃一年的粮食，可是萧确等军已经占据了青溪东岸，道路隔绝，根本运不出来。再加上援军云集，虽然进攻的意志不够坚决，但毕竟是不小的威胁。此外听闻湘东王萧绎又从荆州发来三万援军，正在路上，台城一时半刻又攻不下来，因而侯景同样陷入了困局。

这时便有人向他建议，应该设法与朝廷议和。王伟更献策说，至少应该做出求和的样子以为缓兵之计，再利用和谈的机会将东府存粮运入石头城，然后休士息马，养精蓄锐，待守军懈怠之时便可一举攻克！

侯景觉得此计可行，便派部下任约、于子悦来到城下，拜表求和。

06 缓兵之计

侯景想要求和的消息再一次让梁武帝感到了愤怒和耻辱。

他当即拒绝道："吾有死而已，宁有是议！"

"况且此贼一向凶逆狡诈，他的话如何可信？"

面对梁武帝的质疑，太子萧纲低头不语。

但他在心里却不免嘀咕，既然你明知侯景凶逆狡诈，当初为何又要相信此人，接纳于他？

而且萧纲认为，居于深宫的老皇帝并不真正了解外边的惨状。

此刻台城里的状况，要比城外糟糕得多。

去年初冬被围之时，朝廷因为担心粮食不足，一度动员城中男女搬运了四十万斛米谷，以及各府库的钱帛五十万亿贮存在德阳堂。然而台城里原有的人员再加上涌进来的百姓，总共有十几万人。当时正常情况下一个人的口粮是日食七升，围城时定会严加控制，就算以正常量的一半来计算，四十万斛也就够吃三个月，而迄今为止台城已经被围困了四个月。并且当时由于事态紧急，没来得及储存柴薪刍草和鱼盐等副食，以致深冬严寒之时，将士们不得不拆毁尚书省的建筑当柴火取暖；没有干草喂马，就绞碎草席代替；后来草席没了，干脆喂人吃的谷子；到后来谷米俱尽，就煮烂皮甲，捕捉鼠雀充饥；最后连战马也杀掉，跟尸体上割下来的人肉一起煮了吃。

更糟糕的是，开春天气转暖之后，随着尸体的加速腐烂和卫生状况的恶化，可怕的瘟疫开始在城内流行。再加上战损和饥荒，原有的三万守军只剩下三四千人，而且人人浮肿气喘，羸弱不堪。街巷间横尸满路，无人掩埋，熏天的臭气直传出数里之外，腐肉烂汁壅塞沟渠。

这还不算，更让萧纲感到绝望的，是城外援军的消极态度。

萧纲心知，这些援军名义上都是勤王而来，其实背后却各有各的算计。特别是自己的弟弟萧纶、萧绎等人，说不定都暗自巴望着自己和父皇死于侯景之手；至于柳仲礼之流，连他的父亲都可以弃之不顾，显然也另有所图。

正是考虑到以上种种，萧纲寻了个机会再次劝梁武帝道："侯景围逼已久，援军却观望不战，应该暂且接受讲和，先渡过眼前的难关，再图后举。"

梁武帝大怒道："和不如死！"

萧纲道："城下之盟，乃是深耻；白刃交前，流矢不顾。"你难道真的以为，蒙受耻辱而活着要比死去更容易吗？

这次轮到梁武帝默然了。过了许久，他才缓缓说道："尔自图之，无令取笑千载。"这个耻辱的决定你自己做吧！别拉上我。

于是在萧纲的主持下，朝廷开始与侯景和谈。

侯景的条件是，要朝廷割给自己江右四州（南豫、西豫、合州、光州）之地，并以皇长孙、宣城王萧大器为人质护送，然后他便撤军北渡。

中领军傅岐对此相当愤慨，道："哪有反贼举兵围宫，又与之和谈的道理？我看他们只是想要逼退援军罢了！侯景这夷狄人面兽心，必不可信。况且宣城王嫡嗣之重，国命所系，岂能去当人质？"

最终，梁武帝同意了割江右四州的条件，但只愿以萧大器之弟大款为质。侯景的目的本来就不是真的撤围，所以也欣然同意。这样双方就算达成了协议，二月十三日在西华门外设坛，朝廷方面派仆射王克为首和侯景的部下王伟、于子悦、任约登坛盟誓，柳津出西华门与远处的侯景遥相面对，杀牲歃血为盟。与此同时，梁武帝还下诏封侯景为"大丞相，都督江西四州诸军事，豫州牧、河南王如故”，并敕令城外的援军不得发动进攻。

王伟的计策奏效了。

盟约虽结，但侯景并未撤除长围，而是一边修理铠甲武器，一边派人秘密搬运东府城的粮食。给朝廷方面的托词则是“船不够，没法立刻出发”，又说“惟恐援军追蹑”，而且还把萧大款送了回来，坚持要求换成萧大器。

见此情形，太子萧纲已经多少感到受了欺骗，可他除了“羁縻不绝”之外，并没有别的办法可想。归根结底，城内的士兵早已失去了战斗力，而城外的援军如果有能力和意愿击破侯景，当初他也就用不着谈和了。

十四日，由于南康王萧会理统领三万援军抵达了建康东北的马印洲，侯景担心他们自白下登陆，就上启以萧会理妨碍自己渡江为由，要求朝廷将其调至秦淮南岸。萧纲便命萧会理移军至江潭苑。转过天来，侯景又声称东魏已经得了寿阳、钟离，自己去无所归，求借广陵和谯州两地暂居，还说：“援军既在南岸，须于京口渡江。”萧纲也一一答许。

二十四日，得寸进尺的侯景再次提出要求，说永安侯萧确和将军赵威方屡次隔着木栅辱骂自己，声言：“是天子自与你结盟，我们终究要击败你。”朝廷只要召萧确和赵威方进城，自己就马上离开。

梁武帝便派使者召萧确和赵威方入宫。萧确是援军里少见的主战派，他数次推辞，并不愿入城。梁武帝不准，邵陵王萧纶也拿腔拿调地劝他接受诏命。萧确对使者道：“侯景虽声称撤军，却迟迟不解长围，其心可知也。现今召我入城，又何益于事！”使者说圣旨如此，你怎能不遵？萧确还是不从。最后萧纶怒了，冲赵伯超说：“你替我把他杀了，送他人头进城好了！”赵伯超拔出刀来，威胁萧确说我认得君侯，这刀可不认得！萧确无奈，只好流涕入城。

转眼十来天过去，侯景的部队仍旧纹丝不动。而对朝廷来说，和谈的唯一好处，就是邵陵王纶利用使者往来的机会，给梁武帝送了几百个鸡蛋进来。按照梁武帝自己发下的誓愿，吃素三十多年的他本来是不能吃鸡蛋的。然而围城既久，御膳房里早就没了果物蔬菜，梁武帝也就只好破了荤戒，一边数着鸡蛋一边落泪。

利用这十来天时间，侯景不但休养了士卒，也把东府城的存米尽数搬了回去。而且他还探听到，荆州方面派出的军队一直停留在武城（今湖北武汉北）一带，根本没有东下的迹象。王伟因此劝侯景道："大王以人臣而举兵背叛，围守宫阙已达四月之久，逼辱妃主，凌秽宗庙。就算就此息兵，又能于何处容身？背盟而捷者，自古不在少数。愿大王深思。"萧正德更是极力怂恿侯景继续进攻。

侯景也知道以他犯下的罪行，如今早已是有进无退，便上表指斥梁武帝有十大过失，宣称自己仍要"诛君侧之恶臣，清国朝之秕政"。

看罢侯景的表奏，梁武帝既惭且怒，却又无如之何，只能在三月初一这一天在太极殿前立坛告天，以侯景背盟为由举烽宣战。

三月初三夜里，新至的南康王萧会理约同羊鸦仁、赵伯超等在东府城北集结，想试着发动一次对叛军的进攻。然而直等到天亮，羊鸦仁部仍不见影踪。对面的宋子仙发现后领军出击，赵伯超望风奔退，萧会理大败，损失五千多人。大司马门前的阙楼之下，又增加了一批新的尸堆。

紧接着侯景决开壕沟放水，统领手下休养多日的士卒发动了对台城的猛攻。

以此时守军的状况，根本不可能组织起有力的防御。更何况士气低迷之下，已经有人决心叛降侯景。

三月十二日拂晓时分，屯守太阳门的邵陵王世子萧坚手下有两个书佐引导叛军登上了西北角楼。萧确、萧坚指挥部下苦战片刻，但见敌军乘云梯四面而上，越来越多，局势已然无可挽回。

趁自己尚未被围，萧确缒城而下，急匆匆直入文德殿，推门而进，对梁武帝道："城已失陷了！"

梁武帝问："犹可一战否？"

萧确答："不可。"

梁武帝长叹一声，道："自我得之，自我失之，亦复何恨！"

话音刚落，殿门外便传来了叛军士兵的厉声呼喝和纷乱的脚步声。

07 魂断净居殿

之前侯景曾与萧正德有过约定，克城之日，不留梁武帝和太子萧纲二人的性命。所以台城一破，萧正德便急吼吼地带着部众挥刀直奔禁宫。

然而到了殿门口，侯景的手下却拦住他不让进去。

侯景认为眼前还不能杀掉萧衍父子。

这当然是城外还有二十万援军，两人还有很大利用价值的缘故。

他先是派王伟奉表谒见，声称自己被奸佞陷害，不得不领兵入朝，为此惊动了圣躬，现今诣阙待罪。

梁武帝仍不失人君气度，问侯景何在，他要亲自召见。

于是在五百甲士的护卫下，带剑而来的侯景于太极东堂见到了梁武帝。

既然是以臣子的身份诣阙，侯景就不得不在殿下跪拜叩头，然后在典仪官的引导下升殿，极不自然地跪坐到了专门为三公设置的矮榻上。

御座上的梁武帝神色不变，道："卿在军中日久，想必一定很辛劳吧！"

侯景默然不语，脸色阴晴不定。

梁武帝又问："卿何州人，而敢至此，妻子犹在北邪？"

侯景仍不说话，一时场面颇为尴尬。侯景的部下任约见状，只好从旁代答，说："臣景之妻儿如今皆被高氏所害，唯以一身来归陛下。"

这倒并非假话。围城之初，侯景曾写信给东魏高澄，希望他能放母弟妻儿南下。然而高澄可不像梁武帝这么好愚弄，不但没有把他的家属放归，反而下令剥去他们的面皮，“以大铁镬盛油煎杀之”。

梁武帝继续问道：“卿初渡江时有几人？”

侯景终于开口说道：“千人。”声音嘶哑而刺耳。

“围台城又有几人？”

“十万。”

“今有几人？”

“率土之内，莫非己有！”

侯景的回答显然带有情绪。实际上他初渡江时已经有八千人马，所谓围台城的十万人，也有不少是强征的民夫。之所以故意夸大兵力迅速扩张的事实，是想为自己起兵的正当性竭力辩护。所谓“率土之内，莫非己有”云云，更是自欺欺人。

话不投机半句多，梁武帝不再发问，两人的会面就此草草结束。

侯景又到永福省见了太子萧纲，场面同样沉闷尴尬。

出宫以后，侯景相当不快，因为这次见面不但没有让他体会到丝毫胜利者的优越感，反而让他自惭形秽起来。他对左右道：“我每次据鞍对敌、矢刃交下之时，从来泰然自若，不觉得担心害怕。今日见了萧衍老公，反倒有些束手束脚、心里没底，这不是天威难犯又是什么？以后我不可以再见他。”

之后侯景移驻西州城，派手下陈庆带兵守卫太极殿，王伟守武德殿，于子悦屯太极东堂，纵兵大掠宫中的乘舆服玩、宫女嫔妾，又撤掉两宫侍卫，将王公百官一律送永福省软禁。接着又矫诏大赦，任命自己为大都督、都督中外诸军、录尚书事，大丞相、河南王如故。

由于台城内到处都是未及掩埋的尸首，侯景为了省事，下令一律聚拢烧掉，结果有些还没咽气的人也被扔进死人堆里一起烧了，烟气冲天，臭味直飘出十余里外。

第二天，侯景派皇孙萧大款拿着诏书和白虎幡，到城外勒令援军解散。

柳仲礼便召集众将商议。虽然裴之高、王僧辩等有些人仍力主决战，邵陵王萧纶也说：“今日之命，委之将军。”但大多数人都明白，当初既不能并力同心，致使台城失陷而不能救，现在皇帝和太子都被挟持，更加不可能团结一致抗敌。柳仲礼也一言不发，作听之任之状。

见此情景，本来就心怀鬼胎的各路援军遂陆续拔营，各回各家去了。邵陵王纶奔了会稽，柳仲礼、羊鸦仁、赵伯超等人则开营投降。入城后，柳仲礼等先拜侯景，然后才去见梁武帝。梁武帝根本不想跟他说话。他又去见父亲柳津，柳津大哭说：“你这不忠不孝的不是我儿子，何劳相见！”

湘东王萧绎的部下王琳本来载了二十万石米谷来接济援军，已经抵达姑孰，这时听闻台城失陷，也沉米于江而还。

十五日，侯景又命朝廷下诏各征镇牧守复归本任，百官皆复其职，之前拥立的萧正德，则降为侍中、大司马。觉得被侯景耍弄了的萧正德来见梁武帝，拜倒在地哭泣不止，辩解说自己是被侯景所擒，迫不得已。

梁武帝任由他匍匐痛哭，闭目不语，半晌才幽幽说道：“啜其泣矣，何嗟及矣！”（此句出自《诗经·中谷有蓷》）

哭又有什么用？如今再如何后悔，也来不及了。

这句话既是说给萧正德，也是说给梁武帝自己。

这一段时间，他几乎每天都在想，自己治下这好端端的一个国家，怎么就走到了今天这个地步？放眼古今，除了那几位上古时代的圣王，几乎没有哪一位天子能像自己这么出色，那么时至今日，又到底是哪一个环节出了问题？

那个状若猕猴、跛足豺声的侯景，当初选择接纳他当然是个错误。可他从寿阳起兵之时，不过区区数千之众，何以竟能长驱直入，最终在二十万大军的包围下攻陷了重兵把守的台城呢？如果初时四路大军能够及时进讨，或者谯城、历阳两地能够坚守，又或者王质、陈昕能够适时扼断采石，哪怕在兵临城下之后，如果萧正德没有临阵倒戈，如果玄武湖畔一战，萧纶没有败北，如果守军与援军能够里应外合，甚至如果羊侃、韦粲没死，荆州的援兵能够及时赶到……这一切就会大为不同！然而偏偏、偏偏这所有的如果都没有发生！

想到这些，哪怕修行了近四十年之久，梁武帝还是克制不住嗔怒之心，时时愤懑满胸。

这就使得他虽然明知生死操于人手，却并不甘心做一个听话的傀儡，对于侯景的种种要求往往多所抵制。例如侯景想让部下宋子仙当司空，梁武帝道："三公调和阴阳，岂能让此物担任！"侯景又请以文德主帅邓仲为城门校尉，梁武帝干脆说："不置此官！"萧纲担心因此触怒侯景，重又入奏。梁武帝怒道："谁叫你来了！"

还有一次，侯景安插自己的兵在禁省当值，或驱驴马，或带弓刀，梁武帝见了，便问制局监周石珍他们是什么人。周石珍说是丞相的人。梁武帝明知故问："什么丞相？"周石珍只好回答："是侯丞相。"梁武帝顿时怒道："侯景就是侯景，为什么管他叫丞相！"

侯景得知了这些事，虽然表面上没有大动作，心里却忿恨不已，便指示负责看守梁武帝寝殿的人对其起居饮食多方钳制。

梁武帝一个垂垂老翁，本来就时常斋戒，一天只吃一顿饭，围城期间又膳食不周，身体机能早就大为退化，全靠侍者伺候，这时要吃没吃，要喝没喝，连饿带气，很快就得了病。萧纲虽然每天都来探望，却也无法可施，只能父子二人相顾涕泗而已。

五月初二，在净居殿卧疾多日的梁武帝萧衍感到口中苦涩焦渴，便向侍者索要蜜水，侍者们早已得了侯景的警告，一个个只当作没听见。这时梁武帝已经连发怒的力气都没有了，只听他口中发出"荷，荷"两声，便再也不动了。

虽然唐长孺先生认为，"荷荷"是战场上兵退击鼓复进之声，表达了梁武帝"志在反击的忿愤"。但在我看来，更有可能是临死前一口痰封住了喉咙，发不出别声而已。

净居殿，梁武帝度过人生最后时光的地点，其名字来自于佛经。“净居天”是超越了生死轮回的佛教圣人阿那含居住的天宫，那里无苦亦无乐，无忧亦无怖，有的只是一片虚无。

皇帝也好，菩萨也罢，这个八十六岁的老人，从此终于解脱了。

08 | 金楼子萧绎

梁武帝晏驾二十六天之后，侯景才正式发丧，同时奉太子萧纲即位，是为梁简文帝。

此时的形势，尽管侯景自吹自擂“率土之内，莫非己有”，但实际上他能控制的地域只有建康周围数百里地，各地的藩镇牧守基本上都不听从他的号令。而经过围城时期的破坏，曾经繁华富庶的建康一片破败景象，原本的百万人口，饿死的饿死，逃离的逃离，“存者百无一二”。粮食更是极度匮乏，哪怕是幸存的贵戚豪族也出来亲自采掘野菜，路边的沟壑之中随处可见僵仆的尸体。

为了度过眼前的危机，侯景决定首先对东部用兵，征服财赋稻米所出的三吴地区。鉴于手头兵力不足，他下诏放免所有北人在南为奴婢者，从中择选士卒将校，还封了元罗等十几个元魏宗室的后裔为王，希望尽可能地将南朝境内的北人整合在他的麾下。

三吴地区虽然富庶，可民众久不习战，面对侯景部将宋子仙、于子悦、侯子鉴的进攻，尽管也奋力抵抗，但到了这年年底，终究还是全境沦陷。东扬州刺史萧大连被俘，邵陵王萧纶则率部从会稽出走，沿江西上，到了郢州。

这期间，东魏趁梁朝内乱之机不断蚕食淮南领土，逼得鄱阳王萧范在合肥站不住脚，去投了江州刺史萧大心。而上游的荆、雍、湘三州宗王则同室操戈，自己打成了一团。

荆州刺史、湘东王萧绎是梁武帝的第七子，生得聪明俊朗、一表人才，可惜幼时患有眼病，自恃深谙医道的梁武帝非要亲自诊治，结果弄得他一目失明。尽管如此，萧绎却十分嗜好读书藏书，自己眼睛不好，就在身边设置了“朗读者”专门念书给自己听，令其轮番当值，昼夜不休，哪怕自己睡着了也要继续念。所以成年后，萧绎下笔成章，颇擅辞赋，自号金楼子，其私人藏书后来达到八万卷（尽管其中有不少副本），比建康的皇家藏书还要多。

不过，可能是因为一目失明导致的自卑心理作怪，萧绎为人量狭而又多疑，虚伪而又寡情，尤其特别记仇。他第一次担任荆州刺史回京后，由于接任的五哥、庐陵王萧续向朝廷举报他生活作风有问题，从此两人就结了怨。太清元年萧续死的时候，萧绎高兴得直蹦，以至于踹烂了鞋底。

萧绎的这种性格，也充分暴露在了他的家庭生活中。

萧绎的妃子徐氏是齐世宰相徐孝嗣的孙女，虽然出身书香门第，可惜容貌欠佳，又嗜酒善妒，以致两人婚后的关系相当糟糕，两三年萧绎才到徐妃那儿过一次夜。有一次听说萧绎来了，怨气冲天的徐氏故意只将半边脸化了妆，意思是反正你就一只眼。萧绎见了大怒，拂袖而出。后来萧绎宠幸态媚容冶的王夫人，徐妃也大找相好，与瑶光寺一个叫智远的和尚私通，还曾经和萧绎身边一个叫暨季江的美男子多次发生关系。徐妃正在虎狼之年，欲求相当旺盛，以致暨季江时常感叹：“柏直（疑似地名）的狗儿虽老，犹能捕猎；萧溧阳家的马儿虽老，仍然神骏；徐娘虽老，犹尚多情。”这便是后世“徐娘半老”这一成语之出典。大概也是太清元年之后，萧绎宠幸的王夫人得病死了，萧绎一度怀疑是徐妃做的手脚，不但对她更加厌恶，还连累她生的世子萧方等也备受冷落。

萧方等自觉不被父亲所喜，便借梁武帝召见之机乘舟东下，半路得知侯景乱起，就主动要求带兵入援。萧绎拨给他步骑一万，和王僧辩同援建康。虽然没能救得了台城，但整个战事期间表现相当不错，返回江陵的路上也治军严整，颇有能名。回来后又劝萧绎修筑城栅，增扩了周回七十余里的防御工事。萧绎观之大悦，回来对徐妃说："若更有一子如此，吾复何忧。"徐妃不答，垂泪而退。萧绎更加恼恨，居然下令将徐氏的种种失德秽行写成大字报，贴在大门上示众。

萧绎虽是荆州刺史，但同时也带都督荆雍湘等九州诸军事的头衔，因此在侯景攻围建康之时，他也曾命令雍州刺史岳阳王萧察、湘州刺史河东王萧誉、信州刺史桂阳王萧慥（音zào）出兵救援。不过这几人都各有顾虑，意存观望而淹留不进。而萧绎除了派萧方等、王僧辩领一万人入援之外，自己也屯留郢州武城许久不下。参军萧贲借与他下双陆棋的机会，讽刺他"都无下意"，萧绎怀恨在心，竟然事后找了个借口将他处死。台城失陷后，上流援军纷纷退兵。因为有小人从中作梗，送信给萧绎说河东王誉、岳阳王察和桂阳王慥勾结起来，准备攻取江陵，萧绎连忙弃船沉米，抄近道返回江陵，诛杀了返回信州途中于江陵歇脚的桂阳王慥。

萧誉和萧察都是昭明太子萧统之子，跟萧绎是叔侄关系，本来彼此之间并没有什么大不了的恩怨，顶多就是萧绎以都督九州诸军事的名义下令给誉、察二人，二人都不大听而已。但随着台城失陷，局势就变得十分微妙了：落入敌手的梁武帝和太子萧纲一来随时都有丧命的可能，二来受侯景挟制，至少部分丧失了统治的合法性，而按照长幼次序，虽然排行第六的邵陵王萧纶还在萧绎之前，但在实力上他却无法与坐居上流的萧绎抗衡。再说梁武帝萧衍当年就是自上流东下最终取得的政权。所以萧绎完全有理由认为，自己将是皇位最有力的竞争者。四月，台城失陷的消息传来，便有荆州僚佐劝萧绎以太尉、都督中外诸军事的名义承制主盟，这时萧绎尚且推辞。不久后梁武帝晏驾，有宗室从建康逃到江陵，声称有密诏以萧绎为大都督中外诸军事、司徒、承制，萧绎便当仁不让地以盟主自居，开始号令其他藩镇。这时控制邻近二州的誉、察兄弟便成了他首先要加以清除的竞争对手。

太清三年（公元549年）四月，萧绎以讨伐侯景为借口向湘州征兵，萧誉不给，还说："各自军府，何忽隶人？"大家都是平级，怎么我就成了你的部属？使者来了三回，萧誉就是不从。萧绎大怒，当即派世子萧方等领两万人前往征伐。结果麻溪一战，萧方等战败，不幸溺死。萧绎很可能早就有了改立王夫人之子方诸为世子的想法，所以得知方等败死后，不悲反喜。而没过多久，方等的生母——那位"半老徐娘"徐昭佩便投井而死，据说也是为萧绎所逼。

方等既死，萧绎便另行择将讨伐湘州。当时单论实力，荆州虽然比雍、湘略优，但还没强大到足以以一敌二的地步。可萧绎的手下有大将王僧辩。此人是梁初名将王神念之子，向以勇略著称，时任竟陵太守。萧绎决定派他和信州刺史鲍泉共同领兵。但王僧辩觉得自己在竟陵的部下英勇善战，想等到把他们召集齐了再进兵，就来向萧绎要求延期。哪知这又触犯了萧绎的多疑猜忌之心，他大怒道："你抗命畏行，难道想通敌不成？看我不杀了你！"说完拔剑就刺，正中王僧辩大腿，当即血流如注，王僧辩就昏死过去，好半天才苏醒过来。结果还是被萧绎下狱，连其子侄也一并抓了。要不是王僧辩的老母魏氏亲来谢罪求情，萧绎怒火渐消，赐给了良药，王僧辩很可能就此死掉。

由于发生了这起事件，鲍泉只好独自统兵征讨湘州。八月间连续取得两场胜利后，随即包围了长沙。萧誉连忙向其弟萧察求救，于是萧察留参军蔡大宝守襄阳，自领步兵两万、骑兵两千来伐江陵，以为围魏救赵之计。萧绎大惧，只好派人到狱中来问计于王僧辩。王僧辩具陈退敌方略，萧绎这才把他释放，任命为城中都督。一来有王僧辩守城，二来萧察的部下杜崱（音zè）、杜岸阵前倒戈，萧察最终败回襄阳。于是萧绎又派王僧辩代替鲍泉攻围长沙。至次年四月，终于攻陷长沙，擒斩了河东王萧誉。

09 宇宙大将军

萧绎虽然早就得知了梁武帝驾崩、太子萧纲即位的消息，但因为湘州未平，一直秘而不宣。直到王僧辩攻克长沙的当月，他才为梁武帝发丧，还用檀木刻了一个武帝的雕像置于百福殿之中，凡有要事都来向木像汇报。同时他又以萧纲受制于贼臣为借口，并不改用建康政府的年号大宝，而是沿用武帝的太清年号，这表明他根本不承认萧纲为新君。随后他又移檄远近，下令大举讨伐侯景。

而当上游萧绎叔侄陷于自相残杀之时，侯景则从容征服了三吴之地，并开始派部将任约、于庆统兵两万沿江西进。由于落脚江州的鄱阳王萧范和江州刺史萧大心互相猜忌，任约得以各个击破，至大宝元年（公元550年）七月遂攻下寻阳、豫章，取得了江州北部的控制权，进而西逼郢州。

郢州刺史本是南平王萧恪，但年初邵陵王纶率部从会稽来至江夏后，萧恪便已推举他为假黄钺、都督中外诸军事、承制。所谓承制，即“承制诏而命之”，意思是秉承皇帝旨意可以便宜从事，在其辖区内享有专断大权。这一来就引起了同样承制于上流的萧绎的不满，再加上萧纶排行在前，是他竞争皇位的最大对手，萧绎遂在平定湘州之后，派王僧辩和鲍泉帅舟师一万沿江东下，以抵御任约为名，说要迎邵陵王回江陵，授以湘州之位。

九月，王僧辩军进至江夏城外的鹦鹉洲，萧纶部下刘龙虎叛降。萧纶自知难以抵御，流泪对左右道：“我本无他意，唯志在灭贼而已，湘东王却总是以为我要跟他争夺帝位，所以派兵来攻。今日欲守则并无粮储，欲战则取笑千载。我不能无辜就缚，当于下流避之。”就带着儿子和十几个心腹开北门轻舟出奔，收拢散卒后屯驻于齐昌（今湖北蕲春）。不久后任约来攻，萧纶复北窜进入西魏境内，数月之后被西魏杨忠攻杀。

而随着邵陵王纶退出郢州，萧绎和侯景两方势力终于相遇于长江中游。

十一月二十一日，萧绎所署左卫将军徐文盛在武昌（今湖北鄂州）附近大破任约军，任约退守西阳，并向侯景求救。侯景随即派宋子仙统兵两万先行。转过年来，萧绎又给徐文盛增兵两万，任约再次告急，于是侯景亦亲统水军两万自建康西上，来与萧绎一决雌雄。

在拿下建康后这将近两年的时间里，侯景的所作所为完全可以用“生杀任意，威福自作”八个字来形容。

他先是诛杀了因没能成为皇帝而对他不满的临贺王萧正德，继而又处死了意图行刺他的永安侯萧确，同时大肆封授前来投靠他的北人以官爵，一时间，“为其将帅者，悉称行台，来降附者，悉称开府，其亲寄隆重者曰左右厢公，勇力兼人者曰库直都督”。对于不满其统治的人，则动用残酷的刑罚来威吓镇压。有个叫李瞻的东阳人起兵反抗，失败被擒，侯景将他在闹市中斩断手足、剖腹剜心处死。他还颁布了禁止集会偶语的禁令，并在石头城下立了一个大号的舂碓，有犯禁者，就像舂米一样用大碓捣杀。

而对于简文帝萧纲，虽然奉他为帝时两人在重云殿礼佛为盟，侯景说了一番“惟愿自今两无疑贰，臣固不负陛下，陛下亦不得负臣”之类的鬼话，但实际上他从来没把这个傀儡放在眼里。简文帝的女儿溧阳公主貌美，侯景便纳为姬妾。大宝元年三月上巳节，侯景请简文帝在乐游苑褉宴。次日简文帝还宫，前脚刚走，侯景便拉着溧阳公主一屁股坐在了御座上，南面接受文武群臣的陪侍。到了四月，侯景又强迫简文帝到他居住的西州城作客。简文帝一身素服，侯景却穿紫带金；简文帝的侍卫有四百人，而侯景的翼从则有数千之多。宴会时，简文帝听闻丝竹之声，不禁潸然泪下。侯景就问：“陛下何以不乐？”其实这时还在梁武帝的丧期，对于谨守礼法的萧纲来说，本不应该参加宴会，更不应该观闻乐舞，可他哪里敢说？惟有强颜欢笑，乱以他语，陪着侯景听曲唱歌，末了还在侯景的逼使下起舞助兴，夜阑方归。

到了大宝元年下半年，随着其军队在三吴地区和江州战场接连取得胜利，早就存有篡位之心的侯景不再满足于丞相的名位。七月，他先是矫诏进自己为相国，封汉王，食邑二十郡，并加“入朝不趋、赞拜不名、剑履上殿”诸般特权。三个月后，他又封了自己“宇宙大将军、都督六合诸军事”的头衔。

这份诏文送到简文帝面前时，博学多闻的他大吃一惊，不由说道：“将军乃有宇宙之号乎？”

在古汉语中，上下四方曰宇，古往今来曰宙，东西南北上下是为六合。侯景的这个称号，大概是想表达一种“我是四次元世界全宇宙最高统帅、银河系陆海空总司令”的霸道总裁风格，也难怪文艺男青年出身的萧纲不大适应。

不适应归不适应，章还是要乖乖地盖。

然而，十一月底“宇宙大将军”侯景为西讨萧绎刚刚出屯晋熙（今安徽潜山），建康城里就发生了谋反事件，主事者是南康王萧会理。由于计划泄露，留守的王伟将萧会理一党尽数捕杀。侯景知道后怀疑简文帝亦牵涉其中，此后不但对他看守更严，还派人杀掉了在简文帝身边时常出入的宗室萧咨。这种种情形使简文帝意识到，自己恐怕命不长久了。有一次，他甚至指着自己的寝殿对左右道：“庞涓当死此下。”[①]

大宝二年（公元551年）闰三月末，自建康西上的侯景统水军进至

① 战国时马陵之战，孙膑事先在大树上写有“庞涓死于此树之下”，埋伏射手在旁，后庞涓至此战败，果在树下自杀。

西阳（今湖北黄冈东南）。虽然这支舰队规模宏大，出发时“自石头至新林，舳舻相接”，但侯景和其手下将领毕竟都是北人，于水战并不擅长。与徐文盛初次交锋，侯景便吃了亏，折损大将败退还营。

不过，“宇宙大将军”的名号并非全靠吹牛，侯景还是很有两下子的。他知道自己的优势在陆战，同时探知敌军主力尽在徐文盛手中，而其背后的江夏城则相对空虚，于是决定派出一只快速部队从陆路突袭江夏。

邵陵王纶出逃后，萧绎将南平王恪召至江陵，而派了自己的儿子萧方诸去当郢州刺史。萧方诸这时才十五岁，又是个娇生惯养的公子哥儿，好不容易脱离了父亲的管制，到江夏后整天戏耍赌博、吃喝玩乐。行郢州事的长史鲍泉虽有一把堪与关云长媲美的长髯，其实却是个温和文士，自以为徐文盛大军不远，对城防也不甚留心，而是陪着萧方诸每日嬉闹。

四月初三日，风雨大作，天色昏暗，侯景的部将宋子仙和任约率领四百精骑神不知鬼不觉地出现在了江夏城下。城上有士兵望见，连忙报给萧方诸和鲍泉得知，可两人都觉得徐文盛还在下流与敌人对峙，来的一定是友军。等到守军接连汇报确是敌军，鲍泉下令闭城之时已经晚了。城门尚未关闭，宋子仙军便疾驰进了城。而宋子仙带兵冲进刺史府的时候，萧方诸正和鲍泉在玩骑马游戏，鲍泉配合地躺在地上，一副美髯被萧方诸用五色丝线扎成了好几个小辫儿。听见敌人闯入，萧方诸吓得倒头便拜，鲍泉则一骨碌滚到床下藏了起来。然而他美丽的胡子却出卖了他。宋子仙低头一看，正看见那些五彩小辫儿，当即把他从床底揪了出来。郢城就这样落入了侯景手中。

徐文盛军得知后方被端，惧而奔溃，逃归了江陵。家口在江夏的将领王珣等人则大多归降了侯景。

10 折戟赤沙亭

拿下郢城后，侯景乘胜西进，直指巴陵而来。

虽然有史料说，这支军队“号二十万，联旗千里，江左以来，水军之盛未有也”，不过这一记载显然过于夸张。实际上算上宋子仙、任约的部队和江夏降众，侯景的兵力应该在五六万左右。

据说建康的简文帝得知了侯景克郢城后西上的消息，对御史中丞宗怀透露：对于侯景来说，用部分兵力围守巴陵、主力直取荆州是上策；屯军长沙一带，略地零陵、桂阳，将湘水上游的粮食运到洞庭湖一带是中策；全军聚集于江口，顿兵于巴陵城下，是为下策。

同时《资治通鉴》却记载，郢城失陷后，江陵的萧绎任命王僧辩为大都督东下御敌，在指示他屯守巴陵以逸待劳之后，也对左右将佐说了一段与简文帝的论述相同的话：“贼若水步两道，直指江陵，此上策也；据夏口，积兵粮，中策也；悉力攻巴陵，下策也。巴陵城小而固，僧辩足可委任。侯景攻城不拔，野无所掠，暑疫时起，食尽兵疲，破之必矣！”

批注《通鉴》的元人胡三省并不相信萧绎有如此料敌的才略，断言“当时作史者为之辞耳”，说是史官杜撰了这段话以彰显萧绎的本事。

这段话到底是萧纲还是萧绎所说暂且不论，重要的是它提出的问题：对侯景而言，战略上选择直接进攻江陵要比攻围巴陵好得多。

一个关键的原因就是，万里长江滚滚东流，顺江而下要比逆流而上轻松得多。巴陵即今湖南岳阳，水路距江陵不过四百多里，乘风一天即到，萧绎不论是派兵增援还是运输粮秣都很容易；而侯景从下游征粮就相对困难得多，况且其军队规模既大，粮运的负担也就更加沉重。若是能占据零陵、桂阳一带，就近掠取湘州的粮食，当可大大缓解这一压力，也就是所谓中策。

其实侯景也并非没意识到这一点，但是他终究对水战底气不足，更担心后路被断，所以最终只派了任约领五千精兵由水路直趋江陵，而以宋子仙统兵一万为前锋，自领大军水陆并进，缘江而至，于四月十九日来到了巴陵城下。

巴陵城据说是三国时鲁肃所筑，南倚巴丘山，西枕洞庭湖，易守而难攻。王僧辩到此后，下令将城外的公私舟船一律凿沉，分命众军乘城固守的同时，又偃旗卧鼓，伪装成不设守备的假象。所以当侯景来此后，更增强了想要一举攻克巴陵城的念头。他先派轻骑到城下问："城内是何人驻守？"答曰："王领军（萧绎以王僧辩为领军将军）。"城下人又说："何不早降？"王僧辩答道："大军但向荆州，此城自当非碍。僧辩百口在人掌握，岂得便降！"意思是我家眷都在萧绎手里，所以不敢投降，但你去攻打江陵我也不管。这些话让侯景觉得，似乎守军的意志并不坚定。于是他又派人将在江夏俘虏的王珣带到城下，想以此劝降他的弟弟、宜州刺史王琳。王琳在城上见了，道："兄长你受命讨贼，不能死难，难道不惭愧吗？怎么反来诱降！"拿起弓箭就要射王珣。王珣大惭而退。

既然劝降无用，侯景就纵兵来攻。接下来的一个多月，侯景跟王僧辩将他在建康城下与羊侃的攻防对决基本又原样上演了一遍，甚至在当月的甲子旬甲子日，他还采遁甲方术，派出兔头兵（头戴兔头冠或面具，模仿六甲神中的丁卯神）肉搏攻城。然而其结果却相当糟糕：侯景军死伤惨重，再加上暑热疾疫流行，军粮不继，整个部队减员竟高达一半以上。

这边侯景顿兵于坚城之下，那边萧绎又从江陵发来了援兵。

统兵的是两个人，其中之一是武猛将军胡僧祐。此人和王僧辩一样，也是南来的北人，本来因为忤旨被关在牢里，这时萧绎也将其放了出来命他赴援。临行前，胡僧祐对儿子交待在家门口开两个门，一个朱色，一个白色，吉则由朱门，凶则由白门。意思是自己要么凯旋，要么就马革裹尸。

另一人则是个修佛的居士，名叫陆法和。此人出身籍贯不详，之前一直在江陵以西的百里洲隐居，衣食起居如同苦行僧，据说颇通异术，也收有不少弟子。当初侯景刚刚降梁，他就预言此人必反，后来侯景果然反叛、围困建康。别人又问他事态将会如何发展，他以果熟自落作比，预言侯景“亦克亦不克”，意思是能够拿下建康，但终究不免失败。

这次听闻侯景部将任约来寇荆州，陆法和毛遂自荐，向萧绎要求出征。萧绎便给了他一个信州刺史的头衔，命他和胡僧祐一起东讨。两天之内，陆法和在江陵城外招募了华蛮弟子八百人，胡僧祐手下也不过一千多人，然而陆法和却登舰大笑道：“此真无量兵马也！”

出发前，萧绎指示二人道：“贼若水战，但以大舰临之，必克。若欲步战，自可鼓棹直下巴陵，不须交锋。”显然对于水军的优势，萧绎更有信心。

五月十一日，胡僧祐、陆法和率水军离开江陵，行至湘浦（今湖南华容东），探知任约军正在前方相待。他们没有选择直接交锋，而是另择航道调头西去。任约以为他们是畏敌而退，扬帆急追，一边追一边大呼道：“吴儿，何不早降！走何所之！”胡僧祐并不理会，迤逦行至赤沙亭一带，才下锚结寨，与任约相持。

赤沙亭位于华容县南五十里，三面临水，地势阻隘，因紧邻赤沙湖而得名。六月初二，陆法和亲出探察敌情。但见他乘着一叶扁舟，身不披甲胄，沿流而下，直到距任约军一里方徐徐而归。回来后，他对胡僧祐和将士们说道：“以贫道（南北朝时修行之人皆称道人，不分佛道）所观，彼军之龙酣睡不动，而我军之龙甚自踊跃，应该立刻进攻。若等到明日，虽然也能破贼，却有恶处。”于是胡僧祐便将火船列在阵前，准备发动进攻。不巧这时风向不利，舰船行驶不便。陆法和便站在岸边，手执白羽扇轻轻挥动，不多时风向竟转为了顺风！当下荆州水军乘风进击。不知陆法和又施展了什么法术，据说任约的士兵一眼望去，只见梁军将士皆步行水上、踏浪而来，顿时大为震恐，很快便一败涂地，被杀的被杀，投水的投水，任约则逃窜不知去向。陆法和掐指一算，说：“明日午时当擒得此人。”结果到了时间，仍然没找到任约，将士就来问陆法和。陆法和道：“我曾在此洲水干之时建有一座宝刹。其虽为刹，实是贼标，如今为何不向标下求贼？”众人就到水中沙洲去找，果然见任约抱着宝刹，将口鼻露在水面之上，当即将其擒获。事后陆法和见到任约，又道：“檀越（即施主）之面相，必不会死于军中，且与王有缘，日后湘东王当得檀越之助。”后来萧绎果然没杀任约，而是让他当了郡守。

以上关于陆法和的记载，来自于《北齐书》。大概因为陆法和后来在北齐做官做到太尉，很受高洋宠幸，所以史官不免对其神通极尽渲染。而根据《梁书》的记载，胡僧祐、陆法和之所以能战胜任约，实际上还是靠了梁军的水战优势。除了火船之外，此战荆州水师还动用了楼船、拍舰、水车等功能各异的战舰，并如同萧绎事先交待的那样“乘大舰居前”，这才击败了数量虽多却不擅水战的任约军。

11 陈霸先举义

侯景已攻围巴陵四十来天，死伤大半，军粮罄尽，这时又得知了任约全军覆没的消息，当下决定不可久留，于次日焚营宵遁，解围而去。他留丁和戍守郢城，自己则带领数千人马兼程赶回了建康。

战胜任约之后，陆法和先是到巴陵见到了王僧辩，对他说："贫道已断侯景一臂，他更有何能为？檀越宜乘胜追击才是。"然后又赶回江陵，对萧绎道："侯景自然平矣，不足忧虑。眼下蜀贼将至，法和请守巫峡以待之。"

所谓蜀贼，是指萧绎的弟弟、益州刺史武陵王萧纪的军队。侯景乱起之后，他也作壁上观，有割据蜀中的意图。此前他虽然派世子圆照领精兵三万东出，宣称受萧绎节度，但萧绎担心他有假途灭虢之心，就下令让圆照停军白帝城，还写信给萧纪说蜀中民情彪悍，易动难安，老弟你只管镇守就行了，讨伐侯景的事我来干！看这态势，哥俩儿早晚必有一战。于是萧绎便命陆法和镇守巫峡，而令王僧辩继续东伐。

事后看来，侯景引军西征完全是一次战略上的重大失误。因为此时东魏的军队正在淮南一带向前推进，三吴之地亦时有反叛发生，以"宇宙大将军"当时的实力，同时在东、北、西三条战线稳固自守尚且吃力，更遑论向上游大举扩张？而且西讨失利的一大恶果，就是彻底暴露了他不擅水战的弱点。再加上侯景的军队处处烧杀抢掠，不得人心，因此这次从巴陵败还不久，留守沿江诸城的丁和、宋子仙、于庆等人便在王僧辩的攻势下兵败如山倒，一个多月便相继丢失了郢、江二州。

八月初，拿下寻阳的王僧辩暂时停止了追击的脚步，一来他要等待上游兵力进一步集结，二来由于战线推进过快，军粮一时接济不上，部队也闹起了粮荒。正在这时，一位将军从赣江上游送来了三十万石粮食，顿时解决了王僧辩军的粮食危机。

这位将军姓陈，名霸先。

据说陈霸先祖籍颍川，是东汉太丘长陈寔之后，其祖先于晋末永嘉之乱后南迁，遂定居于吴兴郡长城县（今浙江湖州长兴）。到陈霸先这一代，至少已经安居于此十余世了。从这一点来说，陈霸先可谓土生土长、地地道道的吴人。

陈家虽不是高门大户，却也并非普通人家。陈霸先的祖上有数人担任过郡守、县令这些地方官，爷爷甚至还是正三品的太常卿，虽然他的父亲陈文赞一生并未当官，但如果给陈家划分阶级成分，必是地主家庭无疑。

正因为有以上家庭背景，所以青年时的陈霸先尽管倜傥不拘，不事生产，却有条件“涉猎史籍，好读兵书”，不但习得一身武艺，还懂得不少“纬候、孤虚、遁甲之术”，再加上其人意气雄杰、明达果断，很受身边人的推服，可以说初步具备了成为风云人物的潜质。

不过，一个人的成功除了靠自身，更取决于时势变幻，表现在具体事件上就是要抓住某些稍纵即逝的机遇，或者遇到你生命中的贵人。

在二三十岁的年纪，陈霸先只是本乡的一个里正，后来不知为何“逃于义兴”。史籍既曰“逃”，大概他多少犯了什么违法的事，所以连村级小吏也当不成，跑到北边的义兴郡来躲避风头。不想却反而在此遇到了他人生中的贵人。新渝侯萧映路过义兴，觉得陈霸先是个会办事的人，就带他前往建康，先让他当了个小吏，继而又转为管理油库的长官，后来又把他调到身边，担任“传教”之职。不论在哪个岗位，陈霸先总是勤恳任事，因而得到了萧映的进一步赏识。萧映曾对左右僚佐称赞他说：“此人将来远大，必胜于我。”

应该是在大同八年（公元542年）之前，萧映调任广州刺史，便奏请以陈霸先为中直兵参军，跟他前往南方赴任。到镇后，萧映又令陈霸先在当地招集士马，不久便拉起了一支千余人的队伍。正是从这时开始，年近四十的陈霸先终于获得了施展少时所学的机会，很快便显露出了过人的军事才能。

大同七年，在与广州毗邻的交州地区，由于刺史萧谘施政严苛，引发了以李贲为首的当地土民的叛乱。转过年来，萧映派遣高州刺史孙冏、新州刺史卢子雄前往征讨，结果二人失利，萧谘趁机告发他们“与贼交通，逗留不进”，梁武帝遂下诏将二人赐死。这下卢子雄的亲戚和部将不干了，他们在杜天合、杜僧明、周文育的率领下集众数万攻打广州，宣称要杀掉萧映、萧谘为卢子雄报仇。

当时已经升任“监西江督护、高要郡守”的陈霸先得知老板有难，立刻统领精兵三千，卷甲兼行前往赴援。几场战斗下来，杜天合中箭身亡，叛军大败，杜僧明、周文育被擒。陈霸先见两人皆骁勇过人，就留在自己身边充任军官。而他自己也因此战被朝廷封授为直阁将军，爵新安子，据说梁武帝还派来画工给他画像以观其相貌。

三年后，陈霸先又以交州司马的身份担当前锋，随新任刺史讨平了在交州称帝的李贲，因功升迁为振远将军、西江督护、高要太守、督七郡诸军事。

不久侯景乱起，建康危急，陈霸先虽有意入援，但此时萧映早已亡故，时任广州刺史的元景仲是北魏宗室元法僧之子，侯景以奉他为主为饵，引诱他起兵与自己联合。陈霸先探知这一动向，便暂时打消了北上的念头，转而与成州刺史王怀明等图谋元景仲。太清三年七月，陈霸先驰檄州郡，起兵讨伐元景仲。由于元景仲的部下没人愿意响应侯景，纷纷弃他而去，这场战事很快即告结束，元景仲自缢身亡，陈霸先则迎定州（今广西桂平）刺史萧勃入主广州。

接着广州北部的衡州（今广东英德西北）又发生了叛乱，陈霸先奉萧勃之命引军入讨，事后被任为代理始兴（今广东韶关）太守。始兴是个大郡，陈霸先以此为基地，厉兵秣马，招徕豪酋，进一步扩充了自己的实力。

广州刺史萧勃虽是宗室，却只有割据自保之心，对讨伐侯景并不热衷。当年十一月，当他得知陈霸先派二千人屯军大庾岭，厚结当地豪杰，有意北伐之时，就专门派使者来劝他道：“侯景骁雄，天下无敌。前者援军十余万，士马精强，却依然奈何他不得，遂使京师沦陷。以你手下区区之众，又有何能为？而且听说现在各王侯之间正同室操戈，自相屠戮，你陈霸先一个外人，介入其中不是自讨苦吃？不如就留在始兴，遥张声势，自求多福为好。”

听了这些话，陈霸先黯然落泪，对萧勃的使者说道：“我本是一介凡夫，能有今日，全靠国家栽培。往年听闻侯景渡江，便欲赴援，因为元景仲拦阻才未能成行。眼下京都覆没，主上蒙尘，君辱臣死，霸先岂敢顾惜自己区区性命！君侯（指萧勃）乃是皇亲国戚，又当方岳之任，不能万里摧锋、报仇雪耻也就罢了，难道只派我这一支军队，他还要制止吗？我决心已定，请你如实转告。”之后陈霸先便派使者前往江陵，自愿受萧绎节度。萧绎便承制授他为明威将军、交州刺史。

大宝元年正月，陈霸先统军自始兴出发，翻越了大庾岭。虽然萧勃指使南康（今江西赣州）土豪蔡路养发兵两万加以拦截，但却被陈霸先杀得大败。随后陈霸先进据南康，开始将自己的势力沿着赣江向江州北部扩张。

12 命至于此可奈何

五岭逶迤腾细浪。

随着越过横亘在江、广二州之间的这道分水岭，陈霸先的政治生涯也进入了一个广阔的新天地。军事上，他并不急于向侯景进攻，而是在江州南部一边扩军积粮，一边讨平邻近的小股叛军刷经验值。仕途上，借由向湘东王萧绎靠拢，陈霸先在一年半的时间里四次升迁，由一个代理郡守跃升为散骑常侍、江州刺史、长城县侯。

到了大宝二年八月，王僧辩自上游统军进据湓城、寻阳，军粮不继。陈霸先便从自己积攒的五十万石粮食中分三十万石给他，极大地缓解了荆州军的粮荒。

这时，陈霸先已经拥有了三万精兵，并且得到当地许多“郡邑岩穴之长、村屯邬壁之豪”的支持，基本上控制了江州全境。

不久，建康传来消息：侯景废掉了简文帝萧纲，转立昭明太子萧统的孙子、豫章王萧栋为帝，同时还谋害了太子萧大器、寻阳王萧大心等二十多个身在京师的萧梁宗室。很明显，侯景加快了自己谋朝篡位的步伐。

原来，自从巴陵败还后，侯景似乎也感觉到自己的好日子过不了太久了，本着过把瘾再死的心理，便想早日登位。王伟就建议说：“自古移鼎，必须废立，既可昭示我之威权，又能断绝彼之民望。”侯景就听了他的话，派人拟了个禅位诏书，以“弟侄争立，星辰失次，皆由朕非正绪，召乱致灾”为辞，进宫逼简文帝照抄一份，传位给豫章王栋。

虽然从父亲身死、自己被逆贼挟持即位那天开始，萧纲就预感到了这一天迟早将会来临，但当他抄写到“先皇念神器之重，思社稷之固”这一段时，仍然控制不住情绪，泫然啜泣，泪水打湿了诏书。联想到自己即位之初，本想将年号定为“文明”。其出自《周易》“明夷”一卦“内文明而外柔顺”，意为在光明受到掩抑、身处困境之时，仍能保持坚贞的品格，正如当年周文王被囚禁于羑里那样。但最后还是担心被侯景的幕僚窥破而改用了“大宝”（《周易·系辞》：圣人之大宝曰位）。这两年多来，自己忍辱负重，言听计从，真可谓“外柔顺”矣！然而终究还是没能盼来黑暗退去、光明重现的那一天。自己被废并不足惜，令人心痛的则是大梁的江山社稷恐怕就要断送于此，想到这里，又怎能不悲从中来？

天行有常，不为尧存，亦不为桀亡。

既然个人的力量无法逆转命运的巨轮，那么在被它碾过身躯之时，至少可以选择保有自己的尊严。

抄罢诏书，简文帝拭干泪痕，整衣而出，在满殿兵士杀气腾腾的注视下，移居永福省而去。侯景随即撤走了永福省的内外侍卫，派遣突骑严加围守，连宫墙的顶上也插满了带刺的荆棘。

四十多天后，侯景派王伟和卫尉卿彭儁、王修纂带着酒食来到了永福省，对萧纲道：“丞相以陛下处忧既久，特令臣等奉进美酒一觞，为陛下上寿。”

幽居的这些天里，萧纲身边既无侍从嫔妾，亦无书籍纸张，只有舍人殷不害偶尔被允许进来探望片刻。从他那里，萧纲得知了自己的几个儿子尽皆被害的消息。据说太子萧大器被害之前，正坐在床上为左右讲解《老子》。见兵士近前，他面色如常，徐徐说道：“久知此事，嗟其晚耳！”施刑者想用衣带将他绞杀，萧大器又说：“用此怕不容易杀死。”就指着系帐竿的绳子，叫他取下来施用。

其实萧大器本有过逃生的机会。几个月前，侯景西征之时曾携他为质，从巴陵败归后，一路舟船离散，萧大器的坐船便从队伍中脱离开来。身边的人都劝他趁机逃走，去投奔东魏。萧大器却落泪道："自国家丧败，我已早有死志。如今主上蒙尘，我怎么忍心离弃？倘若逃走，便是叛父。天下又岂有无父之国！"便命船只返回了建康。

而今萧纲见王伟等人到来，便知已经到了和儿子们黄泉相会的时候。

他冷笑着对王伟等说道："已禅帝位，何得再言陛下？所谓上寿，怕是要寿尽于此吧！"王伟等脸色尴尬，无法回答，连忙挥手示意，叫人速将酒食和乐舞呈上。

这些天来，萧纲心中忧愤，却又无以排遣，殿内的墙壁板障上早被他写满了数百篇辞意凄怆的诗文。此刻琵琶声起，玉液当前，既然解脱的时刻即将来临，那就不必辜负这人世间最后的余欢。于是他开怀畅饮，说道："不图为乐，一至于斯！"直至酣醉方寝。

见萧纲沉沉睡去，王伟悄然退出。彭隽便抬过来一个装满土的大口袋，压在了萧纲胸口，王修纂则坐到了口袋之上。口袋下发出几声闷哼，很快便寂然无声了。

事后王伟命人拆掉门板做成一具简陋的棺木，将萧纲的遗体秘密埋葬于城北酒库之中。其所居殿内墙壁上的数百篇诗文，也被尽数刮去。不过，还是有人默默记下了其中的几首，流传到了宫外。

其中一篇是萧纲的自序，开头写道：

有梁正士兰陵萧世缵，立身行道，终始若一，风雨如晦，鸡鸣不已。弗欺暗室，岂况三光。数至于此，命也如何！

世缵是萧纲的字。"风雨如晦，鸡鸣不已"一句，出自《诗经·风雨》，通常理解为在暗无天日的乱世，君子仍不改其气节。萧纲评价自己的一生，认为这四十多年来，自己立身处世都始终如一，哪怕在世道昏乱之时也是如此，这一点他无愧天地神明。至于自己的命运，大概早有定数，只有徒唤奈何了！

十一月初九，也就是萧纲被害一个多月后，侯景矫诏加自己九锡之礼，置汉国丞相以下百官。十天后，他又逼使萧栋禅位给了自己。

史籍记载，说在侯景即位的当天，天空再次出现了“白虹贯日”的异象。而举行受禅典礼的时候，忽然有大风吹袭，旗盖鼓吹全被吹倒，仪仗扈从狼狈万端。侯景即将登坛之前，不知从哪里跳出一只兔子挡在路上，随后却又消失无踪。他身上所佩仪剑的水晶剑摽（剑鞘末端的包尾）也无缘无故脱落下来，他只得亲手从地上捡起。回来时将登太极殿，侯景的数万党徒士兵吹唇鼓噪，大呼小叫。刚坐上御床，床脚就莫名其妙地塌了一块。

此外，天子出入需唱警跸。“警跸”者，“景毕”也，大有“侯景要完”的意味，侯景便命改叫“备跸”。又有人说：“备于此便毕矣！”还是迟早要完！最后又改为“永跸”。

凡此种种，史官们无非是想说明，像侯景这样狼子野心、恶贯满盈的无耻逆贼，纵然一时得志，也将很快被上天和神灵所厌弃。

反正历史总是由胜利者来书写，而胜利者的逻辑便是如此。

13 负隅顽抗

侯景称帝后，按惯例天子要立七庙，王伟就来向侯景奏请。

侯景问："何谓七庙？"

王伟说，古来凡天子祭祀祖先，都要立七世祖考的神位和宗庙。并请问侯景七世先祖的名讳，好叫太常准备祭祀的礼仪。

侯景说："前几辈儿祖宗的名字我不记得了，只知道我老子名标，况且他埋在朔州，哪能跑到这儿来吃祭饭？"

这话传了出去，众人都掩齿而笑。其实侯景一个社会下层的小吏出身，哪里会像高门大族那样重视家世谱牒呢？倒是随他南来的党徒里面有人记得，侯景的爷爷似乎名叫乙羽周。其余五世祖宗的名位，最后只好由王伟杜撰而成。

这段记载说明，归根结底，侯景只不过是草莽乱世里嚣张一时的大军阀，而非一个合格的政治家。与刘裕、萧道成不同，他作为穷途末路之时仓促南来的北人将领，事先在南朝没有任何根底，虽然侥幸在军事上取得了一系列成功，但他除了提拔在南北人、放免奴婢、驱募游民为己所用之外，实在没有其他途径来获取能够维持统治的政治资源。尤其是从一开始，他的叛乱行为就因残暴和不义引起了南朝人的普遍仇视，这种仇恨又因他的"凶羯小胡"身份得到强化。所以除了个别投机分子和贪生怕死之徒，几乎整个南方社会都站到了他的对立面。正如史籍所言，"梁人而为景用者"，只有"故将军赵伯超、前制局监周石珍、内监严亶、邵陵王记室伏知命"四人而已。

即便是跟随侯景南来的北人，这时对他的忠诚度也不如以往。原本他当丞相的时候，居住在西州城，每天早上，手下的将领都群集门外，然后侯景挨个接见，一边喝酒聊天，一边商议军政。自从当了皇帝以后，居住在禁宫之内，那些旧将自然难以轻易见面，众人感到受了冷遇，不免牢骚满腹。而侯景原本也是生性好动之人，以前总喜欢骑马出游，弹射鸟雀，现在成了皇帝，王伟总是以形象和安全为由，谏阻他不要随便出宫，搞得侯景自己也郁郁寡欢，抱怨道："闲着没事我当什么皇帝！现在简直跟坐牢差不多！"

其实这一点倒不用过于担心，因为看态势，他这个皇帝也当不了多久了。

听说侯景自巴陵败还后废杀简文帝、篡梁为汉，三吴地区重又掀起了反对侯景的叛乱。曾经助侯景占据寿阳的刘神茂在吴中士民的支持下起兵东阳（今浙江金华），新安豪族程灵洗也据郡响应刘神茂，一时浙江以东都宣布归附江陵政府。而在休整了数月之后，王僧辩也与从豫章北下的陈霸先会师，两人在白茅湾筑坛歃血为盟，扬言要"同心共契，必诛凶竖"。檄文声称，这支联合舰队共有十万之众，舳舻数百里，如同沧海奔流，直扫金陵。

面临这种形势，侯景一边派谢答仁东攻刘神茂、程灵洗，一边派侯子鉴据姑孰抵御西军。

二月，王僧辩进至芜湖，守将张黑弃城逃走。侯景得知后大惧，一边下诏说赦免萧绎、王僧辩之罪（这又引起了别人的嘲笑），一边增兵两千助侯子鉴严守姑孰。他还特别派人告诫侯子鉴说："西军善于水战，不要轻易进攻；去年任约之所以失败，便是这个缘故。若是能步骑交战，一定可以得胜。你应该收船入浦，在岸上结营拒敌。"侯子鉴便舍舟登岸，闭营不出。

一连十来天，王僧辩停军不进。侯景的党羽认为这是西军胆怯畏战的迹象，就劝侯景说："西师畏我之强，势将遁逃，再不出击，就会错失良机。”于是侯景又指示侯子鉴做水战的准备，同时还想亲自统军前来助战。

三月初九，王僧辩终于从芜湖起航，前进至姑孰江面。原本侯子鉴军驻扎在江心靠南侧的沙洲之上，既然侯景说可以出战，这时他便亲率步骑万余人渡到南岸，鼓噪挑战。又出动了一千艘满载战士的快船，冲击西军水师。这些快船船身两侧各配备八十条长桨，桨手都是越人，所以来去如飞。侯子鉴大概以为，利用这些快船的速度优势，可以像陆地上的骑兵一样迅速对敌军水师实施切割包围。但王僧辩并未选择正面交锋，而是挥动令旗，指示所有小船撤退，大舰则纷纷向两岸停靠。侯子鉴的水军见状，以为敌军惧战撤退，争相来追，很快便钻进了王僧辩的口袋。令旗变换，大舰封锁江心，截断其退路，小船则调头还击，岸上的步军也同时进攻。江上一场激战，侯子鉴大败，溺死者数千人，他本人仅以身免，收散卒逃回了建康。

侯景闻报，大惧涕下，瘫在床上用被子蒙住了脸，好半天才起身，长叹一口气说：“这回可把老子害苦啦！”

姑孰的战败葬送了侯景仅存的水师，也意味着他再也无力阻止西军进抵建康。

本来这一段时间侯景就心绪不佳，接下来的几天就更加焦虑不安。每当登临梁武帝生前经常临幸的殿宇，侯景都感到如芒在背，甚至老听到有声音在呵斥自己；晚上则噩梦连连，一次夜半惊起，觉得心口像是被捏住了一般；有时听到大殿顶上传来猫头鹰凄厉的鸣叫，侯景就气急败坏，命人钻上爬下、漫山遍野去捕鸟；日常议事，他则如同笼中饿狼一般烦躁地绕着御榻来回快走。

三月十二日，王僧辩抵达了建康以西的蔡洲。侯景连忙派重兵把守石头城，并驱逼百姓和军士家属进入台城。次日利用涨潮的机会，王僧辩派船焚毁了秦淮河口的木栅，乘势直抵禅灵寺渚。大惊失色的侯景只好缘淮建造栅墙，从石头城一直到朱雀大航，十余里中，楼堞相接。

虽然西军节节胜利，但王僧辩明白这是因为一路主要都是水战，他参加过三年前各藩镇入援建康的行动，深知困境中侯景军的陆战实力仍不可轻视。此外，他也有意保存自己的实力，而想让陈霸先去碰硬骨头，便在议事时面露为难之色，来向陈霸先问计。

陈霸先一听，便明白了王僧辩的想法，但他并不推辞，进言道："前次柳仲礼拥兵数十万，却隔水而坐，韦粲在青溪也未能渡岸，贼寇登高一望，便知大军虚实，以致王师败绩。今日攻围，要在石头，攻石头则须渡北岸。诸将若不能当其锋，霸先请先往立栅！"此言正中王僧辩下怀，他自然同意。

十四日，陈霸先率部在石头城西抢滩登陆，利用一道横亘的土陇扎住了营栅。王僧辩等随后跟上，八座营垒依次连结，直出东北，直至落星墩。侯景大恐，生怕西军再次进逼，将石头城与西州、台城分隔开来，就亲率侯子鉴、于庆、史安和、王僧贵等人在石头城东北果林一带立起五座营栅，扼守大路与西军对峙。

侯景又登石头城烽火楼以望西军，有术士说此军上有紫气，侯景厌恶至极，当即派人去掘了王僧辩父亲的坟墓，剖棺焚尸。又杀掉了于郢城被俘的湘东王世子萧方诸。转过天来，东讨东阳的谢答仁擒获了刘神茂，把他押到建康。侯景对此人的背叛恨之入骨，就找来一把大铡刀，先将刘神茂的脚塞进去，一寸寸铡起，一直铡到头。

14 豺狼的末日

决战发生于三月十九日。

王僧辩先是统军向石头城进逼，直抵招提寺北。侯景则亲率步兵万余、铁骑八百在西州之西列阵。

陈霸先虽然此前并未跟侯景交过手，但也久闻其轻悍之名，便对王僧辩道："贼虏自知恶贯满盈，唯求殊死一战。而我众贼寡，应分其兵势，以强制弱，如常山之蛇，首尾相应。不必聚其锋锐，得令贼寇致死于我！"王僧辩点头称是，便命诸将分处置兵。

侯景见状，结阵而进，先来冲将军王僧志的阵地。王僧志不敌，稍稍引退，陈霸先连忙派徐度领弩手二千，从旁横截敌军侧后，其势正如常山之蛇，攻首则尾必救。侯景不得不放弃了对王僧志的攻击，向后退却。这时王僧辩又命陈霸先、王琳等纵骑兵冲击，他自领步军主力继进。兵力处于劣势的侯景军抵挡不住，退回营垒据栅抵抗。经过浴血战斗，陈霸先属下荡主戴冕、曹宣攻拔了果林一城，其余四垒也被王僧辩等军攻克。把守石头城的守将见侯景大势已去，也打开北门来降。可能是因为发现石头失陷去无所归，溃败下来的侯景士兵重又集结，返回来拼死夺营，竟然将几座营栅又夺了过去。陈霸先大怒，亲率部众来攻。士卒腾栅而入，敌兵再次退散。绝境之下，侯景带领身边一百余骑弃槊执刀，左右冲阵，试图突破西军的阵线。然而在强弩坚栅的掩护之下，西军阵列始终不动如山。片刻之后，侯景军终于彻底溃散。王僧辩乘胜追击，挥军直抵都城西门西明门。

侯景率散卒退至阙下，却并不敢入城，因为他担心台城被围之后自己再也无法脱身。他当面骂了一顿王伟，埋怨他不该让自己称帝，又仰观巍峨的石阙，连连摇头叹息。然后用大皮囊装了自己到江东后生的两个还没断奶的儿子，挂在马鞍之后，扬鞭就要逃走。王伟一把拉住缰绳，劝阻说："自古岂有叛逃的天子！宫中卫士，犹足一战。弃此而去，又能去哪里呢？"侯景仰天长叹，道："我在北之时，破贺拔胜，败葛荣，扬名河朔，比高王也不差；来南之后直渡大江，攻取台城，破邵陵王、柳仲礼易如反掌，这都是你亲眼所见。今日至此，恐是天亡我也！"说罢摆脱王伟，与百余骑向东投谢答仁而去。

侯景这一逃走，台城里剩余的将卒自然毫无战心，也就逃的逃，降的降。王僧辩遂轻松占领了整个建康。然而，西军入城后马上展开了大规模的洗劫，尤其是各土豪将领的私家部曲，都将此视作大发横财的机会，公然劫掠士庶，绑缚良民以讹诈赎金，被剥劫的赤身裸体的男女百姓，自石头至于东府，号泣满道。至于皇宫里的财宝、器物、羽仪、辇辂更是一扫无遗，最后为了掩盖这些行径，索性放起一把大火，将太极殿、东西堂、延阁、秘署都烧成了灰烬。所幸王僧辩后来派兵灭火，武德、重云等殿以及门下、中书、尚书三省才得以幸免。

第二天，王僧辩派出侯瑱（音tiàn）领精兵五千东追侯景。又从酒库里将简文帝的梓宫迎至朝堂，亲率百官哭踊如礼。

当初他从江陵出发的时候，简文帝尚健在，王僧辩就问萧绎说："平贼之后，嗣君万福，未审何以为礼？"意思是到时该怎么对待简文帝。

萧绎早有称帝的野心，自然不愿让哥哥存活于世，但这话又不好明说，只好暗示道："六门之内，自极兵威。"

王僧辩明白这话的含义，可他并不愿让自己背上弑主的恶名，遂答道："讨贼之谋，臣为己任。成济之事，请别举人。"讨伐侯景的事我负责，可像曹魏末年成济那样的弑君之事，您还是找别人干吧！于是萧绎就密谕宣猛将军朱买臣，叫他来干这件脏活。

此时简文帝虽死，但禅位给侯景的豫章王萧栋及其二弟都还在。侯景逃走后，三人从密室中相扶而出，来投了西军。两个弟弟还庆幸说："如今总算免于横死啦！"萧栋却说："祸福难知，我还是十分担心。"事实证明这担心十分正确。不久后三人遇上了朱买臣，朱买臣请他们到船上喝酒，喝到一半，便命人将他们沉到水里溺死了。

二十二日，也就是侯景东逃后第三天，守广陵的郭元建得到消息，派人向王僧辩请降。王僧辩便遣陈霸先率军渡江，前去受降。哪知后来侯子鉴逃到了广陵，劝郭元建说，咱们这些北人都是梁朝的仇人，投降一定没好果子吃，反不如投齐，说不定还能回老家。郭元建就变了卦，归降了北齐东南道行台辛术。当陈霸先进抵江北之时，辛术已经占据了广陵城。而王伟则在出逃途中与侯子鉴失散，藏匿草中被人发现，捉回去送给了王僧辩。

王伟见到王僧辩后，只是作了个长揖，并不跪拜。押送者从旁申斥，王伟就说："彼此各为人臣，凭什么要我相敬？"

王僧辩说："你既然是反贼的宰相，不能死节，反而求活于草间，而且根本遏止不了侯景的败亡，我真没看出来你这个宰相到底有什么用！"

王伟说："谋事在人，成事在天，倘若侯景早早听从了我的谋划，明公你又岂能有今日之势？"

王僧辩大笑。又叫人把王伟押出去徇街示众。王伟提出要求，说从昨天到今早，自己走了八十里路，现在游街能不能给我个驴骑骑。王僧辩说你那颗脑袋正要西行万里呢，八十里路算什么，不给不给。王伟笑着说："今日之事，甚得我心。"后来王僧辩便将王伟和周石珍等俘虏一起送到了江陵。

湘东王萧绎知道此人是侯景身边的第一谋士，各种檄文诏敕大都是他的手笔。而王伟也存有活命之心，在狱中写了五百字的长诗献给萧绎，暗示自己愿意为他效命。一时萧绎便动了爱才之心。但萧绎的身边人对王伟则抱有恶感，见状便进言说，前日王伟替侯景作的诗里面似乎有异样词句。萧绎便找来看，结果发现有一句是：“项羽重瞳，尚有乌江之败；湘东一目，宁为赤县所归。”气得萧绎暴跳如雷，几把将檄文撕得粉碎。王伟也就此迎来了极为悲惨的结局：萧绎命人先把他的舌头割下来钉在柱子上，然后剖腹剜肠，脔割其肉。据说临死前王伟颜色自若，仍能低头审视别人割自己的肉，直到切割至骨，方被枭首。

至于“宇宙大将军”侯景，本来要去东阳一带投奔谢答仁，但走到嘉兴境内，屯驻钱塘（今浙江杭州）的赵伯超投降了王僧辩，发兵拦住去路。侯景只好退据吴郡，这一来便被侯瑱追及。虽然此时他尚有船二百艘、散卒数千，可败军之余，已经没有多少战斗力，当下被侯瑱击败，彭儁等五将被擒。为了逃命，侯景把自己那两个儿子都推入水中，只带心腹数十人乘了一条船，从松江入海逃走。

四月十八日，在船北上驶向齐地的中途，正在舱中睡觉的侯景并不知道，自己视为心腹的羊鹍（音kūn）、谢葳蕤等人已经联合起来密谋将他除掉。羊鹍先是威逼船公调头，驶向京口。一直到距京口不远的胡豆洲，睡醒的侯景才发觉船近江岸，大惊失色。但他遥问岸上行人，得到的回答是：“郭元建犹在广陵。”侯景又转而大喜，叫船公驶向广陵。羊鹍见状，拔刀命仍向京口，然后转身对侯景道：“我等为侯王效力多时，今至于此，终无所成，现欲乞王项上人头，以取富贵！”侯景还来不及质问，众人举刀就砍。侯景投水不及，被羊鹍砍了一刀，慌忙躲入船舱，用佩刀急挖船底，想凿出个洞来逃命。然而哪里来得及，羊鹍等人闯进舱来，几槊便将侯景刺死了。

事后，羊鹍等将侯景的尸首交给了王僧辩。王僧辩将其两手砍掉，送给了北齐新君高洋；脑袋传首江陵，后来被烹煮上漆，贮存于武库；其余部分则用盐五斗置于腹中，在建康市示众。“百姓争取屠脍啖食，焚骨扬灰。曾罹其祸者，乃以灰和酒饮之。”据说侯景生前宠爱的溧阳公主，也吃了他的肉。

纵横南北战场、祸害江东数年、一手终结了梁武盛世的一代枭雄，就这样化为了腹中食、风中灰。

人们说，其实早在天监年间，神僧宝志便有言曰：“掘尾狗子自发狂，当死未死啮人伤，须臾之间自灭亡，起自汝阴死三湘。”狗子是侯景的小名，汝阴是侯景南下前的根据地悬瓠城，三湘则是他在巴陵奔败之地。

人们宁愿相信，这一切都是命中注定，天意难违。

15 螳螂捕蝉雀在后

侯景之乱虽然最终平定，但梁武帝口中那个如同金瓯一般完美无缺的国家早已消逝，如今只剩下一片遍地狼藉的破碎河山。

长江以北，从几年前乱事初起之时，高澄便命行台尚书辛术经略淮南，除派兵攻取之外，政局动荡下，梁朝北境不少牧守也纷纷北投，至侯景乱平的天保三年（公元552年），除秦郡、南谯、晋熙少数几个州郡之外，淮河以南、长江以北的大片土地已经尽入北齐之手。

长江以南，繁华富庶的建康城经过兵燹和洗劫，士庶百姓大量死亡流散，“存者百无一二”，“中外人物不迨宋、齐之半”。财赋所出的三吴之地也受到了严重破坏，“时江南连年旱蝗，江、扬尤甚，百姓流亡，……死者蔽野，富室无食，皆鸟面鹄形，衣罗绮，怀珠玉，俯伏床帷，待命听终。千里绝烟，人迹罕见，白骨成聚，如丘陇焉”。还有数十万江南人口或被掠卖，或主动逃亡而入北方，“加以饥馑死亡，所在涂地，江左遂为丘墟矣”。

而在沔汉上游，由于湘东王萧绎和雍州刺史岳阳王萧察的争斗，萧察在战事不利的情况下不得不依附于西魏，遂使西魏出兵，轻松获得了汉东地区；不久后，侯景西寇巴陵，萧绎也以汉中为饵向西魏请兵，宇文泰即派达奚武和王雄略取了上津（今湖北郧西西）、魏兴（今陕西安康）、汉中等郡，剑阁以北就此纳入西魏版图。

除此以外，虽然侯景败亡半年后萧绎于江陵即位称帝（即梁元帝），但各地藩镇形同割据，不听从梁元帝号令的也有不少，例如岭南的广州刺史萧勃、湘州的军阀陆纳，以及益州的武陵王萧纪。而且考虑到江南荒芜，萧绎一时并不打算东迁建康，所以当时的江陵政府“诏令所行，千里而近，民户著籍，不盈三万而已”。尽管萧绎将年号定为“承圣”，可明眼人都看得出，梁武帝缔造的盛世已经一去而不复返，在侯景之乱中元气大伤的萧梁宗室如果继续内斗下去，别说“承圣”，就是延续宗庙的祭祀香火，恐怕也是难上加难。

遗憾的是，萧绎、萧纪兄弟终究不能相容。就在侯景覆亡的同时，武陵王萧纪在野心的驱使和世子圆照的怂恿下，于成都称帝建国，并于当年九月举兵自岷江东下，直指江陵而来。

萧纪是梁武帝的幼子，深得老父宠爱，从大同三年（公元537年）作牧益州迄今，经营巴蜀已经十七年之久。他内修耕桑盐铁之功，外通商贾远方之利，在其治理下，蜀中家给人足，财阜物丰，器甲殷积。萧纪还颇通骑射，常常讲武阅兵，亲统幢队演练阵法。所以当得知侯景乱起，萧绎以盟主的身份主持讨伐之时，他曾经对僚佐说：“老七乃是文士，怎能成此大事？”然而益州距下游实在太远，萧绎又拒绝让蜀兵入境，所以萧纪也就乐得坐观成败，存了割据一方之心。

到了承圣元年（公元552年），侯景已平，然而屯驻于白帝城的萧纪世子圆照却封锁消息，诓骗老爸说：“听说荆州已经被侯景所灭，宜急下大军征讨。”萧纪便尽发蜀中精兵，以讨伐侯景为名沿江而下。转过年来，他统领大军进至巴东，才得知侯景去年便已败亡。萧纪一时暗自后悔，责怪圆照不该欺骗自己。萧圆照却振振有辞，说侯景虽然灭了，江陵却未臣服，反正父皇您已经称了尊号，难道今后还能居于七叔之下不成？萧纪一想也是，天监年间京城太阳门被雷所震，据说崩裂处成“绍宗梁位唯武王”字样，朝野因此盛传承继大位的应该是我武陵王，凭什么让他独眼老七坐享其成！因此萧纪不顾将士们思归心切和后方不稳的凶险形势，仍然选择了继续东伐江陵。

这时，长江上游的局势颇为微妙：

在平定侯景的过程中立下大功的将领王琳因为放纵部曲洗劫建康导致宫殿被烧而被王僧辩告发，萧绎便召其返回，拜为湘州刺史。临行前，王琳深感不妙，便安排长史陆纳率部曲先赴湘州。王琳的部曲多为江淮群盗，而他本人又能倾身下士，所得财物尽皆分赐将士，因此很得众心。分别时，王琳问陆纳等人："我如果一去回不来了怎么办？"众人都说："请死之！"咱们生死与共，有难同当！结果不出所料，王琳一到江陵，萧绎便杀了他的副将，将他下狱治罪。

消息传到湘州，陆纳等人随即举兵造反，先后攻陷衡阳、零陵。梁元帝萧绎不得不征调王僧辩西上，会同宜丰侯萧循率领的荆州军一起征讨陆纳。江陵正在空虚之时，萧纪带着蜀兵又从西边杀了过来。梁元帝大惧，便遣使给西魏太师宇文泰，请求西魏派兵救援，或者直接伐蜀以解自己燃眉之急。

对于已经取得了汉东、剑北地区的西魏来说，这当然是一个进一步扩大版图的好机会。宇文泰当即判定，取蜀制梁，在此一举。便就此事召集群臣商议。由于蜀地险远，一时众人多持怀疑态度。但大将军尉迟迥却认为，趁萧纪东下、蜀中空虚之时进讨，一定可以有征无战。宇文泰深以为然，遂决定以尉迟迥为统帅，并问他准备如何攻取。

尉迟迥说："蜀地与中原已经隔绝一百多年了，萧纪恃其山川险阻，绝不会想到我军会出师南征，所以最好的策略，是以精甲锐骑，星夜进袭。遇平路就倍道兼行，当险途则缓兵渐进，出其不意，冲其腹心。到时蜀兵惊骇于我军突然降临，定会望风归降。"

于是在承圣二年（公元553年）三月，宇文泰派尉迟迥统领甲士一万二千、骑兵一万，出散关（今陕西宝鸡西南），趋晋寿（今四川广元南），直扑剑阁以南。

因而在这时的长江上游，陆纳、萧绎、萧纪、西魏这四方构成了一种"螳螂捕蝉，黄雀在后"的连锁关系。特别是对于居间扮演"螳螂"角色的萧绎兄弟来说，胜败存亡殊难预料。

至当年五月，王僧辩、萧循虽然在车轮击败陆纳，进围长沙，但一时仍难攻克。东进途中的萧纪听闻西魏入侵，已然来不及返回，便命前梁州刺史谯淹前往救援。但萧纪属下潼州（今四川绵阳）刺史杨乾运因为与他不和，已经降附西魏，引尉迟迥进围成都，援军也被尉迟迥分兵击退。二十八日，萧纪军进抵距江陵三百多里的西陵（今湖北宜昌），军势甚盛，舳舻塞川。幸而陆法和早有准备，在峡口两岸夹筑二城，运石填江，又用铁锁横断江面。为了抵御蜀军，梁元帝还把任约从狱中放出，配给禁兵，命他增援陆法和。

六月初一，萧纪筑连城进逼，攻断了拦江的铁锁，陆法和遣使告急，江陵人心惶惶。梁元帝只得一边拔俘虏谢答仁于狱，叫他领东宫兵赴救，一边派人押着王琳赶往长沙，希望能劝服陆纳，以便让王僧辩能够回军。

王琳到长沙时，陆纳仍在跟王僧辩苦战，王僧辩就让他登楼车展示给守军看。陆纳等人见是王琳，都投戈拜倒，哭着说只要朝廷放王琳入城，他们就出降。王僧辩不敢自作主张，就向梁元帝反映。这边陆法和求救不已，梁元帝想尽早召回攻长沙的军队，便答应了他们的要求。结果王琳入城之后，陆纳等果然开城投降。梁元帝便恢复了王琳的官爵，命他带部曲增援陆法和。

前日战况紧急之时，梁元帝曾经给萧纪写过信，许诺说允许他返回蜀中，从此割据自专。但萧纪并没答应。这时，王僧辩和王琳的军队陆续返回，梁元帝顿感底气足了许多，再度送书给萧纪说："我比你年长，又有平侯景的功勋，继承帝位理所当然。你现在赶紧称臣还不算晚，不然的话，我可不再顾及兄弟之情了！"

本来峡口一带便地势逼仄，极难攻伐，江陵的援兵又不断到来，萧纪连战不利，士卒思归，又听说成都被围，已经陷入了进退失据的窘困境地。忧懑交加之下，萧纪不知如何是好，又不愿俯首称臣，就派了度支尚书乐奉业到江陵向梁元帝求和，提出希望遵照上一次的许诺让自己安然还蜀。哪知乐奉业看出萧纪必败无疑，为自家前途考虑，将蜀军乏粮、士卒多死的情况都透露给了梁元帝。梁元帝也就得势不饶人，驳回了萧纪讲和的请求。

16 还都之争

到了七月，萧纪败象尽露。巴东土豪苻昇斩了与陆法和对峙的峡口城主公孙晃，向王琳投降。萧纪派去阻截援军的侯睿部也被谢答仁、任约攻破。于是蜀军夹岸所筑十四座营垒一时俱降。

自领水军的萧纪归路被断，只好顺流东奔。游击将军樊猛率军追及，萧纪部众大溃，赴水死者八千余人。樊猛虽然包围了萧纪乘坐的大舰，却并不贸然进攻，而是火速向上汇报。梁元帝得知后，密敕樊猛道："倘若萧纪生还，你就不算立功。"于是樊猛带着军兵拔刀上了大舰，船上侍卫纷纷奔避。此时萧纪正在舱内绕床乱走，旁边堆满了他舍不得分赐将士的一箱箱金银。见樊猛闯入，萧纪抄起一袋金子掷了过去，说我用这个雇你，送我去见老七！樊猛冷笑道："天子哪是说见就见的？我杀了你，金子也飞不了！"便举刀上前，砍下了萧纪的脑袋。

事后，陆法和将武陵世子萧圆照等兄弟三人绑送江陵。梁元帝将他们关入监牢，同原本就在狱中的老二圆正关到了一起。他本来指望这几人能哀悔自杀，但多日过去，发现他们并没有求死的迹象，于是便指使狱卒断了他们的饮食。十三天后，一度啮臂自食的圆照兄弟终于活活饿死狱中。

而就在萧纪败亡的次月，留守成都的文武将吏向尉迟迥投降。尉迟迥对降人以礼相接，命吏民各复其业，于是蜀中大安。号称天府之国的成都平原，就这样落入了西魏的掌控。但与此同时，攻灭了萧纪的荆州军也乘胜西进，于次年三月占领了巴郡（今重庆）。

此时梁朝国内的形势，已经再无有实力的宗王能够与梁元帝争夺帝位（岳阳王萧詧已经沦为西魏的附庸）。于是在承圣二年八月，梁元帝颁布了一道诏书，宣称要东还建康，修复宗社山陵。哪知这诏书一下，立刻引起了轩然大波。

其实早在去年四月建康克复、侯景被灭之后，王僧辩便在上表劝进的同时请萧绎还都建康，但当时萧詧和萧纪都对江陵虎视眈眈，建康周边又遭受了严重破坏，所以萧绎并未应许。这时萧纪已平，局势渐趋安定，梁元帝自感有拜谒宗庙以宣示正统的需要，这才又有了还都的想法。

然而，这一决定受到了领军将军胡僧祐、太府卿黄罗汉、吏部尚书宗懔等一众荆州籍朝臣的强烈反对。他们的理由是：建康虽是旧都，但现在荒残凋敝，王气已尽；况且又与齐虏只隔一条大江，倘若有什么闪失，势必后悔无及！此外，故老相传，都说荆州地区江上沙洲的数目满百之时，便是天子出现于此地之日。现在枝江刚刚生出一个沙洲，合原本的九十九洲，正好满百！所以不论天时人事，国都定在荆州都最为合适。

梁元帝的想法本来就不够坚决，听了胡僧祐等人的议论，一时又拿不定主意了。此时尚书右仆射王褒、黄门侍郎周弘正二人也在场，梁元帝便问他们意下如何。王褒出身琅琊王氏，是地地道道的建康士族，侯景被平之后才举家来到江陵；周弘正则是梁初贤相周舍之侄，也是“东人”。于公于私，他们当然希望能还都金陵。然而两人客地为官，知道胡僧祐这些位高权重的本地人不能轻易得罪，而且梁元帝脸皮薄、好面子，有些话最好不要当众说，于是只是低头唯唯，不置可否。

散朝以后，王褒寻了个单独陪侍的机会，密谏应该还都建康，“言辞甚切”。梁元帝虽然不大高兴，却并未当面拒绝。可是到了第二天，他却当着众人的面对王褒说：“卿昨日劝还建邺，并非没有道理。我夜中深思，仍然不无疑惑。”这下胡僧祐等人都得知了王褒私下唱反调的事，一时弄得他十分尴尬，也就不再多言。倒是周弘正见此事反正已经搬上了台面，索性敞开了掰扯一番，于他日进谏道："凡是读过史书、明白事理的士大夫，当然知道帝王所都本无定处，对于定都荆州不会有什么异议。可那些没读过书的百姓则不然，他们如果见不到舆驾进入建邺，一定会以为陛下不过是列国诸王，而非堂堂天子。若要顺从民意，就不能不回归建邺！"

梁元帝觉得这话也很有道理。

周弘正退下后，黄罗汉、宗懔开始大肆鼓吹"王褒和周弘正都是东人，他们力劝东迁，是存有私心，不为国家考虑"云云。周弘正听说了这些言论，转天当面与黄、宗对质说："若东人劝东迁，便是存有私心，那西人劝留西，也是为了私计喽？"黄、宗等人旁顾左右不予回应。梁元帝则哈哈大笑，不予置评。

周弘正的话其实道破了中国古代官僚政治的本质：作为群体的官僚集团首先要保证自己的利益，然后才谈得上为君主和国家服务。

萧绎在登基称帝之前，先后作牧荆州近二十年，他的核心僚属和心腹骨干基本上要么是荆州本地人，要么久居荆州，与本地人关系密切。称帝之后，他虽然吸收了一些江东士族（如王、周二人）到朝中为官，委以高爵显位，但大多只是点缀，并无实权。现在的江陵政府，基本上就是由荆州军府转换而成，荆州人的利益从中得到了最大的保障。倘若还都建康，他们在政府中的优势地位一定会被江东士族逐渐侵夺，这才是黄、宗等人抗拒东下的最大原因。至于其他的理由倒还在其次，例如建康周围荒残凋敝的状况，只要人口回迁，过上两年自然便会恢复；而江陵地处江北，比之建康与北齐只隔一条大江的局势，也不见得就更安全；至于"金陵王气已尽""荆州洲数满百"云云，更是不靠谱的谣谶附会之说。

这种情况，其实梁元帝心里多少也是清楚的。他也想看看，到底有多少人支持还都，有多少人更想留下，就在后堂召集群臣，宣布说：

“劝吾去者左袒。”于是眼前四五百个或老或少的男人，左边香肩半露的人超过一半。

虽然支持还都的人在数量上更多，但反对还都的人明显更有势力。而且梁元帝本人或者是惰性使然，或者是出于对形势的误判（这一点稍后会讲到），也对回归建康兴趣缺缺。哪怕是家在荆州的心腹朱买臣劝他说，长住荆州“是买臣富贵，非官富贵”，梁元帝终究还是下不了东迁的决心。犹疑之下，他又找来术士杜景豪问卜。杜景豪很可能是受到了来自荆州籍官员的压力，明明占卜的结果显示留下不吉，他却答复梁元帝说：“不去为便。”退下来以后才私下言道：“此地为鬼贼所留也。”

这“鬼贼”指的是谁，杜景豪虽未明言，但揣摩当时的形势，不难看出正是刚刚取得了蜀中的西魏。

17 府兵初建

自从大统十二年（公元546年）玉壁之战结束后，这六七年来，西魏与东魏（北齐）之间再没有爆发大规模的战争。这固然是因为高欢死后侯景叛乱，周边的政治形势发生了很大的变化，却也是大统九年（公元543年）邙山之战败还后，实力严重受损的西魏需要时间来休养生息、重新积聚力量的缘故。

前边曾经提过，与东魏相比，宇文泰治下的西魏经济差，人口少，底子薄。邙山一战，按照东魏官方的说法，总共俘斩西魏兵士六万人。要知道直到七年后府兵系统已经完全建立之时，整个西魏的府兵尚“不满五万”，算上关东陇西各地的镇兵，全国兵力也不会超过十万。所以可想而知，即便这一数字有所夸张，对于西魏来说也是极为惨重的损失。

其实，从当初宇文泰平定关陇开始，他便一直面临着兵源不足的问题。为了解决这一难题，他一面设法吸纳关陇本地的豪族武装，并同时形成了以六镇鲜卑骑兵用于野战、以关陇豪族武装捍边守城的用兵思路（王思政守河南、韦孝宽守玉壁就是这种思路的体现），一面则致力于通过整编改组提高军队的质量，大统八年仿照周礼“初置六军”便是一次成功的尝试。

大统九年邙山战败后，由于兵力损失严重，当年宇文泰便加大了改革军队的力度，下令“广募关陇豪右，以增军旅”。这一时期吸收进国家军队的除了关陇、河东、河南地区的汉族豪强武装之外，还包括遍西北山地的氐、羌部落，从而使中下级军官和普通士兵得到了大量补充。随着这些新鲜血液的加入，宇文泰相应地对军队的组织结构、征募方式、指挥系统、驻防体系、待遇保障等方方面面进行了制度上的创革，到大统十六年（公元550年），以“籍民之有材力者为府兵”为标志，终于建立起了对后世影响深远的府兵制度。

大略说来，这一阶段的府兵制度包括以下层面：

在组织结构上，全国共有八位柱国大将军，其中除宇文泰以“都督中外诸军”一职执掌最高领导权和广陵王元欣作为皇室代表以示尊崇、实际并不领兵之外，其余六柱国（于谨、李弼、赵贵、李虎、独孤信、侯莫陈崇）各统领两大将军，总共十二位大将军；每位大将军则各统领两开府，每一开府领一军兵，是为二十四军。

就驻防辖区而言，这二十四军府兵都驻防在关中各地，大体上可以算作“中央军”。关东、陇右等地的地方军队则分别由王思政、念贤统领，不在府兵之限。

就职能待遇而言，府兵既是轮番戍守京师的禁旅，战时也要充当爪牙御侮之任。平时则按照某种班次，“十五日上，则门栏陛戟，警昼巡夜；十五日下，则教旗习战”。他们是不事生产的职业军人，有受均田的权利，同时不承担其他赋役。但弓刀这样的简单武器，需要府兵自备，甲槊戈弩这些对制作工艺要求比较高的装备，则由官府提供。

需要特别强调的是，宇文泰先是在大统十五年（公元549年）命西魏国中的“代人”恢复了北魏孝文帝时改为汉姓的鲜卑姓氏，继而又在五年后，“以诸将功高者为三十六国后，次功者为九十九姓后，所统军人，亦改从其姓”，即府兵系统内不分胡汉，一律使用鲜卑姓氏。例如唐高祖李渊的爷爷李虎，便被赐姓大野氏，而隋文帝杨坚的父亲杨忠则赐姓普六茹氏。

府兵制的产生原本就与鲜卑部落兵制有渊源。以陈寅恪先生为首的许多历史学家都认为，宇文泰初时之所以设置八柱国，正是模仿北魏初年拓跋鲜卑的“八国”“八部大夫”之制。而恢复鲜卑姓氏、命府兵将士都改用鲜卑姓更是进一步向部落兵制靠拢。实行这一政策的目的，是在有意模糊胡汉界限的同时，使一军如同一家，将帅对于士兵要“抚养训导，有如子弟”，以尽可能地提高全军的凝聚力和战斗力。此外，这也相应地提高了军人的社会地位，增强了他们对国家政权的认同感和参与度。

府兵之“府”，来自于魏晋以来统兵将军开府置属官的“军府”。因此在西魏之前早有“府兵”“府户”的称呼，最著名的便是东晋时期的北府兵。但宇文泰创制的府兵制度与以往兵制不同的地方在于：

第一，与南朝相比，西魏府兵由中央统一领导，是国家军队；而南朝除禁兵外，军队的领导权分散于各地方，且多私家部曲。

第二，西魏府兵社会地位较高，待遇较好，士兵多来自有产者；南朝士兵社会地位底下，多来源于游民、失地农民等无产者。

第三，与继承了北魏兵制的东魏（北齐）相比，西魏府兵的组织系统更加严密而有效率，同时能将关陇地区的胡汉士庶凝聚成一个整体，而东魏（北齐）的军队中则始终存在胡汉分离的情况。

由于以上区别，西魏（北周）的府兵在数量上虽然并不算庞大，但在质量和战力上却能略胜一筹，这便为之后二三十年间北周与北齐的争锋抗衡奠定了坚实的基础。

而除府兵制度和前文提到的“六条”施政纲领之外，宇文泰还在社会和文化层面上也推行了一系列配套改革。例如，对于上流社会特别重视的门第郡望问题，宇文泰在下令恢复鲜卑姓氏的同时，命诸姓子孙有功者为宗长，撰录谱牒皆以关内诸州为其本望。用现在的话说，就是给他们改户口，不管原来是代北人也好，是随从魏帝入关的洛阳人也罢，现在统统落户关中，以后一律称为关中人。他还命苏绰、卢辩等人仿照周礼，对沿袭北魏的官制加以变革，建立了一套以“九命”为品秩的周礼六官制度。改郡望是以“本土化”来整合胡汉士庶，行周礼是以“古典化”来强调文化正统。再加上经济领域行之有效的均田、租调制度，以及“六条”纲领下相对廉洁高效的行政系统，和中央府兵为主、地方乡兵为辅的军事体制，在其治下的二十余年时间里，宇文泰把西魏打造成了一个凝聚力十足、生命力强韧的政治共同体。

在这一共同体内部，进入关中的六镇鲜卑、洛阳士族和河东、关陇的本地豪强逐渐形成了一个拥有共同利益和共同地域认同的统治集团。陈寅恪先生称之为“关陇集团”。

当然，宇文泰如此励精图治，并非全都是为国为民，像高洋建齐一样，他本人也有取魏室而代之的野心。大统十七年（公元551年），四十五岁的西魏文帝元宝炬病死，少壮之年的太子元钦即位后，与宇文泰之间矛盾渐多，特别是宗室元烈谋杀宇文泰未遂被诛后，元钦更是愤愤不平，密谋除掉宇文泰。然而宫中禁兵都是宇文泰的人，消息很快走漏。宇文泰便废掉了元钦，另立其弟元廓为主，史称西魏恭帝。

这时的西魏，如同闭关修炼多年的武林高手，已然内力大增，正需要用武之地来检验修炼的成果。有意篡魏的宇文泰也需要通过开疆拓土来达到提高自身威望、抬升亲信权位的政治目的。而毗邻梁境的荆州刺史长孙俭也多次密陈攻取之策。因此在取蜀之后，宇文泰很快便将江陵视为下一个攻略目标。而对这一点，梁元帝萧绎的认识显然不够清晰。

18 大兵压境

从西魏派兵攻取汉东地区开始，江陵政府就尽量维持与西魏的友好关系。后来萧纪东侵，梁元帝向西魏请援，宇文泰便派尉迟迥攻蜀，间接帮助他消灭了竞争对手萧纪。为此梁元帝当年冬天还派侍中王琛出使西魏表示感谢，宇文泰也派宇文仁恕于次年三月回访。据此，梁元帝以为两国的关系相当不错，并没意识到危险正在迫近。

宇文仁恕的出访有两个目的：一是刺探江陵虚实，二是为西魏出兵制造口实。当时在长江下游，梁朝与北齐也不断发生边境摩擦，北齐的使者这时也在江陵。宇文仁恕回来后，汇报说梁元帝不但与北齐交通，而且在接待使者的礼仪上也重北齐而轻西魏。紧接着，梁元帝又派散骑常侍庾信出使西魏。据说这次出使携带的国书“言辞悖慢”，并且梁元帝还提出，希望能跟西魏之间“据旧图以定疆界”。宇文泰知道后就说：“古人有言：‘天之所弃，谁能兴之。’其萧绎之谓乎！”

由于以上两则材料都只见于西魏的官方记载，我严重怀疑是宇文泰故意捏造的战争借口。因为以当时江陵政府的实力，梁元帝不会傻到主动去招惹西魏。如果梁元帝确曾主动做出了轻忽使者、言辞无礼、要求重定疆界等行为，那么在明知会激怒西魏的情况下，他绝不会在军事上毫无防备，而事实上，梁元帝压根就没料到西魏会大举入侵。

平定萧纪之后，梁元帝命诸军各还所镇，于是王僧辩回了建康，陆法和被任命为郢州刺史，而王琳则被远调广州取代萧勃。接到这一调令，王琳十分不满，私下对梁元帝身边的主书李膺说：“我王琳一介小民，全靠官家提拔才有今天。现在天下纷乱，把我远迁岭南，万一有危险发生，我想效力都来不及！我觉得官家不过是对我不大放心。其实我知道自己几斤几两，哪敢和官家争夺帝位呢？何不用我当雍州刺史镇守武宁（今湖北荆门北），我自会屯田养兵，为国家捍卫边境。”李膺虽然觉得王琳的话十分在理，却并不敢上报梁元帝得知。王琳只好不情不愿地去了广州。

到了承圣三年（公元554年）五月，也就是庾信出使西魏一个月后，江陵朝中已经有个别消息灵通之人察知了西魏即将入侵的动向。散骑郎庾季才就上书说：“去年八月丙申，月犯心中星；今月丙戌，赤气干北斗。心为天王，丙主楚分，臣恐建子之月有大兵入江陵，陛下宜留重臣镇守江陵，整旆还都以避其患。即令魏虏侵逼，亦只失荆湘，于社稷犹能无害。”

庾季才是庾信的本家，他的消息来源可能是庾信。所以他不但做出了西魏将要入侵的判断，甚至连出兵的日期也加以预言。建子之月是指农历十一月，彼时秋高马肥，确实是北兵南下的最佳时间。而且庾季才认为地处江北的江陵一定难以抵御，因此才又提出了迁都之议，劝梁元帝东还建康以避刀兵。

梁元帝自己也知晓天文星相之理，明白“月犯心中星、赤气干北斗”确实意味着楚地将有灾殃。但不知为何，他却流露出了十分悲观的情绪，叹道：“祸福在天，避之何益！”并没有东迁的想法。

当年十月初九，由柱国于谨，中山公宇文护，大将军杨忠、韦孝宽统领的五万魏军从长安出发，宇文泰亲至青泥谷送行。期间，长孙俭问于谨：“倘若你是萧绎，你会怎么办？”

于谨说：“我如果是萧绎，有上中下三策。以出征为名席卷渡江，直下建康，是上策；弃外城保内城，加高城墙，坚守待援，是中策；难于移动，据守外城，是下策。”

长孙俭又问：“那你觉得他会选择哪种策略？”

于谨说："必是下策。"因为萧梁保据江南已经有五十年之久，早已安于现状，又认为我国有北齐这个死对头在东，一定无法分力南伐。而且萧绎这个人懦而无谋，多疑少断，当初为防备侯景，在江陵外围修筑了六十里木栅，既然他不肯迁徙，必会据守外城。

初十日，镇守荆州北境的武宁太守宗均探知了西魏出兵的消息，火速向江陵汇报。梁元帝这时正在龙光殿给百官上课，大讲《老子》。得知这一消息，他又惊又疑，便召集公卿会议。领军胡僧祐、太府卿黄罗汉都说："两国通好，未有嫌隙，应该不会如此。"侍中王琛也说："去年我出使之时，多次观察宇文泰的容色，料他必无侵伐我国之心。"梁元帝便再派王琛出使，去确认消息是否属实。

十三日，于谨军抵达襄阳附近，早就成为西魏附庸的萧詧也带兵前来会合。翌日，梁元帝终于停讲《老子》，宣布内外戒严，并亲自巡视城外的栅墙。然而转过天来，行至今湖北钟祥一带的王琛又上报说，边境平静无事，上次的消息一定是假情报。梁元帝虽然心存怀疑，却于十七日恢复了讲课，百官都身穿戎服听讲。

十八日，魏军入侵的消息已经确凿无疑。梁元帝急命主书李膺东下建康，征王僧辩西来为大都督、荆州刺史，由陈霸先徙镇扬州。二十一日，中夜无眠的梁元帝登上凤皇阁，来回踱步，又凭栏叹息道："客星入翼、轸，今必败矣！"身边的嫔妃侍从听了，都黯然啜泣。

令人感到奇怪的是，大兵压境的情况下，梁元帝明知形势危急，却没有征召近处的郢州刺史陆法和领兵入援。而且当陆法和得知魏兵来寇，想要引兵西上之时，他反而派使者阻止说："此自能破贼，师但镇郢州，不须动也。"说明梁元帝对陆法和根本就不信任。这大概是因为，陆法和以修道者自居，既不向梁元帝称臣，又不按常理治事，部曲数千都是他的弟子，到任后唯以道术为化，不以法狱加人。又在江夏大聚兵舰，扬言要袭襄阳、入武关。这一举动此前就引起了梁元帝的猜疑，下令他即刻停止。陆法和回答说："法和是求佛之人，大梵天王的位子都不稀罕，怎么会谋求人间的皇位？只不过前生与主上有香火因缘，见主上应有报至，所以才一力助援。如今既被猜疑，便是业定，不可改也。”这次见梁元帝仍然不许自己救援，陆法和便知他在劫难逃，回城后用白土涂抹城门，换上白布凶服，在苇席上枯坐终日，提前为梁元帝守起了丧。

至于远在广州的王琳，虽然也有心赴援，奈何路途遥远，根本来不及抵达。王僧辩尽管派侯瑱、程灵洗等为前军，杜僧明、吴明彻为后军启程西上，但同样远水难救近火。

19 烽火照流星

十一月初一，西魏军渡过汉水。于谨随即兵分两路，由宇文护、杨忠先率精骑速进，直据江陵东南的江津，截断梁人逃往下游的退路，自己则统大军继后。次日，宇文护攻占武宁，擒获了太守宗均。与此同时，梁元帝再次出城巡查栅墙，以领军将军胡僧祐都督城东，左仆射王褒都督城西，王公以下各有所守，并没有放弃外城的打算。

初四日，梁元帝命太子元良巡行城楼，发动城中居民助运木石。当天夜里，魏军大部队距江陵仅有四十里，第二天便抵达了栅墙之下。初六日，巂（音xī）州刺史裴畿、衡阳太守谢答仁等开门出战，虽然杀掉了魏军的一名仪同，但并未占得什么便宜。

十五日，梁元帝守外城的策略暴露出了弊端。当日江陵大风，城栅内不知何故发生了火灾，火借风势，很快便烧毁了数千家民居和二十五座城楼。熊熊火光映照之下，梁元帝登高四望，但见远处火把密如繁星，魏军正在紧锣密鼓地渡江，形成了对江陵的合围之势，不由摇头叹息。很快，于谨命令筑起长围，阻断了江陵城和外边的一切联系。

十七日，城外总算来了一部分援军，是从巴东赶来的信州刺史徐世谱和从江州赶来的晋安王司马任约。但两人的军力太少，不敢贸然出战，只能在南岸的马头筑垒，与城中遥相呼应。当夜，梁元帝亲自巡城，仍能口占为诗，群臣亦有和者。据说一颗流星在这时从天而坠，落入城中。当此异象，梁元帝援蓍占卜，成了一卦，又用龟式核验，结果都是凶兆。悲伤的梁元帝将龟甲掷到地上，叹道："我若死于此下，岂非命乎？”便裂帛为书，催促王僧辩道，“吾忍死待公，可以至矣！”

二十六日，王褒、胡僧祐、朱买臣、谢答仁等再次开门出战，结果都失利而还。朱买臣气得按剑而进道：“唯斩宗懔、黄罗汉，可以谢天下！”责怪他们不该谏阻东还建康。梁元帝倒是并不推卸责任，说当初是我的意思，与宗、黄二人无关。

这期间，王琳已经带着军队赶至长沙，派长史裴政间道先报江陵。结果走到百里洲便被魏兵截获。萧察对裴政说：“我乃是武帝之孙，难道不能当你的君主么？若归顺于我，保你贵及子孙；如若不然，免不了身首分离。”裴政假意应允。萧察就将其押至城下，让他对守军说：“王僧辩听闻台城被围，已自立为帝。王琳孤弱，不能复来。”裴政却大呼道：“援兵大至，请努力坚持！我传讯被擒，自当粉身报国！”监押的士兵猛击其口，才打断了他的呼喊。萧察大怒，当即就要杀他。参军蔡大业谏阻说：“裴政是荆州民望，杀了他只会激怒守军，反而于攻城不利。”这才挽救了裴政一条性命。

于谨得知援军渐近，遂于二十九日发动了对江陵城的总攻。双方厮杀整日，梁元帝一度临阵督战。然而激战中，领军将军胡僧祐中箭身亡，守军顿时失去了主心骨。再加上外城疏阔，守军力分，魏军放火烧栅，败退下来的士兵倒戈反叛，从内打开了西门。黄昏时分，魏军遂潮水一般涌进城来。惶乱中，梁元帝只得和群臣退保内城。

趁魏军尚不及包围内城，谢答仁、朱买臣都劝梁元帝说，应该趁夜色掩护，率城中余众冒死突围，然后渡江去投任约。然而，这时的萧绎已经陷入到了深深的绝望之中，再者他向来不擅骑马，便道：“事必无成，只会徒增羞辱罢了！”谢答仁请求梁元帝和自己同乘一马，由他在后扶持，必能无恙脱险。梁元帝询问王褒的意见，王褒说：“谢答仁乃是侯景一党，反覆无常，岂能信任！万一他纵马直奔魏军，那不是反倒让他立功了么！此事绝不可行。事到如今，不如投降算了！”

眼下城中余兵尚有五千。梁元帝既不愿突围，谢答仁便请死守内城。初时梁元帝点头答允，还授给他城内大都督之职，但没过多久他又改了主意，召王褒谋议投降之事。谢答仁请见不得，气得呕血而去。最后，梁元帝终于决定派太子元良和王褒一起入魏营向于谨请降。

冬日的夜晚寒冷而凄清，身心皆疲、万念俱灰的梁元帝萧绎退入东阁，命舍人高善宝放火烧掉殿中的所有藏书。这其中既包括他自己四十年来的私人收藏，也包括平定侯景后从建康运来的七万余卷公私藏书。红舌翻卷之下，十四万卷[①] 珍贵的典籍图录、诗文画谱熊熊燃烧，如冲天烽火一般照亮了苍茫夜空。

那一刻，萧绎的内心想必是极度痛苦的。他一生嗜书如命，在聚书、藏书上付出了极大的心血。因为在印刷术尚未发明之前，书籍的传播全靠手抄。这些书籍有的是亲友所赠，有的是书市所淘，更多的则是从其他藏书处抄写而来。萧绎的藏书之丰，超过了历史上所有收藏者。就承载的文化价值而言，收藏这些书籍的楼阁堪称名副其实的“金楼”。

文以载道，书以载文。

自幼一目失明的萧绎一方面对自己的生理缺陷感到自卑，一方面又对自己文化上的成就和贡献相当自负。他时常说：“我韬于文士，愧于武夫。”在所著《金楼子》一书中，他甚至认为自己在“立言”上的成就和周公、孔子、太史公一样不朽。然而到头来，这些堆积如山的典籍并没有使他成为文、武、周公那样的圣人。文化事业再昌盛，也抵消不了军事上的孱弱；儒家经典宣扬的仁义礼乐，也对付不了敌人的铁马金戈。

继晋世神州陆沉，中原河山尽被夷狄所据之后，难道我华夏之衣冠礼乐今夜也要覆亡于北虏之手吗？

---

① 萧绎在《金楼子·聚书》篇中说，其私人收藏共有八万卷。那么加上王僧辩送往江陵的七万多卷建康藏书，总共应有十五万卷。《南史》但云“十余万卷”，《资治通鉴》据《三国典略》云“十四万卷”，今从之。

在人生破碎、理想幻灭之后，萧绎选择了亲手毁灭自己一生的心血，而不是将其留给他眼中野蛮的北虏夷狄。

火焰升腾，纸灰飞舞。

萧绎拔出佩剑，大呼："文武之道，今夜尽矣！"用力砍向石柱，宝剑应声断绝。他扔掉断剑，转身想蹈入火海，却被左右奋力拦了下来。

降书已经写好。

萧绎终于换上丧服，骑着一匹白马，出东门向魏军投降。城外冰雪交积，冻尸遍地。西魏士兵越过城壕牵过缰绳，又勒令萧绎换乘一匹劣马，由一个高壮胡人在后押领，进了于谨的营帐。

江陵之战总共只进行了二十八天。王僧辩、王琳等军尚来不及救援，城池便已陷落。事后在萧察的要求下，于谨命人将萧绎用土囊压死，太子元良等诸子亦同时遇害。宇文泰另立萧察为梁主作为附庸，夺其雍州，而以江陵周围三百里地对他加以安置。此外，府库中的所有珍宝，包括王公百官在内的十余万人口，全部驱归长安。普通百姓除三百余家被放免之外，数万少壮者皆沦为奴婢分赏三军，幼弱者则大多被杀，路上被人马践踏、冻饿而死者又有十之二三。

然而，江陵一战最大的损失，还是萧绎自己主动焚毁的那十四万卷书籍。

民国时有人总结，我国历史上曾经发生过至少十五次大规模的焚书、毁书事件。这其中有的是意外灾祸造成，有的则纯属故意所为。江陵焚书作为藏书者萧绎的个人行为，在文化层面上造成的损失丝毫不在秦始皇焚书之下。

要知道，当时西魏的官方藏书还不到八千卷，后来北周灭齐，合两国旧藏也只有一万五千卷。至隋朝灭陈一统天下，搜求民间典籍，发现许多书籍都是近二三十年才抄写的新本，不但纸墨不精，书法也相当拙劣，这说明在南朝流传的典籍精华确实大多葬身于江陵大火之中。直到唐朝初年编纂《隋书·经籍志》，官方藏书仍不满九万卷。可以想象，如果萧绎没有烧掉这些藏书，至少其中的一部分会被西魏运往长安，从而得以流传后世。倘若有片纸只字能足够幸运，保存到今天，定会成为收藏市场上的无价之宝。

萧绎临死前，有人问过他为何要焚书。

他答道："读书万卷，犹有今日，故焚之！"

爱书人不幸成为毁书人，这实在是那个时代最大的悲剧。

20 突袭石头城

随着江陵失陷和梁元帝被杀，长江中下游的局势再次陷入了混乱。

行至湘州境内的王琳得知了这一消息，屯兵长沙，传檄州郡声讨萧察，被上游诸将推为盟主。王僧辩则从寻阳将梁元帝第九子、晋安王萧方智迎至建康，同陈霸先一起奉为新君。

与此同时，齐主高洋亦派军自义阳兵临长江，郢州刺史陆法和归降。在寒山之战中被俘的萧渊明则被高洋立为梁主，由上党王高涣统兵护送南下。

高洋还特派邢子才给王僧辩送去一封信，大意是：萧方智只是个十余岁的小儿，恐怕难以承担梁朝社稷之重，而萧渊明是梁武帝的亲侄子，不论是辈分还是名望都更适合成为新君，希望你能接纳，然后咱们就可以联合起来共同对付西魏。萧渊明也写信要求王僧辩前来相迎。

王僧辩回信说，萧渊明回来可以，但只能作为臣子，自己不敢奉他为主。

然而到了三月，齐军连克江北的谯郡、晋熙、东关诸城，大将裴之横战死，建康压力大增。王僧辩不得不出屯姑孰，同时开始慎重考虑，是否应该接纳萧渊明以与北齐讲和。

当时，在长江沿线的三大军阀王琳、王僧辩、陈霸先之中，以王僧辩实力最强、威名最高，按理说，他完全有能力自己开创一片新天地。可惜的是，王僧辩与东晋末年的刘牢之十分相似，军事素质过硬，政治头脑却不高；而且他是北人后裔，在江东缺乏足够的群众基础。面临北齐巨大的军事压力，左思右想之下，王僧辩走了一步错棋：同意接纳萧渊明为主。

经过数次交涉，王僧辩与萧渊明达成交易：萧渊明即位后以萧方智为太子；舆驾过江后，北齐即刻撤军，梁朝则向北齐称藩；准许萧渊明带千人为护卫。

五月二十二日，王僧辩派龙舟迎萧渊明从采石渡江。二十四日进入建康，三天后即皇帝位，以萧方智为皇太子，王僧辩为大司马，陈霸先为侍中。

之所以说这是一步错棋，是因为他给了陈霸先除掉自己的绝佳理由。

平定侯景之后这三年，陈霸先除短暂代王僧辩镇守建康之外，一直屯驻在京口，捍御北齐的进攻。他与王僧辩之间虽是盟友，一度关系相当密切（王僧辩为子娶陈霸先女，后因母丧未成婚），但说到底终究是竞争对手。与王僧辩不同，陈霸先是地地道道的吴人，他的部下亦多为吴人和江、广各地的土著豪酋，不论从情感上还是利益上来说，他们都绝不愿意看到一个向鲜卑人称藩的政权出现在建康。当王僧辩与萧渊明接洽的时候，陈霸先就多次遣使劝阻，但王僧辩并未听从。事后，陈霸先愤慨地对亲信说道："武帝子孙虽多，然而乱起之后，只有先帝能复仇雪耻，克济艰难。我与王公俱受重托，如今言犹在耳，怎么能够便有异图？嗣主乃高祖之孙、元皇之子，竟有何罪，就公然废黜？王公外依戎狄，援立非次，其志意欲何为！"自此便有了诛讨王僧辩的计划。

九月，江淮间传来消息，说北齐正在寿春大举集结军队。王僧辩怀疑齐军有可能不顾与萧渊明的盟约而进袭江南，就派记室参军江旰将此事告知陈霸先，叫他整军治舰，早做准备。

陈霸先觉得这是天赐良机，便于二十五日召集部将侯安都、周文育、徐度、杜棱四人，计划以抵御齐军为名突袭王僧辩。从道义上来说，这当然不是什么正大光明的举动，而且也有相当高的风险，所以会议中，杜棱表现出了为难的情绪。尽管他是陈霸先在岭南时的老部下，可陈霸先还是担心他因此会背叛自己，就用一条手巾将他勒得昏死过去，然后关了起来。

之后陈霸先派署将士，分赐金帛，命侄子陈昙朗留守京口，余军水陆俱进，由徐度、侯安都率领水军，陈霸先自领马步，直趋王僧辩的驻地石头城。直到出发之时，才带上杜棱同行。而除了这四将之外，余人都以为是受征召去抗击齐军，并不以为怪。

大概因为水陆行进速度不同，走着走着，陈霸先的步兵落在了后头，而他本人似乎也有考验侯安都的意思，故意控马不进。侯安都等了半天，不见步兵跟上，心内大惧，调头寻着陈霸先，张口就骂："你这家伙在后面磨蹭什么！咱们今天是做反贼，生死只在一刹那，事败的话大家都完蛋，你以为拖在后面就不会被砍头吗？"陈霸先这才笑道："安都嗔我。"便催马疾行。

从京口到建康，不过二百多里。经过两天一夜的行军，二十七日夜间便抵达了石头城外。侯安都弃舟登岸，悄然接近了石头城北。这里的城墙靠近丘阜，并不算十分高峻。侯安都身披重甲，手执长刀，踩着两个士兵的手掌，借助一抛之力便跃上了女墙。余人如法炮制，纷纷翻墙而入，直接便冲进了王僧辩的卧室。与此同时，陈霸先也率兵闯进了南门。

王僧辩当时还在厅事办公，压根就没想到会有敌寇，更没有想到这敌寇会是陈霸先。忽听外间报说有兵，大惊之下他奔向内院，哪知侯安都又领兵从内院杀了出来。王僧辩慌忙避走，和儿子王頠（音wěi）一起带着数十人在大厅前苦战片刻，眼见不敌，便登上门楼向陈霸先拜请告饶。陈霸先不予理会，命人放火焚楼，王僧辩父子只好下楼就擒。

两人见面后，陈霸先不待王僧辩质疑，抢先发问道："我有何罪，公欲与齐师赐讨？"这话把王僧辩都问愣了。他尚不及回答，陈霸先又问："何意全然无备？"王僧辩道："委公北门，何谓无备？"

北门自然是指北府京口。以上对话说明，王僧辩确实不曾想到陈霸先会在背后捅刀子，以致全无防备，束手就擒。陈霸先知道再说下去于已无益，当即便命人将王僧辩父子缢杀。驻扎在城外的吴兴太守程灵洗听闻石头遇袭，率所部前来救援，与陈霸先军在西门展开了激战，后来得知王僧辩已死，本军又作战不利，这才接受了招降。至于说“北齐大军入侵”云云，后来发现根本就是一个谣言。

接下来的事情就简单了。次日一早，陈霸先布告中外，罗列王僧辩种种罪状，宣布本次诛伐的目标唯有王僧辩父子兄弟，其余亲党，一无所问。二十九日，在御座上屁股还没坐热的萧渊明不得不逊位出宫，陈霸先则率百僚向萧方智劝进。于是在十月初二，萧方智复辟，大赦改元。为了避免引起北齐的武装干涉，陈霸先还遣使告齐人说：“王僧辩阴图篡逆，故诛之，仍请称臣于齐，永为藩国。”

凭借此勋，朝廷封陈霸先为尚书令、都督中外诸军事、车骑将军、扬南徐二州刺史。

21 | 北齐入侵

王僧辩虽死，但其亲党旧部仍遍布周边州郡，陈霸先面对的局势并不安全。先是王僧辩的弟弟王僧智据吴郡，女婿杜龛据吴兴，联结义兴太守韦载起兵抗拒。陈霸先派侄子陈蒨和周文育前后征讨，累旬不克。接着谯秦二州刺史徐嗣徽也举州降齐。而王僧辩旧部、江州刺史侯瑱也拥兵割据，不听建康号令。

十月底，陈霸先留侯安都镇守台城，亲自领兵东讨义兴。徐嗣徽趁此机会，在北齐的支持下与南豫州刺史任约秘密结盟，以精兵五千突然渡江，攻占了石头城。好在侯安都智勇双全，大破徐嗣徽攻击台城的军队，使得其不敢进逼。而陈霸先也招降了义兴太守韦载，及时返回了建康。

十一月初二，北齐派兵五千渡江占据姑孰，与徐嗣徽和任约相呼应。次日再度增兵一万，并直接从建康对岸的胡墅运米三万石、马千匹入了石头城。这一来，建康压力陡增。陈霸先向刚刚归顺的韦载问计。韦载认为，如果齐军分兵先据三吴之路，略地东境，与王僧智、杜龛连成一片，那就大事不妙了。所以现在应该利用秦淮以南的侯景故垒紧急筑城，守住通往东境的道路，然后再另行派兵断绝敌人的粮道，如此才能击败敌军。

这一论断不错。齐军气势虽盛，但毕竟与大本营之间隔着一条长江。切断石头城与北岸和东境的联系，就等于掐住了敌人的喉咙。于是在初六日，陈霸先派侯安都领水军夜袭胡墅，一举烧掉了北齐船只千余艘。周铁虎亦率舟师往来巡弋，断齐运输，截获了广陵方向运来的粮食数千石。同时命韦载于大航筑城，封锁了齐军东去的道路。而北齐方面则一边在石头城南的秦淮岸夹水立栅，一边继续在江北屯兵，伺机渡江。

一转眼，双方就这样对峙了一个月。由于陈霸先的水军控制了江面，石头城里的齐军迟迟得不到进一步的增援，眼看三万石粮食就要吃光，徐嗣徽终于着了慌，便留齐将柳达摩守城，自己带心腹亲往采石接应援军。

趁此机会，陈霸先于十二月初十对石头城发动了进攻。他在石头东南的冶城铺设浮桥，将军队渡到南岸，并力猛攻这里的两道栅墙。柳达摩渡淮置阵，前来拒战。双方在河边展开了激烈厮杀。必须说明的是，这次渡江来攻的北齐军队主要由淮南一带归降的当地豪族组成，而并非是河北或晋阳的精锐部队，所以战斗力只能说是平平。而此时官军的水师已经连舰而至，封锁了秦淮河口，两岸的百姓也夹淮观战，为官军加油的呼声响遏行云，很快敌我双方在斗志上的差距就显现出来。陈霸先命士兵乘风纵火，焚烧栅墙，齐兵终于大败，纷纷争抢舟船渡河，被挤落水中溺死者不计其数，惨呼之声数里可闻。封锁河口的官军水师乘胜来攻，未及渡河的齐兵连人带船尽数被俘。

就在当日，徐嗣徽、任约带领从姑孰迎来的齐兵水陆万余人赶了回来，但陈霸先抢先一步派兵在江宁据险扼守。徐嗣徽军不敢前进，停军江宁浦口。侯安都又率水军进袭，将其击破。徐嗣徽单舸脱逃，军资器械全被缴获。

援军既被击溃，河栅亦被烧毁，至此拿下石头城便只是时间问题。十三日，陈霸先统军进围。守将柳达摩见形势不利，遂谋求与陈霸先讲和，提出愿意主动撤军，舟船辎重可以全部留下，唯一的条件就是要求梁室和陈霸先派亲贵人物来当人质。当时，陈霸先的一子一侄因江陵失陷流落西魏，兄子陈蒨则在吴兴一带与杜龛作战，只有弟子陈昙朗近在京口。而久战疲敝之下，建康也粮运不继，虚弱萧条，因此朝廷百官都巴不得早日讲和。陈霸先此时并未完全掌控朝政，面对这一压力，只好对朝臣说道："如今在朝公卿皆欲与齐言和，若违众议，必谓我爱惜昙朗一人而不恤国家。我可以遣昙朗为质，只怕齐人贪狠无信，以为我国微弱，日后必当背盟。到时齐寇若来，诸君须同心合力，与我誓死破敌才是！"

于是便以陈昙朗和两名宗室亲贵为质，双方在石头城外结盟议和。次日，齐兵撤出石头城渡江北去，徐嗣徽、任约也奔归江北。因王僧辩被杀引发的北齐对江南的入侵，至此方暂告中止。

其实齐军主动撤离，对陈霸先也有好处，因为此后他便可以专心对付其他叛乱藩镇。次年正月，杜龛、王僧智先后败亡；二月会稽克复，东境得以平定。接着，陈霸先又派周文育西上攻讨江州的侯瑱。然而，齐主高洋对柳达摩的私下议和十分不满，不但将其下狱论斩，而且如陈霸先所说，很快撕毁了盟约，再度调遣大军来攻。

《陈书》声称，这次北齐的军队由大都督萧轨统领库狄伏连、尧难宗、李希光、东方老、王敬宝等将会同徐嗣徽、任约的余部组成，共有十万之众。不过《北齐书》却记载，萧轨所统实际上只有"步骑数万"。而且更耐人寻味的是，李希光、东方老都是高乾、高昂兄弟的旧部；萧轨、王敬宝、尧难宗三人事迹不显，史籍无传；库狄伏连则是尔朱氏旧将。以上事实说明，这支军队的主力是一些在北齐内部不得志的边缘势力，高洋故意用这支拼凑起来的杂牌军渡江南征，本身就抱有投机心理：败了也不心疼，还可以清除异己；若能获胜，更是一大便宜。

一开始，这支齐军出栅口（今安徽巢湖无为东南），向梁山，仍想沿江而进。但为了抵御江州的侯瑱，陈霸先早派侯安都在梁山夹江立栅。齐军初战不利，退屯芜湖。陈霸先也向梁山增兵，并召回西征侯瑱的周文育，与齐军形成对峙局面。

到了五月，考虑到梁山防线不易攻破，并且梁军在水战上一直占据优势，齐军一边向陈霸先索要萧渊明，诈称只要放萧渊明归齐，便立刻退军，一边则做好了弃舟步上的准备。初十日，北齐军离开芜湖，绕经今马鞍山市的丹阳镇一带，于二十二日抵达了建康东南六十里的秣陵县故治（今秣陵镇）。好在这一路遍布河汊沼泽，齐军行进相当缓慢，陈霸先得以及时召回驻梁山的军队，重新在建康周围布防。

接下来的几天，齐军步步为营，绕着建康东边兜了半个圈子，于六月初抵达了钟山和幕府山之间。之所以如此小心翼翼，仍然是担心粮道被断。而用兵老辣的陈霸先绝不会放过敌人客场作战这一弱点。他一边收缩防线，针对齐军的行进路线随时调整布防，一边派精锐水师渡江，袭击对岸的北齐行台，俘虏舰船，截获粮食，总之就是竭力阻止江南的齐军从江北得到兵力和物资上的援助。齐军发动的两次试探性进攻，也被陈霸先击退。

不久后，北齐军再次陷入军粮短缺的境地，不得不宰杀驴马果腹。

初七日，齐军主力想要翻越钟山进逼台城，陈霸先便命众军在乐游苑东和覆舟山北列阵，阻断冲要。齐军见此路不通，两天后又绕至玄武湖西北，想要占据城北郊坛，梁军便移屯坛北，仍与齐军相对。

此时正值夏末，大雨连日不停，平地积水深至丈余。齐军营地所处地势较低，兵士昼夜坐立泥中，以致足指皆烂，悬鬲以炊，根本无法休息。而梁军占据的地域则相对高敞干燥，士兵们番易如常。两下一比，齐军的士气十分低落。

十一日，天气稍稍放晴。陈霸先认为，进攻的时刻到了。

之前士兵们已经多日难以吃到饱饭了，但这时镇守吴兴的陈蒨恰好送来米三千斛、鸭子一千只。陈霸先便命炊米煮鸭，人人都用荷叶裹米，饱餐了一顿鸭肉盖饭。十二日凌晨，三军将士蓐食战饭，天亮后在陈霸先的率领下进至幕府山，不远处便是齐军的营寨。

其实，这场战斗的结果在开始前便已注定。这支齐军本就是杂牌部队，又是客场作战，饥疲交加，士气低落，加之几个将领彼此不和，

《北齐书》的原话是“军中抗礼，不相服御，竞说谋略，动必乖张”。当陈霸先号令吴明彻、沈泰等众军首尾齐攻，侯安都又从白下城引兵横出其后之时，齐军稍作抵抗，便全面溃败。徐嗣徽被擒斩，其余萧轨、东方老、王敬宝等将帅四十六人被俘。败兵无处可逃，只能跑到江边试图扎木筏渡江，结果中途被淹死者不计其数，下游两岸随处可见堆积的浮尸。

此战结束以后，北齐迄至亡国，再也不曾派军队渡过长江。

22 陈朝立国

公元557年又是改朝换代的一年。

击败了北齐的入侵使得陈霸先威望大增。尽管王琳仍占据上游湘郢诸州不附，豫章、临川等地亦有熊昙朗、周迪、留异、陈宝应这些小军阀割据自专，但已经于大局无碍。陈霸先便循着前朝篡代的成例汲汲而行，终于在这一年十月逼使梁帝萧方智禅位于己，建立了陈朝。

此时，侯安都、周文育这两员猛将正在西征王琳的路上。得知陈霸先受禅，侯安都叹道："吾今兹必败，战无名矣！"原本征讨王琳的理由就是他不听从梁帝号令，是为挟天子以令诸侯。现在陈霸先自己当了皇帝，自然师出无名，对双方士气都会有影响。再加上侯、周二将彼此名位相埒，谁也不服谁，结果沌口（今湖北武汉西南）一战，官军大败，侯安都、周文育以及周铁虎、程灵洗等裨将皆为王琳所擒（不过后来侯、周二人贿赂看守，又逃了回去）。王琳乘胜进逼，连江州也拿了下来。

这时的王琳坐拥数州，带甲十万，并以北齐为靠山，迎回了在邺城当人质的永嘉王萧庄立为梁主，大有一举东下讨平篡逆的架势。他自己巡视三军时也得意地说："可以为勤王之师矣，温太真何人哉！"自觉比讨平了王敦、苏峻之乱的温峤还牛。

不过，王琳并没有等到和陈霸先一决雌雄的机会。同宋武帝刘裕一样，陈霸先在登上帝位以后仅仅两年即因病崩殂，时年五十七岁。

陈霸先一生戎马，子嗣本就不多，又大多幼年夭折，健在者唯有第六子陈昌。侯景乱平后，陈霸先爵封长城县侯，陈昌便为长城国世子，显然是指定的继承人。遗憾的是，后来梁元帝征陈昌和陈顼（陈霸先兄道谭第二子）二人到江陵为质，西魏攻陷江陵后，两人就被掳到了长安。所以陈霸先病危之时，身边一子皆无。

《陈书》声称，陈霸先去世之时留有遗诏，征临川王陈蒨“入纂”，即继承皇位。陈蒨是陈霸先兄长道谭的长子，年富力强，在征讨王僧辩旧部杜龛、张彪之时立有军功，是一个颇有能力的人选。若是如此，就是陈霸先主动决定将皇位传给了自己的侄子。

然而，事实并不是这么简单。《陈书》同样记载，陈霸先在即位之后，曾经多次与长安方面交涉，希望北周能放陈昌、陈顼二人归国。北周虽然答允，但一时并未发遣，直到陈霸先死后才放陈昌离境。

当然，这时的建康朝廷虽然知道北周的承诺，却无法确知陈昌究竟何时能够归国。何况在两国之间还有王琳阻隔，即便陈昌立刻启程南下，也未必能够顺利抵达。加以此时强敌虎视眈眈，重臣宿将大多领兵在外，朝廷里只有皇后章氏一个寡妇和中领军杜棱、中书侍郎蔡景历几个人能主持局势。经过商议，几人都觉得与其等待不知何时能够归来的陈昌，不如就近征临川王陈蒨继位于国家更为有利。

当时，陈蒨本人还在南皖口（今安徽安庆西皖水入江之口）筑城防备王琳。章皇后等人决定暂时密不发丧，先召陈蒨回京再说。时值盛夏，遗体不耐久放，必须早治梓宫，蔡景历怕斤斧之声传到外间，便指挥宫里的宦官用蜡做了一副棺材。

此前周文育为豫章太守熊昙朗所杀，接替其任的侯安都回军路上正经过南皖，就与陈蒨一起还朝。六月二十九日，陈蒨回到建康，直接入居中书省。但是接下来则起了不小的风波：以侄继叔毕竟有违传统的继承法则，所以陈蒨本人再三谦让，而章皇后又因为儿子陈昌的缘故[①]，一时不肯下令，以致群臣也都犹豫不决。侯安都这时挺身而出道："如今四方未定，何暇及远！临川王有功于天下，须共立之。今日之事，后应者斩！"说完便按剑上殿，要求章皇后交出玺绶，又亲手解开陈蒨的发髻，把他推到了丧主的位置上。如此杀气腾腾，可见此事绝非"遗诏入纂"那么单纯。章皇后迫于压力，只好下令由陈蒨继统。

于是就在当日，陈蒨灵前即位，是为陈文帝。

这一来，陈昌的地位就很尴尬了，而且这也为皇位的争夺埋下了隐患。好在陈昌从长安返回途中遇到王琳阻隔无法南来，只能在安陆暂居，所以这一冲突暂时尚未公开。

倒是王琳得知陈霸先去世的消息，抢先发难，于当年十一月引兵东下，出屯濡须口（今安徽无为南）。北齐也派扬州道行台慕容俨率军临江，为之声援。陈朝则以侯瑱督诸军出屯芜湖，双方相持百余日。至次年二月，北周得知王琳东下，派出荆州刺史史宁统兵数万围住了郢城。这下等于断了王琳的后路。心态失衡之下，王琳唯有选择直取建康。结果芜湖一战，反被侯瑱杀得大败，几乎全军覆没。最后王琳投奔北齐，在上游的余部纷纷投降。围郢州的周军听说陈军将至，也解围而去。至此，荆州以东、长江以南的地域总算都纳入了陈朝的疆域。

王琳既败，陈昌遂得以从安陆南下，启程不久就给陈文帝写了一封信，"辞甚不逊"，大意可想而知。陈文帝相当不高兴，但又不好明言，就伺机从容对侯安都说："既然太子将至，我须别求一藩为归老之地才是。"

侯安都当然知道文帝的心思，正色道："自古岂有被代天子！臣愚昧，不敢奉诏！"还请求派自己去迎接陈昌。朝中群臣也闻风上表，建

① 陈昌是否是章皇后亲生，史无明言，但早在太清年间陈霸先南征交趾之时，陈昌便与章氏生活在吴兴，后来两人又同时被侯景囚禁，可知陈昌起码是被章氏抚养成人，两人应有母子之情。即便陈昌是庶出，按当时的宗法关系，章氏也是其嫡母。

议封陈昌为藩王加以安置，于是陈文帝便封其为湘州牧、衡阳王。

三月二十三日，陈昌进入国境，侯安都前往“迎接”。

二十五日陈昌渡江，船到中流，《陈书》记载说“船坏，以溺薨”。《南史》则直言侯安都“中流而杀之”。总之，陈霸先的这个儿子还没踏入建康，便丢了卿卿性命。

23 魏周鼎革

在陈朝开国前一年，北方的西魏已经提前完成禅代，变成了北周。

西魏太师宇文泰在执掌国政二十余年后，在北巡途中病逝于云阳（今陕西淳化西北），时年五十岁。在他的治下，西魏的版图从最初只据有关中平原扩张到“南清江汉，西举巴蜀，北控沙漠，东据伊瀍”，对内则建府兵、行均田、尊周礼、叙勋贤、推行六条政治、团结关陇豪族，将一度积贫积弱的国家发展为足以与东国相匹敌的强大政权。《周书》在论及其功业之时，将他比作夹辅汉室的魏武帝曹操和南朝的肇基者宋武帝刘裕，可谓允当。

其实像曹操和刘裕一样，宇文泰也不满足于只为偏霸之主，而有澄清宇内、一统六合之志。当年趁高洋篡魏建立北齐之际，宇文泰曾统领新建府兵自弘农渡河北侵，兵锋直指建州（今山西晋城北），高洋亲统甲骑出屯晋阳东城。探马报说齐人军容严盛，宇文泰叹道：“高欢不死矣！”又不巧遇到久雨不停，随军畜产多死，宇文泰便收兵自蒲阪而还。这次出兵使宇文泰明白，短期内西魏并没有并吞北齐的实力，于是此后不再谋求向东攻略，而将重心放到了南侵巴蜀和江陵地区。

这一决策极其英明。因为侯景之乱引发的一系列变动使得西魏轻松取得了巴蜀和江汉流域，不但为后来北周灭齐奠定了实力上的基础，也为代之而起的隋朝开创出了一统天下的道路。

美中不足的是，宇文泰生子较晚，在其建功立业的过程中，诸子因年幼极少发挥作用，反而是其长兄之子宇文导、宇文护一直担任他的左膀右臂。而且当初在选定继承人时，一方面考虑到立子以嫡的礼制，一方面则担心外戚独孤信日后干政（宇文泰长子宇文毓是独孤信的女婿），宇文泰没有立长子宇文毓，而是立正妻冯翊公主元氏所生第三子宇文觉为嗣。这就导致宇文泰病危时，宇文觉还是一个毫无治国经验的十五岁少年，亟需有人辅助。

此时，宇文导已死，宇文泰只好将小侄宇文护召至榻前，叮嘱道："我病情如此，必将不济。然诸子幼小，寇贼未宁，天下之事，只有托付给你了，宜勉力以成吾志。"宇文护涕泣奉命，宇文泰才放心离去。

魏恭帝三年（公元556年）十月初五，宇文觉嗣父为太师、柱国、大冢宰之位，出镇宇文泰霸府所在的同州（今陕西大荔）。

这时西魏国内的政治形势，最上边是一个形同傀儡的魏恭帝元廓，下边就军权而言，大统十六年前分领府兵的六柱国之中，李虎已死，其余李弼、赵贵、独孤信、于谨、侯莫陈崇五人都健在；就政权而言，在改革的六官制度中，除宇文觉继承了大冢宰（相当于丞相）之外，李弼任大司徒，赵贵任大宗伯，独孤信任大司马，于谨任大司寇，侯莫陈崇任大司空。而宇文护本人只是个大将军、小司空，连柱国都不是，不论是名位还是威望都比李弼等五柱国要差上一截。并且这五柱国里，只有于谨从宇文泰任夏州刺史时便是他的副手，一直忠心耿耿，算是宇文泰的亲信，其余四人当初跟宇文泰之间都是平辈同事关系，现在他这一去世，这几个元老是否还肯听从嗣位的宇文觉的领导，实在很难说。对于受托辅佐的宇文护来说，更是一大挑战。

果不其然，宇文泰灵柩返回长安后，朝中很快出现了"群公各图执政，莫相率服"的动向，引起了人心不安。好在宇文护干略志度颇有乃叔之风，他深知在这关键时刻，必须取得于谨的支持，就赶在群公会议之前密访于谨，寻求他的帮助。于谨立刻拍胸脯保证说，自己多年来蒙丞相提携，关系比骨肉还铁，这件事自己一定以死力争，到时候你千万不要辞让动摇！

第二天众人齐集议事时，于谨慷慨陈词："当年帝室倾危，人图问鼎，宇文丞相志在匡救，投袂而起，荷戈而战，这才有了今日国祚中兴、百姓稍安的局面。不想天不假年，奄弃黎庶。其嗣子虽幼，但中山公（宇文护爵位）亲则犹子，兼受顾托之重，而今军国之事，理须归之！"于谨辞色抗厉，这番话又说得冠冕堂皇，一时间赵贵等摄于气势，竟无人敢表示异议。宇文护见状，立刻挺身而出道："此乃家事，我虽然向来庸昧不敏，又何敢有辞！"

这就有点不大讲理了。这国家眼前还不姓宇文，受顾托辅佐幼主固然可算家事，执掌朝政却是国事。然而众人还来不及分辩，于谨便直趋上前对宇文护道："公若统理军国，谨等便有所依。"说完倒头便拜了两拜。要知道以前都是宇文护向于谨敬礼，现在却倒了过来。这时如果赵贵等不随着礼敬，那就等于撕破脸皮，立刻便会引发冲突，而他们显然还没有这样的准备，于是只好不大情愿地一一跪倒，算是承认了宇文护的权威。

这一来，宇文护便在这场权力博弈中占得了先机。而他之所以能取得这一优势，除了于谨的力挺之外，也得益于宇文泰在世时对自身势力的重点培养。六柱国之一的李虎死后，其统兵权被宇文泰兼并，这时被宇文觉继承，再加上于谨的支持，至少有三分之一的府兵由宇文家统领。更重要的是，在柱国之下的大将军这一层级，通过伐蜀、攻取江汉等战争，积累了军功的尉迟迥、长孙俭、李远、贺兰祥等宇文泰亲信纷纷得到提拔，占据了主力。另一方面，宇文泰还大量赐胡汉功臣改姓宇文氏，将他们拉拢到自己一方。这就使得宇文泰去世时，赵贵、独孤信等四柱国中没有一人势力能与之相比。

尽管诸元老迫于形势暂时承认了宇文护处理军国大事的权威，不久后朝廷亦拜其为柱国，但这种局面仍然隐患多多。宇文护认为，眼前只有让宇文觉早登大位，定下君臣名分，才能够安定人心，保证宇文家的利益。反正隔壁的高洋在六年前就已经如此施为，如今两国势均力敌，傀儡皇帝的利用价值已经不大。于是在当年十二月宇文泰刚刚下葬之后，宇文护便操纵朝廷封宇文觉为周公，十三天后更逼使魏恭帝下了一纸禅位诏书，完成了魏周革命。

有意思的是，成为一国之君的宇文觉这时并没有采用华夏传统的皇帝一称，而是采用了十六国时期曾被石勒、苻坚、姚兴等人使用过的“天王”称号。在兼顾华戎之美的同时，似乎也隐晦地表达了一种希望与柱国元老们互敬合作的谦逊态度。

然而，互敬和谦逊只是表象，“要么赢，要么死”的权力游戏才刚刚开始。

24 宇文护专权

即位为天王的宇文觉的第一道任命，便是对六卿进行调整：原大宗伯赵贵升任大冢宰，大司马独孤信升任大宗伯，小司空宇文护升任大司马，大司徒李弼、大司寇于谨、大司空侯莫陈崇则职位不变。

表面上看来，赵贵、独孤信、宇文护同时得到了晋升，但宇文护属于超擢，并且接掌的又是“掌兵事”的大司马一职，而赵贵、独孤信二人则有明升暗降之嫌。因为大冢宰虽贵为丞相，但如果没有兵权，也不过徒有尊名，何况其副手小冢宰此时是由宇文氏亲信的李穆担任；而大宗伯则主管礼乐祭祀，地位虽尊，权力却不大。更重要的是，宇文觉一气提拔了宇文毓、达奚武、豆卢宁、李远、贺兰祥、尉迟迥六个人为柱国，六人中除宇文毓为宗室之外，其余五人都是宇文泰的亲信旧部，这就在府兵系统里进一步扩充了宇文家的势力。

赵贵和独孤信见自己的权力受到侵夺，更加愤愤不平，遂密谋伺机诛杀宇文护。据说到了约定的时间，赵贵想要动手，独孤信却不知出于什么原因阻止了他。不久计划泄漏，开府宇文盛入京密告宇文护得知。二月十四日，趁赵贵上朝的机会，“护执而杀之”。独孤信则先是被免官，随后也被逼令自杀。

紧接着，宇文护接任大冢宰，刚刚晋升柱国的贺兰祥、达奚武分领大司马和大司寇。元老势力受到这一沉重打击，再也无力与宇文氏争夺政权。可以说，在宇文泰去世、诸子年幼的危险局面下，宇文氏能够顺利代魏为周，使到手的统治权得以巩固，主要的功劳当属宇文护。在这一点上，他的确不负宇文泰临终所托。

然而，新的麻烦亦接踵而来。

赵贵被诛后，许多功臣宿将担心自己受到牵连，争相结好依附宇文护。再加上宇文护尽掌朝中大权，其府邸屯兵禁卫，盛于宫阙，俨然扮演起了西魏时宇文泰的角色。这就很快引起了年方十六、生性“刚果”的宇文觉的不满。在宇文护看来，要想维护宇文家的整体利益，自己必须专权；而在宇文觉看来，这位堂兄的专权却是一个巨大的威胁。随着宇文护将宇文觉的亲信李基、于翼排挤到地方任刺史，两人的冲突日益表面化。甚至有个叫齐轨的仪同仅仅因为说了一句“兵马万机，须归天子，何因犹在权门”而被人向宇文护告发，宇文护便将其处死，告密者则被升官。到了当年秋季，两人的关系已经发展到了水火不容的地步，整个北周朝廷也随之分裂成了帝、相两党。

帝党这边的核心人物是司会李植、军司马孙恒、宫伯乙弗凤、贺拔提四人。李植是李基之兄，他见弟弟被排挤出中央，担心自己不为宇文护所容，因此多次和孙恒劝宇文觉说：“宇文护专权若此，必将不守臣节，应该尽早将他除掉！”乙弗凤、贺拔提也说：“晋公护时常自比周公，可臣听闻周公摄政七年才归政于天子，试问陛下安能七年邑邑如此乎！”宇文觉深以为然，就挑选了几个心腹武士在后园演练擒拿之术，准备寻机对宇文护动手。

之所以计划采用这种手段，是因为府兵和朝政大权尽在宇文护之手，掌兵事的大司马和“总统宿卫兵”的小司马亦由宇文护亲信贺兰祥、尉迟纲担任，宇文觉所能调用的力量只有任“宫伯”（相当于之前的直阁将军）而轮值禁中的乙弗凤、贺拔提等区区数人。而且宇文护继任大冢宰之后常住同州，宇文觉唯一的机会就是趁他入朝之时突然行刺。

也许是因为自感势单力孤，李植等还邀请了宫伯张光洛同谋。张光洛表面答应，背地里则密报宇文护得知。这时距离宇文泰去世还不到一年，自比周公的宇文护并不想这么快就和少主决裂，于是只将李植、孙恒二人外放为边州刺史，希望以此遏止宇文觉的图谋。然而宇文觉少年气盛，屡次想把二人召回。宇文护劝谏说："天下至亲不过兄弟，若兄弟之间尚自构嫌隙，他人又何易可信？臣受太祖（指宇文泰）重托，情兼家国，实愿为陛下竭股肱之力。倘若陛下能亲览万机，威加四海，那臣死也无恨！只恐怕除臣之后，奸人得逞其欲，不但不利于陛下，也会危及社稷！况且臣既为天子之兄，又是国家宰辅，怎么可能还有非分之想？希望陛下勿信谗臣之言，疏弃骨肉。"

这番话既是劝谏，也是警告。宇文护的意思很明白：我专权是为了宇文家的江山，只要你不图谋于我，我就遵照太祖的遗嘱辅保于你；可你要是不听劝告，老想打我的主意，那我为了社稷考虑，只能对不起太祖了！

遗憾的是，宇文觉并没有将这番话放在心上，他虽然没能召回李植、孙恒，但在乙弗凤、贺拔提的策划下，仍然准备借召集群公入宴的机会执杀宇文护。已经成为卧底的张光洛再次飞报宇文护得知。这次宇文护不再容忍，立刻找来贺兰祥、尉迟纲等心腹谋议，结果贺兰祥等一致认为应该废掉这个不识大体的少主。于是宇文护便命尉迟纲入宫，以议事为名叫乙弗凤、贺拔提来见。尉迟纲是凤、提两人的顶头上司，两人不敢不来。一来就被拿住，押往了宇文护的府邸。接着贺兰祥统兵入殿，逼宇文觉逊位，幽居即位前为略阳公时的旧第。

然后宇文护召集公卿百官，以异常沉痛的表情对他们流泪诉说，当年太祖创业是多么多么不容易，自己是如何接受了他的临终托付，然而略阳公即位以来又是怎么怎么荒淫无度、疏忌骨肉、宠幸小人，致使国家面临什么什么危险，如果这样下去，自己就是死了也没脸去见太祖！所以今天"宁负略阳，不负社稷"，宁都公毓排行最长，德行又好，四海归心，现在我要废昏立明，你们有什么意见没有？

群臣多为宇文护一党，又畏于兵威，哪里能有什么意见？都说："此公之家事，敢不惟命是听。"

于是宇文护便将乙弗凤等斩首，下诏召李植回京，并遣使去岐州奉迎宁都公宇文毓入宫。

李植的父亲阳平公李远当时以柱国出镇弘农，也被征召回朝。他预感到事情不妙，犹豫许久，最后终于说道："大丈夫宁为忠鬼，安可作叛臣邪！"就回了长安。宇文护顾忌李远素有威名，就把李植交给他说，你儿子犯的罪不只是要杀我，更是危及国家，你自己看着办。意思是叫他大义灭亲。可是李远最喜欢这个儿子，李植本人又能言善辩，自陈说初无此谋。李远信以为真，第二天一早就带着李植来求见宇文护。宇文护本以为李植已经死了，一听说他也在外面，立刻火冒三丈，道："阳平公竟然不信我！"便召李远父子进来，叫李植和宇文觉两人当场对质。这一下李植无可辩解，理屈词穷，只能满腹委屈地对宇文觉说，自己种种谋划还不都是为了你！李远听了，跌坐在地道："若是这样，合该万死！"宇文护遂下令诛杀李植，逼使李远自尽。不久后，宇文觉也被秘密处死。

九月二十三日，宇文泰的长子、宁都公宇文毓抵达长安，次日便在宇文护的拥戴下登上了天王之位。

25 毒杀周明帝

不论宇文护的理由多么冠冕堂皇，宇文泰去世还不到一年，亲受顾命托孤的“周公”便废杀了他指定的继承人，这无论如何都是不得人心的事。何况因此事有三个柱国先后身亡，对于北周内部的团结也造成了相当大的损害。所以迎立宇文毓后，宇文护实行了一些绥和各方、安定人心的措施，例如擢升今上之弟宇文邕为柱国，放免因赵贵事件被没入为官奴的元氏子女等。但与此同时，对于手中的权力他却并未有丝毫放松，甚至还加自己为太师、雍州牧之职，意在加强对朝廷的掌控。

而新君宇文毓当时已经二十四岁，又多年在外任职，为人处事远比少不更事的宇文觉成熟稳重。他完全明白自己的处境，并从宇文觉的败亡上吸取了教训，因此在即位后的头两年里，表面上他似乎完全接受了宇文护专权的现状，既从未公开有任何不满和质疑，也从不“亲昵小人”，以免授人口实。唯一能够探知他心迹的，是第二年九月间他巡幸同州，探访幼时故居时写的一首诗，内有“举杯延故老，令闻歌大风”之句。

这当然是化用了汉高祖刘邦暮年还乡，作《大风歌》的典故。“大风起兮云飞扬”固然雄壮，“威加海内兮归故乡”固然荣光，然而最后的“安得猛士兮守四方”却让花甲之年的刘邦伤怀落泪，“泣数行下”。个中原因，除了悲叹年华老去，大概也是因为昔年的功臣武将如韩信、彭越等诛死殆尽，猛士难寻的缘故。而宇文毓却富于春秋，并无桑榆之悲，“博览群书、善属文”的他用此典故，是否是在感叹安得猛士助自己守住父亲留下的江山，那就不得而知了。

总之，直到宇文毓在位的第三年年初，宇文泰丧期已过，太师宇文护不得不在形式上“上表归政”，宇文毓开始“亲览万机”，帝相两人这才又不动声色地展开了权力之争。

由于这时宇文护仍以都督中外诸军事一职尽掌全国兵权，朝野内外亦遍布其党羽，宇文毓的行动大体上比较谨慎，生怕一着不慎引火烧身。他先是在三月间亲披甲胄巡阅六军，“迎太白于东方”，向府兵将士宣示自己的领袖地位；继而在五月对六卿进行调整，引弟弟宇文邕为大司空以为己助。到了八月，又一连实行了三项举措：十五日，采纳御正中大夫崔猷的建议，以“天子称王，不足以威天下”为理由，仍遵旧制称皇帝，改元武成。二十九日，以十六岁的皇弟宇文宪为益州总管（三月已改都督为总管），出镇蜀中。次日又增置御正四人，位上大夫。

御正“任总丝纶”，主管诏敕，职能类似中书监、令而又更为亲密，增加此官的人数和品级显然是为了提高皇帝身边亲信的地位，同恢复称帝一样是为了扩大君主权威。而以宇文宪出镇益州，也是出于外树强藩以固根本的目的。宇文护何等人物，当然由此可以推知宇文毓的用心。特别是到了这年十月，当宇文毓将尉迟迥、尉迟纲兄弟分别外调为秦州和泾州总管之后，宇文护知道，如果自己再不有所行动，手中的权力将会进一步受到侵夺，依附自己的党羽也会动摇甚至叛离，等到那时就未免太晚了！

但是宇文毓已经亲政，以上所有举措都是以朝廷的名义正大光明地施行，而且皇帝本人既没有任何昏乱不道的行为，两人之间又没有公开的冲突，这就使得宇文护在政治层面上很难找到搞掉宇文毓的借口。

明着不行，那就只有来阴的。

于是在武成二年（公元560年）四月，宇文护指使膳部下大夫李安在御膳中下了毒。

古代的毒药，其实极少像影视作品中描写的那样药效迅速而猛烈，大部分需要一定的发作时间，发作后也不会立刻身亡。当宇文毓发觉自己中毒以后，他立刻明白了是怎么回事。但他没有试图在临死前对宇文护进行报复，而是连忙召公卿群臣入宫，趁自己意识清醒时口授遗诏，宣布立弟弟宇文邕为嗣君。

在这份五六百字的遗诏中，宇文毓对自己的死因只字不提，只说“今乃命也，夫复何言”，希望群臣能上下协和，有始有终，辅保新君，勿忘太祖遗志。

五月二十日，明帝宇文毓去世，时年二十七岁。由于有遗诏在先，宇文护不敢冒天下之大不韪立宇文毓幼子为君，只得允许宇文泰第四子、十八岁的宇文邕继兄登上帝位。

史籍记载，因“避忌”的缘故，宇文邕幼年曾被送往原州李贤家寄养，六七岁时才回到宇文泰身边。他不但从小聪敏，而且性格深沉有远见，平素不喜多言，言必有中，深得宇文泰和兄长宇文毓的器重。

眼见自己的两个哥哥都为宇文护所弑，悲愤之余，宇文邕深知唯有韬光养晦、明哲保身，才能让自己避免重蹈覆辙，从而为未来的复仇保留住一线希望。因此在即位之后，数年间他“高拱深视”“常自晦迹”，除了与儒生文士谈玄论道，偶尔参加一些祭祀典礼之外，其余国事一概漠不关心，全部交由宇文护处理。他还下诏“令五府总于天官”，正式确立了大冢宰宇文护统领其余五府的行政首脑地位。

可以说，这一时期的宇文护完全掌握了北周政权，可谓名副其实的独裁者。如果他愿意的话，他也完全有实力废掉宇文邕而篡位自立。不过，一来宇文邕表现得十分恭顺，不但处处推崇宇文护“功比周公”，甚至还加他“诏诰文书不得称名”的殊礼，尽量满足他的权力欲和虚荣心，使得宇文护篡位的意愿并不紧迫；二来他毕竟此前已经废杀了三位皇帝（元廓、宇文觉、宇文毓），为声名考虑，在宇文邕没犯任何错误的情况下，短时间内他也不好再行篡逆；而且有南朝宋齐的例子在前，宇文护深知皇室不同宗支之间自相残杀于国家有害无利。因此在自己的权位富贵没有受到威胁的情况下，总体来说，他更倾向于安于现状。

但是这并不代表他没有过篡位自立的想法。

当时有不少人出于种种目的，曾以流行的谶纬符命之事劝诱宇文护行禅代之事。宇文护听说自梁朝入周的庾季才擅长天文星相，便将他找来，问说："近来天道有何征祥？"显然，他是希望庾季才能从"天命"的角度为其禅代自立提供一些理论依据。

倘若庾季才有意逢迎，自不难找到种种符合宇文护心理预期的"征祥"。然而他的回答却是："近来上台有变，不利宰辅，公宜归政天子，请老私门。如此便能福寿终老，而得享周公、召公的美名，子孙后代也可常保富贵。如若不然，非下官所能复知。"

听了这话，宇文护沉吟不语，良久才道："我本意如此，只不过请辞未获准许罢了。"此后他便刻意疏远了庾季才。

由此可知，尽管目前宇文护安于现状，但篡位自立也是他头脑中未来的选项之一。倘若自己的权位受到威胁，或者宇文邕举措失当，授予他口实，那么他绝对不惜在自己的屠戮名单上再添上一位皇帝，甚至自己直接登上御座。

此外，就统治北周这个军人占统治地位的国家而言，宇文护也感到自己的功勋和威望尚有欠缺。如果能在对外战争中取得一些亮眼的成绩，毋庸置疑可以增加自己未来称帝的砝码。

于是，宇文护将攻略的目标转向了近年帝位同样更迭频繁的北齐。

26 嗜杀成瘾

历史上大凡开国之君，如果不是英明神武，至少也非泛泛之辈，而淫暴昏虐之主则大多出现在整个王朝的中后期，这几乎是两千多年来帝制中国的常态。

奇怪的是，作为北齐王朝的开国皇帝，文宣帝高洋在历史上的评价则向来与“残暴”“淫荡”“癫狂”“禽兽不如”等等贬义词联系在一起，甚至有人直接称之为“历史上最淫荡残暴的帝王”，“集禽兽酒鬼变态三者于一身”。

想想这也难怪，如果史籍的记载属实，那么高洋的许多行为的确在“残暴”“淫荡”的程度上达到了令人震惊的地步，搁现在写成稿子肯定分分钟刷爆朋友圈，哪怕拿到世界上与欧洲那些堪称“疯子、傻子、色情狂”的奇葩君主相比，也不遑多让。

可令人费解的地方在于，高洋并非一开始就是这个样子。即位之初的那几年，他也算得上励精图治的有为之君。

在内政方面，他整顿风俗，倡导节俭；祭孔兴教，推崇儒学；关注民生，劝课农桑；鼓励进谏，修正律法。而且他还对各项庶政亲力亲为，果敢能断，“以法驭下，公道为先”，隐隐然有明君之风。以致北齐在他的治理下，“数年之间，朝野安乂（音yì）”，就连宇文泰也感叹“高欢不死”而放弃了与他直接对战的计划。

在对外征战上，高洋也颇有建树。趁南朝侯景之乱的机会夺取了江北大片土地暂且不论，单说在天保七年（公元556年）之前，高洋亲自指挥的征讨山胡、契丹、突厥、柔然、库莫奚的战争就有十一次之多，而这些战争无一例外都取得了胜利。尽管这些部族的实力在当时都无法与北齐相比，但高洋本人的军事素养毋庸置疑也发挥了重要作用。例如天保四年（公元553年）北讨契丹一役，高洋亲统精骑长途奔袭，露髻肉袒，昼夜不息，翻山越岭一千多里，一直冲在士卒前列，最终成功大破契丹。天保五年（公元554年）征伐柔然，在遭遇柔然别部数万围逼而身边只有一千余骑的情况下，高洋神色自若，冷静指挥，先是顺利突围而出，继而又追击获胜，俘获三万余人。他还在北境筑起长城，打造了一条西起黄河、东抵渤海的边塞防线。高洋征战的事迹传入突厥，甚至突厥人也充满敬意地称他为“英雄天子”。

然而在他在位后期，高洋在史籍中的形象却一变而为残忍嗜杀的魔王、好色乱伦的鬼畜，所犯下的累累罪恶简直罄竹难书！

最先遭到屠戮的是高欢时代的老臣、“四贵”之中的高隆之和高岳。

据说高洋在还没当上尚书令、京畿大都督之前，高隆之曾经轻侮过他，而后来他谋求受魏禅之时，高隆之也曾加以阻止，这就使得高洋怀恨在心。即位初年，为了安抚勋贵，高洋选择了暂时隐忍，授予高隆之等人高官厚禄以示尊崇。但随着帝位渐趋稳固，报复的念头时常在他的心里涌现出来。天保五年，有人密告高隆之与原魏襄城王元旭宴饮，约誓说：“与王交游，当生死不相背。”高洋知道后大怒，骂道：“这该死的徐家老公！（高隆之本姓徐）”就命壮士猛击了他一百来下。不久高隆之就死了。然而事情过去一年多后，高洋仍余怒未消，不但抓了他儿子一家挨个砍头，还派人掘了高隆之的坟墓，将其挫骨扬灰，投入漳河。

至于清河王高岳，先是由于威名素著、府邸逾制引起了高洋的反感，继而又因一女子薛氏引来了杀身之祸。这薛氏本出身倡优，十四五岁时一度被高岳宠爱，后来又被其父献入宫中，和她姐姐一起得到了高洋的爱幸。有一次，高洋夜游薛宅，薛氏姐妹趁机为父亲求司徒之位。

不想高洋大怒，当时就下令将薛氏的姐姐悬吊起来，“锯杀之”！又想起来薛氏曾经跟高岳有一腿，就派人斥责高岳奸污民女。高岳不服，辩解说自己本来想娶薛氏，只不过嫌她出身低微后来没成，并非奸污。这下高洋更怒，就派平秦王高归彦携毒酒前去将高岳赐死。而薛氏本人当时因为有孕在身，一时并未处置，直到分娩之后的一天，高洋忽然想起她跟高岳有染，便砍下她的头藏在怀里，没事儿一般照常出东山宴饮。酒宴开始后，高洋冷不丁掏出人头，“哐”的一声扔到了盘子里，把陪宴的人都吓得半死！这还不算，他还砍下薛氏的大腿骨，抱在怀里当琵琶弹，边弹边哭着说：“佳人难再得，甚可惜也！”

以上两起事件，都发生在天保七年以前。到了天保七年之后，史籍声称，由于高洋“以功业自矜，遂留情耽湎，肆行淫暴”，种种暴虐荒唐的行径不论在出现的频率上还是在残忍和变态的程度上，都远远超过了之前。

据《北史》记载，这一时期的高洋时常嗑了药一般夜以继日地歌舞狂欢，而且动不动涂脂抹粉、赤身露体，要不就披散着头发穿起胡服，或者混搭五颜六色的锦衣，大搞行为艺术。他有时乘着鹿车，有时则骑着驴、牛、骆驼甚至白象，连鞍鞯缰绳都不用，张弓舞剑地游行于街巷市肆，或者临幸于王公勋戚的府第；有时他干脆就让崔季舒或者刘桃枝背着他走，自己则挎着胡鼓拍得嘭嘭作响；兴之所至，不分白天黑夜，也不管冬夏寒暑，在烈日下赤身暴晒、在寒风中脱衣狂奔都是常事，疯累了，哪怕是在街头小巷也倒头便睡。扈从群官受不了这些折腾，人人狼狈不堪，高洋却怡然自乐，完全不当一回事。天保七年，他征发工匠三十余万扩建邺城三台宫殿，构木高二十七丈，两栋相距二百余尺，施工的匠人们害怕从上坠落，皆系绳自防，可高洋却登上殿脊疾走，时不时还做上几个舞蹈动作，耍一个托马斯全旋什么的，根本不把自己高贵的性命当回事。

不把自己的性命当回事的人，更不会把别人的性命当回事。在杀人方面，这一时期的高洋也充满“创作冲动”，时常能杀出新意，杀出风格。

据说他制作了许多不同型号的刀锯斧锉，还有专门用来烹煮的鼎镬大锅，每次醉酒之后，就亲手杀人来当娱乐。被杀者大多惨遭肢解，死无全尸，不是投之于水，就是焚之于火。他曾经在金凤台受佛戒时召集死囚，命他们用草席当翅膀，依次从台上飞下，称之为“放生”，结果不少囚犯摔死摔残，他则视之以为欢笑。一次他出游之时问路边的一个妇人：“天子何如？”回答是：“疯疯癫癫，何成天子！”高洋立刻便杀了她。还有一次，不知大司农穆子容怎么惹恼了他，他命穆子容脱光衣服趴在地上，自己张弓去射。大概酒喝多了瞄不准，射了两箭没射中，高洋大怒，用一根尖木桩生生插入穆子容的后窍，插烂了他的肠道！

天保十年（公元559年）春，尚书左仆射崔暹死了，高洋亲自到其家中哭临。期间他问崔暹的妻子李氏是不是想念崔暹，李氏回答说是。高洋说既然你那么想你家夫君，就自己去看他好了！说完拔出刀来，亲手斩杀了李氏，将人头扔到了墙外。此外，高洋还曾“以稍戏刺都督尉子耀，应手即殒”，“以锯锯都督穆嵩，遂至于死”，“有都督韩悊（音zhé）无罪，忽于众中唤出斩之。自余酷滥，不可胜纪”。

后来，尚书右仆射杨愔为了满足高洋的杀人欲望，干脆拣选死囚夹置在扈从仪仗之内，称之为“供御囚”。什么时候高洋手痒了，就挑几个出来供他杀。哪个死囚要是命好，一连三个月都没选中，那就干脆无罪释放。

而在男女之事上，这一时期高洋的表现也极度残忍、野蛮，甚至有严重的变态倾向。

前文在叙述高澄被刺一案时已经提过，天保六年的一天，高洋突然逼奸了高澄的遗孀元氏，理由是：“当年我哥奸淫了我媳妇，现在我要报复！”遭遇类似厄运的还有为高欢育有一子的大尔朱氏。此女性格刚烈，高洋逼奸不成，就亲手杀了她。甚至皇后李祖娥的姐姐高洋也要染指，强行发生了几次关系后，还想封她为昭仪。当时李氏早已是有夫之妇，丈夫是原魏乐安王元昂。高洋便召元昂入宫，命他趴在地上，用鸣镝射了一百来下，“凝血垂将一石，竟至于死”。李祖娥得知后整日恸哭，以至绝食，娄太后也出言劝阻，高洋这才没把她姐姐纳入宫来。

史料还记载，高洋经常找来一些“淫妪”，剥光她们的衣服，驱使她们把聚成一团的荆棘当马骑，“牵引来去，流血洒地，以为娱乐”；“其高氏女妇，无亲疏皆使左右乱交之于前”，乃至当众裸露下体，亲自上阵，种种荒淫，不一而足。

27 威以御下

对于高洋以上荒淫残暴的行径，当时的史官通常将原因归咎于他的嗜酒放纵；现代人则大多直斥为心理扭曲，或者结合其他反常表现，推测高洋是患了“躁郁症”。总之都意在暗示，上述事件都是他在失去理性情况下的疯狂行为。

这当然有一定的道理，我也并不想否认酒精或者其他病理原因在高洋前后表现迥异当中可能扮演的角色。不过，这里必须指出的是，作为拥有至高权力的政治人物，高洋的许多暴行固然是出于冲动泄愤，或者纯粹为了取乐，但其中也有不少举动的背后实际上还隐藏着不可告人的政治原因。

如前文所述，高洋自小由于形貌不扬并不怎么受父母待见，甚至还经常受到几个兄弟和晋阳勋戚的轻侮。长兄高澄执政时，为了避免招致猜忌，他又刻意压制自己的个性，这些因素都造成了他成年后阴暗深沉的性格特征。但实际上，高洋本人的自我意识极强，用史籍的话说就是“外柔内刚”，这一点从他立后这件事情上就可见一斑。

在还是太原公的时候，除了正妻李祖娥之外，高洋还曾娶了段韶的妹妹为侧室。当他登基称帝之后，立皇后的问题便接踵而来。以高隆之、高德政为首，当时不少大臣都认为：“汉妇人不可为天下母，宜更择美配。”其隐含的意思，是希望高洋借立后一事而结好晋阳勋贵以利统治。段韶是勋贵第二代人物中的领袖，时任并州刺史，手握雄兵，因此高德政等人都劝高洋立段氏为后以结勋贵之援。只有杨愔主张还是应该遵照汉魏旧制，以原配为皇后。

高洋本人当然知道相比出身赵郡李氏的李祖娥，立段氏为后更能笼络晋阳勋贵，对自己的统治更为有利。可他最后仍然坚持立李祖娥为后，同时她所生的长子高殷也被立为太子，而段氏只被高洋封为昭仪。之所以如此，除了因为两人的夫妻感情一直不错之外[①]，或许也是因为，高洋在被父兄的阴影笼罩而郁郁不得志的那段岁月里，只有在李祖娥的面前，才能够去除伪装，做回真正的自己。

立后这件事并非高洋第一次感受到来自晋阳勋贵方面的压力。如前所述，当初高洋想禅魏为齐时，以高隆之、斛律金为首的勋贵们就并不赞成，甚至老母娄昭君也表示反对，最后他还是在邺城官僚的支持下霸王硬上弓才得遂所愿。所以即位初期，高洋面临的一个首要任务就是处理好和晋阳勋贵们的关系。他采用的手段一是拉拢安抚，二是加强控制。

天保元年（公元550年）即位伊始，高洋便封授了三十个王爵，其中的异姓功臣七人无一例外都是晋阳勋贵。此外，尽管段昭仪没被立为皇后，但高洋仍然赐段韶之子尚颍川公主，赐斛律金之孙尚义宁公主，以此对晋阳勋贵加以拉拢和安抚。

为了加强对晋阳军方的控制，高洋取消了晋阳的丞相府，只保留骑兵、外兵两曹，由心腹白建、唐邕二人主管，“各立一省，别掌机密”；而天保六年前，高洋之所以频繁亲自领军出征，也是为了赢得军方的信任和认同。他还整编邺城地区的六坊之众，建立起了称之为“百保鲜卑”的中央禁军，同时“又简华人之勇力绝伦者，谓之勇夫，以备边要”，以此对晋阳武力形成一定的牵制。凡此种种，都显示出高洋竭力想要驾驭晋阳军方，而不是反过来被军方控制的强烈意愿。

---

① 据《北齐书·后妃传》，高洋在位后期嗜酒狂纵，“好捶挞嫔御，乃至有杀戮者，唯后（李祖娥）独蒙礼敬”。此外，李祖娥为高洋生育二子，而段昭仪则并未生育，由此也可见高洋与二者的感情不同。

在这一背景下，我们就可以理解，前文所述他对高隆之、高岳的打击，并不是单纯的泄愤和报复，多多少少也与他限制勋贵的政治倾向有关。而除了高隆之、高岳之外，这一时期受到高洋打击的勋贵还有彭乐、贺拔仁和司马子如的儿子司马消难：彭乐在天保二年（公元551年）以谋反为名被处死；贺拔仁一度被贬为庶人发往晋阳劳改，数年后才复起；司马消难则因惧祸被逼叛逃北周。

应该承认，高洋在在位的十年间，经过以上努力，基本上达到了压制晋阳勋贵的目的。但他也仅仅能做到压制一时而已，因为晋阳的军事重镇地位既无法改变，勋贵们的背后有强大军力支撑这一客观形势也就无从变更。所以高洋尽管敢对高隆之、高岳、彭乐这些老臣下手，但哪怕是在嗜酒昏乱的后期，他也从不去招惹斛律金、段韶、库狄干等真正手握雄兵的晋阳勋贵。正如《北史·斛律金传》记载的那样，高洋曾经“持矟走马以拟金胸者三，金立不动，于是赐物千段”。充其量他只能以游戏的形式吓唬一下斛律金，并不敢当真动他一根毫毛。

然而，对于没有军方背景的邺城群官，高洋就没有这么束手束脚了。除了前面提到的穆子容、尉子耀等人的遭遇，天保七年，典御丞李集面谏高洋，将他比作历史上著名的暴君夏桀、商纣，高洋就下令将他绑了沉在流水之中，许久后才拉出水面，问他：“我比桀、纣如何？”李集道：“你还比不上！”接着再沉，再问，如此折腾了三四次，李集仍对答如初。高洋遂大笑道：“天下竟然有你这样死脑筋的人！看来龙逢、比干也没什么了不起嘛！”就把李集放了。过了一段时间，李集又被引入见，高洋见他似乎又要进谏，当即命令把他推出去腰斩了。两年后，另一位同样涉嫌将“今上”比作商纣的祠部尚书王昕，也被高洋斩于殿前，投尸漳水。

高洋还曾在一次西巡晋阳之前，趁百官都到紫陌送行的机会，令骑兵将其团团包围，宣称：“只要我一举鞭，就把他们都杀了！”这场送行宴直喝到天色渐晚，高洋醉成了一摊烂泥，骑兵们仍未解围，一众官员都战战兢兢。黄门侍郎连子畅壮着胆儿对高洋说："陛下如此，群臣皆不胜恐怖。"高洋这才道："他们当真如此惧怕？这样的话，那就不杀了！"

以上这些喜怒无常、杀罚全看兴致的行为，高洋没少施为，所以史籍说他"或斩或赦，莫能测焉"。而这正是高洋所要追求的效果：令臣下永远猜不透自己的心思，永远对自己怀有畏惧之心。

因此，即便是对自己的心腹杨愔和高德政，高洋也时常像对待奴隶一般，动不动临以白刃，以屠戮相威吓。

杨愔贵为宰相，但身宽体胖，高洋就给他起了个外号叫"杨大肚"，而且还故意在拉屎的时候让他帮自己拿厕筹（擦屁股的竹片）。他曾经拿小刀在杨愔的大肚子上比划，似乎很有兴趣剖开来看里面装了些什么，还曾经用马鞭狠抽杨愔的后背，直到流出的鲜血湿透了锦袍。还有一次，他则把杨愔塞进棺材，用钉子钉了，装到灵车上游街。面对如此折腾侮辱，杨愔居然不羞不恼，依然对高洋忠心耿耿，倒也算得上难能可贵。

而另一名心腹高德政就没这么好命了。

大概因为自觉是高洋早年府里的旧人，高德政见他整日纵酒酣醉，于心不忍，曾经多次试图劝谏。有一次，高洋召高德政陪自己饮酒，高德政不从，仍进谏说酗酒如何如何伤身，陛下您老这么喝不但是对江山社稷不负责，而且也是对太后不孝。高洋很不高兴，对左右说："高德政这个人怎么总是盛气凌人！"这话传入高德政的耳朵，他大为忧惧，遂称病隐居于佛寺，似乎有急流勇退的意向。听说高德政得了病，高洋初时还挺关心，就向杨愔打探他的病情。然而杨愔与高德政互相争宠，是多年的政敌，他知道高德政是装病，就回答说："陛下倘若用高德政为冀州刺史，他的病一定可以不药而愈。"高洋将信将疑，依言而行。结果高德政一见任他为冀州刺史的诏敕，立刻起身开始准备行装。这下高洋感到智商受了侮辱，感情受了欺骗，顿时大怒，召见高德政道：

“听说你病了，我来给你做针灸！”拔出小刀就刺，直刺得高德政血流遍地。又命人把他拖下殿去，砍掉脚趾。平素执行此类任务毫不含糊的刘桃枝怕高洋事后反悔，一时捉着刀不敢砍。高洋就走到殿阶前骂他说：“再不动手就砍了你的头！”说着索要大刀，要下来自己动手。刘桃枝这才手起刀落，砍掉了高德政的三个脚趾头。即便如此，高洋仍不解恨，把高德政关在门下省，直到夜里才用毡子裹了送回家。

第二天早上，高德政的老婆正在检点家中财宝，想送礼托人求情以免祸。冷不防高洋突然驾到，一见这些财宝，怒道：“我御府里都没有这些宝物！”一审问，原来大多是元魏宗室送来的贿赂。高洋最恨朝臣跟诸元勾结，当初高隆之就是因此被杀，而这次高德政也在劫难逃，于是和老婆、儿子一起被高洋砍了脑袋。

28 被猜忌的宗王

由于这时期的高洋喜怒无常，肆行杀戮，人莫能测，朝廷百官一方面“内外憯憯、各怀怨毒”，一方面又“百僚战栗、不敢为非”，甚至连皇太后、诸王和贵戚勋旧也“愁惧危悚、计无所出”。因此至少从表面上看来，高洋终于在国中确立起了自己的绝对权威，各方势力都匍匐在了他的淫威之下。

但高洋仍不满意。因为他知道，自己一旦去世，这些被他压制的势力一定会乘机反噬，制造更大的麻烦，很可能祸及自己的儿子高殷。

而高洋最大的心病，就是怕他的几个弟弟会篡夺儿子的皇位。

据说当年高洋命大才子邢子才给年幼的太子起名，邢子才制名为“殷”，字“正道”。高洋见了以后埋怨他说：“殷家弟及，‘正’字一止，看来我身后的位子儿子是坐不上了啊！”

殷者，殷商也。商代的王位继承，多为兄终弟及。高洋所言“殷家弟及”，实是担心太子高殷的位子会被自己的弟弟所取代。“正”字拆开为“一止”，也暗示高洋的胤嗣将会一世而止。

听高洋这么一说，邢子才大惧，连忙请求改名。然而高洋却说：“此天意也！”竟然不许。幸亏这时高洋尚未纵酒昏乱，邢子才也就没因此受到什么惩处。

这并非唯一一次高洋对儿子的未来表示担忧。

史料还记载，高洋曾问过一个泰山来的道士：“吾得几年为天子？”道士答曰：“三十年。”事后高洋对皇后李祖娥说：“我怀疑道士所说三十，莫非是十年十月十日之意？其实人生有死，倒也没什么可惜，只怕到时正道尚幼，人将夺之耳。”

而当时最有可能夺取皇位的，就是其余高氏诸王。

高欢为人好色，子嗣也多，总共育有皇子十五人。北齐立国后，共有十三人封王。若论长幼次序，紧排在高洋后面的是三个异母弟永安王高浚、平阳王高淹、彭城王高浟；若论嫡庶，则除高澄、高洋之外，太后娄昭君还生有四男，分别为常山王高演、长广王高湛、襄城王高淯和博陵王高济。正如当年高澄猜忌高洋一样，现在这些弟弟也都是高洋猜忌的对象。

这其中，老三永安王高浚“豪爽有气力，善骑射”，是高洋重点防范的人物。而且两人早年就有过节，原因是当年高澄执政时，高洋拜见他时经常流鼻涕，高浚就斥责高洋身边的仆从说：“你们怎么还不给二哥擦鼻子！”因此被高洋记恨在心。近年见高洋纵酒狂乱，时任青州刺史的高浚忍不住对亲信说：“我这二哥少时不甚了了，登基以后的表现本来不错，可现在他嗜酒败德，朝臣无人敢谏，关西大敌未灭，实在让人深以为忧。我准备乘驿传到邺都面谏，不知他能不能听。”这话被人密告高洋，又引起了他的憎恶。

天保八年（公元557年）高浚来朝，陪同皇帝到东山游宴，亲见高洋与一众女子当众裸裎为乐，心下大为不齿，便进谏说此事非人主所宜。高洋当然十分不快。但更让他感到恼怒的是，事后高浚又私下会见杨愔，责备他不能劝谏。诸王与大臣交通历来是高洋所忌，所以他大怒道：“小人由来难忍！”当即罢酒还宫。而高浚回到青州后，依然上书切谏。这次高洋不再废话，直接一纸诏书下去，征高浚还朝。初时高浚惧祸，称疾辞谢，高洋就派使者去将他抓来，关入了地牢的铁笼之中。

也是在这一年，高洋听闻术士传言：“亡高者黑衣。”自此以后每次出行都避免见到沙门，因为当时佛教徒多穿黑衣。他还曾问左右什么东西最黑，左右不明就里，答曰：“莫过于漆。”恰好高洋的异母弟高涣排行第“七”，为人“力能扛鼎，材武绝伦”，又统兵护送萧渊明入梁，立有大功，一直为高洋所忌。他就派人征高涣前来，跟高浚关到了一起。

两人就这样被关了一年多，直到天保九年（公元558年）年底，高洋才在一众扈从的簇拥下来到地牢口，冲着里面唱起了歌儿，还命令二人相和。高浚和高涣既惶恐又悲伤，虽然勉力唱和，声音却止不住地颤抖，连高洋听了也不免心中怆然，以致他竟动了赦免二人的念头。侍立在旁的长广王高湛早与高浚不睦，见状进言说：“猛虎安可出穴！”高洋默然无语。地牢里的高浚听见，大呼高湛的小名道：“步落稽，老天饶不了你！”

然而，高洋最终还是没有饶过浚、涣二人。他不但命刘桃枝下手，还亲自拿了长槊到笼边乱刺。但浚、涣二人皆有勇力，两人号叫怒吼，连续拉折了好几根长槊。最后高洋恼羞成怒，干脆下令填塞地牢出口，乱投火把薪柴，将两人烧成了黑炭！

其实相比惨死的高浚和高涣，高洋最忌惮的还是同母弟常山王高演。因为高演不但在所有兄弟当中最受太后娄昭君宠爱，背后有晋阳勋贵的支持，而且其王妃亦出身元魏宗室。换句话说，宗王、勋贵、诸元这三种能够威胁到皇位继承的势力，完全有可能在高演这里结合成一体。更重要的是，高演本人不独仪表出众，而且聪敏过人，深沉能断，尤其擅长处理政事，简直就是天生当皇帝的材料，就是高洋本人对他的能力也颇为叹服。

尽管高洋对高演猜忌颇深，可由于他的背后有老母娄太后在保护，所以哪怕借酒装疯，他也不敢像对待浚、涣二王那样危害高演的性命。

同高浚一样，当时以三公之身录尚书事的高演也曾对高洋的嗜酒狂纵忧形于色。一次高洋发觉后对他说道：“只要有你在，我何为不能纵情享乐？”高演听了，只有涕泣拜伏，终无所言。高洋也悲从中来，掷杯于地道：“你们都因此嫌我！今后凡敢进酒者，斩！”说完还将用过的酒杯尽数砸烂。然而多年来的酗酒早已让高洋瘾入骨髓，没多久，他便沉湎更深了。

据说高演曾经不顾王友（诸王有师、有友）王晞的劝阻，屡次对高洋进谏，惹得高洋大怒。高洋就叫来因公事被高演责罚过的郎中、令史，命他们揭发高演的罪状，还用刀环比着高演的肋下，意思是只要有人告发，我就狠狠地打。结果竟无一人出首，此事便罢。高洋怀疑高演的谏辞都出于王晞，一度想要将他杀掉。高演得知后，私下对王晞说："明天我会做一件事，对你对我都好，千万体谅勿怪。"第二天他就当着众人的面仗责了王晞一顿。高洋听说王晞被高演责打，以为两人关系破裂，就改判劳改而没杀他。他还曾想离间高演和元氏的夫妻感情，也没成功。

过了许久，高洋再次寻得了修理高演的机会。有史料说，这次仍是因高演强谏而起。但另有史料透露，其实是高洋在醉酒时将宫女赐给了高演，酒醒后"忘了"此事，以为是他擅自掠取，就狠狠责打了他一顿。高演一来受了重伤，二来心中愤懑，以致绝食数日。娄太后得知后日夜啼泣，高洋也慌乱不知所为，自语道："倘若这小子死了，我该拿老母怎么办？"就数次派人探视，还对他说："你努力吃饭，我把王晞还给你就是！"

被放还的王晞连忙亲来侍疾。高演抱着他说："我气短力虚，怕是再见不到你了。"王晞落泪道："天道神明，岂能令殿下死于此间！今上亲为人兄，尊为人主，你怎能与他计较？现在殿下不食，太后亦不食，殿下纵不自惜，难道还不顾念太后吗？"

这话说动了高演。他勉力坐起，开始进食。就这样将养了一个多月，才逐渐康复。事后王晞苦劝他说："眼下朝廷的状况就是这个样，殿下您却想学庶子匹夫轻忽自己的性命！要知道酒是狂药，醉人毫无理性；刀剑无眼，根本不辨亲疏。一旦灾祸出人意料而降临，那殿下的家业该怎么办？皇太后又该怎么办？所以只求您多多将就，日日小心，千万不要再去捋逆鳞了！"

高演考虑再三，觉得王晞所说甚是，此后就烧掉了谏书，再也不敢多发一言。

29 除旧布新

对于老母娄昭君和弟弟高演之间的亲密关系，高洋既感到嫉妒，同时也感到深深地无奈。

从幼年时代开始，他就十分困扰，不明白为什么母亲总是喜欢其他兄弟，而总是嫌弃自己。如今他当了皇帝，母亲的态度仍无改观，这更让他耿耿于怀。有一次他借酒浇愁，只不过喝得多了些，老母竟然不顾群臣在场，举起拐杖上来一阵敲打，还说："到底是什么样的父亲，才生得出这样的不肖儿！"恼羞成怒的他则反唇相讥道："应该趁早把你这老太婆嫁给胡人！"

那时他看到了老母铁青的脸色和气得发抖的双手。

显然，这话说得太过分了！

于是他又有些惶恐，便匍匐在地上，像是道歉，又像是撒娇，想要逗母亲重新开心起来。

然而她却侧脸望着别处，故意不理睬自己。

他继续匍匐向前，钻到了母亲所坐的床榻后面，又攀住床边，想要把它举起来。

跟她开个玩笑，吓她一下，母亲应该会开心吧！当时他这样想。

可能是他真的喝醉了，他用的力量太猛，娄昭君从床上重重跌下，一把老骨头顿时摔得不轻。当时的场面相当混乱，而这些情况高洋后来都不记得了。

第二天酒醒之后，他才从别人口中了解到了自己的所作所为，大为惭恨和后悔。他感到没有脸再见母亲，下令在殿前点起一堆篝火，作势要入火自焚。侍从群官连忙死命拦阻，娄昭君也十分惊恐，亲自上前拉住高洋，强笑道："何必如此！那时你喝醉了嘛！"

高洋虽然不再坚持自焚，但仍要责罚自己。他脱光上衣伏在地上，自己计数，叫高归彦执杖责打，还交待他说："杖不出血，我就斩了你！"娄太后上前抱住高洋，叫他不可如此，高洋则流涕说一定要罚。最后总算改为笞脚，打了五十下。然后高洋整肃衣冠向娄太后正式道歉，悲不自胜。事后他又宣布戒酒。然而只不过坚持了十天，便又恢复了原样。

而除了来自母亲和诸弟的无形压力，更让高洋感到痛苦的是太子高殷的不成器。

其实高殷不是资质差，只是由于自小生长于安逸的环境，所受的又是文质彬彬的儒家教育，以至于性格气质偏向软弱。高洋为此时常感叹，说太子"得汉家性质，不似我"，甚至还说过要改立次子高绍德为太子的气话。天保九年，邺城三台扩建完毕，高洋曾经登金凤台召见高殷，命他手斩死囚，想以此锻炼他的心理素质。然而当时高殷只有十四岁，从出娘胎到现在恐怕连鸡都没杀过，突然间叫他砍下大活人的脑袋，他哪里下得去手？一旁的高洋见他僵立原地，脸色惨白，一副窝囊废的模样，登时气不打一处来，就走上前用马鞭撞了他几下。高殷本来就精神高度紧张，又冷不丁挨了父亲一顿打，结果回来就犯了病。此后他不但经常心悸口吃，精神状态也老是萎靡不振，这就让高洋更加失望了。

有史料说，高洋在酣醉时说过这样的话："太子性情懦弱，社稷任重，我终当传位于常山（指高演）！"时任太子少傅的魏收因此对杨愔说："君无戏言，皇上这么说，会让臣下生出二心，实在不合适。"杨愔就把魏收的话转告高洋，此后高洋就再没这么说过。

由此看来，他说改立太子也好，传位高演也罢，其实都是对高殷的未来感到担忧而宣泄情绪的牢骚话。高洋从来就不打算“殷家弟及”，自己的其余诸子则更加幼小，所以即使高殷的成长不符合他的预期，他也从来没有真正想要废掉他的太子之位。这一点，从天保九年高洋北巡而留太子高殷监国一事上就看得出来。而前述高洋种种压制晋阳勋贵、组建“百保军士”、迫害宗室诸王的行为，同样也有为高殷铺路搭桥的目的。

天保十年是北齐文宣帝高洋在位的第十个年头，于周为明帝宇文毓武成元年，于陈为武帝陈霸先永定三年。

据南朝史料记载，这一年的五月初一，天空中发生了日食。占曰：“日食君伤。”又曰：“日食帝德消。”结果到了六月，武帝陈霸先就病逝了。与此相应，虽然《北齐书》对这次日食没有明言，但却记录了太史上奏“今年当除旧布新”一事。很显然，这一不祥之兆对北齐同样造成了影响，只不过太史畏于高洋的淫威，将其含义表达得比较含蓄而已。

于是齐主高洋又想起了泰山道士那疑似“十年十月十日”的预言，而且由于长期酗酒纵欲，这时他的身体状况已经越来越糟，所有这一切似乎都在暗示厄运即将降临。为了将灾祸从自己身上禳除，同时也是为了杜绝后患，他决定用别人的性命向神明献祭。

当初他篡魏建齐之后，为了稳定局面，除了孝静帝元善见及其子嗣之外，对于原本东魏的宗室并未展开大肆屠杀。而且由于诸元与高齐皇室、鲜卑勋贵多有联姻，这些人的势力多年来一直不容小视，所以他才会对高隆之等人结交诸元十分敏感。也正因为如此，几年前曾有人建议，应该将邺下诸元散配诸州郡国，以“分其气势，使无异图”。当时高洋并未采纳。

现在既已到了“除旧布新”之时，而且元韶本人在回答“汉光武何故中兴”这一问题时也早就说过，“诛诸刘不尽”正是刘氏中兴的原因，那么高洋自然不想效仿王莽，以免诸元在将来获得复起的机会。

于是在五月和七月，高洋分两次大规模屠杀诸元，或幽禁于地牢活活饿死，或囚车游街后斩首于东市，或用草席当翅膀，让他们从金凤台上跳下，甚至将婴儿投在空中，用矛尖去承接。除了少数几家因为与皇室联姻获得赦免之外，其余昭成子孙少长无遗，前后死者共七百余人。尸体尽被扔进漳河，以致那一段时间捕鱼者时常在鱼腹中发现人的指甲，邺城百姓因此许久不曾食鱼。

到了十月，身在晋阳的高洋的健康状况进一步恶化，这时他似乎已经陷于严重的酒精中毒，脏器功能濒临衰竭，除了还能饮酒之外，完全吃不进任何食物。他自知势将不久，深以后事为念，便颁下遗诏，命尚书令杨愔、领军大将军高归彦、侍中燕子献、黄门侍郎郑颐四人辅政。这一辅政班子皆为高洋心腹，其中既无晋阳勋贵，亦无近亲宗王，显示出他对这两股势力并不放心。而恰恰也是因为如此，高洋依然对未来高殷的前景没有太大的信心，以至于他私下对弟弟高演说道：“你夺就夺吧，只是千万别杀他！”

史籍中没有记载高演如何回答。

天保十年十月初十，北齐文宣帝高洋崩于晋阳宫德阳堂。如泰山道士所言，刚好在位“三十年”。

30 政变前夜

高洋之死，在十月十日。然而直到十九日，朝廷才正式发丧，并由太子高殷在晋阳宣德殿即位。这中间为何有九天的耽搁，史无明言。不过，《北齐书·杨愔传》透露，高洋刚一去世，太后娄昭君就曾想利用高演在禁中主持丧事的机会立他为帝，结果并未成功。

推测其原因，很可能是一来高洋有遗诏在先，杨愔等辅政四臣把持了朝政，二来护卫晋阳宫的军队由领军将军高归彦统领，现在他站在太子高殷这一边；而拥立高演的势力现在尚缺乏组织和计划。

虽然高殷顺利即位，杨愔等人占据了先机，但娄太后和高演一党并不会轻易认输，双方争夺至高权力的斗争才刚刚开始。

尚书令杨愔不知道是对高洋感情深厚，还是对即将来临的政争有不好的预感，大行皇帝的丧事进行之时，文武群臣大多是干打雷不下雨，唯有他涕泗滂沱，哭得十分伤心。

杨愔深知，太后和常山王的背后有手握雄兵的晋阳勋贵在撑腰，而缺乏勋贵们的支持恰恰是本方阵营的最大缺陷。如果不能利用现在执政的机会对此采取防范措施，那么业已取得的优势局面转瞬便会消失。

为此，杨愔等先是以高殷的名义颁布诏书，尊太后娄昭君为太皇太后，皇后李祖娥为皇太后，意在削弱娄昭君对朝廷的影响力，接着又在十一月初对重要职官进行调整，“以右丞相、咸阳王斛律金为左丞相，以录尚书事、常山王演为太傅，以司徒、长广王湛为太尉，以司空段韶为司徒，以平阳王淹为司空，高阳王湜为尚书左仆射，河间王孝琬为司州牧，侍中燕子献为右仆射”。

从这一安排可以看出，杨愔等人是想对外营造一种和衷共济的气氛，因此对勋贵和宗王都尽量授以尊位加以安抚。但其中引人注意的是，高演原本的录尚书事一职被剥夺，而高洋近臣高阳王湜和燕子献分别出任左右仆射，显示了杨愔想要牢牢掌控尚书省的企图。

再加上高洋曾在遗诏中宣布，自己的丧事一切从简，三十六天后，包括嗣君在内“悉从公除”。因此到十一月下旬丧期结束后，原本在禁中护理丧事的高演再也无法以天子谅闇为借口居东馆咨决奏事，只能搬回府邸，“自是诏敕多不关预”，成了一个徒有尊位的闲散王爷。

这种局面，当然相当不利。有人警告高演说：“鸷鸟离巢，必有探卵之患。”尽管高演故作轻松，说现在是“一人垂拱，吾曹亦保优闲”，自己乐得逍遥自在，还称赞新君高殷是仁德宽厚的守文良主，但他的心腹王晞却分析道：“先帝在世之时，便委信胡人护持东宫。现在皇上年龄尚幼，又缺乏经验，只能将出纳诏命之权交给外姓。这种局面发展下去，难保不会大权旁落于他人。到时殿下虽欲谨守藩职，又哪里可能呢？即使能急流勇退，殿下您自己想想，您能保得了家祚绵长吗？”

高演默然良久，才问王晞：“那你说我该怎么办？”

王晞说：“古代早有现成的例子，周公抱成王上朝，摄政七年才还政于天子。您可以当周公啊！”

高演说：“我安敢自拟周公？”

王晞道：“殿下今日之地望，欲避周公得耶？”

高演不答。但他心里已经认同了王晞的看法：自己身处嫌疑之地，如果不能有所行动，日后别说当周公，就是身家性命也可能不保！

十一月十八日，高洋的梓宫先期离开晋阳，并于十二月初抵达了邺都，一路都由新晋为左仆射的高阳王湜导引护送。

高阳王湜是高洋的异母弟，排行第十一。此人生性滑稽，一直在高洋身边扮演弄臣的角色，以前高洋没少让他拿着棍棒替自己责打诸王，由此与高演向来不睦，而与杨愔等人结为一党。如果他足够聪明，就应该知道在眼前的敏感时期，所作所为都要尽量检点低调才是。然而他却在护送梓宫回邺的路上不改弄臣本色，居然对着灵柩吹笛，还说："陛下可识得是臣么？"又击胡鼓为乐。这一行为被想要打击帝党气焰的娄太后获知，立刻大做文章，以此杖责了高湜一百余下。结果高湜伤势过重，没多久就死掉了。娄太后心中暗喜，表面却哭泣甚哀，还说自己只不过是嫌他没出息教训了几下，哪能想到他竟然就死了呢！

这起事件对杨愔来说显然是一次警告。

于是转过年来，也就是乾明元年（公元560年）正月，已经在晋阳盘桓数月的杨愔等人觉得此地不可久留，准备奉少主高殷尽快返回邺都。这就带来了新的问题：应该派谁留守晋阳？是将常山王高演和其同母弟高湛分开，还是将两人都带回邺都？

晋阳是根本重地，正常情况下当然应该派懿亲宗王留守，所以时议都以为朝廷会将高演留下。可杨愔担心高演会与晋阳勋贵勾结，对此并不放心，觉得还是让高演一同回邺，留长广王高湛镇守比较好。然而临行前他又改了主意，决定召常山、长广二王一同随驾返京。这种反复无常破坏了之前杨愔试图营造的和谐气氛，外朝群官都看得出来，执政者与二王之间嫌隙已成，一场政治风暴不久便要来临。

当时在帝党内部，对如何解决二王的问题也有不同意见。燕子献提议，应该处太皇太后娄氏于北宫，请皇太后李祖娥出来主持局面，以此在政治上对二王进行打压。也有希望以武力诛杀、彻底斩草除根者，例如少主高殷的姑父、时为领军大将军的可朱浑天和就说："若不诛二王，少主无自安之理。"宋钦道也面奏高殷，称"二叔威权既重，宜速去之"。然而秉性懦弱的高殷连囚犯也不敢杀，这种弑杀亲叔的决定他哪里敢做？他只是一味摇头，说你们去和杨令公商量就好。

杨愔的主张则相对温和，他觉得只要出二王为外州刺史，便能继续保证本方的执政优势，而并不想承担杀戮宗王带来的政治风险。即便是这一提议，他还怕性情仁慈的少主不答应，就提前去跟太后李祖娥商量，希望她能做一下皇帝的思想工作。

没想到杨愔的这一行动却走漏了消息。

不知各位是否还记得，前文提到高澄曾经逼反了高慎，强占了他的老婆李昌仪。后来魏齐禅代，李昌仪便成了宫里的一名嫔妃，而她与李祖娥同出赵郡李氏，两人情同闺蜜。结果前脚李祖娥将杨愔的建议告知了李昌仪，后脚她就将此事密报给了太皇太后娄氏。

与此同时，更糟糕的是，杨愔并不知道本方阵营内部已经出了叛徒。

辅政四臣之一的平秦王高归彦，是高洋的族叔，天保十年间一直是其心腹，以领军大将军的身份主领禁卫。领军将军而加“大”，正是从高归彦开始。高德政被诛后，高洋将其家产财货全都赐给了高归彦，由此可见其受宠任的程度。本来他是站在少主高殷和杨愔这一边的，但从晋阳返回邺都之时，杨愔为了防备勋贵，事先没跟高归彦打招呼，就动用诏敕留了五千禁兵镇守晋阳，回到京城好几天高归彦才得知，心下对杨愔大为不满。此外，杨愔还利用同为领军大将军的可朱浑天和侵削高归彦的掌兵权①，也使得他暗中倒向了高演和娄太后一边。

有李昌仪和高归彦这两个内线，高演得以对杨愔一党的动向了若指掌。他以打猎为名，时常与弟弟高湛在城外荒野暗中谋划，一场流血的政变正在酝酿之中。

---

① 可朱浑天和何时就任领军大将军，史籍无载。而高归彦则是在天保初年“以讨侯景功，别封长乐郡公，除领军大将军”，至“乾明初，拜司徒，仍总知禁卫”。可知其并未卸任领军。有学者认为当时高归彦与可朱浑天和同为领军大将军。

31 殷家弟及

如前文所述，当初为了压制勋贵、防备诸弟，高洋下了不少功夫，其中之一就是将从洛阳迁到邺城的六坊鲜卑改组为“百保军士”。所谓“百保”，乃是“每一人必当百人，任其临阵必死”之意。而包括百保鲜卑在内的宫廷禁军的最高指挥权归属领军大将军，下辖左、右卫将军，武卫将军，领军将军等官。因此基本可以说，谁能获得领军大将军的支持，谁就掌握了禁军。

倘若史料记载无误，那么当时高归彦与可朱浑天和同为领军大将军。杨愔并不知道高归彦已经背叛了自己，勋贵们能够动用的军力又都在晋阳，所以他误以为局势尽在掌握，并没有料到高演和娄太后已经准备铤而走险。这一点，从二月初他以二王不可俱出为借口，奏请以高演为太师、录尚书事，以长广王高湛为大司马镇守晋阳便可看得出来。

然而，以“录王”的身份与杨愔等人分享大权这时已经满足不了高演的胃口了。

二十三日，按照传统，高演将在尚书省大会百僚，举行一个拜授录尚书事的典礼，外朝诸官理应都来参加。身为尚书令的杨愔自然也不例外。

临行前，辅政四臣之一的散骑常侍兼中书侍郎郑颐劝阻他说：“这一时期什么事都有可能发生，应该多加小心，能不去最好别去。”杨愔回答说：“你未免过虑了吧，我等公忠体国，哪有常山王拜职却不赴典礼的道理？”仍与燕子献、可朱浑天和等奔尚书省而来。

他们并不知道，就在当天一大早，高湛已经在录尚书后室埋伏下家僮数十人，同时也早与参会的斛律金、段韶、贺拔仁等勋贵串通好，约定礼毕行酒之时，由高湛劝杨愔等连饮双杯，杨愔等一定会起而致辞，到时高湛第一次就说：“拿酒！”第二次还说：“拿酒！”第三次则说：“怎么还不拿！”这时众人就一举将他们拿下。

酒宴中，杨愔、燕子献、可朱浑天和、宋钦道四人果然如此被擒。杨愔当场大呼：“你们欲害忠良，这是谋反！我杨愔尊天子，削诸侯，赤心奉国，不该得此下场！”燕子献也感叹说：“丈夫为计太迟，遂至于此！”高湛则并不跟他们废话，领着众人拳脚棍棒齐下，当时就把四人打了个半死，杨愔的一个眼珠都被打了出来。之后，郑颐也于尚药局被捉。

接下来的事情就是入宫控制皇帝。由于可朱浑天和被擒，高归彦又投靠了高演，一路上，高演一行并未遭遇有力的抵抗。只在突入云龙门时，都督叱利骚拒绝归顺，被高演派骑兵所杀；行至东阁门，开府成休宁初时拒门不纳，然而他手下的士兵却在高归彦的劝谕下纷纷扔掉了武器，成休宁无奈，只好退至一旁。

进至朱华门，高演留高湛、高归彦在门外看守俘虏，自己领着斛律金等人上昭阳殿觐见。娄太后、李祖娥和高殷三人同出，太皇太后独坐殿中，年轻的皇帝则与母亲侧立两旁。今日之事，娄昭君理应早有所知，而高殷母子却满脸惶惑，见高演、斛律金等人皆身穿戎服，不由大为紧张。

于是高演跪倒叩头，进言道：“臣与陛下骨肉相连。如今杨愔等欲擅朝权，威福由己，王公以下无不屏气蹑足。这些人互为唇齿，勾结以成乱阶，若不早图，必为宗社之害！臣与湛等以国事为重，斛律金、贺拔仁等惜太祖基业，现共执杨愔等入宫，请太皇太后、皇太后、皇上处置。臣等专擅之罪，合该万死。”

这时殿庭之中、两庑之下尚有卫士两千余人，个个顶盔掼甲、手执兵器，气氛相当凝重。当值的武卫将军娥永乐和领军刘桃枝，皆武力绝伦，向来受高洋厚待，此刻也叩刀仰视少主，只要他一声令下，就能豁出去与高演等人拼命。真到那时，局势如何发展，谁也无法预料。然而高殷自从两年前在金凤台上被高洋打了一顿之后就患上了心悸口吃的毛病，眼下越是紧张，就越说不出话来，只是低头嗫嚅，不敢看娥永乐等一眼。

还是娄太后抢先发话，勒令卫士们退下。然而娥永乐等却依然站立不动。娄太后又厉声喝道："奴辈！再不听命就砍你们的脑袋！"卫士们这才陆续退下，娥永乐也收刀而泣。

娄昭君便问道："此刻杨郎何在？"

贺拔仁道："一眼已出，现在朱华门外。"

"嗐，他一个书生有何能为？留下来使用不好吗？"娄昭君露出悲戚的表情，"不过，还是他自己作孽。这些人心怀叵测，要害我两个儿子，接下来就要害我！你为何要纵容他们？"她转过脸来，质问高殷道。

高殷汗流浃背，仍然支吾着说不出话来。

娄昭君既怒且悲，继续数落杨愔等人的不是，下边的高演等人也配合着落下泪来。说着说着，她话锋一转，牵连到了杨愔与李祖娥互通声气之事，怒道："岂能让我母子受这汉家老太婆斟酌！"

李祖娥慌忙跪倒，向娄昭君谢罪，称自己绝无此心。

娄昭君板着脸听了，对她说道："你放心，演儿并无异志，他只是想去除奸人的威逼罢了！"高演连连叩头，用肢体语言表示认同。

娄昭君又对高殷道："何不安慰一下你叔叔！"

高殷这才勉力说道："哪怕是天子之位，我为六叔，也没什么好珍惜的，何况是这几个汉人？只愿乞儿性命，儿自下殿去，这些人任由叔父处分。"

有高殷这句话，就好办了。当下高演便指示将杨愔等五人斩于御府之内。为了控制宫禁，又命高归彦将宫中卫士调往华林园驻扎，而以京畿大都督府的士兵充当禁卫。

事后，娄昭君还亲临杨愔的葬礼，哭道："杨郎忠而获罪。"特赐御府黄金制成的一颗眼球，亲自放入了死者的眼眶。

这次政变之后，高演就任大丞相、都督中外诸军、录尚书事，高湛为太傅、京畿大都督。三月间，朝廷又降诏军国之政皆禀大丞相谘决。高殷虽仍是皇帝，但高演已经完全掌握了国家的统治权。

到了当年八月，高演终于按捺不住，开始当面向娄太后暗示自己想坐大位。初时，娄昭君还担心骨肉相夺会给后世留下骂名，然而当高演再次以“人心未定，恐奄忽变生，须早定名位”为借口加以劝说之时，她也就同意了儿子的请求。八月初三，她以太皇太后令废高殷为济南王，宣布由高演入纂大统，完成了“殷家弟及”的谶言。不过高殷毕竟是自己的亲孙子，因此娄昭君告诫高演说：“你夺也就夺了，可不能让他再有别的闪失！”

随着孝昭帝高演即位而来的，则是晋阳勋贵的全面得势。这一点，不光体现在高演须首先征得娄太后的同意才敢废帝自立上，也体现在他即位后的各项政策上。

从以大丞相之职全面掌握军国大政开始，高演自己一直居于晋阳，而留弟弟高湛镇守邺都，这与之前高洋经常穿梭于两都之间的统治格局截然不同。而在即位后的当月，高演就下诏要为“佐命功臣子孙绝灭、国统不传者”立后，同时追赐“督将朝士名望素高、位历通显，天保以来未蒙追赠者”以哀荣。另据学者统计，高演在位期间，担任朝廷重臣的二十四人当中，只有四人不属勋贵势力，相比高洋时代汉人官僚所占比重大幅减少。就连高演的心腹王晞也受到勋贵的排挤，每有所奏都要等到晚上秘密汇报，白天两人根本互不说话。高演想任命王晞为侍中，王晞则鉴于杨愔的教训，坚决推辞不受。

高演如此优待勋贵，一方面是对他们在政变中的表现予以回报，一方面也是为了换取他们的长期支持。

然而，即使赢得了勋贵们的全面支持，高演还是担心自己的皇位不够稳固。这时他的立场恰似天保年间的高洋，认为最大的威胁正是自己的同母弟——高湛。

32 短命的蠕龙

高湛是高欢第九子，在娄昭君所生六男之中则排行第五。

据《北齐书》的记载，传说在诞育这六男之前，娄昭君都曾梦见异象：孕高澄之时梦一断龙；孕高洋之时则梦见一张牙舞爪的大龙，首尾连天地，气势惊人；孕高演则梦见龙在地上爬行；孕高湛则梦见龙浴于海；孕襄城王高淯、博陵王高济却只是梦见老鼠钻入衣下。

这一传说十有八九是后人附会。不过对高湛而言，此前既然他的三位同母兄长都曾嗣位为君（尽管高澄是死后追封为帝），那么他也完全有理由认为，自己同样具备登临大宝的资格。

更重要的是，当初他协助高演发动政变之时，高演曾私下向他许诺“事成之后就让你当皇太弟”，所以高湛才如此卖力。

然而，高演即位不久，便在立元氏为皇后的同时，宣布立自己年仅五岁的儿子高百年为太子。怕有人质疑，还特别声称这是娄太后的命令。

“皇太弟”的梦想落了空，自觉在政变过程中居功至伟的高湛当然十分不平。而违背承诺的高演也担心这位九弟会因此生出异心，开始设法对他加以防范，乃至试图削减他的权力。

当时高湛以右丞相、录尚书事、领京畿大都督之职坐镇邺都，已经是一人之下、万人之上的副统帅。尤其京畿大都督职掌邺都驻防的全部军队，虽然论实力尚无法与晋阳之甲相比，但也足以让高演感到不安。

为此，高演计划将原本的领军将军库狄伏连外调为幽州刺史，而由自己的姻亲斛律羡担任领军，以分高湛的军权。然而调令虽下，高湛却找理由推诿，留下库狄伏连不遣，也不让斛律羡视事。

再加上之前曾有望气的术士传言：“邺中有天子气。”这就更使得高演深信，潜在的篡夺者将以邺都为基地挑战自己的皇位。而高湛并非唯一的威胁，因为被废为济南王的高殷也居住在邺城。虽然这个少年手中没有任何权力，但他毕竟以冢嫡之身当过皇帝，在位期间又无过错，政治上的号召力还是有的。最令高演感到忧惧的是，倘若高湛有意挟持高殷，在邺都拥其复辟，那整个国家必将陷入分崩离析的内战之中！

也是在此时，在政变中发挥了关键作用的平秦王高归彦担心将来高殷复起会对自己不利，力劝高演尽早将其除掉。于是高演便派他返回邺都，征高殷前往晋阳。

得知这一消息，高湛十分不安。因为他知道征高殷西上同任命斛律羡为领军一样，其实针对的都是自己。这样发展下去，高演迟早会跟自己翻脸。为此他特问计于“以智谋自许”的散骑常侍高元海，希望提前找到一套应对方案。

高元海初时只说：“只要皇太后在，皇上那么孝顺，肯定不敢为难殿下。您不必过虑。”

高湛说：“你这就不对了，我这么诚心地向你请教，你就拿这话搪塞我啊！”

高元海无奈，就求高湛给自己一晚上的工夫，让他回去好好想想。高湛说你也别回去了，就在我这后堂想吧。结果高元海绕着床一边踱步一边想，盘算了整个通宵。天还没亮，高湛就急不可耐地来问：“神算如何？”高元海答：“夜中得三策，但恐不堪用耳。”

高元海的上策，是想叫高湛效仿西汉时被汉景帝猜忌的梁孝王刘武，带数骑前往晋阳，先向太后求哀，然后再见高演，自愿交出兵权，有生之年再不过问朝政，如此可保平安；所谓中策，是上表自陈威权太盛，恐世人非议，请求外任边州刺史，从此谨守本分，沉靖自居。

显然，这两策并不能让性非谦冲的高湛满意，他又问下策。高元海说自己不敢说，这话说出口就是灭九族的罪名。

高湛紧逼不放，他才说道："济南王乃是世嫡，当初主上是假太后令而夺之，现在又要征其入晋阳。殿下您可以召集文武，示以征济南之敕，然后执斛律羡，斩高归彦，尊立济南，号令天下，以顺讨逆，此万世一时也！"

高湛大悦，因为这事同叛逆的"下策"，恰恰最迎合他与兄长争胜的心意。然而此事毕竟非同小可，不是一天两天就能发动，而且高湛生性狐疑，又同那个时代的许多人一样迷信，他先后密问擅长占卜的郑道谦、曹魏祖、潘子密等人，结果都说："不利举事，静则吉。"卜问国事，又显示"当有大凶"。尤其潘子密说得更为直接："不久之后，宫车当晏驾，殿下为天下主。"这令高湛又是意外，又是惊喜。

一个两个术士如此说也就罢了，问题是这么多的巫觋（音xí）卜者都向高湛暗示："不须举兵，自有大庆。" 如果什么都不做就能够坐享其成，那又何乐而不为？于是高湛放弃了拥高殷造反的计划，派数百骑将他送往了晋阳。

皇建二年（公元561年）九月，高殷刚到晋阳，一杯毒酒就送到了面前。但他并不愿自尽，高演只好派人将其扼杀。

说也奇怪，高殷刚刚被害，高演就得了病。其实最初的症状只是"内热"，但由于高演仍坚持带病处理政务，而且在杀死高殷后他自感愧疚，又不敢让娄太后得知，背负了过重的心理压力，病情就一直迁延不愈。偏在这时，风闻有个姓赵的尚书省小官在邺城郊外看见已经过世的高洋带着杨愔、燕子献等向西而行，扬言要一起去复仇。有一天在晋阳宫里，恍惚间，高演和嫔妃毛夫人也看见了疑似高洋的人影。这下高演以为是鬼神作祟，病情就更沉重了。

为了祈禳消灾、驱除恶鬼，高演下令在宫里大搞各种法事，"或煮油四洒，或持炬烧逐"。然而夜深幽静之时，阴风吹拂之处，高演仍时不时地看见"诸厉方出殿梁，山骑栋上，歌呼自若，了无惧容"。又有天狗星自空坠地，暗示将有伏尸流血之灾。巫觋建言，只有高演亲自讲武校猎才能加以厌服。十月初，天空中又发生了日食。高演带病骑马出猎，“有兔惊马，帝坠而绝肋”。

本来就已病入膏肓，又不幸摔断了肋骨，我要是高演，我也怀疑是厉鬼在暗中作祟。

得知爱子生命垂危，娄太后急忙赶来探视。这时她似乎已经听到了一些风声，连连追问高演高殷何在。

高演无言以对，但从他的表情上，娄昭君已经猜到了答案。

“你真把他杀了？”她又怒又悲，“你不听我的告诫，活该会有今日！这是报应啊！”遂起身离去，再不看高演一眼。

尽管高演一再伏枕叩头，乞求得到母亲的宽恕，但他知道自己死后，这个女人一定不会支持自己的儿子高百年嗣位。怨只怨自己执政时间太短，而太子又太年幼，这种情况下无论如何他都不可能是弟弟高湛的对手。既然如此，与其让自己的儿子在未来遭受与高殷同样的命运，不如眼下便用让贤的举动来换取对方的宽容。

于是高演颁下遗诏，以嗣子冲眇为由，征长广王高湛赴晋阳入统大宝。他还亲手写书给高湛说：“百年无罪，汝可以乐处置之，勿学前人。”

十一月初二日，二十七岁的高演于晋阳宫去世，仅在位一年有余。

平心而论，就其短短一年多（如果算上以大丞相执政的时间，是一年九个月）的表现来看，高演还算是个颇为合格的君主。史籍说他“聪敏有识度，深沉能断”，“内无私宠，外收人物”，臣下对他为数不多的指责之一，仅仅是说他过于追求细务，堂堂天子竟像下级官吏那样辛勤于案牍之间。以至于后来北齐亡国之后，遗臣卢思道总结这一王朝的历史，认为孝昭帝高演是唯一可称贤德的“令主”。

此外，当时高演已经有顿驾平阳、西侵北周的战略规划，然而他的雄心壮志尚来不及施展，便遗憾地告别了人世，正如当年娄昭君梦中的蠕龙，未及飞天，便已堕于红尘之中。

33 联兵伐齐

当听到高演派来的使者宣读遗诏，说要传位于自己之时，高湛是又惊喜，又有些不敢相信。

尽管有之前术士们的预言，高湛还是怕兄长诈死给自己下套，决定小心为上，先派亲信去晋阳打探一番。直到这名亲信发来报告，说他亲至灵堂，掀开棺材见高演确实已死，高湛这才放下心来，喜不自胜地在高归彦等人的迎接下快马赶往晋阳。到了以后，他又先命河南王高孝瑜入宫更换禁卫，然后自己才上殿临丧。

十一月十一日，高湛在晋阳南宫即位，是为北齐武成帝。

高洋去世后短短两年时间，北齐就换了三任皇帝。高殷被废且不去说，就是高湛的上台，实质上也如同一次政变。证据就是高湛即位后，立刻将当年由皇建二年改为太宁元年，而没有采用帝位正常继承情况下传统的逾年改元。至少在外人看来，频繁的帝位更迭说明北齐内部出了问题。

而高湛上台后，群臣很快发现，这位新君既贪酒又好色，兼而宠幸佞臣，绝非励精图治的有道之君。

太宁二年（公元562年）四月，皇太后娄昭君病逝。高湛不但连孝服都不肯穿，还照旧游宴三台，置酒作乐。宫女进白袍，他扔到台下；大臣劝止乐，他怒而掌挞。在此之前，高湛还逼奸了自己的嫂子、高洋的皇后李祖娥，威胁她说："你若不从，我就杀了你儿子！"以致李祖娥有了身孕。她的儿子太原王高绍德数次求见不得，生气地说："当我不知道么？娘你肚子大了，所以才不见我！"这话让李祖娥羞惭无地，后来生下一个女婴，她就狠心没有养活。高湛得知后大怒，横刀骂道："你杀我女，我怎就不能杀你儿！"就当着她的面下令将高绍德用刀环筑杀。李祖娥痛不欲生，高湛则更加恼怒，剥光了她的衣服往死里打，号哭之声震动宫掖，最后昏死过去。高湛命用绢囊装了，一路流血淋漓，把她扔到渠水之中，好半天才苏醒过来，之后用牛车拉了送往妙胜寺为尼。

这一时期，北齐内部还发生了高归彦的叛乱。

由于助高演兄弟发动政变立有大功，后来又迎接高湛即位，高归彦一路高升，得封太傅兼领司徒，一时间风头无两，满朝勋贵竞相邀结。然而好景不长，一来他自己得意忘形，时常"发言陵侮，傍若无人"，二来高元海、魏收等人以功高震主为由对高湛时进谗言，使得高湛很快对他生出了猜忌之心。

太宁二年二月的一天，趁高归彦罢朝在外，高湛拜其为太宰、冀州刺史，第二天连面都不见就命他尽快前往信都上任。到冀州不久，深感不安的高归彦便密谋造反，想等高湛西入晋阳之时乘虚占据邺都。结果被其部下告发，高湛很快便派段韶将其讨平。

此外，高湛还经常终日酣饮，朝事皆委佞臣高元海、和士开等人处理，高、和诸人又争宠弄权、结党倾轧，搞得整个朝廷乌烟瘴气，吏治一天不如一天。而随着以上这些负面信息传入北周，当时正寻求对外征服以进一步提高自身威望的大冢宰宇文护终于萌生了东攻北齐之心。

自从玉壁之战结束后，迄今周、齐两国已经有十来年没有爆发大规模的战争，双方大体以"汾水—函谷关"一线为界，维持了势均力敌的局面。而在这十来年间，北方大草原的形势则发生了根本变化。经过三代可汗的浴血奋战，突厥人不但彻底攻灭了他们曾经的主子柔然，而且在木杆可汗阿史那俟斤的率领下，"西破嚈哒，东走契丹，北并契骨，威服塞外诸国"，成了统治东抵辽海、西至中亚阿姆河流域这片广袤草原的唯一霸主。

从初代可汗阿史那土门开始，宇文泰就力主与突厥结好。为了不得罪突厥人，他甚至主动杀掉了亡国后投奔西魏的柔然余部三千多人。木杆可汗即位后，曾经许诺嫁女给宇文泰，只不过他后来病卒，此事便未能成行。至宇文邕时，木杆又提出把另一个女儿嫁给宇文邕，但这时北齐也来求婚，而且给的聘礼更加优厚，以至于木杆一度动了与北周绝交而联姻北齐之心。最后还是北周使者杨荐以“背恩忘义，有愧鬼神”为由，劝服了十分迷信的木杆。而对于突厥人来说，既然北齐富有财货，那么直接掳掠齐境所得的利益说不定会比聘礼更多。所以木杆最终决定，先助北周攻齐，然后再送女儿与周帝和亲。

保定三年（公元563年）九月底，宇文护遣杨忠统骑兵一万会同突厥自北道伐齐。十二月初，又派达奚武率骑三万自南道出平阳以应杨忠，两路配合对晋阳发动了钳形攻势。

杨忠其人虽自称是汉魏高门弘农杨氏之后，但实际上从其四世祖杨元寿开始，杨家已经落户武川，同六镇鲜卑混居在一起。后来北镇乱起，青年杨忠为避难先后流落于河北和青州，又被北伐的梁军俘往南朝，五年后才随元颢返回北方。不久元颢败亡，杨忠转而为尔朱氏效力。孝武帝时，他又同独孤信一起投到同出武川的贺拔胜麾下镇守荆州。后来贺拔胜败于侯景降梁，杨忠也再度流落南朝，直到三年后才同贺拔胜、独孤信等人西入关中，成了西魏的一名将领。

据说杨忠“状貌瑰伟、武艺绝伦”，而且很有统兵的才干。在大统年间的战事中，他在沙苑、河桥之战都立有功勋，得封襄武县公、云州刺史。而在大统七年（公元541年）六月十三日夜里，杨忠的妻子吕苦桃在华州般若寺诞下一子，这让三十五岁的杨忠分外高兴。当时有一名法号智仙的尼姑也住在般若寺，她一见到这小儿，便断言他生来与众不同，不可在俗间养育。而那个年代，富贵人家将小孩寄养在佛寺道观是常事，认为此举可以祛灾延福。杨忠便将这男婴交给智仙来抚养，尽量避免他与凡人接触，还舍宅为寺，供智仙居住。

有一天，小儿的生母吕苦桃思子心切，趁智仙不在，悄悄溜进佛寺前来探视。她刚将小儿抱进怀里端详，忽见他头顶上长出角来，身上也生出层层鳞片，顿时吓得将小儿摔落在地。这时智仙从外而入，见此情景就责备吕苦桃道："这一惊吓，将令他晚得天下好几年！"

这个被亲娘摔了一下而"晚得天下"的小儿，正是后来的隋文帝杨坚。而直到十几岁入学前，他都是在智仙的养育下住在佛寺之中，智仙为他取小名为"那罗延"，意思是护法的金刚力士。

这一年，杨坚已经二十三岁。由于是大将军杨忠的嫡子，从少年时代起他便接受了良好的贵族教育，在仕途上的发展也一帆风顺。他十四岁首任公职，次年便因父亲在平定江陵时的功勋被授为散骑常侍、车骑大将军、仪同三司，爵封成纪县公。十六岁时又升为骠骑大将军，加开府之号。大约就在这时，杨忠的老上司、大司马独孤信相中了杨家这位身材伟岸、面相深沉的少年，将自己十四岁的女儿独孤伽罗嫁给了杨坚。

然而不久后，随着魏周鼎革，尤其是独孤信被宇文护逼令自杀，杨家的处境开始尴尬起来。尽管宇文护在独孤信死后需要借助杨忠来笼络原贺拔胜旧部，但同时对他也不无防范之心。这一时期，杨忠曾告诫身居小宫伯的杨坚说："两姑之间难为妇！"劝他在皇帝和宇文护之间保持相对中立，以明哲保身。据说周明帝宇文毓即位后，还曾派相面师赵昭考察过自己的这个连襟（明帝皇后为独孤信长女）。赵昭谎称以杨坚的面相，"不过作柱国耳"，当个柱国大将军就到顶了。私下却对杨坚说："公日后当为天下君，必大诛杀而后定。善记鄙言。"杨坚也就深自韬晦，秉承父亲的教诲，既不投靠宇文护，也不亲近皇帝，老老实实地当他的侍卫官。

保定三年，宇文护准备与突厥联兵伐齐。当时满朝公卿都认为北齐国富兵强，斛律光又是名将，攻伐晋阳非得十万人马不可。只有杨忠自告奋勇说，有一万精骑即已足够，他斛律明月也不过一"竖子"而已！

这年年初，原六柱国之一的元老侯莫陈崇刚刚被宇文护逼死，杨忠深知在此时切忌对兵权要求过多，再加上有突厥人相助，所以才说一万骑兵便已足够。

34 守河椎冰

十月，杨忠统领一万骑兵自今鄂尔多斯地区北渡黄河，在阴山一带与突厥木杆可汗的十万人马会合后挥师南下。途中经过老家武川，他还顺道访故宅，祭先人，遍飨三军将士。自从魏末六镇之乱以来，陉岭以北饱经兵燹，原本的塞防设施所剩无几，因此杨忠和突厥人没费太大的力气便连下北齐二十余小城，又出奇兵突破了陉岭防线。十二月十九日，杨忠等三道并入，直扑晋阳而来。与此同时，达奚武也领步骑三万从南道进逼平阳（今山西临汾）。

当时，北方地区已经下了一个多月的雪，南北千余里平地积雪数尺。身在邺都的武成帝高湛得知北周分南北两路进攻并州，亲自统军倍道来援，于二十八日抵达了晋阳。而斛律光则率步兵三万屯守平阳以拒达奚武。

二十九日，北周、突厥联军逼近晋阳。高湛登高远望，见敌人的营阵东距汾河，西被风谷，军势甚盛，大为震恐，当下就上马要带着嫔妃东逃躲避。河间王高孝琬、赵郡王高睿连忙叩马谏阻。高孝琬建议说，陛下可以安坐宫内，将军队的指挥权交给赵郡王睿即可。高湛便命六军进止皆由高睿节度，令段韶总领其成。在高睿、段韶的部署下，齐军同样阵营整备、壁垒森严，这让探查敌情的突厥人颇感意外。木杆可汗埋怨杨忠说："你们说齐国有乱，所以才来攻伐。可如今齐人眼中亦有铁，哪里是有内乱的迹象？"

正月初一这一天，周军以步卒为前锋，沿着晋阳西山的山麓开始向城下逼近。北齐诸将见状，都摩拳擦掌，想尽早出城迎击。段韶却道："步兵气力有限，眼下积雪既厚，逆战非便，不如暂且严阵以待。到时彼劳我逸，一定可以获胜！" 一直等到周军进至城外二里，段韶才指挥齐军尽锐而出。而这时周兵已经在齐膝的积雪中跋涉了几个小时，消耗了大量体力。突厥人的骑兵同样受限于积雪，威力难以发挥。因此这一战，以逸待劳的齐军大占优势，杨忠的前锋部队全军尽没，突厥人震骇之下，纷纷引众上了西山，不肯迎战。最终周军大败，当晚即焚营遁走。

即便如此，元气未伤的突厥人在撤退之时仍旧对沿边郡县展开了大肆掳掠，自晋阳以北七百余里，一时人畜无遗。段韶虽领兵追击，却也不敢过分进逼。但由于一路上冻饿交加，战马和掳掠的人畜大量死亡，突厥人的这次寇掠基本上没捞到什么好处。

与此同时，在平阳对峙的斛律光给达奚武送去一封信，上写："鸿鹄已翔于寥廓，罗者犹视于沮泽。"意思是鸿雁已经飞远，打猎的就别傻等着了！达奚武闻知北路军失利，便也撤军西归。斛律光追击进入周境，掳获两千余人而还。

大体而言，虽然这次晋阳之战以北周突厥联军的失败而告终，但北齐的损失也很惨重。因为北齐赖以立国的鲜卑铁骑主要靠晋阳北边的肆、显、朔、恒诸州提供，这次遭到突厥人的蹂躏洗劫，这些州郡的人口和马匹大幅减少，对于国家的武备显然相当不利。因此可以理解，高湛见到回师后的斛律光，居然抱着他的头痛哭起来。一旁的任城王高湝（音jiē）觉得一国之君此举实在有失体统，进言说："何至于此！"高湛这才止住了悲声。

以往在高洋时代，北周方面时常担忧齐军趁黄河封冻之时越河西攻，每到冬季便守河椎冰。此役之后，这种情况完全反了过来，冬天沿河椎冰的变成了齐人。然而，高湛依然每日纵情声色，朝政皆交给左右佞幸处理。眼看国势日衰，斛律光、段韶等人徒有感叹道："往日国家常有并吞关陇之志，今日至此，而唯玩声色乎！”

至于北周这边，宇文护对这次战事的结果并不满意，便出杨忠为泾州总管以示惩戒。突厥木杆可汗也觉得意犹未尽。两下合谋，都想在明年秋后再发动一次攻势。高湛得知后十分发愁，觉得本方以一敌二实在吃亏，思量一番之后决定在宇文护身上打打主意。因为当年宇文泰随贺拔岳入关，把自己的寡嫂，也就是宇文护的母亲阎氏和四妹等人都留在了晋阳，后来北齐代魏，就把她们安置在了中山别宫。而宇文护其人生性孝顺，掌权之后，曾经一边派间谍入齐打探母亲下落，一边通过使者和边境上的官员向北齐通气，希望对方能放母亲归国。这时，高湛觉得可以在这一点上做些文章，遂通知北周说，只要两国修好，自己愿意放阎氏西归。为表诚意，他先把宇文泰的四妹，也就是周武帝宇文邕的皇姑送了回来。意思是看北周的表现，再决定到底放不放阎氏。

先期抵达长安的皇姑带来了阎氏的书信和宇文护幼时穿过的锦袍一领，这让与母亲失散三十多年的宇文护悲不自胜，感慨万千。史籍中全文记录了阎氏和宇文护的往来书信，从中确实可以感受到二人的母子深情和宇文护翘首盼母归来的拳拳孝心。从感情上来说，他当然希望尽早实现母子团聚，但北齐却提出条件说，一定要北周重重酬报才肯放护母西归，如果接受这一要挟，势必会严重损害宇文护经营多年的声威。数次交涉未果的情况下，宇文护转而采取强硬态度，移书北齐说自己“不为孝子，当作忠臣”，既然齐主失信，本国将再次与突厥联兵大张挞伐！

这一来，轮到齐主高湛紧张了。因为这时突厥人已经开始寇掠幽州地界，倘若再次与北周联合入侵，北齐将会十分被动。高湛特就此事征询正在塞下抵御突厥的段韶。段韶认为，周人反复无常，不可信任，现在他们连个使臣都没派，如果我们仅凭移书一封就把宇文护的母亲放归，那就是向敌人示弱；不如假装准许，暂且拖延，待突厥这边的事情搞定再将其送还不迟。

然而高湛的神经并不够坚强。他没有采纳段韶的意见，而是立刻就把阎氏遣送入关。对于北周来说，这不但是宇文护个人的天大喜事，而且也是一次值得夸耀的外交胜利，因此阎氏抵达之后，举朝庆贺，周武帝亦为之大赦天下。为了弥补自己多年不曾尽孝的遗憾，宇文护穷极奢华资奉老母。周武帝宇文邕也投其所好，尽可能对护母加以尊崇，每到四时伏腊，便亲率宗亲行家人之礼，为其称觞上寿。

得到母爱的滋润之后，宇文护东侵的念头一时减弱下来。但突厥人觉得自己没有得到任何好处，仍遣使来告，要求与北周联合伐齐。宇文护虽然觉得理亏，可又不想因此得罪突厥而致使边患再生，只好发动府兵二十四军以及秦陇巴蜀等散隶之兵二十万人，由自己亲自统率出征。

35 兰陵王破阵

这次宇文护改变了自河东进攻晋阳的战略，而以河南为主攻方向。

十月下旬大军至潼关后，兵分三路，以柱国尉迟迥统精兵十万为前锋东趋洛阳，同时命大将军权景宣率山南之兵出豫州攻悬瓠，河东当地的乡兵则在邵州刺史杨檦的统领下沿黄河北岸出轵关。

十一月十日，尉迟迥的前锋部队进围洛阳，宇文宪、达奚武、王雄诸军在邙山扎营，宇文护本人屯兵于弘农督粮秣继进。

大统四年河桥之战后，金墉城虽被高欢所毁，但后来又已修复，依然城池高峻，易守难攻。加以得知周兵入侵，河阳行台尚书独孤永业驰入金墉，与洛州刺史段思文共同戍守，所以尽管尉迟迥的部队日夜围攻，使用了土山地道等诸般手段，二十多天过后还是没能攻下来。北齐方面虽然派了大将军斛律光和兰陵王高长恭领五万人马前来救援，但慑于北周十万大军的声威，进抵邙山北麓后便逗留不进。

见此情景，齐主高湛忙从北境召回段韶，说我现在想派你去赴洛阳之围，可是又担心突厥乘机南侵，你看到底该怎么办?

段韶说："北虏侵边，不过是疥癣之疾，西寇进逼才是膏肓之病，臣请奉诏南行。"高湛便令段韶领精骑一千，先发晋阳，自己也统军继后。

从宇文泰时代东西魏之间在洛阳一带的两次大战来看，西军要想拿下洛阳，能否切断黄河南北的联系，阻止河北和晋阳的军队南下增援，是影响战局的关键。宇文护不是不了解这一点，所以他采用了两项措施以隔绝北齐的救兵。

第一项就是前面所说的邵州刺史杨檦的部队。这支部队由一万多河东地区的乡兵组成，其战略目标是沿黄河北岸东进，夺取太行山脉南端的重要关隘轵关（今河南济源西）。如果北周能够占据轵关，不但可以切断自晋阳南出的孔道，也可以从侧翼威胁自河北南下的齐军。从孝武帝元修时代开始，杨檦便一直率领河东豪族与高欢对抗，二十多年来屡有斩获，因此不免生出骄慢轻敌之心。这次他率军深入敌境，疏于防范，冷不防在十一月二十日被北齐太尉娄睿的军队击破，杨檦也临阵降敌。宇文护的这一部署遂宣告失败。

第二个措施是命令诸将在洛阳北面挖掘长堑以阻隔救兵。这大概是因为，时值隆冬，黄河封冻，齐兵可以不通过河桥便能渡到南岸，所以宇文护才想出这么一个方法。然而在冬季挖掘冻土实在是一个辛苦活，史籍但云："诸将以为齐兵必不敢出，唯张斥候而已。"似乎负责挖掘长堑的部队并未完成任务。而十二月初八日段韶统军赶到之时，又恰逢连日阴雾，黄河两岸灰蒙蒙一片，连斥候也失去了作用。以至于凌晨段韶军渡过黄河后，竟然在周军并未发觉的情况下出现在了达奚武、王雄等人的邙山防线之后。

天亮之时，段韶先带着帐下两三百骑兵登上邙山阪（音chān）看形势。行至太和谷，迎面山脚下正遇上一队周军。他毫不慌乱，一边指挥诸将结阵以待，一边派人飞报各营前来集结。北周将士完全没有想到齐军会在本方背后出现，一时大为震惊。而且他们在低处，段韶在高处，仰望过去，并不知道山上到底有多少人马，也不敢贸然进攻。待双方集结列阵完毕，段韶遥对周军道："我家主上好心让宇文护母子团聚，他不能怀恩报德，反倒前来寇掠，这是何故？"周人答说是上天派我们来的，有什么好问的！段韶又道："天道乃是赏善罚恶，派你们来是前来送死罢了！"

此时北齐军的布阵，是段韶为左军，高长恭为中军，斛律光为右军。考虑到段韶和斛律光这两员名将大家已经比较熟悉，这里只简单介绍一下兰陵王高长恭。

高长恭名肃，又名孝瓘，长恭是他的字。他虽然是“文襄皇帝”高澄之子、“神武皇帝”高欢之孙，但由于生母身份低微①，少时名位并不显。直到天保八年方起家通直散骑侍郎，乾明元年高演执政后才晋封兰陵郡王。高湛即位，高长恭历任并州刺史、领军将军之职，并且参加了前一年的晋阳保卫战。

根据《北史》的记载，高长恭“貌柔心壮、音容兼美”，是一位翩翩美男。一些唐宋时期的野史还说，他皮肤白皙，貌若女子，因为担心自己的相貌不足以威吓敌人，所以在作战时常常戴着假面具来迎敌。

论军中的资历和威望，当时不过二十几岁的高长恭自然无法与久经沙场的段韶和斛律光相比，但这次他能以领军将军之职统领通常为元帅所居的中军，凭借的便是他近支宗王的身份。因为随着高岳、高隆之、高归彦等老一辈宗室相继被诛，北齐高氏皇族中的军事人才已经凋零殆尽，而高湛又不放心将全部军权都交给晋阳勋贵，于是“武艺英姿、多堪御侮”的高澄诸子就成了他重点提拔的对象。兰陵王高长恭之前有过统兵经历，又“性胆勇”，兼之能与士卒同甘共苦，这时就成了与段韶、斛律光两员名将共同御敌的不二人选。

战斗开始后，周军仍以步兵在前，上山逆战。这一来正中段韶下怀。鉴于齐军多为骑兵，段韶采用了标准的“hit and run”（打了就跑）战术，指挥三军且战且退，诱使周军深入。邙山地带绵延的长坂也保证了这一战术的顺利执行。直到周军在爬坡追击的过程中气力消耗得差

①《北史·齐宗室诸王传》云：“兰陵王长恭不得母氏姓。”在高澄六子中，高长恭是唯一生母姓氏不详之人，可知其母身份必然不高。此外，《北史》云长恭为高澄第四子，然据民国时发现的《齐故假黄钺太师太尉公兰陵忠武王碑》称之为“文襄皇帝之第三子”，与《北史·齐本纪》乾明元年三月封“第三子长恭为兰陵王”之记载相同，可知高长恭实为高澄第三子。

不多了，阵形也松散起来，段韶才下令齐军下马发动反击。结果“短兵始交，周人大溃”。尤其是高长恭所统的中军，当者披靡，周兵坠落山涧溪谷而死者不知多少。最后高长恭杀得性起，索性带领五百骑兵长驱突阵，直接突破周军的包围圈，杀到了金墉城下！此举固然英勇无比，却也相当危险，因为倘若城中无人接应，他势必会陷入敌人的重重包围。而初时城上的守军并不知道来援者的身份，直到高长恭“免胄示之面”，守军才认出眼前的玉面郎君正是兰陵王，派出弩手接应。高长恭又率领守军与段韶里应外合，终于大破周军。

战斗中，统领右军的斛律光一度遭遇险情。在北周泾州总管王雄的驰马冲击之下，斛律光部众四散，不敌退走，身边只有家奴一个，囊中唯余箭矢一支。王雄紧追不舍，最近时，手中的矟尖距离斛律光只有丈余，还大呼道要生擒他送给天子。然而斛律光当年号称“落雕都督”，箭术绝非浪得虚名，冷不防一记回头望月，用最后一支箭射中了王雄的脑门儿！王雄抱马逃回，到营里就咽了气。

当夜，尉迟迥、宇文宪、达奚武相继烧营遁走，自邙山至谷水三十里中，丢弃的军资器械弥满川泽。

据说事后，北齐将士有感于兰陵王破阵解围时勇冠三军的英雄气概，特地编唱了一首脍炙人口的歌谣，配以模仿其飒爽英姿、扬麾击刺的舞蹈动作，逐渐形成了一种称之为“大面”的舞戏。这一以舞者佩戴假面为特点的乐舞形式不但至唐代时依然流行，甚至后来还东传日本，最终以能剧的形式保留到了今天。这便是著名的《兰陵王入阵曲》。

36 太上皇传位

年初晋阳失利，年末又邙山败还，这一结果使得战事的发起者宇文护回到长安后，不得不做出姿态，亲率诸将向周武帝稽首谢罪。而周武帝宇文邕对他温语慰劳，并未追究，再一次向世人展示自己的仁厚和宽容。

实际上，这位傀儡皇帝有足够的理由对这次失败私下感到庆幸。因为他明白，倘若周军在宇文护的指挥下重创敌国，进一步开疆拓土，甚至侥幸取得当年宇文泰都不曾取得的辉煌成就，那么此人的野心必将不可遏抑，自己就很有可能步两位兄长的后尘，成为他手下的又一个牺牲品。

这一年东西交锋的结果也说明，尽管北齐的政治已经开始走下坡路，但它原来积攒的家底还相当雄厚，短时间内，北周尚不具备一口吞下北齐的条件和实力。而对于武成帝高湛来说，他同样认为，对自己皇位最大的威胁并非来自关西，而是就潜藏在自己的身边。

晋阳之战结束未久，邺都就发生了一起“群盗”数十人试图劫持太师、彭城王高浟以为主的政治事件。

高浟是高欢与大尔朱氏所生、高湛的五兄，多年来，不论是在外作牧还是在朝为官都有明练之名，特别是在河北民众中享有很高的威望。这次趁高湛还在晋阳未回，突然有几十人闯入高浟府邸，诈称是皇帝使者，直入内室，拿刀逼着高浟上马，就要奔南宫登殿。高浟大呼挣扎，誓死不从，结果被杀。事后“群盗”去向如何、背后是否有人指使，史籍一概没有记载。但毋庸置疑，这起事件使武成帝高湛相当震动。因为在此之后，他很快对皇位的潜在竞争者展开了清洗行动。

最先遭殃的，是高演的儿子——曾经的太子、现在的乐陵王高百年。

当年高演去世之时，高百年仅有六岁，如今也不过是个九岁孩童，就其个人能力而言，固然目前对高湛构不成威胁，可架不住他“故太子”的身份摆在这儿，倘若被别有用心之人利用，或者像彭城王高潋一样被人劫持，就会像当初高元海替高湛谋划的“下策”那样，仅凭其号召力便能酿成很大的祸患。

其实，高湛本来是不大愿意对这个年幼的侄儿痛下杀手的。这倒不是因为高演死前拜托他“勿效前人”使他心慈手软，而是因为高百年的王妃乃是勋贵斛律光的长女，并且小夫妻之间感情甚好。尽管高湛即位以后，也安排自己的儿子高纬娶斛律光次女为妃，以此对其拉拢补偿，但如果除掉高百年，势必会因此伤害到斛律氏。所以一开始高湛确如高演所言，将高百年“以乐处置之”，封其为乐陵王便罢。

可是，这时情况已经不一样了。除了三月时发生的高潋事件之外，紧接着五月间，天空中又出现了“白虹围日再重，又横贯而不达”的异象。

这可不是个好兆头！前面介绍侯景之乱时就提到过，“白虹”是“兵象”，星占家认为“白虹所出，必有暴兵流血”，同时还有“近臣作乱”“诸侯起兵”的含义。太阳又是君主的标志，“白虹围日再重”显然意味着一场以下克上的祸乱将要危及国君。之前历史上类似天象出现之时，发生过不少帝位更迭、国家动乱的事件，这使得高湛不能不感到紧张和恐惧。所幸者，这次的白虹“横贯而不达”，尚未穿日而出，显示事态还没有严重到无法收拾的地步，身应其事的人还有采取措施来排解灾祸的可能。

然而，到了五月底或六月初，天上又出现了同样不祥的讯号——“赤星”。辛德勇先生认为，尽管赤星所在的位置不尽相同，但都是危及宫室人主的凶险兆应。在接二连三的上天示警之后，高湛终于着手应对，以排解这可能的灾祸。起初，他采用的方法是用一盆水承接赤星的倒影，然后将其盖住。没想到一夜过后，水盆居然无故破裂，根本镇不住这颗妖星。这时，高湛便想到了杀人。准确地说，就是献祭高百年这个“故太子”的性命以为厌胜。

史籍还说，这时候高百年正在学习书法，曾经在练习时写过几个“敕”字。这一行为被其书法老师告发，也加重了高湛的杀心。于是在六月中下旬，高湛于邺都凉风堂召见高百年。百年虽然年纪轻轻，却敏感地意识到自己很有可能将一去不还，临行前将腰间所佩玉玦割下留给了斛律氏。结果他一见到高湛，便被吩咐手写敕字。发现其笔迹与告发者提供的相同之后，高湛先命左右乱拳将其打了个半死，又叫人拖着他绕堂行走，边走边打，所经之处血流遍地。可怜高百年一个九岁的娃娃，经过这一番折磨毒打，早已气息奄奄。他用尽残余的力气苦苦哀求饶命，说自己愿意给阿叔一辈子做奴。但高湛毫不怜悯，仍然下令将其斩首。尸体扔入池塘，池水尽赤，许久后才草草埋于后园之中。

斛律妃得知这一噩耗，攥着百年的玉玦整日哀号，不饮不食，月余之后也伤心而死。死后玦犹在手，紧握难以分开，最后还是斛律光亲自一个指头一个指头掰开，才将玉玦取了出来。

多年后禁苑改建，有人在后园中掘得一具小小的尸首，绯袍金带，头有双髻，宫中都传言就是百年太子。

不过民国初年，有盗墓贼盗掘了位于今河北磁县附近的乐陵王高百年和其妻斛律氏的坟茔。尽管遗留下来的墓志记录两人的去世日期都与史籍记载不合，但辛德勇先生认为，这是墓志撰写者为隐瞒死亡原因而刻意避讳的结果，也是一种“糊弄鬼”的手段，以避免“幼殇”的冤魂作祟为害生人。无论如何，我们总算得知九岁的高百年和十四五岁的斛律氏这一对小小夫妻，死后终于合葬在了一起。

而除高湝、高百年之外，另一位宗王、“性沉谨，以宽厚称”的高欢第四子高淹也于这一年在晋阳莫名其妙地死去，“或云以酖（音zhèn）终”。高湛当然摆脱不了嫌疑。再加上之前被他寻衅杀掉的高洋之子高绍德和高澄之子高孝瑜，任谁都看得出来，高湛正在刻意为自己的儿子接班清理障碍，他绝不会允许“殷家弟及”的情况再次发生。

饶是如此，高湛还是不够放心。对此，他的宠臣之一、范阳人祖珽心知肚明。

自从高湛即位以来，为了提升皇权，在娄太后去世后，他有意识地提拔了一批原本身份地位并不甚高的小臣作为自己的心腹来压制勋贵，这批人史籍通常称之为“恩幸”。而在河清四年（公元565年）之后，朝廷里最有权势的恩幸就是和士开和祖珽。

和士开本姓素和氏，其先人是来自西域的商胡。他是高湛为长广王时的旧属，因为擅长握槊（类似双陆的一种赌博游戏）和弹奏胡琵琶，又能投高湛之所好，一直深得其欢心。他时常劝高湛说：“自古以来，即便贵为帝王，百年之后也不过尽为灰土，是当尧、舜还是当桀、纣，到头来又有什么分别？陛下您应该趁自己少壮之时，恣意行乐，从心所欲，如此则一日之快活足胜千年！国事只要分付大臣去办就好，何必自己辛劳？”据说和士开还跟高湛的皇后胡氏有一腿，所以不少人都认为，高湛时期北齐政治的败坏跟和士开大有干系。

至于祖珽，也是高湛在藩王时代就结识的人物。此人天生聪明，学什么都很快上手，除了能写一笔好文章之外，还擅长音律，懂多种外语，阴阳占卜医药星相无不精通。然而其品行却相当糟糕，不但私生活放荡淫逸，还有偷窃贪污的毛病[①]，为此数次犯法，不是被贬官就是被劳改。宦海浮沉多年，练就了一身蒸不烂煮不熟的钻营本领。在高洋、

① 祖珽之品行，史籍记录有以下事迹可兹证明：他曾经和一群狐朋狗友共为声色之游，轮流享用同一个女人；去人家里作客，于席上偷藏了两个铜碟子，搜身后被当众发现；又曾经在高欢宴请时，偷了两个金叵罗藏在自己的帽子里；任仓曹参军时，盗取官府粮食；任秘书丞时，用官家藏书换钱赌博；等等。

高演时代，祖珽就对高湛尽力巴结，因此高湛即位之后，便擢升其为中书侍郎。河清三年（公元564年）后，他见高湛一心剪除诸王为子承父位开道，觉得可以趁此大做文章从中得利。而鉴于自己权位尚轻，他决定借助一下势头正盛的和士开的力量。

这一天，祖珽私下对和士开说道：“君之宠幸，可谓振古无二。然宫车一旦晏驾，敢问欲如何善保富贵？”

所谓一朝天子一朝臣，尤其是对和士开这种恩幸来说，最怕的就是皇帝换人。和士开想了想，确实不知如何应对，便问祖珽可有什么良策。

祖珽道：“您应该劝劝主上，就说襄、宣、昭诸帝（指澄、洋、演三兄弟）之子俱不得立，为千秋大计考虑，现今可以命皇太子早登大位，以定君臣。此事若成，皇后和少主势必深谢于君，此乃万全之计。君只需微言一二，令主上粗解，我当自外上表加以深论。”和士开应允。

说来也巧，不久后天空中有彗星出现。太史上奏说彗星是除旧布新之象，其占“当有易主”。祖珽于是上书说：“陛下虽为天子，未是极贵。按《春秋元命苞》云：‘乙酉之岁，除旧革政。’今年太岁乙酉，宜传位东宫，令君臣之分早定，且以上应天道。”同时还呈奏了当年北魏献文帝禅位于孝文帝的故事。

由于之前和士开已经通了声气，高湛明白祖珽的意思并非叫自己退位，而是建议效仿献文帝当太上皇帝。他觉得这个办法不错，尽早让儿子高纬登基，早定君臣之分，确实可以保障帝位的有序传承。

于是在河清四年四月，武成帝高湛传位于十岁的太子高纬，改元天统，自己则以“太上皇帝”的尊号实际秉政。

37 祖、和争权

经由策划这次上皇传位事件，祖珽得拜秘书监，加仪同三司，一时“大被亲宠，见重二宫”。

然而，祖珽的野心不止于此，他不但想更进一步成为宰相，甚至还谋求排挤掉和士开一党，自己独霸朝权。

为了达到这一目的，他细心搜集了和士开及其党羽赵彦深等人的罪状，撺掇自己的姻亲黄门侍郎刘逖在御前参奏。

但刘逖知道和士开权势太大，又深得上皇宠信，当年另一权臣高元海想搞掉他，结果被和士开反咬一口，出为兖州刺史，至今仍不受重用；现在上皇不论是处理朝政还是宴赏游玩，都与和士开须臾不离，前后赏赐，不可胜纪。这样一位人物，自己一个小小的黄门侍郎哪里敢轻言弹劾？于是刘逖怀揣奏稿，却迟迟不敢通禀，后来他干脆出卖了祖珽，把这消息泄漏给了和士开和赵彦深。赵彦深等知道后，立刻抢先向高湛自陈，同时毫不留情地对祖珽展开了攻击。

高湛大怒，叫人抓来祖珽质问他道：“何故毁我士开？”

祖珽自知不妙，索性把心一横，厉声道：“臣由士开得进，本无心毁之。陛下今既问臣，臣不敢不以实对。士开、文遥、彦深等专弄威权，控制朝廷，与吏部尚书尉瑾内外交通、共为表里，卖官鬻狱，政以贿成！这些事早已被百姓编成歌谣，天下共知，难道还要让它流传到荒远的边裔不成？陛下不以为意，臣恐大齐之业颓矣！”

祖珽这番话倒也不是瞎说。和士开这人除了逢迎谄媚，变着法儿哄主子高兴之外，于国政毫无主张，于聚敛则大为用心。得势之后，“富商大贾，朝夕填门，聚敛货财，不知纪极。虽公府属掾，郡县守长，不拘阶次，启牒即成”。指责他卖官鬻狱、政以贿成一点儿也不过分。更有些不知廉耻的官员，为了抱和士开的大腿而自认为他的干儿子。还有一次，和士开得了严重的伤寒，医生开的药方是“黄龙汤”。名字虽好听，其实却是将罐子埋在粪坑里渗得的陈年粪汁，颜色乌黑，味道刺鼻，和士开当然难以下咽。结果旁边一个官员见了，说这个东西很易服嘛，您不必怀疑，我喝给您看！说完一仰脖，咕咚咕咚干了一碗。和士开颇受感动，也勉强服了，这才病愈。而除此之外，和士开与胡皇后的私情外间也颇有所传，只不过这种事实在不好公之于众，祖珽也就没敢说出来。

然而听了这番话，高湛的脸色更难看了。因为他觉得祖珽将朝政说得如此不堪，还说大齐要完，明摆着就是指责自己无能。

“你竟然敢诽谤我！”高湛愤愤然说道。

“臣不敢诽谤陛下，但陛下取人女子，却是事实。”祖珽这么说，大概是因为奏章里写有和士开帮上皇从民间搜刮美女一事。

“那是我见她们穷苦饥饿，故而收养。”高湛强自辩解道。

“既是如此，何不开仓赈济？一定要纳入后宫才行吗？”

高湛更加恼怒，下令将祖珽拖下，鞭杖乱打，就要把他打死泄愤。祖珽大呼道：“不杀臣，陛下得名！杀臣，臣得名！陛下莫杀臣，臣为陛下合金丹！”高湛一想也是，就暂且手下留情。

可祖珽虽然智商过人，情商却堪忧。这种时候服软认输多磕几个头也就算了，他却仍不依不饶道：“陛下有一范增而不能用，这是为何？”

结果高湛尚未平息的怒火重又燃了起来，斥道：“你自比范增，难道以我为项羽不成！”

祖珽道：“项羽一介布衣，率乌合之众，五年而成霸王之业；陛下您凭借父兄之资，才得至此。臣以为由此看来，项羽未易可轻。至于臣自己，又何止是范增能比，就算是张良也比不上！他张良身为太子的师傅，仍然要通过四皓的帮助，才能使汉嗣得定。臣位非辅弼，不过是疏外之人，竭力尽忠，劝陛下禅位，使陛下尊为太上，子居宸极，保我大齐国祚平安。一个小小张良，又何足道哉！”

听祖珽把他自己吹成一个盖世功臣，把自个儿却贬得连项羽都不如，高湛岂能不怒？他下令用土块塞住祖珽的嘴，省得他再出不逊之言。这家伙却犟得很，边吐边说，仍不屈服。最后高湛到底没杀他，只是抽了二百鞭子，发配甲坊劳改了事。不久后又流放光州。

但祖珽的政治对手却不想这么轻易就放过他。听说光州刺史李祖勋待祖珽甚厚，他们指使李祖勋的部下张奉礼向朝廷上奏，说祖珽既为流囚，却常与刺史对坐，实在不守规矩。朝廷下敕叫严加看管。张奉礼就把祖珽关入地牢，施以枷锁，严禁探视，还极为恶毒地在夜里用芜菁子做成的烛火给他照明。这东西发出的烟含有微量毒素，尤其伤眼，久而久之，祖珽因此失明。

到此为止，祖珽对和士开发起的挑战彻底失败，他自己大败亏输，差一点儿赔上老命。不过他们两人之间的权力斗争还远没有结束。

天统四年（公元568年）十二月，太上皇帝高湛病危。

其实之前高湛因为酒色过度，健康状况就时而不佳。他曾经在病发之时产生幻觉，自叙说见到空中有五色之物，片刻后稍近，变成一美艳女子，去地数丈，亭亭而立，又过了一会儿，却变成了观世音菩萨的样子。当时以医术闻名的尚书右仆射徐之才诊断后，说这是色欲过多，大虚所致。开了汤药之后，每服一剂，高湛便觉那美人远了几分；又服几包，就变回了原来的五色之物；一个疗程下来，终于病愈。那以后高湛每次发病，都要派快马召徐之才进宫诊治，而他也不负所望，针药所加，应时必效，因而高湛没少对他各种赏赐。一段时间过后，高湛不再发病，似乎已经痊愈。而这时已经升任中书监的和士开想递迁左仆射，就以徐之才附籍兖州为辞，奏请将他外放为兖州刺史。

徐之才的位子一空出来，和士开先是在五月就任右仆射，继而又在十月升为左仆射。但是到了十二月初，高湛的病又开始发作。他埋怨和士开说：“不该浪用之才外任，使我今日辛苦。”并于初八日下急敕召徐之才火速回京。

然而徐之才还是晚了一步。他是十一日到的邺都，而高湛在前一天就已经病亡了。

当时和士开入侍医药，高湛对他殷勤嘱以后事，临死前还握着他的手说：“勿负我也。”最后就拉着他的手断了气，时年三十二岁。

之后和士开封锁消息，连续三天秘不发丧。胡太后的妹夫、黄门侍郎冯子琮不解为何如此。和士开就援引当年高欢、高澄去世时皆秘不发丧的例子，说眼下天子年少，怕诸王公会有二心，想先召集他们在凉风堂议定，然后再办丧事。

在这时的权力格局当中，冯子琮属于后党，就个人利益而言，他并不希望和士开一家独大，而倾向于请胡太后临朝。而眼下能对和士开有所牵制的便是以太尉而录尚书事的赵郡王高睿和领军将军娄定远（娄太后的侄子）。冯子琮怀疑和士开隔绝内外，是准备矫遗诏要出赵郡王睿于外，并夺取娄定远的兵权，就劝他说：“大行皇帝乃神武之子，今上又是先皇传位，群臣富贵皆由至尊父子所赐，只要朝中贵臣一无改易，王公以下必无异心。如今时世不同，不能跟当初霸朝之时相比。况且公不出宫门已经数日，升遐之事，行路皆传。丧事久而不举，不免会引发猜疑，说不定反而会惹出麻烦。”和士开想想也对，这才正式发丧。

38 内廷压倒勋贵

由于四年前高湛采纳祖珽的计策，已经提早将皇位传给了儿子高纬，他的去世并没有像之前高洋、高演那样引发大的动荡。自北齐立国以来，帝位传承终于稳定地步入了父死子继的轨道。

不过，这并不代表朝中的权力格局没有变化。

之前因为有高湛这个太上皇帝在，后宫、外戚、宗室和勋贵诸势力多少都受到了一定的压制。现在他这一死，各派牛鬼蛇神纷纷走向前台，彼此勾结又互相牵制，明争暗斗的同时，都在试图攫取更大的权力。

大略而言，由于这时少主高纬只有十三四岁，本身尚不具备统治国家的能力，而临死前高湛也并没有安排辅政的人选，所以皇帝的生母——皇太后胡氏的地位一开始相当有利。

高湛的皇后胡氏，从血缘上来说是前文提到的北魏灵胡太后的堂侄女。河阴之变，灵胡太后被尔朱荣沉河后，胡氏家族虽然受到打击，却凭借与洛阳士族的联姻关系维持了贵族地位。而胡氏也并非高湛的原配夫人，之前高湛曾迎娶过柔然的一个公主，只不过此女命薄，十三岁就去世了。这以后他才娶了胡氏续弦。婚后两人的感情似乎一般，直到六七年后，胡氏才诞下嫡子高纬。

这位胡氏不独在血缘上与灵胡太后相近，其奢侈放荡的生活方式也颇有灵胡遗风。高湛在位期间溺于酒色，处处留情，胡氏在后宫也不甘寂寞。善于逢迎、精于博戏的和士开经常出入卧内，据说就是她的情人。高湛死后，两人更加肆无忌惮。由于有这种特殊关系，和士开在胡太后的眼中就是“自己人”。除此之外，娘家兄弟胡长仁、胡长粲和妹夫冯子琮也是她在朝中的奥援。

而不论是对胡太后还是对和士开而言，他们的权力来源都是少主高纬。所以他们最忌惮有宗王挑战高纬的统治合法性。高湛去世后，他唯一健在的同母弟、时任定州刺史的博陵王高济只不过说了句：“按次序该轮到我了！”便惹来了杀身之祸。虽然史籍说“齐主闻之，阴使人就州杀之”，将这次暗杀算到了少主高纬的头上，但其主使者更可能是胡太后与和士开。

然而，对以赵郡王高睿和领军将军娄定远为首的宗室勋贵们来说，专宠弄权、秽乱宫闱的和士开是他们早就想拔掉的眼中钉。大行皇帝尚未下葬，他们就向少主进言，建议将和士开调往外任。后来又逢胡太后在前殿宴请群臣，高睿当面向她指陈和士开的种种罪过，说他不过是贪污纳贿的城狐社鼠、秽乱宫掖的无耻弄臣，应该尽早驱逐！

对于自己的情人，胡太后当然要尽心维护。她反驳说：“若是这样，先帝在的时候你们怎么不早说，现在是想欺负我们孤儿寡母不成？请你们喝酒就喝酒，哪来那么多废话！”

这一强词夺理的回答并不能让高睿满意，他“辞色愈厉”。其余勋贵也极力附和，仪同三司安吐根甚至说出“不出士开，朝野不定”这样充满威胁意味的话来。胡太后迫于诸人气势，只好说改日再议，今天暂且退下。高睿等遂“或投冠于地，或拂衣而起”，各自咆哮着愤愤离去。第二天，高睿等再次来到云龙门前，叫侍中元文遥入奏，意思是一定要讨个说法。胡太后只能以梓宫在殡、事情过于匆忙为由再一次搪塞拖延。

要求罢黜和士开的除了高睿和娄定远，还有任城王高湝、冯翊王高润、安德王高延宗、左丞相段韶等，几乎包括了当时所有位高权重的宗室和勋贵。他们联合起来向帝、后施压，如此咄咄逼人，使得这一对“孤儿寡妇”不能不感到事态严重。二人召见和士开，问他这事情该如何解决。和士开说，表面上看来，大臣们是针对自己，实际上他们是欺负皇帝年少，是要剪除陛下的羽翼！眼前不如暂且答应他们的要求，就说待山陵过后再行发遣，先让高睿等缓和下来，自己再慢慢想办法。胡太后便依言而行，承诺用和士开为兖州刺史。

不久，葬事结束，高睿等便催促和士开上任。胡太后想留他过百日，高睿不许。双方交涉数次，局面越说越僵。但是高睿并不知道，这期间和士开用美女和珍宝发动攻势，贿赂了领军娄定远。他还卑词谄颜向娄定远保证，说自己在朝久不自安，出任外州实遂本志，今后当个大州刺史心愿已足，再也不想踏入中枢。娄定远被和士开送上的高帽和马屁搞得晕头转向，居然轻信了这些鬼话。最后和士开说临行前想向帝后辞行，娄定远也点头允许。于是和士开再度入宫，对胡太后和高纬道："先帝一旦登遐，臣愧不能自死。现观朝贵意势，直欲以陛下为乾明。臣出之后，必有大变，臣还有何面目再见先帝于地下啊！"说着便恸哭起来。

乾明是高殷在位时的年号。和士开的意思，是指斥赵郡王高睿等朝贵有发动政变、废掉少主高纬的企图。

胡太后和高纬十分恐慌，也相顾啜泣起来，并问和士开有什么办法。

和士开道："臣既已得入，复何所虑，所需不过数行诏书罢了！"便写好诏敕，召赵郡王睿于次日一早入宫。

听说帝后召见，高睿准备乘机再次进谏。他的妻子都劝他不要如此固执，高睿道："社稷事重，我宁可死事先皇，不忍见朝廷颠沛。"刚到殿门，又有人对他说："殿下勿入，恐有变。"高睿则说："我上不负天，下不负地，死亦无恨。"见到胡太后之后，他仍然坚持要求罢黜和士开，两人话不投机，不欢而散。结果高睿退下来走至永巷，迎面遇到了和士开布置好的士兵，将他擒至华林园雀离佛院，被壮士刘桃枝拉杀。接着和士开又以皇帝的名义降下诏书，谴责赵郡王睿有不臣之罪，同时出娄定远为青州刺史。和士开则再度出任侍中、尚书左仆射。

高睿之死对咄咄逼人的宗室和勋贵是一大打击。虽然有不少人对此表示愤慨和惋惜，但他们都看得出来，在这件事情上，太后和少主都坚定地站在和士开一边，现在即便有心将帝后二人跟和士开一起搞掉，迭经高洋、高湛摧残的近支宗王里也不容易找到合适的领袖和替代的人选。所以这件事过后，绝大多数勋贵都保持了沉默，深恐自己成为下一个高睿，而坐视和士开等人继续作威作福、沐猴而冠。

表面上看来，这是以帝后二人为核心的内廷对外朝勋贵的一次重要胜利。胡太后是毋庸置疑的胜利者。事后，这位虎狼之年的太后愈发放荡恣肆，除了继续与和士开奸通以外，还多次以拜佛为名，跑到寺院里与和尚鬼混。据说她最宠幸的和尚名叫昙献，后来她不但任命昙献为昭玄统（主管全国宗教事务的僧官），还借口听讲佛经，将一百个和尚安置在内殿，“日夜与昙献寝处”。以至于当时有不少僧徒背后对胡太后指指点点，戏称昙献为“太上皇”。

肆意淫乐的同时，胡太后并没有意识到，一个权力欲更加旺盛的女人正在她的身边积极扩张着自己的势力，并将在不久后挑战她的地位。

39 “女相”陆令萱

少主高纬出生于天保七年的五月初五，换算成公历，是556年的5月29日，双子座。传说在怀他之前，当时还是王妃的胡氏梦见“于海上坐玉盆，日入裙下”，因而有娠。

不过，实际上高纬并不是高湛的长子。五月初五当天，有一个李夫人与胡氏同期临盆，于丙时（凌晨3～5点）先诞下一子，后来取名高绰，而直到午时（中午12点左右），高纬才降生。但是高湛认为，李夫人并非正嫡，所以故意将高绰贬为第二，还将他过继给汉阳王高洽为后，直到河清三年才又回归本宗，封为南阳王。

当时的传统观念认为，五月初五是秽气最盛的恶月恶日，甚至这一天出生的小孩也很可能给家人带来不祥。例如著名的战国四公子之一的孟尝君田文，就因为出生在端午这一天而被其父勒令“勿举”（不要养活）；同样在这一天出生的刘宋大将王镇恶之所以取名“镇恶”，也是想以此镇住邪祟。高湛故意将这一天出生的长子过继给自己的弟弟，而将原本的次子高纬立为长子，或许也与这种风俗有关。

至于高纬本人，虽然没有被送给别家寄养，却也并非由生母胡氏抚养长大。从襁褓之时开始，他就是由乳母陆令萱来养育。

陆令萱出身不详，推测其先人可能是出身步六孤氏的鲜卑贵族。大概是在东魏时期，她嫁给了在六镇之乱中投降北魏的汉阳人骆超。后来不知是何原因，骆超以谋叛被杀，陆令萱作为罪犯家属“配入掖庭”，儿子骆提婆也成了官奴。

天保七年，陆令萱的好运来了。她被选为长广王高湛家的乳母，专门负责乳养刚刚降生的高纬。那时还是高洋在位，陆令萱应该并没有想到，自己怀中这个呱呱啼哭的小儿十年后将会成为这个国家的君主。按照当时流行的鲜卑风俗，诸皇子皇孙都称自己的父亲为“兄兄”，嫡母为“家家”，乳母为“姊姊”，媳妇为“妹妹”。而对于高纬来说，在个人感情方面，他与“姊姊”陆令萱的关系甚至比“家家”胡太后还要亲近。

在抚养高纬的岁月里，陆令萱除了尽心尽责做好自己的分内之事外，还不遗余力地逢迎讨好女主人胡氏，深得胡氏之欢心。到河清四年太上皇帝高湛将皇位传给高纬之时，在宫廷生活中浸淫多年的陆令萱早已经变成了一名长袖善舞、工于心计的狡黠妇人。史籍说她“奸巧多机辩，取媚百端，宫掖之中，独擅威福”，不但得封郡君，还被少主高纬任为女侍中，日夜随侍身边。正如北魏时代的“保太后”窦氏和常氏一样，身为天子保母的陆令萱很快凭借自己的特殊地位和政治手腕在内廷外朝笼络了不少党羽，甚至连帝后面前最为得宠的和士开和取代娄定远任领军的高阿那肱也认她当养母。她还奏引自己的儿子骆提婆入侍，专门负责陪少主嬉戏游玩。天统四年高湛去世后，陆令萱已经成了后宫里仅次于胡太后的二号人物。

但陆令萱并不满足。在其内心深处，她不但认为自己才是少主高纬真正的母亲，而且认为自己完全可以取代胡氏这个贪淫愚蠢的妇人，成为母仪天下的太后。从这时开始，她虽然表面上仍然维持了对胡太后一贯的谄媚态度，私下却开始布局发力，试图将胡氏架空。

陆令萱的第一步棋，是在后宫拉拢少主的宠姬以为党援。

虽然早在高湛在位时，他便为太子高纬纳了斛律光的次女为妻，高纬即位后，斛律氏就顺理成章成为皇后，但由于两人皆年纪幼小，斛律氏一直并未生子。到了天统末年，十三四岁的高纬开始懂得男女之事，却又喜欢上了皇后身边一个小名黄花的宫婢，对她大为宠幸。别看这名宫女出身微贱，连个姓氏都没有，但在陆令萱看来，只要她能讨得皇帝的欢心，便有重大的利用价值。于是她主动向黄花示好，将她收为自己的干女儿，并向少主举荐，封黄花为弘德夫人①。

黄花的母亲本是大臣穆子伦家的婢女，后来又转入侍中宋钦道家，被悍妒的宋妻在脸上刻了个“宋”字。有人说黄花是她跟别人奸通所生，也有说是宋钦道跟她生的私生女，总之其生父是谁已难以确定。当年高演兄弟发动政变，宋钦道被杀，年幼的黄花就跟母亲一起被没入宫中为奴。自小在宫里长大，黄花当然深知“背靠大树好乘凉”的道理，更何况这大树还是天子保母、位高权重的女侍中。所以陆令萱一伸出橄榄枝，她便心领神会，投入了干娘的怀抱，对亲生母亲从此再也不加理睬。陆令萱以为，当年鲜卑勋臣八姓之中，穆、陆相对，地位相当，就命黄花姓穆，取字舍利，还叫自己的儿子骆提婆也改姓穆，以示亲近。

陆令萱的第二步棋，是在外朝召回祖珽，以牵制和士开，排挤胡氏外戚。

当年祖珽跟和士开争权失败，不但被发配光州，还被芜菁子烛熏瞎了眼睛，蹲了将近两年的地牢。直到高湛驾崩，高纬感念他于自己即位有功，才重新起用他为海州刺史。

祖珽敏锐地把握到了这一政治动向。他知道现在朝中权势最盛的除了和士开，就是那个姓陆的老太婆，而自己既得罪过和士开，眼下要想复起，就只有走陆令萱的路子。他先是给陆令萱的弟弟陆悉达写了一封信，说并省录尚书事赵彦深“心腹阴沈，欲行伊、霍事”，为了防备他使坏，你们姐弟何不引用“智士”来当参谋？陆令萱当然明白，祖珽说的“智士”就是他自己。而此刻为了对付胡太后的亲党胡长仁、胡长粲等人，她确实感到有引用祖珽的必要。何况和士开虽然认自己为义母，但鉴于他跟胡太后之间的特殊关系，将来若两人翻脸，难保他一定会站

① 河清年间，武成帝高湛对北齐后宫制度进行调整，在皇后之下准汉制置左右昭仪，位比丞相；昭仪之下有弘德、正德、崇德三夫人，位比三公。

在自己这一边，所以重引祖珽入局，也可以对和士开构成牵制。于是她先给和士开通气说：“祖珽那老头儿现在已经是个瞎子，还有什么可怕的？不如调进朝里，还能为你所用。”和士开也就抛弃了两人的旧怨，和陆令萱一起向高纬推荐说：“祖珽这个人虽然品行鄙薄，但智谋过人，缓急之时尚可仰仗，而且他双目已盲，必无反心，不如调到身边时时问以筹策。”高纬表示同意，就将祖珽重召入朝，任以秘书监之职。

祖珽回朝不久，便秉承陆令萱的意旨与和士开合作，对胡长仁发动了攻击。

胡长仁是胡太后的亲兄，时任尚书令，以官职而言，相当于左仆射和士开的上级，正挡在他以次递迁的道路上。而且两人早有矛盾，胡长仁的手下甚至劝他称病请假，趁和士开来探病的时候将其先斩后奏。和士开知道后，先是奏请将胡长仁的手下外调，继而又请出胡长仁为齐州刺史。胡长仁吃了这一记哑巴亏，大为光火，就谋划派刺客去杀掉和士开。结果计划泄漏，祖珽当即上奏，援引汉文帝诛薄昭故事，要求将胡长仁处死。

薄昭是汉文帝生母薄太后的亲弟弟，因为失手杀掉了皇帝的使者而被文帝赐死。祖珽以此为言，就是要用“天子不得枉法”的大帽子去压胡太后，让她无法为哥哥求情。而在祖珽的背后，明显是陆令萱在撑腰。最后，胡长仁终于被下诏赐死。再加上之前胡长粲已经病逝，胡太后的妹夫冯子琮深感势单力孤，也见风使舵投靠了和士开。胡太后在外朝顿失羽翼，已经形不成大的气候。

40 一场未遂的政变

武平二年（公元571年）前后，在内借助情感纽带控制皇帝，在外联结和士开干预朝政，陆令萱虽然封号不过郡君，官职只是女侍中，实际上却隐隐然已经成了主导北齐政权的幕后操盘手。在后宫里，这时陆令萱与胡太后的关系，其实颇有点像晚清同治年间的慈禧与慈安：表面上是胡太后为尊，而实际说话管用的却往往是陆令萱。就连胡太后自己也知趣地放下身段，与陆令萱以姐妹相称。

这种情况，当然不是所有人都感到满意。

其中反应最为强烈的，就是少主高纬的同母弟、琅琊王高俨。

高湛在世之时，作为皇三子的高俨受尽宠爱，小小年纪便被父亲封为侍中、中书监、京畿大都督、领军大将军，领御史中丞，后来又历迁大司徒、尚书令、大将军、录尚书事、大司马等尊显之位。每逢高俨出行，他不但享有与皇太子分路而行的特权，而且王公百官老远就要停下车来，“去牛，顿轭于地”，以让高俨先过，扈从的仪仗里，“京畿步骑、领军之官属、中丞之威仪、司徒之卤簿，莫不毕备”，那架势比皇太子还要威风。高湛巡幸晋阳之时，常令高俨居守，坐含光殿，叔伯一辈的宗王见了他也要跪拜。高俨日常使用的器物服玩，也都与哥哥高纬相同。有一次，他在高纬那里见到有新采的冰块和刚下的李子，顿时大发雷霆，怒道：“尊兄已有，我何意无！”从此以后，要是高纬先得到什么新奇事物而高俨没有，负责的属官和工匠都要获罪。就是这样，高湛和胡太后觉得意犹未足。

在父母的宠溺下成长起来的高俨对哥哥很有点儿瞧不起。他曾经对高湛说："阿兄性懦，将来保得了能统率左右嘛！"而高湛则称赞他说："此黠儿也，当有所成。"史籍甚至还说，高湛有过废高纬立高俨的想法。

不管怎样，最终还是"性懦"的高纬坐了天下。而从此以后，高俨的待遇就开始走下坡路了。首先，他的爵位由东平王改封琅琊王，虽然都是郡王，但东平是大郡，琅琊是小郡。然后到了武平二年，又命高俨迁至北宫居住，五日一朝，不准他再像以前那样随时可见太后。四月间，又下诏尊他为太保，以明升暗降之法解除了他其余的官职，只保留御史中丞和京畿大都督这两个官衔。这样一来，高俨连北宫也不能居住，只能搬到宫外的京畿府。前后待遇差距如此之大，容不得高俨不心生怨望。

原本高俨听说和士开经常与自己的老娘厮混，心里就极为反感，又多次见到他和穆提婆等人狐假虎威、奢侈跋扈，更加怀恨在心，此时愈发怀疑自己地位下降就是他们在背后捣鬼。他的部下王子宜、高舍洛、刘辟强等人也都愤愤不平地说："殿下被疏，正由士开间构，何可出北宫入百姓丛中也！"

这时，高俨至多十五六岁，正是血气方刚易冲动的年龄，听了部下们的煽动，当即就决定要跟和士开等拼个你死我活。他先来找自己的姑父、侍中冯子琮，对他说："士开罪重，儿欲杀之，何如？"胡长仁被赐死后，冯子琮虽然迫于形势表面上投靠了和士开，但心里当然还是希望将此人搞掉由自己来掌权，因此他不但支持高俨的行动，还暗示他可以废掉高纬而自立。高俨大喜，两人遂制定了擒杀和士开的计划。

高俨之所以敢于如此，一来在于其担任的京畿大都督一职，有权调动京畿府所辖的数千军兵；二来经过前期的秘密接触，有不少宗室成员和勋贵子弟都力赞杀掉和士开这一佞臣。此外，高俨所领的御史中丞一职负责执法，也为这次行动提供了便利。

七月下旬，高俨先命手下王子宜表奏和士开的种种罪状，请求依法严惩，继而交由冯子琮夹杂在其他文书里一起呈奏御前。少主高纬不暇细看，点头批准。于是高俨就用这封蒙混过关的奏章诓骗领军大将军库狄伏连说："奉敕，令领军收士开。"由于之前毫无和士开失宠的迹象，库狄伏连不免心生疑惑，就将此事告知当值的冯子琮，请其覆奏。冯子琮道："琅琊王既已受敕，何必更奏！"库狄伏连也就无话可说，姑妄信之，安排五十人埋伏在了神虎门外。

和士开虽然自己也带了领军将军的头衔，但他性喜内事，通常下班就要回家，即便夜间当值，也要先回家放松放松，很晚才来，平素对门禁宿卫之事并不太关心。二十五日一早，他完全没有意识到危险迫在眉睫，仍然照常进宫上班。刚来到神虎门前，库狄伏连一把拉住他道："今有一好事给你！"和士开未及发问，王子宜便掏出一纸公文来，喝道："有敕，令王向台！"

此处之"台"，指的是御史中丞所在的御史台，主管监察和司法，而和士开去年已经被封为淮阳王，所以才说"令王向台"。和士开一听，便知要糟，但库狄伏连并不容他分辩，直接派军士将他押往了御史台。担任御史中丞的高俨立刻命人将其斩首。

原本高俨只想杀掉和士开便了事，但其部下已经发动了京畿府的士兵三千余人开往千秋门外，还催逼高俨说："事既如此，不可中止！"高俨也就一不做二不休，带兵将宫门团团围住。宫内禁卫见状，一边严阵以待，一边急报少主高纬得知。

初时入报者搞不清楚状况，只说是库狄伏连造反。高纬听了却摇头道："此必仁威也。"仁威是高俨的字，高纬能这么说，说明他们兄弟之间的矛盾早已不是一天两天，彼此都心知肚明。他先派刘桃枝带了八十名禁兵召高俨入见，意在试探高俨的真正目的。然而高俨不但拒绝了这一提议，还擒缚了刘桃枝。高纬又派冯子琮前去晓谕。这次高俨说道："和士开昔来实该万死！他谋废至尊，剃家家头使作阿尼，臣为此矫诏诛之。尊兄若欲杀臣，不敢逃罪，若放臣，愿遣姊姊来迎臣，臣即入见。"

和士开已被杀掉，死无对证，说他想废掉高纬、逼使胡太后出家为尼等等，当然出于高俨的诬陷。他的真正目的，很可能是希望少主派“姊姊”陆令萱出来，他好趁机将和士开身后的这个隐藏boss一举擒杀。所以听了这个要求，躲在高纬身后的陆令萱瑟瑟发抖，深恐皇帝不加考虑便派自己出迎。

所幸的是，高纬并没有派“姊姊”出面，而是另遣近侍韩长鸾去召高俨。大概这次高纬做了什么保证，史籍说高俨一度动了入宫的念头，结果被手下刘辟强牵衣谏阻说：“若不斩穆提婆母子，殿下无由得入。”这才作罢。

双方正在千秋门外僵持不下的工夫，得到消息的广宁王高孝珩、安德王高延宗也赶了来。见是这般情形，二人都质疑怎么还不冲进去，刘辟强答说本方兵少。高延宗四下看了看，道：“当年孝昭帝杀杨愔，只不过才八十余人。现今有数千之众，何谓兵少？”

的确，当初高演兄弟发动政变之时，擒杀杨愔一党、入宫逼驾的人数并不多，但当时宫中有娄太后暗中支持，领军大将军高归彦又临阵倒戈，即便如此，如果不是因为那时的高殷懦弱而又口吃，高演未必就能轻松控制局面。而眼下高俨虽然发动了京畿府士兵三千人，不明真相的库狄伏连也被诓骗上了贼船，可宫里的禁卫也应有数千，而且归属几位不同的领军将军统领[①]，真火并起来，双方都没有必胜的把握。至于胡太后，面对两个儿子的内斗，她一来意向并不明朗，二来也确实拿不出什么解决问题的办法，以致准备率领宫中禁卫亲自出外讨伐的高纬哭着对她说道：“有缘，复见家家；无缘，恐将永别！”

这种情况下，双方都想到了争取刚从前线归来、现在京师的斛律光的支持。

---

① 北齐中晚期，领军将军的数量急剧增多。《北史·后主纪》云高纬在位末期，“领军一时三十（《北齐书》作二十），连判文书，各作依字，不具姓名，莫知谁也”。

此时，段韶已经病势沉重，即将不起，北齐国中功勋卓著、声威远播的名将只剩下斛律光一人，倘若能将他纳入己方阵营，毋庸置疑将是决定性的力量。所以高纬和高俨都派出使者，急召斛律光前来。

斛律光听说高俨杀了和士开，不禁抚掌大笑道：“龙子所为，果然不似凡人！”

然而称赞高俨，却并不意味着他要加入高俨一方。当今天子毕竟是斛律光的女婿，此外他还认为，尽量避免内战才更符合国家的利益。

于是斛律光径直入宫，在永巷见到了披甲准备出战的少主高纬，对他说道：“小儿辈弄兵，与之交手即乱。至尊宜自至千秋门，琅琊王必不敢动！”

斛律光说得没错。因为高俨毕竟是矫诏，而且声称只是针对和士开，并不敢公开宣称造反。这时候如果不分青红皂白乱打一气，不明真相的京畿府士兵很可能为了自保而拼死战斗。由皇帝本人亲自出面，则可以最大程度地使他们明白自己的立场，瓦解他们的斗志。

果不其然，当少主高纬在斛律光的导引下乘马来至宫门前，赞礼官高唱“陛下驾到”之后，门外的士兵们相顾骇然，当即就有不少溃散而去。

高纬又驻马桥上，遥呼高俨近前。高俨仍站立不动。斛律光知道他是担心因此事获罪，上前说道：“天子弟杀一夫尔，何所苦！”说着挽起高俨的手，硬把他拉到了高纬马前，亲自求情道：“琅琊王年少，肠肥脑满，轻为举措，稍长自不复然，愿陛下宽宥其罪。”

高纬虽然心中不满，但碍于斛律光刚刚将一场内乱消弭于无形，不好驳他的面子，只好用刀环乱敲高俨的辫头，象征性地加以惩戒，最后还是将他放了。

至于王子宜、刘辟强、高舍洛等高俨党羽以及不幸卷入其中的库狄伏连，则都被先后抓捕，肢解而死。高纬本来还想将高俨府中其余的文武属吏全部杀掉，斛律光和赵彦深劝阻说其中多为勋贵子弟，滥杀的话会导致人心不安，这才救下了这些人的性命。

41 | 余波难平

高俨发动的这场政变虽然以未遂而告终，但在接下来的几个月里，事情的余波仍未平息。

首先是胡太后责问高俨此事到底因何而起，高俨为了推卸责任，说自己是受了冯子琮的教唆。史籍云："太后怒，又使执子琮，遣右卫大将军侯吕芬就内省以弓弦绞杀之。"若真是如此，胡太后不惜杀死自己的妹夫，很可能是为了替儿子脱罪，而故意用冯子琮来背黑锅。因为从此以后，胡太后经常将高俨安置在自己宫中，每餐饮食都要自己先尝过才让他用，深恐一时疏忽，高俨就会为人所害。

胡太后此举并非多虑。

既然高俨没能杀掉陆令萱，现在陆令萱当然要加以报复。事情刚结束不久，她便劝少主高纬道："人们都说琅琊王聪明雄勇，当今无敌，我观其相貌志度，只怕他绝非人臣。既然他能擅杀和士开，别的事情也能干得出来，陛下应该早做防备才是。"恩幸何洪珍等和士开余党也力主杀掉高俨。

高纬一时犹豫不决。这时，祖珽已经被他提拔为侍中，既然此人号称"智士"，他就派人用食舆将祖珽秘密接进宫来，征求他的意见。

祖珽别的没说，只举了两个历史上的例子：一个是周公诛管叔，一个是季友酖庆父[1]。周公于管叔为兄，季友于庆父为弟，这两起事件都

---

① 据《史记·鲁周公世家》，鲁庄公有三弟，长曰庆父，次曰叔牙，次曰季友。后来被季友鸩杀者是叔牙，庆父则在多次为乱之后走投无路，被季友逼迫自杀。因此祖珽很可能将叔牙误记为了庆父。

是为了保证君位继承由父传子而对亲兄弟大义灭亲的先例。

听了祖珽的这两个故事，“帝纳其言”，下了杀掉高俨的决心。

八月下旬，高纬再度西巡晋阳，请太后和高俨同行。

到晋阳后，高纬一开始想安排右卫大将军赵元侃诱执高俨。但赵元侃说：“臣昔事先帝，日日见先帝深爱琅琊王，今宁就死，不能行此事。”高纬就出赵元侃为豫州刺史，让他滚蛋了事。

一个月后的一天，高纬亲自对胡太后打招呼，说明天要起早跟高俨一起去游猎，一定早去早还。当夜四更时分，高纬就派人来召高俨。见高俨心中疑惑，陪侍太后的陆令萱就说：“兄兄唤你，儿何不去？”高俨无奈，只好告辞而出。走至永巷，隐身在暗处的刘桃枝突然闪出，反剪其手，将他绑了起来。高俨大惊，呼道：“我要见家家和尊兄！”刘桃枝毫不理会，用衣服塞住他的嘴，蒙了他的头，抱着他直奔大明宫（高湛时在晋阳营建的别宫），随即将他杀死，裹了一张席子埋在室内。天亮后，高纬才将此事告知胡太后，允许她临哭十余声，便命左右拥入殿去。直到次年三月，才将其安葬于邺西，赠谥号为楚恭哀帝，以此稍慰太后。高俨死后还留有四个遗腹子，诞生数月后亦相继夭折。

其实早在此事之前，因为胡太后淫乱宫闱一事，她与少主高纬之间本就不甚亲密的母子关系已经变得相当冷淡了。初时，高纬虽然对母亲的不谨行为时有所闻，但一直并未深信。直到有一次他去拜见胡太后，在她的殿中见到两个俊美的尼姑，高纬色心顿起，就召这两个尼姑来侍奉自己。哪知这样一来，立刻穿帮，原来这尼姑竟是男人假扮的！高纬惭怒交加，下令彻查，这才知道了胡太后与和尚昙献奸通的事。后来除昙献之外，还有不少胡太后平常亲昵之人尽皆被杀。

这次诛除亲弟高俨之后，高纬遂决心趁机摆脱母亲的压制。

十月十五日，高纬一行从晋阳返回邺都。进至郊外的紫陌，忽然遇上一阵极为猛烈的大风。精于风角之术的舍人魏僧伽上奏说，这意味着有暴乱叛逆之事将要发生。高纬以此为由，诈称邺城里出了事变，自己带着亲随脱离队伍，全副武装疾驰入了南宫，然后命管事太监将胡太后迎入北宫幽禁起来，还颁下敕令，严禁内外亲属与太后相见。胡太后自知有愧，准备了一些好吃的讨好高纬，高纬则连尝也不敢尝。

史籍没有告诉我们幽禁胡太后是不是陆令萱的主意，但很明显的是，从此之后，陆令萱在北齐的权势便达到了顶峰。《北史》明言："自武平三年之后，令萱母子势倾内外，卖官鬻狱，聚敛无厌，每一赐与，动倾府藏。令萱则自太后以下，皆受其指麾；提婆则唐邕之徒，皆重迹屏气。"尤其是祖珽在和士开死后与陆令萱互相抬举，逢人就说："陆虽妇人，然实雄杰，自女娲以来，未之有也。"陆令萱则赞祖珽为"国师""国宝"，还推荐他当了尚书左仆射。而之前的左仆射赵彦深已经在祖珽的谗言之下被外放为兖州刺史。所以这时的北齐，基本上是内廷以陆令萱为首，外朝以祖珽为首，共同把持了朝政。考虑到祖珽是因陆令萱而得幸，大体可算是她的鹰犬和附庸，因此即使说是"陆媪"一人权倾天下，也并不为过。

另一方面，由于陆令萱的权力归根结底来源于少主高纬，而他们两人的利益又基本一致，所以这一阶段也是北齐皇权最为集中的一个时期。从高欢时代曾经存在的四大势力（六镇鲜卑、河北大族、尔朱荣余部和洛阳士族），到高洋时代晋阳勋贵与邺城官僚之间的对立，途经高演政变后勋贵集团的得势，再到高湛时代对宗室和勋贵的重新压制，最后则是高纬时代内廷势力对政权的全面掌控。总体而言，虽然中间因皇位继承而屡生波折，但皇权集中化的趋势越来越明显，这也是历代王朝在开国后几十年间普遍出现的一个规律。

理解了这一趋势，我们也就能更好地理解这一年北齐发生的另一个重大事件——斛律光被杀。

42 自毁长城

当年斛律金随高欢共同起兵，战功卓著，不但是东魏北齐的开国元勋，而且历事六朝，始终荣宠不替，两个儿子斛律光、斛律羡同为方岳，为国之干城，其余子孙也皆封侯显贵。斛律家还世代与皇室联姻，“一门一皇后，二太子妃，三公主”，可谓尊荣莫比，实乃勋贵中的领袖。斛律光本人则从高洋时代以来就镇守齐之西境，北拒突厥侵寇，南与北周争锋，战邙山、略汾北、救宜阳，在与同时代的名将韦孝宽、宇文宪等人的较量中屡有斩获，数次挫败了北周咄咄逼人的攻势。尤其是北齐在政治日益昏乱、国势渐颓之际，之所以军事上以一敌二还能暂时不落下风，几乎全凭他和另一位名将段韶苦苦支撑。前一年段韶病逝后，斛律光的地位愈发重要，这一点在高俨事件中已经得到了证明。

然而，在北齐皇权集中化的趋势下，斛律光的功劳越高，地位越重要，越容易引发来自君主的猜忌。尤其是这时斛律光自以国丈之尊，又居左丞相之位，行事稍欠谨慎，也给少主高纬留下了不好的印象。

武平二年，北周派陕州总管宇文纯领兵攻围洛阳以西的门户宜阳。斛律光统步骑五万往救，回师之时，大军未至邺城，少主高纬便降敕命先将士兵放归。斛律光却觉得，士兵们多有勋功，此时未及慰劳便加以遣散，将会损害政府的号召力，因此就一边秘密上表请朝廷派使者宣慰，一边继续进军，直到进至邺城郊外的紫陌，才扎下营盘待使者前来。这一举动在高纬看来，大有引兵犯阙以逼使自己就范的嫌疑，心下十分厌恶。但畏于斛律光的威势，一时又不好发作，只得急忙派使者宣劳，并召斛律光入见加以封赏。从此以后，功高震主的斛律光就成了笼罩在少主高纬心头的一道阴影，长久挥之不去，哪怕后来斛律光助他平定了高俨政变，也没能改变他的想法，反倒是加剧了他的疑惧。因为在高纬看来，斛律光既然能仅凭三言两语便平息高俨的叛乱，自然也就有充足的能力将自己赶下台，现在虽然他表面上忠于自己，可谁又能保证他将来不生异心？

与此同时，斛律光与祖珽、穆提婆等佞臣的关系恶化，也加深了他与少主之间的裂痕。

据说斛律光上朝之后，常在朝堂垂帘而坐。祖珽因为眼盲，曾经乘马在其坐前经过而未加施礼。斛律光大怒，对人道："此人竟敢这样放肆！"后来祖珽在内省当值，言声高慢，斛律光恰巧经过听见，又发了一顿脾气。他还发牢骚说，以前赵彦深执掌尚书省时，兵马之事经常跟我们商量，而自从这个瞎子当政，有事全瞒着我们，这样下去迟早要坏事！凡此种种，祖珽也有耳闻，为了探知斛律光仇视自己的原因，他还特意收买了他身边的奴仆加以询问。结果那奴仆说，自从祖珽用事以来，斛律光时常在夜里抱膝长叹，说什么"盲人入，国必破矣"之类的话。看样子，由于政治立场不同，斛律光对祖珽积怨很深，而且殊难化解。

而对于陆令萱和其子穆提婆，斛律光也并无好感。穆提婆曾想求娶斛律光的庶女为妻，被他拒绝；高纬赐给穆提婆晋阳附近的一片田地，斛律光又谏阻说，这田是神武皇帝以来便蓄养战马的地方，赐给私人于国防不利。由此穆提婆和祖珽一样，对斛律光怨怼在心。

齐主高纬及其身边的幸臣对斛律光不满的情况亦被北周勋州刺史韦孝宽侦知。近年来，韦孝宽与斛律光数度交手，基本上没占到什么便宜，尤其是汾北之地被斛律光连筑十三城，蚕食了不少土地。再加上他手下有个擅长卜筮的参军曲岩推断，不久后齐朝将会发生自相杀戮之事，韦孝宽遂决定利用这一机会实施离间之计。他编造了一首童谣，其辞为："百升飞上天，明月照长安。"又曰："高山不推自崩，槲木不扶自举。"然后叫间谍秘密散布于邺都。没过多久，邺城街巷间的小孩就唱起了这首歌谣。

古代十升为一斗，十斗为一斛，所谓"百升"即指斛律而言；而斛律光字明月。"百升飞上天，明月照长安"这话，意思是斛律光将会吞并长安，然后自己称帝建国。"高山不推自崩，槲木不扶自举"，自然是说高氏政权将会解体，斛律氏将会取而代之。

当这首歌谣传入祖珽的耳朵，他很快意识到可以善加利用，而且为了激怒陆令萱，他还在后面续了一句"盲眼老公背受大斧，饶舌老母不得语"，然后叫穆提婆将此事透露给其母得知。陆令萱这个"饶舌老母"一听，当然火冒三丈，就与祖珽合谋，将此童谣誊录下来呈奏给少主高纬，还附会说："斛律家累世大将，哥哥明月声震关西，弟弟丰乐（斛律羡字）威行突厥。女为皇后，男尚公主。以此看来，这谣言实在不可不畏啊！"

高纬被说动了。然而斛律光毕竟是勋贵领袖，兄弟二人又手握重兵，此事如果处理不好，很可能会激起新的变乱，而且他的另一名心腹韩长鸾对此也并不赞成，一时间高纬颇费踌躇。

祖珽见状，私下请见。当时除君臣二人之外，唯有少主宠幸的胡人弄臣何洪珍在旁。高纬对祖珽道："前得公启，即欲施行，只是长鸾以为无此理。"祖珽未及回答，何洪珍抢先进言说："若本无此意，也就罢了；既有此意又不施行，万一泄露，如之奈何？"高纬深以为然。

祖珽据此认为，除掉斛律光之势现在已成，所欠者唯有导火索而已。对此他暗中进行了布置。不久后，斛律光属下的一个名叫封士让的府佐密启高纬，告发斛律光前次从宜阳回师后，"令军逼帝京，将为不轨，不果而止"，还说他在家中私藏武器甲胄，豢养数千僮奴，又时常与其弟斛律羡（时任幽州刺史）、其子斛律武都（时任兖州刺史）密信往来，似有重大阴谋，"若不早图，恐事不可测"！同时，斛律武都有一个姬妾的哥哥也告斛律光谋为不轨。善观天象的曹魏祖亦上奏：“上将星盛，不诛，恐有灾祸。”所有这些终于促使高纬下定了决心。

他对何洪珍道：“我早就怀疑此人欲反，现在果然如此！”并立刻命他召祖珽前来。祖珽出主意说，为了麻痹斛律光，可以先派人赐给他骏马一匹，交待说明日将游东山，请他乘此马与陛下同行，斛律光必定会入宫拜谢，到时便可将其擒获。

高纬依言而行。

七月二十八日，斛律光果然入谢请见。高纬命人将他带至凉风堂，刚一站定，刘桃枝便从后猛扑，想要将他推翻在地，但斛律光身强力壮，这一扑竟没能将其扑倒。他大怒转身，瞋目喝道：“这种事刘桃枝干得多了！我斛律光不负国家，不知因何获罪！”然而并没有人向他解释。刘桃枝率领三名力士一齐上前，奋力用弓弦勒住了斛律光的咽喉，终于将其制服，然后杀死了他。传说斛律光的血流到了地上，事后怎么铲也铲不掉。

与此同时，高纬还下诏处死斛律光诸子，抄没其家产，并派人乘驿至州，去执杀斛律羡和斛律武都。临刑前，斛律羡叹道：“富贵如此，女为皇后，公主满家，常使三百兵，何得不败！”而从斛律光家里最终只搜出弓十五张、宴射用箭一百支、贝刀七口、御赐矟两杆而已，找不到任何他意图谋反的证据。

《北齐书》的作者李百药评论此事，认为少主高纬此举同战国时赵王迁诛杀大将李牧一样，无异于自毁长城，从而直接导致了数年后北齐的倾覆。

史籍还记载说，周武帝宇文邕得知了斛律光被杀的消息，喜不自胜，甚至为之大赦天下。后来周师攻入邺城，周武帝还指着处死斛律光的诏书感叹：“此人若在，朕岂能至此！”

43 最后的党争

斛律光被杀后，她的女儿、皇后斛律氏的处境立刻变得不妙起来。

本来当初高湛为高纬娶斛律氏为妻，就是想凭借其出身结勋贵之援。也正是碍于她的身份和背景，两年前穆黄花为少主高纬诞下一子高恒之后，陆令萱怕引发她的妒恨，就劝说高纬将高恒交给了斛律后来抚养，并立为皇太子。现在斛律家既已垮台，只生了一个女儿的斛律后自然成了无本之木，很快成了众人攻讦的目标。

八月二十一日，距斛律光被杀还不到一个月，高纬便下诏将斛律后废为庶人，命其出家为尼。

这空缺出来的皇后之位，随即引起了陆令萱和胡太后的争夺。

论权势和影响力，此时已经幽居北宫的胡太后自然无法与“女相”陆令萱相比。可胡太后在幽居的日子里亦并非无所作为，她痛定思痛，打定主意要用美女来赢回儿子的心。她觉得胡长仁的女儿，也就是自己的侄女很有潜质，就盛加装饰，将其引见给少主高纬。高纬果然十分中意，再加上这时他对穆黄花已经开始厌倦，胡氏很快大受宠幸，先封弘德夫人，不久又进至左昭仪，在宫中的地位反而后来居上，超过了穆黄花。手里握有这张王牌，胡太后自觉可以与姓陆的老妪争上一争。因此在斛律后被废后，两人一个举荐胡昭仪，一个力挺穆黄花，都希望皇后之位落到自己人的头上。

后宫里正在拔河僵持不下之时，祖珽突然跳了出来，请立胡昭仪为后，这就使胡太后一方开始占据了优势。而祖珽冒着激怒陆令萱的风险支持胡太后，则显示出他并不甘心一直受“饶舌老母”的驱使，已经开始想要独揽大权。这种情况下，陆令萱如果再不顾皇帝对胡昭仪的宠爱而坚持己见，就未免显得不够明智了，再加上胡太后还卑辞厚礼，向自己这位“好姐妹”求情，陆令萱遂决定暂时以退为进，先让上一步，终于对胡昭仪表示了认可。于是，胡昭仪便取代斛律氏成为新一任皇后。

自以为得计的胡太后大概没有想到，这皇后的位子，自己的侄女竟只坐了两个多月。

陆令萱表面上知趣退让，暗地里却岂肯善罢甘休？她一边持续不断地向高纬施加压力，道：“这天下哪里有儿子是皇太子，自己却身为婢妾的道理！”一边找来些旁门左道之士开始对胡皇后密行厌蛊之术。八成是术士道行高深，“旬朔之间，胡后遂精神恍惚，言笑无恒”，从一个温婉娇媚的佳人，变成了个痴痴呆呆的疯女人！高纬见她性情大变，又是害怕，又是嫌恶，对她的宠爱之心也就很快烟消云散。

这时，陆令萱再用心将穆黄花重新包装，让她穿上皇后的华服，坐在装满了珍玩美器的宝帐中，对高纬说：“有一圣女出，特请陛下来看。”趁高纬被眼前的场景弄得目眩神迷之时，陆令萱又道：“这样的人做不成皇后，还有什么人做得？”高纬也就点了头。

十月，高纬立穆黄花为右皇后，而以胡氏为左皇后。

陆令萱并不满足。她抓住胡太后不守妇道的痛处，开始挑拨她跟亲侄女之间的关系。据史籍记载，有一天，陆令萱陪胡太后闲聊，忽然摇头叹息，作色言道：“她算什么亲侄女，竟然会如此说话！”胡太后心下诧异，就问这话是什么意思。陆令萱装作不好讲，胡太后再三追问，她才说道：“有一次老婢听见左皇后对皇帝说，太后行事多不检点，不足为天下妇人效法。”胡太后当即大怒，唤胡皇后出来，剃了她的头发，把她送回了娘家。

胡太后如此头脑简单，倒省了陆令萱许多功夫。十二月初四，高纬废胡后为庶人；次年二月，出身贱婢的穆黄花终于被拜为唯一的皇后。

陆令萱既是皇帝的乳母，又是皇后的养母，由此得封太姬之号，视第一品，位在长公主之上，虽无太后之名，却已然有了太后之实。

而随着胡后被废，受到打击的除了胡太后，还有背叛了陆令萱的祖珽。

祖珽这个“盲眼老公”虽然品行不佳，但相比之前尸位素餐、唯以财货为事的和士开之流，至少确实具备处理实际政务的才干，而且也有自己的政治抱负。因此尽管他是靠着巴结陆令萱才爬到了领袖群官的高位，但随着聚集在他门下的人物越来越多，羽翼渐丰的祖珽开始谋求摆脱陆令萱的控制独立执政。前面提及他支持立胡昭仪为后，便可视作他与陆令萱分道扬镳的标志性事件。在那之后，祖珽一边奏请以胡后的两个哥哥胡君璧、胡君瑜分别担任御史中丞和中领军这两个要职，摆明了要联结后党以为奥援；一边利用行政权力“欲黜诸阉竖及群小辈，为致治之方”，试图减少皇帝身边一众佞臣对朝政的干预。结果这两项措施都受到了陆令萱、穆提婆母子的强烈抵制。胡君璧、胡君瑜再度被排挤出中枢，随后，胡皇后也被废为庶人。而“诸阉竖及群小”也在陆太姬的指使下开始在皇帝耳边对祖珽大进谗言。

祖珽还怂恿御史中丞丽伯律弹劾主书王子冲纳贿，想利用此案牵连出穆提婆和陆令萱，然而在陆令萱的干涉下，此事也没能成功。

眼见自己对政敌的攻击毫无效果，反而被对方抓住破绽连连还击，祖珽一时间相当狼狈，不由深悔失策。

这一天，少主高纬就近来祖珽屡受非议一事征求陆令萱的意见。一开始她三缄其口，似乎颇有顾虑，直到高纬逼问不休，她才下床拜倒，面色沉肃地说道：“老婢该死！当初老婢总是听和士开说，祖孝征（祖珽字）这个人多才博学，心想他必是可用之人，故此才将他举荐给陛下。以日前所见，想不到他竟是个大奸大恶之人！这实在是老婢的罪过，老婢该死！”

听陆令萱将问题说得如此严重，高纬不由得不重视起来，于是他便命近侍韩长鸾审理祖珽的案子。韩长鸾是祖珽的政敌，两人向来不和，得了这个整治对手的机会，他当然不肯轻易放过，很快便查出了祖珽伪造敕令骗取赏赐等十几条罪名。若是依律治罪，就应该将祖珽问斩，但高纬考虑到自己当初曾对祖珽有过免死的许诺，就只是罢免了他侍中、仆射的官位，将其外放北徐州了事。

祖珽这一倒台，曾经被他罗致门下的许多汉人官僚也跟着倒了霉。武平四年（公元573年）十月，也就是祖珽被贬黜五个月之后，韩长鸾以“疑似有反心”为借口，怂恿高纬一口气杀掉了崔季舒、张雕等“汉儿文官”六七人，其家产全部充公，而这些人绝大多数都曾是祖珽的党羽。

经过这一番清洗，北齐朝廷里就只剩下了韩长鸾、穆提婆和高阿那肱这三个“恩幸”秉政，号称“三贵”。“三贵”之中，穆提婆是陆令萱的亲儿子，高阿那肱是她的干儿子，韩长鸾出身东宫侍卫，得宠之后也属于亲陆派，由此看来，太姬陆令萱一党稳稳把持着内外大权，成了少主高纬时代党争的最后胜利者。

此后尽管仍有个人零星地表达对朝廷的不满，但不论是宗室也好，勋贵也罢，再也没有哪一派势力能有足够的能量试图挑战陆令萱一党的权威。

自从太上皇帝高湛去世之后，朝中第一次迎来了和谐稳定、彼此相安无事的太平局面。

讽刺的是，这时距离北齐亡国只有不到四年。

44 周武帝亲政

天和七年（公元572年）三月的一天，北周大冢宰宇文护同往常一样，在同州居住过一段时间后按惯例返回京师长安。

从同州至长安不过二百五十里地，沿着渭水边的宽敞驿道，东西往来都很方便。由于当年宇文泰将丞相府设在了该处，自从他代替叔父执政的这十七年来，宇文护已经在这两地之间奔波过不知多少回了。国家名义上的统治者皇帝居住在秦汉旧京长安，实际上的统治者则居住在东境重镇同州，这种二元格局虽然表面上稍显繁琐，其实却自有其功用。起码对权臣宇文护来说，这种布置可以使他在遥控朝政的同时，心理上还能获得足够的安全感。而如同处理婆媳关系最好的方法就是分开居住一样，在总是难免产生冲突的皇帝和权臣之间保持一定的距离，减少日常彼此见面接触的次数，留出足够的缓冲空间，也有利于维持目前这种并不算稳固却又不得不如此的统治格局。

因此，对于频繁往来于同州、长安之间的小小奔波，宇文护并没有什么可抱怨的，甚至他还对这种现状感到满足：今上宇文邕在位已经十三年了，这十三年来，他似乎早就习惯了充当自己手中的提线木偶角色，自己叫他往东便往东，叫他往西便往西，既无怨言，又无戚色；平常除了出席一些礼仪性的活动之外，无非就是和一些文人道士写写诗赋、聊聊养生，对于国家大事并无主见，既没有结党自固的行动，也不见有反抗收权的意图。近年自己主持对齐国的两次征伐均告失败，宇文邕也没有利用这一点大做文章。自己的老母从齐国归来后，他也给予了足够隆重的礼遇，每逢四时伏腊，都亲率诸亲戚行家人之礼，称觞上寿，荣贵之极……

总之，所有这一切都让宇文护感到，宇文邕是个极为听话的乖宝宝。这种情况下，自觉完全掌控局面的他并没有急于篡权夺位的紧迫感，他甚至觉得，眼前这种兄弟和衷共济的情形最有利于宇文家族的整体利益。尽管宇文护曾经杀死了宇文觉、宇文毓这两个堂弟，但他一定觉得，自己才是宇文氏顺利建周代魏、国势蒸蒸日上的最大功臣，哪怕百年之后再见叔父宇文泰于地下，他也能理直气壮、无愧于心。

带着这样的心境，宇文护于十四日回到了长安。

像往常一样，周武帝宇文邕在文安殿亲切地接见了他，然后亲自引领他步入后宫含仁殿，去拜谒自己的生母、皇太后叱奴氏。平时两人在禁中见面，都是以兄弟之间的礼节相处，而宇文护拜见太后时，太后必会赐给他座位，宇文邕就在一旁侍立。这次入殿之前，宇文邕忽然将宇文护叫到一旁，以拜托的语气说道："太后年纪大了，却仍嗜好饮酒，喜怒之间，常常会乱发脾气。近来我虽然犯颜屡谏，她却仍然不肯听。今日兄长既然朝拜，还请代我多劝劝她才是。"说着便从怀里掏出一篇文章，乃是《尚书》中的《酒诰》，交给宇文护说，"可以用此文劝谏太后。"

酗酒伤身，对上了年纪的老人来说尤其如此。宇文邕此举显然出自拳拳孝心，宇文护没理由加以拒绝。于是他接过文章，迈步入殿，先见过礼，与叱奴太后寒暄了两句，然后就像宇文邕交待的那样，一字一句地读起了《酒诰》，以此委婉地劝老太后对杯中之物稍加节制。

《酒诰》一文，相传是西周初年周公所作，内容是劝国人不可溺于饮酒，以免像殷纣那样丧德亡国。由于是上古汉语，读起来不免诘屈聱牙，宇文护即便受过儒家教育，要想一口气诵读下来也并不容易。正当他全神贯注于眼前的文章之时，忽觉耳后生风，接着后脑便遭遇了猛烈一击，眼前一黑，便什么都不知道了。

原来，站在宇文护身后不远的宇文邕趁他读文章的时候，挥动手中的玉珽击倒了他！玉珽是天子所持的笏板，也叫大圭，一般一尺多长，扁平形状，攻击效果类似板砖。这猛力一击蕴含了宇文邕隐忍了十三年的愤怒和恨意，宇文护就算脑袋没被开瓢，也已经被击晕了过去。

实际上，虽然宇文邕早就有除掉宇文护的决心，但鉴于之前孝闵帝和明帝二人最终失败的教训，他一直极力隐藏自己的真实想法，严格控制知情人的范围。因此，尽管宗室宇文神举、宇文孝伯等人曾经就诛除宇文护一事与他有过密谋，自己的亲弟弟、卫王宇文直由于觊觎宇文护的执政地位也极力主张将他杀掉，但今日利用宇文护谒见太后的机会行刺的计划，事先除了宇文邕自己和宇文直之外，其余宇文神举等人一概不知。

此刻见宇文护被击晕在地，宇文邕忙命一旁侍立的宦官何泉用御刀将他杀死，可何泉已经被眼前这突如其来的变故吓得魂飞魄散，哆哆嗦嗦地刀都拿不稳，哪里还敢动手杀人？倒是事先藏在门后的宇文直跃身而出，一把夺过御刀，砍断了宇文护的咽喉。

一代权臣，先后废杀过三任皇帝的宇文护就这样丢了性命，时年六十岁。

随后，宇文邕召来禁军首领长孙览等人，告知宇文护被诛的消息，命他们将京城里的宇文护诸子和其心腹党羽尽数擒斩，身在蒲州的宇文护世子宇文训则被召至同州赐死，出使突厥未还的另一子宇文深也被使者赍（音jī）玺书执杀。其余亲宇文护的文武官员罢官的罢官，贬黜的贬黜，不出数日，整个北周政坛便焕然一新。

既而周武帝大赦天下，改元建德，宣布与之前碌碌无为的形象彻底划清界限。十三年来，他第一次摆脱了束缚，获得了大展拳脚、施展自己治国方略的机会。

在接下来的数年里，大臣们惊讶地发现，年富力强的皇帝不再如往日一般优游于文事，而是以过人的精力和热情投入到了种种实际政务当中。他废除了都督中外诸军府，“改军士为侍官”，在使府兵直属于皇帝的同时进一步扩大其兵源；他力主节俭，减免税收，劝农赈灾，使因两次东伐失败而受损的国力得到恢复和积蓄；为了富国强军，他甚至效法北魏太武帝禁断佛、道二教，勒令境内的和尚道士一律还俗；在继续结好突厥的同时，他还修复了因湘州刺史华皎叛陈降周而受损的两国关系，并采纳韦孝宽的建议主动派杜杲出使建康，谋求与陈朝合纵伐齐。

周武帝的雄心昭然若揭。

此前，他已经在无奈的伪装和沉默的观望中白白浪费了十三年，如今眼见敌国北齐主昏政乱、江河日下，他再也不愿等待下去了！

45 | 合纵伐齐

建康这边，陈文帝陈蒨在位八年，期间先后削平了豫章的熊昙朗、东阳的留异、临川的周迪和闽州（今福建福州）的陈宝应这些割据一方的小军阀，使江南重获统一。他四十七岁去世时，由于太子陈伯宗至多只有十五岁[1]，兼而生性柔弱，所以陈蒨临死前只好任命弟弟安成王陈顼与尚书仆射到仲举、中书舍人刘师知等同受遗诏辅政。

安成王陈顼比哥哥小十岁，据说他姿容俊伟，“有勇力，善骑射”，当年陈霸先曾派他入侍梁元帝，为直阁将军。后来江陵失陷，他就和陈霸先的儿子陈昌一起被迁往了长安。直到陈昌在归国途中溺死江心，陈文帝皇位稳固之后，才与北周接洽，请求放陈顼还南。经过协商，陈文帝用鲁山城为代价，换得北周允许陈顼南归。天嘉三年（公元562年）陈顼回国，随即被授以侍中、中书监之职，之后一路升迁，至陈文帝去世前已官居司空、尚书令、扬州刺史，辅政之后又录尚书、加都督中外诸军事，是毋庸置疑的宗室领袖兼外朝群官之首。

读过本书前面章节的读者都不难明白，这种主弱臣强的格局势必不能持久。九个月之后，陈顼便联合领军将军吴明彻和太皇太后章氏（陈霸先之妻），将刘师知、到仲举先后下狱赐死，独自掌握了朝权。第二年年底，陈顼又废少主陈伯宗为临海王，自己登上了帝位，是为陈宣帝。

---

① 陈伯宗之生年，《陈书》《南史》皆云在梁承圣三年（公元554年），卒年则在太建二年（公元570年），若如此，则其卒时年龄为十七岁，与两书所云“时年十九”不合，两者必有一误。

当北周的使者杜杲再次来到建康，提议周陈两国联合伐齐之时，已经是陈宣帝在位的第四个年头。当年他客居长安之时，周人待他还算不错，而自从北齐趁侯景之乱夺取了江北领土之后，建康的安全屡受威胁，陈宣帝也感到确实有收复江北的必要，因此他认为可以与北周合作。

不过，考虑到当初是用了一座城池才换得自己归国，眼下陈宣帝也不想白白答应北周的请求。他对杜杲说："若欲合纵图齐，宜以樊、邓见与。"意思是叫北周割让汉南襄樊、邓县一带的土地作为陈朝出兵的条件。

杜杲答道："合纵图齐，难道只有敝国能从中得利不成？若贵国坚持要以城池为报偿，那也应该等到从齐国攻取之后。先索汉南，使臣不敢闻命。"

陈宣帝见杜杲态度坚决，倒也没有强求，毕竟联合伐齐目前的确符合两国的共同利益。

其实两年前周、陈两国因为华皎降周而在荆州一带缠斗时，陈宣帝曾经派使者出使北齐，提出过与齐国联手共伐北周的计划，然而恩幸当政的北齐朝廷却否决了这一提议。

国际政治就是如此：既然你不把我当朋友，那我就只好把你当敌人。

于是在太建五年（公元573年）前后，经过数次沟通，陈宣帝与周武帝达成了共同伐齐的默契。当年三月，陈宣帝遂以吴明彻为主帅，以裴忌为副，统兵十万渡江北伐。

前文提过，在北齐的军事部署里，河北和并州是重中之重，河南次之，至于淮南江北一带，则一直是不太受重视的战略缓冲区，向来由当地豪族武装负责防守。吴明彻出兵不久，即攻克了历阳、瓜步这两个江北据点，并进而围困秦州（今安徽六合）。

当时，斛律光已死，北齐朝中祖珽与陆令萱两派正在彼此争斗，对于边地的战事都不够关心。最后少主高纬只决定派领军将军尉破胡和长孙洪略统数千人前往救援，同时命当年被侯瑱击败后投奔了北齐的王琳与二将共同经略。

对于这一安排，再度入朝任司徒的老臣赵彦深觉得很不放心。他私下问秘书监源文宗道："如今吴贼嚣张，连陷二城。老弟你往年在泾州做过刺史，对江淮间事必定十分了解。这种局面，不知该如何应对？"

源文宗分析道："我国家对待淮南，不过视如蒿矢。今朝廷之精兵尽在河北，必不肯多交付诸将驰援。数千以下，不足与南兵争锋，只会徒劳地成为敌人的诱饵。尉破胡的人品您是知道的，到时他进退不得，败绩只在朝夕之间而已！以文宗所见，应该将此事专委王琳，命他在淮南当地招募三四万人，彼此气类相近、风俗相通，这才能得其死力。同时再使旧将于淮北屯守，以为呼应。王琳之于陈顼，必不肯北面事之，窃以为最佳的策略，便是信任王琳，令其独当一面。另遣他人掣肘，反而会引发祸患，实在不可如此。"

听了这一番话，赵彦深叹道："老弟如此良图，足为制胜千里。但我费尽口舌争了十日，陛下却不见从。时事至此，实在一言难尽！"说完两人相顾无语，唯有哽咽叹息。

源文宗的分析没错。这次出征之前，王琳就有不妙的预感。他对亲信说，今年太岁在东南，岁星居牛斗，太白已高，皆利为客，看来我方很可能将会丧师折将。到前线后，王琳屡次告诫尉破胡说："吴兵甚锐，宜以长策制之，慎勿轻斗。"但尉破胡并未听从，而是直趋泾州（今安徽天长西），在石梁以南遇上了吴明彻的部队。

《陈书》声称，当时尉破胡统领的援军有十万之众，但我们从源文宗的话中可以得知，这一数字显然极度夸张。《陈书》还说，尉破胡的前锋部队里有一些冠以"苍头""犀角""大力"之号的特种兵，人人身长八尺，膂力绝伦。其中还有一个西域胡人，"妙于弓矢，弦无虚发"，陈军士兵们都相当害怕。临战之前，吴明彻故意激励勇将萧摩诃说："你要能杀了这个胡人，那就跟关羽斩了颜良一样，一定能重重挫伤敌人的士气！"萧摩诃当即拍胸脯说："行，你指给我看，我一定把他的脑袋拿下！”吴明彻就找来认识那个胡人的齐军降卒，让他描述此人相貌，叫侦察兵注意觇看。

双方战阵始交，侦察兵立刻找出了那个胡人。吴明彻便亲自为萧摩诃斟酒，祝他马到成功。萧摩诃一饮而尽，跨马直冲敌阵。但见那胡人身穿绛衣，手持一张两端骨弭的桦皮弓，直出阵前十余步，拉弓便要射击。萧摩诃却早有准备，掏出暗器——一柄铁制的小凿子，用力掷了过去，正好击中此人额头，当即应声倒地。齐军又派出“大力”十余人出战，也为萧摩诃所斩，于是军心大乱，终于败退。尉破胡和王琳单马脱逃，长孙洪略阵亡。陈军乘胜连下秦、泾、和、合四州，兵锋推进至淮河沿岸，并于六月进围寿阳。

石梁战败后，高纬这才准许王琳招募当地乡兵，赴寿阳继续抵抗。可惜为时已晚，寿阳不久便为吴明彻所围。高纬虽然又派了领军大将军皮景和统十万大军赴援，但皮景和却怯懦不进，顿兵淮口数月，朝廷派敕使敦促了好几回，他才磨磨蹭蹭地渡过淮河，进至寿阳三十里外便又停住了脚步。

自七月至十月，寿阳守军在王琳、扬州道行台尚书卢潜、刺史王贵显的指挥下进行了顽强抵抗。然而随着淮南诸州郡相继降陈，皮景和又逡巡观望，寿阳的局势愈发艰难起来。特别是在外城失陷后，吴明彻堰淝水灌城，城中守军大多患上了浮肿和疫病，非战斗减员高达十分之六七。十月十三日，寿阳终于被陈军攻克，包括王琳在内的守军一万余人尽皆被俘。由于王琳在江南很有威望，甚至吴明彻的部队里都有不少人做过他的属下，吴明彻担心会引发变乱，遂将其在送往建康的路上斩首。

46 无愁天子

寿阳的失陷不但导致淮南尽入敌手，甚至使淮北的徐、兖诸州也尽皆暴露在了陈军的进攻之下，一时间邺城朝廷大受震动。

少主高纬再昏庸，也不能对此无动于衷。他连忙召集百官，共议捍御之策。

领军将军封辅相请派出大军收复失地。武卫将军王纮却反对说：“近来官军频经失利，人情骚动，若复兴兵极武，出顿江淮，只恐北狄西寇会乘我之弊，倾国而来，如此则大势去矣！依微臣之见，莫若薄赋省徭，息民养士，使朝廷协睦，遐迩归心，征之以仁义，鼓之以道德，到时天下皆当肃清，岂直伪陈而已！”

王纮这话虽然说得漂亮，其实就是主张不要出兵，淮南丢了也就丢了。因为相比南境，北边的突厥和西边的北周才是心腹大患，倘若调重兵南下，这两家一定会趁机大举进攻，到时就会有亡国的危险。

而王纮的意见在朝廷里颇具代表性。“三贵”之中主要负责军方事务的高阿那肱听了，转身对群臣道：“赞同王武卫者南席。”结果绝大多数人都选择坐到了南边。

高纬见状，也就打消了派兵南下的计划。不过这国家总归是他高家的天下，自家的大片土地就这样被人夺了去，高纬的心里多少还是不太舒服。

穆提婆、韩长鸾见皇上近几日总是闷闷不乐，就变着法儿地哄他开心，还宽慰他说：“淮南本就是他们的东西，就让他们拿去好了！”“假使国家尽失黄河以南，犹可作一龟兹国。更可怜人生如寄，唯当行乐，何用愁为！”其余左右幸臣也连连附和。听了这些“心灵鸡汤”，本就胸无大志的高纬似乎也想开了，不久便重新高兴起来，再度投入到了整日游宴酣醉、歌舞嬉乐的生活中。

其实，相比同时代的许多昏暴之君，高纬的本质并不算太坏。史籍说他是“以中庸之姿，怀易染之性”，因为从小生长于大富大贵之家，又是被奶妈宦官伺候着长大，再加上其父母本身就品行堪忧，没有对他施加正确的教育和引导，致使他养成了柔弱内向、自私任性、喜好享乐的性格。即位之后，高纬以为帝王之位对自己来说理所当然，身边的佞幸之徒又一味引诱他纵欲享乐，他便愈发挥霍放纵起来。与此相应，他觉得外朝的大臣们是一群既陌生又无趣的糟老头，与他们讨论那些琐碎无聊的政务，远不如待在自己的舒适区里，同自小便朝夕相处的奶妈宦官们享受生活来得愉悦。

高纬喜欢各种戏乐，尤其喜欢胡曲，传说他曾经创作了一首“无愁之曲”，时常亲自弹奏胡琵琶演唱，而命数百人齐声相和。民间因此都称他为“无愁天子”。

他喜欢斗鸡走马，豢养鹰犬等各种宠物。他用上好的毡罽（音jì）装饰马厩，用上好的肉食饲养鹰犬。御马发情交配之时，他就兴致勃勃地在旁边设庐摆酒，一边吃喝一边观看。

他像小孩子一样喜欢在过家家和打仗的游戏里体验别样的“模拟人生”。皇宫北面的华林园里，有他下令建造的一个“贫穷村舍”，他有时穿着破衣烂衫，扮成一个叫花子在里面乞食，有时又扮成小贩，去和村民做买卖。他还曾经命人穿上黑衣装作“羌兵”来攻，自己率领宦官侍从弯弓拒战。

他也喜欢美丽的女人，然而他却并不像自己的父伯那样嗜好变态的性爱和乱伦。他在迷恋穆皇后和胡昭仪的时候，曾经不惜代价为她们营造珍珠裙、七宝车和豪华壮丽的宫殿寺院。当然，在她们年老色衰之后，他也很快移情别恋，现在他最宠爱的嫔妃名叫冯小怜。此女本是穆黄花的侍婢，穆后自知爱衰，特意选在五月五日高纬生辰这一天将她进献，称之为“续命”。冯小怜聪明伶俐，精于琵琶和歌舞，很快博得了高纬的宠爱，被封为淑妃。两人坐则同席，出则并马，还立下誓言，愿生死相依。

高纬还有残忍和冷酷的一面。与他同为端午所生的南阳王高绰多行暴虐之事，最爱豢养波斯狗以食人。高纬曾问他何事最乐，他回答说将蝎子和蛆虫混在一起，看他们咬人最有意思。高纬就命人连夜去捉蝎子，到早上捉得两三升，然后放到浴缸里，使人裸卧其中，号叫宛转。他和高绰在旁观看，兴奋不已，还说这么有趣的事情，怎么不早点告诉我。据说他还曾剥下人的面皮，供自己观察研究。

不过，《北史》的作者在论及高纬之时，认为他最大的过失倒不是以上几点，而是大肆重用以陆令萱、和士开、韩长鸾为代表的恩幸奸佞，直接导致了整个官场的断崖式腐败和国家机器的近乎失灵。“官由财进，狱以贿成”。“诸官奴婢、阉人、商人、胡户、杂户、歌舞人、见鬼人滥得富贵者，将以万数；庶姓封王者百数，不复可纪；开府千余，仪同无数”。甚至皇帝养的马和鹰犬也有仪同、郡君之号，斗鸡亦封开府。而对于一些功勋卓著、真正具有才干的名将忠臣，他却毫不留情地加以杀戮，这其中最令人扼腕叹息的当然便是斛律光。

到了陈朝大举北伐这一年，高纬甚至连国中仅存的一位名将、自己的堂兄兰陵王高长恭也容不下去了。

当年在邙山脚下，高长恭与段韶、斛律光并肩作战，大破周军，一战而留下了“兰陵王入阵”的英雄传奇，在将士们的心中树立了至高声望的同时，却也招来了高湛父子的猜忌。据说在邙山大捷、凯旋之后，当时年仅九岁的高纬好奇地问这位堂兄：“入阵太深，你就不怕万一失利，悔无所及吗？”高长恭答道：“当时只念以家事为重，不知不觉间便已如此。”一旁的高湛听了这话，嫌他称国事为“家事”，从此便对他生出了防范之心。那以后不久，高湛便将高长恭调离中央，也尽量不让他统领边兵，而是安置到富庶的河北地区任刺史，其用意就是避免高长恭在朝廷或军队中形成自己的势力。

对于这一点，高长恭自己也心知肚明。所以在任司州牧和青、瀛二州刺史那几年，他装出一副腐败堕落的样子，没少贪赂财货，终于在高湛时代保住了自己的平安。高纬亲政之初，表面上对高长恭颇为器重，将其调回中央先后出任尚书令、中领军，武平二年又尊为太尉，并派他和段韶一起于西境抵御周师。高长恭和段韶密切配合，遂于汾北取得大捷。段韶病重之后，他又总统西境诸军，在军中的威望也越来越高。这一时期，为了怕少主猜忌，高长恭故技重施，又扮演起了贪财好货的庸鄙角色。

他的部下尉相愿看不下去，问他说："王既受朝廷重托，何以如此贪残？"

高长恭沉默不语。

尉相愿却已从他的表情中看出了端倪，又道："难道是自从邙山大捷以来，您担忧以威武见忌，故而欲以此自秽么？"

高长恭这才点了点头。

尉相愿叹了口气，道："朝廷若是猜忌大王，同样会治以贪污之罪，恐怕大王求福不成，反得速祸啊！"

听了这话，高长恭半晌无语，怔怔地落下泪来。他膝行前席，问尉相愿自己如何才能安身。

尉相愿道："大王您前有邙山之功，今又有定阳（南汾州治所，今山西吉县）之勋，威声实在太盛。为今之计，只有称疾不出，勿预时事。"高长恭深以为然，后来他但凡有病，便不加医治。怎奈年轻身体好，总是不药而愈。

武平四年，陈宣帝大举北伐，淮南州郡相继失陷。由于此时段韶、斛律光皆已故去，北齐国中良将难寻，于是朝廷里不免又响起了重用兰陵王的呼声。谁也没有想到，这一来反倒激起了少主高纬的杀意。除了高长恭威名太盛，与晋阳军方关系密切之外，当初琅琊王高俨发动政变之时，高长恭的亲兄弟高孝珩、高延宗都支持高俨，也让高纬对伯父高澄诸子一直怀恨在心。此外，这时天空中出现了“荧惑犯右执法”的天象，占曰“大将死”，也促使高纬下了决心。

五月，就在尉破胡大败于石梁南，秦、泾诸州失陷前后，高纬派使者携毒药来将兰陵王赐死。临死前，高长恭对妻子郑氏道：“我一生尽忠事上，不负天地，何以却遭此鸩毒？”

郑氏泣道：“何不求见天颜？”

“天颜……”高长恭摇了摇头。此刻那“无愁天子”恐怕又是在一众佞臣的簇拥之下，正同冯淑妃纵酒取乐吧！

“天颜又何由可见！”他愤愤说道。

终于饮药而卒。

47 平阳之战

虽然周武帝宇文邕定下了与陈朝合纵伐齐的大战略，但当陈军大举攻略淮南之时，他却并没有急于出兵。相反，他频繁地派使者与齐国交聘往来，一来意在麻痹对手，掩饰本方的真实意图，二来也乘此窥探北齐的动向和虚实。

直到两年后，淮河南北的大片土地已经尽被陈朝占据，尽管北齐的军队主力并没有被吸引到南方前线，但齐朝君臣面对外敌入侵表现出的迟钝和无能却再一次昭示了这个政权的病入膏肓。于是在建德四年（公元575年），经过周密的筹备和与心腹重臣的反复磋商，周武帝终于在当年七月颁布诏书，决定大举兴兵东伐。

之前，勋州刺史韦孝宽曾向周武帝上平齐三策，根据用兵规模的大小规划了三种不同的方略。从这份诏书和随后的出兵方案看来，周武帝显然是采纳了韦孝宽的第一种方略，即“百道俱进，并趋虏庭”的大举进攻策略。

周武帝的计划是：自己亲统主力六军，总兵力六万，出函谷，直指河阴；同时，派齐王宇文宪统兵两万为前锋，直趋黎阳（今河南滑县北）；由随公杨坚、广宁公薛迥率舟师三万自渭入河，顺流直下；梁公侯莫陈芮领两万人马扼守太行道，申公李穆率众三万出轵关扼守河阳道；另遣常山公于翼统军两万出陈、汝。动用的总兵力为十七万。

正如周武帝在诏书中所言，这次“数道出兵，水陆兼进，北拒太行之路，东扼黎阳之险，若攻拔河阴，兖、豫则弛檄可定”。战略目标首先是夺取北齐在黄河以南的领土。在此基础上，周军可以“养锐享士，以待其至”，争取将北齐的主力吸引到黄河沿线进行决战。

之所以制订这一方案，是因为在陈朝北伐、兵锋越淮直指徐兖的情况下，齐主高纬对河南领土采取了消极防御战略，主动将防线退缩至以河为限，故而攻略河南的难度要比直接攻击晋阳或邺城要低一些。而且拿下河南，也可以阻止陈朝的进一步向北扩张。

不过，并非所有的北周大臣都对这一战略表示认同。内史上士宇文弼、民部中大夫赵煚（音jiǒng）、遂伯下大夫鲍宏都认为，应该以晋阳为攻击目标才是。周武帝并未听从。

实际上，建德四年的这次东征雷声大、雨点小，并未取得预期的效果。因为尽管周军进入齐境后，在八、九月间颇有斩获，但在至关重要的河阳三城以及洛阳金墉城的争夺上都遭遇到了齐军的顽强抵抗。更不巧的是，周武帝统军刚至河阴，便得了重病，症状是“口不能言；脸垂覆目，不复瞻视；一足短缩，又不得行”，颇似今日所说的中风。所以周军不得不于九月九日夜撤军西还，整个战事仅仅进行了一个月。路上精于医术的遂伯中大夫姚僧垣先治口，次治目，最后治足，终于使得周武帝重又恢复了健康。

这场征伐如此虎头蛇尾，周武帝当然不能甘心。

于是到了第二年的初冬，他再次召集群臣道：“朕去岁不巧患有疹疾，遂不得克平东寇。然前入贼境，备见敌情，观彼行师，殆同儿戏。又闻其朝政昏乱，政由群小，百姓嗷然，朝不谋夕。天与不取，恐贻后悔。若复同往年之策，出军河外，直为抚背，未扼其喉。晋州乃是高欢初起之地，镇摄要重，今往攻之，彼必来援，到时我方严军以待，击之必克！然后乘破竹之势，鼓行而东，足以穷其窟穴，混同文轨。”

这次，周武帝放弃了攻略河南的计划，而准备从河东直接攻击汾河谷地上的重镇晋州（即平阳，今山西临汾），从而威胁齐军的大本营晋阳。相比攻击河南，这一战略摆明了是要与北齐硬碰硬，难度虽高，可一旦获胜，其意义将是决定性的。然而其风险同样也不可小视，所以一开始，许多将领都心存顾虑，不太愿意出征。周武帝察知后下令道：“机不可失。有沮吾军者，当以军法裁之！”

十月初四，周武帝再次亲统大军伐齐，并于十八日抵达晋州，屯军汾曲，开始布置诸军，展开对晋州的攻围。他派遣齐王宪、陈王纯等八将分兵扼守雀鼠谷（今山西介休西南）、千里径等关隘，阻断北齐从各方遣军救援的道路，而使内史王谊监六军攻打晋州城。

当年，高欢和高演都曾经想在晋州大修城池，加强周边防务，以作为西讨北周的基地，不过最后都因时局变幻而不了了之。现今把守此地的乃是行台仆射尉相贵、左丞侯子钦和刺史崔景嵩三人。面对周军大举围攻和周武帝每日亲自督战，守军不满万人的晋州城很快陷于危急。他们数次向朝廷告急求援，十天里却迟迟没有任何消息。这种情况下，侯子钦和崔景嵩先后向周军请降。在降将的导引下，周军于二十七日夜间鼓噪登城，擒获尉相贵，随之攻克了晋州。

据《北史·齐后主纪》记载，从本月十一日开始，少主高纬就在晋阳北边一百七十里的天池（今山西宁武西南）游宴会猎，直到十八日才返回晋阳。虽然十九日他便下诏集兵，但又拖延至二十五日才出发南下，因此当四天后齐军抵达战场之时，晋州已经于前一日失陷。

至于高纬为何如此反应迟钝、行事拖沓，史籍将之归咎于两个恩幸：高阿那肱和冯小怜。据说当周武帝统大军攻入晋州境，告急的文书从早至午一连送来了三次，但高阿那肱见少主玩得正高兴，就道：“官家正作乐，边境小小兵马，自是常事，何急奏闻？”根本不予通报。直到夜幕来临，又有使者报说“平阳已陷”，他才奏报高纬得知。第二天高纬就要返回，可冯淑妃还没玩够，又请“更杀一围”，他为了哄美人开心，只好耽误了行程。

若从晋州遭受围攻和最后失陷的日期来考证，再参照上引《后主纪》的记载，可知这两则故事在逻辑上多少存在一些漏洞。不过无论怎样，高纬对前线事态的严重性总归是认识不足。而当十一月初高纬、高阿那肱统领姗姗来迟的十万大军逼近晋州时，周武帝宇文邕却并没有选择与齐军展开正面对抗。

周武帝认为，攻守异势，守城易而攻城难，既然此刻晋州已在我手，齐军又是大兵新集，声势甚盛，不如暂且保存实力，西撤避其锋芒，而留小部分军队镇守晋州与齐军周旋，待敌人顿兵坚城之下，锐气丧尽、师老兵疲之时，再来寻求决战不迟！

尽管大将军宇文忻等人都不赞成这一战法，但周武帝还是坚持己见，以梁士彦为晋州刺史，留精兵一万镇守，又命齐王宇文宪断后，自领大军撤回了本境。

于是高纬便率领齐军围住了平阳城，开始昼夜强攻。前日周军拿下平阳，主要靠的是内应，所以城墙楼堞等城防设施大多完好，即便如此，在齐军十万人的围攻之下，数日后，“楼堞皆尽，所存之城，寻仞而已”。守将梁士彦则慷慨自若，对将士道：“死在今日，吾为尔先！”亲率守军展开了短兵相接的肉搏战。周军士卒感奋之下呼声震天，无不以一当百，竟然击退了齐军的进攻。趁此机会，梁士彦又号召城中军民男女昼夜修城，三天之内便将城池修补完工。而这时周武帝也派宇文宪统兵六万屯守于涑川（今山西闻喜），密切关注着战局的发展，遥为平阳声援。

齐军见平阳城墙重又竣修完毕，遂开始转变思路，谋求以地道之法攻城。这一招数当年高欢就经常使用，虽然颇费功夫，但如果守军疏于防范，效果还是相当显著。梁士彦尽管胆气过人，可守城的经验却不比韦孝宽，齐军将地道掘好之后果然得手，一段城墙轰然倒塌，露出了十余步的缺口。

本来这时齐军就应该发动总攻，争取从缺口攻入城去，但一旁观战的高纬觉得这将是个具有纪念意义的大场面，岂能没有美人陪自己一同观赏？就下诏叫全军暂且不要进攻，等朕将冯淑妃召来再行动不迟。而冯小怜又像今日任何一个不化妆就绝不敢出门的妹子一样，听说要当着全军将士露面，便开始格外用心地用十几道工序雕琢起了自己的曼妙妆容：先用积贮坛中的雪水以及杂有多种高级香料和玉屑珍珠粉的澡豆洁面，次用以沉香、檀香、龙脑、麝香等细细煎就的香泽头油润发，接着在吹弹可破的肌肤上轻匀一层雪白芳香的妆粉，然后在娇艳欲滴的唇上点上少许产自南海的甲煎口脂……当明艳不可方物的冯小怜终于姗姗来迟，出现在皇帝和众人的面前，守军却早已经用一道道木栅塞住了城墙的缺口，再想由此攻入已经是难上加难。

平阳城久久攻不下来，生性活泼的冯小怜又开始觉得无聊起来。她听说当地故老相传，城西不远处的一块石头上有圣人留下的印迹，就央求高纬陪她一起去观看。而到城西需要过桥，原来的旧桥距离城墙太近，高纬怕守军的箭弩射到桥边惊吓到爱妃，就下令抽调攻城的工兵和木料在远处另造新桥。然而可能是因为时间仓促，这新造的桥并不牢靠，当高纬和冯淑妃在全副仪仗的扈从下招摇过桥之时，桥面随即发生损坏，耽误了行程，以至于他们直到深夜才回到营地。

48 逃跑的皇帝

十一月二十二日，周武帝回到长安仅仅四天，便以齐人攻围晋州为由再次命将出师。临行前，他还放走了大批从晋州俘获的降卒，让他们回去报信，一来可以在心理上震慑敌人，二来也能坚定守军的信心。

实际上，前日撤军之时，周军的主力部队并没有全部撤回长安，而是大部分划归齐王宇文宪统领，留在了河东。因此周武帝于二十七日渡过黄河后，很快与诸军会合，再次向平阳开来，总兵力为八万余人。

而这时的齐军已经在平阳城下消耗了将近一月，虽然还不曾伤及元气，但大多数将士已经被久攻不下的战事折腾得既焦躁又疲惫，内心深处很可能还对皇帝和冯淑妃的荒唐胡闹充满了鄙夷和不满。听说周军大部队即将杀到，高纬自己心里也泛起了嘀咕。他问高阿那肱说："我们现在是应该继续作战呢，还是不战为好？"

高阿那肱道："我方人马虽多，但堪战者不过十万，受伤得病的和做饭的伙夫又占了三分之一。当年神武皇帝攻围玉壁，援军一来，便即退军。今日之将士难道还能比神武皇帝时还强么？不如撤围勿战，守高梁桥足矣。"

高阿那肱虽是恩幸，但毕竟是军官出身，对战局的这一判断还是比较准确的。他认定齐军不是周师的对手，因此主张据险自守，不愿与北周发生正面对抗。

然而，一旁的胡将安吐根却相当狂妄，高声说道："贼寇不过就是那么一把子而已，马上刺取就能扔到汾河里，有什么不能打的？"

高纬听了，一时犹豫未决。他身边那些不知天高地厚的阉宦见了，都怂恿他说：“彼亦天子，我亦天子，彼尚能悬军远来，我凭什么就要守堑示弱？”

高纬心想可不是嘛！如果一仗不打，就此撤军，岂不让我在美人面前脸上无光？于是就派宦官谴责高阿那肱道：“你是贪恋富贵，所以才如此爱惜性命吧！”还下令填平堑壕，向南进军。

这条堑壕是之前围困平阳城时，齐军担心遭到北周援军的突然袭击而主动挖掘的，从乔山脚下一直延伸到汾水岸边，构成了一道东西向的屏障。所以当十二月初六日周武帝率大军杀到之后，一时只能隔堑与齐军对阵，横向列营二十余里。营寨扎下之后，周武帝便乘马带着数人往来巡视，每到一处营地就亲呼主将名姓，温语慰劳。将士们都感奋自励，摩拳擦掌，战意盎然。

本来周武帝还发愁有堑壕阻隔，难以向齐军发动进攻，谁知不久后齐军竟开始推土填堑，看样子想主动寻求决战。周武帝心下大喜，便命宇文宪率斥候前去侦察敌情。事后，宇文宪回报说：“敌人很容易对付！臣请先破贼，然后再吃晚饭！”周武帝喜道：“若果真如你所言，朕无忧矣！”有官员劝周武帝提前换乘快马，因为毕竟兵凶战危，身为天子，要尽量避免以身犯险。但周武帝却拒绝了这一好意，以示自己将与三军将士同进退。

到了下午四五点钟前后，隆冬的白日已经开始西垂，在雪泥纷杂的汾河谷地上，填平了堑壕的北齐军终于开始列阵南进。周武帝也指挥诸军前行迎击。

双方战阵始交，北齐军的左军小有不利，稍稍退却，在后方观战的冯淑妃便大惊小怪地叫道：“军败矣！”穆提婆也赶忙劝高纬说：“官家快走，官家快走！”高纬见状也就慌了手脚，带着冯小怜等人便上马北逃，要直奔高梁桥。将军奚长乐劝阻道：“半进半退，是战斗时的常见场景。现在我军兵众全整，未有亏伤，陛下猝然舍此，又要去往何处？须知御马一动，人情骇乱，不可复振。愿陛下速还，以安军心！”武卫将军张常山自后赶至，也说：“我军刚刚重新集结，甚是整顿，围城之兵亦安然不动，陛下此时宜回。若不信臣言，请派内参前往探看。”

高纬觉得二人之言有理，刚想下令返回，穆提婆在旁拉了拉他的胳膊肘，低声说道：“这些话哪里可信？”言下之意，似乎是怀疑二将有不忠之心。高纬心下暗惊，再也不敢耽搁，带着冯淑妃便纵马绝尘而去。

齐军将士见皇帝逃走，顿时军心大乱，面对周军如狼似虎的攻击，很快便全线溃败。死者一万余人，沿路数百里间，军资器械委弃山积。

高纬一行逃至洪洞（今山西洪洞东南），刚停下来歇口气，冯小怜便掏出粉镜，整理鬓发，对镜补妆。可是还没等她捯饬完毕，后方便又传来人喊马嘶之声，众人都道是追兵杀至，只好再次落荒而逃。直到初九日逃回到晋阳，高纬才算惊魂稍定，但当他听说周武帝亲自统军来追，兵锋已至汾水关（今山西灵石南）后，又立刻恐慌起来。

第二天，他宣布大赦天下，试图以此稳定民心，并问计于群臣，到底该如何是好。可冰冻三尺非一日之寒，国势颓唐日久，现今到了这一地步，大臣们哪里又拿得出什么良策？众人只能说些“宜省赋息役，以慰民心；收遗兵背城死战，以安社稷”之类的话来宽慰手足无措的皇帝。然而，一向喜欢玩打仗游戏的高纬此时似乎被真实的战争吓破了胆，根本不敢背城死战，只想尽快逃走，逃得越远越好。他竟然提出，可以留安德王高延宗、广宁王高孝珩把守晋阳，自己径向北朔州（今山西朔州）去躲避。倘若到时晋阳不守，就向北去投奔突厥（之前北齐与突厥之间已经恢复了友好关系）。大臣们当然极力反对这一提议，可高纬却仍固执己见。

实际上，即便平阳丢失后整个并州门户大开，致使周军长驱向晋阳而来，但眼前的局势并非全然不可挽救。晋阳毕竟是从尔朱荣、高欢时代以来便竭力经营的军事重镇，现存的兵力足可守御，只要能同仇敌忾，拿出勇气和决心，仍然可凭借城坚地利与周军周旋一番。问题的关键是，除了高纬这个熊包斗志全无之外，由于长久以来高氏诸帝对晋阳勋贵的持续裁抑和打压，此刻军方上层的许多人物对朝廷和皇帝的忠诚度已经大为降低，面对敌国的入侵，他们并没有足够的动力和觉悟来拼死捍卫高家的江山。因此，在高纬北逃的过程中，以贺拔伏恩、封辅相为首的宿卫近臣三十余人相继西奔，投降了周军，得到了周武帝的大力封赏。而这些事件更加剧了高纬对身边将领的不信任，甚至连自己的心腹高阿那肱，他也开始怀疑起来。

自平阳败退后，高阿那肱率所部残兵一万受命断后拒守，但他根本抵挡不住周军的进逼，只能一路望风退走。这一来，便有逃回晋阳的士兵向高纬告发他“招引西军”，高纬就派侍中斛律孝卿前去检校。斛律孝卿认为此言不实。但紧接着又有阿那肱手下亲信奔告他谋反，高纬虽然将此人斩首，可心里已经在担忧阿那肱叛变投敌的可能，更急于马上逃离晋阳。他告知安德王高延宗、广宁王高孝珩，准许他们自由募兵保卫晋阳，自己则打算尽快北走。高延宗洒泪谏阻，高纬不听，当天就派人将皇太后胡氏、冯淑妃和太子高恒先送往了北朔州。

次日，听说周军已至介休，距晋阳不过二百里地，而镇守当地的将领韩建业同样举城投降，高纬再也待不住了。当天夜里，他出顿城南军营，便要趁机逃跑。但诸将却拒绝遵从，而得不到兵将的保护，高纬又不敢贸然上路，于是又没走成。

天亮后，周武帝的大军终于出现在了晋阳城外。

面对远处无数漫卷西风的黑旗和精光耀日的玄甲，城楼上的高纬只感到呼吸困难，腿肚子一阵阵发软。他当即下诏，任安德王高延宗为相国、并州刺史，将所有守城御敌的责任都推给了这位堂哥，并且说道：“并州阿兄自取，我今去矣！”高延宗道：“陛下为社稷勿动。臣为陛下出死力战便是！”但高纬哪里肯听？穆提婆也在旁虚声恫吓道：“至尊计议已定，安德王不得违诏！”

入夜后，高纬斩五龙门出了城，本来想北奔突厥，然而没走多远便发现身边的扈从越来越少，甚至连穆提婆也不见了影踪。领军将军梅胜郎见状，叩马泣谏，终于劝得高纬掉转方向，东奔邺城而去。这时只有高阿那肱等十余骑随在身旁，后来，广宁王高孝珩带着一些宗室官员陆续赶至，总算凑齐了数十人，一路凄惶，于三天后抵达了邺城。

而在晋阳方面，穆提婆西奔周军，太姬陆令萱自杀身亡。周武帝则降诏劝城中军民弃暗投明，声称只要能够建功立效，齐国的这些王公将相同样可以在周朝获得官爵荣赏。“自是齐之将帅，降者相继”，眼看兵不血刃，便可将这北方重镇纳入囊中。

49 周师入晋阳

从尔朱荣时代以来，晋阳便是六镇鲜卑世代居住的大本营。对于北齐的许多将校来说，他们生于此处，长于此间，城内住着他们的妻儿老小，城外不远处的山原间埋藏着他们先人的骨骸。虽然他们中的许多人对朝廷不满，对皇帝痛恨，但是当敌人侵入他们的家乡，战火危及他们祖先的坟茔时，他们仍然有足够的斗志和决心与敌人殊死一搏。

既然胆小的皇帝已经抛弃了我们，那我们就再立一个勇于担当的新君！

就在高纬逃走的第二天，留在晋阳的将卒们集体向安德王高延宗表示："王若不作天子，诸人实不能为王出死力。"

高延宗乃是高澄第五子。高澄死后，他便被高洋抚养，甚受宠爱。据说他少时轻狂任性，高洋问他你想当什么王，他回答说："欲作冲天王！"后来因为杨愔说："天下无此郡名，愿使安于德。"高洋才封他为安德王。在定州刺史任上，年轻的高延宗亦骄纵恣肆，多行不法。他曾经在楼上大便，而命人在下边张大嘴巴承接。还曾经把猪食和人粪混在一起让左右吃，不愿吃的人就狠狠鞭打。又曾经"以囚试刀，验其利钝"。高演、高湛在位时都因此惩罚过他。直到后来年纪渐长，玩心渐消，他才变得正经起来。当年兰陵王邙山大捷，兄弟们都佩服得不行，高延宗却说他算不上大丈夫，要是自己，一定乘胜深入，直杀到关中去！平阳之战，高延宗率领右军，作战相当英勇，后来三军败退，也只有他所部独全。而且自从高纬想逃，他也一直是持反对态度的主战派，所以在军中颇得人心。

这次见众人半是恳求、半是胁迫地要求自己登上天子之位，高延宗虽然颇感为难，却也知道这是眼前能够凝聚人心、协力抗敌的唯一方法，于是便答应了这一提议，在当日宣布称帝改元，以老臣唐邕为宰相，莫多娄敬显、段畅、韩骨胡等人为将帅。城中士庶得知有新君产生，不召而至者前后相属。

高延宗随即籍没内参阉宦的财产，遍发官署府藏和后宫美女分赐将士，又亲自巡视士卒，一一执手称名，表情沉痛，言辞慷慨，为最后的保卫战努力进行动员。一时间人人感奋效死，就连妇女和小孩也拿着砖头石块爬上屋顶，撸起袖子准备抗击入城的周军。

消息传到邺城，高纬对身边的近臣说道："我宁使周人得并州，也不欲安德得之。"

十六日，周军正式对晋阳实施包围，"望之如黑云四合"。

这时，城中守军尚有四万有余。高延宗知道一旦被周军完成合围，在眼前不可能再有外援的情况下，基本上就意味着死路一条。因此，他立刻布置诸将出城迎战，命莫多娄敬显、韩骨胡拒城南，和阿干子、段畅拒城东，自己则亲赴城北，抵挡周军的大将齐王宇文宪。

自从攻下平阳后，周军这一路势如破竹，沿途的镇戍关隘不是望风奔溃便是弃甲迎降，几乎没有遇到任何像样的抵抗，因此包括周武帝宇文邕在内，不免都生出了几许轻敌之心。尤其是得知齐主高纬弃城而逃后，他们更是普遍认为大势已定，胜负已经失去了悬念。虽然此刻晋阳守军在新的领袖的率领下出城迎战，但在周军将帅看来，这不过是落入网罟中的禽兽出于恐惧的垂死挣扎而已。

然而毒虺断首，犹能噬人。即便毒蛇的脑袋被砍掉，短时间内，它仍然能够条件反射一般发动攻击，用口中的毒液夺人性命。更何况眼前的晋阳尚有四万哀兵，又占据主场地利，远非断首的毒蛇可比！

战斗开始后，平素因为身躯肥壮而屡受耻笑的高延宗手舞大矟驰骋于行阵之中，劲捷若飞，所向无前。尚书令史沮山亦肥大多力，捉长刀步从，杀伤甚众。武卫将军兰芙蓉、綦连延长二人当场阵亡，战况一度相当惨烈。

由于负责防守城东的段畅、和阿干子二将率一千骑兵于阵前投降，东门很快成了周军重点攻击的目标。到了黄昏时分，东门终于失守，周军如潮水般涌入城来，并开始四处放火焚烧城中的佛寺屋宇，烈焰直冲天际。周武帝以为胜局已定，也在一千多骑兵的护卫下杀进城来。然而因为周军对城内的情况并不熟悉，他们随后遭到了城中军民依托有利地势的顽强阻击，特别是天黑以后，高延宗和莫多娄敬显各率所部从城外绕到东门，在入城周军的身后杀了过来。这一下周军腹背受敌，阵脚大乱，黑夜之中彼此互相蹂践，整个战局很快逆转过来。溃败的周兵想要夺门而出，在东门口挤成一团，死尸在门下越堆越高，以致齐军想关门都关不上。城里的齐兵又在后追击，不多时便斫杀三千多人。

混乱之中，周武帝身边的护卫死伤略尽，门前则尸堆如山，堵住了去路，眼看齐兵越来越近，一时间大为窘急。幸而承御上士张寿手牵马头在前开路，降将贺拔伏恩拂鞭在后催逼，周武帝才乘马踉踉跄跄地踏过尸山出了城，半道还险些被齐人的兵刃击中。最后在夜色的掩护下，靠着降将的导引，周武帝终于逃离战场，与宇文宪、宇文忻等尚在城外的部队顺利会合。

这时已经是后半夜四更时分，包括周武帝在内，众人从白天起到现在都没吃饭，个个饥疲交加，又打了一场先胜后败的窝囊仗，不免颇为沮丧，于是就有不少将领劝周武帝暂且退兵。而周武帝刚在城中经历了惊魂一刻，也有些后怕，不禁动了暂退的念头。但宇文宪、王谊都表示反对，宇文忻更是勃然大怒，进言道："自陛下克晋州、破高纬，乘胜逐北，以至于此。致令伪主奔逃，关东响振，自古行兵用师，未有若斯之盛也！昨日破城之后，将士们只不过因轻敌小有不利，这又何足挂齿？大丈夫当死中求生，败中取胜，更何况如今胜如破竹，其势已成，怎么能就此弃之而去？"

宇文忻这番话说得刚才提议退兵的人露出了愧色。刚刚投降过来的段畅也盛言城内空虚，不可中途放弃。周武帝遂点头称是，振作精神，决定整军复战。在一阵阵号角声中，城外四散的周兵陆续聚拢过来，不久军势便重又振作起来。

晋阳城里的情况却恰恰相反。

齐军将士们压根没想到本方居然能在绝对劣势的情况下逆转战局，取得胜利，战斗甫一结束，他们便如同死者得活一般借着战胜的喜悦开始宣泄多日来积攒的紧张情绪和巨大压力，一时间人人激动亢奋，陷入了一种近乎迷乱的狂欢之中。并且有士兵声称周武帝已经死在了乱军里面，高延宗便派人在尸堆里寻找衣甲华贵的长髯者。虽然没能找到，但因天黑不便，许多人仍相信本方已经取得了杀死敌方君主的决定性战果。再加上将士们的家口大多在城内，这时很多人都跑去跟老婆孩子庆贺，剩下的人则聚集在酒坊里豪饮吃喝，不等天亮便醉倒了一片，高延宗传令整军也无人理会。

黎明时分，周武帝指挥重新集结的军队再次发起了进攻。守军猝不及防，再也没能像昨天那样组织起顽强抵抗，东门、南门相继失守。高延宗率领部下竭力抵御不成，出奔城北，最后在一户人家里被追兵擒获。除了莫多娄敬显逃奔邺城之外，其余唐邕等大小官僚全部投降。

当高延宗被士兵押到面前，周武帝下马亲执其手，对这个颇有胆略的对手表示了尊敬。高延宗道："我已是死人，何敢劳动至尊！"周武帝则展示了战胜者应有的风度，回答说："两国天子，有何仇怨？不过是为百姓而来罢了！朕终不会害你，不必害怕。"

这时是上午八点钟左右，正是平常开早饭的时间。饿了一天一夜的周军将士，终于可以放下心来大吃一顿了。

50 北齐覆亡

一笑相倾国便亡，何劳荆棘始堪伤。

小怜玉体横陈夜，已报周师入晋阳。

将近三百年后，晚唐大诗人李商隐有感于北齐末年的史事，写下了这首著名的七言诗。诗歌中，冯小怜风华绝代的肉体与铁马金戈的战争场景并现，构成了一副旖旎万分却又凄美哀婉的意象，读之不禁令人浮想联翩，感慨良多。

而考诸史实，诗中描写的这一幕确实很有可能发生。

据史料记载，在从晋阳逃走之前，北齐后主高纬已经将冯小怜和皇太后胡氏、太子高恒等人一起送往了北朔州避难。之后高纬一行于十二月十六日回到邺城，次日周军便擒获高延宗，拿下了晋阳。晋阳距邺城不过四百多里，紧急的军情战报一天便可传至，就算是驿传体系此时已经因战乱而崩溃，那也有莫多娄敬显等从晋阳逃出的人可以传递消息，因此在当月十八日，至迟到十九日，邺城方面就能够得知晋阳陷落的情形。而皇太后一行则是在二十日自北道回到邺都（高纬既不去突厥，便派人将她们迎回）。史料还特别记载说，皇太后胡氏的车驾抵达的时候，"帝不出迎"，但是一听冯小怜快到了，就"凿城北门出十里迎之"。

想来高纬和冯小怜这一对乱世鸳鸯小别重逢之后，势必会有一番唏嘘感叹和云雨柔情。玉体横陈之夜，周师入晋阳的消息多半会让他们觉得分外忧愁和伤感，但更会让他们觉得良辰美景的易逝和春宵一刻的可贵。帝王卿相也好，红粉佳人也罢，既然所有这一切都不过是过眼烟云，那还说什么天长地久、海枯石烂？就让我们惜取眼前的每一分每一瞬，今朝有酒今朝醉，得贪欢时且贪欢吧！

正是在这样的心态之下，高纬在接下来的日子里的所作所为，更加颓唐和消沉，几乎完全丧失了奋战抵抗的意志。

其实眼下并州虽失，但整个河北和河南尚在北齐的控制之下，如果能对这些地区的军力和资源善加利用，至少能给周军的行动造成不小的麻烦。例如广宁王高孝珩就提议，可以命时任瀛州刺史的任城王高湝统领幽、瀛方面的州兵自井陉故关入太行，扬声趋并州；命洛州刺史独孤永业统领河南之兵西入潼关，扬声趋长安；他自己则带领京畿之兵出滏口，鼓行逆战。并州的周军听说南北有兵，后方又受到威胁，自然就会迅速撤离，如此则晋阳便可收复。

且不论这个计划是否能够顺利执行，在当时至少是个值得尝试的选择。然而，高纬对此却置若罔闻。高孝珩还请求将皇宫里的珍宝和宫女分赏将士，高纬也相当不悦。甚至当斛律孝卿为他写好了稿子，请他亲自出面慰劳将士，专门叮嘱他“宜慷慨流涕，以激励人心”的时候，高纬一时忘了词儿，竟然大笑出来，引得左右侍从也纷纷讪笑附和。将士们怒道：“你自己尚且如此，我辈又有何急！”以致皆无战心。

虽然高纬也召集群臣，赐以酒食纸笔，征询他们该如何抵御周军，可面对众人纷纭各异的意见，他完全无法判断哪些真正可行，只能“莫知所从”。最后他采取的措施，除了大肆封授一些空头官爵试图挽救人心之外，竟然是以“望气者言，当有革易”为理由，决定将皇位禅位给八岁的太子高恒。

于是在转年的大年初一这一天，高恒成了北齐名义上的新君，而高纬则效仿天统年间父亲高湛的先例，当起了“太上皇帝”。

揣摩这时高纬的心理，其实与后世面临金兵南下的宋徽宗十分相似，自己玩不起了，干脆就摆出一副甩手不干的嘴脸，拉上别人来承担把国家搞完蛋的历史责任。可宋徽宗传位的钦宗好歹是个成年人，多多少少有自己的主见，而高纬的儿子高恒只不过是个八岁的娃娃，哪里能担得起眼前的危难局面？所以高纬此举除了给后人留下个笑柄之外，完全不具备任何实际上的效果。

当此国家生死存亡的关头，一国之主却仍是这样昏庸与荒唐，又怎能不令京城里的文武士庶齿冷心寒？史料记载，当时的邺城“人情恟惧，莫有斗心；朝士出降，昼夜相属”。叛逃投奔周军的官员如此之多，以致右仆射高劢（音mài）不得不向高纬提议，应该将五品以上官员的家属都召置三台软禁起来，威胁说如果京城失守就放火焚台，官员们顾惜老婆孩子，才能拼死一战。高纬也没有听从。

在晋阳稍加整顿后，周武帝统军于十二月二十九日挥师东下。

眼看周军距邺城越来越近，莫多娄敬显、尉相愿等齐军将领决定抛弃高纬这个不成器的饭桶。他们计划在邺宫西门设下伏兵，先杀死高阿那肱，然后废掉高纬、高恒，立广宁王高孝珩为君。然而却由于高阿那肱临时改变行程，转由便道入宫而未能实施。高孝珩求兵权出拒周师不得，急怒之下对高阿那肱、韩长鸾等人说道：“朝廷不派我去击贼，难道是怕我造反么？我就算是击破宇文邕，那也不过是攻入关中，到长安去造反，跟我国家又有何相干？现今局势急迫如此，你们还这般猜忌干什么！”

高纬及其身边人当然有理由猜忌高孝珩，因为他弟弟高延宗便是先例。正如高纬自己说的那样，他是宁肯叫周人得了并州，也不愿让高延宗得了去的。眼下高孝珩说出这样的话，他们更不会允许他掌握兵权。很快，朝廷便下诏出高孝珩为沧州刺史。领军大将军尉相愿得知这一消息，气得拔刀斫柱，叹道：“大事去矣，知复何言！”

高纬宣布禅位于儿子高恒的当天，即派尉世辩带着千余骑兵去探察周军的动向。尉世辩西出滏口，登上山顶极目西望，遥见远处有大群乌鸦飞起，就以为是周军的黑旗，吓得急忙驰还，一路头都不敢回。于是黄门侍郎颜之推等文官都劝高纬借口“往河外募兵”马上离开邺城南逃，以图后起，若实在不济，也可以去投陈国。高纬这时巴不得有人给自己个台阶下，立刻表示同意。正月初三和初九，他先后把太皇太后胡氏、太上皇后穆氏和幼主高恒送往了济州。

十五日，周军进抵邺城西郊的紫陌。十八日开至城下，次日围城，放火焚烧西门。虽然城里的齐军出城拒战，但很快便被击溃。当天高纬就带着一百来人夺路东出，直奔济州而去。其余王公百官皆降。二十日，周武帝卷甲入邺，令将军尉迟勤率两千骑兵追击高纬。

与此同时，高纬在济州与幼主会合后，先是宣布将皇位再次禅让给身在瀛州的任城王高湝，接着留胡太后于济州，使高阿那肱守济州关觇候消息，自己则带着穆黄花、冯小怜、幼主高恒、韩长鸾等数十人又奔了青州。

到青州后，本来高纬是想马上继续南逃，去投奔陈国的。但这时断后的高阿那肱为自家前途考虑，终于也决心投降周朝了。他秘密与周军联络，约定生擒高纬以作为自己的投名状，便屡次送信给高纬说：“周师尚远，而且桥路已被我烧断，可以暂且在青州收集兵马，不急南行。”高纬一行便放缓了行进速度。不久，尉迟勤抵达济州关，高阿那肱随即投降，引领周军追了上来。二十五日，尉迟勤终于在南邓村一带将高纬等十余骑追及，尽数擒获送往了邺城。

虽然此后周武帝征服瀛、幽、定、朔等齐国州郡又花费了一些时间，但北齐王朝二十八年的历史至此已宣告结束。如果从北魏分裂为东西两国开始算起，那么整个北方中国在四十四年后终于又重新纳入到了同一个王朝的统治之下。

后来周武帝将高纬送到长安，封他为温国公。然而这位亡国天子却依然忘不了当年他与冯小怜“愿得生死一处”的誓言，仍向周武帝请求将小怜赐还给自己。周武帝倒也大方，道：“朕视天下犹如脱屣，区区一个婆娘有什么好可惜的！”两人由此又得以团聚。

不过，这样的日子并没有持续多久。半年后，周武帝借口高纬与穆提婆等人阴谋反叛，将高氏宗族数十人尽皆赐死。冯小怜则被赐给代王宇文达为妾，一度颇为得宠，后来死于隋文帝时。

51 历史的转折点

攻灭北齐除了带给周武帝关东地区五十个州、一百六十二个郡、三百多万户人口之外，更极大地满足了他隐抑多年的征服欲和虚荣心。要知道，这可是自己的父亲宇文泰奋斗终生也没能达成的至上伟业，而自己仅仅在亲政五年之后便大功告成！

当年四月，回到长安的周武帝举行了盛大的入城仪式和献俘太庙的典礼，围观者发出山呼海啸的“万岁”之声，以此赞颂他们伟大的君主凯旋。

为了巩固周朝在原北齐境内的统治，周武帝在擢用山东人物的同时，废除了晋阳的宫室和六府，并将并州军民四万户迁至关中。他还追赠斛律光、崔季舒等被高湛父子冤杀的齐臣官爵谥号，放免杂户和在战争中被掠为奴婢者为良民，以此安抚人心。

由于这些措施得当，除了逃入突厥的高绍义和割据辽西的高宝宁这两个齐国宗室之外，关东地区在被征服后几乎没有出现过任何反抗。

而北齐在短短数月之内即告覆亡，也彻底改变了当时东亚地区的国际格局和南北关系。

突厥人在木杆可汗统治期间一直与北周保持有联盟关系，周武帝宇文邕因此还迎娶了木杆的女儿阿史那氏为皇后。不过木杆死后，继位者佗钵可汗改变了一贯亲周反齐的策略，开始精明地周旋于两国之间以牟取更大的利益。当时，北周方面在与突厥和亲之后，每年都要以礼物的形式送给佗钵纺织品十万段；对居留长安的突厥人，也待以高规格的礼遇，“衣锦食肉者常以千数”。而北齐为了将突厥拉拢到自己这一边，更是不惜血本，以致达到倾空府藏的程度。这一来，本就因国势强盛而“有凌轹中夏之志”的佗钵更加骄狂自负，时常对手下说道：“只要在南边的两个儿子孝顺，我哪里还担心缺东少西？”

到了北齐灭亡前几年，突厥已经在和齐国谈婚论嫁，所以当晋阳被围后，后主高纬一度想北奔突厥。随后邺都陷落，高纬被擒，时任定州刺史的范阳王高绍义便从马邑入突厥投奔了佗钵。而佗钵认为高绍义颇像乃父“英雄天子”高洋，对他很是欣赏，况且他也绝不愿意看到一个统一强盛的北周，便将突厥境内的齐人都交由高绍义统领，声称要助其复仇。

在南方，陈宣帝听闻齐国已为周人所灭，震惊的同时心里很不是滋味，觉得当初跟北周合纵伐齐是自己吃了亏。于是他立刻动了再次兴兵北伐的心思，想要趁北周在河南立足未稳之时攻取徐兖等地。

为此，陈宣帝征求五兵尚书毛喜的意见道：“我欲进兵彭、汴，于卿意下如何？”

毛喜当年跟陈宣帝一同在长安居留多年，回国后又长期处理军务，对周陈两国的情况都很了解。他回答说：“臣以为如今淮左新平，边民尚未尽安，周人又刚刚并吞齐国，难与争锋，怎好以我之弊卒疲兵，复行深入？况且进伐中原，势必弃舟楫之工而践车骑之地，用我之所短迎彼之所长，实在不便。臣愚以为，不如安民保境，息兵结好，然后广募英杰，顺时而动，此乃长久之计也。”

可惜陈宣帝并未听从。

就在北周攻灭北齐的当年冬季，陈宣帝不顾毛喜、蔡景历等大臣的反对，下诏命吴明彻统诸军再度北伐。

吴明彻自淮河溯泗水北进，首要的目标是攻取徐州重镇彭城。当时驻守的彭城的已经是北周徐州总管梁士彦，陈军进至吕梁后，梁士彦阻击不敌，只好退回彭城死守，吴明彻便将彭城围困起来。

得到陈军进犯的消息，周武帝并不意外。其实在他统一天下的构想里，伐陈本来就是今后应有之义，此番陈国主动进攻，倒使得他免除了将来毁约背盟的麻烦，并且正好可以利用这次机会先探查一下陈国军事力量的虚实，于是便派上大将军王轨（又名乌丸轨）统兵去救徐州。

开往徐州的路上，王轨探知吴明彻用堰水灌城之法，已经在城下环列舟舰将彭城围了个严严实实，遂决定暂时不与陈军正面交锋，而是轻行疾进，插入到陈军后方的淮口，先去切断陈军水师的归路。王轨命士兵在清水（即泗水）河道中竖起木栅，横缠铁锁，上贯车轮，然后在岸边筑城，以此彻底封锁由清水入淮的水路。

陈军自知陆战难敌北方骑兵，本方的给养辎重又全靠水路运输，因此得知周军栅断了淮口之后大感恐慌。萧摩诃当时便对吴明彻道："听说王轨刚刚封锁了下流，正在两岸筑城，眼下还未筑好。如果现在派兵进击，他们一定不敢相拒。只要水路不断，我军便能与敌人相持；一旦岸城修好，归路断绝，只怕我们都要成为俘虏了啊！"

彭城久攻不下，难以向陈宣帝交待，自己又得了苦不堪言的背疾，吴明彻近几日心绪相当糟糕。听萧摩诃这么说，当即拉下脸来怒道："陷阵夺旗是将军你的事，长算远略则是老夫我的事，何必多言！"萧摩诃碰了个大钉子，只好讪讪而退。

十天之内，进抵淮口的周军陆续增多，岸城也修筑完毕，陈军诸将愈发认为不可在此久留。有人提议，应该凿破大堰，然后以舟载马，乘水势奔涌之力突破王轨在下流的防线。马军主管裴子烈则认为，如果决堰下船，船只多半会在大浪冲击之下倾覆，反不如先派骑兵自陆路撤退为好。

这时，吴明彻的背疾愈发严重，以致几乎难以骑乘。萧摩诃便再次进言说："如今求战不得，进退无路，即使潜军突围，也谈不上可耻。愿公率步卒、乘马舆徐行，摩诃自领铁骑数千，驱驰前后，必当使公安达京邑。"

吴明彻道：“老弟此计，实乃良图。然而老夫我受命专征，不能战胜攻取，又处此进退失据之窘境，实在惭愧无地！况且我军步兵既多，身为主帅，我一定要身居其后，相率偕行。弟马军宜须在前，不可迟缓。”最终吴明彻拒绝了与萧摩诃同行的提议，决定自统步卒决堰乘舟而下。

于是，萧摩诃带着数千骑兵先在夜里轻装出发。第二天，吴明彻也下令决开堤堰，亲领三万将士乘水势顺流直下。

然而，随着下游的河道逐渐变宽，水势亦逐渐变缓，等到陈军的船队抵达淮口之时，水面已经远低于王轨设下的封锁线，舟舰被铁锁和车轮所阻，压根无法通过。王轨乘机引军合围，将卡在河心的陈军船队包了饺子。这种情况下，陈军稍加抵抗便全面溃败，吴明彻被周军生擒，包括全部器械辎重在内，三万将士就此全军覆没，只有先期出发的萧摩诃等率领骑兵逃了回来。

消息传到建康，陈宣帝悔恨不已，对毛喜说：“卿之言今日应验矣！”并诏令沿边州郡高度戒备，以防周军乘胜南侵。

不过，虽然周军在淮北取得了大捷，但周武帝却并没有继续对陈朝发动大规模的攻势。因为他觉得在南征之前，为了杜绝后顾之忧，很有必要先处理一下北边的突厥问题。自从高绍义北投突厥之后，佗钵可汗数次寇扰边境，如果置之不理，迟早会构成严重威胁。

于是在宣政元年（公元578年），也就是淮北大捷的第二年五月二十三日，周武帝宣布将亲统大军北伐突厥，计划五道俱入，直捣王庭！

然而，谁也没有想到，大军尚在向云阳（今陕西淳化西北）集结当中，周武帝却突然病倒了。而且病情很快恶化，二十七日发病，三十日便不得不因此终止了这次北伐的军事行动。当时曾经医治过周武帝的姚僧垣已经因年老退休在家，也被紧急召至云阳宫为武帝看病。

内史柳升私下问姚僧垣道：“陛下已经数日不曾进膳，不知脉候何如？”

姚僧垣面色严峻地说道："天子上应天心，或许当能非凡庶所及。若是常人如此，怕是万无一全了！"

然而"上应天心"云云，不过是说给人听的场面话，帝王也是凡胎肉身，在生老病死面前，岂能与常人无异？

周武帝自己也觉察到了大限将至。他急召宗师宇文孝伯前来，执其手道："我自思必无全理，今以后事付君。"便任命他总领宿卫禁兵，又令他驰驿入京镇守，以备非常。

六月初一，在赶回长安的路上，周武帝宇文邕病危，当夜即崩逝于乘舆之中，时年三十六岁。

历史的走向由此再次发生了戏剧性的转折。

52 第三代难题

常言道："富不过三代。"

相比前代的创业者，在优渥环境里成长起来的豪门子弟在个人素质上往往会出现大幅的衰退。自古至今，这种现象不管在商业领域还是政治领域，都随处可见。

就拿本书涉及的南北朝时代来说吧，宋武帝刘裕一代雄主，其子文帝刘义隆也颇有建树，但到了第三代刘劭、刘骏这一茬，却不是暴君就是怪胎；齐高帝萧道成英武远略，其孙萧昭业却好色荒淫，同样是其孙辈的东昏侯萧宝卷更是个败家子；北齐神武帝高欢一世英雄，诸子的素质便已参差不齐，到其孙"无愁天子"高纬手里，终于折腾得亡了国。

这种情况，宇文氏的北周也很难避免。

作为宇文家的第二代，周武帝宇文邕继承了乃父宇文泰勤俭朴实的生活作风，身为天子却"衣布袍，寝布被，无金宝之饰"，所居的宫殿忌宏大绮丽，严禁雕梁画栋，后宫嫔妃亦不过十余人。而且其本人素以一统天下为志，能够自强自励，锐意于富国强兵，每次校兵阅武之时，皆不避艰辛，步行跋涉于山原溪谷之间。若与将士宴会，则能谦恭下士，必定亲自执杯劝酒，或者亲手赏赐财物。他又数次亲征，躬赴行阵，性情果决，能断大事，因此能得士卒死力，在亲政五年后终于攻灭了齐国。

可惜天不假年，在平齐后的第二年，春秋鼎盛的周武帝即染疾离世。在遗诏中，他坦言自己"将欲包举六合，混同文轨"，却突然身患恶疾，即将不治，“有志不申，以此叹息”。倘若他能够早几年亲政，或者命运再多给他一些时间，可以想象，宇文邕一定会创建更为恢宏壮阔的功业，或许整个中国将会提前多年得到统一，而隋这个朝代更有可能根本就不会出现！

而让临终前的周武帝长久叹息的，除了他壮志难酬的宿命，更难以明言的，其实还有太子宇文赟（音yūn）的问题。

周武帝的长子宇文赟出生于武成元年，这时刚满二十岁。他的生母并非武帝的皇后阿史那氏，而是一个名叫李娥姿的南方女子。当年于谨平定江陵，李娥姿被籍没入宫，宇文泰将其赐给了宇文邕，后来便生下了宇文赟。

宇文赟字乾伯，建德元年（公元572年）周武帝甫一亲政，便为十四岁的宇文赟举行冠礼，立他为皇太子。从其名字看来，当初周武帝是十分希望这个儿子能成长为一个文武双全、秉性美好的继承人的。然而事与愿违，在宇文赟身上，那个很难避免的“第三代难题”开始显现出来。

尽管周武帝对宇文赟着力培养，每当外出巡幸之时，便留他在朝监国，又曾两次派宇文赟巡抚西土，征伐位于今甘、青一带的游牧国家吐谷浑，但宇文赟的成长却难以令人满意。入居东宫不久，身为左宫正的宇文孝伯发现宇文赟不喜进学，唯喜欢与身边的“小人”厮混，就不无担忧地向周武帝建议，应该“妙选正人，为其师友”，潜移默化地引导他走日新之路。周武帝自然深加采纳。可是数年过后，依然没什么效果。尤其是东宫宫尹郑译、王端等人，总是纵容和怂恿宇文赟嬉游胡闹，甚至在征伐吐谷浑期间他也多行无德之事。大军归来后，统帅王轨和宇文孝伯便将这些事汇报给了周武帝。周武帝大怒，不但将郑译等亲近宫臣除名遣出，还狠狠杖责了太子一顿。

所谓“子不教，父之过”。这当然不是周武帝第一次采用棍棒的方式教育不肖子。史料记载，因为担心宇文赟难以担负起嗣君的重任，平素周武帝对他管束甚严，要求他朝见进止之时，种种礼节法度与诸臣无异，即便是隆寒盛暑，亦不得休息。宇文赟喜欢喝酒，周武帝便严禁醪醴等酒精饮料进入东宫。要是他犯了过错，杖责鞭打更是家常便饭。周武帝还特别安排了一些东宫官属侦查记录宇文赟日常的言语行为，每月奏闻。在这样的严厉管教下，宇文赟害怕皮肉受苦，只得矫情伪饰，一时收敛了不少，总算熬到了父皇病故、自己登位的那一天。

其实，周武帝也知道这个儿子难成大器，不是没有过改立太子的想法。他曾经在一次杖责宇文赟时，恨铁不成钢地对他说道："古来太子被废者也有不少，你以为朕其他的儿子不堪立么？"王轨也曾经暗示周武帝说："皇太子仁孝无闻，恐不了陛下家事。"还乘酒宴上寿之际去捋周武帝的长须，开玩笑一般说道："可爱好老公，但恨后嗣弱耳（这个老头儿真不错，就是后嗣实在弱）！"然而废立太子毕竟关系到国家根本，不到非常之时，绝不是能够采取的举动。小内史贺若弼虽然也认为宇文赟难堪其任，但却对王轨以臣子的身份昌言废立的行为提出了严重警告。

还有一次，周武帝问右宫伯宇文孝伯说："吾儿近来如何？" 宇文孝伯回答："太子近来畏惧天威，更无过失。"后来武帝从王轨那里得知这并非实情，就为此责怪宇文孝伯。宇文孝伯惶恐再拜，解释道："父子之间，人所难言。臣知道陛下不能割慈忍爱，所以才有所不言。"

所谓"不能割慈忍爱"，是说周武帝终究下不了废太子的决心。宇文孝伯与周武帝同日所生，又是一同拜师受经的同学，两人情同手足，彼此十分了解。他当然知道，周武帝之所以不废掉宇文赟，除了顾忌为此引发政治动荡之外，更重要的原因在于其次子宇文赞同样不才，其余诸子尚幼，并无更合适的继承人。

听了宇文孝伯的回答，周武帝默然良久，才说道："朕已委公矣，公其勉之！"意思是叫宇文孝伯对宇文赟多加规谏，能匡辅一点是一点吧！

令人遗憾的是，江山易改，本性难移。周武帝在世时，宇文赟尚能矫饰收敛几分，如今武帝崩逝，他自己成了皇帝，不久便暴露出了自己的顽劣本质。出于一种长期以来受到压抑的补偿心理，武帝的灵柩尚未下葬，宇文赟就想要大逞奢欲。他不但毫无悲戚之色，摸着自己身上杖责后留下的伤痕愤愤骂道："死晚矣！"还忙忙地"阅视先帝宫人，逼为淫乱"。即位不到一年，便已大肆纵情于声色犬马，鱼龙百戏，常陈殿前，累日继夜，不知休息，时常十余天不见朝臣一面，但有请奏，皆通过宦官从中转达。他还派人四出采择天下美女，以充后宫，出身仪同以上之家的女子在未经采择之前不准随便出嫁。原本被罢官的郑译之流，则被他重召入朝，任以要职，委以庶政。

另一方面，对于周武帝生前信用的亲近重臣，宇文赟则毫不留情地开始驱逐剪除。武帝的梓宫刚刚下葬，宇文赟便诬陷功勋卓著的齐王宇文宪"有异谋"，将其召至内殿缢死；第二年，他又派使者赴徐州杀掉了曾劝武帝废立太子的王轨；随后，宇文孝伯、宇文神举二人也相继被他赐死。至此，武帝一朝的股肱之臣基本上被宇文赟清洗殆尽。

就以上两点来说，宇文赟的所作所为似乎与同时代的其他昏君大体上没什么分别。真正昏出特色、昏出创意从而让他在昏君排行榜上占据一个独特地位的，是他在自尊自大方面的狂热追求。

53 杨坚上位

宇文赟即位后的第二年二月，不知道是不是受到了高湛、高纬父子的启发，在大发山东州兵修建洛阳宫室的同时，他忽然降诏，宣布传位于七岁的太子宇文阐（本名衍，后改为阐），自己则不称太上皇帝，而是别出心裁取了一个“天元皇帝”的称号。与此相应，原本十二旒的冠冕，增加至二十四旒，车服旗鼓等仪仗，也一律以二十四为节，所居称天台，皇太后为天元皇太后。

从那以后，宇文赟就跟“天”较上了劲。不但自称为“天”，还改制诏为天制诏，敕为天敕，宫殿皆以天为名，甚至连下令打大臣的屁股，也叫赐“天杖”。在服饰方面，他自己戴绶，冠通天冠，加金附蝉，那么别的大臣便不能再戴绶和金蝉；用膳的时候，杯、盘、壶、瓯这些寻常食器已经满足不了他的虚荣心，于是便改用罇、彝、珪、瓒这些平时只能摆在宗庙里祭祀用的礼器。又下令凡大臣们到天台朝见，必须首先斋戒三日，清身一日。他还不允许别人有“天”“高”“上”“大”之称，甚至改姓高者为“姜”姓，改称高祖为“长祖”。而除了他后宫里的嫔妃宫女，天下女子一律不准施粉黛、乘有辐车。

这还不算，最夸张的是，宇文赟自己好色贪淫，广置嫔御，原本的后宫编制不够用，于是便任意增加了许多史籍难以详载的繁琐名号。就拿皇后来说吧，原本宇文赟有一个皇后，那便是他当太子时的妃子——杨坚的女儿杨丽华。后来宇文赟既称“天元皇帝”，杨丽华也就成了

“天元皇后”。然而，太子宇文阐乃是原本为宇文赟掌衣服的一个婢女朱满月所生，虽然宇文赟并不宠爱这个比他大十来岁的女人，但考虑到母以子贵，还是将她尊为了“天元帝后”。除这二人之外，宇文赟宠幸的嫔妃还有陈氏、元氏以及逼奸的人妻尉迟氏，所以到了后来，宇文赟不顾众臣反对，干脆并置了“天”“天元”“天中”“天左”“天右”五个皇后，每个皇后的名号中还加了一个“大（太）”字，例如陈氏称天中太皇后，尉迟氏称天左太皇后等。凭借这一制度创新，宇文赟一举超越了此前十六国时期的汉主刘聪，为自己加上了“史上同时拥有皇后数量最多的皇帝”[①]这一逼格满满的头衔。

与此同时，宇文赟还尊嫡母阿史那氏为天元上皇太后，生母李氏为天元圣皇太后。

总之，他想尽各种手段，不但要突出自己“天上地下唯我独尊”的帝王身份，甚至还努力地神化自己，想把自己塑造成与天平齐的人格神。这一点，从他大搞法会的时候，将道教的天尊和佛教的佛陀像与自己并列面南而坐，供长安士民瞻仰便能看得出来。

所以我们可以认为，宇文赟的理想其实就是成为“齐天大圣”。

而以这么一副“我要飞上天，与太阳肩并肩”的劲头儿，再这么折腾下去，他肯定会像后来的武则天一样，再搞出些什么“通天浮屠”的花样出来。

所幸的是，不知道是不是因为他的狂妄自大惹恼了老天，还是因为纵欲过度损伤了本元，大象二年（公元580年）五月十日，宇文赟在去天兴宫夜游后突发急病，第二天回来就不行了。

由于变起仓猝，当时宇文赟的身边只有亲信小御正刘昉、御正中大

---

① 东吴孙皓虽然“内诸宠姬，佩皇后玺绂者多矣”，但正式册封为皇后的只有元配滕氏一人；刘聪亦同时册封过上、左、右、中四皇后，四后之外，又有未经册封但“佩皇后玺绶者七人”。基于同样的理由，同时拥有正式皇后最多的皇帝还数宇文赟。

夫颜之仪两人在场，而还没等交待后事，宇文赟便已意识模糊，再也说不出话来了。刘昉见状，深知这是关系自己后半生富贵荣辱的关键机会，立刻联系上了内史上大夫郑译。两人密谋后认为，少主宇文阐年幼，眼前最重要的就是防止宗王夺权，而要克制诸王，仅凭两人的身份地位力有不逮，非得找出一个位高望重、懿亲德茂的代理人才行。

于是，郑译和刘昉想到了杨坚。

这一年，杨坚已经四十岁了。自从他当年遵从老父杨忠“两姑之间难为妇”的告诫，在帝室和权臣之间拉开距离，尽量保持超然物外的态度，迄今倏忽间已经过去了二十年。这二十年来，一方面得益于这种态度，一方面也是他韬晦得法，所以尽管宇文护、明帝宇文毓、武帝宇文邕都不同程度地对他有所注意，但并没有谁真的将他视作必欲除之而后快的现实威胁。天和三年（公元568年），杨忠病故，杨坚便承袭了父亲的爵位随国公。武帝亲政后，又将他的长女杨丽华选为太子妃。既是功臣之后，又是国之重戚，杨坚在北周朝廷里的地位也就变得愈加重要起来。他先后参加了周武帝对北齐的两次亲征，并由军功进位柱国，齐国灭亡后，他又在定州和亳州担任过总管。不久，宣帝宇文赟即位，杨丽华成了皇后，杨坚便以后父之尊一再迁转，至宇文赟去世的这一年已高居大前疑[①]之位。

然而，随着杨坚的位望越来越高，再加上他的仪表谈吐和工作能力都很出众，皇帝本人对他的疑忌之心也开始变得越来越浓重。另一方面，他的女儿杨丽华虽然“性柔婉不妒忌”，但并不受宇文赟的宠幸，况且宇文赟昏暴纵酒、喜怒无常，四皇后、五皇后并立也加剧了后妃间的吃醋争宠，致使杨丽华数次被谴。有一回宇文赟大怒，甚至要赐死杨丽华，最后还是她的生母独孤氏（即独孤信之女）跪到殿门口为女求情，叩头流血，才劝得宇文赟收回了成命。所以到了这时，实际上宇文

① 宇文赟托古置四辅之官，即大前疑、大右弼、大左辅、大后承，地位相当于宰相。

赟与杨坚的关系已经恶化。

据说，宇文赟曾对杨丽华言道：“我早晚要族灭你们家！”就召杨坚入宫，下令给左右说：“倘若他有什么异常举动，就立刻杀了他！”然而，杨坚来到之后，神情自若，谈吐如常，没让宇文赟挑出任何毛病，这件事才暂时不了了之。

对于皇帝眼中流露出的猜疑和无法掩饰的杀机，杨坚当然不会感觉不到。

尽管一年前他就曾对人私下断言，宇文赟这个人既不能积德行善，又生就一副短寿的相貌，他的统治势必不会长久，可由眼下的局势发展看来，如果自己不善筹良策，说不定等不到宇文赟下台，自己就很可能先被他杀了。

回府后，杨坚深思许久，决定就此事寻求郑译的帮助。两人少年时曾一同就学，私交一直甚好，这个忙他应该不会不帮。

于是杨坚寻了个机会，将郑译引入永巷僻静之处，对他说自己长久以来一直想到地方上任职，请求他在天元皇帝面前帮自己多留意留意。

郑译当即明白了杨坚的心思，一口将此事应承了下来。

不久后，宇文赟有意派郑译统军南征，郑译便乘机建议说，若是能平定江南，得派个懿亲重臣去镇抚当地士民才行，不如让杨坚同自己一起南行，可以任其为扬州总管打前锋。宇文赟批准了这一提议。到了五月初，杨坚已经准备出发，却不巧突然得了足疾，步行和骑马都很困难，只好暂时推迟了行程。

谁也没想到，恰在此时，宇文赟突发暴病，名医姚僧垣也毫无办法，眼看他就要活不成了。而近水楼台的郑译、刘昉为了与宗王们争夺朝廷未来的控制权，决定请杨坚出来主持局面。因为他不但是元勋之后、懿亲国丈，而且威望素隆，在朝野上下有广泛的人脉，用他来克制诸王，一定可以成功。

当杨坚得知郑译、刘昉的意图，他吃了一惊，几乎不敢相信这个庞大帝国的最高权力竟然如此唾手可得。这许多年来，尽管他曾经不止一次地对知交好友郭荣、庞晃坦露过“周历已尽，我其代之”的抱负，但那大多是把酒夜谈、戏谑周旋之时的半真半假之辞，并没有真正地实施过取代宇文氏天下的计划。就在数天之前，他想的还只是尽早到寿阳上任以避免在朝中引来杀身之祸，没想到天意难测，一个攫取大权的机会眼下竟然拱手送到了自己的面前。

越到这种时刻，越应该保持冷静。

于是，杨坚先是拒绝了郑、刘的提议。因为他还不清楚二人的真正用心。

时间紧迫，见杨坚严词拒绝，郑译和刘昉都有点儿着急，因为颜之仪说不定也在联络别人付诸行动，如果被他们抢了先机，那就不好挽回了。最后刘昉干脆对杨坚说道：“公若为，速为之！不为，昉自为也。”你要再不答应，老子就自己干！

杨坚见他们情急意真，终于下定了决心。当天他便声称受诏侍疾，进入了内殿。

54 | 骑虎之势

关于周宣帝宇文赟去世的具体日期，史籍的记载并不相同。

《隋书》宣称，宇文赟是在五月十一日，也就是从天兴宫返回的当天即病重不治，随后，郑译、刘昉矫诏引杨坚入总朝政，都督内外诸军。此前藩王们已经被宇文赟下令就国，为了防止他们乘机作乱，杨坚封锁了宇文赟已死的消息，而假托千金公主出嫁突厥为借口，征赵王招等五王入朝（千金公主是赵王招的女儿），一直拖到二十三日才正式发丧。

而《周书》则记载，十一日宇文赟虽然得了病，但并没有去世，还下诏召杨坚入宫侍疾。二十三日，他又征赵王招等五王入朝。二十五日才崩逝，时年二十二岁。同日，郑译、刘昉矫诏，以杨坚受遗辅政。

两者的关键区别在于，杨坚到底是在十一日还是二十五日控制的中枢；征五王入朝是宇文赟的意思，还是杨坚的计谋。

《资治通鉴》采纳了《隋书》的说法，理由是变起仓猝，所以杨坚才能矫命当国；如果宇文赟的病情从十一日一直拖到二十五日，这十五天的时间里，消息一定会泄漏出去，各方便都会有所准备，使得杨坚很难以矫诏的方式控制中枢。

这当然有一定道理。

更重要的是，《周书》的记载存在着逻辑上的不合理之处。如前所述，这时宇文赟已经对杨坚产生了猜忌之心，尽管没有杀他，却同意将他放逐到边境去任职，在两人的关系已近恶化的情况下，宇文赟不太可能在病危之时专门召杨坚侍疾；另外，当初让诸王就国是宇文赟的主意，目的无非是怕这些叔父在中央联结成势，对皇位构成威胁，所以召五王入朝也不太可能是宇文赟下的命令。

实际上，《周书》虽然是唐初修撰，但在记载周末隋初的史事时，很多地方都沿用了开皇年间秘书监牛弘所著的十八卷《周史》。而牛弘身为隋官，必须要张扬周隋禅代的合法性，为杨坚的上位提供一个政治上相对正确的解释。推后周宣帝崩逝的时间，将召杨坚入宫侍疾、诸王入朝都说成是宣帝本人的意愿，很有可能便是史官在这一指导思想下对史料进行篡改的反映。

因此，我同意《通鉴》的判断，认为早在十一日当天，宇文赟就已亡故，随后郑、刘二人矫诏以杨坚总知中外兵马，控制了朝廷。

同样在殿内侍疾的颜之仪当然知道这并非宣帝的旨意，故而坚决反对。刘昉等草拟诏书后逼他署名，他厉声怒道："主上升遐，嗣子冲幼，匡辅之任，宜在宗英。方今贤戚之内，赵王最长，以亲以德，合膺重寄。公等备受朝恩，当思尽忠报国才是，奈何一旦欲以神器假人！之仪有死而已，不能诬罔先帝！"

刘昉等见颜之仪无法说服，干脆代他署了名。而皇宫禁卫见到诏令，便都听从了杨坚的调遣。接下来，杨坚等密不发丧，决定先召诸王入朝。又向颜之仪索取符玺。颜之仪正色道："符玺乃天子之物，自有主者，宰相何故索之？"杨坚大怒，当时就命卫士将他拉了出去，要不是顾忌他素得民心，就要砍他的脑袋，最后只是将其外放为西境郡守了事。

《隋书·郑译传》还记载，颜之仪还曾与宫内宦官密谋，要引大将军宇文仲辅政。宇文仲已至御坐，郑译得知，急忙率刘昉、柳裘、皇甫绩等人一齐闯了进来，破坏了这次行动。由此可以想见，当时朝廷各方围绕辅政人选，一定有许多不可告人的内幕交易和权力斗争。流传迄今的史料中披露的事实，只不过是冰山一角而已。

二十三日，杨坚等见大局已定，遂正式发丧，迎少主宇文阐入居天台。三天后，尊杨丽华为皇太后，少主生母朱氏为帝太后，陈、元、尉迟三后则皆被勒令出家为尼。又以宣帝的同母弟汉王宇文赞为上柱国、右大丞相，杨坚自己为假黄钺、左大丞相，百官总己以听于左丞相。

这一任职是这十余天里杨坚在朝野上下充分运作的结果。

本来按郑译和刘昉的设想，是由杨坚任大冢宰，郑译为大司马，刘昉为小冢宰，如此则郑、刘二人可以对杨坚加以牵制。但杨坚对此却并不满足，这期间他派族侄杨雄（本名惠）等积极奔走，笼络了御正下大夫李德林、内史下大夫高颎（音jiǒng）、司武上士卢贲等一批在宣帝朝不受重用的中下层官员为己效命。李德林向杨坚建议："宜作大丞相、假黄钺、都督中外诸军事，不如此无以压众心。"杨坚深表同意。可另一方面，他又不想刚一上台便给人留下过于专擅的印象，于是便抬出宣帝的同母弟汉王赞来，让他当右大丞相（北周以右为尊），尊以虚名，并无实际权力。同时还将郑译和刘昉纳为自己丞相府的长史和司马。

郑、刘二人发现自己竟然成了杨坚的下属，相当不满，但此时形势已成，已经容不得他们后悔了。

随着少主宇文阐入居天台，原本的东宫正阳宫便闲置下来，杨坚便将正阳宫改作丞相府。入府之前，陡经巨变的文武百官还搞不清楚状况，纷纷不知所从。杨坚便秘密安排卢贲带领卫士去召集公卿，说道："想求取富贵者，便跟我们走！"路上官员们交头接耳，彼此交换着对朝中局势的看法。有的人想开溜，一回头见卢贲不怒自威，面色冷峻的卫士们围在两旁，吓得连忙打消了念头。众人就这样跟着杨坚出崇阳门，来至东宫门前。一开始守卫不让进门，卢贲上前晓谕，瞋目怒叱，守卫才退到一旁。杨坚便在众官簇拥之下入居正阳宫，由卢贲主领宿卫。

主政之后，杨坚立刻实施了两项政策：一是革除了宇文赟在位时的种种苛酷之政，对旧有的法律进行删改，以宽大为总原则；二是正式恢复了周武帝禁断的佛、道二教。两项政策都旨在争取民心，为自己的统治打下舆论基础。

然而，饶是如此，由于旬月之间宣帝的离世和杨坚的上台都显得十分突兀，很难不让人浮想联翩。加以主少国疑，权臣秉政，不少见惯了改朝换代的人当然会怀疑杨坚别有用心，尤其是他外戚的身份，更容易让人联想到篡汉的大奸臣王莽。而杨坚的某些举措，更坐实了他们的这一想法。

例如，在征召五王进京的过程中，杨坚担心路上横生枝节，对前往迎接的使者多有交待。其中，门正上士崔彭负责迎接出镇齐州的陈王宇文纯。到齐州后，崔彭在传舍止歇，派人去召陈王纯。宇文纯一到，崔彭便请他屏除左右，假装密有要事相商，将他拿住锁了，并宣言道："陈王有罪，诏征入朝，左右不得擅动！"陈王府的侍从们大惊，遂四散而去。这事传播开来，人们联系朝中动向，当然会猜测这是杨坚剪除宇文氏宗藩的阴谋。而六月初五王至京后，也立刻感觉到落入了杨坚的掌控。

与此同时，杨坚还以会葬为由，征召宇文泰的外甥、相州总管尉迟迥入朝，改以上柱国韦孝宽为相州总管，去邺城接替尉迟迥。

尉迟迥当初统军平蜀，立有大功，后来在宣帝朝又担任四辅之一的大前疑，声望不在杨坚之下，本来得知杨坚主政，他心里就不大服气，又听说他本是矫诏掌权，还派人擒执陈王，图谋对宗室不利，就更加怀疑杨坚想谋朝篡位。面对征自己入朝的诏令，他当然不肯轻易遵从，同时开始密谋起兵。

韦孝宽还没到相州，便察觉情况有异，逃了回来。杨坚又派候正破六汗裒（音póu）去晓谕尉迟迥，并送密信给相州长史晋昶等人，叫他们防备尉迟迥图谋不轨。尉迟迥得知后，将破六汗裒和晋昶擒杀，召集城中文武士庶，登楼宣布道："普六茹坚（杨坚父赐姓普六茹）以凡庸之才，藉后父之势，挟幼主而令天下，威福任己，赏罚无章，不臣之迹，暴于行路！我忝居将相，与国舅甥，休戚一体。先帝置我于此，本欲寄以安危。今日欲与卿等纠合义勇，匡国危难，进可以享荣名，退可以终臣节，卿等以为何如？”众人尽皆从命。

于是，尉迟迥自称大总管，承制署置百官。由于坐镇襄国的赵王招已经入朝，尉迟迥便迎其少子至邺，奉以号令。

消息传到长安，杨坚并不感到意外。这种情况，从他就任大丞相的第一天起就已经预料到了。正如自己的发妻独孤伽罗再三指出的那样，大势已成，譬如骑虎，下则必被反噬，眼前唯有稳住下盘，抓牢鞭子，尽力驭之而已。

55 可疑的“鸿门宴”

尉迟迥是在大象二年六月上旬起的兵，他的弟弟、青州总管尉迟勤不久也积极响应，不到一个月时间，尉迟迥所辖的河北九州和尉迟勤所统的青齐五州郡县皆云集景从，聚拢了数十万之众。荥州刺史宇文胄、申州刺史李惠、东楚州刺史费也利进、东潼州刺史曹孝远也各据本州响应尉迟迥。

到了七月下旬，占据今湖北沔阳一带的郧州总管司马消难亦举兵应迥；八月间，益州总管王谦也反了。尉迟迥还北结割据辽西的高宝宁，通好突厥，以子为质许割江、淮之地，请南方的陈朝发兵。一时间，北周国内动乱四起，战火熊熊，除了关陇根本之地以外，只有幽州的于翼、并州的李穆、洛阳的窦炽等地方藩镇还听命于朝廷。甚至江陵的附庸政权后梁见尉迟迥声势甚盛，一时也动了举兵连谋之心，最终在柳庄的劝谏下，梁主萧岿才克制了冲动。

当杨坚为了韦孝宽、高颎东讨尉迟迥，王谊南征司马消难等事忙得不可开交之时，长安城里也出了乱子。

据史料记载，先是六月间任雍州牧、太师的毕王宇文贤（明帝宇文毓之子）图谋杀死杨坚，“言颇泄漏”，连其子嗣一同被诛。继而七月里，赵王宇文招在府中设“鸿门宴”欲行刺杨坚，要不是护卫元胄机敏，杨坚险些性命不保。

《隋书》声称，宇文招等五王原本就与毕王贤的阴谋有牵连，然而，杨坚为了抚慰他们，不但舍其罪过不问，反而赐给五王“剑履上殿、入朝不趋”的顶级礼遇。没想到宇文招贼心不死，“阴谋滋甚”，又在家中埋伏壮士，邀请杨坚前去赴宴。而杨坚则“欲观所为”，亲自带了酒肴前去。

宇文招将杨坚请入内室，左右侍从皆不得入，只有杨坚的从祖弟杨弘和元胄、元威兄弟被允许坐在了门旁边。而宇文招这边则有他的两个儿子员、贯以及妃弟鲁封等在场，事先除了将兵刃藏于帷席之间以外，还在后院埋伏了多名壮士。之前，宇文招跟他的儿子们商定：“汝当进瓜，我因刺杀之。”酒过三巡，员、贯果然呈上瓜来（当时西瓜尚未广泛种植，应是甜瓜）。宇文招便用佩刀切瓜，请杨坚品尝，意欲乘机行刺。元胄在门外望见，扣刀直入，对杨坚道：“相府有事，不可久留！”宇文招十分不快，呵斥他说：“我与丞相说话，你是何人？”元胄瞋目而立，朗声报出名姓。宇文招又道：“你不是当初奉事齐王的那个人吗？我听说过你，真是个壮士啊！”便赐给元胄一大觞酒，还说：“我怎么会有恶意呢？你不必如此紧张！”

有元胄在场，刺杀行动当然不便实施。于是宇文招又是假装吐酒，作势离席，又是声称口干，命元胄取水，总之就是想将他支使开，但元胄却不为所动。这时，恰好滕王宇文逌（音yōu）来迟。杨坚出门降阶迎接，元胄趁机近前耳语道：“形势大异，公宜速出！”杨坚仍未醒悟，道：“彼无兵马，又有何能为？”元胄道：“兵马都是他家之物，一旦抢先下手，大事去矣！元胄虽不辞死，可死在这里，又有何益？”杨坚这才点了点头。

再次入席不久，元胄便闯进来说道：“相府事殷，公何得如此？”说着就扶杨坚下床，急趋而出。宇文招等想追上去，元胄又挺身挡在门口，直到杨坚已至院门，他才从后面赶了上来，一同登车离去。事后，宇文招悔恨不已，气得“弹指出血”。

这件事发生后，七月二十九日，杨坚便诬赵王招、越王盛谋反，“皆杀之”。

不过考察宴会的过程，细心的读者会发现，这整个情节活脱脱就是当年鸿门宴的翻版：赵王招好比项羽，杨坚如同刘邦，而樊哙的角色则由元胄来扮演。再联系之前赵王招与毕王贤勾结，杨坚舍其罪而不问的铺垫，有学者认为，《隋书》这段叙事是努力要将杨坚塑造成谦和宽容、以德报怨的正义一方，而将宇文招塑造成阴险狡诈、忘恩负义的邪恶一方。实际上，如果宇文招之前确实参与了毕王贤的阴谋，那么杨坚在受到邀请的时候肯定不会毫无防备。一个明显的证据就是，《隋书·高祖纪》明言，杨坚是“赍酒肴以造赵王第，欲观所为”。自己带酒肴前去，是为了防止对方在饮食中下毒；“欲观所为”，则意在为事后罗织罪名寻找借口。显然，杨坚绝非像《北史·元胄传》说的那样“帝不之知”，事先对赵王招的意图无所察觉，甚至当元胄警告他形势有异的时候还“犹不悟”。此外，早在五王入朝之前，杨坚就已经掌握了京城里的全部军政大权，这种情况下，其实只有他宰割五王的份儿，而不是反过来自己成为刀俎上的鱼肉。

所以我们完全有理由怀疑，这次“鸿门宴”如果不是史官虚构，那也很有可能是杨坚自导自演的一场戏，宇文招不过是无意中配合他当了一回丑角。之前杨坚舍其罪而不问，反倒赐予五王殊礼，其实也不是什么宽容大度，而是在各地叛兵四起的情况下为了稳定朝中局面的权宜之计。总体来看，为避免引起更大的风波，杨坚对宇文氏宗王的剪除是一个渐进的过程。这次杀了赵王招、越王盛之后，至十月间他又杀了陈王纯，十二月，在被封隋王的同时则杀了代王达和滕王逌。

在杨坚按部就班地剪除宇文氏势力的同时，各地平叛的形势也越来越好。

虽然尉迟迥等人一时气势甚盛，但正如柳庄为梁主萧岿分析的那样，杨坚占据了“挟天子、保京都，仗大顺以为名”的优势。关中毕竟是府兵精锐囤聚之地，各将校的家口又多在关中，再加上杨坚毕竟此时尚未篡逆，为保家全身之计，大多数官员都选择了效忠朝廷。而尉迟迥人马虽多，却大多是临时征集来的乌合之众；战略上又距离南方的司马消难、王谦过于遥远，无法形成合力，很容易被各个击破。而且，从道义上来说，皇帝宇文阐尚在，尉迟迥却奉赵王招少子起兵，并承制署置百官，其争夺天下的野心一望可知，并不比杨坚显得更理直气壮。司马消难和王谦也是如此。另外，或者囿于利害权衡，或者源于私人恩怨，当时占据并州和幽州这两大军事要地的李穆、于翼两名元老拒绝附从尉迟迥，也使得叛军在战略上陷于了只有招架之功而没有还手之力的被动局面。

八月中旬，韦孝宽、高颎先是在沁水边击溃了前来阻击的尉迟迥之子尉迟惇，继而乘胜进逼邺城。十七日，双方数十万人在城南展开大会战，官军先败后胜，一举攻破邺城。尉迟迥身死，尉迟勤被擒。

紧接着，司马消难在王谊大军的威逼之下弃地南奔陈国，郧州克复。

到了十月下旬，统领步骑二十万南征的梁睿破斩王谦于剑南，益州亦平。

其余荥州刺史宇文胄、申州刺史李惠等也被杨素、韦孝宽依次讨平，嚣张一时的各方叛乱，半年不到即被杨坚彻底镇压了下去。

而随着军事上的节节胜利，杨坚也在政治上向着皇帝的宝座步步进逼。

56 开皇之治

本书行文至此，我们已经目睹了太多江山易手、改朝换代。从宋武帝刘裕开始，以天命更迭为由上演的禅让戏码不断重复播演，几乎让人产生了审美疲劳。按照清人赵翼的说法，“古来得天下之易，未有如隋文帝者”。宇文氏皇族本来就人丁不旺，又因皇帝与权臣之间的争权内耗自我剪除了不少，最后又在昏君宇文赟的手里折腾得民心丧尽，到杨坚被形势所推、走上前台之时，身边基本上已经没有同他等量级的对手。这也就无怪乎五十年后，勋业彪炳的唐太宗李世民会嘲笑他“欺孤儿寡妇以得天下”了。

总之，大定元年（公元581年）二月甲子（十四日），杨坚逼使九岁的周静帝宇文阐禅位于己，改元开皇，建立了隋朝。几个月后，宇文阐又被杨坚秘密处死。周武帝宇文邕多半不会预料到，自己去世还不到三年，北周王朝的历史便走到了尽头。

吕春盛先生认为，隋周鼎革不仅仅意味着王朝的改换，也是关陇集团内部统治阶层的一次更迭。在杨坚篡周建隋的过程中，积极支持他夺权的人不再像西魏时代和北周初期的统治阶层那样主要出身于六镇鲜卑，而是大多来自于以中下级官僚为代表的关陇本土（包括河南河东）势力。他们身上的北族色彩较弱，而汉族文化背景更浓。这一点，从杨坚正式即位之前便下令国人恢复汉姓，即位后又革除宇文泰创建的六官制度而依从汉魏旧制就能看得出来。

以隋朝初年权势最盛的“四贵”为例，杨雄（即杨惠）是杨坚的族子，弘农杨氏，高颎出身渤海高氏，虞庆则出身京兆虞氏，苏威出身武功苏氏。四人之中，除了以武力扬名的虞庆则家世有西域背景之外，其他三人至少在文化上都属于汉族。而在杨坚开国后新任命的三省六部长官之中，既有关陇大族，亦有洛阳士族和河北人物，显示出了这个政权的混合性格。

就这个意义而言，新生的隋朝注定要成为自晋末永嘉之乱以来延续了近三百年的分裂时代的终结者。

即位后的数年间，杨坚励精图治。正如年号“开皇”所昭示的那样，雄心勃勃的杨坚要以实际行动证明，自己乃是“祗奉上玄、君临万国”的圣主，势必要创造除旧布新、天下大治的新纪元！

因而，隋初的“开皇之治”，重点并不在与民休息、社会安定、厚殖国力这些历朝历代治世的常见举措，而在于杨坚推行的一系列足以影响后世的开拓性政策。

在政治制度层面，最重要的创革便是三省六部制的确立。

三省的职官虽是魏晋旧制，但经过杨坚在废除北周六官制度后的重新厘定，门下、中书（隋初改称内史）两省终于从为皇帝一人服务的内朝官地位摆脱出来，同尚书省一样成了主管全国政务的中央机构。三省长官即是事实上的宰相。与此相应，原本位当宰辅的太尉、司徒、司空三公则被废除了开府的权利（原本三公有权利开府），正式成了荣誉性的虚衔。由此，领导机构宰相制取代了秦汉以来的个人开府宰相制，在行政层面遏制了个人专权，恢复了君权与相权之间的稳定结构。尚书省下辖的吏、礼、兵、刑（隋初称都官）、户（隋初称度支）、工六部也在这时正式确立。从此，以三省六部制为代表的中央官制一直被唐宋沿用，其影响直到明清。

在地方行政制度上，杨坚取消了郡这一级机构，一扫实行了约六百年的州、郡、县三级制度而恢复为州、县两级制，精简地方人事，改革地方官制，在减轻财政负担的同时，也加强了对基层的控制，试图从根本上削弱地方分裂割据的基础。

此外，杨坚还投入了巨大的精力来从事刑法礼乐、典章制度的创革与编纂，力求以律令的形式将他心目中的治世法则垂诸后世。他主持颁布的《开皇律》对南北朝以来的历代法律总结扬弃，“刑网简要，疏而不失”，是中国法制史上承前启后的集大成之作。同期修订的《仪礼》也同样是后世礼乐制度的典范。

在杨坚的心目中，构建天下大治的世界帝国，还要有足以匹配的世界级都城。然而，自东汉末年以来，长安城屡经战火，城池破败，人口大减，水源也受到污染，虽经过北周时期的整治与建设，却仍然难以恢复汉代帝王都的气象。于是杨坚决定，不如按照自己的设想重新规划，建造一座全新的都城！

开皇二年（公元582年），隋文帝杨坚命左仆射高颎领衔主持，以“有巧思”“多伎艺”的宇文恺负责具体事宜，开始在汉长安城东南的龙首原上营建新都。次年三月，新都落成，杨坚将其命名为大兴城。这便是后来的唐长安城。

这座气势恢宏的大城东西广十八里一百一十五步，南北长十五里一百七十五步，占地面积是汉长安城的两倍半、明清北京城的一倍半，不但是古代中国，同时也是进入工业时代以前世界历史上最大的城市。

在建筑格局上，宇文恺结合龙首原上存在六道高坡的地形，取法《易经》乾卦六爻，“于九二置宫阙，以当帝之居；九三立百司，以应君子之数；九五贵位，不欲常人居之，故置玄都观、兴善寺以镇之”。宫城、皇城位于北部正中，坊、市等百姓居住区从东、南、西三面环抱内城，十三座城门崔嵬高峻，二十五条大街纵横交错，一百零八坊棋布星罗，整个布局贯穿着以皇帝为天下中心、万方臣民匍匐在下的政治理念，在沿用北朝洛阳旧制的同时，更加气象森严、整齐有序。

不论是对内创革制度还是兴造新都，这些举措都是杨坚构建世界帝国，恢复天下秩序的一个组成部分。对外同突厥争夺东亚霸权、重新将一些周边国家纳入藩属，也是如此。

57 | 远交近攻，离强和弱

前文提到，在佗钵可汗时代，突厥人便改变了以往亲近北周的策略，尤其是在北齐灭亡后，佗钵转而扶持来投的北齐宗室高绍义和割据营州的高宝宁，不断侵扰北周边境。周武帝宇文邕本想亲自大举攻伐来解决这个问题，却不幸在发兵途中病逝。因此在杨坚即位之时，北方的突厥仍然是隋朝面临的重大威胁。

好在佗钵可汗去世后，突厥内部因汗位继承发生争执，佗钵的侄子沙钵略虽力压诸兄弟当上了大可汗，却迫于压力，不得不封了几个小可汗，内部的不和给了杨坚分化瓦解敌人的天赐良机。恰在此时，曾经护送北周千金公主入突厥与佗钵和亲的长孙晟出使归来，将此行获得的种种情报上书汇报给了杨坚，并提出了削弱突厥的“远交而近攻、离强而合弱”策略。

具体而言，就是利用突厥内部的矛盾，扶植实力较弱、距隋朝边境较远的小可汗，离间他们和大可汗沙钵略之间的关系，怂恿他们与沙钵略争权，以达到分裂突厥人的目的。

杨坚闻计大喜，立刻付诸实施。他首先停止了自北周以来对突厥大可汗的岁贡，修缮边塞长城、强化防御体系的同时，又派遣使者携带厚礼，联结居于今伊犁河谷的西边达头可汗和掌控东边奚、霫（音xí）、契丹部落的沙钵略之弟突利设。当达头的使者和沙钵略的使者同在隋朝之时，则刻意优待达头使者而冷落沙钵略的使者。

没过多久，长孙晟的计策便收到了效果。

开皇二年春，由于失去了来自隋朝的物资供应，大草原上又连续发生灾害疾疫，沙钵略遂以为可敦（北周千金公主依照突厥风俗，在佗钵死后又嫁沙钵略，成为可敦）复仇为借口，发动举国部众四十余万大肆南侵。

本来按照沙钵略的计划，除了高宝宁配合突厥寇掠平州（今河北卢龙北）之外，包括他自己在内的五可汗应在东起燕山、西至河湟的漫长战线上分别发动攻击，使隋朝陷入顾此失彼的局面。然而，当沙钵略在中央突破长城防线，更欲大举深入之际，西边的达头可汗却打起了退堂鼓，径自带着到手的战利品率部回了天山。与此同时，牙帐位于漠北的小可汗阿波在侵入凉州后屡次败于秦州总管窦荣定。当时在窦荣定军中效力的长孙晟趁机遣使对阿波说："你和沙钵略本来就互相看不顺眼，现在他沙钵略屡战屡胜，你阿波却一来就连吃败仗，将来沙钵略一定会拿此事当借口归咎于你，从而谋求吞并你的北牙。你可要好好掂量掂量，就凭自己，能不能对付得了他！"

不久，阿波派使者入隋，长孙晟又说："现在达头可汗已经与我隋朝通和，沙钵略根本管不了。你阿波不如也依附我大隋天子，然后跟达头结盟，共同对付沙钵略，这才是万全之计。怎么说也总比归国认罪、受他沙钵略的折辱杀戮要强得多吧！"

阿波果然被长孙晟说动，派使者随他入朝，向隋朝示好。

此前，长孙晟还说服了沙钵略的儿子染干，让他放出风声说："漠北铁勒反叛，欲袭我牙帐！"沙钵略大惧，遂收兵退出了长城。

然而，隋文帝杨坚已经看出了沙钵略的外强中干和色厉内荏，岂肯善罢甘休！次年初夏，他颁下诏书，痛骂突厥狼子野心，以卫王杨爽为行军元帅，分兵八道出塞，大举北伐。四月十二日，隋军与沙钵略相遇于白道。一场激战过后，沙钵略大败，丢弃了可汗所穿的金甲，落荒而逃。加以军中缺粮，疾疫流行，突厥人死亡甚多。几乎与此同时，高宝宁也败于幽州总管阴寿，逃入契丹，最终为部下所杀。

沙钵略本来就忌惮阿波骁勇剽悍，自白道败归途中又听说阿波投靠了隋朝，心下大怒，纠集余众返回漠北后，马上北征袭破了阿波的老巢，还杀了阿波的母亲。消息传来，阿波悲恨交加，又无所归依，便西奔去投了达头可汗。两人联兵一处，共同征讨沙钵略，其余可汗、部酋见状也纷纷站队，有的支持阿波、达头，有的支持沙钵略，一场内战迅速爆发，不久后便席卷了整个北方草原。

突厥人之间的这场内战，一打就打了二十年。

直到隋文帝在位晚期的仁寿三年（公元603年），这场内战才最终平息下来。其结果就是突厥人以阿尔泰山为界，形成了两个独立的政权：东突厥汗国和西突厥汗国。

内战过程中，失势的一方常常投靠隋朝，而隋朝则继续贯彻长孙晟“离强和弱”的策略，拉一派、打一派，借此控制突厥。开皇十九年（公元599年），随着东突厥汗国第一代可汗（启民可汗）阿史那染干正式向隋朝款塞称臣、和亲纳贡，承认了大隋天子的宗主地位，隋文帝杨坚基本上解决了困扰北方边境多年的突厥问题。

可以说，自从突厥汗国内部爆发内战开始，突厥人就失去了与隋朝争夺东亚霸权的实力。此后不久，契丹、奚、吐谷浑等原本亲善突厥的边疆部族纷纷遣使归附，标志着隋文帝杨坚构建世界帝国的雄心正一步步地走向现实。

现在，只剩下最后一个重大的任务等待他去达成。

那就是：打过长江，统一全国！

在宋、齐、梁、陈这南方四朝里，在侯景之乱的废墟上建立起来的陈朝是实力最为弱小的一个。论领土，它还比不上三国时代的东吴；论户口，政府能够实际掌握的只有五六十万户。有学者认为，陈朝境内的实际人口数量当在一千五百万左右，是南朝中最低的。而隋朝在统一北方之后，又经过“开皇之治”的数年生息和括户，此时已有户口六七百万，足足是陈朝的十倍有余！实际人口数量当在三千万以上，也是陈朝的两倍。所以论经济和军事实力，陈朝绝对不是隋朝的对手。

更糟糕的是，在陈宣帝陈顼去世后，其长子陈叔宝接了班。这位小名“黄奴”的皇帝虽然即位时已经年满三十，但由于自幼“生于深宫之中，长于妇人之手”，不仅不知稼穑艰难，而且个性柔弱，除了在诗文音乐方面偶有所作之外，主要的爱好是醇酒美人，政事一概交给手下佞臣处理。

据说陈叔宝最宠爱的妃子名叫张丽华，虽然出身卑微，但天生丽质，性情聪慧，十岁时被选入东宫，便得到了身为太子的陈叔宝的宠幸。史籍在叙述张丽华之美时，说她“进止闲暇、容色端丽”，一对剪水双瞳极为动人，“每瞻视盼睐，光采溢目”，而且她“发长七尺，鬒（音zhěn）黑如漆，其光可鉴”，在阁楼上凭轩而立之时，遥望的宫人都觉得见到了神仙。更要命的是，这样一位光凭颜值就秒杀众生的神仙姐姐还特别聪明，特别有心计，除了“才辩强记，善候人主颜色”之外，张丽华在处理后宫的人际关系时亦显得游刃有余，以至于其他嫔妃“咸德之，竞言贵妃之善”，连皇后沈氏对她独得恩宠也没有怨言。

有这样一位男人心目中的完美情人日夜相伴，本就胸无大志的陈叔宝自然越发沉溺于温柔乡里难以自拔。即位后的第二年，陈叔宝下令在后宫新起临春、结绮、望仙三阁。数十间楼阁皆高数丈，其中的窗牖、壁带、悬楣、栏槛之类，全部用名贵的檀香木制成，上饰金玉，杂以珠翠；阁内遍设宝床、宝帐，施用的服饰器物以也尽是瑰奇珍丽的极品。每当微风吹来，阁中香闻数里，朝阳映照之下，金宝散发出的光芒闪耀整个殿庭。阁下则积石为山，引水为池，其中遍植奇树名花，春夏时节便落英缤纷，百鸟鸣啭，宛如人间仙境。陈叔宝自居临春阁，命张丽华居于结绮阁，龚、孔二贵嫔则居望仙阁，阁与阁之间通过复道交相往来。史书说，陈叔宝身边那些插戴貂尾的佞臣有五十人之多，日常侍奉的美貌嫔御也有千余人。江总、孔范等经常陪他嬉游宴乐的十人，号曰“狎客”。在这穷极江南民力而人为营造的仙境里，陈叔宝用诗酒与音乐将自己与凡尘俗世隔绝开来，或是命诸贵人及女学士与狎客共赋新诗，或是叫容色俏丽的宫女们“分部迭进”，吟唱新制的艳曲，君臣酣饮，通宵达旦……

那首历史上著名的亡国之音——《玉树后庭花》多半就作于此时：

丽宇芳林对高阁，新妆艳质本倾城。
映户凝娇乍不进，出帷含态笑相迎。
妖姬脸似花含露，玉树流光照后庭。

美人如花，江山如梦。尽管后人在《隋书·乐志》中推测，这首曲子在演唱时很可能是男女合唱，而且“其音甚哀”，但我们在歌词中看到的却只有纸醉金迷的奢华和软语调笑的淫腻，而陈叔宝在创作此曲时，似乎也并没有透露出任何哀伤的情绪。

倒是同样生于末世的晚唐诗人杜牧，在秦淮河边发思古之幽情，联想到家国人事的无常，不免徒增了几分感慨，写下了“商女不知亡国恨，隔江犹唱后庭花”的名句。

玉树后庭花，花开不复久。

陈朝的国运，便在这飘荡于秦淮河畔的歌声里走到了尽头。

58 兴兵伐陈

开皇八年（公元588年）三月，隋文帝杨坚下诏大举伐陈。

其实杨坚早在上台之初，便抱定了削平南朝、一统海内的决心，只不过当时条件尚未成熟，内有三方叛乱，外有突厥寇侵，朝中的局势也并不稳定，并不适宜对南大举用兵。

因此，当老将梁睿在开皇元年（公元581年）上书建议伐陈之时，杨坚便以“初临天下，政道未洽”为由，认为并不急于征讨，拒绝了这一提议。

之后数年里，杨坚忙于各种内政和对付突厥，在对待陈朝的策略上一直显得十分克制。在南境诸将收复了陈朝趁司马消难叛乱而夺取的江北失地后，他一再下令诸将不得深入，以免将战事扩大；他还派使臣南下向陈朝示意修好，并在陈宣帝去世后以礼吊唁，大大缓和了与陈朝的关系。不久，陈隋之间便恢复了正常的使者往来。

从某种程度上来说，这一时期的对陈策略是为杨坚“远交近攻”解决突厥问题而服务的。维持南境的缓和局势，使得杨坚能够心无旁骛地着手于攻略突厥，避免了两线作战的不利局面。

到开皇三年沙钵略败于白道，尤其是突厥人陷于内战，已无实力大肆寇边之后，杨坚终于慢慢调整战略方向，开始耐心、系统地筹划南征事宜。

杨坚深知，虽然大隋的国力远胜于陈，但灭国之战非寻常边境冲突可比，切不可急功近利、轻举妄动，否则就很有可能像当年赤壁之战的曹操、淝水之战的苻坚那样，在占据优势的情况下遭遇耻辱性的失败。为此，他尽管早已下定了兴兵伐陈的决心，却仍然公开向陈朝频频示好，以麻痹陈朝君臣，消解他们的警惕性。陈朝边将来降，杨坚一律不纳；双方国书往来，杨坚卑辞厚礼；甚至面对陈朝边将的越境挑衅，杨坚也只是命守军坚守拒敌，不准主动出击。

另一方面，杨坚则秘密向一些心腹之臣征求灭陈的具体方略。这其中，又以高颎和崔仲方的建议最有见地。

高颎的计策是，利用江南江北气候不同、农时有异的特点，每到江南庄稼收获时节，便虚张声势，扬言南讨，使陈朝军民不能安心收获；而在陈军聚兵屯守之后，我方则解甲营田。这样反复搞上几次，陈军必定习以为常。到时候我军真的集兵，陈人一定不信，还在犹疑的工夫，咱们早就渡过了长江，在陆上作战，更加得心应手！此外，江南的房舍多用竹茅建造，粮秣储积不像北方都存在地窖里，可以秘密派遣间谍潜入，因风纵火，等他们建好了新的，再派人去烧。这样不出数年，陈国便会财力俱尽。如此再发兵攻伐，取胜易如反掌！

崔仲方则从军事部署的角度建言道，应该在长江上游诸州大造舟楫、兴建水军，张扬声势，而在长江下游抽调精兵，暗中准备渡江作战。这样一来，陈朝一定会将舰船集结于汉口、峡口，准备在水战上一决胜负。到时，倘若陈军以上流为防御重点，派兵增援，那么我们就命下游诸将相机渡江；倘若敌人聚兵下流以自保，那么上游的水军便鼓行而东，效仿当年西晋灭吴之故伎。再加上陈国昏君失德，哪怕坐拥三吴、百越之兵，也无济于事了！

这两个建议都被杨坚不同程度地采纳，在后来的灭陈之战中果然发挥了重要作用。

在开皇五年（公元585年）之后，心机深沉的杨坚还利用后梁事件为契机，诱使陈朝成了主动破坏两国关系的一方，在道义上为兴兵灭陈寻找到了名正言顺的借口。

自从江陵政权在三十年前被北周纳为附庸以来，这个史称后梁的小朝廷总体来说一直对宗主国服服帖帖，即便是杨坚篡周之时也不曾反叛。但后梁统治集团的上层毕竟大多是南人，故而内部始终存在亲陈反隋的势力。开皇五年，梁明帝萧岿去世，继位的萧琮威信不足，梁国内部的反隋派蠢蠢欲动。不久，便发生了大将军许世武欲献城招引陈荆州刺史陈慧纪的事件。虽然因计划泄漏未能成功，却使得杨坚加强了警惕：江陵是南征灭陈的重要基地，任何异动都会影响整个攻陈计划的实施，何况未来天下一统，这个附庸政权也就失去了存在的必要性，如今必须加强对江陵的控制。

因此在开皇七年（公元587年）筹划攻陈的前夕，杨坚在召萧琮入朝的同时，派遣酷吏崔弘度为江陵总管，领兵进驻江陵，很明显是要彻底吞并梁国。江陵百姓闻知后，都彼此垂泪交语道："吾君其不返矣！"

结果，在萧琮带着两百名大臣已经离开江陵而崔弘度又尚未抵达这个节骨眼上，留守的萧琮叔父、太傅萧岩等人立刻向陈朝荆州刺史陈慧纪请降。九月十八日，陈慧纪引兵来至江陵城下接应。次日，萧岩等便裹挟梁国士庶百姓十万口出城奔了陈朝。陈叔宝为之大赦天下，还封萧岩为开府仪同三司、东扬州刺史。

有历史学家认为，萧岩奔陈这事儿并不像表面看上去那么简单。因为根据记载，早在八月十八日，梁主萧琮就到了长安，而崔弘度至少在八月二十三日也已抵达距江陵不足二百里的鄀州（今湖北荆门北）。然而在接下来的二十多天里，崔弘度就此按兵不动，居然坐视萧岩与陈慧纪勾勾搭搭，又对十万江陵军民的出奔置若罔闻。而且在事后，崔弘度并未因为放任萧岩出奔受到杨坚的处分，反而在平陈战役中被委以行军总管的重任。这些线索暗示，对于江陵士民的南奔，杨坚本人如果不是有意纵容，至少也是不愿阻挠的态度。

因为这样一来，就可以陷陈朝于不义，名正言顺地获得南征伐陈的理由。

果不其然，当萧岩南奔、陈朝坦然接收梁国降民的消息传到长安，杨坚勃然大怒道："我为民父母，岂能因一条大江相隔便舍弃他们不救！"随即下令大造战船，意欲攻陈。有臣下劝说造船一事应该秘密进行，杨坚却道："我将替天行诛，有什么好保密的！"

显然，杨坚是要向天下人宣示：是你陈叔宝纳我叛臣、受我降民，首先破坏了两国之间的友好关系，背弃了互不侵犯的约定！而我杨坚是有德明君、爱与正义的化身、护法金刚那罗延转世，现在要代表月亮消灭你啦！

以江陵事件为契机，从开皇七年冬开始，隋朝全面进入战备状态。

从开皇八年三月下诏历数陈叔宝罪恶，宣布将大举伐陈开始，隋文帝杨坚花了整整半年多的时间，制定了一套万无一失、详尽周密的作战计划。

首先，是通过新增军府、征召乡兵等方式，集结了超过五十万人的庞大军队。而陈朝的军队据推测不过十万，这就在兵力上形成了绝对碾压。

其次，参酌手下谋臣宿将的诸多建议，博采众长，将整个长江战线划分为两个战区：江州以西是西战区，由秦王杨俊和清河公杨素节度，主要负责略取陈国上游州镇，切断上游敌军与下游的联系，策应东部作战；而江州以东的东战区由晋王杨广统领，目标是直取陈国京师建康。各战区遴选将士，共设行军总管九十名，举国精兵强将尽汇于此。

最后，杨坚还在陈国境内广布间谍，秘密策反了一些陈朝官员，使他们充当内应，任命熟悉江南地理的南朝降将为向导等。

经过细致而充分的准备，到开皇八年十月底，在扣留陈朝来聘的使者和告祭太庙之后，隋文帝杨坚终于下达了作战命令：

东线以晋王杨广为淮南道行台尚书令、行军元帅，以左仆射高颎为副，统领宇文述、贺若弼、韩擒虎、燕荣等六十名行军总管，总兵力三十余万。其中左翼贺若弼部自广陵攻击京口；右翼韩擒虎部自庐州出横江，剑指采石；青州总管燕荣统水军由海路攻取吴地，以断建康后路；杨广的中军则自寿春出六合，直取石头城。

西线以秦王杨俊为山南道行台尚书令、行军元帅，下督杨素、崔弘度、王世积、刘仁恩等三十总管，总兵力十余万。王世积出蕲春，刘仁恩出江陵，杨素领水军战船出三峡东下，杨俊的中军自襄阳出屯汉口，总领上游战事。

一场声势浩大的渡江作战即将上演。

59 雄兵渡江

当五十一万大军在“东接沧海、西距巴蜀”的三千里战线上齐头并进，直扑大江南岸之时，年近五十的隋文帝杨坚思绪万千，难掩心中的激动。虽然他深知在这场战争中本方占据绝对优势，但毕竟自晋末天下分崩以来，南北分立的局面已经存续了将近三百年！这三百年里，强如秦王苻坚、魏帝元宏这样的雄主都不曾并吞南国、混一宇内，何况兵凶战危，众不敌寡之事在历史上亦时有所见，凭什么现在自己就一定能够成功呢?

旁观者清，当局者迷。此时此刻，倒是核心决策层之外的人物更能冷静地对天下局势做出清晰的判断。

例如，当时仅仅官居淮南行台吏部郎中的薛道衡，在被长官高颎问及“今兹大举，江东必可克乎”这一问题时，便极为自信地断言“必克”，理由有四:

第一，从大势而言，江南本就是中国的一部分，迟早复归统一。当年郭璞曾有预言：“江东偏王三百年，还与中国合。”现在三百之数将满，以运数而言，此战必克!

第二，自古国家兴衰，有德者昌，无道者亡。咱们主上恭行节俭、忧劳庶政，他陈叔宝却大兴土木、好酒荒淫，以致上下离心，人神同愤。这是另一条必克的理由。

再看看他陈朝的公卿大臣，尽是些滥竽充数之徒。像施文庆这样的小人居然被委以政事，尚书令江总则唯事诗酒，本非经略之才，虽然有萧摩诃、任蛮奴这样的大将，却不过是一夫之用，对大局于事无补。此其必克三也。

最后从战力而言，陈国上下，甲士不过十余万，要想守备西至巫峡、东至沧海这样广大的地域，分兵则势悬而力弱，聚兵又会顾此而失彼。这是第四个必克的理由。

听了薛道衡的分析，高颎心悦诚服，坦言自己以前只把他当文士看待实在是走了眼。

薛道衡曾经出使过陈朝，他对陈国君臣的论断可谓切中肯綮。

实际上，对于隋强陈弱、国势危如累卵的情况，部分陈国大臣也有清楚的认知。早在去年隋文帝的南伐计划尚未公开之时，太市令章华便曾上书极谏，指责陈叔宝即位五年以来，“不思先帝之艰难，不知天命之可畏，溺于嬖宠，惑于酒色，祠七庙而不出，拜妃嫔而临轩”，将先朝的老臣宿将疏远放逐，反而重用谄佞奸邪的小人，这种状况如果继续下去，“臣见麋鹿复游于姑苏台矣”，迟早会亡国绝祀！

结果这封书奏一递上去，陈叔宝勃然大怒，当天便命令将章华抓捕斩首。如此一来，就更加没有人敢直言进谏了。而沿江镇戍的守军听闻隋军将至，都相继向朝廷发来奏报，然而主政的施文庆、沈客卿之流却都隐瞒不报，使陈叔宝很长时间都不知晓前线的军情。

上有昏主，下有佞臣。强敌压境之时，这样的朝廷能有何表现，基本上也就可想而知了。

这年年底，当隋军在上游已经形成破竹之势的时候，陈叔宝居然命江州、南徐州境内缘江巡防的船舰都随从南平王陈嶷和永嘉王陈彦撤回了都城，以至于“江中无一斗船”，任由驶出三峡的隋军水师在杨素的统领下长驱而进。这样做的理由，史籍声称仅仅是在元正朝会时大摆排场。与此同时，陈叔宝还忌惮在湘州大得民心的刺史王叔文，于隋兵进逼之际调王叔文回京，另筹划以施文庆为湘州刺史西上。施文庆又担心外任会削弱自己的权柄，就推荐沈客卿自代。结果沈客卿同样不愿出外，两人一味推诿塞责，又不肯将湘州兵权交给异己人士，搞来搞去，弄得湘州防务近乎瘫痪。

这还不是最糟的。在获知隋军的迅猛来势后，护军将军樊毅、骠骑将军萧摩诃和仆射袁宪都主张在京口、采石这两处要津增兵设防，并派出金翅战舰两百艘沿江巡弋。然而，施、沈二人出于私利，故意在陈叔宝的面前将军情描述得并不急迫，又以元会将近、郊祀时需要兵马充当仪仗为由，再三阻挠发兵的朝议。基本上可以说，施文庆和沈客卿这两个佞臣的所作所为，处处都在拆自家的台，帮敌人的忙。（要不是后来这两人都被隋军处死，我甚至都怀疑他们是故意想整垮陈朝的内应。）

更搞笑的是，陈叔宝本人也充满了迷之自信，从容对左右侍臣言道："此地乃王气所聚。当初齐兵三来、周师两至，无不摧败！他杨坚又有何能？"

所谓"齐兵三来、周师两至"云云，说的是梁末徐嗣徽、任约招引北齐军队过江以及后来北朝与陈国之间的几次边境争端。实际上它们都是规模较小的战事，远远不能与这次隋朝举国动员的全面战争相比。至于"王气"，更是虚无缥缈的自欺欺人之言。

然而有章华的例子在前，此时并没有诤臣再敢指摘陈叔宝的错误，阿谀逢迎之徒倒是不缺。例如都官尚书孔范，就大言不惭地宣称："长江天堑，自古便是限隔南北的绝险，贼寇此来，难道还能飞渡不成！都是边将为了邀功求赏，故意夸大军情罢了！"接着他就以满不在乎的口吻吹起了牛皮，"臣以往总是嫌自己官位卑小，万一贼寇真的渡过江来，那便是臣立大功的机会！以臣之才略，定可做太尉公矣！"有人谎称隋军水土不服，军马多死，孔范又道："那可都是咱们的马，怎么就死了呢！"意思是隋军渡江必不能返，战马将悉为我有。

陈叔宝听了孔范的话，笑说正是如此。每日仍是吟风弄月、纵酒赏曲，对前线的战局丝毫不留心在意。

祯明三年（公元589年）大年初一，建康城内外被厚厚的雾霾所笼罩，空气中充满了刺鼻的味道。大臣们强打精神，早早便齐集殿前，照例用一套隆重繁琐的仪式向皇帝陛下庆贺新年的来临。然而，灰雾弥漫之下，跪拜趋退望去如同群魔乱舞，本应是火树银花、歌舞升平的元正朝会，此刻却平添了几分阴暗不祥的气氛。

宿醉未醒的陈叔宝在宫女的扶持下临轩，草草应付了片刻，便又回宫酣睡，留下大臣们继续行礼如仪，一直折腾到午后，才各自筋疲力尽地散去。

陈国君臣们似乎完全没有察觉，就在这一天，在杨广指挥下的东线隋军大举发动了渡江攻势！

吴州总管贺若弼等这一天已经等了几十年了。早在北周宇文护当政时，他的父亲名将贺若敦便有平定江南之志。只可惜贺若敦后来被宇文护猜忌害死，临刑前他将儿子呼到面前，郑重嘱咐他要继承自己的遗志。贺若弼被杨坚提拔为吴州总管后，一直以攻灭陈国为己任，曾进献平陈十策，深受杨坚嘉奖。去年伐陈的诏书公布后，贺若弼自感重任在肩，花了半年多的时间精心准备。他将陆续采购的大批民船秘密藏匿起来，只留几十艘破船在河汊内，故意制造隋军缺少渡船的假象。他命令沿江巡防的军队在每次换岗之时，都要在城下大张旗鼓，遍设营帐。陈军探知，以为隋兵即将进攻，便高度紧张地集结兵马准备迎敌，不久后发现只不过是寻常的换岗，就又四散而去。这样反复搞了一段时间，陈军习以为常，见到隋军集结也不怎么重视。他还让手下的士兵时不时地集体出动沿江射猎，一路人马喧嚣。所有这些举动都起到了麻痹对岸守军的效果。因此当大年初一这天贺若弼统军自广陵渡江之时，陈军居然毫无察觉，贺军很快便顺利抵达了对岸。

在贺若弼军对京口发动进攻之时，庐州总管韩擒虎也率领五百精兵趁着夜色的掩护从横江浦渡过江来，而采石矶的守军昨晚喝得酩酊大醉，同样无人发觉。凌晨时分，韩擒虎发动突袭，不费吹灰之力便将采石戍攻克。天亮后侥幸逃脱的守将徐子建驰启告变，建康朝廷才得知了隋军来袭的消息。

初三日，陈叔宝急召公卿大臣入宫商议军情。大将萧摩诃闻听京口被围，便要请兵逆战，但陈叔宝坚决不肯分割京师的军队去救京口。乱哄哄商议了一天，次日，陈叔宝终于降诏，宣布内外戒严，“朕当亲御六师，廓清八表”，并任命萧摩诃为皇畿大都督，樊猛为上流大都督，樊毅为下流大都督，司马消难、施文庆并为大监军，重立赏格，分兵镇守要害，甚至还发动建康内外的僧尼道士武装起来，准备拒敌。

然而事到临头，一切都太迟了。

60 金陵王气黯然收

初六日，贺若弼攻破京口，六千余守军全部被俘。初七日，韩擒虎只花了半天时间便攻占了姑孰城。北府和南州的失守意味着建康东西两侧门户大开，隋军可以长驱直入进抵金陵城下。此外，晋王杨广的中军也早已进驻北岸的六合镇桃叶山（今江苏南京浦口区北），隔江对建康形成威压态势。

于是，贺若弼、韩擒虎两军乘胜进击，沿江镇戍大多望风奔溃。由于贺若弼分兵切断曲阿（今江苏丹阳）要道，隔绝了自三吴入援建康的道路，而上游水路也早被杨素的舰队阻断，所以当十天后贺若弼进据钟山、扎营于白土冈之东，韩擒虎与杨广派来增援的杜彦部合兵一处、步骑二万屯于新林的时候，四方州镇只有吴兴内史任忠（即任蛮奴）赶回了建康，此外再无援兵。而当时建康内外虽然尚有兵士十余万，但陈叔宝生性怯懦，更从来就不懂军事，每天除了长吁短叹，就是与张、孔二贵妃相顾啼泣，台城内一切防务则都交给施文庆来处理。施文庆深知诸将都看自己不顺眼，生怕他们掌了兵权、立了战功对自己不利，所以一再对陈叔宝道："这些人平日牢骚满腹，一直不太遵从朝廷号令，眼下事态紧急，怎能轻易信用！"因此萧摩诃、樊猛等人的建议，大多陈叔宝都不予采纳。

与此同时，蕲州总管王世积的水军自九江出发，在蕲口大破陈将纪瑱。这是继杨素在狼尾滩获胜后，隋朝水军取得的又一场大胜。这两场胜利破除了自来北人不擅水战的传统观念，大大提振了隋军的士气。而陈军则士气低迷，降者相继。接到杨广的汇报，对战况的进展感到十分满意的隋文帝杨坚欣喜异常，在长安大宴群臣，还颁下诏书，用“富贵功名永垂竹帛”来激励前敌诸将。

其实根本不用激励，隋军将领人人都深知这场战争是百年难遇立大功、成大名的良机。就拿贺若弼、韩擒虎这两员先锋来说吧，从战事一开始，两人就暗中较着劲，都想要抢先攻入建康、擒获陈叔宝，从而拿到头功。眼下韩擒虎虽然已经进抵新林浦，但距建康城还有二十里，而且还隔着一条秦淮河，贺若弼的八千人马则已经进据钟山，从北部对台城构成了迫在眉睫的威胁。

面对这一情况，萧摩诃提出，应该趁贺若弼悬军深入、营垒未坚之时出兵掩袭，一定能够获胜。但陈叔宝并未听从。在另一次军事会议上，从吴兴入援的任忠则建议道：“用兵之法，客贵速战，主贵持重。如今台城内足兵足食，应采取稳重固守的策略，沿秦淮河树立栅垒，不轻易与敌寇交战；然后分兵阻断江路，使渡过江来的敌军无法与北岸顺利通信。此时只需给臣精兵一万、金翅三百艘，下江径掩六合，隋军的主力一定会认为他们渡江的将士已被俘获，自然会士气大挫！再者，江北的百姓与臣旧相知悉，听说臣率军而至，必定会云集景从。臣再扬声欲往徐州，断彼归路，则敌寇自会撤军北归。何况待到春水大涨之时，上游周罗睺等众军一定会前来赴援。这才是退敌安邦的良策啊！”

平心而论，不管是萧摩诃主动出击的建议，还是任忠固守待援、断敌后路的策略，在当时的情境下都有其可取之处。而不论采取何种方案，关键都在于思路要统一，执行要坚决，这样才有可能掌握战场的主动权，从而逐渐扭转不利的战局。可是碰上陈叔宝这么一个不成器的主儿，要做到这一点几乎是不可能的事。他先是否定了萧、任两人的提议，隔天却又忽然说道：“战事久拖不决，实在令人心烦，可呼萧郎一出击之！”便叫萧摩诃领兵出击。

《孙子兵法》有云：“主不可以怒而兴师，将不可以愠而致战。”

说的就是在战争中要排除强烈情绪的干扰，以便做出理性的判断。相反，每一次军事行动都应该有明确的目的，选择合适的时机。哪有像陈叔宝这样因为心烦气闷好无聊就盲目派兵出战的道理？所以任忠听说后，一个劲儿地叩头苦谏不可出击。这时，那个吹牛要做太尉公的孔范又跳了出来，大言道："臣请与贼寇一决雌雄，定当为陛下勒石燕然！"浑然把自己当作了破灭北匈奴的东汉大将窦宪。

被孔范这么一忽悠，本就头脑不大清楚的陈叔宝更加不知道自己几斤几两了，当即对萧摩诃道："公可为我一决！"还拿出不少金帛来充军赏。

二十日，陈军改变了原本防御型的部署，在台城以北摆开阵势。中领军鲁广达在白土冈列阵，位居众军之南，正对贺若弼的营寨；镇东大将军任忠、护军将军樊毅、都官尚书孔范等各统所部，在其西北依次排开；萧摩诃军则居于阵线的最北端。众军南北绵延近二十里，远望黑压压一片，倒也颇具声势。

贺若弼本来没想到陈军会主动出击，正带着少量轻骑登山观察地势。望见陈军列阵，这才急忙驰下山来布置迎战。

此时，贺若弼一方拥有甲士八千余人，而陈军一方的兵力虽然没有明确记载，推测总也有四五万人马。问题是，陈军虽然在数量上占据了优势，但这支军队既没有统一的指挥者，也没有明确的战略战术，仅仅是因为皇帝要求他们出战他们便出来了。表面上看去军容甚盛，其实诸将互不统属，彼此的阵营缺乏呼应，甚至"首尾进退不相知"。

更糟糕的是，由于陈叔宝即位以来的种种昏政和隋军在东西战场势如破竹的态势，陈军士气低迷，许多将领暗地里存了去就之心。有史料还说，陈叔宝与萧摩诃的妻子奸通，因而萧摩诃虽麾下握有精兵八千，却"初无战意"。从萧摩诃的前后言行看来，这件事多半并不可信。但说陈叔宝不能得将士死力，应该并不过分。

因此，在战斗开始后，只有中领军鲁广达率部死战，其余诸军大多只是虚张声势。即便这样，陈军依然在初期占据了优势。鲁广达身披甲胄，手执桴鼓，亲率所部冒刃直进，贺若弼军不得不数次后退，麾下死伤近三百人。最后贺若弼只好放起烽火，靠着浓烟的遮蔽撤出战场，召集隋军重新集结。

陈军士兵以为获得了胜利，纷纷割取人头去向朝廷报喜求赏。贺若弼远远望见，便知敌人既骄且惰，并不足惧，就与手下总管督率将士，再次发动了进攻。这次贺若弼没有硬怼鲁广达军，而是挑上了孔范的部队。别看孔范牛皮吹得欢，说什么要“勒石燕然”，其实毫无统兵才能，他手下的士兵才一交锋便即溃退。其余诸军见状，也都阵脚大乱，骑兵步卒互相践踏，隋军乘势猛冲猛杀，不多时便擒斩五千余人，连萧摩诃也于乱兵中被俘。出城列阵的数万陈军转眼间烟消云散。

败退而回的任忠驰入台城，告知了陈叔宝战败的情况，末了说道：“陛下好自为之，臣已经无能为力了！”陈叔宝带着哭腔又拿出些金子，央求任忠再去募兵。任忠连连摇头，心说我劝你不可出战你不听，现在大势已去，哪里还能募到人为你卖命？便哄骗陈叔宝道：“为今之计，陛下只有乘船去投上流众军，臣愿以死奉卫。”

陈叔宝想了想，也只好如此，就叫任忠快去准备。任忠说等我处置好了就进宫来接你。结果陈叔宝叫宫女装束完毕，却迟迟不见任忠回来。

原来，任忠根本就没打算护送陈叔宝去投上游诸军，而是出南城投降去了。此时城南新林的韩擒虎得知陈军被贺若弼击败，也急令本军进击。任忠便引导韩擒虎的军队直奔朱雀大航而来。把守朱雀航的领军将军蔡徵见隋军来攻，大惧奔逃，韩擒虎军遂直入朱雀门。守门的陈军士兵有不少持戈欲战，任忠叱道：“老夫尚且投降，你们又能怎样！”于是众人四散而去。

这时的台城内，除了鲁广达仍领残兵在北掖门一带与乘胜进逼的贺若弼苦战之外，其余文武百官大多各自遁逃，不见了踪影，只有尚书仆射袁宪在殿，尚书令江总在省，准备陪陈主迎接最后的结局。陈叔宝见那些平日对自己前呼后拥的佞臣此刻无一人尚在身边，不由感慨万千，对袁宪道："我从来待卿不胜旁人，今日卿却不曾弃我，实在愧疚于心。看来不仅是朕无德，亦是江东衣冠道尽啊！"

随着殿外人马喧嚣之声渐近，陈叔宝大感恐慌，绕着御座团团转，想要找个地方藏匿起来。袁宪劝他道："北兵入殿，一定不会伤害陛下。现在大事如此，陛下又能去哪里呢？臣愿陛下正衣冠，御正殿，依梁武帝见侯景故事。"袁宪的建议，是希望陈叔宝不要当缩头乌龟，多少给国家留几分体面。

然而，陈叔宝觉得与尊严体面相比，显然生命安危更加重要，就回了句："锋刃之下，未可抵挡，吾自有计！"便带着十几个宫女下殿急出，奔后堂而去。景阳殿后有口窥之不见底的深井，陈叔宝认为足可藏身，便上前攀住井绳，就要挺身入井。袁宪和舍人夏侯公韵都苦苦谏阻，甚至挡住井口，劝他不可如此，最后还是没能阻挡吓破胆的陈叔宝钻了井洞。

此时已近黄昏，杀进宫来的隋兵寻不到陈国皇帝，自然四处搜查，很快便有人发现井中有异。隋兵先是向井里喊话，见无人应答，便搬来石头，扬言要扔下去。井底这才传出央告之声。用绳子往上一拉，十分沉重，隋兵们都想这井下人一定是个大胖子。等到拉上来一看，原来是三个人抱成了一团：除了陈叔宝，还有他的宠妃张丽华和孔贵嫔。

民间传说，出井之时，两位美人花容失色，脸上的脂粉不小心蹭到了井栏上，此后经年不曾消失，因此这口井得名胭脂井。当然，也有后人有感于陈后主身辱国灭的黑历史，称此井为"辱井"。

总而言之，以陈叔宝的被擒为标志，平陈战役用时不到两月便告结束。在历经了将近三百年的战乱与分裂后，天下终于在隋文帝杨坚治下复归统一。

正可谓：

青史几行名姓，
北邙无数荒丘。
前人田地后人收，
说甚龙争虎斗！

参考书目

【古籍史料】

《晋书》，北京：中华书局，1974年。

《魏书》，北京：中华书局，1974年。

《周书》，北京：中华书局，1971年。

《北齐书》，北京：中华书局，1972年。

《宋书》，北京：中华书局，1974年。

《南齐书》，北京：中华书局，1972年。

《梁书》，北京：中华书局，1973年。

《陈书》，北京：中华书局，1972年。

《隋书》，北京：中华书局，1973年。

《北史》，北京：中华书局，1974年。

《南史》，北京：中华书局，1975年。

《通典》，北京：中华书局，1992年。

《资治通鉴》，北京：中华书局，1956年。

《册府元龟》，南京：凤凰出版传媒集团、凤凰出版社，2006年。

《太平寰宇记》，北京：中华书局，1985年。

《太平广记》，北京：中华书局，1961年。

《水经注校证》，北京：中华书局，2007年。
《洛阳伽蓝记校释》，北京：中华书局，2010年。
《建康实录》，北京：中华书局，2009年。
《金楼子》，北京：中华书局，1985年。
《读史方舆纪要》，北京：中华书局，2005年。

【学术著作】

岑仲勉：《突厥集史》，北京：中华书局，1958年。
陈苏镇：《两汉魏晋南北朝史探幽》，北京：北京大学出版社，2013年。
陈寅恪：《陈寅恪魏晋南北朝史讲演录》，合肥：黄山书社，1987年。
陈寅恪：《隋唐制度渊源略论稿·唐代政治史述论稿》，北京：生活·读书·新知三联书店，2001年。
陈寅恪：《金明馆丛稿初编》，北京：生活·读书·新知三联书店，2001年。
川胜义雄：《六朝贵族制社会研究》，上海：上海古籍出版社，2007年。
高　敏：《魏晋南北朝兵制研究》，郑州：大象出版社，1998年。
谷川道雄：《中国中世社会与共同体》，北京：中华书局，2002年。
谷川道雄：《隋唐帝国形成史论》，上海：上海古籍出版社，2011年。
何兹全：《读史集》，上海：上海人民出版社，1982年。
姜望来：《谣谶与北朝政治研究》，天津：天津古籍出版社，2011年。
李　凭：《北魏平城时代》，北京：社会科学文献出版社，2000年。
李万生：《侯景之乱与北朝政局》，北京：中国社会科学出版社，

2003年。

卢海鸣：《六朝都城》，南京：南京出版社，2002年。

逯耀东：《从平城到洛阳——拓跋魏文化转变的历程》，台北：联经出版事业公司，1979年。

吕春盛：《关陇集团的权力结构演变——西魏北周政治史研究》，台北：稻乡出版社，2002年。

吕思勉：《两晋南北朝史》，上海：上海古籍出版社，2005年。

毛汉光：《中国中古政治史论》，上海：上海书店出版社，2002年。

唐长孺：《魏晋南北朝隋唐史三论》，武汉：武汉大学出版社，1992年。

唐长孺：《魏晋南北朝史论丛》，石家庄：河北教育出版社，2000年。

田晓菲：《烽火与流星：萧梁王朝的文学与文化》，北京：中华书局，2010年。

田余庆：《拓跋史探》，北京：生活·读书·新知三联书店，2003年。

田余庆：《东晋门阀政治》，北京：北京大学出版社，2012年。

王怡辰：《东魏北齐的统治集团》，台北：文津出版社，2006年。

王仲荦：《魏晋南北朝史》，北京：中华书局，2007年。

许福谦：《南北朝八书二史疑年录》，北京：北京出版社，文津出版社，2002年。

阎步克：《品位与职位：秦汉魏晋南北朝官阶制度研究》，北京：中华书局，2002年。

阎步克：《中国古代官阶制度引论》，北京：北京大学出版社，2010年。

殷　宪：《平城史稿》，北京：科学出版社，2012年。

俞鹿年：《北魏职官制度考》，北京：社会科学文献出版社，2008年。

张金龙：《魏晋南北朝禁卫武官制度研究》，北京：中华书局，2004年。

张金龙：《北魏政治史》，兰州：甘肃教育出版社，2008年。

章义和：《地域集团与南朝政治》，上海：华东师范大学出版社，2002年。

赵以武：《梁武帝及其时代》，南京：凤凰出版社，2006年。

周一良：《魏晋南北朝史论集》，北京：中华书局，1963年。

周一良：《魏晋南北朝史论集续编》，北京：北京大学出版社，1991年。

周一良：《魏晋南北朝史札记》，北京：中华书局，2007年。

朱大渭：《六朝史论》，北京：中华书局，1998年。